U0375583

Bianpo yu Huapo Gongcheng Zhili

边坡与滑坡工程治理

（第三版）

郑颖人　陈祖煜
王恭先　凌天清　编著

人民交通出版社股份有限公司
北　京

内 容 提 要

本书第三版对第二版内容进行了修订，从工程治理的角度详细阐述了边坡与滑坡产生的机理、病害类型与处治方法。内容包括：概述、边（滑）坡勘察、作用于边坡支护结构上的荷载、土质边（滑）坡稳定性分析方法、岩质边坡稳定分析方法、数值极限分析方法及其在土坡与岩坡中的应用、边（滑）坡稳定性分析与评估、边坡工程设计、滑坡防治工程设计、排水工程、边（滑）坡工程防护与绿化设计、边（滑）坡工程施工与质量评定、边（滑）坡工程的监测与预报、建筑与道路边（滑）坡工程实例、水利水电工程边坡工程和滑坡实例等。

本书适用于岩土工程勘察、设计和施工人员，亦可供大专院校相关专业师生使用。

图书在版编目（CIP）数据

边坡与滑坡工程治理 / 郑颖人等编著. — 3版. — 北京：人民交通出版社股份有限公司，2022.9

ISBN 978-7-114-18151-1

Ⅰ.①边… Ⅱ.①郑… Ⅲ.①边坡防护—防护工程②滑坡—防护工程 Ⅳ.①U416.1②P642.22

中国版本图书馆CIP数据核字（2022）第145277号

书　　名： 边坡与滑坡工程治理（第三版）
著 作 者： 郑颖人　陈祖煜　王恭先　凌天清
责任编辑： 吴有铭　丁　遥
责任校对： 赵媛媛
责任印制： 刘高彤
出版发行： 人民交通出版社股份有限公司
地　　址：（100011）北京市朝阳区安定门外外馆斜街3号
网　　址： http://www.ccpcl.com.cn
销售电话：（010）85285857
总 经 销： 人民交通出版社股份有限公司发行部
经　　销： 各地新华书店
印　　刷： 北京市密东印刷有限公司
开　　本： 787×1092　1/16
印　　张： 53.5
字　　数： 1370千
版　　次： 2007年1月　第1版
2010年8月　第2版
2022年9月　第3版
印　　次： 2024年12月　第3版　第2次印刷　累计第8次印刷
书　　号： ISBN 978-7-114-18151-1
定　　价： 160.00元
（有印刷、装订质量问题的图书，由本公司负责调换）

本书得到广大读者的青睐，我们向广大读者表示衷心的感谢。随着计算方法与工程材料塑性理论的进步与发展，为了及时补充新理论、新技术、新方法的科研成果，介绍成熟工程经验，第三版扩展了有限元数值极限分析法的原理与应用，主要是收集了郑颖人团队 31 位研究生在有限元数值极限分析方法及其在边（滑）坡治理应用方面的研究成果，但不包括滑坡预报、抗震、海底滑坡、微型抗滑桩等成果。尤其是应用了辛建平博士的大量研究成果，以及冯嵩所做的土体常规三轴数值极限计算方面的成果，这里一并致谢。本书第 6 章由郑颖人、赵尚毅、唐晓松编写。

在有限元数值极限分析法方面，增加了工程材料的破坏条件、有限元极限应变数值方法与工程材料极限应变的计算，以及德鲁克-普拉格三维准则计算。在滑坡工程应用方面，增加了渗流作用下的边坡稳定性分析、有限元极限分析法在加筋土挡墙及其高陡边坡中的应用，还大幅扩大了数值极限分析法在土坡和岩坡中的应用。

最后衷心希望读者将建议与批评及时反馈给我们。

编著者

2022 年 3 月

第二版前言

QIANYAN

本书第一版得到广大读者的青睐，我们向广大读者表示衷心的感谢。从读者的反映来看，已达到了本书出版的意图，即以实用为目的，以提炼与推广新理论、新方法、新技术，总结与介绍成熟的工程经验、工程实践与应用为宗旨，既重视理论的阐述与推理，又强调方法的掌握与应用。

为了及时补充新理论、新技术、新方法的科研成果，介绍成熟工程经验，第二版增加了一些补充内容，主要是扩大了第6章有限元强度折减法在边（滑）坡中的应用，第一版主要是介绍稳定分析方法，第二版补充抗滑桩设计计算新方法，解决了埋入式桩、多排桩的设计计算难题，将边（滑）坡支挡结构的设计提高到新水平；在第7章中增补了边（滑）坡失稳的预防技术内容。此外，第二版对第一版的个别笔误与疏漏进行了订正，同时应用近年来新颁布的规范对书中相应内容进行了修订。

我们将随着时间进程，不断增补和修正内容，请读者将意见或建议及时反馈给我们，地址：中国人民解放军后勤工程学院土木工程系（400041），以便修订时参考。

编著者

2010年6月

第一版前言

QIANYAN

随着我国经济建设与大规模基础设施建设的进行和科技事业的发展，我国边（滑）坡工程治理水平不断提高，总体上呈现出如下发展趋势：

（1）治理工程量急剧增多，范围与规模扩大，建筑边坡、交通边坡、矿山边坡、水利边坡与地质灾害滑坡治理数量与质量都达到了空前水平。

（2）边（滑）坡工程治理的科学技术水平不断提高。首先是新型支护方法与支挡结构不断涌现，如锚固支护、加筋挡墙与水泥灌浆等；其次是稳定分析方法与支挡结构设计计算方法迅速进步，经典计算方法日趋成熟，适应性极广的数值计算方法悄然兴起，为边（滑）坡设计提供了强有力的工具。

（3）监测手段快速发展，尤其是卫星定位高科技手段的应用，极大地推动了边（滑）坡动态设计、信息化施工方法及地灾预报的发展。

当然，尽管边（滑）坡治理水平飞速发展，但也应清醒地认识到，与其他建筑工程相比，其工程治理技术水平仍然较低，在勘察、设计、施工及监测预报上尚有许多实际问题亟须解决。

本书以实用为目的，以提炼与推广新理论、新方法、新技术，总结与介绍成熟的工程经验、工程实践与应用为宗旨，既重视理论的阐述与推理，更强调方法的掌握与应用。因而本书力求具有如下特点：

（1）内容新颖，有足够的深度与广度。努力引进与吸收国内外新理论、新方法与新技术，包含作者研究的成果。例如岩质边坡的岩体分类；滑坡发展阶段划分；边坡岩石压力实用算法；斜边坡与多阶边坡岩土压力的计算；边坡稳定安全系数的定义；二维边坡极限平衡法统一计算格式；Morgenstern-Price 法的新算法；传递系数法的分析与比较；三维边坡极限平衡法；岩质边坡稳定分析方法及其程序，包括 Sarma 法、楔体稳定分析上限解法、倾倒稳定分析 Goodman-Bray 法的改进等；有限元强度折减法的理论及其在土质与岩质边坡中的应用，包括失稳判别准则、强度准则的推演与选用，二、三维边坡的计算，水位下降时的岸坡稳定性分析，考虑桩土共同作用的支挡结构设计及寻找多滑动面的分析方法；边坡参数实用反算方法；库水位下降时岸坡地下水浸润面的确定方法；静水压力与渗透力表述的两种边坡稳定分析方法的转换；锚杆挡墙、格构锚索、高边坡加筋土挡墙、锚固支护与桩锚结构等设计计算方法；边坡排水设计，边坡美学和防护绿化设计；边（滑）坡监测与预报等新内容。

（2）本书以边（滑）坡治理的勘察、设计与施工人员为主要对象，力求内容务实，重视工程经验的积累，强调建立正确的地质力学概念，做到工程地质分析与工程力学分析并举。例如，在边（滑）坡特征分析、工程地质勘察、边（滑）坡稳定性定性分析、支挡结构的设计与施工中都引入了大量工程地质分析方法与实际工程经验，体现了工程地质定性分析与工程力学定量分析密切结合的特色。

（3）内容较系统、全面，既突出了边（滑）坡工程的勘察、稳定分析和支挡结构设计施工的主线，又包含了排水、防护、监测预报等辅助内容，涵盖了边（滑）坡治理全程工程体系。全书力学体系明确，从最传统的库仑、朗肯公式出发，扩展到支挡结构上岩石压力计算及斜坡与多阶边坡岩土压力的计算，从经典条分法扩展到上限法与适用岩体稳定分析的Sarma法，从解析法扩展到可进行极限分析的数值方法——有限元强度折减法；在支挡结构计算上，从经典的弹性地基梁结构力学方法扩展到可考虑结构与岩土介质共同作用的数值方法，从而扩大了适用范围，提高了计算精度。

（4）紧密配合现行相关技术规范，大量列入规范中的有关规定，使勘察、设计、施工尽量规范化，便于读者操作，易学会用。各章节配合了较多的算例，尤其是专门增加了两章实际工程算例。

编著者希望本书能对我国边（滑）坡治理工程广大设计、施工人员及科研教学人员有所帮助。鉴于边（滑）坡治理技术原有底子较薄，发展又极为迅速，以及我们的水平和经验有限，书中难免有错误和不当之处，恳请专家与读者批评指正。本书引用了国内同仁诸多研究成果，编著者表示衷心感谢。

各章编著者的名单如下：

第1章　郑颖人、王恭先
第2章　王恭先、马惠民
第3章　郑颖人、时卫民
第4章　郑颖人、陈祖煜、杨明成、朱大勇
第5章　陈祖煜、孙平
第6章　郑颖人、赵尚毅、李安洪、杨波
第7章　郑颖人、王恭先、时卫民
第8章　凌天清、王敬林
第9章　王恭先、李传珠、成永刚
第10章　陈祖煜、凌天清
第11章　凌天清
第12章　凌天清、王恭先、郑智能
第13章　王恭先、徐峻龄、廖小平
第14章　王恭先、凌天清、郑颖人、王敬林、张玉芳、赵尚毅、金培杰、成永刚、曾德荣
第15章　陈祖煜、杨健

编著者
2006年8月

目录 MULU

第1章　概述…………………………………………………………………………（1）
1.1　边（滑）坡危害及其防治 ……………………………………………………（1）
1.1.1　边坡与滑坡的含义及其区别 …………………………………………（1）
1.1.2　边坡与滑坡地质灾害 ……………………………………………………（2）
1.1.3　边坡与滑坡灾害防治 ……………………………………………………（4）
1.2　边坡的类型与特征 ……………………………………………………………（5）
1.2.1　边坡的类型 ………………………………………………………………（5）
1.2.2　边坡的特征 ………………………………………………………………（6）
1.3　边坡岩体的稳定性分类 ………………………………………………………（7）
1.3.1　边坡的破坏形式 …………………………………………………………（7）
1.3.2　岩质边坡岩体的稳定性分类……………………………………………（10）
1.4　滑坡的类型与特征……………………………………………………………（14）
1.4.1　滑坡的类型………………………………………………………………（14）
1.4.2　滑坡的特征………………………………………………………………（16）
1.5　滑坡变形阶段的划分…………………………………………………………（24）
参考文献 ……………………………………………………………………………（27）
第2章　边（滑）坡勘察 …………………………………………………………（29）
2.1　工程勘察的基本要求…………………………………………………………（29）
2.2　边坡勘察………………………………………………………………………（30）
2.2.1　边坡勘察工作大纲………………………………………………………（30）
2.2.2　边坡调查测绘……………………………………………………………（31）
2.2.3　边坡勘探…………………………………………………………………（34）
2.2.4　边坡动态监测……………………………………………………………（35）
2.2.5　边坡的岩土试验…………………………………………………………（35）
2.2.6　边坡的稳定性分析………………………………………………………（36）
2.2.7　边坡勘察报告的内容……………………………………………………（36）
2.3　滑坡勘察………………………………………………………………………（37）
2.3.1　滑坡的形成条件…………………………………………………………（37）
2.3.2　滑坡的作用因素…………………………………………………………（40）
2.3.3　勘察工作大纲的编制……………………………………………………（43）

2.3.4 滑坡综合勘察技术简介…………(43)
2.3.5 滑坡的调查测绘与识别…………(45)
2.3.6 滑坡勘探…………(51)
2.3.7 滑动面（带）的分析确定与连接…………(57)
2.4 勘察资料的分析与整理…………(59)
参考文献…………(61)
第3章 作用于边坡支护结构上的荷载…………(62)
3.1 土压力…………(62)
3.1.1 静止土压力的计算…………(64)
3.1.2 朗肯土压力理论…………(65)
3.1.3 库仑土压力理论…………(69)
3.1.4 几种常见情况下主动土压力计算…………(75)
3.2 岩石压力…………(79)
3.2.1 岩质边坡的破坏形式…………(80)
3.2.2 岩石压力的理论计算公式…………(80)
3.2.3 硬性结构面参数的确定…………(81)
3.2.4 建筑边坡岩石压力的经验计算方法…………(82)
3.2.5 应用比较…………(83)
3.3 斜边坡与多阶边坡的水平推力…………(84)
3.3.1 斜边坡的水平推力…………(84)
3.3.2 二阶竖直边坡的水平推力…………(85)
3.3.3 一般边坡的水平推力…………(87)
3.4 水压力…………(87)
3.4.1 边坡中的水压力…………(88)
3.4.2 挡土墙上的水压力…………(90)
参考文献…………(93)
第4章 土质边（滑）坡稳定性分析方法…………(94)
4.1 概述…………(94)
4.1.1 土坡稳定的一些传统分析方法…………(94)
4.1.2 有限元法及其他数值方法…………(95)
4.1.3 边（滑）坡稳定安全系数的定义…………(95)
4.1.4 不同安全系数定义下安全系数值与推力的比较…………(97)
4.2 常用的几种极限平衡条分法…………(99)
4.2.1 边（滑）坡体的条分及其计算简图…………(99)
4.2.2 各种条分法的假定…………(100)
4.2.3 静力平衡方程…………(103)
4.2.4 条底剪力及法向力方程…………(104)
4.2.5 介绍三种常用的非严格条分法…………(105)
4.2.6 两种常用的严格条分法…………(106)
4.3 瑞典法与不平衡推力法适用性讨论…………(119)

4.3.1 瑞典法的误差 …… (119)
4.3.2 不平衡推力法适用性的讨论 …… (120)
4.4 边坡稳定系数统一求解格式 …… (123)
4.4.1 条间力假定的统一表达式 …… (123)
4.4.2 条间力的递推方程 …… (125)
4.4.3 条间力矩递推方程 …… (125)
4.4.4 基于力平衡的安全系数统一求解格式 …… (125)
4.4.5 基于严格平衡的安全系数统一求解格式 …… (126)
4.5 常用极限平衡条分法的比较与讨论 …… (128)
4.6 三维极限平衡方法 …… (133)
4.6.1 概述 …… (133)
4.6.2 条块的离散 …… (134)
4.6.3 静力平衡方程式和求解步骤 …… (135)
4.6.4 工程应用——平班水电站库区古滑坡分析实例 …… (136)
参考文献 …… (143)
第5章 岩质边坡稳定分析方法 …… (146)
5.1 岩质边坡可能的失稳模式以及初步判断 …… (146)
5.1.1 概述 …… (146)
5.1.2 应用赤平投影方法初步判断失稳模式 …… (148)
5.1.3 工程应用实例——洪家渡工程高边坡的失稳模式判断 …… (149)
5.2 边坡稳定分析的 Sarma 法 …… (151)
5.2.1 Sarma 提出的方法 …… (151)
5.2.2 对 Sarma 法的改进 …… (153)
5.3 确定临界滑动模式的最优化方法 …… (159)
5.3.1 概述 …… (159)
5.3.2 单形法 …… (161)
5.3.3 负梯度法 …… (161)
5.3.4 随机搜索法 …… (163)
5.3.5 算例 …… (164)
5.4 楔体稳定分析 …… (166)
5.4.1 概述 …… (166)
5.4.2 楔体稳定极限平衡解 …… (167)
5.4.3 楔体稳定分析的上限解 …… (169)
5.4.4 工程应用 …… (170)
5.5 倾倒稳定分析 …… (173)
5.5.1 概述 …… (173)
5.5.2 Goodman-Bray 法 …… (173)
5.5.3 对 Goodman-Bray 法的改进 …… (175)
5.5.4 计算公式 …… (177)
5.5.5 计算步骤 …… (178)

5.5.6 工程应用——龙滩水电站进水口高边坡倾倒稳定分析 …… (180)
5.6 岩质边坡稳定分析程序 …… (182)
5.6.1 概述 …… (182)
5.6.2 岩质边坡结构面统计和失稳模式判断程序 YCW …… (183)
5.6.3 楔体稳定分析程序 WEDGE …… (186)
5.6.4 岩质边坡滑动和倾倒稳定分析程序 EMU …… (187)
参考文献…… (193)
第 6 章 数值极限分析方法及其在土坡与岩坡中的应用…… (194)
6.1 概述 …… (194)
6.2 屈服条件与破坏条件及其选用 …… (195)
6.2.1 常用屈服条件 …… (195)
6.2.2 德鲁克-普拉格条件和三维德鲁克-普拉格条件 …… (198)
6.2.3 DP1 与 $DP3_1$、DP4、DP5 条件稳定安全系数的转换 …… (201)
6.2.4 有限元模型计算范围与网格划分以及计算参数对计算精度的影响 …… (202)
6.2.5 破坏函数与破坏面 …… (203)
6.3 三种极限分析方法简介 …… (205)
6.3.1 极限分析方法的发展 …… (205)
6.3.2 土体传统极限分析方法简介 …… (205)
6.3.3 基于整体破坏的数值极限分析法——有限元强度折减法与荷载增量法 …… (207)
6.3.4 基于任意点破坏条件的数值极限分析法——极限应变法 …… (211)
6.4 数值极限分析法在土坡中的应用 …… (217)
6.4.1 不同屈服条件下土坡的计算 …… (217)
6.4.2 土坡极限高度计算 …… (220)
6.4.3 基于有限元强度折减法确定滑坡多滑动面方法研究 …… (223)
6.4.4 渗流作用下的边坡稳定性分析 …… (225)
6.4.5 库水作用下坡体内浸润面位置的数值解 …… (229)
6.4.6 库水位变化对边坡稳定性的影响 …… (233)
6.5 数值极限分析法在岩坡中的应用 …… (237)
6.5.1 岩土边坡分类 …… (237)
6.5.2 岩质边坡结构面模型的建立及其稳定安全系数的求解 …… (239)
6.5.3 岩质边坡算例 …… (241)
6.6 有限元法与强度折减法在单排抗滑桩设计计算中的应用 …… (248)
6.6.1 引言 …… (248)
6.6.2 边（滑）坡推力与桩前抗力的计算方法 …… (249)
6.6.3 有限元极限分析法与传统极限分析法计算抗滑桩推力的区别 …… (250)
6.6.4 有限元强度折减法与传统方法计算滑坡推力的比较与分析 …… (251)
6.6.5 有限元强度折减法计算滑坡推力与抗力的工程实例 …… (253)
6.6.6 推力与抗力的分布规律 …… (254)
6.6.7 合理桩长的确定与设计 …… (255)

6.6.8 埋入式抗滑桩的设计 …… (257)
6.7 两排全长抗滑桩计算及其推力与抗力分布规律 …… (260)
6.7.1 三种典型滑坡两排全长抗滑桩的计算 …… (260)
6.7.2 三种典型滑坡两排全长抗滑桩推力与抗力分布规律 …… (264)
6.8 两排埋入式抗滑桩不同埋深对推力分布的影响分析 …… (273)
6.9 锚拉抗滑桩的设计计算 …… (278)
6.9.1 引言 …… (278)
6.9.2 算例工程概况 …… (278)
6.9.3 有限元模型的建立 …… (279)
6.9.4 计算采用的物理力学参数 …… (279)
6.9.5 材料本构模型及其设计安全系数的考虑 …… (280)
6.9.6 开挖和支护过程的模拟 …… (280)
6.9.7 抗滑桩上滑坡推力计算与验算 …… (280)
6.9.8 抗滑桩上滑坡推力分布 …… (281)
6.9.9 抗滑桩弯矩和剪力 …… (281)
6.9.10 采用不同方法计算得到的桩内力结果对比 …… (281)
6.9.11 锚固力优化 …… (282)
6.9.12 不同工况下的临界滑动面及稳定安全系数 …… (283)
6.10 有限元极限分析法在加筋土挡墙及其高陡边坡中的应用 …… (284)
6.10.1 加筋土挡墙设计方法概述 …… (284)
6.10.2 PLAXIS 程序中加筋土的有限元数值计算 …… (284)
6.10.3 土工格栅加筋土挡墙破坏模式及有限元极限设计计算方法 …… (286)
6.10.4 土工格栅界面特性的研究及其应用 …… (291)
6.10.5 高陡土工格栅加筋土边坡的工程实例 …… (295)
参考文献 …… (298)
第7章 边（滑）坡稳定性分析与评估 …… (301)
7.1 滑裂面计算参数的选取 …… (301)
7.1.1 概述 …… (301)
7.1.2 岩土的抗剪强度试验与抗剪强度指标 …… (301)
7.1.3 岩石抗剪强度测试 …… (305)
7.1.4 滑带岩土抗剪强度反算法 …… (307)
7.1.5 确定滑带岩土抗剪强度指标的方法与原则 …… (312)
7.2 边（滑）坡稳定性的工程地质评价及其失稳预防 …… (313)
7.2.1 边（滑）坡稳定性的工程地质评价 …… (313)
7.2.2 边（滑）坡失稳的预防技术 …… (316)
7.3 库水位下降时土坡内浸润线的确定 …… (330)
7.3.1 土中的水及其流动 …… (331)
7.3.2 库水位等速下降时坡体内浸润线的求解 …… (333)
7.3.3 修正公式的试验验证 …… (339)
7.4 渗流作用下稳定性评价的方法 …… (341)

7.4.1 评价方法 …… (341)
7.4.2 库水下降的算例分析 …… (348)
7.4.3 边（滑）坡的计算工况 …… (350)
7.5 边（滑）坡的稳定性评价 …… (352)
7.5.1 影响边坡稳定安全系数的因素 …… (352)
7.5.2 国内边（滑）坡选用稳定安全系数的现状 …… (353)
7.5.3 对选取安全系数的建议 …… (354)
7.5.4 边（滑）坡的稳定状态分类 …… (355)
参考文献 …… (355)
第8章 边坡工程设计 …… (358)
8.1 治理方法概述 …… (358)
8.1.1 边坡工程设计原则 …… (358)
8.1.2 边坡工程设计的基本要求 …… (359)
8.1.3 边坡支护结构形式的选用 …… (360)
8.2 边坡坡率坡形设计 …… (361)
8.2.1 概述 …… (361)
8.2.2 填方边坡 …… (362)
8.2.3 挖方边坡 …… (364)
8.2.4 构造设计 …… (367)
8.3 重力式挡土墙 …… (367)
8.3.1 重力式挡土墙的类型及使用条件 …… (367)
8.3.2 构造 …… (369)
8.3.3 挡土墙稳定性、基底应力与强度验算 …… (373)
8.4 悬臂式及扶壁式挡土墙 …… (380)
8.4.1 概述 …… (380)
8.4.2 悬臂式挡土墙 …… (381)
8.4.3 扶壁式挡土墙 …… (387)
8.5 岩质边坡设计 …… (391)
8.5.1 总则 …… (391)
8.5.2 边坡支护结构上的侧向岩土压力计算 …… (393)
8.5.3 锚杆（索）设计 …… (395)
8.5.4 锚杆构造要求 …… (398)
8.5.5 锚杆挡墙支护结构设计 …… (399)
8.6 格构锚固 …… (401)
8.6.1 概述 …… (401)
8.6.2 钢筋混凝土格构加固 …… (402)
8.6.3 预应力锚索格构加固 …… (404)
8.6.4 预应力锚索地梁的内力计算原理 …… (407)
8.6.5 预应力锚索格构的内力计算原理 …… (410)
8.7 加筋土挡墙和加筋陡坡 …… (413)

8.7.1 加筋土技术发展概况及其特点 …… (413)
8.7.2 加筋土挡墙的设计原理 …… (414)
8.7.3 内部稳定性分析 …… (416)
8.7.4 外部稳定性分析 …… (427)
8.7.5 材料与构造设计 …… (431)
8.7.6 高大加筋土挡墙设计方法 …… (437)
8.7.7 加筋陡坡设计与施工 …… (443)
8.7.8 植物加筋技术在加筋土边坡中的应用 …… (447)
参考文献…… (449)
第9章 滑坡防治工程设计…… (450)
9.1 治理方法概述 …… (450)
9.1.1 滑坡防治的原则 …… (450)
9.1.2 治理滑坡的主要工程措施 …… (453)
9.2 抗滑桩 …… (458)
9.2.1 抗滑桩的优点 …… (458)
9.2.2 抗滑桩的类型 …… (459)
9.2.3 抗滑桩的破坏形式 …… (459)
9.2.4 抗滑桩设计计算的基本原理 …… (461)
9.2.5 抗滑桩的设计 …… (464)
9.3 锚拉抗滑桩 …… (483)
9.3.1 锚拉桩的优点和结构形式 …… (484)
9.3.2 预应力锚索抗滑桩设计 …… (485)
9.4 预应力锚索加固 …… (497)
9.4.1 概述 …… (497)
9.4.2 预应力锚索的设计 …… (499)
9.5 钢筋混凝土阻滑键和埋入式抗滑桩 …… (508)
9.5.1 钢筋混凝土阻滑键 …… (508)
9.5.2 埋入式抗滑桩 …… (508)
9.6 其他治理措施 …… (510)
9.6.1 抗滑挡土墙 …… (510)
9.6.2 刷方减重和填土压脚 …… (511)
9.6.3 注浆加固 …… (513)
参考文献…… (515)
第10章 排水工程 …… (516)
10.1 前言…… (516)
10.2 水文和水力学计算…… (517)
10.2.1 设计径流量的确定…… (517)
10.2.2 排水管渠水力学计算…… (518)
10.2.3 沟和管的允许流速…… (521)
10.3 坡面排水…… (521)

10.3.1 总体设计……………………………………………………………………………… (521)
10.3.2 坡面排水设施………………………………………………………………………… (522)
10.3.3 沟渠的连接…………………………………………………………………………… (525)
10.3.4 防冲和防淤…………………………………………………………………………… (528)
10.4 地下排水………………………………………………………………………………… (530)
10.4.1 渗沟………………………………………………………………………………… (530)
10.4.2 盲沟………………………………………………………………………………… (533)
10.4.3 排水洞……………………………………………………………………………… (533)
10.4.4 排水孔……………………………………………………………………………… (538)
10.4.5 集水井……………………………………………………………………………… (549)
10.5 支挡建筑物的排水……………………………………………………………………… (550)
10.6 地下排水效果的监测…………………………………………………………………… (552)
参考文献……………………………………………………………………………………… (556)
第11章 边(滑)坡工程防护与绿化设计 ……………………………………………… (557)
11.1 概述……………………………………………………………………………………… (557)
11.2 边(滑)坡工程美学…………………………………………………………………… (558)
11.2.1 边坡绿化美化设计的原则 ………………………………………………………… (558)
11.2.2 边坡绿化美化设计植物种类的选择原则…………………………………………… (559)
11.2.3 边坡绿化与美化设计总体思路……………………………………………………… (559)
11.2.4 边坡支护结构的景观设计思路……………………………………………………… (562)
11.3 边坡植物防护…………………………………………………………………………… (564)
11.3.1 植物护坡的原理……………………………………………………………………… (564)
11.3.2 植物群落类型设计…………………………………………………………………… (566)
11.3.3 边坡坡面植物种类选型设计………………………………………………………… (567)
11.3.4 典型的植物护坡技术设计…………………………………………………………… (572)
11.4 骨架植被护坡…………………………………………………………………………… (581)
11.4.1 浆砌片石骨架植草护坡……………………………………………………………… (582)
11.4.2 钢筋混凝土框架植草护坡…………………………………………………………… (584)
11.4.3 预应力锚索框架地梁植被护坡……………………………………………………… (585)
11.5 圬工防护与石笼防护…………………………………………………………………… (589)
11.5.1 护面墙……………………………………………………………………………… (589)
11.5.2 干砌片石防护………………………………………………………………………… (593)
11.5.3 浆砌片石防护………………………………………………………………………… (594)
11.5.4 混凝土预制块护坡…………………………………………………………………… (595)
11.5.5 抛石防护……………………………………………………………………………… (595)
11.5.6 石笼防护……………………………………………………………………………… (597)
参考文献……………………………………………………………………………………… (601)
第12章 边(滑)坡工程施工与质量评定 ……………………………………………… (602)
12.1 边坡施工………………………………………………………………………………… (602)
12.1.1 边坡工程施工的一般规定…………………………………………………………… (602)

12.1.2 岩石边坡开挖的基本要求和开挖方式…………………………………………（602）
12.1.3 边坡开挖的前期准备…………………………………………………………（603）
12.1.4 土方路堑边坡的开挖方法……………………………………………………（604）
12.1.5 填方边坡的施工………………………………………………………………（606）
12.2 滑坡工程施工……………………………………………………………………（607）
12.2.1 滑坡工程施工的总要求………………………………………………………（607）
12.2.2 抗滑挡土墙施工………………………………………………………………（608）
12.2.3 挖孔抗滑桩施工………………………………………………………………（608）
12.2.4 预应力锚索施工………………………………………………………………（609）
12.3 信息施工法………………………………………………………………………（612）
12.3.1 信息施工法的重要性…………………………………………………………（612）
12.3.2 信息施工的思路与工作程序…………………………………………………（612）
12.3.3 信息施工原理与施工过程……………………………………………………（614）
12.3.4 边坡工程监测技术与信息施工………………………………………………（615）
12.3.5 监测与信息反馈………………………………………………………………（616）
12.4 边坡工程爆破施工………………………………………………………………（618）
12.4.1 边坡爆破施工的一般要求……………………………………………………（618）
12.4.2 爆破器材………………………………………………………………………（619）
12.4.3 一般爆破………………………………………………………………………（621）
12.4.4 边坡工程光面爆破施工………………………………………………………（625）
12.4.5 边坡工程预裂爆破施工………………………………………………………（629）
12.4.6 光面、预裂爆破的施工工艺与质量标准……………………………………（633）
12.5 边坡工程的施工组织设计………………………………………………………（634）
12.5.1 施工组织设计任务和内容……………………………………………………（634）
12.5.2 施工组织设计编制原则和程序………………………………………………（635）
12.5.3 施工组织设计的编制…………………………………………………………（636）
12.5.4 施工现场规划和场地布置……………………………………………………（638）
12.6 边坡工程施工质量检验评定与竣工验收要求…………………………………（641）
12.6.1 边坡工程竣工验收要求与施工质量检测项目、评定标准…………………（641）
12.6.2 工程质量评定…………………………………………………………………（652）
附录A 压实度评定 ………………………………………………………………（655）
附录B 水泥混凝土弯拉强度评定 ………………………………………………（656）
附录C 水泥混凝土抗压强度评定………………………………………………（657）
附录D 喷射混凝土抗压强度评定………………………………………………（658）
附录E 水泥砂浆强度评定 ………………………………………………………（658）
附录F 工程质量检验评定用表……………………………………………………（659）
参考文献……………………………………………………………………………（664）
第13章 边（滑）坡工程的监测与预报 ………………………………………（665）
13.1 概述………………………………………………………………………………（665）
13.2 监测的内容和方法………………………………………………………………（667）

13.2.1 监测的内容…………………………………………………………………………（667）
13.2.2 监测方法…………………………………………………………………………（667）
13.3 监测网点的布设与监测周期……………………………………………………（679）
13.4 滑坡时间预报……………………………………………………………………（681）
参考文献………………………………………………………………………………（704）
第14章 建筑与道路边（滑）坡工程实例 ………………………………………（706）
14.1 建筑边（滑）坡工程实例………………………………………………………（706）
14.1.1 前言…………………………………………………………………………（706）
14.1.2 边坡侧压力及板肋式锚杆挡墙设计计算…………………………………（708）
14.2 铁路滑坡工程实例………………………………………………………………（713）
14.2.1 工程概况……………………………………………………………………（713）
14.2.2 工程地质勘察………………………………………………………………（714）
14.2.3 设计方案……………………………………………………………………（721）
14.2.4 施工方法……………………………………………………………………（723）
14.2.5 施工监测和质量评定………………………………………………………（723）
14.3 公路边坡工程实例………………………………………………………………（723）
14.3.1 工程概况……………………………………………………………………（723）
14.3.2 地质勘察……………………………………………………………………（724）
14.3.3 设计方案……………………………………………………………………（724）
14.3.4 施工方法……………………………………………………………………（727）
14.4 有限元强度折减法在元磨高速公路高边坡工程中的应用……………………（729）
14.4.1 引言…………………………………………………………………………（729）
14.4.2 工程概况……………………………………………………………………（729）
14.4.3 有限元模型的建立…………………………………………………………（731）
14.4.4 计算采用的物理力学参数…………………………………………………（732）
14.4.5 各工况条件的模拟…………………………………………………………（732）
14.4.6 数值模拟结果及分析………………………………………………………（732）
14.5 公路滑坡工程实例………………………………………………………………（735）
14.5.1 工程概况……………………………………………………………………（735）
14.5.2 地质勘察……………………………………………………………………（735）
14.5.3 治理工程设计方案…………………………………………………………（736）
14.5.4 施工方法……………………………………………………………………（743）
14.5.5 施工监测……………………………………………………………………（745）
14.5.6 设计施工中特点……………………………………………………………（747）
参考文献………………………………………………………………………………（747）
第15章 水利水电工程边坡工程和滑坡实例 ……………………………………（748）
15.1 洪家渡水电站左岸输水建筑物边坡……………………………………………（748）
15.1.1 工程概况……………………………………………………………………（748）
15.1.2 工程地质和岩土力学特性…………………………………………………（749）
15.1.3 稳定分析计算参数…………………………………………………………（752）

15.1.4 进水口顺向坡二维抗滑稳定性分析…………………………………………………… (753)
15.1.5 进水口顺向坡三维抗滑稳定性分析…………………………………………………… (757)
15.1.6 边坡加固措施和稳定分析…………………………………………………………… (760)
15.2 昌马水库枢纽工程右岸边坡稳定研究………………………………………………… (763)
15.2.1 工程概况……………………………………………………………………………… (763)
15.2.2 工程地质和岩土力学特性…………………………………………………………… (765)
15.2.3 边坡稳定分析………………………………………………………………………… (772)
15.2.4 加固方案简介………………………………………………………………………… (775)
15.2.5 监测设计、成果及边坡现状分析…………………………………………………… (776)
15.3 三峡工程船闸高边坡…………………………………………………………………… (779)
15.3.1 前言…………………………………………………………………………………… (779)
15.3.2 边坡岩体工程地质条件综述………………………………………………………… (780)
15.3.3 岩体抗剪强度指标的综合研究……………………………………………………… (784)
15.3.4 稳定分析的工况和计算成果………………………………………………………… (784)
15.3.5 变形和应力分析……………………………………………………………………… (788)
15.3.6 监测反馈……………………………………………………………………………… (795)
15.4 漫湾水电站左岸滑坡…………………………………………………………………… (799)
15.4.1 概述…………………………………………………………………………………… (799)
15.4.2 左岸山体地质概况…………………………………………………………………… (799)
15.4.3 左岸山坡地质结构…………………………………………………………………… (804)
15.4.4 左岸岩体分类………………………………………………………………………… (808)
15.4.5 各类岩体岩石力学特性……………………………………………………………… (809)
15.4.6 左岸边坡开挖和加固设计…………………………………………………………… (813)
15.4.7 边坡失稳破坏实录…………………………………………………………………… (816)
15.4.8 边坡稳定反演分析…………………………………………………………………… (826)
15.4.9 事故后工程处理措施………………………………………………………………… (829)
15.4.10 结语 ………………………………………………………………………………… (832)
参考文献…………………………………………………………………………………………… (833)

第1章 概述

DIYIZHANG

1.1 边（滑）坡危害及其防治

1.1.1 边坡与滑坡的含义及其区别

目前人们对边坡与滑坡的含义往往理解不一，国内不同领域的工程专业人员常常有不同的理解。例如铁道、地质等部门经常把坡体的岩土沿坡内一定的带或面整体向前移动的现象称为滑坡，而不管坡体是天然坡体，还是人工开挖形成的坡体，也不管滑动带（简称滑带）或滑动面（简称滑面）是自然形成的，还是由于开挖或填筑而在坡体中新形成的。边坡则泛指自然或人工形成的斜坡坡体，因而滑坡只是边坡变形破坏的一种形式。这种定义比较适用于滑坡的灾害分析，但不太适用于滑坡防治工程，因为它没有把潜在的滑坡包含在内，而这正是滑坡防治人员重点研究的对象。水电等建设部门通常把坡体称为边坡（有些部门称为斜坡），而把边坡（或斜坡）的滑动现象称为滑坡。这种定义改进了上述缺点，因为他们研究的重点是边坡稳定性，边坡可以处在潜在滑动状态，也可以处在滑动状态。同样，这种定义也没有涉及边坡与滑面是如何形成的，而这些与边（滑）坡防治工程密切相关，因而这一定义也不适用于工程防治。建筑部门、采矿部门等则从工程防治观点出发，对边坡防治工程与滑坡防治工程进行了区分，由于边坡与滑坡成因、滑面形成、失稳机理、稳定分析方法及其防治措施等不同而形成了两种不同的防治工程，简言之可称为边坡工程与滑坡工程。不过按这种分法，边坡与滑坡虽有明显的区别，但同时却又缺少严格的区别标准。一般来说，边坡是指由于工程行为而人工开挖或填筑的斜坡，坡体中滑面是新形成的，开挖与填筑前没有变形与滑动迹象。而滑坡多数指由于自然因素而引起坡体变形或滑动的自然斜坡，坡体中的滑面是自然存在的，坡体正处于蠕动变形或滑动阶段，坡体有变形或滑动迹象。少数滑坡指工程开挖形成的斜坡，坡体中存在自然形成的滑面（如古老滑坡），开挖前坡体可以处在蠕动或滑动状态，也可以处在静止状态。某种意义上说，这种分法实际上把边坡与滑坡视作两种治理工程，因而从工程治理上讲是合适的，但这种滑坡含义已与滑坡的真实含义有所不同。

本书定名为《边坡与滑坡工程治理》，意味着本书重在对边坡与滑坡的治理上。鉴于两者治理方法上的差异，需要对边坡与滑坡从治理的角度进行重新定义。

把一切自然的与人为的岩土斜坡统称为斜坡。一般情况下，把一切由于工程建设而开挖与填筑的斜坡，称为边坡。滑坡通常是指由自然原因引发的正在蠕动与滑动的自然斜坡，称为自然滑坡；另一部分则是由于边坡开挖或填筑而引发的古老滑坡复活或自然滑坡加剧导致的大规模滑坡，通常工程界把这种边坡列入滑坡范围，称为工程滑坡。可见，边坡与滑坡没有非常严格的区别标准，通常可按下述特征来进行综合区别：

(1) 边坡指由于工程原因而开挖或填筑的人工斜坡；而滑坡指由于自然原因而正在蠕动与滑动的自然斜坡。

(2) 边坡在工程开挖与填筑前坡体内不存在滑面，但可以存在未曾滑动的构造面，开挖前坡体无蠕动或滑动迹象；滑坡在坡体中存在天然的滑面，坡体已有蠕动或滑动迹象。

(3) 当人工斜坡内存在天然的滑面或引发古老滑坡滑面复活时，称为工程滑坡。反之，当天然斜坡危及工程安全而需治理时则称为自然边坡。

按此，边坡与滑坡的区别在于：

(1) 边坡是涉及工程建设中的人工斜坡，即使是自然边坡也必须与工程建设有关；而滑坡通常是由自然原因引发的自然斜坡，只有工程滑坡才与工程建设有关。

(2) 边坡坡体的滑面是由于人工开挖与填筑后才形成的，原先并不存在，且坡体无蠕动与滑动迹象；而滑坡具有自然的滑面，且坡体有蠕动与滑动迹象。

1.1.2 边坡与滑坡地质灾害

边坡与滑坡地质灾害是常见重大地质灾害，会造成交通中断、河道堵塞、水库失事、建筑物坍塌、厂矿掩埋等事故，从而造成生命财产的重大损失。

(1) 边坡灾害

随着国民经济的发展，修建了大量铁路、公路、水利、矿山等设施，特别是在丘陵和山区建设中，人类工程活动中开挖和堆填的边坡数量越来越多，高度越来越大。如北京至福州高速公路福建段200余公里内高度大于40m的边坡达180多处，云南省元江至磨黑高速公路147km内高度大于50m的边坡达160余处。宝成铁路陕西省宝鸡至四川省绵阳段，通过的地段大部分为深山峡谷区，河道蜿蜒，山坡陡立，自然斜坡一般接近其临界坡度，稳定性较差。据不完全统计，这段铁路的边坡开挖多达293处，累计长度79.7km，其中接近或超过临界安全坡度的有123处，累计长42.3km，约占边坡开挖长度的53%。通常水利和矿山建设中的边坡高度更高，范围更大。水利建设中黄河上的龙羊峡、李家峡、刘家峡、小浪底电站，长江上的三峡、葛洲坝电站，其他如小湾、漫湾、二滩、五强溪、龙滩、天生桥、溪洛渡、锦屏电站等都存在大量的岩石高边坡，有些边坡高达500m。矿山工程中露天矿与地下矿的开采都会造成工程边坡。此外，尾矿坝、堆渣坝的坝体也会形成许多高边坡，著名的有抚顺西露天煤矿、平朔露天煤矿等。

近年来，大量民用与工业建筑不断建成，数量众多的建筑边坡应运而生，成为我国边坡工程的重要组成部分。例如，著名的山城重庆，仅市中心区建筑边坡就数以万计；香港有记录的建筑边坡就有5万多个。

由于地质条件复杂，加之人类改造自然规模越来越大，设计施工方法不当，高边坡开挖后发生变形和造成灾害的事故频繁发生。这既增加工程投资，又延误工期，还给运营安全留下隐患。边坡失稳与破坏的形式很多，从地质上分，主要有坍塌、崩塌、落石、滑塌、错落、倾倒等。但其中数量最多、危害最严重的是边坡滑塌的破坏形式。从工程治理角度分，通常把边坡破坏分成两种：一种是边坡滑塌；另一种是危岩崩塌与失稳，它包含多种地质破坏形式。鉴于后者技术上研究尚不够成熟，因而本书着重讲述边坡滑塌的破坏形式。边坡不仅在失稳破坏阶段造成重大灾害，有时在变形阶段也会造成重大损失。因为边坡变形会引发附近建筑物破裂与倒塌，导致建筑物不能正常使用或破坏。

（2）滑坡灾害

从现象上看，人们常把斜坡岩土向下的一切运动现象统称为滑坡，包含岩土滑塌、崩塌、错落、倾倒、陷落和泥石流等。这些现象的失稳机理与防治方法都是不同的。从滑坡治理的观点，把滑坡定义为“斜坡内岩土沿一定带（或面）整体向下滑动的现象”，这样就可把山体滑坡与其他崩塌、错落、倾倒、陷落与泥石流等从性质上分开。但这里没有明确是什么样的带（或面），这样就不易区分边坡滑塌与山体滑坡。我国滑坡治理老前辈徐邦栋于20世纪50年代提出的滑坡定义似乎更确切明了，他提出：斜坡上岩土在重力作用为主下，由于种种原因改变坡体内一定部位的软弱带（或面）中应力状态，或因水或其他物理、化学作用降低其强度，以及因震动或其他作用破坏其结构，该带在应力大于强度下产生剪切破坏，带以上的岩土失稳而整体或几大块沿带向下和向前滑动的现象称为滑坡。作为这种定义的例外，通常把由人工开挖或填筑而引起小范围内软弱带（或面）失稳仍称为边坡滑塌或边坡失稳，而不视为滑坡。

滑坡是一种常见的地质灾害，其频发性与严重性都相当惊人。我国是一个多山国家，滑坡相当频繁，如已查出三峡库区较大规模的崩滑体就有2 490个。又如1981年雨季宝成铁路发生滑坡289次，中断行车两个月。滑坡灾害的严重性也是众所周知。本书作者之一王恭先在1988年对世界上一些重大滑坡灾害的实例进行了统计（表1-1），灾害造成生命财产重大损失。由表1-1可见，中国宁夏海原及秘鲁Yungay特大滑坡灾害，伤亡人数均以万计；意大利瓦依昂滑坡、印度尼西亚爪哇1919年泥石流均造成数千人死亡。

世界重大滑坡及泥石流灾害实例 表1-1

地点	日期	滑坡类型	灾害
印度尼西亚爪哇	1919年	泥石流	5 100人死亡，140个村庄被毁
中国宁夏海原	1920年12月16日	黄土流	约20万人死亡
美国加利福尼亚	1934年12月31日	泥石流	40人死亡，400间房屋被毁
日本久礼	1945年		1 154人死亡
日本东京西南	1958年		1 100人死亡
秘鲁Ranrachirca	1962年6月10日	冰和岩石崩塌	3 500多人死亡
意大利瓦依昂	1963年	岩石滑坡进入水库	约2 600人死亡
英国Aberfan	1966年10月21日	流动滑坡	144人死亡
巴西里约热内卢	1966年		1 000人死亡
巴西里约热内卢	1967年		1 700人死亡

续上表

地　点	日　期	滑坡类型	灾　害
美国弗吉尼亚	1969 年	泥石流	150 人死亡
日本	1969—1972 年	各种灾害	519 人死亡，13 288 间房屋被毁
秘鲁 Yungay	1970 年 5 月 31 日	地震引起碎屑崩塌、碎屑流	25 000 人死亡
秘鲁 Chungar	1971 年		259 人死亡
中国香港	1972 年 6 月	各种灾害	138 人死亡
日本 Kamijima	1972 年		112 人死亡
意大利南部	1972—1973 年	各种灾害	约 100 个村庄被毁，影响 20 万人
秘鲁 Mayuamarca	1974 年	泥石流	451 人死亡
秘鲁 Mantaro 峡谷	1974 年		450 人死亡
秘鲁 Yaciatn	1983 年		233 人死亡
尼泊尔西部	1983 年		186 人死亡
中国甘肃省东乡县洒勒山	1983 年	黄土滑坡	4 个村庄被毁，227 人死亡
哥伦比亚 Armero	1985 年 11 月	泥流	约 22 000 人死亡
土耳其 Catak	1988 年 6 月		66 人死亡
中国湖北省秭归县新滩镇	1985 年 6 月	堆积土石滑坡进入长江	摧毁新滩镇，侵占 1/3 长江航道

滑坡灾害的发生除了与地貌、地质等内在原因有关外，还与自然环境和人类活动引起环境变化的外在原因有关。自然环境一般包含气候环境、地质环境、生态环境、水环境等；人类活动引起的环境变化，包含水环境、工程环境、生态环境变化等。

1.1.3 边坡与滑坡灾害防治

边坡与滑坡灾害威胁着人类的生命安全，造成财产损失、交通停航、城镇被埋、厂矿停工，影响社会的正常运转。因而边坡与滑坡治理工程应运而生，出现了数量众多、规模大小不等的边坡治理工程与滑坡治理工程。

边坡与滑坡灾害防治主要从两方面着手：一方面进行边坡与滑坡工程治理，切断滑坡灾害的发生；另一方面进行边坡与滑坡的监测，形成边坡与滑坡工程预报系统，减少边坡滑塌与滑坡造成的灾害损失。

由于我国边坡与滑坡治理工程数量很大，尤其随着我国经济建设与基础设施建设的迅速发展，我国治理边坡与滑坡的技术水平不断提高，已逐渐赶上发达国家。

新中国成立以后，我国的边坡与滑坡治理得到较大规模的发展。首先在铁道部门进行了大量治理工程，典型的有宝兰线、宝成线、成昆线、襄渝线及近年的南昆线等。其次是采矿部门，对露天矿边坡进行了研究和治理，先后对大孤山、尖山、磐石、攀钢石英矿、平朔露天煤矿、抚顺露天煤矿等进行了研究和治理。水利水电部门的边坡与滑坡治理规模最大，投入最多。20 世纪 80 年代以来，水利水电部门对龙羊峡、天生桥、鲁布革、李家峡、漫湾、二滩、五强溪、小浪底、三峡等水电工程进行了治理，著名的有三峡船闸高边坡工程及三峡库区地质灾害防治工程。

近年来，随着我国城镇建设的发展，建筑边坡治理工程大幅度增长，其规模虽然较小，但数量巨大，尤以重庆及贵阳两座城市为典型。随着我国高速公路建设的迅猛发展，公路边坡与滑坡治理工程增长极快，交通运输部门投入大量资金研究与治理边（滑）坡，如京珠线、深汕线、元磨线、漳龙线、福宁线、三福线等。

1.2 边坡的类型与特征

1.2.1 边坡的类型

边坡按不同的分类指标可有多种分类。

（1）按构成边坡的物质种类分

①土质边坡——整个边坡均由土体构成，按土体种类又可分为黏性土边坡、黄土边坡、膨胀土边坡、堆积土边坡、填土边坡等。

②岩质边坡——整个边坡均由岩体构成，按岩体的强度又可分为硬岩边坡、软岩边坡和风化岩边坡等，按岩体结构分为整体状（巨块状）边坡、块状边坡、层状边坡、碎裂状边坡、散体状边坡。

③岩土混合边坡——边坡下部为岩层，上部为土层，即所谓的二元结构边坡。

（2）按边坡的高度分

①一般边坡——岩质边坡总高度在30m以下，土质边坡总高度在20m以下。

②高边坡——岩质边坡总高度大于或等于30m，土质边坡总高度大于或等于20m。

实践证明，容易发生变形破坏和滑坡的边坡多为高边坡，因此高边坡是研究与防治的重点。

（3）按边坡的工程类别分

①路堑边坡、路堤边坡。

②水坝边坡、渠道边坡、坝肩边坡、库岸边坡。

③露天矿边坡、弃渣场边坡。

④建筑边坡、基坑边坡。

（4）按坡体结构特征分

①类均质土边坡——由均质土体构成，如图1-1a）所示。

②近水平层状边坡——由近水平层状岩土体构成，如图1-1b）所示。

③顺倾层状边坡——由倾向临空面（开挖面）的顺倾岩土层构成，如图1-1c）所示。

④反倾层状边坡——岩土层面倾向边坡山体内，如图1-1d）所示。

⑤块状岩体边坡——由厚层块状岩体构成，如图1-1e）所示。

⑥碎裂状岩体边坡——由碎裂状岩体构成，或为断层破碎带，或为节理密集带，如图1-1f）所示。

⑦散体状边坡——由破碎块石、砂构成，如强风化层。

不同坡体结构的岩土形成的边坡的稳定性是不同的，尤其是含有软弱层和不利结构面的坡体，常常出现边坡失稳滑塌。

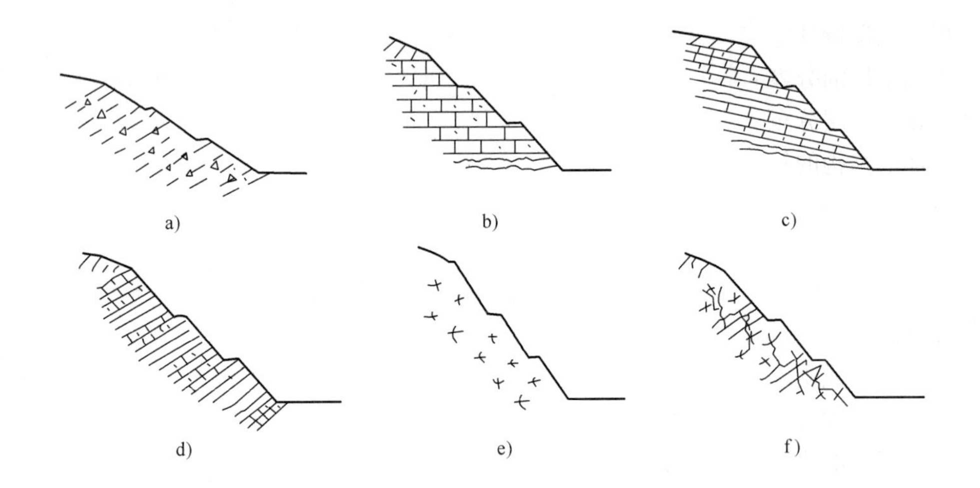

图 1-1　不同坡体结构的边坡示意图

a)类均质土边坡；b)近水平层状边坡；c)顺倾层状边坡；d)反倾层状边坡；e)块状岩体边坡；f)碎裂状岩体边坡

(5) 按边坡使用年限分

①临时性边坡——只在施工期间存在的边坡，如基坑边坡。

②短期边坡——只存在 10～20 年的边坡，如露天矿边坡。

③永久性边坡——长期使用的边坡。

有些只分临时性边坡与永久性边坡，《建筑边坡工程技术规范》(GB 50330—2002) 作如下规定：

临时性边坡——使用年限不超过 2 年的边坡。

永久性边坡——使用年限超过 2 年的边坡。

(6) 按边坡形成过程分

①人工边坡——由施工开挖或填筑而形成的边坡，但因工程行为而引发山体大规模滑坡的则称工程滑坡。

人工边坡又可分为：

挖方边坡：由山体开挖形成的边坡，如路堑边坡、露天矿边坡。

填筑边坡：填方经压实形成的边坡，如路堤边坡、渠堤边坡等。

②自然边坡——在工程范围内，有可能影响工程安全的小规模自然斜坡。

1.2.2　边坡的特征

(1) 边坡的自然特征

人工边坡是将自然地质体的一部分改造成为人工构筑物，因此其特征和稳定性很大程度上取决于自然斜坡的地形地貌特征、地质结构和构造特征。自然斜坡由于其地层岩性、地质构造、地下水分布和风化程度的不同，在自然营力作用下形成了不同的形态，如直线坡、凸形坡、凹形坡、台阶状坡等，且其坡高和坡率也千差万别，坡面的冲沟发育和分布密度、植被状况等也不相同，这是设计人工边坡的地质基础和设计的参照对象。

土质边坡由于土体强度较低，保持不了高陡的边坡，一般都在 20m 以下，只有黄土边坡因其特殊的结构特征，可保持较高陡的边坡。较高陡的边坡必须设置支挡工程才能保持其稳定，由于坡面容易被冲刷，常需要设置坡面防护工程。对地下水发育的边坡，更应设置疏排水工程才能保持其稳定。

当不同土层的分界面倾向临空面且倾角较大、相对隔水时，容易沿此面发生滑塌。当边坡底部有软弱土层分布时，也易发生沿软弱土层的滑动。

由于地层结构的复杂性，岩质边坡比土质边坡要复杂得多。首先，由于岩体强度较高，常可保持较高陡的边坡，所以高边坡几乎都是岩质边坡。其次，岩质边坡的稳定性主要取决于其岩体结构、坡体结构，即不同岩性的岩层及构造结构面，特别是软弱结构面在坡体上的分布位置、产状、组合及其与边坡走向、倾向和倾角之间的关系。当软弱结构面或其组合面（线）倾向临空面，倾角缓于边坡角而大于面间摩擦角时，容易失稳破坏。当上覆硬岩、下伏软岩强度较低或受水软化时，也易发生失稳变形。第三，岩质边坡的稳定性还受控于其风化破碎程度，同种岩层风化程度不同所能保持的边坡高度和坡度也不同，典型者如坚硬的花岗岩可保持高陡的边坡，但其风化壳则不能保持高陡边坡。不同岩层的差异风化也影响边坡的稳定性。第四，地下水对边坡的稳定性有重要影响。地下水的分布、水量、水力坡度及其变化，以及自然斜坡的汇水条件都对边坡稳定有重要影响。

边坡设计时必须考虑岩体的强度、构造面、风化程度、地下水情况等设计不同的坡形、坡率和相应的加固、防护和排水设施，才能保持边坡的稳定。

（2）边坡的滑面特征与坡体特征

无论是土质边坡还是岩质边坡，在坡体没有开挖或填筑之前，坡体中不存在滑面，即使坡体中存在软弱土夹层或软弱结构面，也不能视作滑面，因为它们没有滑动的趋势。这正是边坡与滑坡的不同之点。由于不存在实际滑面，因而滑面必须通过分析的方法才能确定，不能采用钻探观察等方法确定。

在边坡开挖或填筑前，坡体上没有滑动与滑动趋势，因而坡体上不会出现变形与滑动迹象。但边坡开挖与填筑后，坡体就可能出现变形与滑动迹象，甚至出现边坡滑塌。由于边坡开挖或填筑引起其滑动的范围有限，所以边坡滑塌的规模与滑坡相比通常较小。由于工程开挖引发的大规模山体滑坡，如古滑坡复活等，一般称为工程滑坡，不再列入边坡范围。

（3）边坡的施工特征

岩土工程的一个特点是与施工过程密切相关，即使设计合理，如果施工过程不当，也会导致岩土失稳坍塌，造成工程失败。为了减少边坡工程事故，边坡的开挖或填筑、支护等施工程序，必须科学地规划。通常只有十分稳定的坡体，才允许在不支护情况下开挖；对比较稳定的坡体采用开挖一段、支护一段的办法，施工过程采用逆作法，即从上向下进行；对很不稳定的坡体需要边开挖边支护，支护紧跟开挖或在开挖前就预先进行支护，坡体施工过程有时要求进行实时监测，以便对施工过程的安全及时做出预报。

1.3 边坡岩体的稳定性分类

1.3.1 边坡的破坏形式

正如前述，广义的边坡破坏形式有崩塌、坍塌、滑塌、倾倒、错落、落石等。下面简述其含义。

崩塌，是陡坡上的巨大岩体或土体，在重力和其他外力作用下，突然向下崩落的现象。崩塌过程中岩体（或土体）猛烈地翻滚、跳跃、互相撞击，最后堆于坡脚，原岩体（或土体）结构遭到严重破坏。

坍塌，是土层、堆积层或风化破碎岩层斜坡，由于土壤中水和裂隙水的作用、河流冲刷或人工开挖坡陡于岩体自身强度所能保持的坡度而产生逐层塌落的变形现象。这是一种非常普遍的现象，一直塌到岩土体自身的稳定角时方可自行稳定。膨胀土斜坡由于土体不断受到胀缩交替作用，强度大幅度降低，甚至坡度 1∶5 的坡体也会产生坍塌。

滑塌，是斜坡上的岩体或土体，在重力和其他外力作用下，沿坡体内新形成的滑面整体向下以水平滑移为主的现象。它与坡体滑坡十分类似，滑坡是沿坡体内一定的软弱面（或带）整体向下滑动。

倾倒，是陡倾的岩体由于卸荷回弹和其他外力作用，绕其底部某点向临空方向倾倒的现象，它可以转化为崩塌或滑塌，也可以停止在倾倒变形阶段。

错落，是被陡倾的构造面与后部完整岩体分开的较破碎岩体，因坡脚受冲刷或人工开挖和震动影响，下伏软弱层不足以承受上部岩体压力而被压缩，引起坡体以垂直下错为主的变形现象。

落石，是指破碎且节理裂隙发育硬质岩斜坡，软、硬岩互层和断层破碎影响带岩块逐渐松动、坠落现象，以及大型危岩倒塌、坠落，统称危岩落石。

关于边坡的变形类型，1978 年美国学者 Varnes 曾按边坡岩土的种类及运动形式提出一个分类表（表 1-2），被广泛应用。

边坡运动的简要分类 表 1-2

<table>
<tr><th colspan="3" rowspan="3">运动形式</th><th colspan="3">物质种类</th></tr>
<tr><th rowspan="2">基岩</th><th colspan="2">工程土</th></tr>
<tr><th>粗粒为主</th><th>细粒为主</th></tr>
<tr><td colspan="3">崩塌类</td><td>岩石崩落</td><td>碎屑崩落</td><td>土崩落</td></tr>
<tr><td colspan="3">倾倒类</td><td>岩石倾倒</td><td>碎屑倾倒</td><td>土倾倒</td></tr>
<tr><td rowspan="3">滑动类</td><td>旋转滑动</td><td rowspan="2">一单元</td><td>岩石转动滑坡</td><td>碎屑转动滑坡</td><td>土转动滑坡</td></tr>
<tr><td rowspan="2">平移滑动</td><td>岩石块体滑坡</td><td>碎屑块体滑坡</td><td>土块体滑坡</td></tr>
<tr><td>多单元</td><td>岩石滑坡</td><td>碎屑滑坡</td><td>土滑坡</td></tr>
<tr><td colspan="3">侧向扩展</td><td>岩石扩展</td><td>碎屑扩展</td><td>土扩展</td></tr>
<tr><td colspan="3">流动类</td><td>岩石流（深部蠕动）</td><td>泥石流（土石蠕动）</td><td>泥流（土蠕动）</td></tr>
<tr><td colspan="3">复合移动类</td><td colspan="3">两个或两个以上主要运动形式的组合</td></tr>
</table>

从便于边坡变形的加固和防治出发，按照变形的深度（规模）、运动特征和物质种类，将其分为坡面变形、边坡变形（变形在人工边坡范围内）和坡体变形（变形超越人工边坡范围）三大类，见表 1-3。

《建筑边坡工程技术规范》（GB 50330—2002）对岩质边坡的破坏形式进行了划分（表 1-4）。这种划分方法适用于坡高小于 30m 的建筑边坡。其目的是依据破坏形式，提供合理的计算模式。它把滑移型岩质边坡分成由外倾结构面控制的岩质边坡与不受外倾结构面控制的岩质边坡。

边坡变形的分类 表 1-3

变形深度 H	运动特征	物质种类
坡面变形（$H \leqslant 2$m）	剥落	软岩剥落，土层剥落
	落石	岩块崩落
	坡面溜坍	堆积层溜坍，风化岩屑溜坍
边坡变形（2m＜H＜10m）	坍塌	堆积层坍塌，破碎岩层坍塌
	边坡滑坡	土层滑坡，风化破碎岩石滑坡
	小型崩塌	土崩塌，岩石崩塌
坡体变形（$H \geqslant 10$m）	崩塌	岩体崩塌
	滑坡	岩体滑坡，土体滑坡
	错落	破碎岩体下错
	倾倒	陡倾层状岩体倾倒

岩质边坡的破坏形式 表 1-4

破坏形式	岩体特征		破坏特征
滑移型	外倾结构面控制	硬性结构面	单面滑与多面滑
		软弱结构面	
	非外倾结构面控制	整体状，块状，散体	沿最不利滑动面滑移
崩塌型	危岩		塌滑，块体失稳倾倒， 沿竖向结构面剪切破坏坠落

由于当前对边坡崩塌型破坏的研究还不够充分，该规范中未列入崩塌型破坏的分析与治理内容。通常崩塌型破坏指危岩体发生崩塌破坏，表 1-5 列出危岩体崩塌的几种类型。

危岩体崩塌类型 表 1-5

崩塌类型	崩塌方式	图例
滑塌式崩塌	危岩沿软弱面滑移，于陡崖（坡）处塌落	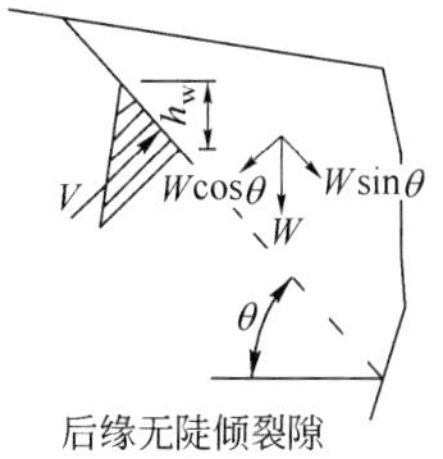 后缘无陡倾裂隙
倾倒式崩塌	危岩体转动倾倒塌落	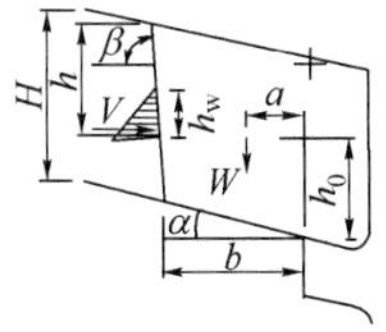 由后缘岩体抗拉强度控制 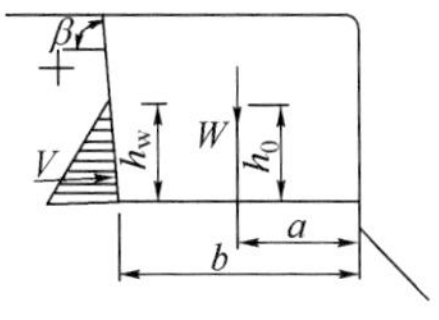　由底部岩体抗拉强度控制

续上表

崩塌类型	崩塌方式	图例
坠落式崩塌	悬空或悬臂式岩块拉断坠落	h; a_0; H; W; b_0; $(H-h)/2$; $(H'-h)/2$; 后缘有陡倾裂隙

1.3.2 岩质边坡岩体的稳定性分类

(1) 岩质边坡岩体稳定性分类的意义

由于岩石工程的复杂性，通过理论计算设计岩石工程有一定难度，因而工程类比设计仍是当前岩石工程的主要设计方法。以隧道工程为例，通常都是通过对隧道围岩的稳定性类别的划定，直接确定岩石荷载与支护尺寸。这种设计方法同样可在边坡工程中应用，可见对岩质边坡进行岩体稳定性分类具有重大意义。一般来说，对边坡岩体进行稳定性分类有两层意义：一是定性确定边坡周围岩体对边坡稳定性的影响，用此评价岩体质量，为工程设计、施工、运行提供依据；二是通过工程类比方法定量确定作用在支挡结构上的岩石压力，以进行支挡结构设计。

近年来，国内外都出现了一些边坡岩体分类，这些分类都在一定程度上考虑了边坡工程的一些特点，但基本上仍保持隧道工程围岩分类的做法，以岩石强度与岩体完整性作为分类的基本指标。其实，岩石强度对边坡工程的影响是不大的，影响边坡工程的主要因素是岩体结构面。至今，还没有一种影响广大和被工程技术人员公认的边坡分类标准。《建筑边坡工程技术规范》(GB 50330—2002) 给出了一种适用于一般边坡的岩体分类标准，它是目前唯一列入边坡工程规范的分类标准，虽然还比较简单、粗浅，但较为充分地考虑了一般边坡的特点。

(2) 影响边坡岩体稳定性的因素

影响边坡岩体稳定性的因素与地下工程有很大不同，例如岩石强度、地应力已不是主要影响因素，而岩体结构面的产状与强度成为影响边坡岩体的主要因素。影响边坡岩体稳定性的因素有岩体的结构类型与完整性、结构面的结合程度、结构面产状、地下水及岩石强度等。其中最主要的影响因素是岩体的完整性、结构面的结合能力与结构面产状。水对边坡稳定性的影响与边坡岩体性质有关，有时是主要影响因素，有时则影响不大。

岩体结构类型与岩体完整性反映了岩体的完整状况。针对边坡岩体，按其完整性可把边坡的岩体结构类型分为五类（表 1-6），块状与层状岩体的划分见表 1-7。

岩体结构类型 表 1-6

Ⅰ	Ⅱ	Ⅲ	Ⅳ	Ⅴ
整体状 巨块状 巨厚层	块状 中厚层 厚层	碎裂镶嵌	碎裂 薄层	散体

块状岩体与层状岩体的划分 表 1-7

岩体状态	岩体结构类型	划分标准
块状	整体状、巨块状结构	裂隙间距大于 1m
	块状结构	裂隙间距 0.4～1m
	碎裂结构	裂隙间距 0.2～0.4m
	散体状结构	裂隙间距小于 0.2m
层状	巨厚层结构	层厚大于 1m
	厚层结构	层厚 0.5～1m
	中厚层结构	层厚 0.1～0.5m
	薄层结构	层厚小于 0.1m

岩体完整性指标常用结构面的发育特征（节理的组数与间距），定量指标采用岩体的完整性系数 K_V。其中

$$K_V = (v_R/v_P)^2$$

式中：v_R——弹性波在岩体中的传播速度；

v_P——弹性波在岩块中的传播速度。

结构面产状与边坡稳定性密切相关，外倾结构面是不利的，尤其当结构面走向与边坡走向相近时。从实际出发，将对倾向与边坡倾向相同，走向与边坡走向的夹角小于 30°的结构面称为外倾结构面。但并非所有外倾结构面都会发生滑动，结构面的倾角在 φ^j～90°（φ^j 为结构面内摩擦角）时结构面都有可能发生滑动，结构面倾角小于 φ^j时岩体不会发生滑动。在竖直边坡工程中，除软弱结构面外，倾角小于 35°时外倾结构面很少出现滑动。外倾结构面倾角越接近 $45°+\varphi^j/2$，越易产生滑动，表明这是一个最不利的倾角，岩体稳定性最差。

结构面结合状况包括裂隙张开度、充填物的厚度与性质。结构面粗糙状况也是影响边坡稳定性的一个主要因素。表 1-8 列出了《建筑边坡工程技术规范》（GB 50330—2002）中给出的结构面结合程度的划分。

结构面结合程度 表 1-8

结合程度	结构面特征
结合好	张开度小于 1mm，胶结良好，无充填； 张开度 1～3mm，硅质或铁质胶结
结合一般	张开度 1～3mm，钙质胶结； 张开度大于 3mm，表面粗糙，钙质胶结
结合差	张开度 1～3mm，表面平直，无胶结； 张开度大于 3mm，岩屑充填或岩屑夹泥质充填
结合很差 及结合极差 （泥化层）	表面平直光滑，无胶结； 泥质充填或泥夹岩屑充填，充填物厚度大于起伏差； 分布连续的泥化夹层； 未胶结的或强风化的小型断层破碎带

岩石强度一般不是边坡岩体稳定性划分的主要指标，但极软岩与强风化岩将会引起边坡岩体的失稳。表 1-9 列出了岩石的强度划分。

岩石的强度划分 表 1-9

岩石强度类型	岩石天然状态下单轴抗压强度 R_c（MPa）
坚硬岩	$R_c \geqslant 60$
较硬岩	$30 \leqslant R_c < 60$
较软岩	$15 \leqslant R_c < 30$
软质岩	$5 < R_c < 15$
极软岩	$R_c \leqslant 5$

水对边坡稳定性的影响视岩体种类不同而异，一般水对软岩与裂隙发育的岩体影响较大，当地面水与地下水对岩体影响严重时，边坡岩体的级别应适当降低。

（3）边坡岩体稳定性分类

影响边坡岩体稳定性的因素主要是岩体的完整性、结构面产状以及结构面的结合程度。从岩体完整性来说，完整性越差，边坡岩体稳定性越差；从结构面产状来说，结构面外倾时，其倾角越接近 $45°+\varphi^{j}/2$，对边坡岩体稳定性越不利；从结构面的结合程度来说，结合越差，对边坡岩体稳定性越不利。根据上述三个因素对边坡岩体稳定性进行分类。

岩体完整性根据结构面发育程度（组数和平均间距）、结构类型、完整性系数和岩体体积结构面数等定性与定量指标综合评定，划分为完整、较完整和不完整三个档次，如表 1-10所示。结构面产状划分为结构面内倾、结构面外倾而倾角大于 75°或小于 35°、结构面外倾而倾角为 35°～75°三个情况。结构面结合程度划分为结合良好、结合一般、结合差、结合很差四个档次。

岩体完整程度划分 表 1-10

岩体完整程度	结构面发育程度		结 构 类 型	完整性系数 K_V	岩体体积结构面数（条/m³）
	组数	平均间距（m）			
完整	1～2	>1.0	整体状	>0.75	<3
较完整	2～3	1.0～0.3	层状结构、块状结构、层状结构和碎裂镶嵌结构	0.75～0.35	3～20
不完整	>3	<0.3	裂隙块状结构、碎裂结构、散体结构	<0.35	>20

注：1. 完整性系数 $K_V=(v_R/v_P)^2$，v_R 为弹性波在岩体中的传播速度，v_P 为弹性波在岩块中的传播速度。
2. 结构类型的划分应符合《岩土工程勘察规范》（GB 50021—2001）表 A.0.4 的规定；碎裂镶嵌结构为碎裂结构中碎块较大且相互吻合、稳定性相对较好的一种类型。
3. 岩体体积结构面数指单位体积内的结构面数目。

在进行分类时，岩体完整、结构面内倾或结构面外倾而倾角大于 75°或小于 35°、结构面结合良好或结合一般分别视为在岩体完整性、结构面产状和结构面结合程度方面属于良好的情况。而岩体较完整、结构面外倾且倾角为 35°～75°、结构面结合差则分别视为在岩体完整性、结构面产状和结构面结合程度方面属于不好的情况。岩体不完整、结合很差的情况单独考虑。某些岩体中有时会遇到一些单个的外倾软弱结构面，如断层、破碎带等，它具有延续长度大、夹泥厚和流塑性大的特点，结构面黏聚力和内摩擦角值极小，是导致边坡岩体失稳的重要因素。但这种情况不是经常遇到的，因而边坡岩体分类中不考虑这类结构面。这类结构面对稳定性的影响另行考虑。

由此，《建筑边坡工程技术规范》（GB 50330—2002）中将边坡岩体分为四类，见表1-11。Ⅰ类属于极稳定（30m高边坡能保持稳定），Ⅱ类属于稳定（15m高边坡能保持稳定），Ⅲ类属于基本稳定（8m高边坡能保持稳定），Ⅳ类属于不稳定。当前文所述三个因素均属于良好时，边坡岩体划为Ⅰ类；当三个因素中有两个属于良好时，划为Ⅱ类；当三个因素中有一个属于良好时，划为Ⅲ类；当三个因素全属于不好时，划为Ⅳ类。岩体不完整、结合很差基本上是碎裂结构和散体结构岩体以及强风化岩体所具有的特征，这种边坡岩体划入Ⅳ类。地下水和岩石坚硬程度对边坡岩体稳定性的影响相对上述三个因素而言是次要的，且影响大小随具体情况的不同而不同，故单独予以考虑。该规范规定，当Ⅰ类岩体为软岩、较软岩时，应降为Ⅱ类岩体；极软岩体可划为Ⅳ类岩体；当地下水发育时，Ⅱ、Ⅲ类岩体可根据具体情况降低一档。

岩质边坡的岩体分类　　表1-11

边坡岩体类型	判定条件			
	岩体完整程度	结构面结合程度	结构面产状	直立边坡自稳能力
Ⅰ	完整	结构面结合良好或一般	外倾结构面或外倾不同结构面的组合线倾角＞75°或＜35°	30m高边坡长期稳定，偶有掉块
Ⅱ	完整	结构面结合良好或一般	外倾结构面或外倾不同结构面的组合线倾角为35°～75°	15m高边坡稳定，15～25m高边坡欠稳定
	完整	结构面结合差	外倾结构面或外倾不同结构面的组合线倾角＞75°或＜35°	
	较完整	结构面结合良好或一般或差	外倾结构面或外倾不同结构面的组合线倾角＜35°，有内倾结构面	边坡出现局部塌落
Ⅲ	完整	结构面结合差	外倾结构面或外倾不同结构面的组合线倾角为35°～75°	8m高边坡稳定，15m高边坡欠稳定
	较完整	结构面结合良好或一般	外倾结构面或外倾不同结构面的组合线倾角为35°～75°	
	较完整	结合面结合差	外倾结构面或外倾不同结构面的组合线倾角＞75°或＜35°	
	较完整（碎裂镶嵌）	结构面结合良好或一般	结构面无明显规律	
Ⅳ	较完整	结合面结合差或很差	外倾结构面以层面为主，倾角多为35°～75°	8m高边坡不稳定
	不完整（散体、碎裂）	碎块间结合很差		

注：1. 边坡岩体分类中未含由外倾软弱结构面控制的边坡和倾倒崩塌型破坏的边坡。
2. Ⅰ类岩体为软岩、较软岩时，应降为Ⅱ类岩体。
3. 当地下水发育时，Ⅱ、Ⅲ类岩体可根据具体情况降低一档。
4. 强风化岩和极软岩可划为Ⅳ类。
5. 表中外倾结构面指倾向与坡向的夹角小于30°的结构面。
6. 表中“不完整”指碎裂结构和散体结构岩体，“较完整”指“完整”和“不完整”以外的情况。

1.4 滑坡的类型与特征

1.4.1 滑坡的类型

滑坡的分类是认识滑坡的基础，国内外都进行了广泛的研究。按照不同的分类指标曾有多种分类，见表 1-12。

滑坡单一指标分类　　表 1-12

序　号	分 类 指 标	类　　型
1	按滑体物质组成	土质滑坡——黏性土滑坡，黄土滑坡，堆积土滑坡，堆填土滑坡
		岩质滑坡——层状岩体滑坡，块状岩体滑坡，破碎岩体滑坡，坡脚软岩滑坡
2	按滑体受力状态	牵引式（后退式）滑坡
		推动式滑坡
3	按滑坡发生时代	古滑坡（全新世以前发生）
		老滑坡（全新世以来发生，现未活动）
		新滑坡（正在活动）
4	按主滑面与层面的关系	顺层滑坡（主滑面顺层面）
		切层滑坡（主滑面切割层面）
5	按滑坡规模	小型滑坡（<10 万 m^3）
		中型滑坡（10 万～50 万 m^3）
		大型滑坡（50 万～100 万 m^3）
		特大型（巨型）滑坡（>100 万 m^3）
6	按滑体含水状态	一般滑坡
		塑性滑坡
		塑流性滑坡
7	按滑体厚度	浅层滑坡（厚度 H<6m）
		中层滑坡（H=6～20m）
		厚层滑坡（H=20～50m）
		巨厚层滑坡（H>50m）
8	按滑面剪出口位置	坡体滑坡（剪出口在边坡上出露）
		坡基滑坡（滑动面在边坡脚以下）
9	按滑坡滑动速度	缓慢滑坡
		间歇性滑坡
		崩塌性滑坡
		高速滑坡
10	按滑坡发生与工程活动关系	自然滑坡
		工程滑坡

（1）按滑坡体物质组成分类是最普遍使用的一种分类标准，能直观地了解发生滑动的物质是什么，它可能沿着什么面（带）滑动。土质滑坡中又分黏性土滑坡，黄土滑坡，堆积土（崩积、坡积、洪积、冲积、冰碛等）滑坡，堆填土（包括堤坝填土及弃渣堆积）滑坡。岩质滑坡是指各种岩体的滑动，包括层状岩体的顺层面滑动、块状岩体顺构造面滑动和破碎岩体顺构造面的滑动及坡脚软岩的挤出性滑动。

这里有两种过渡类型：一种是半成岩地层的滑坡，如昔格达层和共和层的滑坡，既可归入土质滑坡，也可归入岩质滑坡；另一种是上覆厚层土体连同下伏基岩一起滑动，如洒勒山滑坡和黄茨滑坡，上覆巨厚层黄土，但滑动面在下伏泥岩中，虽具有黄土滑坡的外貌特征，但似应归入岩质滑坡更好，因为滑动面受控于岩体结构。

（2）按滑坡的受力状态分为牵引式滑坡和推动式滑坡。牵引式滑坡是具有滑动条件的斜坡，由于河流冲刷、海浪侵蚀或人工开挖，削弱了坡脚的支撑力，使斜坡下部一块体沿潜在滑面先行滑动，而后斜坡中、上部因下部滑动失去支撑而跟着发生第二、三块滑动，国外称其为后退式滑坡。此种情况若采取工程措施及时稳定了第一块滑体，第二、三块滑动将不会发生。推动式滑坡是具有滑动条件的斜坡，主要因中上部崩塌堆载或人工填堤、堆料加载引起斜坡整体向下滑动，一般不再带动上部山体发生大规模滑动。长江北岸的新滩滑坡因上部高百米的广家崖石灰岩崩塌加载造成滑坡周期性滑动。当然，江水冲刷坡脚也是滑坡复活的原因之一。牵引式滑坡常有多个滑坡平台，而推动式滑坡常只有一个滑坡平台，如图 1-2 所示。

（3）按滑坡发生年代分为古滑坡、老滑坡与新滑坡。古滑坡指全新世以前发生的滑坡，即河流一级阶地形成期及以前发生的滑坡，现河流冲刷对其稳定性不再起作用，如分布在一、二、三级阶地后缘的滑坡。老滑坡指发生在全新世以来的滑坡，目前处于稳定状态，即发生在河流岸边（或压埋河床卵石层）暂时稳定的滑坡，河流的冲刷对其稳定性仍然有影响。如南昆铁路八渡老滑坡，其前缘压埋南盘江河床卵石层 40～80m 宽，该段 200m 宽的河床被挤压到 120m。1997 年南盘江发生大洪水，冲刷滑坡前缘抗滑段，造成老滑坡复活。新滑坡是指目前正在活动的滑坡，一般指新发生的滑坡。

（4）按主滑动面与层面的关系分为顺层滑坡和切层滑坡。一般滑坡的滑动面都分主滑段、牵引段和抗滑段。主滑段是首先产生失稳蠕动的部分。主滑段滑面沿岩层面或堆积界面滑动者称为顺层滑坡，主滑段滑面切穿岩层面者称为切层滑坡，如图 1-3 所示。

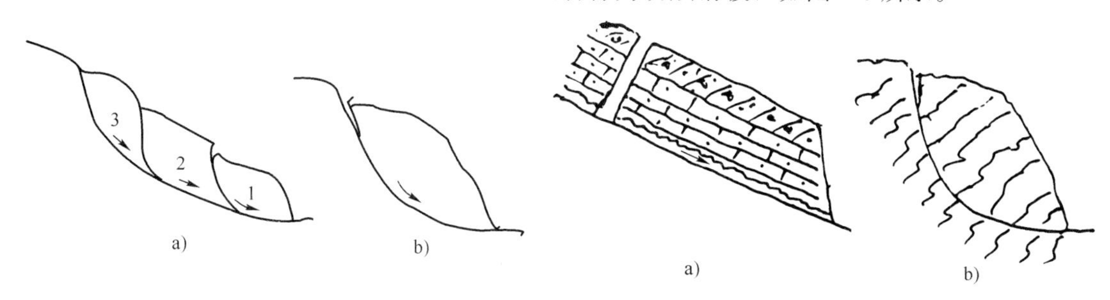

图 1-2　牵引式滑坡与推动式滑坡示意图

a)牵引式滑坡；b)推动式滑坡

图 1-3　顺层滑坡和切层滑坡示意图

a)顺层滑坡；b)切层滑坡

（5）按滑面剪出口在边坡上的位置分为坡体滑坡和坡基滑坡。前者指滑动面在边坡脚以上坡面剪出；后者指滑动面在边坡脚以下一定深度，从边坡脚以外剪出。

其他一些分类比较容易理解，不再赘述。

铁路部门为全面反映滑坡的性质及便于滑坡治理，于20世纪70年代提出一个综合分类表（表1-13），它突出了主滑动面的成因，可供参考。

滑坡综合分类表 表1-13

按滑体物质	按主滑动面成因	按滑体厚度
黏性土滑坡	层面滑坡	浅层滑坡（＜6m）
黄土滑坡	堆积面滑坡	中层滑坡（6～20m）
堆积土滑坡	构造面滑坡	厚层滑坡（20～50m）
堆填土滑坡	同生面滑坡	巨厚层滑坡（＞50m）
岩石滑坡		
破碎岩石滑坡		

1.4.2 滑坡的特征

滑坡的特征包括滑坡的外貌特征，结构特征（滑体、滑面、滑带和滑床），受力特征和发育过程特征等。《滑坡防治》（王恭先，等，1977）、《滑坡的分析与防治》（徐邦栋，2001）及《滑坡学与滑坡防治技术》（王恭先，等，2004）等著作中对滑坡的特征都进行了较详细的论述。本书重点讨论以下一些特征。

1）滑坡的外貌特征

（1）新生滑坡的特征

一个发育完全的正在活动的滑坡具有图1-4所示的特征。

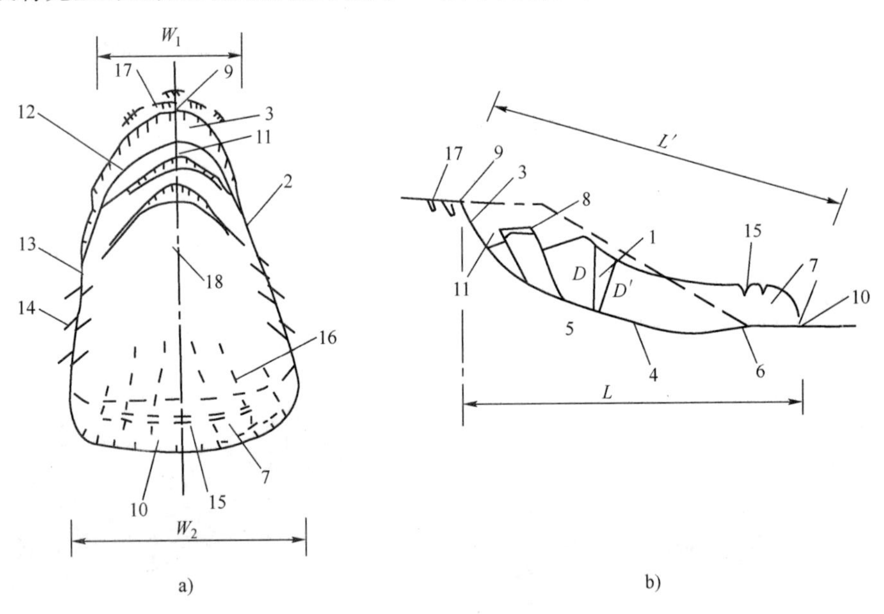

图1-4 滑坡要素平、剖面示意图

1-滑坡体；2-滑坡周界；3-滑坡壁；4-滑动面；5-滑坡床；6-滑坡剪出口；7-滑坡舌与滑坡鼓丘；8-滑坡台阶；9-滑坡后缘；10-滑坡前缘；11-滑坡洼地（滑坡湖）；12-拉张裂缝；13-剪切裂缝；14-羽状裂缝；15-鼓胀裂缝；16-扇形张裂缝；17-牵引性张裂缝；18-主滑线

①滑坡体：滑坡发生后，与稳定坡体脱离而滑动的部分岩土体叫滑坡体，简称滑体。

②滑坡周界：滑坡体与其周围不动体在平面上的分界线叫滑坡周界。它圈定了滑坡的范

围，在多个滑坡构成的滑坡区内，它可以是不同滑动块体的界线。

③滑坡壁：滑坡体上部与不动体脱离的分界面露在外面的部分，高数米至数十米，特大型滑坡也有高数百米以上者，坡度55°～80°，似壁状，故称为滑坡壁。在平面上它多呈圈椅状（环谷状、马蹄状），岩体滑坡中也有呈直线或折线状者。其中最上部高陡部分称为主滑壁，两侧称为侧壁。发生不久尚未坍塌的滑坡壁上常留下清晰的滑动擦痕。

④滑动面、滑动带和滑动擦痕：滑坡体滑动时与不动体间形成的分界面并沿其下滑，此分界面称为滑动面。许多滑坡滑动时在滑动面以上形成一层因剪切揉皱结构被破坏的软弱带，厚数毫米至数米，称为滑动带。滑动擦痕是滑动面上动体与不动体间因相互摩擦而形成的痕迹，它指示滑坡滑动的方向。

滑动面一般呈光滑镜面，多有擦痕。其形状在均质土中多为弧线或曲线状，在堆积土中多呈折线或直线与曲线组合状，在岩石滑坡中呈直线、折线或曲线状。

滑动带一般含水率较其上、下土层高，软弱，可塑或软塑状，黏土颗粒含量也较多，色杂，揉皱严重。由于受滑体滑动力与滑坡床阻滑力一对剪切力偶的作用，在滑动带中常形成由张扭性和压扭性结构面构成的网状裂缝，有时在压性结构面上也形成擦痕。在岩石顺层滑坡中由于受构造作用影响，可在滑动带上、下形成两个滑动面。

⑤滑坡床：滑动面以下的不动岩、土体称为滑坡床。

⑥滑坡剪出口：滑动面最下端与原地面相交剪出的破裂口叫滑坡剪出口，简称滑坡出口。在滑坡大滑动之前它表现为地面隆起、翘出，或建筑物被剪断，大滑动之后常被埋入滑坡体之下。

⑦滑坡舌与滑坡鼓丘：滑坡体从滑坡剪出口滑出后伸入沟、堑、河道或台地上形似舌状的部分称为滑坡舌，国内也有称为滑坡头部（类似泥石流的龙头）的。由于滑动面反翘或滑坡体前部受阻，该部分常形成垂直滑动方向的一条或数条土垄，称为滑坡鼓丘。

⑧滑坡台阶和滑坡平台：滑坡体在滑动中因上、下各段的滑动次序和速度的差异，在其上部常形成一些错台，每一错台形成一个陡壁，称为滑坡台阶。宽大的台面称为滑坡平台，有时该平台具有向山缓倾的反向坡，叫反坡平台，是滑坡的一个典型地貌特征，尤其是沿弧形面旋转滑动的滑坡。

⑨滑坡后缘：主滑壁与山坡原地面的交线称为滑坡后缘。

⑩滑坡前缘：滑坡舌前部与原地面线的交线称为滑坡前缘，其最凸出的地点叫舌尖。

⑪滑坡洼地和滑坡湖：滑坡滑动后，滑坡体与主滑壁之间拉开成沟槽或陷落成“地堑”状，相邻土楔向山反倾形成四周高、中间低的洼地，称为滑坡洼地。当滑坡壁向外渗水或地表水汇集于洼地中形成渍泉湿地或水塘时，就称为滑坡湖。

⑫拉张裂缝与主裂缝：位于滑体上部因滑坡体下滑而张开的长数十米至数百米，方向与滑坡壁吻合或大致平行的裂缝称为拉张裂缝，其中与主滑壁重合的一条称为主裂缝。

⑬剪切裂缝：位于滑坡中下部的两侧，因滑坡体与两侧不动体间发生剪切位移而形成的裂缝称为剪切裂缝，它形成滑坡的两侧边界。

⑭羽状裂缝：滑坡体两侧剪切裂缝尚未贯通前，因动体与不动体间相对位移剪切而形成的呈羽状（雁行状）排列的张裂缝称为羽状裂缝。

⑮鼓胀裂缝：滑坡体下部因下滑受阻挤压隆起形成垣垄（鼓丘），在其上形成垂直滑动方向的鼓胀裂缝。

⑯放射状（扇形）张裂缝：滑坡体下部因下滑受阻而形成的顺滑动方向的压张裂缝，在

滑坡主轴部位大致平行滑动方向，两侧呈放射状（扇形状）分布。在滑坡大滑动前，它先于鼓胀裂缝和滑坡剪出口出现，是抗滑段受挤压的标志。滑坡滑动后，滑体向两侧扩展也可形成张裂缝，在舌部呈放射状分布，故称为放射状张裂缝或扇形张裂缝。

⑰牵引性张裂缝：主滑壁以外因失去侧向支撑而形成的尚未滑动的断断续续的张裂缝，称为牵引性张裂缝。它预示着滑坡可能扩大或主滑壁可能坍塌的范围。

⑱主滑线（滑坡主轴）：滑坡体上滑动速度相对最快的纵向线叫主滑线，也称为滑坡主轴。它代表滑坡整体滑动的方向，可为直线或曲线，位于滑体后缘最高点与前缘最远点的连线、滑坡体最厚、滑坡推力最大的纵断面上。

此外，值得说明的问题有两点：

①我国习惯上将滑坡的下部称为滑坡的头部或舌部，将其上部称为后部，像泥石流一样，是以滑坡的前进方向来命名的；而国外是按山坡的上、下来划分，将滑坡的上部称为头部，下部称为脚部和趾部，与国内的叫法正好相反，这是值得注意的。

②前述要素是指一个发育完全的简单滑坡所表现出的特征。实际工作中遇到的滑坡很少具备这样完整而清晰的要素特征，或因发育不完全或因结构复杂相互干扰而缺失某些特征，这就要根据当地的具体地质条件和滑坡的力学属性具体分析，以判明那些尚不清楚的特征。

（2）古老滑坡的特征

处于稳定状态的古老滑坡具有独特的外貌特征：

①上部环谷状外貌明显，滑坡壁变缓，长有树木或杂草。

②每级滑坡有一个宽缓的滑坡平台，较两侧未动山坡低，与上、下游阶地不在同一高程上。

③中部呈平缓的斜坡，一般为 10°～30°。

④下部则凸出于沟、堑、河道或阶地上，把河沟道挤窄，表现出河流的“凹岸凸出”。

⑤有时在古老滑坡上可见到“马刀树”和“醉汉林”。

（3）高速远程滑动的滑坡特征

高速远程滑动的滑坡，由于滑距达数百米至数千米，大部分滑体脱离滑床，覆盖在前方地面上，滑坡壁高达数十米至数百米，滑体则顺滑动方向呈波浪状平铺在地面上，形成 10°左右的缓坡，其表面的树木和庄稼仍保留。如洒勒山滑坡上一棵柳树滑移 400 多米，只是向山歪斜了约 40°，一对农民夫妇抱着此树死里逃生。当然，有的高速滑坡在滑程上遇到阻挡发生碰撞而解体，甚至变成“碎屑流”，则是滑坡的转化。

（4）滑坡在平面上的特征

滑坡在平面上的特征多种多样，有长条形、簸箕形、椭圆形、横长形、菱形、楔形等，多受物质组成、古地形及构造条件的控制。一个大滑坡区可能有多条、多级滑坡和多期滑动。

（5）滑坡后部特征

在滑坡壁下的滑体上，在大滑动前表现出一条或数条张拉裂缝及局部下错。一旦滑坡发生大的滑动，在其后部常出现陷落洼地和反坡平台。浅层小型滑坡，由于下错高度小，滑移距离短，只出现小的陷落带（裂缝密集带）；厚层大型滑坡，下错高度达数十米，在滑坡壁下常形成宽而深的滑坡洼地（滑坡湖），其外侧形成宽缓的反坡平台，如图 1-5 所示。滑坡陷落洼地的成因为滑体滑移下错时与后壁不动体间拉开较大裂缝，滑体后部产生主动土压破坏填充此裂隙，故形成向山的反倾裂缝带和陷落洼地。反坡平台的形成原因之一是滑体的旋转，之二是后部陷落填塞裂隙对前部的推挤。在岩石顺层滑坡的情况下，由于滑体相对完整，后部除少量坍塌外，常形成宽大的沟槽并露出滑床。

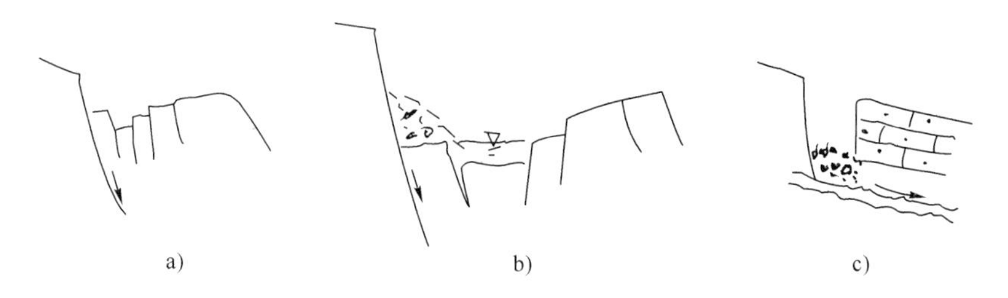

图 1-5　滑坡后部的陷落洼地

a)裂缝密集带；b)陷落洼地；c)后缘拉裂槽

（6）滑坡前部及剪出口特征

滑坡前部由于受临空面的控制，常常形成抗滑段的多条帚状剪出口（新形成的滑动面），如图 1-6 所示。2～3 条剪出口裂缝是常见的。此外，由于抗滑段受阻，在强大的滑坡推力作用下，前部被挤压，地面隆起开裂，形成鼓胀裂缝和垂直滑动方向的垣垄（鼓丘）地形。在岩石顺层滑坡的情况下，在抗滑段常因受挤压而形成岩层褶曲，它与构造褶曲的区别在于裂隙多张开。

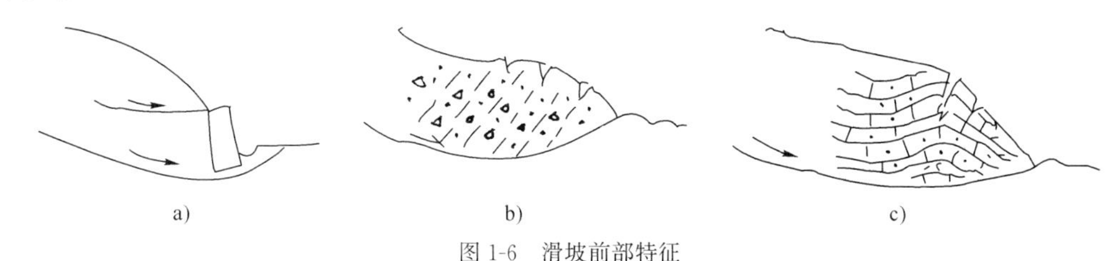

图 1-6　滑坡前部特征

a)帚状剪出口；b)鼓丘和鼓胀裂缝；c)滑坡褶曲

滑坡的剪出口位置是研究和防治滑坡所关注的重点问题之一，因为它涉及滑坡危害范围的大小和治理的难易。如铁路、公路、厂房、渠道等工程设施是局部破坏，还是同滑坡体一起滑移，即所谓“坐船”。剪出口位置高，滑坡可能滑出距离远，危害范围大，像许多高速远程滑坡那样。剪出口位置低于侵蚀基准面或人工开挖面，虽滑动距离不大，但有可能使整个工程设施“坐船”，一起滑动。在较大的河流两岸的不同高程上分布着许多古老的自然滑坡，它们的剪出口多与相应的阶地高程或剥蚀面高程相一致。它们是河流不同时期冲刷而造成的，Ⅰ、Ⅱ、Ⅲ级阶地后缘的滑坡，因失去形成时的冲刷条件，若无新的影响因素，一般处于稳定状态，因其年代久远，外貌变得不甚清楚。而处于现代河床岸边和漫滩上的滑坡，由于河流冲刷作用，常处在活动状态，或暂时稳定状态，外貌清晰。由人类工程活动造成的滑坡，即所谓工程滑坡，不论是古老滑坡的局部或整体复活，还是新产生的滑坡，其剪出口位置常与人工开挖的基面相对应，或在基面以上剪出，或在基面以下一定深度剪出，这取决于地层结构、地下水的聚积和开挖后坡体应力的变化。许多滑坡造成挡土墙“坐船”的情况就是证明。此外，人工开挖洞穴、采空塌陷造成滑坡、水库蓄水造成老滑坡复活或新生滑坡，以及灌溉引起的滑坡，常是人为因素与临空面共同作用的结果。

2）滑坡的结构特征

滑坡的结构特征主要指滑坡在剖面上滑体、滑面、滑带及滑床的特征。其中滑体的构成前面已经述及，它们的特征许多书籍均有说明。滑床岩土主要是风化轻微、强度较高、相对隔水的地层，情况较简单。因此这里重点讨论滑带和滑面的特征，以滑坡的主轴断面为代表。

（1）滑带的物质构成和特征

主滑带对滑坡的产生起控制作用，其物理力学性质取决于其成因、物质组成、密度和含水状态。概括来说，滑带土的类型如表 1-14 所示，说明如下。

滑带土的分类　　表 1-14

按成因分	按物理性质分	按成因分	按物理性质分
堆积物	黏性土	泥化夹层	岩粉
残积物	粉质土	构造破碎带	软岩

①堆积物：第四系的坡积、洪积、风积和冰碛等物质，其细粒含量较多、相对隔水，如黏土、黄土、坡积和洪积的砂黏土等，有时还含有岩屑、碎石和砾石等，颜色较混杂，含水率较其上、下层高，常呈可塑至软塑状，强度低，常形成黏性土、黄土、堆积土和堆填土滑坡的滑动带。

②残积物：主要指一些软岩（如泥岩、页岩、黏土岩、片岩、板岩、千枚岩、泥灰岩、凝灰岩等）顶面风化形成的一层残积土，多已黏土化，由于上覆堆积层的混入和地下水作用，颜色混杂，相对隔水，含水率高，呈可塑至软塑状，强度低，常形成土质滑体沿基岩顶面滑动的滑坡的滑动带。

③泥化夹层：指相对坚硬岩层中间夹的软弱岩层（如泥岩、黏土岩、泥灰岩等）受构造、风化及地下水作用而泥化，相对隔水，强度较低，但颜色较单一。它常构成岩层顺层滑坡的滑动带。

④构造破碎带：指地壳构造运动中形成的倾向临空面的各种规模的断层破碎带，或顺层，或切层，成分为软岩受挤压破碎的岩粉和泥状糜棱物，含有硬岩碎粒、碎块，相对隔水，强度低。它常构成破碎岩石滑坡和大型岩层顺层滑坡的滑动带。

滑带土的一般特征为：

①土体结构被破坏，揉皱严重，多数颜色混杂。

②一般黏粒含量较高，呈泥状或糜棱状，亲水性强，隔水，含水率高，呈可塑至软塑状，强度低。

③已滑动过的滑坡滑动面上有光滑镜面和滑动擦痕。

（2）滑动面的纵断面形态和滑动模式

滑动面在滑坡主轴断面上的形态主要有圆弧形、平面形、折线形、连续曲面形和软岩挤出形。此外，还有沿“V”槽的楔形滑动。

①圆弧形：滑动面为圆弧面或螺旋曲面，它不受地质上先期形成的软弱面（层）控制，主要受控于坡形造成的最大剪应力面，与滑动过程同时形成，因此也有人称其为同生面。滑坡发生前在坡脚附近出现应力集中，剪应力超过该部位土体的抗剪强度造成坡体蠕动，应力调整，坡顶则产生拉力破坏出现张拉裂缝，一旦滑面中段全部出现剪应力大于土体的抗剪强度，滑坡将发生整体滑移。由于滑动面为圆弧形，故以旋转滑动为主。在有地下水活动的情况下，滑动面的一部分常位于地下水位的波动线上，如图 1-7a）所示。这类滑坡多出现在均质土坡和强风化的破碎岩石斜坡上。

②平面形：滑动面为一平直面，它常常是地质上先期已经存在的软弱结构面，如岩层面，构造面（断层错动面、大节理面、片理面等），基岩顶面的剥蚀面，不整合面，老地面，

不同成因的堆积（坡积、崩积、洪积）面等。常见有三种情况：

a. 堆积物（包括坡积、崩积、洪积物及人工堆积物）沿下伏的平直的基岩顶面、老地面或不同成因的堆积面滑动，如图 1-7b)-1 所示。

b. 较坚硬的岩层（如砂岩、石灰岩等）或互层岩层沿下伏软弱岩层（如泥岩、页岩、泥灰岩等）或层间错动带滑动，如图 1-7b)-2 所示。其后缘破裂面为走向与层面走向一致的张裂面，或一组 X 节理面，所以呈直线形或折线形。

c. 半成岩地层，如第四纪初形成的河、湖相地层，如昔格达层，层面非常平缓（倾角仅 5°左右），因含有遇水易膨胀的矿物（如蒙脱石），强度低，上覆岩层沿下伏受水软化的岩层滑动，如图 1-7b)-3 所示。

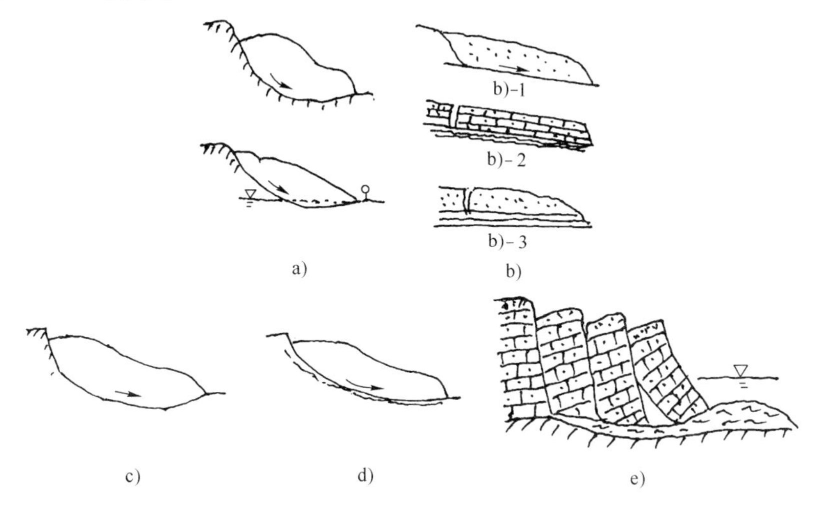

图 1-7　滑动面的纵断面形态示意图

③折线形：滑动面为若干个平直面的组合，如图 1-7c）所示。它可以是基岩顶面的剥蚀面、不同成因或成分的堆积面，也可以是基岩中层面或构造结构面的组合面，是最常见的滑动面形态。

④连续曲面形：滑动面为倾向沟谷等临空面的上陡下缓逐渐变化的软弱岩层或层间错动带，常常是向斜的一翼，形成大型或特大型岩石顺层滑坡，如图 1-7d）所示。如成昆铁路甘洛 1 号砂页岩顺层滑坡，滑面倾角由上部的 40°，中部的 20°～36°，到下部的 15°；四川省云阳县城东长江北岸的鸡扒子滑坡，滑面上部倾角 40°，中部 25°，下部 10°。意大利北部的瓦依昂水库库岸滑坡也属这一类型。由于特殊的坡体结构，山坡上部对下部存在巨大的推力，一旦山坡下部支撑力被减弱，或被冲刷、开挖，或水库浸水软弱带强度降低，或坡体上部堆载，就会形成大规模的岩石顺层滑坡，体积可达数百万、数千万甚至数亿立方米。

⑤软岩挤出形：高陡的坚硬岩层（如砂岩、石灰岩等）陡坡（或陡崖）下伏软弱岩层（如泥岩、页岩、千枚岩等）或破碎岩层，由于下伏的软岩承受不了上覆岩层的重压而产生压缩变形和剪切蠕变，继而向临空方向挤出，上覆岩层先是拉裂，继而下错，随之分块向外滑移，如图 1-7e）所示。国外有人称之为侧向扩展，国内称其为错落型滑坡。在未滑动之前，上覆岩层由于变形松动常发生崩塌。如长江三峡链子崖危岩体，为石灰岩下伏页岩和煤层，由于煤层部分被挖除，承载力不足而变形，引起上覆石灰岩体（高 100m 以上）下沉、拉裂、崩塌。目前以前缘崩塌为主，若不处理下伏煤洞，其发展的结果也是滑坡，只不过这里是人为因素造成的一类滑坡。

⑥“V”槽的楔形滑动：这类滑坡多发生在岩体中，受层面与节理、节理与节理或断层与节理的切割，两组面形成“V”槽，岩体顺两个面的交线滑动，这类变形一般规模不大。

⑦复合型纵断面形态

该类滑动面既包括上述各种滑动面类型的组合，又包括滑体在剖面结构上的组合。即在同一滑坡中，可能包含圆弧形滑动面、单一滑动面、折线形滑动面或属软岩挤出性的变形，在滑坡剖面上也可以有多种组合形式，如图 1-8 所示。其中：a）为多级滑坡，它受控于基岩顶面的形状或岩体结构和构造，多见于阶梯状的山坡上；b）为多层滑坡，一个滑坡中包含有多层滑动面，成因和性质类同或各异，如在一些大型堆积层滑坡和破碎岩石滑坡中，只要有多个可形成滑动面的软弱层存在，就可能形成多层滑坡；c）为多层、多级牵引式滑坡，由于前级 1 先滑动而引起后部 2 和 3 相继失去支撑而滑动；d）和 e）也为多级滑坡，但前、后级间有密切关系，前者为 1 先滑而引起 2 滑动，2 滑动后压在 1 的后部又促使 1 再滑；后者为 1 先动而使 2 受力滑动，2 滑动又使 1 前部失去支撑部分而再滑；f）为牵引式滑动。实际的组合类型还很多，不再一一列举。

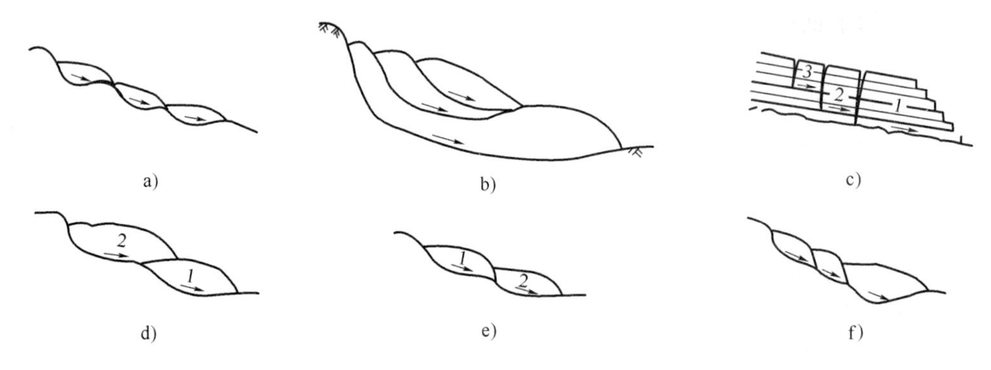

图 1-8　复合型纵断面形态示意图

滑坡在垂直滑动方向横断面上的特征也多种多样，有沟槽形，如堆积土石沿古沟槽形成的滑坡；有平槽形，如黄土沿下伏基岩剥蚀面的滑坡，岩体沿层面或构造面的滑坡；有弧形，如均质土中的滑坡；有三角形，如沿“V”槽滑动的滑坡。此外，还有复合型滑面、多层滑面等。

3）滑坡的受力特征

滑坡的失稳滑动，从某种意义上说是作用于滑坡这一系统的下滑力（滑动力）超过滑床的抗滑力（阻滑力）的结果。下滑力主要来自滑坡体重力沿滑动面的下滑分力，它和滑坡体物质的重度、滑体厚度（h）及滑面倾角（α）有关。此外，还有静水压力、动水压力和地震力等附加力。抗滑力主要为滑动面（带）土的黏聚力和摩擦力，此外，还有滑体两侧不动体的阻滑力等。

（1）滑坡的平面受力状态

滑坡作为一个受力体系，根据其受力特点，将其分为中部平移区、上部受拉区、下部阻滑受压区、两侧剪切区，分别分析其受力特点，如图 1-9所示。由于滑坡的蠕滑先从中下部开始，上

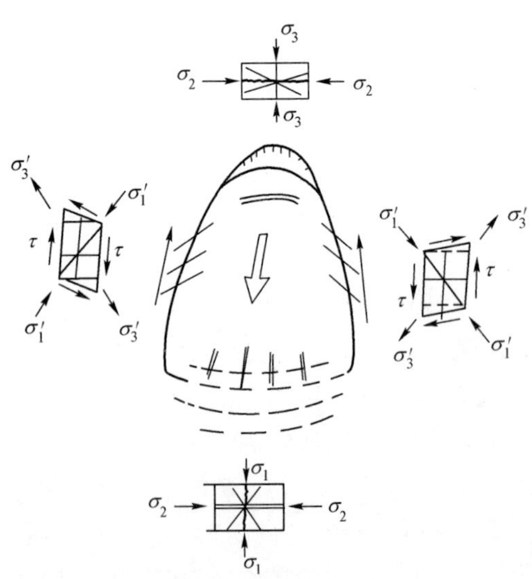

图 1-9　滑坡平面受力状态

部因中部下移而失去侧向支撑力产生主动土压破坏，产生拉张裂缝，因此其大主应力 σ_1 为该段土体自重力（γh，γ 为该处土体重度，h 为相应的滑体厚度），铅垂向下（垂直纸面），小主应力 σ_3 呈水平方向，顺滑动方向，由于 σ_3 减小，故产生垂直滑动方向的拉裂缝，相应的剪切裂缝不发育。中部为整体平移，故该区滑体内裂缝很少或没有，但其两侧因受不动体的阻力，形成了左右两对力偶，并派生出相应的大主应力 σ_1'、小主应力 σ_3'、相应的张扭性裂面和压扭性裂面。由于土体的抗拉强度低，故张扭面表现明显，即在滑坡两侧呈现出雁行排列的羽状张裂缝。反相压扭性裂面表现不明显。与 σ_1' 成锐角相交的一组共轭剪性面有时也发育，使滑坡边缘的剪切裂缝追踪该剪性面和羽状裂缝发育。

下部受压区，大主应力 σ_1 平行于主滑段滑动面，小主应力 σ_3 与其垂直，因此首先出现顺滑动方向（σ_1）的张裂缝，因滑体下部向两侧扩散，故此张裂缝常呈放射状，称为放射状张裂缝。随着滑坡的滑动，垂直滑动方向土体隆起，并产生垂直滑动方向的鼓胀裂缝。

以上是土体滑坡的情况，若是岩石滑坡，受力状态相同，但所产生的相应位置的裂缝往往追踪岩体内已有的构造裂面或其组合面，分布仍是有规律的。

掌握滑坡的平面受力状态及其相应的变形形迹，在识别和分析滑坡发生方面有以下用途：

①一个较复杂的滑坡区，可以据此区分各个滑坡块体，分条、分级。

②对有些滑坡变形形迹表现不完全清楚，或被埋藏部分的形迹可进行推测，圈定滑坡的可能范围。

③可以区分滑坡的“土移区”和“土聚区”，受拉区显然是主要“土移区”，受压区是主要“土聚区”。

④根据变形形迹确定滑坡主轴断面（代表性断面）。

（2）滑坡的纵断面受力状态

上文分析了滑坡的平面应力场及其相应的变形形迹——裂缝。但地表变形是内部受力和变形在地表的反映。为了分析滑坡的内部应力场，仍选择其主轴断面来分析，重点分析滑动面（带）的受力状态。早期人们在研究滑坡时，遇到的多是均质黏土中的弧形滑动面。但是随着研究领域的扩大，发现许多滑坡并非沿弧形面滑动，前面已经介绍了各种滑动面形态。研究表明，许多滑坡具有“三段式滑动模式”，即一般滑坡都有主滑段、牵引段和抗滑段，相应有主滑段滑动面、牵引段滑动面和抗滑段滑动面，如图 1-10 所示。下面分析各段滑动面的受力状态。

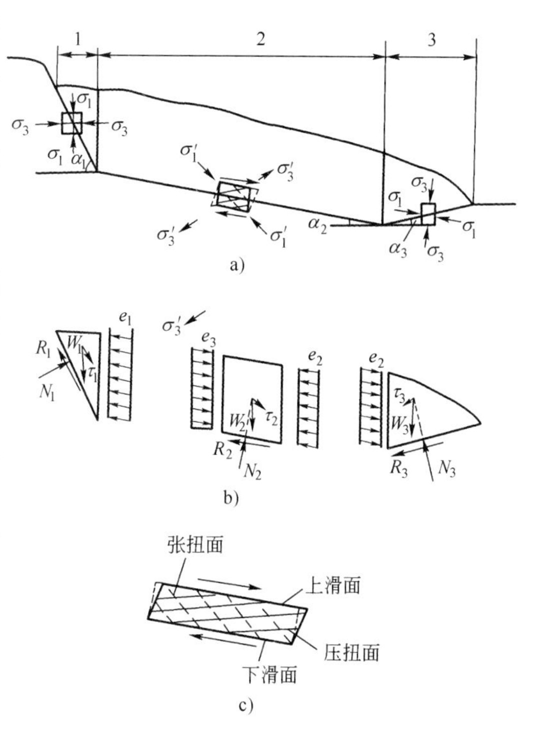

图 1-10　三段式滑动模式及受力状态

1-牵引段；2-主滑段；3-抗滑段

①牵引段

滑坡的滑动是由于斜坡下部受冲刷或切割，或受水作用造成应力调整、坡体松弛，地表水渗入软化滑带，主滑段首先失稳产生蠕动，牵引段因失去侧向支撑而发生主动土压破裂。

因此牵引段的大主应力 σ_1 是该段土体自重力，小主应力 σ_3 为水平压应力。由于 σ_3 的减小而产生主动土压破坏，破裂面与大主应力 σ_1 的夹角为 $45°-\varphi/2$（φ 为牵引段土体的内摩擦角）。破裂面与水平面的夹角 $\alpha_1=45°+\varphi/2$。由于滑坡上部含水程度不高，对黏性土来说，$\varphi=30°$左右，故 $\alpha_1=60°$左右；黄土 $\varphi=35°\sim40°$，$\alpha_1=62.5°\sim65°$；堆积土 $\varphi=40°$，$\alpha_1=65°$；胶结较好的地层 $\varphi=50°$，$\alpha_1=70°$。岩质滑坡，该破裂面则受岩体中已有构造面的控制。

②主滑段

主滑段一般属纯剪切受力，即受平行于滑动面的下滑力与滑床阻滑力构成的一对力偶作用，派生出主压应力 σ_1' 和主张应力 σ_3'，从而形成一组压扭面和一组张扭面。当滑坡位移较大时，在滑动带的上、下形成一个或两个剪切光滑面，并常有擦痕。压扭面也光滑，但倾角比主滑动面陡。有时在钻探中因主滑动面被破坏而在岩芯中见到陡倾角的光滑面，即为此压扭面，它是滑带的标志，但非主滑动面。

③抗滑段

抗滑段受来自主滑段和牵引段的滑坡推力，其大主应力 σ_1 平行于主滑段滑动面，小主应力 σ_3 与 σ_1 垂直，因此产生被动土压破裂面。该面与大主应力 σ_1 的夹角为 $45°-\varphi_1/2$（φ_1 为抗滑段土体的内摩擦角）。该新生破裂面与水平面的夹角 $\alpha_3=45°-\varphi_1/2-\alpha_2$（$\alpha_2$ 为主滑动面与水平面的夹角），α_3 一般反倾向山坡形成地表反翘的剪出口。由于滑坡下部相对积水，φ_1 较小，如取 $\varphi_1=20°\sim30°$，主滑动面倾角取 $\alpha_2=15°$，则 $\alpha_3=20°\sim30°$。不过因受地层结构和临空面条件控制，剪出口常有多条，该段滑动面也具有一定曲面形态。

对于岩石滑坡，以上原理仍是相同的，只是破裂面受岩体中已有构造结构面控制，不像土体中那样规则，而且岩体强度高，反倾角度可以更大一些。

“三段式滑动模式”是一种简化分析，但它具有普遍性和代表性。以上重点分析滑动面的宏观受力状态，视滑体为近似刚体，因此滑体中的应力分布（仅指滑坡推力）按矩形分布考虑，这对于完整的岩石滑坡或半岩质、胶结较好的滑体是适合的，对于含水率较高呈塑性状态或呈散体状态的滑体，可能梯形分布或三角形分布更符合实际，目前实测资料太少，有待进一步研究。

1.5 滑坡变形阶段的划分

任何自然现象都有其发生、发展、消亡的过程，滑坡现象同样也是一个发展变化的过程，是动态的而不是静态的。研究它的发展变化过程，不仅是为了认识它的规律，更重要的是为了有效地预防它和治理它，因为滑坡处在不同的发育阶段，预防和治理措施是不同的。

不同的研究者从不同的角度出发将滑坡的发育过程分成不同的阶段：如日本学者渡正亮比照地貌发育过程把滑坡分为青年期、壮年期、老年期；我国徐邦栋教授将之细分为蠕动阶段、挤压阶段、匀速滑动阶段、加速滑动阶段、固结压密阶段、消亡阶段；《滑坡防治》一书中将其分为蠕动挤压阶段、滑动阶段、剧滑阶段和固结压密阶段；《重庆市三峡库区滑坡危岩勘察规定（试行）》（2002 年 5 月）按照滑动带及滑动面、滑坡前缘、滑坡后缘、滑坡两侧及滑坡体的变形特征将其分为变形阶段、蠕动阶段、滑动阶段和稳定阶段。以上均可供参考。

本书按照滑坡的受力和变形特征将其分为蠕动阶段、挤压阶段、滑动阶段、剧滑阶段和稳定压密阶段（表 1-15），并说明如下。

滑坡发育阶段划分　　表 1-15

变形阶段	滑动带（面）	滑坡后缘	滑坡前缘	滑坡两侧	滑坡体	稳定状态 F_s
蠕动阶段	主滑带剪应力超过其抗剪强度发生蠕动，逐渐扩大并使牵引段发生拉裂	地表或建筑物上出现一或数条裂缝，由断续分布而逐渐贯通	无明显变形	无明显变形	无明显变形	局部 $F_s<1.0$；整体 $F_s>1.0$
挤压阶段	主滑段和牵引段滑动面形成，滑体沿其下滑推挤抗滑段，抗滑段滑带逐渐形成	主拉裂缝贯通，加宽，外侧下错，并向两侧延长	地面有局部隆起，先出现平行滑动方向的放射状裂缝，再出现垂直滑动方向的鼓胀裂缝，有时有坍塌，泉水增多或减少	中、上部有羽状裂缝出现并变宽，两侧剪切裂缝向抗滑段延伸	中、上部下沉并向前移动，下部受挤压而抬升，变松	$F_s>1.0$
滑动阶段	抗滑段滑动面贯通，从地面剪出，整个滑动面贯通，滑坡整体滑移	后缘裂缝增多、加宽，地面下陷，滑坡壁增高，建筑物倾斜	前缘坍塌明显，泉水增多并混浊，剪出口附近出现鼓丘	两侧裂缝与后缘张裂缝及前缘剪出口裂缝完全贯通，两侧壁出现	滑体开始整体向下滑移，重心逐渐降低	$F_s\leqslant1.0$
剧滑阶段	随滑动距离增加，滑带土抗剪强度降低，滑坡加速滑动至破坏	后部形成裂缝带或陷落带、滑坡湖、反坡平台，出现高陡的滑坡壁并有擦痕	滑体滑出剪出口后覆盖在原地面上形成明显的滑坡舌，有时泉水增多形成湿地	两侧羽状裂缝被剪切裂缝错断并形成明显的侧壁，见有滑动擦痕	重心显著降低，坡度变缓，裂缝增多、变宽，建筑物倾斜，上、下出现“醉汉林”	$F_s<1.0$
稳定压密阶段	滑动后滑动带因排水而逐渐固结	滑坡壁坍塌变缓，填塞滑坡洼地，裂缝逐渐闭合	抗滑段增大，滑坡停止滑动，裂缝逐渐闭合	侧壁坍塌变缓	滑体逐渐压密而沉实	$F_s>1.0$

（1）蠕动阶段

一定地质结构的斜坡，由于河流冲刷、海浪侵蚀、人工开挖或加载，或因地下水的增加和地震等作用，引起坡体内部应力调整，在斜坡的中下部产生应力集中，常常在主滑段下段滑动面上的剪应力超过该处土体实有的抗剪强度而产生塑性变形——蠕变，如图 1-11a）所示。随着塑性区逐步扩大，中部坡体向下挤压，引起后部牵引段失稳与稳定坡体间产生主动破裂而出现拉张裂缝，裂缝可能有多条，而其中最外缘的一条为主拉裂缝。开始时裂缝断断续续不贯通，只表明坡体上部发生了变形，随着变形的发展逐渐贯通、延伸和变宽。此阶段滑体中部、前缘及两侧均无明显变形迹象。所谓蠕动，实际上主要指主滑段滑动带的蠕动变形。滑坡虽局部变形，但整体稳定系数 $F_s>1.0$。

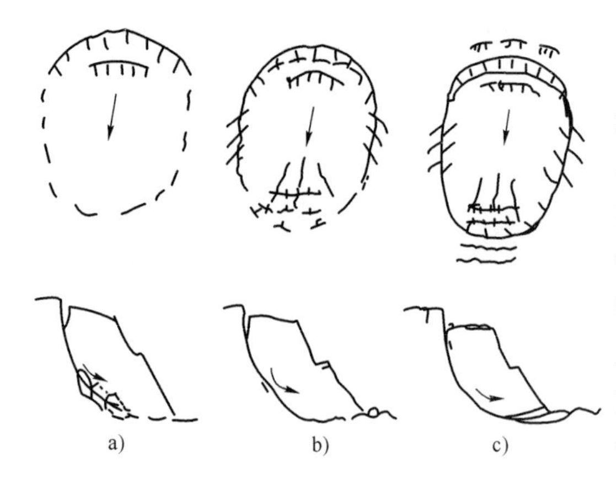

图 1-11 滑坡发育阶段示意图

a)蠕动阶段；b)挤压阶段；c)滑动阶段

（2）挤压阶段

滑坡后缘主拉裂缝出现之后，为地表水的灌入和下渗软化滑带土提供了有利条件，主滑段和牵引段向前移动共同推挤抗滑段滑体，主拉裂缝向滑体两侧延伸并张开加大和下错，滑体中上部两侧出现羽状张裂缝，呈雁行排列。滑坡抗滑段滑动面尚未形成，所以整体受挤压，首先因受挤压而出现大致平行主滑方向的放射状张裂缝，继而出现垂直主滑方向的因坡体被挤压隆起而产生的鼓胀裂缝，开始时断断续续，后逐渐贯通。有时土体因受挤松弛而发生局部坍塌。因前缘受挤压，可因裂缝增多而泉水溢出量增大，大型滑坡则可因前缘挤紧使原有的泉水变干涸。滑坡抗滑段滑动面逐渐形成，其剪出口或在边坡坡脚，或在边坡上，或在坡脚以外断续出现，逐渐连通。滑坡两侧裂缝向下延伸与剪出口裂缝连通，但无明显下错，如图 1-11b）所示。滑坡体表现为中上部下沉和向前平移，而前缘以上升为主，整个滑坡的稳定系数仍大于 1.0，为 1.0～1.05。

蠕动和挤压阶段可以延续几个月、几年甚至几十年，随滑坡地质条件和作用因素的变化而不同。如甘肃省东乡县的洒勒山大滑坡（体积 5 000 万 m^3）1983 年滑下，大滑动前两年山顶上就出现了长大的张裂缝。陕西省蓝田县的敬家村黄土滑坡 1962 年就发现了后缘张裂缝，至 1980 年大滑动，经历了 18 年。长江北岸的新滩滑坡 1964 年山坡上就出现了长 270m 的张裂缝，至 1985 年 6 月 12 日大滑动，经历了 21 年。对工程活动中出现的工程滑坡，增加坡体的支撑力，或主滑段和牵引段减重，减小下滑力，或采取排水措施改变滑坡的水文地质条件，蠕动和挤压阶段的滑坡则不一定发展到滑动阶段而破坏。这是滑坡预防和治理上应很好利用的时机。

（3）滑动阶段

当抗滑段滑动面全部形成和贯通之后，滑坡即进入整体滑动阶段，稳定系数 $F_s\leqslant1.0$，如图 1-11c）所示。滑体上、中、下部滑移速度呈现为同一数量级。滑坡后缘下沉增大，滑坡壁增高。两侧壁逐渐出现，羽毛状裂缝被侧壁剪切裂缝错断。滑坡前缘滑出滑坡剪出口而堆积于沟堑或河道中形成滑坡舌状凸出，部分地面隆起形成鼓丘。整个滑体重心降低，坡度变缓，建筑物变形加大，树木发生歪斜。

不具有抗滑段的滑坡，如一些岩层顺层滑坡，主滑段和牵引段滑动面贯通即进入滑动阶段。

随着滑动距离的增加，滑带土的抗剪强度由其峰值强度逐渐降低到残余强度，阻滑力减小，滑坡会加速滑动而进入剧滑破坏阶段。也会因滑动中排出地下水，减小了滑带土的孔隙水压力，提高了强度，增大了阻滑力，或抗滑段增大而滑坡不再加速，甚至暂时稳定，或呈现周期性的滑移。这在滑床较平缓的滑坡上表现较明显。

（4）剧滑阶段

滑坡开始整体滑动后，经一个短期的匀速滑动，随滑带土强度的降低即进入剧滑破坏阶段。此时，滑坡以较快的速度滑移较大距离，造成较严重的破坏。滑体后部急剧下沉出现陷落洼地（滑坡湖）和反坡平台，形成较高的滑坡壁，壁上可见新鲜的滑动擦痕。滑坡前缘脱离原滑床覆盖在前方地面上形成滑坡舌或前方受阻而隆升爬高。由于滑动中排出地下水而形成湿地。滑坡两侧形成明显的侧壁与后壁连通，上部高而中部低。滑坡体重心大大降低，坡度变缓，滑体上裂缝增多、增大，建筑物严重变形甚至倒塌，滑坡前、后缘因变形大而形成“醉汉林”。

（5）稳定压密阶段

有些滑坡，随着滑体前缘滑出原滑床，阻滑力增大，重心降低，滑动中排出部分地下水减小了滑带的孔隙水压力，滑动过程为加速→等速→减速→停止。第二年雨季，因地下水的作用又重复一次加速→等速→减速→停止的过程。这样周期性的运动可能延续若干年，位移总量不断增大。有些滑坡，多为滑床较陡或无抗滑地段的滑坡，从蠕动挤压到开始滑动，由匀速滑动到加速滑动，直到剧烈滑动而破坏，再趋于稳定，完成一个完整的滑动过程，而不呈现周期性的变化。

滑动后暂时稳定者，多为周期性滑动，它只是滑动过程中的一个循环，并不改变滑动的性质。永久稳定者，或为滑坡大滑动后滑体脱离原滑床而解体，如某些崩塌性滑坡，不再具备滑动条件；或为大滑动之后相当大一部分滑体脱离滑床而堆积于平坦地面上（如河床或阶地面），抗滑力远大于下滑力，且破坏抗滑力的因素（如河流冲刷、人工开挖等）不再起作用，或人为的工程措施改变了下滑力与抗滑力的关系。永久稳定是滑坡的转化，即斜坡由不稳定而转为稳定。滑坡稳定后，滑带逐渐固结，滑体沉实，裂缝闭合，滑坡壁会逐渐剥蚀、坍塌，填塞滑坡洼地。随着时间的推移，滑坡壁趋于稳定并长出草丛和树木。

掌握滑坡的发育阶段，可以充分利用滑坡大滑动前的有利时机预防其发生。在滑坡处于蠕动挤压阶段时，应尽快判明其规模、性质和危害性，立即采取地面排水、简易地下排水（如仰斜孔排水）、减重、反压等容易实施且见效快的措施，减小下滑力，增大抗滑力，阻止滑坡继续发展造成危害。因为此阶段抗滑段滑动面尚未贯通，有较大的抗滑力，主滑段滑带土抗剪强度尚未降至其残余强度，也具有较大的抗滑力。充分利用坡体的自然抗力，可大大节省人为工程数量和投资。这就是滑坡要“治早、治小”的原因。

滑坡发育阶段划分可指导监测工作的布设和进行，为预测预报提供科学依据。监测资料又为滑坡受力状态分析和发育阶段划分提供了依据，两者是相辅相成的。

参考文献

[1] 徐邦栋．滑坡分析与防治．北京：中国铁道出版社，2001

[2] 王恭先，徐峻龄，刘光代，等．滑坡学与滑坡防治技术．北京：中国铁道出版社，2004

[3] 王恭先．滑坡机理概论．中国铁道科学的进步与发展//铁道部科学研究院50周年论文集．北京：中国铁道出版社，2000

[4] 王恭先，李天池．我国滑坡研究的回顾与展望//滑坡论文选集．成都：四川科学技术出版社，1989

[5] 铁道部科学研究院西北研究所．滑坡防治．北京：人民铁道出版社，1977

[6] 陈祖煜．土质边坡稳定分析——原理·方法·程序．北京：中国水利水电出版社，2003

[7] 郑颖人，方玉树，郑生庆，等．岩石边坡支挡结构上岩石压力计算方法探讨．岩石力学

与工程学报，1997，16（6）：529-535
[8] 郑颖人，方玉树．《建筑边坡工程技术规范》中有关侧向岩石压力计算的思路．岩土工程界，2005，5（12）：13-15
[9] 中华人民共和国建设部．建筑边坡工程技术规范：GB 50330—2002. 北京：中国建筑工业出版社，2002
[10] 重庆市质量技术监督局．地质灾害防治工程勘察规范：DB50/143—2003. 重庆，2003
[11] Schuster R L，Krizek R J. Landslides analysis and control. Transportation Research Board，National Academy of Sciences，Washington，D. C.，Special Report 176（滑坡的分析与防治．铁道部科学研究院西北研究所，译．北京：中国铁道出版社，1987）
[12] 山田刚二，渡正亮，小桥澄治．滑坡和斜坡崩坍及其防治．《滑坡和斜坡崩坍及其防治》翻译组，译．北京：科学出版社，1980
[13] The Royal Academy of Engineering. Landslides hazard mitigation with particular reference to developing countries. London，1993

第2章 边(滑)坡勘察

DI'ERZHANG

2.1 工程勘察的基本要求

边坡与滑坡工程勘察的目的在于查清边坡和滑坡所在地段的环境工程地质条件（自然地理、经济状况、地形地貌、地层岩性、地质构造、水文地质及地震活动等）、气象水文及人类活动等作用因素，自然斜坡的稳定状况，以及人类工程活动作用后边坡和滑坡稳定性可能发生的变化，从而评价工程活动的可行性并提出活动方式及应采取的措施或方案建议。

依据边坡与滑坡影响及被保护的建（构）筑物的重要性等级、边坡高度和滑坡规模，以及不同设计阶段的要求，边坡与滑坡勘察可划分为可行性研究阶段的勘察、初步设计阶段的勘察、施工图设计阶段的勘察及施工阶段的补充勘察。可行性研究阶段的勘察是为大方案比选服务的，要求达到基本定性，如边坡所在地段有无大型古老滑坡、崩塌及岩堆存在，是否为岩层顺倾地段，边坡是否位于大型断裂带内，以及边坡开挖后是否会出现大的失稳变形等。初步设计阶段的勘察要求达到基本定量，需查清边坡及滑坡地段的基本工程地质和水文地质条件，当地的降雨、地震、河流冲刷情况，岩土的基本性质及变化趋势，分析边坡开挖后可能产生的变形类型和规模大小，是整体破坏还是局部失稳；若有滑坡、崩塌等不良地质现象存在，应查明其范围、规模、性质、稳定程度和发展趋势，以及工程活动后可能发生的变化，并提出处治建议。施工图设计阶段的勘察要求达到定量，为施工图设计提供足够的资料和设计参数。施工阶段的补充勘察则是根据开挖后地质情况的变化进行必要的勘察，为变更设计提供依据。

边坡和滑坡勘察的一般要求：

（1）充分收集拟建边坡的区域地质资料和图件，包括地形图、地质图、照片、航空照片，主要地层及分布，地质构造，地震区划等。

（2）收集边坡所在地的气象、水文资料及已有人为工程活动资料。包括降雨季节和降雨量，河流水位、冲刷及变迁情况，已有斜坡或边坡的变形类型、规模、部位、发生时间、危害情况及采取的治理措施和效果，以及前人曾做过的勘察资料。

（3）在已有资料基础上编制勘察工作大纲，通过调查测绘、勘探、监测、试验等综合勘察查清以下内容：

①边坡所在地段的山坡走向、坡形、坡率、坡高；各坡段的高度、岩性及风化程度；坡面冲沟分布密度和形态，地表汇水条件；坡面植被的种类、分布和密度等。

②构成坡体的地层岩性及其分布位置、产状、风化程度和厚度，主要地质构造（断层、节理、褶皱等）的分布位置、产状、性质和密度，岩体结构和坡体结构特征等。

③地下水的出露位置、性质、分布特征，含水层数及其出水量、季节变化、水质、补给和排泄条件。

④该地段及其附近有无斜坡变形现象，已有变形的类型、规模、性质、发生位置、形成条件、原因和危害性，以及已采取的防治措施和效果。

⑤当地已有人工边坡的坡形、坡高和坡率，稳定状态及已采取的加固、防护措施和效果。

⑥与边坡和滑坡有关的地层，特别是软弱地层的物理力学性质和参数。

（4）综合已有的和勘察资料，完成工作区 1∶500～1∶1 000 的工程地质平面图（立面图）和 1∶200～1∶500 的工程地质横断面图（滑坡各滑块的主轴断面图），必要时做出纵断面图。结合拟建边坡的位置、走向、开挖深度、宽度、坡形、坡率等评价其稳定性、可能的变形类型和规模，提出设计和加固方案建议，完成勘察报告和图件，为设计提供依据。

2.2 边坡勘察

边坡，特别是高度大于 30m 的高边坡，是将地质体的一部分改造成人为工程设施，因此其稳定性取决于当地坡体的地质条件和人为改造的程度。设计的坡形、坡率和坡高只有适应坡体的结构、构造和强度条件才能保持稳定，否则就会发生变形和破坏。勘察的任务就是查清这些条件。然而，以往人们对边坡的勘察不够重视或勘察工作严重不足，致使设计依据不足，施工开挖后发生了众多边坡变形与滑坡，被迫进行补充勘察，并追加大量投资进行治理，还延误了工期，教训是十分深刻的。

《建筑边坡工程技术规范》(GB 50330—2002）对高度低于 30m 的边坡勘察做出了明确规定，这里我们根据规范的基本要求及各种边坡的不同特点讨论边坡勘察的具体要求和做法，包括以下主要内容：

（1）边坡勘察工作大纲；

（2）边坡调查测绘；

（3）边坡勘探；

（4）边坡动态监测；

（5）边坡的岩土试验；

（6）边坡的稳定性分析；

（7）边坡勘察报告的内容。

2.2.1 边坡勘察工作大纲

承接一段边坡的勘察任务后，在收集已有资料的基础上经过现场踏勘，应编制出边坡勘察工作大纲，指导整个勘察工作，其内容包括：

（1）任务来源、目的及技术要求；

（2）边坡地段的地理位置、社会经济概况和交通情况；

（3）勘察采用的技术方案、主要技术手段和勘察工作量；

（4）人员组成；

（5）主要仪器和机具设备；

（6）勘察进度安排和工作流程；

（7）勘察报告的主要内容和附件；

（8）经费概算。

2.2.2 边坡调查测绘

边坡的调查测绘是边坡勘察中最基本、最主要的工作，它将从宏观上、整体上掌握边坡所在地段的地层岩性、坡体结构和构造格局；判断边坡可能发生整体失稳还是局部变形，以及变形的类型、机制和规模大小；并提出勘探线，点的布设位置、数量和深度，以及是否需要进行动态监测等。

边坡调查测绘，目前尚无公认的统一方法，一般仍是采用普遍适用的工程地质调查测绘方法，但针对边坡工程的特点，又有其特殊的要求和做法：

①调查范围顺边坡走向应超出边坡范围100～200m，以便于地质条件的对比。垂直边坡走向上（即横断面上）向上应达到稳定地层，向下应达到当地侵蚀基准面（河底或沟底），以便预测可能发生的变形发展深度。

②充分利用当地河岸、沟岸和山坡上的基岩露头及人工开挖面（如堑坡、采石场、坑、洞等）调查稳定地层的岩性和产状、构造分布及其与临空面、开挖面之间的关系。

③调查由整体到局部、由宏观到微观，面、线、点相结合步步深入，先从整体上掌握整个坡体的结构、构造格局和稳定性，再分段、分层调查各个局部的不同特征，以及已有的和潜在的变形类型和范围，逐一做出评价。

④工程地质对比法是调查评价的基础。

一般调查以下内容：

（1）自然山坡形态特征和稳定状况

调查内容包括自然山坡的坡形、坡率和坡高，如直线坡、凹形坡、凸形坡、台阶状坡，每一坡段的高度、坡度及横向展布长度。它们的形成与不同岩性的地层分布、性质和风化程度有什么内在联系。硬岩层常形成陡坡和陡崖，甚至是峡谷，软岩则形成缓坡和宽谷。硬岩峡谷段多出现危岩、崩塌和落石，软岩宽谷段则多滑坡。

从山坡形态调查中还应区分出不同岩土类型的稳定坡、不稳定坡和极限稳定坡。

稳定坡表现为坡面平直、形态圆顺，无坡度突变处的陡坎；岩性较单一或为均匀互层；无不良重力地质现象出现，坡面冲沟分布较均匀且顺直。

不稳定坡表现为坡面凸凹不平，有台坎、平台，但分布不规律。若有滑坡则表现出滑坡特有的地貌特征；若有崩塌落石则山坡上部有崩塌遗迹，坡脚或坡面有块石堆积；若有坍塌则表现为多处上陷下凸的不顺特征。坡面冲沟分布不均且不顺直，沟岸常不稳定，有坍塌及堆积，甚至有堵沟现象。坡面树木不竖直，有东倒西歪现象，或有“马刀树”“醉汉林”分布。

极限稳定坡是居于稳定坡与不稳定坡之间的一种过渡状态，当山坡的平均坡率达到或接近岩土的最大休止角时即处于极限稳定状态。外貌上表现为坡面基本平顺，有少量或局部不平顺，有少量裂缝出现，无大的变形迹象。它表明只要再受到自然和人为的作用就会发生变形。

（2）地层岩性

地层岩性是构成斜坡的物质基础。岩土的成因和性质决定了其能保持的稳定坡率和高度。土层，包括各种成因的黏性土，黄土，崩积、洪积、冲积、残积成因的土，各有其不同的颗粒组成、密实程度、含水状态和强度特征，因此有不同的稳定坡率。如膨胀土只能保持十几度的稳定坡；老黄土可保持近垂直的陡坡；新黄土陡于45°就可能变形；崩坡积块石土可形成30°～35°的岩堆和坡积裙；洪积土则随形成时的含水率大小，有的只有几度到十几度（如洪积扇），有的可达20°～30°（如洪积锥）。岩层的差别很大，坚硬岩石可形成数百米、上千米的陡坡，而软岩坡高数十米、上百米就会发生变形。

岩层面和不同成因、不同时代岩层的接触面（如坡积与洪积接触面、风化界面、整合面与不整合面）是坡体结构上的软弱面，它们的产状常常控制边坡的稳定。当这些面倾向开挖面有地下水作用时，常会发生变形，有多层软弱面就可能形成多层、多级滑坡，如岩石顺层滑坡和多层堆积层滑坡。岩石的风化程度不同，具有不同的强度，所能保持的坡高和坡度也不同。

如20世纪60年代成昆铁路通过成都郊区狮子山膨胀土丘陵区，边坡高度不足20m，路堑两侧发生了众多滑坡，边坡坡率放缓至1∶3～1∶4仍然滑动，后来用支撑盲沟排水后才保持了稳定。21世纪初，重庆市万县至梁平高速公路有20km选在砂泥岩顺倾地段，倾角达25°～30°，边坡高20～40m，开挖后近30个边坡发生了顺层滑动。弱微风化的花岗岩能保持高陡的边坡，但其强风化层高边坡却出现了众多变形。

（3）构造结构面

对岩质坡体的稳定性起控制作用的除层面外主要是构造结构面，因此构造结构面的调查测绘是非常重要的。宽数十米至数百米的区域性断裂带造成岩体碎裂，形成陡坡中的缓坡段，铁路、公路等线状建筑物平行穿过该带时，常发生线状分布的一连串边坡变形，如宝鸡—天水铁路沿渭河断裂带、成昆铁路沿石棉—普雄断裂带，滑坡、坍塌、崩塌、落石灾害严重，且规模巨大，治理困难。在岩体相对完整的坡段则应重视小构造的作用，小的断层、错动、节理，虽然规模小，但当它们密集分布，倾向开挖面和临空面，或有不利的组合，或下伏于坡脚时，常常造成边坡失稳。特别是那些贯通性、延伸性、隔水性好的构造面更不利于边坡的稳定。崩塌受构造面控制众所周知，即使是块状坚硬岩体（如花岗岩体）中的滑坡也受构造面的控制。曾在310国道宝鸡—天水段遇到一花岗片麻岩沿弧形大节理面的滑坡；在秦岭山区遇到一花岗岩高边坡，设计坡率1∶0.35，坡高不足40m，开挖半年后因坡脚一小断层（宽2.85m）先引起坍塌，后发生沿倾向临空的倾角37°的节理面滑坡，裂缝长100余米，变形影响高达90m。所以，岩质边坡的调查测绘更应注意小构造的调查测绘及其相互切割的配套分析，包括结构面的产状、性质、密度、延伸长度，结构面间的充填物及含水状况等，及其与开挖面的关系。

（4）地下水

水是边坡失稳变形的重要因素。除调查边坡汇水条件外，更应重视地下水出露情况的调查，包括地下水露头（泉水、湿地）位置，形态（线状、点状、是否承压），流量，水温，水质等，并分析地下水对边坡稳定性的影响。地下水呈线状出露处，其下的隔水层常是岩性软弱、遇水软化、容易发生变形的部位。

（5）坡体结构

坡体结构是坡体内岩、土体及结构面的分布和排列顺序、位置、产状及其与临空面（边坡开挖面）之间的关系，它是边坡稳定或失稳变形的地质基础。在上述地质调查的基础上，应分析边坡所在坡体结构类型，从而可预测边坡开挖后可能出现的变形类型和发生的部位。

根据实践经验，将坡体结构划分为以下类型，见表 2-1。

坡体结构类型 表 2-1

坡体结构类型	结构特点	变形类型
类均质体结构	黏土、黄土、堆积土、残积土等类均质结构，无明显软弱结构面倾临空	坍塌，溜坍，沿弧形面滑动
近水平层状结构	土层、半成岩地层、岩层，产状近水平（倾角小于10°），软硬相间，近垂直节理发育	土层坍塌，滑动；硬岩崩塌，挤出性滑动，切层滑动
顺倾层状结构	土层、堆积层、岩层面倾向临空面，倾角大于10°，常有软夹层，有渗水	最易发生顺层牵引式滑坡，具有多层、多级特点
反倾层状结构	岩层面倾山内，倾角大于10°，单一岩层或软硬岩互层，节理较发育	一般较稳定，有切层滑坡和倾倒及V形槽崩滑
斜交层状结构	岩层面倾山或倾临空，层面走向与坡面走向夹角小于35°，有软夹层，有渗水	层面和节理面控制的滑坡和崩塌
碎裂状结构	构造破碎带，岩体呈碎块石状，常有次级外倾破碎泥化带，渗水	坍塌，沿软弱带滑坡
块状结构	厚层块状岩体，强度高，但节理发育，有时有外倾小断层	沿节理面崩塌或沿构造面滑坡

①类均质体结构

如黏性土、黄土、堆积土（崩积、坡积、洪积和冰积）和残积土层结构，无明显软弱夹层，其可能的变形类型为坍塌及沿弧形滑动面滑动的滑坡。当地下水发育，含水率过高时，会发生溜坍，属于土质边坡稳定问题。

②近水平层状结构

指土层、半成岩地层和岩层产状近水平（倾角小于10°），一般较稳定。但有上覆层沿下伏基岩面的顺层滑动，如膨胀土滑坡；也有同种土层中的滑坡。当上覆厚层硬岩层、下伏软岩时，既会发生硬岩的崩塌，又会形成错落性（软岩挤出型）滑坡，此外还有切层滑坡。

③顺倾层状结构

土层或岩层面倾向临空面（开挖面），倾角大于10°，最易形成顺层面和接触面的顺层滑坡。当有软弱岩层或夹层时，倾角10°～30°最易滑动。当有多个软夹层时，会形成多层滑坡，并具牵引扩大特点。当无软夹层时，倾角30°也不一定滑动，它取决于层面倾角与层间综合内摩擦角的对比，前者大于后者时才会滑动。这类边坡失稳变形最多，应特别重视。

④反倾层状结构

岩层面倾向山体内，一般稳定性较好，失稳者少，但有受节理面控制的崩塌。当岩体受构造破碎或下伏软岩时会形成切层滑坡。软质岩层倾角较陡（大于70°）时，易发生倾倒变形。

⑤斜交层状结构

指层面倾山或倾临空，但其走向与边坡走向斜交，夹角小于35°，常受层面和节理面两者控制发生滑坡和崩塌。当夹角大于35°时，很少发生滑坡变形。

⑥碎裂状结构

指大断层破碎带或多条断层交会处，岩体十分破碎，又存在倾向临空面的次级小断层。因此，既有坍塌变形，又有沿小构造的滑坡变形，也可发生沿弧形面的滑动。

⑦块状结构

指厚层块状岩体，岩块强度高，如花岗岩、玄武岩等，一般边坡稳定受风化程度和构造面控制。当有倾临空面的构造面及其组合，且有地下水作用时，易发生崩塌和滑坡。

（6）已有边坡变形

若边坡地段已经有古老的或正在活动的斜坡变形现象，如坍塌、滑坡、崩塌等，应详细调查它们的类型、规模、分布位置和主要地层等，分析其产生的条件和原因，并对其稳定性进行评价和预测，与拟建边坡进行对比分析。

通过以上调查测绘，对自然山坡和拟建边坡的稳定性可做出初步评价，对需要通过勘探验证的部位安排必要的勘探和取样。

2.2.3 边坡勘探

在地面调查测绘后尚不易查明的情况，如地层埋藏情况，风化界线、埋藏构造、软弱面和潜在滑动面的形状和埋深，地下水的含水层、隔水层等，需通过勘探予以查明。一般勘探采用地球物理勘探，坑、槽、洞探和钻探相结合的综合勘探方法，并应首先考虑采用速度快、花费少的物探和坑、槽探，以减少钻探数量。

（1）勘探线、点的布置

勘探线的多少应根据勘察阶段的不同而有区别，可行性研究阶段以地面调查为主，一般不安排勘探；初步设计阶段必须布置少量勘探，一般一段边坡布置1～2条勘探线，有滑坡时，每一滑坡主轴线应布置1条勘探线；施工图阶段则应每30～50m布置1条勘探线，并应有拟设工程位置的勘探断面。

勘探线上勘探点的密度，物探点间距为10～20m，钻探和坑、槽探点间距为30～50m，一条线上不能少于3个勘探点。

（2）勘探深度

勘探深度取决于地面调查后推测的需要查明的地质界线的深度及可能发生变形的深度，一般应比以上深度加深5～10m。此外，至少应有一孔深度达到当地最低基准面（河沟底或路基面）以下5～10m，这样做一方面是防止遗漏最深的破坏面，另一方面是设置加固工程查清基础情况的需要。

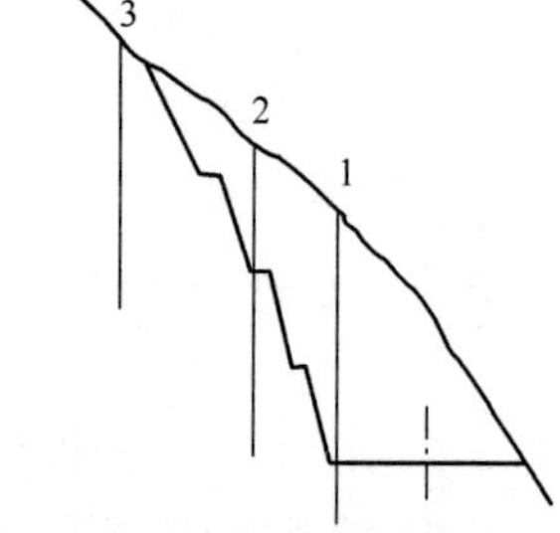

图2-1 钻探点的布置示意图
1,2,3-钻孔编号

钻探点在横断面上的布置如图2-1所示。在拟定边坡的坡脚应有控制性钻孔，其深度应达路基面以下8～10m，一方面控制坡脚软弱地层的分布，另一方面为坡脚支挡工程（如桩）提供基础资料。边坡中部的钻孔，其深度达路基面高程即可。边坡顶部钻孔只要控制地层及深于推断破坏面以下3～5m即可满足要求。只有当整个路基有滑动可能时，才在边坡另一侧布置钻孔。有特殊要求时可适当增加钻孔。

勘探深度一般要达到中风化和微风化岩层内3～5m，必须揭露覆盖层和强风化层的厚度，因为这是容易发生变形的地层。当遇到岩堆或厚层堆积体，整个边坡均在堆积体中时，应揭露基岩顶面的形状，以便评价整个堆积体的稳定性。此时钻入基岩的深度应大于当地所见最大孤石的直径的1.5倍，以免误将孤石判定为基岩。

（3）勘探方法的选择

①物探是钻探的重要补充，它可以查明整个边坡体内的地层分布、埋藏断层和构造破碎带的位置、风化界线及过湿带的分布。虽精度不高，但造价低、速度快，可减少钻孔数量。物探线一般沿地形等高线布设以减少地形影响，其探测深度应大于钻探深度。

物探多采用电测深法和地震法，前者有利于查清地层和地下水分布，后者能较准确划分地层界线，可结合使用。

②对特别重要、高大而复杂的边坡，如水利工程边坡，重点部位可布置井探和洞探，它可以更清楚地揭露地层、构造和地下水情况，并可进行试验取样或进行原位试验。

③地表覆盖层较厚、基岩露头少的地区，地面调查有困难，可在覆盖层较薄处布置坑、槽探以查明地下地质条件。

④钻探是边坡地质勘探的最主要手段，为了查明控制边坡稳定的软弱地层、构造结构面的位置和地下水情况，要求有较高的岩芯采取率，一般不小于85%，以免漏掉软弱夹层。钻探方法不应采用开水正循环钻进方法，因为它会冲掉薄的软弱夹层，且查不清地下水的分布。建议采用无泵反循环钻进方法，其基本原理是：在岩芯管顶端接头顶部放一光滑钢球，岩芯管上部接一根长1m的短钻杆，其上钻两个孔眼。每次下钻具前向钻孔中倒入一桶冷却用水（有地下水时不倒水），钻具下入钻孔后，随岩芯进入岩芯管，岩芯上部的水顶开钢球从钻杆上孔眼流出进入钻孔冷却钻头，如图2-2所示。它的最大优点是岩芯采取率高，可达90%以上，不会漏掉软弱夹层，不会改变岩芯内部的含水状态，能及时发现地下水。其缺点是钻探速度较慢，尤其是岩层钻探，每回次进尺0.3～0.5m，提钻次数多。目前采用的双筒岩芯管虽可提高岩芯采取率，但仍无法查清地下水情况；也可采用风冷却双筒岩芯管钻进方法。

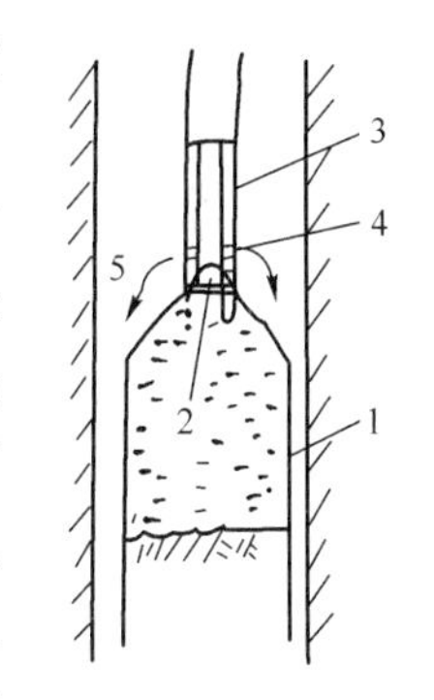

图2-2 无泵反循环钻具示意

1-岩芯管；2-钢球；3-短钻杆；4-短钻杆上孔眼；5-反循环水流

当边坡岩土体内有较丰富的地下水分布时，应进行抽（提）水试验，查明各层水的分布、流量、补给和排泄方向等，为排水设计提供依据。

2.2.4 边坡动态监测

当拟建边坡高度较大，边坡顶部附近有重要建（构）筑物，或边坡已经发生变形时，应在勘察中布设监测点、线或网进行动态监测，其监测内容和方法详见第13章边（滑）坡工程的监测和预报。

2.2.5 边坡的岩土试验

为了进行边坡的稳定性计算和加固工程的设计，必须在勘察中对构成边坡的岩土取样并进行物理力学试验。取样应包括构成边坡的所有地层，特别是对边坡稳定起控制作用的软弱地层。考虑岩土的不均匀性，每种岩土取样应不少于3组。一般情况下对尚未变形的边坡应取原状非扰动样，对已经变形或滑动的边坡可取原状样和部分扰动样以满足不同状态下稳定性检算的需要。

关于岩土的试验内容，土质边坡与岩质边坡有所不同。土质边坡主要包括各类土的天然重度、饱水重度、天然含水率、饱和含水率、液限、塑限、塑性指数、颗粒组成，以及天然和饱和状态下的黏聚力 c 和内摩擦角 φ。对具有膨胀性的土应试验其自由膨胀率和膨胀力，对具有湿陷性的黄土则应测试其湿陷系数和等级。岩质边坡实践证明其失稳破坏主要受构造结构面和软弱岩层（或夹层）控制，因此其试验内容除岩层的重度外主要是测定结构面和软弱岩层的强度参数，包括其单轴和三轴抗压强度，不同含水状态下的黏聚力 c 和内摩擦角 φ，以及一些特殊岩层的崩解性、胀缩性等。有时因取样困难需进行现场原位剪切试验。

工程设计中还需要提供地基岩土的承载力、摩擦系数、弹性地基系数 k，以及其随深度变化的比例系数 m 等参数。

岩土的试验方法参见有关规范和手册。

2.2.6　边坡的稳定性分析

边坡的稳定性分析常用两种方法，即工程地质综合分析法和力学平衡计算法。工程地质综合分析法是最基础的方法，它根据边坡体的岩土体构成、分布、性质、地质构造、水文地质条件，以及自然和人为作用因素的影响，与已有边坡的对比等分析边坡的整体和局部稳定程度，可能发生的变形破坏类型（滑动、崩塌、坍塌等）、部位、破坏面的形态等，为力学计算提供边界条件。

坡体结构控制着边坡破坏面的形态和破坏模式，如类均质土坡常发生圆弧形的滑动破坏，而二元或三元结构的土坡则可能沿其交界面发生滑动。土坡常由岩土的强度和含水状态控制其稳定性；岩质边坡则既受岩体强度控制，更受其不利结构面组合控制，有时还受风化程度控制。工程地质分析方法参见第 7 章边（滑）坡稳定分析与评估部分，关于力学计算方法参见第 3～7 章。

2.2.7　边坡勘察报告的内容

边坡勘察工作结束后应提交边坡勘察报告，有时称“边坡岩土工程勘察报告”，其内容一般包括：

（1）任务来源及技术要求

包括边坡背景材料、勘察的目的，业主的委托及对勘察的技术要求，所采用的技术手段及完成的工作量等。

（2）边坡区的地理位置、自然环境、气象水文特征

（3）边坡的地质环境

包括当地一定区域的地形地貌、地层、岩性、地质构造、地震烈度，边坡体的地形形态，植被，冲沟，地层岩性及分布位置和风化程度，主要构造裂面的产状、分布位置及其与临空面之间的关系，水文地质特征等。

（4）边坡坡体结构特征

包括坡体结构类型和特征，可能发生的变形类型和破坏部位及破坏模式，可参见本章 2.3 滑坡勘察部分。

（5）边坡的变形特征

对已经发生的自然斜坡和开挖边坡的变形描述，包括变形的类型、规模、分布位置和范围，变形发生的条件和原因，变形历史过程和危害性。

（6）自然和人为作用因素，特别要找出主要作用因素

（7）边坡稳定性评价

采用工程地质综合分析与力学计算法评价边坡的整体和局部稳定性，划分出稳定边坡、欠稳定边坡和不稳定边坡。

（8）建议的预防、防护和加固措施

（9）报告附件

①边坡区工程地质平面图（1∶500～1∶1 000）或立面图（1∶500）；

②边坡代表性断面图（1∶200～1∶500）；

③边坡稳定性计算成果；

④岩土水试验资料；

⑤钻孔柱状图、试坑（探井）展示图；

⑥变形监测资料；

⑦有关照片。

2.3 滑 坡 勘 察

滑坡勘察的目的在于用各种勘察手段查明滑坡的环境地质条件、规模、范围、性质、原因、变形历史、危害程度和发展趋势，为有效预防和治理滑坡提供科学依据。其基本工作方法同一般工程地质调查和勘探，但有一些特殊的要求和做法，这里只就其特殊性进行介绍。滑坡的勘察同样应根据不同设计阶段的要求分踏勘、初测和定测等阶段而有不同的要求深度。

滑坡勘察包括以下内容：

（1）勘察大纲的编制；

（2）滑坡的调查测绘与识别；

（3）滑坡勘探；

（4）滑坡动态监测；

（5）滑带土的物理力学试验；

（6）滑坡的稳定性评价和发展趋势预测；

（7）建议的预防和治理措施；

（8）勘察报告的主要内容。

在介绍滑坡的勘察方法之前，先介绍一下滑坡的形成条件和作用因素，便于认识滑坡和指导勘察工作。

2.3.1 滑坡的形成条件

滑坡的形成条件包括地形条件和地质条件。

（1）地形条件

①统计表明，滑坡主要发生在20°～45°的山坡上，大于45°的山坡多崩塌而少滑坡，缓于20°者滑坡也较少，有些软弱层如黏性土自然山坡可能只有10°左右，但滑坡多发生在人工开挖的沟、堑边坡上，边坡坡度远大于10°。

②在河谷两岸，峡谷区多崩塌而少滑坡，如长江三峡的狭谷区相对高差数百米，但滑坡很少；相反，在宽谷区则多滑坡而少崩塌，这是因为之所以能形成宽缓河谷，是由于岸坡岩性软弱易被河流冲刷和切割，所以容易形成滑坡。滑坡更多见于宽谷与狭谷的交界部位。

滑坡多出现在河流的冲刷岸（凹岸），主要是由于河流冲刷削弱了斜坡下部的支撑力。

③平顺的直线坡一般稳定性较好，很少发生滑坡。上陡下缓的凹形坡也较稳定。但若是滑坡堆积地形则潜在不稳定。

上缓下陡的凸形坡除岩性和风化原因外，一般稳定。阶梯状坡可能产生某些坡段的滑坡，陡坡崩塌而缓坡滑坡。有的阶梯状斜坡就是古老滑坡所形成。选线时切不可只从地形平缓考虑将路线放于缓坡或其下部。山区铁路许多车站设在古老滑坡体上，施工后滑坡复活，教训是十分深刻的。

④支沟与主沟（河）交汇处的山坡常常因双向切割侵蚀（或有构造作用）而容易发生滑坡。

（2）地质条件

①易滑坡地层

大量滑坡调查统计表明，我国的易滑坡地层如表 2-2 所示。该表几乎涵盖了所有地层，但主要是易形成滑动面（带）的软弱地层和构造破碎带。在这些地层分布区进行工程建设时，应特别注意滑坡问题。

我国易滑坡地层汇总　　　　表 2-2

滑坡类型		岩土组合类型	滑动面特征	分布地区
土质滑坡	堆积土滑坡	崩积、坡积、洪积、冰碛、残积及部分冲积物	堆积层面、基岩顶面	河谷缓坡地带
	黄土滑坡	各种黄土、含钙质结核、古土壤和砂砾层	同生面、不同黄土界面、基岩顶面	黄河中、上游地区北方诸省
	黏性土滑坡	裂隙黏土、灰色黏土、红土、下蜀土	同生面、基岩顶面	长江流域及以南地区、陕西和山西省
	堆填土滑坡	各种人工堆弃、堆填土（石）	同生面、老地面、不同堆填界面	交通、水利、工矿场地
半成岩地层滑坡	昔格达组滑坡	昔格达组粉砂岩、黏土岩	层面、基岩顶面	四川省西南部
	共和组滑坡	共和组粉砂岩、黏土岩	层面、切层面	青海省
岩质滑坡	砂、页、泥岩滑坡	砂岩、页岩、泥岩互层地层	顺层面、切层面	各地区
	碳酸盐岩滑坡	石灰岩、大理岩夹页岩、泥灰岩地层	顺层面	各地区
	煤系地层滑坡	砂页岩夹煤层、碳酸盐岩夹煤层	顺层面	各地区
	变质岩类滑坡	千枚岩、片岩、片麻岩、板岩等	片理面、构造面、风化界面	各地区
	火山岩类滑坡	玄武岩、流纹岩、凝灰岩等	构造面、层面、风化界面	各地区
	混合岩类滑坡	各种混合岩	构造面	各地区
	破碎岩类滑坡	构造破碎岩	构造面	构造破碎带

②坡体结构

除岩性条件外，坡体地质结构是滑坡最重要的控制条件。坡体结构即坡体中各种岩土层和结构面（层面、节理面、片理面、接触面、断层面、不整合面、老地面等）的性状及其与临空面的关系。将坡体结构分为类均质体结构、近水平层状结构、顺倾层状结构、反倾层状结构、块状结构和碎裂状结构等，相应有不同的滑动类型，如图 2-3 所示。其中图 a）、b）和 c）为类均质体结构，如各种黏性土、黄土、填土等，其中多形成沿弧形面滑动的旋转型滑坡；当其底部有隔水层造成该层底部饱水时，更容易滑动。图 d）、e）、f）和 g）为近水平层状结构，包括半成岩地层（如昔格达层和共和层），以及一些近水平岩层，它们可以沿软弱层面滑动，层面倾角虽小于 10°，但因形成滑动带的黏土岩含膨胀矿物（如蒙脱石），遇水强度大大降低，故易滑动。也可部分顺层（前部），部分切层，如图 f）所示。泥岩、页岩为主构成的斜坡也可产生切层滑坡，滑动面由两组裂面组合而成。当厚层坚硬岩层下伏软弱岩层时，下伏岩层承受不了上部重压而呈塑性变形并向临空挤出，形成挤出性滑坡，如图 g）所示。图 h）～l）为顺倾层状结构，包括堆积斜坡、单斜岩层斜坡、倾角由下向上逐渐变陡的曲线斜坡，以及陡倾岩层顺倾斜坡，其倾角都在 10°以上，以 15°～40°者居多。这类滑坡数量最多，其中尤以顺堆积层面和基岩顶面以及软弱岩层面滑动者多。图 k）为岩层面由下向上变陡，如向斜的一翼，上部岩层对下部岩体自然有较大推力作用，一旦下部支撑减弱，或有其他影响，则发生大规模的顺层滑坡。图 l）为陡倾（＞40°）顺倾岩层，当下部被削弱时，上部岩层顺层的推力促使坡脚岩层弯曲变形而破裂，形成上部顺层、下部切层的滑坡，如成昆铁路铁西滑坡。图 m）和图 n）为反倾层状结构，多为板、片状岩体，或因构造破坏、节理裂隙特别发育而产生切层滑坡，或因山坡高陡先倾倒而后转化为滑坡。图 q）为块状结构，因贯通发育的结构面倾向临空而沿结构面滑动。图 r）为一种构造核结构（眼球状构造），核周为破碎岩层，各核可以一个个单独滑动，也可几个一起滑动。图 o）和图 p）为大断层破碎带的碎裂状结构，在类均质体的情况下可形成弧形旋转滑动，在有次级缓倾临空的构造面下可形成平移滑动。

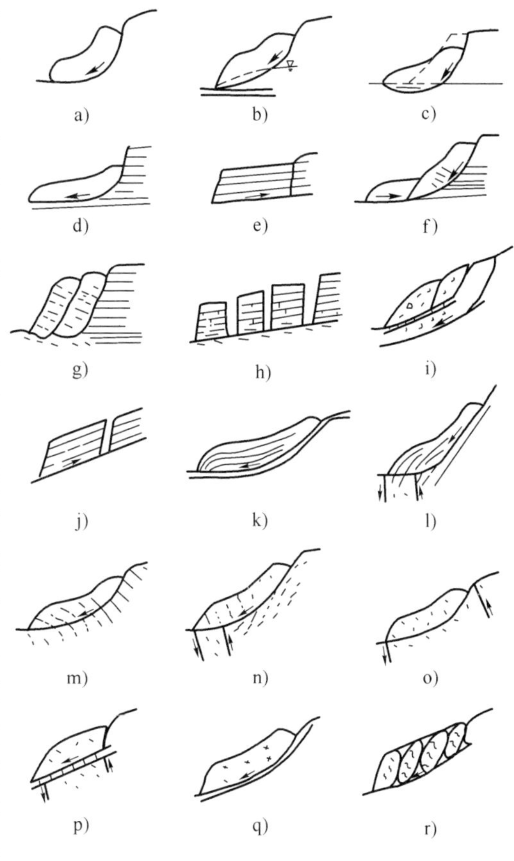

图 2-3 坡体结构与滑动类型示意图

研究表明，当岩层或滑动面的倾向与临空面走向垂直时最易滑动，夹角小于 45°时就不易产生滑动。

③地质构造

地质构造是形成滑坡的重要条件之一。从宏观讲，我国从西到东，从青藏高原到黄土高原与云贵高原，再到华北平原和江汉平原两级大陆斜坡地带是滑坡的密集分布区，与大的地质构造有关。从局部地区来说，大断裂通过的河谷两岸滑坡呈带状分布，如渭河河谷顺渭河大断裂发育，宝天铁路和310国道沿河谷北南两岸布设，都遇到了规模巨大、数量众多的滑坡。成昆铁路1 085km内有滑坡118处，仅在甘洛至普雄75km内就有滑坡49处，占40%以上。这样密集分布的原因，一是岩性软弱，主要为侏罗系和白垩系的红色砂、泥岩地层；二是石棉—普雄大断裂通过，岩体破碎，在河谷下切和侵蚀下，自然滑坡和崩塌成群分布。两条或多条断层交会处更容易形成滑坡。

地质构造造成岩层褶曲和断裂，节理裂隙发育，为岩体滑坡的产生创造了结构条件，也为地下水活动提供了通道，地下水软化潜在滑动带地层，降低其强度，更易形成滑坡。从具体滑坡讲，地质构造造成岩体节理裂隙和小断层发育，为滑动面和滑坡周界提供了控制面，有的滑坡滑动带就是沿着断层和错动带发育的。

④地下水条件

滑坡的发生与地下水和地表水的关系紧密。绝大多数滑坡都或多或少有地下水的作用。有的滑坡地下水极为丰富，每天可排出上百吨水，有的滑坡虽无流动的地下水。但将滑带土浸湿到可塑至软塑状即可滑动。地下水在滑坡中的分布也是复杂的，有的呈层状分布，有的呈窝状分布，有的呈脉状分布（尤其是岩石滑坡），有的滑坡有一层水，有的有多层水，还有承压性地下水。总之，有隔水层存在才有地下水聚积，而滑动带常常是隔水层，受水长期作用而软化，强度降低，这是滑坡形成的必要条件。

地下水的另一作用是增大滑体重力，在后缘裂隙中形成静水压力，在滑体中形成动水压力而增大下滑力。

在某些特殊地层中又可形成潜蚀、溶滤及水化学作用，降低滑带土的强度。在饱和粉土和细砂地层中又会因振动液化而形成滑坡，如某些黄土滑坡。

⑤新构造活动和地震

新构造活动和地震在我国中西部地区表现强烈，这也是我国中西部地区滑坡灾害比较严重的原因之一。新构造活动使地壳不断隆升，河流下切强烈，山坡相对高度和陡度加大，稳定性降低，易产生滑坡。新构造的差异抬升，又使河流冲刷抬升较小的一岸，使其滑坡比对岸增多。

新构造活动区也是地震多发区，高烈度区地震的频繁发生，使斜坡应力状态发生多次改变，岩体破碎，裂隙张开，地表水下渗，滑面强度降低。除长期作用外，大的地震又大大增加了下滑力，使坡体容易滑动。震动又使某些滑带土发生结构破坏（如液化），更易产生滑动。

⑥气候条件

气候条件主要指降水条件、风化条件和植被条件。多雨而降水量大的地区滑坡多，反之则较少。如我国南方地区降水量大，风化深度也大，因此滑坡较多，而北方较干旱地区滑坡则相对少一些。植被茂密地区地表水下渗量减少，不仅水土流失量少，而且对滑坡的发生也有抑制作用，反之，则滑坡较多。

2.3.2 滑坡的作用因素

具有滑坡条件的山坡或边坡是否会发生滑坡，与促使滑动的作用因素有关。

促使滑坡形成的因素分两大类：一类是自然因素，如地震、降水、河流冲刷坡脚、河流水位升降及自然崩塌加载等；另一类是人为因素，如开挖坡脚、坡上堆载、水库水位升降、灌溉水下渗、采空塌陷、爆破振动和植被破坏等。

（1）自然因素

①地震

高烈度地震区滑坡灾害严重是共知的事实，如我国西北和西南地区，滑坡是地震的重要次生灾害。1920 年海原县发生 8.5 级地震，造成 20 万人伤亡，其中大部分死于滑坡灾害。地震造成数以千计的滑坡，堵塞河道，摧毁村镇，破坏农田，造成重大损失。地震对滑坡的作用有三：一是增大了滑体的下滑附加力，地震烈度越高，附加力越大，所以震中区和极震区滑坡灾害最严重；二是增加了潜在滑带的超孔隙水压力，减小滑带土的抗剪强度；三是造成饱水粉细砂土的振动液化，使其上覆坡体像漂浮在水面上一样滑出很远距离，这在地震区黄土滑坡中表现十分突出，致使有人称此类黄土滑坡为“黄土流”。

②降水

水对滑坡形成的作用是众所周知的，降水是地下水的重要补给来源，降水量大的地区较之较干旱地区滑坡数量多，发生频繁，灾害严重。降水渗入坡体并在潜在滑带聚积，软化了滑带岩土，增高了地下水位和滑带土的孔隙水压力，减小其抗剪强度和阻滑力；滑体饱水增大滑体重力和下滑力；已开裂的坡体裂缝中灌水还可产生静水压力。许多滑坡发生在雨季和雨季以后，就表明了降雨的影响。

③河流冲刷

河流的下切和侧蚀冲刷，既增加了斜坡的高度，又削弱了坡脚的支撑力，改变了斜坡的应力状态，造成坡脚剪应力集中而容易破坏，由河岸坍塌而引起坡体滑坡。在河流两岸尤其是受冲刷一岸及其阶地后缘分布着许多古老的和新生的滑坡，表明河流冲刷是自然滑坡形成的主要外动力之一。

④河水位升降

河水位的涨落和升降主要改变了坡体内的水文地质条件，水位上升时造成地下水位抬升，潜在滑带浸水范围扩大，强度降低，减小阻滑力；水位骤降时产生动水压力，增大了下滑力。

⑤自然崩塌加载

许多堆积土石滑坡的物质来自山坡上部或两侧陡坡的崩塌堆积，崩塌加载增大了下滑力。长江北岸新滩滑坡因崩塌加载造成周期性滑动是典型事例之一。

（2）人为因素

①坡脚开挖

在工程建设中，在斜坡上开挖形成边坡而引起古老滑坡复活和新生滑坡的现象最为常见。它主要削弱了坡脚的支撑力，改变了坡体的应力状态和地下水的渗流场。对岩石顺层滑坡，开挖切断或削弱了岩层原有的支撑力。对已有的古老滑坡，开挖主要削弱了抗滑段的支撑力，边坡开挖不一定很高就能引起古老滑坡复活。如重庆市万县至梁平高速公路上的张家坪大滑坡，改移县乡公路挖方边坡高度不到 20m，开挖宽度不足 10m 就引起了古滑坡局部复活。曾有人提出在滑坡抗滑段挖去滑坡总体积超过 5%就可能引起老滑坡复活。成昆铁路铁西老滑坡体积达 200 万 m^3，1970—1980 年在滑坡前缘采石约 19 万 m^3，还不到滑体体积的 1/10，就引起了滑坡复活。所以，在古老滑坡的抗滑段挖方应十分慎重，不能通过放缓边坡来追求边坡的稳定，因为放缓边坡进一步减小了抗滑段的抗力，常常造成老滑坡的大滑动和滑坡滑动范围的扩大。

②斜坡上堆载

斜坡上堆载，如填筑路堤和弃渣，主要是增加下滑力，在地下水发育的地段可能因填土而改变了地下水的渗流通道，造成地下水壅高，因此造成填堤沿老地面整体或局部滑动，更多的填土连同下伏土层沿坡体中的软弱带一起滑动。沟谷中的填堤若地下排水工程不足，也会造成路堤滑坡和"溃爬"。

③水库水位升降

水库的修建和蓄水，改变了河流两岸坡体的水文地质条件，塌岸是正常变形现象。但对有潜在滑动条件的岸坡和已存在的古老滑坡（包括河岸边和一级、二级阶地后缘的滑坡），由于滑动带（特别是抗滑段滑带）岩土的浸水范围扩大，阻滑力减小，会造成新滑坡的发生和古老滑坡的复活，甚至造成灾害。如 1967 年湖南省拓溪水库的塘岩光岩石顺层滑坡和 1963 年意大利北部瓦依昂水库岩石顺层滑坡都造成了灾害。库水位骤降时，岸坡产生动水压力更易产生滑坡。1998 年白龙江宝珠寺水库蓄水后水位以每天 1m 的速度下降便造成一岸坡滑坡，使一个新的移民村镇建筑物严重变形，不得不重新迁移。目前长江三峡库岸滑坡的研究和防治正是基于这一原因。

④灌溉水下渗

农业灌溉水下渗引起边坡滑坡在西北黄土塬区十分突出，如陕西省的泾阳塬和甘肃黄河岸边的黑方台，都曾发生过严重的塬边滑坡灾害。黑方台为黄河的Ⅳ级阶地，沿河岸长 10km，刘家峡水库移民迁居台上，提黄河水灌溉（漫灌）。18 年后，台塬地下水位抬升 20m，地下水向岸边渗流，先后发生 30 余处滑坡，既有大量新生的黄土滑坡，又有古滑坡的复活，如黄茨滑坡，体积达 600 万 m^3。

生产和生活用水下渗引起古老滑坡复活者也常有发生。

⑤采空塌陷

煤矿和其他金属矿区采空塌陷造成坡体应力变化，此类情况引起滑坡者以陕西省韩城电厂滑坡最为典型。该处斜坡岩层倾向河谷，煤矿采空塌陷引起坡体向临空面滑动，致使位于阶地上的厂区建筑物严重变形，两次治理花费 5 000 余万元。2004 年北京市 1 400 年的古寺——戒台寺严重开裂变形，也是斜坡前部采煤塌陷引起了岩层顺层滑坡。

⑥爆破振动

爆破振动引起边坡失稳滑动在工程活动中常见，它虽不如地震影响大，但对局部边坡的稳定性影响不可忽视，尤其是大药量爆破，不仅削弱了坡脚支撑力，而且破碎了边坡岩体，造成坡体松弛，使地表水更易渗入软化软弱带引起滑坡。

⑦破坏植被

植被是斜坡的保护层，其根系对表层土有加固作用，枝干和树叶减少降水的下渗，增加蒸发作用，减少坡体地下水量，对边坡稳定是有利的。大量开挖破坏植被，不仅对环境保护不利，对边坡稳定也不利。许多高大边坡开挖后发生滑坡和坍塌，这是原因之一。

值得指出的是，人为因素在滑坡形成中的作用越来越大。据铁路部门 20 世纪 70 年代统计，铁路沿线的滑坡因人为活动引起者占 63％。据统计，攀枝花地区人为活动引起的滑坡占总数的 80％以上。这就提出了一个重要问题：如何正确认识自然规律，限制不科学的人类活动，以避免造成不应有的灾害损失。这里既有认识不足、设计不当的问题，也有施工方法欠科学的问题。

2.3.3 勘察工作大纲的编制

承接一个滑坡或一个滑坡区的勘察任务后，经过对已有资料的收集、分析和现场踏勘调查之后，应根据对滑坡的初步了解编制勘察工作大纲，其内容包括：

(1) 任务来源、勘察目的和技术要求；

(2) 滑坡区的地理位置、经济和交通状况；

(3) 滑坡区的地形地貌、地质条件，滑坡的性质、规模、条块划分及活动和危害情况；

(4) 拟采用的勘察手段、勘察技术方案及工作量；

(5) 所需的主要机具设备及数量；

(6) 工作进度安排；

(7) 勘察报告的主要内容；

(8) 经费预算。

依据勘察工作大纲有序地、保质保量地完成任务。当然勘察过程中有重要情况变化时，应进行适当调整。

2.3.4 滑坡综合勘察技术简介

为了便于选择滑坡的勘察手段，先介绍常用的滑坡勘察方法的优缺点及其适用条件，一般总是选择几种方法综合勘察。

(1) 航空遥感图像（航片）的应用

卫星遥感图像（卫片）视野广阔，对一个大区域的山脉，河流分布、走向、形态，大断裂带的分布等反映清楚，但对范围较小的滑坡判释作用有限。在滑坡调查中多应用航空遥感图像（航片），比例尺为 1∶8 000～1∶35 000，由于它信息量大，分辨率高，视野广阔，能十分逼真地把地面上的景物反映在图片上，克服了地面调查的局限，并可在室内分析，避免了交通和天气等造成的困难，所以被广泛使用。在外业调查开始前进行航片判释，有助于了解滑坡概况，对进一步开展工作有指导作用。

航片判释不仅可确定滑坡的位置和范围，而且可初步了解滑坡的类型、形成条件和稳定状态。由于滑坡有特殊的地貌形态，在航片上容易识别，一般不会错判。但对发生年代久远的古老滑坡，由于自然剥蚀或人为改造，外貌形态发生变化或模糊不清，则可能发生漏判。分水岭地段、峡谷地段、河流阶地发育的宽谷段滑坡少，而峡谷中的缓坡段常有古老滑坡存在。不规则的台阶状斜坡常由多次滑坡所造成。高陡的不平顺的黄土塬边也是滑坡多发地带，河流凹岸的凸出多是古老滑坡所造成。

在航片上能看出清晰的滑坡壁、滑坡舌、滑坡台阶棱角分明、滑壁光秃而无植被，则可判定为新近发生的滑坡。滑壁上长有较多植被，滑坡地貌不很清晰，尤其滑体上已有成片农田和居民居住，则为古老滑坡。

同一地区不同时期的航片对比，一方面可了解已有滑坡的活动与稳定情况；另一方面也可了解同一地区环境条件的变化趋势，如新滑坡增多，老滑坡活动，表明其条件恶化，反之则是向好的方面变化。

航片判释的结果必须经实地调查核对。

(2) 滑坡地质调查测绘

滑坡地质调查测绘主要是调查滑坡的地形地貌、地层岩性、地质构造、水泉湿地及滑坡的变形形迹，判定滑坡的类型、性质、规模、范围、分条、分级、主滑方向，分析滑坡的形成条件和原因，目前的稳定状态和发展趋势。它是最重要、最基础的工作，通过调查达到滑坡基本定性，并提出进一步勘探点、线的布设位置、方向、数量和深度等。

调查测绘应有地形图，把各个地质点填绘于图上。踏勘阶段地形图的比例尺为1∶5 000～1∶10 000，初测及定测阶段地形图的比例尺为1∶500～1∶1 000，断面图主要为每一滑动条块主滑断面的纵断面和与其垂直的横断面，比例尺为1∶200～1∶500。地形图的范围横向应超过滑坡两侧100～200m，纵向应下至河（沟）底或开挖基面，向上应至滑坡可能发展范围以外或至稳定地层。图上应反映出滑坡的微地貌特征，如滑坡周界、裂缝、陡坎、洼地、平台、鼓丘、水塘、泉水、湿地和基岩露头等。

（3）滑坡钻探

滑坡钻探是滑坡勘察的主要手段，通过钻探揭露地面地质调查不能查清的地下地质情况，如滑体结构——不同地层的厚度，软弱层的分布，滑动带的层数、位置和性状，以及地下水的层数、位置、水位、水量及其变化等。

滑坡区钻孔的布置不同于一般地基勘探的呈方格网形布设，而主要是在地质调查确定的每一滑块的主轴断面上布置钻孔，大型滑坡在主轴断面两侧布置平行主滑方向的辅助断面。主轴断面是滑体最厚、最长，滑速最快，滑距最远，滑坡推力最大的断面，因此是从滑壁最高点经滑体最高点与滑坡舌尖的连线，可以是直线，也可能是折线，视具体滑坡形态而定。

滑坡钻探一般采用无泵反循环钻探方法，它的优点是岩芯采取率高（达90％以上），不会漏掉软弱夹层和滑带，能保持岩芯的含水状态，及时发现含水层的位置（见本章2.2介绍）。一般不能采用开水正循环钻探方法，因它会冲掉滑带软弱层造成滑带漏判，也不能查清地下水分布。

（4）滑坡物探

物探是钻探的重要补充，因覆盖面广、速度快、费用低、可减少钻孔数量而被广泛应用。一般采用电测深、联合剖面法查明滑体地层结构、埋藏断层、过湿带分布和滑动趋势面等，用等电位测井法配合钻探确定地下水的流向和流速。

物探断面线的布置应与钻探断面一致，控制主轴断面，为避免地形影响，横断面以平行地形等高线布置较好。

在条件适宜的滑坡区，也可采用弹性波勘探，它对划分滑坡地层效果较好。

滑坡物探最好在钻探之前进行，可以为钻孔位置和深度的确定提供参考。

（5）滑坡挖探

挖探包括坑、槽、井、洞探测，也是钻探的重要补充。坑、槽探一般布置在滑坡的前缘滑动面剪出口处及后缘和两侧裂缝处，揭示滑坡剪出口滑动面及滑坡周界。对重大而复杂的滑坡，在滑坡的下部布置探井或探洞取代钻孔，可以更清楚地揭露滑坡地层、滑动面（带）和地下水情况，并可做试验取样或做原位滑带土剪切试验。由于其费用高、工期长，只能在重要部位实施，也可结合治理工程（如抗滑桩）一井多用。

（6）滑坡监测

对正在活动的大型复杂滑坡和具有危害性的滑坡，为掌握滑坡的动态规律和确定正在滑动的滑动面位置，应进行滑坡监测。早期主要采用经纬仪和水平仪在滑体表面设置监测线点，测量其水平和垂直位移随时间的变化。20世纪80年代开始引进钻孔测斜仪监测滑体深部的水平位移和正在滑动的滑动面位置，以及地下水位的季节变化，取得了很好的效果，已成为重要的勘察手段之一。

深孔位移监测应利用勘探钻孔埋设，以节约投资，一般每一滑坡主轴断面上应至少有3个监测孔。

（7）其他勘探

对一些特殊土滑坡，如膨胀土滑坡和黄土滑坡，也可尝试采用原位测试技术，如静力触探和旁压试验等确定滑带位置、强度及侧向抗力系数等。

（8）滑坡地下水及滑带土物理力学试验

对出露地表的泉水要测定其流量、水温的变化，对钻孔和探井中的地下水要进行抽（提）水试验测定其涌水量及水位、水温的变化。同时采集水样进行化学分析。

滑带土的物理力学参数是滑坡稳定性评价和推力计算的重要参数，要在坑、井、孔中对每层滑动面取样进行试验，主要测定其颗粒成分、天然重度、天然含水率、饱和含水率、液限和塑限，以及天然和重塑状态下的抗剪强度。对于滑坡除峰值强度外，还应测定不同含水率下（一般是天然、塑限和软塑状态）的残余抗剪强度参数，以满足滑坡不同发育阶段和状态下稳定检算的需要。

2.3.5 滑坡的调查测绘与识别

1）已有资料的收集

滑坡调查测绘前应收集以下资料：

①当地一定范围的区域地质资料、遥感图像、地形图，以及气象、水文、地震、工程设施和人为活动资料；

②滑坡的发生、发展历史和灾害情况等文字、图表资料；

③以前曾做过的勘察设计资料。

2）滑坡调查测绘的主要内容

（1）地形地貌调查

①滑坡区及其周围的地面坡度、相对高度、坡面形态及植被的种类和分布情况；

②滑坡区及其周边沟谷的分布和形态特征，如“双沟同源”等；

③滑坡区河岸及谷坡受冲刷、淤积及河道变迁情况，如河岸凸出、河流改道等；

④滑坡周界及形态，滑坡壁的走向、高度、陡度及擦痕指向和倾角；

⑤滑坡台阶的位置、个数、平台宽度、阶坎高度、反坡及洼地情况；

⑥滑坡前缘形态，临空面高度、坡度和形态，滑动面（带）的剪出口个数和位置；

⑦滑坡裂缝的分布位置、性质、形状、宽度、深度、错台、延伸长度、充填情况、发生的时间及变化情况；

⑧滑体上建筑物和树木变形情况，如房屋和挡墙开裂、倾斜，墓碑移位，树木发生歪斜出现“马刀树”“醉汉林”等；

⑨根据地形地貌、沟谷分布、裂缝情况等对滑坡进行分条、分级。

（2）滑坡区地层岩性和地质构造调查

①土的成因类型、分布位置、颗粒组成、潮湿程度、密实程度、软弱夹层及不同土层接触面情况；

②滑坡区及其邻近地区的岩层层序、岩性、岩体结构、软弱结构面、软弱夹层及层间错

动、不整合面的特征和性质，岩石的风化破碎程度、含水情况等；

③褶皱、断层、节理、劈理等的分布、性质、产状、组合关系、发育程度，及其与滑坡周界及滑动面的关系。

(3) 滑坡区水文地质调查

①滑坡区沟系分布和发育特征、径流条件和降雨情况；

②井、泉、湿地、水塘的位置、类型、流量及其随季节的变化，必要时做流量、流速等测定；

③生产、生活及灌溉水的水量及渗透情况；

④地下含水层位置、层数、流向、流量及补给和排泄条件需经勘察查清，一般地表调查只进行初步推断。

(4) 滑坡区的调查访问

①滑坡的发生发展历史及主要触发因素；

②滑坡区的地貌演变，地表水和灌溉水等向滑体的渗透、补给、冲蚀，河流冲刷，以及修建道路、房屋和开矿、弃渣等人为活动情况与滑坡的关系；

③斜坡、房屋、道路、水渠、古墓等变形、位移，以及井、泉、水塘渗漏或突然变干、浑浊等情况；

④变形监测资料。

3) 不同类型滑坡的主要特征和调查重点

(1) 黏性土滑坡

①主要特征

a. 黏性土滑坡的滑体由第四系（少量第三系）河湖相、残积相和冰水沉积的黏性土构成，包括网纹红土、下蜀土、红黏土和膨胀土等，其中以膨胀土中的滑坡最发育，故主要介绍膨胀土滑坡的特征。

b. 我国的膨胀土主要分布在一些内陆湖盆和与其毗邻的河流两岸及一些缓丘垄岗地区，如陕西省的安康盆地、汉中盆地、牧马河沿岸，山西省的太谷盆地、晋城盆地，四川省的成都盆地，广西壮族自治区的百色盆地，湖北省的荆门至鸦雀岭一带。其主要矿物成分为伊利石、高岭石和蒙脱石。三种矿物含量不同，其性质也有差别，以蒙脱石含量高或富集者性质最差，最易产生滑坡。

c. 黏性土滑坡的外形多呈横展式，即顺滑动方向较短而垂直滑动方向较长，且常连片成群分布。滑体厚度多为 3～5m，超过 10m 者少，主要发生在气候作用层内，并与边坡开挖深度有关，开挖深度越大，滑动面越有向下发展加深的可能。滑坡后缘多呈弧形，浅层滑坡滑动面为圆弧形，较深的滑坡中部滑面常较平直，沿下伏基岩顶面滑动者则受基岩顶面形状控制。滑动面剪出口多受挖方边坡坡脚控制，因为坡脚应力和地下水均较集中。同时也受基岩顶面控制。

d. 由于黏性土（特别是膨胀土）饱水后抗剪强度很低，所以边坡高度只有几米，坡率缓于 1∶3～1∶4 仍然会滑动，只有疏排地下水方能稳定滑坡。

②调查重点

a. 土层的成因，裂隙的组数、性质、产状、发育程度及充填情况；

b. 地表形态，边坡开挖情况，地表水和地下水的分布、汇集和排泄情况；

c. 土层中的软弱层、砾石层、结构层、气候作用层、夹砂层、下伏基岩顶面形态等；

d. 当地的降雨、蒸发、日照、气温变化资料。

（2）黄土滑坡

①主要特征

a. 黄土主要分布在我国西北部和黄河中游地区，由于其特殊的性质，发生斜坡失稳和滑坡较多，一般早更新世（Q_1）和中更新世（Q_2）的老黄土结构较致密，稳定性较好，而晚更新世（Q_3）和全新世（Q_4）的新黄土结构疏松，稳定性差，发生滑坡多。大型滑坡则新老黄土一起滑动。

b. 黄土中粉粒含量占 50%以上，结构疏松，节理发育，易受侵蚀，所以黄土地区形成了塬、梁、峁等独特的地貌景观，深切数十米、上百米的沟岸和台塬边缘普遍不稳，滑坡发育。黄土地区又多处于高烈度地震区，地震是形成滑坡的重要外动力之一。

c. 黄土滑坡有各种规模，小型的发生在同种黄土中，以圆弧旋转滑动为主；中型的多为新黄土沿新、老黄土接触面或老黄土中的古土壤层滑动；大型和特大型的多为黄土沿下伏基岩顶面的滑动，受基岩顶面形态控制，主滑面较平直。黄土垂直裂隙发育，地表水容易下渗，到达接触面或基岩顶面隔水、聚积、软化形成滑带而滑坡。

d. 黄土斜坡高陡，能积蓄较大的势能，所以当滑带突然破坏时，常形成速度较高的崩塌性滑动，滑距远，破坏性大，常造成灾害。如宝成铁路 K122 滑坡，30 万 m^3 土体突然滑下将铁路推入嘉陵江中，使江水一度断流。又如宝天铁路 K1357 滑坡，发生于 1981 年 11 月 29 日，60 万 m^3 土体突然滑下，摧毁铁路明洞 75m，中断行车 314h14min，滑体冲出约 400m，使渭河一度断流。

e. 黄土滑坡的分布常具有群集性，在地质条件类似的河流一岸和台塬边缘常成群分布，如甘肃黄河北岸的黑方台和陕西省宝鸡—常兴的黄土塬边，都有数十处滑坡分布。

②调查重点

a. 黄土的成因类型，土中柱状节理、卸荷裂隙，新构造发育区老黄土中的构造裂隙分布、产状、发育程度及组合关系；

b. 新、老黄土的分界面，古土壤层、粉细砂层、砂卵石层、钙质结核层的分布和倾斜度，下伏基岩的性质、顶面形态及风化和含水情况；

c. 黄土层底受水软化呈软塑状的增厚尺寸及速度。

（3）堆积土滑坡

①主要特征

a. 堆积层指沟谷及河流两岸斜坡中下部的崩积、坡积及沟口洪积物，也包括部分冰碛物，它们一般由大块孤石、块石、碎石和土构成，比较疏松，容易渗水，坡脚常受流水冲刷。

b. 滑坡的上部常为基岩陡壁或陡坡，其崩塌和剥蚀为堆积物提供物源，汇水面积也较大。

c. 滑动带主要为堆积土下伏基岩（多为软岩）顶面的饱水风化残积层，也有沿堆积物中相对隔水的软夹层滑动的。滑动面多呈折线形。

②调查重点

a. 不同成分的堆积土的成因、分布，不同堆积土层的顶底面软弱夹层，下伏基岩顶面的形态、岩土风化及其富水情况；

b. 地表水和地下水的分布和活动情况及其补给和排泄条件。

（4）堆填土滑坡

①主要特征

a. 堆填土主要是人工填堤或弃土形成的，其滑坡规模一般不大，但弃渣场也有大型滑坡。

b. 该类滑坡的产生原因为：陡坡填（弃）土，老地面处理不当；基底岩土不良未进行处理；填料不良，造成地下水局部集中；横截沟谷填堤，未做好排水工程，上游侧地表和地下水排泄不畅。

c. 滑坡类型有三种：一为整个路堤沿老地面滑动；二为路堤连同下伏软弱土层一起滑动；三为填堤本身的局部滑动。

②调查重点

a. 填土的类别、特征及堆填方式；

b. 软弱土层的分布、含水情况及下伏基岩顶面形态；

c. 原地面坡形和坡度，填土两侧积水和地下水出露位置、排泄条件；

d. 雨水下渗及振动对填土稳定性的影响。

（5）岩石滑坡

①主要特征

a. 岩石滑坡发生于第三系以前形成的各类地层中，它包括层状岩体顺层面滑动的滑坡，如砂岩、泥岩和石灰岩的顺层滑坡，和块状岩体（如花岗岩、玄武岩等）沿构造面的滑坡。

b. 顺层滑坡多发生在构造作用相对较轻、岩体相对完整的单面山或向斜与背斜的翼部，滑动面多为软弱而隔水的泥质岩层或夹层，大中型滑坡的滑带多为层间错动带，其倾角为10°～40°，以10°～30°者居多。滑动带一般不厚，从几毫米到几十厘米。当岩层倾角由下向上逐渐变陡时往往形成大规模的滑动。当岩层倾角缓于10°且下伏软弱岩层或破碎带时会形成软岩挤出的错落型滑坡。坡体有多个软弱层存在时会发生多层滑动。块状岩体滑坡的滑动面为倾向临空的断层面、错动面或大节理面。

c. 岩石滑坡的周界由各组构造面控制，呈折线形，不似土质滑坡的弧形。

②调查重点

a. 岩体结构特征、性质，各层的岩性，软岩与硬岩的接触面、层间错动带、软弱夹层、顺坡断层，以及其他结构面的分布、产状（倾角）及其在斜坡上的出露位置；

b. 构造节理裂隙的组数、产状、力学性质、延伸长度、宽度、充填情况；

c. 地下水的分布及出露情况。

（6）破碎岩石滑坡

①主要特征

a. 破碎岩石滑坡主要指大断层破碎带或几条断层交会带的破碎岩体滑坡，因构造作用已失去原岩强度但产状依稀可见，常沿断层带成群分布。

b. 破碎岩石滑坡的滑动带为倾向临空面的次级断层带，常有多层而形成多层滑动。较高陡斜坡也能形成错落型滑坡。

c. 地下水多呈脉状分布，若有断层供水，水量较大，如川藏公路二郎山隧道东引道一破碎岩石滑坡，仰斜排水孔每昼夜排水大于250m^3。

②调查重点

a. 破碎岩体的分布范围、厚度、风化破碎程度与胶结情况；

b. 断层破碎带的分布位置、产状、性质、上下盘接触面及断层泥、糜棱岩特征，可能形成滑动带的岩土特征、厚度和含水情况；

c. 地下水的发育情况及其与滑坡的关系。

（7）特殊地区滑坡的调查重点

特殊地区的滑坡调查，如水库地区的滑坡应着重了解水库最高和最低水位及变化，风向、风速、波浪侵袭高度，岸边水流流向、流速，及岸边坡脚冲蚀、淤积对滑坡的影响；滑坡岩土的性质、风化破碎情况、水理性质、冻融危害；水库蓄、放水的速度，库水位变化幅度和速度对滑坡稳定性的影响。

地震地区滑坡，应了解地震历史、震中位置、地震动峰值加速度、地震频率、发震季节及地震的危害，建筑物的破坏痕迹、山崩、滑坡、错落、地裂等情况，地层结构特征、风化破碎程度、层间软弱夹层及含水情况，断层的展布特征、性质，破碎带宽度及含水情况。

采空塌陷区的滑坡，应着重了解采空区、残采区和规划开采区的平面、剖面，以及保留矿柱、回填、加固等资料；采空作业方式、顺序、速度与滑坡的关系；采空塌陷区地面移动区的变化，地表裂缝的走向、性质和变化及其与滑坡的关系；抽取地下水、排除地表水、爆破等与滑坡的关系。

融冻土地区的滑坡，应着重了解地表冲沟、坡体内含冰、地表草皮分布与融冻土滑坡的关系；冻土的类型、结构、厚度；当地气温、地温、多年冻土上限深度及可能的变化，融冻季节及融冻变化规律；地下水类型，地表水、热融水对滑坡的补给关系。

4）新生滑坡的调查与识别

新生滑坡是正在活动的滑坡，其变形形迹（主要是裂缝）比较明显，在第 1 章已谈到一个发育完全的滑坡的各种裂缝的受力性质及分布位置，也介绍了滑坡的不同发育阶段各种裂缝出现的先后次序。因此在实际滑坡调查时只要仔细调查裂缝的性质、产状和分布位置，就不难确定其规模和范围。滑坡后缘与各分级后缘出现拉张裂缝且最早发生，两侧出现羽状裂缝和剪切裂缝，前缘出现放射状裂缝和鼓胀裂缝，以及建筑物（如挡土墙、侧沟等）出现倒八字裂缝，当滑坡即将整体滑动时会出现剪出口的剪裂缝和其附近垂直滑动方向的鼓丘。掌握了这些特征不仅可圈定滑坡的范围，确定其发育阶段，而且还可对复杂的大型滑坡区做出滑动条、块的划分。

5）古老滑坡的调查与识别

（1）河岸、沟岸或阶地后缘线的凸出，特别是河流凹岸（冲刷岸）的凸出。正常河岸是较平顺的，如岸坡滑动后前缘堆积于河岸、沟岸，压埋卵石层而形成“凹岸凸出”的特殊地貌形态，如图 2-4 所示。若滑坡压掩或挤压现代河床，则常见岸边大孤石堆积，河水冲走了滑坡体的细小颗粒而留下冲不走的大孤石。

（2）山坡上部出现较明显的圈椅状滑坡壁，低者数米至数十米，高者可达数百米。陡壁下的滑坡平台或缓坡（有时呈现向山倾的反向坡）较两侧山坡低，又与河流阶地不对应；而山坡下部则较两侧山坡凸出。整个山坡呈现台坎相间的台阶状，有时有洼地和湿地分布。

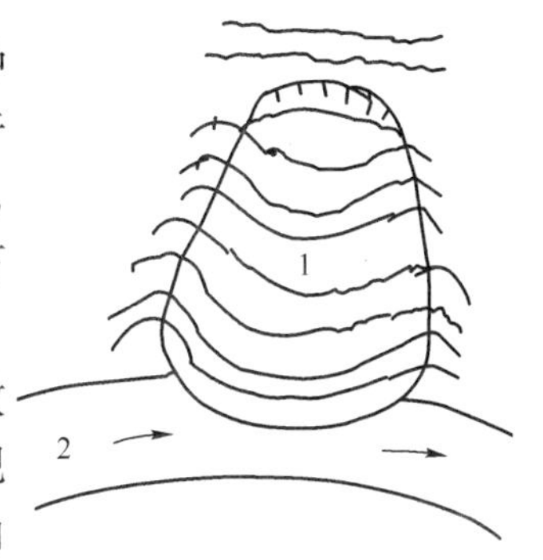

图 2-4　河流“凹岸凸出”

1-滑坡；2-河流

(3) 若为岩层滑坡，在滑坡前缘和两侧沟谷中发现岩层与两侧稳定山体岩层不连续，产状发生较大变化，或变陡，或变缓，或发生倒转和褶皱。

(4)“马刀树”现象。滑体上原来垂直生长的树木由于滑坡滑动而倾倒或歪斜之后又向上生长，呈现出“马刀状”。从树木的年轮变化可推断滑坡发生的年代。

(5)“双沟同源”现象。一般稳定的山坡上冲沟常顺直而平行分布，但滑坡滑动时与两侧稳定山体间发生剪切破坏，岩土体被破坏，易沿此带形成冲沟，该两侧冲沟向山坡上方沿原裂缝向滑坡后缘洼地集中，类似于双沟同源，这是古老滑坡的独具特征。

以上现象的综合分析和验证，容易识别古老滑坡的存在。

6) 大型滑坡区滑动条块的划分

实践中遇到一些大型的古老滑坡区，纵长数百米至上千米，横宽也有数百米，总体积达数百万至数千万立方米，有的超过 1 亿 m^3。如宝天铁路在葡萄园车站西的滑坡区，长 500m，宽 1 000 余米，体积达 1 亿 m^3。中尼公路在樟木镇至友谊桥间 8km 公路在一大型滑坡区展线而下，滑坡区横宽 1 000m，纵长 800～1 200m，体积达 1 亿 m^3。三峡库区的宝塔滑坡体积也超过 1 亿 m^3。对这样的巨型滑坡，最好在选线选址时避开它。对避不开者如何治理一直是一个难题。

根据实践经验，一个巨型滑坡区，体积虽然很大，但它常常不是一次滑下来的，它在横向上可分若干条，在纵向上可分若干级（多次滑动造成多级平台）。这样通过分条、分级评价其稳定性及进行预防和治理，取得了成功。如南昆铁路八渡滑坡长 700m，宽 500m，体积 500 万 m^3，分三条、三级进行了治理；万县—梁平高速公路张家坪滑坡，长 1 000m，宽 380m，总体积 900 多万立方米，分上、中、下三级，只处理了中级，保证了高速公路的安全。如何进行划分呢？应根据滑坡的地貌形态、地质条件和受力性质来区分。

(1) 当滑坡区有若干条冲沟发育时，特别冲沟是滑坡生成之后形成的，常是各滑坡条块滑动先后次序不同或滑速和滑距不同在两者之间造成了剪切破坏带而后形成了冲沟，因此根据冲沟可把滑坡分成若干条，分别勘察它们的性质、规模和稳定性。

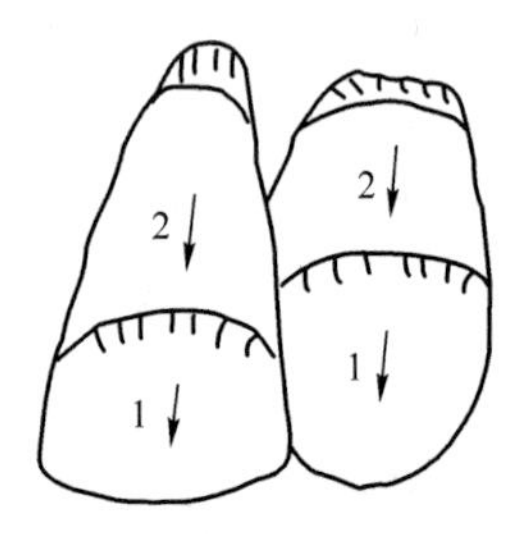

图 2-5　滑坡条块、级划分示意图

1-前级；2-后级

(2) 滑坡在纵断面上有多个缓坡平台常常是多次多级滑动造成的，特别是牵引式滑坡，靠河（沟）的下级滑动后中级因失去支撑而跟着滑动，上级又随中级滑动，因此在治理上若稳定了下级，恢复了中级和上级的支撑力，常可稳定整个滑坡。若将整个滑坡一起考虑，常常工程浩大，难以实现。调查中斜坡上地下水呈线状出露处常是隔水层所在位置，也常是一级滑坡的剪出口。当然各级之间的相互受力关系必须经勘察后予以明确，否则会得出错误的结论，如是前级牵引后级，还是后级掩埋前级等。滑坡条块、级划分示意如图 2-5 所示。

7) 潜在滑坡的调查和判断

古老滑坡具有较为明显的滑坡特征，不难识别。已经发生活动的滑坡，特别是发育完全的、动态明显的滑坡，由于变形形迹清楚，也容易识别。实际工作中感到困难的是目前尚未发生滑坡变形，如何判断人类工程活动改变斜坡状态后是否会产生滑坡？应如何预防滑坡发生？现从以下几方面分析判断。

(1) 从斜坡形态特征和已有变形上调查和判断

从宏观上讲，自然斜坡坡度陡于 45°的多发生崩塌而少滑坡，坡度为 15°～45°的斜坡多发生滑坡而少崩塌。阶梯状的山坡陡坡部分常由硬岩构成而多崩塌，而缓坡部分常由软岩构成而发生滑坡。由黏性土形成的特别平缓（如10°左右）的斜坡，人工开挖后易发生滑坡。

（2）从坡体结构上调查和判断

斜坡变形的类型很多，而滑坡与其他类型变形的最主要区别是它沿一定软弱面（带）发生滑动。因此，是否存在“潜在滑动面”就成为是否会发生滑坡的关键，也即调查测绘的重点。

哪些软弱面易形成滑动面？在土质滑坡中有：土层下伏的基岩顶面，不同成因土层的分界面，不同时代堆积的土层分界面，透水与隔水性能不同的土层界面，含水层的顶面和底面，老地面，类均质土层中最大剪应力面。在岩质滑坡中有：岩层面（特别是泥质岩层的层面），不整合面，整合面，缓倾角的断层面，错动面（如层间错动带），片理面，大节理面，不同风化岩层的分界面，以及以上各种面的组合面。

调查中要注意了解这些面的产状、在坡体上的分布位置、破碎泥化及含水状态，以及它们与临空面或开挖面的关系，如倾向临空面则易滑坡，倾向山内则不易滑动。其走向与临空面走向夹角小于30°容易滑动，大于45°则不易滑动。从这些软弱结构面在坡体上的分布还可以判断会出现整体滑动还是局部滑动。

（3）从岩土的强度上调查判断

并非所有倾向临空面或开挖面的软弱结构面都会发生滑坡，它取决于软弱面倾角 α 的大小与面上综合内摩擦角 φ 值的对比，α 大于 φ 时易滑动，反之则不易滑动。有些硬质岩层（如石灰岩和砂岩）倾角陡达40°～50°也不滑动，但当其中夹有泥岩、泥灰岩、页岩等软质岩相对隔水时就很容易发生滑坡，因后者岩性软弱，受水作用后强度低。

（4）从地下水的分布和水量调查判断

地下水是斜坡失稳滑动的主要作用因素之一，斜坡是否滑动很大程度上取决于地下水的分布和作用，同样地层、同样坡体结构的斜坡，地下水发育者易滑动，否则不易滑动。从某种意义上说，有几层地下水分布和出露就可能发生几层滑坡。

（5）从人类工程活动对斜坡的改变程度上调查和判断

结构不利的坡体潜伏着滑动的危险，但是否会滑动和滑动发生早晚（施工期或运营期）又与人工改变的程度（如开挖深度和削弱斜坡支撑力的大小）有关。削弱斜坡支撑力大，在施工过程中就会发生滑坡，削弱小时斜坡松弛应力调整有较长过程，可能在工程完工后3～5年，甚至10年以上才发生滑坡。这要考虑坡体的蠕动变形特征去分析判断。

2.3.6 滑坡勘探

滑坡勘探的目的是在地面详细调查测绘的基础上进一步查清滑坡体和滑床的地质结构，滑动面的位置、埋深、层数、形态，地下水的分布位置、层数、水量、补给与排泄方向及其与滑坡的关系，同时采取必要的岩土样、水样供试验使用，也为滑坡的深部位移监测（主要是滑动面监测）提供条件（一孔多用）。

勘探一般应采用地球物理勘探、钻探、坑槽探、触探等综合勘探方法，相互补充和验证。

1）滑坡地球物理勘探

（1）地球物理勘探是一种体积勘探，利用滑坡和滑床的物性差异来探测滑体结构、地下水分布与趋势性滑动面。由于其费用低、速度快，可以大面积勘探，故起到滑坡的立体普查作用。先物探后钻探为钻探设计提供参考资料，可减少钻孔数量和投资。

常用的物探方法是电法，主要是电测深和联合剖面法。地震探使用不多，浅层折射法因能量太小，在滑坡勘探中也应用较少，特殊滑坡可采用氡气探测确定构造破碎带走向，从而确定滑坡周界。在探测滑坡地下水方面，除电测深方法外，还有充电法、自然电场法、浅层地温法等。

（2）物探勘探线的布设仍以每一滑坡的主轴断面为主，平行和垂直主轴线布置若干条勘探线覆盖整个滑坡区。勘探线间距10～20m，大型滑坡可以为30m。勘探点间距根据需要取5～20m。勘探深度应较调查推测的最深滑面深10～20m。

（3）用视电阻率 ρ_s 确定基岩顶板图。

由于物性差异太小，用电法区分滑坡地层精度不高，探测薄层滑动面更困难。但探测土层或堆积层与下伏基岩的界线因物性差异大，效果较好。图2-6是用物探资料结合少量钻孔做出的宝成铁路K410堆积土滑坡的基岩顶面等高线图，它反映基岩顶面有两级缓坡平台，最大倾斜方向偏左侧宝鸡方向，为地面调查判定滑坡为分级滑动、主滑方向偏左向宝鸡方向提供了地质依据。

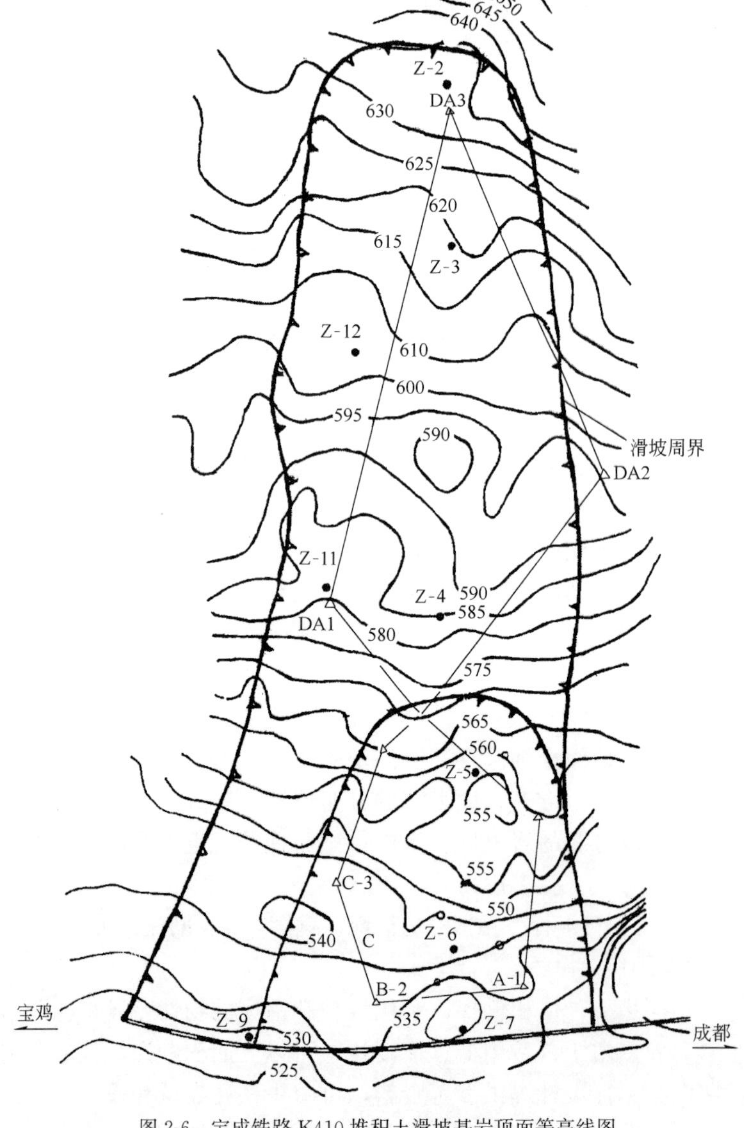

图2-6　宝成铁路K410堆积土滑坡基岩顶面等高线图

（4）不同深度过湿带的分布。

用电测深资料可绘制地下不同深度等视电阻率 ρ_s 的平面图，反映的实际深度大约为 $AB/2$ 的 2/3～3/4。图 2-7 是陇海铁路宝天段 K1338 滑坡物探综合平面图。它反映出：

①滑坡地下水比较发育，尤其是浅层地下水（右斜线部分）。几个相对隔水的高阻区阻止了地下水的连通，使其分布不规律。

②浅层地下水范围大，深层（左斜线部分）范围小，但中部有一东西贯通的过湿带。另在泉 1～泉 5 之间有一自北向南的排水通道。

③斜坡上方有地下水向滑坡补给。

④浅层过湿带范围一致，反映了泉水的部分补给来源。

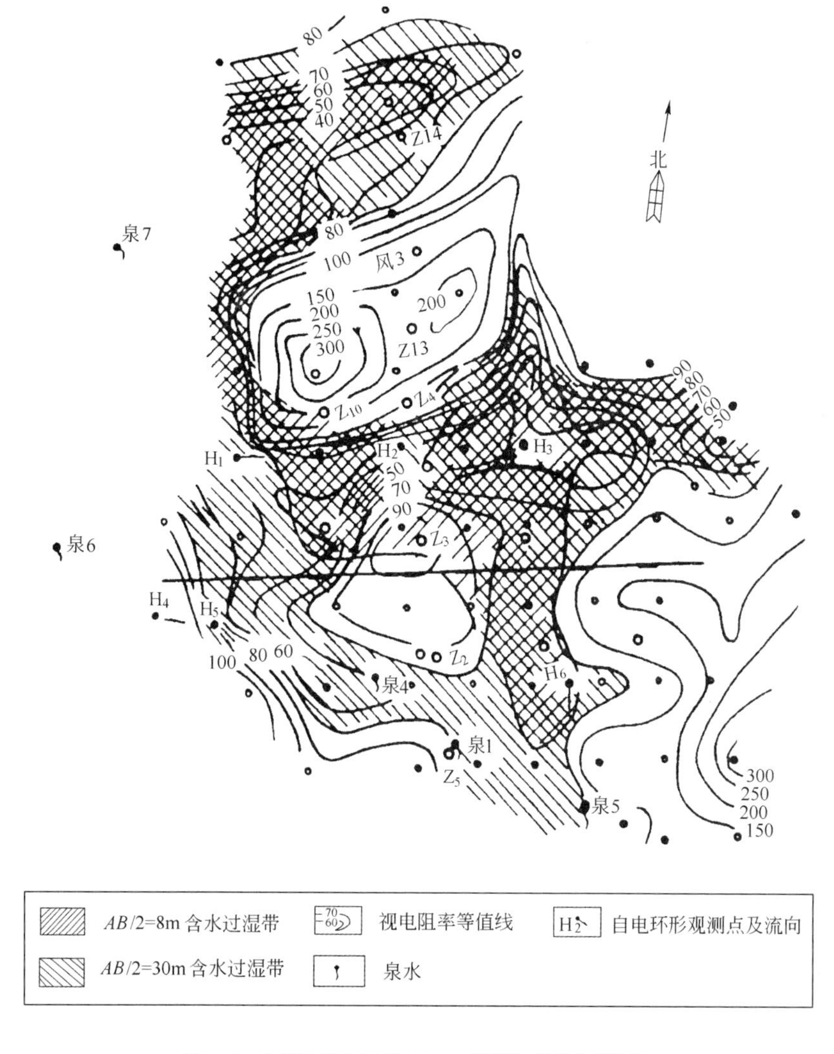

图 2-7　陇海铁路宝天段 K1338 滑坡物探综合平面图

（5）等视电阻率 ρ_s 纵断面图的定性分析。

在滑坡主轴及平行主轴的纵断面上视电阻率等值线图反映出不同部位视电阻率的高低。由此可分析判断滑坡体地层划分、破碎带和过湿带的分布及其范围。图 2-8 是陕西省临潼骊山滑坡的等视电阻率断面图，其中反映了趋势性滑动面、过湿带和断层分布等。

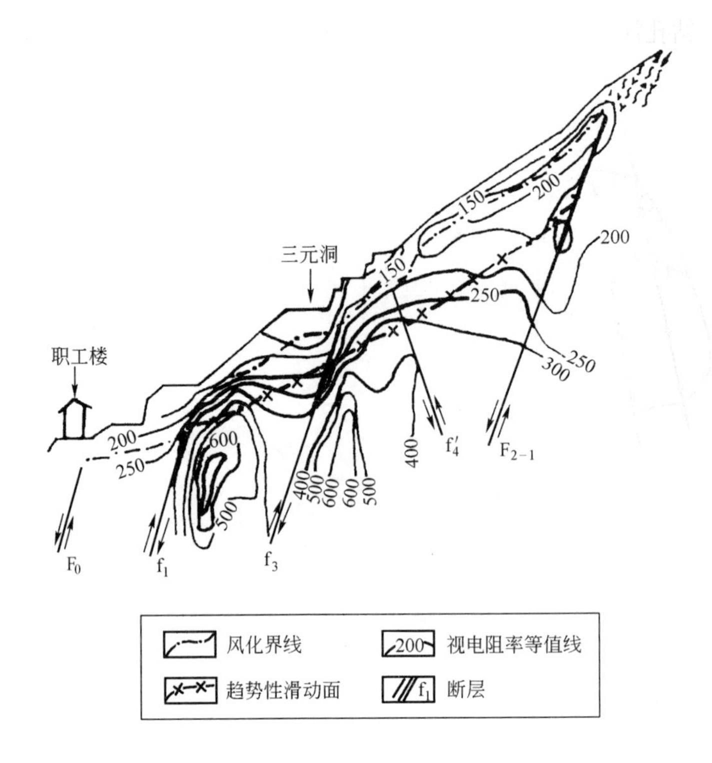

图 2-8 临潼骊山滑坡等视电阻率断面图

值得指出的是，物探毕竟是一种间接勘探，其结论必须经过钻探验证和修正。直接用物探结果来做工程设计是不允许的。

2）滑坡钻探

（1）钻探是滑坡勘探中最主要的勘探，其任务是：

①确切查明滑体和滑床的地层结构；

②查找滑动带（面）和其他软弱层的位置、物质组成和性状；

③确定地下水含水层的层数、位置、埋深、水位变化和涌水量等；

④采集岩样、土样和水样进行试验。

（2）钻探线、点的布置：

①在地面调查测绘确定的每一滑坡条块的主轴（主滑线）断面上布设控制断面，在大型滑坡主轴断面两侧应布置与其平行的辅助断面，以及与主滑方向大致垂直的横断面。纵断面间距 30～50m。横断面间距视需要而定。

②断面上钻孔间距 30～50m，复杂滑坡和多级滑坡应适当加密钻孔以控制滑面形态的变化和剪出口位置。在滑坡范围以外应有钻孔以便与滑坡地层相对比。若同时考虑滑坡治理，在重要工程位置应有钻孔以便决定治理方案。钻探点、线布置见图 2-9。

③钻孔布置应兼顾深孔位移和地下水位监测的需要，一孔多用。

④钻探点、线的数量依据勘探阶段不同而有区别，踏勘阶段以物探和挖探为主，初测阶段以控制主轴断面为主，施工图阶段则应详细勘探，掌握滑坡的空间形态，为设计提供足够资料。

（3）钻孔深度应穿过最深一层滑动面进入稳定地层 3～5m。在滑坡的中前部应有 1～2 孔钻至当地最低侵蚀基准面（河沟底）或开挖面以下 5～10m，以避免漏掉最深层滑动面。

若为堆积土滑坡，钻孔深入基岩的深度不小于当地所见大孤石直径的 1.5 倍，以免把孤石误判为基岩。

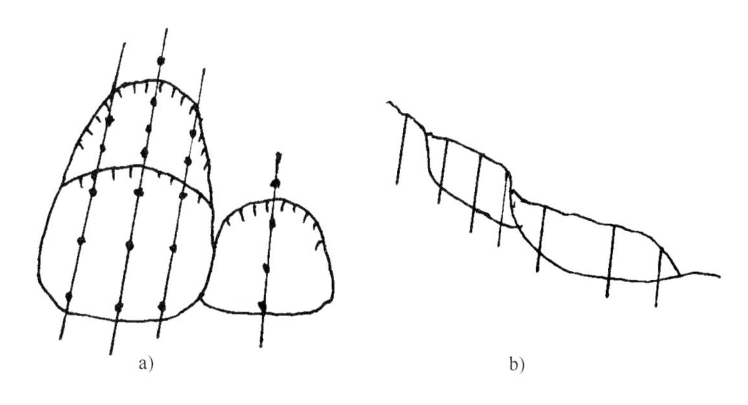

图 2-9 钻探点、线布置示意图

a)平面布置图;b)断面布置图

(4) 施钻方法：

①施钻方法以容易发现滑带（软弱层）和含水层，尽可能保持地层原状结构和提取足够的原状岩芯为原则。故建议采用无泵反循环钻进（见本章 2.2.3），亦可采用风冷双筒岩芯管钻进。为减少对岩芯的扰动，每回次进尺不超过 0.3m。岩芯采取率不低于 85%。

②钻进中应记录孔内异常情况，如缩孔、掉块、卡钻、漏水、套管变形、钻速快慢等，并标明其位置，因为这些是可能的滑带位置。

③钻进中应分层封水，查明各层水的初见和稳定水位、含水层的位置和厚度。对出水量较大的含水层，特别是作用于滑动带的含水层应进行抽（或提）水试验，测定其涌水量，并配合物探测定其流向和流速，必要时做水力联系试验。

④钻探过程中应分层采取土样、岩样和水样，并密封送试验室试验，重点是与滑动带有关的地层。

(5) 岩芯鉴定：

①钻探岩芯取出后应摆放整齐，不得颠倒或混乱，按上、下顺序逐段编号。应边钻进、边鉴定、边分析，及时整理岩芯记录，以便随时掌握地层和含水状态变化，不可全孔钻完才鉴定岩芯。鉴定中不能随意破坏岩芯，因为岩芯中包含的滑动面需待岩芯晾干后敲击振裂才能发现。

②鉴定中应特别注意各种裂面上有无擦痕。注意构造擦痕与滑坡擦痕的区分：前者较粗大，有刻痕，各条擦痕的长短、深浅、宽窄有差异，可出现在较坚硬的岩石上；后者细而密，深浅及分布均匀，多出现在软弱地层中，表面光滑。应保留滑动面岩芯。

③应在现场逐层测定岩土的天然重度和含水率，点绘含水率随深度的变化曲线，有助于滑动面的确定。

④妥善保护岩芯，避免降雨及各种人为破坏，在统一鉴定和滑动面连接后才可废弃。

⑤钻探结束时应将各孔岩芯进行对比，统一描述用语（应与滑坡定性相结合），消除可能的误差。

⑥每一钻孔应提供岩芯鉴定柱状图，如图 2-10 所示。

钻孔岩芯柱状图

第1张 共1张

工程名称	青藏线关角隧道东洞口边坡滑坡勘察			钻孔位置	见平面图	地面高程（m）	3703.79	开钻日期	1995 年 5 月 11 日
钻孔编号	ZK2－4	钻机类型	北探 100 型	钻孔深度（m）	17.30	孔口高程（m）	3703.79	完成日期	1995 年 5 月 15 日

柱状剖面比例 1:100	层底高程（m）	累计深度（m）	层厚（m）	初见水位（m）	稳定水位（m）	岩芯		钻进平均速度（m/h）	钻进情况（漏水、卡钻、涌水、掉块、坍塌……）	岩层名称及特征［颜色、结构、矿物成分、层理、倾角、节理、湿度、滑动面（带）位置及其特征等］	地质时代	土样编号	水样编号
						直径（m）	采取率（%）						
	3 701.29	2.50	2.50			150	100			0.0 ～ 2.5m，碎石土：灰黄色，松散，潮湿，碎石成分为灰岩及片岩，粒径 3～5cm，棱角状，含量为 50%～60%，其余为亚黏土，中密，潮湿	Q_4		
	3 698.44	5.35	2.85			150	100			2.5 ～ 5.35m，砂黏土：浅灰、灰色，为泥质片岩风化残积物，密实，可塑～软塑，岩芯呈柱状，见少量片岩块石，定向排列，倾角 55°	Q_4		
	3 696.79	7.00	1.65			150	100			5.35 ～ 7.00m，泥灰质片岩：紫红、灰绿色，强风化，破碎，揉皱严重，呈碎片、鳞片状，裂隙发育，倾角 55° ～ 80°，岩芯呈短柱状	C～P		
	3 696.19	7.60	0.60			150	100			7.00 ～ 7.60m，糜棱岩：灰黑、紫红、灰绿色，中密，潮湿，薄饼状，为构造揉皱物，见滑动面，倾角 30°			
	3 690.99	12.80	5.20	12.80	11.86	150	100			7.60 ～ 12.80m，泥灰质片岩：紫红、灰绿色，强风化，破碎，揉皱严重，呈碎片、鳞片状，裂隙发育，倾角 55° ～ 80°，岩芯呈短柱状			水样 1
	3 689.99	13.80	1.00			130 130	95			12.80 ～ 13.80m，糜棱岩：灰黑、紫红、灰绿色，可塑，含水，薄饼状，为构造揉皱物，见滑动面，倾角 30°，见少量砾石		土样 2	
	3 686.49	17.30	3.50			130	95			13.80～17.30m，泥灰质片岩：紫红色，强风化，破碎，揉皱严重，片状结构，呈鳞片状，裂隙发育，见光滑镜面，倾角56°，岩芯呈柱状			

岩芯鉴定：××× 复核：××× 专题负责人：××× 室主任：×××

图 2-10 钻孔岩芯柱状图

3）滑坡挖探

挖探主要用于确定滑坡周界、后缘及剪出口位置，或追踪裂缝的延伸情况和产状。一般采用坑探和槽探，对特别重要的滑坡才采用井探和洞探。其位置由地面调查确定，对深的井、洞挖探应注意安全，加强支撑，并应随挖探进行而做地层和地下水描述，最后提供坑（井、洞）壁展示图。

4）滑坡地下水观测和试验

（1）泉水观测

在调查测定泉水出露的位置、高程及地形地质条件后，应观测泉水的流量和水温的变化，并与气温相对比。当泉水流量小于 1.0L/s 时，可用滴定法（量筒或水桶）测定其流量，一般测量 3 次取其平均值。当流量在 1.0～10.0L/s 时，用三角堰测定，大于 10.0L/s 时用梯形堰测量，但堰板位置应能控制流水流量和回水不影响泉水出口的天然流量。水温用一般温度计测量。

（2）井水观测

滑坡区及其附近有水井，应调查井的位置、井口高程、开挖时穿透的地层和厚度，测定水位、水温及其变化。

（3）钻孔中地下水观测

钻孔中发现地下水应分层测定初见水位和稳定水位，必要时作为水文观测孔测定其随季节的变化。做不到分层测定时，也必须对混合水位进行测定，结合岩芯判定含水层的位置和厚度。

井、孔中水温测量需采用缓变温度计。

地下水观测同时应分析地下水与当地构造线和含水断裂带的关系，并与降水观测相结合分析其补给来源。

（4）水文地质试验

试验目的在于测定各钻孔的涌水量、彼此间的水力联系及含水层的渗透系数，为滑坡分析及排水工程设计提供依据。滑坡区一般不采用注水和压水试验，以免影响滑坡的稳定。由于滑坡区地下水量不大，常不能满足抽水要求，故多采用提水试验，尽管其精度不高。

各孔的涌水量测定应分层封水，分层提水测定。水力联系的试验往往在终孔后对主要含水层进行。应注意滑坡地下水分布的规律性差，试验有时得不到理想结果，应进行综合分析。

滑坡地下水的观测和试验方法可参考有关手册和书籍。

2.3.7 滑动面（带）的分析确定与连接

滑动面（带）位置和形态的正确确定是滑坡分析评价和防治的关键，是滑坡稳定性评价和推力计算的基础。滑动面定得过浅可能造成防治工程失败，治不住滑坡；定得过深可能造成工程浪费，甚至无法实施。

前面已经介绍了滑动面（带）的一些特点，这里重点介绍分析判定滑动面（带）的几种方法与滑动面的连接。

1）分析判定滑动面（带）的方法

（1）物探的“趋势性滑动面”，对一些物性差异较大的滑坡，如堆积土滑坡和多数黄土滑坡效果明显，可做定性判断。

（2）钻探过程的特殊现象，如缩孔、钻速变快、塌孔、卡钻部位，可能是滑动带的间接反映。

（3）岩芯鉴定是最可靠的依据，其主要标志为：

①软弱地层，黏性土含量较高，含水率较其上、下地层明显偏高。

②有程度不同的挤压揉皱现象，物质成分比较复杂，颜色混杂（单一土层滑坡较单一）。

③可见具滑动擦痕的光滑破裂面，或贯穿整个岩芯，或仅局部显示。

④岩石滑坡滑体岩层倾角与滑床岩层倾角突变。

⑤新老地层倒置，如古老地层覆盖在第四系地层之上（如压埋河床卵石层）。若老地层中层序倒置，还应分析是否为倒转背斜或逆掩断层造成。

⑥同一地区的同类滑坡常沿同一地层滑动，可作为一种标志层分析判断。

⑦地下水隔水底板常是岩性软弱易形成滑带的地层。

(4) 挖探确定滑动面（带）。在滑坡前缘挖探坑常可直接找到滑动面，在探井或探洞以及抗滑桩的桩坑中都可直接找到和确定滑动面（带），应充分利用。

(5) 钻孔深部位移监测确定正在活动的滑动面。对正在活动的滑坡，利用勘探钻孔埋入测斜管，用测斜仪定期测定其水平位移，可较准确地测定正在滑动的滑动面位置（一层或多层）和滑动方向，在滑动面处位移曲线发生突变，如图 2-11 所示。

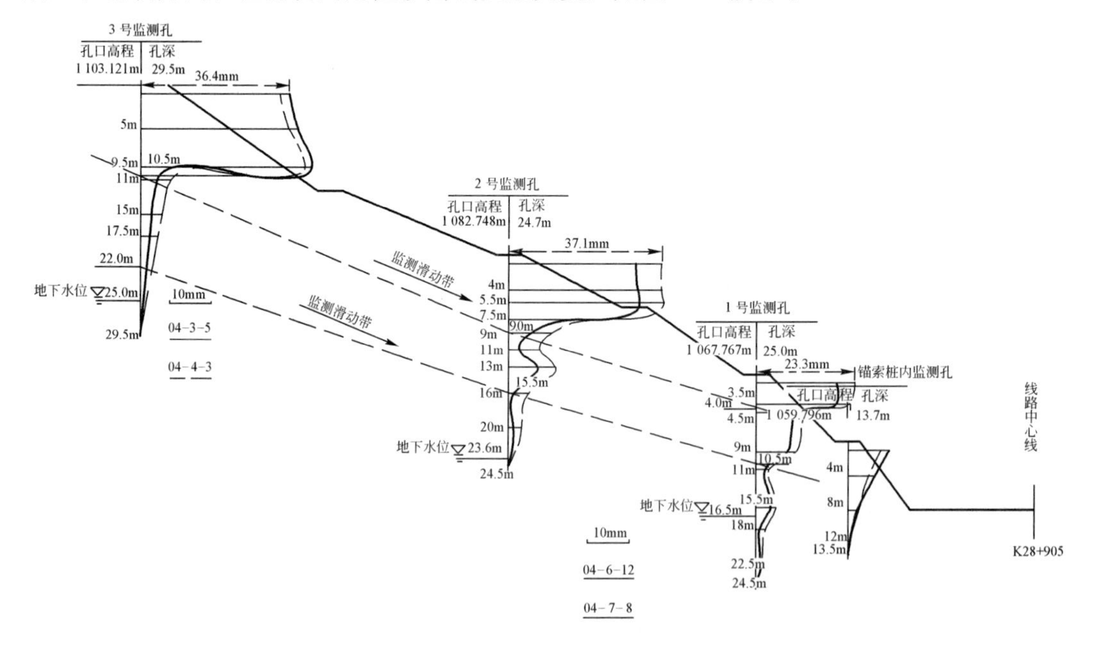

图 2-11　长治—晋城高速公路 K28＋905 滑动面监测图

2）滑动面的确定和连接

滑动面是一个空间曲面或者若干个平面的组合。因此，确定和连接滑动面时一定要首先树立一个空间概念，在滑坡的几个纵断面和横断面上滑动面应是协调一致、不能矛盾的。

滑动面的连接虽然以钻探资料为主要依据，但也必须紧密结合物探、挖探，特别是地面调查确定的滑坡分条、分级，前缘可能剪出口和后缘裂缝的位置等进行综合分析。已经有变形的滑坡，还应结合变形形迹（裂缝及其力学性质）进行分析。对性质复杂的滑坡常需反复推敲、修改才能最后确定可靠的滑动面。

可按以下步骤分析连接滑动面：

(1) 综合勘探完成后将所有勘探和调查测绘资料填绘于 1∶200 或 1∶500 的滑坡纵、横断面图上，包括钻孔、探坑资料和物探资料（视电阻率等值线图），以及地表裂缝等变形资料。把可能的和已确定的滑动面及软弱层和稳定的滑床地层用醒目的颜色标出。

（2）以滑坡主轴断面为主结合其他纵断面首先连接主滑段的滑动面，它们的物质成分应比较接近，或为同一标志层。如顺层岩石滑坡应为同一软弱岩层的层面或层间错动面；堆积土滑坡为基岩顶面等，且主滑段滑动面坡度与相应段地面坡度相差不多。若有多层软弱层存在，可能存在多层滑动面。

若有物探的“趋势性滑动面”资料和深孔位移监测资料，应结合在一起分析和连接。

（3）滑坡后缘牵引段滑动面的连接应紧密结合地形和后缘裂缝资料，以及土体强度和岩体中断层、节理等来考虑。若有多个后缘裂缝带，则有可能是多层和多级滑动所造成的。

（4）前缘抗滑段滑动面的连接除挖探挖出的滑动面外，应结合地形和开挖面分析多层剪出口的可能。有的抗滑段滑动面反翘，有的不一定反翘。

（5）同一块、同一层和同一级滑坡的滑动面在几个纵断面上形态应该类似，一般是从上向下坡度变缓，少有突变。在横断面上也不应有突变，否则可能为两块滑坡。

（6）均质或类均质土中的边坡滑坡，滑动面为圆弧形，可以用滑动面搜索法，若有钻探资料，可以互相验证，确定最不利滑动面。

（7）土层、软岩和破碎岩石滑坡中的滑动面有向深部发展的可能，连接滑动面时应根据外界因素的变化（如开挖、松弛、地下水向下渗透等）考虑可能的发展深度。

总之，滑动面连接是一项较复杂而细致的工作，必须认真细致地综合分析，才能得出比较符合实际的结果。

勘察中滑带土强度参数的试验与选择及滑坡的稳定性评价详见第7章。

2.4　勘察资料的分析与整理

通过勘察收集大量有关边坡与滑坡的历史的、现存的及即将改变的地形地质和工程资料，对这些资料必须经过去伪存真、去粗取精、统一的、全面的分析和整理，提供完整的有科学依据的勘察报告，供设计使用。

一般应提供以下基本资料：

①工程所在地的工程地质平面图（比例尺1∶500～1∶1 000）。内容包括：地形图、坐标、指北针；河（沟）的位置和流向；地层分界线、岩层产状、构造线及其性质和产状；地下水露头（泉、湿地、水塘）的出露位置、高程、流量；地面裂缝的分布位置、长度、宽度和性质；主要勘探线点的位置和高程；重要建筑物和拟建筑物的位置等。

②代表性纵、横断面图（比例尺1∶200～1∶500）。内容包括：与平面相对应的平面位置和高程；地形线、地层分界线、构造线、风化程度界线；勘探点的位置、深度和高程；地下水含水层位置和水位；软弱层、滑动面（带）及潜在滑动面的位置和连接；地面裂缝和变形建筑物在断面上的位置；已有和拟建建筑物在断面上的位置、形状和高程等。

③边坡展示图、节理玫瑰图和赤平投影图。

④钻孔柱状图、探坑（井、洞）展示图及其相关照片，建筑物变形、裂缝及地面裂缝照片等。

⑤岩、土、水试验资料。

⑥其他有关调查访问资料和监测资料。

1）边坡勘察报告的主要内容

（1）任务来源及技术要求

主要阐述边坡的背景，勘察目的，业主的委托及技术要求，勘察采用的技术手段，勘察时间及完成的工作量，所依据的勘察规范。

（2）边坡区段的地理位置、自然环境、水文气象特征

（3）边坡的地质环境

包括当地一定区域的地形地貌、地层、岩性、地质构造、地震烈度，边坡体的地形形态、植被、冲沟，地层岩性及分布位置和风化程度，主要构造裂面产状、分布位置及其与临空面之间的关系，水文地质特征等。

（4）边坡的坡体结构特征

根据边坡范围内各种岩土层和主要结构面的分布、产状、岩体结构、地下水分布及其与临空面的关系划分坡体结构类型，并分析工程活动后可能发生的变形类型和部位。

（5）影响边坡稳定性的因素

按自然因素和人为因素（如开挖、填筑）进行分析。

（6）边坡变形特征

针对已经发生的自然斜坡和开挖边坡的变形描述其类型、规模、分布范围，变形发生的条件和原因，变形历史过程和危害性。

（7）边坡稳定性评价

采用工程地质综合分析与力学计算法评价边坡的整体和局部稳定性，划分出稳定边坡、欠稳定边坡和不稳定边坡。

（8）预防、防护和加固措施建议

（9）报告附件

①边坡区工程地质平面图（1∶500～1∶1 000）；

②边坡代表性断面图（1∶200～1∶500）；

③节理玫瑰图、赤平投影图；

④边坡稳定性计算成果；

⑤岩、土、水试验资料；

⑥钻孔柱状图、试坑（探井）展示图；

⑦变形监测资料；

⑧有关照片。

2）滑坡勘察报告的主要内容

（1）任务来源及技术要求

阐述滑坡概况，勘察目的，业主委托及技术要求，采用的主要技术手段及完成的工作量，所依据的勘察规范。

（2）滑坡的地理位置、自然环境与水文气象特征

（3）滑坡地区的地质环境条件

描述滑坡所在地区的地形地貌、地层岩性、地质构造、水文地质条件，以及地震烈度、频度和降雨等特征。

（4）滑坡特征

针对所勘察滑坡论述其地形地貌、冲沟、植被、地层岩性、地质构造、地表及地下水分

布和出露特征；滑坡的类型、规模；滑坡的条块、级层划分；滑体、滑带、滑床特征；滑坡的主要作用因素和诱发因素；滑坡的变形特征（古老滑坡或新滑坡、裂缝位置和发育过程）；滑坡的形成机理分析。

（5）滑坡有关岩土、水参数的试验和选择建议

（6）滑坡的稳定性评价和发展趋势预测

采用工程地质对比分析与力学计算相结合的方法评价滑坡所处的发育阶段及其稳定性。结合已有的作用因素和即将发生的新因素（如坡脚开挖、水库浸淹等）预测其发展趋势。

（7）防治工程措施建议

（8）报告附件

①滑坡工程地质平面图（1∶500～1∶1 000）；

②滑坡主轴断面图和其他辅助纵、横断面图（1∶200～1∶500）（纵、横比例尺要一致）；

③钻孔柱状图、探坑（井、洞）展示图及相关照片；

④滑坡岩、土（特别是滑带岩、土）试验及水试验资料；

⑤建筑物及地面变形资料及照片；

⑥滑坡动态监测资料。

参考文献

[1] 铁道部科学研究院西北研究所．滑坡防治．北京：人民铁道出版社，1977

[2] 王恭先，徐峻龄，刘光代，等．滑坡学与滑坡防治技术．北京：中国铁道出版社，2004

[3] 中华人民共和国铁道部．铁路工程不良地质勘察规程：TB 10027—2001. 北京：中国铁道出版社，2001

[4] 中华人民共和国建设部．岩土工程勘察规范：GB 50021—2001. 北京：中国建筑工业出版社，2001

[5] 中华人民共和国交通部．公路工程地质勘察规范：JTJ 064—98. 北京：人民交通出版社，1998

第3章 作用于边坡支护结构上的荷载

DISANZHANG

3.1 土压力

在山区斜坡上填方或挖方筑路、地下室基坑开挖、修筑护岸或码头等常需要设置挡土墙来防止边坡土方坍塌，如图 3-1 所示。挡土墙常用砖石、混凝土、钢筋混凝土等建成，近年来采用加筋土挡墙逐渐增多。

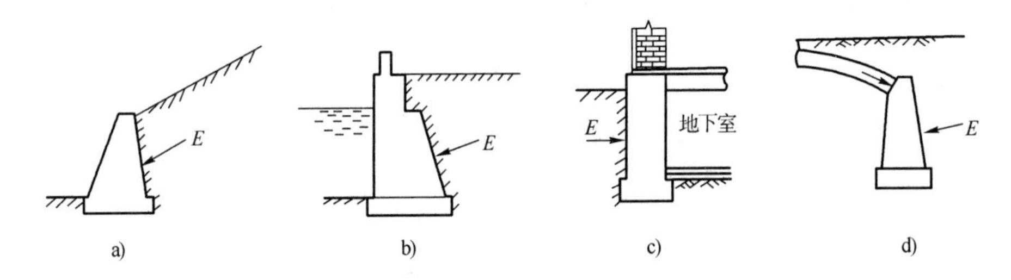

图 3-1 挡土墙的几种类型

挡土墙要承受挡土墙后的土体、地下水、墙后地面建筑物及其他形式荷载对墙背产生的侧向压力，称之为土压力。土压力的大小及其分布规律同支护结构的水平位移方向和大小、土的性质、支护结构物的刚度及高度等因素有关。在影响土压力的诸多因素中，墙体位移条件是最主要的因素。墙体位移的方向和位移量决定着所产生土压力的性质和土压力的大小。

（1）静止土压力

当挡土墙具有足够的截面，并且建立在坚实的地基上（例如岩基），墙在墙后填土的推力作用下，不产生任何移动或转动时［图 3-2a)］，墙后土体没有破坏，处于弹性平衡状态，这时作用于墙背上的土压力称为静止土压力，用 E_0 表示。

（2）主动土压力

如果墙基可以变形，墙在土压力作用下产生向着离开填土方向的移动或绕墙根的转动时［图 3-2b)］，墙后土体因侧面所受限制的放松而有下滑趋势。为阻止其下滑，土内潜在滑动面上剪应力增加，从而使作用在墙背上的土压力减小。当墙的移动或转动达到某一数量时，滑动面上的剪应力等于土的抗剪强度，墙后土体达到主动极限平衡状态，产生一般为曲线形的滑动面 AC，这时作用在墙上的土推力达到最小值，称为主动土压力 E_a。

(3) 被动土压力

当挡土墙在外力作用下向着填土方向移动或转动时（例如拱桥桥台），墙后土体受到挤压，有上滑趋势［图 3-2c)］。为阻止其上滑，土内剪应力反向增加，使得作用在墙背上的土压力加大。直到墙的移动量足够大时，滑动面上的剪应力又等于抗剪强度，墙后土体达到被动极限平衡状态，土体发生向上滑动，滑动面为曲面 AC，这时作用在墙上的土抗力达到最大值，称为被动土压力 E_p。

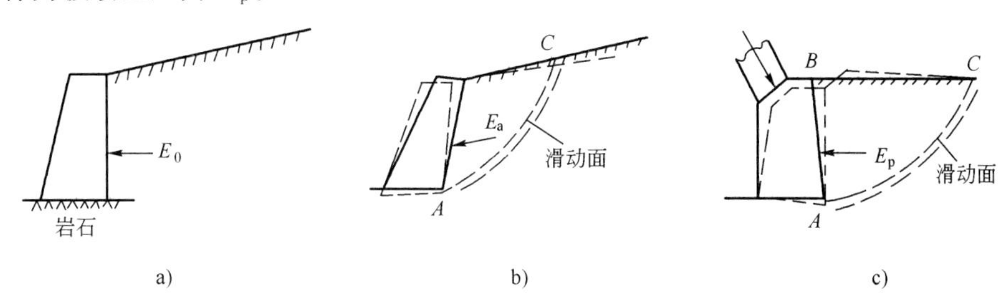

图 3-2 作用在挡土墙上的三种土压力

a)静止土压力；b)主动土压力；c)被动土压力

综上所述，可将墙体位移对土压力的影响概括为两点：

第一，挡土墙所受的土压力类型，首先取决于墙体是否发生位移以及位移的方向，可分为 E_0，E_a 和 E_p。

第二，挡土墙所受土压力大小并不是一个常数，随着位移量的变化，墙上所受土压力值也在变化。根据对中密以上的砂所进行的试验和数值计算的结果，墙的移动量与土压力的关系如图 3-3 所示。图中横坐标$\frac{\Delta}{H}$代表墙的移动量（或转动量）与墙高之比，$+\frac{\Delta}{H}$代表墙向离开填土方向移动，$-\frac{\Delta}{H}$则代表墙朝向填土方向移动；纵坐标 E 代表作用在墙上的土压力。从图中可以看出：为使墙后土体达到主动极限平衡状态，从而产生主动土压力量 E_a，所需的墙体位移量很小，对密砂或中密砂来说其差值只需 0.1%～0.5%，这样大小的位移在一般挡土墙中是容易发生的。因此，设计这种位移形式的挡土墙所受的土压力时，可以用主动土压力 E_a。

从图 3-3 中也可看出，产生被动土压力 E_p 要比产生主动土压力 E_a 困难得多，其所需的位移量很大，$\frac{\Delta}{H}$大致要达 1%～5%，比达到主动土压力状态的位移量约大 10 倍。显然，这样大的位移量在一般工程建筑中是不容许发生的，因为在墙后土体发生破坏之前，结构物可能已先破坏。因此，在估计挡土墙能抵抗多大外力作用而不发生滑动时，只能利用被动土压力的一部分，例如$\left(\frac{1}{4}\sim\frac{1}{2}\right)E_p$，或以静止土

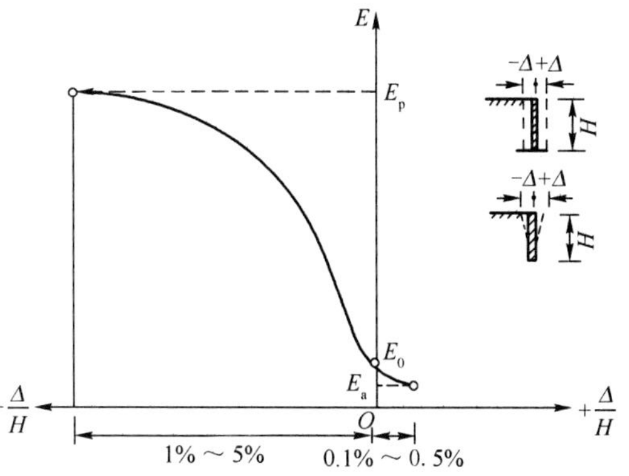

图 3-3 墙体位移与土压力关系曲线

压力 E_0 代替。

下面将主要介绍图 3-3 曲线上三个特定点的土压力计算，即 E_0，E_a 和 E_p。其中 E_0 属于弹性状态土压力，E_a 和 E_p 则属于极限平衡状态土压力，目前对 E_a 和 E_p 的计算方法仍是以抗剪强度和极限平衡理论为基础的古典土压力理论，也就是后面将要重点介绍的朗肯土压力理论和库仑土压力理论。然而，实际工程中不少挡土结构的位移量并未达到土体发生主动或被动极限平衡状态所需的位移量，因而作用于挡土墙上的土压力可能是介于主动与被动之间的某一数值，这种任意位移下的土压力计算比较复杂，涉及墙、土和地基三者的变形、强度特性和共同作用。不过，由于计算技术的发展，目前已可以根据土的实际应力-应变关系，利用有限元法来确定墙体位移量与土压力大小的定量关系，对于一些重要的挡土建筑物就应该这样考虑设计。

有关土压力理论已相对比较成熟，国内各教材与著作所述内容大致类同，本章中部分吸收了陈仲颐、周景星、王洪瑾编写，清华大学出版社出版的《土力学》一书的有关内容，在此表示感谢。

3.1.1 静止土压力的计算

如前所述，当挡土墙完全没有侧向位移、偏转和自身弯曲变形时，作用在其上的土压力即为静止土压力，建在岩石地基上的重力式挡土墙，或上下端有顶、底板固定的重力式挡土墙［图 3-1c)］，实际变形极小，就会产生这种土压力。这时，墙后土体应处于侧限压缩应力状态，与土的自重应力状态相同，因此可用计算自重应力的方法来确定静止土压力的大小。

(1) 静止土压力 p_0

图 3-4a) 表示半无限土体中 z 深度处一点的应力状态，已知其水平面和竖直面都是主应力面，所以，作用于该土单元上的竖直向主应力就是自重应力 $\sigma_v=\gamma z$，水平向自重应力 $\sigma_h=K_0\sigma_v=K_0\gamma z$。设想用一垛墙代替墙背左侧的土体，若该墙的墙背垂直光滑（无摩擦剪应力），则代替后，右侧土体中的应力状态并没有改变，墙后土体仍处于侧限应力状态［图 3-4b)］；σ_v 仍然是土的自重应力，只不过 σ_h 由原来表示土体内部的应力，现在变成土对墙的压力，按定义即为静止土压力的强度 p_0，故

$$p_0 = K_0\gamma z \tag{3-1}$$

式中：K_0——侧压力系数，在这里称为静止土压力系数，一般设为常数。

若将处在静止土压力时土单元的应力状态用莫尔圆表示在 τ-σ 坐标上，如图 3-4d) 所示。可以看出，这种应力状态离破坏包线还很远，一般属于弹性平衡应力状态。

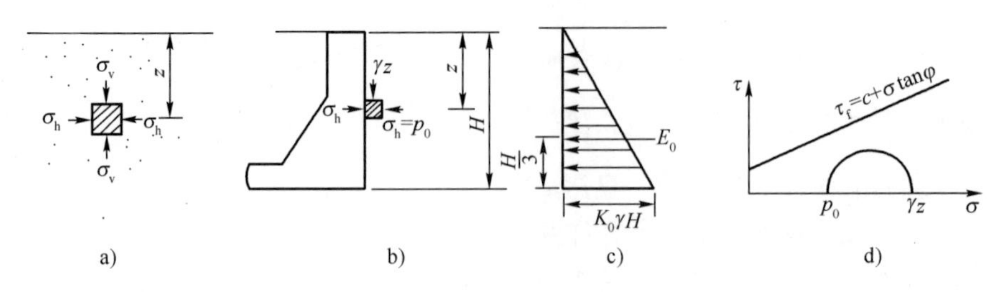

图 3-4 静止土压力计算

(2) 静止土压力分布及总土压力

由式 (3-1) 可知，p_0 沿墙高呈三角形分布；若墙高为 H，则作用于单位长度墙上的总

静止土压力 E_0 为：

$$E_0 = \frac{1}{2}\gamma H^2 K_0 \tag{3-2}$$

E_0 的作用点应在墙高的 1/3 处，见图 3-4c）。

（3）静止土压力系数 K_0

K_0 值的大小可根据试验测定，也可根据经验公式计算。研究证明，K_0 除了与土性及密度有关外，黏性土的 K_0 值还与应力历史很有关系。下列经验公式可供估算 K_0 值之用。

对于无黏性土及正常固结黏性土

$$K_0 = 1 - \sin\varphi' \tag{3-3}$$

式中：φ'——土的有效内摩擦角。

显然，对这类土，K_0 值均小于 1.0。

对于超固结黏性土

$$(K_0)_{O.C} = (K_0)_{N.C} \cdot (OCR)^m \tag{3-4}$$

式中：$(K_0)_{O.C}$——超固结土的 K_0 值；

$(K_0)_{N.C}$——正常固结土的 K_0 值；

OCR——超固结比；

m——经验系数，一般可用 $m=0.41$。

图 3-5 代表超固结比 OCR 与 K_0 值范围的关系，可以看出，对于 OCR 较大的超固结土，K_0 值大于 1.0。

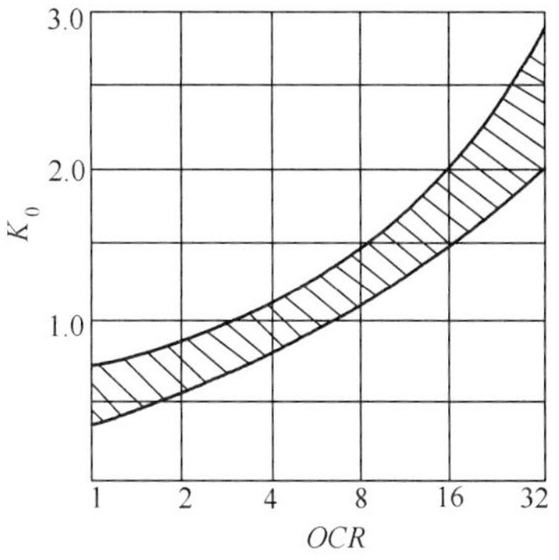

3.0
2.0
1.0
K_0
1 2 4 8 16 32
OCR

图 3-5　K_0 与超固结比 OCR 的关系

3.1.2　朗肯土压力理论

朗肯土压力理论是土压力计算中两个著名的古典土压力理论之一，由英国学者朗肯（W. J. M. Rankine）于 1857 年提出的。由于其概念明确，方法简便，至今仍被广泛应用。

（1）基本原理

朗肯研究自重应力作用下，半无限土体内各点的应力从弹性平衡状态发展为极限平衡状态的条件，提出计算挡土墙土压力的理论，其分析方法如下。

图 3-6a）和图 3-7a）表示具有水平表面的半无限土体。如前所述，当土体静止不动时，深度 z 处土单元体的应力为 $\sigma_v=\gamma z$，$\sigma_h=K_0\gamma z$，可用图 3-6b）和图 3-7b）的应力圆①表示。若以某一竖直光滑面 mn 代表挡土墙墙背，用以代替 mn 左侧的土体而不影响右侧土体中的应力状态，则当 mn 面向外平移时，右侧土体中的水平应力 σ_h 将逐渐减小，而 σ_v 保持不变。因此，应力圆的直径逐渐加大，当侧向位移至 $m'n'$，其量已足够大，应力圆与土体的抗剪强度包线相切，如图 3-6b）中的圆②所示，表示土体达到主动极限平衡状态。这时 $m'n'$ 后面的土体进入破坏状态［图 3-6a）］，土体中的抗剪强度已全部发挥出来，使得作用在墙上的土压力 σ_h 达到最小值，即为主动土压力 p_a。之后，即使墙继续移动，土压力也不会进一步减小。

相反，若 mn 面在外力作用下向填土方向移动，挤压土体，σ_h 将逐渐增加，土中剪应力最初减小，后来又逐渐反向增加，直至剪应力增加到土的抗剪强度时，应力圆又与强度包线相切，达到被动极限平衡状态，如图 3-7b）中的圆③所示。这时，作用在 $m''n''$ 面上的土压力达到最大值，即为被动土压力 p_p，土体破坏后，即使 $m''n''$ 面再继续移动，土压力也不会进一步增大。

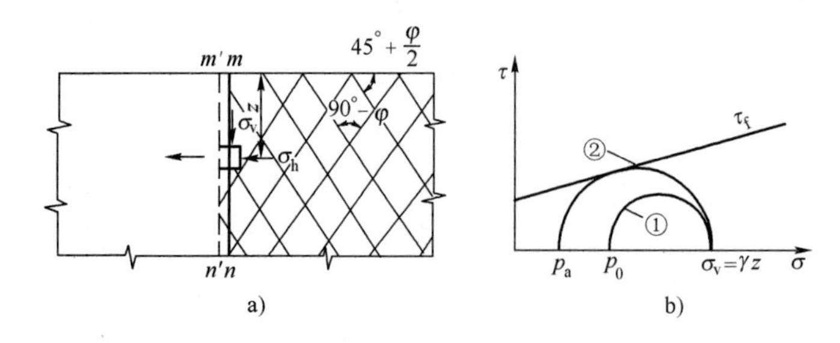

图 3-6　朗肯主动极限平衡状态

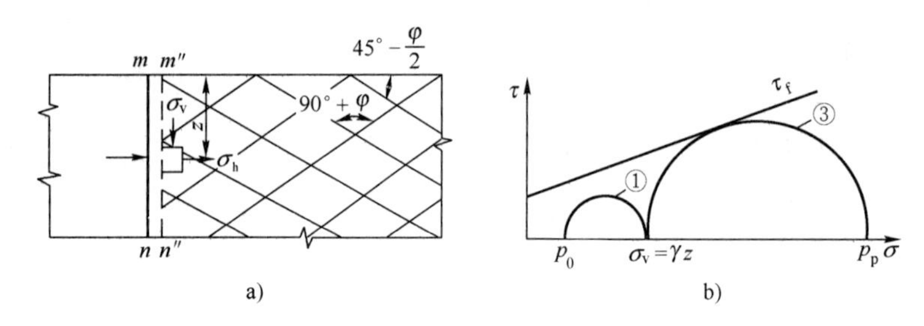

图 3-7　朗肯被动极限平衡状态

以上两种极限平衡状态又称朗肯主动状态和朗肯被动状态。若忽略墙背与填土之间的摩擦作用，即假定墙背与填土之间的摩擦角 $\delta=0$，对于挡土墙墙背垂直、墙后填土面水平的情况，相当于图 3-6 和图 3-7 中的 mn 面，作用于其上的土压力大小可用朗肯理论计算。

（2）主动土压力计算

根据前述分析可知，当墙后填土达到主动极限平衡状态时，作用于任意 z 深度处土单元上的竖直应力 $\sigma_v=\gamma z$ 应是大主应力 σ_1，而作用在墙背的水平向土压力 p_a 应是小主应力 σ_3。根据土的极限平衡状态条件可知，当土体中任一点处于极限平衡状态时，大主应力 σ_1 与小主应力 σ_3 存在以下关系。

黏性土

$$\sigma_1=\sigma_3\tan^2\left(45^\circ+\frac{\varphi}{2}\right)+2c\tan\left(45^\circ+\frac{\varphi}{2}\right)$$

或

$$\sigma_3=\sigma_1\tan^2\left(45^\circ-\frac{\varphi}{2}\right)-2c\tan\left(45^\circ-\frac{\varphi}{2}\right) \tag{3-5}$$

无黏性土

$$\sigma_1=\sigma_3\tan^2\left(45^\circ+\frac{\varphi}{2}\right)$$

或

$$\sigma_3=\sigma_1\tan^2\left(45^\circ-\frac{\varphi}{2}\right) \tag{3-6}$$

主动土压力状态下 $\sigma_1=\gamma z$，$\sigma_3=p_a$，代入式（3-5）和式（3-6），即可直接求出主动土压力的强度 p_a。

黏性土

$$p_a = \gamma z \tan^2\left(45° - \frac{\varphi}{2}\right) - 2c\tan\left(45° - \frac{\varphi}{2}\right)$$

或

$$p_a = \gamma z K_a - 2c\sqrt{K_a} \tag{3-7}$$

无黏性土

$$p_a = \gamma z \tan^2\left(45° - \frac{\varphi}{2}\right)$$

或

$$p_a = \gamma z K_a \tag{3-8}$$

以上式中：K_a——主动土压力系数，$K_a = \tan^2\left(45° - \frac{\varphi}{2}\right)$；

γ——墙后土体重度（kN/m^3），地下水位以下用有效重度；

c——墙后土体的黏聚力（kPa）；

φ——土的内摩擦角；

z——计算点处距土面的深度（m）。

对于无黏性土，当墙绕墙根发生离开填土方向的转动，达到主动极限平衡状态时，墙后土体破坏，形成图 3-8a）所示的滑动楔体，滑动面与大主应力（水平面）夹角 $\alpha = 45° + \frac{\varphi}{2}$。滑动楔体内，土体均发生破坏，两组滑裂面之间的夹角为 $90° - \varphi$。滑动楔体以外的土则仍处于弹性平衡状态。无黏性土土压力的分布如图 3-8b）所示，主动土压力强度沿墙高呈三角形分布，单位长度墙体上作用的主动土压力大小为：

$$E_a = \frac{1}{2}\gamma H^2 K_a \tag{3-9}$$

E_a 垂直于墙背，且通过三角形的形心，作用在距墙底 $H/3$ 高度处。

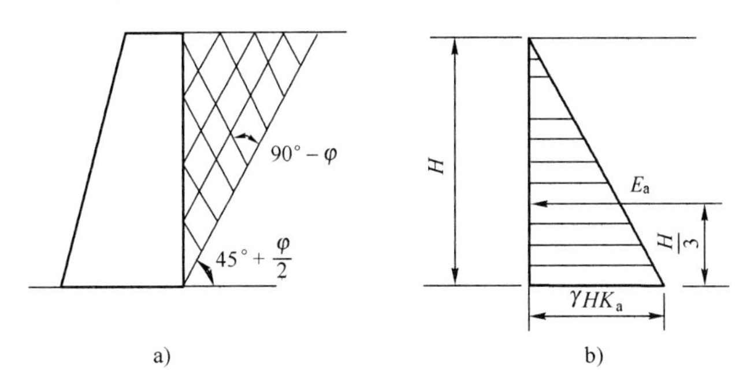

图 3-8 无黏性土主动土压力

a）墙后破裂面形状；b）主动土压力分布

对于黏性土，式（3-7）说明，黏性土的主动土压力由两部分组成：第一项为土重产生的土压力 $\gamma z K_a$，是正值，随深度呈三角形分布；第二项为黏聚力 c 引起的土压力 $2c\sqrt{K_a}$，是负值，起减小土压力的作用，其值是常量，不随深度变化，如图 3-9b）所示。两项之和使得墙后土压力在 z_0 深度以上出现负值，即拉应力，但实际上墙和填土之间没有抗拉强度，故拉应力的存在会使填土与墙背脱开，出现 z_0 深度的裂缝，如图 3-9d）所示。因此，在 z_0 以上可以认为土压力为零；z_0 以下，土压力强度按 $\triangle abc$ 分布［图 3-9c)］。z_0 位置可在式（3-7）中令 $p_a = 0$ 求出，即

$$
\gamma z K_a - 2c\sqrt{K_a} = 0
$$

$$
z_0 = \frac{2c}{\gamma\sqrt{K_a}} \tag{3-10}
$$

总主动土压力 E_a 应为$\triangle abc$的面积，即

$$
E_a = \frac{1}{2}\gamma H^2 K_a - 2cH\sqrt{K_a} + \frac{2c^2}{\gamma} \tag{3-11}
$$

它的作用点位于$\triangle abc$的形心，在距墙底$\frac{1}{3}(H-z_0)$处。

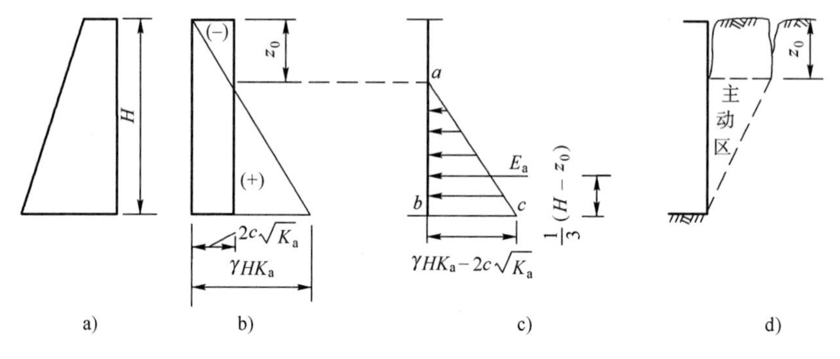

图 3-9 黏性土主动土压力分布

对于黏性土，式（3-11）中 c 值没有被充分利用，因而按朗肯公式计算黏性土主动土压力一般会偏大。

（3）被动土压力计算

当墙向后移动，使墙后土体达到被动极限平衡状态时，水平压力比竖直压力大，故此时竖直应力 $\sigma_v=\gamma z$ 应是小主应力 σ_3，而作用在墙背的水平向土压力 p_p 应是大主应力 σ_1。由式（3-5）和式（3-6）可以得到被动土压力的计算公式。

黏性土

$$
\sigma_p = \gamma z \tan^2\left(45^\circ + \frac{\varphi}{2}\right) + 2c\tan\left(45^\circ + \frac{\varphi}{2}\right)
$$

或

$$
\sigma_p = \gamma z K_p + 2c\sqrt{K_p} \tag{3-12}
$$

无黏性土

$$
\sigma_p = \gamma z \tan^2\left(45^\circ + \frac{\varphi}{2}\right)
$$

或

$$
\sigma_p = \gamma z K_p \tag{3-13}
$$

式中，$K_p=\tan^2\left(45^\circ+\frac{\varphi}{2}\right)$，称为被动土压力系数。

对于无黏性土，p_p 沿墙高的分布及单位长度墙体上土压力作用点的位置均与主动土压力相同，如图 3-10b）所示。滑动面与大主应力作用面（水平面）之间的夹角 $\alpha=45^\circ-\frac{\varphi}{2}$，两组滑裂面之间的夹角为 $90^\circ+\varphi$，如图 3-10a）所示。

对于黏性土，被动土压力也由两部分组成，叠加后其压力强度 p_p 沿墙高呈梯形分布，如图 3-11 所示。总的被动土压力为：

$$E_p = \frac{1}{2}\gamma H^2 K_p + 2cH\sqrt{K_p} \tag{3-14}$$

E_p 的作用方向垂直于墙背，作用点位于梯形面积重心上。

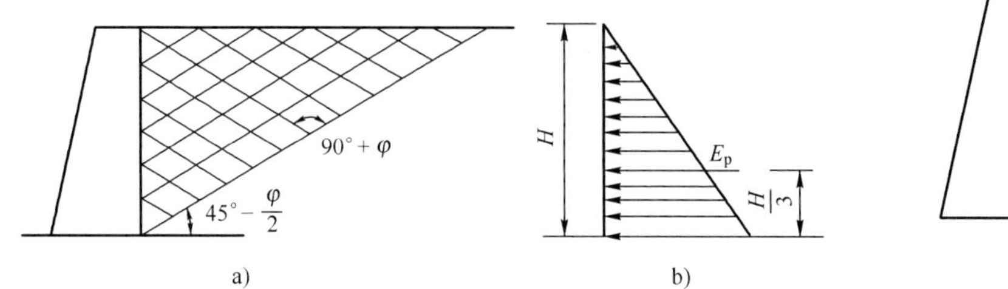

图 3-10　无黏性土被动土压力

a)墙后破裂面形状；b)被动土压力分布

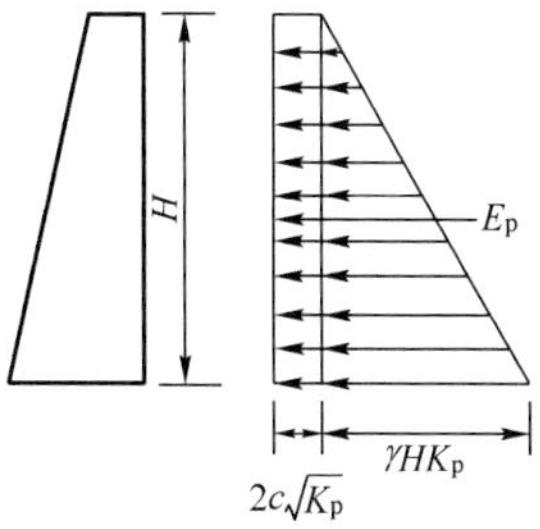

图 3-11　黏性土被动土压力分布

3.1.3　库仑土压力理论

1776 年法国的库仑（C. A. Coulomb）根据墙后土楔处于极限平衡状态时的力系平衡条件，提出了另一种土压力分析方法，称为库仑土压力理论，它能适用于各种填土面和不同的墙背条件，且方法简便，有足够的计算精度，至今也仍然是一种被广泛采用的土压力理论。

1）方法要点

（1）库仑公式推导的出发点

库仑压力理论与朗肯土压力理论相比较有两点区别：首先，在挡土墙及填土的边界条件上，库仑理论考虑的挡土墙，可以是墙背倾斜，具有倾角 α；墙背粗糙，与填土之间存在摩擦力，摩擦角为 δ；墙后填土面有倾角 β，如图 3-12 所示。其次，库仑不是从研究墙后土体中一点的应力状态出发，从而求出作用在墙背上的土压力强度 p，而是从考虑墙后某个滑动楔体的整体平衡条件出发，直接求出作用在墙背上的总土压力 E。

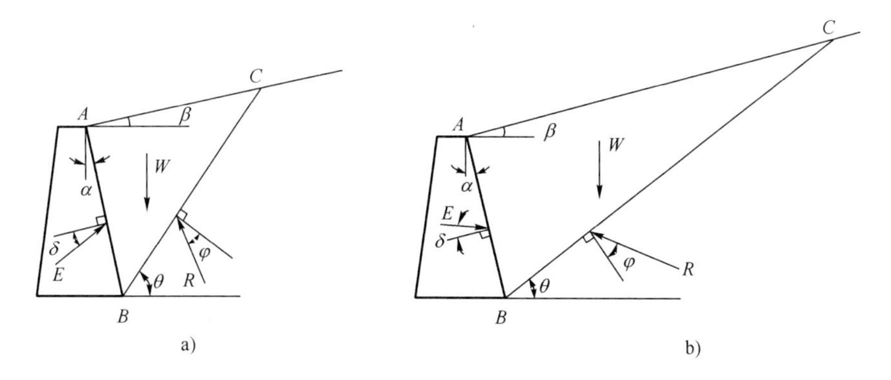

图 3-12　库仑土压力理论

a)主动状态；b)被动状态

（2）库仑假设条件

库仑土压力公式最早是从填土为无黏性土条件得出的，研究中做了如下几点基本假设：

①平面滑裂面假设。当墙向前或向后移动，使墙后填土达到破坏时，填土将沿两个平面同时下滑或上滑：一个是墙背 AB 面；另一个是土体内某一滑动面 BC，BC 与水平面成 θ 角。平面滑裂面假设是库仑理论的最主要假设，库仑在当时已认识到这一假定与实际情况不符，但它可使计算工作大大简化，在一般情况下精度能满足工程的要求。

②刚体滑动假设。将破坏土楔 ABC 视为刚体，不考虑滑动楔体内部的应力和变形条件。

③楔体 ABC 整体处于极限平衡状态。在 AB 和 BC 滑动面上，抗剪强度均已充分发挥，即滑动面上的剪应力 τ 均已达抗剪强度 τ_f。

（3）取滑动楔体 ABC 为隔离体进行受力分析

假设滑动土楔自重为 W，下滑时受到墙面给予的支撑反力 E（其反方向就是土压力）和土体支承反力 R，则：

①根据楔体整体处于极限平衡状态的条件，可得知 E、R 的方向。反力 R 的方向与 BC 面的法线成夹角 φ（土的内摩擦角）；反力 E 的方向则应与墙背 AB 面的法线成夹角 δ。只是当土体处于主动状态时，为阻止楔体下滑，R、E 在法线的下方；被动状态时，为阻止楔体被挤而向上滑动，R、E 在法线的上方，见图 3-12。

②根据楔体应满足静力平衡力三角形闭合的条件，可知 R、E 的大小，见图 3-13。

③求极值，找出真正滑裂面，从而得出作用在墙背上的总主动土压力 E_a 和被动土压力 E_p。

图 3-12 中的 BC 面是任意假设的，不一定就是真正的破坏面。为了找出土中真正滑裂面，可假定不同 θ 角的几个滑裂面，分别算出维持各个滑裂楔体保持极限平衡时的土压力 E 值。其中，对于主动状态来说，要求是值最大的滑裂面，是最容易下滑的面，因而也是真正的滑裂面，其他的面都不会滑裂；对于被动状态来说，则应是需要 E 值最小的滑裂面，是最容易上滑的面，也就是真正的滑裂面。总之都是一个求极值的问题，利用 $\frac{\mathrm{d}E}{\mathrm{d}\theta}=0$ 的条件，即可求得作用于挡土墙上的总土压力 E_a 或 E_p。

2）无黏性土的主动土压力

设挡土墙如图 3-14a）所示，墙高为 H，墙后为无黏性填土。当墙向前移动时，BC 面为其潜在的滑动面，与水平面夹角为 θ。取土楔 ABC 为隔离体，根据静力平衡条件，作用于隔离体 ABC 上的力 W、E、R 组成力的闭合三角形，如图 3-14b）所示。根据几何关系可知，W 与 E 之间的夹角 $\psi=90°-\delta-\alpha$，δ 和 α 为已知量，故 ψ 为常数；W 与 R 之间的夹角，按图 3-14 的几何关系应为 $\theta-\varphi$。利用正弦定律可得：

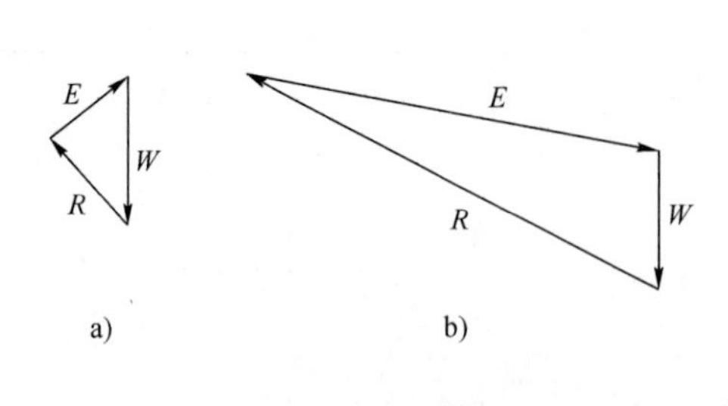

图 3-13　土压力计算的力三角形
a）主动状态；b）被动状态

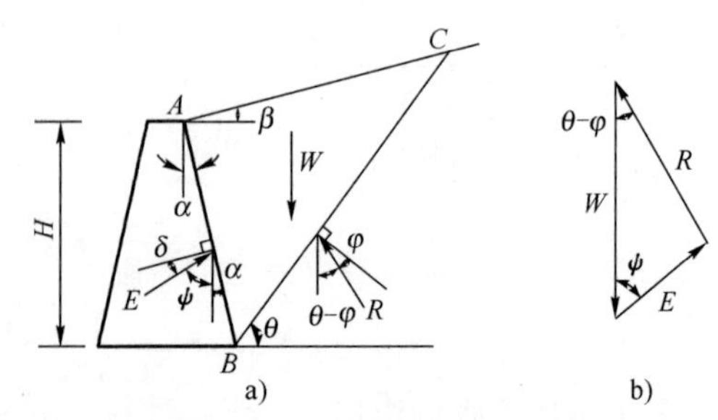

图 3-14　库仑主动土压力计算图

$$\frac{E}{\sin(\theta-\varphi)}=\frac{W}{\sin[180°-(\theta-\varphi+\psi)]}$$

则

$$E=\frac{W\sin(\theta-\varphi)}{\sin(\theta-\varphi+\psi)} \tag{3-15}$$

由于式（3-15）中的土楔自重 W 也是 θ 的函数，故当 φ 和 ψ 值为定值后，E 就只是 θ 的单值函数，即 $E=f(\theta)$。令 $\frac{dE}{d\theta}=0$，用数解法解出 θ 值，再代回式（3-15），即可得出最后作用于墙背上的总主动土压力 E_a 的大小。其表达式为：

$$E_a=\frac{1}{2}\gamma H^2K_a \tag{3-16}$$

其中

$$K_a=\frac{\cos^2(\varphi-\alpha)}{\cos^2\alpha\cos(\varphi+\delta)\left(1+\sqrt{\frac{\sin(\varphi+\delta)\sin(\varphi-\beta)}{\cos(\alpha+\delta)\cos(\alpha-\beta)}}\right)^2} \tag{3-17}$$

以上式中：K_a——库仑主动土压力系数，可以看出 K_a 只与 α、β、δ、φ 有关，而与 γ、H 无关，因而可编成相应表格，供计算时查用；

γ、φ——填土的重度与内摩擦角；

α——墙背与竖直线之间的夹角，以竖直线为准，逆时针为正（图 3-14），称为俯斜墙背；顺时针为负，称为仰斜墙背；

β——填土面与水平面之间的夹角，水平面以上为正（图 3-14），水平面以下为负；

δ——墙背与填土之间的摩擦角，其值可由试验确定，无试验资料时，一般取为 $\left(\frac{1}{3}\sim\frac{2}{3}\right)\varphi$，也可参考表 3-1 中的数值。

土对挡土墙墙背的摩擦角 表 3-1

挡土墙情况	摩擦角 δ	挡土墙情况	摩擦角 δ
墙背平滑、排水不良	$(0\sim0.33)\varphi$	墙背很粗糙、排水良好	$(0.5\sim0.67)\varphi$
墙背粗糙、排水良好	$(0.33\sim0.5)\varphi$	墙背与填土间不可能滑动	$(0.67\sim1.0)\varphi$

可以证明，当 $\alpha=0$，$\delta=0$，$\beta=0$ 时，由式（3-16）和式（3-17）可得出 $E_a=\frac{1}{2}\gamma H^2\cdot\tan^2\left(45°-\frac{\varphi}{2}\right)$ 的表达式，与前述的朗肯总主动土压力公式（3-9）完全相同，说明在这种条件下，库仑与朗肯理论的结果是一致的。

关于土压力强度沿墙高的分布形式，可通过对式（3-16）求导得出，即

$$p_{az}=\frac{dE_a}{dz}=\frac{d}{dz}\left(\frac{1}{2}\gamma z^2K_a\right)=\gamma zK_a \tag{3-18}$$

式（3-18）说明 p_{az}沿墙高呈三角形分布，见图 3-15b）。值得注意的是，这种分布形式只表示土压力大小，并不代表实际作用于墙背上的土压力方向。土压力合力 E_a 的作用方向仍在墙背法线上方，并与法线成 δ 角或与水平面成 $\alpha+\delta$ 角，如图 3-15a）所示，E_a 作用点在距墙底$\frac{1}{3}H$ 处。

3）无黏性土的被动土压力

用同样方法可得出总被动土压力 E_p 为：

$$E_p = \frac{1}{2}\gamma H^2 K_p \tag{3-19}$$

其中

$$K_p = \frac{\cos^2(\varphi+\alpha)}{\cos^2\alpha\cos(\alpha-\delta)\left(1-\sqrt{\dfrac{\sin(\varphi+\delta)\sin(\varphi+\beta)}{\cos(\alpha-\delta)\cos(\alpha-\beta)}}\right)^2} \tag{3-20}$$

式中：K_p——库仑被动土压力系数；

其他符号意义同前。

被动土压力强度 p_{az}沿墙也呈三角形分布，见图 3-16b）。合力 E_p 作用方向在墙背法线下方，与法线成 δ 角，与水平面成 $\delta-\alpha$ 角，如图 3-16a）所示，作用点在距墙底$\frac{1}{3}H$ 处。

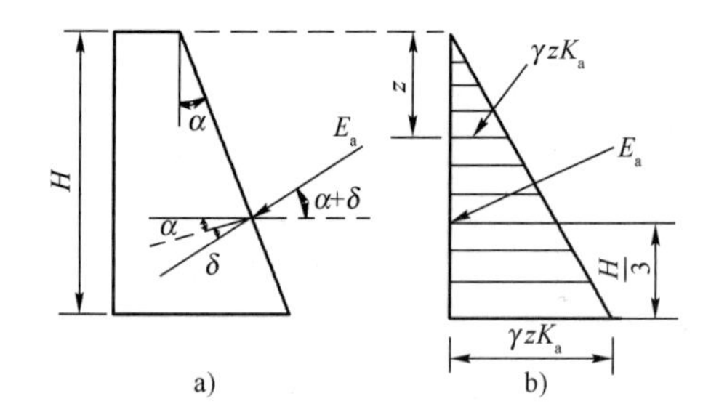

图 3-15　库仑主动土压力强度分布

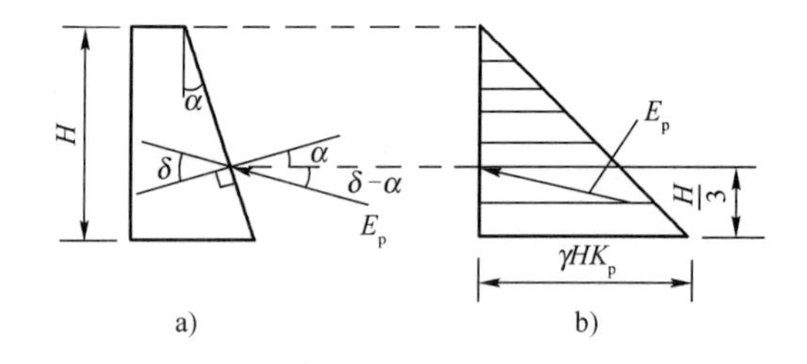

图 3-16　库仑被动土压力强度分布

4）黏性土的土压力

《建筑地基基础设计规范》（GB 50007—2002）与《建筑边坡工程技术规范》（GB 50330—2002）推荐的公式采用楔体试算法相似的平面滑裂面假定，得到主动土压力为：

$$E_a = \frac{1}{2}\gamma H^2 K_a \tag{3-21}$$

$$\begin{aligned} K_a = {} & \frac{\sin(\alpha'+\beta)}{\sin^2\alpha'\sin^2(\alpha'+\beta-\varphi-\delta)}\{k_q[\sin(\alpha'+\beta)\sin(\alpha'-\delta)+\sin(\varphi+\delta)\sin(\varphi-\beta)]+ \\ & 2\eta\sin\alpha'\cos\varphi\cos(\alpha'+\beta-\varphi-\delta)-2[(k_q\sin(\alpha'+\beta)\sin(\varphi-\beta)+ \\ & \eta\sin\alpha'\cos\varphi)(k_q\sin(\alpha'-\delta)\sin(\varphi+\delta)+\eta\sin\alpha'\cos\varphi)]^{\frac{1}{2}}\} \end{aligned} \tag{3-22}$$

$$k_q = 1+\frac{2q}{\gamma h}\cdot\frac{\sin\alpha'\cos\beta}{\sin(\alpha'+\beta)},\ \eta = \frac{2c}{\gamma h}$$

以上式中：H——挡土墙高度（m）；

q——地表均布荷载，以单位水平投影面上的荷载强度计；

α'——墙背与水平线之间的夹角；

β——填土面与水平面之间的夹角，水平面以上为正（图 3-17），水平面以下为负；

δ——墙背与填土之间的摩擦角，其值可由试验确定；

K_a——主动土压力系数；

γ——墙后土体重度（kN/m³），地下水位以下用有效重度；

c——墙后土体的黏聚力（kPa）；

φ——土的内摩擦角。

在地面水平，墙背垂直、光滑情况下，其计算结果与式（3-7）计算结果相同。

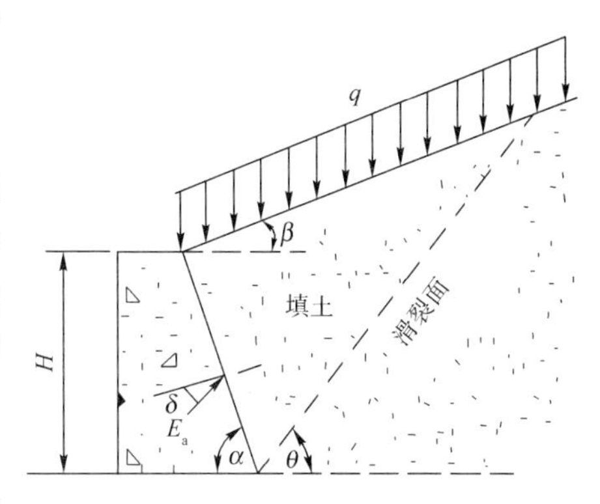

图 3-17　规范公式计算简图

5）图解法

库仑理论本来只讨论了 $c=0$ 的砂性土的土压力问题，而且要求填土面为平面，所以当填土为 $c\neq0$的黏性土，或填土面不是平面，而是任意折线或曲线形状时，前述库仑公式就不能应用，这种情况下可用图解法或规范推荐的公式求解土压力。

（1）基本方法

设挡土墙及其填土条件如图 3-18a）所示。根据数解法已知，若在墙后填土中任选一与水平面夹角为 θ_1 的滑裂面 AC_1，则可求出土楔 ABC_1 重力 W_1 的大小及方向，以及反力 E_1 及 R_1 的方向，从而可绘制闭合的力三角形，并进而求出 E_1 的大小，见图 3-18b）。然后再任选多个不同的滑裂面 AC_2，AC_3，…，AC_n，用同样方法可连续绘出多个闭合的力三角形，并得出相应的 E_2，E_3，…，E_n 值。将这些力三角形的顶点连成曲线 m_1m_n，作曲线 m_1m_n 的竖直切线（平行于W 方向），得到切点 m，自 m 点作E 方向的平行线交OW 线于n 点，则 mn 所代表的 E 值为诸多E 值中的最大值，即为主动土压力 E_a 值。

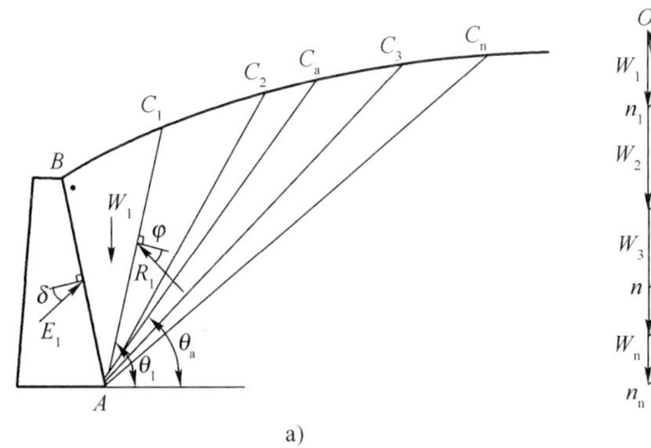

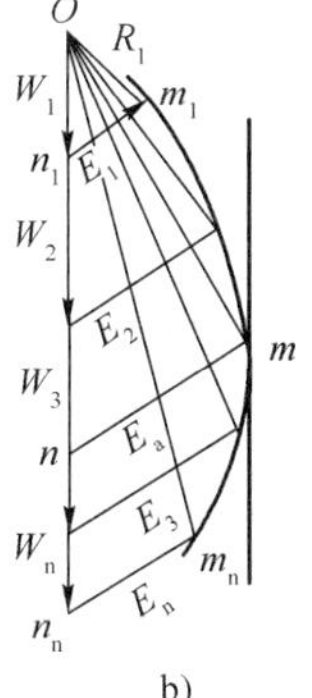

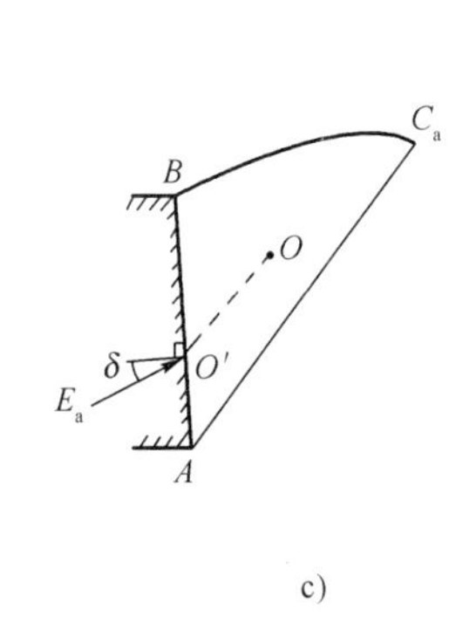

图 3-18　图解法求主动土压力的原理

为找出填土中真正滑裂面的位置，考虑图 3-18b）中的力三角形 Omn，根据前面图 3-14 可知，对应于土压力 E_a 的 R_a（Om）与 W_a（On）之间的夹角应为 $\theta_a-\varphi$，土的内摩擦角 φ 已知，故可求出 θ_a 角，从而可在图 3-18a）中确定出滑裂面 AC_a。

值得提出的是，由图解法只能确定总土压力 E_a 的大小和滑裂面位置，而不能求出 E_a 的作用点的位置。为此，太沙基（1943）建议可用下述近似方法确定。如图 3-18c）所示，在得出滑裂面位置 AC_a 后，再找出滑裂体 ABC_a 的重心 O，过 O 点作滑裂面 AC_a 的平行线，

交墙背于 O' 点，可以认为 O' 点就是 E_a 的作用点。

（2）库尔曼图解法

库尔曼（C. Culmann）图解法是对上述基本方法的一种改进与简化，因此在工程中得到广泛应用。其简化之处在于库尔曼把图 3-18b）中闭合三角形的顶点 O 直接放在墙根 A 处，并使之逆时针方向旋转 $90°+\varphi$ 角度，使得力三角形中矢量 R 的方向与所假定的滑裂面相一致，如图 3-19a）所示。这时矢量 W 的方向与水平线之间的夹角为 φ，W 与 E 之间的夹角应为 ψ，均为常数。然后沿 W 方向即可画出图 3-19b）所示的一系列闭合的三角形，从而使上述基本图解法得到简化。下面介绍库尔曼图解法的具体步骤［图 3-19b）］。

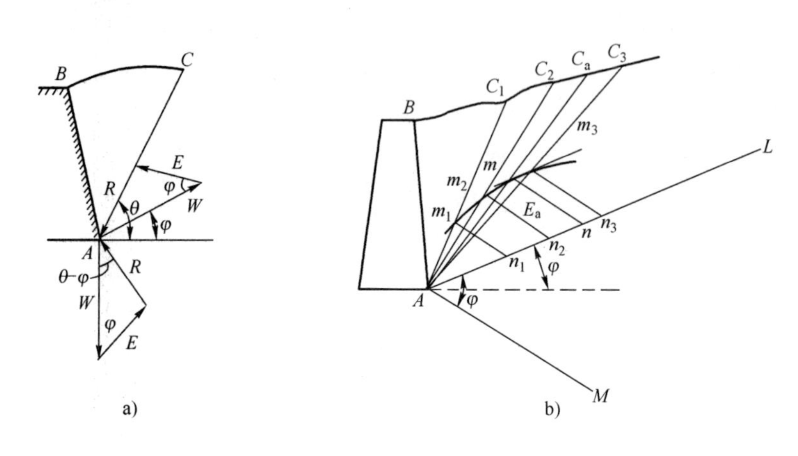

图 3-19　库尔曼图解法求主动土压力

①过 A 点作两条辅助线，一条为 AL，令其与水平线成夹角 φ，代表矢量 W 的方向；另一条为 AM，与 AL 线成夹角 ψ，代表矢量 E 的方向。

②任意假定一破裂面 AC_1，算出滑裂体 ABC_1 的重力 W_1，并按一定比例在 AL 线上截取 An_1 代表 W_1，自 n_1 点作 AM 的平行线交破裂面于 m_1 点，则 $\triangle m_1n_1A$ 即为滑动土体 ABC_1 的闭合力三角形，m_1n_1 的长度就等于破裂面为 AC_1 时的土压力 E_1。

③同理，再任意假定其他破裂面 AC_2，AC_3……求得 n_2、n_3 各点，并得出 m_2n_2、m_3n_3 等线。

④连接 m_1、m_2、m_3 各点得一曲线，此线即称为库尔曼线。作该曲线与 AL 平行的切线，得切点 m，过切点 m 引 AM 平行线交 AL 于点 n，线段 mn 就是所求的主动土压力 E_a。

⑤连接 Am，并延长与填土面交于 C_a，则 AC_a 即为真正的破裂面。

（3）黏性填土的土压力

当墙后填土为黏性土时，也可考虑用图解法求解主动土压力，见图 3-20。此种情况下滑动楔体的破裂面上以及墙背与填土的接触面上，除了有摩擦力外还有黏聚力 c 的作用。根据前述朗肯理论已知，在无荷载作用的黏性土半无限体表层 z_0 深度内，由于存在拉应力，将导致裂缝出现［图 3-20a）］，故在 z_0 深度内的墙背面上和破裂面上无黏聚力 c 的作用。$z_0=\dfrac{2c}{\gamma\sqrt{K_a}}$，该表达式不因地表倾角不同而变化。

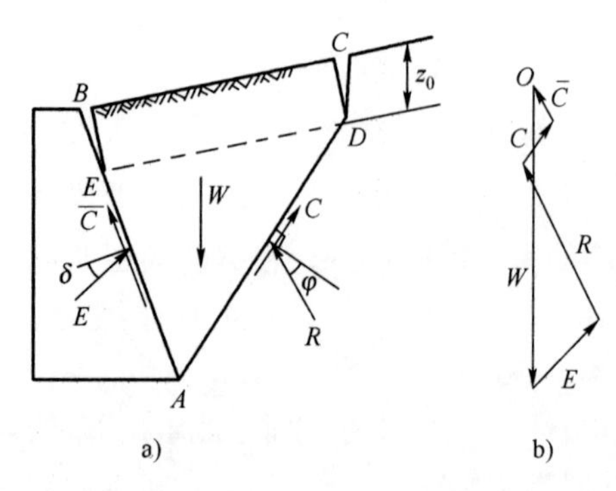

图 3-20　用图解法求黏性土主动土压力

假定破裂面为 ADC 时，作用在滑动楔体上的力有：

①滑动土楔 $BEADC$ 的重力 W；

②墙背对填土的反力 E；

③沿墙背 AE 的总黏聚力 $\bar{C}=\bar{c}\cdot\overline{AE}$，其中 $\bar{c}$ 为墙与填土接触面上单位面积黏聚力，方向沿接触面，如图 3-20 所示；

④破裂面 AD 上的反力 R；

⑤破裂面 AD 上的总黏聚力 $C=c\cdot\overline{AD}$，其中 c 为填土内单位面积黏聚力，方向沿破裂面 AD。

这样，上述 5 个力的作用方向均为已知，且 W、$\bar{C}$ 和 C 的大小也已知，根据力系平衡时力多边形闭合的条件，即可确定出 E 的大小，如图 3-20b）所示。按上述方法，试算多个破裂面，根据矢量 E 与 R 的交点的轨迹，画出一条光滑曲线，找到最大量值即为主动土压力 E_a。

6）朗肯土压力理论与库仑土压力理论比较

朗肯土压力理论和库仑土压力理论分别根据不同的假设，以不同的分析方法计算土压力，只有在最简单的情况下（$\alpha=0$，$\beta=0$，$\delta=0$），而且朗肯公式采用式（3-7）时，这两种理论计算结果才相同，否则便得出不同的结果。

朗肯土压力理论应用半无限空间中的应力状态和极限平衡理论的概念比较明确，公式简单，便于记忆，对于黏性土和无黏性土都可以用该公式直接计算，故在工程中得到广泛应用。但为了使墙后的应力状态符合半空间的应力状态，必须假设墙背直立、光滑、墙后填土水平，因而使应用范围受到限制，并由于该理论忽略了墙背与填土之间摩擦的影响，使计算的主动土压力偏大，尤其对黏性土采用式（3-12）时，计算的被动土压力偏小。

库仑土压力理论根据墙后滑动土楔发生滑动时的静力平衡条件推导得出土压力计算公式，考虑了墙背与土之间的摩擦角，并可用于墙背倾斜、填土面倾斜的情况，但由于该理论假设填土是无黏性土，因此不能用库仑理论的原公式直接计算黏性土的土压力。库仑理论假设墙后填土破坏时破裂面是一平面，而实际上却是曲面，试验证明，在计算主动土压力时，只有当墙背的斜度不大，墙背与填土的摩擦角较小时，破裂面才接近一个平面，因此，计算结果与按曲线滑动面计算的有出入。在通常情况下，这种偏差在计算主动土压力时为 2%～10%，可以认为已满足工程所要求的精度；但在计算被动土压力时，由于破裂面接近于对数螺线，因此计算结果误差较大，有时可达 2～3 倍，甚至更大，因而不宜采用库仑公式计算被动土压力。

应当注意，库仑公式是依据土体整体或局部发生破坏时的极限平衡条件得到的，这些较符合实际破坏状况，同时滑动面上的强度得到充分发挥，因而作用在挡土墙上的土压力最小。而朗肯理论依据质点的极限平衡条件而得到，而土体并非每个质点都达到极限平衡状态，例如靠地表的一些质点，由于存在 c 值而没有达到极限平衡状态，这时土体强度没有被充分利用，因而作用在墙上的土压力就比较大。

3.1.4 几种常见情况下主动土压力计算

工程上所遇到的挡土墙及填土的条件，要比朗肯和库仑理论所假定的条件复杂得多。例如填土本身可能是性质不同的成层土，墙后有地下水存在，墙背不是直线而是折线，以及填土面上有荷载作用等。对于这些情况，只能在前述理论基础上进行近似处理。本节将介绍几种常见情况的主动土压力计算方法。

（1）成层土的土压力

墙后填土由性质不同的土层组成时，土压力将受到不同填土性质的影响，当墙背竖直填土面水平时，为简单起见，常用朗肯理论计算。现以图 3-21 所示的双层无黏性填土为例按两种情况说明其计算方法。

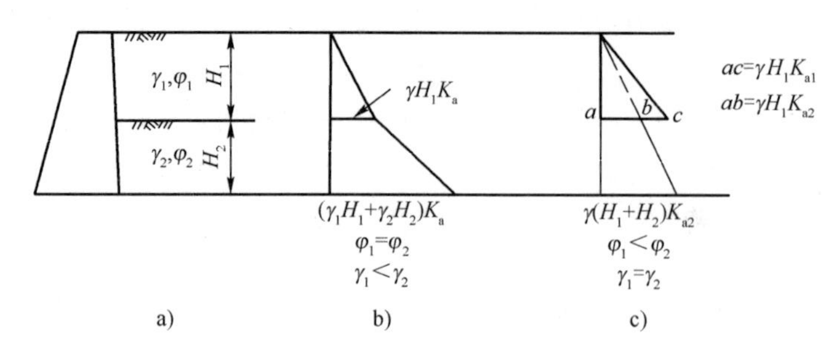

图 3-21　成层土的土压力计算

①若 $\varphi_1=\varphi_2$，$\gamma_1<\gamma_2$：

在这种条件下，两层填土的主动土压力系数 K_a 应相同，只是填土的重度 γ 不同，因而按照公式 $p_a=\gamma zK_a$ 可知，两层填土的土压力分布线将表现为在土层分界面处斜率发生变化的折线分布，如图 3-21b）所示。

②若 $\gamma_1=\gamma_2$，$\varphi_1<\varphi_2$：

按照 $K_a=\tan^2\left(45°-\dfrac{\varphi}{2}\right)$可知，两层填土的主动土压力系数 K_a 不同，分别为 K_{a1} 和 K_{a2}，且 $K_{a1}>K_{a2}$。相应的，两层土的土压力分布斜率不同，且在交界面处发生突变：在界面处上方，土压力 $p_a=\gamma H_1K_{a1}$，如图 3-21c）中的 ac 段；在界面处下方，土压力 $p_a=\gamma H_1K_{a2}$，如图 3-21c）中的 ab 段。

（2）墙后填土中有地下水位

当墙后填土中有地下水位时，土压力要考虑地下水位的影响，具体表现在：

①地下水位以下填土重力将因受到水的浮力而减小，计算土压力时应用浮重度 γ'。

②地下水对填土的强度指标 c、φ 的影响，一般认为对砂性土的影响可以忽略；但对黏性填土，地下水将使 c、φ 值减小，从而使土压力增大。

③地下水对墙背产生静水压力作用。

以图 3-22 所示的挡土墙为例，若墙后填土为均一的无黏性土，地下水位在填土表面下 H_1 处，则土压力计算与前面不同重度的双层填土情况相同，土压力分布在地下水位界面处发生转折，如图 3-22 所示。作用在墙背上的水压力 $E_w=\dfrac{1}{2}\gamma_wH_2^2$，其中 γ_w 为水的重度，H_2 为地下水位以下的墙高。作用在挡土墙上的总压力应为总土压力 E_a 与水压力 E_w 之和。

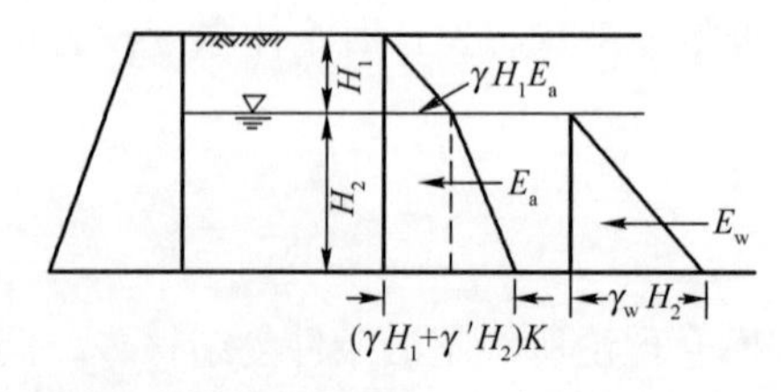

图 3-22　墙后有地下水位时土压力计算

（3）填土表面有荷载作用

①连续均布荷载作用。

若挡土墙墙背垂直，在水平填土面上有连续均布荷载 q 作用时［图 3-23a）］，也可用朗肯理论计算主动土压力。此时填土面下，墙背面 z 深度处土单元所受的应力 $\sigma_1 = q + \gamma z$，则 $\sigma_3 = p_a = \sigma_1 K_a$，即

$$p_a = qK_a + \gamma z K_a \tag{3-23}$$

由式（3-23）可看出：作用在墙背面的土压力 p_a 由两部分组成：一部分由均布荷载 q 引起，是常数，其分布与深度 z 无关；另一部分由土重引起，与深度 z 成正比。总土压力 E_a 即为图 3-23a）所示的梯形分布图的面积。

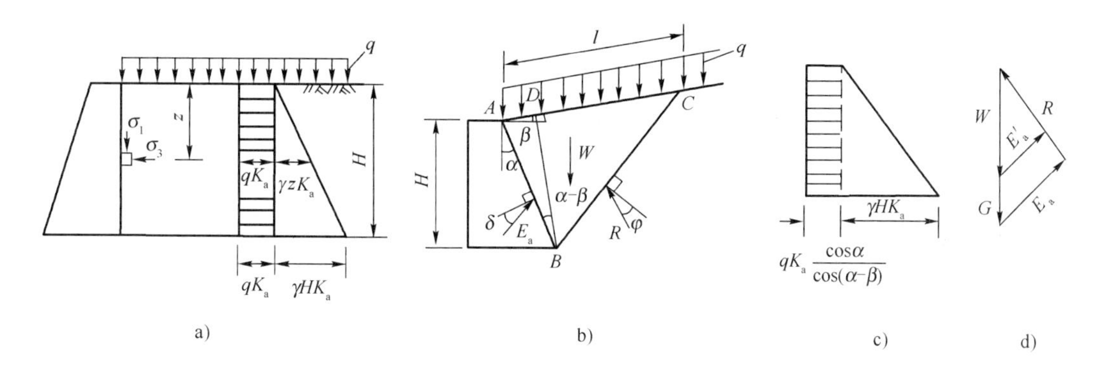

图 3-23　填土面上有连续均布荷载作用

若挡土墙墙背及填土面均为倾斜平面［图 3-23b)］，为了求解作用在墙背上的总土压力 E_a，可以采用库仑图解法。这时可认为滑裂面位置不变，仍与没有荷载 q 作用时相同，只是在计算每一滑动楔体重力 W 时，应将该滑动楔体范围内的总荷载重 $G = ql$ 考虑在内［图 3-23d)］，然后即可按前述方法求出总主动土压力 E_a。此外，也可用数解法，直接由库仑理论在计入作用于滑动楔体上的荷载 $G = ql$ 后，推导出计算总土压力 E_a 的公式。在图 3-23d）中，设置 E'_a 为填土表面没有荷载作用时的总土压力，E_a 为计入填土表面均布荷载后的总土压力，根据三角形相似原理，应有：

$$\frac{E_a}{E'_a} = \frac{W + G}{W}$$

故

$$E_a = E'_a\left(1 + \frac{G}{W}\right) \tag{3-24}$$

令

$$\Delta E_a = E'_a \frac{G}{W} \tag{3-25}$$

则

$$E_a = E'_a + \Delta E_a \tag{3-26}$$

由式（3-26）可以看出，等号右边第一项 E'_a 为土重引起的总土压力，根据式（3-16）知 $E'_a = \frac{1}{2}\gamma H^2 K_a$；第二项即为填土表面上均布荷载 q 引起的土压力增量 ΔE_a。下面推求 ΔE_a。

从图 3-23b）所示的几何关系可知：

$$W = \frac{l \cdot \overline{BD}}{2}\gamma \tag{3-27}$$

$$\overline{BD} = \overline{AB} \cdot \cos(\alpha - \beta) = \frac{H}{\cos\alpha} \cdot \cos(\alpha - \beta) \tag{3-28}$$

将式（3-16）、式（3-27）和式（3-28）代入式（3-25），并经化简即可得出：

$$\Delta E_a = qHK_a \frac{\cos\alpha}{\cos(\alpha - \beta)} \tag{3-29}$$

于是，作用在挡土墙上的总土压力 E_a 的计算公式应为：

$$E_a = E'_a + \Delta E_a = \frac{1}{2}\gamma H^2 K_a + qHK_a \frac{\cos\alpha}{\cos(\alpha - \beta)} \tag{3-30}$$

土压力沿墙高的分布如图 3-23c）所示。

②局部荷载作用。

若填土表面有局部荷载 q 作用时［图 3-24a)］，则 q 对墙背产生的附加土压力强度值仍可用朗肯公式计算，即 $p_{aq}=qK_a$，但其分布范围缺乏在理论上的严格分析。一种近似方法认为，地面局部荷载产生的土压力是沿平行于破裂面的方向传递至墙背上的。在如图 3-24a）所示的条件下，荷载 q 仅在墙背 cd 范围内引起附加土压力 p_{aq}，c 点以上和 d 点以下，认为不受 q 的影响，c、d 两点分别为自局部荷载 q 的两个端点 a、b 作与水平面成 $45° + \frac{\varphi}{2}$ 的斜线至墙背的交点。作用于墙背面的总土压力分布如图 3-24b）中所示的阴影面积。

（4）墙背形状有变化的情况

①折线形墙背。

当挡土墙墙背不是一个平面而是折面时［图 3-25a)］，可用墙背转折点为界，分成上墙与下墙，然后分别按库仑理论计算主动土压力 E_a。

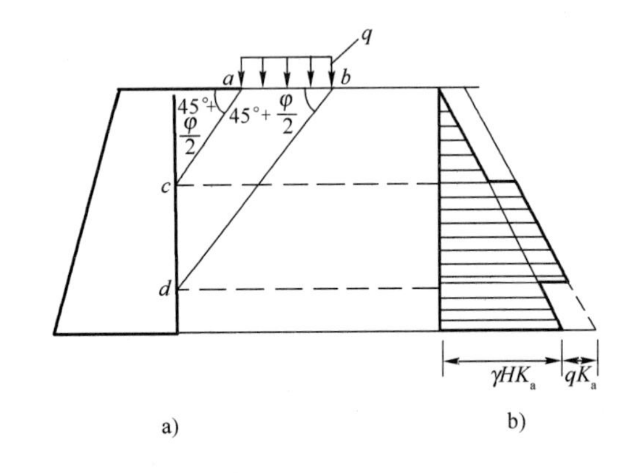

图 3-24　填土表面有局部荷载作用

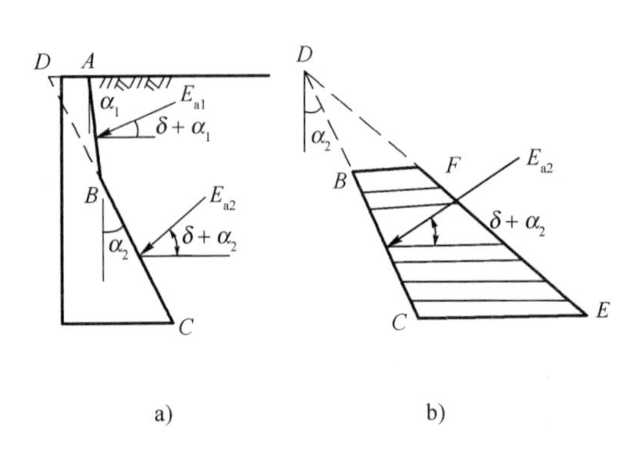

图 3-25　折线墙背土压力计算

首先将上墙 AB 当作独立挡土墙，计算出主动土压力 E_{a1}，这时不考虑下墙的存在。然后计算下墙的土压力，计算时，可将下墙背 BC 向上延长交地面线于 D 点，以 DBC 作为假想墙背，算出墙背土压力分布，如图 3-25b）中 DCE 所示。再截取与 BC 段相应的部分，即 $BCEF$ 部分，算出其合力，即为作用于下墙 BC 段的总主动土压力 E_{a2}。

②墙背设置卸荷平台。

为了减少作用在墙背上的主动土压力，有时采用在墙背中部加设卸荷平台的方法，见图 3-26a）。此时，平台以上 H_1 高度内，可按朗肯理论计算，计算作用在 AB 面上的土压力分布如图 3-26b）所示。由于平台以上土重 W 已由卸荷台承担，故平台下 C 点处土压力变为零，从而起到减小平台下 H_2 段内土压力的作用。减压范围，一般认为至滑裂面与墙背交点 E 处为止。连接图 3-26b）中相应的 C' 和 E'，则图中阴影部分即为减压后的土压力分布。显然卸荷平台伸出越长，则减压作用越大。

（5）挡土墙后土体破裂面以内有稳定岩石坡面时

当挡土墙后土体破裂面以内有较陡的稳定岩石坡面时，应视为有限范围填土情况计算主动土压力（图 3-27）。有限范围填土时，主动土压力合力标准值按下式计算：

$$E_{ak} = \frac{1}{2}\gamma H^2 K_a \tag{3-31}$$

$$K_a = \frac{\sin(\alpha+\beta)}{\sin[\alpha(\alpha-\delta+\theta-\delta_R)]\sin(\theta-\beta)} \times \left[\frac{\sin(\alpha+\theta)\sin(\theta-\delta_R)}{\sin^2\alpha} - \eta\frac{\cos\delta_R}{\sin\alpha}\right] \tag{3-32}$$

式中：θ——稳定岩石坡面的倾角（°）；

δ_R——稳定且无软弱层的岩石坡面与填土间的摩擦角（°），宜根据试验确定；当无试验资料时，黏性土与粉土可取 $\delta_R=0.33\varphi$，砂性土与碎石土可取 $\delta_R=0.5\varphi$。

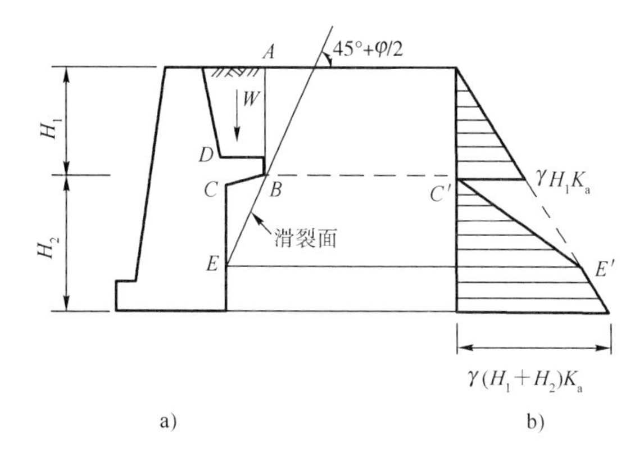

图 3-26　带卸荷台的挡土墙土压力

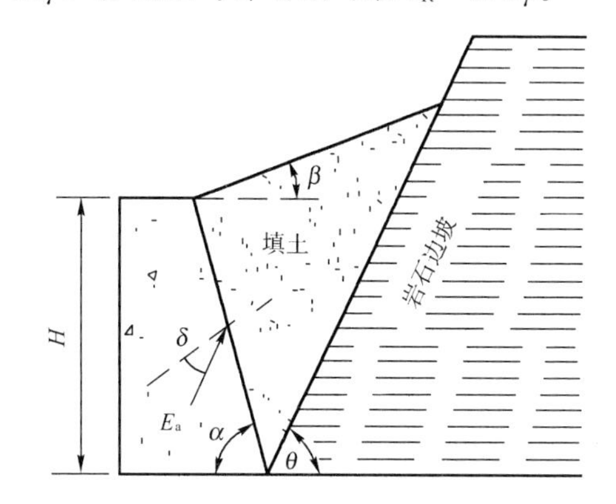

图 3-27　有限范围填土土压力计算

3.2 岩 石 压 力

我国是一个多山之国，尤其是广大西部地区及浙江、福建、广东等丘陵地区。随着西部开发和山区城镇建设的发展，出现了大量公路、铁路、水利、矿山等边坡，这些边坡多数是坡高较大的岩质边坡。这些边坡的数量很大，事故很多，已成为我国公路、铁路和水利建设的难点问题。与此同时，随着我国山区城镇建设的发展，还出现了数量众多的由于城镇建设施工开挖与填方形成的建筑边坡，建筑边坡规模一般不大，土质边坡坡高一般在 15m 以下，岩质边坡坡高一般在 30m 以下，但建筑边坡十分重要，它位于闹市与居民点之中，边坡失稳会造成严重后果。重庆市、贵州省都属边坡灾害的重灾区。本节所述的岩石边坡，主要是针对坡高 30m 以下的岩石边坡，用来计算作用在岩质边坡支挡结构上的岩石压力。《建筑边坡支护技术规范》（DB50/5018—2001）中提出了岩质边坡支护结构侧向岩石压力的新方法，虽然该方法比较粗浅，但是抓住了岩质边坡的主要特征，而且简单实用。岩质边坡的支护结构与土质边坡也有很大不同，一般不采用挡土墙，而采用锚杆挡墙和锚桩结构。下面主要介绍《建筑边坡支护技术规范》(DB50/5018—2001)中岩石压力的算法。

3.2.1 岩质边坡的破坏形式

规范中将岩质边坡按其破坏形式分为滑移型与崩塌型，大多数边坡属于滑移型破坏。滑移型破坏又分为有外倾结构面（硬性结构面与软弱结构面）与无外倾结构面的情况（均质岩体、破碎岩体与只有内倾结构面的岩体）。有外倾结构面岩体，其破坏特征是沿结构面发生单面滑动或双面滑动。无外倾结构面岩体中均质岩体只有极软岩才有可能滑塌，裂隙很多的破碎岩体包括碎裂岩、强风化岩与散体状岩体与土类似，也可视作均质岩体。上述无外倾结构面岩体的破坏特征与土坡相似，对垂直边坡将沿着倾角为 $45°+\frac{\varphi}{2}$ 的破裂面下滑或沿圆弧形破裂面下滑。只有内倾结构面的块状岩体一般不会发生滑塌破坏，只可能发生坡面局部破坏。

崩塌型边坡中巨块危岩主要是沿陡倾大裂隙或软弱结构面倾倒或坠落。小块危岩主要是按结构面的不利组合而发生坠落、掉块。危岩的稳定性定量评价，由于有许多不确定性因素，评价的可靠性很差，因而未列入规范中。

3.2.2 岩石压力的理论计算公式

(1) 沿外倾结构面滑移时的岩石压力

①计算模式

外倾结构面一般指结构面倾向与坡面倾向小于 30°的结构面，岩体有可能沿外倾结构面滑落，由于建筑边坡坡高不大，因而可认为结构面是贯通与平直的，并认为结构面走向平行于坡面。当外倾结构面条数等于或多于两条时，结构面既可能沿一条结构面发生单面滑落，也可能沿两条结构面发生双面滑落。双面滑落是一个空间问题，使计算增加了不定因素且更为复杂，然而按双面滑落算出的岩石压力小于按单面滑移算出的岩石压力，所以不考虑双面滑移，按单面滑移计算，并选各外倾结构面相应岩石压力计算结果中的大值作为边坡的岩石压力。

②岩石压力公式的推导

岩石压力公式的推导是基于岩体沿破裂面的极限平衡，公式的推导与库仑公式类似，只不过通过边坡坡底边缘的破裂面是倾角已知的结构面，不必像库仑公式那样用数学上求极值的办法求得破裂角。与库仑公式不同的另一特点是推导中不仅考虑了结构面的内摩擦角，而且考虑了黏聚力 c 值。

③岩石压力的计算公式

对于外倾结构面滑动的边坡（图 3-28），其岩石压力合力可按下式计算：

$$E_a = \frac{1}{2}\gamma H^2 K_a \tag{3-33}$$

$$K_a = \frac{\sin(\alpha+\beta)}{\sin^2\alpha\sin(\alpha-\delta+\theta-\varphi_s)\sin(\theta-\beta)} \times [K_q\sin(\alpha+\theta)\sin(\theta-\varphi_s)-\eta\sin\alpha\cos\varphi_s] \tag{3-34}$$

$$\eta = \frac{2c_s}{\gamma H} \tag{3-35}$$

$$K_q = 1 + \frac{2q\sin\alpha\cos\beta}{\gamma H\sin(\alpha+\beta)} \tag{3-36}$$

式中：θ——外倾结构面倾角（°）；

c_s——外倾结构面黏聚力（kPa）；

φ_s——外倾结构面内摩擦角（°）；

δ——岩石与挡墙背的摩擦角（°）。

当有多组外倾结构面时，侧向岩石压力应计算每组结构面的主动岩石压力并取其大值。

对沿缓倾的外倾软弱结构面滑动的边坡（图 3-29），其土压力合力按下式计算：

$$E_a = G\tan(\theta-\varphi_s) - \frac{c_s L\cos\varphi_s}{\cos(\theta-\varphi_s)} \tag{3-37}$$

式中：G——四边形滑裂体自重（kN/m）；

L——滑裂面长度（m），视地质情况确定；

θ——缓倾的外倾结构面倾角（°）；

c_s——外倾结构面黏聚力（kPa）；

φ_s——外倾结构面内摩擦角（°）。

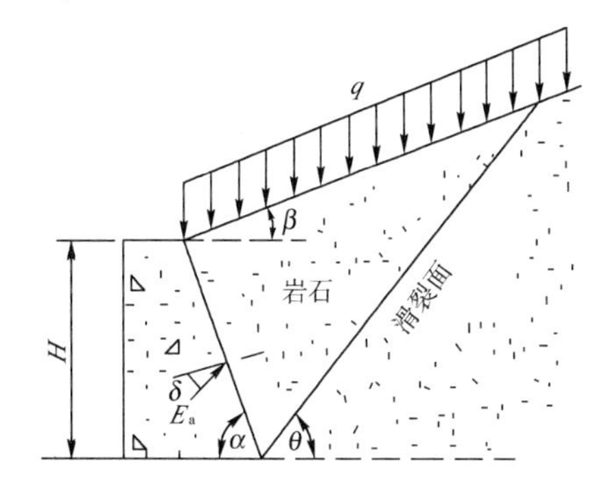

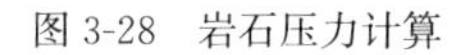

图 3-28　岩石压力计算

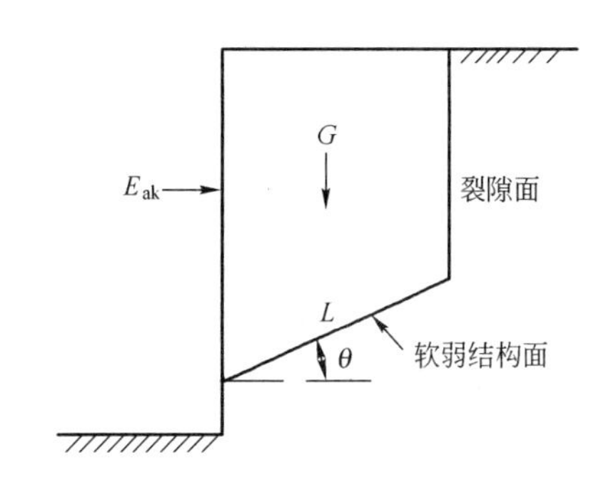

图 3-29　岩石边坡四边形滑裂面侧向岩石压力

边坡中的外倾结构软弱结构面是十分危险的，即使结构面倾角很小，也可能出现滑动。通常在施工阶段就会出现滑动。

（2）无外倾结构面岩质边坡岩石压力计算

无外倾结构面岩质边坡，一般以岩体等效内摩擦角按侧向土压力方法计算侧向岩石压力。等效内摩擦角选取见后述工程经验法，破裂角取 $45°+\frac{\varphi}{2}$，其中 φ 为岩体内摩擦角。

3.2.3　硬性结构面参数的确定

在岩石压力计算公式确定后，关键的问题是选用较准确的结构面强度参数。结构面强度参数尤其是 c 值的选取对边坡岩石压力计算结果影响极大，当 c 值取低值时，可能岩石压力很大，而稍取高一些时，则岩石压力可能为零，因而合理选取 c、φ 值十分重要。当 c 值取高值时，岩石压力一般由经验计算法控制，反之由理论计算法控制。

确定结构面 c、φ 值最好是通过现场测试，然而现场测试价格昂贵，规范只对一级边坡要求进行测试。当边坡已发生塌落时，也可通过反算确定 c、φ 值中的一个。当前也有一些岩体结构面室内试验的方法，但对试样的选取有严格的要求，目前国内尚无测试规程。因而规范中主要依据前人试验结果采用表格法确定结构面 c、φ 值。

选取参数的基本原则一是确保边坡的安全，二是科学合理。建筑边坡影响居民的生命安全，千万马虎不得，同时也必须注意科学合理，在安全前提下减少支护量。

为了使参数选用科学合理，一是对现行的有关规范进行考察，二是收集和分析近年测试的结构面参数数据。《工程岩体分级标准》（GB 50218—94）对于结构面结构状况的分类是可取的，但引用的参数有些不妥，因为当时对边坡岩体分类与结构面参数选定还缺乏足够经验。本书推荐参数引自《建筑边坡工程技术规范》（GB 50330—2002）。该规范是根据《工程岩体分级标准》（GB 50218—94）和《水利水电工程地质勘察规范》（GB 50287—99），并参考了三峡船闸高边坡和西南地区 c 值现场大剪试验的测试结果而提出的。结构面强度经验数据如表 3-2 所示。

结构面抗剪强度指标标准值　　表 3-2

结构面类型		结构面结合程度	内摩擦角 φ（°）	黏聚力 c（MPa）
硬性结构面	1	结合好	>35	>0.13
	2	结合一般	35～27	0.13～0.09
	3	结合差	27～18	0.09～0.05
软弱结构面	4	结合很差	18～12	0.05～0.02
	5	结合极差（泥化层）	根据地区经验确定	

注：1. 无经验时取表中的低值。
2. 极软岩、软岩取表中较低值。
3. 岩体结构面连通性差取表中的高值。
4. 岩体结构面浸水时取表中较低值。
5. 临时性边坡可取表中高值。
6. 表中数值已考虑结构面的时间效应。
7. 结构面结合程度可按表 1-8 确定。

3.2.4　建筑边坡岩石压力的经验计算方法

建筑边坡岩石压力的经验计算方法是在边坡岩体稳定性分类的基础上，通过定量计算的方法来确定岩石压力的经验值，因而其本质是一种定性的方法。显然这种定量计算比较粗糙，它不是基于严密的理论，而是依据历年来的经验。经验法在一般情况下比较贴近实际，计算结果比较符合工程实际，例如按理论法计算，许多情况下无岩石压力而无须配置锚杆。而实际工程中为安全起见总是需要配置少量的锚杆的，经验法就能算出这样的结果。经验法基于通常的经验，在特殊情况下常会有较大偏差，例如结构面强度很低时，实际的岩石压力很大，而经验法算出的岩石压力较小，这会导致边坡失稳，因而需要采用理论法校正。可见经验法与理论算法可以互相验证，互相补充，按两者中的大值确定岩石压力。

经验算法基于边坡岩体的稳定性分类，分类见表 1-11。依据分类确定岩体综合内摩擦角，它反映了岩体的强度，再按通常土压力公式计算，就能获得作用在岩质边坡支护结构上的岩石压力。

（1）各类边坡岩体的等效内摩擦角

为便于计算岩石压力，引用岩体等效内摩擦角这一概念。岩体等效内摩擦角是考虑岩体黏聚力影响的假想内摩擦角。它既与岩体内摩擦角和岩体黏聚力有关，也与坡高、岩体重度、坡度、坡顶荷载、坡顶倾斜和起伏情况有关。在忽略坡顶荷载、坡顶视为水平、坡面视为直立的条件下，可以用较简单的公式予以计算。由于影响岩体等效内摩擦角的因素较多，根据公式计算的结果有时并不可靠，本规范根据大量边坡工程的统计结果，给出了各类边坡岩体等效内摩擦角的经验值，如表 3-3 所示。当然，作为覆盖全国的参数经验取值，进行归纳分析的边坡工程仍不算多，还需要不断积累工程经验，有地区经验时，应按地区经验确定。

边坡岩体等效内摩擦角标准值 表 3-3

边坡岩体类型	Ⅰ	Ⅱ	Ⅲ	Ⅳ
等效内摩擦 φ_e（°）	≥70	70～60	60～50	50～35

注：1. 边坡高度较大时宜取低值，反之取高值；坚硬岩、较硬岩、较软岩和完整性好的岩体取高值，软岩、极软岩和完整性差的岩体取低值。
2. 临时性边坡取表中高值。
3. 表中数值已考虑时间效应和工作条件等因素。

（2）侧向岩石压力和破裂角计算

各类边坡岩体的等效内摩擦角确定以后，可根据计算土压力的方法计算岩石压力，计算公式中的内摩擦角应换以等效内摩擦角且黏聚力不再出现，破裂角则取 $45°+\varphi/2$，其中 φ 为岩体内摩擦角。

3.2.5 应用比较

（1）理论计算法和经验计算法在边坡工程设计中的应用

在进行岩质边坡支护设计时，通常要同时应用理论计算法和经验计算法来计算作用在支护结构上的侧向岩石压力，并取两者中的较大值。具体有下列几种情况：

①当无外倾结构面时，用经验计算法计算岩石压力，破裂角取 $45°+\varphi/2$，Ⅰ类边坡岩体可取 75°左右。

②当有外倾硬性结构面时，岩石压力取理论计算法和经验计算法两种结果的较大值，破裂角取外倾结构面倾角和 $45°+\varphi/2$（Ⅰ类边坡岩体取 75°左右）两者中的较小值。

③当有外倾软弱结构面时，岩石压力按理论计算法计算，破裂角取外倾结构面倾角和 $45°+\varphi/2$ 两者中的较小值，同时作上述两种情况的验算。

（2）理论计算法、经验计算法与实际工程统计工程量的比较

我们对大量实际边坡工程的工程量做了统计分析，并将根据理论计算法和经验计算法计算结果设计的工程量与之做了对比。为便于比较，以每 $9m^2$ 所配置的 ϕ25mm 的普通Ⅱ级螺纹钢筋作锚杆主筋时的根数为工程量指标。对比情况见表 3-4。

理论计算法、经验计算法与实际工程统计锚筋根数比较 表 3-4

边坡高度（m）	边坡岩体类别	锚筋根数		
		理论计算法	经验计算法	实际工程统计
25	Ⅱ	0～9.2（当 c≥0.1MPa 时为 0），常用 0～5.8，个别 5.8～9.2	1.4～2.7	2～8
	Ⅲ		2.7～5	
20	Ⅱ	0～7.2（当 c≥0.085MPa 时为 0），常用 0～2.3，个别 2.3～7.2	0.9～2.2	1～7，常用 3～5
	Ⅲ		2.3～4	
15	Ⅱ	0～3.2（当 c≥0.07MPa 时为 0），常用 0～1，个别 2～3.2	0.7～1.6	1～5，常用 1～3
	Ⅲ		1.6～3	

从表 3-4 可以看出，根据理论计算法和经验计算法设计的工程量与实际工程统计工程量比较接近，而差异则体现在边坡岩体状况较好时能减少工程造价，边坡岩体状况较差时能降低工程风险。

3.3 斜边坡与多阶边坡的水平推力

公路与铁路边坡，以及新开发城区的建筑边坡常是斜边坡，其支护结构形式采用锚梁或格构锚固。对于坡高不大的一般斜边坡，作用在支护结构上的岩土水平推力，相当于主动岩土压力，此时假设滑动面为一平面。对于土坡，其滑面就是受剪力最大的平面，斜坡上滑面的破裂角需要通过理论推导求得。对于岩质边坡，当有可能发生滑动的外倾结构面时，其滑面就是外倾结构面的倾角。当不存在可能发生滑动的外倾结构时，岩质边坡视作均质体计算，其滑面破裂角与土坡相同。

对坡高稍高的一般边坡，如坡高在 20～30m 时，有时采用多阶边坡形式，这时边坡仍可视作平面滑面。由此可计算多阶边坡的水平推力。

3.3.1 斜边坡的水平推力

如图 3-30 所示土坡，坡角为 α，坡高为 h，土体的重度为 γ，内摩擦角为 φ，黏聚力为 c，楔形体（简称楔体）的水平推力为 E_a，滑动面上的剪力为 $cl+N\tan\varphi$。为简便起见，假设破坏面为直线，其与水平面的夹角为 θ。根据楔体的静力平衡可以得到如下等式：

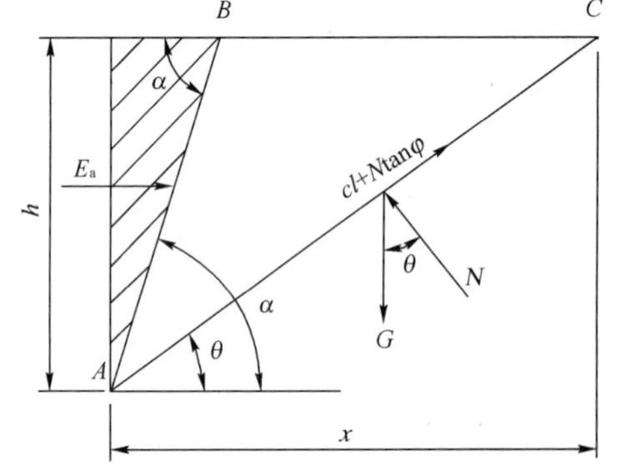

图 3-30　斜坡计算简图

$$cl + N\tan\varphi + E_a\cos\theta = G\sin\theta \tag{3-38}$$

$$N = E_a\sin\theta + G\cos\theta \tag{3-39}$$

由式（3-38）和式（3-39）解得：

$$E_a = \frac{G(\sin\theta - \cos\theta\tan\varphi) - cl}{\sin\theta\tan\varphi + \cos\theta} \tag{3-40}$$

由图 3-30 的几何关系可以得到 $l=h/\sin\theta$，用正弦定理得$\triangle ABC$ 的重力为：

$$G = \frac{\gamma}{2} \cdot \frac{h}{\sin\alpha} \cdot \frac{h}{\sin\theta} \cdot \sin(\alpha - \theta) = \frac{\gamma h^2}{2} \frac{\sin(\alpha - \theta)}{\sin\alpha\sin\theta} \tag{3-41}$$

将式（3-41）代入式（3-40）得：

$$E_a = \frac{\gamma h^2}{2}\left[\frac{\sin(\alpha - \theta)\sin(\theta - \varphi)}{\sin\alpha\sin\theta\cos(\theta - \varphi)} - \frac{2c}{\gamma h} \cdot \frac{\cos\varphi}{\sin\theta\cos(\theta - \varphi)}\right] \tag{3-42}$$

直接用式（3-42）求 E_a 的最大值比较困难，为了求解方便，将三角函数用坡高 h 和水平距离 x 来表示。由图 3-30 的几何关系可得：

$$\sin\theta = \frac{h}{\sqrt{h^2 + x^2}},\ \cos\theta = \frac{x}{\sqrt{h^2 + x^2}},\ G = \frac{\gamma h}{2}(x - h\cot\alpha),\ l = \sqrt{h^2 + x^2}$$

将上面的关系式代入式（3-40）得：

$$E_a = \frac{\gamma h(x - h\cot\alpha)(h - x\tan\varphi) - 2c(x^2 + h^2)}{2(h\tan\varphi + x)} \tag{3-43}$$

由于滑动面与水平面的倾角 θ（或者 x）是任意假定的，因此假定不同的滑移面可以得出一系列的水平推力 E_a，也就是说，E_a 是 θ（或者 x）的函数，E_a 的最大值即为楔形体的水平推力，其对应的滑动面即是楔形体最危险的滑动面。为了求式（3-43）的极值，可令 $\frac{\mathrm{d}E_a}{\mathrm{d}x}=0$，得：

$$\left(\tan\varphi+\frac{2c}{\gamma h}\right)x^2+2h\tan\varphi\left(\tan\varphi+\frac{2c}{\gamma h}\right)x-h^2\left[\left(\tan\varphi+\frac{2c}{\gamma h}\right)+\cot\alpha(1+\tan^2\varphi)\right]=0$$

令 $\eta=\frac{2c}{\gamma h}$，并化简得：

$$x^2+2h\tan\varphi x-h^2\left(1+\frac{1+\tan^2\varphi}{\eta+\tan\varphi}\cot\alpha\right)=0 \tag{3-44}$$

解得：

$$x=-h\tan\varphi\pm\frac{h}{\cos\varphi}\sqrt{1+\frac{\cot\alpha}{\eta+\tan\varphi}} \tag{3-45}$$

由于 $x>0$，因此所求的根为：

$$x_{cr}=-h\tan\varphi+\frac{h}{\cos\varphi}\sqrt{1+\frac{\cot\alpha}{\eta+\tan\varphi}} \tag{3-46}$$

滑动面与水平面的夹角为：

$$\theta_{cr}=\arctan\frac{h}{x_{cr}}=\arctan\left(\frac{\cos\varphi}{\sqrt{1+\frac{\cot\alpha}{\eta+\tan\varphi}}-\sin\varphi}\right) \tag{3-47}$$

将式（3-47）代入式（3-42）得到滑动楔形体的水平推力为：

$$E_a=\frac{\gamma h^2}{2}K_a=\frac{\gamma h^2}{2}\left[(\cot\theta_{cr}-\cot\alpha)\tan(\theta_{cr}-\varphi)-\frac{\eta\cos\varphi}{\sin\theta_{cr}\cos(\theta_{cr}-\varphi)}\right] \tag{3-48}$$

其中

$$K_a=(\cot\theta_{cr}-\cot\alpha)\tan(\theta_{cr}-\varphi)-\frac{\eta\cos\varphi}{\sin\theta_{cr}\cos(\theta_{cr}-\varphi)}$$

当坡角 $\alpha=\frac{\pi}{2}$ 时，$\theta_{cr}=\arctan\left(\frac{\cos\varphi}{1-\sin\varphi}\right)=\frac{\pi}{4}+\frac{\varphi}{2}$，则

$$E_a=\frac{\gamma h^2(1-\sin\varphi)^2}{2\cos^2\varphi}-2ch\frac{1-\sin\varphi}{\cos\varphi}=\frac{\gamma h^2}{2}\tan^2\left(\frac{\pi}{4}-\frac{\varphi}{2}\right)-2ch\tan\left(\frac{\pi}{4}-\frac{\varphi}{2}\right)$$

这与朗肯主动土压力是相同的。

3.3.2 二阶竖直边坡的水平推力

如图 3-31 所示垂直二阶边坡，坡体总高为 h，第二阶坡高为 ζh，土体的重度为 γ，内摩擦角为 φ，黏聚力为 c，楔形体的水平推力为 E_a，滑动面上的剪力为 $cl+N\tan\varphi$。根据楔体力的静力平衡可以得到如下等式：

$$cl+N\tan\varphi+E_a\cos\theta=G\sin\theta \tag{3-49}$$

$$N=E_a\sin\theta+G\cos\theta \tag{3-50}$$

由式（3-49）和式（3-50）解得：

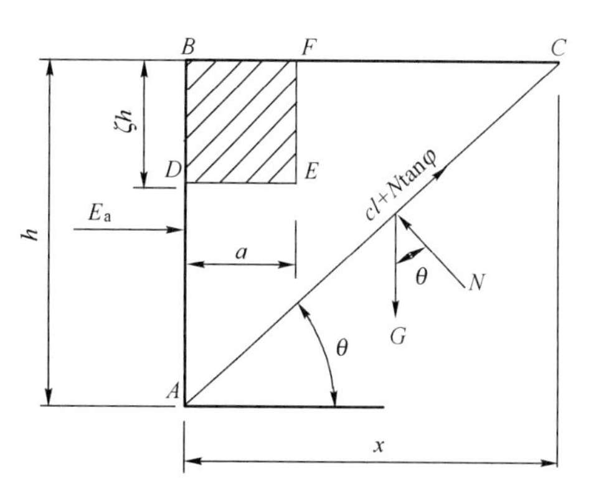

图 3-31　二阶边坡的计算简图

$$E_a = \frac{G(\sin\theta - \cos\theta\tan\varphi) - cl}{\sin\theta\tan\varphi + \cos\theta} \tag{3-51}$$

由图 3-31 的几何关系可以得到 $l=h/\sin\theta$，滑体 $ADEFC$ 的重力为：

$$G = \frac{\gamma h^2}{2}\cot\theta - \gamma\zeta ah \tag{3-52}$$

将式（3-52）代入式（3-51）得：

$$E_a = \frac{\gamma h^2}{2}\left[\cot\theta - \frac{2a\zeta}{h}\cdot\tan(\theta-\varphi) - \frac{2c}{\gamma h}\cdot\frac{\cos\varphi}{\sin\theta\cos(\theta-\varphi)}\right] \tag{3-53}$$

直接用式（3-53）求 E_a 的最大值比较困难，为了求解方便，将三角函数用坡高 h 和水平距离 x 来表示。由图 3-31 的几何关系可得：

$$\sin\theta = \frac{h}{\sqrt{h^2+x^2}},\ \cos\theta = \frac{x}{\sqrt{h^2+x^2}},\ G = \frac{\gamma h}{2}(x-2a\zeta),\ l = \sqrt{h^2+x^2}$$

将上面的关系式代入式（3-51）得：

$$E_a = \frac{\gamma h(x-2a\zeta)(h-x\tan\varphi) - 2c(x^2+h^2)}{2(h\tan\varphi + x)} \tag{3-54}$$

由于滑动面与水平面的倾角 θ（或者 x）是任意假定的，因此假定不同的滑移面可以得出一系列的水平推力 E_a，也就是说，E_a 是 θ（或者 x）的函数，E_a 的最大值即为楔形体的水平推力，其对应的滑动面即是楔形体最危险的滑动面。为了求式（3-54）的极值，可令 $\frac{\mathrm{d}E_a}{\mathrm{d}x}=0$，得：

$$\left(\tan\varphi + \frac{2c}{\gamma h}\right)x^2 + 2h\tan\varphi\left(\tan\varphi + \frac{2c}{\gamma h}\right)x - h^2\left[\tan\varphi + \frac{2c}{\gamma h} + \frac{2a\zeta}{h}(1+\tan^2\varphi)\right] = 0$$

令 $\eta=\frac{2c}{\gamma h}$，并化简得：

$$x^2 + 2h\tan\varphi x - h^2\left[1 + \frac{2a\zeta(1+\tan^2\varphi)}{h(\eta+\tan\varphi)}\right] = 0 \tag{3-55}$$

解得：

$$x = -h\tan\varphi \pm \frac{h}{\cos\varphi}\sqrt{1 + \frac{2a\zeta}{h(\eta+\tan\varphi)}} \tag{3-56}$$

由于 $x>0$，因此所求的根为：

$$x_{cr} = -h\tan\varphi + \frac{h}{\cos\varphi}\sqrt{1 + \frac{2a\zeta}{h(\eta+\tan\varphi)}} \tag{3-57}$$

滑动面与水平面的夹角为：

$$\theta_{cr} = \arctan\frac{h}{x_{cr}} = \arctan\left(\frac{\cos\varphi}{\sqrt{1+\frac{2a\zeta}{h(\eta+\tan\varphi)}} - \sin\varphi}\right) \tag{3-58}$$

将式（3-58）代入式（3-53），得到滑动楔形体的水平推力为：

$$E_a = \frac{\gamma h^2}{2}K_a = \frac{\gamma h^2}{2}\left[\left(\cot\theta_{cr} - \frac{2a\zeta}{h}\right)\tan(\theta_{cr}-\varphi) - \frac{\eta\cos\varphi}{\sin\theta_{cr}\cos(\theta_{cr}-\varphi)}\right] \tag{3-59}$$

其中

$$K_a = \left(\cot\theta_{cr} - \frac{2a\zeta}{h}\right)\tan(\theta_{cr}-\varphi) - \frac{\eta\cos\varphi}{\sin\theta_{cr}\cos(\theta_{cr}-\varphi)}$$

3.3.3 一般边坡的水平推力

对比式（3-47）、式（3-48）与式（3-58）、式（3-59），可以看出它们是有规律可循的。只要将式（3-47）、式（3-48）中的 $\cot\alpha$ 替换为 $2a\zeta/h$，就可得到式（3-58）和式（3-59）。通过研究发现它们与图 3-30 和图 3-31 中阴影部分的重力有关。

对于图 3-30，其阴影部分的重力为：

$$G_1 = \frac{1}{2}\gamma h^2 \cot\alpha$$

令

$$G_1 = \frac{1}{2}\gamma h^2 \cot\alpha = \frac{1}{2}\gamma h^2 \lambda$$

得

$$\lambda = \cot\alpha$$

对于图 3-31，其阴影部分的重力为：

$$G_1 = \gamma a\zeta h$$

令

$$G_1 = \gamma a\zeta h = \frac{1}{2}\gamma h^2 \lambda$$

得

$$\lambda = 2a\zeta/h$$

对于一般情况，设阴影部分的重力为 G_1，那么可得到 $\lambda = \frac{2G_1}{\gamma h^2}$，由此得到的统一表达式为：

$$E_a = \frac{\gamma h^2}{2}\left[(\cot\theta_{cr} - \lambda)\tan(\theta_{cr} - \varphi) - \frac{\eta\cos\varphi}{\sin\theta_{cr}\cos(\theta_{cr} - \varphi)}\right] \tag{3-60}$$

其中

$$\theta_{cr} = \arctan\left[\frac{\cos\varphi}{\sqrt{1 + \frac{\lambda}{\eta + \tan\varphi}} - \sin\varphi}\right] \tag{3-61}$$

上面的公式是在未知滑面的情况下得到的，对于岩质边坡，往往已知滑裂面和破裂角，因此求其水平推力时，可直接将滑动面与水平方向的夹角 θ_{cr} 代入上面的 E_a 公式即可。由图 3-30和图 3-31 的计算简图可以看出，当 $E_a \leqslant 0$ 时，说明边坡是稳定的；当 $E_a > 0$ 时，说明边坡是不稳定的，需要进行加固。因此计算边坡的水平推力也可以判断边坡是否稳定。

3.4 水 压 力

众所周知，地球表面的土和水密不可分，因此在研究岩土时就要考虑水的作用。对于这个问题太沙基做出了巨大的贡献，他提出的有效应力原理成为岩土界普遍应用的理论，成为水作用下各类岩土问题的理论基础。有效应力原理认为：饱和土体中任何一点的总应力 σ 由有效应力 σ' 和孔隙水压力 u 共同承担。即

$$\sigma = \sigma' + u \tag{3-62}$$

其中有效应力 σ' 是通过粒间的接触面传递的应力，因为它对土体的强度和变形特性起控

制作用，所以在很多文献中一致认为，它是土力学中最重要的一个参数。从严格的理论上讲，土力学中的所有力学分析只有使用有效应力计算才是正确合理的。

从力学最基本的常识知道，所谓“应力”，本身就是一个无法直接测量的人为规定的量。有效应力 σ' 不能直接量测到，只能通过总应力 σ 和孔隙水压力 u 推算得出，这无疑突显了孔隙水压力在土力学和工程评价中的极端重要性。孔隙介质应力的定义实际上具有两重性：一方面，是在微体上力对面积的微分；另一方面，对于土这种非连续体来说，应力在某一个宏观一点的尺度上说带有“平均”的意义，否则如果微体取在孔隙处就很难解释了。

从上面的分析可以看出地下水作用下岩土问题的焦点就落在孔隙水压力的确定上，同样，如何确定地下水作用下边坡中孔隙水压力的问题，成为地下水作用下坡体稳定分析的关键。

3.4.1 边坡中的水压力

从理论上讲，边坡中的孔隙水压力应该用有限元渗流分析或画流网的方法来确定，但是这样做比较复杂，不便于工程应用，因此工程中通常采用一些简化方法来计算孔隙水压力。常用的方法有孔隙压力比法、代替法、静水压力法和渗透力法。

（1）孔隙压力比法

孔隙压力比的方法是最早人们在分析坡体中考虑水的一种方法，其目的是用孔隙压力比来减少土的重力，该法通常用在瑞典法中，目前我国的某些规范中仍采用该方法。为了考虑水的作用，工程技术人员利用浮重的概念来确定有效应力。将孔隙压力比 r_u 定义为总的孔隙压力和总的上覆压力之比，或者水压力产生的总的向上力和自重之比。根据阿基米德原理，向上的浮力等于所排开水的重力，向下的力等于滑动土体的重力。因此孔隙水压力比表示为

$$r_u = \frac{水下滑体的体积 \times 水的重度}{滑体的体积 \times 土的重度} \tag{3-63}$$

由于水的重度大约等于土重度的一半，孔隙压力比可以近似地由下式确定

$$r_u = \frac{水下滑体的体积}{2 \times 滑体的体积} \tag{3-64}$$

图 3-32 表示破坏面为平面和圆弧面时，将浸润面转换成孔隙压力比的方法。

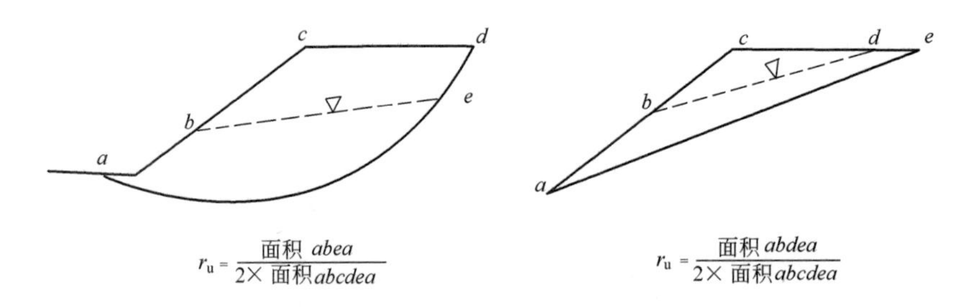

图 3-32 孔隙压力比的确定

用孔隙压力比表述的瑞典法的稳定系数公式为：

$$F_s = \frac{\sum \left[c_i' l_i + (1 - r_u) W_i \cos\alpha_i \tan\varphi_i'\right]}{\sum W_i \sin\alpha_i} \tag{3-65}$$

式中：φ_i'——第 i 条块有效内摩擦角；

c_i'——第 i 条块的有效黏聚力；

W_i——第 i 条块的重力，水位以上取天然重，水位以下取饱和重；

l_i——第 i 条块的底边长度；

F_s——坡体的稳定系数。

孔隙压力比方法是在计算机不发展、边坡的分析主要靠手工和查表的情况下提出来的，它代表的是坡体中的平均孔隙压力比。

（2）代替法

代替法就是用滑体周界上的水压力和滑体范围内水重的作用来代替渗流力的作用。

如图 3-33 所示的土坡，ae 线表示渗流水面线，叫浸润线。取滑动面以上，浸润面以下的滑动土体中的孔隙水体作为脱离体，在渗流情况下，其上的作用力有：

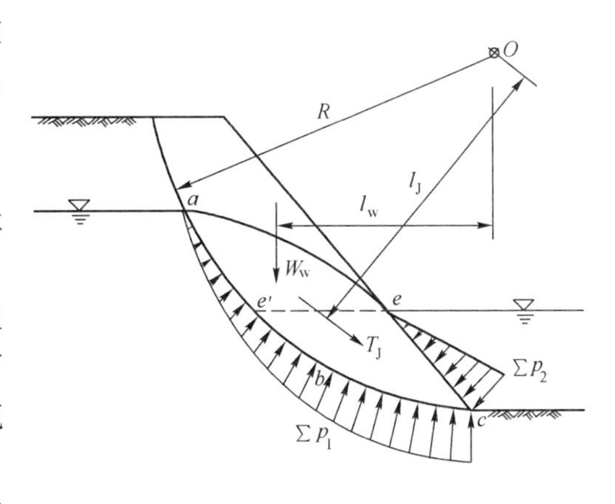

图 3-33　代替法计算渗流力的简图

①滑弧面 abc 上的水压力 Σp_1，方向指向圆心。

②坡面 ce 上的水压力 Σp_2，方向垂直于坡面。

③孔隙水的重力与浮反力的合力 W_w，方向垂直向下。

由于这三个力不能自相平衡，所以产生了渗流，即渗流力为以上三个力的合力。

$$\vec{T}_J = \vec{W}_w + \Sigma \vec{p}_1 + \Sigma \vec{p}_2 \tag{3-66}$$

上式为一个力系的矢量和，它表示：滑体范围内渗流力的合力 T_J 等于所取脱离体范围内全部充满水时的水重 W_w 与脱离体周界上水压力 Σp_1、Σp_2 的矢量和。此即为代替法的基本思想。

将式（3-66）中等式两侧的各力对圆心 O 取力矩，其力矩必相等。$\Sigma \vec{p}_1$ 的作用力方向指向圆心，其力矩为零，$\Sigma \vec{p}_2$ 与 ee' 面以下的水重对圆心 O 取矩后相互抵消，因而由式（3-66）得到：

$$T_J l_J = W_{wl} l_{wl} \tag{3-67}$$

式中：T_J——渗透力；

l_J——T_J 对圆心 O 的力臂；

W_{wl}——下游水位 ee' 面以上，浸润线 ae 以下，滑弧 ae' 范围内全部充满水时的水重；

l_{wl}——W_{wl} 对圆心 O 的力臂。

因此对于圆弧滑面，渗流力产生的力矩可以用下游水位以上、浸润线以下滑弧范围内全部充满水的水重对圆心 O 的力矩来代替。

（3）静水压力法

在上面的代替法中，是将整个滑体作为研究对象的，如将该方法应用到滑体中的每一个条块上，就得到了工程中经常使用的静水压力法。

工程中为了简化计算，通常假定土坡中任意一点处的孔隙水压力等于该点距地下水面之垂直距离乘以水的重度，这样，图 3-34 中土条周边的孔隙水压力分别为：

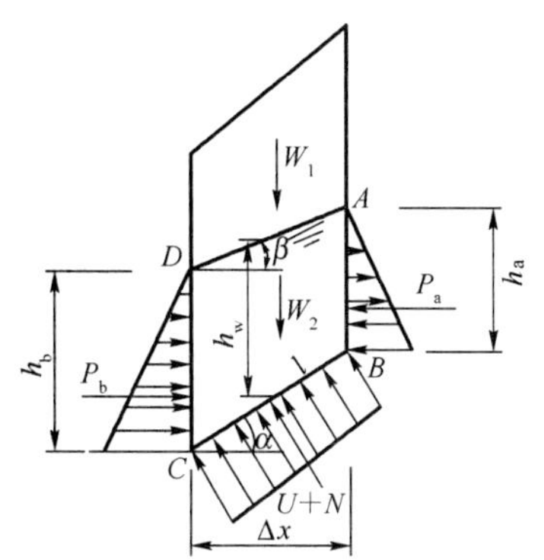

图 3-34　土条中水压力计算简图

AB 边界上

$$P_a = \frac{1}{2}\gamma_w h_a^2 \tag{3-68}$$

CD 边界上

$$P_b = \frac{1}{2}\gamma_w h_b^2 \tag{3-69}$$

滑弧面 CB 上

$$U_i = \frac{1}{2}\gamma_w (h_a + h_b) \frac{\Delta x}{\cos\alpha_i} \tag{3-70}$$

用该法分析边坡时，将水土看作研究对象，用土条周边的水压力与土体的饱和重度相平衡。实际工程中为了简化计算，通常忽略土条两侧边界上的水压力 P_a、P_b，仅考虑土条底部的水压力 U_i。

用孔隙水压力表述的瑞典法的稳定系数公式为：

$$F_s = \frac{\sum[c_i' l_i + (W_i\cos\alpha_i - U_i)\tan\varphi_i']}{\sum W_i\sin\alpha_i} \tag{3-71}$$

用孔隙水压力表述的简化 Bishop 法的稳定系数公式为：

$$F_s = \frac{\sum\frac{1}{m_{ai}}[c_i' l_i + (W_i - U_i\cos\alpha_i)W_i\tan\varphi_i']}{\sum W_i\sin\alpha_i} \tag{3-72}$$

$$m_{ai} = \cos\alpha_i + \frac{\tan\varphi_i'\sin\alpha_i}{F_s}$$

以上式中：φ_i'——第 i 条块有效内摩擦角；

c_i'——第 i 条块的有效黏聚力；

W_i——第 i 条块的重力，水位以上取天然重，水位以下取饱和重；

l_i——第 i 条块的底边长度；

U_i——第 i 条块底部的水压力；

F_s——坡体的稳定系数。

用孔隙水压力表述的不平衡推力法的稳定系数计算公式为：

$$F_i = W_i\sin\alpha_i - \frac{1}{F_s}[c'_i l_i + (W_i\cos\alpha_i - U_i)\tan\varphi'_i] + F_{i-1}\psi_i \tag{3-73}$$

$$\psi_i = \cos(\alpha_{i-1} - \alpha_i) - \frac{\tan\varphi'_i}{F_s}\sin(\alpha_{i-1} - \alpha_i) \tag{3-74}$$

用式（3-73）和式（3-74）逐条计算，直到第 n 条的剩余推力为零，由此确定稳定系数 F_s。

3.4.2 挡土墙上的水压力

作用在挡土结构上的荷载，除了土压力以外，还有地下水位以下的水压力。计算水压力时，水的重度一般取 $\gamma_w = 10\text{kN/m}^3$。水压力与地下水的补给数量、季节变化、施工开挖期间挡墙的水密度、入土深度、排水处理方法等因素有关。

计算地下水位以下的水、土压力，一般采用水土分算（即水、土压力分别计算，再相加）和水土合算两种方法。对砂性土和粉土，可按水土分算原则进行，即分别计算土压力和水压力，然后两者相加。对黏性土可根据现场情况和工程经验，按水土分算或水土合算进行。

（1）水土压力分算法

水土分算法是采用浮重度计算土压力，按静水压力计算水压力，然后两者相加即为总的侧压力（图 3-35）。

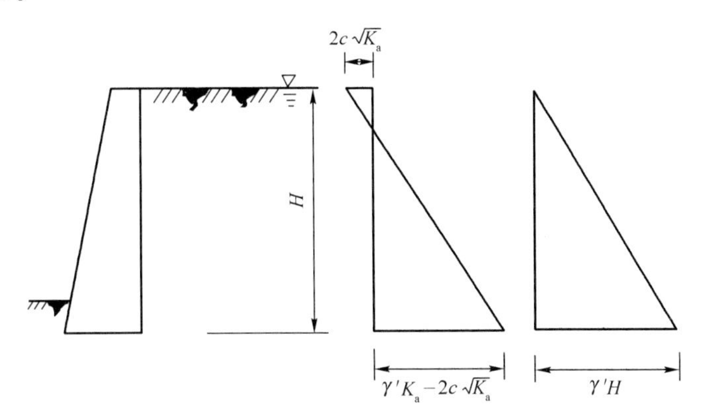

图 3-35　土压力与水压力的计算

利用有效应力原理计算土压力，水、土压力分开计算，即为：

$$p_a = \gamma' H K'_a - 2c'\sqrt{K'_a} + \gamma_w H \tag{3-75}$$

$$p_p = \gamma' H K'_p - 2c'\sqrt{K'_p} + \gamma_w H \tag{3-76}$$

式中：γ'——土的浮重度；

K'_a——按土的有效应力强度指标计算的主动土压力系数，$K'_a = \tan^2\left(\frac{\pi}{4} - \frac{\varphi'}{2}\right)$；

K'_p——按土的有效应力强度指标计算的被动土压力系数，$K'_p = \tan^2\left(\frac{\pi}{4} + \frac{\varphi'}{2}\right)$；

φ'——有效内摩擦角；

c'——有效黏聚力；

γ_w——水的重度。

上述方法概念比较明确，但在实际使用中还存在一些困难，有时较难于获得有效强度指标，因此在许多情况下采用总应力法计算土压力，再加上水压力，即总应力法。

$$p_a = \gamma' H K_a - 2c\sqrt{K_a} + \gamma_w H \tag{3-77}$$

$$p_p = \gamma' H K_p - 2c\sqrt{K_p} + \gamma_w H \tag{3-78}$$

式中：K_a——按土的总应力强度指标计算的主动土压力系数，$K_a = \tan^2\left(\frac{\pi}{4} - \frac{\varphi}{2}\right)$；

K_p——按土的总应力强度指标计算的被动土压力系数，$K_p = \tan^2\left(\frac{\pi}{4} + \frac{\varphi}{2}\right)$；

φ——按固结不排水（固结快剪）或不固结不排水（快剪）确定的内摩擦角；

c——按固结不排水剪或不固结不排水剪确定的黏聚力；

其余符号意义同前。

（2）水土压力合算法

水土压力合算法是采用土的饱和重度计算总的水、土压力，这是国内目前较流行的方法，特别对黏性土积累了一定的经验，采用：

$$p_a = \gamma_{sat} H K_a - 2c\sqrt{K_a} \tag{3-79}$$

$$p_p = \gamma_{sat} H K_p - 2c\sqrt{K_p} \tag{3-80}$$

式中：γ_{sat}——土的饱和重度，在地下水位以下可近似采用天然重度；

K_a——主动土压力系数，$K_a=\tan^2\left(\frac{\pi}{4}-\frac{\varphi}{2}\right)$；

K_p——被动土压力系数，$K_p=\tan^2\left(\frac{\pi}{4}+\frac{\varphi}{2}\right)$；

φ——按总应力法确定的固结不排水剪或不固结不排水剪确定土的内摩擦角；

c——按总应力法确定的固结不排水剪或不固结不排水剪确定的土的黏聚力。

（3）稳定渗流时水压力的计算

在降雨入渗、基坑开挖和人工降水等情况下，土中渗流产生的渗透力作用在骨架上，将改变挡土结构上的土压力；同时渗流的水头损失改变了结构上的水压力。为简化计算，仅考虑稳定渗流情况。

如图 3-36 所示基坑，用水土分算的方法计算挡土墙后的土压力和水压力。

墙后土压力

$$p_a = (\gamma' + i\gamma_w) z K_a - 2c\sqrt{K_a} \tag{3-81}$$

墙后水压力

$$p_w = \gamma_w z - i\gamma_w z \tag{3-82}$$

墙前土压力

$$p_p = (\gamma' - i\gamma_w) z K_p + 2c\sqrt{K_p} \tag{3-83}$$

墙前水压力

$$p_w = \gamma_w (z - H) + i\gamma_w (z - H) \tag{3-84}$$

以上式中：i——水力坡度，可按近似方法取平均值，$i=H/(H+2d)$，d 为挡墙在坑底下的埋深。

（4）水压力的计算简图

一般可按图 3-37 的水压力分布图确定地下水位以下作用在支护结构上的不平衡水压力。图 3-37a）为三角形分布，适用于地下水有渗流的情况；若无渗流时，可按梯形分布考虑，如图 3-37b）所示。

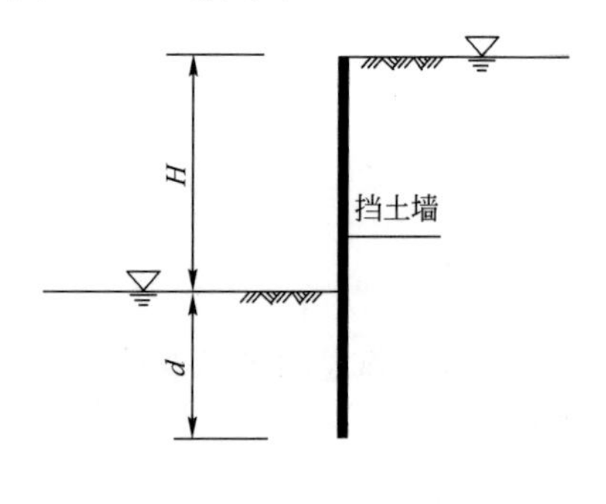

图 3-36　挡土墙水压力计算图

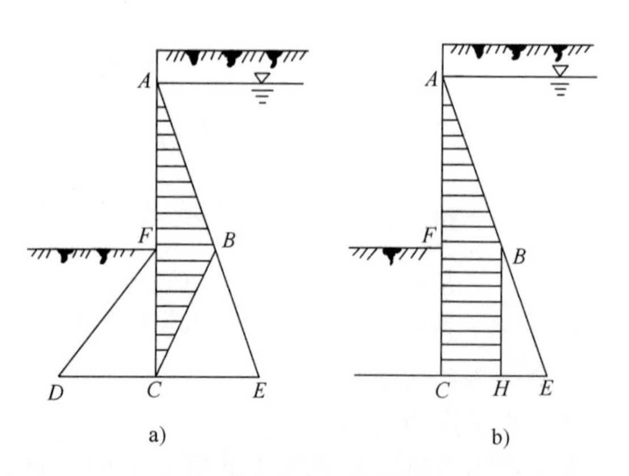

图 3-37　水压力计算

参考文献

[1] 陈仲颐，周景星，王洪瑾．土力学．北京：清华大学出版社．1994

[2] 尉希成，周美玲．支挡结构设计手册．北京：中国建筑工业出版社，2004

[3] 华南理工大学，等．地基及基础．北京：中国建筑工业出版社，1998

[4] 时卫民，郑颖人．岩质建筑边坡水平推力的计算．岩土工程技术，2002（3）：131-134

[5] 时卫民，郑颖人，张鲁渝，等．滑移面为直线假设下的斜坡稳定分析．公路交通技术，2001（3）：1-3

[6] 时卫民，叶晓明，郑颖人．阶梯形边坡的稳定性分析．岩石力学与工程学报，2002，21（5）：698-701

[7] 郑颖人，方玉树，郑生庆，等．岩石边坡支挡结构上岩石压力计算方法探讨．岩石力学与工程学报，1997，16（6）：529-535

[8] 郑颖人，方玉树．《建筑边坡工程技术规范》中有关侧向岩石压力计算的思路．岩土工程界，2005，5（12）：13-15

[9] 郑颖人，赵尚毅，时卫民，等．边坡稳定分析的一些进展．地下空间，2001（4）：262-271

[10] Huang Y H. 土坡稳定分析．北京：清华大学出版社，1988

[11] 潘家铮．建筑物的抗滑稳定和滑坡分析．北京：水利出版社，1980

[12] 杨航宇，颜志平，朱赞凌，等．公路边坡防护与治理．北京：人民交通出版社，2002

[13] 黄强．建筑基坑支护技术规程应用手册．北京：中国建筑工业出版社，1999

[14] 龚晓南，高有潮．深基坑工程设计施工手册．北京：中国建筑工业出版社，1998

[15] 中华人民共和国建设部．建筑边坡工程技术规范：GB 50330—2002. 北京：中国建筑工业出版社，2002

[16] 中国建筑科学研究院．建筑基坑支护技术规程：JGJ 120—99. 北京：中国建筑工业出版社，1999

[17] 冶金工业部建筑研究总院．建筑基坑工程技术规范：YB 9258—97. 北京：冶金工业出版社，1998

第4章 DISIZHANG 土质边（滑）坡稳定性分析与方法

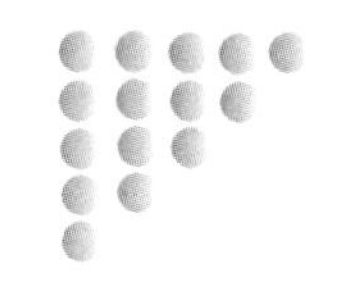

4.1 概　　述

4.1.1 土坡稳定的一些传统分析方法

土质边坡（简称土坡）是指具有倾斜坡面的土体。由于土坡表面倾斜，在土体自重及结构物的作用下，整个土体都有从高处向低处滑动的趋势。如果土体内某一个面上的下滑力超过抗滑力，或者面上每点的剪应力达到抗剪强度，若无支挡就可能发生滑坡。土坡稳定分析的方法都是基于岩土塑性理论，因为岩土边坡的变形与发展都处于塑性阶段，直至坡体失稳破坏。边坡失稳在力学上主要是一个强度问题，这时计算上可简化为一个静力平衡问题和一个岩土屈服条件，其解可满足工程的要求。传统的边坡稳定分析方法都属于这种情况，常用的方法有极限平衡法、滑移线场法、极限分析法等。

（1）极限平衡法

极限平衡法是当前国内外应用最广的边坡稳定分析方法。它是传统边坡稳定分析方法的代表。极限平衡法是在已知滑移面上对边坡进行静力平衡计算，从而求出边坡稳定安全系数。可见极限平衡法必须事先知道滑移面的位置与形状。对于均质土体可以通过经验或者优化的方法获得滑移面，因而十分适用于土质边坡。当滑移面为一简单平面时，静力平衡计算可采用解析法计算，因而可获得解析解。著名的库仑公式就是一例，一直沿用至今。当滑移面为一圆弧、对数螺线、折线或任意曲线时，无法获得解析解，通常要采用条分法求解，此时坡体为一静不定问题，通过对某些未知量作假定，使方程式的数目与未知数数目相等从而使问题成为静定，这种方法十分简便，而且计算结果能满足工程要求而被广为应用。由于假设条件与应用的方程不同，条分法分为非严格条分法与严格条分法，在非严格条分法中，通常只满足一个平衡条件，而不管另一个平衡条件，在土条的平衡中只满足力的平衡，而不满足力矩平衡，在总体平衡中只满足力的平衡或者力矩平衡。可见，非严格条分法的计算结果是有一定误差的。非严格条分法有两个未知数（安全系数和条间力的作用方向），但只有一个方程，因而尚需作一个假定。非严格条分法通常是假定条间力的方向，由于假定不同而形成各种方法，有瑞典法、简化 Bishop 法、简化 Janbu 法、陆军工程师团法、罗厄法、Sarma 法（Ⅰ)、不平衡推力法（传递系数法）等。严格条分法满足所有的力平衡条件，它有三个未知数（安全系数、条间力作用方向和作用点）和两个方程，因而也要做一个假定。如果假定合理，其解答十分接近准确解。由于所用的假设不同，有 Morgenstern-Price 法、Spencer 法、Janbu 法、Sarma 法（Ⅱ)、Sarma 法（Ⅲ）和 Correia 法等。

（2）滑移线场法

滑移线场法严格满足塑性理论，但假定土体为理想塑性体，并将土体分为塑性区与刚性区。塑性区满足静力平衡条件和莫尔-库仑准则。二者结合得一组偏微分方程，采用特征线法求解。然而，严格滑移线场解是十分有限的，因而这种方法在实际应用中并不广泛。可以应用数值方法求取滑移线场的数值解，但这也只能用于稍微复杂的问题，对于复杂的问题滑移线场法常常无效，而且滑移线场法也只能用于均质的土体。

（3）极限分析法

极限分析法是运用塑性力学中的上、下限定理求解边坡稳定问题。上限法也称能量法，通常需要假设一个滑裂面，并将土体分成若干块，土体视作刚塑性体，然后构筑一个协调位移场。为此需要假设滑裂面为对数螺线或直线，然后根据虚功原理求解滑体处于极限状态时的极限荷载或稳定安全系数。极限分析下限法的理论基础是下限定理，它在计算过程中需要构造一个合适的静力许可的应力分布，在通常情况下可用应力柱法或者应力不连续法等来求得问题的下限解，其解偏于安全，可以实用。但只有极少数情况下可以获得下限解。目前，已将其扩展为上限有限元法与下限有限元法，无须假定滑面，从而扩大了应用范围。显然这种方法也只适用于土体。

4.1.2 有限元法及其他数值方法

有限元法适用范围广，可以采用精确的本构关系，因而具有优越性。其他数值方法如边界元法、离散元法和差分法等也有应用，但应用不广。岩土的本构模型十分复杂，但边坡稳定分析一般只要求得到应力，不要求得到位移，因而采用理想弹塑性模型计算，精度就已足够。有限元分析不能直接与稳定安全系数建立关系，只能算出应力、位移与塑性区的大小，而不能求得边坡稳定安全系数，因而这种方法没有在实际中得到广泛应用。最近提出的有限元强度折减法，利用不断降低岩土强度，使边坡处于极限平衡状态，从而建立了一种极限平衡有限元法，它可直接求出滑裂面位置与边坡稳定安全系数，使有限元法进入实用阶段，它不但可以求土坡的安全系数，还可自动求岩质边坡的滑面与稳定安全系数，开创了岩质边坡稳定分析的新路子；同时在边坡支护设计中，还可开创出考虑岩土介质与结构共同作用求支护结构内力的新方法。这种方法具有广阔的应用前景，计算准确、简便、适应性强，有可能引发岩土工程设计方法的重大改革。

4.1.3 边（滑）坡稳定安全系数的定义

边（滑）坡稳定安全系数的定义有多种形式，当前较为公认和应用较多的有如下三种形式。

（1）强度储备安全系数 F_{s1}

1952 年毕肖普提出了著名的适用于圆弧滑动面的“简化毕肖普法”。在这一方法中，边坡稳定安全系数定义为：土坡某一滑裂面上抗剪强度指标按同一比例降低为 c/F_{s1} 和 $\tan\varphi/F_{s1}$，

则土体将沿着此滑裂面处处达到极限平衡状态，即有

$$\tau = c' + \sigma\tan\varphi' \tag{4-1}$$

式中，

$$c' = \frac{c}{F_{s1}},\ \tan\varphi' = \frac{\tan\varphi}{F_{s1}}$$

上述定义完全符合滑移面上抗滑力与下滑力相等为极限平衡法的概念，其式为：

$$F_{s1} = \frac{\int_0^l (c + \sigma\tan\varphi)\mathrm{d}l}{\int_0^l \tau\mathrm{d}l} \tag{4-2}$$

将式（4-2）两边同除以 F_{s1}，则式（4-2）变为：

$$1 = \frac{\int_0^l \left(\frac{c}{F_s} + \sigma\frac{\tan\varphi}{F_s}\right)\mathrm{d}l}{\int_0^l \tau\mathrm{d}l} = \frac{\int_0^l (c' + \sigma\tan\varphi')\mathrm{d}l}{\int_0^l \tau\mathrm{d}l} \tag{4-3}$$

式（4-3）左边为1，表明当强度折减 F_{s1} 后，坡体达到极限平衡状态。

上述将强度指标的储备作为安全系数定义的方法是经过多年来的实践被国际工程界广泛承认的一种方法。这种安全系数只是降低抗滑力，而不改变下滑力。同时，用强度折减法也比较符合工程实际情况，许多边（滑）坡的发生常常是由于外界因素引起岩土体强度降低而导致岩土体滑坡。不过，岩土的强度参数有两个：c 与 $\tan\varphi$，却只有一个安全系数，这意味着 c 与 $\tan\varphi$ 按同一比例衰减。

（2）超载储备安全系数 F_{s2}

超载储备安全系数是将荷载（主要是自重）增大 F_{s2} 倍后，坡体达到极限平衡状态，按此定义有：

$$1 = \frac{\int_0^l (c + F_{s2}\sigma\tan\varphi)\mathrm{d}l}{F_{s2}\int_0^l \tau\mathrm{d}l} = \frac{\int_0^l \left(\frac{c}{F_{s2}} + \sigma\tan\varphi\right)\mathrm{d}l}{\int_0^l \tau\mathrm{d}l} = \frac{\int_0^l (c' + \sigma\tan\varphi)\mathrm{d}l}{\int_0^l \tau\mathrm{d}l} \tag{4-4}$$

式中，

$$c' = \frac{c}{F_{s2}}$$

由式（4-3）和式（4-4）得：

$$\frac{\int_0^l (c + \sigma\tan\varphi)\mathrm{d}l}{F_{s1}\int_0^l \tau\mathrm{d}l} = \frac{\int_0^l (c + F_{s2}\sigma\tan\varphi)\mathrm{d}l}{F_{s2}\int_0^l \tau\mathrm{d}l} \tag{4-5}$$

所以有：

$$F_{s1} = \frac{F_{s2}\int_0^l (c + \sigma\tan\varphi)\mathrm{d}l}{\int_0^l (c + F_{s2}\sigma\tan\varphi)\mathrm{d}l} \tag{4-6}$$

可见，两种安全系数值显然是不同的，从式（4-4）还可以看出，超载储备安全系数相当于折减黏聚力 c 值的强度储备安全系数，对无黏性土（$c=0$）采用超载储备安全系数，并不能提高边坡稳定性。由于条分法计算中存在近似，因而式（4-6）只是近似相等。

（3）下滑力超载储备安全系数 F_{s3}

增大下滑力的超载法是将滑裂面上的下滑力增大 F_{s3} 倍使边坡达到极限状态，也就是增大荷载引起的下滑力项，而不改变荷载引起的抗滑力项，按此定义有：

$$F_{s3}=\frac{\int_0^l (c+\sigma\tan\varphi)\mathrm{d}l}{\int_0^l \tau\mathrm{d}l} \tag{4-7}$$

可见，式（4-7）与式（4-2）得到的安全系数在数值上相同，但含义不同。这种定义在国内采用传递系数法显式解求安全系数时应用。

式（4-7）表明，极限平衡状态时，下滑力增大 F_{s3} 倍，一般情况下也就是土体重力增大 F_{s3} 倍。而实际上重力增大不仅使下滑力增大，也会使摩擦力增大，因此下滑力超载安全系数不符合工程实际，不宜采用。

4.1.4 不同安全系数定义下安全系数值与推力的比较

（1）不同安全系数定义下安全系数值的比较

由上可见，$F_{s1}=F_{s3}$，但与 F_{s2} 不同，下面通过算例对此进行比较。

算例［4-1］ 均质土坡，坡高 $H=20\text{m}$，黏聚力 $c=42\text{kPa}$，土重度 $\gamma=20\text{kN/m}^3$，内摩擦角 $\varphi=17°$，求坡角 $\beta=30°$、35°、40°、45°、50°、90°时边坡的安全系数，不同安全系数定义条件下的计算结果见表 4-1。

不同安全系数定义条件下的计算结果对比　　表 4-1

方法	坡角（°）					
	30	35	40	45	50	90
Spencer 法强度储备安全系数	1.55	1.41	1.30	1.20	1.12	0.64
有限元强度折减强度储备安全系数	1.56	1.42	1.31	1.21	1.12	0.65
折减黏聚力 c 值的强度储备安全系数	2.84	2.06	1.65	1.40	1.21	0.55
增大重力荷载的超载储备安全系数	2.84	2.06	1.65	1.40	1.21	0.55

由表 4-1 可见，不同的定义会导致安全系数的差别。计算结果还表明，超载安全系数与折减黏聚力 c 值的强度储备安全系数完全一致。

（2）不同安全系数的定义对滑坡推力计算的影响

在滑坡推力计算中，安全系数定义不同，计算得到的推力也不同，下面来探讨不同安全系数定义条件下的滑坡推力计算公式。

滑坡推力的标准值：

$$E_h=R_s-R_t \tag{4-8}$$

式中：R_s——岩土体下滑力；

R_t——岩土体抗滑力。

由强度折减安全系数 F_s 得到的滑坡推力设计值为：

$$E_t = R_s - \frac{R_t}{F_s} \tag{4-9}$$

由荷载增大（只增大下滑力，不增大抗滑力）安全系数得到的滑坡推力设计值：

$$E'_t = R_s \times F_s - R_t = F_s\left(R_s - \frac{R_t}{F_s}\right) = F_s E_t \tag{4-10}$$

可见，采用下滑力增大安全系数的滑坡推力设计值为强度储备安全系数推力设计值的 F_s 倍（实际计算中由于有些地方做了近似处理，常为近似 F_s 倍）。

超载储备安全系数条件下的滑坡推力值：

$$E''_t = \int_0^l (c + F_s\sigma\tan\varphi)\mathrm{d}l - \int_0^l F_s\tau\mathrm{d}l$$

降低黏聚力条件下的滑坡推力值：

$$E'''_t = \int_0^l \left(\frac{c}{F_s} + \sigma\tan\varphi\right)\mathrm{d}l - \int_0^l \tau\mathrm{d}l$$

下面通过两个算例，对不同安全系数下的滑坡推力进行比较。

算例［4-2］ 滑体饱和重度 $\gamma = 20\mathrm{kN/m^3}$，滑动面土体强度参数：黏聚力 $c = 16.9\mathrm{kPa}$，内摩擦角 $\varphi = 8.5°$。滑动面如图 4-1 所示。

算例［4-3］ 滑体饱和重度 $\gamma = 20\mathrm{kN/m^3}$，滑动面为一单一直线，倾角 30°，滑动面土体强度参数：黏聚力 $c = 18\mathrm{kPa}$，内摩擦角 $\varphi = 20°$。滑动面如图 4-2 所示。

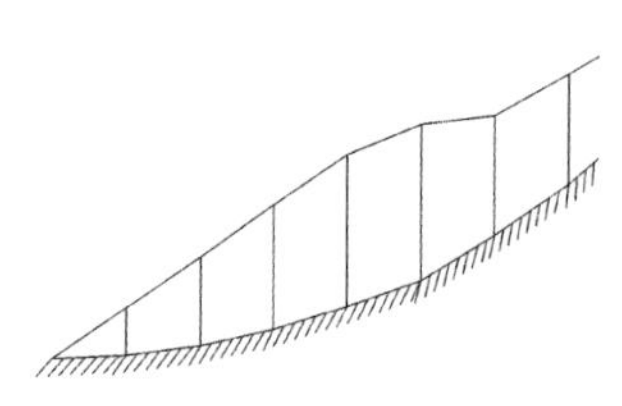

图 4-1　算例［4-2］滑坡推力计算示意图

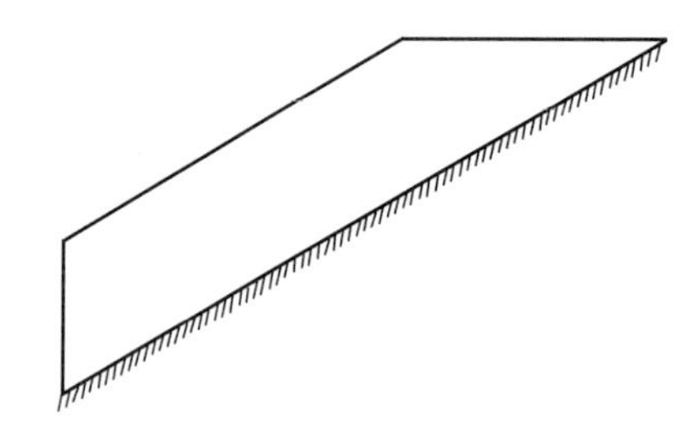

图 4-2　算例［4-3］滑坡推力计算示意图

不同安全系数定义条件下的滑坡推力计算结果见表 4-2。可见，采用不同的滑坡推力安全系数定义形式会得到不同的推力计算结果。从表 4-2 可知，对于单一直线滑动面计算模型（算例［4-3］），相同安全系数（1.15）取值条件下，增大滑体下滑力得到的推力刚好是强度降低得到的推力的 1.15 倍，$E'_t = F_s E_t$。但是对于算例［4-2］，二者之间的比值为 1.13，$E'_t \approx F_s E_t$。采用增大荷载方式得到的滑坡推力比增大下滑力与降低强度方式得到的滑坡推力都小。增大荷载与降低黏聚力得到的稳定安全系数一样，但是二者计算得到的滑坡推力并不一致，计算表明，增大荷载得到的滑坡推力比降低黏聚力得到的滑坡推力大。

滑坡推力计算结果　　表 4-2

方　法	算例［4-1］滑坡推力（kN/m）	算例［4-2］滑坡推力（kN/m）
增大下滑力（F_s=1.15）	488	797
强度降低（F_s=1.15）	431	693
增大荷载（F_s=1.15）	418	501
降低黏聚力（F_s=1.15）	363	435

综上所述，不同的安全系数定义会引起边(滑)坡的稳定安全系数与作用在抗滑桩上推力的不同，造成边(滑)坡设计的混乱，因而必须对边(滑)坡安全系数做出统一的定义。我们认为按照传统的计算方法采用目前国际上使用的强度储备安全系数是较合理的，也符合边(滑)坡受损破坏的实际情况，所以建议一般情况下采用强度储备安全系数作为边(滑)坡的稳定安全系数。

在特殊情况下，采用超载储备安全系数更能符合设计情况。例如，大坝水位升高超载导致坝基失稳，这种情况下可采用超载储备安全系数，但计算中不宜同时考虑超载与强度折减，两者应分别计算并采用不同的安全系数。

4.2 常用的几种极限平衡条分法

本节主要介绍几种常用的极限平衡条分法，尤其是国内常用的方法。考虑严格条分法的应用前景，还要介绍几种国际应用较广的严格条分法。当前，国内外编制了多种边坡稳定分析程序可供应用。

4.2.1 边（滑）坡体的条分及其计算简图

考虑图 4-3a）所示的可能滑动滑体。将材料的有效抗剪强度指标 c' 和 $\tan\varphi'$ 除以 F_s 后，滑体处于极限平衡。将该滑体划分成 n 个垂直条块，如图 4-3b)、c）所示，条块 i 的几何形状由角点坐标（x_{ti}，y_{ti}），（x_{bi}，y_{bi}），（$x_{t,i-1}$，$y_{t,i-1}$）和（$x_{b,i-1}$，$y_{b,i-1}$）描述。浸润线位置由其与条块各边的交点坐标（x_{wi}，y_{wi}）和（$x_{w,i-1}$，$y_{w,i-1}$）表示。作用在条块 i 上的力有：

①体力 W_i，作用点（x_{ci}，y_{ci}）为条块的重心，可由材料的重度 γ 和几何参数来计算；

②地震力 K_sW_i，K_s 为地震影响系数，作用点为条块的重心（x_{ci}，y_{ci}）；

③坡面外力 Q_i，该力源于外载或加固作用，作用点为（x_{qi}，y_{qi}），与垂直方向夹角为 θ_i。当该力沿条底的分力与滑体的可能滑动方向相反时，$\theta_i>0$ [图 4-3c)]；反之，$\theta_i<0$；

④条间力 P_i，与水平方向的倾角为 β_i，作用点为（x_{pi}，y_{pi}）；沿条块界面法线方向和垂直方向的分量分别为 E_i、T_i；

⑤条块界面上的孔隙水压力 p_{wi}，可由浸润线的位置来计算；

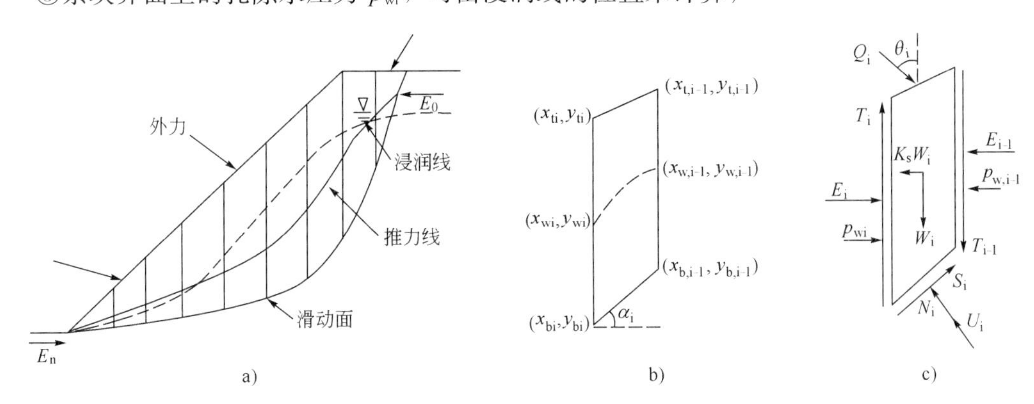

图 4-3 边坡体的条分及条块体的几何尺寸和受力分析

⑥条底法向力 N_i，作用点为（x_{ni}，y_{ni}）；

⑦条底剪力 S_i，作用点为（x_{ni}，y_{ni}）；

⑧条底孔隙水压力 U_i，可由浸润线的位置来计算，其作用点可由条底上的水压力分布来确定。

对于分成 n 个条块的可能滑动滑体，最多可以建立 $4n$ 个独立的方程，如表 4-3 所列。而需要待求的未知量总共有 $6n-2$ 个，如表 4-4 所列。因此，土坡稳定性分析问题是一个高次超静定问题。

极限平衡条分法中的基本方程　表 4-3

方程数	理论依据
n	垂直方向上条块力的平衡
n	水平方向上条块力的平衡
n	条块力矩的平衡
n	莫尔-库仑强度准则和安全系数的定义
$4n$	方程总数

极限平衡条分法中的未知量　表 4-4

数目	说　明
1	安全系数 F_s
n	条底的法向力 N_i
n	条底法向力 N_i 的作用点
n	条底剪切力 S_i
$n-1$	条间力 P_i 沿垂直于条块界面的分量 E_i
$n-1$	E_i 的作用点
$n-1$	条间力 P_i 沿平行于条块界面的分量 T_i
$6n-2$	未知量的总数

如果条块宽度足够小，条底剪力 S_i 与条底法向力 N_i 的合力作用点可近似认为作用于条底的中点，（x_{ni}，y_{ni}）为已知。这样未知量减少为 $5n-2$，与方程数相比，还有 $n-2$ 个未知量无法求出。如果仅考虑力的平衡，则与力的作用点无关，方程总数为 $3n$，未知量总数为 $4n-1$，仍有 $n-1$ 个未知量无法求出。为了使问题静定可解，需要减少 $n-1$ 个未知量,使未知量总数等于方程总数，也就是增加 $n-1$ 个假设，在每个条块中给定一个未知量，极限平衡条分法属于此类。这一求解方法最大的好处是回避了在工程中最不易弄清的本构关系，只需少量的岩土力学参数，能直接提供便于工程设计应用的稳定性指标即安全系数。因此，建立在极限平衡原理基础之上的条分法一直是边坡稳定性分析计算的主要手段。

4.2.2　各种条分法的假定

由于土坡稳定性分析问题是一个高次超静定问题，因而各种条分法都需要对未知量的数值或分布作一些假定，以便求解未知数。其假定大致可分以下 5 种情况：

（1）假定 Θ_i 的值

Θ_i 表示条间力 P_i 和 P_{i-1} 的合力 ΔP_i 的方向与水平方向的倾角。此类方法有瑞典法、简化 Bishop 法和简化 Janbu 法。

瑞典法在求条底反力时忽略了条间力的作用。这相当于假定条间力 P_i 和 P_{i-1} 的合力 ΔP_i 的方向平行于条底，即

$$\Theta_i = \alpha_i \tag{4-11}$$

式中：α_i——条底倾角。

简化 Bishop 法和简化 Janbu 法假定条间力的方向为水平方向，这相当于假定条间剪力

差为零或条间力 P_i 和 P_{i-1} 的合力 ΔP_i 的方向为水平方向，即

$$\Theta_i = 0 \tag{4-12}$$

应该注意的是，简化 Janbu 法通过以上假定计算所得安全系数为 F_0，然后利用一个修正系数 $f_0=\dfrac{\gamma H\tan\varphi'}{c'}$ 来考虑条间剪力的影响。其中，γ 为土体的重度，H 为边坡的高度。则修正后的安全系数为 $F=f_0F_0$。

（2）假定条间力倾角 β_i 的值或分布

此类方法有陆军工程师团法、罗厄法、不平衡推力法、Spencer 法和 Morgenstern-Price 法。

陆军工程师团法假定条间力的方向与坡面平行，即

$$\beta_i = \Omega_{av} \tag{4-13}$$

式中：Ω_{av}——边坡的平均坡度，是一个常数。

罗厄法假定条间力倾角的正切值等于条块底面和顶面斜率之和的一半，即

$$\tan\beta_i = \frac{1}{2}(\tan\alpha_i + \tan\Omega_i) \tag{4-14}$$

式中：Ω_i——条块顶面的倾角。

我国的不平衡推力法假定条间力与上一条块底面平行，即

$$\beta_i = \alpha_i \tag{4-15}$$

Spencer 法假定条间力的倾角为一个常数，即

$$\tan\beta_i = \lambda \tag{4-16}$$

式中：λ——比例系数，是一个常数，在计算过程中确定。

λ 的引入，使滑体处于严格极限平衡。

Morgenstern-Price 法假定条间力的倾角的正切值为某一函数分布，即

$$\tan\beta_i = \lambda f(x_i) \tag{4-17}$$

式中：$f(x_i)$——条间力函数，是一个预先给定的函数。

（3）假定条间剪力 T_i 与条间法向力 E_i 之间的关系

此类方法有 Sarma 法（Ⅰ）、Sarma 法（Ⅱ）和 Sarma 法（Ⅲ）。

Sarma 法（Ⅰ）假定条块界面上剪切强度与滑面上剪切强度具有相同的调动程度，即

$$T_i = \frac{c'_{avi}h_i + (E_i - p_{wi})\tan\varphi'_{avi}}{F} \tag{4-18}$$

式中：h_i——条块界面的长度；

c'_{avi}、$\tan\varphi'_{avi}$——条块界面上的加权平均抗剪强度指标。

Sarma 法（Ⅱ）的假定与方程（4-18）相似，所不同的是引入了一个比例系数 λ，即

$$T_i = \lambda\frac{c'_{avi}h_i + (E_i - p_{wi})\tan\varphi'_{avi}}{F} \tag{4-19}$$

需要注意的是，方程（4-19）中的 E_i 在 Sarma 所给的原方法中是用 $0.5\kappa'\gamma h_i^2$ 表示的，这在概念上与 E_i 是完全相同的。其中，κ' 是根据理想塑性理论近似得到的一个系数。

Sarma 法（Ⅲ）的假定与 Sarma 法（Ⅱ）的假定相似，所不同的是多引入了一个无量纲的形函数 $f(x_i)$，即

$$T_i = \lambda f(x_i)\frac{c'_{avi}h_i + (E_i - p_{wi})\tan\varphi'_{avi}}{F} \tag{4-20}$$

（4）假定条间剪力 T_i 的分布

此类方法有 Correia 法。

该法假定在整个滑体内，条间剪力为某种函数分布，即

$$T_i = \lambda f(x_i) \tag{4-21}$$

式中：λ——比例系数，具有力的量纲；

$f(x_i)$——条间剪力在整个滑体内的形状。

（5）假定推力线的位置

此类方法有严格 Janbu 法。

该法假定在整个滑体内，推力线的位置为某种函数分布，即

$$y_{pi} = f_t(x_i) \tag{4-22}$$

式中：$f_t(x_i)$——推力线函数，是一个预先给定的函数。

除了对未知量的数值或分布的假定外，各种极限平衡条分法对滑裂面形状的要求以及所考虑的平衡条件见表 4-5。表 4-5 中的方法 1～7 属非严格条分法，方法 8～13 属严格条分法。

现有极限平衡条分法及其假定 表 4-5

编号	方法	假定					条块形状
		滑动面	多余未知量	平衡条件			
				垂直力	水平力	力矩	
1	瑞典法	CS	式（4-11）			C	V
2	简化 Bishop 法	CS	式（4-12）	S		C	V
3	简化 Janbu 法	GS	式（4-12）	S	S		V
4	陆军工程师团法	GS	式（4-13）	S	S		V
5	罗厄法	GS	式（4-14）	S	S		V
6	不平衡推力法	GS	式（4-15）	S	S		V
7	Sarma 法（Ⅰ）	GS	式（4-18）	S	S		NV
8	Spencer 法	GS	式（4-16）	S	S	S	V
9	Morgenstern-Price 法	GS	式（4-17）	S	S	S	V
10	Sarma 法（Ⅱ）	GS	式（4-19）	S	S	S	V
11	Sarma 法（Ⅲ）	GS	式（4-20）	S	S	S	V
12	Correia 法	GS	式（4-21）	S	S	S	V
13	严格 Janbu 法	GS	式（4-22）	S	S	AS	V

注：CS-圆弧滑动面；GS-任意滑动面；C-考虑；S-满足；AS-自动满足；V-垂直条块；NV-非垂直条块。

对多余未知量的假定并不是任意的，它必须使获得的解符合土和岩石的力学特性。目前被普遍接受的合理性条件是：

（1）条块界面上的剪应力不能超过在这个面上所能发挥的抗剪能力，即

$$F_{vi} = \frac{c'_{avi}h_i + (E_i - p_{wi})\tan\varphi'_{avi}}{T_i} > F_s \tag{4-23}$$

式中：F_{vi}——条块界面上的安全系数。

（2）由于土体的不抗拉性，作用在条块上的有效法向力的合力必须为正，即

$$N_i \geqslant U_i, E_i \geqslant p_{wi} \tag{4-24}$$

（3）作用在条块上的有效法向力的合力作用点不应落在条块体的边界外，即

$$0 \leqslant D_{ni} \leqslant l_i, 0 \leqslant D_{pi} \leqslant h_i \tag{4-25}$$

以上式中：l_i——条底 i 的长度；

D_{ni}、D_{pi}——滑体的可能滑动方向自右上到左下时，分别表示（N_i-U_i），（E_i-p_{wi}）作用点到条块左下角的距离；滑体的可能滑动方向自左上到右下时，分别表示（N_i-U_i），（E_i-p_{wi}）作用点到条块右下角的距离。

如果以上条件不能满足，就必须修改原来的假定，或采用别的计算方法。为此，对于考虑条间力作用的各种方法，稳定分析的最后结果，除求出滑裂面上的最小安全系数 F_{smin} 以外，还要求出各条块界面上的安全系数 F_v 以及条间力作用点的位置以资校核。应该指出的是，对于绝大多数实际问题，上述关于条间力的合理性要求太苛刻。业已发现，由于土体强度参数的不确定性，只要严格满足平衡条件，不合理条间力对应的安全系数与合理条间力对应的安全系数相差很小。然而，如果一种方法得到的安全系数与其他方法得到的安全系数相差很大，条间力的特性有助于解的合理性检验。因此，从工程实用观点看，无论采用何种假定，均可得到相近的稳定安全系数值，只要严格满足可能滑体的静力平衡条件即可。

4.2.3 静力平衡方程

对于如图 4-3c）所示的条块 i，考虑垂直方向力的平衡：

$$N_i\cos\alpha_i + S_i\sin\alpha_i + T_i - T_{i-1} - W_i - Q_i\cos\theta_i = 0 \tag{4-26}$$

类似地，考虑水平方向力的平衡：

$$S_i\cos\alpha_i - N_i\sin\alpha_i + E_i - E_{i-1} - K_sW_i + Q_i\sin\theta_i = 0 \tag{4-27}$$

进一步考虑作用在条块 i 的力对同一点（x_0，y_0）（即可能滑动滑体的假想或实际转动中心）的力矩平衡，将会得到下面的关系：

$$\begin{aligned} &S_i\cos\alpha_iY_{ni} \pm S_i\sin\alpha_iX_{ni} \pm N_i\cos\alpha_iX_{ni} - N_i\sin\alpha_iY_{ni} + P_i\cos\beta_iY_{pi} \pm P_i\sin\beta_iX_{pi} - \\ &P_{i-1}\cos\beta_{i-1}Y_{p,i-1} \mp P_{i-1}\sin\beta_{i-1}X_{p,i-1} - K_sW_iY_{ci} \mp W_iX_{ci} + Q_i\sin\theta_iY_{qi} \mp Q_i\cos\theta_iX_{qi} = 0 \end{aligned} \tag{4-28}$$

其中，滑体的可能滑动方向自右上向左下时，在出现两个计算符号处，取上面一个计算符号；滑体的可能滑动方向自左上向右下时，在出现两个计算符号处，取下面一个计算符号；$X_{ni}=x_{ni}-x_0$，$Y_{ni}=y_0-y_{ni}$，$X_{pi}=x_{pi}-x_0$，$Y_{pi}=y_0-y_{pi}$，$X_{p,i-1}=x_{p,i-1}-x_0$，$Y_{p,i-1}=y_0-y_{p,i-1}$，$X_{ci}=x_{ci}-x_0$，$Y_{ci}=y_0-y_{ci}$，$X_{qi}=x_{qi}-x_0$，$Y_{qi}=y_0-y_{qi}$。

对于圆弧滑动面，其圆心就是真正的求矩中心，条底法向力 N_i 是通过圆心的，无论条底法向力 N_i 的作用点位于条底的何处，它对圆心的力矩均为零。而条底剪切力 S_i 对圆心的力臂就是圆弧的半径 R。方程（4-28）可简化为：

$$\begin{aligned} &S_iR + P_i\cos\beta_iY_{pi} \pm P_i\sin\beta_iX_{pi} - P_{i-1}\cos\beta_{i-1}Y_{p,i-1} \mp P_{i-1}\sin\beta_{i-1}X_{p,i-1} - K_sW_iY_{ci} \mp \\ &W_iX_{ci} + Q_i\sin\theta_iY_{qi} \mp Q_i\cos\theta_iX_{qi} = 0 \end{aligned} \tag{4-29}$$

对于处于极限平衡状态的可能滑动滑体，作用在其上的所有力应该满足整体力和力矩的平衡条件。由于同一条块界面上的条间力是一对作用力和反作用力，在求整体力和力矩平衡的过程中，它们将互相抵消，因此，在最终的整体力和力矩平衡方程中不会出现。根据方程（4-26），得：

$$\sum_{i=1}^{n} N_{i}\cos\alpha_{i}+\sum_{i=1}^{n} S_{i}\sin\alpha_{i}-\sum_{i=1}^{n} W_{i}-\sum_{i=1}^{n} Q_{i}\cos\theta_{i}=0 \tag{4-30}$$

类似地，根据方程（4-27），得：

$$\sum_{i=1}^{n} S_{i}\cos\alpha_{i}-\sum_{i=1}^{n} N_{i}\sin\alpha_{i}-\sum_{i=1}^{n} K_{s}W_{i}+\sum_{i=1}^{n} Q_{i}\sin\theta_{i}=0 \tag{4-31}$$

根据方程（4-28），得：

$$\sum_{i=1}^{n} S_{i}(Y_{ni}\cos\alpha_{i}\pm X_{ni}\sin\alpha_{i})+\sum_{i=1}^{n} N_{i}(\pm X_{ni}\cos\alpha_{i}-Y_{ni}\sin\alpha_{i})-\sum_{i=1}^{n} K_{s}W_{i}Y_{ci}\mp \sum_{i=1}^{n} W_{i}X_{ci}+\sum_{i=1}^{n} Q_{i}(Y_{qi}\sin\theta_{i}\mp X_{qi}\cos\theta_{i})=0 \tag{4-32}$$

对于圆弧滑动面，方程（4-32）简化为：

$$\sum_{i=1}^{n} S_{i}R-\sum_{i=1}^{n} K_{s}W_{i}Y_{ci}\mp\sum_{i=1}^{n} W_{i}X_{ci}+\sum_{i=1}^{n} Q_{i}(Y_{qi}\sin\theta_{i}\mp X_{qi}\cos\theta_{i})=0 \tag{4-33}$$

其中，方程（4-30）和方程（4-31）分别为垂直方向及水平方向整体力的平衡方程；方程（4-32）和方程（4-33）为整体力矩平衡方程。

4.2.4 条底剪力及法向力方程

根据莫尔-库仑强度准则，滑裂面上的平均抗剪强度为：

$$\tau_{f}=c'+(\sigma-u)\tan\varphi' \tag{4-34}$$

式中：σ——条底法向总应力；

u——条底孔隙应力；

c'、$\tan\varphi'$——条底有效抗剪强度指标。

如果整个滑裂面上的平均安全系数为 F_s，按照方程（4-1）的定义，条底剪力 S_i 方程为：

$$S_{i}=\tau l_{i}=\frac{\tau_{f}}{F_{s}}l_{i}=\frac{c'_{i}l_{i}+(N_{i}-U_{i})\tan\varphi'_{i}}{F_{s}} \tag{4-35}$$

令条间力 P_i 和 P_{i-1} 的合力 ΔP_i 与水平方向的倾角为 Θ_i，则

$$\tan\Theta_{i}=\frac{T_{i}-T_{i-1}}{E_{i}-E_{i-1}} \tag{4-36}$$

根据方程（4-26）和方程（4-27）并考虑方程（4-35）和方程（4-36），可以得到条底法向力 N_i 的方程：

$$N_{i}=\frac{1}{\sec\varphi'_{mi}\cos(\alpha_{i}-\Theta_{i}-\varphi'_{mi})}[W_{i}\cos\Theta_{i}-K_{s}W_{i}\sin\Theta_{i}+Q_{i}\cos(\theta_{i}-\Theta_{i})-c'_{mi}l_{i}\sin(\alpha_{i}-\Theta_{i})+U_{i}\tan\varphi'_{mi}\sin(\alpha_{i}-\Theta_{i})] \tag{4-37}$$

方程（4-37）也可以通过垂直于条间力合力方向上的力平衡得到。

由此可见，在滑动面给定的情况下，条底法向力 N_i 是 Θ_i 和 F_s 的函数，而且，一般说来是 F_s 的非线性函数。只有在 $\Theta_i=\alpha_i$ 的情况下，条底法向力 N_i 与 F_s 和 Θ_i 无关，即

$$N_{i}=W_{i}\cos\alpha_{i}-K_{s}W_{i}\sin\alpha_{i}+Q_{i}\cos(\alpha_{i}-\theta_{i}) \tag{4-38}$$

当 $\Theta_i=0$ 时，方程式（4-37）简化为：

$$N_{i}=\frac{1}{\sec\varphi'_{mi}\cos(\alpha_{i}-\varphi'_{mi})}(W_{i}+Q_{i}\cos\theta_{i}-c'_{mi}l_{i}\sin\alpha_{i}+U_{i}\tan\varphi'_{mi}\sin\alpha_{i}) \tag{4-39}$$

4.2.5 介绍三种常用的非严格条分法

(1) 瑞典法

瑞典圆弧滑动法（简称瑞典法或 Fellenius 法）是条分法中最古老而又最简单的方法。除了假定滑裂面是个圆柱面（剖面图上是圆弧）外，在求条底反力时忽略了条间力的作用，且在求安全系数时仅考虑对同一点的力矩平衡。

将方程（4-35）代入方程（4-33），得安全系数方程：

$$F=\frac{R\sum_{i=1}^{n}c'_{\mathrm{i}}l_{\mathrm{i}}+R\sum_{i=1}^{n}(N_{\mathrm{i}}-U_{\mathrm{i}})\tan\varphi'_{\mathrm{i}}}{\sum_{i=1}^{n}K_{\mathrm{s}}W_{\mathrm{i}}Y_{\mathrm{ci}}\pm\sum_{i=1}^{n}W_{\mathrm{i}}X_{\mathrm{ci}}+\sum_{i=1}^{n}Q_{\mathrm{i}}(\pm X_{\mathrm{qi}}\cos\theta_{\mathrm{i}}-Y_{\mathrm{qi}}\sin\theta_{\mathrm{i}})} \tag{4-40}$$

方程（4-40）和通过每一条块在滑裂面上所能提供的抗滑力矩之和与外荷载及滑动土体在滑裂面上所产生的滑动力矩之和之比导出的方程完全相同。其中，滑体的可能滑动方向自右上向左下［图 4-3a)］时，在出现两个计算符号处，取上面一个计算符号；滑体的可能滑动方向自左上向右下时，在出现两个计算符号处，取下面一个计算符号。对于瑞典法，由方程（4-38）可知，条底法向力 N_{i} 与安全系数 F_{s} 无关，因此，瑞典法的安全系数方程是一个显示表达式，其安全系数可通过方程（4-40）得到。

由于不考虑条间力的作用，严格地说，不满足条块力和力矩平衡条件，仅满足可能滑动滑体的整体力矩平衡条件。由此产生的误差，一般使求出的安全系数偏低 10%～20%，高则可达 40%。这种误差随着滑裂面圆心角和孔隙压力的增大而增大。

(2) 简化 Bishop 法

简化 Bishop 法除了假定滑裂面是个圆柱面（剖面图上是圆弧）外，还假定条间力的方向为水平方向，可通过垂直方向力的平衡求条底反力，通过对同一点的力矩平衡求解安全系数。简化 Bishop 法的安全系数方程与方程（4-40）相同。由于方程（4-39）与安全系数 F_{s} 有关，因此，简化 Bishop 法的安全系数方程是一个隐式表达式，安全系数的求解需要进行迭代。令

$$\Phi(F)=\frac{R\sum_{i=1}^{n}c'_{\mathrm{i}}l_{\mathrm{i}}+R\sum_{i=1}^{n}(N_{\mathrm{i}}-U_{\mathrm{i}})\tan\varphi'_{\mathrm{i}}}{\sum_{i=1}^{n}K_{\mathrm{s}}W_{\mathrm{i}}Y_{\mathrm{ci}}\pm\sum_{i=1}^{n}W_{\mathrm{i}}X_{\mathrm{ci}}+\sum_{i=1}^{n}Q_{\mathrm{i}}(\pm X_{\mathrm{qi}}\cos\theta_{\mathrm{i}}-Y_{\mathrm{qi}}\sin\theta_{\mathrm{i}})} \tag{4-41}$$

则方程（4-40）可以写成：

$$F=\Phi(F) \tag{4-42}$$

方程（4-42）是一个便于利用不动点迭代法进行迭代的形式。不动点迭代法的迭代公式为：

$$F^{(\mathrm{k}+1)}=\Phi\{F^{(\mathrm{k})}\} \tag{4-43}$$

如果得到的序列 $\{F^{(\mathrm{k})}\}$ 满足：

$$\lim_{k\to\infty}F^{(\mathrm{k})}=F^{(*)} \tag{4-44}$$

则 $F^{(*)}$ 就是 Φ 的不动点。由此可以求出简化 Bishop 法的安全系数 F_{s}。

如果将瑞典法求得的安全系数 F_{s} 作为初值，方程（4-43）收敛非常快，通常做 4～5 次迭代即可。

(3) 不平衡推力法（传递系数法）

这是我国工民建、交通和地质等部门在核算滑坡稳定时使用非常广泛的方法。它同样适

用于任意形状的滑裂面，而假定条间力与上一条块底面平行，根据力的平衡条件，逐个条块向下推求，直到最后一个条块的推力为零。

①隐式解法

将方程（4-26）和方程（4-27）中的 T_i、T_{i-1}、E_i 和 E_{i-1} 分别用 $P_i\sin\alpha_i$、$P_{i-1}\sin\alpha_{i-1}$、$P_i\cos\alpha_i$ 和 $P_{i-1}\cos\alpha_{i-1}$ 进行替换，并将方程（4-35）代入后，在得到的两个方程中消去 N_i，得：

$$P_i = P_{i-1}\psi_i + T_i - R_i/F_s \tag{4-45}$$

其中

$$\left.\begin{aligned} T_i &= W_i\sin\alpha_i + K_sW_i\cos\alpha_i - Q_i\sin(\theta_i - \alpha_i) \\ R_i &= c'_i l_i + [W_i\cos\alpha_i - K_sW_i\sin\alpha_i + Q_i\cos(\theta_i - \alpha_i) - U_i]\tan\varphi'_i \\ \psi_i &= \cos(\alpha_{i-1} - \alpha_i) - \frac{\tan\varphi'_i}{F_s}\sin(\alpha_{i-1} - \alpha_i) \end{aligned}\right\} \tag{4-46}$$

ψ_i 称为传递系数。

在求解安全系数时，采用强度储备定义安全系数，先假定一个初始的安全系数 $F_s^{(0)}$，然后从第一个条块开始逐个条块向下推求，直到求出最后一个条块的推力 P_n，P_n 必须为零，否则要重新假定 F_s 进行试算。

②显式解法

为了使计算工作更加简化，在工程单位常采用下列简化公式：

$$\left.\begin{aligned} P_i &= P_{i-1}\psi_i + F_sT_i - R_i \\ T_i &= W_i\sin\alpha_i + K_sW_i\cos\alpha_i - Q_i\sin(\theta_i - \alpha_i) \\ R_i &= c'_i l_i + [W_i\cos\alpha_i - K_sW_i\sin\alpha_i + Q_i\cos(\theta_i - \alpha_i) - U_i]\tan\varphi'_i \end{aligned}\right\} \tag{4-47}$$

传递系数按下式简化计算：

$$\psi_i = \cos(\alpha_{i-1} - \alpha_i) - \tan\varphi'\sin(\alpha_{i-1} - \alpha_i) \tag{4-48}$$

此时隐式计算中 c'_i、$\tan\varphi'$ 均改为实际强度指标 c、$\tan\varphi$，强度不再折减。下滑力 T_i 前乘了安全系数 F_s，表示采用了下滑力超载安全系数，而传递系数做了简化，假设成了一个与 F_s 无关的常数，即设 $F_s=1$。

式（4-47）为显式解，如果表达成连乘的形式 Π，则有：

$$F_s = \frac{\sum_{i=1}^{n-1}(R_i\prod_{j=1}^{n-1}\psi_j) + R_n}{\sum_{i=1}^{n-1}(T_i\prod_{j=1}^{n-1}\psi_j) + T_n} \tag{4-49}$$

这是国内规范中常用的公式。由于显式解传递系数中曾假设 $F_s=1$，因而隐式解与显式解在 $F_s=1$ 时，无论是求安全系数还是求作用在支护结构上的推力都是相同的，但当 $F_s\neq1$ 时，两者发生偏离，越是偏离 1，误差越大，下节中将要证明无论是求安全系数还是求推力显式解都是不适宜的。

4.2.6 两种常用的严格条分法

Morgenstern-Price 法是 50 年前提出的严格条分法，该法假设条块的竖直切向力与水平推力之比为含有待定参数 λ 与条间力函数 $f(x)$ 的乘积，然后建立满足水平与垂直方向力的平衡方程与力矩平衡方程，通过迭代求解安全系数 F_s 和待定参数 λ。我国陈祖煜教授和本章作者曾先后对 Morgenstern-Price 法计算格式做了一定的改进，由于这个方法收敛性非常良好，且满足严格平衡条件，因而在国际岩土工程界受到欢迎。但同时，该方法求解过程相当复杂，一般工程技术人员往往只得依靠专业软件。也正是如此，Morgenstern-Price 法在我国没得到普及应用。

Spencer 法是稍后于 Morgenstern-Price 法的又一个严格条分法，该法直接假设条块间的推力平行，即推力倾角 θ 为常数，建立满足所有力与力矩平衡的方程组，然后迭代求解安全系数。Spencer 法实质上是 Morgenstern-Price 法的特例，即相当于条间函数 $f(x)=1$，尽管两者平衡方程在形式上有很大不同。

本节介绍 Spencer 法与 Morgenstern-Price 法，Morgenstern-Price 法是我国今后可能推广的一种方法，而且国内学者在这方面做了较多的工作，因而做了较详细的介绍，尤其是最近朱大勇对 Morgenstern-Price 法的计算格式做了改进，它使计算过程大为简化，十分有利于该法的推广。

1）Spencer 法

Spencer 法假定条间力的倾角为一个待定常数，即

$$T_i = \tan\theta E_i \tag{4-50}$$

则根据方程（4-37）可以得到相应的条底法向力方程：

$$N_i = \frac{1}{\sec\varphi'_{mi}\cos(\alpha_i - \Theta - \varphi'_{mi})}[W_i\cos\Theta - K_s W_i \sin\Theta + Q_i\cos(\theta_i - \Theta) - c'_{mi} l_i \sin(\alpha_i - \Theta) + U_i \tan\varphi'_{mi}\sin(\alpha_i - \Theta)] \tag{4-51}$$

Spencer 导出了两个安全系数方程：一个是基于整体力矩平衡，另一个是基于平行于条间力方向上力的整体平衡。

根据方程（4-32），基于整体力矩平衡的安全系数方程：

$$F_{sm} = \frac{\sum_{i=1}^{n}[c'_i l_i + (N_i - U_i)\tan\varphi'_i](Y_{ni}\cos\alpha_i \pm X_{ni}\sin\alpha_i)}{\sum_{i=1}^{n}N_i(Y_{ni}\sin\alpha_i \mp X_{ni}\cos\alpha_i) + \sum_{i=1}^{n}K_s W_i Y_{ci} \pm \sum_{i=1}^{n}W_i X_{ci} + \sum_{i=1}^{n}Q_i(\pm X_{qi}\cos\theta_i - Y_{qi}\sin\theta_i)} \tag{4-52}$$

基于力平衡的安全系数方程也可以通过水平方向上力的整体平衡方程（4-31）得到：

$$F_{sf} = \frac{\sum_{i=1}^{n}[c'_i l_i + (N_i - U_i)\tan\varphi'_i]\cos\alpha_i}{\sum_{i=1}^{n}N_i\sin\alpha_i + \sum_{i=1}^{n}K_s W_i - \sum_{i=1}^{n}Q_i\sin\theta_i} \tag{4-53}$$

其中，下标 m 和 f 分别表示安全系数是由力矩平衡和力平衡得到的。当边坡的几何形状及滑裂面已定，同时组成边坡的材料强度参数又已知时，只有 Θ 和 F_s 两个未知数，问题因而得解。

Spencer 法的具体解题步骤如下：

①对于给定滑裂面，划分垂直条块。

②选定若干个 Θ 值，对于不同的 Θ 值，根据方程（4-53）求出不同的 F_{sf} 值，根据方程（4-52）求出不同的 F_{sm} 值，$\Theta=0°$ 时的 F_{sm} 称为 F_{sm0}，对于圆弧滑裂面，它相当于用简化 Bishop 法求出的安全系数值。

③在同一张图上绘制 F_{sf}-Θ 及 F_{sm}-Θ 关系曲线，如图 4-4 所示，两条曲线的交点就给出了同时满足力和力矩平衡的安全系数 F_s 及条间力的倾角 Θ。

④以求出的 F_s 及 Θ，从上到下逐个条块求出条块界面上的法向力和剪力，根据方程

(4-23) 进行合理性校验。

⑤再从上到下逐个条块求出条间力的作用点及条底法向力的作用点的位置，根据方程 (4-25) 进行合理性校验。

2) Morgenstern-Price 法

Morgenstern-Price 法首先对任意曲线形状的滑裂面进行分析，导出了满足力的平衡及力矩平衡的微分方程式，然后假定条间力的倾角的正切值为某一函数分布，即式 (4-17)，根据整个滑动土体的边界条件求出问题的解答。

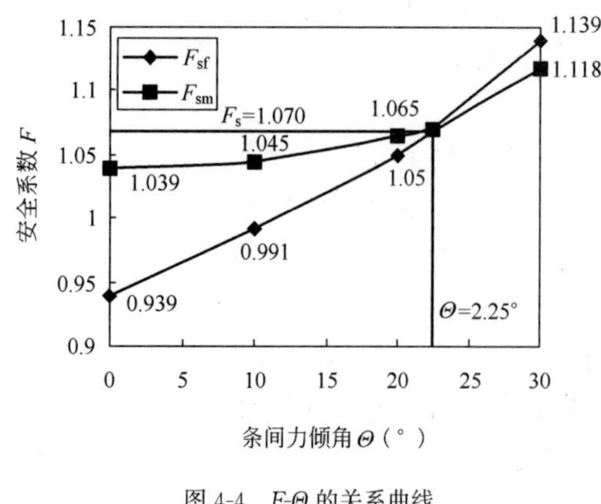

图 4-4 F-Θ 的关系曲线

将任意形状边坡［图 4-5a)］的地表线、浸润线、推力线及滑裂线分别以函数 $y=g(x)$，$y=h(x)$，$y=f_t(x)$ 及 $y=s(x)$ 表示。图 4-5b) 为其中任一微分条块，其上作用有体力 dW、地震力 $K_s dW$、坡面外力 dQ，条块两侧的法向条间力 E、$E+dE$ 及切向条间力 T、$T+dT$，条块两侧的孔隙水压力 p_w、p_w+dp_w，条底法向力 dN，条底剪力 dS，条底孔隙水压力 dU。以上各力方向的规定以及作用点的计算与 4.2.1 节中对应力的方向规定和作用点的计算相同。

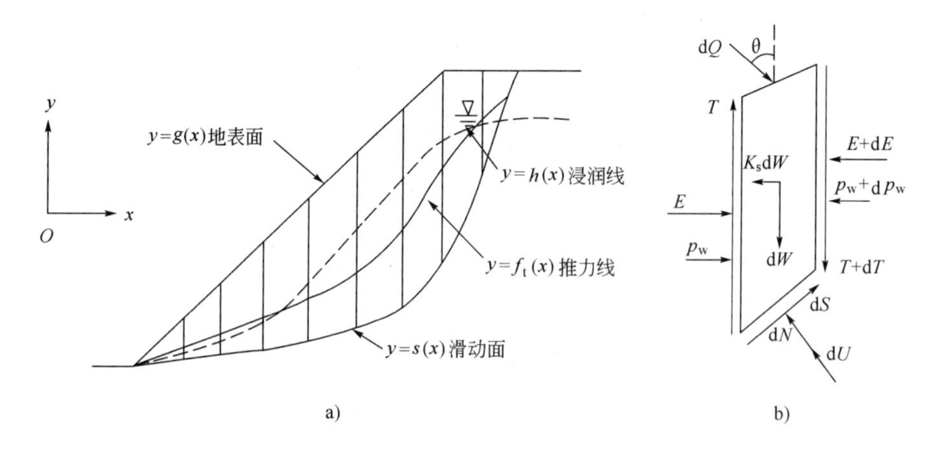

图 4-5 边坡体的微分及微分条块的受力分析

将作用在微分条块上的力对条底中点 (dS、dN 合力的作用点) 取力矩平衡，并且认为 dU 的作用点与 dS、dN 合力的作用点重合，有：

$$E\left[f_t(x)-s(x)-\frac{1}{2}s'(x)dx\right]-(E+dE)\left[f_t(x+dx)-s(x+dx)+\frac{1}{2}s'(x)dx\right]+$$

$$T\frac{dx}{2}+(T+dT)\frac{dx}{2}-K_s dW\left[y_c-s(x)+\frac{1}{2}s'(x)dx\right]+$$

$$dQ\sin\theta\left[y_q-s(x)+\frac{1}{2}s'(x)dx\right]+dQ\cos\theta\left(x_q-x-\frac{dx}{2}\right)=0 \tag{4-54}$$

将式 (4-54) 整理化简，略去高阶微量，就得到每一微分条块满足力矩平衡的微分方程：

$$T = \frac{\mathrm{d}}{\mathrm{d}x}[Ef_t(x)] - s(x)\frac{\mathrm{d}E}{\mathrm{d}x} + K_s[y_c - s(x)]\frac{\mathrm{d}W}{\mathrm{d}x} - \{[y_q - s(x)]\sin\theta + (x_q - x)\cos\theta\}\frac{\mathrm{d}Q}{\mathrm{d}x} \tag{4-55}$$

再取条底法线方向力的平衡，得：

$$\mathrm{d}N = \mathrm{d}T\cos\alpha - \mathrm{d}E\sin\alpha + \mathrm{d}W\cos\alpha - K_s\mathrm{d}W\sin\alpha + \mathrm{d}Q\sin(\theta - \alpha) \tag{4-56}$$

同时取平行条底方向力的平衡，可得：

$$\mathrm{d}S = \mathrm{d}E\cos\alpha + \mathrm{d}T\sin\alpha + \mathrm{d}W\sin\alpha + K_s\mathrm{d}W\cos\alpha - \mathrm{d}Q\sin(\theta - \alpha) \tag{4-57}$$

又根据安全系数定义及莫尔-库仑强度准则，得：

$$\mathrm{d}S = \frac{c'\mathrm{d}x\sec\alpha + (\mathrm{d}N - \mathrm{d}U)\tan\varphi'}{F_s} \tag{4-58}$$

同时引用Bishop等关于孔隙压力比的定义，得：

$$\mathrm{d}U = r_u\mathrm{d}W\sec\alpha \tag{4-59}$$

式中：r_u——孔隙压力比。

综合以上各式，消去 $\mathrm{d}T$ 及 $\mathrm{d}N$，得到每一微分条块满足力平衡的微分方程：

$$\begin{aligned}&\frac{\mathrm{d}E}{\mathrm{d}x}[1 + s'(x)\tan\varphi'_m] + \frac{\mathrm{d}T}{\mathrm{d}x}[s'(x) - \tan\varphi'_m]\\&= c'_m\{1 + [s'(x)]^2\} + \frac{\mathrm{d}W}{\mathrm{d}x}\{\tan\varphi'_m - s'(x) - K_s - K_s s'(x)\tan\varphi'_m - r_u\tan\varphi'_m -\\&\quad r_u[s'(x)]^2\tan\varphi'_m\} + \frac{\mathrm{d}Q}{\mathrm{d}x}[\cos\theta\tan\varphi'_m + \sin\theta\tan\varphi'_m s'(x) + \sin\theta - \cos\theta s'(x)]\end{aligned} \tag{4-60}$$

式中，

$$c'_m = c'/F_s,\ \tan\varphi'_m = \tan\varphi'/F_s$$

一般来说，$y=g(x)$，$y=h(x)$ 是已知的，$y=s(x)$ 由我们选定，也是已知的，两个基本微分方程中的$\frac{\mathrm{d}W}{\mathrm{d}x}$，$\frac{\mathrm{d}Q}{\mathrm{d}x}$，$y_c$ 及 $s'(x)$ 都可以求出，同时土的抗剪强度指标 c' 和 $\tan\varphi'$、坡面外力 $\mathrm{d}Q$ 的作用点（x_q，y_q）和方向角 θ、地震影响系数 K_s 及孔隙压力比 r_u 也是给定的，因此要求的未知量就剩下 E、T 及函数 $y=f_t(x)$，还有安全系数 F_s。

假定 E 和 T 之间存在如下函数关系：

$$T = \lambda f(x)E \tag{4-61}$$

式中：λ——任意选择的一个常数；

$f(x)$——一个预先给定的函数。

对于每一微分条块来说，由于 $\mathrm{d}x$ 可以取得很小，使 $s(x)$和 $f(x)$在微分条块范围内近似为一直线，即 $s'(x)$和 $f'(x)$在微分条块范围内为一常数。令

$$Ax + D = \lambda f(x)[s'(x) - \tan\varphi'_m] \tag{4-62}$$

$$B - D = 1 + s'(x)\tan\varphi'_m \tag{4-63}$$

$$\begin{aligned}C &= c'_m\{1 + [s'(x)]^2\} + \frac{\mathrm{d}W}{\mathrm{d}x}\{\tan\varphi'_m - s'(x) - K_s - K_s s'(x)\tan\varphi'_m - r_u\tan\varphi'_m -\\&\quad r_u[s'(x)]^2\tan\varphi'_m\} + \frac{\mathrm{d}Q}{\mathrm{d}x}[\cos\theta\tan\varphi'_m + \sin\theta\tan\varphi'_m s'(x) + \sin\theta - \cos\theta s'(x)]\end{aligned} \tag{4-64}$$

以上式中：A，B，D——任意常数。

经过式（4-39）～式（4-64）的处理，式（4-60）简化为：

$$(Ax+B)\frac{\mathrm{d}E}{\mathrm{d}x}+AE=C \tag{4-65}$$

现在取条块两侧的边界条件为：

$$E=E_{i-1}\quad(x=x_{i-1})$$
$$E=E_i\quad(x=x_i)$$

对方程式（4-65）从 x_{i-1} 到 x_i 进行积分，可以求得：

$$E_i=\frac{Ax_{i-1}+B}{Ax_i+B}E_{i-1}+\frac{1}{Ax_i+B}\int_{x_{i-1}}^{x_i}C\mathrm{d}x \tag{4-66}$$

这样就可以从上到下，逐条求出法向条间力 E，然后根据式（4-61）求出切向条间力 T。当滑动土体外部没有其他外力作用时，对最后一条土条必须满足条件：

$$E_n=0 \tag{4-67}$$

同时，条块侧面的力矩可以用微分方程积分求出：

$$M_i=M_{i-1}+M_0 \tag{4-68}$$

式中，

$$M_i=E_i[f_t(x_i)-s(x_i)] \tag{4-69}$$

$$M_{i-1}=E_{i-1}[f_t(x_{i-1})-s(x_{i-1})] \tag{4-70}$$

$$M_0=\int_{x_{i-1}}^{x_i}\left\{T-Ef'_t(x)-K_s[y_c-s(x)]\frac{\mathrm{d}W}{\mathrm{d}x}+[(y_q-s(x))\sin\theta+(x_q-x)\cos\theta]\frac{\mathrm{d}Q}{\mathrm{d}x}\right\}\mathrm{d}x \tag{4-71}$$

最后也必须满足条件：

$$M_n=0 \tag{4-72}$$

此时，各条间力合理作用点位置 $f_t(x)$可由式（4-69）求出。

因此，为了找到满足所有平衡方程的 λ 和 F_s 值，我们可以先假定一个 λ 及 F_s，然后逐条积分得到 E_n 及 M_n，如果不为零，再用一个有规律的迭代步骤不断修正 λ 及 F_s，直到 E_n 及 M_n 为零或充分接近零为止。

最后剩下的问题是如何选择 $f(x)$，它们可以利用弹性理论的解答加以算出，也可以在直观假设的基础上指定。根据 Morgenstern 等人的研究，对于接近圆弧的滑裂面，安全系数对内力分布的反应很不灵敏，往往取完全不同的 $f(x)$，得到的安全系数却相当接近。

当然用本法求出的条间力也必须符合 4.2.2 节所给的合理性要求。如果得不到满足，可以通过修改 $f(x)$ 来加以调整。

Morgenstern-Price 法是对土坡稳定进行分析计算的最一般方法，如果取 $f(x)$ 为一常数，其结果与 Spencer 法相同；更特殊一些取 $f(x)=0$，则相当于简化 Bishop 法。显然，由于计算的烦琐和复杂，没有电子计算机的辅助，这个方法是无法实际应用的。

算例［4-4］ 如图 4-6 所示为一简单黏性土坡，高 25m，坡率为 1∶2，碾压土的重度 $\gamma=20\mathrm{kN/m^3}$，内摩擦角 $\varphi=26.6°$（相当于 $\tan\varphi=0.5$），黏聚力 $c=10\mathrm{kN/m^2}$。现对一给定圆弧滑动面和一临界圆弧滑动面分别用常用极限平衡条分法进行安全系数的计算，其结果列于表 4-6。表 4-6 中，Spencer 法采用 $\lambda=0$ 和 $\lambda=\tan\Theta$，Θ 为条间力合力与水平方向的夹角；Morgenstern-Price 法采用了三个 $f(x)$ 函数，即 $f(x)=0$、$f(x)$ 为一常数和 $f(x)$ 呈半正弦函数分布（$sinx$ 均为正值）。

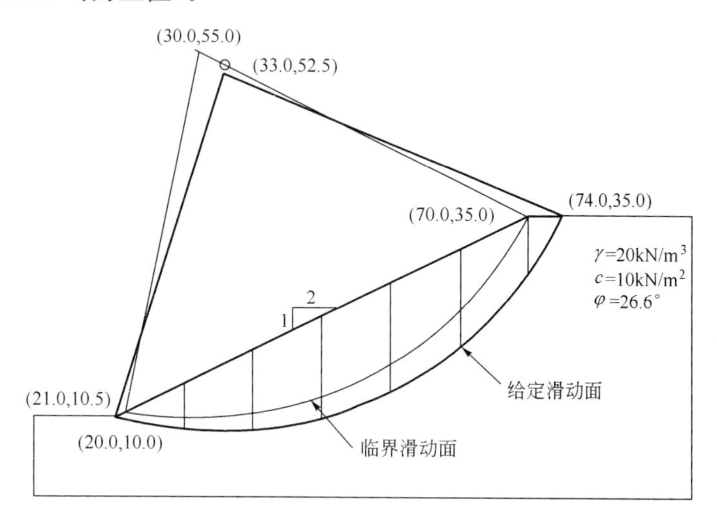

图 4-6　算例［4-4］边坡

算例边坡中常用极限平衡条分法安全系数比较　　表 4-6

计算方法		给定滑动面		临界滑动面	
		F_s	λ	F_s	λ
瑞典法		1.360		1.319	
简化 Bishop 法		1.507		1.442	
不平衡推力法(显式解)		1.550		1.462	
Spencer 法		1.507	0.000 0	1.442	0.000 0
		1.514	0.451 3	1.437	0.471 2
Morgenstern-Price 法	$f(x)=0$	1.507	0.000 0	1.442	0.000 0
	$f(x)=\text{const}$	1.514	0.451 3	1.437	0.471 2
	$f(x)=\lvert\sin x\rvert$	1.515	0.532 6	1.437	0.592 5

由表 4-6 可以看出，对于同一圆弧滑动面，由瑞典圆弧滑动法计算得到的安全系数最小；简化 Bishop 法、Spencer 法和 Morgenstern-Price 法计算出的安全系数相当接近，且 $\lambda=0$时的 Spencer 法以及 $f(x)=0$ 时的 Morgenstern-Price 法计算所得安全系数与简化 Bishop 法计算所得安全系数相同，而 $f(x)$ 为一常数时的 Morgenstern-Price 法计算所得安全系数与 Spencer 法所得安全系数相同；不平衡推力法与简化 Bishop 法、Spencer 法和 Morgenstern-Price 法所得安全系数的相对误差最大为 2.6%。

3）Morgenstern-Price 法的积分解

（1）Morgenstern-Price 法

陈祖煜和 Morgenstern（Chen and Morgenstern，1983）曾对上述 Morgenstern-Price 法做出改进，提出以下积分解法（参见图 4-7）：

$$\int_a^b p(x)s(x)\mathrm{d}x = 0 \tag{4-73}$$

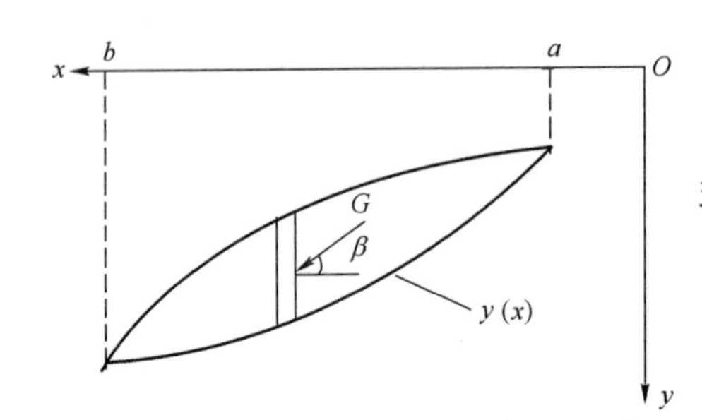

图 4-7　边坡稳定的条分法

$$\int_a^b p(x)s(x)t(x)\mathrm{d}x = M_e \tag{4-74}$$

式中：$p(x)$——反映边坡几何特性和物理特性的变量；

$s(x)$——反映侧向力倾角 β 的特性；

$t(x)$——反映条柱的力臂特性。

$p(x)$、$s(x)$、$t(x)$ 的定义分别为：

$$p(x) = \left(\frac{\mathrm{d}W}{\mathrm{d}x}+q\right)\sin(\varphi'_e-\alpha)-r_u\frac{\mathrm{d}W}{\mathrm{d}x}\sec\alpha\sin\varphi'_e+$$

$$c'_e\sec\alpha\cos\varphi'_e-\eta\frac{\mathrm{d}W}{\mathrm{d}x}\cos(\varphi'_e-\alpha) \tag{4-75}$$

$$s(x) = \sec(\varphi'_e-\alpha+\beta)\exp\left[-\int_a^x\tan(\varphi'_e-\alpha+\beta)\frac{\mathrm{d}\beta}{\mathrm{d}\zeta}\mathrm{d}\zeta\right] \tag{4-76}$$

$$t(x) = \int_a^x(\sin\beta-\cos\beta\tan\alpha)\exp\left[\int_a^\zeta\tan(\varphi'_e-\alpha+\beta)\frac{\mathrm{d}\beta}{\mathrm{d}\zeta}\mathrm{d}\zeta\right]\mathrm{d}\zeta \tag{4-77}$$

$$M_e = \int_a^b\eta\frac{\mathrm{d}W}{\mathrm{d}x}h_e\mathrm{d}x \tag{4-78}$$

式中：α——土条底倾角；

$\mathrm{d}W$——土条重力；

$\eta\mathrm{d}W$——水平地震力；

h_e——作用力与土条底距离；

β——作用在土条垂直边上的总作用力 G 与水平线的夹角。

上式中保持了原文对安全系数定义的符号：

$$\left.\begin{aligned} c'_e &= c'/F \\ \tan\varphi'_e &= \tan\varphi'/F \end{aligned}\right\} \tag{4-79}$$

通常定义孔隙水压力系数为：

$$r_u = \frac{u}{\mathrm{d}W/\mathrm{d}x} \tag{4-80}$$

式中：u——条底中点的孔隙水压力。

式（4-73）和式（4-74）中包含一个未知数，即安全系数 F，它隐含在 φ'_e 和 c'_e 中，另外还包含一个变量 $\beta(x)$，Morgenstern 和 Price 假定其符合某一形状的分布，留下一个待定常数 λ 和 F 一起求解，即假定 $\tan\beta=\lambda f(x)$。

上述解法详见《碾压式土石坝设计规范》（SL 274—2001）。

（2）Spencer 法

Spencer 法为本法的特例，即 $f(x)=1$，$\mathrm{d}\beta/\mathrm{d}x=0$，$\beta$ 为一待定的常量，故有：

$$s(x) = \sec(\varphi'_e-\alpha+\beta) \tag{4-81}$$

式（4-73）和式（4-74）可简化为：

$$\int_a^b p(x)\sec(\varphi'_e - \alpha + \beta)\mathrm{d}x = 0 \tag{4-82}$$

$$\int_a^b p(x)\sec(\varphi'_e - \alpha + \beta)[(x-a)\sin\beta - (y - y_a)\cos\beta]\mathrm{d}x = M_e \tag{4-83}$$

式中：y_a——滑裂面顶部端点（$x=a$ 处）的 y 坐标。

考虑到式（4-82）已经成立，式（4-83）也可写成：

$$\int_a^b p(x)\sec(\varphi'_e - \alpha + \beta)(x\sin\beta - y\cos\beta)\mathrm{d}x = M_e \tag{4-84}$$

4）Morgenstern-Price 法计算格式的改进

（1）平衡方程建立

令条底水压力的合力为 U_i，$U_i = u_i b_i \sec\alpha_i$，式中，$u_i$ 是平均水压力；滑动面上有效法向力为 N'_i；调用的抗剪强度为 S_i，$S_i = (N'_i \tan\varphi'_i + c'_i b_i \sec\alpha_i)/F_s$，式中，$F_s$是安全系数；条块间法向力为 E_i和 E_{i-1}，与底面的垂直距离分别是 z_i 和 z_{i-1}；条块间的剪切力为 $T_i = \lambda f_i E_i$ 和 $T_{i-1} = \lambda f_{i-1} E_{i-1}$。此时图 4-3 成为图 4-8。

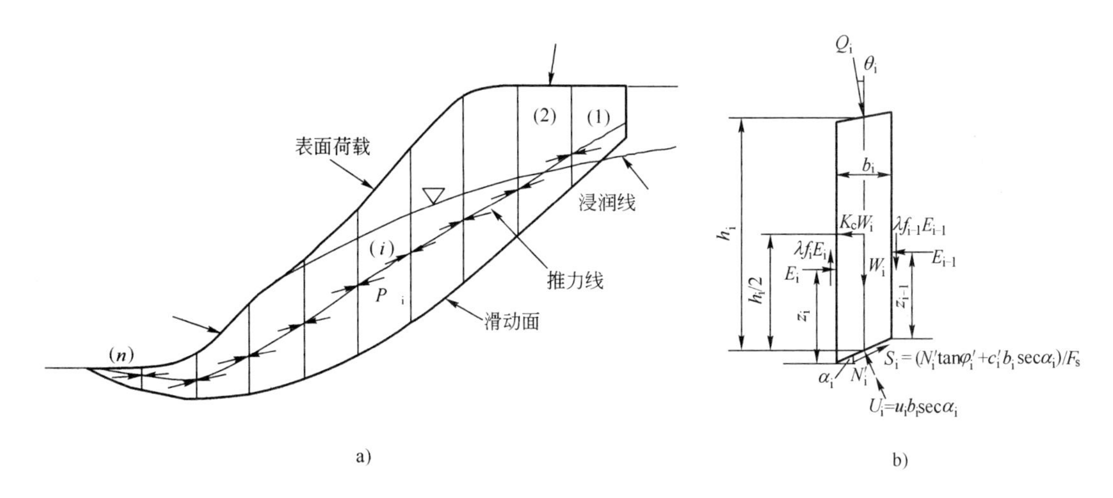

图 4-8　滑体与典型条块

a)滑体；b)典型条块

现考察第 i 个条块的受力平衡。沿垂直于滑面方向将力进行分解，得：

$$\begin{aligned} N'_i = &(W_i + \lambda f_{i-1}E_{i-1} - \lambda f_i E_i + Q_i\cos\theta_i)\cdot\cos\alpha_i + \\ &(-K_c W_i + E_i - E_{i-1} + Q_i\sin\theta_i)\cdot\sin\alpha_i - U_i \end{aligned} \tag{4-85}$$

沿平行于滑面方向将力进行分解，得：

$$\begin{aligned} (N'_i\tan\varphi'_i + c'_i b_i\sec\alpha_i)/F_s = &(W_i + \lambda f_{i-1}E_{i-1} - \lambda f_i E_i + Q_i\cos\theta_i)\cdot\sin\alpha_i - \\ &(-K_c W_i + E_i - E_{i-1} + Q_i\sin\theta_i)\cdot\cos\alpha_i \end{aligned} \tag{4-86}$$

将方程（4-85）代入方程（4-86）得到：

$$\begin{aligned} &E_i\cdot[(\sin\alpha_i - \lambda f_i\cos\alpha_i)\tan\varphi'_i + (\cos\alpha_i + \lambda f_i\sin\alpha_i)F_s] \\ &= E_{i-1}\cdot[(\sin\alpha_i - \lambda f_{i-1}\cos\alpha_i)\tan\varphi'_i + (\cos\alpha_i + \lambda f_{i-1}\sin\alpha_i)F_s] + F_s T_i - R_i \end{aligned} \tag{4-87}$$

其中

$$R_i = [W_i\cos\alpha_i - K_cW_i\sin\alpha_i + Q_i\cos(\theta_i - \alpha_i) - U_i]\tan\varphi'_i + c'_ib_i\sec\alpha_i \tag{4-88}$$

$$T_i = W_i\sin\alpha_i + K_cW_i\cos\alpha_i - Q_i\sin(\theta_i - \alpha_i) \tag{4-89}$$

实际上，R_i是除条间力之外的条块上所有力所提供的抗剪力之和，T_i是所有力产生的下滑力之和。式（4-87）可重写如下：

$$E_i\Phi_i = \psi_{i-1}E_{i-1}\Phi_{i-1} + F_sT_i - R_i \tag{4-90}$$

其中

$$\Phi_i = (\sin\alpha_i - \lambda f_i\cos\alpha_i)\tan\varphi'_i + (\cos\alpha_i + \lambda f_i\sin\alpha_i)F_s \tag{4-91}$$

$$\Phi_{i-1} = (\sin\alpha_{i-1} - \lambda f_{i-1}\cos\alpha_{i-1})\tan\varphi'_{i-1} + (\cos\alpha_{i-1} + \lambda f_{i-1}\sin\alpha_{i-1})F_s \tag{4-92}$$

$$\psi_{i-1} = \frac{(\sin\alpha_i - \lambda f_{i-1}\cos\alpha_i)\tan\varphi'_i + (\cos\alpha_i + \lambda f_{i-1}\sin\alpha_i)F_s}{\Phi_{i-1}} \tag{4-93}$$

根据端部条件：

$$E_0 = 0;\ E_n = 0$$

再由式（4-90）推导安全系数 F_s 表达式：

$$F_s = \frac{\sum_{i=1}^{n-1}(\mathrm{R}_i \cdot \prod_{j=1}^{n-1}\psi_j) + R_n}{\sum_{i=1}^{n-1}(\mathrm{T}_i \cdot \prod_{j=1}^{n-1}\psi_j) + T_n} \tag{4-94}$$

上式为隐式方程，因为变量 F_s 在两边都出现，因此需要用迭代方法求解。

现在考虑第 i 个条块的力矩平衡，对条块基底中心取力矩：

$$E_i\left(z_i - \frac{b_i}{2}\tan\alpha_i\right) = E_{i-1}\left(z_{i-1} + \frac{b_i}{2}\tan\alpha_i\right) - \lambda\frac{b_i}{2}(f_iE_i + f_{i-1}E_{i-1}) + K_cW_i\frac{h_i}{2} - Q_i\sin\theta_ih_i \tag{4-95}$$

设

$$M_i = E_iz_i,\ M_{i-1} = E_{i-1}z_{i-1} \tag{4-96}$$

M_i、M_{i-1}称为条间力矩。

将式（4-96）代入式（4-95），得：

$$M_i = M_{i-1} - \lambda\frac{b_i}{2}(f_iE_i + f_{i-1}E_{i-1}) + \frac{b_i}{2}(E_i + E_{i-1})\tan\alpha_i + K_cW_i\frac{h_i}{2} - Q_i\sin\theta_ih_i \tag{4-97}$$

同样有：

$$M_0 = 0,\ M_n = 0$$

根据力矩平衡方程可以解出比例系数 λ：

$$\lambda = \frac{\sum_{i=1}^{n}[b_i(E_i + E_{i-1})\tan\alpha_i + K_cW_ih_i - 2Q_i\sin\theta_ih_i]}{\sum_{i=1}^{n}[b_i(f_iE_i + f_{i-1}E_{i-1})]} \tag{4-98}$$

（2）计算过程

上述安全系数计算过程按下面步骤进行，流程见图 4-9。

①划分条块。计算机编程时，可划分 100 块以上的等宽条块。

②计算每个条块的下滑力 T_i 和抗剪力 R_i。

③选定条间力函数 $f(x)$。Spencer 法，取 $f(x)=1$；Morgenstern-Price 法可取下式：

$$f(x) = \sin^{\mu}\left[\pi\left(\frac{x-a}{b-a}\right)^{v}\right] \tag{4-99}$$

其中，a，b 为左右端横坐标，$\mu=0\sim5.0$，$v=0.5\sim2.0$。

④设定安全系数 F_s 和待定系数 λ 的初始值。要实现推力有效传递，须满足：

$$F_s > -\frac{\sin\alpha_i - \lambda f_i \cos\alpha_i}{\cos\alpha_i + \lambda f_i \sin\alpha_i}\tan\varphi' \tag{4-100}$$

一般可取 $F_s=1$，$\lambda=0$ 作为初始值。

⑤计算传递系数 Φ_i、ψ_{i-1}。

⑥计算改进的安全系数 F_s。

⑦应用改进后的 F_s，再重新计算一次 Φ_i、ψ_{i-1}。

⑧再重新计算安全系数 F_s。

⑨计算条间推力 E_i。

⑩计算改进的待定系数 λ。

⑪ 重复过程⑤～⑩，直至 F_s 和 λ 收敛至预定范围。

（3）算例

算例［4-5］选取一个经典算例来进行计算比较，边坡剖面与土层参数如图 4-10 所示。考虑 6 种计算工况，分别代表 6 种滑动面和水压力组合。安全系数计算与比较见表 4-7。由表 4-7 可见，对于圆弧滑动面，用改进的方法计算得到的安全系数与 Fredlund and Krahn 的 GLE 方法计算结果是一致的。对于非圆弧滑动面，两者之间存在一些几乎可以忽略的微小差异。从表 4-8 和图 4-11 还可以清楚地看出，迭代不到 10 次就可以得到 F_s 和 λ 的收敛值，并且精度可以达到 0.000 1。

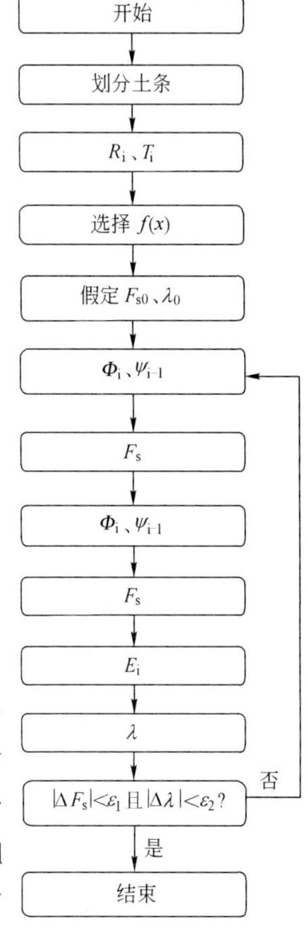

图 4-9　计算流程图

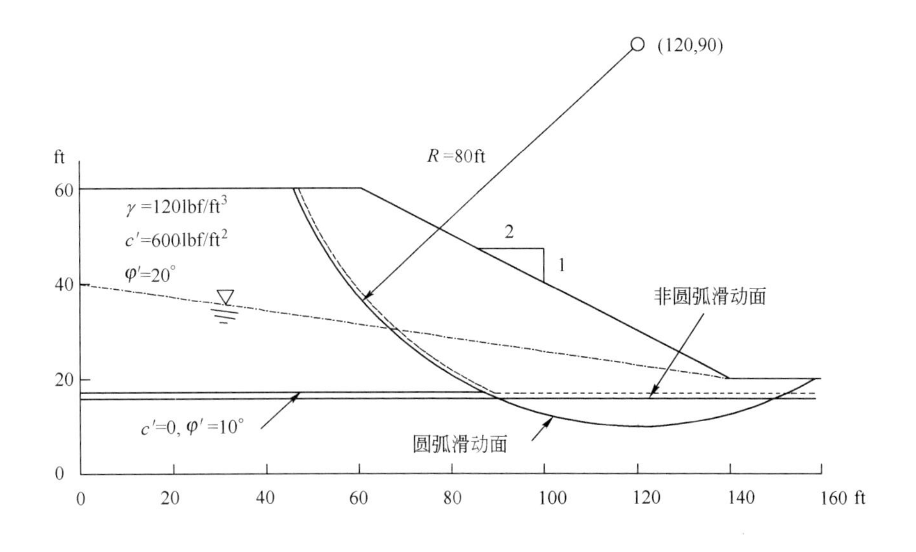

图 4-10　土坡剖面

注：1ft=0.304 8m；1lbf/ft³=0.157 1kN/m³；1lbf/ft²=0.047 9kPa。

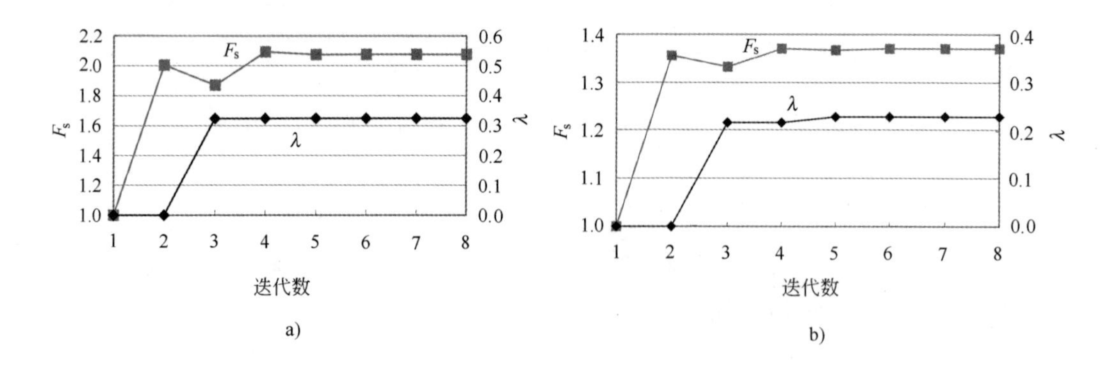

图 4-11 迭代进程图（条间力函数为半正弦）

a)工况 1；b)工况 2

F_s和 λ 计算值的比较 表 4-7

编号	工　况	条间力函数为常数		条间力函数为半正弦	
		F_s	λ	F_s	λ
1	圆弧滑动面 干坡	2.073 2.075*	0.237 0.258*	2.076 2.074*	0.318 0.324*
2	非圆弧滑动面 干坡	1.373 1.381*	0.185 0.188*	1.370 1.371*	0.187 0.228*
3	圆弧滑动面 r_u=0.25	1.761 1.760*	0.255 0.250*	1.764 1.760*	0.304 0.314*
4	非圆弧滑动 r_u=0.25	1.118 1.119*	0.139 0.163*	1.118 1.109*	0.130 0.195*
5	圆弧滑动面 浸润线	1.830 1.831*	0.247 0.240*	1.832 1.831*	0.290 0.299*
6	非圆弧滑动面 浸润线	1.245 1.261*	0.121 0.144*	1.245 1.254*	0.101 0.165*

注：没有 * 上标为 GLE 解答；有 * 上标为本方法解答。

每步的 F_s 和 λ 值（条间力函数为半正弦） 表 4-8

编　号	第 1 种工况		第 2 种工况	
	F_s	λ	F_s	λ
1	1.000 0	0.000 0	1.000 0	0.000 0
2	2.003 7		1.356 0	
3	1.870 1	0.323 1	1.330 4	0.216 1
4	2.091 8		1.370 7	
5	2.072 4	0.324 0	1.368 6	0.227 7
6	2.074 6		1.370 9	
7	2.074 5	0.324 0	1.370 8	0.228 3
8	2.074 4		1.370 9	
9	2.074 4	0.324 0	1.370 9	0.228 3

算例［4-6］本算例曾用 Newton-Raphson 法求解安全系数，并且与 Slope/W 软件进行了比较。边坡剖面见图 4-12，土体物理参数如表 4-9。水平地震影响系数取 0.1。用本方法重新计算这个算例，其结果与用其他方法计算基本一致，见表 4-10。本算法精度要求为 0.000 1 时，迭代次数为 6～8 次。显然，本算法比其他算法更简单实用。为了进一步检验条间力函数对安全系数计算结果的影响，采用式（4-99）表达的一般形式条间力函数，再计算本例边坡安全系数（不考虑水压力和地震力），考虑 10 种不同的指数 μ 和 v 组合，如图 4-13 所示。这 10 种组合大致反映了真实条间力分布的可能范围。计算结果见表 4-11，从表 4-11 中可见，采用不同的条间力函数计算安全系数，其差别通常在 10%之内。因此，对于本算例，条间力函数的选取对安全系数计算值影响不大。

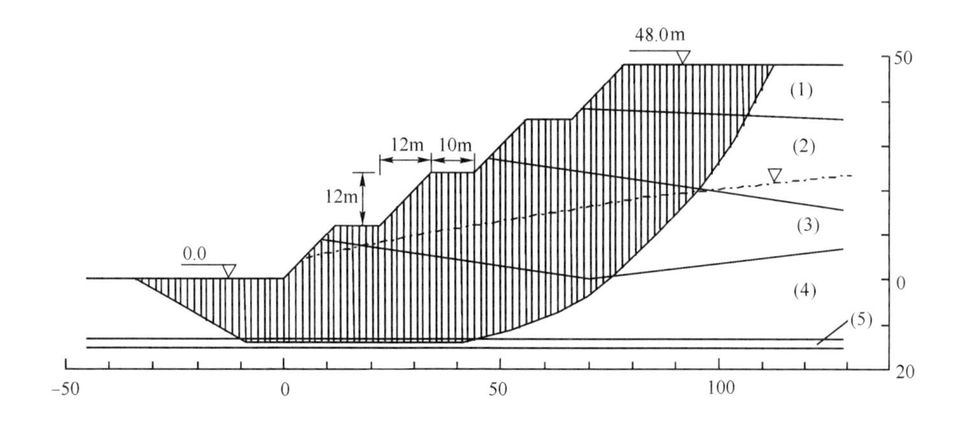

图 4-12　边坡剖面

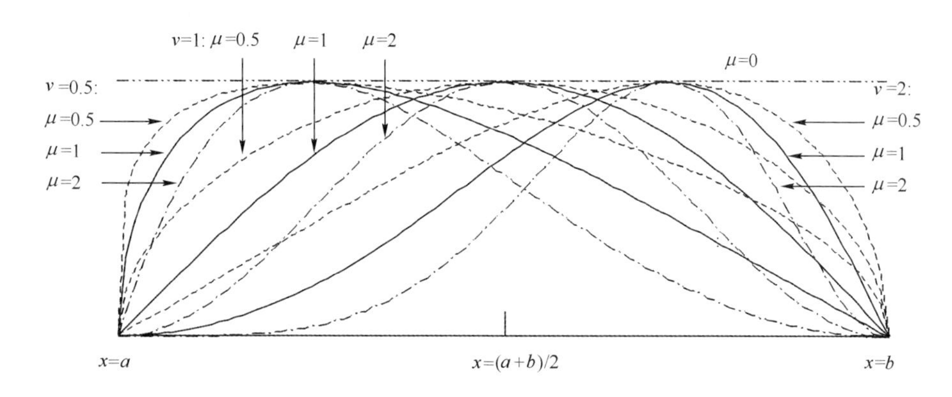

图 4-13　条间力函数曲线

土体物理力学参数　　表 4-9

地　层	γ（kN/m³）	c'（kPa）	φ'（°）
（1）	19.0	0.0	26.0
（2）	18.8	21.5	20.0
（3）	18.0	15.5	26.0
（4）	18.5	28.0	22.0
（5）	19.0	50.0	10.0

F_s 和 λ 计算值的比较　　表 4-10

水压力	地震影响	$f(x')=1$		$f(x')=\sin(x')$		备注
		F_s	λ	F_s	λ	
有	有	0.827	0.327 3	0.791	0.447 2	参考文献［28］
		0.829	0.329 6	0.793	0.450 0	本算法
		0.834	0.327 8	0.798	0.447 9	Geo-Slope
有	无	1.023	0.251 2	1.000	0.330 7	参考文献［28］
		1.028	0.253 0	1.004	0.333 2	本算法
		1.032	0.251 8	1.008	0.331 5	Geo-Slope
无	有	1.081	0.352 6	1.045	0.4800	参考文献［28］
		1.081	0.355 1	1.046	0.483 6	本算法
		1.084	0.352 2	1.048	0.479 7	Geo-Slope
无	无	1.341	0.270 7	1.316	0.359 1	参考文献［28］
		1.342	0.272 5	1.317	0.361 8	本算法
		1.345	0.270 3	1.320	0.358 7	Geo-Slope

条间力函数的选取对安全系数计算的影响　　表 4-11

μ	v	λ	F_s
0	—	0.272 5	1.342
0.5	0.5	0.331 5	1.351
	1.0	0.318 8	1.329
	2.0	0.371 3	1.315
1.0	0.5	0.385 6	1.359
	1.0	0.361 8	1.317
	2.0	0.447 1	1.311
2.0	0.5	0.476 9	1.374
	1.0	0.439 0	1.300
	2.0	0.568 4	1.320
3.0	0.5	0.550 4	1.387
	1.0	0.505 8	1.290
	2.0	0.670 9	1.329
4.0	0.5	0.612 3	1.397
	1.0	0.564 4	1.283
	2.0	0.763 1	1.336
5.0	0.5	0.666 5	1.405
	1.0	0.616 5	1.279
	2.0	0.848 3	1.342

4.3 瑞典法与不平衡推力法适用性讨论

瑞典法与不平衡推力法在国内应用极广，前者用于圆弧滑动面，后者多用于折线形滑动面。这两种方法都是非严格条分法，计算有一定误差，因而适用性有所限制。

4.3.1 瑞典法的误差

从计算结果看，瑞典法算出的安全系数一般总是小于其他方法算出的安全系数，因而计算结果偏于安全。一般认为，与严格条分法或毕肖普法相比，一般情况下算出的安全系数低5%～20%。个别情况下可高达40%。这种误差随中心角和孔压系数增大而增大。

算例［4-7］ 该例（图4-14）$c'=5\times9.8\text{kPa}$，$\varphi'=35°$，$\gamma=1.7\times9.8\text{kN/m}^3$。表4-12所示为不同中心角 α 和孔压系数 r_u 情况下的安全系数。从表4-12可看出，通用条分法和毕肖普法的计算结果十分接近。在 r_u 较小时，两个方法的结果完全一致。当中心角和孔压系数较小时，瑞典法和毕肖普法的计算结果也较接近，最大的相对误差为0.9%，在 $r_u=0.6$ 时，两者的差距略有增大，当中心角为117.6°时，相对误差达4.20%。例如，在中心角 $\alpha=63.2°$，$r_u=0$ 时，F_b 和 F_s（毕肖普法和瑞典法的安全系数）分别为2.33和2.20。随着 α 和 r_u 的增大，瑞典法与该两法的差别明显增大。当中心角 $\alpha=117.6°$，$r_u=0.6$ 时，毕肖普法与瑞典法的相对误差则达42%。可以认为，在 $r_u=0.6$ 时，瑞典法的结果是不正确的。

比较严格条分法、毕肖普法和瑞典法计算成果的差异　　表4-12

r_u	圆弧中心角（°）	Bishop法 F_b	M-P法 F_m	$(F_b-F_m)/F_b$	瑞典法 F_s	$(F_b-F_s)/F_b$
0	117.600	3.020	3.009	0.4%	2.544	15.8%
	95.200	2.614	2.608	0.2%	2.322	11.2%
	81.100	2.451	2.446	0.2%	2.245	8.4%
	70.900	2.371	2.368	0.1%	2.216	6.5%
	63.200	2.332	2.329	0.1%	2.209	5.3%
0.2	117.600	2.444	2.444	0.0%	1.953	20.1%
	95.200	2.121	2.122	0.0%	1.820	14.2%
	81.100	1.994	1.995	−0.1%	1.782	10.6%
	70.900	1.936	1.937	−0.1%	1.775	8.3%
	63.200	1.910	1.910	0.0%	1.783	6.6%
0.4	117.600	1.876	1.895	−1.0%	1.361	27.5%
	95.200	1.634	1.648	−0.9%	1.317	19.4%
	81.100	1.542	1.552	−0.6%	1.318	14.5%
	70.900	1.504	1.511	−0.5%	1.334	11.3%
	63.200	1.490	1.496	−0.4%	1.354	9.1%
0.6	117.600	1.325	1.381	−4.2%	0.769	42.0%
	95.200	1.157	1.195	−3.3%	0.814	29.6%
	81.100	1.098	1.126	−2.6%	0.855	22.1%
	70.900	1.078	1.098	−1.9%	0.893	17.2%
	63.200	1.076	1.091	−1.4%	0.929	13.7%

4.3.2 不平衡推力法适用性的讨论

传递系数法假定土条侧向力与底滑面平行，即 $\beta=\alpha$，应用力的平衡条件计算安全系数。分析此法的物理概念可以发现其存在以下缺陷：

（1）一般来说，滑裂面的底滑面倾角 α 在靠近坡顶处都是很陡的，如图 4-15 中的条块 B，$\alpha=60°$。假定 $\beta=\alpha$，那么在砂性土（$c=0$）时，意味着土条侧面的摩擦角可以达到 60°，即使在 $c\neq0$ 的条件对靠近坡顶的土条假定 $\beta=\alpha$ 在物理上也是不合理的。

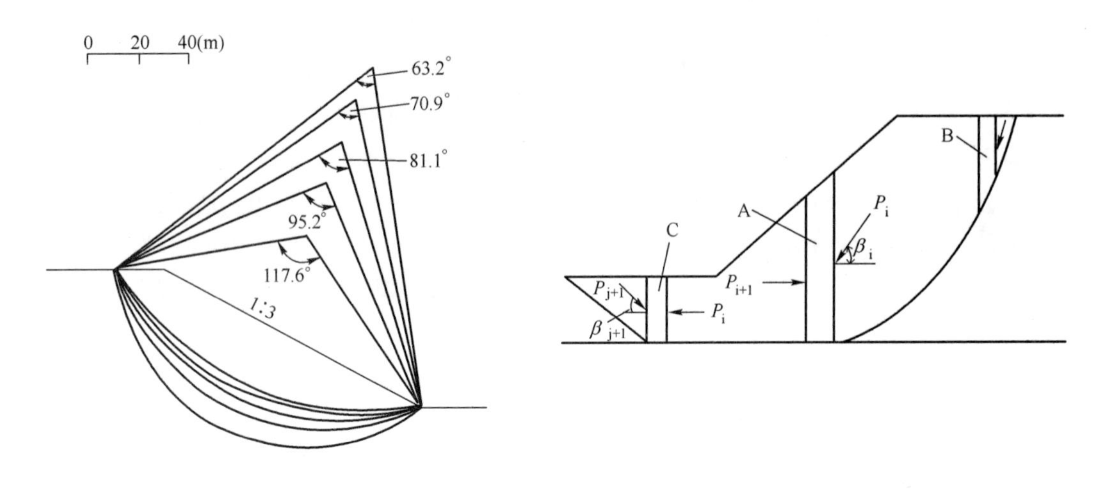

图 4-14 说明瑞典法精度的一个算例

图 4-15 讨论传递系数法的缺陷

（2）当滑裂面开关发生突变时，如图 4-15 中过渡段的土条 A 上的条间力 P_i 倾角很大，可能达到 50°～60°，而左侧 P_{i+1} 条间力倾角为零。P_i 以很大的角度向下传力，那么就会使软弱夹层滑面上所受的法向力很大，导致条底反力和摩擦力变得很大，以至突变点上的安全系数猛增，而出现很大的计算误差。显然，两侧条间力方向有如此大的变化是不可思议的，表明不平衡推力法的假设在倾角突变时十分不合理。下面通过算例说明倾角突变时不平衡推力法的计算误差，尤其是显式解的误差，同时提出一种修正的方法。

算例［4-8］用算例［4-7］分析光滑圆弧滑裂面的不平衡推力法的计算差异，表 4-13 列出了不平衡推力法和毕肖普法的计算结果差异值。从表 4-13 中看出，隐式解的安全系数在任何情况下都与毕肖普法的计算结果十分接近，但是显式解的结果并不总是和毕肖普法的计算结果接近，其误差随中心角的增加而增大，最大达 40%以上。算例说明了不平衡推力法显式解的计算精度即使在滑裂面光滑的情况也是没有保证的。

不平衡推力法与毕肖普法的计算成果比较 表 4-13

r_u	圆弧中心角(°)	F_b	不平衡推力法显式解		不平衡推力法隐式解	
			F_s	$(F_b-F_s)/F_b$	F_s	$(F_b-F_s)/F_b$
0	117.600	3.020	4.421	−46.4%	3.025	−0.2%
	95.200	2.614	3.199	−22.4%	2.620	−0.2%
	81.100	2.451	2.800	−14.2%	2.456	−0.2%
	70.900	2.371	2.613	−10.2%	2.375	−0.2%
	63.200	2.332	2.514	−7.8%	2.335	−0.1%

续上表

r_u	圆弧中心角(°)	F_b	不平衡推力法显式解		不平衡推力法隐式解	
			F_s	$(F_b-F_s)/F_b$	F_s	$(F_b-F_s)/F_b$
0.2	117.600	2.444	3.483	−42.5%	2.442	0.1%
	95.200	2.121	2.552	−20.3%	2.127	−0.3%
	81.100	1.994	2.252	−12.9%	2.001	−0.4%
	70.900	1.936	2.115	−9.2%	1.942	−0.3%
	63.200	1.910	2.045	−7.1%	1.915	−0.3%
0.4	117.600	1.876	2.546	−35.7%	1.872	0.2%
	95.200	1.634	1.905	−16.6%	1.643	−0.6%
	81.100	1.542	1.703	−10.4%	1.552	−0.6%
	70.900	1.504	1.616	−7.4%	1.513	−0.6%
	63.200	1.490	1576	−5.8%	1.498	−0.5%
0.6	117.600	1.325	1.608	−21.4%	1.327	−0.2%
	95.200	1.157	1.258	−8.7%	1.176	−1.6%
	81.100	1.098	1.155	−5.2%	1.118	−1.8%
	70.900	1.078	1.18	−3.7%	1.095	−1.6%
	63.200	1.076	1.107	−2.9%	1.091	−1.4%

算例［4-9］如图 4-16 所示的某边坡，其滑动面为一圆弧，其坐标如图所示，为了研究条间力倾角对稳定性的影响，分别用滑动面的 2、3、4、6、8、12、24 等分点作为其中间控制点，连接这些控制点就形成了 7 条滑动面，这样形成的滑动面，在折点处土条左右两侧条间力的倾角差分别为 45°、30°、22.5°、15°、11.25°、7.5°、3.75°。计算参数取 $c=20$kPa，$\varphi=10°\sim25°$。为了比较，我们将不平衡推力法与公认较准确的 Morgenstern-Price 严格条分法进行比较（简称 M-P 法）进行分析，得到的结果见表 4-14，误差分析的结果见表 4-15。

稳定系数分析结果 表 4-14

滑面	节点倾角变化值	不平衡推力法隐式解				不平衡推力法显式解				M-P 法			
		φ				φ				φ			
		10°	15°	20°	25°	10°	15°	20°	25°	10°	15°	20°	25°
2 分点	45°	2.046	2.545	3.069	3.628	2.252	3.095	4.297	6.231	1.518	1.886	2.281	2.699
3 分点	30°	1.624	2.033	2.463	2.921	1.694	2.230	2.887	3.733	1.417	1.776	2.155	2.559
4 分点	22.5°	1.501	1.883	2.285	2.712	1.548	2.021	2.582	3.274	1.372	1.725	2.093	2.488
6 分点	15°	1.424	1.789	2.173	2.582	1.459	1.895	2.402	3.010	1.351	1.700	2.066	2.455
8 分点	11.25°	1.404	1.753	2.119	2.510	1.435	1.848	2.324	2.890	1.343	1.691	2.055	2.444
12 分点	7.5°	1.387	1.721	2.071	2.444	1.418	1.807	2.249	2.763	1.338	1.685	2.045	2.436
24 分点	3.75°	1.363	1.694	2.042	2.419	1.390	1.774	2.210	2.718	1.335	1.681	2.044	2.431

误 差 分 析 结 果 表 4-15

滑面	节点倾角变化值	(M-P 法解−不平衡推力法隐式解)×100/ M-P 法解(%)				(M-P 法解−不平衡推力法显式解)×100/ M-P 法解(%)			
		10°	15°	20°	25°	10°	15°	20°	25°
2 分点	45°	−34.78	−34.94	−34.55	−34.42	−48.35	−64.10	−88.38	−130.86
3 分点	30°	−14.61	−14.47	−14.29	−14.15	−19.55	−25.56	−33.97	−45.88
4 分点	22.5°	−9.40	−9.16	−9.17	−9.00	−12.83	−17.16	−23.36	−31.59
6 分点	15°	−5.40	−5.24	−5.18	−5.17	−7.99	−11.47	−16.26	−22.61
8 分点	11.25°	−4.54	−3.67	−3.11	−2.70	−6.85	−9.28	−13.09	−18.25
12 分点	7.5°	−3.66	−2.14	−1.27	−0.33	−5.98	−7.24	−9.98	−13.42
24 分点	3.75°	−2.10	−0.77	0.10	0.49	−4.12	−5.53	−8.12	−11.81

从表 4-15 和图 4-17 可以看出，节点倾角变化越大，误差越大，且偏于不安全。当倾角变化值小于 10°时，隐式解的误差在 3%左右，而显式解的误差大致在 15%；当倾角变化值在 45°时，隐式解的误差为 34%，而显式解的误差高达 130%。由此可见，显式解无论对于光滑圆弧滑动面还是对于折线形滑动面都有很大误差，尽管使用多年、计算方便，但在计算机发达的今天，不应再被使用。隐式解对圆弧滑动面误差不大，对折线形滑动面当倾角变化不大，如控制在 10°以内，其误差可达到工程要求。出现计算误差的原因是由于该计算方法不适应倾角突变所致，因而只要对突变的倾角作些处理就可消除误差。一般可对突变的倾角作圆弧连接，然后在弧上插点，来减少倾角的变化值，使其小于 10°。经处理后，误差可以大大减少。

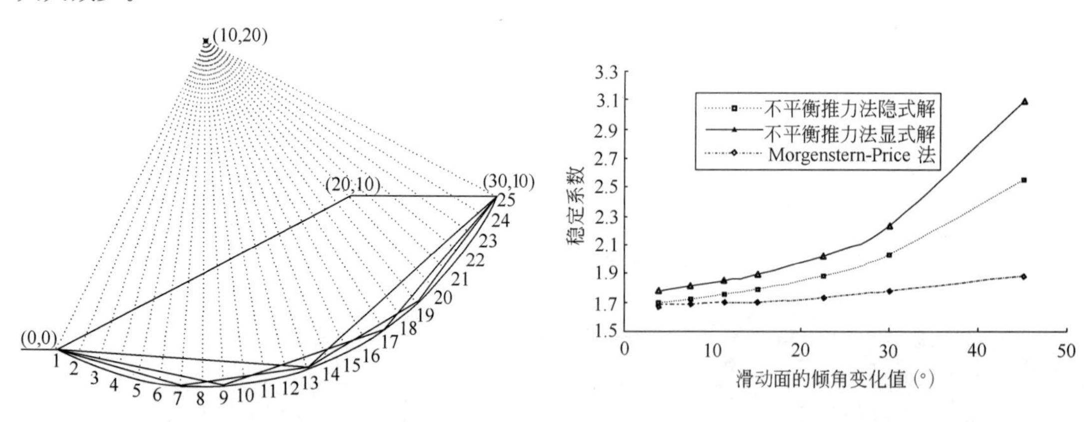

图 4-16 用等分点形成滑动面

图 4-17 三种方法的稳定系数曲线

算例［4-10］图 4-18 所示的计算简图，形成了两条滑动面，两条线某点的倾角变化值为 17.97°和 36.87°，已知滑体的重度为 20kN/m³，滑动面的黏聚力为 20kPa，内摩擦角为 15°。由于两条滑动面某点的倾角变化超限，为了避免形成过大计算误差，可在节点较小的范围内插入几个点（图 4-18 的放大部分），使倾角的变化减小到规定的限度内，改进后滑动面称改进 1 和改进 2，计算的结果见表 4-16，改进后的误差指改进后的值与原滑动面 M-P 法值的比较。

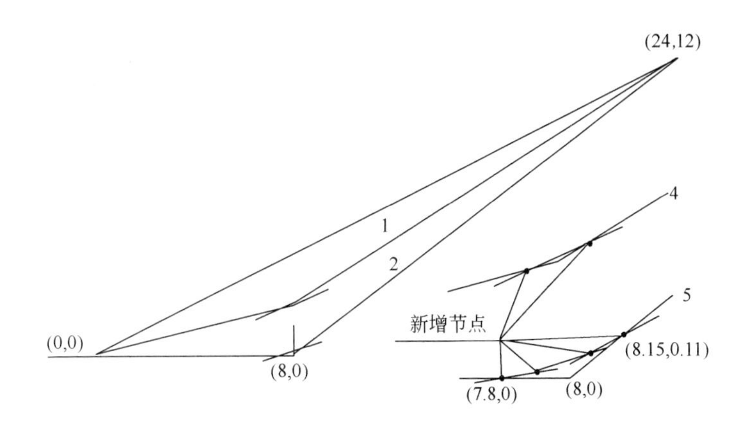

图 4-18　计算简图

稳定系数计算结果　　表 4-16

滑动面	1	改进 1	2	改进 2
倾角变化值（°）	17.97	8.98	36.87	9.22
不平衡推力法	1.091	1.082	1.244	1.146
M-P 法	1.069	1.068	1.143	1.127
误差（%）	−1.96	−1.31	−8.55	−1.69
改进后的误差（%）		−1.21		−0.26

从表 4-16 可以看出，当滑动面控制点处的倾角变化为负时，其误差很小，且稳定系数小于 M-P 法的稳定系数，说明在此情况下计算的稳定系数是偏于安全的，对这种节点可不修正。改进后的 1、2 滑动面与原滑动面相比，M-P 法的差别不大，而不平衡推力法的精度得到了明显提高，尤其是 2 滑动面，其误差由 8.55%降到了 1.69%。这说明超限点经过处理，不平衡推力法隐式解还是可以使用的。

4.4　边坡稳定系数统一求解格式

4.4.1　条间力假定的统一表达式

每种方法都有各自的原始求解格式。求解格式的不统一，不但不便于程序的编写，同时也无法比较和理解不同方法的优缺点。为了对各种现行边坡稳定分析方法进行比较并便于求解，这里建立了边坡稳定系数的统一求解格式。最初由朱大勇建立了极限平衡显式解的统一格式，然后杨明成又建立了传统的极限平衡隐式解的统一格式。他们按所满足的平衡条件将现有极限平衡条分法分为 4 类：M 类（仅考虑对选定求矩中心的力矩平衡）、VM 类（考虑垂直方向力的平衡和对选定求矩中心的力矩平衡）、HV 类（考虑水平方向力的平衡和垂直方向力的平衡）和 HVM 类（考虑所有平衡条件），其中，M 类（瑞典法）有显式解，VM 类（简化 Bishop 法）有隐式的安全系数表达式，迭代并不困难。因此，本节主要讨论基于力平衡（HV 类）的安全系数统一求解格式和基于严格平衡（HVM 类）的安全系数统一求解格式。

为了便于建立条间力及条间力矩递推方程，将现有极限平衡条分法对条间力的假定统一表示成如下的形式：

$$T_i = A_i E_i + X_i \tag{4-101}$$

其中，A_i、X_i 的取值随假定的不同而不同，如表 4-17 所列。

现有极限平衡条分法中 A_i、X_i 的取值 表 4-17

编 号	计 算 方 法	A_i	X_i
1	简化 Janbu 法	0	0
2	陆军工程师团法	$\tan\Omega_a$	0
3	罗厄法	$(\tan\alpha_i+\tan\Omega_i)/2$	0
4	不平衡推力法	$\tan\alpha_i$	0
5	Sarma 法（Ⅰ）	$\tan\varphi'_{avmi}$	$c'_{avmi}h_i-p_{wi}\tan\varphi'_{avmi}$
6	Spencer 法	λ	0
7	Morgenstern-Price 法	$\lambda f(x_i)$	0
8	Sarma 法（Ⅱ）	$\lambda\tan\varphi'_{avmi}$	$\lambda(c'_{avmi}h_i-p_{wi}\tan\varphi'_{avmi})$
9	Sarma 法（Ⅲ）	$\lambda f(x_i)\tan\varphi'_{avmi}$	$\lambda f(x_i)(c'_{avmi}h_i-p_{wi}\tan\varphi'_{avmi})$
10	Correia 法	0	$\lambda f(x_i)$

对于严格 Janbu 法，考虑作用在条块 i 上的力对条底中点的力矩平衡，有：

$$E_i[f_t(x_i)-y_{ni}]-E_{i-1}[f_t(x_{i-1})-y_{ni}]\pm T_i(x_{ni}-x_{bi})\pm T_{i-1}(x_{b,i-1}-x_{ni})-K_sW_i(y_{ci}-y_{ni})\pm W_i(x_{ci}-x_{ni})+Q_i\sin\theta_i(y_{qi}-y_{ni})\pm Q_i\cos\theta_i(x_{qi}-x_{ni})=0 \tag{4-102}$$

其中，滑体的可能滑动方向自右上向左下［图 4-3a)］时，在出现两个计算符号处，取上面一个计算符号；滑体的可能滑动方向自左上向右下时，在出现两个计算符号处，取下面一个计算符号。重新整理后，得：

$$T_i=\pm\frac{y_{ni}-f_t(x_i)}{x_{ni}-x_{bi}}E_i\pm\frac{1}{x_{ni}-x_{bi}}\{E_{i-1}[f_t(x_{i-1})-y_{ni}]\mp T_{i-1}(x_{b,i-1}-x_{ni})+K_sW_i(y_{ci}-y_{ni})\mp W_i(x_{ci}-x_{ni})-Q_i\sin\theta_i(y_{qi}-y_{ni})\mp Q_i\cos\theta_i(x_{qi}-x_{ni})\} \tag{4-103}$$

这样，对于严格 Janbu 法，有：

$$A_i=\pm\frac{y_{ni}-f_t(x_i)}{x_{ni}-x_{bi}} \tag{4-104}$$

$$X_i=\pm\frac{1}{x_{ni}-x_{bi}}\{E_{i-1}[f_t(x_{i-1})-y_{ni}]\mp T_{i-1}(x_{b,i-1}-x_{ni})+K_sW_i(y_{ci}-y_{ni})\mp W_i(x_{ci}-x_{ni})-Q_i\sin\theta_i(y_{qi}-y_{ni})\mp Q_i\cos\theta_i(x_{qi}-x_{ni})\} \tag{4-105}$$

式中：$f_t(x_i)$ ——推力线函数，是一个预先给定的函数。

利用二次拉格朗日插值函数给出一条光滑的推力线为：

$$f_t(x)=f_t(x_a)\frac{(x-x_m)(x-x_b)}{(x_a-x_m)(x_a-x_b)}+f_t(x_b)\frac{(x-x_a)(x-x_m)}{(x_b-x_a)(x_b-x_m)}+f_t(x_m)\frac{(x-x_a)(x-x_b)}{(x_m-x_a)(x_m-x_b)} \tag{4-106}$$

式中：x_a、x_b——滑体两个端点的横坐标；

$x_m=\frac{1}{2}(x_a+x_b)$。

对于黏性土，$f_t(x_m)$ 可以取 x_m 处滑体高度的二分点处的纵坐标；对于无黏性土，$f_t(x_m)$ 可以取 x_m 处滑体高度的下三分点处的纵坐标。

4.4.2 条间力的递推方程

将方程（4-35）和式（4-101）代入方程（4-26）和方程（4-27），并在得到的两个方程中消去 N_i，得：

$$E_i=\frac{C_i}{B_i}E_{i-1}+\frac{D_i}{B_i} \tag{4-107}$$

其中

$$B_i=A_i\sin(\alpha_i-\varphi'_{mi})+\cos(\alpha_i-\varphi'_{mi}) \tag{4-108}$$

$$C_i=A_{i-1}\sin(\alpha_i-\varphi'_{mi})+\cos(\alpha_i-\varphi'_{mi}) \tag{4-109}$$

$$\begin{aligned}D_i=&W_i\sin(\alpha_i-\varphi'_{mi})+K_sW_i\cos(\alpha_i-\varphi'_{mi})-c'_{mi}l_i\cos\varphi'_{mi}+U_i\sin\varphi'_{mi}-\\&X_i\sin(\alpha_i-\varphi'_{mi})+X_{i-1}\sin(\alpha_i-\varphi'_{mi})+Q_i\sin(\alpha_i-\varphi'_{mi}-\theta_i)\end{aligned} \tag{4-110}$$

方程（4-107）是一个条间力的递推方程。E_0 为初始条间推力，只有滑体入口端有张裂缝且充水时才存在。E_n 为出口处保持最后条块平衡所需的水平推力，一般定义为不平衡推力或剩余推力。

4.4.3 条间力矩递推方程

在方程（4-102）中，令

$$M_i=E_iy_{pi}\mp T_ix_{bi} \tag{4-111}$$

$$M_{i-1}=E_{i-1}y_{p,i-1}\mp T_{i-1}x_{b,i-1} \tag{4-112}$$

$$M_{0i}=K_sW_i(y_{ci}-y_{ni})\mp W_i(x_{ci}-x_{ni})-Q_i\sin\theta_i(y_{qi}-y_{ni})\mp Q_i\cos\theta_i(x_{qi}-x_{ni}) \tag{4-113}$$

这样，方程（4-102）可以写成：

$$M_i=M_{i-1}+(E_i-E_{i-1})y_{ni}\mp(T_i-T_{i-1})x_{ni}+M_{0i} \tag{4-114}$$

其中，M_i 称为条间力矩，方程（4-114）称为条间力矩递推方程。M_0 可直接根据条块入口端边界条件用方程（4-112）计算；M_n 定义为不平衡力矩或剩余力矩。

4.4.4 基于力平衡的安全系数统一求解格式

基于力平衡求解安全系数的现有极限平衡条分法有：简化 Janbu 法、陆军工程师团法、罗厄法、不平衡推力法和 Sarma 法（Ⅰ）。严格 Janbu 法实际在假设推力线位置时就已自动考虑了力矩平衡，但在以后的求解过程中只利用了两个方向力的平衡，因此该法在求解格式上也属于此类，但在性质上属于严格条分法。

基于力平衡求解安全系数 F_s 的统一格式是：首先假定一个初始试算安全系数 F_s，可以取瑞典法求得的安全系数 F_s，也可以直接取为 1；根据条间力递推方程（4-107），从滑动面的入口开始，一个条块一个条块地进行到滑动面的出口。对于特定 F_s 的试算值，将会有相应的边界力 E_n 使边坡保持稳定。如果求得的 E_n 大于给定的边界力，F_s 下一次的试算值应该小于前一次的假定值。反之，如果求得的 E_n 小于给定的边界力，F_s 下一次的试算值就应该大于前一次的试算值。求解方法就是这样一个逐次逼近的过程，最后得到的 E_n 值等于或接近给定的边界力。当然，在大多数情况下，这个给定的边界力将是大小为零的力。当然在每步改进安全系数方面，可以采用一定的算法技巧，加速收敛。大量计算实践表明，只要滑面形状不反常，基于条间力递推方程（4-107）求解安全系数 F_s 的统一格式均能稳定收敛。

4.4.5 基于严格平衡的安全系数统一求解格式

基于严格平衡求解安全系数的常用极限平衡条分法有：Spencer 法、Morgenstern-Price 法、Sarma 法（Ⅱ）、Sarma 法（Ⅲ）和 Correia 法。

由于此类方法引入了一个比例系数 λ，其安全系数 F_s 的求解可归结为二元非线性方程组的求解，即解方程组：

$$\begin{cases} E_n(F,\lambda)=0 \\ M_n(F,\lambda)=0 \end{cases} \tag{4-115}$$

其中，E_n 可由方程（4-107）求出；M_n 可由方程（4-107）和方程（4-114）联合求出。

求解上面的方程组，往往是复杂的，很多学者结合自己选用的平衡方程形式给出各自的解法，有些解法比较直观，但效率不高，收敛性较差；有些理论上严密，收敛性较好，但公式烦琐，一般工程技术人员不易掌握。其中最有效的是 Newton-Raphson 法。如第 k 步值为 $F_s^{(k)}$、$\lambda^{(k)}$（初始值可假定），则第 $k+1$ 步的值 $F_s^{(k+1)}$、$\lambda^{(k+1)}$ 改进为：

$$F_s^{(k+1)}=F_s^{(k)}+\Delta F_s,\ \lambda^{(k+1)}=\lambda^{(k)}+\Delta\lambda \tag{4-116}$$

$$\left.\begin{aligned} \Delta F_s &= \frac{E_n\dfrac{\partial M_n}{\partial\lambda}-M_n\dfrac{\partial E_n}{\partial\lambda}}{\dfrac{\partial M_n}{\partial\lambda}\dfrac{\partial M_n}{\partial F_s}-\dfrac{\partial E_n}{\partial F_s}\dfrac{\partial M_n}{\partial\lambda}} \\ \Delta\lambda &= \frac{-E_n\dfrac{\partial M_n}{\partial F_s}+M_n\dfrac{\partial M_n}{\partial F_s}}{\dfrac{\partial E_n}{\partial\lambda}\dfrac{\partial M_n}{\partial F_s}-\dfrac{\partial E_n}{\partial F_s}\dfrac{\partial M_n}{\partial\lambda}} \end{aligned}\right\} \tag{4-117}$$

方程（4-117）中的有关偏导数可表示为递推形式的解析代数方程。

将方程（4-107）对 F_s 求偏导，得：

$$\frac{\partial E_i}{\partial F_s}=\frac{1}{B_i}\left(C_i\frac{\partial E_{i-1}}{\partial F_s}-E_i\frac{\partial B_i}{\partial F_s}+E_{i-1}\frac{\partial C_i}{\partial F_s}+\frac{\partial D_i}{\partial F_s}\right) \tag{4-118}$$

其中，$\dfrac{\partial B_i}{\partial F_s}$，$\dfrac{\partial C_i}{\partial F_s}$，$\dfrac{\partial D_i}{\partial F_s}$可分别通过方程（4-108）～方程（4-110）对 F_s 求偏导得到：

$$\frac{\partial B_i}{\partial F_s}=\sin(\alpha_i-\varphi'_{mi})\frac{\partial A_i}{\partial F_s}-[A_i\cos(\alpha_i-\varphi'_{mi})-\sin(\alpha_i-\varphi'_{mi})]\frac{d\varphi'_{mi}}{dF_s} \tag{4-119}$$

$$\frac{\partial C_i}{\partial F_s}=\sin(\alpha_i-\varphi'_{mi})\frac{\partial A_{i-1}}{\partial F_s}-[A_{i-1}\cos(\alpha_i-\varphi'_{mi})-\sin(\alpha_i-\varphi'_{mi})]\frac{d\varphi'_{mi}}{dF_s} \tag{4-120}$$

$$\begin{aligned}\frac{\partial D_i}{\partial F_s}=&[-W_i\cos(\alpha_i-\varphi'_{mi})+K_sW_i\sin(\alpha_i-\varphi'_{mi})+c'_{mi}l_i\sin\varphi'_{mi}+U_i\cos\varphi'_{mi}+\\ &X_i\cos(\alpha_i-\varphi'_{mi})-X_{i-1}\cos(\alpha_i-\varphi'_{mi})-Q_i\cos(\alpha_i-\varphi'_{mi}-\theta_i)]\frac{d\varphi'_{mi}}{dF_s}-\\ &\left(\frac{\partial X_i}{\partial F_s}-\frac{\partial X_{i-1}}{\partial F_s}\right)\sin(\alpha_i-\varphi'_{mi})-l_i\cos\varphi'_{mi}\frac{dc'_{mi}}{dF_s}\end{aligned} \tag{4-121}$$

$$\varphi'_{mi}=\arctan\frac{\tan\varphi'_i}{F_s},\ \frac{d\varphi'_{mi}}{dF_s}=\frac{1}{2F_s}\sin2\varphi'_{mi} \tag{4-122}$$

$$c'_{mi} = \frac{c'_i}{F_s}, \frac{dc'_{mi}}{dF_s} = -\frac{c'_{mi}}{F_s} \tag{4-123}$$

将方程（4-107）对 λ 求偏导，得：

$$\frac{\partial E_i}{\partial \lambda} = \frac{1}{B_i}\left(C_i \frac{\partial E_{i-1}}{\partial \lambda} - E_i \frac{\partial B_i}{\partial \lambda} + E_{i-1} \frac{\partial C_i}{\partial \lambda} + \frac{\partial D_i}{\partial \lambda}\right) \tag{4-124}$$

其中，$\frac{\partial B_i}{\partial \lambda}$，$\frac{\partial C_i}{\partial \lambda}$，$\frac{\partial D_i}{\partial \lambda}$可分别通过方程（4-108）～方程（4-110）对 λ 求偏导得到：

$$\frac{\partial B_i}{\partial \lambda} = \sin(\alpha_i - \varphi'_{mi}) \frac{\partial A_i}{\partial \lambda} \tag{4-125}$$

$$\frac{\partial C_i}{\partial \lambda} = \sin(\alpha_i - \varphi'_{mi}) \frac{\partial A_{i-1}}{\partial \lambda} \tag{4-126}$$

$$\frac{\partial D_i}{\partial \lambda} = -\left(\frac{\partial X_i}{\partial \lambda} - \frac{\partial X_{i-1}}{\partial \lambda}\right) \sin(\alpha_i - \varphi'_{mi}) \tag{4-127}$$

将方程（4-114）分别对 F_s 和 λ 求偏导，得：

$$\frac{\partial M_i}{\partial F_s} = \frac{\partial M_{i-1}}{\partial F_s} + \left(\frac{\partial E_i}{\partial F_s} - \frac{\partial E_{i-1}}{\partial F_s}\right) y_{ni} \mp \left(\frac{\partial T_i}{\partial F_s} - \frac{\partial T_{i-1}}{\partial F_s}\right) x_{ni} \tag{4-128}$$

$$\frac{\partial M_i}{\partial \lambda} = \frac{\partial M_{i-1}}{\partial \lambda} + \left(\frac{\partial E_i}{\partial \lambda} - \frac{\partial E_{i-1}}{\partial \lambda}\right) y_{ni} \mp \left(\frac{\partial T_i}{\partial \lambda} - \frac{\partial T_{i-1}}{\partial \lambda}\right) x_{ni} \tag{4-129}$$

其中

$$\frac{\partial T_i}{\partial F_s} = E_i \frac{\partial A_i}{\partial F_s} + A_i \frac{\partial E_i}{\partial F_s} + \frac{\partial X_i}{\partial F_s} \tag{4-130}$$

$$\frac{\partial T_i}{\partial \lambda} = E_i \frac{\partial A_i}{\partial \lambda} + A_i \frac{\partial E_i}{\partial \lambda} + \frac{\partial X_i}{\partial \lambda} \tag{4-131}$$

以上方程中的$\frac{\partial A_i}{\partial F_s}$，$\frac{\partial A_i}{\partial \lambda}$，$\frac{\partial X_i}{\partial F_s}$和$\frac{\partial X_i}{\partial \lambda}$的取值随假定的不同而不同，如表 4-18 所列。

现有严格极限平衡条分法中$\frac{\partial A_i}{\partial F_s}$，$\frac{\partial A_i}{\partial \lambda}$，$\frac{\partial X_i}{\partial F_s}$和$\frac{\partial X_i}{\partial \lambda}$的取值 表 4-18

计算方法	$\frac{\partial A_i}{\partial F_s}$	$\frac{\partial A_i}{\partial \lambda}$	$\frac{\partial X_i}{\partial F_s}$	$\frac{\partial X_i}{\partial \lambda}$
Spencer 法	0	1	0	0
Morgenstern-Price 法	0	$f(x_i)$	0	0
Sarma 法(Ⅱ)	$\lambda(1+\tan^2\varphi'_{avmi})\frac{d\varphi'_{avmi}}{dF}$	$\tan\varphi'_{avmi}$	$\lambda h_i \frac{dc'_{avmi}}{dF}$ $\lambda p_{wi}(1+\tan^2\varphi'_{avmi})\frac{d\varphi'_{avmi}}{dF}$	$c'_{avmi}h_i - p_{wi}\tan\varphi'_{avmi}$
Sarma 法(Ⅲ)	$\lambda f(x_i)(1+\tan^2\varphi'_{avmi})\frac{d\varphi'_{avmi}}{dF}$	$f(x_i)\tan\varphi'_{avmi}$	$\lambda f(x_i) h_i \frac{dc'_{avmi}}{dF}$ $\lambda f(x_i) p_{wi}(1+\tan^2\varphi'_{avmi})\frac{d\varphi'_{avmi}}{dF}$	$f(x_i)(c'_{avmi}h_i - p_{wi}\tan\varphi'_{avmi})$
Correia 法	0	0	0	$f(x_i)$

方程（4-118）、方程（4-124）、方程（4-128）和方程（4-129）构成条间力与条间力矩偏导数的递推方程。它们的初始值均为零，经过逐条运算，最后得方程（4-117）所需的偏导数。当初始值 $F_s^{(0)}$、$\lambda^{(0)}$ 较为接近真实值时，上述格式收敛非常迅速；当它们严重偏离真实值时，可能出现发散。为保证解的收敛性，可将每步增量控制在一定的范围内，一般情况下取 $|\Delta F_s| \leqslant 0.2$，$|\Delta\lambda| \leqslant 0.05$。$\lambda^{(0)}$ 取 1，$F_s^{(0)}$ 可以取瑞典法求得的安全系数 F_s，也可以直接取为 1，特殊情况下如边坡稳定安全系数本身很低或很高，可分别取 $F_s^{(0)}=0.5$ 或 $F_s^{(0)}=2\sim3$。

4.5　常用极限平衡条分法的比较与讨论

边坡稳定分析的各种方法的计算精度、适用范围是一直受到普遍关注的问题。经过几十年的发展，学术界已有了比较一致的看法。1992 年 Duncan 曾对各种传统边（滑）坡稳定分析方法的计算精度和适用范围做了论述，要点如下：

（1）传统瑞典法在平缓边坡高孔压水情况进行有效应力分析是非常不准确的。

（2）毕肖普简化法在所有情况下都是精确的（除了遇到数值分析困难情况外），其局限性表现在仅适用于圆弧滑裂面以及有时会遇到数值分析问题，如果使用毕肖普简化法计算获得的安全系数反而比瑞典法的计算结果小，那么可以认为毕肖普法中存在数值分析问题。在这种情况下，瑞典法的结果比毕肖普法的结果好。

（3）仅使用静力平衡方法的结果对所假定的条间力方向极为敏感，条间力假定不合适将导致安全系数严重偏离正确值。与其他考虑条间作用力方向的方法一样，这个方法也存在数值分析问题。

（4）满足全部平衡条件的方法（如 Janbu 法、Spencer 法）在任何情况下都是精确的（除非遇到数值分析问题）。这些方法计算的成果相互误差不超过 12%，相对于一般可认为是正确答案的误差不会超过 6%，所有这些方法都有数值分析问题。

本章 4.3 节中我们深入地分析了瑞典法与不平衡推力法的计算精度。本节应用边坡稳定安全系数统一求解格式及按此编制的计算程序，通过算例，再对上述 13 种常用极限平衡法的计算精度进行比较。

算例［4-11］ 如图 4-19 所示为一由两种不同的土质所构成的边坡，每种土的材料参数列于表 4-19 中。在考虑渗流作用的情况下，对一圆弧滑动面，分别用上述 13 种极限平衡条分法进行安全系数的计算，其迭代计算过程列于表 4-20。

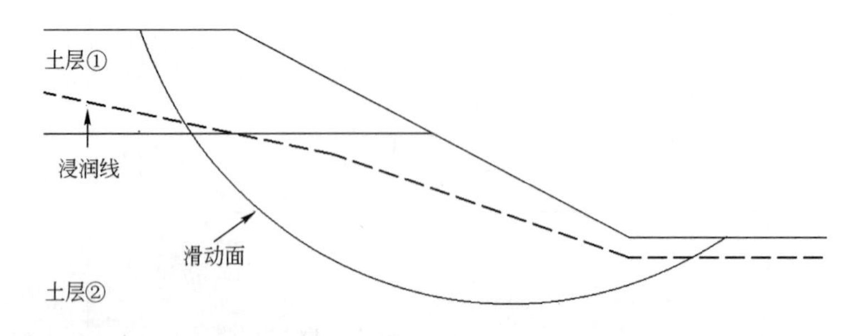

图 4-19　边坡算例［4-11］

每种土的材料参数 表 4-19

土　层	重度 γ（kN/m^3）	黏聚力 c（kPa）	内摩擦角 φ（°）
①	15.0	5.0	20.0
②	18.0	10.0	25.0

安全系数迭代计算过程 表 4-20

编号	计算方法	迭代次数	算例［4-11］		算例［4-12］	
			F_s	λ	F_s	λ
1	瑞典法	1	1.280 3			
2	简化Bishop法	1	1.476 0			
		2	1.495 1			
		3	1.496 7			
		4	1.496 9			
3	简化Janbu法	1	1.280 3		1.500 0	
		2	1.480 3		1.300 0	
		3	1.321 6		1.340 6	
		4	1.317 5		1.336 8	
		5	1.317 4		1.336 7	
4	陆军工程师团法	1	1.280 3		1.500 0	
		2	1.480 3		1.300 0	
		3	1.660 9		1.440 8	
		4	1.731 5		1.434 3	
		5	1.746 4		1.434 6	
		6	1.747 3			
		7	1.747 3			
5	罗厄法	1	1.280 3		1.500 0	
		2	1.480 3		1.300 0	
		3	1.553 6		1.414 2	
		4	1.565 8		1.407 5	
		5	1.566 3		1.407 9	
		6	1.566 3			
6	不平衡推力法	1	1.280 3		1.500 0	
		2	1.480 3		1.300 0	
		3	1.485 9		1.417 6	
		4	1.486 6		1.411 2	
		5			1.411 5	
7	Sarma法（Ⅰ）	1	1.280 3		1.500 0	
		2	1.480 3		1.300 0	
		3	1.589 8		1.542 6	
		4	1.585 4		1.539 6	
		5	1.585 4		1.539 7	

续上表

编号	计算方法	迭代次数	算例[4-11]		算例[4-12]	
			F_s	λ	F_s	λ
8	Spencer 法	1	1.280 3	0.170 8	1.500 0	0.182 7
		2	1.462 2	0.220 8	1.368 0	0.228 7
		3	1.501 8	0.254 7	1.370 8	0.198 6
		4	1.503 3	0.255 2	1.370 4	0.196 8
9	Morgenstern-Price 法	1	1.280 3	0.170 8	1.500 0	0.182 7
		2	1.472 2	0.220 8	1.354 1	0.212 6
		3	1.501 6	0.270 8	1.366 3	0.233 7
		4	1.501 9	0.320 8	1.366 4	0.232 6
		5	1.501 9	0.329 5	1.366 4	0.232 6
		6	1.501 9	0.329 5		
10	Sarma 法（Ⅱ）	1	1.280 3	0.500 0	1.500 0	0.182 7
		2	1.480 3	0.550 0	1.363 9	0.132 7
		3	1.503 2	0.600 0	1.361 8	0.120 4
		4	1.503 5	0.650 0	1.361 8	0.120 4
		5	1.503 5	0.695 8		
		6	1.503 5	0.696 5		
11	Sarma 法（Ⅲ）	1	1.280 3	1.000	1.500 0	0.182 7
		2	1.480 3	0.950 0	1.365 0	0.173 0
		3	1.502 2	0.935 5	1.361 6	0.165 8
		4	1.502 3	0.935 9	1.361 6	0.165 8
12	Correia 法	1	1.280 3	95.606 7	1.500 0	23.500 0
		2	1.471 8	95.590 8	1.346 8	23.450 0
		3	1.502 8	95.640 8	1.359 3	23.451 7
		4	1.503 4	95.690 8	1.359 4	23.453 0
		5	1.503 4	95.740 8		
		6	1.503 4	95.790 8		
		7	1.503 4	95.840 8		
		8	1.503 4	95.890 8		
		9	1.503 4	95.925 4		
13	严格 Janbu 法	1	1.280 3		不收敛	
		2	1.480 3			
		3	1.503 0			
		4	1.494 2			
		5	1.497 0			
		6	1.498 2			
		7	1.498 0			
		8	1.498 0			

对于严格条分法，条间力函数采用半正弦函数的形式，即

$$f(x') = \sin^{\mu}(\pi x')$$

式中：x'——线性归一化后滑体水平方向坐标，即在滑坡入口与出口处分别设 0 和 1；

μ——非负的形状系数，对于方法 8 和 10，$\mu=0$；对于方法 9、11 和 12，$\mu=1$。

算例［4-12］如图 4-20 所示为一含有软弱夹层的边坡，上下土层及软弱夹层的材料参数列于表 4-21 中。对如图 4-20 所示任意形状滑动面，分别用上述 11 种极限平衡条分法进行安全系数的计算，其迭代计算过程列于表 4-20。

算例［4-12］边坡中土的材料参数　　表 4-21

土　层	重度 γ（kN/m³）	黏聚力 c（kPa）	内摩擦角 φ（°）
上土层	18.84	28.45	20.0
软弱夹层	18.84	0.0	10.0
下土层	18.84	28.45	20.0

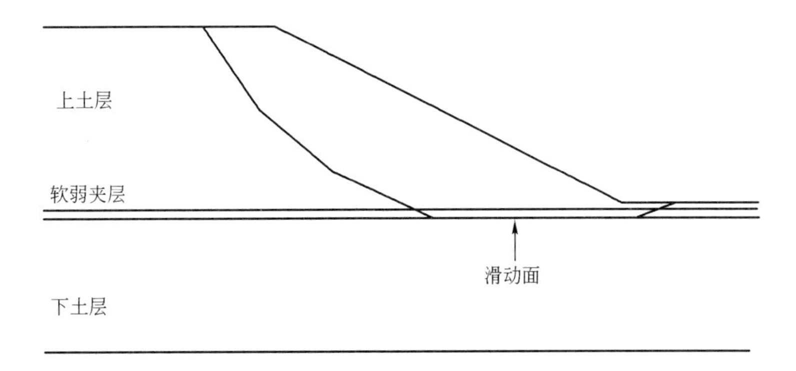

图 4-20　算例［4-12］边坡

算例［4-13］本算例引自文献《极限平衡法的显式解与统一格式》（朱大勇），由于求显式解时做了一些假设，因而显式解与极限平衡法的原解稍有一点出入。图 4-21 表示一由四种不同的土质所构成的边坡，每种土的材料参数列于表 4-22 中。由于土层③的强度比土层④的强度低，因此，土层③与土层④分界面上的强度取土层③的强度。在考虑渗流作用和地震力（地震系数取 0.1）的作用下，对两种可能的滑动面（圆弧滑动面和一般滑动面）分别用 12 种极限平衡条分法进行安全系数的计算，其计算结果列于表 4-23。

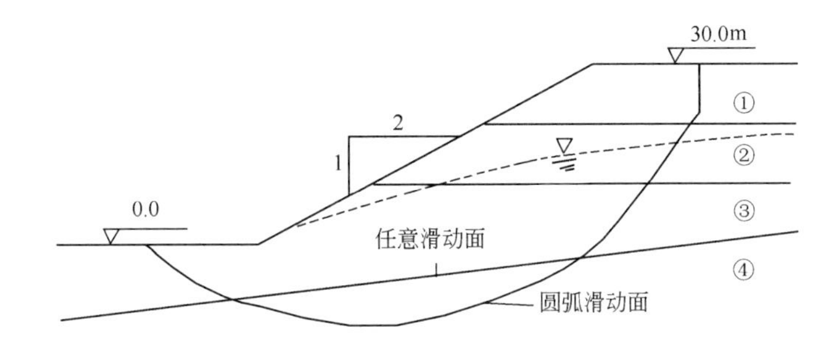

图 4-21　算例［4-13］边坡

算例［4-13］边坡中土的材料参数 表 4-22

土　层	重度 γ（kN/m^3）	黏聚力 c（kPa）	内摩擦角 φ（°）
①	18.2	20.0	32.0
②	18.0	25.0	30.0
③	18.5	40.0	18.0
④	18.8	40.0	28.0

各种极限平衡条分法安全系数的比较 表 4-23

计算方法	安全系数	
	圆弧滑动面	一般滑动面
瑞典法	1.066	—
简化 Bishop 法	1.278	—
简化 Janbu 法	1.112	1.022
陆军工程师团法	1.377	1.059
Lowe-Karafiath 法	1.290	1.077
Sarma 法（Ⅰ）	1.340	1.229
Spencer 法	1.293	1.155
Morgenstern-Price 法	1.303	1.119
Sarma 法（Ⅱ）	1.289	1.154
Sarma 法（Ⅲ）	1.303	1.112
Correia 法	1.284	1.119
严格 Janbu 法	1.318	1.137

下面对算例［4-11］～算例［4-13］三个算例进行误差分析。由于各种严格解法计算结果相差不大，以 Spercer 法为基准，给出其他算法的误差值，见表 4-24。

各种算法与 Spencer 法的相差值 表 4-24

计算方法		算例			
		算例［4-11］（圆弧滑动面）	算例［4-12］（一般滑动面）	算例［4-13］（圆弧滑动面）	算例［4-13］（一般滑动面）
严格法	Spencer	0	0	0	0
	Sarma（Ⅱ）	0.013 304	−0.627 55	−0.309 36	−0.086 58
	Sarma（Ⅲ）	−0.066 52	−0.642 15	0.773 395	−3.722 94
	Morgenstern-Price	−0.093 13	−0.291 89	0.773 395	−3.116 88
	Correia	0.006 652	−0.802 69	−0.696 06	−3.116 88
	Janbu	−0.352 56	不收敛	1.933 488	−1.558 44
非严格法	瑞典法	−19.623 5	—	−17.556 1	—
	简化 Bishop	−0.425 73	—	−1.160 09	—
	简化 Janbu	−12.366 1	−2.459 14	−13.998 5	−11.515 2
	陆军工程师团法	16.230 96	4.684 764	6.496 52	−8.311 69
	罗厄法	4.190 78	2.736 427	−0.23 202	−6.753 25
	Sarma（Ⅰ）	5.461 318	12.354 06	3.634 957	6.406 926
	不平衡推力法	−1.110 89	2.999 124	—	—

由表 4-24 可知，上述三个算例中各种严格法计算结果都较相近。当滑动面为圆弧面时，大致在 1%以内，不超过 2%；当滑动面为一般滑动面时，在 1%～3%，不超过 4%。各种严格解法的计算结果一般不会超过 10%。各种非严格法，除简化 Bishop 法和不平衡推力法外，各种方法都有较大误差，常用的瑞典法误差高达 20%以上。因为瑞典法没有考虑土条间有利的相互作用，其安全系数值最小，偏于保守，有时会造成很大浪费。尽管瑞典法在我国应用很广，但不宜推广应用。简化毕肖普法计算结果最接近严格条分法，其误差很小，大量的算例证明简化毕肖普法计算结果总是十分接近严格条分法，因而被广泛应用，成为非严格条分法的佼佼者，但只适用于圆弧滑动面。简化 Janbu 法、陆军工程师团法、Sarma（Ⅰ）法误差很大，不宜采用，罗厄法也有一定误差，但误差较为适中。不平衡推力法的计算精度已在 4.3 节中叙述，对圆弧滑动面和节点倾角变化不大的折线形滑裂面，采用隐式解时具有足够的计算精度，但节点倾角变化大的折线形滑裂面，必须对滑裂面进行某些处理以减少其计算误差。不平衡推力法在国内应用很广，最近国内新出版的一些规范已经按本章所述对其做了修正。

4.6　三维极限平衡方法

4.6.1　概述

发生在自然界的滑坡体型通常具有三维特征，因此在一些情况下，考虑稳定分析的三维效应，具有一定的必要性和合理性。

三维边坡稳定分析的极限平衡法通常将滑坡体分为一系列具有垂直界面的条柱，见图 4-22。通过分析作用于条块上的力来求解安全系数。我们知道在二维领域，为了使问题变得静定可解，对条间力的某一未知分量做了假定。进入三维领域后，作用在条柱上的力的数目增加（图 4-23），需要引入的假定数目进一步增加。

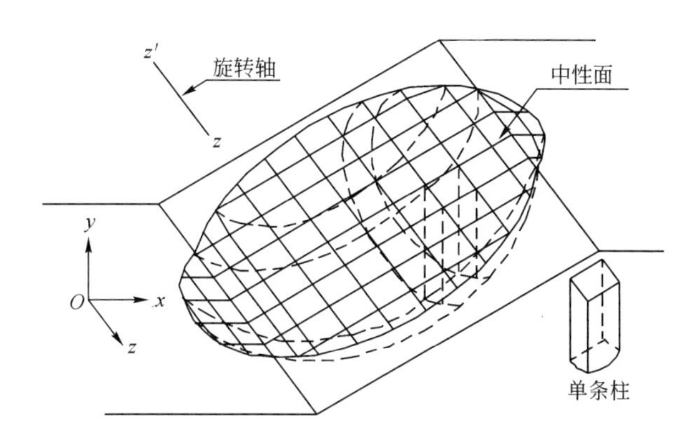

图 4-22　具有垂直界面条柱的滑动土体

本章介绍一个与二维 Spencer 法具有相同理论背景的三维分析方法。

4.6.2 条块的离散

将滑动土体分成具有垂直界面的条柱，建立如图 4-23 所示的坐标系，x 和 y 的正方向分别与滑坡方向和重力方向相反，xOy 平面应基本反映主滑方向。z 轴的正方向按右手法则确定。

在分析作用在条柱上的作用力和力矩平衡条件时，我们引入如下假定（图 4-24）：

（1）作用在行界面（平行于 yOz 平面的界面，图 4-24 中的 $ABHE$ 和 $DCFG$）的条间力 G 平行于 xOy 平面，其与 x 轴的倾角 β 为常量，这一假定相当于二维领域中的 Spencer 法。

（2）作用在列界面（平行于 xOy 平面的界面，图 4-24 中的 $ADGH$ 和 $BCFE$）的作用力 Q 为水平方向，与 z 轴平行。

（3）作用在底滑面的剪切力 T 与 xOy 平面的夹角为 ρ。规定剪切力的 z 轴分量为正时，ρ 为正值。

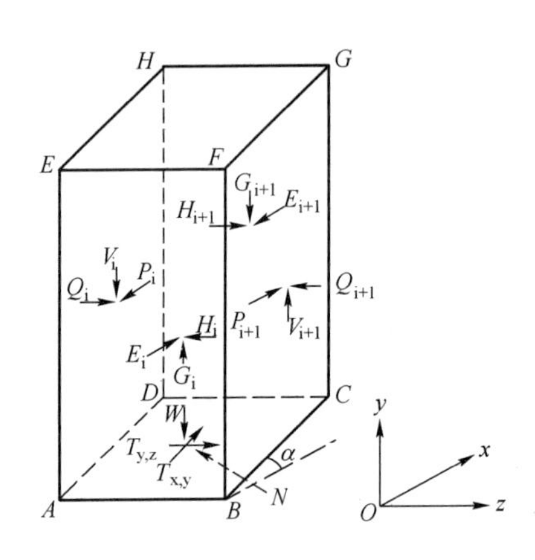

图 4-23 作用在具有垂直界面的条柱上的力

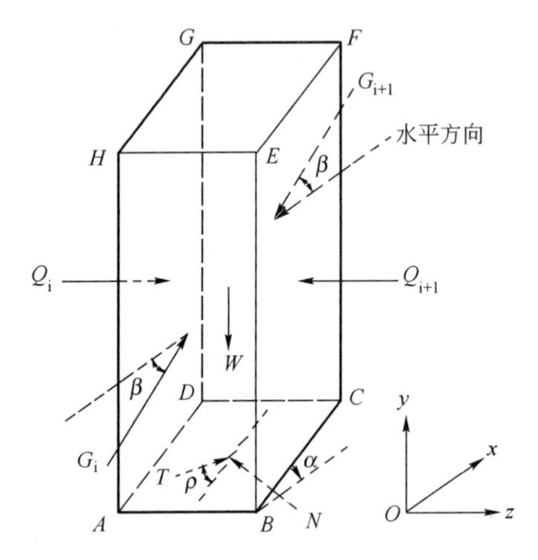

图 4-24 经简化后作用在条柱上的力

假定同一列条柱（z=常量）的 ρ 值相同，对不同 z 坐标的条柱，假定 ρ_i 的一个分布形状，可以有两种方案：

①$|\rho|=\kappa$=常量［图 4-25a)］

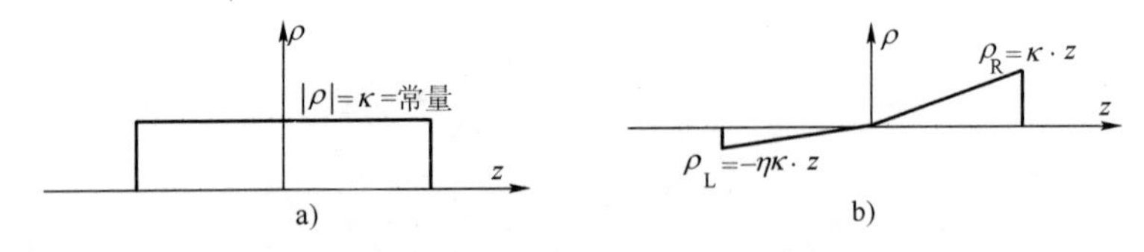

图 4-25 底滑面的剪切力 T 与 xOy 平面的夹角 ρ 的分布形状

②在 xOy 平面的左、右两侧假定 ρ 的方向相反，并呈线性分布［图 4-25b)］，假定此分布形状为：

$$\begin{cases}\rho_R=\kappa\cdot z & (z\geqslant 0)\\ \rho_L=-\eta\kappa\cdot z & (z<0)\end{cases} \tag{4-132}$$

假定②中含有一个系数 η，此值反映左、右侧 ρ 的变化的不对称特性，当滑体的几何形状和物理指标完全对称时，相应假定①的 κ 应为零，相应假定②的 η 应为 1。

设 n_x、n_y、n_z 为底滑面法线的方向导数，m_x、m_y、m_z 为切向力 T_i 的方向导数，这个方向导数在确定了 ρ 值后即为已知。因为：

$$m_z = \sin\rho \tag{4-133}$$

根据：

$$\begin{cases} m_x^2 + m_y^2 + m_z^2 = 1 \\ m_x n_x + m_y n_y + m_z n_z = 0 \end{cases} \tag{4-134}$$

可以得到 m_x、m_y（在 m_x 的两个解中，$m_x<0$ 为不合理解，予以删除）。

4.6.3 静力平衡方程式和求解步骤

建立力和力矩平衡方程时我们使用式（4-75）对安全系数的定义，解题步骤如下（参考图 4-26）：

（1）分析作用在某一条柱上的力，求解底滑面的法向力 N

由于我们假定了行界面土条侧向力平行于 xOy 平面，列界面土条侧向力与 z 轴平行，在 xOy 平面上没有分力。因此可以方便地通过 xOy 平面上的力学平衡条件来求解 N。考虑到左、右两侧的 G（其方向以 s 代表）均与 x 轴夹一个 β 角，求解 N 的一个方便的方法是将作用在土条上的力投影到垂直于 s 的轴 s' 上，这样就回避了 G_i 和 G_{i+1} 这两个未知力，将 N_i 求得。

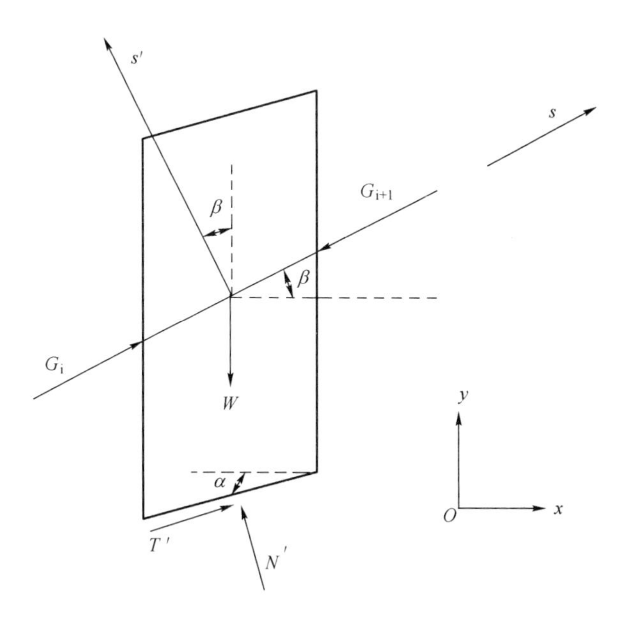

图 4-26 作用在条柱上的力在 S 轴的投影

在 s' 方向的条柱的平衡方程式为：

$$-W_i\cos\beta + N_i(-n_x\sin\beta + n_y\cos\beta) + T_i(-m_x\sin\beta + m_y\cos\beta) = 0 \tag{4-135}$$

根据莫尔-库仑准则：

$$T_i = (N_i - uA_i)\tan\varphi_e + c_e A_i \tag{4-136}$$

即可求解条底法向力：

$$N_i = \frac{W_i\cos\beta + (uA_i\tan\varphi_e - c_e A_i)(-m_x\sin\beta + m_y\cos\beta)}{-n_x\sin\beta + n_y\cos\beta + \tan\varphi_e(-m_x\sin\beta + m_y\cos\beta)} \tag{4-137}$$

式中：A_i——底滑面的面积；

u——作用于滑面上的孔隙水压力。

（2）建立整个滑坡体的静力平衡方程式和绕 z 轴的力矩平衡方程式

在计算 N_i 时，已经满足了每个条柱 s'方向的静力平衡条件。因此，我们建立与 s'垂直的 s 方向的整体平衡方程式：

$$S=\sum[N_i(n_x\cos\beta+n_y\sin\beta)_i+T_i(m_x\cos\beta+m_y\sin\beta)_i-W_i\sin\beta]=0 \tag{4-138}$$

建立 z 方向的整体平衡方程式：

$$Z=\sum(N_in_z+T_im_z)=0 \tag{4-139}$$

同时，建立绕 z 轴的整体力矩平衡方程式（以逆时针为正）：

$$M=\sum[-W_ix-N_in_xy+N_in_yx-T_im_xy+T_im_yx]=0 \tag{4-140}$$

由于整体的静力平衡在坐标系的三个轴上均已满足，因此，建立式（4-140）时可以绕任一与 z 轴平行的轴取矩。

（3）应用牛顿-勒普生法迭代求解安全系数

在联立方程（4-138）～方程（4-140）中，有三个未知数，即 F、β 和 ρ，可用牛顿-勒普生法求解。通过迭代，最终满足收敛条件。一般可取 ΔF、$\Delta\beta$、$\Delta\rho$ 均小于 0.001（β 和 ρ 以弧度计）。

4.6.4 工程应用——平班水电站库区古滑坡分析实例

（1）概述

平班水电站为南盘江梯级开发规划的一个中型水电站，装机容量为 405MW 。大坝为混凝土重力坝。该枢纽库区左岸距离坝址约 11.5km 处存在一个古滑坡体，水库蓄水后，其稳定性问题需作专题研究。

滑坡在平面形态上呈喇叭形，后壁“圈椅”状地形明显，前缘伸入河床，近河边受水流冲刷形成陡坡，见图 4-27。滑坡后缘高程约 565m，前缘剪切出口高程为 404.00～407.30m，总高度为 160m 左右。滑体南北宽约 301m，东西长 348m，滑坡体厚 5.40～52.30m，总体积达 241.8 万 m^3。

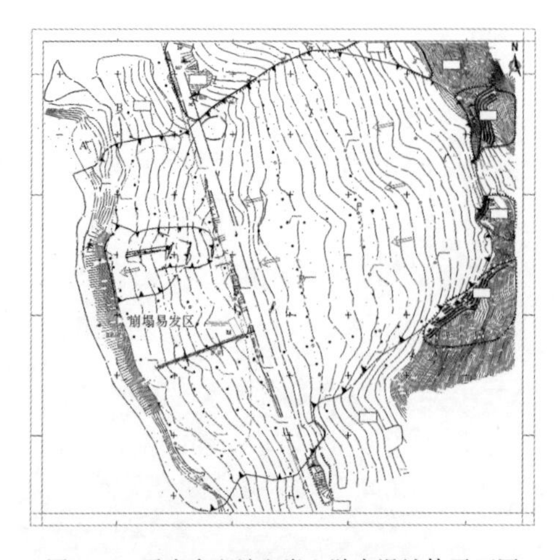

图 4-27　平班水电站左岸上游古滑坡体平面图

古滑坡地面高程为400～570m。上部地形较缓，一般为10°～25°；下部近江边坡较陡。东侧古滑坡后缘以上为中低山地，山顶高程约610m，坡度一般为40°～65°，为椅背状山坡。324国道在滑坡体中部通过，在324国道修建时，由于临河一侧的古滑坡崩塌，堆积体前缘在410～420m范围有崩塌开裂现象。临水库一侧上、下游皆有沟槽，沿近南北向山坡上有多处张裂缝和剪裂缝以及地面沉陷等不良物理地质现象。经现场地质调查和统计，前缘崩塌易发区面积达2万m^2，约占古滑坡面积的22.4%。崩塌易发区体积达25.3万m^3。

（2）工程地质概况

滑坡区场地内出露主要为第四系和三叠系中统地层。平班水电站左岸上游古滑坡体剖面见图4-28。

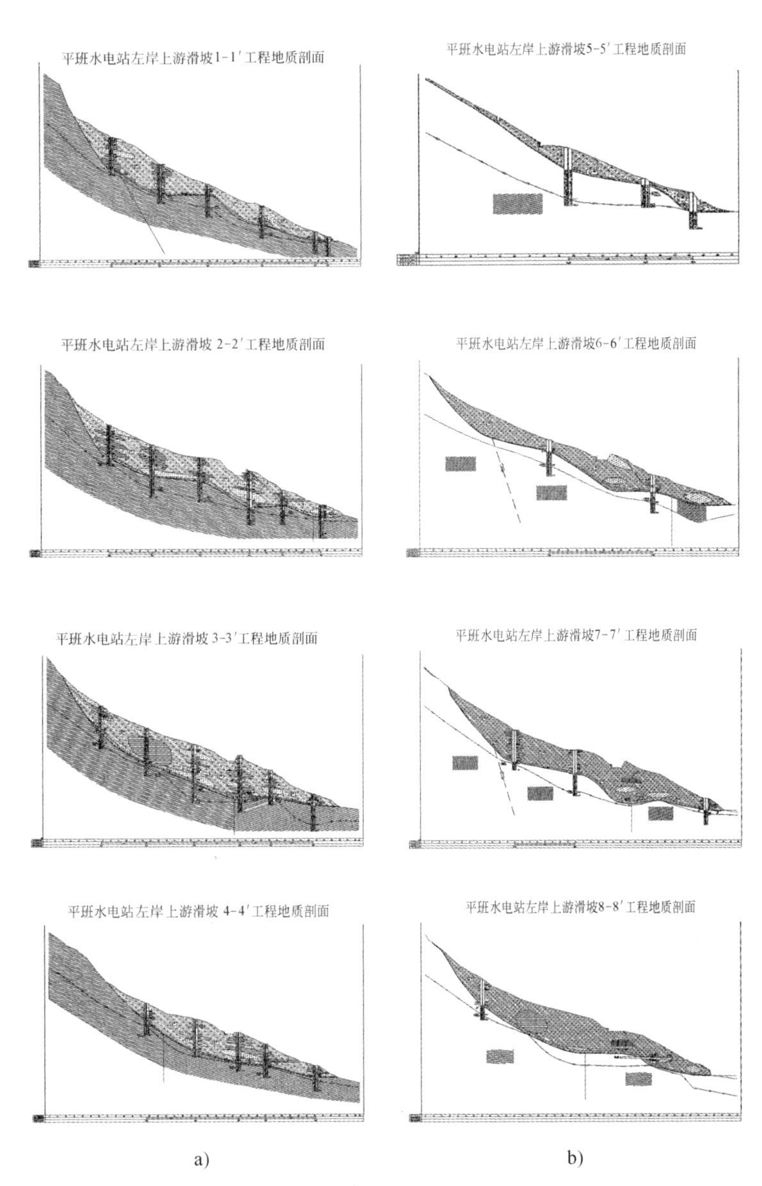

图4-28　平班水电站左岸上游古滑坡体剖面

第四系堆积体自上而下可分为四层。

①人工堆积层（Q^{s}），主要由混碎石粉质黏土构成，灰褐、黄褐色。

②塌滑堆积层（Q^{del}），一般为混碎石粉质黏土，黄、红棕、灰黄、灰、杂色，土质不均一，黏性较差，稍湿，呈硬塑状，碎石含量为5%～25%，粒径为20～100mm。局部地段为块石或孤石，成分为砂岩、泥页岩，具棱角，强风化状，遇水易崩解。层厚不稳定，层厚5.40～52.30m，平均层厚27.04m。可分为混碎石粉质黏土、碎石土和大块石三个亚层。

③冲积层（Q^{al}）：为粉土、粉细砂、砾砂、卵石层、漂石，其级配不良，成分多为石英、硅质岩、砂岩。砾卵石、漂石粒径为2～400mm不等，中等磨圆。其中漂石平均含量约占12%；卵石平均含量约占32%；砾石平均含量约占24%；砂粒平均含量约占27%；粉粒平均含量约占5%。呈稍密状，分布于河床、岸边，厚0.30～3.0m。

④残坡积层（Q^{edl}），为混碎石粉质黏土，红棕色、黄色、灰黄色，土质不均一，稍湿，呈硬塑状，黏性差，碎石含量为25%～40%；局部地段为碎石土，碎石含量高达50%～60%，粒径为20～100mm，成分为砂岩、泥页岩，棱角形，遇水易崩解。层厚0.0～6.0m。分布在塌滑堆积体四周。

古滑体下卧的基岩属于三叠系中统板纳组（T_2b），岩性为浅灰、深灰色中厚层钙质砂岩夹中薄层泥页岩、泥质粉砂岩。具夹层状或互层状特征，钙质砂岩单层厚0.10～0.45m，约占本岩组的41%；泥页岩单层厚0.05～0.10m，约占本岩组的37%；泥质粉砂岩单层厚0.05～0.20m，约占本岩组的20%；方解石呈脉状，约占本岩组的2%。岩石裂隙较发育，层厚大于100m。

滑坡体的地下水类型主要为基岩裂隙水和覆盖层孔隙水。地下水主要为大气降水补给，形成裂隙潜水，向南盘江排泄。地下水位埋深因地而异，稳定水位埋深一般为2.80～52.00m，高程为409.39～492.71m。

裂隙水主要分布于三叠系砂页岩的裂隙中，人工填土的结构疏松，为强透水层。塌滑堆积层（Q^{del}）由混碎石粉质黏土、碎石土和大块石组成，粗粒和碎石含量较多，塌滑堆积体渗透系数为4.745×10^{-5}～4.64×10^{-4}cm/s，为较强～弱透水层。滑动带土黏粒含量较多，为弱透水层。混碎石粉质黏土，土质不均一，黏粒含量较多，为弱透水层。三叠系中统板纳组（T_2b）为弱透水层，主要的渗水通道为层间裂隙，通过后缘山体地下水补给。

（3）古滑坡体和滑带土特征

在平面上，滑体的主滑动方向大致为S70°W。组成滑体的岩土层主要为塌滑堆积层混碎石粉质黏土、碎石土和大块石及其次生黏土，滑坡体大致可分三层：

①上层为原风化残积的混碎石黏土及其次生黏土，该层中碎石含量不均匀，一般含量为15%～50%，局部含量较多，超过50%，为碎石土，碎石粒径一般为10～200mm；

②强风化状中层为碎石土，碎石含量为50%～70%，粒径一般为20～500mm，强风化状，部分砂岩及泥岩碎石用手可折断，呈稍密～中密，厚度为0～25m；

③下层以混碎石粉质黏土为主，碎石、块石含量为10%～40%，硬塑状为主，局部可塑状，该层相对较薄。与下覆滑动带呈凹凸不平状接触。

滑坡床为钙质砂岩、泥页岩及粉砂岩，呈互层或夹层。滑坡上段滑床面主要因水位较低，基岩软化程度较低，分布较高，未泡水时仍为较坚硬岩层；滑动面下段滑床岩性为强风化、弱风化带岩石，岩石裂隙较发育，因水位较高，泡水后基岩软化程度较高，岩性较为软弱，滑坡冲切岩层呈弧形状，并使前缘滑床成反翘现象，高出弧底2.0～6.0m。

滑动面与滑动带组成物质主要为混碎石粉质黏土、粉质黏土，滑动面与滑动带呈凹凸不平状，面光滑，有滑感，自由膨胀率为 29.4%～55.2%，平均值为 43.1%，初判其具有一定的胀缩性。土质不均一，黏粒含量较多，滑动带土的含水率较高，呈可塑～软塑状。厚 0.5～6.0m，据物探资料，面波速度为 90～500m/s。

（4）物理力学参数的确定

确定滑体各部位的抗剪强度参数，历来是滑坡稳定性分析的关键问题。广西电力工业勘察设计研究院根据标准贯入试验、动力触探试验、土工试验成果及工程类比，并结合当地实际情况，确定古滑坡体各层的物理力学参数建议值，称为参数 1，如表 4-25 所示。

设计研究院提供的建议参数值（参数 1） 表 4-25

地　层	c（kPa）	φ（°）	饱和重度 $\gamma_{饱和}$（kN/m³）
人工堆积层	5	12	18.4
滑坡堆积体	17	16	20.6
滑动带	22	14	19.2
滑床（强风化）	100	20.8	25.0
滑床（弱风化）	350	26.6	26.5
断层	10	13	20.5
节理面	23	15	20.5

同时还使用了表 4-26 中的参数 2 和参数 3 进行敏感性分析。确定库区蓄水后相应水位降落情况下滑坡体的孔隙水压力是一个困难的问题。在本次核算中，以孔隙水压力系数（孔压系数）为 0.15 为校核工况，通过敏感性分析评价其稳定性。

敏感性分析中使用的抗剪强度参数值 表 4-26

地　层	参　数　2		参　数　3	
	c（kPa）	φ（°）	c（kPa）	φ（°）
人工堆积层	5	12	5	12
滑坡堆积体	20	19	23	22
滑动带	18	17	20	19.5
滑床（强风化）	100	20.8	100	20.8
滑床（弱风化）	350	26.6	350	26.6
断层	10	13	10	13
节理面	19	18	22	20

(5) 二维稳定分析成果

在进行天然边坡三维稳定分析时，滑裂面的位置和滑坡体通常是已经明确定位了。通常的做法是先分断面进行二维分析，然后将这些剖面连成一个三维的滑坡体。这一做法不仅有利于进行二、三维分析的对比，也可以逐步地把基础工作做好，及时排除一些影响计算顺利进行的因素。

本次共进行了 6 个剖面的计算，分别为 1-1′剖面、2-2′剖面、3-3′剖面、4-4′剖面、6-6′剖面和 7-7′剖面。二维计算结果见图 4-29，计算结果见表 4-27。

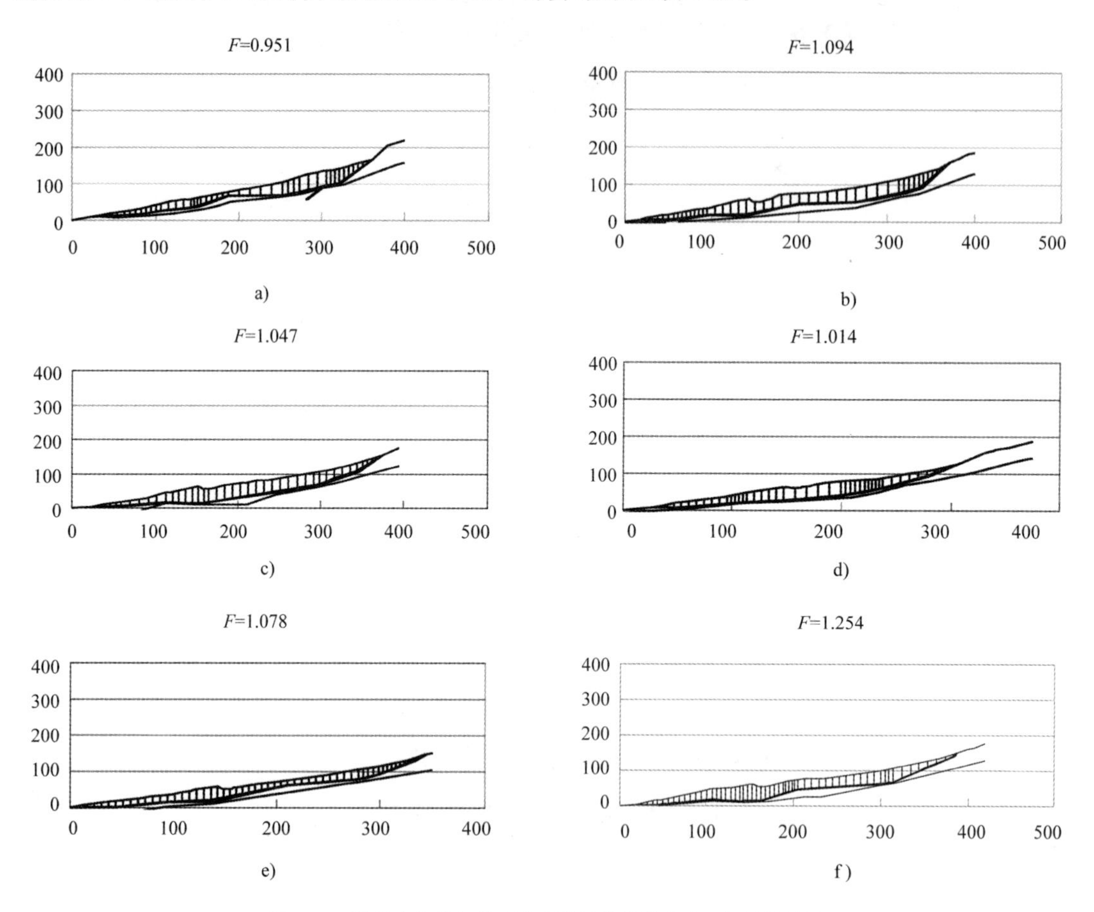

图 4-29 平班水电站左岸上游古滑坡体整体滑动二维计算结果

a) 1-1′剖面；b) 2-2′剖面；c)3-3′剖面；d) 4-4′剖面；e)6-6′剖面；f)7-7′剖面

平班水电站左岸上游古滑坡体参数调整二维计算结果 表 4-27

工程地质剖面	计算方案	安全系数			孔隙水压力系数
		参数 1	参数 2	参数 3	r_u
1-1′	整体	0.733	0.829	0.951	0.15
		0.806	0.917	1.053	0.05
	公路以下	0.830	0.918	1.056	0.15
		0.901	1.006	1.158	0.05
	公路以上	0.697	0.800	0.919	0.15
		0.770	0.889	1.022	0.05

续上表

工程地质剖面	计算方案	安全系数			孔隙水压力系数 r_u
		参数1	参数2	参数3	
2-2′	整体	0.833	0.952	1.094	0.15
		0.917	1.055	1.212	0.05
	公路以下	0.795	0.918	1.060	0.15
		0.867	1.008	1.164	0.05
	公路以上	0.887	1.026	1.181	0.15
		0.976	1.133	1.305	0.05
3-3′	整体	0.789	0.910	1.047	0.15
		0.871	1.011	1.162	0.05
	公路以下	0.773	0.875	1.012	0.15
		0.847	0.966	1.116	0.05
	公路以上	0.877	1.019	1.178	0.15
		0.964	1.121	1.297	0.05
4-4′	整体	0.774	0.881	1.014	0.15
		0.854	0.979	1.127	0.05
	公路以下	0.787	0.887	1.024	0.15
		0.861	0.978	1.129	0.05
	公路以上	0.962	1.096	1.267	0.15
		1.049	1.199	1.389	0.05
6-6′	整体	0.837	0.939	1.078	0.15
		0.917	1.037	1.191	0.05
	公路以下	0.866	0.981	1.133	0.15
		0.945	1.077	1.244	0.05
	公路以上	0.761	0.853	0.981	0.15
		0.835	0.941	1.083	0.05
7-7′	整体	0.952	1.094	1.254	0.15
		1.043	1.204	1.384	0.05
	公路以下	0.783	0.893	1.034	0.15
		0.858	0.985	1.141	0.05
	公路以上	0.886	1.027	1.185	0.15
		0.973	1.131	1.306	0.05

（6）三维稳定分析成果

三维稳定分析包括了整体、公路以下和公路以上的局部稳定分析，见图4-30～图4-32。其计算结果见表4-28。

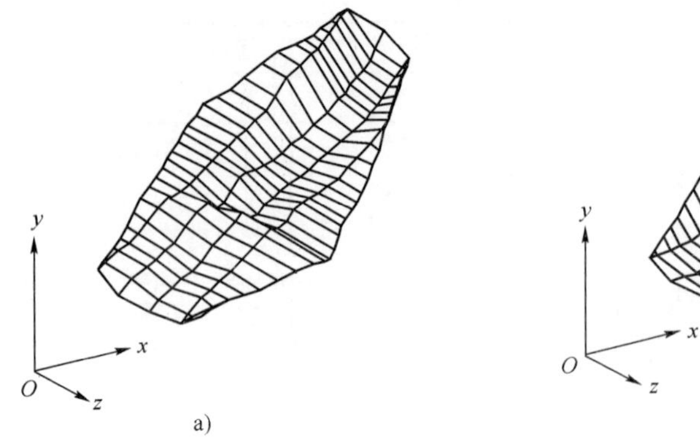

a)

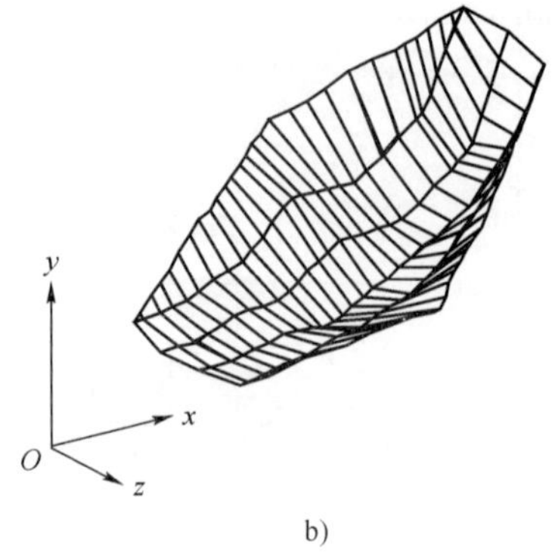

b)

图 4-30　整体滑动三维计算结果图

a)三维立体图;b)空间滑裂面

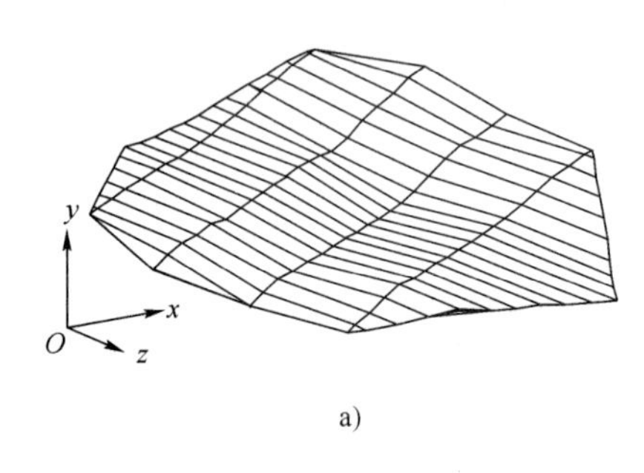

a)

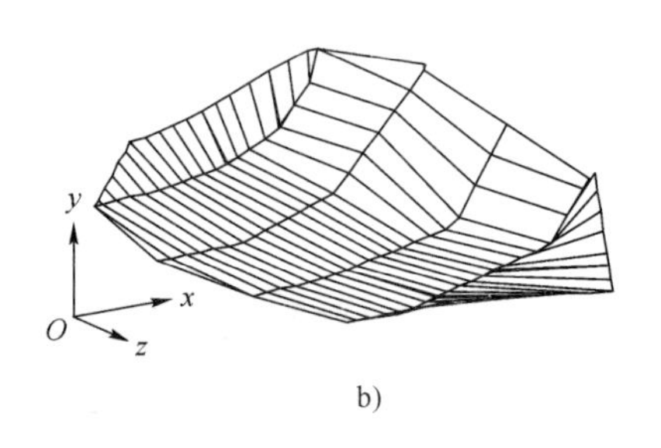

b)

图 4-31　公路以下滑动三维计算结果图

a)三维立体图;b)空间滑裂面

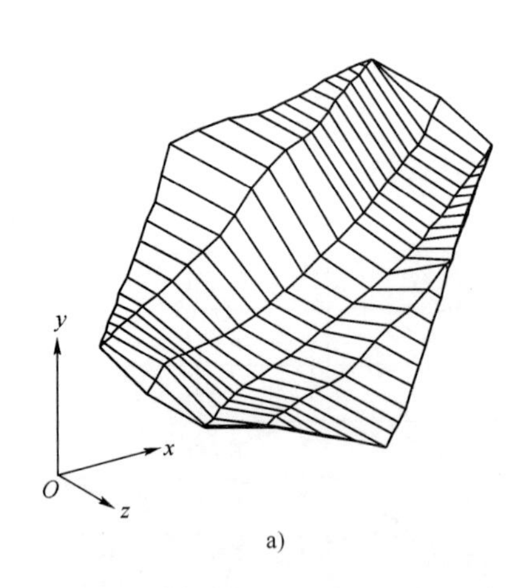

a)

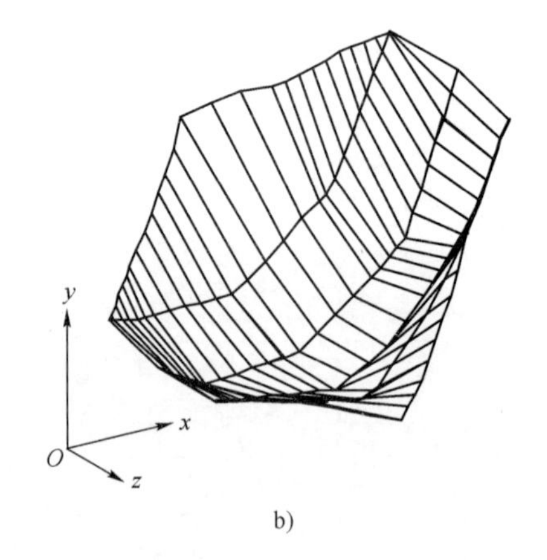

b)

图 4-32　公路以上滑动三维计算结果图

a)三维立体图;b)空间滑裂面

平班水电站左岸上游古滑坡体参数调整三维计算结果 表 4-28

位置		安全系数		
		参数 1	参数 2	参数 3
整体	孔压系数=0.15	0.834	0.942	1.081
	孔压系数=0.05	0.958	1.094	1.256
公路以下	孔压系数=0.15	0.903	0.996	1.099
	孔压系数=0.05	1.015	1.143	1.252
公路以上	孔压系数=0.15	0.888	1.015	1.171
	孔压系数=0.05	0.983	1.135	1.294

从表 4-28 可以看出，由设计院提出的参数（参数 1）相应的各断面的安全系数均低于 1。校核工况（孔隙水压力系数 r_u=0.15）的安全系数较设计工况（r_u=0.05）的安全系数低 10%左右。利用参数 3 计算出的古滑坡体局部安全系数在 r_u=0.15 条件下大多大于 1（除了 1-1′剖面公路以上坡体在利用参数 3 时的安全系数为 0.919；6-6′剖面公路以上坡体在利用参数 3 时的安全系数为 0.981，基本接近于极限平衡状态），说明坡体目前处于稳定状态，但安全储备较小。

从表 4-28 可以看出，考虑三维效应在各种工况下均较二维工况的安全系数大 10%左右。

参考文献

[1] Fellenius W. Calculation of the stability of earth dams// Proceedings of the Second Congress on Large Dams，1936，4：445-463

[2] Bishop A W. The use of the slip circle in the stability analysis of earth slopes. Geotechnique，1955，5（1）：7-17

[3] Janbu N，et al. Soil mechanics applied to some engineering problems. Norwegian Geotechnical Publication，No. 16，Oslo，Norway

[4] U. S. Army Corps of Engineering. Stability of slopes and foundations. Engineering Manual，Visckbburg，Miss，1967

[5] Lowe J，Karafiath L. Stability of earth dams upon drawdown. Proc. 1st Pan-Am// Conf. on Soil Mech. and Found. Engrg.，Mexico City，1960，2：537-552

[6] Sarma S K. Stability analysis of embankments and slopes. J. Geotech. Engrg. ASCE，1979，105（12）：1511-1524

[7] Sarma S K. A note on the stability of slopes. Geotechnique，1987，37（1）：107-111

[8] Duncan J M. State of the art：limit equilibrium and finite element analysis of slopes. J. Geotech. Engrg. ASCE，1996，122（7）：577-596

[9] Morgenstern N R，Price V E. The analysis of the stability of general slip surface. Geotechnique，1965，15（1）：79-93

[10] Spencer E. The thrust line criterion in embankment stability analysis. Geotechnique，1973，23（1）：85-100

[11] Spencer E. A method of analysis of embankments assuming parallel inter-slice forces.

Geotechnique，1967，17：11-26

[12] Janbu N. Application of composite slip surface for stability analysis// Proc. European Conference on Stability of Earth Slopes，Stockholm，1954，3：43-49

[13] Janbu N. Slope stability computations. In：Embankment Dam Engineering，Casagrande Volume.，R. C. Hirschfeld S. J. Poulos (eds.). New York：John wiley and Sons，1973：47-86

[14] Sarma S K. Stability analysis of embankments and slopes. Geotechnique，1973，23 (3)：423-433

[15] Correia R M. A limit equilibrium method of slope stability analysis. Proc. 5th Int. Symp. Landslides，Lausanne，1988：595-598

[16] 潘家铮. 建筑物的抗滑稳定的滑坡分析. 北京：水利出版社，1980

[17] 郑颖人，龚晓南. 岩土塑性力学基础. 北京：建筑工业出版社，1989

[18] 郑颖人，时卫民，杨明成. 不平衡推力法和Sarma法的讨论. 岩石力学与工程学报，2004，23 (17)：3030-3036

[19] 郑颖人，杨明成. 边坡稳定安全系数求解格式的分类统一. 岩石力学与工程学报，2004，23 (16)：2836-2841

[20] 郑颖人，赵尚毅. 边（滑）坡工程设计中安全系数的讨论. 岩石力学与工程学报，2006 (9)

[21] 陈祖煜. 土质边坡稳定分析——原理·方法·程序. 北京：中国水利水电出版社，2003

[22] Donald I，陈祖煜. 边坡稳定分析的塑性力学上限解（第一部分）：基本原理和方法. 北京：水利水电科学研究院，1993

[23] Donald I，陈祖煜. 边坡稳定分析的塑性力学上限解（第二部分）：论能量法和静力法的等效性. 北京：水利水电科学研究院，1993

[24] Chen Z，Morgenstern N R. Extensions to the generalized method of slices for stability analysis. Canadian Geotechnical Journal，1983，20 (1)：104-109

[25] 朱大勇. 极限平衡法的显示解与统一格式. 河海大学博士后研究工作报告，2002

[26] Zhu D Y，Lee C F. Explicit limit equilibrium solution for slope stability. International Journal for Numerical and Analytical Methods in Geomechanics，2002，26 (15)：1573-1590

[27] Zhu D Y，Lee C F，Jiang H D. Generalized framework of limit equilibrium methods and numerical procedure for slope stability analysis. Geomechanics，2003，53 (4)：377-395

[28] Zhu D Y，Lee C F，Qian Q H，et al. A new procedure for computing the factor of safety using the morgenstern-price method. Canadian Geotechnical Journal，2001，38 (4)：882-888

[29] 杨明成. 边坡稳定性分析的条分法及临界滑动面的确定. 重庆：后勤工程学院，2001

[30] 杨明成，郑颖人. 基于严格平衡的安全系数统一求解格式. 岩土力学，2004，25 (10)：1565-1568

[31] 时卫民，郑颖人，唐伯明，等. 边坡稳定不平衡推力法的精度分析及其使用条件. 岩土工程学报，2004 (3)：313-317

[32] 赵尚毅，郑颖人，时卫民，等. 用有限元强度折减法求边坡稳定安全系数. 岩土工程学报，2002，24（3）：343-346
[33] 林丽，杨明成，郑颖人. 基于力平衡的安全系数统一求解格式. 岩土力学，2005，26（S1）：279-282
[34] 陈惠发. 极限分析与土体塑性. 詹世斌，译. 北京：人民交通出版社，1995
[35] Chowdhury R N. Slope Analysis. Elsevier，Amsterdam，1978
[36] 黄河水利委员会勘测规划设计研究院. 碾压式土石坝设计规范：SL 274—2001. 北京：中国水利水电出版社，2002

第5章 岩质边坡稳定分析方法

DIWUZHANG

5.1 岩质边坡可能的失稳模式以及初步判断

5.1.1 概述

岩质边坡由众多结构面切割的岩体组成，在自然界呈现多种失稳模式。学术界（1988年）曾将岩质边坡失稳模式总结成平面、圆弧、楔体、倾倒和溃屈等多种形式。同时，也有其他各种分类方法。现简介其中比较重要的几种破坏形式。

（1）平面滑动

岩体中存在的结构面，特别是沉积岩、变质岩中的层面，通常是构成滑动的薄弱环节。沿层面发生的平面滑动是常见的一种在岩质边坡中发生的破坏形式。图5-1为洪家渡水电站进场公路施工期沿层面发生的一次规模不大的滑坡。

图5-1 平面滑动——洪家渡进场公路滑坡

(2) 弧形滑动

在碎裂和散体结构的岩体中发生的滑坡通常与土质边坡的滑坡类似，基本呈圆弧形。图 5-2 为漫湾水电站“三洞出口”在 1989 年 9 月发生的高度为 100m 的滑坡。滑坡岩体为强风化流纹岩，呈碎裂镶嵌结构。另外，其一组顺坡节理倾向坡外，构成了对边坡稳定极为不利的因素。但是，由于岩体风化破碎，因此，形成的滑坡并不全部是沿这组节理，而是基本沿几组节理组合，在整体上呈圆弧形的滑动。

图 5-2 圆弧滑动——漫湾水电站“三洞出口”滑坡

(3) 楔体滑动

在岩质边坡的失稳模式中，楔形破坏占有重要位置。形成楔体至少应有两个结构面，也可由多个结构面组成。三峡船闸边坡的开挖过程中，设计人员先后确定了数百个可能下滑的楔块。这些由片麻花岗岩的几组节理组成的不稳定块体，呈随机形式出现，体积在几十立方米到几千立方米之间。设计人员的一个重要任务是在现场根据揭露的结构面做出这些块体是稳定或不稳定的判断，并对不稳定块体提出加固方案。图 5-3 为一个经加固的楔块。

图 5-3 楔体滑动——三峡船闸边坡楔体

(4) 倾倒破坏

当岩体中存在一组倒倾的陡倾角结构面（特别是层面），其走向与边坡的走向近乎一致时，由这组结构面切割形成的岩柱有可能发生弯曲，整个边坡出现倾倒破坏现象。图 5-4 是在李家峡库区左岸公路开挖后看到的岩体倾倒情景。在岩质边坡上实际发生的倾倒破坏规模往往要大得多。例如龙滩水电站左岸进水口上游侧就存在着一个规模巨大的倾倒变形体。边坡开挖和蓄水均有可能导致变形进一步发展。

图 5-4　倾倒滑动——李家峡库区左岸公路边坡

综上所述，研究某一岩质边坡的稳定性，首先需要判断在特定的地质条件下可能的失稳模式，在此基础上再针对已确定的失稳模式，通过数学、力学和试验分析方法，确定边坡稳定的安全系数。

5.1.2　应用赤平投影方法初步判断失稳模式

上节介绍的边坡发生的多种破坏形式是由岩体中结构面的产状控制的，因而，也是可预知的。岩体中通常存在三、四组结构面，再加上规模较大的断层，这些结构面的组合有的可能构成不稳定块体下滑，有的则不可能形成不稳定的岩体。判断不同结构面构成的块体在特定的条件下是否具备临空面，并存在滑动的可能性，其分析步骤不仅十分烦琐，而且其空间概念十分抽象，难以把握。一种比较有效的手段是赤平投影方法。香港土木工程署编制的岩土工程手册中介绍了一个示意性例题，根据表 5-1 所示的四组结构面和坡面产状及摩擦角，应用赤平投影方法及边坡稳定分析原理做出边坡失稳模式判别图。设摩擦角为 35°，假设某一边坡的倾向为 140°，倾角为 60°，其大圆如图 5-5 所示。由图 5-5 中心的摩擦圆和外弧线所围的封闭域为滑动区，靠近大圆边界的扇形区为倾倒区。每一结构面及其他结构面相互组合的交线都可以在赤平投影图中用其极点表示。这样，第一组结构面和第一与第二组结构面的组合交线的极点落入滑动区，第四组结构面落入倾倒区，它们的倾角均大于 35°，说明由于以上结构面的存在可能引起该边坡的滑动和倾倒的失稳破坏。而第二组结构面和第一组与第四组、第一组与第三组、第二组与第四组、第三组与第四组结构面所组合的四组结构面交线均未落入滑动区和倾倒区，说明这些结构面组合不可能形成滑动楔块。剩余的第三组结构面和第二组与第三组结构面组合交线的倾角虽然小于35°，但是如果摩擦角减小或者由于各种因素而造成强度指标降低，也可能引起边坡的滑动。

图5-5示例有关参数　　表5-1

名　称	倾向（°）	倾角（°）
结构面1	118	50
结构面2	212	70
结构面3	75	29
结构面4	314	85
边坡面	140	60

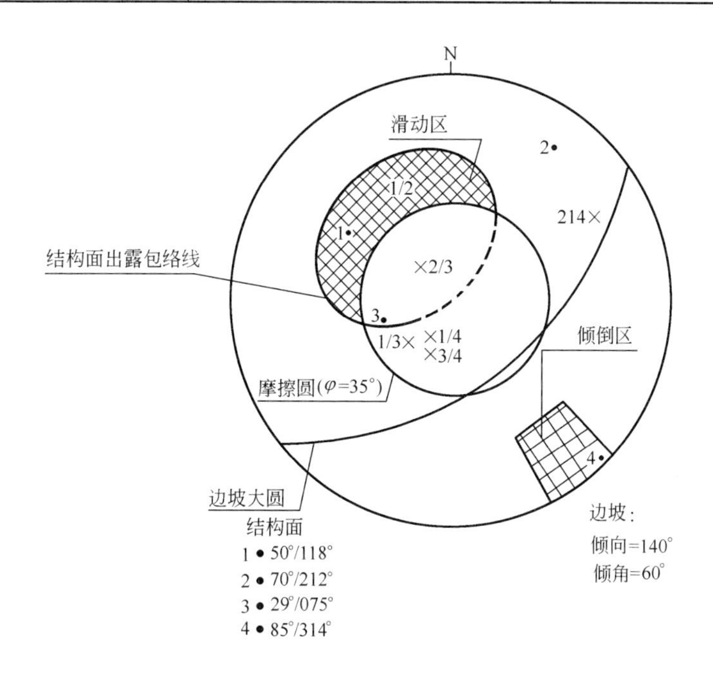

图5-5　初步确定边坡失稳模式的赤平投影方法

采用这个方法，只需检查落入滑动和倾倒阴影区的极点，即可了解哪组结构面或哪两组结构面组合可能造成何种边坡失稳模式。中国水利水电科学研究院将这一方法编制成计算机程序，使这一判断过程变得十分简便。详见5.6节。

5.1.3　工程应用实例——洪家渡工程高边坡的失稳模式判断

洪家渡工程枢纽布置的基本原则是充分利用坝址的地质地形条件。坝址地形左岸为向西凸出的直角河弯，坝址河谷呈不对称V形，右岸为25°～40°缓坡，左岸为两层70°～80°陡岩组成的高达百余米的陡壁，其间为宽80～120m的页岩缓坡带。在九级滩坚硬的厚层和中厚层灰岩段布置了地下厂房、大型洞群。这些地质条件决定了枢纽布置的总格局：除大坝外，其余水工建筑物均布置于左岸山体内。枢纽建筑物由钢筋混凝土面板堆石坝、洞式溢洪道、泄洪洞、导流洞改建的防空洞、引水系统、地下厂房及右岸地面开关站等组成（图5-6）。总体共有三组结构面，其倾向/倾角分别为335°/31°，192°/77°和145°/73°。

根据本文介绍的方法画出如图 5-7a）～f）所示各高边坡工程基本失稳模式判断图。在构建判断图时，假定摩擦角为 33°。

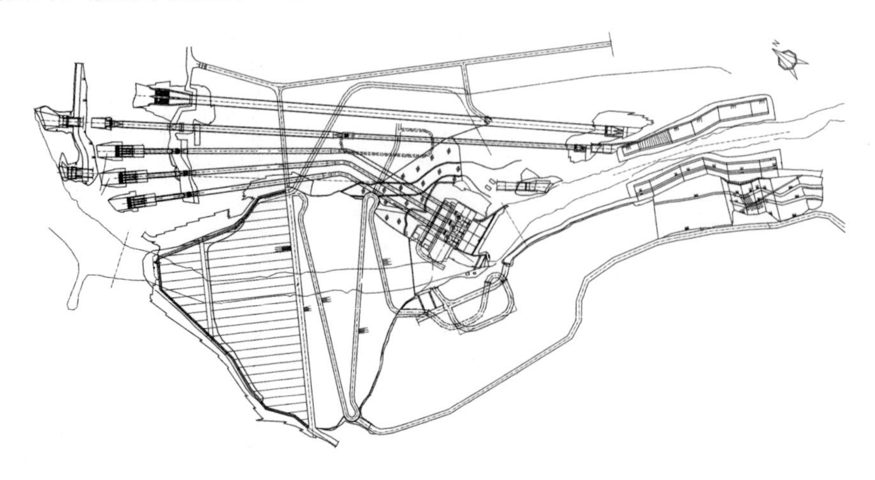

图 5-6 洪家渡工程枢纽布置示意图

（1）左坝肩。这是本工程最高的边坡，开挖高度达 310m，由图 5-7a）可知，层面（结构面 1）与开挖面斜交，不至于引起顺层或楔体破坏，结构面 2 的倾向与开挖面完全一致，既可能造成顶部因开挖卸荷的裂隙，又可能形成滑动。

（2）右坝肩。从图 5-7b）可知，由层面与结构面 2 和结构面 3 构成的楔体都具有较缓的交棱线，不可能造成楔体滑动，边坡可能的破坏模式是沿结构面组合的弧形滑动或沿层面的视倾角方向滑动。

（3）溢洪道进口。由图 5-7c）可知，层面（结构面 1）倾向与开挖面一致，对边坡稳定造成极为不利的影响，边坡可能失稳的模式是顶部沿结构面 2 开裂，底部沿层面滑动。

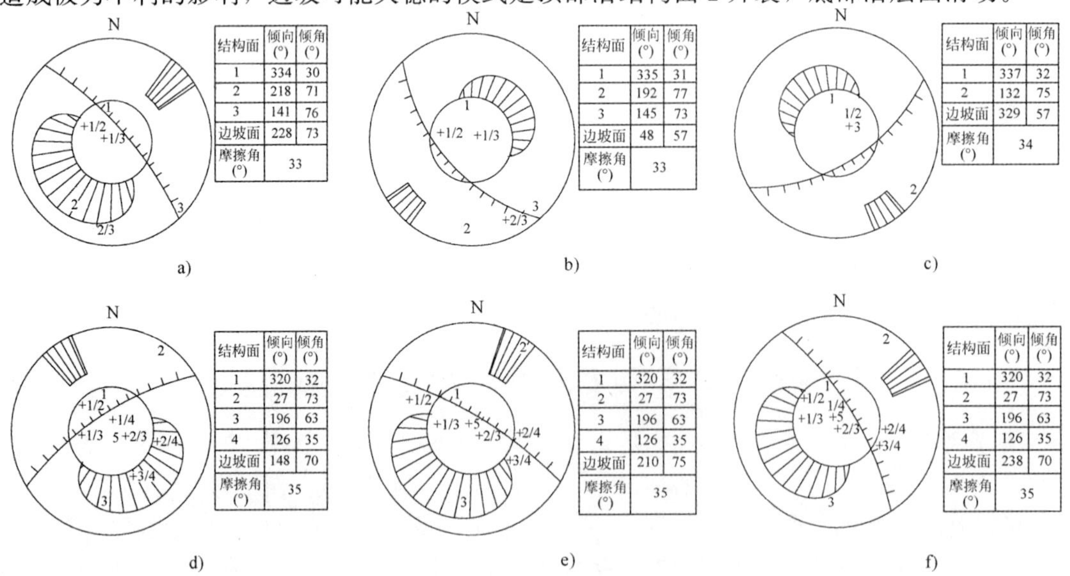

a)

结构面	倾向(°)	倾角(°)
1	334	30
2	218	71
3	141	76
边坡面	228	73
摩擦角(°)	33	

b)

结构面	倾向(°)	倾角(°)
1	335	31
2	192	77
3	145	73
边坡面	48	57
摩擦角(°)	33	

c)

结构面	倾向(°)	倾角(°)
1	337	32
2	132	75
边坡面	329	57
摩擦角(°)	34	

d)

结构面	倾向(°)	倾角(°)
1	320	32
2	27	73
3	196	63
4	126	35
边坡面	148	70
摩擦角(°)	35	

e)

结构面	倾向(°)	倾角(°)
1	320	32
2	27	73
3	196	63
4	126	35
边坡面	210	75
摩擦角(°)	35	

f)

结构面	倾向(°)	倾角(°)
1	320	32
2	27	73
3	196	63
4	126	35
边坡面	238	70
摩擦角(°)	35	

图 5-7 洪家渡枢纽各边坡失稳模式

a)左坝肩；b)右坝肩；c)溢洪道进口；d)溢洪道出口，正面坡；e)溢洪道出口，侧面坡；f)地下厂房尾水出口边坡

(4) 溢洪道出口，正面坡。从图 5-7d) 可知，层面（结构面 1）倾向与边坡开挖面相差 180°，有可能形成倾倒边坡，但是该区域的层面倾角为 32°，十分平缓，故这一破坏形式出现可能性不大。在该区域，结构面 3 和结构面 4 均与开挖面倾角近似，故失稳模式主要是沿层面和结构面 3、结构面 4 构成的组合滑裂面滑动。

(5) 溢洪道出口，侧面坡。从图 5-7e) 可知，层面与（结构面 1）边坡斜交，但节理面 2 倾向与开挖面相差 180°，恰好落在倾倒区，结构面 3 又恰好形成底滑面，故破坏形式主要是：①沿结构面发生局部倾倒；②顶部沿结构面 2 拉开并和结构面 3 的组合形成滑面。

(6) 地下厂房尾水出口边坡。从图 5-7f) 可知，地下厂房尾水出口边坡的失稳模式与溢洪道出口侧向坡类似，但所述的两种破坏形式均不典型。

5.2 边坡稳定分析的 Sarma 法

5.2.1 Sarma 提出的方法

Sarma 法是分析岩质边坡中平面和弧面滑动的常用方法。这是基于斜条分的边坡稳定极限平衡法。由于岩质边坡通常存在一组陡倾角的层面或节理，滑坡发生时岩体通常要沿此组结构面滑动，故该法更适用于岩质边坡。北京水科院自 20 世纪 90 年代后半期，通过 EMU 程序在小浪底、三峡等一系列工程中推广应用 Sarma 法，同时，在完善 Sarma 法的理论基础和求解方法方面做了一些工作。本章全面回顾 Sarma 法的理论背景、解题方法和相关的问题。

图 5-8 所示的滑裂面由一系列直线组合。将滑坡体切分成 n 个条块，条块界面倾斜。

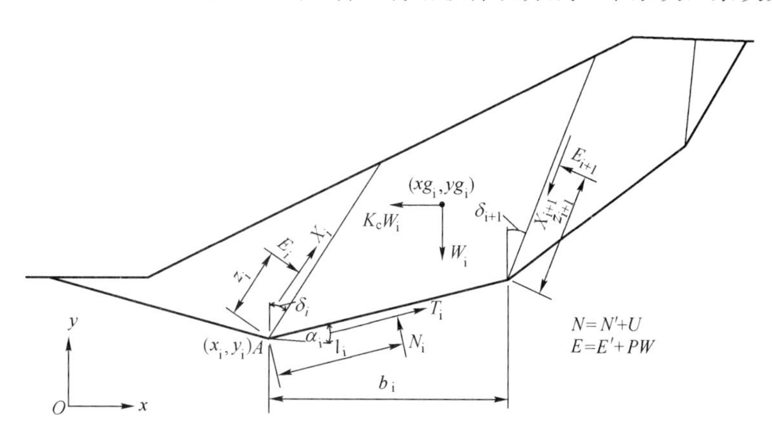

图 5-8　Sarma 法的计算简图

Sarma 提出了一个临界加速度的概念。他假定每个滑动土条承受一个 K_cW_i 的水平力（W_i 为条重力），滑体处于临界状态。K_c 称为临界加速度系数。这样，滑裂面上的 c' 和 φ' 不再按第 4 章式（4-75）缩减。但是为了和传统的安全系数接轨，Sarma 采用以下方法求得按式（4-75）定义的安全系数：

①假定一系列的安全系数 F_s，按式（4-75）获得 c'_e 和 $\tan\varphi'_e$，同时，将条块界面的强度

指标也缩减为 φ_e^j 和 c_e^j。

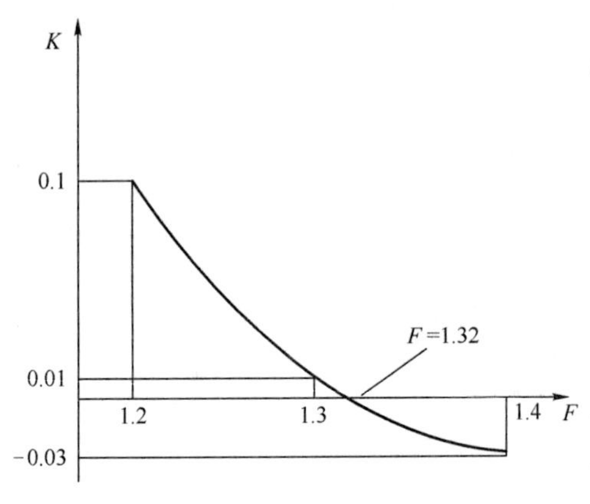

图 5-9　安全系数与临界加速度系数的关系

②根据不同的 c'_e 和 $\tan\varphi'_e$ 求得 K。变换 F 值，获得一个新的 K 值。最终，可绘制成如图5-9所示的 F-K 曲线。

③F-K 曲线与 x 水平轴的交点相应的 F 值即为按传统定义获得的安全系数。

Sarma 法采用以下步骤求解：

（1）分析作用在第 i 条块上的作用力

作用在第 i 个条块上的作用力如图 5-8 所示。假定在作用力 K_cW_i 的作用下，滑坡体处于极限平衡状态，其中 K_c 是临界加速度。

根据条块水平和垂直方向力的平衡，可以得到：

$$N_i\cos\alpha_i + T_i\sin\alpha_i = W_i + X_{i+1}\cos\delta_{i+1} - X_i\cos\delta_i - E_{i+1}\sin\delta_{i+1} + E_i\sin\delta_i \tag{5-1}$$

$$T_i\cos\alpha_i - N_i\sin\alpha_i = K_cW_i + X_{i+1}\sin\delta_{i+1} - X_i\sin\delta_i + E_{i+1}\cos\delta_{i+1} - E_i\cos\delta_i \tag{5-2}$$

式中：δ_i——条块左侧的倾角。

根据莫尔-库仑破坏准则，得到：

$$T_i = (N_i - U_i)\tan\varphi'_i + c'_ib_i\sec\alpha_i \tag{5-3}$$

假定条块界面也处于极限状态，其安全系数等于 1，即

$$X_i = (E_i - PW_i)\tan\varphi_i^j + c_i^jd_i \tag{5-4}$$

$$X_{i+1} = (E_{i+1} - PW_{i+1})\tan\varphi_{i+1}^j + c_{i+1}^jd_{i+1} \tag{5-5}$$

式中：φ^j，c^j——界面上的平均摩擦角和黏聚力；

d——界面的长度；

PW——界面上的孔隙水压力。

将式（5-4）和式（5-5）代入式（5-1）和式（5-2），消掉 T_i、X_i、X_{i+1} 和 N_i，可以得到：

$$E_{i+1} = \alpha_i - p_iK_c + E_ie_i \tag{5-6}$$

式（5-6）是个循环式，可以得到：

$$E_{n+1} = \alpha_n - p_nK_c + E_ne_n$$

$$E_{n+1} = (\alpha_n + \alpha_{n-1}e_n) - (p_n + p_{n-1}e_n)K_c + E_{n-1}e_ne_{n-1} \tag{5-7}$$

进一步得到：

$$E_{n+1} = (\alpha_n + \alpha_{n-1}e_n + \alpha_{n-2}e_ne_{n-1} + \cdots + \text{第 } n \text{ 项}) - K_c(p_n + p_{n-1}e_n + p_{n-2}e_ne_{n-1} + \cdots + \text{第 } n \text{ 项}) + E_1e_ne_{n-1}e_{n-2}\cdots \tag{5-8}$$

（2）计算 K_c

如没有外荷载作用，则 $E_{n+1}=E_1=0$，可以得到：

$$K_c = \frac{\alpha_n + \alpha_{n-1}e_n + \alpha_{n-2}e_ne_{n-1} + \cdots + \alpha_1e_ne_{n-1}\cdots e_3e_2}{p_n + p_{n-1}e_n + p_{n-2}e_ne_{n-1} + \cdots + p_1e_ne_{n-1}\cdots e_3e_2} \tag{5-9}$$

其中

$$\alpha_i = \frac{W_i\sin(\varphi'_i - \alpha_i) + R_i\cos\varphi'_i + S_{i+1}\sin(\varphi'_i - \alpha_i - \delta_{i+1}) - S_i\sin(\varphi'_i - \alpha_i - \delta_i)}{\cos(\varphi'_i - \alpha_i + \varphi_i^j - \delta_{i+1})\sec\varphi_i^j} \tag{5-10}$$

$$p_i = \frac{W_i \cos(\varphi_i' - \alpha_i)}{\cos(\varphi_i' - \alpha_i + \varphi_i^j - \delta_{i+1}) \sec\varphi_i^j} \tag{5-11}$$

$$e_i = \frac{\cos(\varphi_i' - \alpha_i + \varphi_i^j - \delta_i) \sec\varphi_i^j}{\cos(\varphi_i' - \alpha_i + \varphi_i^j - \delta_{i+1}) \sec\varphi_i^j} \tag{5-12}$$

$$R_i = c_i' b_i \sec\alpha_i - U_i \tan\varphi_i' \tag{5-13}$$

$$S_i = c_i^j d_i \sec\alpha_i - PW_i \tan\varphi_i' \tag{5-14}$$

$$\varphi_i^j = \delta_1 = \varphi_{n+1}^j = \delta_{n+1} = 0 \tag{5-15}$$

（3）计算安全系数 F_s

确定了 K_c 值，可以根据图 5-9 所示的方法确定安全系数。

5.2.2 对 Sarma 法的改进

上述 Sarma 法的解法虽然并不复杂，但无论从其表达式还是求解步骤方面，都比较冗长烦琐。Donald 和 Chen（1997 年）对 Sarma 法从理论背景到解题方法方面做出了一系列的改进。同时将 Sarma 法纳入塑性力学上限定理的理论框架中，下面做一简要介绍。

1）基本原理

为便于理解边坡稳定的极限分析方法的基本原理。先来考察如图 5-10 所示由两个块体组成的平面滑动问题。在以下的叙述中，凡带下标“e”者，意味该物理量包含的 c 和 $\tan\varphi$ 均已经安全系数 F 缩减。

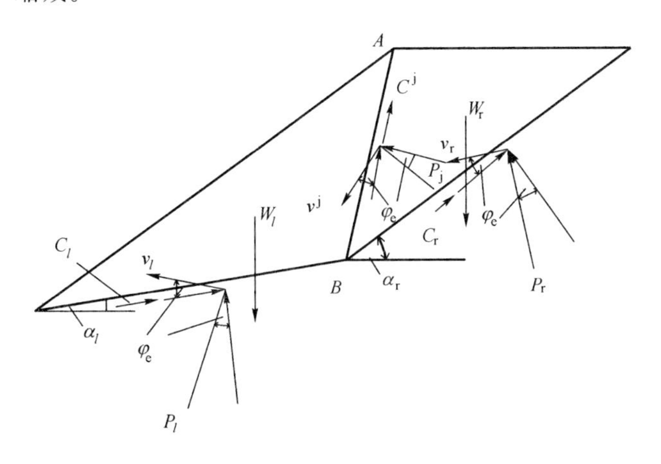

图 5-10 由两个块体组成的滑体

设作用在左边块体上的体积力为 $\boldsymbol{W}_l$，作用在滑面上的切向力可分成两个部分：一部分为黏聚力 $\boldsymbol{C}_{l,e}$，其值为 $c_{l,e}\boldsymbol{A}$，另一部分为法向力形成的摩擦阻力，其值为 $N_l \tan\varphi_e$。它和法向力 N_l 构成一个与滑面法向夹角为 φ_e 的合力 $\boldsymbol{P}_{l,e}$。对左条块建立静力平衡方程：

$$\boldsymbol{W}_l + \boldsymbol{P}_{l,e} + \boldsymbol{P}_{j,e} + \boldsymbol{C}_{l,e} + \boldsymbol{C}_{j,e} = 0 \tag{5-16}$$

式中：$\boldsymbol{P}_{j,e}$、$\boldsymbol{C}_{j,e}$——右侧条块通过倾斜边界 AB 作用于左侧条块的力。

对右边块体有：

$$\boldsymbol{W}_r + \boldsymbol{P}_{r,e} + \boldsymbol{P}_{j,e} + \boldsymbol{C}_{r,e} + \boldsymbol{C}_{j,e} = 0 \tag{5-17}$$

式（5-16）和式（5-17）为矢量表达式，在 x、y 方向投影，可建立 4 个方程式，其中包含了 $\boldsymbol{P}_{l,e}$、$\boldsymbol{P}_{r,e}$ 和 $\boldsymbol{P}_{j,e}$ 这三个未知量，同时也包括安全系数 F_s，它隐含于强度指标 c_e' 和

$\tan\varphi'_e$中。总计为 4 个未知量。因此，求解这个块体系统的安全系数 F_s 的问题是静定可解的。

遵照上述静力平衡的思路解题就是传统的 Sarma 法边坡稳定分析的极限平衡方法。

此外，还存在一种按虚功原理解题的方法。

假设左、右块体分别有速度 $\boldsymbol{v}_l$ 和 $\boldsymbol{v}_r$，其分别与滑面夹角为 φ'_e。在界面 AB 上，左块体相对右条块的速度为：

$$\boldsymbol{v}_j = \boldsymbol{v}_l - \boldsymbol{v}_r \tag{5-18}$$

同样，$\boldsymbol{v}_j$ 和界面 AB 夹角也为 φ^j_e。

现在，令左、右块体分别沿速度 $\boldsymbol{v}_l$ 和 $\boldsymbol{v}_r$ 做功，那么，作用在底滑面和界面上的未知内力 $\boldsymbol{P}_l$、$\boldsymbol{P}_r$ 和 $\boldsymbol{P}_j$ 分别与 $\boldsymbol{v}_l$、$\boldsymbol{v}_r$ 和 $\boldsymbol{v}_j$ 垂直，也就是说，这些未知内力沿该位移做的功均为零。

式（5-16）$\times\boldsymbol{v}_l$＋式（5-17）$\times\boldsymbol{v}_r$，有：

$$\boldsymbol{W}_l\boldsymbol{v}_l + \boldsymbol{W}_r\boldsymbol{v}_r + \boldsymbol{C}_{l,e}\boldsymbol{v}_l + \boldsymbol{C}_{r,e}\boldsymbol{v}_r + \boldsymbol{C}_{j,e}\boldsymbol{v}_j = 0 \tag{5-19}$$

式（5-19）的标量表达形式为：

$$A_l c'_{l,e}\cos\varphi'_{l,e}\boldsymbol{v}_l + A_r c'_{r,e}\cos\varphi'_{r,e}\boldsymbol{v}_r + A_j c'_{j,e}\cos\varphi'_{j,e}\boldsymbol{v}_j = W_l\boldsymbol{v}_l\cos\rho_l + W_r\boldsymbol{v}_r\cos\rho_r \tag{5-20}$$

式中：ρ_l、ρ_r——分别为重力与 $\boldsymbol{v}_l$ 和 $\boldsymbol{v}_r$ 的夹角。

根据位移协调的要求，$\boldsymbol{v}_l$、$\boldsymbol{v}_r$ 和 $\boldsymbol{v}_j$ 应构成一个闭合速度三角形，故有：

$$\left.\begin{aligned}\boldsymbol{v}_r &= \boldsymbol{v}_l\frac{\sin(\theta_l-\theta_j)}{\sin(\theta_r-\theta_j)}\\ \boldsymbol{v}_j &= \boldsymbol{v}_l\frac{\sin(\theta_r-\theta_l)}{\sin(\theta_r-\theta_j)}\end{aligned}\right\} \tag{5-21}$$

式中：θ_l、θ_r、θ_j——分别为 $\boldsymbol{v}_l$、$\boldsymbol{v}_r$ 和 $\boldsymbol{v}_j$ 与 x 轴的夹角。

这样式（5-20）中左、右侧均可表达为 $\boldsymbol{v}_l$ 的线性函数，$\boldsymbol{v}_l$ 可消去。在式（5-20）中只剩下一个未知量即安全系数 F，它可以方便地通过迭代求解。

上述论证过程说明，按式（5-20）解题和按式（5-16）和式（5-17）解题是等效的。如果某边坡由 n 个具有倾斜界面的条块组成，那么按传统的静力平衡方法将出现 n 个类似式（5-16）和式（5-17）的方程式，求解过程包括一个 $3n$ 个未知变量的非线性联立方程组。而按虚功原理求解，出现在 n 个块体上所有的未知内力都被消去，求解过程仍只含一个未知量，控制方程仍然只是类似式（5-20）那样的一个方程。这样解题的过程大大地简化了。

2）上限解的理论背景

上述的简单例子说明了 Donald 和 Chen 对边坡稳定分析 Sarma 法的主要改进之处。但是，还需要指出，如果仅仅将这一解题过程理解为使用虚功原理，那么，这一方法在理论上并没有根本的进步。在下面的讨论中，要进一步指出，上节引入的与滑裂面夹角为 φ'_e的速度场实际上是按莫尔-库仑相关联流动法则确定的真实的塑性位移，因此，上述解题步骤还接受塑性力学上限定理的支持。

对于一个处于极限状态的边坡（图 5-11），假定在土体里存在一个塑性区 $\boldsymbol{\Omega}^*$，塑性区里各点的材料屈服且服从莫尔-库仑破坏准则。在这一塑性区 $\boldsymbol{\Omega}^*$ 和边界 $\boldsymbol{T}^*$ 上，如果由于某一外荷载增量导致一个塑性应变 ε_{ij}，那么可以通过以下虚功原理的表达式求解产生这一塑性变形模式的外荷载 $\boldsymbol{T}^*$。上限定理指出，相应真实塑性区 Ω 的外荷 T 一定比 $\boldsymbol{T}^*$ 小或相等。

$$\int_{\Omega^*}\sigma^*_{ij,e}\cdot\varepsilon^*_{ij,e}\mathrm{d}v + \int_{\Gamma^*}\mathrm{d}D^*_{s,e} = \boldsymbol{W}\boldsymbol{V}^* + \boldsymbol{T}^*\boldsymbol{V}^* \tag{5-22}$$

式中：$\varepsilon_{ij,e}^{*}$、$D_{s,e}^{*}$——相应 c_e' 和 φ_e' 塑性区内和滑裂面上的内能耗散；

$\boldsymbol{V}^{*}$——外荷载增量引起的相应塑性位移增量，这个位移率通常称为塑性速度；

$\boldsymbol{W}$——塑性区的体积力。

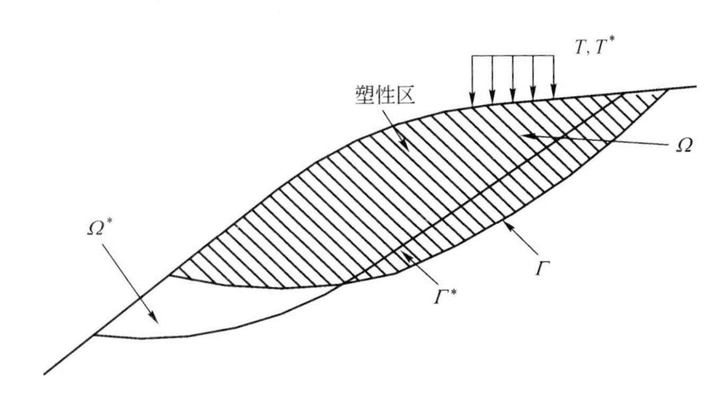

图 5-11　二维塑性力学上限示意图

方程式的左边两项分别是产生于破坏体内和沿滑裂面的内部耗散能。因此，极限分析方法就是在许多可能的滑动机构中寻找一个使 $\boldsymbol{T}^{*}$ 最小的临界滑动机构。式（5-22）和式（5-20）的区别在于式（5-22）中包含的是真实的塑性位移，而式（5-20）中包含的是任何一个满足位移协调条件的虚位移。下面要证明的是，如果材料遵从莫尔-库仑相关联屈服准则，那么式（5-20）中与滑面夹角为 φ_e' 的虚位移就是在某一位移增量作用下形成的真实的塑性位移增量。

已知莫尔-库仑屈服面为：

$$f(\tau,\sigma) = \tau - c_e' - (\sigma - u)\tan\varphi_e' = 0 \tag{5-23}$$

式中：τ、σ——分别是破坏面上的剪应力和正应力；

u——孔隙水压力。

假定相关联流动法则适用于这种材料，则法向速度 v_n 和切向速度 v_s 遵守以下关系（图 5-12）：

$$\frac{v_n}{v_s} = \frac{\partial f/\partial \sigma}{\partial f/\partial \tau} = -\tan\varphi_e' \tag{5-24}$$

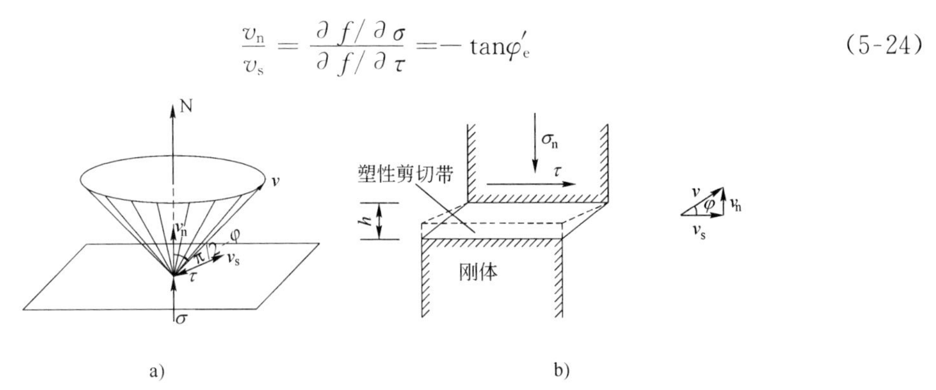

图 5-12　遵守莫尔-库仑破坏准则的材料塑性应变速率

a) 速度方向；b) 内能耗散

式（5-24）表明：对适用于相关联流动法则的莫尔-库仑材料，塑性速度与破坏平面的夹角为 φ_e'。

这样，就把前述的解题过程置于一个更加严格的理论基础上，即塑性力学上限定理的基础上。这一解题过程要求先构筑一个满足莫尔-库仑相关联法则的塑性位移场。一旦塑性位移的方向知道了，破坏面上的剪应力方向就知道了。破坏面上单位面积耗散能可用以下二维方法中的同一表达式计算。

$$dD = \tau v_s + \sigma v_n = (\tau \cos\varphi'_e - \sigma \sin\varphi_e) v = (c \cos\varphi'_e - u \sin\varphi'_e) v \tag{5-25}$$

确定了内能耗散后，即可通过式（5-22）方便地求得外荷载或安全系数。

3）计算安全系数的改进方法

根据上面阐述的原理，建立如图5-13所示的多块体破坏模式的Sarma法计算公式。

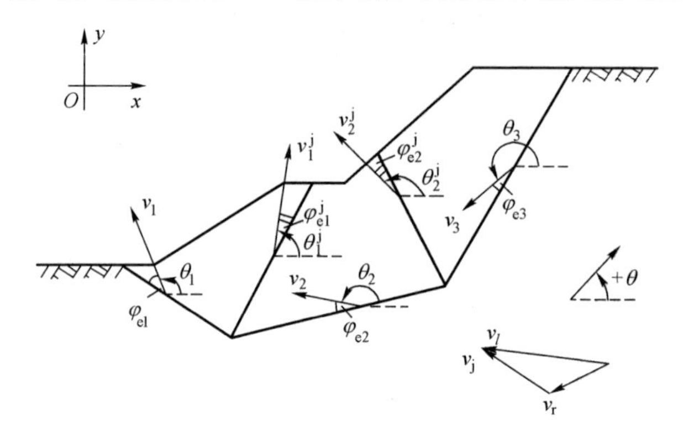

图5-13　多块体破坏机构

对图5-13所示的多块体破坏模式，进行Sarma法计算的步骤如下：

（1）计算每个条块的速度 v_k 和条块间的相等速度 v_k^j

计算从第一个界面开始，根据式（5-21），第 k 个界面右边条块的速度都可以表示成第一个条块的速度 v_1 的函数：

$$v_k = \kappa v_1 \tag{5-26}$$

其中

$$\kappa = \prod_{i=1}^{k} \frac{\sin(\alpha_i^l - \varphi_{ei}^l - \theta_i^l)}{\sin(\alpha_i^r - \varphi_{ei}^r - \theta_i^r)} \tag{5-27}$$

如果将第一个条块的速度 v_1 的值定义为1，则

$$v_k = \kappa \tag{5-28}$$

定义编号为 k 的条块右侧面的条块间相对速度为 v_k^j，由式（5-21）可知：

$$v_k^j = v_k \frac{\sin(\theta_{k+1} - \theta_k)}{\sin(\theta_{k+1} - \theta_j)} = \kappa \frac{\sin(\theta_{k+1} - \theta_k)}{\sin(\theta_{k+1} - \theta_j)} \tag{5-29}$$

其中，θ_k、θ_{k+1} 和 θ_j 分别为左、右条块和界面的速度与 x 轴的夹角，均定义为从 x 正方向开始，反时针旋转为正，同时 $0 \leqslant \theta \leqslant 2\pi$。

（2）计算外力做的功

作用在土条上的外力有：①自重 ΔW；②水平地震力 $\eta' \Delta W$；③表面荷载 T_x 和 T_y（其正方向定义为与 x、y 轴相反）。这三种体积力做的功为：

$$\Delta U = [(\Delta W + T_y)\sin(\alpha - \varphi'_e) + (\eta' \Delta W + T_x)\cos(\alpha - \varphi'_e)] v_k \tag{5-30}$$

（3）计算内能耗散

内能耗散由两部分组成：

①沿某一条块的底滑面的内能耗散，由下式确定：

$$\Delta D^{s}=(c'_{e}\cos\varphi'_{e}-u\sin\varphi'_{e})\sec\alpha\Delta x v_{k} \tag{5-31}$$

②沿相邻土条块界面的内能耗散

处于第 k 个界面的内能耗散按下式计算：

$$\begin{aligned}\Delta D_{k}^{j}&=-(c_{e}^{j}\cos\varphi_{e}^{j}-u^{j}\sin\varphi_{e}^{j})_{k}L_{k}v_{k}^{j}\\&=-(c_{e}^{j}\cos\varphi_{e}^{j}-u^{j}\sin\varphi_{e}^{j})_{k}\csc(\alpha^{r}-\varphi_{e}^{r}-\theta_{j})_{k}\sin(\Delta\alpha-\Delta\varphi'_{e})_{k}v_{k}L_{k}\end{aligned} \tag{5-32}$$

式中： L——界面的长度；

$\Delta\alpha$、$\Delta\varphi'_{e}$——α 和 φ'_{e}从条块左侧过渡到右侧的增量。

（4）多块体模式 Sarma 法的计算公式

根据外力功和内能耗散相等的原则，建立在上限解基础上的 Sarma 法计算公式如下：

$$\begin{aligned}&\sum_{k=1}^{n}\kappa[(c'_{e}\cos\varphi'_{e}-u\sin\varphi'_{e})\sec\alpha\Delta x-(\Delta W+T_{y})\sin(\alpha-\varphi'_{e})-(\eta'\Delta W+T_{x})\cos(\alpha-\varphi'_{e})]_{k}-\\&\qquad\sum_{k=1}^{n-1}\kappa(c'^{j}_{e}\cos\varphi^{j}_{e}-u^{j}\sin\varphi^{j}_{e})_{k}\csc(\alpha^{r}-\varphi'^{r}_{e}-\theta_{j})_{k}\sin(\Delta\alpha-\Delta\varphi'_{e})_{k}L_{k}=0\end{aligned} \tag{5-33}$$

上式中仅包含一个未知量，即隐含于 c'_{e} 和 $\tan\varphi'_{e}$中的安全系数 F，可通过迭代求解。

式（5-33）是 Donald 和 Chen 提出的计算安全系数的公式。将这一式与 5.2.1 节介绍的原 Sarma 法的计算公式相比，无论其表达式还是求解方法，均要简洁明了得多。

4）验证

下面通过一个二维的例题，说明上限定理在边坡稳定分析中的应用。

图 5-14 是根据滑移线理论求得的一个均质边坡承受垂直荷载时的理论解的例题。对于此例，索科洛夫斯基给出的临界垂直荷载 q 的计算公式为：

$$q=c\cot\varphi\left\{\frac{1+\sin\varphi}{1-\sin\varphi}\exp[(\pi-2\chi)\tan\varphi]-1\right\} \tag{5-34}$$

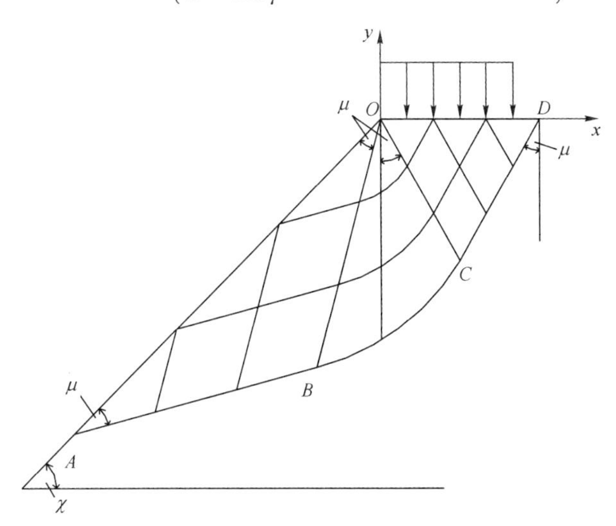

图 5-14 具有垂直荷载的理论解例题

其中，χ 为边坡斜面相对水平线的夹角，相应的临界滑裂面由三段组成：AB、CD 为直线，分别与边坡线和坡顶线夹角为 μ：

$$\mu=\frac{\pi}{4}-\frac{\varphi}{2} \tag{5-35}$$

BC 为一对数螺旋线，其左右边界线 BO 和 CO 分别与边坡线和 y 轴线夹角 μ。

对于图 5-14 所示边坡，如果取 $c=98\text{kPa}$，$\varphi=30°$，边坡倾角 $\psi=45°$，极限荷载 q 按式（5-34）计算为 111.44 kPa。

相应这个荷载，作为稳定分析的第一步，假设一个图 5-15a）所示的 4 条块破坏机构。左边第一个条块的速度 v_1 设为 1，利用式（5-26）和式（5-29），通过连乘，确定每个条块的 v 和 v_j。利用式（5-33），可得到安全系数等于 1.047。应用最优化方法自动搜索到图 5-15b)所示的一个临界破坏模式，相应最小安全系数 $F=1.013$。

表 5-2 和表 5-3 比较了采用上限定理的 EMU 程序和 Hoek 教授编的 SARMA 程序对本例获得的解答。其中 Q 为条块间的作用力，σ 为滑面上的法向应力。可知两者得到完全一致的结果。如果破坏体离散为 16 个条块，将获得图 5-15c）所示的临界破坏模式，这个模式和滑移线理论的结果几乎一致，相应 $F_m=1.006$，更为接近理论值 $F=1.0$。

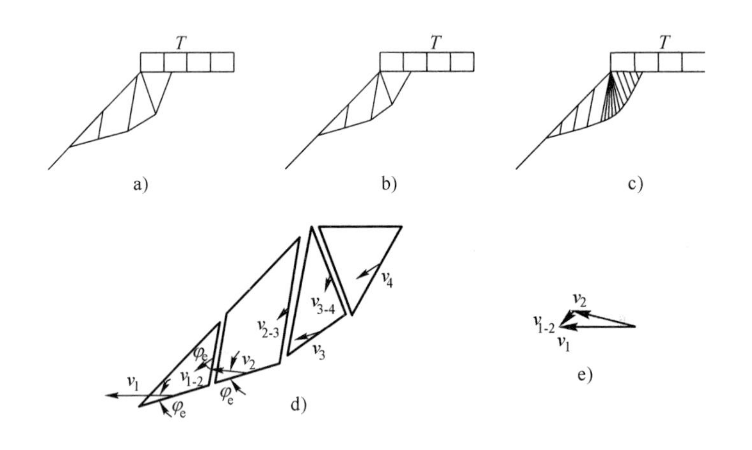

图 5-15 说明上限解的一个二维例子

a)初始假设的破坏模式，$F_0=1.047$；b)搜索临界模式，$F_m=1.013$；c)16 个条块的临界破坏模式，$F_m=1.006$；d)相应图 b)，条间内力和底滑面法向的应力；e)矢量示意图

EMU 及 SARMA 计算的安全系数和条间力比较 表 5-2

程　序	F	条间力				
		Q_0	Q_{1-2}	Q_{2-3}	Q_{3-4}	Q_4
EMU	1.013	0	82.46	162.9	404.83	0.688
SARMA	1.01	0	82.43	161.68	403.47	0

EMU 及 SARMA 计算的安全系数和条底法向应力比较 表 5-3

程　序	F	法向应力			
		σ_1	σ_2	σ_3	σ_4
EMU	1.013	7.81	7.74	21.74	46.75
SARMA	1.01	7.87	7.83	21.68	46.62

5.3 确定临界滑动模式的最优化方法

5.3.1 概述

第4章和第5章介绍的各种稳定分析方法最终形成了一个求解目标函数（安全系数或加载系数）的极值问题，即求解相应最小安全系数的临界滑裂面。岩土工程问题通常包括复杂的地形和地质条件。非线性规划中的最优化方法为解决这类问题提供了强有力的手段。本节简要介绍有关内容。

最优化问题的提法是：对于一个具有 n 个自变量 $\mathbf{Z}^{\mathrm{T}}=(z_1, z_2, \cdots, z_n)$ 的目标函数 F，确定使 F 获得最小值 F_{m} 的自变量 $\mathbf{Z}^{\mathrm{T}}$。

在第4章介绍的垂直条分法稳定分析中，自变量是滑裂面。因此，需要将它所代表的曲线 $y(x)$ 用若干参数来模拟。也就是说，需要将任意形状滑裂面 $y(x)$ 用 $\mathbf{Z}^{\mathrm{T}}$ 来近似表达。在斜条分法中，除代表 $y(x)$ 的参数，条块界面的倾角（参见图5-16）δ_{i} 也是自变量。

将滑裂面曲线用 m 个点 A_1，A_2，…，A_{m} 离散（图5-16），也就是将此 m 个点用直线或光滑的曲线连起来，以近似模拟此曲线。此 m 个坐标用 $\mathbf{Z}_{\mathrm{i}}$（$i=1, 2, \cdots, m$）表示：

$$\mathbf{Z}_{\mathrm{i}}=\begin{Bmatrix} x_{\mathrm{i}} \\ y_{\mathrm{i}} \end{Bmatrix} \tag{5-36}$$

一旦这种连接的模式确定，安全系数 F 即可表达成此 m 个点的坐标 x_1，y_1，x_2，y_2，…，x_{m}，y_{m} 的函数。因此，

$$F=F(x_1, y_1, x_2, y_2, \cdots, x_{\mathrm{m}}, y_{\mathrm{m}}, \delta_1, \delta_2, \cdots, \delta_{\mathrm{m-1}}) \tag{5-37}$$

在进行最优化搜索过程中，A_1，A_2，…，A_{m} 将移到临界滑裂面的位置 B_1，B_2，…，B_{m}（图5-16，此处 $m=6$），其中端点 A_1、A_{m} 原来在边坡线上，有可能移到边坡线外或内，需要通过一定的处理方式，分别找到他们和边坡线的交点。各点的界面倾角 δ_{i} 也将过渡到使目标函数最小的新的数值。对均匀的土体介质，通常希望滑裂面比较光滑，此时，采用三次或更高次的样条函数连接这些点。作为一般的处理，可采用直线和光滑曲线组合构筑的滑裂面。例如图5-16中 A_3、A_4、A_5、A_6 用曲线相连，A_2、A_3 用直线相连。通常只用少量的节点构筑这一破坏模式，然后再按线性内插的原则在相邻节点中进一步将土体细分成土条。在上限解中，条块侧面的倾角 δ_{i} 也将过渡到一组新值。

当离散模型确定后，安全系数便是 m 个控制点 A_1，A_2，…，A_{m} 和 δ_{i} 的函数。在优化计算过程中，这 m 个点中有 n 个点各沿某一设定方向向临界滑裂面移动，或者不规定方向任其自由移动，其余 $m-n$ 个点由于问题本身的要求可以固定。任一滑裂面的 $\mathbf{Z}_{\mathrm{i}}$ 可以用相应于一个初始滑裂面 $\mathbf{Z}$ 的相对坐标来代表：

$$\mathbf{Z}_{\mathrm{i}}^{0}=\begin{Bmatrix} x_{\mathrm{i}}^{0} \\ y_{\mathrm{i}}^{0} \end{Bmatrix} \tag{5-38}$$

$$\mathbf{Z}_{\mathrm{i}}=\mathbf{Z}_{\mathrm{i}}^{0}+\Delta\mathbf{Z}_{\mathrm{i}}=\mathbf{Z}_{\mathrm{i}}^{0}+z_{\mathrm{i}}\begin{Bmatrix} \cos\beta_{\mathrm{i}} \\ \sin\beta_{\mathrm{i}} \end{Bmatrix} \tag{5-39}$$

$i=1, 2, \cdots, n$。其中 z_{i} 为第 i 个点沿 β_{i} 移动的距离。

对于固定的点，其自由度为零，当某点（如图 5-16 中的 A_2、A_3）需沿一个软弱夹层移动时，则其自由度为 1，如对该点的移动方向无特殊要求，如图 5-16 中的其他点，则式（5-37)中的 β_i 和 z_i 一样为自变量，该点的自由度为 2，问题的自由度为各点自由度的总和。搜索最小安全系数的问题具体化为求下式中 F 的最小值问题。

$$F = F(z_1, z_2, \cdots, z_n, \Delta\delta_1, \Delta\delta_2, \cdots, \Delta\delta_n) \tag{5-40}$$

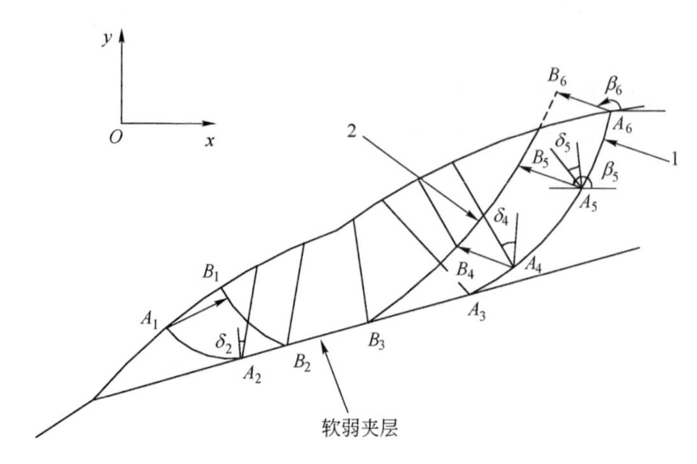

图 5-16　任意形状滑裂面及其自由度

1-初始滑裂面;2-临界滑裂面

最优化方法是近代数学规划中十分活跃的一个领域。目前，已有许多十分成熟的计算方法。总的来看，最优化方法分为两个体系。

（1）第一种为确定性方法

它又可以分为直接搜索法和解析法两类。

直接搜索法通过比较按照一定模式构筑的自变量的目标函数，搜索最小值。人们熟知的枚举法、网格法和优选法，都是原始形式的直接搜索法。单形法、复形法和模式搜索法等则是效率较高的直接搜索法。

解析法的基本思路是寻找目标函数相对于各自变量的导数均为零的解，如负梯度法，DFP 法等。总的来说，这两类方法均可以较好地解决土体稳定的最小值分析问题。但这几年的实际应用表明，采用直接搜索法可能更为简便、有效。

确定性方法的另一类问题可归纳为“模式搜索法”。这一方法在某种搜索策略指导下通过比较按一定模式构筑的自变量空间，最终逼近极值。这一方法某些场合可能获得较解析法更好的结果，但是仍存在局部极值陷阱问题。

（2）第二种为非数值分析方法

非数值分析方法的基本要点是在自变量空间中随机旅行，最终找到最优解。其中最基础的方法为蒙特卡洛法。其基本思想是应用随机数在研究域内构筑一系列自变量，比较其相应的目标函数，寻找最小的目标函数。这一做法等于是对自变量空间进行一次均匀的、高密度的扫描，把整体极值的位置确定下来。这一方法也可以与前述确定性方法结合使用。将通过随机搜索获得的这个最小目标函数作为初值，进行最优化计算。陈祖煜在 20 世纪 90 年代初期，在边坡稳定分析垂直条分法领域对这一思路进行了具体实践，取得了成功。我们将这种确定性方法和随机探索结合的做法称为联合搜索。以后，Greco（1996 年）等人又提出了在随机探索过程中纳入一个的模式优化的功能。

在斜条法出现以后，由于自由度中增加了条块界面倾角 δ_i，我们发现搜索极值的问题变得更为严峻，有时即使纳入随机搜索或联合搜索，仍不能很好地找到整体极值。最优化领域也出现了“模拟退火”“神经网络”“遗传算法”等新的方法，也为边坡稳定分析领域提供了新的手段，这一方面，目前仍是一个活跃的研究课题。鉴于上述方法在其他著作中做过详细介绍，本章仅简要介绍这些方法，并通过算例，说明这些方法的使用情况。

5.3.2 单形法

对某一初始向量 $\boldsymbol{Z}^0$，按下面模式构筑 n 个向量 $\boldsymbol{Z}^i$（$i=1$，2，…，n），组成单形：

$$\left.\begin{aligned}\boldsymbol{Z}^1 &= [z_1^0+p, z_2^0+q, \cdots, z_m^0+q]^T \\ \boldsymbol{Z}^2 &= [z_1^0+q, z_2^0+p, \cdots, z_m^0+q]^T \\ &\cdots\cdots \\ \boldsymbol{Z}^n &= [z_1^0+q, z_2^0+q, \cdots, z_m^0+p]^T\end{aligned}\right\} \tag{5-41}$$

其中

$$p=\frac{\sqrt{(n+1)}+n-1}{n\sqrt{2}}a \tag{5-42}$$

$$q=\frac{\sqrt{(n+1)}-1}{n\sqrt{2}}a \tag{5-43}$$

a 为选定的步长，按照一定的方式通过反射、扩充和收缩，使单形不断更新逼近极值点。收敛准则为：

$$\left\{\frac{1}{n+1}\sum_{k=0}^{n}\left[F(\boldsymbol{Z}^k)-F(\boldsymbol{Z}^a)\right]^2\right\}^{1/2}<\varepsilon \tag{5-44}$$

其中

$$\boldsymbol{Z}^a=\frac{\sum_{k=0}^{n}\boldsymbol{Z}^k}{n+1} \tag{5-45}$$

5.3.3 负梯度法

牛顿法通过解析手段寻找使目标函数 F 对自变量 z_i 的偏导数为零的极值点（$\partial F/\partial z_i=0$，$i=1$，2，…，$n$）。同时，从理论上讲，还需要满足由二阶导数形成的 Hessian 矩阵正定（$\partial^2 F/\partial z_i^2>0$，$i=1$，2，…，$n$），这是达到极小值的充分条件。此类方法中以导数为研究的主要对象，因此，也称为以导数为基础的方法（Gradient-based method）。一般认为，当自由度较多时，直接搜索法效率很低，此时需要考虑牛顿法体系的分析方法。由于这些方法的原理在众多的文献及教科书中都有所介绍，这里只对这一体系中最基本的一种方法——负梯度法作简单的介绍。

负梯度法的基本思想是对一个初始滑裂面，寻找一个使安全系数减小速率最大的方向，在数学上，就是$\left(\frac{\partial F}{\partial z_1}, \frac{\partial F}{\partial z_2}, \cdots, \frac{\partial F}{\partial z_n}\right)^T$这个向量。在这个方向上，进行一次搜索，找到

这一方向安全系数的低谷点。完成了第一次迭代后，再在这个新的起点（上述低谷区）重复这样的运算，直到收敛至极值点。

为了形象直观地了解单形法在搜索最小安全系数时的工作状况，考察图 5-17 所示的一个有两个自由度的例子。滑裂面由 ABC 组成。计算时令 C 点固定不动，A、B 两点沿水平线移动，则该滑裂面的安全系数 F 由 A 点的 x 坐标 x_1 和 B 点的 x 坐标 x_2 决定。图 5-18 所示为 F 相应 x_1、x_2 的等值线图。根据枚举法可以发现在 $x_1 = 92.0$，$x_2 = 143.0$ 时安全系数获得最小值 1.257，相应临界滑裂面如图 5-17 中标 5 的那个滑裂面。

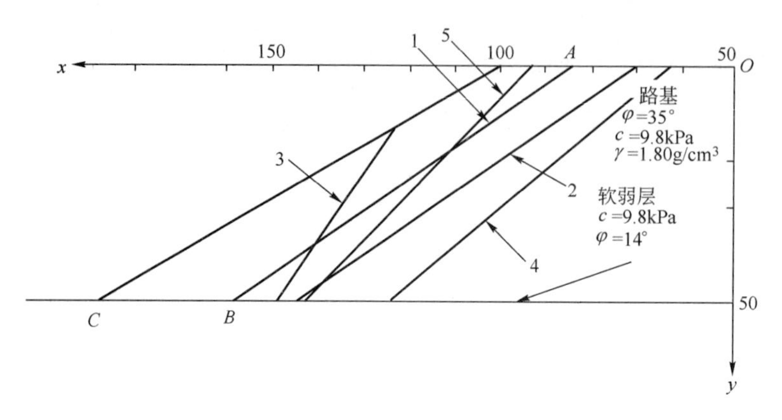

图 5-17　一个有两个自由度的例子

如果使用单形法，则按初始生成的单形即三个滑裂面如图 5-18 中左下角三角形所示，最大、次大和最小分别为 A、B、C 三点。D 为所得的新的顶点。AD 代表了两点连线的方向，D 代表了第一次反射和扩张后达到的点。第一次迭代后，形成了 B、C、D 构成的新的单形，开始新一轮迭代。依次循环，最终达到安全系数的极值 E。搜索过程如图 5-18 中折线 1 所示，最终收敛到 $F_{\mathrm{m}}=1.257$ 相应的 $\boldsymbol{Z}^{\mathrm{m}}=(92.00, 143.00)^{\mathrm{T}}$。

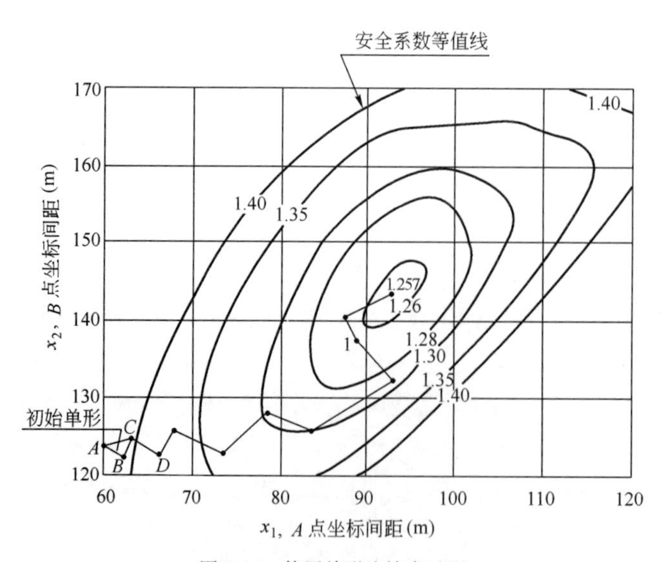

图 5-18　使用单形法搜索过程

在使用负梯度法时，分别以（84.0，160.0），（70.0，145.0），（112.0，150.0）作为起点，相应滑裂面如图 5-19 中 1、2、3 所示，使用负梯度法的搜索路径如图 5-19 中 1、2、3

三条折线所示，可见每一次搜索均是沿着等值线的法线方向即下降速率最大的方向进行的。对这样一个比较简单的算例，负梯度法相应不同初始输入的滑裂面都可以成功地找到极值。图 5-19中 4 为使用改进后的 DFP 法的计算过程。

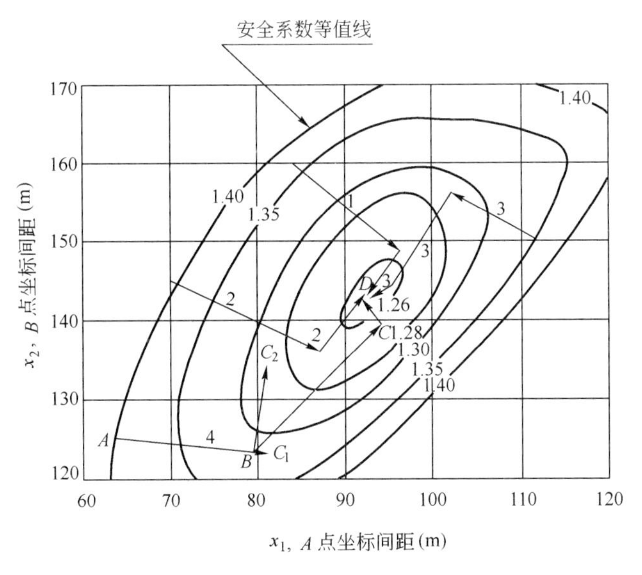

图 5-19 使用负梯度法搜索过程

5.3.4 随机搜索法

对于某一边坡，如图 5-20 所示。根据问题特点，确定一个搜索区域，其轴线用 $\boldsymbol{Z}^0$ 表示，其宽度为 D_i，半带宽为 $d_i=D_i/2$。这个搜索区域左右边界分别用滑裂面 $\boldsymbol{Z}^l$、$\boldsymbol{Z}^r$ 来代表。即

$$\boldsymbol{Z}_i^l = z_i^0 - d_i\begin{Bmatrix}\cos\beta_i \\ \sin\beta_i\end{Bmatrix} \tag{5-46}$$

$$\boldsymbol{Z}_i^r = z_i^0 + d_i\begin{Bmatrix}\cos\beta_i \\ \sin\beta_i\end{Bmatrix} \tag{5-47}$$

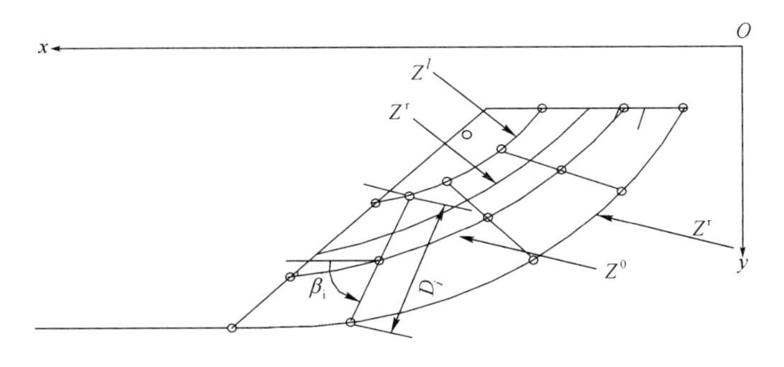

图 5-20 生成随机滑裂面示意图

$\boldsymbol{D}=(d_1, d_2, \cdots, d_n)^{\mathrm{T}}$，称为搜索区宽度。

在搜索区内，任意一个滑裂面可用下式表示：

$$\boldsymbol{Z}_i = z_i^0 + (0.5 - r)d\begin{Bmatrix}\cos\beta_i \\ \sin\beta_i\end{Bmatrix} \tag{5-48}$$

其中，$\boldsymbol{r}=(r_1, r_2, \cdots, r_n)^{\mathrm{T}}$，为该滑裂面和各控制点相对于轴线距离系数。$r_1$，$r_2$，$\cdots$，$r_n$ 为伪随机数，其值均在（0，1）之间。

随机搜索的步骤如下：

（1）计算相应于滑裂面 $\boldsymbol{Z}^0$ 的安全系数 F_0；

（2）使用计算机伪随机发生器，产生 n 个 r 值：r_1，r_2，$\cdots$，r_n，确定一个滑裂面 $\boldsymbol{Z}$，计算其相应的安全系数 F_1；

（3）比较 F_1 和 F_0，如果 F_1 小于 F_0，则 F_0 和 $\boldsymbol{Z}^0$ 用 F_1 和 $\boldsymbol{Z}$ 更新，否则直接转入步骤（4）。

（4）重复步骤（2）和（3），直到比较的次数足够大，获得的最小安全系数足够小，作为最优化法的初值足够好为止。

由于计算机产生的伪随机数具有很好的均匀性，可以认为搜索区域内的滑裂面空间的每个部分都机会均等地被扫描了一遍。搜索次数越多，扫描密度越高，成果越佳。从理论上讲，随机搜索的次数无穷大时，所获得的最小安全系数就是所寻找的整体极值。

应用上述步骤，在求解某一边坡的具体问题时，需要根据经验确定一个搜索区域和一个搜索次数。在实际应用时，可以根据经验来确定搜索次数。

5.3.5 算例

本节通过一个算例说明垂直条分法和斜条分法的应用。本例由三层不同的土构成，有关材料特性指标如表 5-4 所示。

土的材料性质 表 5-4

土　号	c（kN/m²）	φ（°）	γ（kN/m³）	E（kN/m²）	ν	K_0
1号土	0.0	38.0	19.5	1.0×10^4	0.25	0.65
2号土	5.3	23.0	19.5	1.0×10^4	0.25	0.65
3号土	7.2	20.0	19.5	1.0×10^4	0.25	0.65

（1）垂直条分法的分析和成果

使用四个点并用光滑曲线相连来代表滑裂面，边坡断面如图 5-21 所示。我们使用随机搜索法，搜索区间如图 5-22 阴影所示。通过 45 次随机搜索，找到一个相应最小安全系数的滑裂面，如图 5-22 线 1 所示，相应安全系数为 1.350。以此滑裂面作为初始值，任何一种最优化方法均能收敛到相应整体极值。此时，采用的是 Spencer 法，相应安全系数为 1.366。该临界滑裂面在图 5-22 和图 5-23 中分别标为 2 和 1。图 5-23 中滑裂面 2 为使用圆弧滑裂面和 Bishop 法算得结果，相应安全系数为 1.378，对这一圆弧使用 Spencer 法的安全系数为 1.383。

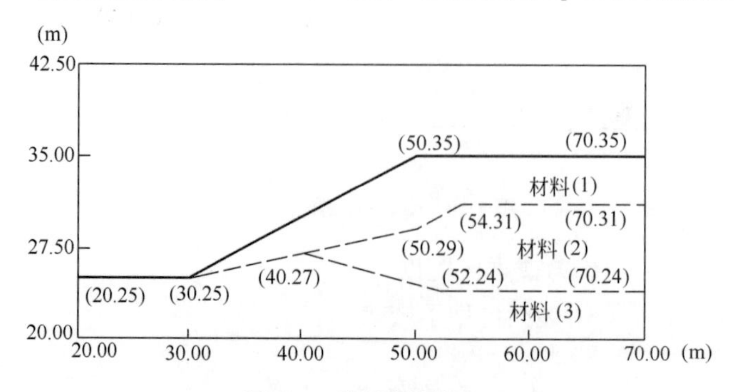

图 5-21　算例边坡断面

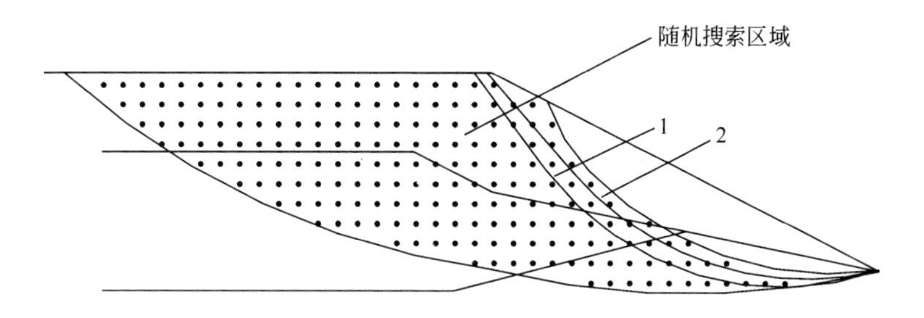

图 5-22 采用随机搜索求解

滑裂面 1，通过 45 个随机滑裂面获得的初始滑裂面，F_0＝1.350（简化法）；滑裂面 2，应用单形法获得的临界滑裂面，F_m＝1.366

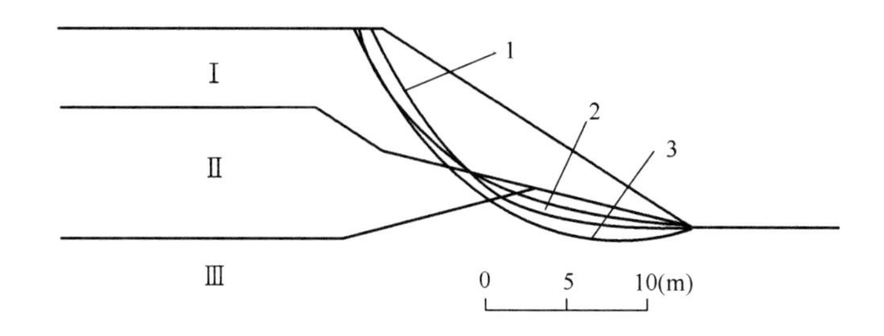

图 5-23 不同计算方法的临界滑裂面

1-使用任意形状滑裂面和 Spencer 法；2-使用圆弧滑裂面和 Bishop 法；3-斜条分法

（2）斜条分法的分析和成果

采用 Sarma 法，此例初始解为 1.630，如图 5-24a）所示。采用单纯形法和遗传算法，可获得如图 5-24b）、c）、d）所示临界滑动模式，计算结果如表 5-5 所示。总体来说，安全系数为 1.401。

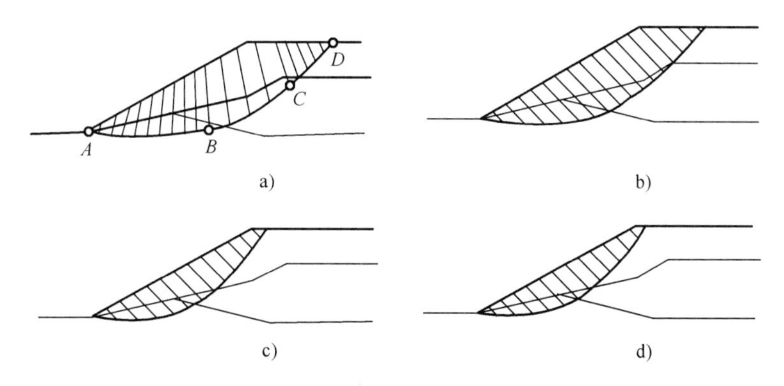

图 5-24 采用不同优化计算成果

a）初始解；b）单纯形法；c）遗传算法（1 000 代）；d）遗传算法（200 代）＋ 单纯形法

采用斜条分法的计算结果汇总 表 5-5

参数	初始解	单纯形法	遗传算法				遗传算法（200 代）＋单纯形法
			100 代	200 代	500 代	1 000 代	
安全系数 F_s	1.630	1.506	1.406	1.406	1.406	1.404	1.401
优化时间（s）	—	3	5	10	24	46	13

注：优化时间相应奔腾 PⅢ733MHz 计算机。

可见，斜条分法（Sarma 法）给出了和垂直条分法十分接近的解答。两种方法分别从上限和下限逼近安全系数的真实解。

图 5-23 总结不同优化计算方法的成果。其中滑裂面 3 为斜条分法（Sarma 法）给出的临界滑裂面。

5.4 楔体稳定分析

5.4.1 概述

目前楔形体稳定分析主要采用极限平衡理论。Hoek 和 Bary 介绍的对楔体稳定分析的简化方法在国内外获得广泛的应用。楔体受力如图 5-25 所示。这一方法包含一个重要的假定，即构成楔体的两个底滑面上的剪力均平行于该两平面的交线（以下称交棱线）。

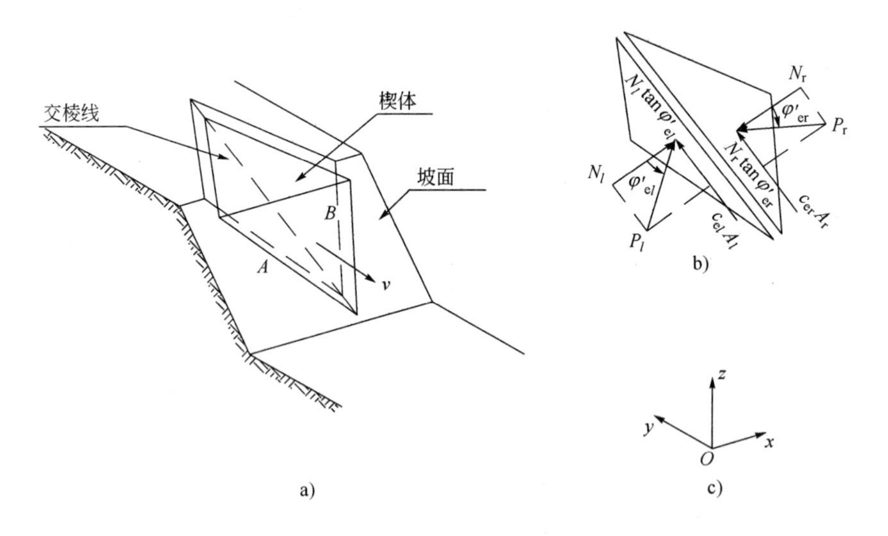

图 5-25　楔体稳定分析示意图

在这个岩石力学界几乎成为经典的领域内，我国学者做出了具有理论意义的工作。

潘家铮曾对这一假定提出了质疑，认为剪力平行于交棱线的假定只有在滑面上摩擦角较小时，才会趋于真实。当摩擦角较大时，传统方法得到的安全系数只能是一种下限解。并由此提出了“潘家铮最大最小原理”。

（1）滑坡体如能沿许多个滑面滑动，则失稳时它将沿抵抗力最小的一个滑面滑动（最小原理）。

（2）当滑面确定时，滑坡体内的内力会自行调整，以发挥最大的抗滑能力（最大原理）。

为便于理解，下面分析一个均质材料并在体型上相对于交棱线对称的楔体，有关系数如表 5-6所示。两滑面上的黏聚力均设为 0，滑面上的剪力与交棱线的夹角用 γ 表示。对这个对称的楔体来说，可以根据不同的 γ 值来计算楔体的安全系数。$\gamma=0$ 即为教科书中的经典方法，其安全系数 $F=0.727$，但是，随着 γ 不断增大，其安全系数 F 也不断增大，最终达到其最大值 $F_{max}=1.002$，此时 $\gamma=42.5°$，如图 5-26 所示。我们称这个解为边坡楔体稳定分析的上限解。

对称楔体参数　　表 5-6

面	倾　　向	倾　　角	内摩擦角	黏　聚　力
左结构面	120°	67.2°	27.5°	0
右结构面	240°	67.2°	27.5°	0
坡顶面	180°	0°	—	—
坡面	180°	90°	—	—

注：楔体高度 H=100m，重度为 2.7×9.8kN/m³。

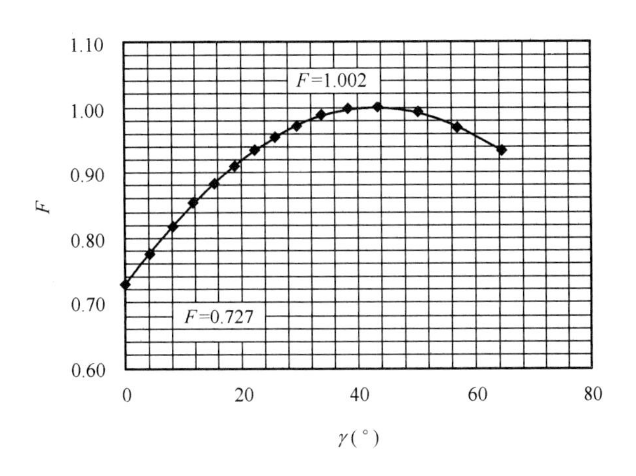

图 5-26　安全系数 F 与滑动面上剪切力方向 γ 的关系

陈祖煜对上述问题做了进一步的探讨，发现当楔体相对两滑面按剪胀角 ρ=27.5°的位移时（此值刚好等于材料的内摩擦角 φ），根据功能平衡方程可知其安全系数 F 刚好为这个最大值 1.002。进一步研究发现，$\rho=\varphi$=27.5°与 γ=42.5°是等价的，而 $\rho=\varphi$ 恰好就是 5.2.2 节讨论过的、熟知的莫尔-库仑相关联流动法则。在证明过程中，陈祖煜还提出了楔体稳定分析的广义解，可以提供相应任意剪胀角 ρ 的安全系数。而 ρ=0 即相应 γ=0，为传统教科书的经典解。

应该说，在今后一段很长的时间内，教科书的经典方法即楔体稳定的极限平衡解仍将是边坡楔体稳定分析和设计的基本手段。但是了解一下这一问题的理论背景和更广泛意义的解答，是十分有益的。在本节中，我们同时介绍楔体稳定极限平衡解和上限解。

5.4.2　楔体稳定极限平衡解

进行楔体稳定分析，需要使用空间解析几何的方法确定与楔块有关的物理量的几何关系。下面讨论一些工程地质和解析几何之间的一些基本关系。

（1）坐标系和物理量定义

首先建立一个空间直角坐标系，z 轴为与重力方向相反，x 和 y 分别为正东和正北方向。

①地质产状和坐标系中的方向导数的关系

某一平面的地质产状（倾角 ψ 和倾向 θ）与这一平面内法线方向的方向导数方向（以 α、β、γ 表示）存在以下关系：

$$\cos\alpha = \sin\psi\sin\theta \tag{5-49}$$

$$\cos\beta = \sin\psi\cos\theta \tag{5-50}$$

$$\cos\gamma = \cos\psi \tag{5-51}$$

②两个平面交线的方向导数

对于图 5-25 所示底滑面 A、B，其交棱线的矢量为：

$$\boldsymbol{j} = \boldsymbol{n}_a \times \boldsymbol{n}_b \tag{5-52}$$

或

$$\boldsymbol{j} = \boldsymbol{n}_b \times \boldsymbol{n}_a \tag{5-53}$$

式中：$\boldsymbol{n}_a$、$\boldsymbol{n}_b$——分别为底滑面 A、B 内法线的方向导数。

在上面两式中选一个向下的矢量（即 j 在 z 坐标的分量为负的矢量）作为稳定分析中使用的交棱线矢量。

③符号规定

向量 $\boldsymbol{a}$ 在向量 $\boldsymbol{b}$ 上的投影可用 $\boldsymbol{a} \cdot \boldsymbol{b}$ 来代表。这里，引入一个符号 $m_{a,b}$，其定义为：

$$m_{a,b} = \boldsymbol{a} \cdot \boldsymbol{b} \tag{5-54}$$

（2）左、右滑面均受压情况的楔体稳定分析

对于作用于楔体上的力的符号作如下规定：

$\boldsymbol{W}$——楔体重力，单位向量为 $\boldsymbol{w}$；

$\boldsymbol{N}_a$——左侧平面上的有效法向反力，即平面 A 内法线方向，单位向量为 $\boldsymbol{n}_a$；

$\boldsymbol{N}_b$——右侧平面上的有效法向反力，即平面 A 内法线方向，单位向量为 $\boldsymbol{n}_b$；

$\boldsymbol{U}_a$——平面 A 上的扬压力；

$\boldsymbol{U}_b$——平面 B 上的扬压力；

$\boldsymbol{V}$——拉裂缝中的抗拉力和水压力总和，单位向量为 $\boldsymbol{v}$；

$\boldsymbol{T}$——作用在楔体上的全部外力，单位向量为 $\boldsymbol{t}$。

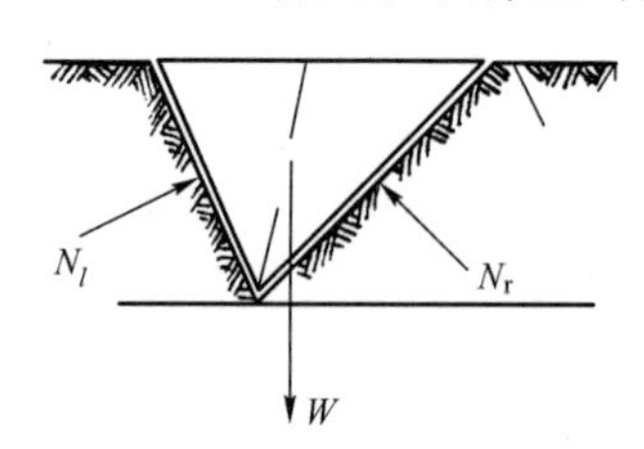

图 5-27　作用于楔体上的力的投影

为了计算楔体底滑面的剪切力，需要知道有效法向反力的数值，用 N_{ae} 和 N_{be} 代表。如前所述，在提出楔体稳定分析的简化方法时，曾引入一个假定，即作用于左、右两个平面上的剪切力均平行于交棱线。这样，如果将作用在该楔体上的力分别投影到图 5-27 所示的 N_r 和 N_l 方向，滑面上将不存在剪力。分别可得以下两个方程：

$$(N_{ae} + U_a) + m_{Nb,Na}(N_{be} + U_b) + m_{W,Na}W + m_{V,Na}V + m_{T,Na}T = 0 \tag{5-55}$$

$$(N_{be} + U_b) + m_{Na,Nb}(N_{ae} + U_a) + m_{W,Nb}W + m_{V,Nb}V + m_{T,Nb}T = 0 \tag{5-56}$$

从中解出 N_{ae} 和 N_{be}：

$$N_{ae} = qW + rV + sT - U_a \tag{5-57}$$

$$N_{be} = xW + yV + zT - U_b \tag{5-58}$$

式中，

$$q = (m_{Na,Nb}m_{W,Nb} - m_{W,Na})/(1 - m_{Na,Nb}^2) \tag{5-59}$$

$$r = (m_{Na,Nb}m_{V,Nb} - m_{V,Na})/(1 - m_{Na,Nb}^2) \tag{5-60}$$

$$s = (m_{Na,Nb}m_{T,Nb} - m_{T,Na})/(1 - m_{Na,Nb}^2) \tag{5-61}$$

$$x = (m_{Na,Nb}m_{W,Na} - m_{W,Nb})/(1 - m_{Na,Nb}^2) \tag{5-62}$$

$$y=(m_{\mathrm{Na,Nb}}m_{\mathrm{V,Na}}-m_{\mathrm{V,Nb}})/(1-m_{\mathrm{Na,Nb}}^{2}) \tag{5-63}$$

$$z=(m_{\mathrm{Na,Nb}}m_{\mathrm{T,Na}}-m_{\mathrm{T,Nb}})/(1-m_{\mathrm{Na,Nb}}^{2}) \tag{5-64}$$

顺交棱线（在此分析中标号为 j）向下作用的下滑力 $\boldsymbol{S}$ 由作用在楔体上的力在 j 方向投影解析而求出：

$$S=m_{\mathrm{W,j}}W+m_{\mathrm{V,j}}V+m_{\mathrm{T,j}}T \tag{5-65}$$

边坡的安全系数由摩擦力加上黏聚力所产生的抗滑力与下滑力 S 的比给出，所以：

$$K=\frac{c_{\mathrm{A}}\cdot A_{\mathrm{A}}+c_{\mathrm{B}}\cdot A_{\mathrm{B}}+N_{\mathrm{ae}}\cdot\tan\varphi_{\mathrm{A}}+N_{\mathrm{be}}\cdot\tan\varphi_{\mathrm{B}}}{S} \tag{5-66}$$

式中：c、φ——分别为黏聚力和摩擦角。

（3）左、右滑面中有一个受拉情况

在楔体稳定分析中，还包含一个检查按式（5-57）和式（5-58）计算所得的 N_{ae} 和 N_{be} 是否为负的步骤。如果 N_{ae} 和 N_{be} 中的一个为负，说明楔体将沿该面脱开。此时应按“单面滑动”重新复核楔体的安全系数。传统的做法仍假定滑面上的剪切力与交棱线平行。如果 N_{be} 为负，则 N_{ae} 按下式求得：

$$N_{\mathrm{a}}=-m_{\mathrm{W,Na}}W-m_{\mathrm{V,Na}}V-m_{\mathrm{T,Na}}T-U_{\mathrm{a}} \tag{5-67}$$

获得 N_{a} 后，令 $N_{\mathrm{b}}=0$，即可算得安全系数。

对 N_{be} 为负的情况，也可按类似方法计算。

5.4.3 楔体稳定分析的上限解

楔体稳定分析的上限解（图 5-28）即为前面提到的相应潘氏原理的最大解。本节给出具体解法。

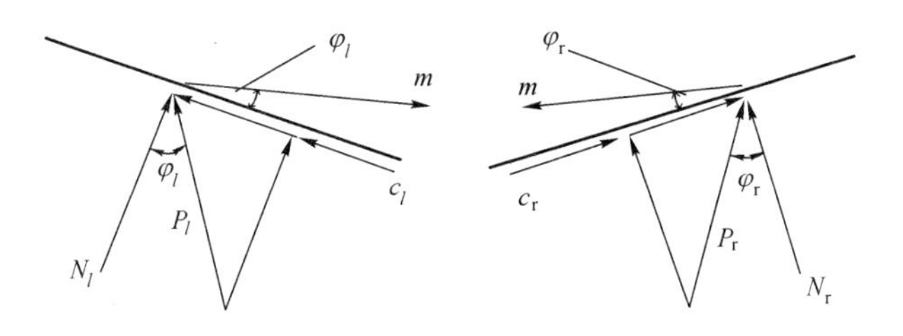

图 5-28　楔体稳定分析的上限解

作用在滑面上的力可分为两部分：一部分为法向力 N 和由它决定的摩擦阻力 $N\tan\varphi$ 构成的一个“摩擦反力” P，它与滑面法向夹角为 φ_{e}；另有 $c_{\mathrm{e}}A$ 提供的“黏聚阻力” T，其中 A 为滑面的面积。其中安全系数隐含于对强度指标的下标“e”中。现在来寻找一个滑移速度，它与两个滑面的夹角均为 φ_{e}，则两个滑面上的“摩擦反力” P 在该滑移速度上做的功均为零，在虚功方程中除了隐含于 φ_{e} 中的安全系数 F_{s} 外，再没有其他未知量，于是可以通过机动分析方便地求到一个安全系数。

以上限原理为基础的楔体稳定分析的机动位移法求解安全系数包括以下步骤：

（1）计算楔体的绝对速度 $\boldsymbol{v}$

如前所述，位移 $\boldsymbol{v}$ 与左右两个结构面的夹角分别为 $\varphi_{\mathrm{e}l}$，φ_{er}。

$\boldsymbol{v}$ 的矢量表达式为（v_{x}，v_{y}，v_{z}），其中 v_{x}、v_{y}、v_{z} 分别为 $\boldsymbol{v}$ 在三个坐标轴上的投影。$N_{l\mathrm{x}}$、$N_{l\mathrm{y}}$、$N_{l\mathrm{z}}$ 表示左结构面的法线矢量，N_{rx}、N_{ry}、N_{rz} 为右结构面的法线矢量。可以得出

下面的关系式：

$$v_x \cdot N_{lx} + v_y \cdot N_{ly} + v_z \cdot N_{lz} = |v| \cdot \sin\varphi_{el} \tag{5-68}$$

$$v_x \cdot N_{rx} + v_y \cdot N_{ry} + v_z \cdot N_{rz} = |V| \cdot \sin\varphi_{er} \tag{5-69}$$

再令 $|v|=1$，即

$$v_x^2 + v_y^2 + v_z^2 = 1 \tag{5-70}$$

联立式（5-68）～式（5-70）组成三元线性方程组，可以求解得到 $v=(v_x, v_y, v_z)$。

（2）通过虚功原理求解安全系数

$$Wv = c_r A_r \varphi_{er} + c_l A_l \varphi_{el} \tag{5-71}$$

此时式（5-71）仅包含隐含在 c_e 和 φ_e 中的 F 一个未知数，可以通过方程的非线性迭代技术来确定 F_s 值，因此以虚功原理为基础的楔体的机动位移法求解安全系数就变得十分简易和方便。

5.4.4 工程应用

三峡水利枢纽永久船闸为双线 5 级船闸，位于坝址左岸，由闪云斜长花岗岩组成。

岩体内节理裂隙按其走向可分为 NNW、NNE、NE～NEE、NW～近 EW（现轴线交角≤30°）四组。各组裂隙统计见图 5-29 和图 5-30。

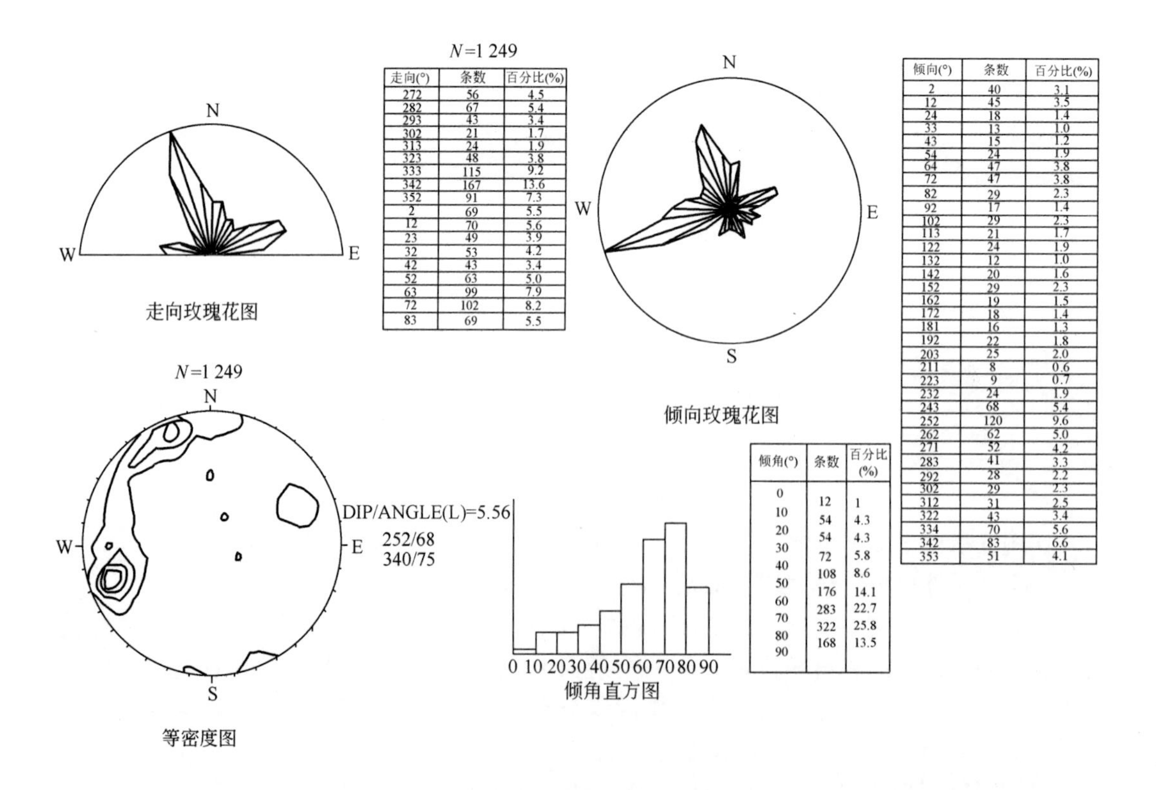

N=1 249

走向(°)	条数	百分比(%)
272	56	4.5
282	67	5.4
293	43	3.4
302	21	1.7
313	24	1.9
323	48	3.8
333	115	9.2
342	167	13.6
352	91	7.3
2	69	5.5
12	70	5.6
23	49	3.9
32	53	4.2
42	43	3.4
52	63	5.0
63	99	7.9
72	102	8.2
83	69	5.5

倾向(°)	条数	百分比(%)
2	40	3.1
12	45	3.5
24	18	1.4
33	13	1.0
43	15	1.2
54	24	1.9
64	47	3.8
72	47	3.8
82	29	2.3
92	17	1.4
102	29	2.3
113	21	1.7
122	24	1.9
132	12	1.0
142	20	1.6
152	29	2.3
162	19	1.5
172	18	1.4
181	16	1.3
192	22	1.8
203	25	2.0
211	8	0.6
223	9	0.7
232	24	1.9
243	68	5.4
252	120	9.6
262	62	5.0
271	52	4.2
283	41	3.3
292	28	2.2
302	29	2.3
312	31	2.5
322	43	3.4
334	70	5.6
342	83	6.6
353	51	4.1

倾角(°)	条数	百分比(%)
0		
	12	1
10		
	54	4.3
20		
	54	4.3
30		
	72	5.8
40		
	108	8.6
50		
	176	14.1
60		
	283	22.7
70		
	322	25.8
80		
	168	13.5
90		

图 5-29　三峡船闸南坡裂隙统计图

表 5-7 和表 5-8 分别为定位、半定位楔形体几何参数及稳定分析结果。从中可以看出，当滑面材料中包含较大的 c 值时，传统方法和上限解的差别是不大的。相反，c 值很小时，传统方法和上限解的差别可以变得很大。

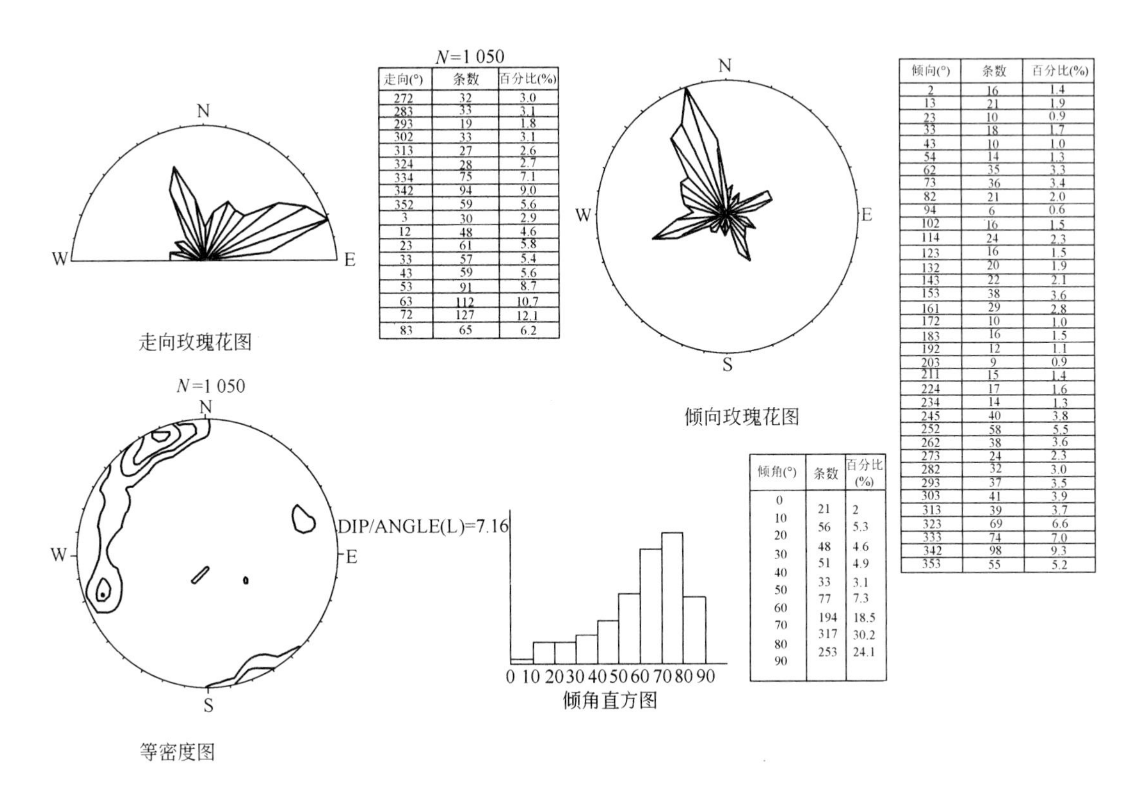

图 5-30 三峡船闸北坡裂隙统计图

三峡永久船闸定位楔形体几何参数及稳定分析结果 表 5-7

编号	组成块体的结构面产状（倾向∠倾角）	边坡面坡顶面（倾向∠倾角）	滑面 c（MPa）	滑面 φ（°）	块体高度 h（m）	安全系数	
						上限解	传统方法
1	L 210°∠30° R 340°∠75°	201°∠90° 201°∠0°	1.0	31	62.3	2.251	1.741
2	L 91°∠30° R 331°∠60°	21°∠90° 21°∠0°	1.0	31	34.8	2.07	1.932
3	L 94°∠70° R 255°∠75°	201°∠90° 201°∠0°	1.0	31	28.4	6.446	6.227
4	L 130°∠80° R 345°∠76°	21°∠90° 21°∠0°	1.0	31	32.1	3.514	3.150
5	L 96°∠61° R 244°∠70°	201°∠90° 201°∠0°	1.0	31	24.0	4.420	4.239
6	L 140°∠70° R 280°∠60°	201°∠90° 201°∠0°	1.0	31	14.9	4.707	4.604
7	L 120°∠70° R 340°∠70°	21°∠90° 21°∠0°	1.0	31	17.2	4.273	4.121
8	L 100°∠76° R 333°∠77°	21°∠90° 21°∠0°	1.0	31	29.1	2.730	2.523

三峡永久船闸半定位楔形体几何参数及稳定分析成果　表 5-8

编号	组成块体的结构面产状（倾向∠倾角）	边坡面坡顶面（倾向∠倾角）	滑面 c（MPa）	滑面 φ（°）	块体高度 h（m）	安全系数	
						上限解	传统方法
1	L 10°∠30° R 225°∠80°	201°∠73° 201°∠0°	0	31	4.7	1.61	1.483
2	L 152°∠84° R 285°∠70°	201°∠73° 201°∠0°	0	31	9.8	1.439	0.787
3	L 152°∠84° R 320°∠65°	201°∠45° 201°∠0°	0	31	3.7	6.03	5.683
4	L 152°∠84° R 295°∠80°	201°∠90° 201°∠0°	0	31	7.6	1.817	0.775
5	L 152°∠84° R 290°∠65°	201°∠73° 201°∠0°	0	31	8.3	1.663	1.094
6	L 145°∠75° R 250°∠70°	201°∠73° 201°∠0°	0	31	9.7	0.844	0.477
7	L 145°∠75° R 252°∠73°	201°∠73° 201°∠0°	0	31	9.7	0.862	0.457
8	L 153°∠79° R 305°∠65°	201°∠73° 201°∠0°	0	31	9.1	2.566	2.121
9	L 153°∠79° R 320°∠60°	201°∠45° 201°∠0°	0	31	2.6	5.737	5.529
10	L 200°∠72° R 265°∠76°	201°∠73° 201°∠0°	0	31	9.8	0.435	0.239
11	L 105°∠70° R 175°∠75°	201°∠90° 201°∠0°	0	31	9.7	—	0.161
12	L 105°∠80° R 173°∠75°	201°∠90° 201°∠0°	0	31	10.1	—	0.161
13	L 86°∠73° R 325°∠60°	21°∠73° 21°∠0°	0	31	8.7	1.201	0.895
14	L 73°∠86° R 330°∠70°	21°∠90° 21°∠0°	0	31	8.0	0.796	0.327
15	L 280°∠80° R 320°∠60°	21°∠73° 21°∠0°	0	31	6.2	1.810	0.926
16	L 280°∠80° R 320°∠60°	21°∠90° 21°∠0°	0	31	6.2	1.810	0.926

5.5 倾倒稳定分析

5.5.1 概述

倾倒破坏是岩质边坡的一个主要失稳模式。在5.1节介绍了确定可能发生倾倒破坏的工程地质条件。

极限平衡分析方法仍然是常用的进行边坡倾倒稳定分析的方法。Goodman 和 Bray 最早提出了分析倾倒稳定的极限平衡方法。随后也有一些学者对这一方法做出了改善。由于边坡倾倒主要表现为倾倒的岩柱发生弯曲折断破坏，建立在非连续介质模型基础上的应力应变分析方法更能反映实际情况。因此，离散元、不连续变形分析（DDA）和流形元等可能是分析岩质边坡倾倒破坏的更有效手段。

本节着重介绍 Goodman-Bray 提出的极限平衡分析方法以及中国水利水电科学研究院在模型试验验证和数值计算方法改进方面所做的工作。

5.5.2 Goodman-Bray 法

（1）基本原理

Hoek 在《岩石边坡工程》中详细介绍了 Goodman-Bray 提出的边坡倾倒稳定分析方法。设某一边坡被反倾向的结构面切割成 n 块宽度为 ΔL 的矩形条块，对于任一条块，作用其上的力将使该条块处于：①稳定；②倾倒破坏；③滑动破坏状态。滑坡体分为稳定区、倾倒区、滑动区三部分，如图5-31所示。最后一个滑动块和最后一个倾倒块的编号分别为 N_s 和 N_t。作为一个以倾倒破坏模式为主的边坡，为使变形协调条件成立，条块的几何边界条件还要进一步简化，见图5-31。

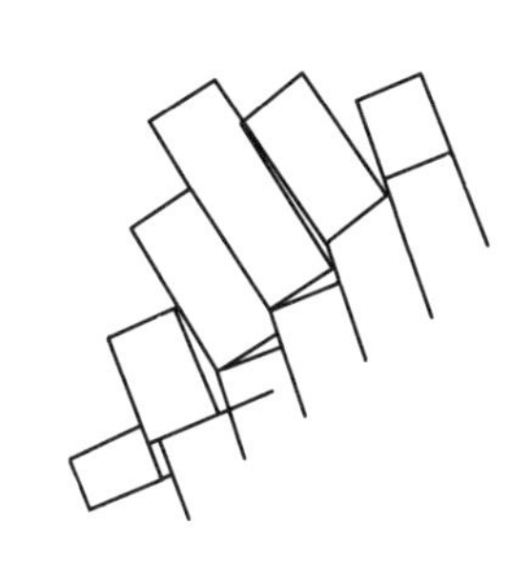

图5-31 倾倒边坡的典型结构特征

①在坡顶处，最后一个稳定块和第一个倾倒块之间存在一个拉裂缝。

②在倾倒区，底滑面在两个条块的交界处存在一个台阶，其高度为 b。

③在倾倒区，相邻两个倾倒块的顶部为点接触，故侧面上无黏聚力，其法向力与切向力满足莫尔-库仑准则。

④在滑动区，相邻两个滑动块在侧面和各自的底面满足莫尔-库仑准则。

已知右侧作用力的合力，可以根据力的平衡求得左侧合力。对倾倒块体，将各作用力对条块左下端点取矩：

$$P_n^l = \frac{P_n^r(H_r - \Delta L \cdot \tan\varphi) + \frac{\Delta W}{2}(H \cdot \sin\alpha - \Delta L \cdot \cos\alpha)}{H_l} \tag{5-72}$$

式中：P_n^r、P_n^l——分别为右侧和左侧合力；

ΔW——岩块重力；

H、H_l、H_r——分别为岩块高度，岩块的左、右侧有效接触高度；

ΔL——岩块宽度；

α——节理倾角；

φ——侧面摩擦角。

对滑动块体通过静力平衡可以得：

$$p_n^l = p_n^r - \frac{\Delta W(\tan\varphi\cos\alpha - \sin\alpha)}{1 - \tan^2\varphi} \tag{5-73}$$

（2）计算步骤

稳定块满足下列原则：

$$\frac{\Delta L}{H} < \tan\alpha，且 \tan\alpha < \tan\varphi_e$$

从最上部的条块开始，确定第1个不满足上述原则被破坏的条块，即获得 N_t。自该块体开始，根据 $p_n^l = p_n^r$ 的原则，通过式（5-72）或式（5-73）向下计算每一个发生倾倒或滑动破坏时传递的下推力 p_{n-1}^r，分别用 PT 和 PS 表示。

①如果 $PT \geqslant 0$ 且 $PT \geqslant PS$，则岩块处于倾倒状态，此时 $p_n^l = p_{n-1}^r = PT$。

②如果 $PS \geqslant 0$ 但 $PT < PS$，则岩块处于滑动状态，此时 $p_n^l = p_{n-1}^r = PS$。

（3）算例

图5-32为《岩石边坡工程》提供的一个算例。这个开挖边坡高92.5m，坡角为56.6°，岩体为倾角60°、倾向山体的层状岩体。一个由16个岩块组成的规则岩块系统，这一模式决定了台阶高度为0.2m。$a_1 = 5.0$m，$a_2 = 5.2$m，$b = 1.0$m，$\Delta L = 10.0$m，$\gamma = 25$kN/m³。岩块10处于边坡的坡顶线上，坡顶面仰角为4°。由于 $\cot\alpha = 1.78$，摩擦角 $\varphi > 30$（$\tan\varphi > 0.577$），岩块16、15及14构成一稳定区。

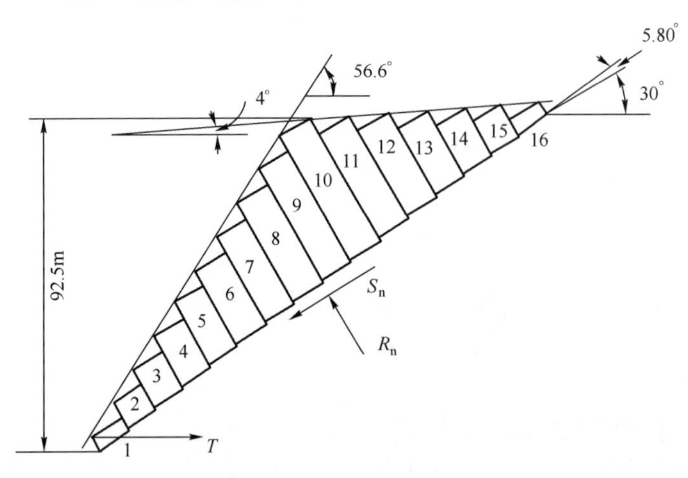

图5-32 《岩石边坡工程》算例

取 $\tan\varphi = 0.7855$，$P_{13} = 0$，P_{12} 取 $P_{12,t}$ 及 $P_{12,s}$ 中的较大者。计算结果如表5-9所示。从岩块13一直到岩块4以前倾倒力的数值都比较大，而从岩块3以后滑动力的数值比较大。所以，岩块4～13构成了潜在的倾倒区，而岩块1～3构成了滑动区。阻止岩块1滑动所需要的抗滑力趋于零，这说明该边坡非常接近极限平衡状态。

图 5-32 算例中力的计算结果　表 5-9

块号	块高度 (m)	式①	式②	根据 G-B 法确定的 p_n，式①、式②中较大者	根据改进的方法确定的 p_n	模　式
16	4.0	0	0	0	0	稳定
15	10.0	0	0	0	0	稳定
14	16.0	0	0	0	0	稳定
13	22.0	0	0	0	0	倾倒
12	28.0	292.5	−2 588.7	292.5	292.368	倾倒
11	34.0	825.7	−3 003.2	825.7	825.485	倾倒
10	40.0	1 556.0	−3 175.0	1 556.0	1 555.701	倾倒
9	36.0	2 826.7	−3 150.8	2 826.7	2 826.348	倾倒
8	32.0	3 922.1	−1 409.4	3 922.1	3 921.657	倾倒
7	28.0	4 594.8	156.8	4 594.8	4 594.193	倾倒
6	24.0	4 837.0	1 300.1	4 837.0	4 836.338 8	倾倒
5	20.0	4 637.5	2 013.0	4 637.5	4 836.805	倾倒
4	16.0	3 978.1	2 284.1	3 978.1	3 977.428	倾倒
3	12.0	2 825.6	2 095.4	2 825.6	2 824.936	滑动
2	8.0	1 130.1	1 413.5	1 413.5	1 168	滑动
1	4.0	−1 485.1	472.2	472.2	470.823	滑动

（4）Goodman-Bray 方法的局限性

Goodman-Bray 方法十分简便，适宜在实际中应用，但是还存在着一些局限性，影响了它的适用范围，也影响了它计算结果的准确性。这种方法主要存在如下的局限：

①此法假定岩柱底滑面完全连通，并只有摩擦力。但是，实际岩体一般都没有完全贯通的底滑面。在岩柱底面，节理和岩桥共同作用，使得岩柱产生对倾倒和滑动的抵抗力和力矩。将底滑面的连通率视为 100%，会得出过于保守的计算结果。

②Goodman-Bray 模型以坡脚第一块岩柱所需外力作为衡量边坡稳定的标志，在实际应用中不方便，有待于将计算结果转换成工程中易于接受的安全系数。

③此法假定被离散的条块为矩形，即条块的底面和侧面正交。可是，实际情况往往包含两组并非正交的结构面，如龙滩水电站左岸进水口边坡（在 5.5.6 节中介绍），其反倾向的层面倾角为 60°，另一组可能成为底裂面的顺坡节理倾角也是 60°，这样，就形成了一个夹角为 120°的平行四边形条块。

④节理岩体存在大量的裂缝，受力时首先从裂缝处断裂，在稳定分析中应考虑节理岩体的断裂所造成的强度折减。

5.5.3　对 Goodman-Bray 法的改进

针对 Goodman-Bray 方法存在上述的局限性，中国水利水电科学研究院对其数学模型做了改进，主要有以下三个方面：

（1）安全系数的定义和确定方法

在改进的方法中，仍沿用在第 4 章中式（4-75）对安全系数的定义。采用这一定义，计算安全系数需要迭代。在 5.2.1 节，已经介绍了 Sarma 建议的一个先计算临界加速度 η（即 5.2.1 节的 K），然后找到相应 η 为零的安全系数的方法。

由于改进的方法考虑了岩柱抗弯能力，在引入对强度指标 c 和 $\tan\varphi$ 折减的同时，也要对抗拉强度 σ_t 进行折减。即按式（4-75）定义 c_e 和 $\tan\varphi_e$ 的同时，还定义

$$\sigma_{te} = \frac{\sigma_t}{F} \tag{5-74}$$

（2）确定破坏模式

如上所述，Goodman-Bray 方法在计算中要检验每一岩块是稳定、倾倒或滑动的哪一类。而 η 和 F_s 在每次检验中都是未知数，要得到合理的估计比较困难。这种方法原则上只适用于处于极限平衡状态的边坡。在改进的 Goodman-Bray 方法中，我们对不同的 N_s、N_t 组合，计算 η，求得最小 η 的那组 N_s、N_t，即为最可能的破坏模式。下面，将通过举例说明。在极限平衡状态时，这一方法和第一节所介绍的 Goodman-Bray 法分析的结果完全一致。

（3）计入节理岩体连通率

倾倒边坡中大多数岩体至少有一组节理面不完全贯通。因此在改进的 Goodman-Bray 方法中考虑底滑面上岩桥的作用，假定岩柱的各个侧面是全部连通的。由于大多数倾倒边坡中底滑面岩体至少有一组节理面不会完全贯通。因此在改进的方法中考虑底滑面上岩桥的作用。基于材料力学平面假定，岩桥底面提供的抵抗倾倒的弯矩被计入静力平衡方程中。

对底滑面岩桥的力矩 M_b 和应力分布进行受力分析及力矩分析：

设岩柱底面承受法向荷载 P_b 及力矩 M_b，为一偏心受压构件，如图 5-33 所示。破坏时岩柱底面上游左侧端点达到岩桥抗拉强度 σ_t，设连通率为 k，不连通率 $\xi=1-k$，因此：

$$\sigma_t = \frac{M_b}{\frac{1}{6}\xi\Delta L^2} - \frac{P_h}{\xi\Delta L} \tag{5-75}$$

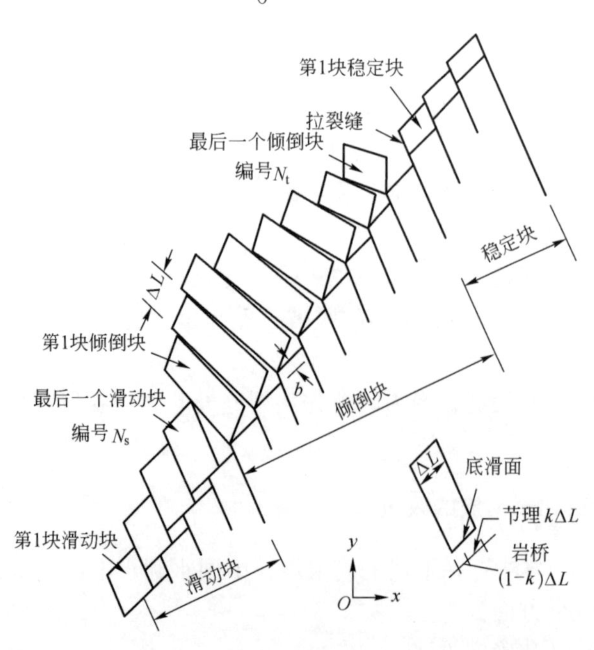

图 5-33　改进的 Goodman-Bray 法计算示意图

$$M_b = \frac{\xi \Delta L}{6}(\sigma_t \xi \Delta L + P_b) \tag{5-76}$$

5.5.4 计算公式

前面已经谈到，在改进的 Goodman-Bray 法中，首先计算边坡达到极限平衡状态时的临界加速度系数 k，通过迭代最终获得安全系数 F_s。具体步骤如下。

(1) 条块力的递推公式

在进行条块力的递推时，使用了与 Goodman-Bray 相反的方向，即从坡脚向上递推计算。对于某一条块，根据力的平衡条件，计算侧面作用力的方程可以表达成下面的一般形式：

$$P_r = AP_l + B + \eta C \tag{5-77}$$

式中：P_r、P_l——分别为右侧和左侧面作用力；

A、B、C——系数，分别通过滑动块和倾倒块的平衡方程求得。

①对于滑动岩柱

系数 A、B、C 分别为：

$$A = \frac{\sec\varphi_l \cos(\varphi_l + \varphi_b - \rho)}{K} \tag{5-78}$$

$$B = \frac{\Delta W \sin(\varphi_b - \alpha) - \eta' \Delta W \cos(\varphi_b - \alpha) + c\Delta L \cos\varphi_b + T_a \cos(\alpha - \varphi_b + \delta)}{K} \tag{5-79}$$

$$C = -\frac{\Delta W \cos(\varphi_b - \alpha)}{K} \tag{5-80}$$

$$K = \cos(\varphi_r + \varphi_b - \rho)\sec\varphi_r \tag{5-81}$$

式中：φ_b、φ_l、φ_r——分别为底面和柱面左、右侧面底摩擦角；

$\eta' \Delta W$——作用在条块上的水平地震力；

T_a、δ——分别为岩柱上的锚杆作用力和锚固角；

ρ——底滑面法线方向和反倾向侧面的夹角。

②对于倾倒岩柱

系数 A、B、C 分别为：

$$A = \frac{H_l + \dfrac{\Delta L \xi \sin(\varphi_l - \rho)}{3\cos\varphi_l}}{K} \tag{5-82}$$

$$B = \frac{T_\alpha \left[H_\alpha - \dfrac{1}{3}\Delta L \xi \sin(\alpha + \delta)\right]}{K} + \frac{\dfrac{1}{6}\sigma_t \Delta L^2 \xi^2 - \Delta W \left(e_W + \dfrac{1}{3}\Delta L \xi \cos\alpha\right)}{K} + \eta' C \tag{5-83}$$

$$C = \frac{-\Delta W \left(e_H - \dfrac{1}{3}\Delta L \xi \sin\alpha\right)}{K} \tag{5-84}$$

$$K = H_r + b + \frac{\Delta L \xi \sin(\varphi_r - \rho)}{3\cos\varphi_r} - \Delta L \tan\varphi_r \cos\rho + \Delta L \sin\rho \tag{5-85}$$

以上式中：b——台阶高；

e_W、e_H、H_α——分别为条块重心 x、y 方向与外力距条块趾部 O 点的距离。

本节公式的推导参见专门文献。

（2）计算 η 的公式

对于第 i 块岩柱，有：

$$P_{r,j} = A_i P_{l,i} + B_i + \eta C_i \tag{5-86}$$

此式也可表达为：

$$P_{r,i} = F_i + \eta G_i \tag{5-87}$$

其中

$$F_i = A_i P_{l,i} + B_i \tag{5-88}$$

$$G_i = C_i \tag{5-89}$$

由于

$$P_{l,i} = P_{r,i-1} = F_{i-1} + \eta C_{i-1} \tag{5-90}$$

将式（5-90）代入式（5-88）可得：

$$F_i = A_i F_{i-1} + B_i \tag{5-91}$$

$$G_i = A_{i-1} G_{i-1} + C_{i-1} \tag{5-92}$$

设 N_t 为最后一个倾倒块的编号，则

$$P_{r,N_t} = F_{N_t} + \eta G_{N_t} = 0 \tag{5-93}$$

故有：

$$\eta = -\frac{F_{N_t}}{G_{N_t}} \tag{5-94}$$

5.5.5 计算步骤

改进的 Goodman-Bray 法的计算步骤如下：

假定一个 F_s 值，得 c_e、$\tan\varphi_e$ 和 σ_{te}。

（1）选定一个 N_s 和 N_t，根据式（5-94）计算 η。

（2）不断地改变 N_s 和 N_t，最终找到相应最小的 η 的 N_s 和 N_t。这样，就同时确定了破坏的模式和相应的 η 值。

（3）不断改变 F，获得相应的 η 值，最终获得相应 η 为零的 F_s，为本题的解答。

在边坡稳定分析程序 EMU 中，作者纳入了本章介绍的经改进的 Goodman-Bray 法。EMU 程序将自动计算相应不同组合的 N_s 和 N_t，并获得相应的 η 值。同时对获得的最小 η 值的组合，也将通过迭代确定安全系数 F_s。其简图见图 5-34。

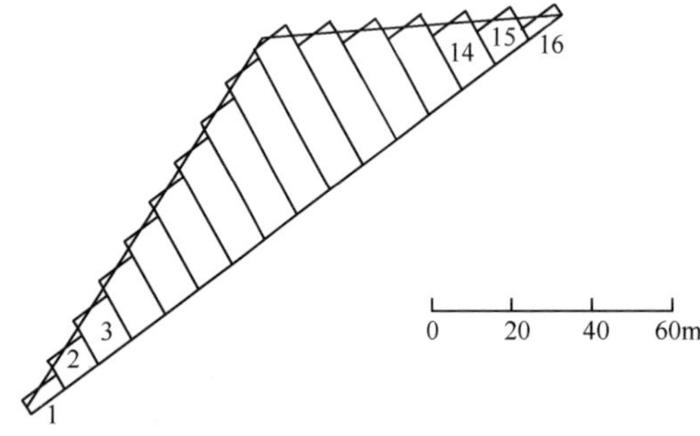

图 5-34　使用程序 EMU 计算的简图

需要说明的是，本章引入的对 Goodman-Bray 法的改进只是扩大了这一方法的应用范围和功能，并没有改变这一方法的基本原理和内涵。事实上，在改进的方法中引入连通率 $k=1$ 和矩形条柱的条件，改进的方法即可以回归到 Goodman-Bray 的原法。以下通过例题进一步说明这一点。

对 5.5.2 节的算例，首先输入稳定、倾倒和滑动的不同组合，从坡脚至坡顶，最大滑动块号为 N_s、最大倾倒块号为 N_t。对于给定的 N_s 和 N_t，计算 η，求得相应最小 η 的那组 N_s 和 N_t 为最可能的破坏模式。表 5-10 为相应不同的 N_s 和 N_t 组合的 η 值。从表中可见，当 $N_s=3$，$N_t=13$ 时，$\eta=2.561\times10^{-3}$ 非常接近于零，其相应的安全系数 $F=1.005$。说明改

进的方法是可以回归到 Goodman-Bray 的原法的。

但是，从表 5-10 也可以看到：在不同的 N_s、N_t 组合中，仍有更小的 η 值。例如，在 $N_s=2$，$N_t=13$ 时，$\eta=-1.062\times10^{-3}$，相应这一组合，$F=0.982$。对于改进的 Goodman-Bray 法，自然会将这一成果作为本题的最终解。这样，使用改进的 Goodman-Bray 法，其安全系数和原法将稍有不同。由于这两种方法均不是建立在非常严格的理论基础上的，故这一微小的差别当不应成为评价改进方法的重大问题。

采用改进后的方法模式组合及相应的 η 值　　表 5-10

N_s	N_t	η	N_s	N_t	η
4	12	2.450×10^{-2}	2	12	-9.917×10^{-3}
	13	2.366×10^{-2}		13	-1.062×10^{-2}
	14	2.372×10^{-2}		14	-1.044×10^{-2}
	15	2.384×10^{-2}		15	-1.026×10^{-2}
3	12	3.297×10^{-3}	1	12	4.8285×10^{-3}
	13	2.561×10^{-3}		13	3.903×10^{-3}
	14	2.683×10^{-3}		14	4.049×10^{-3}
	15	2.838×10^{-3}		15	4.240×10^{-3}

作为改进方法的一个重要推广功能，计算底滑面连通率为 75%的情况。

本例滑面假定并非全部连通，连通率为 75%，岩桥的抗剪强度 σ_t 取 1.5MPa，同时对滑动区底滑面的抗剪强度改为 $c=0.05\text{MPa}$，$\varphi=38.15°$。

计算成果见表 5-11。可见当 $N_s=4$，$N_t=13$ 时得 η 最小值 1.672×10^{-1}，相应安全系数为 1.296。

考虑连通率情况相应不同的 N_s 和 N_t 的 η 值　　表 5-11

N_s	N_t	η
5	12	1.716×10^{-1}
5	13	1.712×10^{-1}
5	14	1.718×10^{-1}
5	15	1.723×10^{-1}
4	12	1.677×10^{-1}
4	13	1.672×10^{-1}
4	14	1.679×10^{-1}
4	15	1.685×10^{-1}
3	12	1.732×10^{-1}
3	13	1.726×10^{-1}
3	14	1.734×10^{-1}
3	15	1.741×10^{-1}
2	12	2.032×10^{-1}
2	13	2.0232×10^{-1}
2	14	2.030×10^{-1}
2	15	2.038×10^{-1}
1	12	3.076×10^{-1}
1	13	3.055×10^{-1}

和前例相比，主要差别是本例考虑了条块底面的连通率。可见，即使假定了条块底面较高的连通率，安全系数仍有实质性的提高。

5.5.6 工程应用——龙滩水电站进水口高边坡倾倒稳定分析

龙滩水电站位于广西天峨县境内，红水河流域中上游，装机 540 万 kW，是一个以发电为主，兼有航运、防洪、水产和养殖等综合效益的水利水电工程。该边坡地处工程地质条件复杂的砂岩、页岩地层。层面恰好与边坡开挖面具有相反的倾向，其倾角为 60°左右。另外又存在一组节理，其倾向恰好与边坡开挖面倾向相同。因此该边坡在抗倾倒失稳方面存在十分不利的条件。图 5-35 为 7 号机组的典型地质剖面，图 5-36 为龙滩水电站的平面图。

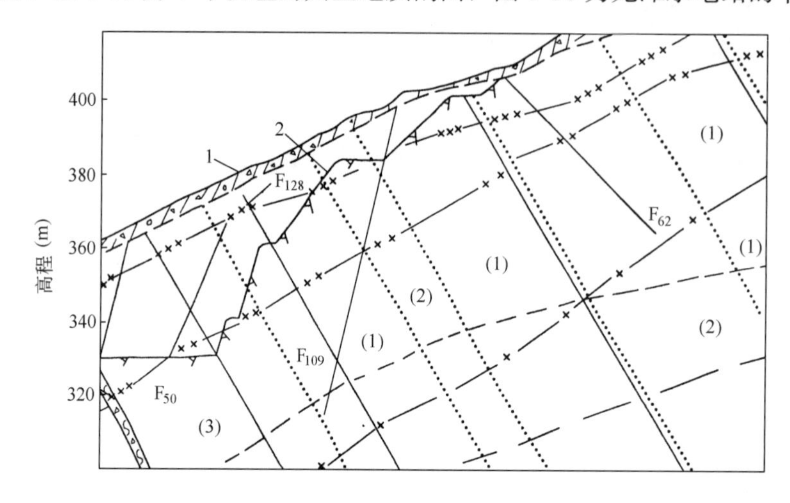

图 5-35 龙滩水电站 7 号和进口典型地质剖面

采用改进的 Goodman-Bray 方法对龙滩水电站左岸进水口边坡进行了稳定性分析，数学模型分析中采用表 5-12 所示的强度参数建议值，稳定性分析结果见表 5-13 和图 5-37、图 5-38。

数学模型分析时的强度参数建议值 表 5-12

龙滩建议值		抗剪强度		节理连通率 k	抗拉强度 σ_t（MPa）
		φ（°）	c（MPa）		
岩柱底滑动面	微风化、弱风化	40	0.36	0.7	1.2
	弱风化线以上	37	0.27	0.7	0.9
界面	微风化	33	0.0	—	—
	弱风化	33	0.0	—	—

龙滩水电站左岸进水口边坡倾倒稳定性分析 表 5-13

剖面	直线滑裂面		折线滑裂面	
	F	η	F	η
7 号机组	1.542	0.152	0.841	−0.084
8 号机组	2.981	0.453	1.075	0.031

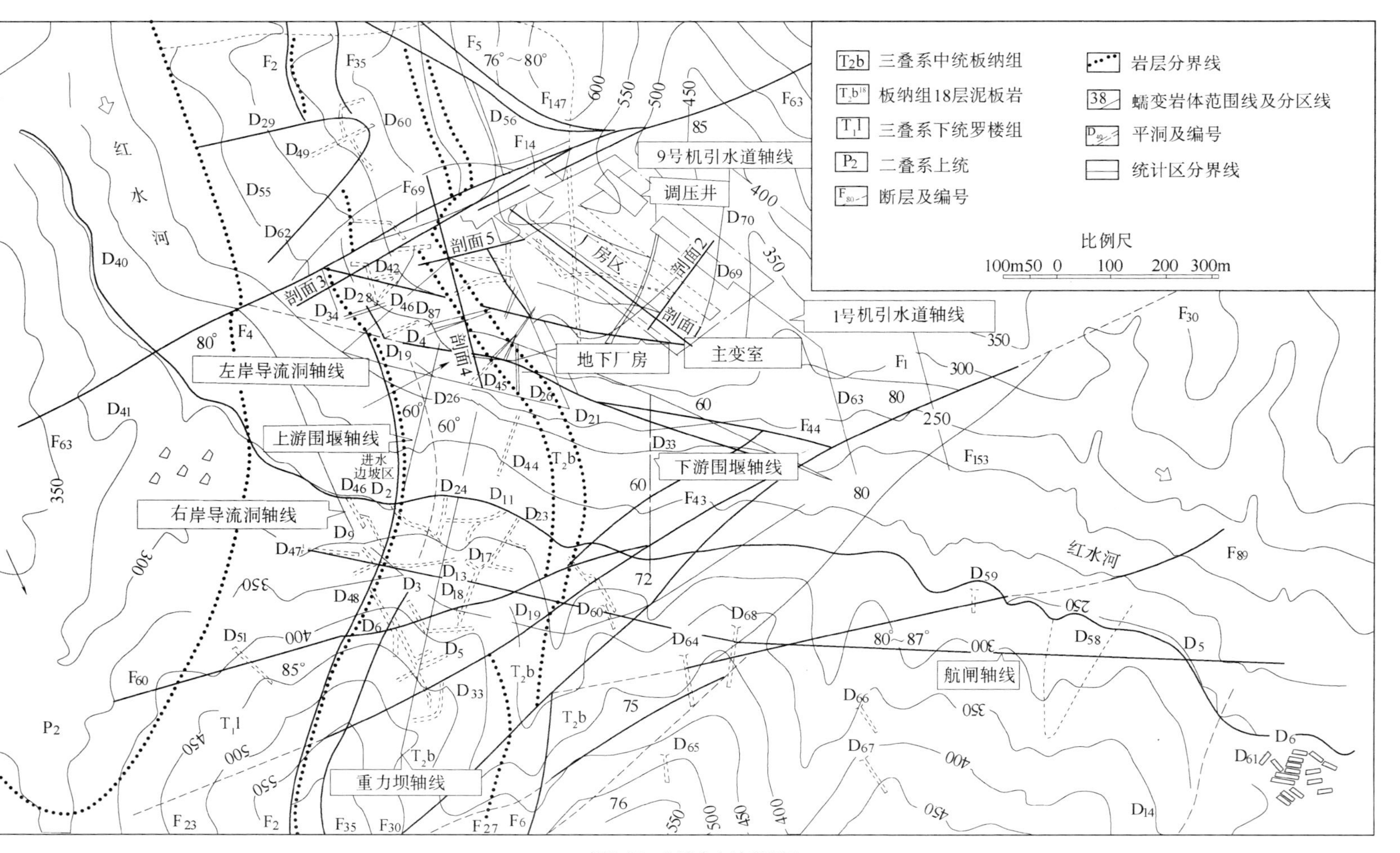

图5-36　龙滩水电站平面图

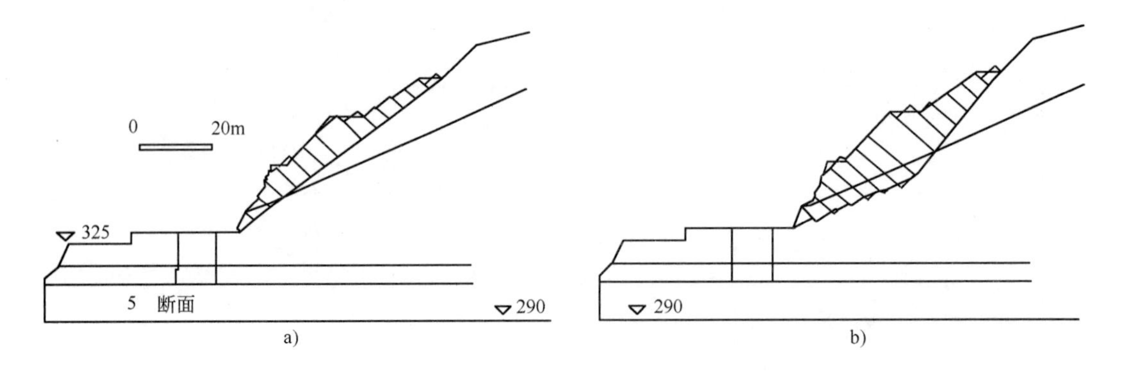

图 5-37 龙滩 7 号机组直线形和折线形滑动面计算成果

a)直线形破坏面；b)折线形破坏面

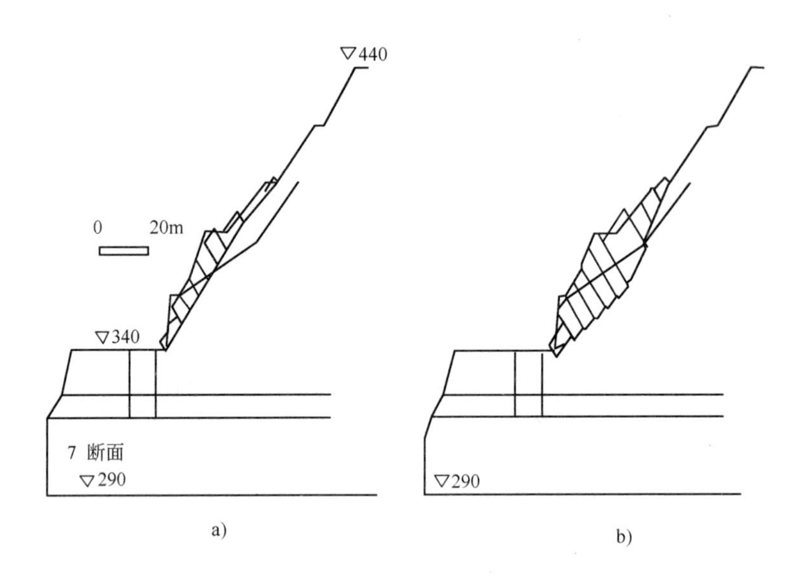

图 5-38 龙滩 8 号机组直线形和折线形滑动面计算成果

a)直线形破坏面；b)折线形破坏面

5.6 岩质边坡稳定分析程序

5.6.1 概述

随着近年来建筑、交通、铁道、水利水电等各行各业工程建设的迅速发展，越来越多的工程面临着边坡稳定问题。边坡工程设计的对象包括天然边坡、人工开挖边坡。就岩土材料而言，包括岩质边坡、土质边坡；就性质而言，包括临时性边坡、永久性边坡等。

20 世纪 90 年代初期，为适应边坡工程设计和施工的需要，中国水利水电科学研究院开发了一套岩质边坡稳定分析的程序，用来实现本章前 5 节阐述的理论和方法。此程序系列包括以下软件：

(1) 对岩体结构面极点统计和边坡失稳模式判断程序 YCW；

（2）平面和弧面滑动边坡稳定分析程序 EMU；

（3）岩质边坡倾倒分析程序 TOPPLE；

（4）岩质边坡楔体稳定分析程序 WEDGE。

EMU 程序已在水利水电系统的设计和生产单位中推广使用，并取得了良好的效果。其他程序也已在一定范围内获得了推广。自 2001 年 7 月开始，高边坡课题组对边坡稳定分析系列软件进行了标准化、实用化的视窗界面开发，使边坡设计从失稳模式判断到计算方法和允许安全系数的取值形成一套规范化的工作程序，大大提高边坡设计的效率和可靠度。以下对各程序的主要功能作一简要介绍。

5.6.2 岩质边坡结构面统计和失稳模式判断程序 YCW

岩质边坡失稳模式判断程序 YCW 是根据赤平投影原理进行的。该程序一方面将工地现场测量的结构面倾向、倾角等数据进行赤平投影，生成散点图，根据散点图作结构面分组，用数理统计方法，统计出几组结构面倾向与倾角的均值、方差和标准差；另一方面程序根据几组结构面的赤平极点投影图，分析边坡体的稳定性。这一功能将本章 5.1 节所介绍的通过赤平投影进行失稳模式判断的步骤用计算机程序得以实现。

开发失稳模式判断的基本原理是将开挖面各角度的视倾角投影连接形成滑动区，在相反方向，形成倾倒区，如结构面赤平极点投影落在滑动区，则认为边坡将有可能产生滑动；若两结构面交线的赤平极点投影落在滑动区，则有可能产生楔形体滑动；若结构面赤平极点投影落在倾倒区，将有可能产生倾倒破坏。这样通过简单明了的图形，可以很容易判断边坡的稳定性，如不稳定，将有可能产生何种破坏，为下一步边坡稳定性定性的分析提供依据。

（1）程序界面

新版岩质边坡失稳模式判断程序 YCW 是在 Windows 环境下开发的，程序采用类似于 Windows 的框架结构，有下拉式菜单、工具条、编辑栏、绘图区和用户帮助提示栏组成，打开 YCW 程序后的主画面如图 5-39 所示。上部是下拉式主菜单，包含了程序的全部主要功能。菜单下面是工具条，由一些形象的位图块组成，通过鼠标点击位图块，实现特定的操作。画面的左边是数据编辑栏，第一栏是数据的序号，由程序自动给出；第二栏是结构面的倾向；第三栏是结构面倾角。用户在编辑栏中输入或修改结构面数据。画面的右边占窗口最大的一块区域，是图形显示区，用来显示结构面散点图、等值线图、直方图等。画面的下部是帮助提示区，提供与用户互动的操作提示与帮助，当用户运行程序至某一步时，程序提示用户下一步的操作，尽可能为使用者提供简单明了的操作帮助。该窗口的另一作用是显示计算结果，给出各组结构面的均值、方差和稳定分析的失稳模式等。程序具有用户界面友好、图形清晰的特点，使地质人员在野外测量了一些结构面产状的数据后，可方便地做出边坡失稳破坏模式初步判断，对边坡的稳定性给出定性的评价。

（2）主要功能

YCW 程序有两项基本功能。

①结构面统计

当地质师在现场岩石露头或勘探平硐中测量出一些结构面的倾向、倾角等数据后，可以用 YCW 提供的编辑器对数据进行编辑，图形区显示所测结构面的赤平投影散点图，绘制结构面密度等值线图。通过在散点图或等值线图上拖动鼠标左键，来画出结构面分组区域。程序根据分组区范围统计出各组结构面的个数、倾向与倾角的均值、方差，并绘出直方图。可以通过绘制大圆确定两个结构面交线的产状。

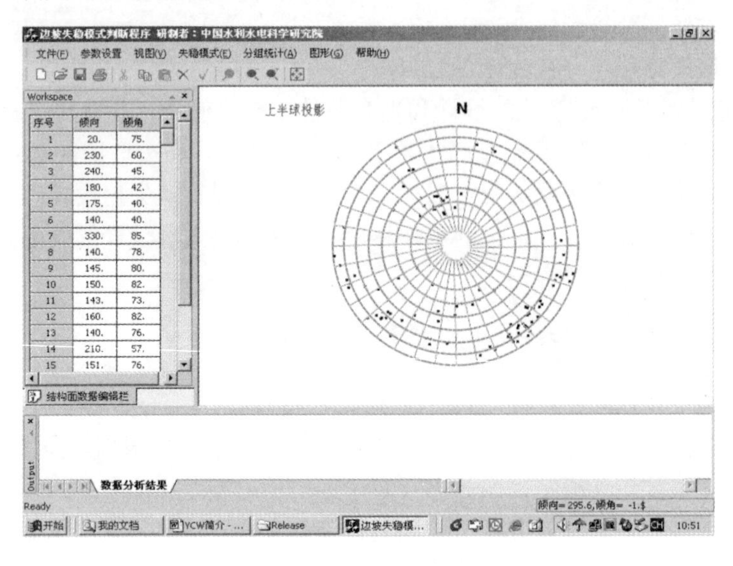

图 5-39　散点图

②失稳模式判断

YCW 通过计算机程序，实现本章 5.1 节所介绍的通过赤平投影进行失稳模式判断的步骤。

(3) 主要功能的实现

①绘制等值线图

“等值线图”显示利用浮动圆计数方法，统计散点密度，绘制密度等值线图，如图 5-40 所示。

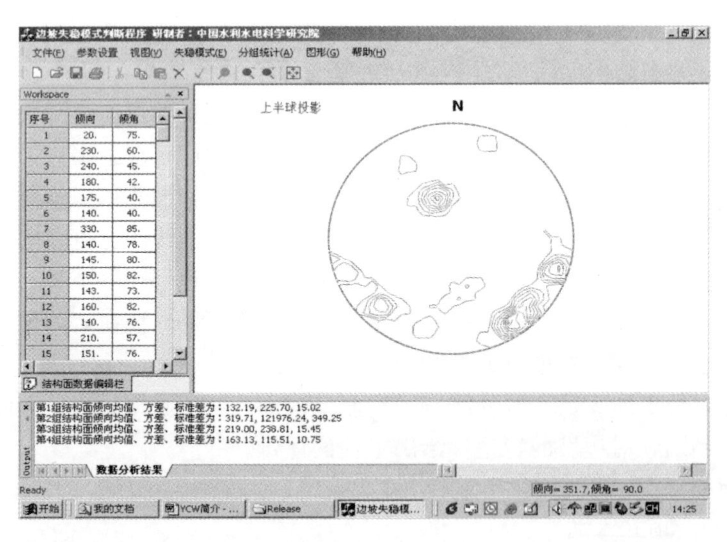

图 5-40　等值线图

②直方图

菜单项“直方图”可以将已分的多组结构面倾向或倾角直方图在一张图上画出来，如图 5-41所示。

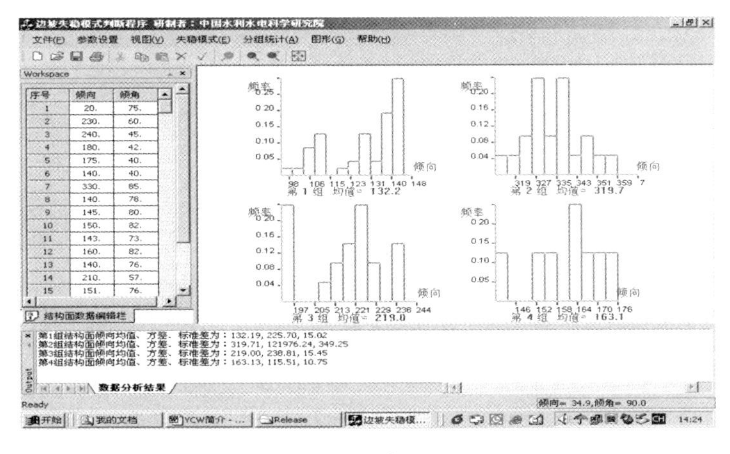

图 5-41 直方图

③失稳模式判断

失稳模式判断是在结构面分组的基础上，与已知断层组合，根据开挖面的方位，对边坡进行失稳模式判断。在赤平投影图上，利用开挖面在各个方向的视倾角投影点，连接成开挖面正负 20°的范围区域，当某组结构面或断层落入该区域且倾角大于摩擦角时，即认为有可能沿该组结构面产生滑动破坏；若两结构面交线的赤平投影点落在滑动区，则有可能产生楔形体滑动；倾倒区定义在与开挖面的相反方向±20°的范围，倾角在（90°$-\varphi$）～90°之间，若结构面赤平投影点落在倾倒区，将有可能产生倾倒破坏。YCW 用图解的方法，方便快捷地做出边坡失稳模式判断，判定边坡是否稳定，如果不稳定，将有可能产生滑动、倾倒或楔形体破坏，以及三种破坏的组合方式。

图 5-42 是四组结构面和开挖面的等面积赤平投影大圆图。图 5-43 是计算机实现图 5-5 所示的判断步骤。在图 5-43 中，黑色点代表结构面的赤平投影点，旁边的阿拉伯数字代表该组结构面序号。＋号表示两组结构面交棱线的倾向和倾角，旁边的数字代表由那两组结构面组成，如“＋2/4”代表该点是第二组和第四组结构面的交棱线的倾向和倾角。中间的小圆代表岩体的摩擦角，即摩擦圆。曲线是开挖面的大圆，代表开挖面的方位。紧靠摩擦圆的曲线很重要，它是开挖面在各个方向视倾角赤平投影点相连组成的曲线。

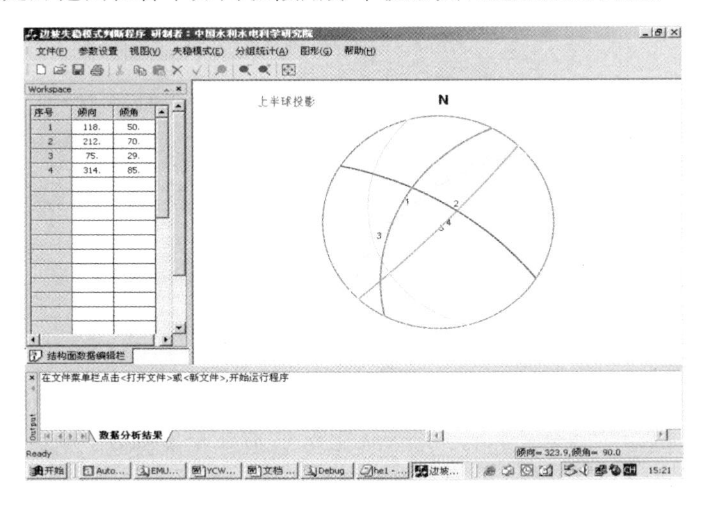

图 5-42 赤平投影大圆图

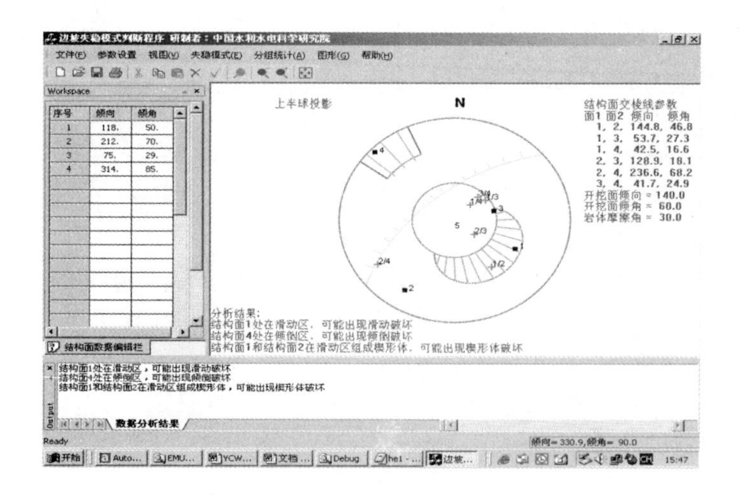

图 5-43 综合分析图

当结构面的赤平投影点落在滑动区域内时，认为有可能沿该组结构面产生滑动，在图中，第一组结构面赤平投影点落在滑动区，有可能沿第一组结构面产生滑动。

如果两组结构面的交棱线赤平投影点落在滑动区，则有可能产生楔体滑动，在图 5-43 中，符号“+1/2”代表第一组和第二组结构面组成一可能滑动的楔形体。

如果结构面的倾向是在开挖面的相反的方向，虽然不会沿该结构面产生滑动破坏，却有可能产生倾倒破坏。倾倒范围在开挖面相反方向的±20°的区域内。如果倾角平缓，也不可能产生倾倒，建议结构面的倾角在 70°～90°之间，倾倒区如图 5-43 中左上角弧形区域内，在图中，第四组结构面赤平投影点落在这一区域，因此这组结构面有可能产生倾倒破坏。采用这种方法，可以让工程地质人员在现场对边坡失稳模式进行快速判断。

5.6.3 楔体稳定分析程序 WEDGE

楔体稳定分析程序 WEDGE 2.0 采用面向对象程序设计思想，用 Visual C＋＋及 OPENGL 技术来实现的。它允许两结构面的强度参数不同，并可以考虑后缘张裂缝的影响。此外，该程序还考虑楔体中存在地下水及有外荷载作用的影响。程序可以实现 5.4 节介绍的楔体稳定分析步骤。

(1) 基本功能

程序的基本功能主要包括：

①给定楔体的两结构面的产状，求楔体的安全系数；

②给定楔体两结构面的产状及其安全系数，求楔体的最佳锚固力与锚固方向；

③给定楔体两结构面的产状、锚固方向和安全系数，求锚固力。

目前，WEDGE 程序尚未纳入第 5.4 节介绍的上限解的功能。

(2) 基本信息

程序要求输入的基本信息为：

①组成楔体的几何特征，主要包括楔体的左、右结构面的产状（包括倾向、倾角），边坡坡面与坡顶面的倾向、倾角。此外，如果楔形体后缘存在张裂缝，则还需要输入张裂缝的产状及其在整个楔体的相对位置。

②组成楔体的物理及几何参数，主要包括楔体的左、右结构面的内摩擦角 φ 和黏聚力 c

值，岩体的重度及水的重度（重度单位默认为 9.8kN/m³）。

③其他一些信息，如对计算工况的选择，以及楔体中是否存在外荷载，如果存在，则还需要给出外荷载的方向及其荷载值。

（3）程序的使用

程序启动后，桌面会弹出如图 5-44 所示的 WEDGE 2.0 的用户界面窗口。其中程序的左面为数据区，右边为视图区。程序将视图区划分为四个小窗口，其中左上角的窗口为楔体的前视图，左下角的窗口显示楔体的左视图，而右上角的窗口为楔体的左、右两结构面及坡面的赤平投影图。通常赤平投影图能简单地反映组成楔体的四个面的相对关系。右下角的窗口则为楔体的正视图。此外，程序还通过赤平投影图非常形象地反映视点绕坐标轴旋转时的变化状况。另外，程序将采用一矩形框来表示当前的活动窗口。

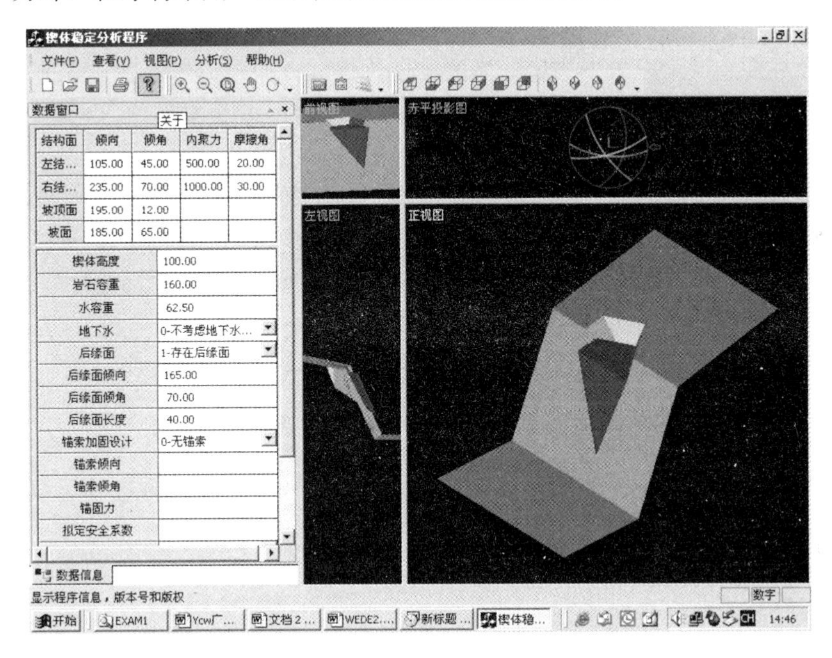

图 5-44　WEDGE 2.0 综合分析图

楔体的形状分为两种：一种是两个结构面与边坡坡面组成；另一种是有后缘切割面或拉裂面的楔体，这是工程中最常见的楔体形式。

楔体稳定计算可以考虑坡体干燥的情况，也可考虑后缘面充水，水压力对楔体稳定影响的情况，同时还可以计算外荷载作用的影响。

5.6.4　岩质边坡滑动和倾倒稳定分析程序 EMU

1）程序简介

1992 年，陈祖煜在澳大利亚 Monash 大学任高级研究员期间与 Donald 教授合作，开展了 5.3 节介绍的边坡稳定塑性力学上限解的研究，同时编制了相应的计算机程序，命名为 EMU，取自边坡稳定极限分析能量法的英语（Energy Method Upper Bound Limit Analysis）简称。

在 5.3 节已通过详细的讨论，说明能量法和 Sarma 法的等效性，并且将本程序与 Hoek 教授编的 Sarma 法比较，得到完全一致的答案。因此 EMU 就是使用 Sarma 法进行边坡稳定分析的程序。

本程序具备以下新功能：

①采用多块体破坏机制，可以模拟折线或曲线滑裂面；

②在应用最优化方法确定临界滑裂面时，引入随机搜索，以提高计算效率，避免丢失安全系数整体极值的可能性；

③计算和图形显示同步进行，用户可以随时了解分析计算进展情况，并通过各种功能键进行自动设置比例、检查输入数据、调看输出成果、屏幕拷贝等工作；

④包括了一个具有锚索的边坡稳定分析方法，这个方法可以计算边坡破坏时锚索的内能消耗，比较合理地考虑了锚索对增加边坡稳定性的作用；

⑤具有拉裂缝的边坡稳定分析功能，缝内可以充满水。

2）主要功能

EMU 程序的一个特点是对滑坡体采用倾斜条块。一般情况下，倾斜侧面上的强度指标取该侧面通过的土层指标的平均值。当滑坡体为连续介质时（如土质边坡），每个土条界面倾斜角度 δ_i 将和滑裂面坐标一起通过优化计算，确定一个相应最小安全系数的临界模式。

当滑坡体为岩质边坡时，一般要求条块侧面的倾角模拟一组陡倾角结构面，因此，δ_i 是一个由用户输入的数据，并且通常在优化计算过程中保持不变。此时应输入 IDEFT＝1，由用户输入一组 δ_i。如果希望 δ_i 在优化计算过程中保持不变，并要求侧面指标取指定土层的相应侧，还可专门处理，程序同时可以要求 δ_i 由用户输入，在优化计算过程中保持不变，而且全部条块界面将被赋予与某一岩层相应的强度指标。这一功能在岩质边坡稳定分析中属于推荐的常规方法。

（1）强度指标

本程序使用莫尔-库仑破坏准则。本程序提供 Hoek-Brown 经验方法确定强度的准则。

（2）孔隙水压力

孔隙水压力根据浸润线的位置按简化原则确定：

①假定流场的等势线铅直；

②孔隙水压力系数 r_u；

③外荷载。

外荷载包括：

a. 表面集中和分布荷载；

b. 锚索和抗滑桩荷载。

3）关于滑裂面的处理

一个任意形状的滑裂面可以通过连接一系列点的折线或光滑曲线组成。在计算时，程序将自动地将两个相邻节点之间的土（岩）体（或称块）细分成若干条。参见图 5-16，用 6 个点 A_1、A_2、A_3、A_4、A_5、A_6 连成一条滑裂面，相邻两点之间等间距地分成两个土条。A_1 为土条侧面第 1 条边界线的一个端点，用 KQ2（1）＝1 表示，A_2 为土条侧面第 2 条边界线的一个端点，A_1 和 A_2 之间还将内插一个界面线，用 KQ2（2）＝3 表示。同样，在 A_2 和 A_3 之间也等间距地划分土条。

相邻两点之间可以用曲线也可以用直线相连，构成一个任意形状的滑裂面。

程序要求输入的信息是：

①LNO，滑裂面上为直线的那几个段的总数。在图 5-16 中 LNO＝1，即第 2 段 A_2、A_3

连接为直线。

②LOO（Ⅰ），滑裂面上为曲线的那几个段的总数。本例中 LOO（Ⅰ）=2。

滑裂面上 N 个控制点及其相应土条侧面界线，将滑体分为 $N-1$ 个块。对 $N-1$ 个块侧面界线，需要给出 N 个条侧面界线倾角 δ 值，存于数组 ND（Ⅰ）中。在每一个块进一步细分为条时，其倾角按线性内插的方式决定。

程序还提供了一个自动设置块侧面界线倾角 δ 值的功能，即令 IDEFT=0，在对 δ 值无特殊要求时可使用此功能。

程序通过优化计算获得临界滑裂面和相应的倾角，如图 5-16 中的 B_1，B_2，…，B_6。

4）基本界面

新版本的 EMU 程序基本界面如图 5-45 所示，主要包括标题栏、菜单条、工具条、图形区、数据信息栏及输出窗口几个部分。

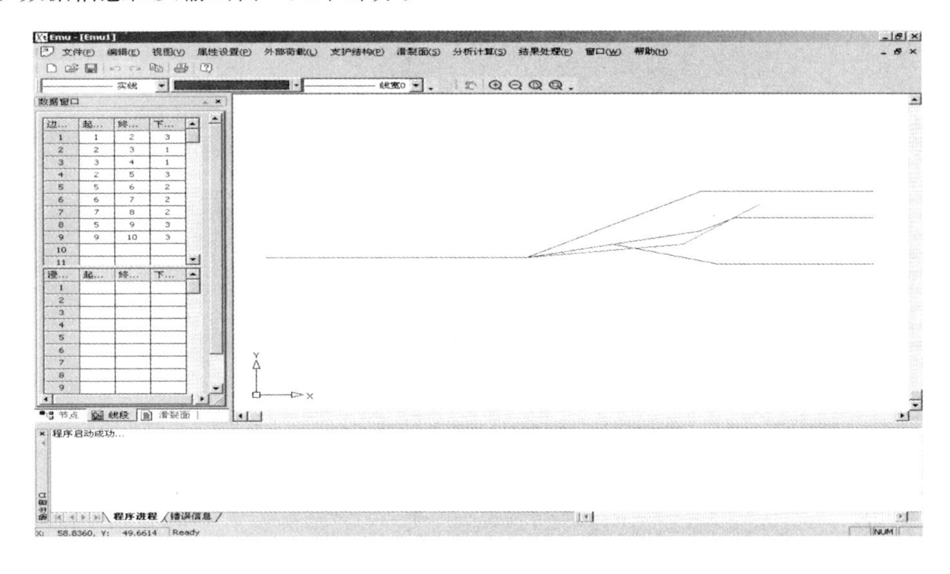

图 5-45　新版本的 EMU 程序基本界面

标题栏用来指明窗口的标题和当前打开的文件名。

菜单条提供了各种控制应用程序的菜单选项，用户可以选择这些菜单中的选项对项目进行各种功能设置。

工具条则包括了对图形的一些操作控制快捷键及对图形线性的一些设置功能键，快捷键包括放大图形、缩小图形、移动图形等操作键，图形线性设置键包括线条的虚实、颜色、粗细的设置功能。

数据信息栏主要用来让用户输入节点信息、线段信息（包括边界线段信息和浸润线信息）和滑裂面节点信息，具体包括节点、线段、滑裂面三个小的数据栏。

图形区主要用来显示图形，程序会将数据信息栏中的信息转换为图形显示在图形区内，而计算结果也会显示在该区内。

输出窗口用来显示程序进程及错误信息。

5）主要功能的实现

（1）用最优化方法计算临界滑裂面的安全系数

打开菜单“滑裂面”中的“滑面选项设置”，会出现如图 5-46 所示的对话框，用户可以在“优化方法”中选择“单形法搜索临界滑裂面”，这时还需要用户在“搜索次数”中输入在优化过程中的最大搜索次数，设置完毕后点击“OK”键。

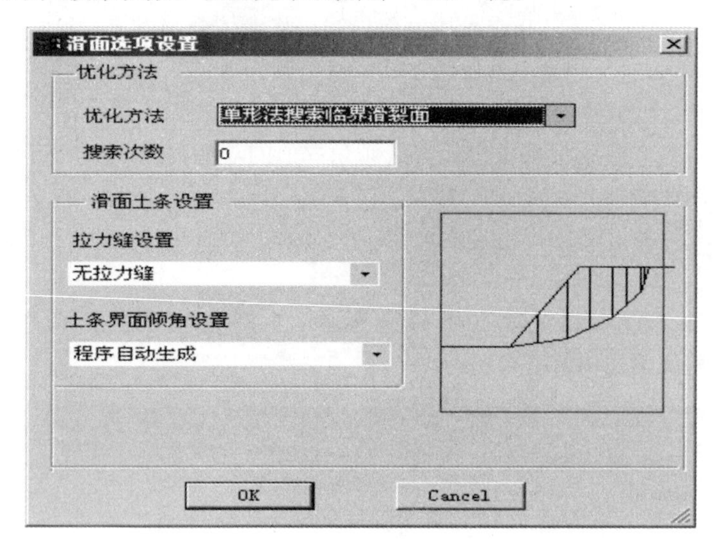

图 5-46　滑面选项设置

最优化方法设置完后，打开菜单“滑裂面”中的“滑面节点属性”，出现了如图 5-47 所示的对话框，在这个对话框内，用户可以将滑裂面设置为光滑曲线，即在“节点与下一点连结方式为”中选择“光滑曲线”，用户可以用这种方法来设置光滑曲线滑裂面。

滑面节点属性

滑面节点总数 5

序号	土...	X坐标	Y坐标
1	1	10.00	7.00
2	7	16.00	7.50
3	15	25.00	10.00
4	22	33.00	15.00
5	30	38.56	20.00
6			
7			
8			
9			
10			
11			
12			

注：选择上面的表格的单元栏可以在对话框右边设置滑面控制点的属性。

随机搜索信息
随机搜索种子 0
随机搜索半带宽 12.000000

滑面节点属性设置
节点编号 1
节点自由度设置
节点沿某一方向移动，界面不动
节点移动方向 0.000000
界面倾角
土条界面倾角
25.000000
节点与软弱夹层相关联
软弱层的材料编号
节点间连接方式
节点与下一点连结方式为：
直线
光滑曲线
确定　取消

图 5-47　滑面节点属性

(2) 计算具有倾斜表面荷载的边坡的承载力系数

计算承载力系数的目标可以在“属性设置”菜单中的“工程环境”选项中确定，如图 5-48 所示。

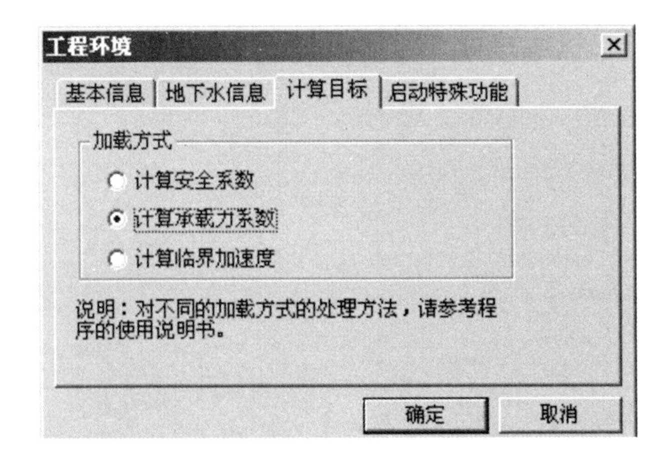

图 5-48　工程环境设置

表面荷载可以通过“外部荷载”菜单中的“增加分布荷载”选项实现，选择该选项后会出现如图 5-49 所示的对话框，用户可以在该对话框内确定分布荷载的基本信息，设置完毕后点击“OK”键，然后就可以在图形内画该分布荷载了，只需将鼠标放在分布荷载所在的线段上，再点击鼠标左键，至此表面荷载设置完毕，如图 5-50 所示。

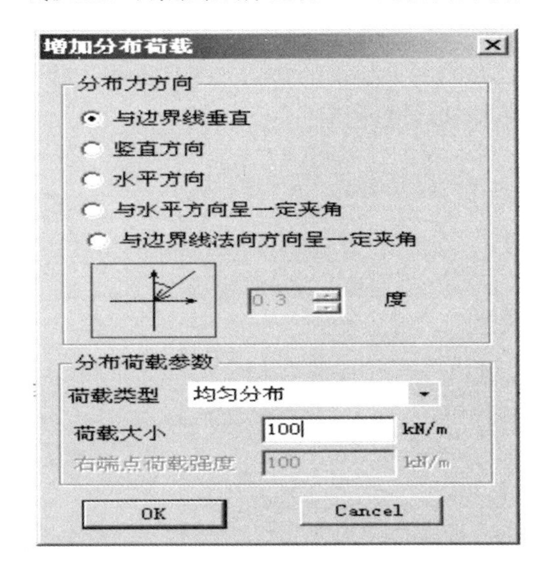

图 5-49　设置荷载属性

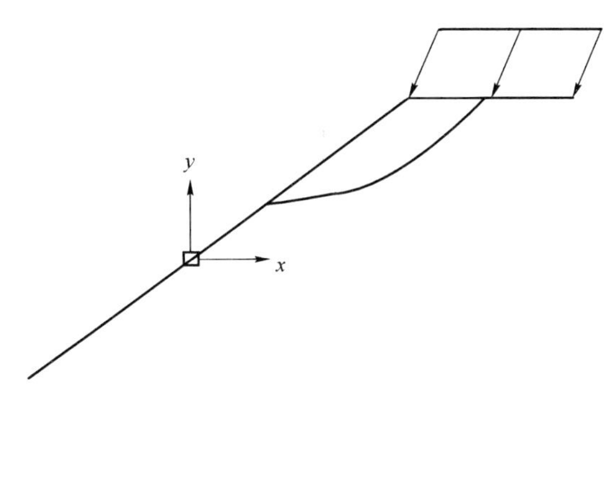

图 5-50　外荷载图形

（3）计算存在软弱夹层，具有锚索荷载，且滑裂面一部分为直线、一部分为光滑曲线的岩质边坡的安全系数

锚索荷载的设置可以通过“支护结构”菜单中的“增加锚索”选项实现，该选项对话框如图 5-51 所示。用户可将锚索承载力输入其中，点击“OK”键之后，就可以画锚索了，用户可以利用鼠标确定锚索的起点和终点，若想修改锚索，可选择“修改支护结构”选项，这时鼠标的颜色会变成淡蓝色，

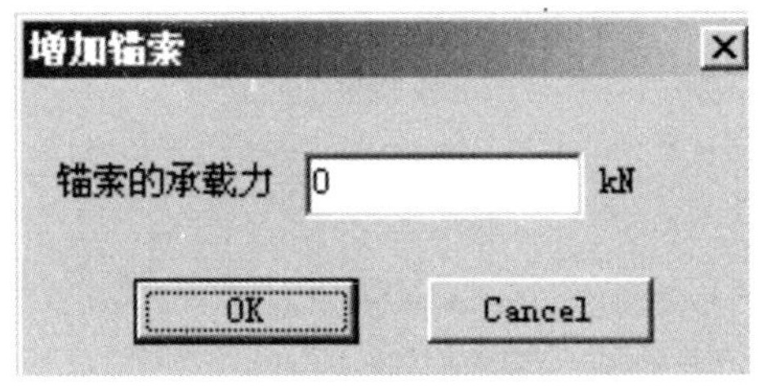

图 5-51　锚索荷载

用户就可以选择需要修改的支护结构对象，选定之后回车，会出现该支护结构相应的信息对话框（图 5-52），用户可以在这些对话框内对支护结构进行修改，最终锚索图形如图 5-53所示。

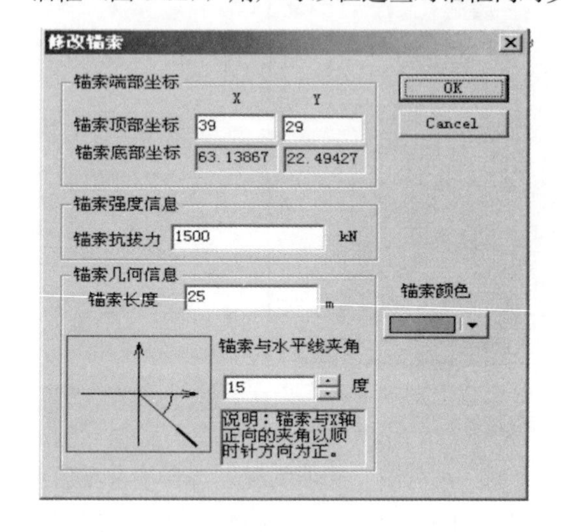

图 5-52　锚索特性

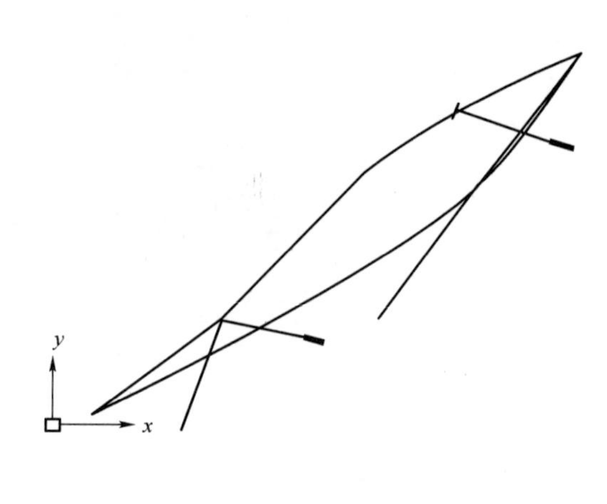

图 5-53　锚索图形

对于一部分为软弱夹层的滑裂面可以在菜单“滑裂面”中的“滑面节点属性”中进行设置（图 5-54），首先选择与软弱夹层相连的滑裂面节点，然后选中“节点与软弱夹层相关联”，在程序为用户提供的选项中，选择滑裂面节点在软弱夹层上的移动方式，再输入软弱夹层的材料编号，至此与软弱夹层相连的滑裂面节点属性设置完毕。

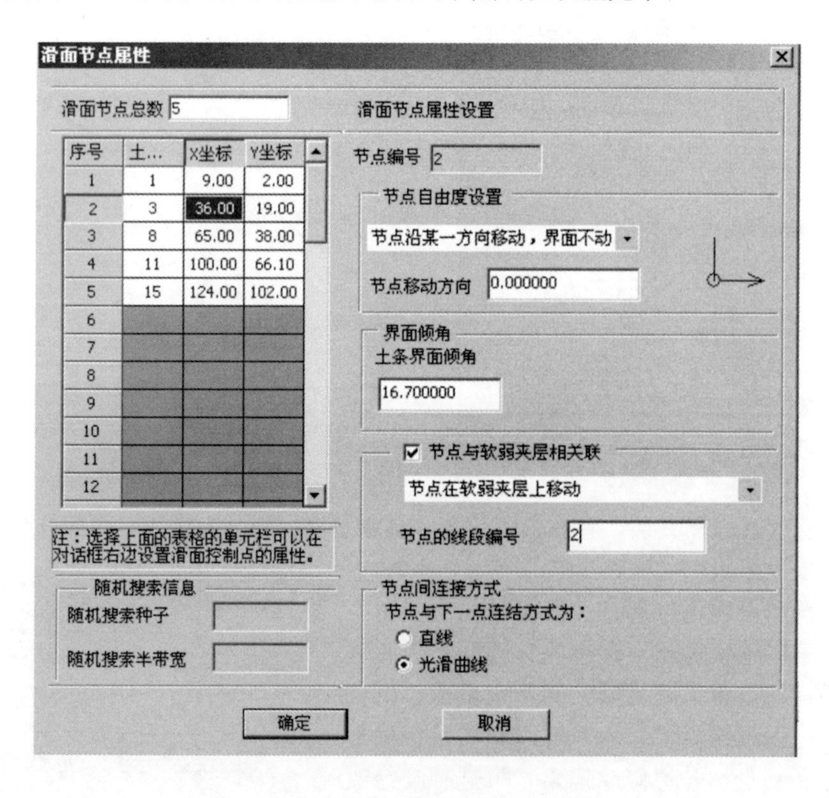

图 5-54　滑裂面节点在软弱夹层上的移动方式

最终计算结果如图 5-55 所示，图中显示了本程序的斜条分模式，该模式可通过菜单“结果处理”中的“滑面条柱选项”实现，该选项对话框如图 5-56 所示。选择菜单“结果处理”中的“显示安全系数”，则安全系数会显示在图形框内。

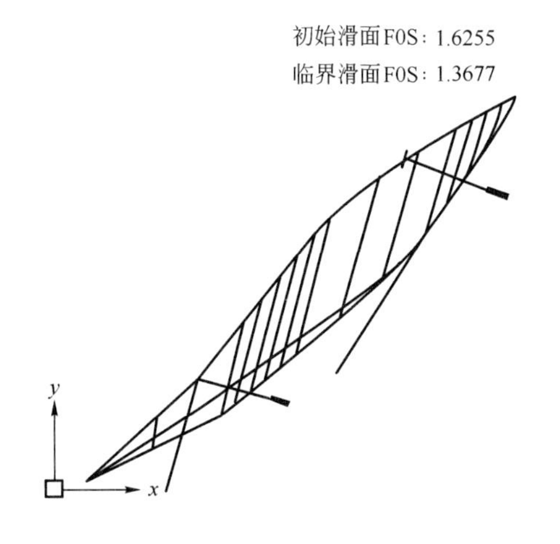

图 5-55 最终计算结果

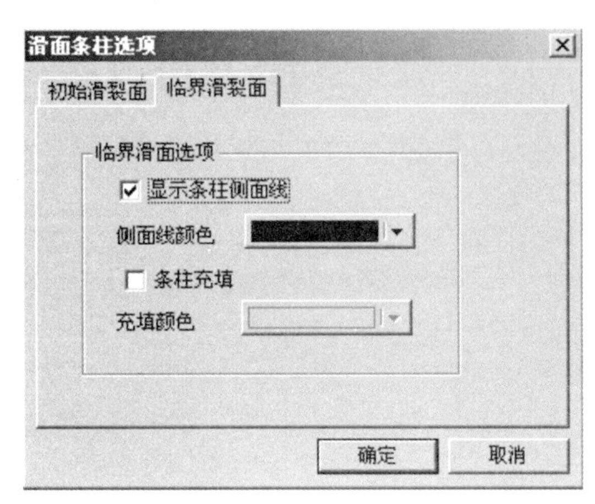

图 5-56 条柱显示模式选项

参 考 文 献

[1] Geotechnical Control Office. 1981 geotechnical manual for slopes. Engineering Development Department，Hong Kong

[2] Sarma S K. Stability analysis of embankments and slopes. Geotechnique，1973，23 (3)：423-433

[3] Donald I，Chen Z Y. Slope stability analysis by the upper bound approach：fundamentals and methods. Canadian Geotechnical Journal，1997，34：853-862

[4] Chen W F. Limit analysis and soil plasticity. Elsevier Scientific Publishing Co.，New York，1975

[5] Hoek E，Bray J W. Rock slope engineering. The Institute of Mining and Metallurgy，1977

[6] 潘家铮. 建筑物的抗滑稳定和滑坡分析. 北京：水利出版社，1980

[7] Chen Z. A generalized solution for tetrahedral rock wedge stability analysis. International Journal of Rock Mechanics and mining Sciences，2004，41：613-618

[8] 陈祖煜，汪小刚. 岩石高边坡的变形与稳定. 北京：中国水利水电出版社，1999：86-107

[9] 陈祖煜，张建红，汪小刚. 岩石边坡倾倒破坏稳定分析的简化方法. 岩土工程学报，1996，18 (6)：92-95

[10] Chen Z Y. Recent developments in slope stability analysis // Proceedings 8th International Congress on Rock Mechanics，Keynote Lecture. Tokyo：September 25-30，1995，3：1041-1048

第6章 数值极限分析方法及其在土坡与岩坡中的应用

DILIUZHANG

6.1 概　　述

基础科学是各门学科的根基，土木工程与岩土工程的基础科学主要是固体力学中的弹塑性力学。它对由材料承载力不足而破坏（即破坏控制）的工程问题，需要应用基于强度理论的极限分析方法，这是土力学中传承至今的主要理论方法。这种方法的优点是不需要通过复杂的试验求得土体真实本构关系，并与位移参数无关。强度理论可采用任何本构关系，但这种方法对位移计算精度不高，不适用于对位移量计算有严格要求的工程问题，这一类问题需用严格的真实本构关系求解。

关于工程材料的破坏，当前有许多不同的定义，有的以工程材料强度或承载力不足定义破坏；有的则以工程材料不能正常使用定义破坏，这种破坏除上述承载力不足引起的破坏外，还包括工程材料变形过大而造成的破坏。工程设计通常需要兼顾这两种破坏定义。工程弹塑性材料的破坏形式有脆性破坏和延性破坏两种。脆性破坏有两种形式：一种是材料处于弹性状态，破坏时为拉破坏，突然断裂，例如硬脆性岩石在单轴压力作用下发生拉破坏，又如铸铁在拉力作用下发生拉伸破坏等；另一种是塑性变形不大的材料处于剪切破坏状态，例如坚硬的花岗岩、大理岩、混凝土等硬脆性材料，破坏时出现微小的弹塑性剪切变形。延性破坏以出现屈服和显著的塑性变形为标志，例如土体和中、软岩石在压力作用下发生剪切破坏，软钢在拉力或压力作用下发生剪切破坏等。

弹塑性材料的破坏过程必然从弹性进入塑性，然后塑性发展直到破坏。在强度理论中通常采用理想弹塑性模型，以材料中任意点的应力或应变达到弹性极限条件，即以材料任意点屈服（刚从弹塑性材料弹性段与塑性段中的弹性部分进入初始塑性）来定义屈服条件，并以材料中任意点应变达到弹塑性极限应变，即以材料任意点破坏（达到弹性极限与塑性极限而破坏）来定义破坏条件。屈服条件与破坏条件都是相对材料中一点的应力或应变而言的，不是针对工程的整体屈服与破坏。对于初始屈服，弹性阶段应力与应变呈一一对应的线弹性关系，无论用应力表述还是用应变表述都可得到屈服条件。金属材料在应力和应变达到屈服应力和弹性极限应变时出现初始屈服，它符合理想弹塑性材料定义，即可由此导出屈服条件。岩土材料一般是硬化材料，往往在未达到弹性极限条件时就出现屈服，在塑性阶段既会出现塑性应变，同时又会出现部分弹性应变，推导较为麻烦。若将其视作理想弹塑性材料，则很容易导出屈服条件。岩土力学中莫尔-库仑条件就是按理想弹塑性材料导出的。

随荷载增大，工程材料的受力会经过弹性、塑性与破坏三个阶段。下面以工程材料应力-应变曲线来说明受力三个阶段。弹性阶段应力与应变呈一一对应的线弹性关系，卸载后变形可恢复，材性不变。塑性阶段应力、应变为曲线关系，卸载后除部分可恢复弹性变形外，有不可恢复残余变形，弹性模量逐渐损伤，材性变化，但可以继续发挥强度与承载力。塑性力学中将弹性、塑性两个阶段统称为硬化阶段，直至峰值。图 6-1 示出材料破坏的三个阶段，峰值后应力-应变曲线不断降低，进入材料的破坏阶段。在峰值点时材料中某些点开始出现明显可见的裂缝，应力传递受限，反映了塑性力学中的该点达到破坏，同时也反映了工程整体破坏刚刚开始，但工程尚能承受一定荷载。与此同时，破坏段曲线应力不断下降，这是由于工程材料出现局部破坏后强度不断下降，导致应力也不断降低，所以塑性力学中也常把破坏阶段称为软化阶段或损伤阶段。当强度绝大部分丧失，黏聚力几乎为零，只留下不大的残余强度，剪切带上破裂面贯通整体时，工程发生整体破坏。由此自然得出当破坏点贯通工程整体时为工程整体破坏条件。

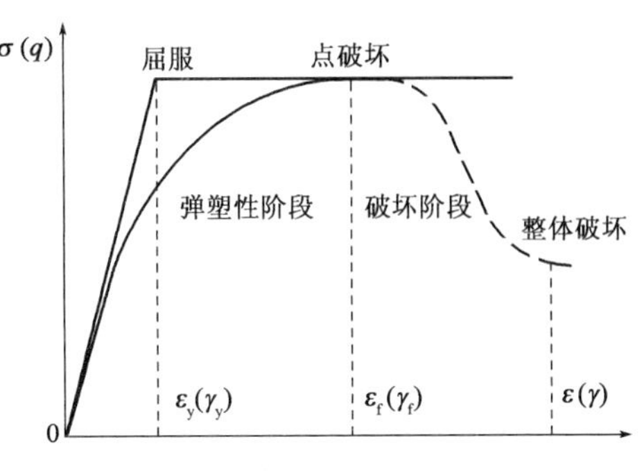

图 6-1　工程材料应力-应变曲线

在传统的强度理论中，误把应力达到强度视作材料破坏条件，由此得出破坏条件与屈服条件相同的错误结论，因而无法获得塑性力学中任意点的破坏条件。但对工程来说，应以工程材料整体破坏作为工程失稳破坏的判据，传统极限分析中的失稳破坏是指材料整体破坏，因而提出了极限分析方法作为工程整体破坏判据。可见传统极限分析理论中已经给出了工程整体破坏条件，由此可求解出工程稳定安全系数（统称稳定系数）。但它不是任意点的破坏条件，不能作为塑性力学中所要求的材料中任意点的破坏条件。

6.2　屈服条件与破坏条件及其选用

6.2.1　常用屈服条件

材料由弹性状态（弹性段和塑性段中的弹性部分）过渡到塑性状态称为初始屈服，即理想弹塑性物体达到弹性极限应变，刚开始出现塑性应变时，应力或应变所必须满足的条件称为屈服条件，亦即弹性条件的界限。最初出现的屈服面称为初始屈服面。初始屈服条件必须满足弹性理论，可采用弹性力学中应力、应变或能量方法导出屈服条件。当前经典的适用于金属材料的屈瑞斯卡条件、米赛斯条件和适用于岩土类材料的莫尔-库仑条件都遵守弹性理论，并被广泛应用。岩土（包括混凝土）的空间屈服条件目前虽未获得广泛认同与应用，但其理论研究成果已逐趋成熟。1976 年，松冈元-中井屈服条件以八面体平面作为空间滑动面，认为空间滑动面（SMP 面）上的土体处于最容易滑动状态，此时剪正应力比 τ/σ_N 最大，由此导出各向同性的 SMP 准则。1995 年，松冈元、孙德安等进一步研究发展出岩土常规三轴屈服条件（SMP 条件）。2007 年高红、郑颖人依据弹性能量理论导出了岩土常规三轴屈服条件，并可推广至真三轴三维屈服条件。在常规三轴下，高红-郑颖人条件与 SMP 条件的计算结果都获得相同的曲边三角形屈服面。

高红-郑颖人三维能量屈服条件有两种表达式，一种以不变量 p、q、θ_σ 或 I_1、$\sqrt{J_2}$、θ_σ 表示，另一种以主应力表示。为使用方便起见，下面分别给出了以拉为正的不变量表达式和以压为正的主应力表达式。

（1）以拉为正的 I_1、$\sqrt{J_2}$、θ_σ 表达式

$$\frac{\sin\varphi}{3}I_1+\sqrt{J_2}\left(\cos\theta_\sigma-\frac{1}{\sqrt{3}}\sin\theta_\sigma\sin\varphi\right)=2c\cos\varphi\sqrt{\frac{1-\sqrt{3}\tan\theta_\sigma\sin\varphi}{3+3\tan^2\theta_\sigma-4\sqrt{3}\tan\theta_\sigma\sin\varphi}} \quad (6\text{-}1)$$

式中，$-\frac{\pi}{6}\leqslant\theta_\sigma\leqslant\frac{\pi}{6}$，写成这种形式是考虑了扩展到真三轴，在常规三轴下 $\theta_\sigma=\pm\frac{\pi}{6}$。

（2）以压为正的 σ_1、σ_2、σ_3 表达式

$$\frac{\sigma_1-\sigma_3}{2}-\frac{\sigma_1+\sigma_3}{2}\sin\varphi=c\cos\varphi\sqrt{\frac{1-(2\beta-1)\sin\varphi}{\beta^2-\beta+1+\sin\varphi(1-2\beta)}} \quad (6\text{-}2)$$

式中，$\beta=\frac{\sigma_2-\sigma_3}{\sigma_1-\sigma_3}$ 或 $\beta=\frac{\sigma_1-\sigma_2}{\sigma_1-\sigma_3}$，$1\geqslant\beta\geqslant0$；常规三轴下 $\beta=1$ 或 0。

上述公式可视为岩土类材料与金属材料的一般公式，在平面情况下岩土类材料可退化为莫尔-库仑条件，在三维和平面情况下金属可退化为米赛斯条件和屈瑞斯卡条件。

式（6-1）在常规三轴下与莫尔-库仑式相似，只是常数项为一个与洛德角 θ_σ 有关的常数。由此可知，其子午平面上的屈服曲线为一直线（图 6-2），并与莫尔-库仑线平行，其值略大于莫尔-库仑线，两条线的距离随 θ_σ 不同而不同，可见应用常规三轴条件比莫尔-库仑条件更能节省费用。在偏平面上屈服曲线为一曲边三角形（图 6-3），规定计算以拉为正，但在偏平面上绘图时，对岩土类材料还规定将算得的负应力视为正应力绘在图上，即以 σ_2' 向上为正。同样，偏平面上屈服曲线也稍大于莫尔-库仑屈服曲线，只有在六个角点上三维能量条件与莫尔-库仑条件一致，在这些点上两条曲线重合。应当注意，式（6-1）、式（6-2）不适用于 $c=0$ 的情况。

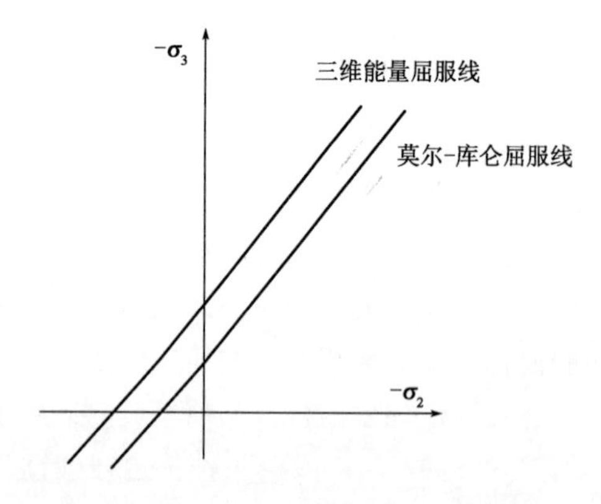

图 6-2　子午平面上岩土常规三轴条件屈服曲线

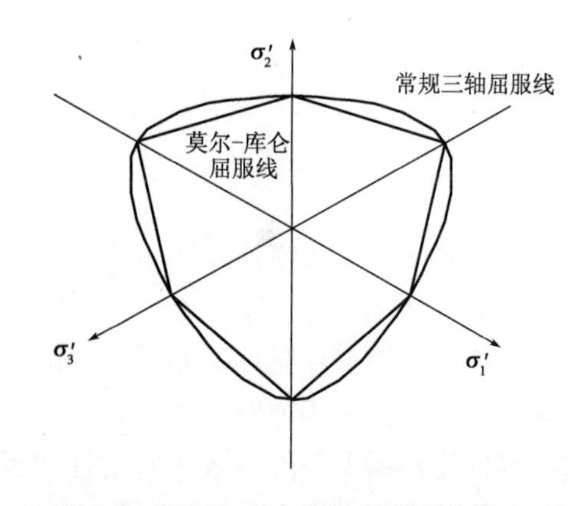

图 6-3　偏平面上岩土常规三轴条件屈服曲线

常规三轴三维能量屈服条件可作为工程材料的一般屈服条件，三轴压缩时 $\sigma_1=\sigma_2>\sigma_3$，三轴拉伸时 $\sigma_1>\sigma_2=\sigma_3$。当采用常规三轴计算公式（高红-郑颖人公式）时，计算应采用常规三轴试验获得的土体抗剪强度。这种情况下，考虑了空间情况下中间主应力 σ_2 引起的岩土强度提高，从而获得准确的计算结果。但工程中常常采用直剪试验，得到的是平面情况下的土体剪切强度，未考虑空间情况下中间主应力引起的强度提高，其计算结果会稍低于准确值，但偏于安全，比较适用于当前实际情况。

三种经典屈服条件都可由常规三轴三维能量屈服条件直接退化得到。对岩土类材料，当不考虑 σ_2 时，令一般屈服条件 $\theta_\sigma=\pm\pi/6$ 或者 $\beta=1$ 或 0 即退化为莫尔-库仑屈服条件；岩土类材料在 θ_σ=常数时，一般式还可转化得到德鲁克-普拉格条件和三维德鲁克-普拉格条件。对金属材料，令 $\theta_\sigma=\pm\pi/6$ 且 $\varphi=0$ 即退化为米赛斯准则；莫尔-库仑条件中 $\varphi=0$ 时退化为屈瑞斯卡条件。

表 6-1 列出一般屈服条件如何简化为经典屈服条件及其表达式（岩土材料以压为正，金属材料以拉为正）。

一般屈服条件简化为经典屈服条件 表 6-1

材料	三维情况		平面情况	
	名称	公式	名称	公式
岩土材料	岩土常规三轴条件	式（6-2）	莫尔-库仑条件，不考虑中间主应力 σ_2，式（6-2）中常数项 $\beta=1$ 或 0	$\frac{\sigma_1-\sigma_3}{2}-\frac{\sigma_1+\sigma_3}{2}\sin\varphi=c\cos\varphi$
金属材料	米赛斯条件，式（6-1）中 $\theta_\sigma=\pm\frac{\pi}{6}$，$\varphi=0$	$\sqrt{J_2}=\frac{\sigma_s}{\sqrt{3}}$（纯拉） $\sqrt{J_2}=\tau_s=c$（纯剪）	屈瑞斯卡条件，式（6-2）中常数项 $\beta=1$ 或 0，$\varphi=0$	$\sigma_1-\sigma_3=\sigma_s$（纯拉） $\sigma_1-\sigma_3=2\tau_s=2c$（纯剪）

图 6-4 示出莫尔-库仑与屈瑞斯卡屈服面。以屈瑞斯卡条件最大半径作圆，即为米赛斯屈服面。

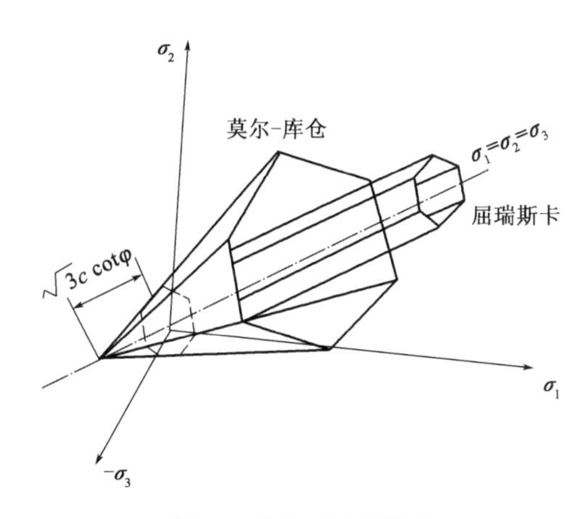

图 6-4 莫尔-库仑屈服面

近年来，随着对材料破坏条件认识的更新，要求采用应变表述的屈服条件，即在应变空间中的屈服函数与屈服面。屈服条件符合线弹性理论，只要应用广义胡克定律就可直接从应力表述的屈服函数转换为应变表述的屈服函数。表 6-2 列出工程材料应变屈服条件主应变表达式（岩土材料以压为正，金属材料以拉为正）。

工程材料应变屈服条件主应变表达式 表 6-2

材料	平面情况		三维情况	
	名称	公式	名称	公式
金属材料	屈瑞斯卡条件	$\varepsilon_1-\varepsilon_3-\gamma_y=0$ γ_y 为弹性极限剪应变	米赛斯条件	$\sqrt{J_2'}-\dfrac{\gamma_y}{2}=0$（纯剪） $\sqrt{J_2'}-\dfrac{\gamma_y}{\sqrt{3}}=0$（纯拉）
岩土材料	莫尔-库仑条件	$(\varepsilon_1-\varepsilon_3)-(\varepsilon_1+\varepsilon_3)\cdot$ $\sin\varphi\dfrac{1}{1-2\nu}-\gamma_y\cos\varphi=0$	岩土常规三轴条件	$(\varepsilon_1-\varepsilon_3)-(\varepsilon_1+\varepsilon_3)\sin\varphi\dfrac{1}{1-2\nu}-$ $\gamma_y\cos\varphi\sqrt{\dfrac{1-(2\beta-1)\sin\varphi}{\beta^2-\beta+1+\sin\varphi(1-2\beta)}}=0$ $\beta=\dfrac{\varepsilon_2-\varepsilon_3}{\varepsilon_1-\varepsilon_3}$；$\beta=\dfrac{\varepsilon_1-\varepsilon_2}{\varepsilon_1-\varepsilon_3}$；$\beta=0$ 或 1

应当注意，金属材料可以由应力屈服条件直接转换为应变屈服条件，但由应力转换过来的莫尔应变圆尚需将圆心位置移动一个水平距离，才能得到真正的莫尔-库仑应变屈服条件，如图 6-5 所示。

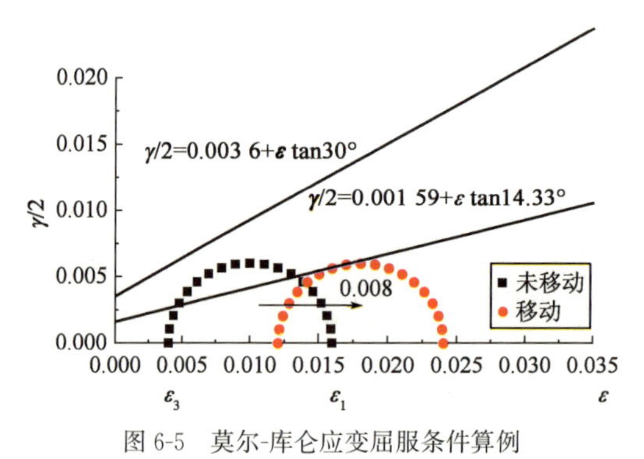

图 6-5 莫尔-库仑应变屈服条件算例

6.2.2 德鲁克-普拉格条件和三维德鲁克-普拉格条件

（1）德鲁克-普拉格条件

莫尔-库仑条件可以写成如下一般形式：

$$\alpha I_1+\sqrt{J_2}=k \tag{6-3}$$

式中，

$$\alpha=\frac{\sin\varphi}{3\left(\cos\theta_\sigma-\frac{1}{\sqrt{3}}\sin\theta_\sigma\sin\varphi\right)} \tag{6-3a}$$

$$k=\frac{c\cos\varphi}{\cos\theta_\sigma-\frac{1}{\sqrt{3}}\sin\theta_\sigma\sin\varphi} \tag{6-3b}$$

1952 年德鲁克-普拉格在平面应变状态下应用关联流动法则与莫尔-库仑条件导出式（6-3），此时式中

$$\alpha=\frac{\sin\varphi}{\sqrt{3}\sqrt{3+\sin^2\varphi}},\ k=\frac{\sqrt{3}c\cos\varphi}{\sqrt{3+\sin^2\varphi}}$$

所以通常也将式（6-3）称为德鲁克-普拉格条件。由上可见，德鲁克-普拉格条件只适用于平面情况。德鲁克-普拉格条件还表明莫尔-库仑条件可有两种表达形式，因而也有两种不

同的屈服面，一种是六角形屈服面，另一种是圆形屈服面。后者没有尖角，计算比较简单，近年来受到学术界的欢迎，在一些软件中也得到实际应用，如 ANSYS 等软件。

式（6-3a）、式（6-3b）即为莫尔-库仑条件的等效 D-P 系列变换得到的 α、k 表达式，它与洛德角 θ_σ 有关，是与莫尔-库仑条件匹配的 D-P 系列准则对应的参数。如果式（6-3）在三维情况下推导，则其 α、k 系数必然与上不同，为此将三维情况下的德鲁克-普拉格条件写成 $\alpha_a I_1+\sqrt{J_2}-k_a=0$，参数为 α_a、k_a，由此得到三维德鲁克-普拉格条件。应当注意，德鲁克-普拉格圆形屈服面必须通过莫尔-库仑条件对应的 6 条边线上的 6 个点，且互相对称，这才显示出岩土材料的特征。但金属材料只要求通过莫尔-库仑屈服面中 6 条边线上的 3 个点，这适应金属材料 $\varphi=0$ 的特征。图 6-6 示出 π 平面上金属材料屈瑞斯卡与米赛斯条件。DP1 与 DP2 准则都不适用于岩土，因为它没有通过莫尔-库仑曲线中的 6 个点，只有 3 个点通过，所以它只适用于 $\varphi=0$ 的金属材料，用于岩土类材料显然是错误的。DP1 准则对应空间问题，其洛德角 $\theta_\sigma=30°$ 或 $\theta_\sigma=-30°$，即为米赛斯条件；其洛德角 $\theta_\sigma=0°$，为平面问题，即为屈瑞斯卡条件。DP2 准则对应平面问题，其洛德角 $\theta_\sigma=0°$，也是屈瑞斯卡条件。若将 DP1、DP2 准则用于岩土类材料，必然会使三维 D-P 屈服条件的计算结果偏大。

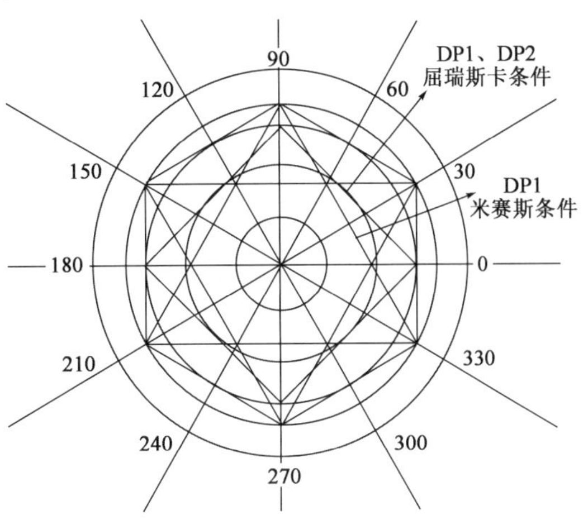

图 6-6　偏平面上金属材料屈瑞斯卡与米赛斯条件

德鲁克-普拉格条件与莫尔-库仑条件的 θ_σ 有关，如将莫尔-库仑条件式（6-3）对 θ_σ 微分，并使之等于零，这时函数 F 取极小值，可得：

$$\theta_\sigma=\alpha\tan\left(-\frac{\sin\varphi}{\sqrt{3}}\right) \tag{6-4}$$

此式为关联法则条件下与 M-C 条件匹配的屈服条件 DP4，它是关联法则下得到的平面应变屈服条件。如果在非关联法则下导出，则称此为非关联情况下与 M-C 条件匹配的屈服条件 DP5，它也是平面应变屈服条件。表 6-3 列出平面情况下德鲁克-普拉格条件的 α、k 值。

德鲁克-普拉格条件下各 D-P 准则的 α、k 参数值　　表 6-3

编　号	准则种类	α	k
DP1（外径） （只适用于金属材料） $\varphi=0$	内切圆 屈瑞斯卡准则	0	c
DP2（内径） （只适用于金属材料） $\varphi=0$	外接圆 屈瑞斯卡准则	0	c
DP4	内切圆（平面应变关联法则下莫尔-库仑条件）	$\dfrac{\sin\varphi}{\sqrt{3(3+\sin^2\varphi)}}$	$\dfrac{3c\cos\varphi}{\sqrt{3(3+\sin^2\varphi)}}$
DP5	平面应变圆（平面应变非关联法则下莫尔-库仑条件）	$\dfrac{\sin\varphi}{3}$	$c\cos\varphi$

（2）三维德鲁克-普拉格条件

在三维情况下 $\alpha_a I_1+\sqrt{J_2}-k_a=0$，与前文相似，理应由岩土常规三轴屈服函数（高红-郑颖人公式）对 θ_σ 微分并等于零，求极大值得到 θ_σ，但求解困难，目前尚未求出极大值 θ_σ，故改用作图法求 θ_σ。即把莫尔-库仑直边线向外平移，找出高红-郑颖人曲线最高点（极大值）的位置。为准确起见，可先将图放大，得到最高点的洛德角。然后再回到原图，按得到的洛德角画矢径并作圆，该圆通过莫尔-库仑屈服面 6 个面上的一点，并相互对称[图 6-7a)]，由此得到三维德鲁克-普拉格准则。量出其矢径长度，再与莫尔-库仑内切圆矢径长度相比，即可求出空间与平面问题之间的计算差值。

图 6-7 示出常规三轴和各种 D-P 屈服条件在 π 平面上的曲线。岩土常规三轴三维德鲁克-普拉格条件 DP3 在偏平面上的屈服曲线图也是一个圆，其屈服曲面也为圆锥形。

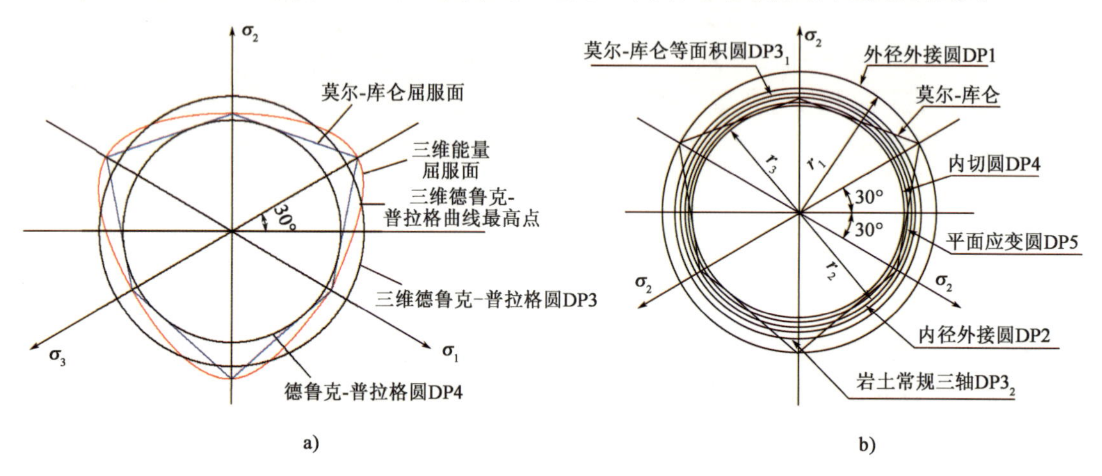

图 6-7　三维和各种 D-P 屈服条件在 π 平面上的曲线

a)三维 D-P 屈服条件在 π 平面上的曲线；b)各种 D-P 屈服条件在 π 平面上的曲线

下面研究土体常规三轴条件 DP3 准则的计算。目前国内外通用软件中尚无用岩土常规三轴公式的计算情况，只有 ANSYS 等软件经改造后应用于岩土三维德鲁克-普拉格公式计算。如上所述，DP1 准则不适用于岩土类材料。然而，赵尚毅、郑颖人发现只要对 DP1 进行修改，将其准则进行转换，仍然可得到平面与三维的德鲁克-普拉格准则。对于平面问题，可由 DP1 准则转换为莫尔-库仑准则 DP4 与 DP5，对于岩土常规三轴可转换为 DP3$_1$ 准则。目前，在国内常采用莫尔-库仑等面积圆 DP3$_1$ 准则，它是一个近似准则，较为保守。另一种将岩土常规三轴屈服条件（高红-郑颖人公式），由 DP1 准则转换为三维德鲁克-普拉格 DP3$_2$ 准则，见表 6-4。

岩土三维德鲁克-普拉格条件下各 D-P 准则的 α_a、k_a 参数值　　表 6-4

编　　号	准则种类	α_a	k_a
DP1 （用于金属材料） $\varphi=0$	外接圆 米赛斯准则	0	$\frac{2c}{\sqrt{3}}$
DP1 非岩土屈服条件 可起转换作用	外接圆 岩土外径准则	$\frac{2\sin\varphi}{\sqrt{3}(3-\sin\varphi)}$	$\frac{6c\cos\varphi}{\sqrt{3}(3-\sin\varphi)}$

续上表

编号	准则种类	α_a	k_a
DP3 （用于岩土类材料）	$DP3_1$ 莫尔-库仑等面积圆 岩土常规三轴近似解	$\dfrac{2\sqrt{3}\sin\varphi}{\sqrt{2\sqrt{3}\pi(9-\sin^2\varphi)}}$	$\dfrac{6\sqrt{3}c\cos\varphi}{\sqrt{2\sqrt{3}\pi(9-\sin^2\varphi)}}$
	$DP3_2$ 岩土常规三轴准则	$\dfrac{\sin\varphi}{3\left(\cos\theta_\sigma-\dfrac{1}{\sqrt{3}}\sin\theta_\sigma\sin\varphi\right)}$	$\dfrac{2c\cos\varphi\sqrt{\dfrac{1-\sqrt{3}\tan\theta_\sigma\sin\varphi}{3+3\tan^2\theta_\sigma-4\sqrt{3}\tan\theta_\sigma\sin\varphi}}}{\cos\theta_\sigma-\dfrac{1}{\sqrt{3}}\sin\theta_\sigma\sin\varphi}$
		式中：θ_σ——对应于最高点的洛德角	

6.2.3 DP1 与 $DP3_1$、DP4、DP5 条件稳定安全系数的转换

（1）采用不同流动法则时的计算

在弹塑性力学中，金属材料采用关联流动法则，而岩土材料有非关联和关联流动法则之分。有限元计算中，采用关联还是非关联流动法则，取决于 ψ 值（膨胀角）。$\psi=\varphi$ 为关联流动法则，$\psi\neq\varphi$ 为非关联流动法则。岩土材料在非关联法则下，对于在平面应变条件下与莫尔-库仑相匹配的 D-P 准则，膨胀角 ψ 可以取 $0\sim\varphi/2$ 之间不同的值。关联法则下取 $\psi=\varphi$，两者屈服准则中的 α、k 表达式也有所不同。从计算中发现，两者计算结果的差异不大，可任意选用。

（2）不同 D-P 准则条件下稳定安全系数的转换

边（滑）坡的安全系数国际上统一采用强度储备（或强度折减）安全系数，这更符合边坡的实际受力情况。因而稳定安全系数定义为：

$$c'=\frac{c}{\omega},\quad \tan\varphi'=\frac{\tan\varphi}{\omega} \tag{6-5}$$

式中：ω——稳定安全系数，也是强度折减系数。

同样德鲁克-普拉格条件也采用 c/ω 和 $\tan\varphi/\omega$ 形式。

目前国际上的通用程序（如 ANSYS 等软件）中采用 DP1 准则。如上所述，对 DP1 准则进行修改，仍然可得到岩土平面与三维德鲁克-普拉格准则，从而获得 $DP3_1$、DP4、DP5 准则的计算结果，但 $DP3_2$ 仍应采用作图方法。下面叙述两种转换方法。

一种是设 c_0、φ_0 为初始强度参数，在岩土外径外接圆 DP1 准则下的安全系数为 ω_1，在莫尔-库仑等面积圆屈服准则条件 $DP3_1$ 下的安全系数为 ω_2，经过变换可以得到：

$$\omega_2=\sqrt{\frac{3\sqrt{3}\left(3\sqrt{\cos^2\varphi_0\omega_1^2+\sin^2\varphi_0}-\sin\varphi_0\right)^2-8\sin^2\varphi_0}{18\pi\cos^2\varphi_0}} \tag{6-6}$$

式（6-7）即为外径外接圆 DP1 准则和莫尔-库仑等面积圆 $DP3_1$ 准则之间的稳定安全系数转换关系式。只要求得了外径外接圆 DP1 准则下的安全系数 ω_1，利用该表达式就可以直接计算出莫尔-库仑等面积圆准则条件下的安全系数 ω_2。表 6-5 为不同参数条件下两种准则之间稳定安全系数的实际转换数据。

不同参数条件下两种 D-P 准则之间的稳定安全系数转换数据示例 表 6-5

等面积圆 $DP3_1$ 准则安全系数 ω_2		外径外接圆 DP1 准则安全系数 ω_1									
		1	1.1	1.2	1.3	1.4	1.5	1.6	1.7	1.8	1.9
内摩擦角 φ_0 (°)	0	0.909	1.000	1.091	1.182	1.273	1.364	1.455	1.546	1.637	1.728
	10	0.854	0.945	1.036	1.127	1.218	1.310	1.401	1.492	1.583	1.674
	15	0.822	0.914	1.006	1.097	1.188	1.280	1.371	1.462	1.553	1.644
	20	0.786	0.879	0.971	1.063	1.155	1.247	1.339	1.430	1.521	1.613
	25	0.742	0.837	0.931	1.024	1.117	1.210	1.302	1.394	1.486	1.578
	30	0.685	0.784	0.881	0.977	1.072	1.166	1.259	1.352	1.445	1.537

采用同样的方法可以得到外径外接圆 DP1 准则（关联流动法则）和平面应变莫尔-库仑匹配 DP4 准则（关联流动法则）之间的稳定安全系数转换关系式。

DP1 与 DP4 准则之间的稳定安全系数转换关系式为：

$$\omega_2=\sqrt{\frac{3\left(\sqrt{\cos^2\varphi_0\omega_1^2+\sin^2\varphi_0}-\sin\varphi_0\right)-16\sin^2\varphi_0}{12\cos^2\varphi_0}} \tag{6-7}$$

外径外接圆 DP1 准则（非关联流动法则）和平面应变莫尔-库仑匹配 DP5 准则（非关联流动法则）之间的稳定安全系数转换关系式为：

$$\omega_2=\sqrt{\frac{3\left(\sqrt{\cos^2\varphi_0\omega_1^2+\sin^2\varphi_0}-\sin\varphi_0\right)^2-12\sin^2\varphi_0}{12\cos^2\varphi_0}} \tag{6-8}$$

这样，只要求得了外径外接圆准则下的安全系数 ω_1，利用上述表达式就可以直接计算出 $DP3_1$、DP4、DP5 准则下的安全系数 ω_2。

另一种方法是编制一个简易程序，将 DP1 准则岩土强度参数 c_0、φ_0 值修改成适用于平面与三维德鲁克-普拉格准则的 c、φ 值，由此直接算出 $DP3_1$、DP4、DP5 的结果。

6.2.4 有限元模型计算范围与网格划分以及计算参数对计算精度的影响

有限元模型边界范围的大小对有限元计算精度的影响较大。经计算分析，当坡角到左端边界的距离为坡高的 1.5 倍，坡顶到右端边界的距离为坡高的 2.5 倍，且上、下边界总高不小于 2 倍坡高时，计算精度较为理想。若包含渗流计算，其边界范围还要扩大。

计算时必须考虑适当的网格密度，如果网格划分太粗，将会造成很大的误差。究竟单元大小取多大呢？一般根据具体的问题来确定。可以先执行一个你认为合理的网格划分的初始分析，再在可能滑裂区域利用两倍多的网格重新分析并比较两者的结果。如果这两者给出的结果几乎相同，则认为前次划分的网格密度是合适的。

网格划分过程中，还可以对重要部位进行局部加密（图 6-8），不重要的地方可以稀疏一些。需要注意的是从密集到稀疏最好有一个平缓的过渡，单元大小不要急剧变化。

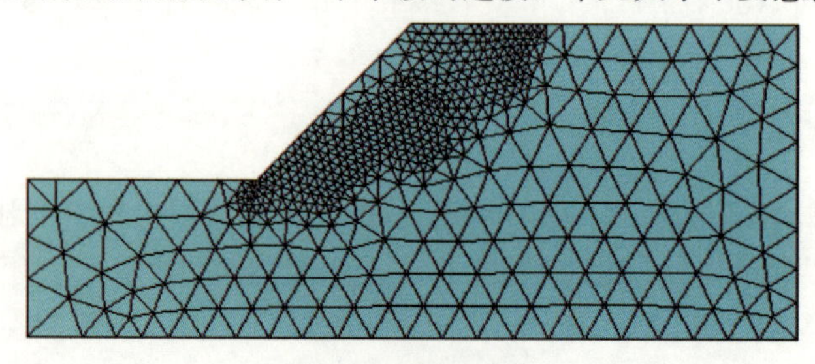

图 6-8 网格局部加密

研究表明泊松比ν对边坡的塑性区分布范围有影响，ν的取值越小，边坡的塑性区范围越大。但是计算表明泊松比ν的取值对安全系数计算结果无影响。弹性模量E对边坡位移的大小有影响，但是对稳定安全系数无影响，因而变形参数E、ν可按实际情况来取，即使选用有误，对计算结果也无影响。

6.2.5 破坏函数与破坏面

1）破坏函数与破坏面的概念

如前所述，当前塑性力学所说的应力破坏条件实际上是应力表述的弹性屈服条件，不能作为判断材料破坏的判据。在理想弹塑性状态下塑性阶段应力虽然不变，但应变是在不断变化的，塑性应变从零达到塑性极限应变，反映了塑性阶段的受力变化过程，此时应力和塑性应变都达到极限状态，这才是材料任意点破坏的充要条件。

按上所述，只要材料中某点的弹塑性剪应变（或主应变）达到极限剪应变γ_f（或极限主应变ε_{1f}）时，或者某点的塑性应变达到塑性极限应变γ_f^p时该点发生了破坏，就可得出弹塑性力学中任意点的破坏条件。当破坏点贯通整个工程时，即为工程整体破坏条件，由此可求出工程稳定安全系数。

破坏条件是应变的函数，称为破坏函数，其方程为：

$$f_f(\varepsilon_{ij})=0 \tag{6-9}$$

或写成：

$$f_f(\varepsilon_{ij},\ \gamma_f)=0;\ f_f(\varepsilon_{ij},\ \gamma_y,\ \gamma_f^p)=0$$

式中：γ_y、γ_f^p、γ_f——弹性、塑性、弹塑性极限剪应变。

屈服面是屈服点的应变连起来构成的一个空间曲面（图6-9、图6-10）。弹性理论指出，材料的初始应力屈服面形状与应变空间中的初始应变屈服面都符合强化模型。对于金属材料，两者形状相同，中心点不动，只是大小相差一个倍数。应变空间中理想弹塑性材料的屈服面符合随动模型，因而破坏面的形状和大小与初始应变屈服面相同，而屈服面中心点的位置随塑性应变增大而移动（图6-11、图6-12），直至达到破坏面。

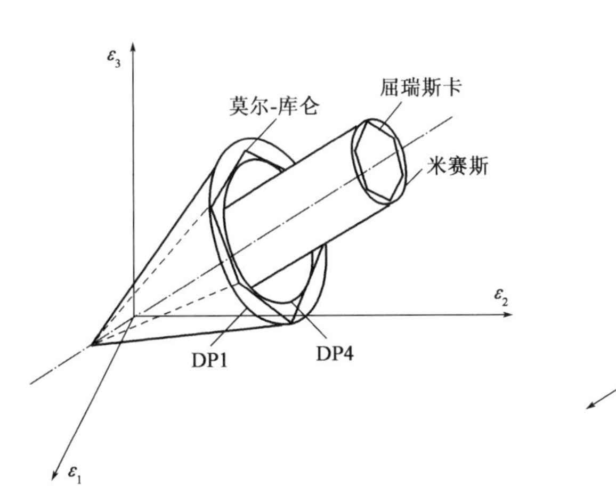

图6-9 直角坐标中岩土与金属材料的屈服面

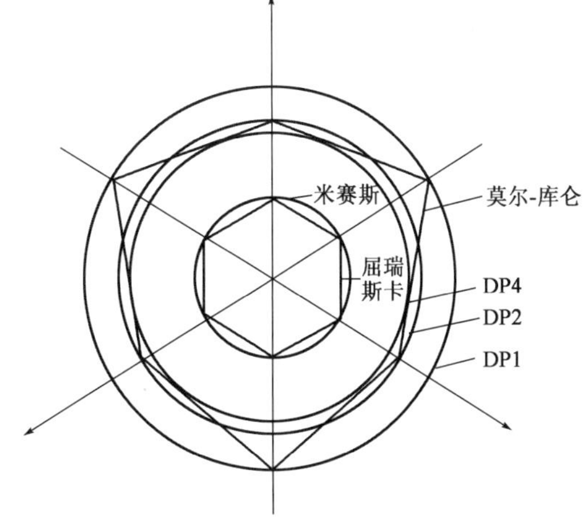

图6-10 偏平面中岩土与金属材料的屈服面

从屈服到破坏把应变空间分成几种状况：当应变在破坏面上，$\gamma=\gamma_f$时，处于破坏状态；当应变在屈服面上和屈服面与破坏面之间，$\gamma_y\leqslant\gamma<\gamma_f$时，处于塑性状态；当应变在屈服面内，$\gamma<\gamma_y$时，处于弹性状态。

拉德在岩土本构关系研究中曾经指出，破坏函数与屈服函数形式一致，只是常数项不同。这一观点是正确的，破坏是材料屈服的继续，一个是初始屈服条件，一个是极限屈服条件。下面以最简单的屈瑞斯卡条件为例，给出平面状态下金属材料的破坏条件。

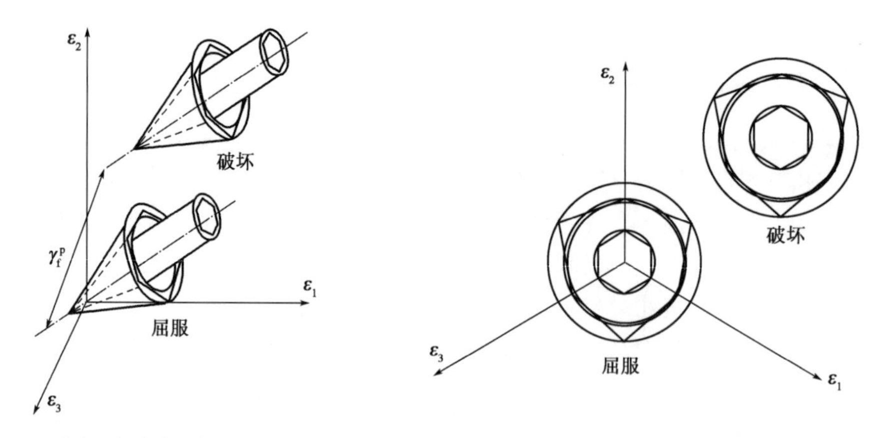

图 6-11　直角坐标中岩土与金属材料的破坏面　　图 6-12　偏平面中岩土与金属材料的破坏面

2）材料的破坏条件

（1）屈瑞斯卡破坏条件

如前所述，屈瑞斯卡应变屈服条件可由应力屈服条件转化而来，由此得到应变表述的屈瑞斯卡屈服条件 $f=\varepsilon_1-\varepsilon_3-\gamma_y$。但开始出现塑性应变以后，理想弹塑性材料应力不变，应变不断增长，应变空间中力学模型为随动模型，屈服面形状不变，但屈服面中心点随塑性应变增大而增大，直至达到塑性极限应变 γ_f^p，由此得到屈瑞斯卡破坏面。

按照上述意思，屈瑞斯卡破坏条件为：

$$f_f=\varepsilon_1-\varepsilon_3-(\gamma_y+\gamma_f^p)=\varepsilon_1-\varepsilon_3-\gamma_f=0 \tag{6-10}$$

或

$$f_f=\sqrt{J'_2}\cos\theta_\varepsilon-\frac{\gamma_y+\gamma_f^p}{2}=\sqrt{J'_2}\cos\theta_\varepsilon-\frac{\gamma_f}{2}=0;\quad -\frac{\pi}{6}\leqslant\theta_\sigma\leqslant\frac{\pi}{6} \tag{6-11}$$

式中：γ_y——材料的弹性极限剪应变，$\gamma_y=\dfrac{\tau_y}{G}=\dfrac{1+\nu}{E}\sigma_s$；

$\sqrt{J'_2}$——应变偏张量的第二不变量。

（2）岩土常规三轴和三种经典屈服条件的破坏条件

由上可见，只要将屈服条件中的 γ_y 改写成 γ_f，即可得到破坏条件，其他破坏条件都可由此类推。表 6-6 列出了岩土常规三轴和三种经典屈服条件的破坏条件。

各种屈服条件的破坏条件　　表 6-6

材料	平面情况		三维情况	
	名称	公式	名称	公式
金属材料	屈瑞斯卡条件	$\varepsilon_1-\varepsilon_3-\gamma_f=0$	米赛斯条件	$\sqrt{J'_2}-\frac{\gamma_f}{2}=0$（纯剪） $\sqrt{J'_2}-\frac{\gamma_f}{\sqrt{3}}=0$（纯拉）
岩土材料	莫尔-库仑条件	$(\varepsilon_1-\varepsilon_3)-(\varepsilon_1+\varepsilon_3)\sin\varphi\frac{1}{1-2\nu}-\gamma_f\cos\varphi=0$	岩土常规三轴条件	$(\varepsilon_1-\varepsilon_3)-(\varepsilon_1+\varepsilon_3)\sin\varphi\frac{1}{1-2\nu}-\gamma_f\cos\varphi\sqrt{\frac{1-(2\beta-1)\sin\varphi}{\beta^2-\beta+1+\sin\varphi(1-2\beta)}}=0$ $\beta=\frac{\varepsilon_2-\varepsilon_3}{\varepsilon_1-\varepsilon_3}$；$\beta=\frac{\varepsilon_1-\varepsilon_2}{\varepsilon_1-\varepsilon_3}$；$\beta=0$ 或 1

破坏面形状与屈服面相同，屈瑞斯卡破坏面为正六角形柱体（图 6-11），偏平面上为一正六角形（图 6-12）。破坏面中心与应变屈服面中心距离用 γ_f^p 表示，如图 6-11 所示。式（6-10）、式（6-11）和图 6-11、图 6-12 反映了岩土与金属材料从弹性到屈服直至破坏的全过程。

6.3 三种极限分析方法简介

6.3.1 极限分析方法的发展

土体的极限分析法起始于 1773 年的库仑定律，20 世纪 20 年代建立了极限平衡法，之后又相继出现了滑移线场法（特征线法）和上、下限法等。这些方法统称为传统极限分析法。这种方法必须事先知道土体的破裂面，应用的范围有限，一般只适用于均质土体。极限分析法的理论基础是基于强度理论的极限分析，首先要应用屈服准则判断材料中任意点是否从弹性进入塑性，即屈服，对岩土通常采用莫尔-库仑屈服条件进行判断。其次，要应用破坏条件判断材料是否从塑性进入破坏，但由于以往对材料中任意点破坏认识不足，一直未求出材料任意点破坏条件。因此采用极限分析法求解工程的整体破坏条件，得到工程设计所需的稳定安全系数。

随着数值分析方法的发展，1975 年英国科学家辛克维兹提出了数值极限分析法，称为有限元强度折减法和荷载增量法（超载法）。这种方法不仅能采用数值方法，准确、可视，而且无须事先知道破裂面，扩大了应用范围，能应用于土体和岩体及其他工程材料。与传统极限分析法一样，无须知道材料任意点的破坏条件，可直接求出工程材料整体破坏稳定安全系数。

近年来，混凝土力学中提出峰值破坏条件，通过试验获得弹塑性材料的极限应变，自 2013 年起写于我国《混凝土结构》大学本科教材中。2015 年郑颖人团队提出了工程材料的破坏条件，还指出峰值破坏条件就是塑性力学中任意点的破坏条件，完善了强度理论，并提出依据工程材料力学参数求解极限应变的方法。这样可无须通过试验和极限分析法直接求出工程稳定安全系数。这种方法简称极限应变法，不仅不必事先知道破裂面，而且还可知道工程材料的破裂演化过程，获得材料起裂安全系数。

上述三种极限分析方法虽然理论推导过程以及应用范围有所不同，但其获得的稳定安全系数基本相同。对于边坡地基、隧道工程与地基工程，其计算误差一般在 2%之内，表明这些方法用于岩土工程设计都是正确可行的。

6.3.2 土体传统极限分析方法简介

（1）土体传统极限分析的基本假设

由于承载力不足而引起破坏的土体工程问题，如土体工程中的土坡稳定、挡土墙与地基承载力等问题，并不需要通过试验给出严格的塑性本构关系，而可借助简便的塑性极限分析理论，推求工程上很有实用价值的极限荷载或其近似值及稳定安全系数，因而极限分析方法在土体工程中应用很广，其基本理论如下：

①材料为刚塑性材料，因为材料初始屈服与破坏状态均与应力历史和加载路径无关，所以传统极限分析可采用任何岩土本构模型，一般采用刚塑性模型。采用刚塑性模型可使问题

简化，而所得的结果与按弹塑性模型计算结果相同。

②均质、连续、小变形假设，这是弹塑性力学的基本假设，尤其是上、下限极限分析中需要引用虚功原理，而虚功原理只有在小变形情况下才成立。

③服从广义塑性力学中的非关联流动法则，也近似满足传统塑性力学中的关联流动法则。在极限分析中应用非关联法则与关联法则计算结果十分相近，工程上都可应用。

④岩土为摩擦材料，既具黏聚力又具摩擦力，因而必须采用岩土类摩擦材料的屈服条件，土体传统极限分析多用于平面问题，采用莫尔-库仑条件和德鲁克-普拉格条件。当前随着屈服条件的发展，还要适应空间问题，可采用岩土常规三轴屈服条件和三维德鲁克-普拉格条件。

(2) 传统极限分析法的工程整体破坏条件

材料的整体破坏通常可用材料极限荷载（极限承载力）与稳定安全系数来表述，极限荷载对应着材料进入整体破坏状态，此时荷载达到最大，变形也达到最大，即沿破裂面发生了破坏。稳定安全系数对应着破裂面上材料的抗滑力与滑动力之比或极限荷载与实际荷载之比，当安全系数小于或等于1，即滑动力大于或等于抗滑力时，材料发生整体破坏。应当注意，此时滑面上的力不是点的应力，而是整个滑面上的合力，它是当前判别材料整体剪切破坏的判据。如果事先已经知道滑动面的潜在位置，那么破裂面上的滑动力与抗滑力可由传统的极限分析方法，即利用平衡方程与屈服方程求出。基于上述，可把传统极限分析方法的整体剪切破坏判据提升到工程整体破坏条件。

材料的整体破坏条件可描述为在达到极限状态的情况下，破裂面上的力满足下式：

$$F=Q \tag{6-12}$$

式中：F——外荷载产生的滑动面上的滑动力；

Q——材料强度产生的（包括外荷载产生的）滑动面上的抗滑力。

当应用传统极限分析方法中的能量法时，破裂面上外力所做的虚功和内能耗散的虚功满足虚功方程时发生破坏，因而也可用破裂面上的外力功与内能耗散率相等来描述岩土的整体破坏条件，如下式：

$$W=D \tag{6-13}$$

式中：W——外力在材料内所做的功；

D——沿间断面的内部能量耗散率。

式（6-12）和式（6-13）就是工程材料的整体破坏条件。

(3) 土体传统极限分析计算方法

目前，在传统塑性力学中应用的极限分析方法一般是极限平衡法、滑移线场法与极限分析上、下限法。

①极限平衡法

极限平衡法是一种简单的极限分析法，它假设材料为刚塑性体。将材料假设为一隔离体，并假定其边界达到极限平衡状态，然后利用平衡和边界条件求出极限荷载。这类方法没有考虑本构关系与机动条件，得不出应力、应变与位移速度，只能给出极限荷载及其近似解或者相应的稳定安全系数。这种方法广泛用于边坡的稳定分析中。

②滑移线场法

滑移线就是破裂面的迹线。滑移线场法就是按照滑移线场理论和边界条件，先在受力体内构造相应的滑移线网，然后利用滑移线的性质与边界条件求出塑性区的应力与极限荷载或稳定安全系数。可以证明滑移线场中的滑移线就是数学上的特征线，因而也称为特征线法。这种方法只满足静力方程和屈服方程，没有唯一的速度场与之对应，也难以确定刚性区的应力与位移。

③极限分析上、下限法

极限分析法是将材料视为理想刚塑性体，在极限上、下限定理基础上建立起来的分析方法。利用连续介质中的虚功原理可证明两个极限分析定理，即下限定理与上限定理。极限分析上、下限法是通过一组极限定理（上限定理或下限定理），推求极限荷载的上限（p_u^+）或下限（p_u^-）。上限解仅满足机动条件与屈服条件，应力场服从机动条件或塑性功率不为负的条件；下限解仅满足平衡条件和不违背屈服条件。上限解和下限解彼此独立，从极限荷载的上限方面和下限方面逐渐趋近极限荷载。上限法通常先要假设一个滑动面，构造一个协调位移场，然后根据虚功原理求解极限荷载，通常需要计算外力功和内能耗散率，并使它们相等，因而也称为能量法。下限法要构造一个合适的静力许可的应力分布来求得下限解，由于很难找到合适的静力许可应力场，应用范围有限。

6.3.3　基于整体破坏的数值极限分析法——有限元强度折减法与荷载增量法

1）概述

本章所指的数值极限分析法是指采用有限元等数值方法来对工程整体破坏进行极限分析，它可以利用软件求得材料场的应力、位移与塑性区等有用信息，又可获得工程的破坏状态与稳定安全系数，作为设计的依据。1975 年，辛克维兹提出有限元强度折减法与荷载增量法，20 世纪 80—90 年代曾用于土质边坡和地基的稳定分析，但由于种种原因，没有得到工程界的广泛认同。然而，有限元强度折减法的求解结果与传统极限分析法求解结果十分接近，20 世纪末逐渐得到学术界与工程界的广泛认同，大量国际通用软件采纳了这一方法，促使极限分析进入了一个新的时代。

在我国，郑颖人、赵尚毅、郑宏、连镇营等对有限元极限分析法开展了理论与应用的研究，应用范围从均质的土坡、土基扩大到具有结构面的岩坡、岩基和岩质隧道，从二维分析扩大到三维分析，从岩土体分析扩展到水与岩土的流固耦合分析，从静力分析扩大到动力分析，应用于各类岩土边坡以及锚杆、抗滑桩、土工格栅等防治措施，边（滑）坡预警预报，隧道与地下工程，基坑工程，浅基础与桩基工程，边坡与隧道抗震等领域。

2）基于整体破坏的有限元极限分析法

（1）有限元极限分析法中工程稳定安全系数的定义

有限元极限分析法中工程稳定安全系数的定义依据工程出现破坏状态的原因不同而不同。以岩土工程为例，一类由于岩土受气候、雨水和地下水等影响而风化，强度降低，从而导致边（滑）坡工程与隧道工程失稳破坏。这类工程应采用强度储备安全系数，即可通过不断降低岩土强度使有限元计算最终达到破坏状态，强度降低的倍数就是强度储备安全系数，这种有限元极限分析法称为有限元强度折减法。另一类由于地基上荷载不断增大而导致地基失稳破坏，如地基基础工程，这类工程采用极限荷载或荷载增大的倍数作为超载储备安全系数，称为有限元荷载增量法（超载法）。显然，上述两种方法求得的安全系数是不同的，即不同的安全系数定义得到的安全系数不同，反之，对不同的定义采用同一安全系数算出的结果也不同。

①强度储备安全系数

众所周知，传统极限分析法中边坡的稳定安全系数为抗滑力与下滑力之比。1952 年毕肖普提出了著名的适用于圆弧滑动面的“简化毕肖普法”。在这一方法中，边坡稳定安全系数定义为：土坡某一滑裂面上抗剪强度指标按同一比例降低为 c/F_{S1} 和 $\tan\varphi/F_{S1}$，则土体将沿着此滑裂面处处达到极限平衡状态，即有：

$$\tau=c'+\sigma\tan\varphi' \tag{6-14}$$

式中：$c'=\dfrac{c}{F_{S1}}$；

$\tan\varphi'=\dfrac{\tan\varphi}{F_{S1}}$；

F_{S1}——强度折减系数，也是强度储备安全系数。

上述定义完全符合滑移面上抗滑力与下滑力相等为极限平衡法的概念。按稳定安全系数定义其式为：

$$F_{S1}=\frac{\int_0^l(c+\sigma\tan\varphi)\mathrm{d}l}{\int_0^l\tau\mathrm{d}l} \tag{6-15}$$

将式（6-15）两边同除以 F_{S1}，则式（6-15）变为：

$$1=\frac{\int_0^l\left(\frac{c}{F_{S1}}+\sigma\frac{\tan\varphi}{F_{S1}}\right)\mathrm{d}l}{\int_0^l\tau\mathrm{d}l}=\frac{\int_0^l(c'+\sigma\tan\varphi')\mathrm{d}l}{\int_0^l\tau\mathrm{d}l} \tag{6-16}$$

式（6-16）左边为 1，表明当强度折减 F_{S1} 后，坡体达到极限平衡状态。

上述将强度指标的储备作为稳定安全系数的定义是经过多年实践被国际工程界广泛承认的一种定义。这种安全系数只是降低抗滑力，而不改变下滑力。同时，用强度折减定义边坡安全系数也比较符合工程实际情况，许多边（滑）坡的发生常常是由于外界因素引起岩土体强度降低而导致岩土体滑坡。从上述公式可以看出，依据库仑定律，岩土的强度参数 c 与 $\tan\varphi$ 可按同一比例折减。同时也可看出边坡安全系数一定是岩土实际强度与破坏时极限强度之比，证明了边坡的强度折减系数也就是稳定安全系数。

②超载储备安全系数

超载储备安全系数是将荷载增大 F_{S2} 倍后，坡体达到极限平衡状态，按此定义有：

$$1=\frac{\int_0^l(c+F_{S2}\sigma\tan\varphi)\mathrm{d}l}{F_{S2}\int_0^l\tau\mathrm{d}l}=\frac{\int_0^l\left(\frac{c}{F_{S2}}+\sigma\tan\varphi\right)\mathrm{d}l}{\int_0^l\tau\mathrm{d}l}=\frac{\int_0^l(c'+\sigma\tan\varphi)\mathrm{d}l}{\int_0^l\tau\mathrm{d}l} \tag{6-17}$$

式中：$c'=\dfrac{c}{F_{S2}}$；

F_{S2}——荷载增大系数，也是超载储备安全系数。

由式（6-16）和式（6-17）得：

$$\frac{\int_0^l(c+\sigma\tan\varphi)\mathrm{d}l}{F_{S1}\int_0^l\tau\mathrm{d}l}=\frac{\int_0^l(c+F_{S2}\sigma\tan\varphi)\mathrm{d}l}{F_{S2}\int_0^l\tau\mathrm{d}l} \tag{6-18}$$

所以有：

$$F_{S1}=\frac{F_{S2}\int_0^l(c+\sigma\tan\varphi)\mathrm{d}l}{\int_0^l(c+F_{S2}\sigma\tan\varphi)\mathrm{d}l} \tag{6-19}$$

可见，两种安全系数值显然是不同的。从式（6-17）还可以看出，对无黏性土（$c=0$）采用超载储备安全系数。并不能提高边坡稳定性。

算例［6-1］ 均质土坡，坡高 $H=20\text{m}$，黏聚力 $c=42\text{kPa}$，土重度 $\gamma=20\text{kN/m}^3$，内摩擦角$\varphi=17°$，求坡角 $\beta=30°$、35°、40°、45°、50°、90°时边坡的安全系数。不同安全系数定义条件下的计算结果见表 6-7。

不同安全系数定义条件下的稳定安全系数计算结果对比 表 6-7

方　　法	坡角（°）					
	30	35	40	45	50	90
Spencer 法强度储备安全系数	1.55	1.41	1.30	1.20	1.12	0.64
有限元强度折减法强度储备安全系数	1.56	1.42	1.31	1.21	1.12	0.65
折减黏聚力 c 值的强度储备安全系数	2.84	2.06	1.65	1.40	1.21	0.55
增大荷载的超载储备安全系数	2.84	2.06	1.65	1.40	1.21	0.55

由表 6-7 可见，传统的 Spencer 法是一种严格的传统极限分析方法，它与有限元强度折减法强度储备安全系数的计算结果基本相同，验证了该方法的可行性。计算结果还表明，不同的定义会导致稳定安全系数的差别，以及超载安全系数与折减黏聚力 c 值的强度储备安全系数完全一致。两种不同安全系数之间只差一个比例值，因而两者可以互相转换。

（2）基于整体破坏的有限元极限分析原理

基于整体破坏的有限元极限分析方法的假设条件和分析原理与传统极限分析法相同，只是计算的方法与破坏的判据有所不同，因而其计算结果一致。有限元极限分析法就是在弹塑性有限元模型中，通过强度降低或者增大荷载，使模型达到极限破坏状态，从而获得模型的破坏状态和相应的稳定安全系数与极限荷载，其相应的计算方法就是有限元强度折减法与有限元荷载增量法。

①有限元强度折减法

有限元强度折减法通过不断降低岩土体抗剪切强度参数直至达到破坏状态，由此确定破坏状态时的剪切强度 c'、$\tan\varphi'$，达到破坏状态的强度折减系数就是材料整体破坏稳定安全系数，可按下式得到强度折减的稳定安全系数。

对于莫尔-库仑材料，强度折减安全系数 ω 可表示为：

$$\tau=\frac{c+\sigma\tan\varphi}{\omega}=\frac{c}{\omega}+\sigma\frac{\tan\varphi}{\omega}=c'+\sigma\tan\varphi' \tag{6-20}$$

式中：$\omega=\frac{c}{c'}=\frac{\tan\varphi}{\tan\varphi'}$。

这种强度折减安全系数的定义与边坡稳定分析中极限平衡法的安全系数定义完全一致，都属于强度储备安全系数。它们表示整个滑动面达到了破坏状态，因而是材料整体破坏安全系数，而不是某个应力点的安全系数。这种方法不需要事先知道滑动面，极大地扩大了极限分析方法的应用范围。

应当注意，岩土类材料抗拉能力很低，抗拉强度远小于抗压强度，当材料中出现拉应力时，必须满足拉应力小于抗拉强度。当求抗拉安全系数时，还需要对抗拉强度进行强度折减。

$$\omega_1=\frac{\sigma_t}{\sigma_t'} \tag{6-21}$$

上述两式中：ω_1——拉力强度折减系数，也是抗拉安全系数；

c'、φ'、σ_t'——整体破坏时的黏聚力、内摩擦角和抗拉强度。

②有限元荷载增量法

随着荷载的逐步增加，岩土体由弹性逐渐过渡到塑性，最后达到极限破坏状态，这时对应的荷载就是所要求的极限荷载。这种方法通过逐渐加载直至达到破坏状态，其原理与前文所述相仿，称为有限元荷载增量法或有限元超载法。

（3）有限元强度折减法与荷载增量法整体失稳的判据

有限元极限分析法中，无论是采用强度折减法还是荷载增量法都需要知道工程整体失稳的判据，依据这一判据可以知道整体破坏时的 c'、$\tan\varphi'$，从而确定稳定安全系数。

以岩土工程为例，岩土体的整体失稳破坏是指岩土体沿破裂面发生整体失稳，如边坡坡体滑落或坍塌，浅基础下地基隆起破坏，桩基础地基突然大幅沉降，深埋隧道两侧松动塌落等。有限元强度折减法与荷载增量法整体失稳的判据与传统极限分析法不同，不是基于潜在滑动面上的滑动力与抗滑力的平衡，而是基于量变到质变的哲学原理，即工程材料在整体破坏瞬时发生力学量突变的理论，例如强度降低材料受力的1‰～1%微小量，在量变阶段位移量变化很小，表明材料未达到破坏，而在整体破坏瞬间位移量就会发生突变，由此就可判断岩土工程是否发生了整体破坏。目前采用的通用判据有如下三个：

①位移和应变突变破坏判据

人们认识到，材料从整体平衡进入整体失稳状态的瞬间，破裂面和破坏体上的应变与位移会发生突变。图6-13为边坡滑动面上单元节点水平位移（坡顶 UX_1、坡中 UX_2、坡脚 UX_3）随着荷载的逐步增加（相当于图上随着计算时间的增加）而逐渐增大的曲线走势图。由图6-13可见，随着荷载的逐渐增加，当达到破坏状态后，滑面上三个节点的水平位移同时发生了改变。

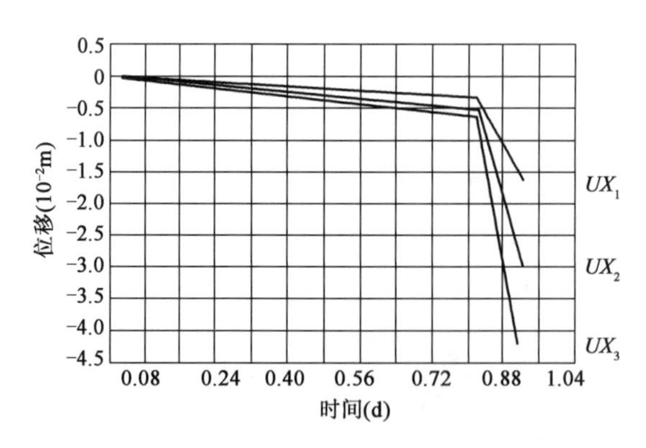

图6-13　滑面节点位移产生突变

人们应用这一判据通常建立强度折减系数-位移（F-s）曲线或荷载-位移（P-s）曲线，并以曲线的拐点作为整体破坏稳定安全系数的判据。为了准确得到稳定安全系数，要对拐点后的曲线形式进行规范，即要求拐点后的 F-s 曲线出现明显突变，突变曲线应近似平行于 s 轴，这一拐点确定的稳定安全系数才是真正的稳定安全系数，否则会难以辨别，甚至出现错误。为此要求材料破坏时强度折减系数的增量值不能过大，以受力变动1‰～1%为宜。在实际操作中，只需在材料接近整体破坏时降低折减系数的增量值，这种情况下破坏时就会出现明显拐点。

图6-14是桩顶荷载为2 500kN时桩基的强度折减系数-位移（F-s）曲线。图6-14a）在

$F=1.4\sim1.5$ 区间强度折减系数折减值为 7.7%，图 6-14b）在 $F=1.4\sim1.45$ 区间强度折减系数折减值为 3.6%，两条曲线均为斜线，尚未出现近似平行于纵轴的曲线末端，难以判明桩基是否破坏。但当强度折减系数折减值为 0.7%时，图 6-14c）强度折减系数从 $F=1.40$ 增至 $F=1.41$，此时曲线出现明显拐点，曲线末端近似平行于纵轴，由此可准确确定拐点对应的强度折减系数 $F=1.4$ 为桩基础稳定安全系数。

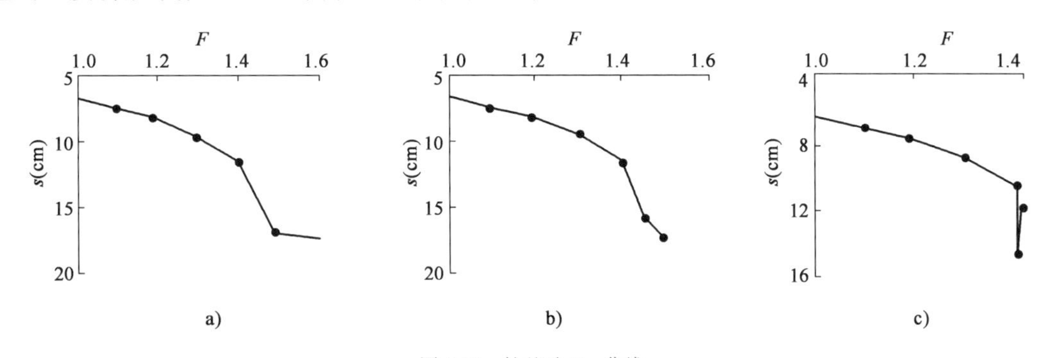

图 6-14　桩基础 F-s 曲线

a)折减 7.7%；b)折减 3.6%；c)折减 0.7%

②有限元非线性计算从收敛到不收敛的破坏判据（收敛性判据）

从整体平衡到整体失稳的瞬间，非线性计算发生从收敛到不收敛的突变，这一准则是由辛克维兹最早提出的，目前国际通用软件中一般都以此作为破坏判据。同样要求材料破坏时强度折减系数的折减值不能太大。这一判据不适用于因计算失误与网格划分不当而引起的不收敛。

③塑性区贯通破坏判据

塑性区贯通是整体破坏的前提。当前人们已经认识到塑性区贯通只是破坏的必要条件，而非充分条件，不能作为整体破坏的判据，但这一判据可以用来检验求出的稳定安全系数是否准确。

6.3.4　基于任意点破坏条件的数值极限分析法——极限应变法

1）极限应变法原理

第 6.2.4 节中已经阐述了点破坏条件，本节给出了由强度和变形参数求解材料极限应变的方法，材料中任意点的应变只要达到了极限应变，该点的材料就发生点破坏。只有当材料中点破坏贯通成整体破坏面时，材料才发生整体破坏。由此可知，材料中首先发生点破坏的位置，也就是材料首先出现明显裂缝的位置，可由此求得材料的起裂安全系数；当材料点破坏贯通成整体破坏面时，就知道了材料的整体破坏面位置，由此求出材料整体破坏稳定安全系数。可见，该法完全依据强度理论来求解工程的稳定安全系数，并不需要增加极限分析法。如上所述，虽然三种方法的破坏判据不同，但三种方法基本假设相同，算得的整体稳定安全系数也基本一致，误差极小，表明三种极限分析法都正确可行。

2）极限应变计算

（1）单向受力（$\sigma_2=\sigma_3=0$）下弹性极限应变的解析计算

目前国内外尚无求解材料极限应变的计算方法。钢材、混凝土等材料，一般通过试验来确定材料的极限应变。阿比尔的、郑颖人等提出通过强度与变形参数求岩土类材料（包括混凝土）和钢材等工程材料在单向受力下平面极限应变计算方法，从而减少了试验的工作量。

求解问题的思路是通过建立合适的计算模型，应用现有的整体破坏判据和数值极限分析方法，求取材料点破坏条件的弹塑性极限应变。

材料屈服时满足工程材料平面和常规三轴屈服条件，达到弹性极限状态时，可由广义胡克定律求得弹性极限应变。单向受力下弹性极限主应变ε_{1y}、ε_{2y}与极限剪应变 γ_y 计算公式为：

$$\left.\begin{aligned}\varepsilon_{1y}&=\frac{1}{E}\sigma_1=\frac{2c\cos\varphi}{E(1-\sin\varphi)}\\ \varepsilon_{3y}&=-\frac{\nu}{E}\sigma_1=-\frac{2\nu c\cos\varphi}{E(1-\sin\varphi)}\end{aligned}\right\}\tag{6-22}$$

FLAC 软件中规定的极限剪应变为：

$$\sqrt{J'_{2y}}=\frac{(1+\nu)\varepsilon_{1y}}{\sqrt{3}}=\frac{2c\cos\varphi(1+\nu)}{\sqrt{3}E(1-\sin\varphi)}\tag{6-23}$$

采用的极限剪应变为：

$$\gamma_y=\sqrt{3J'_{2y}}=(1+\nu)\varepsilon_{1y}=\frac{2c\cos\varphi(1+\nu)}{E(1-\sin\varphi)}\tag{6-24}$$

式中：ε_{1y}、ε_{3y}——弹性极限第一主应变与第三主应变；

γ_y——弹性极限剪应变。

应当注意，双向受力下 $\sigma_3\neq0$，此时计算弹性极限应变需在试件的水平方向加上应力 σ_3。

（2）弹塑性平面极限应变计算

①单向受力下弹塑性平面极限应变计算

应变表述的莫尔-库仑公式只能满足弹性条件下的应变关系，因而上述计算式都为弹性应变计算公式。弹塑性情况下不能再用应变表述的莫尔-库仑公式，下面由应变张量一般公式导出弹塑性总应变中压应变与剪应变的关系，由此得到极限剪应变 $\sqrt{J'_{2f}}$ 和 γ_f 的关系式：

$$\sqrt{J'_{2f}}=\frac{\gamma_f}{\sqrt{3}}=\frac{\varepsilon_{1f}-\varepsilon_{3f}}{\sqrt{3}}\tag{6-25}$$

$$\gamma_f=\sqrt{3J'_{2f}}=\varepsilon_{1f}-\varepsilon_{3f}\tag{6-26}$$

式中：γ_f、ε_{1f}、ε_{3f}——弹塑性剪应变 γ 与压应变ε_1、ε_3 的极限值，对于岩土类材料是剪切强度 c、φ 的函数。

式（6-25）与式（6-26）中给出的剪应变与主应变都是未知的，难以用解析方法求得极限剪应变与主应变，但可采用数值计算求得。

②双向受力下弹塑性平面极限应变计算

双向受力下 $\sigma_3\neq0$，此时计算弹塑性极限应变需在试件的水平方向加上应力 σ_3。

（3）弹塑性三维极限应变计算

弹塑性三维极限应变计算时 $\sigma_2\neq0$，三向受力下需在试件上施加应力 σ_2 和 σ_3。

（4）混凝土平面极限应变计算

考虑到边坡加固时需采用混凝土和钢材，这里简述混凝土与钢材的极限应变计算，并可由此证明上述求解极限应变方法的准确性与可行性。阿比尔的、郑颖人等应用 FLAC^{3D}软件和有限元荷载增量法，由材料参数求出混凝土材料单向受力下的平面极限应变。混凝土计算模型取边长 150mm 的立方体，底面施加约束，顶面施加竖向单轴荷载，给出的 c、φ 值相当于混凝土棱柱体轴心受压的试验值，计算中不考虑摩擦力。应注意合理划分计算网格，每边划分 20 格为宜。采用荷载增量法或强度折减法进行计算。计算模型如图 6-15 所示，其中点

1～12 为关键记录点（单元）。计算参数见表 6-8，图 6-16 为单向受力下平面极限状态的剪应变增量云图。对于有 σ_3 的平面应变问题，在试件两侧施加侧向应力 σ_3。对于三维极限状态，求极限剪应变时必须在试件两侧施加侧向应力 σ_2、σ_3。

混凝土物理学力学参数 表 6-8

混凝土强度等级	弹性模量 E（GPa）	泊 松 比 ν	密度 ρ（kg/m^3）	黏聚力 c（MPa）	内摩擦角 φ（°）
C20	25.5	0.2	2 400	2.6	60.9
C25	27.5	0.2	2 400	3.2	61.3
C30	30.0	0.2	2 400	3.9	61.8
C35	31.5	0.2	2 400	4.4	61.9
C40	32.5	0.2	2 400	5.0	62.2
C45	33.5	0.2	2 400	5.5	62.4

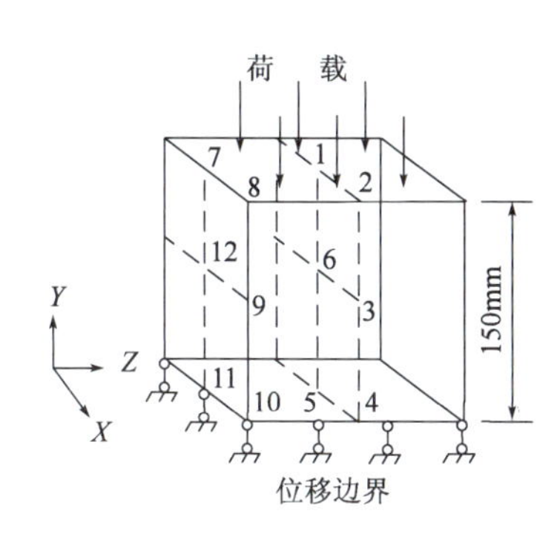

图 6-15 计算模型

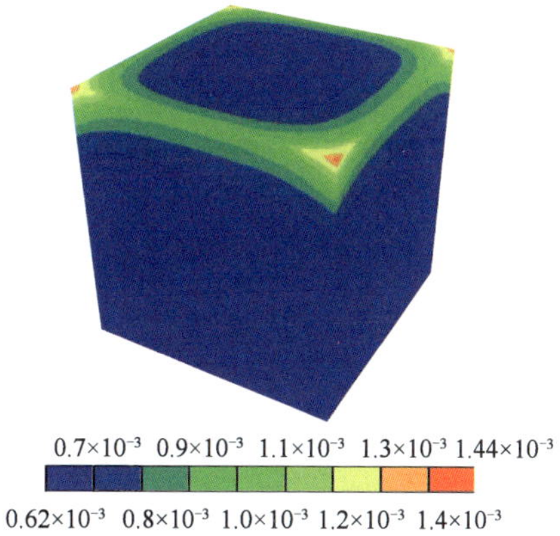

图 6-16 极限状态的剪应变增量云图

采用理想弹塑性模型，通过有限元荷载增量法计算，逐渐单轴加压直至有限元计算从收敛到不收敛，即达到试件整体破坏状态。计算单向受力下 1～12 号单元的应变值。以 C25 混凝土试件为例，计算结果记录见图 6-17、图 6-18，图中列出了各关键单元的弹塑性应变值。由图可知，混凝土试块加载到弹性极限荷载 50%左右时 7 单元和 8 单元开始出现塑性变形。随着荷载增加，8 单元的塑性变形发展明显，加载到极限荷载后该单元应变最大，并依据材料整体破坏可确定该单元已经发生破坏，而其他单元均未破坏，说明正是该单元的破坏导致试件整体破坏。由此可知，该单元的应变即为 C25 混凝土的极限应变，因而可提取该单元破坏时的主应变 ε_1 和剪应变 $\sqrt{J_2'}$ 作为该材料的极限主应变和极限剪应变（表 6-9）。

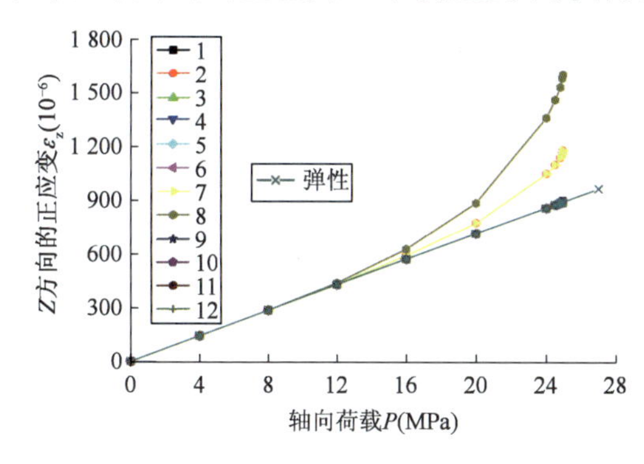

图 6-17 C25 混凝土轴向荷载-轴向主应变关系曲线

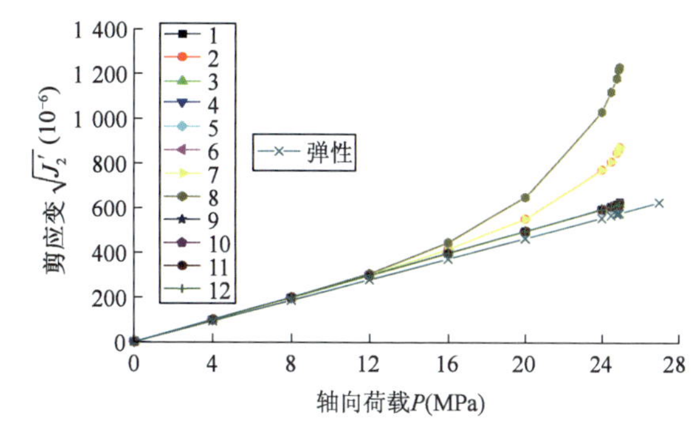

图 6-18 C25 混凝土轴向荷载-剪应变关系曲线

由表 6-9 可知，普通混凝土的极限压应变在 1.38‰～2.56‰之间。该计算结果与《混凝土结构设计原理》教材中提供的极限应变 1.50‰～2.50 ‰一致，验证了这一求解方法的可靠性。上述计算方法同样可用于求解岩土材料和钢材的平面极限应变，或者采用当前规范规定的试件求解平面极限应变。

普通混凝土轴向、侧向主应变和剪应变的平面极限应变值 表 6-9

（采用 $FLAC^{3D}$ 软件，按莫尔-库仑条件）

混凝土强度等级	抗压强度（MPa）	轴向应变ε_1（‰）		侧向应变ε_2（‰）		剪应变 $\sqrt{J_2'}$（‰）	
		ε_{1y}	ε_{1f}	ε_{2y}	ε_{2f}	$\sqrt{J'_{2y}}$	$\sqrt{J'_{2f}}$
C20	20.13	0.79	1.38	−0.158	−0.461	0.548	1.063
C25	25.04	0.91	1.63	−0.180	−0.522	0.605	1.260
C30	30.74	1.03	1.88	−0.206	−0.640	0.712	1.457
C35	35.05	1.12	2.07	−0.223	−0.717	0.773	1.607
C40	40.28	1.24	2.39	−0.249	−0.832	0.861	1.864
C45	44.63	1.34	2.56	−0.267	−0.893	0.926	2.000

不同数值分析软件中采用的剪应变表达形式不同，如 $FLAC^{3D}$软件采用 $\sqrt{J_2{}'}$ 表示剪应变（弹性和塑性剪应变之和）。ANSYS 软件中采用等效塑性应变表示，所以不同软件得到的极限剪应变值是不同的，但这并不影响岩土破坏状态的分析和稳定安全系数的确定，因为在使用同一软件进行分析时剪应变和极限剪应变都是在同一力学参数条件下得到的。此外，还要注意采用 ANSYS 软件的收敛标准不同算得的极限应变值会有所不同，ANSYS 软件收敛标准越高算得的极限应变越大，但尽管极限应变值变化较大，算得的稳定安全系数或极限承载力却相差甚微，不影响计算结果。

（5）钢材平面极限应变计算

①钢材单向受力下平面极限应变试验与计算结果的比较

为验证钢材极限应变计算结果，做了 Q235 低碳钢实际拉伸试验，其应力-应变曲线如图 6-19所示。钢材屈服应变是指初始屈服时的应变，即弹性极限应变；而极限应变是指弹性极限应变与塑性极限应变之和。表 6-10 给出了测试单位提供的试验结果，该测试单位假设偏移量 0.2%，考虑塑性极限应变，因而将极限主应变定为 0.34%，这一极限应变并非真实应变。

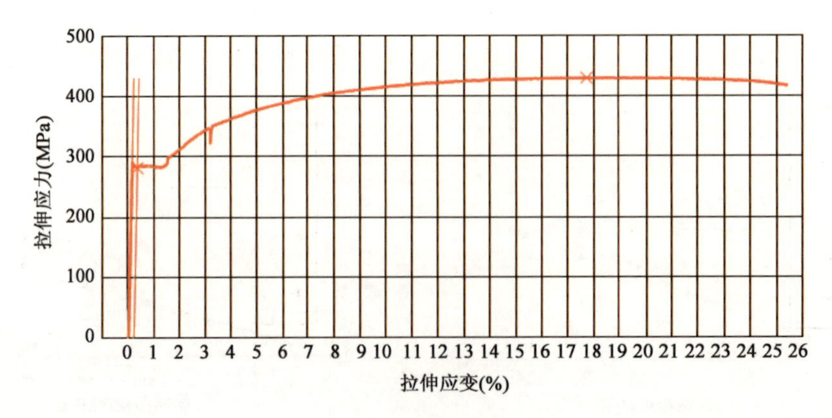

图 6-19　Q235 钢材拉伸应力-应变曲线

Q235 钢材拉伸试验结果 表 6-10

样品材料	拉伸应力（MPa）	弹性模量（MPa）	屈服应力（MPa）	屈服应变（%）	极限主应变（%）（偏移量 0.2%）
Q235	430	204	282	0.14	0.34

采用上述方法对试验钢材用 FLAC^{3D}软件做了相应的数值计算，以求得该钢材的屈服极限主应变与剪应变。鉴于钢材拉、压性质相同，拉主应变与压主应变以及拉剪应变与压剪应变相等，所以只做了压主应变与压剪应变计算。试件为 15mm×15mm×15mm 的立方体，计算参数与结果见表 6-11，计算采用屈瑞斯卡准则时剪切强度为屈服强度的一半。

Q275 钢材力学参数与计算结果 表 6-11

钢材	弹性模量 E（GPa）	泊松比 v	内摩擦角 φ（°）	黏聚力 c（MPa）	极限荷载（MPa）	弹性极限主应变ε_{1y}	弹性极限剪应变 $\sqrt{J'_{2y}}$	极限主应变 ε_{1f}	极限剪应变 $\sqrt{J'_{2f}}$
Q275	201	0.27	0	137.5	275	1.37×10^{-3}	0.995×10^{-3}	3.273×10^{-3}	2.831×10^{-3}

当受压荷载加至模型整体破坏时，计算获得的极限荷载也是 282.0MPa，此时关键点 8 剪应变最大，关键点 10 主应变最大，见图 6-20～图 6-22。由此计算得到极限主应变 3.33×10^{-3} 与极限剪应变 2.84×10^{-3}，这才是真实的极限应变。

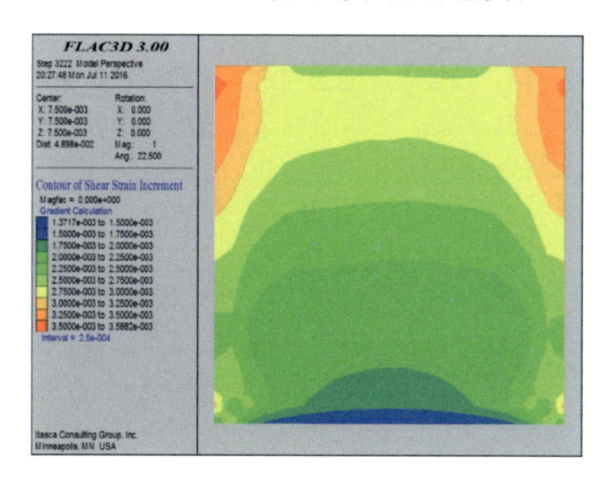

图 6-20 极限荷载时剪应变云图

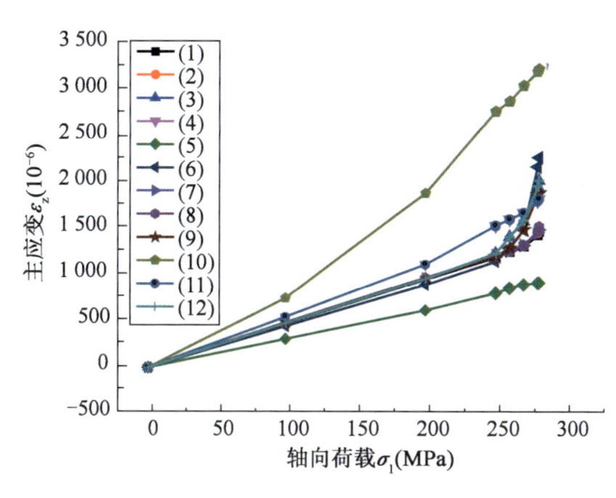

图 6-21 轴向荷载-主应变关系曲线

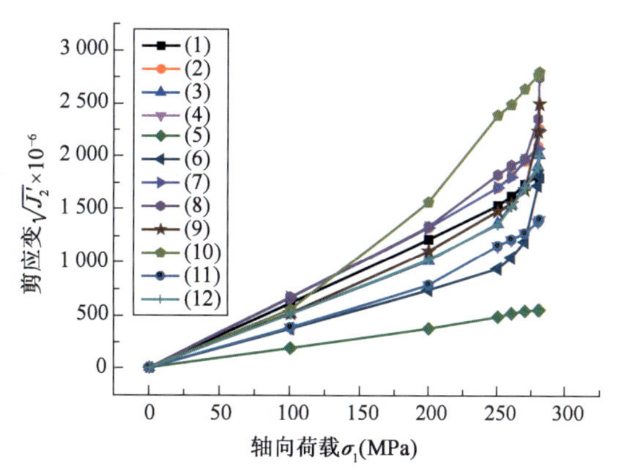

图 6-22 轴向荷载-剪应变关系曲线

②低碳钢的计算参数与计算结果

采用上述方法对各类钢材用 FLAC^{3D}软件做了相应的数值计算，表 6-12 列出了低碳钢的计算参数与计算结果。当钢材达到平面极限应变时，钢材应变突变，变形快速增大，已不适应工程应用。获得的低碳钢平面极限主应变在 0.2%～0.33%之间。这与《混凝土结构设计原理》教材中给出的钢筋混凝土极限应变 0.25%～0.35%相近。

低碳钢的平面极限应变（采用 FLAC^{3D}软件，按屈瑞斯卡条件求得）　　表 6-12

编号	钢材	弹性模量 E (GPa)	泊松比 ν	内摩擦角 φ (°)	黏聚力 c (MPa)	极限荷载 (MPa)	弹性极限主应变 ε_{1y}	弹性极限剪应变 $\sqrt{J'_{2y}}$	极限主应变 ε_{1f}	极限剪应变 $\sqrt{J'_{2f}}$
1	Q165	201	0.27	0	82.5	165	0.821×10^{-3}	0.597×10^{-3}	1.999×10^{-3}	1.729×10^{-3}
2	Q205	201	0.27	0	102.5	205	0.95×10^{-3}	0.724×10^{-3}	2.451×10^{-3}	2.119×10^{-3}
3	Q235	201	0.27	0	117.5	235	1.169×10^{-3}	0.857×10^{-3}	2.801×10^{-3}	2.422×10^{-3}
4	Q275	201	0.27	0	137.5	275	1.370×10^{-3}	0.995×10^{-3}	3.273×10^{-3}	2.831×10^{-3}

3）极限应变法基本理论

数值计算的模型和屈服准则与上节一样，只是破坏条件采用点破坏条件。首先要求出模型中各种材料的极限剪应变，然后应用软件中求取应变云图的计算功能，判定材料哪些部位的剪应变达到极限剪应变而破坏。由此可获得破坏演化的全过程，包括破裂面的位置、起裂安全系数与稳定安全系数。

下面举一个简单土坡算例，用极限应变法判定土体的起裂安全系数与稳定安全系数，并给出破裂面。最后分别以极限应变法、强度折减法与传统极限分析法，算出边坡的整体稳定安全系数并进行比较，以验证极限应变法的可行性。

土坡力学参数：重度 $\gamma=20\text{kN/m}^3$，黏聚力 $c=40\text{kPa}$，内摩擦角 $\varphi=20°$，弹性模量 $E=10\text{MPa}$，泊松比 $\nu=0.3$。不考虑抗拉强度影响，设 $\sigma_t=0$，采用 FLAC^{3D}软件，按上述方法求得土体单向受力下平面极限剪应变为 1.77%，按此极限应变求某边坡在不同强度折减系数下破坏面的位置、形状及演化过程，并求其起裂安全系数与稳定安全系数。边坡模型如图 6-23所示，坡角为 45°。

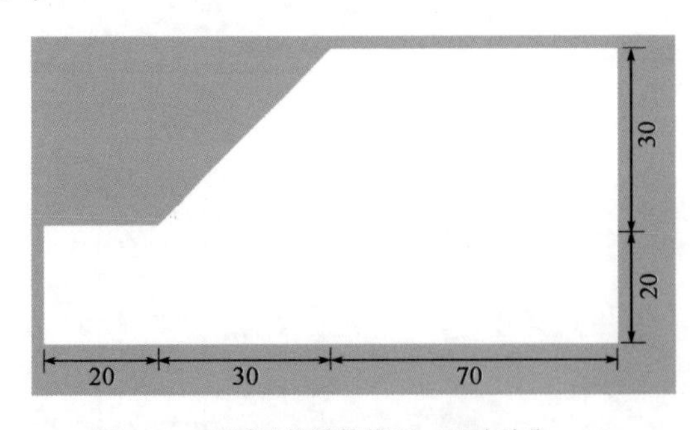

图 6-23　土质边坡计算模型（尺寸单位：m）

下面用有限元强度折减法求得坡体在不同折减系数下的剪应变，图 6-24 所示云图只显示大于极限剪应变 1.77%的破坏面，它是屈服面中的一部分。

由图 6-24 可见，当折减系数 $F=0.89$ 时，坡脚刚出现局部破坏，由此确定边坡的起裂安全系数为 0.89；然后随折减系数的增大，破裂面逐渐延伸和增大，直至 $F=0.996$ 时，破坏面刚贯通，由此确定边坡稳定安全系数为 0.996；当 $F=1.003$ 时计算不收敛。由此可见，按有限元强度折减法，边坡整体破坏安全系数为1.002，两种不同方法所得安全系数仅相差0.6%。表6-13列出起裂安全系数和三种不同方法算出的边坡稳定安全系数，最大误差为0.9%，验证了极限应变法的可靠性。

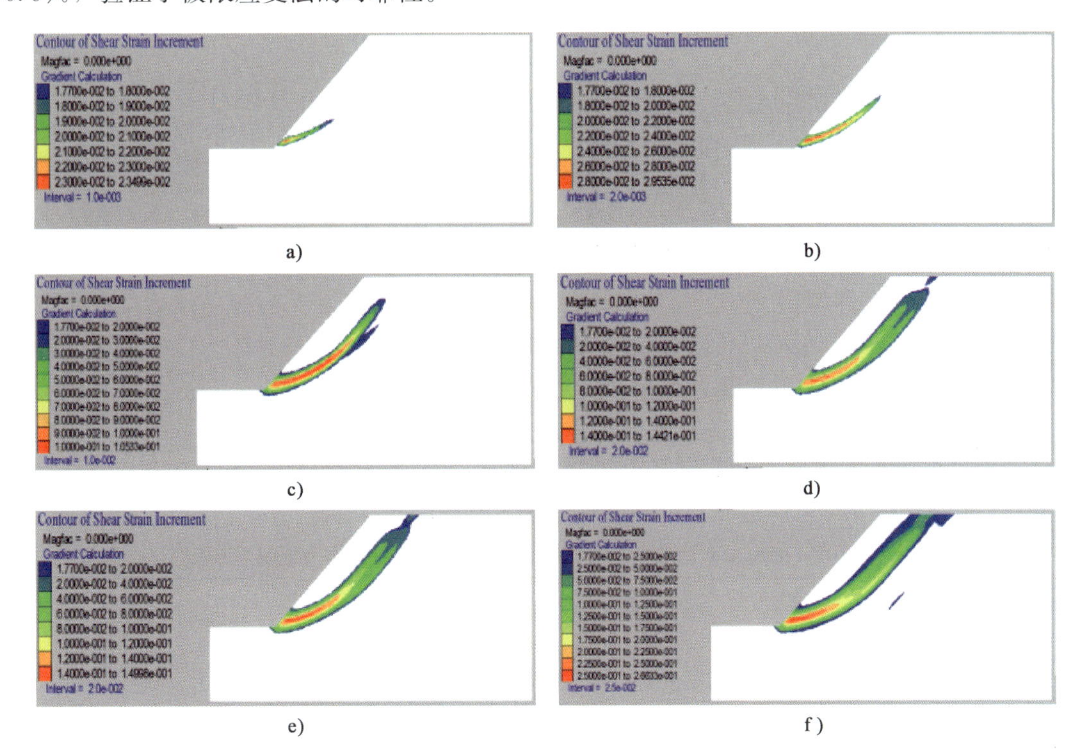

a)　b)　c)　d)　e)　f)

图6-24　不同折减系数下边坡极限剪应变云图

a) $F=0.89$; b) $F=0.90$; c) $F=0.99$; d) $F=0.995$; e) $F=0.996$; f) $F=1.003$

三种不同方法算出的边坡稳定安全系数　　表6-13

起裂安全系数（极限应变法）	整体稳定安全系数			
	传统极限法（简布法）	强度折减法	极限应变法	最大误差（%）
0.89	1.003	1.002	0.996	0.9

当前极限分析法中，以破坏面贯通作为整体破坏的判据，在实际工程中也不尽合理，有些工程中计算出局部分离破坏，并不影响工程正常使用，此时应对局部分离破坏部位进行处理，或削掉局部分离体或对其进行局部加固，使计算继续进行直至算出影响工程使用的整体破坏状态为止。

6.4　数值极限分析法在土坡中的应用

6.4.1　不同屈服条件下土坡的计算

算例［6-2］ 均质土坡，坡高 $H=20\text{m}$，黏聚力 $c=42\text{kPa}$，土重度 $\gamma=20\text{kN/m}^3$，内摩擦角 $\varphi=17°$，用强度折减法和极限应变法求坡角 β 为30°、35°、40°、45°、50°时边坡的稳定

安全系数。对于常规三轴三维问题，用作图法对 $DP3_2$ 进行计算。

（1）有限元模型的建立

计算采用的软件为 ANSYS 5.61。计算按照平面应变建立有限元模型，边界条件为左右两侧水平约束，下部固定，上部为自由边界，如图 6-25 所示。

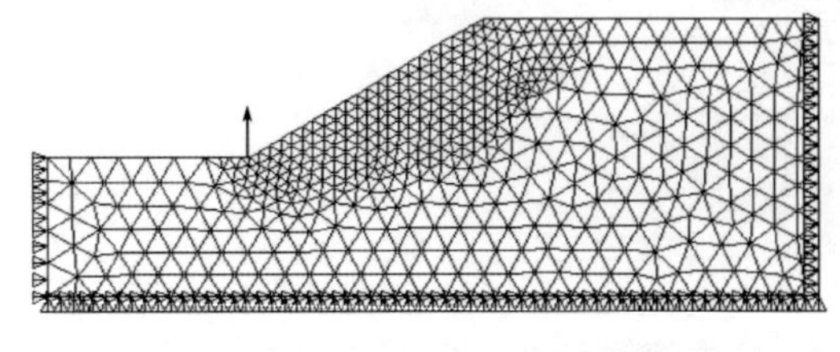

图 6-25 $\beta=30°$时的有限元模型

强度折减安全系数的计算统一采用 $\frac{c}{\omega}$、$\frac{\tan\varphi}{\omega}$的折减形式，力和位移的收敛标准系数均取为 0.000 01，最大迭代次数为 1 000 次。一次性施加全部重力荷载。同时，用 ANSYS 软件求得相应极限应变为 1.82%。然后按极限应变法求出稳定安全系数。最后以传统极限应变法中 Spencer 法进行校核。

（2）稳定安全系数计算结果及其分析

表 6-14 为数值极限分析法各屈服准则采用关联流动法则时的稳定安全系数，平面应变莫尔-库仑匹配准则在关联流动法则条件下进行计算，数值极限分析采用 ANSYS 软件，传统极限平衡条分法计算采用边坡稳定分析软件 SLOPE/W。

数值极限分析法在不同准则条件下采用关联流动法则时的稳定安全系数 表 6-14

方　法	坡角（°）		
	30	40	50
外角外接圆（DP1）	1.93	1.65	1.44
莫尔-库仑等面积圆（$DP3_1$）	1.66	1.40	1.21
常规三轴三维 DP 圆（$DP3_2$）	1.66	1.45	1.28
平面应变莫尔-库仑匹配 DP 准则（DP4）$\sigma_3=0$（强度折减法）	1.55	1.32	1.15
平面应变莫尔-库仑匹配 DP 准则（DP4）$\sigma_3=0$（极限应变法）	1.55	1.32	1.13
Spencer 法（S）	1.55	1.30	1.12
（DP1－S）/S	0.25	0.27	0.29
（$DP3_1$－S）/S（莫尔-库仑等面积圆）	0.07	0.08	0.08
（$DP3_2$－S）/S（常规三轴三维 DP 圆）	0.07	0.12	0.14
（DP4－S）/S（强度折减法）	0.00	0.02	0.03
（DP4－S）/S（极限应变法）	0.00	0.00	0.01

数值极限方法求得的稳定安全系数与传统极限平衡条分法中的 Spencer 法十分接近，误差在 2%以内，这是因为平面应变莫尔-库仑匹配准则实际上就是在平面应变条件下的莫尔-库仑准则。

对于莫尔-库仑等面积圆 $DP3_1$ 准则，当计算平面应变问题时，计算结果与传统极限平衡方法中的 Spencer 法的计算结果差值在 6%～7%。而外角外接圆 DP1 准则下的稳定系数比传统极限平衡条分法中的 Spencer 法大 25%～28%，表明 DP1 准则有误。经转换后的 $DP3_2$ 准则，其计算结果与 $DP3_1$ 相近，表明 $DP3_1$ 准则有较好的准确性。

（3）边坡临界滑动面（破裂面）的确定

根据边坡破坏的特征，边坡破坏时滑动面上节点位移和塑性应变将产生突变，滑动面在水平位移和塑性应变突变的地方，因此可在ANSYS软件的后处理中通过绘制边坡水平位移或者等效塑性应变等值云图来确定滑动面。下面给出一个算例，除用上述两种方法确定滑动面外，还与传统确定滑动面的方法进行比较。算例表明，上述三种方法确定的滑动面是基本一致的。

①坡角为30°时的滑动面形状和位置见图6-26～图6-28，图中边坡变形显示比例设为0。

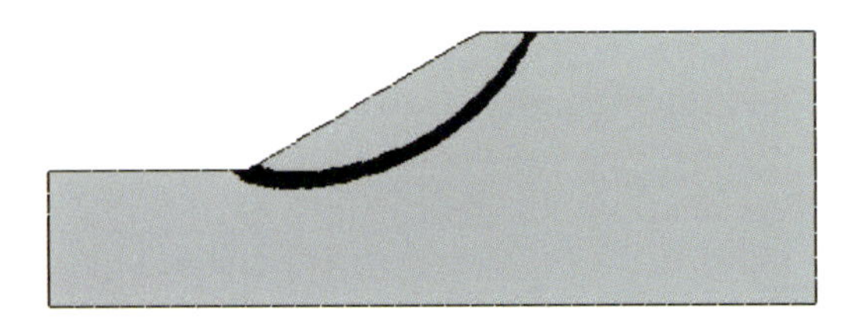

图6-26　用等效塑性应变等值云图表示的滑动面位置和形状

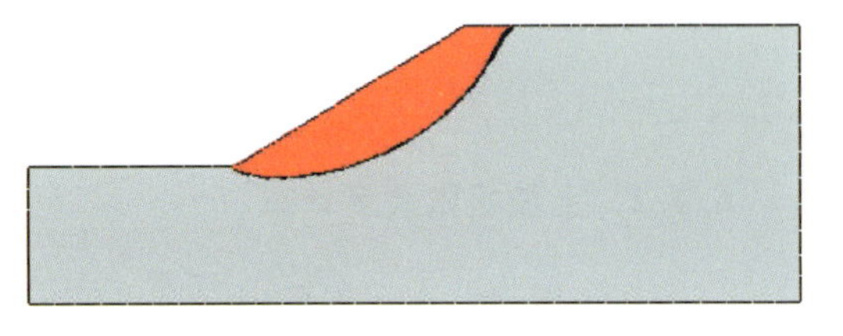

图6-27　用水平位移等值云图表示的滑动面位置和形状

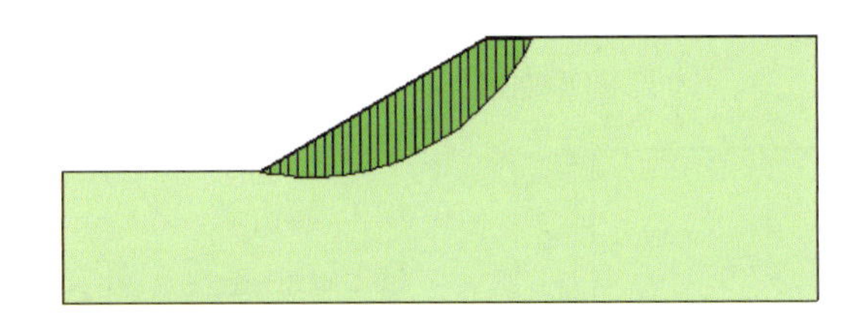

图6-28　用边坡稳定分析软件SLOPE/W得到的滑动面形状

②坡角为40°时的计算结果见图6-29～图6-32。

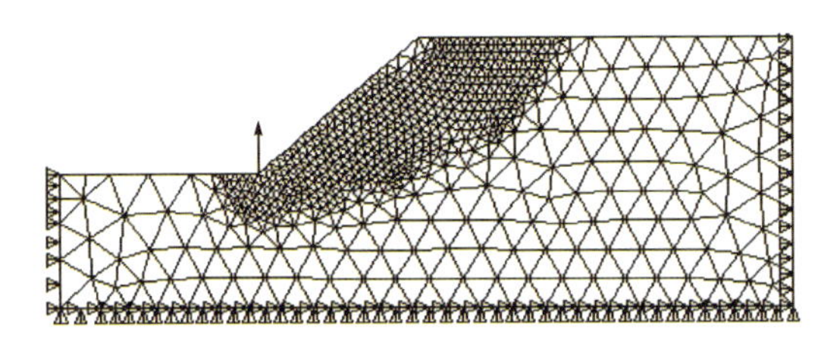

图6-29　$\beta=40°$时的有限元网格划分

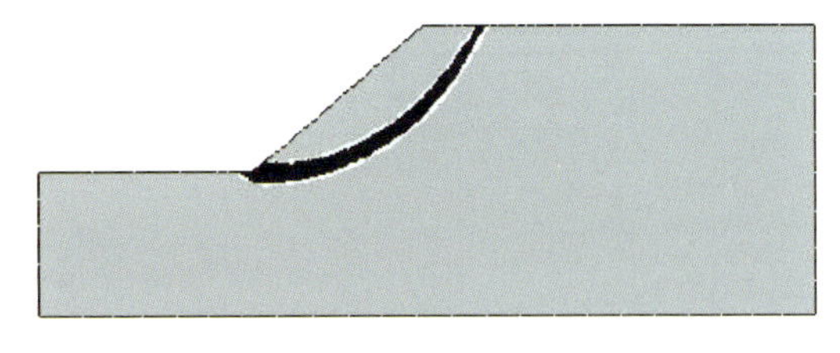

图6-30　用等效塑性应变等值云图表示的滑动面位置和形状

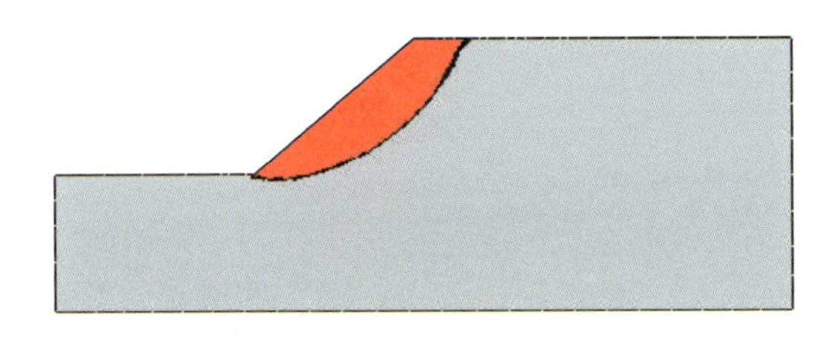

图6-31　用水平位移等值云图表示的滑动面位置和形状

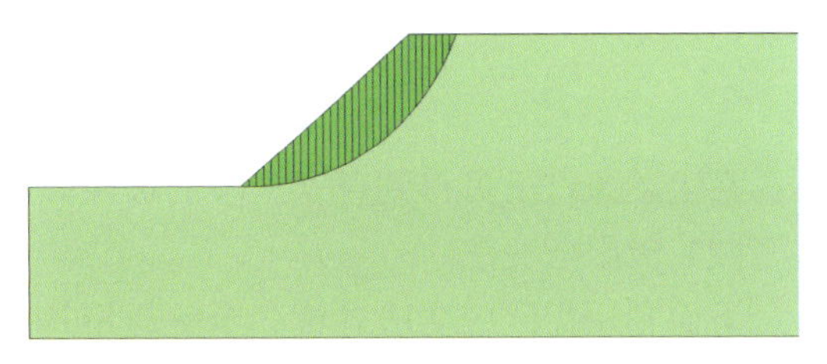

图6-32　用边坡稳定分析软件SLOPE/W得到的滑动面形状

③坡角为50°时的计算结果见图6-33～图6-36。

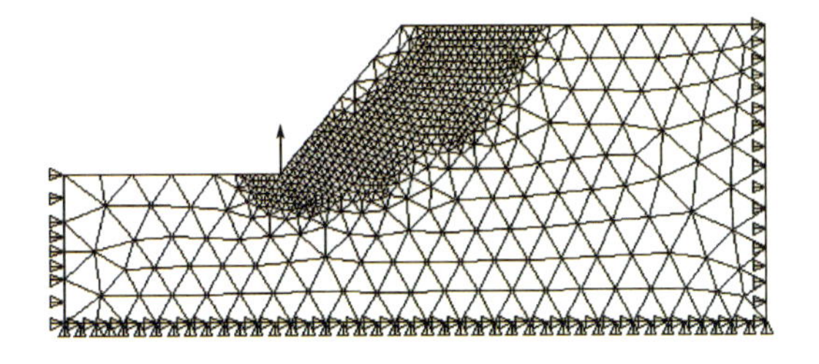

图6-33　$\beta=50°$时的有限元网格划分

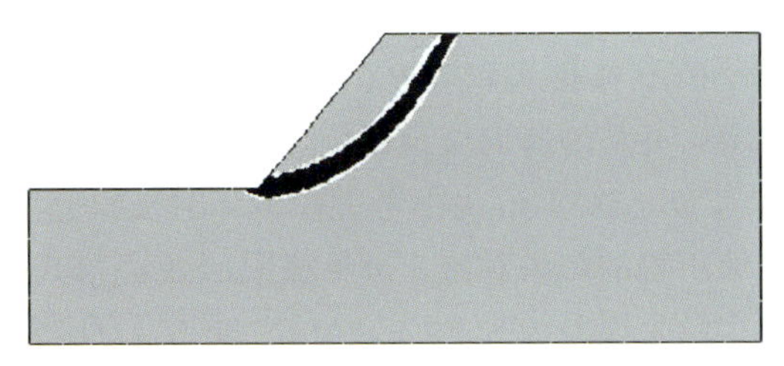

图6-34　用等效塑性应变等值云图表示的滑动面位置和形状

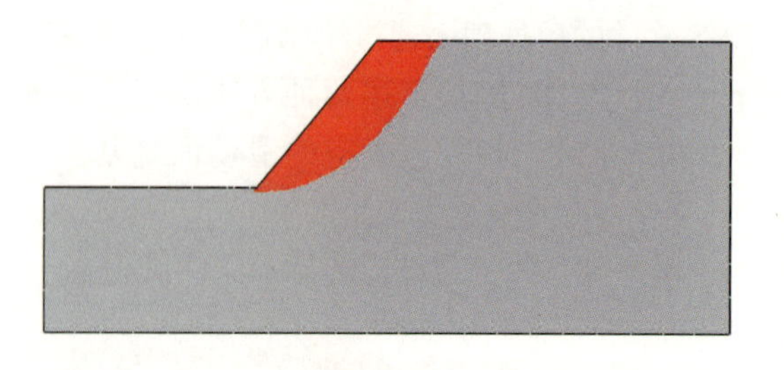

图 6-35　用水平位移等值云图表示的滑动面位置和形状

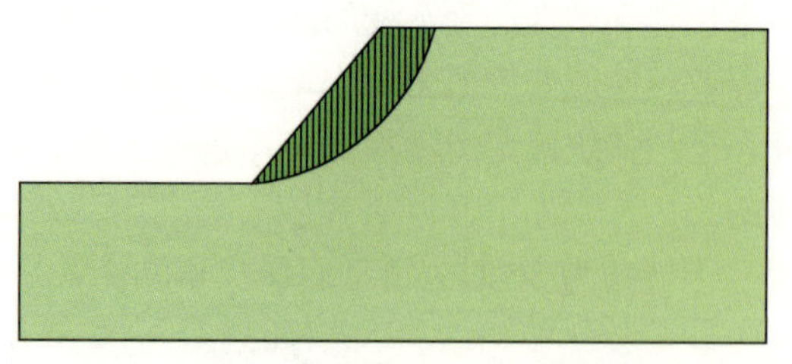

图 6-36　用边坡稳定分析软件 SLOPE/W 得到的滑动面形状

6.4.2　土坡极限高度计算

目前使用解析解求解边坡极限高度的方法都默认边坡不发生拉破坏，而实际上一般土体的抗拉强度都比较小，会发生拉破坏。是否考虑土体拉破坏，对边坡极限高度的计算值有一定影响。辛建平对一土质边坡进行了计算，已知土体力学参数：$\gamma=20\text{kN/m}^3$，$c=45\text{kPa}$，$\varphi=25°$，$E=10\text{MPa}$，$\nu=0.3$，计算模型如图 6-37 所示。

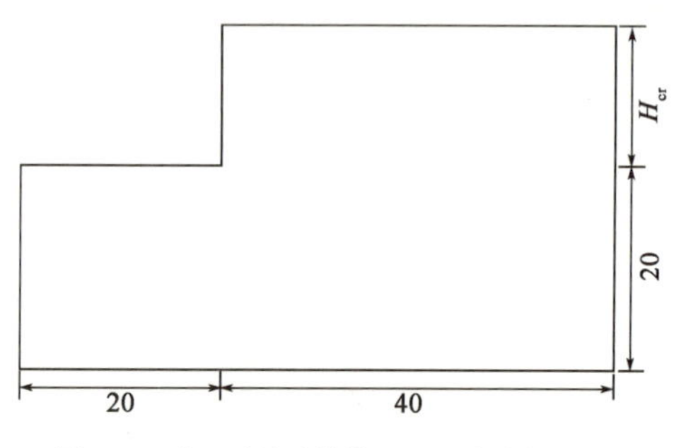

图 6-37　直立边坡计算模型（尺寸单位：m）

1）不考虑拉破坏计算

（1）解析解

Rankine 主动土压力理论假设滑移面为一直线，给出极限高度公式：

$$H_{cr}=\frac{4c}{\gamma}\tan\left(\frac{\pi}{4}+\frac{\varphi}{2}\right) \tag{6-27}$$

可求得直立边坡的极限高度为 14.13m。

Wai-Fah Chen 基于关联流动法则的能量法给出公式：

$$H_{cr}=\frac{3.858c}{\gamma}\tan\left(\frac{\pi}{4}+\frac{\varphi}{2}\right) \tag{6-28}$$

在上述同一条件下可得到直立土坡的极限高度为 13.63m。

郑颖人、王敬林基于非关联流动法则的能量法给出公式：

$$H_{cr}=\frac{3.913c}{\gamma}\tan\left(\frac{\pi}{4}+\frac{\varphi}{2}\right) \tag{6-29}$$

在上述条件下可得到直立土坡的极限高度为 13.82m。

（2）极限应变法

下面利用极限应变法对这三个解析解进行验证。式（6-27）～式（6-29）的推导过程中没有考虑抗拉强度，这种假设与 ANSYS 软件中的 D-P 准则一致，故下面利用 ANSYS 进行平面模型 DP4 计算。求得此土体的极限等效塑性应变为 10.5%。图 6-38 为不同高度 H 下边坡的极限应变云图，云图中只显示达到极限等效塑性应变的破坏区部分。

由图 6-38 可以看出，随着边坡高度的增加，坡体内达到极限等效塑性应变的范围越来越大，并从坡脚向坡顶延伸，当高度 $H=13.84\text{m}$ 时坡体内形成贯通的破裂面，因此，我们认为 $H=13.84\text{m}$ 为不考虑拉破坏时极限应变法得到的极限高度。表 6-15 为极限应变法和三个解析解的结果对比，可见极限应变法与式（6-27）所得结果误差为 2.05%，与式（6-28）所得结果误差为 1.54%，与式（6-29）所得结果误差为 0.14%，表明极限应变法用于边坡工程是正确可行的。

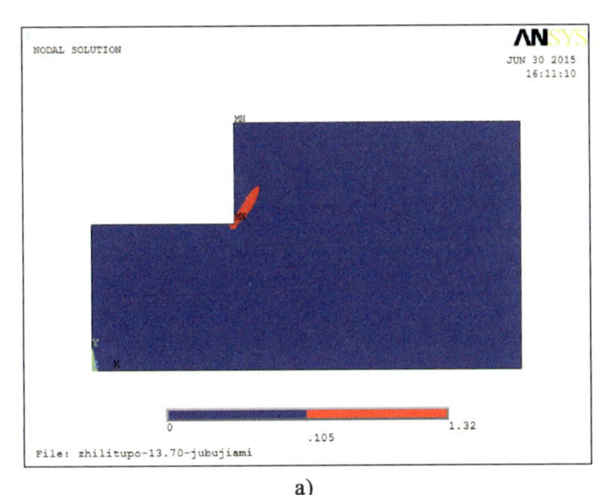

a)

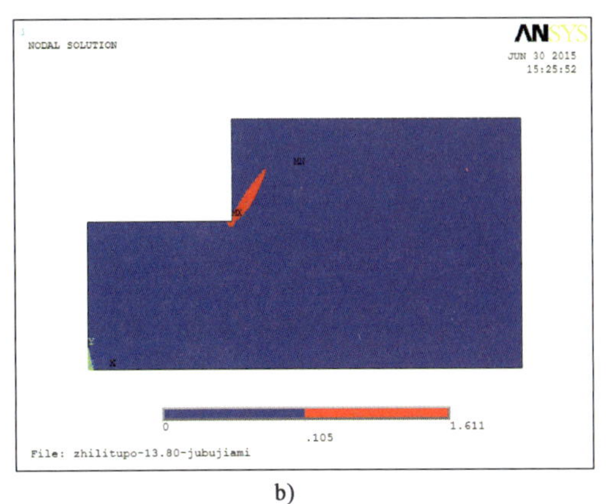

b)

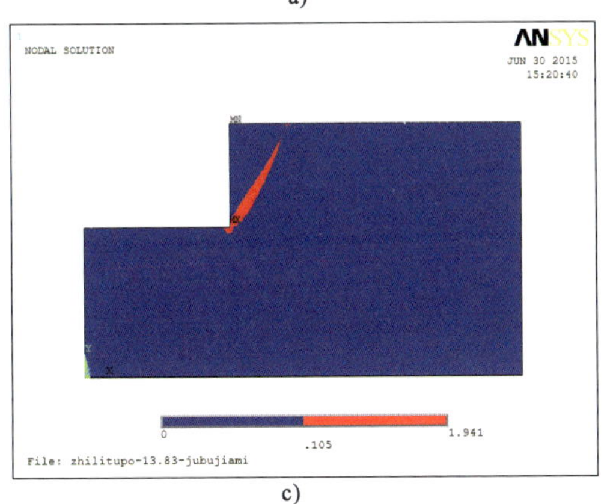

c)

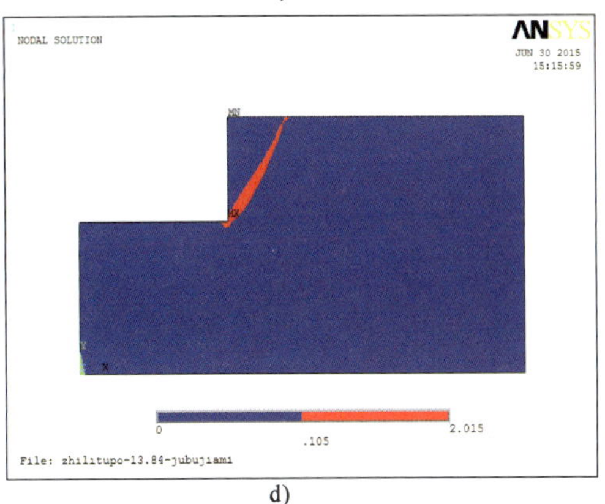

d)

图 6-38　不同高度下边坡极限等效塑性应变云图

a) H=13.70m；b) H=13.80m；c) H=13.83m；d) H=13.84m

不同方法得到的极限高度　　表 6-15

方法	式（6-27）	式（6-28）	式（6-29）	极限应变法
极限高度（m）	14.13	13.63	13.82	13.84
误差（%）	2.05	1.54	0.14	—

2）考虑拉破坏计算

在 FLAC^{3D}软件中莫尔-库仑模型考虑了拉破坏，在计算时必须输入一个真实的抗拉强度值才能得到比较准确的计算结果。在下面的计算中，土体抗剪强度参数和变形参数不变，但赋予不同的抗拉强度值，利用极限应变法来确定不同抗拉强度下垂直边坡的极限高度。表 6-16为不同抗拉强度值所对应的极限剪应变，可知抗拉强度 $\sigma_t=0$ 时极限剪应变为2.15%，当 σ_t 在 1kPa 和 25kPa 之间时极限剪应变在 0.80%左右浮动。这说明在数值计算时有无抗拉强度对极限剪应变值的大小影响较大，但抗拉强度的大小对其影响较小。下面对抗拉强度分别为 1kPa、10kPa、15kPa、25kPa 时的直立边坡进行计算，求取其极限高度。

不同抗拉强度对应的极限剪应变　　表 6-16

σ_t（kPa）	0	1	10	15	25
极限剪应变（%）	2.15	0.82	0.81	0.80	0.79

从图 6-39 中可以看出抗拉强度越低，坡体破裂面的位置越靠近临空面，随着抗拉强度的增加，破裂面逐渐向坡体内部延伸。在 σ_t=1kPa 时破裂面从坡脚和坡顶同时向坡体内部延伸，且坡顶破坏的延伸快于坡脚破坏；当抗拉强度较大时，破裂面最先从坡脚开始，在向

上延伸一定程度后坡顶发生破坏，随着抗拉强度的增大，上、下破裂面的贯通点越接近坡顶。由表 6-17 可以看出，抗拉强度越大，该边坡的极限高度越大，且越接近不考虑拉破坏时的解析解。因此，在抗剪强度一定的情况下，不同抗拉强度对应不同极限高度。

不同抗拉强度下的边坡极限高度 表 6-17

σ_t（kPa）	1	10	15	25
H_{cr}（m）	10.09	12.33	12.89	13.57

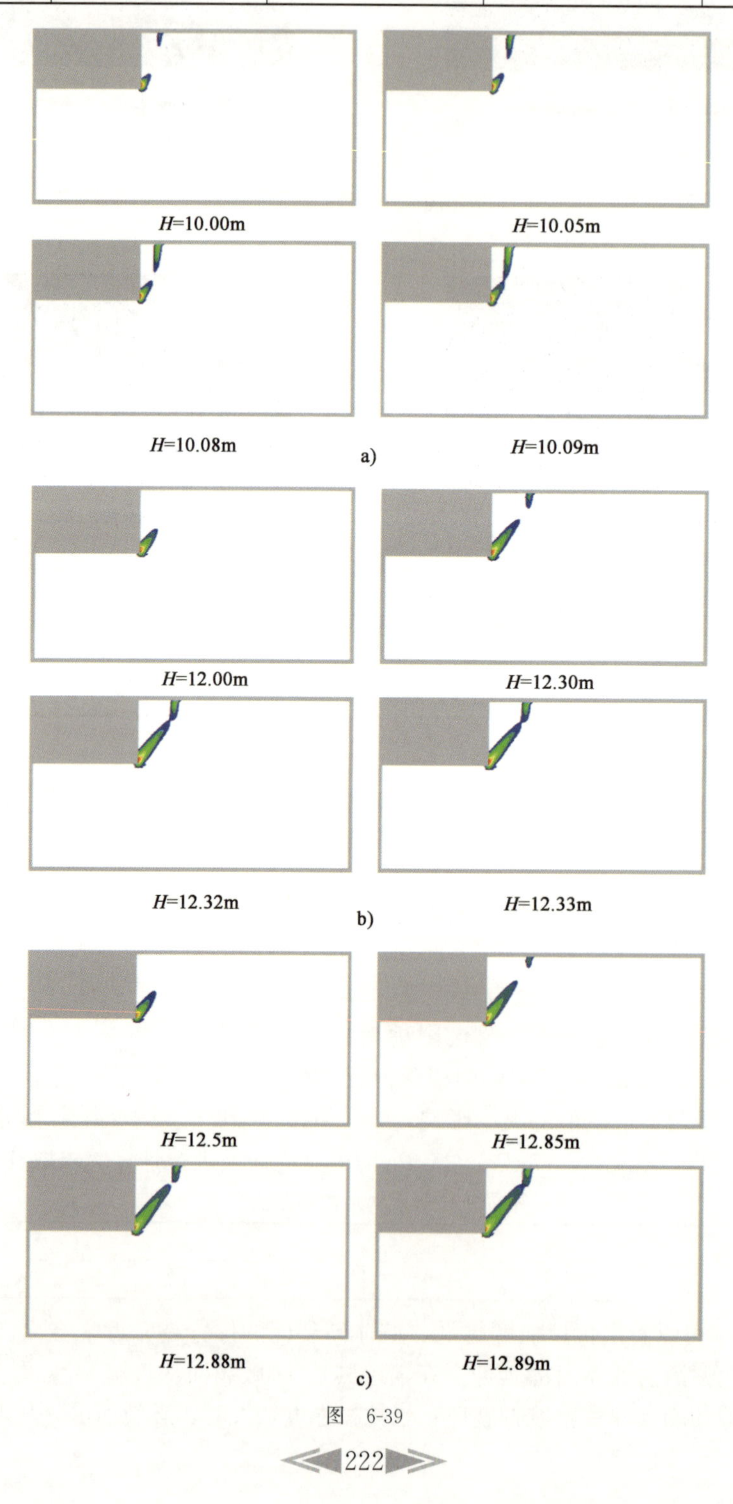

图 6-39

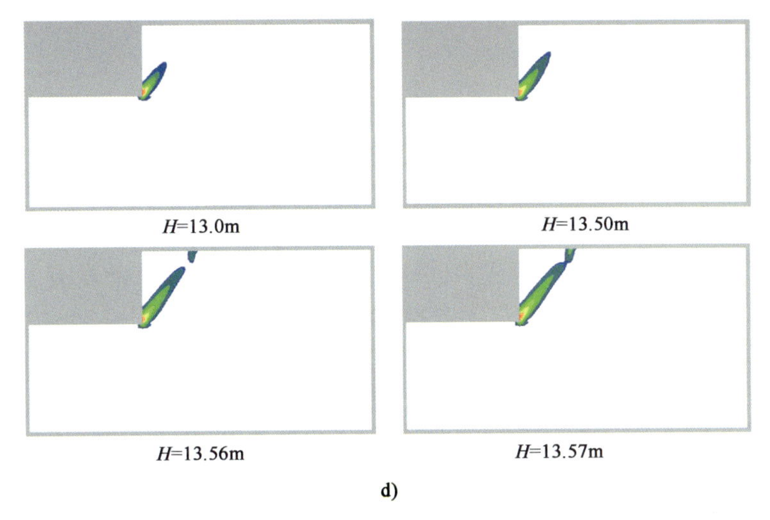

图 6-39　不同抗拉强度下边坡极限剪应变云图

a) $\sigma_t=1$kPa；b) $\sigma_t=10$kPa；c) $\sigma_t=15$kPa；d) $\sigma_t=25$kPa

6.4.3　基于有限元强度折减法确定滑坡多滑动面方法研究

（1）概述

目前确定滑坡滑动面位置和形状的传统方法主要是在现场钻探的基础上，通过技术人员的分析判断提出滑带位置。这种判断方法存在如下问题：一是当只有少量钻孔发现滑带特征时，依据少量滑带位置来判定整个滑带有时可能出现差错；二是即使查明了滑带和剪出口，还可能存在一些次生滑动面和潜在剪出口，因而目前的判断方法容易造成滑面遗漏。

为了使滑坡工程的治理达到安全、经济的目的，弄清滑动面的位置和形状至关重要，特别是可能存在多个潜在剪出口和滑动面的复杂滑坡，如图 6-40 所示。为了准确设置支挡结构，必须弄清图中有几条次生滑动面，它们的潜在剪出口的位置究竟在什么地方，以及各条滑动面发生滑动的次序。不仅要找出最先滑动的滑动面，还必须找出稳定安全系数小于设定稳定安全系数的所有滑动面。因为对最先滑动的滑动面进行支护后，后滑的次生滑动面仍然可能滑动，只有当所有滑动面都进行支挡后或达到设定稳定安全系数要求，才能确保滑坡稳定。

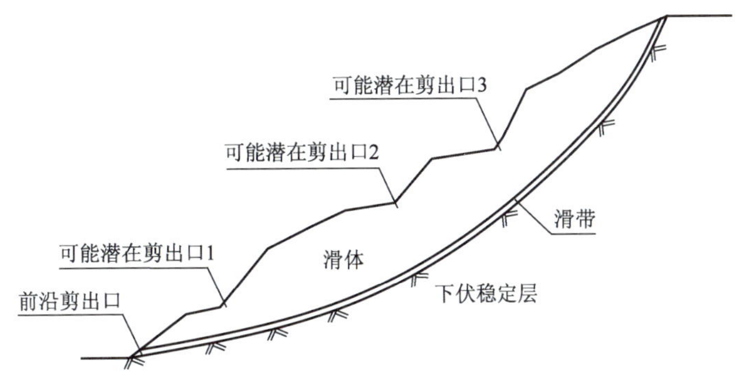

图 6-40　典型滑坡示意图

为了找出滑坡的所有滑动面及各滑动面的滑动次序，有限元强度折减系数法是一个极佳手段，因为它可以自动找出准确的滑动面及滑动面的稳定安全系数，由此也可知各滑动面的滑动次序。稳定安全系数最小的滑动面最早出现滑动。应当指出，采用有限元强度折减法要求对滑坡有详细勘察资料，即知道坡体及其结构面（含滑动面）的位置、形状与强度值。只有在这种情况下，才能获得准确的多个滑动面。这里针对一个复杂滑坡算例，通过依次约束已知滑动面剪出口的方式，搜索出小于设定稳定安全系数的所有滑动面，由此可全面、准确确定复杂滑坡潜在滑动面，为滑坡治理方案的确定提供科学依据。

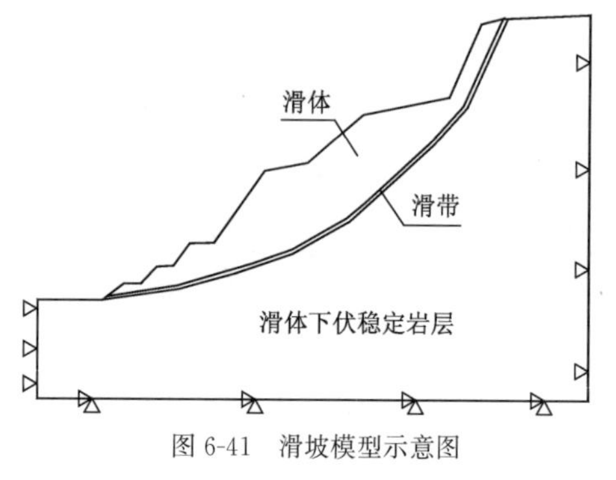

图 6-41　滑坡模型示意图

（2）计算模型与参数

模型滑坡断面如图 6-41 所示，滑坡材料的物理力学特性参数见表 6-18。采用平面应变关联流动法则莫尔-库仑匹配准则 DP4。

材料物理力学参数　　表 6-18

材料名称	重度（kN/m^3）	弹性模量（MPa）	泊松比	黏聚力（kPa）	内摩擦角（°）
滑体	20.7	30	0.3	28	22.2
滑带	20	30	0.3	25	19.4
滑体下伏稳定岩层	23.7	1.6×10^3	0.2	200	32

滑体、滑带和下伏稳定岩层均采用 6 节点二次三角形平面单元模拟。首先用有限元强度折减法计算得到在自重作用下滑坡的稳定安全系数 F 为 1.00，而用极限平衡法（Spencer）算得滑坡稳定安全系数为 1.002，两者的误差小于 0.5%，有限元强度折减法自动搜索出滑坡最先滑动的滑动面的位置在滑带与稳定层相接触处，见图 6-42。

（3）通过约束剪出口寻找其他潜在滑动面

滑坡治理过程实际上是滑动面变化与稳定安全系数提高的动态过程。对于复杂滑坡，必须考虑多个次生滑动面的出现，只有所有潜在次生滑动面的稳定安全系数都达到规范规定的稳定安全系数，该滑坡从工程意义上来说才是安全的。算例中规定滑坡的稳定安全系数为 1.20，为了寻求可能出现的多个次生滑动面的位置及滑动次序，有限元计算中采用约束滑坡上剪出口附近某一地段的水平位移来表达对该部分的治理（图 6-43）。依次对未达到设定稳定安全系数的所有剪出口进行约束，求出相应滑动面与稳定安全系数，直至稳定安全系数达到设计规定的安全系数。表 6-19 列出了所有可能的滑动面的滑动先后顺序、剪出口位置与稳定安全系数。

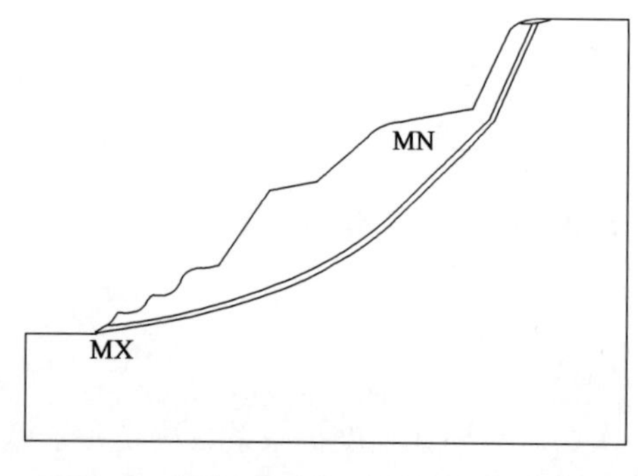

图 6-42　滑坡极限状态的滑动面（$F=1.00$）

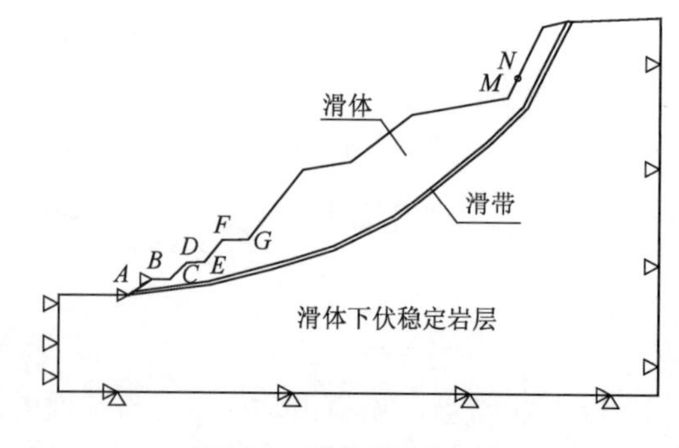

图 6-43　滑坡治理示意图

约束部位与滑坡稳定安全系数间的关系　　表 6-19

序　号	约束部位	滑动面产生次序	剪出口位置	稳定安全系数	备　注
1	天然滑坡	1	A 以上	1.000	滑坡设定稳定安全系数＝1.20
2	ABC	2	C 以上	1.023	
3	$+CDE$	3	E 以上	1.052	
4	$+MN$	4	M 以上	1.135	
5	$+EFG$	5	G 以上	1.203	

根据滑坡前沿剪出口的位置，首先约束 ABC 段水平位移，经有限元强度折减法自动搜索出滑坡滑动面的位置，如图 6-44 所示。由图 6-44 可见，因 ABC 段获得治理而使滑动面发生变化，滑坡从 C 点以上剪出，此时滑坡的稳定安全系数提高到 1.023，但稳定安全系数未达到设定的稳定安全系数 1.20 的标准，还需进行治理。这说明次生滑动面的出现是造成滑坡治理不彻底的重要原因。

如在约束 ABC 段水平位移的基础上，继续约束 CDE 段水平位移，滑坡滑动面的位置变化如图 6-45 所示。从图 6-45 可知，滑动面继续上移，剪出口发生在 E 点以上，滑坡的稳定安全系数提高到 1.052，仍小于 1.20。这表明次生滑动面出现的位置是随着滑坡治理选取的位置不断变化的，有限元强度折减法能较好反映这种变化。

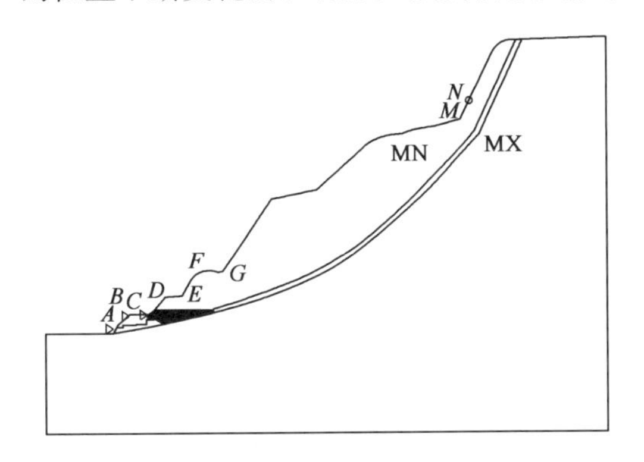

图 6-44　约束 ABC 段滑坡极限状态的滑动面（F＝1.023）

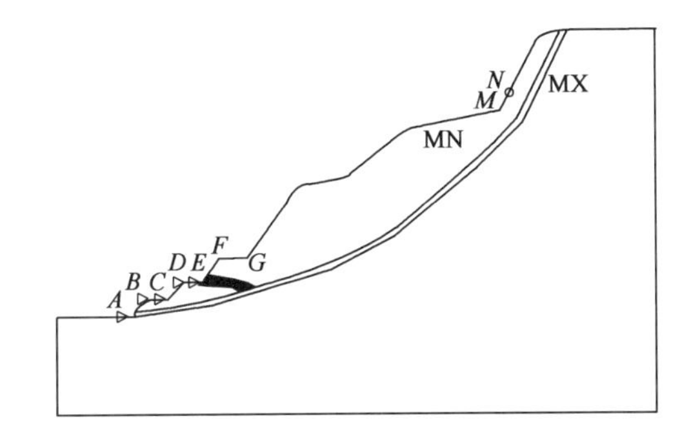

图 6-45　增加约束 CDE 段滑坡极限状态的滑动面（F＝1.052）

在固定 ABC 段与 CDE 段水平位移的基础上，继续约束 EFG 段水平位移，滑坡滑动面的位置变化如图 6-46 所示。从其贯通情况可见，滑坡的失稳是发生在上部的 MN 段，从 M 点上部滑出。滑坡的稳定安全系数提高到 1.135，还小于 1.20。可见有些滑动面位置会有很大变动。

在约束 ABC、CDE、EFG 段水平位移的基础上，继续约束 MN 段水平位移，滑坡滑动面的位置变化如图 6-47 所示。从滑动面的贯通情况可见，滑动面全部在滑体内贯通，滑坡从 G 点以上段滑出。这表明滑动面的贯通不一定都要通过滑带，此时滑坡的稳定安全系数提高到 1.203，已超过设定的稳定安全系数 1.20，满足工程要求，不再要求治理。

6.4.4　渗流作用下的边坡稳定性分析

无论是传统的极限平衡法还是有限元强度折减法，当计算有渗流作用下边坡的稳定安全系数时，都要知道坡体内地下水的浸润面位置。浸润面位置既可是已知的，也可按边界条件用渗流程序算出。在条分法中需将孔隙水压力施加在土条底部，而有限元法中需将孔隙水压力施加在有限元节点上。传统极限平衡法中用条分法进行边坡稳定分析，而有限元法中用强度折减法进行边坡稳定分析。

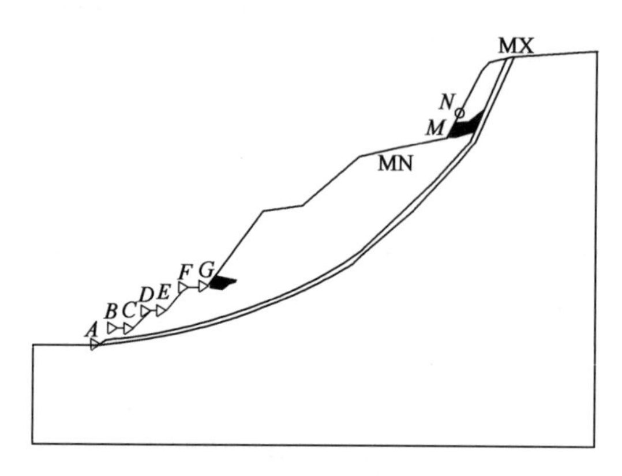

图 6-46 增加约束 EFG 段滑坡极限状态的滑动面（$F=1.135$）

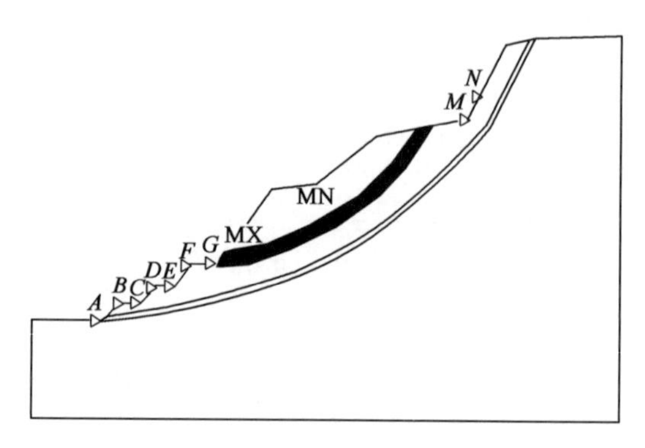

图 6-47 增加约束 MN 段滑坡极限状态的滑动面（$F=1.203$）

国内对渗流作用下边坡稳定性的分析研究刚刚开始，一般主张采用国际通用软件，但是各种软件在分析方法以及显示功能等方面有所不同。由于 PLAXIS 有限元程序在渗流计算和应用强度折减法方面的强大功能，这里采用 PLAXIS 有限元程序。

1）有限元模型的建立

利用 PLAXIS 程序进行渗流作用下的滑坡稳定性分析，需要分别建立有限元模型和渗流计算模型，PLAXIS 程序中渗流计算也是基于有限元原理进行的，因此两个模型有限元网格的划分是一样的。利用 PLAXIS 程序进行二维分析（平面应变或者轴对称情况），选择了 6 节点三角形单元。PLAXIS 程序在进行网格划分时，提供了自动划分和局部加密（可以在几何点附近加密也可以在局部几何区域上加密）的功能。

2）岩土类材料的选择及参数

根据实际工程的需要选择理想弹塑性莫尔-库仑屈服条件进行数值模拟，岩土类材料需要输入的主要参数分别是：弹性模量 E、泊松比 ν、内摩擦角 φ、黏聚力 c 以及剪胀角 ψ。

PLAXIS 程序对岩土类材料的水力学行为提供了三种选择：排水条件下的力学行为、不排水条件下的力学行为以及无孔隙条件下的力学行为。这些力学行为的适用条件分别是：

（1）排水条件下的力学行为

当材料在这种力学行为时，计算过程中土体内将不会产生超孔隙水压力。它适用于模拟完全干的土；或者是由于土体有较大的渗透系数能完全排水的土（如砂土）；或者是外荷载很小的情况。当材料的不排水应力历史和固结过程不需要精确计算时，它也适用于模拟土的长期力学行为。

（2）不排水条件下的力学行为

当选择这种力学行为时，在计算过程中土体内的超孔隙水压力将得到充分的发展。此时，由于土体的渗透系数较小（如黏土）或者外荷载较大，土体内孔隙水的流动可以忽略不计。当选择这种力学行为后，浸润面以上土体的力学行为也变成不排水条件下的力学行为。

（3）无孔隙条件下的力学行为

当选择这种力学行为时，土体在计算过程中既不会存在初始孔隙水压力，也不会产生超孔隙水压力。它适合于模拟混凝土或者岩石等材料的力学行为。

根据上述内容，在建立计算模型时，应选用莫尔-库仑型材料及其在排水条件下的力学行为。

在渗流计算模型中需要输入的主要参数除了水的重度以及土体水平和竖直方向的渗透系数外，还要建立相应的水力边界条件。PLAXIS 程序在进行渗流计算时，对没有定义水力边界条件的边界全部默认为排水边界条件。

3）PLAXIS 程序中地下水渗流的计算方法

本节主要介绍 PLAXIS 程序中地下水渗流的计算方法。PLAXIS 程序认为地下水在孔隙中的流动服从达西定律，因此其对应的微分方程及其有限元解法这里就不再赘述了。该程序和其他有限元程序的不同之处在于，其为了区别浸润面上下在非饱和土和饱和土中地下水渗流方式的不同，在达西定律中对渗透系数引入了一个折减系数 K^{r}。当土体位于浸润面以下时，其对应的折减系数 K^{r} 等于 1；当土体位于浸润面以上时，其对应的折减系数 K^{r} 是一个小于 1 的数值 α；而在浸润面附近的“过渡”区域内的土体，其折减系数 K^{r} 则由 α 按线性递增到 1。

4）PLAXIS 程序中稳定安全系数的求解方法

利用 PLAXIS 程序进行稳定安全系数的求解，是通过程序提供的有限元强度折减法进行的。其分析方法是不断减小强度参数 $\tan\varphi$ 和 c 直到计算模型发生破坏。在程序中系数 $\sum Msf$ 定义为强度折减系数，其表达式如下：

$$\sum Msf=\frac{\tan\varphi}{\tan\varphi'}=\frac{c}{c'} \tag{6-30}$$

式中：$\tan\varphi$、c——程序在定义材料属性时输入的强度参数值；

$\tan\varphi'$、c'——在分析过程中用到的经过折减后的强度参数值。

程序在开始计算时默认 $\sum Msf=1.0$，然后 $\sum Msf$ 按设置的数值递增至计算模型发生破坏，此时的 $\sum Msf$ 值即为计算模型的稳定安全系数值。

有限元强度折减法不需要对滑动面形状和位置做假定，也无须进行条分，通过强度折减使边坡达到不稳定状态，非线性有限元静力计算将不收敛，此时的折减系数就是稳定安全系数。

5）算例

均质边坡，坡高 $H=20\text{m}$，黏聚力 $c=20\text{kPa}$，坡角 30°，土重度 $\gamma_{\text{dry}}=15\text{kN/m}^3$，$\gamma_{\text{wet}}=18\text{kN/m}^3$，内摩擦角 $\varphi=24°$，渗透系数 $k_x=k_y=1\times10^{-3}\text{m/d}$，泊松比 $\nu=0.35$，弹性模量 $E=2\ 000\text{kPa}$。水头荷载一：在边界上都施加水头荷载 $H=10\text{m}$；水头荷载二：在边界上都施加水头荷载 $H=20\text{m}$。

有限元模型和渗流计算模型的网格划分示意如图 6-48 所示，渗流计算的模型示意如图 6-49所示。

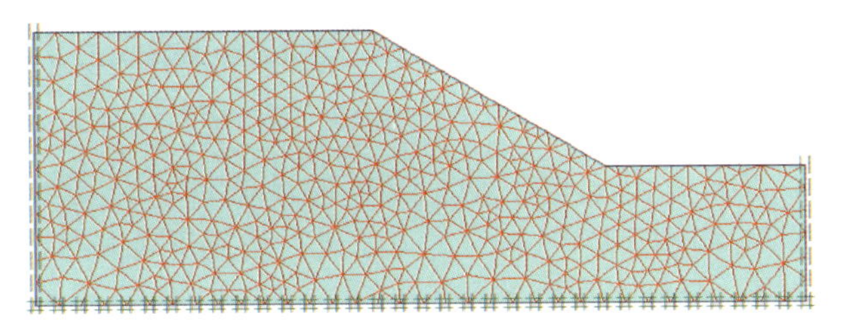

图 6-48　有限元模型和渗流计算模型的网格划分示意图

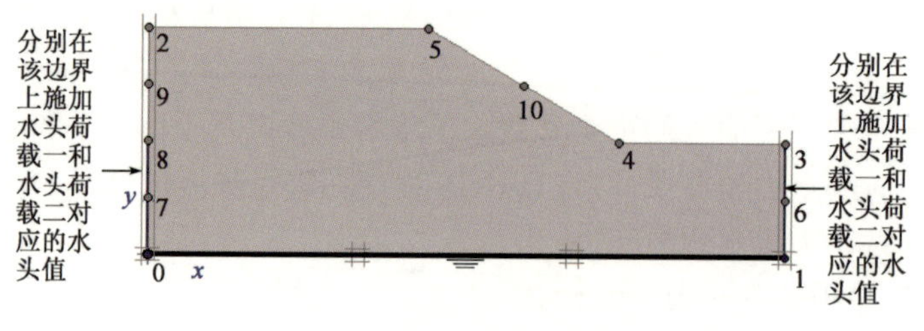

图 6-49　渗流计算模型示意图

通过计算得到天然情况、水头荷载一和水头荷载二时的稳定安全系数和滑动面位置，如图 6-50～图 6-52 所示。

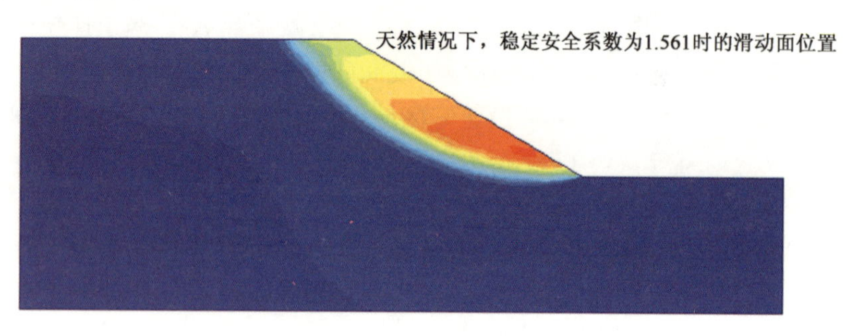

图 6-50　天然情况下的滑动面位置和浸润面位置示意图

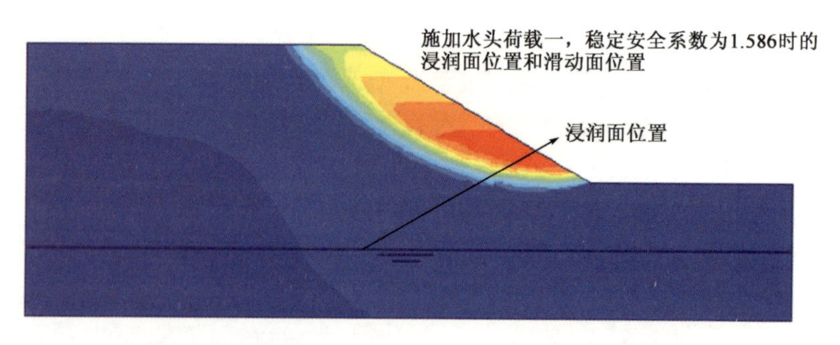

图 6-51　水头荷载一时的滑动面位置和浸润面位置示意图

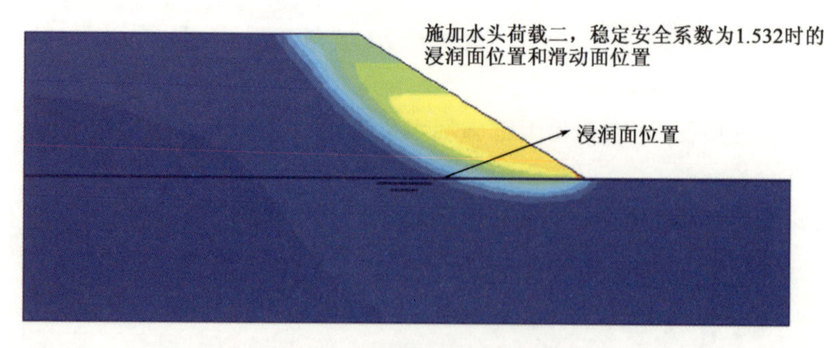

图 6-52　水头荷载二时的滑动面位置和浸润面位置示意图

为了验证利用 PLAXIS 有限元程序进行分析的准确性，首先通过传统条分法 GEO-SLOPE 程序中 SLOPE/W 和 SEEP/W 耦合的方法进行稳定安全系数的验算和滑动面位置的计算，该程序在进行稳定性分析时采用的是 Spencer 法，如图 6-53 和图 6-54 所示。计算结果见表 6-20。

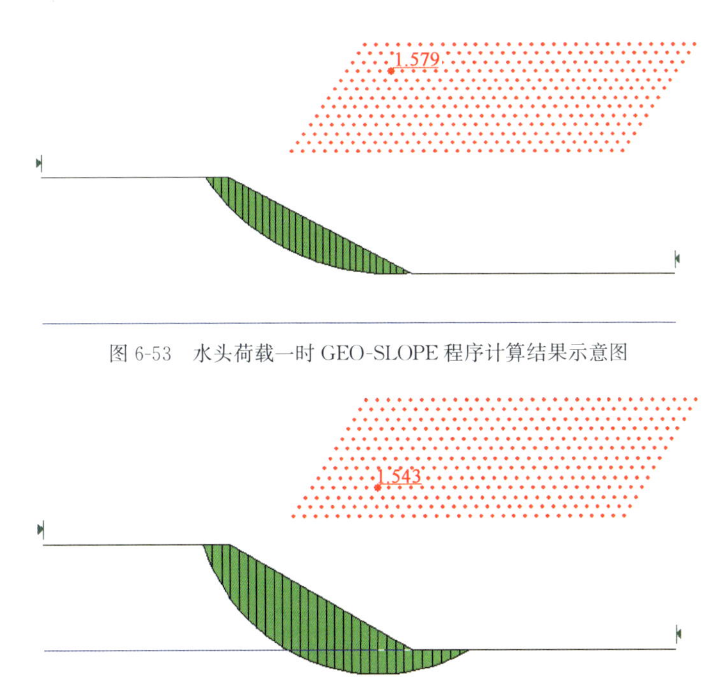

图 6-53 水头荷载一时 GEO-SLOPE 程序计算结果示意图

图 6-54 水头荷载二时 GEO-SLOPE 程序计算结果示意图

边坡稳定安全系数计算结果 表 6-20

计算程序	荷载条件		
	天然情况	水头荷载一	水头荷载二
GEO-SLOPE（SLOPE/W 和 SEEP/W 耦合）	1.579	1.579	1.543
PLAXIS	1.561	1.568	1.532

如表 6-20 中的数据所示，利用不同程序得到稳定安全系数的数值，水头荷载二时的稳定安全系数小于天然情况下的稳定安全系数，表示此时渗流作用对边坡起到了弱化作用。从表中的数据还可以看出利用不同程序解得的稳定安全系数的数值基本一致，表示这两种方法都是可供实用的方法。

6.4.5 库水作用下坡体内浸润面位置的数值解

库水作用下的边（滑）坡稳定性分析通常都是首先确定浸润面的位置，并据此计算坡体内孔隙水压力的分布，然后再进行流固耦合稳定性分析。因此，浸润面位置的确定是库水作用下边（滑）坡稳定性分析的前提。

1）库水作用下坡体内浸润面位置的数值解

算例：如图 6-55 所示岸坡，坡角 45°，土体渗透系数 $k_x=k_y=0.005$m/d，坡体库水位以 3m/d 的速度从初始水位面匀速下降 15m，坡体后部为定水头边界，$h=15$m，分别采用 PLAXIS 程序地下水渗流模块（PLAXFLOW 模块）和 SEEP/W 程序进行坡体内浸润面位置的求解。

（1）SEEP/W 程序计算结果

采用 SEEP/W 程序分别进行稳态分析和瞬态分析。图 6-56 绘制的是水位下降过程中，通过稳态分析得到的浸润面位置；图 6-57 绘制的是水位下降过程中，通过瞬态分析得到的浸润面位置。

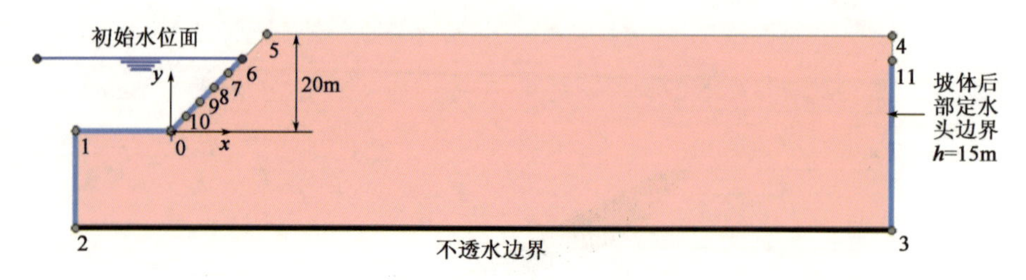

图 6-55　计算模型示意图

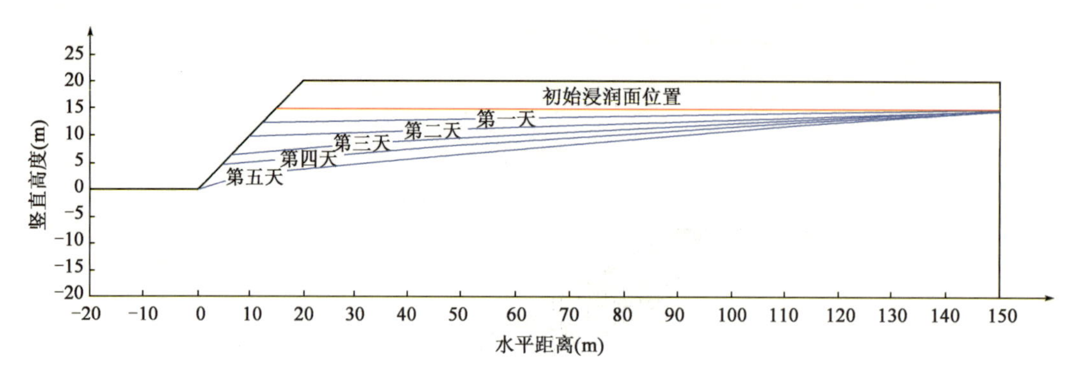

图 6-56　水位下降过程中浸润面位置示意图（稳态分析）

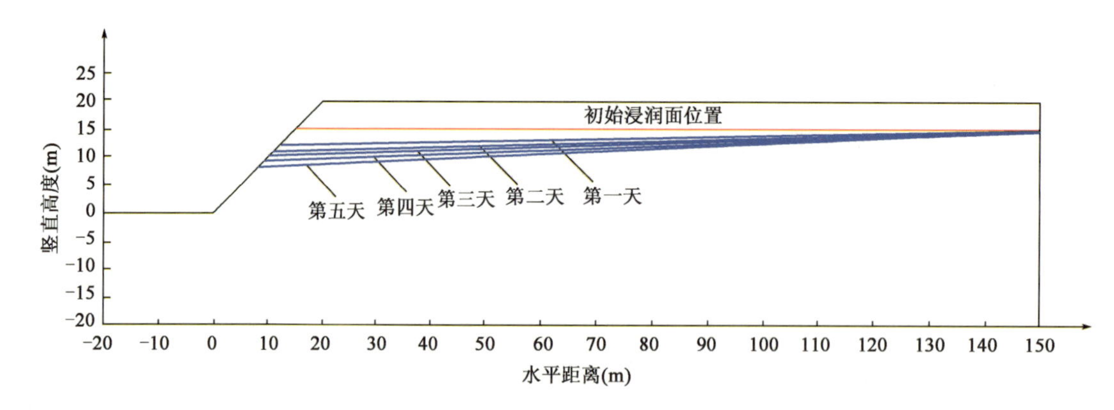

图 6-57　水位下降过程中浸润面位置示意图（瞬态分析）

（2）PLAXFLOW 模块计算结果

PLAXFLOW 模块既可以进行稳态分析，也可以进行瞬态分析。图 6-58～图 6-62 分别绘制的是水位下降过程中，通过稳态分析得到的不同时刻坡体内浸润面的位置。

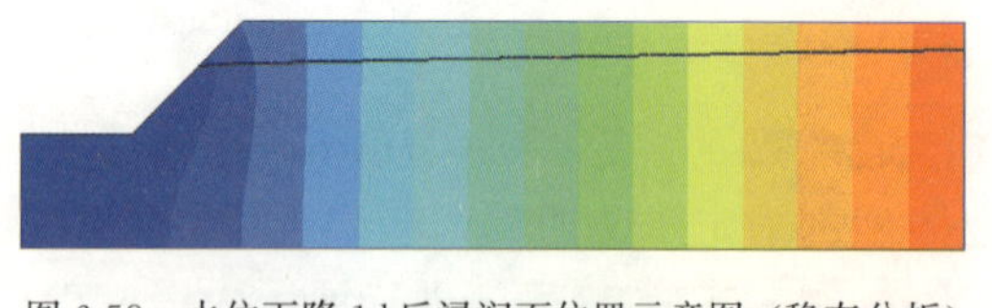

图 6-58　水位下降 1d 后浸润面位置示意图（稳态分析）

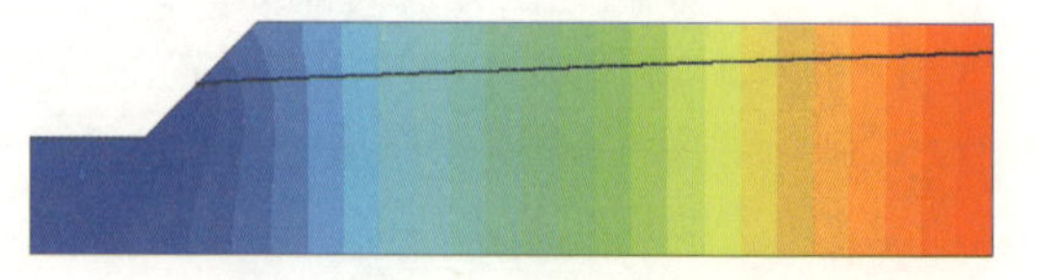

图 6-59　水位下降 2d 后浸润面位置示意图（稳态分析）

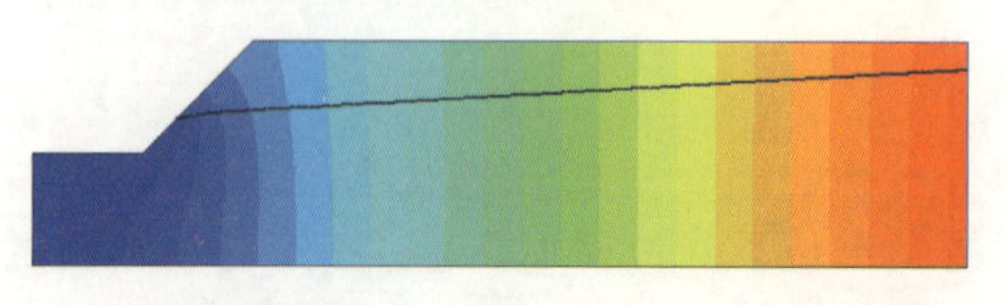

图 6-60　水位下降 3d 后浸润面位置示意图（稳态分析）

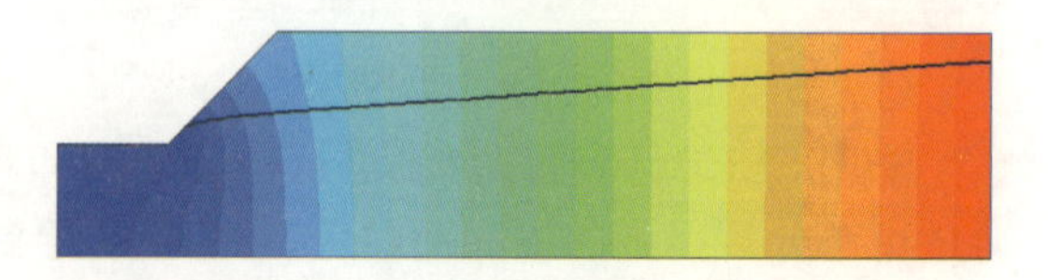

图 6-61　水位下降 4d 后浸润面位置示意图（稳态分析）

图 6-63～图 6-67 分别绘制的是水位下降过程中，通过瞬态分析得到的不同时刻坡体内浸润面的位置。

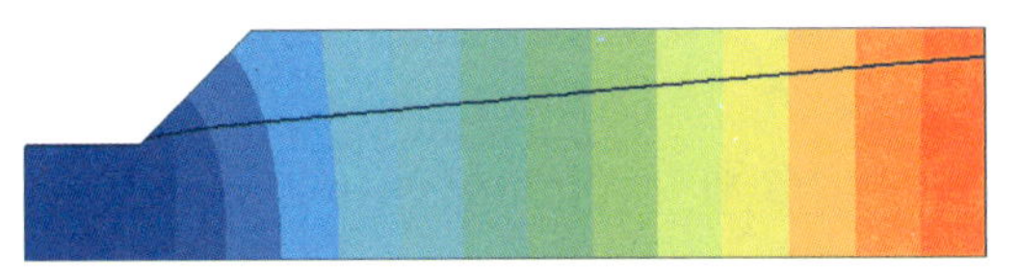
图 6-62 水位下降 5d 后浸润面位置示意图（稳态分析）

图 6-63 水位下降 1d 后浸润面位置示意图（瞬态分析）

图 6-64 水位下降 2d 后浸润面位置示意图（瞬态分析）

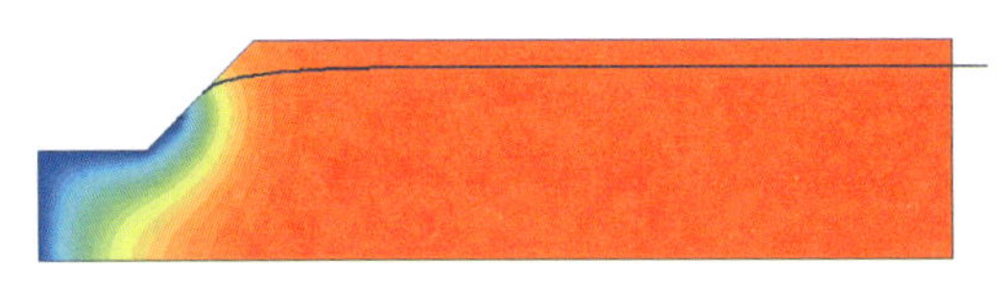
图 6-65 水位下降 3d 后浸润面位置示意图（瞬态分析）

图 6-66 水位下降 4d 后浸润面位置示意图（瞬态分析）

图 6-67 水位下降 5d 后浸润面位置示意图（瞬态分析）

（3）对比分析

为了更直观地对比 SEEP/W 程序和 PLAXFLOW 模块的计算结果，这里分别读取了水位下降 1d、3d、5d 后浸润面位置沿水平方向的竖直高度，如表 6-21 所示。

浸润面位置数值解计算结果 表 6-21

计算方法		水平距离（m）												备　注
		0	10	20	30	40	50	60	70	90	110	130	150	溢出点坐标
a）水位下降 1d 后浸润面位置的竖直高度（m）														
SEEP/W	稳态分析	0.0	10.0	12.4	12.6	12.8	13.0	13.2	13.4	13.8	14.4	14.6	15.0	(12.0，12.0)
	瞬态分析	0.0	10.0	13.1	13.5	13.8	14.0	14.2	14.3	14.4	14.5	14.7	15.0	(12.1，12.1)
PLAXFLOW	稳态分析	0.0	10.0	12.3	12.6	12.8	13.0	13.2	13.4	13.8	14.4	14.6	15.0	(11.9，11.9)
	瞬态分析	0.0	10.0	14.6	14.9	15.0	15.0	15.0	15.0	15.0	15.0	15.0	15.0	(12.1，12.1)
b）水位下降 3d 后浸润面位置的竖直高度（m）														
SEEP/W	稳态分析	0.0	6.8	7.6	8.2	8.8	9.3	9.9	10.4	11.6	12.7	13.8	15.0	(6.0，6.0)
	瞬态分析	0.0	10.0	10.8	11.4	12.0	12.4	12.7	13.0	13.0	13.9	14.5	15.0	(10.2，10.2)
PLAXFLOW	稳态分析	0.0	6.9	7.7	8.3	8.8	9.3	9.9	10.4	11.5	12.7	13.8	15.0	(6.1，6.1)
	瞬态分析	0.0	10.0	13.7	14.5	14.8	14.9	15.0	15.0	15.0	15.0	15.0	15.0	(10.5，10.5)
c）水位下降 5d 后浸润面位置的竖直高度（m）														
SEEP/W	稳态分析	0.0	2.5	3.6	4.5	5.5	6.3	7.1	8.0	9.6	11.7	13.2	15.0	(0.0，0.0)
	瞬态分析	0.0	8.4	9.1	9.8	10.4	11.0	11.5	11.9	12.4	13.4	14.4	15.0	(8.1，8.1)
PLAXFLOW	稳态分析	0.0	2.8	3.9	4.8	5.6	6.5	7.3	8.1	9.8	11.8	13.3	15.0	(0.5，0.5)
	瞬态分析	0.0	9.7	12.7	13.9	14.5	14.7	14.9	15.0	15.0	15.0	15.0	15.0	(8.9，8.9)

从表 6-21 中各个时刻浸润面位置沿水平方向的竖直高度及溢出点的坐标可以看出，无

论是采用 SEEP/W 程序，还是采用 PLAXFLOW 模块，各个时刻通过稳态分析得到的坡体内浸润面的位置基本上都是和库水位同步下降的，而瞬态分析得到的结果则不同。采用瞬态分析得到的浸润面位置出现了不随库水位同步下降的“滞后效应”，瞬态分析得到的浸润面位置明显高于同一时刻稳态分析得到的浸润面位置。例如，水位下降 3d 后，SEEP/W 程序和 PLAXFLOW 模块稳态分析得到的溢出点的竖直高度分别为 6.0m 和 6.1m，和此时坡体前部库水位的高度 6.0m 基本一致。瞬态分析得到的溢出点的竖直高度则分别为 10.2m 和 10.5m，明显高于此时坡体前部的库水位（6.0m），这正是库水位变化过程中岸坡坡体内浸润面位置变化“滞后效应”的具体体现。

2）库水作用下坡体内浸润面位置的解析解、经验概化解及其和数值解的对比分析

目前在水库岸坡稳定性分析的实际工程中，由于库水位变化引起的地下水非稳定渗流的求解比较复杂，因此有些设计单位采用经验概化的方法确定浸润面位置。其中，有的取下降前后水位的直线连线（假定的“缓变”状态）；有的取滑体的下三分之一线；有的取初始水位面（假定的“瞬变”状态）。不同的概化方法得到的浸润面位置也不同，导致不同单位做出的稳定性评价的结果也大不相同，致使治理经费往往相差很大。这里采用图 6-55所示的算例，通过经验概化解和数值解的对比分析，定量说明经验概化法存在的误差。

其中，经验概化解是以岸坡远处水位与库水变化到最后的水位两者之间的直线连线作为浸润面位置，如图 6-68 所示。

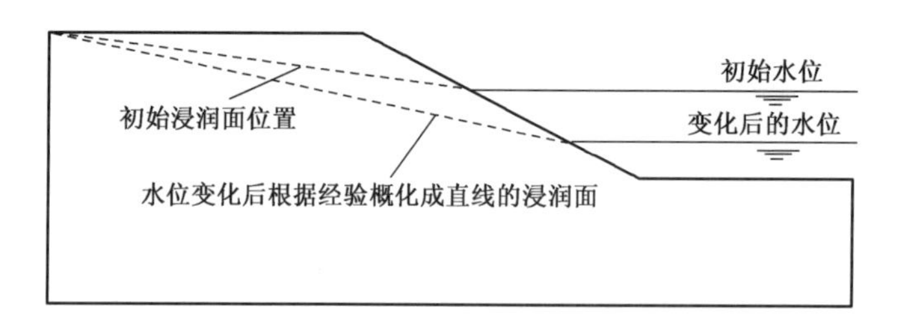

图 6-68　根据经验概化得到坡体内浸润面位置示意图

为了确定合理的岸坡坡体内浸润面位置的计算方法，采用前述算例将解析解、数值解及经验概化解进行对比分析。浸润面位置的计算结果见表 6-22，表中所示的误差是相对于同一水平距离的数值解的计算结果而言的。

浸润面位置的计算结果　　表 6-22

计算方法	水平距离（m）												备注
	0	10	20	30	40	50	60	70	90	110	130	150	溢出点坐标
a）水位下降 1d 后浸润面位置的竖直高度（m）													
数值解	0.0	10.0	14.6	14.9	15.0	15.0	15.0	15.0	15.0	15.0	15.0	15.0	(12.1，12.1)
解析解	0.0	10.0	14.1	14.3	14.4	14.5	14.6	14.8	14.9	14.9	14.9	15.0	(12.0，12.0)
误差（%）	0.0	0.0	−3.42	−4.03	−4.00	−3.33	−2.67	−1.33	−0.67	−0.67	−0.67	0.0	(−0.8，−0.8)
经验概化解	0.0	10.0	12.2	12.4	12.6	12.8	13.0	13.3	13.7	14.1	14.6	15.0	(12.0，12.0)
误差（%）	0.0	0.0	−16.4	−16.8	−16.0	−14.7	−13.3	−11.3	−8.7	−6.0	−2.7	0.0	(−0.8，−0.8)

续上表

计算方法	水平距离（m）												备注
	0	10	20	30	40	50	60	70	90	110	130	150	溢出点坐标
b）水位下降 3d 后浸润面位置的竖直高度（m）													
数值解	0.0	10.0	13.7	14.5	14.8	14.9	15.0	15.0	15.0	15.0	15.0	15.0	（10.5，10.5）
解析解	0.0	10.0	12.7	14.5	14.8	14.8	14.9	14.9	15.0	15.0	15.0	15.0	（10.1，10.1）
误差（%）	0.0	0.0	−7.30	0.0	0.0	−0.67	−0.67	−0.67	0.0	0.0	0.0	0.0	（−3.81，−3.81）
经验概化解	0.0	6.3	6.9	7.5	8.1	8.8	9.4	10.0	11.3	12.5	13.8	15.0	（6.0，6.0）
误差（%）	0.0	−37.0	−49.6	−48.3	−45.3	−40.9	−37.3	−33.3	−24.7	−16.7	−8.0	0.0	（−42.9，−42.9）
c）水位下降 5d 后浸润面位置的竖直高度（m）													
数值解	0.0	9.7	12.7	13.9	14.5	14.7	14.9	15.0	15.0	15.0	15.0	15.0	（8.9，8.9）
解析解	0.0	9.2	11.8	13.5	13.9	14.3	14.7	14.8	14.8	14.9	14.9	15.0	（8.6，8.6）
误差（%）	0.0	−5.15	−7.09	−2.88	−4.14	−2.72	−1.34	−1.33	−1.33	−0.67	−0.67	0.0	（−3.37，−3.37）
经验概化解	0.0	1.0	2.0	3.0	4.0	5.0	6.0	7.0	9.0	11.0	13.0	15.0	（0.0，0.0）
误差（%）	0.0	−89.7	−84.3	−78.4	−72.4	−66.0	−59.7	−53.3	−40.0	−26.7	−13.3	0.0	（−100.0，−100.0）

从表 6-22 中的数据可以看出，和数值解得到的计算结果相比，经验概化解得到的计算结果误差很大，且随着水位下降高度的增加，引起的误差不断增大，其中在坡体前部浸润面位置经验概化解引起的误差尤为明显，甚至达到 80%以上。解析解公式得到的计算结果，总体上看十分接近于数值解的计算结果，两者之间误差一般在 4%以内，个别点误差在 8%以下。从前述内容可以看出，在库水位变化过程中，坡体内的地下水流应是随时间和边界条件变化的瞬态流，因此瞬态分析得到的数值解和解析解公式的计算结果是比较准确的，这两种方法能充分反映水位下降过程中岸坡坡体内浸润面位置下降的“滞后效应”。如果按经验概化解得到的浸润面位置进行稳定性分析，则必然会在水库岸坡的稳定性分析中产生很大误差，存在潜在危险。

6.4.6 库水位变化对边坡稳定性的影响

水库蓄水后，坡体中由于水的渗入，土体强度明显降低，导致蓄水前稳定的坡体产生滑坡，这是成库后发生滑坡的重要原因之一。另一个诱发滑坡的重要原因是，库水位下降时，由于坡体内地下水位下降的相对滞后，导致坡体内超孔隙水压力的产生，该力的存在降低了边坡的稳定性，引起滑坡的发生。目前国内外针对水位变化对边坡稳定性的影响做了大量研究工作。刘新喜对库水位下降过程中滑坡稳定性的研究结果表明，库水位下降产生的渗流对滑坡稳定性的影响非常大，其影响程度取决于坡体渗透系数的大小，渗透系数越小，滑坡稳定性越差。

德赛将有限元应用到坡体承受库水瞬态下降的稳定分析中，用有限元确定坡体中不同时刻浸润面的位置，然后用瑞典圆弧法分析了密西西比河河岸的稳定性。

从上述前人所做的工作可以看出，在对水位下降过程中的边坡稳定性进行分析时，一般都没有考虑因为坡体内地下水位下降的滞后效应所引起的超孔隙水压力对边坡稳定性的影响，本节将用 PLAXIS 程序对水位下降过程中坡体内产生的超孔隙水压力对边坡稳定性的影响进行分析。

从第 6.4.4 节所述的 PLAXIS 程序提供的可供选择的水力学行为的内容可以看出，排水的力学行为适合模拟水位下降至一定高度后，坡体内的孔隙水经过长时间消散至稳定时的力学行为，此时坡体内的超孔隙水压力为零；而不排水的力学行为则适合模拟水位骤然降到一定高度后，孔隙水来不及消散时的力学行为，此时坡体内的超孔隙水压力将得到充分发展。因此这里将采用这两种不同条件的力学行为对边坡进行稳定性分析，在此基础上，通过设置固结时间的方法考虑库水位下降速率的影响。

（1）算例

算例［6-3］均质边坡，坡高 $H=20$m，黏聚力 $c=24$kPa，坡角 arctan（1/2），土重度 $\gamma_{dry}=15\text{kN/m}^3$，$\gamma_{wet}=18\text{kN/m}^3$，内摩擦角 $\varphi=20°$，泊松比 $\nu=0.35$，弹性模量 $E=$ 2 000kPa。

在渗流计算模型中认为坡体后部地下水补给充足，坡体后部边界水头值保持 $H=30$m 不变，坡体前部水位从初始水位 40m 开始下降。

有限元模型和渗流计算模型的网格划分示意如图 6-69 所示，渗流计算模型示意如图 6-70 所示。

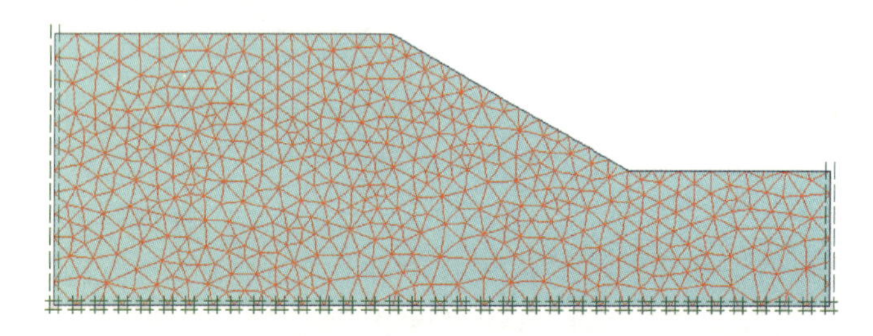

图 6-69　有限元模型和渗流计算模型的网格划分示意图

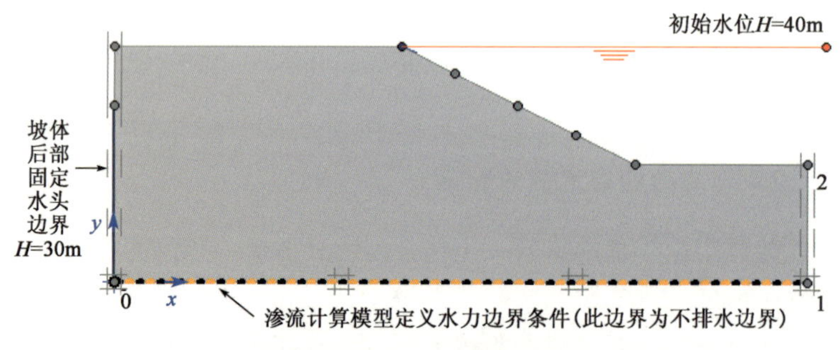

图 6-70　渗流计算模型示意图

由于水位的下降是从初始水位开始的，因此可认为在初始水位时坡体已经经过长期浸泡，此时坡体内的超孔隙水压力已经完全消散，所以土体在初始水位时符合排水条件下的力学行为。

（2）水位下降速率的影响

为了分析水位下降速率对边坡稳定性的影响，可采用设置固结天数的方法实现。即如果水位从 30m 处按 1m/d 的速率下降，则程序设置水位从 30m 下降到 29m 后稳定 1d 再下降，在这 1d 的时间里程序进行固结计算，从而使产生的超孔隙水压力消散 1d。同样，如果水位下降的速率为 2m/d，则水位从 30m 下降到 28m 后稳定 2d 再下降，在这 2d 的时间里也进行固结计算，从而使产生的超孔隙水压力消散 2d。

在 PLAXIS 程序中如果单纯考虑水位的变化是无法考虑时间因素的，所以采用结合固结计算的方法来考虑时间因素，即把水位下降到一定高度所经过的时间通过固结计算的时间来体现。因此对于不同的水位下降速率，也就是水位下降到一定高度所经历的不同时间，就可以通过设置水位下降到一定高度后再进行不同时间的固结计算来实现。

采用上述方法可以较准确地分析坡体内的超孔隙水压力随时间发展和消散的过程。程序既可以通过设置固结时间的方式来终止计算，也可以通过给定一个超孔隙水压力预设值（程序默认值为 $1kN/m^2$）的方式，当程序计算得到的土体内每个节点的超孔隙水压力均小于该预设值时，表明固结完成，此时坡体内的超孔隙水压力得到充分消散。

根据建立的有限元模型分别分析水位按 1m/d、2m/d 和 4m/d 速率下降对边坡稳定性的影响，计算结果见表 6-23（渗透系数 $k_x = k_y = 4\times10^{-2}$m/d）。

坡体前部不同水位下降速率对应的稳定安全系数计算结果 表 6-23

水位下降速率（m/d）	坡体前部水位高度（m）						坡体内超孔隙水压力消散至最小值
	40（初始水位）	36	32	28	24	20	
1	2.42	1.91	1.59	1.39	1.28	1.23	1.36
2	2.42	1.90	1.58	1.35	1.23	1.20	1.36
4	2.42	1.87	1.53	1.34	1.20	1.15	1.36

从表 6-23 中的数据可以看出，水位下降速率越快，边坡的稳定性越差。图 6-71、图 6-72分别绘制了水位按 1m/d 下降到 32m 和 24m 时的浸润面和滑动面位置，图 6-73、图 6-74分别绘制了水位按 4m/d 下降到 32m 和 24m 时的浸润面和滑动面位置，图 6-75 绘制了坡体内超孔隙水压力充分消散后（小于 $1kN/m^2$）的浸润面和滑动面位置，图 6-76 绘制了不同水位下降速率对应的水位和稳定安全系数的关系曲线。

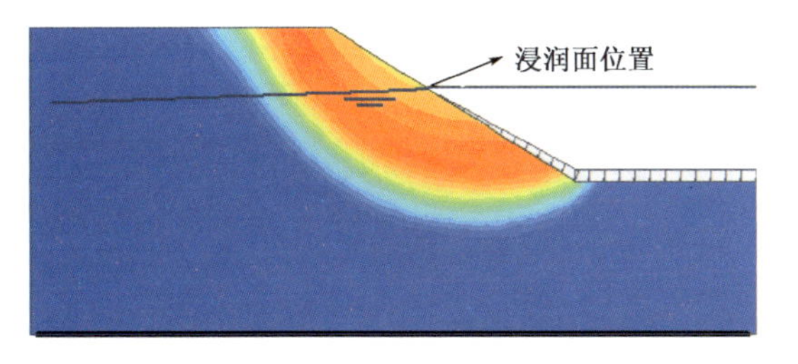

图 6-71 水位按 1m/d 下降到 32m 时浸润面和滑动面位置示意图（稳定安全系数为 1.59）

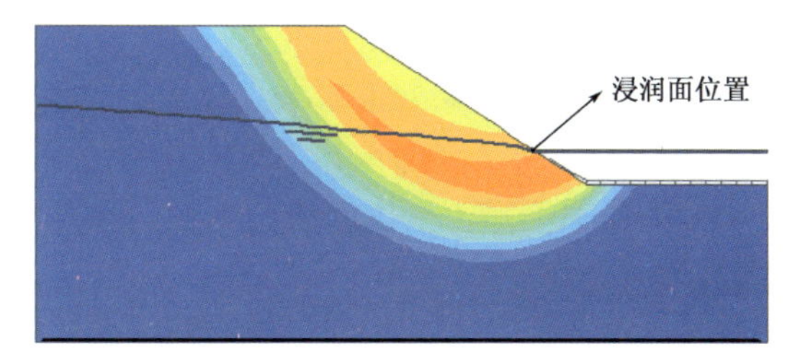

图 6-72 水位按 1m/d 下降到 24m 时浸润面和滑动面位置示意图（稳定安全系数为 1.28）

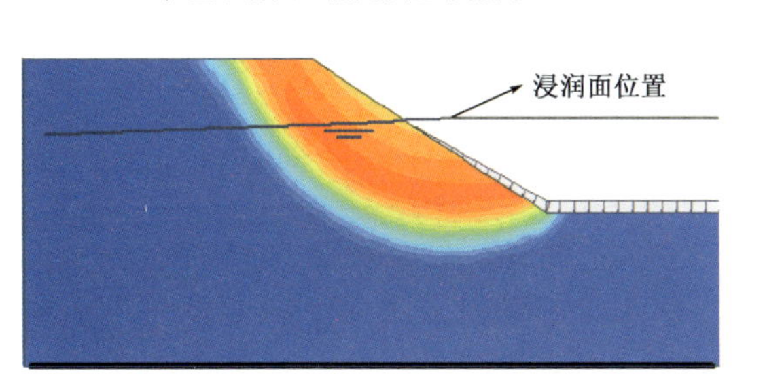

图 6-73 水位按 4m/d 下降到 32m 时浸润面和滑动面位置示意图（稳定安全系数为 1.53）

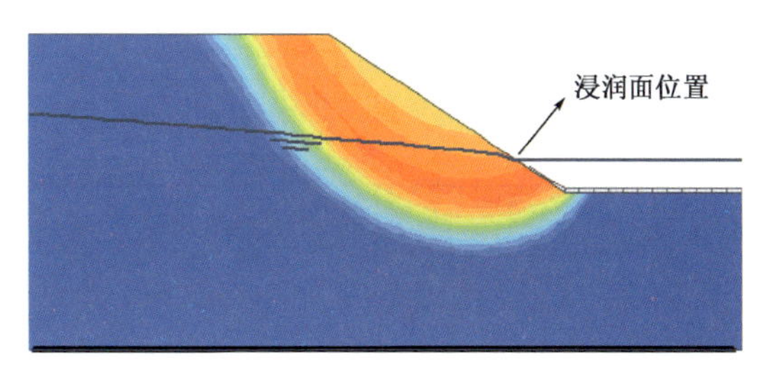

图 6-74 水位按 4m/d 下降到 24m 时浸润面和滑动面位置示意图（稳定安全系数为 1.20）

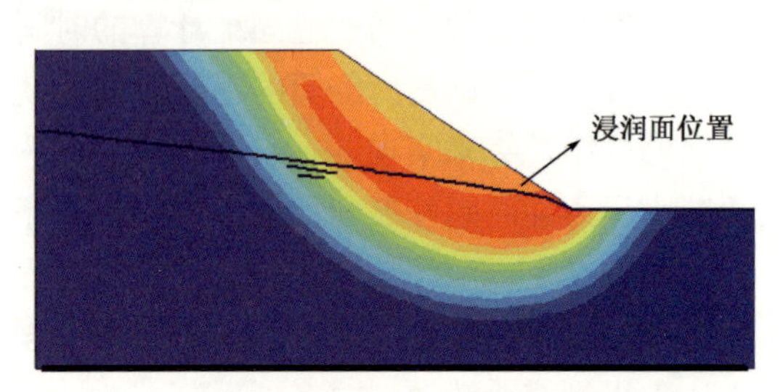

图 6-75 坡体内超孔隙水压力消散至最小值时的浸润面和滑动面位置示意图

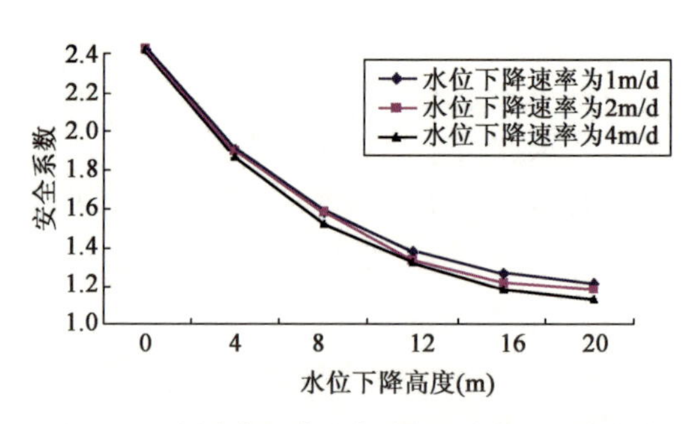

图 6-76 不同水位下降速率对应的水位和稳定安全系数的关系曲线

从图 6-76 可以看出，水位下降速率越快，边坡稳定安全系数下降幅度也越大，说明在水位下降过程中，水位下降速率越快对边坡的稳定性越不利。

为了进一步说明水位下降过程中由于坡体内地下水位下降的滞后效应所产生的超孔隙水压力对边坡稳定性的影响，还计算了该算例在完全排水条件下所对应的边坡稳定安全系数，即假设水位下降到每一高度时，坡体内的超孔隙水压力都得到了充分消散，计算结果见表 6-24。

是否考虑坡体内超孔隙水压力的稳定安全系数得到的计算结果 表 6-24

算例	坡体前部水位高度（m）						坡体内超孔隙水压力消散至最小值
	40（初始水位）	36	32	28	24	20	
考虑超孔隙水压力的影响（坡体前部水位按 1m/d 下降）	2.42	1.91	1.59	1.39	1.28	1.23	1.36
不考虑超孔隙水压力的影响	2.42	2.08	1.77	1.52	1.45	1.37	1.37

从表 6-24 可以看出，水位下降过程中坡体内产生的超孔隙水压力对边坡稳定安全系数计算结果的影响十分明显，超孔隙水压力的产生对边坡稳定性十分不利。

（3）土体渗透系数的影响

本节还就土体渗透系数对水位下降过程中边坡稳定性的影响进行了分析，此时水位按 1m/d 的速率下降，土体的渗透系数分别为 4×10^{-2} m/d、4×10^{-3} m/d 和 4×10^{-4} m/d，计算结果见表 6-25。

土体不同渗透系数对应的稳定安全系数计算结果 表 6-25

土体渗透系数（m/d）	坡体前部水位高度（m）					坡体内超孔隙水压力消散至最小值
	40（初始水位）	35	30	25	20	
4×10^{-2}	2.42	1.83	1.49	1.31	1.23	1.36
4×10^{-3}	2.42	1.78	1.43	1.21	1.16	1.36
4×10^{-4}	2.42	1.76	1.42	1.18	1.12	1.36

从表 6-25 中的数据可以看出，土体渗透系数越小，边坡的稳定性越差。图 6-77、图 6-78 分别绘制了土体渗透系数为 4×10^{-4} m/d 时坡体前部水位下降到 35m 和 25m 时的浸润面和滑动面位置。图 6-79 绘制了不同渗透系数对应的水位和稳定安全系数的关系曲线。

从图 6-79 可以看出，在水位下降速率一定的情况下，土体的渗透系数越小，边坡的稳定安全系数下降越快，说明在水位下降过程中，土体的渗透系数越小对边坡的稳定性越不利。

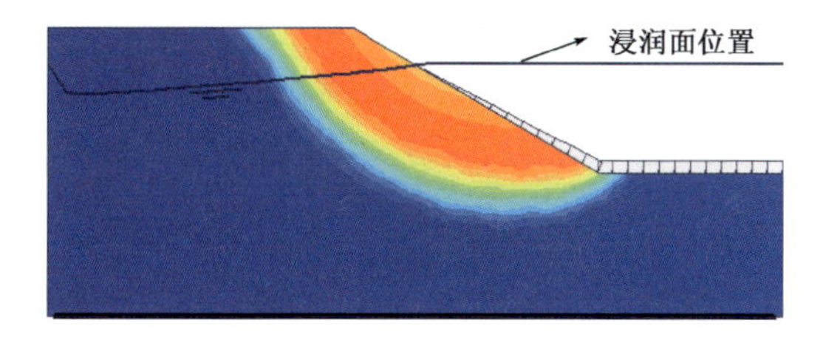

图 6-77　土体渗透系数为 4×10^{-4}m/d，坡体前部水位下降到 35m 时浸润面和滑动面位置示意图（稳定安全系数为 1.76）

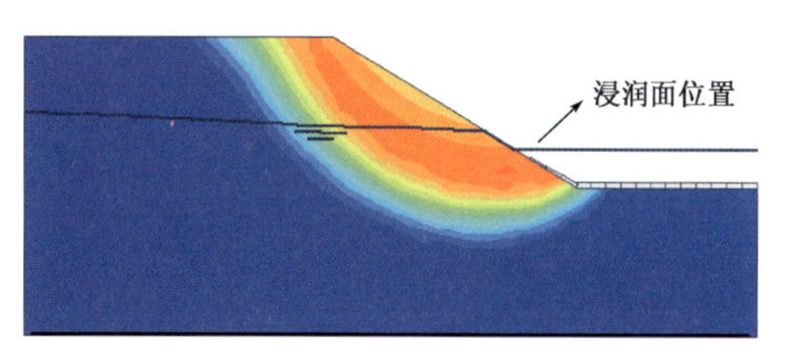

图 6-78　土体渗透系数为 4×10^{-4}m/d，坡体前部水位下降到 25m 时浸润面和滑动面位置示意图（稳定安全系数为 1.18）

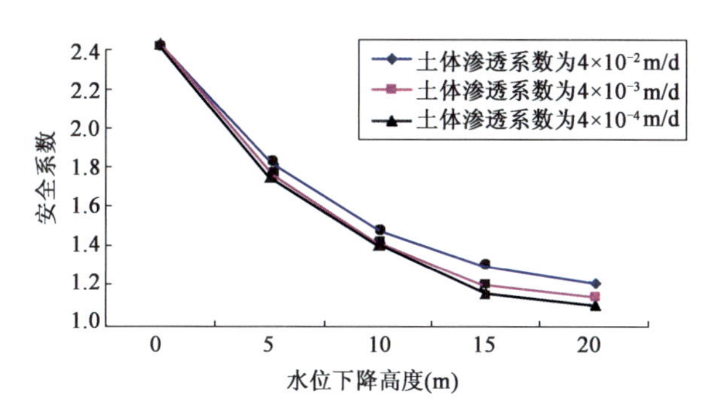

图 6-79　不同渗透系数对应的水位和稳定安全系数的关系曲线

6.5　数值极限分析法在岩坡中的应用

6.5.1　岩土边坡分类

目前，边坡按不同的分类指标有多种分类方法，如按构成边坡的物质种类可以分为土质边坡、岩质边坡和岩土混合边坡三类；按边坡的高度可以分为一般边坡和高边坡两类；按边坡的工程类型可以分为路堑边坡、水坝边坡、露天矿边坡和建筑边坡等几类。在众多分类方法中，与边坡破坏特征结合最紧密的通常是按边坡的物质种类和坡体的构造特征进行分类。其中，按物质种类可以分为土质边坡、岩质边坡和岩土混合边坡三类；按坡体的构造特征可分为类均质边坡、层状边坡和软硬互层边坡三类。类均质边坡又可分为土质边坡、碎裂状和散体状岩石边坡；层状边坡可分为顺倾层状边坡（顺层边坡、溃屈边坡、双向顺层边坡和三维楔形体边坡）、反倾层状边坡（倾倒边坡）；软硬互层边坡可分为上软下硬型（岩土二元边坡）和上硬下软型（软岩挤出边坡）。应当指出这里的层状既指层状岩体，也包括节理、裂隙、不连续面等结构面。由于边坡的稳定性很大程度上取决于坡体内结构面的状态、形状和空间分布，其组合形式不同，坡体的稳定性和变形破坏特征也各不相同。本书根据岩土的性质、坡体的构造特征和其主要破坏模式对边坡进行分类，如表 6-26 所示。

采用有限元强度折减法和极限应变法可以求出各类岩土边坡的稳定安全系数，对其在不同安全系数状态下的变形特征和滑动面形态进行研究。其中，对于平面问题，土体和岩体、结构面均采用理想弹塑性的莫尔-库仑模型；对于三维空间问题，采用莫尔-库仑等面积圆

DP3$_1$ 准则。通过网格变形示意图可以直观地显示坡体变形状态与破坏模式，塑性应变云图可以清楚地显示滑动面随岩土体强度的降低或破裂面的增大逐渐扩展直至破坏的全过程。

边坡分类表及各类边坡对应的变形破坏特征和滑动面形态 表 6-26

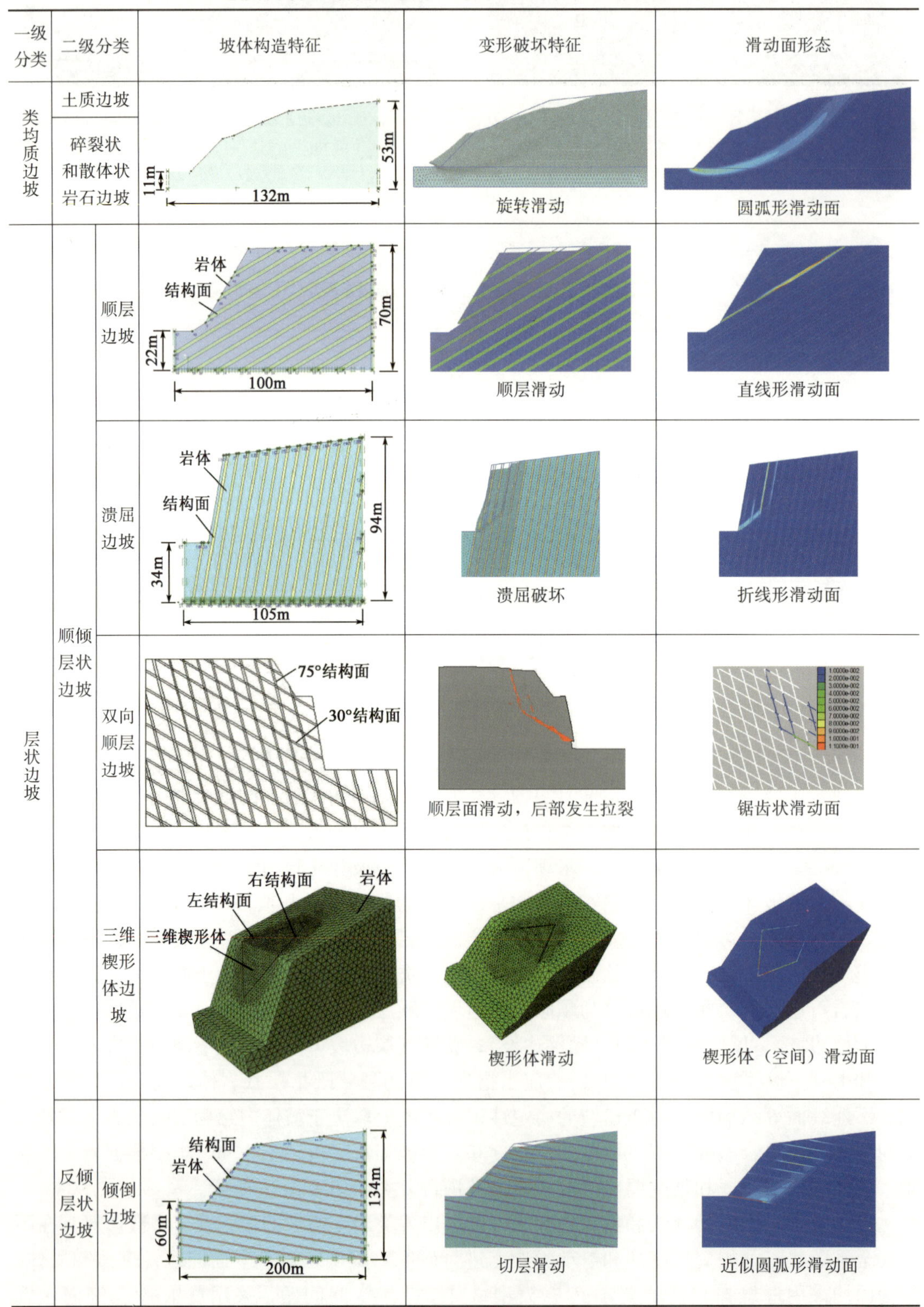

一级分类	二级分类		坡体构造特征	变形破坏特征	滑动面形态
类均质边坡	土质边坡 碎裂状和散体状岩石边坡			旋转滑动	圆弧形滑动面
层状边坡	顺倾层状边坡	顺层边坡		顺层滑动	直线形滑动面
		溃屈边坡		溃屈破坏	折线形滑动面
		双向顺层边坡		顺层面滑动，后部发生拉裂	锯齿状滑动面
		三维楔形体边坡		楔形体滑动	楔形体（空间）滑动面
	反倾层状边坡	倾倒边坡		切层滑动	近似圆弧形滑动面

续上表

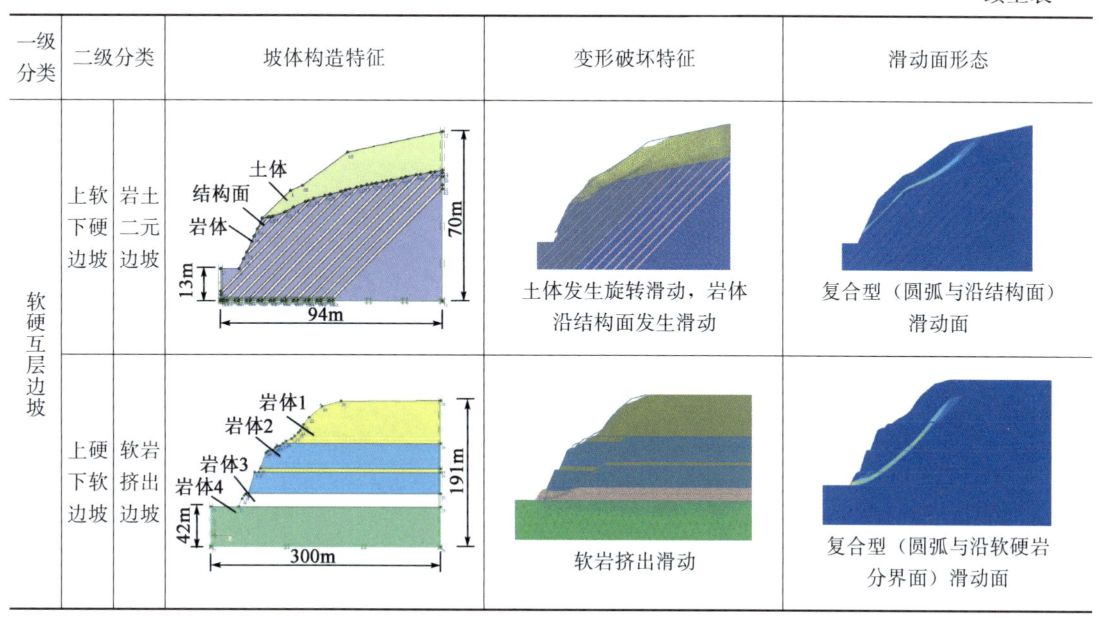

一级分类	二级分类		坡体构造特征	变形破坏特征	滑动面形态
软硬互层边坡	上软下硬边坡	岩土二元边坡	土体 结构面 岩体 13m 70m 94m	土体发生旋转滑动，岩体沿结构面发生滑动	复合型（圆弧与沿结构面）滑动面
	上硬下软边坡	软岩挤出边坡	岩体1 岩体2 岩体3 岩体4 42m 191m 300m	软岩挤出滑动	复合型（圆弧与沿软硬岩分界面）滑动面

在不考虑安全系数情况下，当边坡的稳定安全系数大于 1.10 时，边坡处于稳定状态；当稳定安全系数在 1.10～1.04 之间时，边坡处于欠稳定状态；当稳定安全系数在 1.03～1.01 之间时，边坡处于严重欠稳定状态；当稳定安全系数在 1.01～1.00 之间时，边坡处于临滑状态或不稳定状态，因此在分析中应特别注意岩土体强度参数未折减时以及岩土体强度参数折减后，坡体对应的稳定安全系数等于 1.10、1.04、1.03、1.01 这四种稳定状态下坡体的变形和破坏特征，有助于边坡稳定性的预警预报。

6.5.2 岩质边坡结构面模型的建立及其稳定安全系数的求解

岩质边坡的稳定分析历来是工程界和学术界关注的重大课题。实际岩体中含有大量不同构造、产状和特性的不连续结构面（如层面、节理、裂隙、软弱夹层、岩脉、断层和破碎带等），这就给岩质边坡的稳定分析带来了巨大的困难。岩质边坡的稳定性主要由岩体结构面控制，这是目前大家比较一致的观点，传统的用于土质边坡稳定分析的滑动面搜索方法不能用于岩质边坡。

岩体中的结构面，根据其贯通情况，可以分为贯通性、非贯通性两种类型；根据其胶结和充填情况，可以分为硬性结构面（无充填结构面）和软弱结构面。由于岩体结构的复杂性，要十分准确地反映岩体结构的特征并使之模型化是不可能的，也没有必要使问题复杂化。基于这种考虑，对于一个实际工程来说，往往根据现场地质资料，根据结构面的长度、密度、贯通率、展布方向、强度等着重考虑 1～3 组对边坡稳定起主要控制作用的节理组或其他主要结构面（图 6-80）。

岩体是弱面体，起控制作用的是结构面强度。对于软弱结构面，可采用低强度实体单元来模拟，按照连续介质处理；对于无充填的硬性结构面，可采用无厚度的接触单元来模拟。

（1）软弱结构面有限元模拟

软弱结构面和岩体均采用平面实体单元模拟［图 6-81a)］，按照连续介质处理，只不过结构面材料参数不同而已。岩体以及结构面材料本构关系采用理想弹塑性模型，强度折减过程与均质土坡相同，即通过对岩体以及结构面强度参数同时进行折减使边坡达到极限破坏状态，此时可得到边坡的强度储备稳定安全系数。图 6-81b）为具有一条软弱结构面的边坡通过强度折减达到极限状态时的直线滑动破坏形式。表 6-27 为图 6-81 所示模型的稳定安全系数计算结果，计算参数为 $c=10\ 000\text{Pa}$，$\varphi=30°$，结构面倾角 30°，滑体高 10m，宽 17.32m。

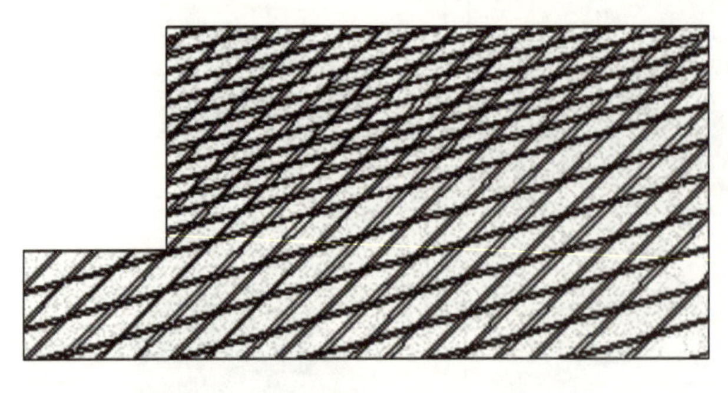

图 6-80　具有两组平行结构面的岩质边坡

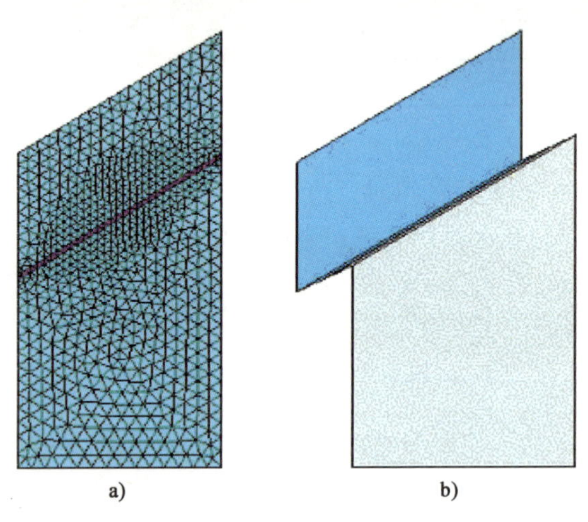

图 6-81　具有一条软弱结构面的有限元模型

不同屈服准则条件下的稳定安全系数计算结果　表 6-27

计算方法	稳定安全系数
有限元强度折减法（外角外接圆 DP1 准则）	1.58
有限元强度折减法（平面应变莫尔匹配 DP4 准则）	1.10
极限平衡方法（Spencer 法）	1.12

注：DP1 准则不适用于岩土，因而有误。

（2）硬性结构面有限元模拟

如图 6-82 所示的无充填的硬性结构面可采用无厚度接触单元来模拟，程序通过覆盖在两个接触物体表面（AB、EF）的接触单元来定义接触关系。在两个接触的边界中，把其中一个边界作为“目标”面（target surface），而把另外一个面作为“接触”面（contact surface），两个面合起来称为“接触对”（contact pair），两个接触面之间不抗拉，可以脱离，可以滑动。两个接触面的接触摩擦行为服从库仑定律：

$$\tau=c+\sigma\tan\varphi \quad (\sigma\geqslant 0)（规定压为正） \tag{6-31}$$

式中：c——接触面之间的黏聚力；

$\tan\varphi$——接触面之间的摩擦系数。

在两个接触面开始互相滑动之前，在它们的接触面上会产生小于其抗剪强度的剪应力，这种状态称为稳定黏合状态，一旦剪应力超过滑动面上的抗剪强度，两个面之间将产生滑动，边坡失稳。采用接触单元模拟的岩质边坡沿结构面破坏的强度折减稳定安全系数定义为：

$$F_s=\frac{c}{c'}=\frac{\tan\varphi}{\tan\varphi'} \tag{6-32}$$

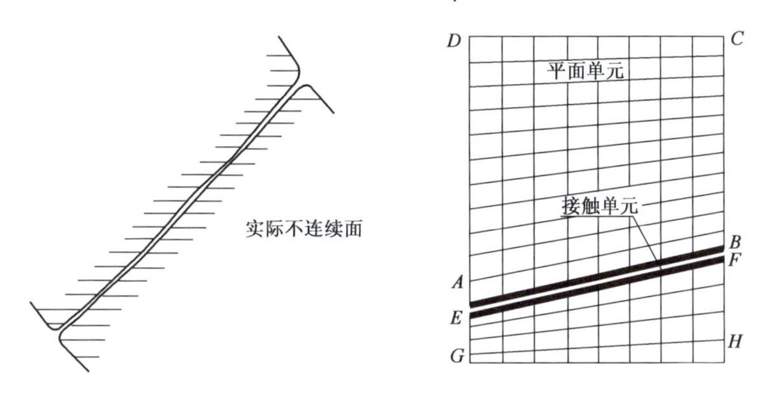

图 6-82　无充填的硬性结构面及其接触单元模型

表 6-28 为图 6-82 所示的采用无厚度的接触单元来模拟硬性结构面的力学行为时的稳定安全系数计算结果，计算参数为 $c=0$，$\varphi=15°$，结构面倾角 15°。

稳定安全系数计算结果　　表 6-28

计 算 方 法	稳定安全系数
有限元强度折减法	1.001
极限平衡方法（Spencer 法）	1.0

通过计算对比发现，对于直线形滑动面，采用接触单元时用有限元强度折减法得到的计算结果与理论解析解十分接近，说明采用接触单元来模拟岩体材料的不连续性是可行的。

为了计算简便，也可采用实体单元，由于结构面厚度很小，必须将其厚度放大才能划分网格，以避免在计算中出现较多的奇异矩阵，导致计算终止。结构面单元需要有强度参数和变形参数，但变形参数并不影响极限分析计算结果。上述两种单元进行比较后，计算结果误差不大，所以对岩体中的结构面也可采用实体单元，只是将结构面的厚度适当放大。

6.5.3　岩质边坡算例

1）具有单组结构面的岩质边坡

该岩质体具有一组倾角为 30°、平均间距 6m 的结构面，计算模型如图 6-83 所示。岩石参数：$\gamma=25\text{kN/m}^3$，$c=8\text{MPa}$，$\varphi=45°$，$\sigma_t=4\text{MPa}$，$E=4\text{GPa}$，$\nu=0.2$，获得极限剪应变为 8.1‰；结构面参数：$\gamma=17\text{kN/m}^3$，$c=100\text{kPa}$，$\varphi=20°$，$\sigma_t=0$，$E=100\text{MPa}$，$\nu=0.3$，获得极限剪应变为 4.47‰。

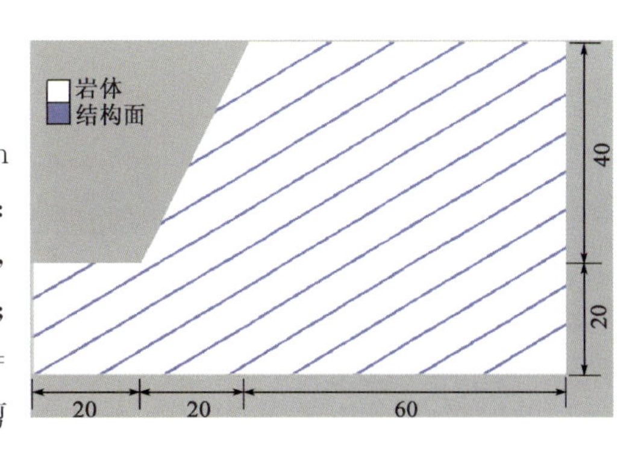

图 6-83　单组顺层结构面岩质边坡计算模型（尺寸单位：m）

结构面与岩石的极限应变不同，所以分别绘

制岩石和结构面的极限剪应变云图。图 6-84中左侧为大于 8.1‰的岩石极限应变云图，右侧为大于 4.47‰的结构面极限应变云图。如图 6-84 所示，破裂面沿着离坡脚最近的临空结构面从坡脚向上发展，F=1.40 时部分达到极限应变，可确定起裂安全系数为 1.40；F=1.42 时大部分达到极限应变；F=1.421 时全部达到极限应变，破裂面完全贯通；F=1.422 时计算不收敛。因而极限应变法与强度折减法所得边坡稳定安全系数均为 1.421。已知破裂面是两条直线，利用 GEO-SLOPE 求得 Janbu 法稳定安全系数为 1.408，三种算法最大误差为 0.9%。

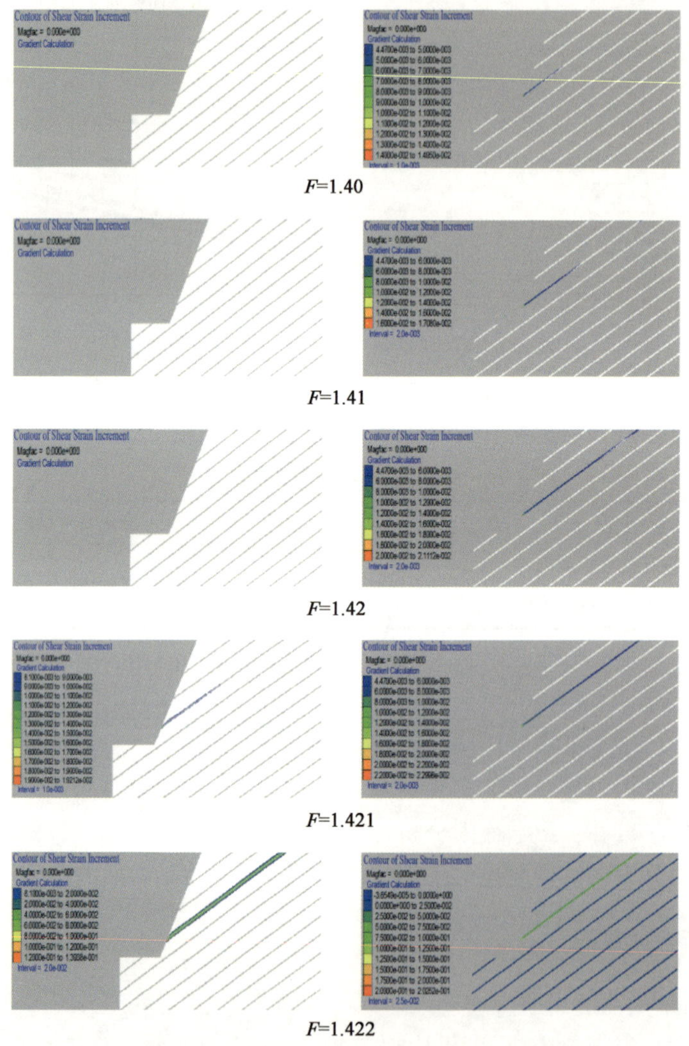

图 6-84　不同折减系数下边坡极限剪应变云图

2）具有两组贯通结构面的岩质边坡

如图 6-85 所示，两组方向不同的结构面，贯通率 100%。第一组软弱结构面倾角 30°，平均间距 10m；第二组软弱结构面倾角 75°，平均间距 10m。岩体和结构面计算物理力学参数及其极限剪应变见表 6-29。图 6-86 为边坡刚破坏时的滑动面。

岩体及结构面均采用平面应变单元模拟，只是物理力学参数不同，计算步骤同上，通过极限应变法得到边坡破坏过程（图 6-87）。最后 F=1.079 时破坏区贯通，边坡发生整体破坏。同时采用有限元强度折减法，算得边坡稳定安全系数也为 F=1.079。

物理力学参数计算取值 表 6-29

材料名称	弹性模量（Pa）	泊松比	黏聚力（MPa）	内摩擦角（°）	极限剪应变（%）
岩体	4×10^{9}	0.2	10	45	1.6
第一组结构面	1×10^{8}	0.3	0.04	25	1
第二组结构面	1×10^{8}	0.3	0.04	25	1

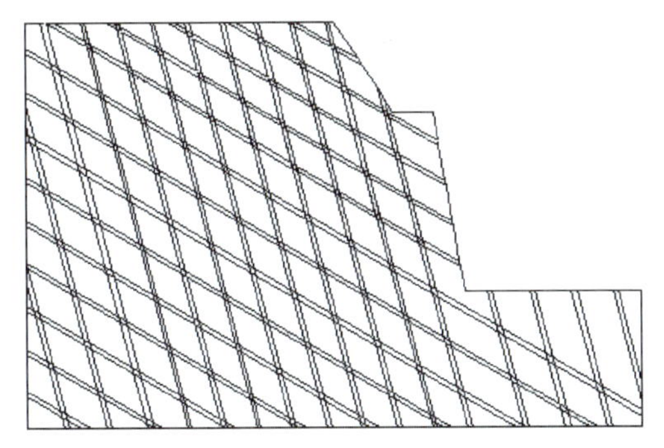

图 6-85 有两组贯通的平行结构面控制的岩质边坡几何模型

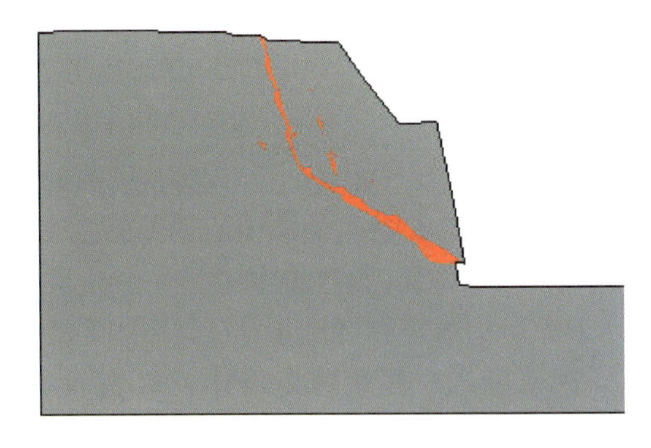

图 6-86 边坡刚破坏时的滑动面

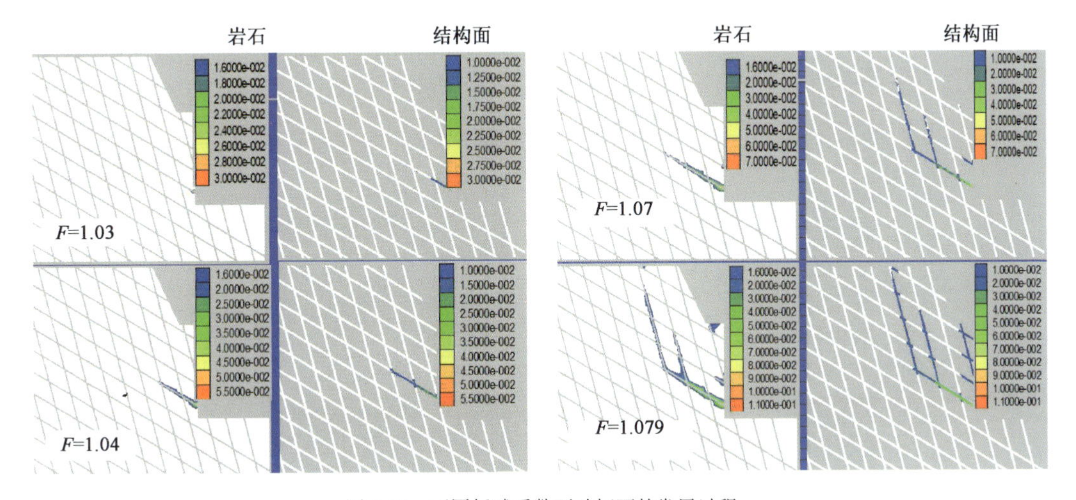

图 6-87 不同折减系数下破坏面的发展过程

3）倾倒型岩质边坡

该岩体具有一组倾角为 75°、平均间距 6m 的反倾结构面。岩体参数：$\gamma=25\text{kN/m}^3$，$c=10\text{MPa}$，$\varphi=45°$，$E=4\text{GPa}$，$\nu=0.2$，不考虑抗拉强度，获得极限剪应变为 1.6%；结构面参数：$\gamma=17\text{kN/m}^3$，$c=100\text{kPa}$，$\varphi=25°$，$E=100\text{MPa}$，$\nu=0.3$，获得极限剪应变为 0.49%。岩体和结构面计算物理力学参数及其极限剪应变见表 6-30。计算模型如图 6-88 所示。

物理力学参数计算取值 表 6-30

材料名称	弹性模量（Pa）	泊松比	黏聚力（MPa）	内摩擦角（°）	极限剪应变（%）
岩体	4×10^{8}	0.2	10	45	1.6
第一组结构面	1×10^{8}	0.3	0.1	25	0.49
第二组结构面	1×10^{8}	0.3	0.1	25	0.49

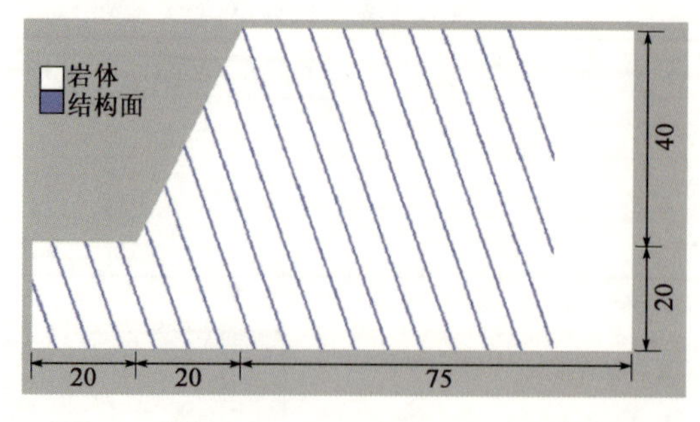

图 6-88　倾倒型岩质边坡计算模型（尺寸单位：m）

图 6-89 中左侧为大于 1.6%的岩石极限应变云图，右侧为大于 0.49%的结构面极限应变云图。倾倒型边坡破裂面的最终形成取决于岩石本身。从图 6-89 可以看出，$F=2.50$ 时基本所有结构面已达到极限应变，发生破坏，但此时岩石基本完好，边坡稳定性未受影响；$F=3.70$ 时坡脚和坡顶处岩石局部达到极限应变，出现破裂面；$F=3.85$ 时岩石达到极限应变的范围进一步扩大，坡体内部岩石也出现破裂面；$F=3.95$ 时岩石的破裂面贯通；$F=3.96$时计算不收敛。两种方法所得边坡稳定安全系数均为 3.95。

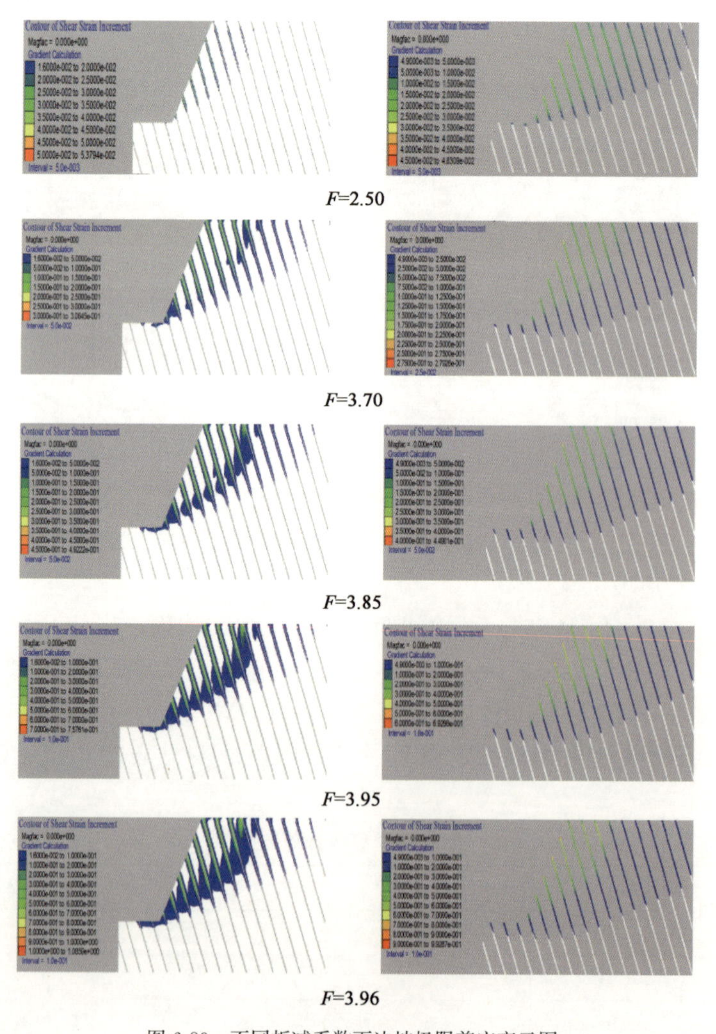

图 6-89　不同折减系数下边坡极限剪应变云图

4）具有结构面的岩土二元边坡

如图 6-90 所示，当岩体上部存在上覆土层时，坡体的稳定性不仅受岩体中结构面的影响，同时也受到上覆土层的影响。该边坡坡角 45°，软弱结构面倾角 30°，平均间距 3m。岩石参数：$\gamma=27\text{kN/m}^3$，$c=5\text{MPa}$，$\varphi=39°$，$\sigma_t=0$，$E=5\text{GPa}$，$\nu=0.2$，获得极限剪应变为 5.8‰。下面分两种情况对此边坡进行计算。

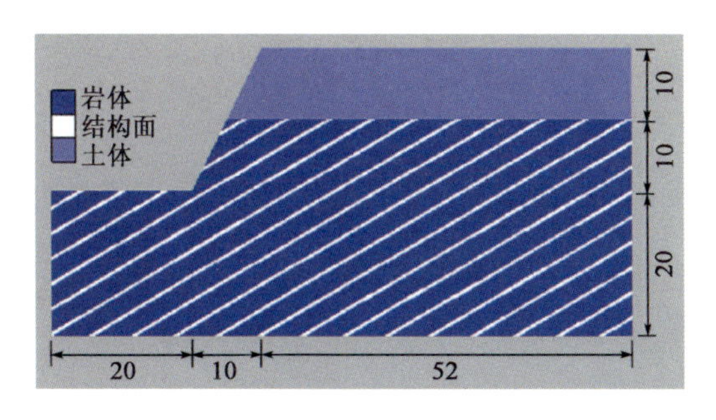

图 6-90　岩土二元边坡计算模型（尺寸单位：m）

（1）结构面强度较低时

结构面参数：$\gamma=20\text{kN/m}^3$，$c=30\text{kPa}$，$\varphi=28.6°$，$E=100\text{MPa}$，$\nu=0.3$，获得极限剪应变为 1.47‰；上覆土参数：$\gamma=18\text{kN/m}^3$，$c=42\text{kPa}$，$\varphi=29°$，$E=10\text{MPa}$，$\nu=0.3$，获得极限剪应变为 1.91%。

如图 6-91 所示，当折减系数 $F=1.0$ 时，其中两个结构面均已达到极限剪应变，发生局部破坏，上覆土未达到极限剪应变，坡体稳定。随着折减系数的增大，下方破裂面继续向上覆土层内发展，当 $F=1.19$ 时坡顶出现破裂面并向下延伸；$F=1.195$ 时破裂面贯通；$F=1.196$ 时计算不收敛。同样，两种数值极限方法所得稳定安全系数均为 1.195。

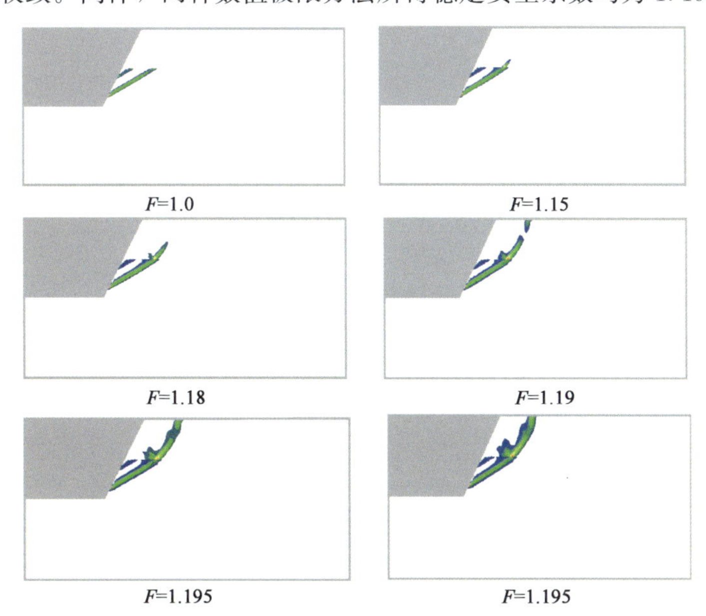

图 6-91　不同折减系数下边坡极限剪应变云图（结构面强度较低时）

（2）结构面强度较高时

结构面参数：$\gamma=20\text{kN/m}^3$，$c=100\text{kPa}$，$\varphi=25°$，$E=100\text{MPa}$，$\nu=0.3$，获得极限剪应变为 4.9‰；上覆土参数：$\gamma=18\text{kN/m}^3$，$c=25\text{kPa}$，$\varphi=20°$，$E=10\text{MPa}$，$\nu=0.3$，获得极

限剪应变为 1.13%。

如图 6-92 所示，由于结构面强度较高，边坡破坏只产生在上覆土层，在 $F=1.22$ 时土层极限应变区贯通，极限应变法得到的稳定安全系数为 1.22，破裂面形式与土质边坡相同。$F=1.25$ 时计算不收敛。由此计算强度折减法得到的稳定安全系数为 1.24，两者误差为 1.6%。

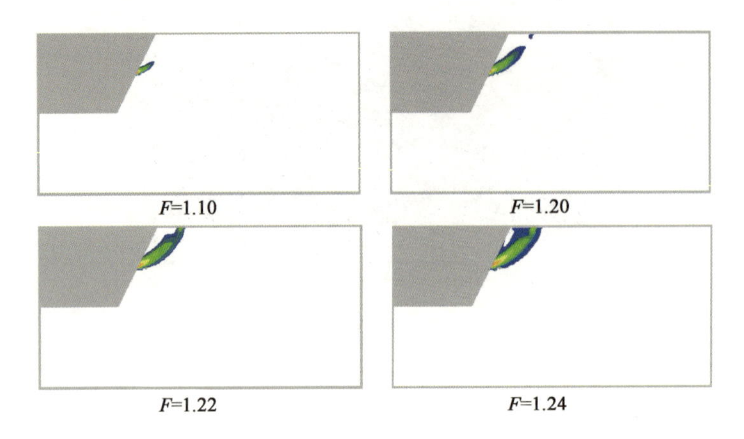

图 6-92　不同折减系数下边坡极限剪应变云图（结构面强度较高时）

5）在三维岩坡中的应用

岩石力学中的楔形体稳定是一个典型的三维极限平衡分析问题，其破坏楔体由两组或多组不同产状的结构面与临空面组合而成。对于一个简单的块体，其求解方法在教科书中已有详细介绍。本例分别考察几何形状对称楔形体和非对称楔形体两种情况，其几何参数和物理参数如表 6-31 所示，材料参数见表 6-32。在进行有限元模拟时，结构面看作软弱结构面，因此结构面和岩体均采用实体单元模拟。岩体以及结构面材料本构关系采用理想弹塑性模型，对于空间问题，屈服准则采用偏于安全的莫尔-库仑等面积圆 $DP3_1$ 准则，安全系数的计算与均质土坡相同，即通过对岩体及结构面强度参数同时进行折减使边坡达到极限破坏状态，由此可得到边坡的强度储备安全系数。

楔形体算例几何、物理参数　　表 6-31

部　位	对称楔形体		非对称楔形体	
	倾向（°）	倾角（°）	倾向（°）	倾角（°）
左结构面	115	45	120	40
右结构面	245	45	240	60
顶面	180	10	180	0
坡面	180	60	180	60

楔形体算例材料参数　　表 6-32

项　目	天然密度（kg/m^3）	抗剪强度		弹性模量（MPa）	泊松比
		c（kPa）	φ（°）		
对称楔形体结构面	2 000	20	20	50	0.3
非对称楔形体结构面	2 000	50	30	50	0.3
岩体	2 600	1×10^3	45	1×10^3	0.15

（1）对称楔形体

图 6-93、图 6-94 为对称楔形体算例的计算模型和计算图。

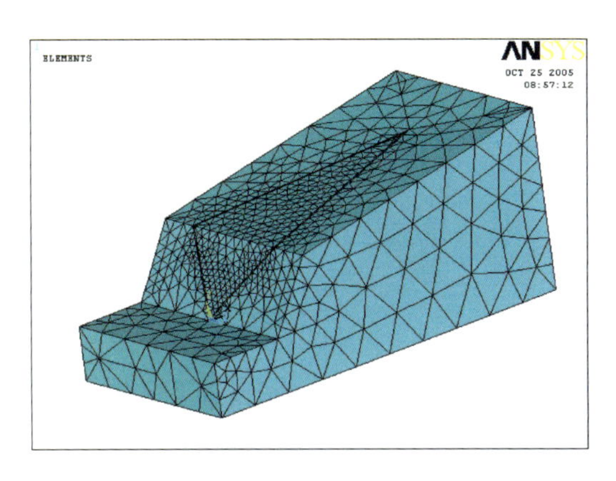

图 6-93　对称楔形体算例计算模型

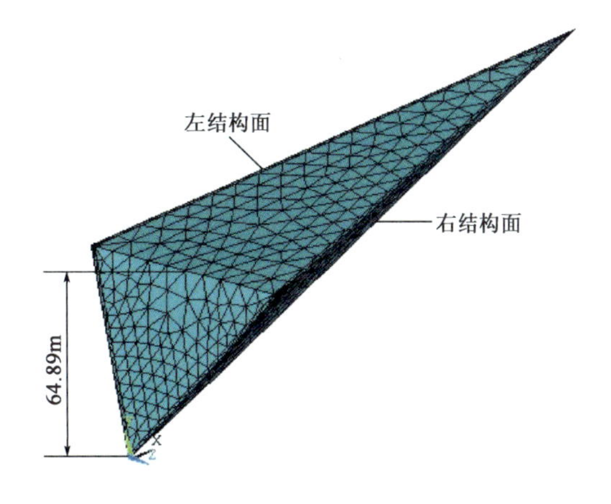

图 6-94　对称楔形体算例计算图

计算中逐步对岩体的抗剪强度参数进行折减，直至计算不收敛，此时有限元强度折减法得到的安全系数为 1.283。图 6-95、图 6-96 为有限元强度折减法计算得到的 X 方向的位移云图和等效塑性应变图，可看出滑动面就在结构面上。同时为了验证计算的正确性，还对此算例采用理正岩土系列软件进行了计算，其屈服准则采用莫尔-库仑屈服准则。计算所得的稳定安全系数为 1.293。两者的计算误差为 1%。

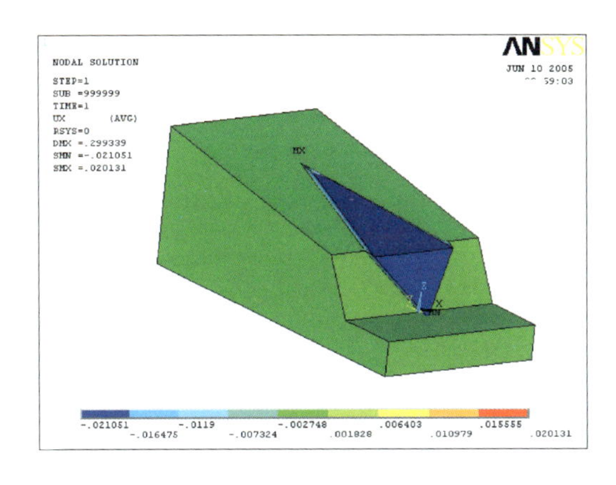

图 6-95　X 方向位移云图

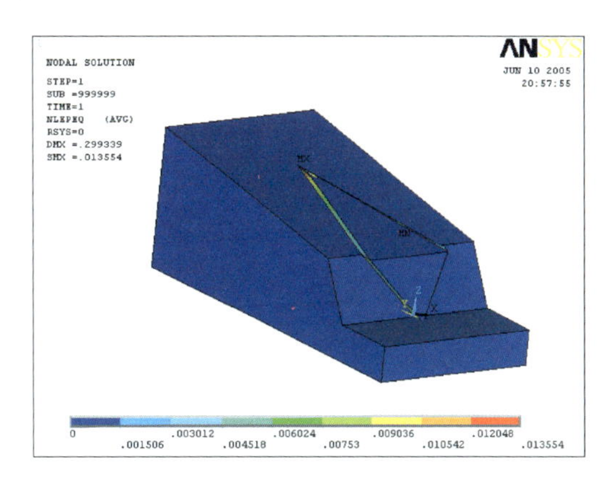

图 6-96　等效塑性应变图

（2）非对称楔形体

图 6-97、图 6-98 为非对称楔形体算例的计算模型和计算图。

此算例用有限元强度折减法得到的稳定安全系数为 1.60。图 6-99、图 6-100 为有限元强度折减法计算得到的 X 方向的位移云图和等效塑性应变图。用理正岩土系列软件计算所得的稳定安全系数为 1.636。两者的计算误差为 2.2%。

目前，虽然有很多三维极限平衡法的分析程序，但三维极限平衡法与二维相比做出了更多的假定，而且需要给定滑动面，影响其应用。而有限元强度折减法不需要做任何假定，计算模型不仅满足力的平衡方程，而且满足土体的应力-应变关系，计算结果更可靠，它为三维边坡稳定性分析开辟了新的途径。

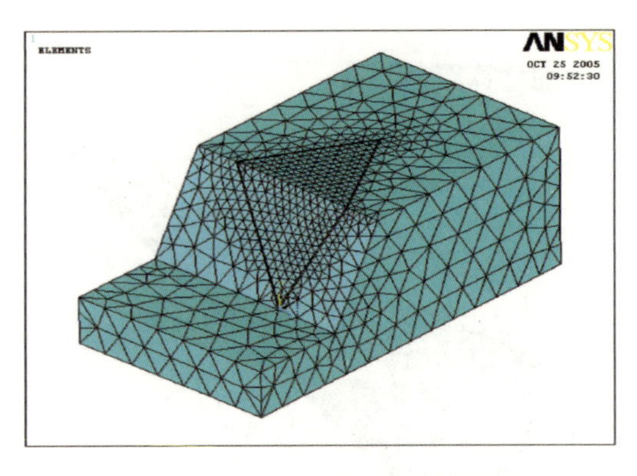

图 6-97　非对称楔形体算例计算模型

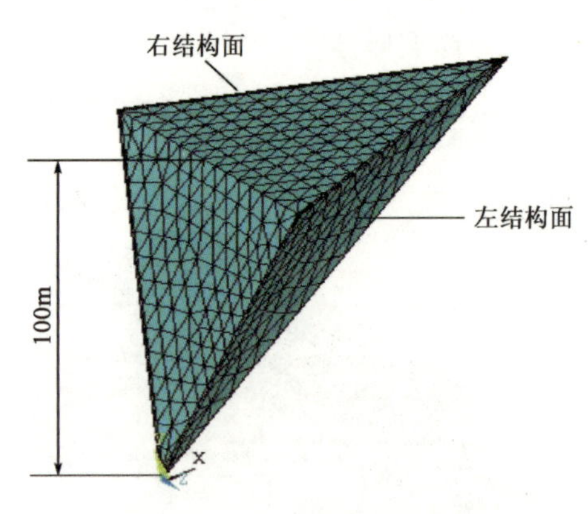

图 6-98　非对称楔形体算例计算图

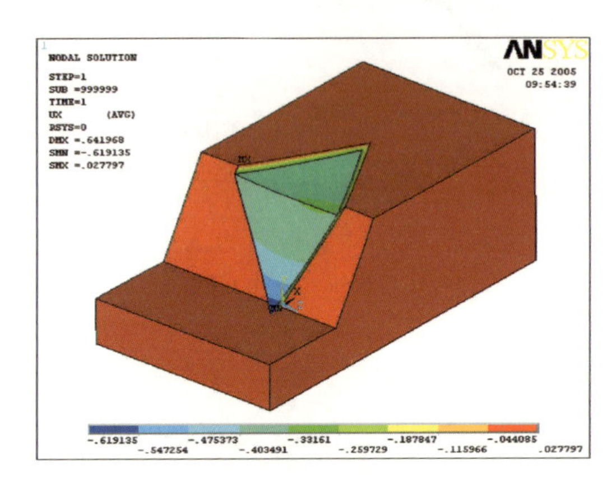

图 6-99　*X* 方向位移云图

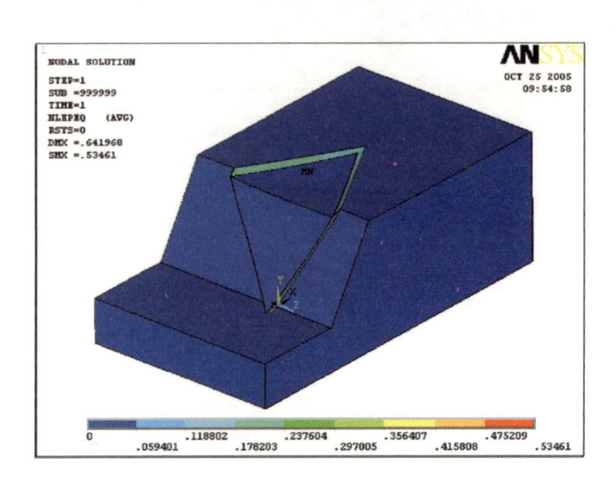

图 6-100　等效塑性应变图

6.6　有限元法与强度折减法在单排抗滑桩设计计算中的应用

6.6.1　引言

边坡和滑坡防治工程的传统设计方法已在本书第 8、9 章中做了详细叙述，但传统设计方法，包括抗滑桩设计方法都存在一些缺陷。对抗滑桩设计来说，它只能计算桩上的推力，其他一些有用的设计参数都无法计算。如：

（1）不能计算桩前抗力，要么设桩前抗力为零，使设计偏于保守；要么设桩前抗力为桩前剩余抗滑力，认为桩的刚度与土体一样，从而使设计偏于不安全。

（2）不能得到推力与抗力的分布规律，而要进行人为假设，如假设为梯形、矩形、三角形等。

（3）不能进行合理桩长的设计，目前都规定桩长需要通过滑动面并延伸到地面，现在人们认识到这并非必要，而且桩即使伸到地面，也有可能出现越顶现象，而失去安全。

（4）只能计算全长抗滑桩的推力，而不能计算埋入式抗滑桩上的推力与抗力。

（5）无法计算多排抗滑桩的推力与抗力及其合理桩间距。

（6）由于抗滑桩上推力分布与抗力分布都是人为假设的，因而不能做到锚拉桩、斜撑桩等真正的优化。

本节采用考虑桩土共同作用的数值方法——有限元强度折减法与有限元极限应变法，对抗滑桩进行设计计算，除能妥善解决上述计算问题外，还能直接算出桩的内力，并能解决多排抗滑桩与埋入式桩的设计计算等急需解决的工程问题，既能使设计安全可靠，又能大幅度降低工程费用，是一种可靠、方便的计算方法。

6.6.2 边（滑）坡推力与桩前抗力的计算方法

（1）传统计算方法

边（滑）坡推力一般采用传统的极限平衡法，即条分法。目前在国内较多采用不平衡推力法（或称传递系数法）计算滑坡推力。这种方法在考虑桩前抗力时，只求解两种极端情况下的桩前抗力，即视抗滑桩为无限刚性，桩无变形，此时桩前抗力为零；或者认为抗滑桩的刚度与土体一样，可任意变形，此时抗力为桩前剩余抗滑力。上述两种情况显然都不符合实际，而有限元极限分析法能较好地解决上述问题。

不平衡推力法计算滑坡推力时，将滑坡范围内滑动方向和滑动速度大体一致的一部分滑体视为一个刚体计算单元，并在其中选择一个或几个顺滑坡主轴方向的地质纵断面为代表，再按滑动面坡度和地层性质的不同，把整个断面上的滑体适当划分成若干竖直条块，由后向前依次计算各块界面上的剩余下滑力，即是该部位的滑坡推力。

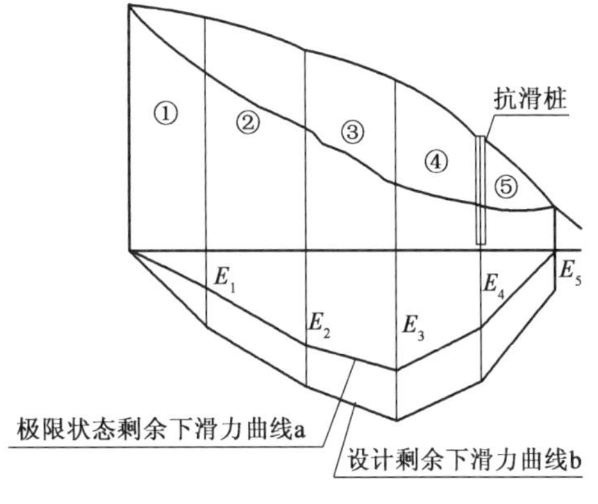

图 6-101 不平衡推力法计算简图

滑坡推力与抗力的计算步骤：首先，根据试验和调查资料，拟定各条块滑动面的 c、φ 值，或整个滑动面的综合 c、φ 值，按公式依次计算各块的剩余下滑力，并要求滑坡剪出口的剩余下滑力等于或趋近于 0；否则，调整 c、φ 值直至剪出口的剩余下滑力等于或趋近于 0，此时推力曲线见图 6-101中的 a 曲线。其次，根据建筑物的重要等级取一个设计安全系数 K 值，将极限状态的 $\tan\varphi$、c 值分别除以 K，再按公式依次计算各块的剩余下滑力，此时推力曲线见图 6-101 中的 b 曲线。由图 6-101就可以确定滑坡推力的大小，如果取桩断面处的设计剩余下滑力曲线 b 中的剩余下滑力 E_4 作为设计推力，它就没有考虑桩前土体的抗力；如果取滑坡前缘剪出口处的设计剩余下滑力曲线 b 中的最终剩余下滑力 E_5 作为设计推力，它就考虑了桩前土体剩余下滑力引起的抗力，即桩前土体的抗力 $F_{抗}=E_4-E_5$。也就是说，抗滑桩上实际所受的推力只是剪出口的剩余下滑力。显然，这里假定桩可有任意大的变形，从而使桩前土体的剩余抗滑力完全发挥作用。而实际上，抗滑桩的变形取决于桩的刚度，刚度很大的抗滑桩其变形受到制约，所以真实的桩前抗力会小于上述计算方法得出的抗力，而使计算偏于不安全。因此上述方法也是一种近似方法。

目前传统算法中，有些部门与规范不考虑桩前抗力。当设桩位置远离剪出口时，这样会忽略桩前可观的抗力，而使设计过于保守；反之，有些部门与规范按上述方法计算滑坡推力与桩前抗力，而不考虑桩的实际变形对桩前抗力的影响，这样会导致设计不安全。

（2）有限元极限分析法

有限元法计算桩前推力与抗力时，能考虑桩土之间的共同作用。通常先采用有限元极限分析法对抗滑桩后滑体进行稳定性分析，确保在设计安全系数要求下土体不能从桩顶滑出。如果桩长或桩位合适就可在设计安全系数下进一步采用有限元极限分析法计算桩上的桩后推力与桩前抗力，并由此计算桩的截面大小。

计算时岩土材料采用理想弹塑性模型，抗滑桩按照线弹性材料处理。抗滑桩分别采用实体单元与梁单元模拟，采用实体单元法可以直接计算桩后推力与桩前抗力，并且能够直观地反映抗滑桩截面的厚度；采用梁单元法虽然无法计算桩后推力与桩前抗力，但是可以直接得到抗滑桩轴线上的设计推力（推力与抗力的差值）。

边界范围的取值在有限元强度折减法中对计算结果的影响较大。当坡顶到左端边界的距离为坡高的 2.5 倍，坡脚到右端边界的距离为坡高的 1.5 倍，且上下边界的距离不小于坡高的 2 倍时，计算精度较为理想。

适用于岩土工程的软件，屈服准则采用莫尔-库仑准则或德鲁克-普拉格准则。但商业软件 ANSYS 等只提供适合岩土类材料的屈服准则为德鲁克-普拉格外角外接圆准则，没有莫尔-库仑准则。如上所述，该准则用于岩土有误，需要进行转换。对于平面应变条件下的强度问题，可转换为平面应变相匹配的 DP4 或 DP5 屈服准则。

滑坡推力具体计算方法：利用 ANSYS 软件提供的路径分析功能，当抗滑桩采用实体单元 PLANE2 模拟时，沿桩后和桩前分别从滑面到顶部设置路径，将水平应力映射到路径上，然后沿路径对水平应力进行积分，就可以分别得到滑坡推力与桩前抗力。当抗滑桩采用梁单元 BEAM3 模拟时，由于抗滑桩简化为一条直线，无法分别对桩后和桩前设置路径，因此需要考虑桩前无土和有土两种情况：桩前无土时，计算得到的力即为滑坡推力；桩前有土时，计算得到的力则是实际推力，即设计推力，其大小等于滑坡推力和桩前抗力之差。

6.6.3 有限元极限分析法与传统极限分析法计算抗滑桩推力的区别

传统的滑坡推力计算，包括土力学中支挡结构的侧向压力的计算，都是基于极限分析理论，即土体处于极限状态，滑裂面上的抗滑力已充分发挥，这时作用在支挡结构上的推力最小，为主动土压力。通常设计中都以主动土压力作为支挡结构上的设计荷载，但达到极限状态需要支挡结构有充分的位移，有些情况下支挡结构的位移受到限制，此时一般以静止土压力与主动土压力之间的某一压力作为设计荷载，这一压力大于主动土压力。传统计算方法采用极限分析法，因此算出的支挡结构上的推力为主动土压力，但无法算出支挡结构位移受限时的推力，也不能算出作用在支挡结构上的抗力及其推力与抗力的分布规律，表明传统计算方法具有局限性。随着有限元等数值方法在支挡结构上的应用，尤其是有限元强度折减法等在边（滑）坡工程中的广泛应用，应用数值极限分析法计算支挡结构上的滑坡推力引起人们的关注，这种现代算法究竟有何好处，与传统算法有何不同，这正是本节所要回答的问题。

传统计算方法与现代计算方法的不同，首先在于两者的计算理念不同，前者基于极限分析，算出的推力是主动土压力；而后者是基于土体与支挡结构的共同作用，只要土体有变形就会对支挡结构形成压力，即使土体是稳定的，处于弹性状态，也会对支挡结构造成压力，这种压力是弹性形变压力，而按传统方法计算压力应为零。岩土体随着支挡结构的位移土压力逐渐变化，当支挡结构为刚性时，此时的压力即为静止土压力，随着支挡结构位移的增大，压力逐渐减小，直到位移达到某一数值，土体的抗滑力全部发挥，土体处于极限状态，这时的土压力转化为主动土压力。静止土压力最大，主动土压力最小，处于静止和主动土压力之间的土压力介于其间。因而，当支挡结构允许有足够位移时，与传统算法一样，有限元强度折减法算出的推力也是主动土压力；反之，算出的推力要大于主动土压力。此外，它还能算出支挡结构上的抗力、推力与抗力分布规律。当采用有限元极限分析法时还能计算支挡结构的合理桩长，以及有支护情况下边（滑）坡的稳定安全系数等。对于边坡支挡结构设计，希望滑坡推力越小越好，这就要求合理设计抗滑桩，并选取符合实际的岩土体参数。依据以往设计经验，只要设计合理、计算正确，一般情况下采用有限元极限分析法算出的滑坡推力与传统方法大致相当，误差很小。

6.6.4 有限元强度折减法与传统方法计算滑坡推力的比较与分析

鉴于有限元强度折减法与传统方法这两种算法算出的支挡结构上推力不同，因而需要研究两种算法在何种情况下算出的推力相同，又在什么情况下不同。推力不同是由于支挡结构位移不足引起的，而位移又与支挡结构的刚度（包括桩的厚度与弹性模量）、滑带的强度（它与采用的设计安全系数有关）以及滑体与滑带的弹性模量大小有关。下面以三个抗滑桩计算为例，对比分析说明两种方法算出的推力何种情况下相同，何种情况下不同及其原因。

1）滑面强度参数对两种推力计算方法的影响

（1）算例一

本算例中采用的计算模型如图 6-102 所示，桩采用实体单元，桩与土体的接触关系采用共节点但材料性质不同的连续介质单元模型，这种模型可以较为真实地反映抗滑桩的截面高度。但是采用平面应变计算时纵向只有 1m，也就是说，不论桩的截面宽度是多少，在程序计算时都是按 1m 计算的，改变了抗滑桩的惯性矩，进而改变了抗滑桩的刚度，会对抗滑桩的变形产生影响。因此实际操作过程中，当桩的惯性矩 I 发生变化时，通过改变桩的弹性模量 E，使抗滑桩的刚度 EI 保持不变，从而使桩的变形不受影响。本算例中，桩的宽度取 1m。有限元强度折减法计算采用大型有限元通用软件 ANSYS，按照平面应变建立模型，抗滑桩截面尺寸为 3.6m×1m，桩长 38m，桩埋深 13m。采用的物理力学参数见表 6-33。

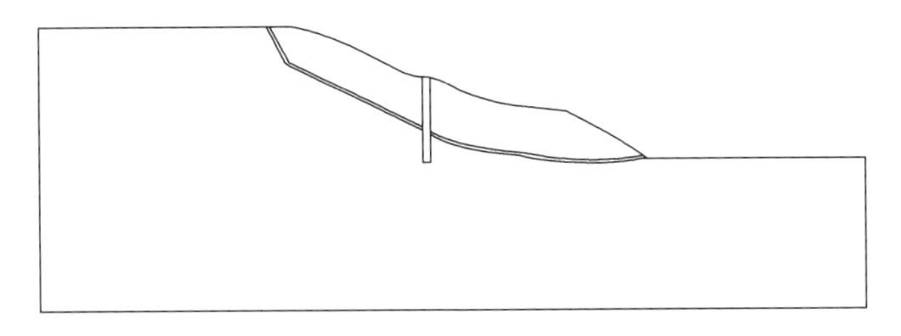

图 6-102　算例一计算模型

物理力学参数　　表 6-33

材　　料	重度（kN/m^3）	弹性模量（Pa）	泊　松　比	黏聚力（kPa）	内摩擦角（°）
滑体	22	1×10^7	0.35	28	20
滑带	22	1×10^7	0.35	20	17
基岩	26.16	8.18×10^9	0.28	5 000	39
桩	25	3×10^{10}	0.2		

通过改变边坡的设计安全系数来体现滑带强度的变化，利用 ANSYS 软件，采用有限强度折减法计算桩后滑坡推力，并用 GEO-SLOPE、理正软件程序与传统算法进行比较，不同方法算出的桩后推力及其比较见表 6-34 与表 6-35。

不同计算方法计算得到的桩后推力（kN/m） 表 6-34

折减系数	1.00	1.05	1.10	1.15	1.20	1.25
有限元强度折减法	4 356	4 528	4 743	4 995	5 259	5 543
Spencer 法	3 600	4 050	4 500	4 900	5 300	5 650
不平衡推力法（采用强度储备安全系数）	3 397	3 838	4 256	4 628	4 973	5 292

不同计算方法下误差比较 表 6-35

折减系数	1.00	1.05	1.10	1.15	1.20	1.25
不平衡推力法（采用强度储备安全系数）与有限元强度折减法	22%	15%	10%	7.3%	4.8%	4.5%
Spencer 法与有限元强度折减法	17%	10.5%	5%	1.9%	1.3%	1.9%

（2）算例二

计算模型如图 6-103 所示，计算参数见表 6-36。抗滑桩截面尺寸为 3m×1m，模型中坡高 20m，桩长 30m，桩埋深 10m。

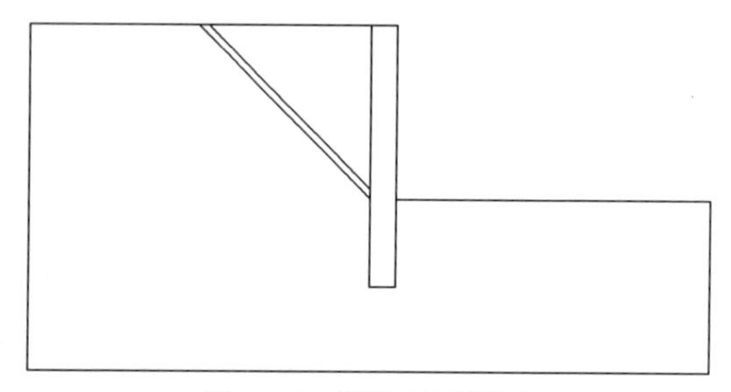

图 6-103 算例二计算模型

物 理 力 学 参 数 表 6-36

材 料	重度（kN/m^3）	弹性模量（Pa）	泊 松 比	黏聚力（kPa）	内摩擦角（°）
滑体	21	5×10^7	0.4	20	30
滑带	21	5×10^6	0.4	5	23
基岩	27	1×10^9	0.2	1 800	37
桩	25	3×10^{10}	0.2		

由表 6-37、表 6-38 可以看出，当折减系数≥1.20 时，传统方法与有限元强度折减法存在的差距很小，这是因为滑动面强度较小时，土体达到了极限状态，所以采用有限元强度折减法和传统方法计算结果基本一致。当折减系数<1.20 时，由于滑动面强度较高和抗滑桩的限制，土体的变形较小，滑动面没有达到极限状态，抗滑力没有充分发挥，因而有限元强度折减法与传统方法计算结果随稳定安全系数减小，其推力差异逐渐增大。可见，当采用有限元法计算时，滑动面的强度对推力是有影响的。但一般情况下抗滑桩的设计安全系数在 1.20～1.35 之间，所以抗滑桩多数可以达到或接近极限状态。

不同计算方法计算得到的桩后推力（kN/m） 表 6-37

折减系数	1.00	1.05	1.10	1.15	1.20	1.25
不平衡推力法（采用强度储备安全系数）	1 408	1 468	1 523	1 574	1 620	1 662
Spencer 法	1 410	1 490	1 570	1 630	1 700	1 760
有限元强度折减法	1 479	1 513	1 550	1 581	1 615	1 648

不同计算方法下误差比较 表 6-38

折减系数	1.00	1.05	1.10	1.15	1.20	1.25
不平衡推力法（采用强度储备安全系数）与有限元强度折减法	4.8%	3.0%	1.7%	0	0	1%
Spencer 法与有限元强度折减法	4.6%	1.5%	1.3%	3%	5%	6.4%

2）桩截面尺寸对两种推力计算方法的影响

抗滑桩的刚度会限制土体的变形，有可能使土体达不到极限状态，从而影响滑坡推力的计算。下面对算例一采用不同的桩厚度，并将计算结果与传统方法进行比较。

由表 6-39、表 6-40 可以看出，桩截面厚度变化对滑坡推力的影响不大。在设计安全系数较大时，桩厚变化对推力基本没影响；当设计安全系数较小时，桩厚对推力的影响也不大。但与上述结论一样，设计安全系数小于 1.20 时，无论桩截面的厚度如何，都没有达到极限状态。同时可看出，折减系数较小时，桩厚较小的抗滑桩刚度小，允许岩土体发生一定的变形，桩所承受的桩后推力小于刚度大的抗滑桩；当折减系数增大到一定程度时，刚度较小与刚度较大的抗滑桩所承受的桩后推力基本相等。

不同桩截面尺寸下桩后推力（kN/m） 表 6-39

折减系数	1.00	1.05	1.10	1.15	1.20
桩厚 3m	4 197	4 428	4 651	5 073	5 270
桩厚 3.6m	4 356	4 528	4 743	4 995	5 259
桩厚 5m	4 350	4 560	4 736	4 979	5 348
Spencer 法	3 600	4 050	4 500	4 900	5 300

不同桩截面高度下滑坡推力误差比较 表 6-40

折减系数	1.00	1.05	1.10	1.15	1.20
桩厚 3m 与 3.6m	3.6%	2.2%	1.9%	1.5%	0
桩厚 3m 与 5m	3.5%	2.9%	1.8%	1.9%	1.5%
桩厚 3.6m 与 5m	0	0	0	0	2%

3）桩体弹性模量、滑坡体与滑带弹性模量对两种推力计算方法的影响

多个算例的计算表明，桩体弹性模量、滑坡体与滑带弹性模量对两种方法推力的计算结果均有影响，其原因是桩与土体的刚度不同，有限元强度折减法计算桩后推力更符合实际情况。计算中应尽量采用桩与土体的实际弹性模量。

6.6.5 有限元强度折减法计算滑坡推力与抗力的工程实例

计算采用的模型为重庆市奉节县内分界梁隧道出口处滑坡Ⅰ-Ⅰ断面，如图 6-104 所示。抗滑桩的截面尺寸为 2.4m×3.6m，材料的物理力学参数见表 6-41。

计算滑坡推力与桩前抗力时，在设桩位置设置全长抗滑桩，桩分别采用实体单元和梁单元模拟。

材料物理力学参数　　表 6-41

材料名称	重度（kN/m³）	弹性模量（MPa）	泊松比	黏聚力（kPa）	内摩擦角（°）
滑体土	22	10	0.35	28	20
滑带土	22	10	0.35	20	17
滑床	26.16	0.818×10^4	0.28	1 250	39
抗滑桩	25	3×10^4	0.2	按弹性材料处理	

抗滑桩采用实体单元模拟时，有限元模型见图 6-105；采用梁单元模拟时，有限元模型见图 6-106、图 6-107。桩与土体的接触关系采用共节点而材料性质不同的连续介质模型。这种模型可以较为真实地反映抗滑桩的截面厚度、桩的变形与抗力的影响。

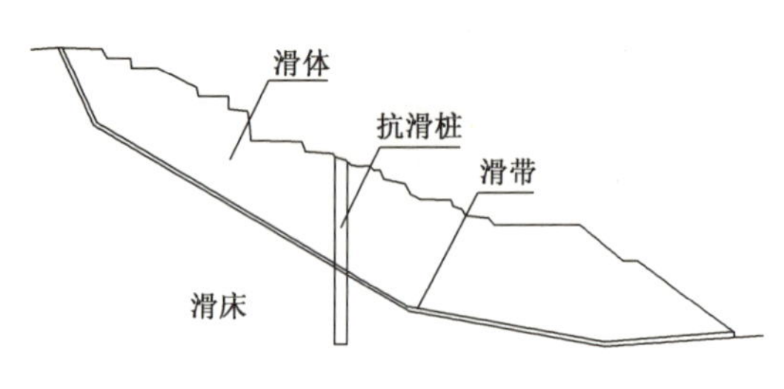

图 6-104　滑坡体示意图

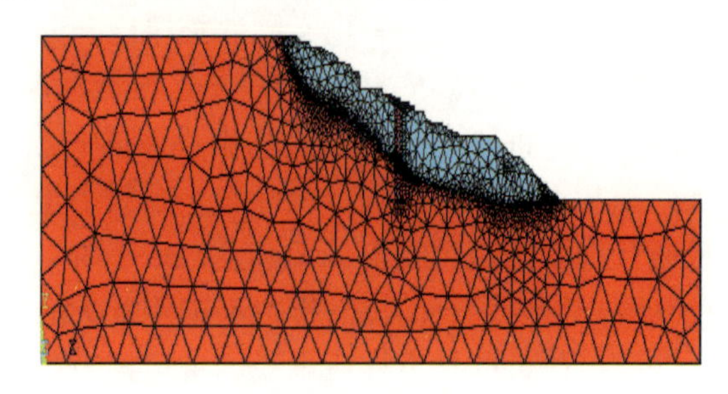

图 6-105　实体单元模拟抗滑桩的有限元模型

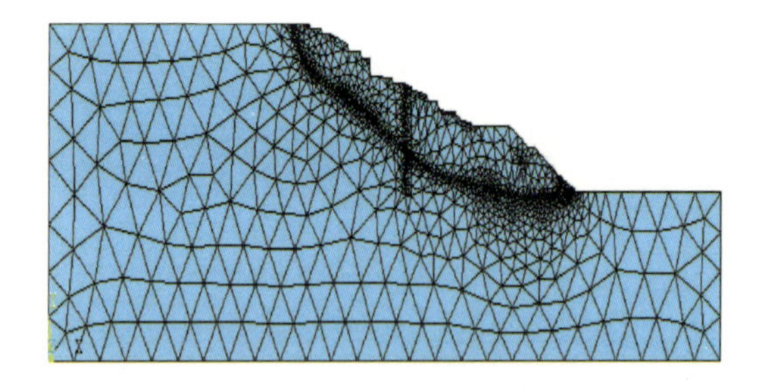

图 6-106　梁单元模拟桩的有限元模型（桩前有土）

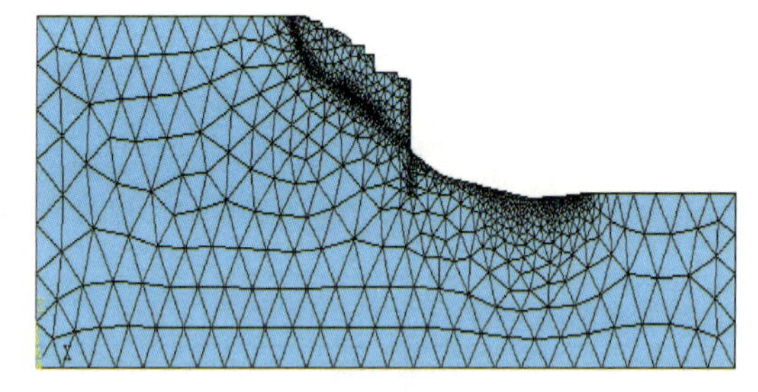

图 6-107　梁单元模拟桩的有限元模型（桩前无土）

采用不同方法计算得到的滑坡推力与桩前抗力见表 6-42。由计算结果可以看出，不论是采用实体单元或梁单元模拟抗滑桩，计算得到的滑坡推力与传统的不平衡推力法算出的推力很接近，因而可以采用有限元强度折减法的实体单元法或梁单元法计算滑坡推力。

不同方法计算得到的滑坡推力与桩前抗力　　表 6-42

方法	滑坡推力（kN/m）	桩前抗力（kN/m）	设计推力（kN/m）
有限元强度折减法实体单元法	5 390	1 830	3 560
有限元强度折减法梁单元法	5 350	1 700	3 650
不平衡推力法（隐式解）	5 420	2 580	2 840

有限元法计算得到的桩前抗力比不平衡推力法的抗力小很多，其原因是桩前抗力的大小主要取决于抗滑桩的变形量，而不平衡推力法却采用桩前的剩余抗滑力作为桩前抗力，因此使抗力偏大。

6.6.6　推力与抗力的分布规律

根据有限元法计算结果，通过图形显示可得到滑面以上桩后推力与桩前抗力的水平应力分布，如图 6-108 和图 6-109 所示。推力大致呈拱形分布，抗力大致呈三角形分布。因而在抗滑桩设计中不需要再对推力分布与抗力分布进行假设，从而减小了常规设计中由于假定截面推力分布所造成的计算误差。

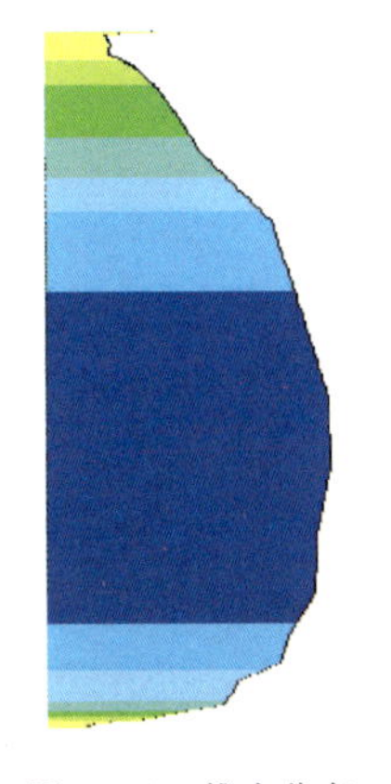

图 6-108　推力分布

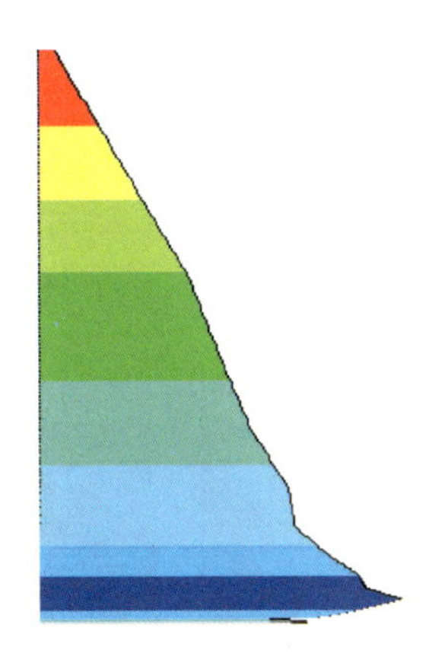

图 6-109　抗力分布

6.6.7　合理桩长的确定与设计

传统设计方法中，抗滑桩设计只注重内力计算，以确定桩截面尺寸与配筋，而没有规定桩的长度设计，因此既不能保证桩不出现“越顶”破坏，也不知道采用多长的桩长才算合理，无法确定可靠而又经济合理的桩长，这正是当前抗滑桩规范中欠缺的地方。桩长设计的原则是必须保证在任何桩长情况下都要使地层的稳定系数大于或等于设计安全系数，如果达不到安全系数，桩就可能出现“越顶”破坏，即桩虽未拉断或剪断，但地层就已经失稳了，表明桩长不足。

由于有限元数值极限分析法可以计算桩长，因而使桩长设计成为可能，这些方法可以算出不同桩长情况下抗滑桩的稳定安全系数。桩长设计中采用有限元强度折减法，算出不同桩长时的稳定安全系数，当设置某一桩长后的稳定安全系数正好达到要求的设计安全系数时，此时的桩长即为合理桩长。同时将某一桩长下的稳定安全系数称为桩长安全系数，当桩长达不到桩长设计安全系数时，抗滑桩就会出现“越顶”破坏。抗滑桩设计中既要满足设计安全系数要求，不然抗滑桩就会断裂破坏；还要满足桩长设计安全系数要求，以保证桩不出现“越顶”破坏。这为埋入式抗滑桩提供了科学依据。

下面通过工程算例来说明合理桩长的设计。滑坡体为重庆市长江三峡库区巫山新县城玉皇阁崩滑堆积体，典型地质剖面如图 6-110 所示，计算参数见表 6-43。

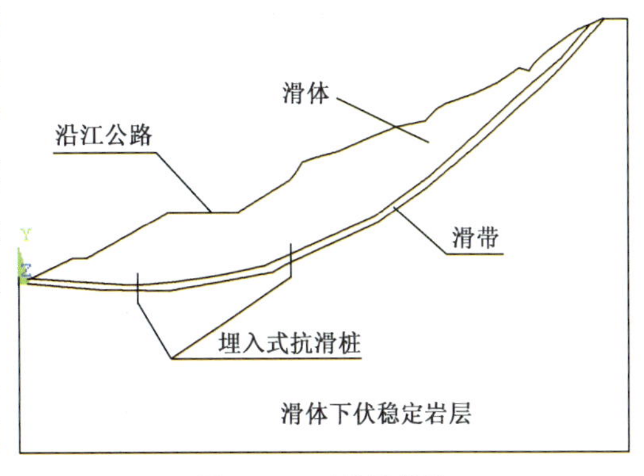

图 6-110　边坡示意图

材料物理力学参数　　表 6-43

材料名称	重度（kN/m^3）	弹性模量（MPa）	泊松比	黏聚力（kPa）	内摩擦角（°）
滑体	21.4	30	0.3	34	24.5
滑带	20.9	30	0.3	24	18.1
滑体下伏稳定岩层	23.7	1.7×10^3	0.3	200	30
桩（C25 混凝土）	24	29×10^3	0.2	按弹性材料处理	

滑体、滑带和下伏稳定岩层采用实体单元模拟，埋入式抗滑桩采用梁单元模拟。计算是为了研究桩长与稳定安全系数、滑面之间的关系，由于滑床强度很高，所以锚固段的长度简设为 3m。桩的埋设方案为公路上方或公路下方。桩的埋设位置为公路上方时，抗滑桩的长度分别为 7m、9m、11m、13m、15m、17m、19m、21m、23m、25.54m（全长桩）；桩的埋设位置位于公路下方时，桩的长度分别为 7m、9m、11m、13m、15m、17m、19m、21.22m（全长桩）。

图 6-111 和图 6-112 列出了该滑坡两个桩位在不同桩长下的滑动面位置。

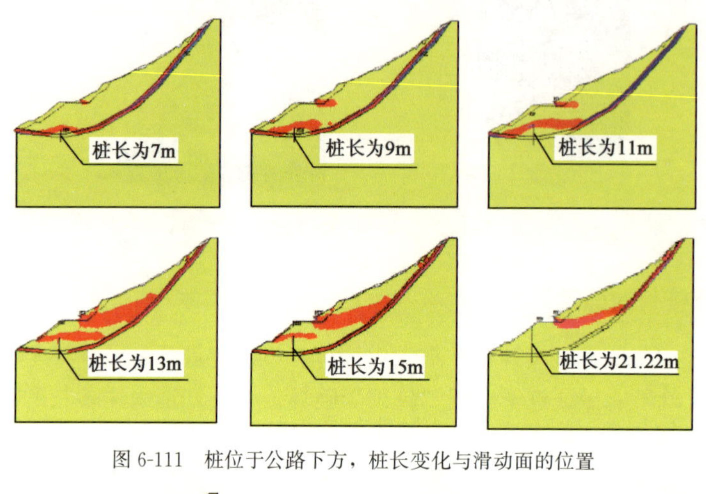

图 6-111　桩位于公路下方，桩长变化与滑动面的位置

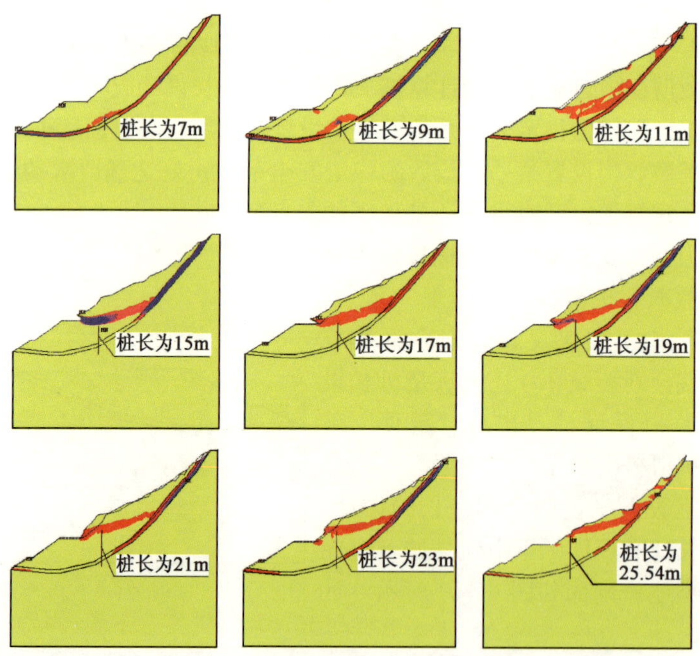

图 6-112　桩位于公路上方，桩长变化与滑动面的位置

由图 6-111 可见，桩位于公路下方，当埋入桩长度为 7m、9m、11m 时，滑坡体的破坏形式为滑面通过桩顶沿原剪出口滑出。桩长为 13m 时，滑坡体出现两处滑动面：一处沿桩顶滑出，同时形成新的剪出口；另一处沿公路内侧塑性区贯通至主滑动面的次生滑动面。桩长为 15m 时只有上述次生滑动面，滑动面位置与桩长为 13m 时相同。直至桩增长至坡面时，滑动面的位置仍然与桩长为 13m 时相同，稳定安全系数没有提高。

由图 6-112 可见，桩位于公路上方，桩长为 7m、9m 时，滑动面通过桩顶并经原剪出口滑出；桩长为 11m 时形成次生滑动面，桩长增长为 13m、15m、17 m 时，次生滑动面位置相同，都是沿公路内侧坡脚处滑出；桩长大于 17 m 直至伸到地面时，滑动面沿桩顶滑出，且随着桩长增长，滑动面的位置逐渐上移，剪出口位置也不断上移。

假设埋入式抗滑桩有足够强度情况下，桩的长度变化能够改变滑坡体的稳定安全系数，桩长变短，稳定安全系数减小。若将桩的位置设在公路下方，如表 6-44 所示，当桩的长度为 7m、9m、11 m 时，滑坡体的稳定安全系数从 1.13 增加到 1.19，这说明增加桩长可以增加滑坡体的稳定安全系数；继续增加桩长（桩长为 13m、15m、21.22m)，滑坡体的稳定安全系数仍然保持在 1.19，表明此时增加桩长并不能增加边坡的稳定安全系数，即增加桩长并不能提高边坡的稳定性。按前述原则，可以根据设计要求的安全系数来确定合理桩长。如本工程中设计稳定安全系数为 1.15，由表 6-44 和表 6-45 可见，无论桩位于公路下方或上方，其合理桩长均为 9m。如设计稳定安全系数为 1.25，由表 6-44 和表 6-45 可见，桩位于公路下方时方案不可行；当桩位于公路上方时，其合理桩长为 25m，与全长桩相比，只能缩短 4.5m，埋入式桩效果一般。

桩位于公路下方时，桩长与边坡稳定安全系数之间的关系 表 6-44

桩长（m）	0	7	9	11	13	15	21.22
稳定安全系数	1.02	1.13	1.15	1.19	1.19	1.19	1.19

桩位于公路上方时，桩长与边坡稳定安全系数之间的关系 表 6-45

桩长（m）	0	7	9	11	13	15	17	19	21	23	25.54
稳定安全系数	1.02	1.14	1.17	1.19	1.19	1.19	1.19	1.23	1.25	1.29	1.34

若将桩的位置设在公路上方，如表 6-45 所示，当桩长大于 17m 时，滑坡体的稳定安全系数随桩长增加而增大；桩长继续加长，滑坡体的滑动面明显上移，滑体沿桩顶滑出，此时滑坡体的稳定安全系数从 1.23 增加到 1.34。这也说明增加桩长能够使滑动面上移，并提高滑坡体的稳定安全系数。但上述结论是在假定桩有足够强度情况下获得的，如果桩的强度只能保证设计安全系数 1.25，那么低于这一稳定安全系数的相应桩长都是没有意义的。可见，采用合理桩长才是最经济合理的。

6.6.8 埋入式抗滑桩的设计

依据抗滑桩的悬臂段上水平力的平衡条件，可知抗滑桩滑坡推力应等于悬臂段的剪力，由此可通过有限元强度折减法或传统方法求解悬臂段剪力来获得桩的滑坡推力。只要悬臂段长度大于悬臂段的合理桩长，依据力的平衡条件，无论悬臂段长度如何，包括全长桩在内，都可算出埋入式桩的滑坡推力与悬臂段的剪力基本相同。赵尚毅、王永甫等通过 PLAXIS 软件计算证实了这一结论，当桩抗滑段长度大于合理桩长时，无论悬臂段多长，包括全长桩在内，其桩的稳定安全系数与推力不变，不再随桩长和桩长安全系数的增大而增大。应用有限元强度折减法不仅能准确算出埋入式抗滑桩的安全系数与推力，还能直接算出推力分布以及内力的大小与分布。

(1) 有限元模型

下面通过一个算例加以论证。滑坡模型如图 6-113所示，滑带厚度为 1m，采用埋入式抗滑

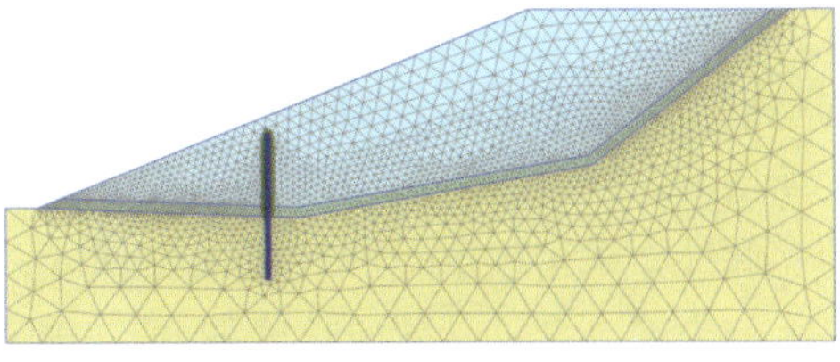

图 6-113 有限元网格划分

桩加固，材料物理力学参数见表6-46。埋入式抗滑桩的设计稳定安全系数和桩长安全系数均为1.30，为安全起见，规范要求埋入式抗滑桩悬臂段桩长大于全长桩悬臂段桩长的55%。

材料物理力学参数 表6-46

参　数	滑　体	滑　带	滑　床	桩
重度（kN/m^3）	21	21	24	24
黏聚力（kPa）	20	14	500	2 000
内摩擦角（°）	14	10	35	40
膨胀角（°）	14	10	35	40
弹性模量（MPa）	10	10	5×10^3	3×10^4
泊松比	0.4	0.4	0.3	0.2

采用岩土专业有限元软件PLAXIS 2D建立平面应变模型。滑体、滑带、滑床均用三角形平面应变实体单元模拟。桩采用板单元模拟，板与土之间设置接触单元。

桩为矩形桩，截面尺寸为1m×1.5m，桩间距3m。板单元的抗弯刚度和轴向刚度计算结果如下：$EI=E\cdot\frac{h^3\cdot b}{12}=8.437\,5\times10^6\mathrm{kN\cdot m^2}$，$EA=E\cdot h\cdot b=45\times10^6\mathrm{kN}$。

（2）不同悬臂段长度的桩长安全系数

在确保埋入式抗滑桩稳定的情况下，可以计算得到埋入式抗滑桩桩长安全系数，见表6-47。由表可见，悬臂段长度越长，桩长安全系数越大，但桩长安全系数也不宜过大，否则会造成工程浪费。

埋入式抗滑桩桩长安全系数（悬臂段桩长安全系数） 表6-47

悬臂段长度（m）	9.77（全长）	8	6	4	2
桩长安全系数	1.531	1.474	1.334	1.207	1.120

（3）确定合理桩长与不同桩长的桩推力与内力

首先确定埋入式桩的合理桩长，然后确定抗滑桩的桩推力与内力。通常，在有限元模型中，将支护结构单元事先画好，然后分步进行模拟。

第一步，进行初始地应力计算。

第二步，施工桩，激活桩单元。

第三步，将滑带和滑体的抗剪强度参数同时进行折减，然后进行塑性计算。求桩推力时采用了两种方法：一种是在板单元两面对水平应力进行积分求取桩后推力、桩前抗力和桩推力；另一种是直接提取桩的悬臂段最大剪力求取桩推力。

当桩长设计安全系数为1.30时，可算出悬臂段合理桩长为5.5m。表6-48列出了不同悬臂段桩长下的桩推力与内力。由表可见，当悬臂段桩长超过合理桩长时，不同桩长时获得的桩推力十分相近，表明埋入式桩在合理桩长至全长桩之间其推力不变，不随悬臂段长度增大而增大；还可看出采用上述两种方法求得的桩推力也基本相同，表明两种方法都是正确的。此外，采用板单元可直接求出埋入式抗滑桩的内力，包括弯矩与剪力，以满足配筋要求。如果埋入式桩悬臂段长度取6m，通过强度折减获得极限状态，并求得推力和内力，其桩后推力、桩前抗力、悬臂段剪力、桩身剪力、桩身弯矩见图6-114～图6-118。

设计状态下的桩推力与内力（设计安全系数 1.30，悬臂段与埋入段桩长各 6m） 表 6-48

悬臂段长度（m）			9.77（全长）	8	6	5.5
桩推力（kN/m）	水平应力积分法	桩后推力	1 353.66	1 281.72	1 231.73	1 223
		桩前抗力	626.71	556.16	490.74	466.31
		桩推力	726.95	725.56	740.99	756.69
	悬臂段最大剪力法	桩推力	729	727.1	741.7	759.2
桩内力		桩身最大剪力（kN/m）	938.6（嵌固段）	891.1（嵌固段）	773.6（嵌固段）	759.2（嵌固段）
		桩身最大弯矩（kN·m/m）	3 818	3 553	2 919	2 778

注：表中数据均为每延米土体产生抗力、推力及内力值，计算桩体实际受力时，应乘以间距 3m。

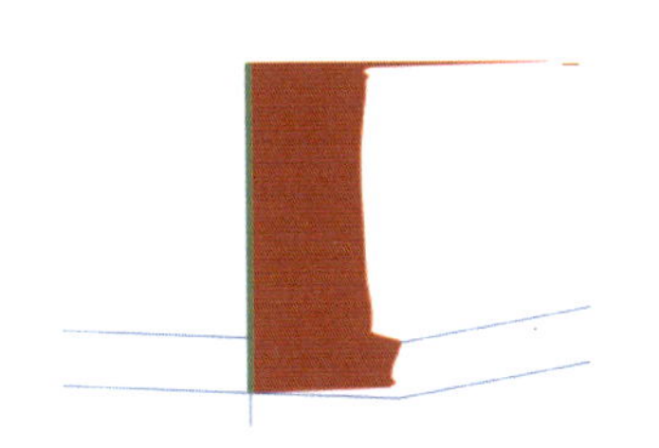

桩后水平应力σ_x
最大值=0.000kN/m²(单位16在节点2 539)
最小值=-561.7kN/m²(单位15在节点3 270)

图 6-114 极限状态桩后推力（悬臂段长度 6m）

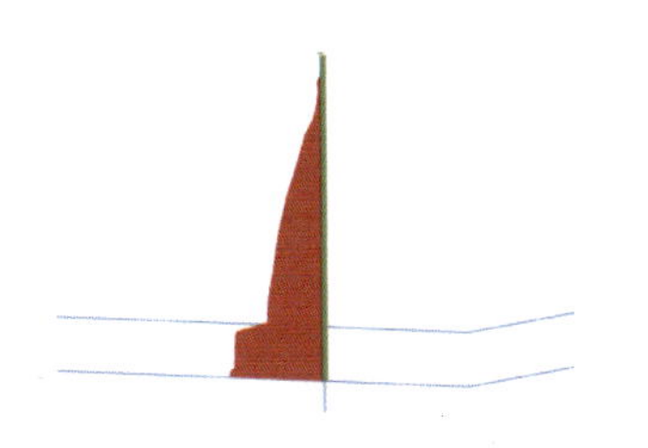

桩前水平应力σ_x
最大值=0.000kN/m²(单位16在节点2 539)
最小值=-561.7kN/m²(单位15在节点3 270)

图 6-115 极限状态桩前抗力（悬臂段长度 6m）

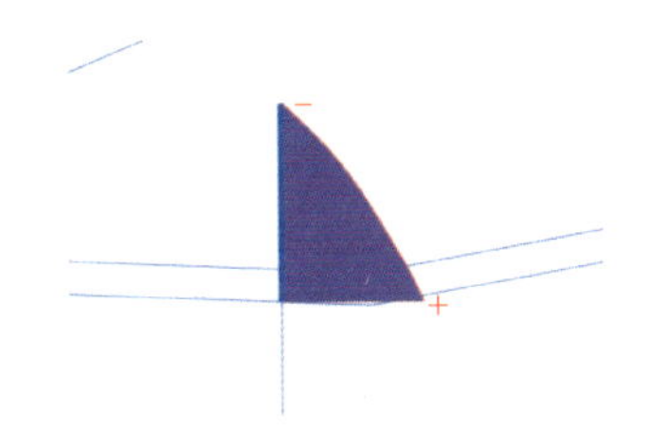

剪力Q
最大值=871.9kN/m(单位18在节点12 216)
最小值=8.943kN/m(单位1在节点2 541)

图 6-116 极限状态悬臂段剪力（悬臂段长度 6m）

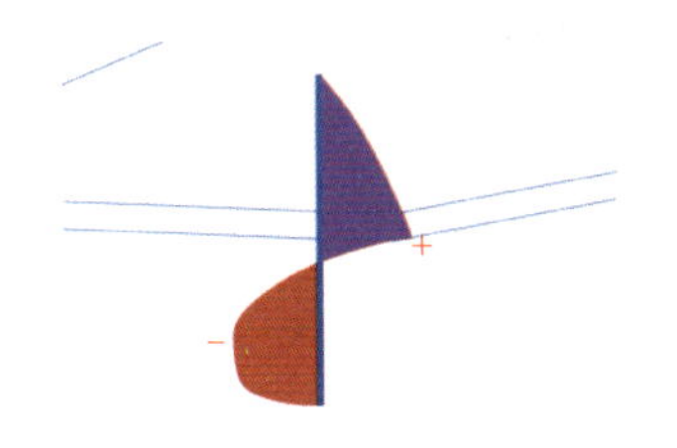

剪力Q
最大值=871.9kN/m(单位18在节点12 216)
最小值=-834.3kN/m(单位30在节点17 916)

图 6-117 极限状态桩身剪力（悬臂段长度 6m）

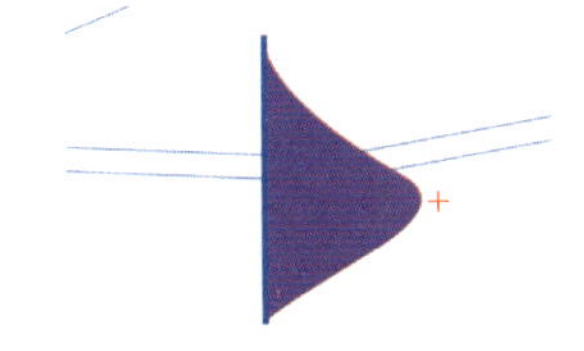

弯矩M
最大值=3 342kN·m/m(单位21在节点15 130)
最小值=0.525 5×10⁻¹²kN·m/m(单位1在节点2 541)

图 6-118 极限状态桩身弯矩（悬臂段长度 6m）

6.7 两排全长抗滑桩计算及其推力与抗力分布规律

工程上由于滑坡距离很长或桩与被保护的对象距离较远，以及桩上推力太大，无法做一根抗滑桩时，常采用两排桩或多排桩。两排桩与多排桩间距的选择以及推力的计算，一直是当前设计中的难题，目前主要是主观确定，与实际有出入。本节主要研究两排全长桩的计算方法及桩上推力和抗力的分布规律。

两排全长桩的计算采用有限元强度折减法和有限元法，求设桩后滑坡的滑动面及其稳定安全系数。一般滑动面在两桩之间，滑动面从桩顶滑出。稳定安全系数必须大于设计要求的安全系数，保证在设计安全系数要求下滑动面不从桩顶滑出。同样，计算两根桩上推力时，也要采用有限元强度折减法，保证桩土之间共同作用。

下面通过三种典型滑坡，即顺层直线型、折线型、多剪出口型滑坡，采用两排抗滑桩加固时的计算结果，研究各桩承担的滑坡推力与抗力的分布规律，为两排抗滑桩的设计提供理论依据。

6.7.1 三种典型滑坡两排全长抗滑桩的计算

(1) 折线型滑坡

该类滑坡主滑段为折线形，前缘抗滑段较长，阻滑特征明显。计算模型如图 6-119 所示。桩和岩土体的参数见表 6-49。

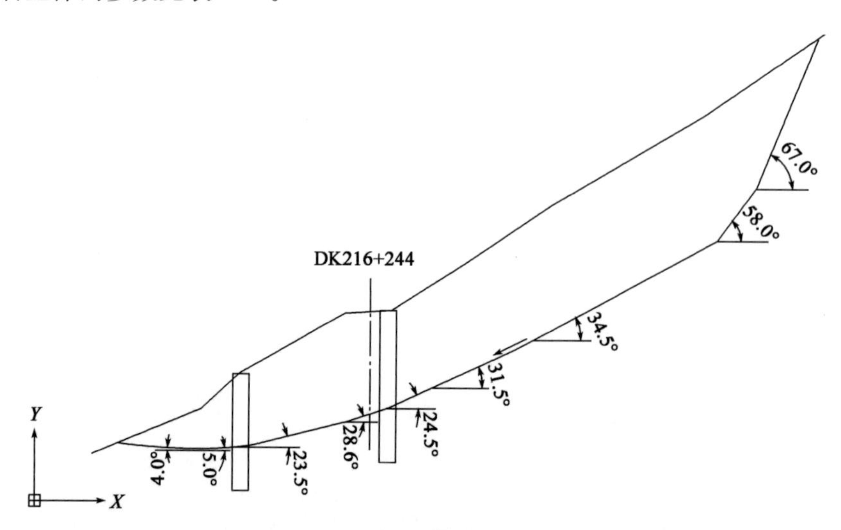

图 6-119 折线型滑坡计算模型

抗滑桩与岩土体计算参数（折线型滑坡） 表 6-49

材料	重度（kN/m³）	弹性模量（MPa）	泊松比	黏聚力（kPa）	内摩擦角（°）
基岩	27	1.0×10^3	0.20	1.8×10^3	37
滑带	20	50	0.40	5	23.4
滑体	20	500	0.40	20	30
桩身	25	3.45×10^4	0.20		

（2）顺层直线型滑坡

该类滑坡顺层面或结构面滑动，主滑段为直线形，前缘抗滑段较小，阻滑特征不明显。计算模型如图 6-120 所示。桩和岩土体的参数见表 6-50。

（3）多剪出口型（八渡型）滑坡

该滑坡位于我国南昆铁路八渡车站，是一个分级滑动的巨型深、切层古滑坡，故又称为八渡型滑坡。该类型滑坡的特点是滑动面后部比较平缓，前部较陡，与折线型滑坡相反，可能有两个及以上剪出口，属多级滑坡。计算模型如图 6-121 所示。桩和岩土体的参数见表 6-51。

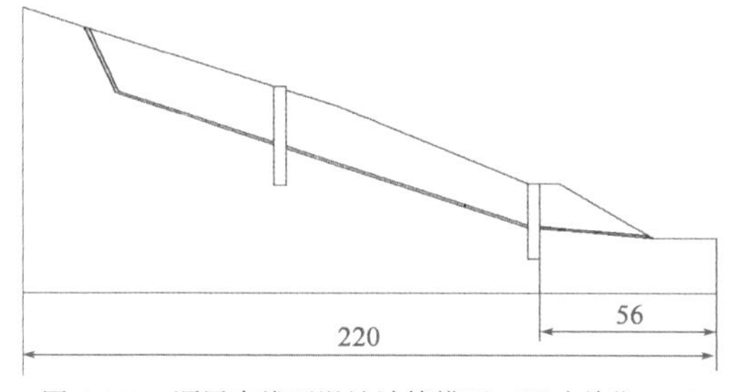

图 6-120　顺层直线型滑坡计算模型（尺寸单位：m）

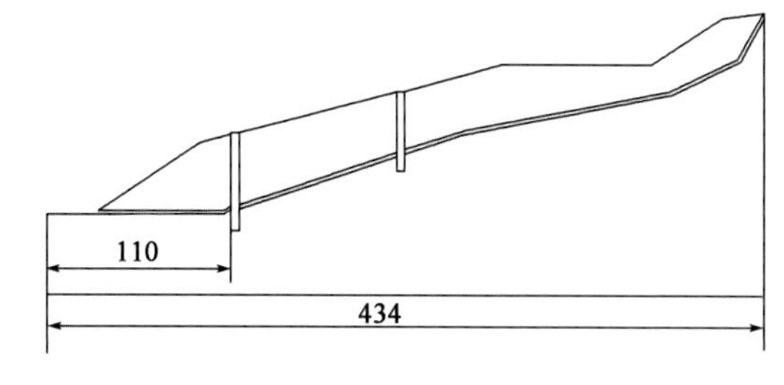

图 6-121　八渡型滑坡计算模型（尺寸单位：m）

抗滑桩与岩土体计算参数（顺层直线型滑坡）　　表 6-50

材　　料	重度（kN/m³）	弹性模量（MPa）	泊　松　比	黏聚力（kPa）	内摩擦角（°）
基岩	27	1.0×10³	0.20	1.8×10³	37
滑带	20	50	0.40	5	23.4
滑体	20	500	0.40	20	30
桩身	25	3.45×10⁴	0.20		

抗滑桩与岩土体计算参数（八渡型滑坡）　　表 6-51

材　　料	重度（kN/m³）	弹性模量（MPa）	泊　松　比	黏聚力（kPa）	内摩擦角（°）
基岩	27	1.0×10³	0.20	1.8×10³	37
滑带	19	50	0.40	10	13.1
滑体	19	500	0.40	20	30
桩身	25	3.45×10⁴	0.20		

下面列出三种类型滑坡两排抗滑桩不同排距下的推力分担情况，见表 6-52～表 6-57，采用 ANSYS 有限元软件进行计算，一共计算了六大组数据，代表了不同滑坡类型、不同强度折减系数下两排桩的推力随排距的变化。表中，前一个增大比例是指两排桩桩后总推力与只设前排桩桩后推力之比，后一个增大比例是指两排桩总承担推力与只设前排桩承担推力之比；折减系数 1.27、1.25、1.23 分别为折线型、顺层直线型、八渡型滑坡的实际稳定安全系数，抗滑桩采用实体单元进行模拟。

折线型滑坡两排桩的推力分担（折减系数取 1.2）　　表 6-52

桩距（m）	前排桩桩后推力（kN/m）	前排桩桩前抗力（kN/m）	前排桩承担推力（kN/m）	后排桩桩后推力（kN/m）	后排桩桩前抗力（kN/m）	后排桩承担推力（kN/m）	前排桩分担比例	后排桩分担比例	两排桩桩后总推力（kN/m）	增大比例	两排桩总承担推力（kN/m）	增大比例	稳定安全系数
0	7 829	232	7 597										1.27
10	3 082	309	2 773	8 843	2 613	6 230	0.31	0.69	11 925	1.52	9 003	1.15	1.30

续上表

桩距(m)	前排桩桩后推力(kN/m)	前排桩桩前抗力(kN/m)	前排桩承担推力(kN/m)	后排桩桩后推力(kN/m)	后排桩桩前抗力(kN/m)	后排桩承担推力(kN/m)	前排桩分担比例	后排桩分担比例	两排桩桩后总推力(kN/m)	增大比例	两排桩总承担推力(kN/m)	增大比例	稳定安全系数
20	3 359	266	3 093	9 072	2 256	6 816	0.31	0.69	12 431	1.59	9 909	1.27	1.30
30	3 566	244	3 322	9 618	2 250	7 368	0.31	0.69	13 184	1.68	10 690	1.37	1.30
40	3 919	240	3 679	9 899	2 157	7 742	0.32	0.68	13 818	1.76	11 421	1.46	1.30
50	4 044	229	3 815	9 650	2 129	7 521	0.34	0.66	13 694	1.75	11 336	1.45	1.33
60	4 200	228	3 972	8 894	1 260	7 634	0.34	0.66	13 094	1.67	11 606	1.48	1.37
70	4 493	227	4 266	8 392	1 102	7 290	0.37	0.63	12 885	1.65	11 556	1.48	1.41
80	4 902	226	4 676	8 037	1 362	6 675	0.41	0.59	12 939	1.65	11 351	1.45	1.49
90	5 265	226	5 039	7 262	1 458	5 804	0.46	0.54	12 527	1.60	10 843	1.38	1.54
100	6 264	229	6 035	5 682	1 706	3 976	0.60	0.40	11 946	1.53	10 011	1.28	1.48

折线型滑坡两排桩的推力分担（折减系数取 1.27） 表 6-53

桩距(m)	前排桩桩后推力(kN/m)	前排桩桩前抗力(kN/m)	前排桩承担推力(kN/m)	后排桩桩后推力(kN/m)	后排桩桩前抗力(kN/m)	后排桩承担推力(kN/m)	前排桩分担比例	后排桩分担比例	两排桩桩后总推力(kN/m)	增大比例	两排桩总承担推力(kN/m)	增大比例	稳定安全系数
0	8 557	204	8 353										1.27
10	3 379	303	3 076	9 506	2 851	6 655	0.32	0.68	12 885	1.51	9731	1.14	1.30
20	3 523	259	3 264	9 662	2 358	7 304	0.31	0.69	13 185	1.54	10 568	1.24	1.30
30	3 672	238	3 434	10 231	2 330	7 901	0.30	0.70	13 903	1.62	11 335	1.32	1.30
40	3 972	234	3 738	10 482	2 200	8 282	0.31	0.69	14 454	1.69	12 020	1.40	1.30
50	4 116	222	3 894	10 149	2 166	7 983	0.33	0.67	14 265	1.67	11 877	1.39	1.33
60	4 271	221	4 050	9 304	1 261	8 043	0.33	0.67	13 575	1.59	12 093	1.41	1.37
70	4 590	219	4 371	8 723	1 123	7 600	0.37	0.63	13 313	1.56	11 971	1.40	1.41
80	5 053	215	4 838	8 290	1 413	6 877	0.41	0.59	13 343	1.56	11 715	1.37	1.49
90	5 472	215	5 257	7 458	1 528	5 930	0.47	0.53	12 930	1.51	11 187	1.31	1.54
100	5 984	215	5 769	6 450	1 801	4 649	0.55	0.45	12 434	1.45	10 418	1.22	1.48

可见，折线型滑坡设置两排桩时，当两排桩的桩距在 10～60m 范围时，前排桩承担滑坡推力的 30%～33%，后排桩承担滑坡推力的 67%～70%；当两排桩的桩距拉大到 70～100m 时，前排桩承担的推力则逐渐增大，最后各自分担约 50%。

顺层直线型滑坡两排桩的推力分担（折减系数取 1.2） 表 6-54

桩距(m)	前排桩桩后推力(kN/m)	前排桩桩前抗力(kN/m)	前排桩承担推力(kN/m)	后排桩桩后推力(kN/m)	后排桩桩前抗力(kN/m)	后排桩承担推力(kN/m)	前排桩分担比例	后排桩分担比例	两排桩桩后总推力(kN/m)	增大比例	两排桩总承担推力(kN/m)	增大比例	稳定安全系数
0	8 304	434	7 870										1.25
10	3 054	493	2 561	8 521	2 614	5 907	0.30	0.70	11 575	1.39	8 468	1.02	1.32
20	3 480	453	3 027	8 290	1 997	6 293	0.32	0.68	11 770	1.42	9 320	1.12	1.41

续上表

桩距（m）	前排桩桩后推力（kN/m）	前排桩桩前抗力（kN/m）	前排桩承担推力（kN/m）	后排桩桩后推力（kN/m）	后排桩桩前抗力（kN/m）	后排桩承担推力（kN/m）	前排桩分担比例	后排桩分担比例	两排桩桩后总推力（kN/m）	增大比例	两排桩总承担推力（kN/m）	增大比例	稳定安全系数
30	3 868	443	3 425	7 684	1 243	6 441	0.35	0.65	11 552	1.39	9 866	1.19	1.52
40	4 215	441	3 774	7 850	1 212	6 638	0.36	0.64	12 065	1.45	10 412	1.25	1.65
50	4 724	438	4 286	7 258	833	6 425	0.40	0.60	11 982	1.44	10 711	1.29	1.71
60	5 214	432	4 782	7 342	1 074	6 268	0.43	0.57	12 556	1.51	11 050	1.33	1.60
75	5 896	424	5 472	6 351	1 012	5 339	0.51	0.49	12 247	1.47	10 811	1.30	1.50
80	6 094	421	5 673	6 191	995	5 196	0.52	0.48	12 285	1.48	10 869	1.31	1.48
85	6 282	429	5 853	5 969	986	4 983	0.54	0.46	12 251	1.48	10 836	1.30	1.48
100	6 767	422	6 345	5 433	1 083	4 350	0.59	0.41	12 200	1.47	10 695	1.29	1.43
120	7 358	425	6 933	3 578	975	2 603	0.73	0.27	10 936	1.32	9 536	1.15	1.33

顺层直线型滑坡两排桩的推力分担（折减系数取1.25） 表6-55

桩距（m）	前排桩桩后推力（kN/m）	前排桩桩前抗力（kN/m）	前排桩承担推力（kN/m）	后排桩桩后推力（kN/m）	后排桩桩前抗力（kN/m）	后排桩承担推力（kN/m）	前排桩分担比例	后排桩分担比例	两排桩桩后总推力（kN/m）	增大比例	两排桩总承担推力（kN/m）	增大比例	稳定安全系数
0	8 834	393	8 441										1.25
10	3 267	471	2 796	9 043	2 783	6 260	0.31	0.69	12 310	1.39	9 056	1.03	1.32
20	3 610	430	3 180	8 745	2 066	6 679	0.32	0.68	12 355	1.40	9 859	1.12	1.41
30	3 940	421	3 519	8 063	1 259	6 804	0.34	0.66	12 003	1.36	10 323	1.17	1.52
40	4 263	417	3 846	8 254	1 199	7 055	0.35	0.65	12 517	1.42	10 901	1.23	1.65
50	4 820	414	4 406	7 517	840	6 677	0.40	0.60	12 337	1.40	11 083	1.25	1.71
60	5 347	407	4 940	7 568	1 102	6 466	0.43	0.57	12 915	1.46	11 406	1.29	1.60
75	6 090	398	5 692	6 507	1 056	5 451	0.51	0.49	1 2597	1.43	11 143	1.26	1.50
80	6 307	393	5 914	6 331	1 038	5 293	0.53	0.47	12 638	1.43	11 207	1.27	1.48
85	6 523	401	6 122	6 092	1 035	5 057	0.55	0.45	12 615	1.43	11 179	1.27	1.48
100	7 080	391	6 689	5 520	1 140	4 380	0.60	0.40	12 600	1.43	11 069	1.25	1.43
120	7 799	375	7 424	3 648	1 004	2 644	0.74	0.26	11 447	1.30	10 068	1.14	1.33

可见，顺层直线型滑坡设置两排桩时，当两排桩的桩距在10～40m时，前排桩承担滑坡推力的30%～35%，后排桩承担滑坡推力的65%～70%；当两排桩的桩距离拉大到70～120m时，前排桩承担的推力逐渐增大，增大值与桩后滑动面长度成正比。

八渡型滑坡两排桩的推力分担（折减系数取1.2） 表6-56

桩距（m）	前排桩桩后推力（kN/m）	前排桩桩前抗力（kN/m）	前排桩承担推力（kN/m）	后排桩桩后推力（kN/m）	后排桩桩前抗力（kN/m）	后排桩承担推力（kN/m）	前排桩分担比例	后排桩分担比例	两排桩桩后总推力（kN/m）	增大比例	两排桩总承担推力（kN/m）	增大比例	稳定安全系数
0	16 872	3 929	12 943										1.23
20	8 003	3 782	4 221	16 055	7 098	8 957	0.32	0.68	24 058	1.43	13 178	1.02	1.24

续上表

桩距(m)	前排桩桩后推力(kN/m)	前排桩桩前抗力(kN/m)	前排桩承担推力(kN/m)	后排桩桩后推力(kN/m)	后排桩桩前抗力(kN/m)	后排桩承担推力(kN/m)	前排桩分担比例	后排桩分担比例	两排桩桩后总推力(kN/m)	增大比例	两排桩总承担推力(kN/m)	增大比例	稳定安全系数
30	9 489	3 752	5 737	15 159	7 277	7 882	0.42	0.58	24 648	1.46	13 619	1.05	1.24
35	10 168	3 733	6 435	14 872	7 194	7 678	0.46	0.54	25 040	1.48	14 113	1.09	1.24
40	10 692	3 740	6 952	14 550	6 922	7 628	0.48	0.52	25 242	1.50	14 580	1.13	1.24
50	11 378	3 684	7 694	13 807	6 278	7 529	0.51	0.49	25 185	1.49	15 223	1.18	1.24
60	12 066	3 703	8 363	13 216	5 559	7 657	0.52	0.48	25 282	1.50	16 020	1.24	1.24
80	12 696	3 785	8 911	11 942	4 356	7 586	0.54	0.46	24 638	1.46	16 497	1.27	1.23
90	13 264	3 723	9 541	11 330	3 920	7 410	0.56	0.44	24 594	1.46	16 951	1.31	1.24
100	13 479	3 721	9 758	10 841	3 459	7 382	0.57	0.43	24 320	1.44	17 140	1.32	1.31
105	13 748	3 753	9 995	10 548	3 190	7 358	0.58	0.42	24 296	1.44	17 353	1.34	1.29
110	13 945	3 759	10 186	10 271	3 044	7 227	0.58	0.42	24 216	1.44	17 413	1.35	1.27
120	14 217	3 771	10 446	9 619	2 789	6 830	0.60	0.40	23 836	1.41	17 276	1.33	1.25

八渡型滑坡两排桩的推力分担（折减系数取 1.23） 表 6-57

桩距(m)	前排桩桩后推力(kN/m)	前排桩桩前抗力(kN/m)	前排桩承担推力(kN/m)	后排桩桩后推力(kN/m)	后排桩桩前抗力(kN/m)	后排桩承担推力(kN/m)	前排桩分担比例	后排桩分担比例	两排桩桩后总推力(kN/m)	增大比例	两排桩总承担推力(kN/m)	增大比例	稳定安全系数
0	17 458	3 887	13 571										1.23
20	8 220	3 738	4 482	16 523	7 296	9 227	0.33	0.67	24 743	1.42	13 709	1.01	1.24
30	9 663	3 702	5 961	1 5587	7 403	8 184	0.42	0.58	25 250	1.45	14 145	1.04	1.24
35	10 320	3 680	6 640	15 281	7 290	7 991	0.45	0.55	25 601	1.47	14 631	1.08	1.24
40	10 829	3 686	7 143	14 835	6 997	7 838	0.48	0.52	25 664	1.47	14 981	1.10	1.24
50	11 496	3 626	7 870	14 153	6 327	7 826	0.50	0.50	25 649	1.47	15 696	1.16	1.24
60	12 173	3 644	8 529	13 532	5 586	7 946	0.52	0.48	25 705	1.47	16 475	1.21	1.24
80	12 813	3 730	9 083	12 205	4 380	7 825	0.54	0.46	25 018	1.43	16 908	1.25	1.23
90	13 394	3 662	9 732	11 566	3 951	7 615	0.56	0.44	24 960	1.43	17 347	1.28	1.24
100	13 623	3 664	9 959	11 052	3 495	7 557	0.57	0.43	24 675	1.41	17 516	1.29	1.31
105	13 903	3 692	10 211	10 797	3 226	7 571	0.57	0.43	24 700	1.41	17 782	1.31	1.29
110	14 113	3 699	10 414	10 470	3 085	7 385	0.59	0.41	24 583	1.41	17 799	1.31	1.27
120	14 401	3 710	10 691	9 796	2 826	6 970	0.61	0.39	24 197	1.39	17 661	1.30	1.25

可见，八渡型滑坡设置两排桩时，当两排桩的桩距在 10～20m 范围时，前排桩承担滑坡推力的 33%，后排桩承担滑坡推力的 67%；当两排桩的桩距离拉大到 70～120m 时，前排桩承担的推力逐渐增大，增大值与桩后滑动面长度成正比。

6.7.2 三种典型滑坡两排全长抗滑桩推力与抗力分布规律

1）三种典型滑坡两排抗滑桩排距影响的共同特点

分析表 6-52～表 6-57 的数据，可以得出三种典型滑坡的共同规律如下：

（1）折减系数较小时，计算出来的推力小，反之推力大。折减系数较大时，土体达到极限状态，此时有限元法计算出的推力与传统方法计算出来的推力一样。由表 6-52～表 6-57 可知，折线型滑坡折减 1.27 达到极限状态，顺层直线型滑坡折减 1.25 达到极限状态，八渡型滑坡折减 1.23 达到极限状态。当达到极限状态时，由于假定滑动面上的抗滑力充分发挥，因此有限元强度折减法与传统计算方法的结果相同，如表 6-58 所示。

不同计算方法得到的前排桩的实际推力（kN/m）　　表 6-58

类　别	折线型滑坡折减 1.27	顺层直线型滑坡折减 1.25	八渡型滑坡折减 1.23
Spencer 法	8 347	8 450	13 576
有限元法	8 353	8 441	13 571

（2）推力、抗力与排距的关系如下：

①当前排桩位置固定，后排桩与前排桩间距逐渐增大时，前排桩的桩前抗力基本不变，前排桩桩后推力逐渐增大，前排桩分担的推力也逐渐增大。这是因为当排距增大时，前排桩后支挡的滑体增加，后排桩的遮蔽作用迅速减小，导致前排桩桩后推力增大，如图 6-122～图 6-124 所示。

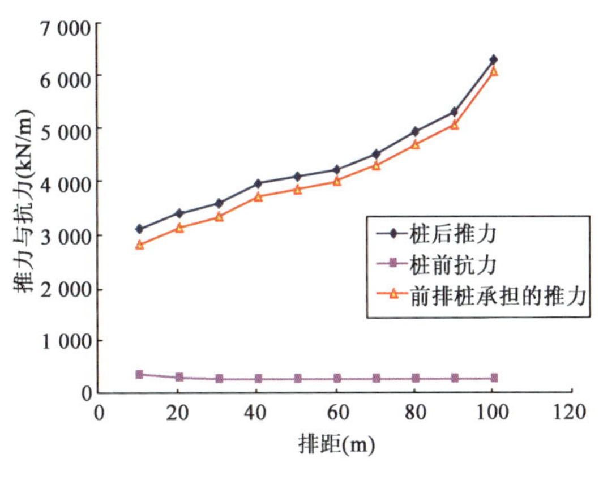

图 6-122　折线型滑坡折减系数取 1.2 时前排桩推力分布

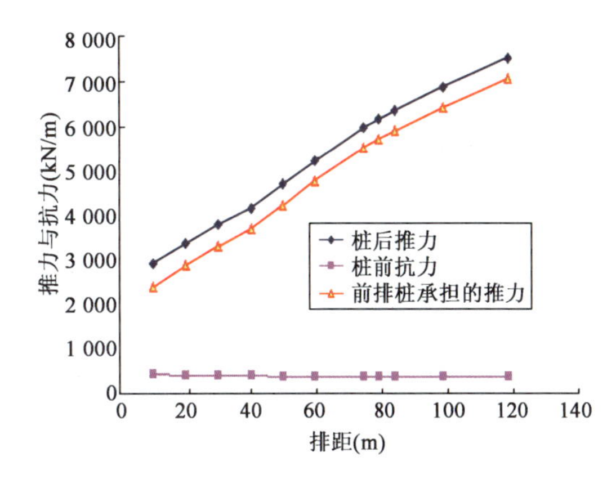

图 6-123　顺层直线型滑坡折减系数取 1.2 时前排桩推力分布

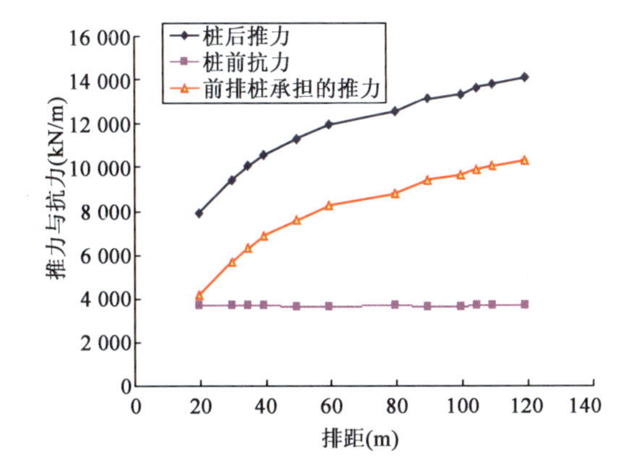

图 6-124　八渡型滑坡折减系数取 1.2 时前排桩推力分布

②当前排桩位置固定，后排桩与前排桩间距逐渐增大时，随着排距的增大，两排抗滑桩的桩后推力总和与只设置前排抗滑桩时的桩后推力之比，先增大后减小；两排抗滑桩实际承担的设计推力总和与只设置前排抗滑桩时的桩实际推力之比，先增大后减小。原因是通常桩

位于滑坡两端时桩后推力较小，桩位于滑坡中部时推力较大，如图 6-125～图 6-127 所示。

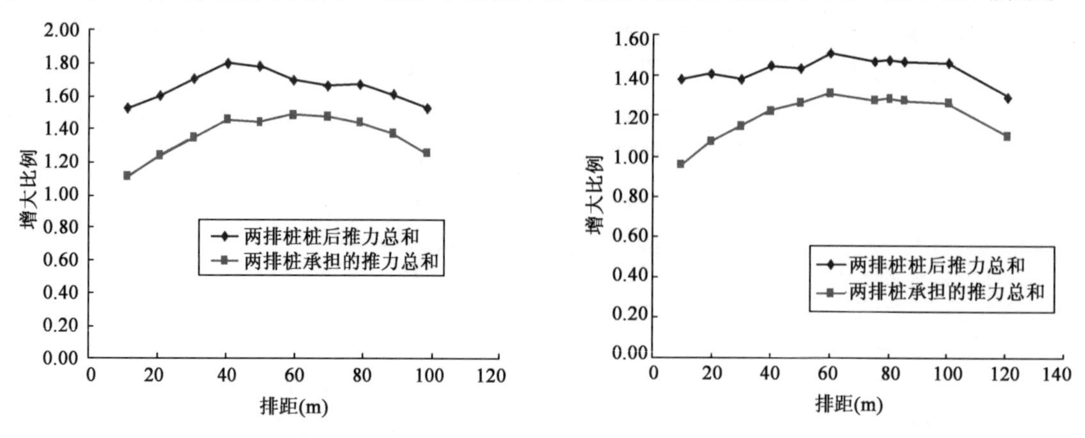

图 6-125　折线型滑坡折减系数取 1.2 时两排桩推力总和分布

图 6-126　顺层直线型滑坡折减系数取 1.2 时两排桩推力总和分布

③当前排桩位置固定，后排桩与前排桩间距逐渐增大时，前排桩承担的推力比例增大，后排桩承担的推力比例减小，如图 6-128～图 6-130 所示。

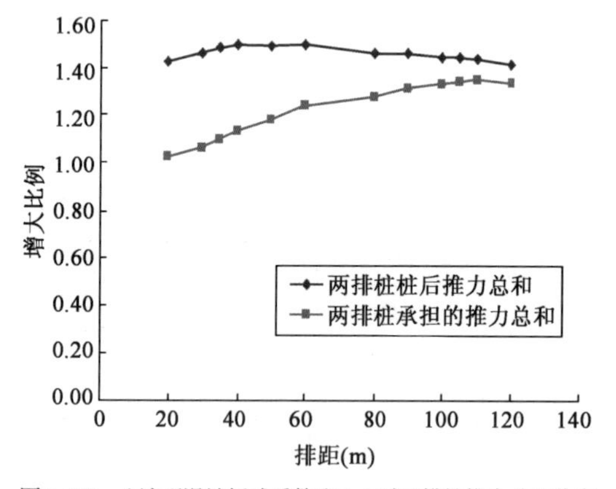

图 6-127　八渡型滑坡折减系数取 1.2 时两排桩推力总和分布

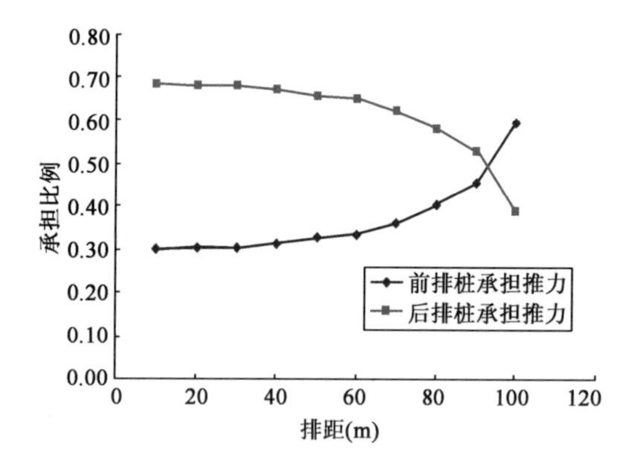

图 6-128　折线型滑坡折减系数取 1.2 时推力分担

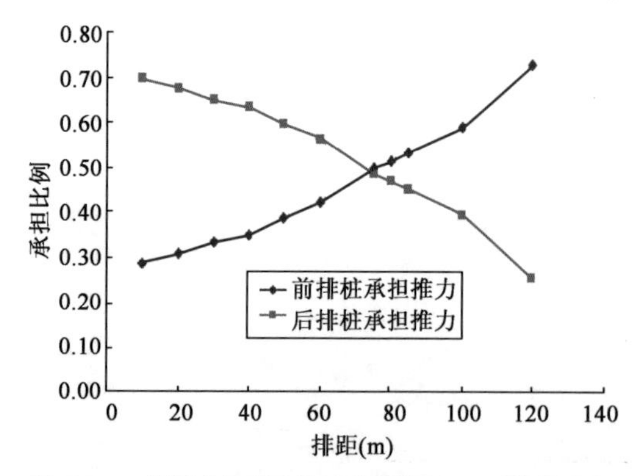

图 6-129　顺层直线型滑坡折减系数取 1.2 时推力分担

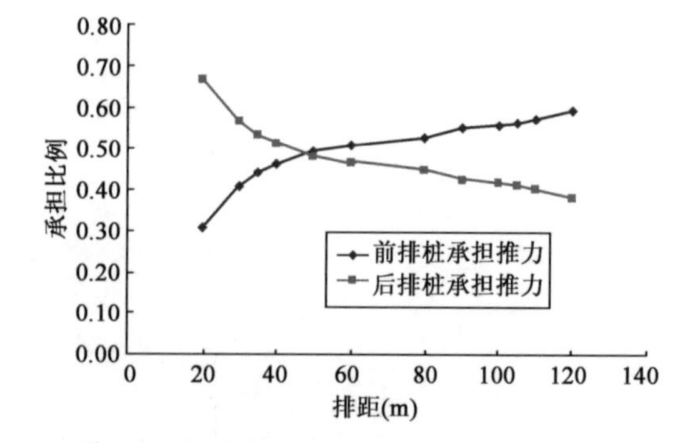

图 6-130　八渡型滑坡折减系数取 1.2 时推力分担

④无论是两排桩的桩后推力总和与只设置前排抗滑桩时的桩后推力之比，还是两排桩的实际推力总和与只设置前排抗滑桩时的桩实际推力之比都大于 1，而且前者可达 1.47～1.75，后者可达 1.29～1.41，表明设置两排桩的效益不佳。其原因，一是桩设置在中间推力大；二是两排桩互相干扰，受力差。建议将后排桩设置成埋入式桩，不仅受力效益提高，还节省材料。

（3）折减系数与推力的关系如下：

①分别分析表 6-52～表 6-57 的数据，即滑坡相同，其他条件相同，折减系数不同的情况下，可以看出，前排桩桩前抗力、后排桩的桩前抗力基本相同，如图 6-131～图 6-133 所示。

②滑坡相同，其他条件相同，折减系数增大，前排桩桩后推力、后排桩桩后推力都增大，如图 6-134～图 6-136 所示。

③滑坡相同，其他条件相同，折减系数不同时，前、后排桩推力的分担比例基本不变，如图 6-137～图 6-139 所示。

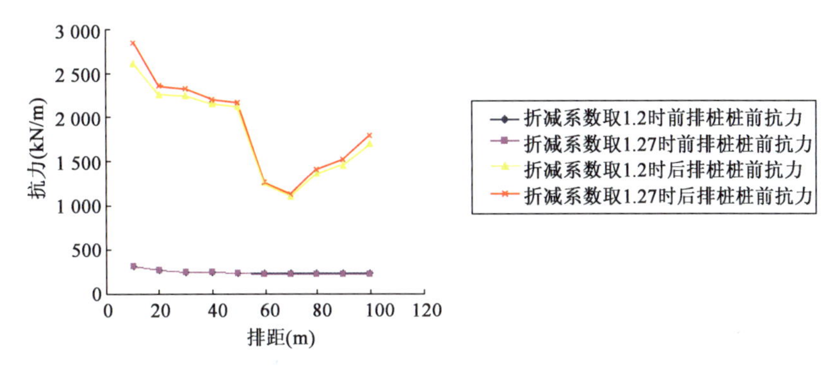

图 6-131　折线型滑坡折减系数不同时抗力分布

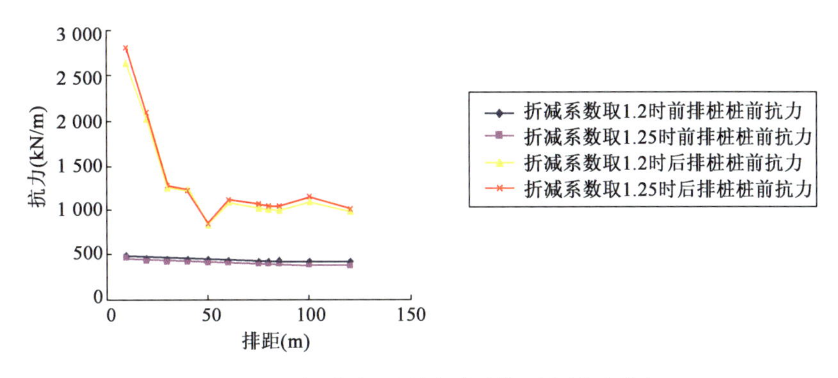

图 6-132　顺层直线型滑坡折减系数不同时抗力分布

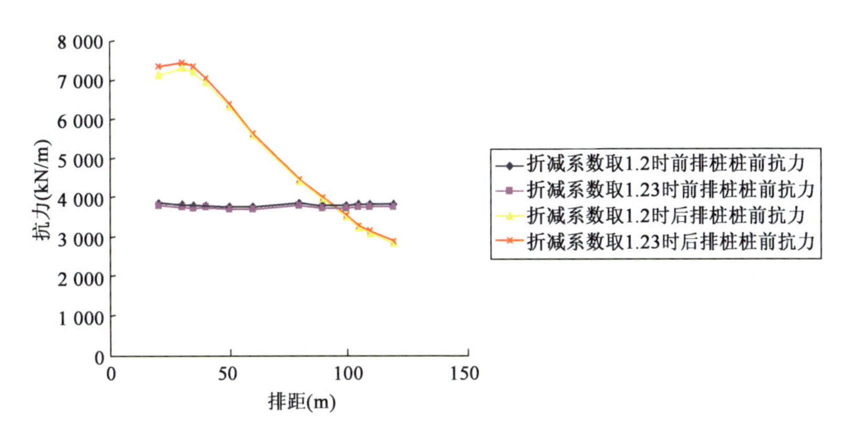

图 6-133　八渡型滑坡折减系数不同时抗力分布

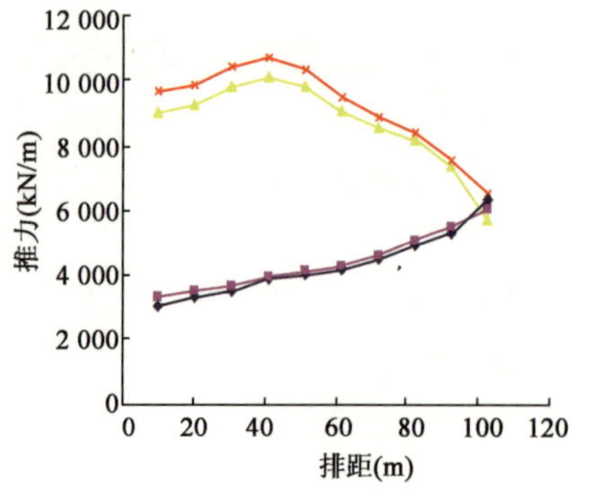

图 6-134　折线型滑坡折减系数不同时推力分布

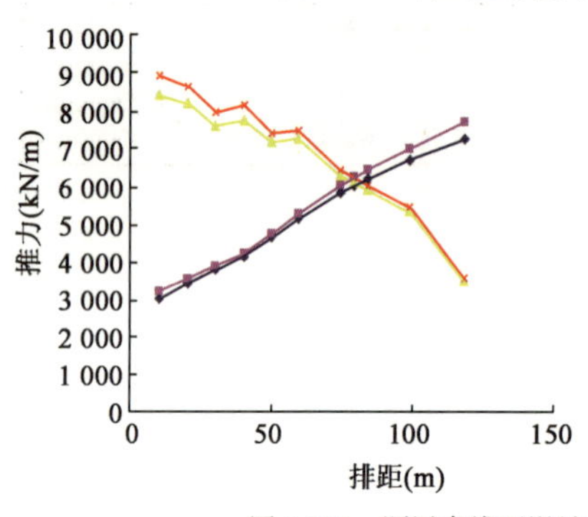

图 6-135　顺层直线型滑坡折减系数不同时推力分布

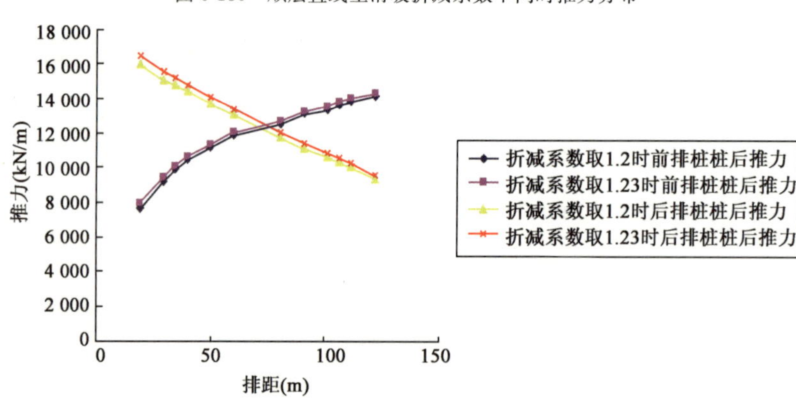

图 6-136　八渡型滑坡折减系数不同时推力分布

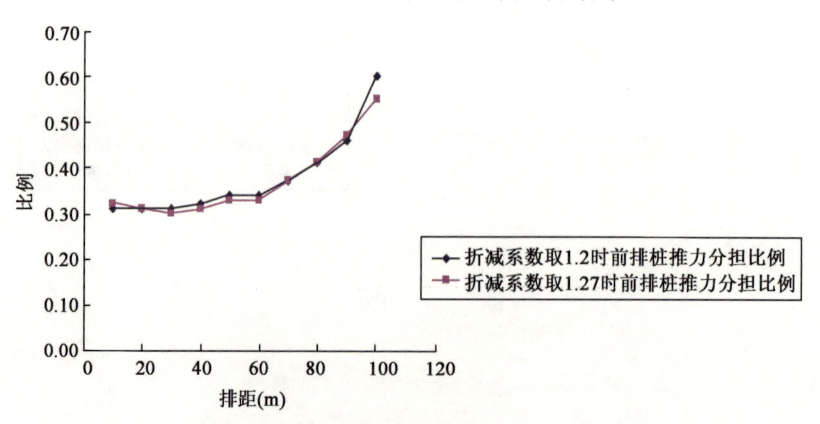

图 6-137　折线型滑坡折减系数不同时前排桩推力分担比例

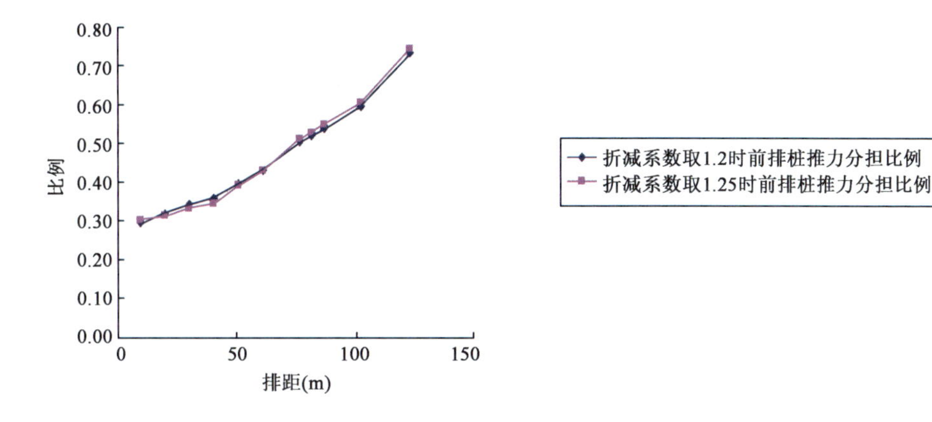

图 6-138 顺层直线型滑坡折减系数不同时前排桩推力分担比例

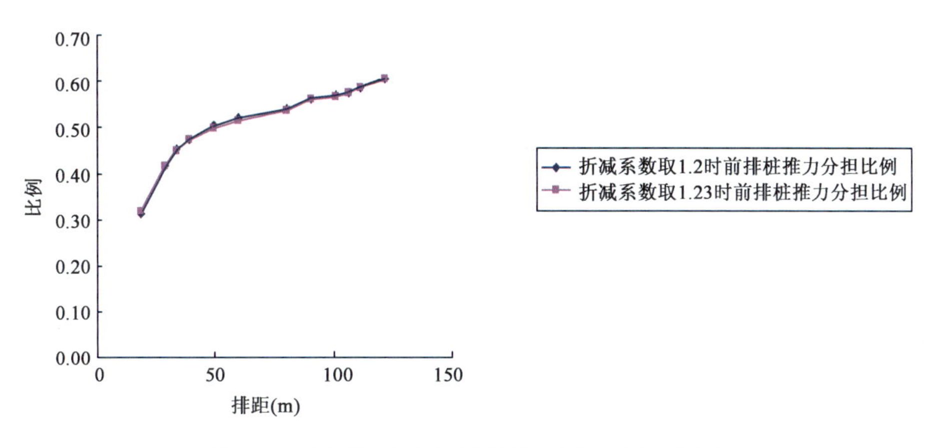

图 6-139 八渡型滑坡折减系数不同时前排桩推力分担比例

④滑坡相同，其他条件相同，折减系数增大，两排抗滑桩的桩后推力总和与只设置前排抗滑桩时的桩后推力之比反而减小；同样折减系数增大，两排抗滑桩的设计推力总和与只设置前排抗滑桩时的设计推力之比反而减小，如图 6-140～图 6-142 所示。

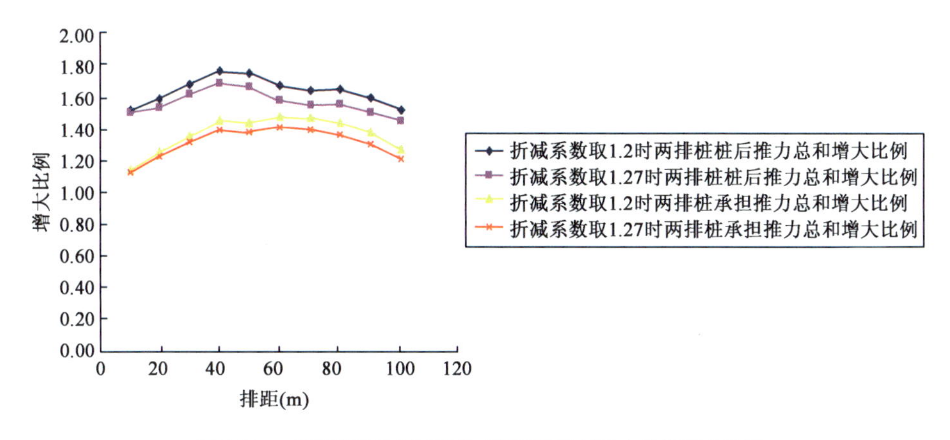

图 6-140 折线型滑坡折减系数不同时两排桩推力总和增大比例

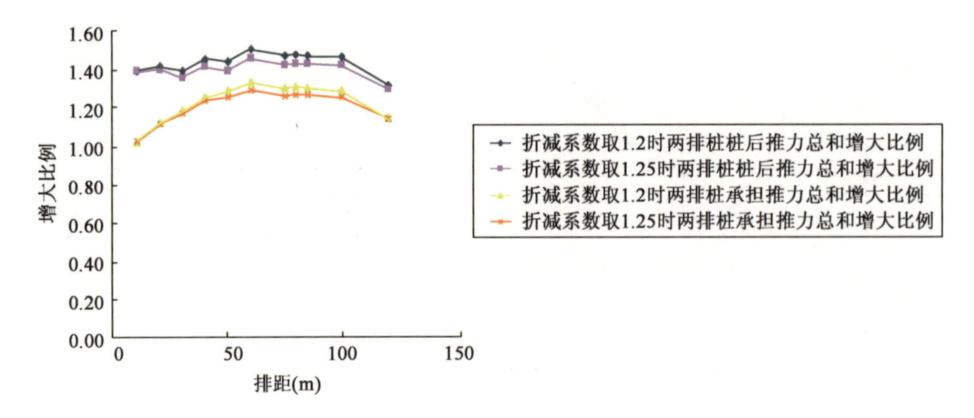

图 6-141　顺层直线型滑坡折减系数不同时两排桩推力总和增大比例

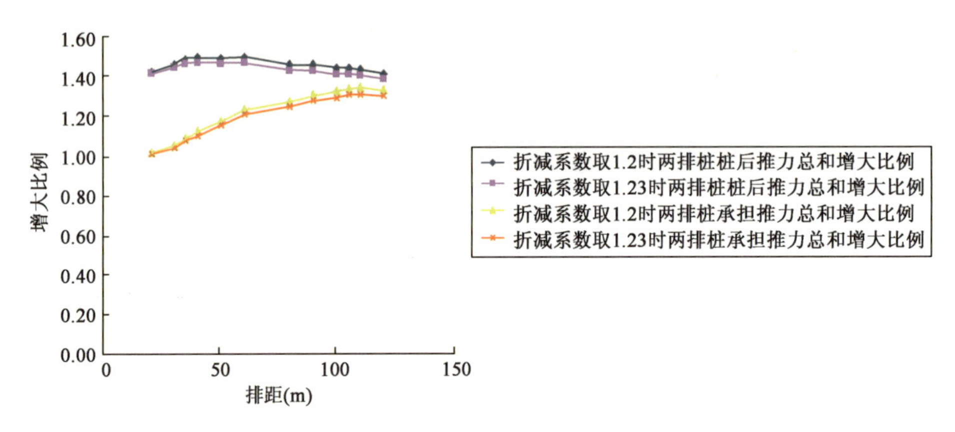

图 6-142　八渡型滑坡折减系数不同时两排桩推力总和增大比例

2）三种典型滑坡两排抗滑桩排距影响的不同特点

分析表 6-52～表 6-57 的数据，可以得出三种典型滑坡的四点不同规律：

（1）当前排桩位置固定，后排桩与前排桩间距逐渐增大时，后排桩桩前抗力在排距到达一定距离时会减小。这是因为当排距很小时，前排桩对后排桩起到辅助支挡作用，排距越小支挡作用越明显，但当排距增大到一定程度时，前排桩支挡作用消失，导致后排桩的桩前抗力急剧减小。三种滑坡类型的区别在于，折线型滑坡前排桩对后排桩的支挡作用在排距为 50～60m时陡然减弱，而顺层直线型滑坡在排距为 20～30m 时陡然减弱，八渡型滑坡则是在排距为 40m 后开始逐渐减弱。三种类型滑坡后排桩桩前抗力分布如图 6-143 所示。

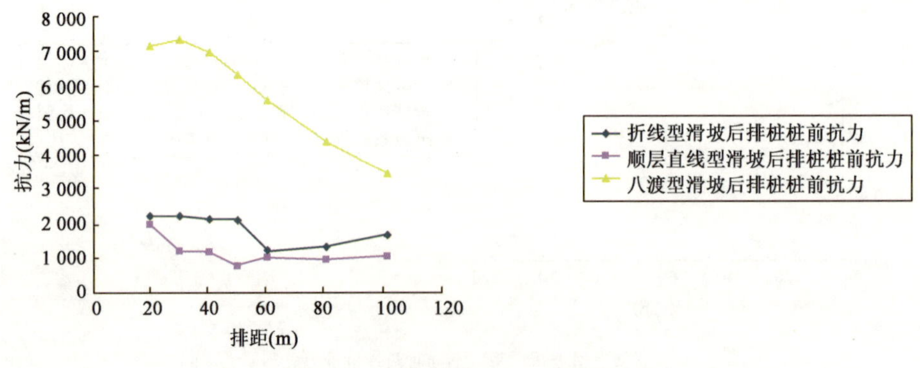

图 6-143　三种类型滑坡折减系数取 1.2 时后排桩桩前抗力分布

（2）随排距的增大，顺层直线型滑坡和八渡型滑坡后排桩的桩后推力逐渐减小，这是因为后排桩支挡的滑体减少；而折线型滑坡后排桩的桩后推力出现了先增大后减小的情况，这是因为折线型滑坡计算模型简图所示滑坡前部滑动面的斜率与坡面的斜率相差很大，在排距增大的过程中，后排桩在滑坡体中的有效长度急剧增加，导致桩后推力和桩前抗力逐渐增大。三种类型滑坡后排桩桩后推力分布如图 6-144 所示。

（3）随排距的增大，前排桩承担的设计推力逐渐增大，顺层直线型滑坡和折线型滑坡后排桩承担的设计推力先增大后减小。这是因为随排距的增大，前排桩对后排桩的支挡作用迅速减弱，导致后排桩的桩前抗力迅速降低，而且在排距很小时减小幅度比桩后推力减小幅度大，所以后排桩承担的设计推力在开始逐渐增大。当排距达到一定距离后，前排桩对后排桩的支挡作用消失，后排桩承担的推力就会逐渐减小。而八渡型滑坡后排桩承担的推力一直逐渐减小。三种类型滑坡后排桩承担推力分布如图 6-145 所示。

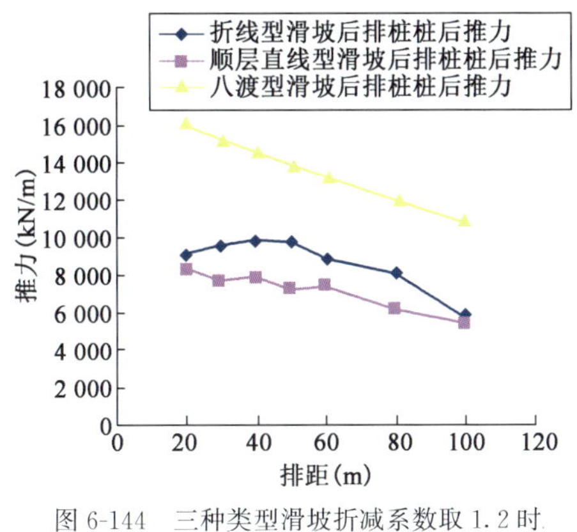

图 6-144　三种类型滑坡折减系数取 1.2 时后排桩桩后推力分布

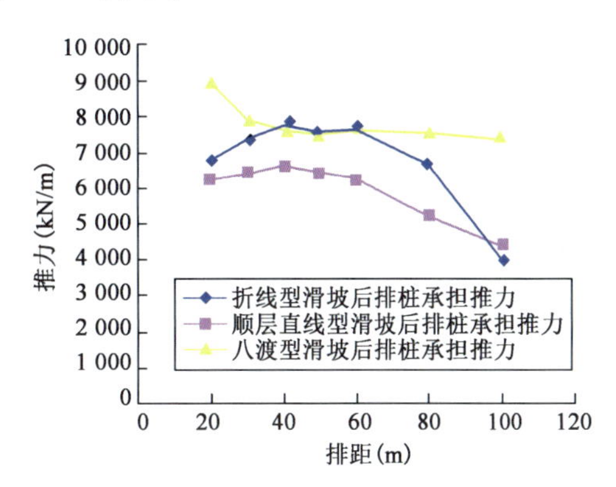

图 6-145　三种类型滑坡折减系数取 1.2 时后排桩承担推力分布

（4）折减系数相同，其他条件相同，滑坡不同的情况下，从表 6-52～表 6-57 可以看出，两排抗滑桩的桩后推力总和与只设置前排抗滑桩时的桩后推力之比增大的幅度，折线型滑坡最大，八渡型滑坡与顺层直线型滑坡基本接近，比折线型滑坡要小 10%左右，如图 6-146 所示。两排抗滑桩承担的推力总和与只设置前排抗滑桩时桩承担的推力之比增大的幅度，折线型最大，其次是顺层直线型，八渡型增大的幅度最小，如图 6-147 所示。

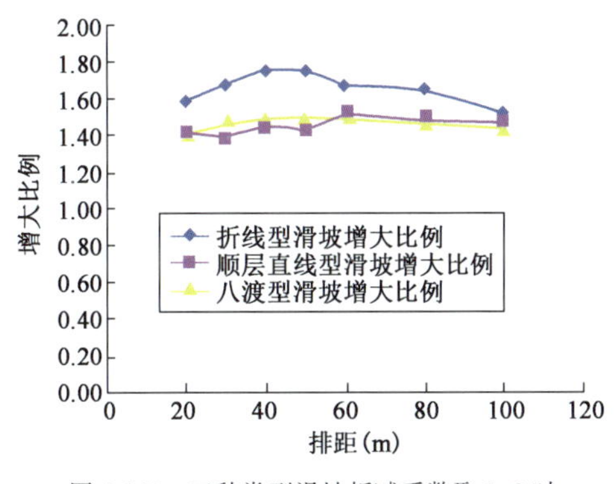

图 6-146　三种类型滑坡折减系数取 1.2 时两排桩桩后推力总和增大比例

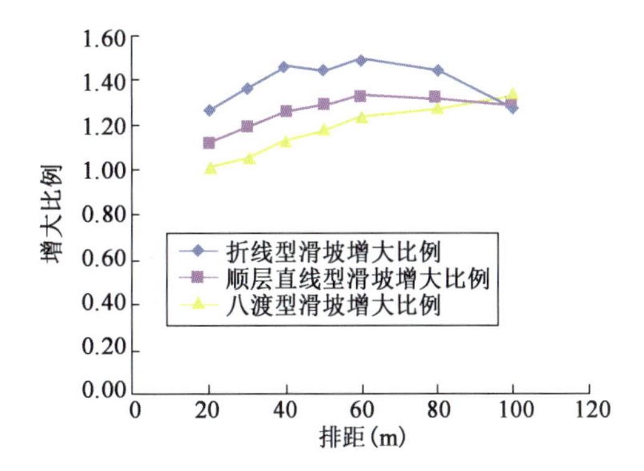

图 6-147　三种类型滑坡折减系数取 1.2 时两排桩承担推力总和增大比例

3）结论

采用强度折减的有限元法，讨论了在三种不同类型滑坡中，在不同的折减系数下，随排

距的变化，两排桩的桩前抗力、桩后推力、设计推力等的变化规律，得出了一系列关于两排桩合理受力的建议。由于讨论了不同类型的情况，所以结论具有普遍性，能为工程设计提供依据。一共有九点共同规律和四点不同规律。

九点共同规律：

(1) 折减系数较小时，计算出来的推力小；反之推力大。但折减系数较大时，土体达到极限状态，有限元法计算出的推力与传统方法计算出的推力一样。

(2) 当前排桩位置固定，后排桩与前排桩间距逐渐增大时，前排桩的桩前抗力基本不变，前排桩桩后推力逐渐增大，前排桩分担的推力逐渐增大。

(3) 当前排桩位置固定，后排桩与前排桩间距逐渐增大时，两排抗滑桩的桩后推力总和与只设置前排抗滑桩时的桩后推力之比，随着排距的增大，先增大后减小。两排抗滑桩的设计推力总和与只设置前排抗滑桩时的桩设计推力之比，随着排距的增大，先增大后减小。

(4) 当前排桩位置固定，后排桩与前排桩间距逐渐增大时，前排桩分担的推力比例增大，后排桩分担的推力比例减小。

(5) 无论是两排桩的桩后推力总和与只设置前排抗滑桩时的桩后推力之比，还是两排桩的设计推力总和与只设置前排抗滑桩时的桩设计推力之比，都是大于1的。建议将后排桩设置成埋入式桩，不仅受力效益提高，还节省了材料。

(6) 滑坡相同，其他条件相同，折减系数不同的情况下，前排桩桩前抗力、后排桩桩前抗力基本相同。

(7) 滑坡相同，其他条件相同，折减系数增大，前排桩桩后推力、后排桩桩后推力也增大。

(8) 滑坡相同，其他条件相同，折减系数不同时，前、后排桩推力的分担比例基本不变。

(9) 滑坡相同，其他条件相同，折减系数增大，两排抗滑桩的桩后推力总和与只设置前排抗滑桩时的桩后推力之比反而减小；同样折减系数增大，两排抗滑桩的设计推力总和与只设置前排抗滑桩时的桩设计推力之比反而减小。

四点不同规律：

(1) 当前排桩位置固定，后排桩与前排桩间距逐渐增大时，后排桩桩前抗力在排距达到一定距离时会减小。但是区别在于，折线型滑坡前排桩对后排桩的支挡作用在排距为50～60m时陡然减弱，而顺层直线型滑坡在排距为20～30m时陡然减弱，八渡型滑坡则是在排距为40m后开始逐渐减弱。

(2) 随排距的增大，顺层直线型滑坡和八渡型滑坡后排桩的桩后推力逐渐减小，折线型滑坡后排桩的桩后推力出现了先增大后减小的情况，这是因为后排桩在滑坡体中的有效长度急剧增加。

(3) 随排距的增大，前排桩承担的设计推力逐渐增大，顺层直线型滑坡和折线型滑坡后排桩承担的设计推力先增大后减小，而八渡型滑坡后排桩承担的设计推力一直逐渐减小。

(4) 折减系数相同，其他条件相同，滑坡不同的情况下，两排抗滑桩的桩后推力总和与只设置前排抗滑桩时的桩后推力之比增大的幅度，折线型滑坡最大，八渡型滑坡与顺层直线型滑坡基本相当，比折线型滑坡要小10%左右。两排抗滑桩承担的设计推力总和与只设置前排抗滑桩时桩承担的设计推力之比增大的幅度，折线型最大，其次是顺层直线型，八渡型增大的幅度最小。

6.8 两排埋入式抗滑桩不同埋深对推力分布的影响分析

1）折线型滑坡两排埋入式抗滑桩的桩顶埋深对推力的影响

（1）算例

选取一个折线型滑坡的典型剖面，计算模型如图 6-148 所示，计算参数见表 6-59。

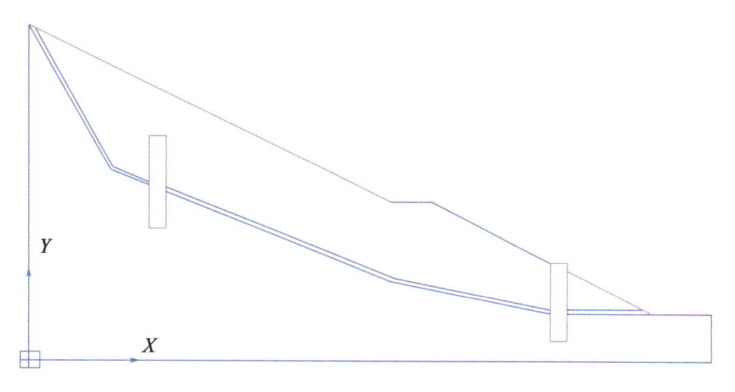

图 6-148　折线型滑坡计算模型

桩和岩土体的物理力学参数　表 6-59

材　　料	重度（kN/m³）	弹性模量（MPa）	泊　松　比	黏聚力（kPa）	内摩擦角（°）
基岩	27	1.0×10^3	0.20	1.8×10^3	37
滑带	20	50	0.40	5	23.4
滑体	20	500	0.40	20	30
桩身	25	3.45×10^4	0.20		

滑坡长 170m，高 105m。前排全长桩桩长 25m，宽 4m。后排桩为全长时长 45m，宽 4m。

（2）桩埋深对抗滑桩推力分担的影响

为了分析推力分担，固定前排桩埋深，不断调整后排桩埋深。对于稳定安全系数，采用有限元强度折减法；对于各排桩承担的推力，按有限元法进行计算，利用 ANSYS 软件后处理中提供的路径分析功能，沿桩从滑面到桩顶设置路径，将水平应力映射到路径上，然后沿路径对水平应力进行积分，就可得桩后推力和桩前抗力，各排桩承担的设计推力等于桩后推力减去桩前抗力。计算时滑带土和滑体的 c、$\tan\varphi$ 折减系数均取 1.0，不同埋深下两排桩承担的推力见表 6-60。

不同埋深下两排桩的推力　表 6-60

埋深（m）	前排桩				后排桩				稳定安全系数
	桩后推力（kN/m）	桩前抗力（kN/m）	承担推力（kN/m）	分担比例	桩后推力（kN/m）	桩前抗力（kN/m）	承担推力（kN/m）	分担比例	
0	5 020	253	4 767	0.53	5 689	1 433	4 256	0.47	1.54
2.5	5 009	253	4 756	0.54	5 246	1 134	4 112	0.46	1.54
5	5 024	253	4 771	0.56	5 099	1 274	3 825	0.44	1.49
7.5	5 013	253	4 760	0.54	5 257	1 258	3 999	0.46	1.45

续上表

埋深(m)	前排桩				后排桩				稳定安全系数
	桩后推力(kN/m)	桩前抗力(kN/m)	承担推力(kN/m)	分担比例	桩后推力(kN/m)	桩前抗力(kN/m)	承担推力(kN/m)	分担比例	
10	5 008	253	4 755	0.56	4 708	1 020	3 688	0.44	1.41
12.5	5 031	254	4 777	0.57	4 430	777	3 653	0.43	1.35
15	5 073	255	4 818	0.58	4 196	673	3 523	0.42	1.33
17.5	5 130	256	4 874	0.60	3 885	609	3 276	0.40	1.31

①前排桩承担的推力

从表 6-60 可以看出，随着后排桩埋深的增大，前排桩的桩前抗力基本不变，因为前排桩的位置和埋深均不变。随着后排桩埋深的增大，前排桩的桩后推力缓慢增大，这是因为随着后排桩埋深的增大，后排桩的遮蔽作用逐渐减弱，前排桩支挡的土体缓慢增加。前排桩桩后推力、桩前抗力及承担的推力随桩顶埋深的变化如图 6-149 所示。

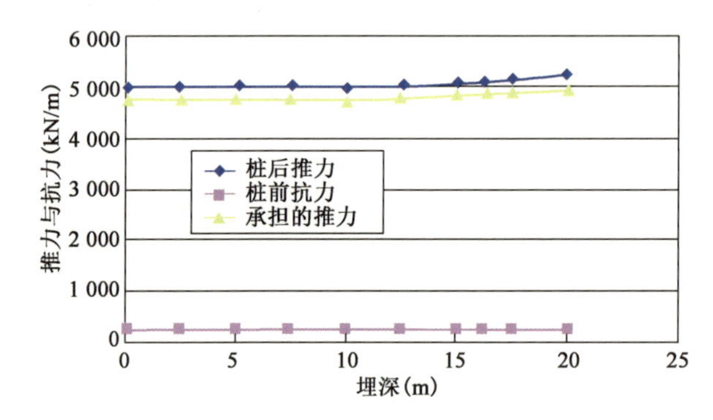

图 6-149　前排桩桩后推力、桩前抗力及承担的推力与桩顶埋深的关系

②后排桩承担的推力

从表 6-60 可以看出，随后排桩埋深的增大，后排桩桩后推力逐渐减小，这是因为后排桩支挡的土体在减少，后排桩滑坡推力随着后部滑体减少而下降。随后排桩埋深增大，后排桩在滑体中的有效长度减小，所以后排桩的桩前抗力迅速下降。这说明桩的受力与桩在滑坡体中的有效长度成正比。后排桩桩后推力、桩前抗力及承担的推力随桩顶埋深的变化如图 6-150所示。

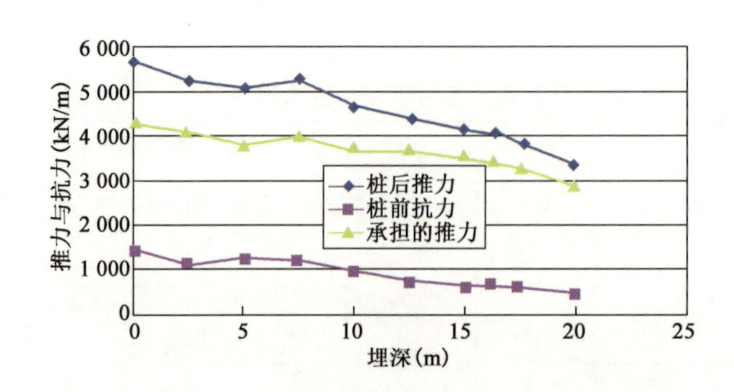

图 6-150　后排桩桩后推力、桩前抗力及承担的推力与桩顶埋深的关系

③推力分担

从表 6-60 可以看出，当桩顶埋深为 0 时，潜在滑动面在前排桩的后部，如图 6-151 所示。随后排桩埋深增大，由于后排桩对土体的遮蔽作用减弱，前排桩分担的推力增大，后排桩分担的推力减小，潜在滑动面逐渐向后排桩顶移动。当后排桩埋深为 20m 时，潜在滑动面在后排桩顶部，如图 6-152 所示。两排桩对滑坡推力的分担情况如图 6-153 所示。

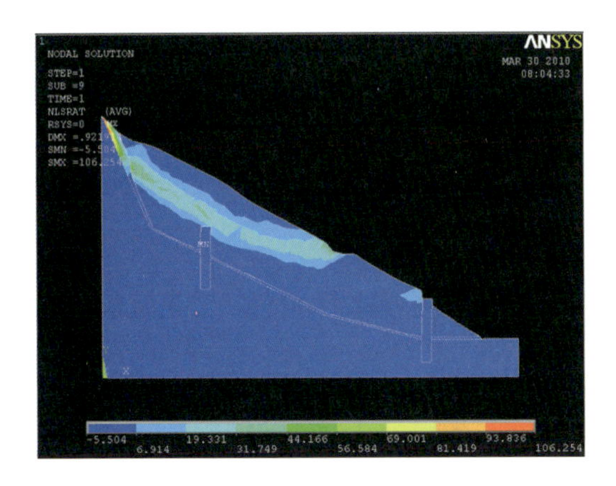

图 6-151　埋深等于 0m 时的塑性应变云图

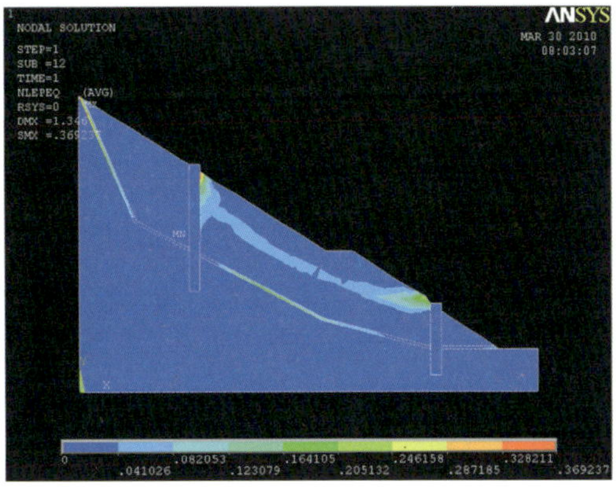

图 6-152　埋深等于 20m 时的塑性应变云图

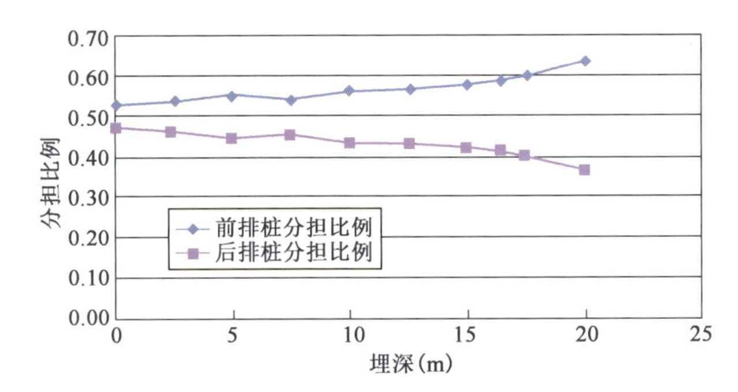

图 6-153　两排桩推力分担与桩顶埋深的关系

2）顺层直线型滑坡两排埋入式抗滑桩的桩顶埋深对推力的影响

（1）算例

选取一个顺层直线型滑坡的典型剖面，计算模型如图 6-154 所示，计算参数见表 6-61。

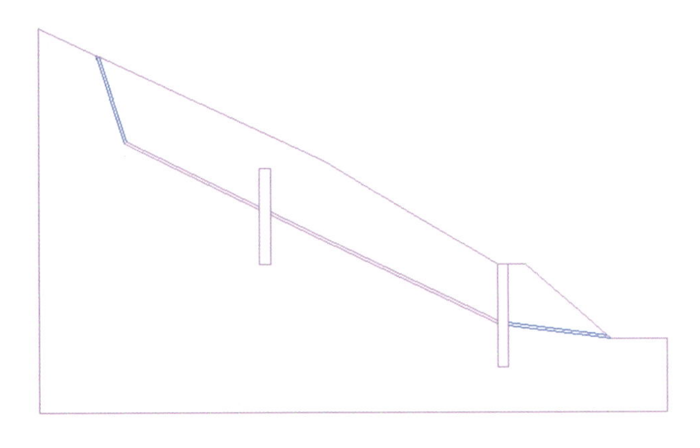

图 6-154　顺层直线型滑坡计算模型

桩和岩土体的物理力学参数 表 6-61

材　　料	重度（kN/m^3）	弹性模量（MPa）	泊　松　比	黏聚力（kPa）	内摩擦角（°）
基岩	27	1.0×10^3	0.20	1.8×10^3	37
滑带	20	50	0.40	5	23.4
滑体	20	500	0.40	20	30
桩身	25	3.45×10^4	0.20		

滑坡长 220m，高 130m。前排全长桩桩长 34.6m，宽 4m。后排桩为全长时长 45m，宽 4m。

（2）桩埋深对抗滑桩推力分担的影响

为了分析推力分担，固定前排桩的埋深，不断调整后排桩的埋深。对于各排桩承担的推力，按上述方法计算，滑带土和滑体的 c、$\tan\varphi$ 折减系数均取 1.0。不同埋深下两排桩承担的推力见表 6-62。

不同埋深下两排桩的推力 表 6-62

埋深（m）	前排桩				后排桩				稳定安全系数
	桩后推力（kN/m）	桩前抗力（kN/m）	承担推力（kN/m）	分担比例	桩后推力（kN/m）	桩前抗力（kN/m）	承担推力（kN/m）	分担比例	
0	5 388	490	4 898	0.51	5 544	783	4 761	0.49	1.71
2.5	5 413	501	4 912	0.51	5 502	808	4 694	0.49	1.70
5	5 403	501	4 902	0.52	5 343	759	4 584	0.48	1.69
7.5	5 396	502	4 894	0.52	5 451	845	4 606	0.48	1.65
10	5 459	505	4 954	0.55	4 695	588	4 107	0.45	1.58
12.5	5 470	502	4 968	0.56	4 414	536	3 878	0.44	1.52
15	5 514	502	5 012	0.59	4 043	524	3 519	0.41	1.48
17.5	5 573	503	5 070	0.62	3 341	285	3 056	0.38	1.41
20	5 643	504	5 139	0.69	2 613	320	2 293	0.31	1.39

①前排桩承担的推力

从表 6-62 可以看出，随着后排桩埋深的增大，前排桩的桩前抗力基本不变，因为前排桩的位置和埋深均不变。随着后排桩埋深的增大，前排桩的桩后推力缓慢增加，这是因为随着后排桩埋深的增加，后排桩的遮蔽作用逐渐减弱，前排桩支挡的土体缓慢增加。前排桩桩后推力、桩前抗力及承担的推力随桩顶埋深的变化如图 6-155 所示。

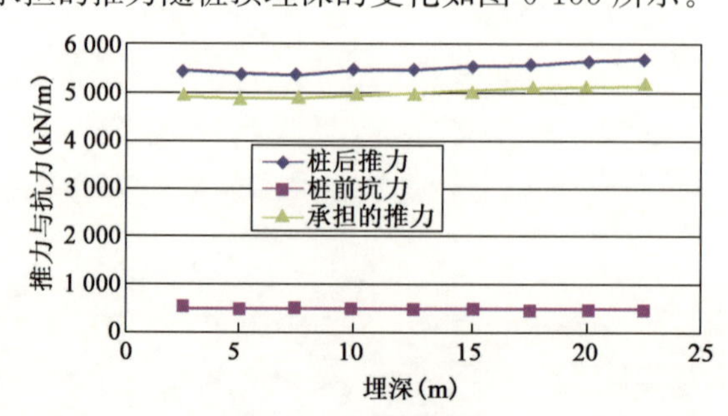

图 6-155　前排桩桩后推力、桩前抗力及承担的推力与桩顶埋深的关系

②后排桩承担的推力

从表 6-62 可以看出，随后排桩埋深的增大，后排桩桩后推力逐渐减小，这是因为后排桩支挡的土体在减少，后排桩滑坡推力随着后部滑体减少而下降。随后排桩埋深的增大，后排桩在滑体中的有效长度减小，所以后排桩的桩前抗力迅速下降。这说明桩的受力与桩在滑坡体中的有效长度成正比。后排桩桩后推力、桩前抗力及承担的推力随桩顶埋深的变化如图 6-156所示。

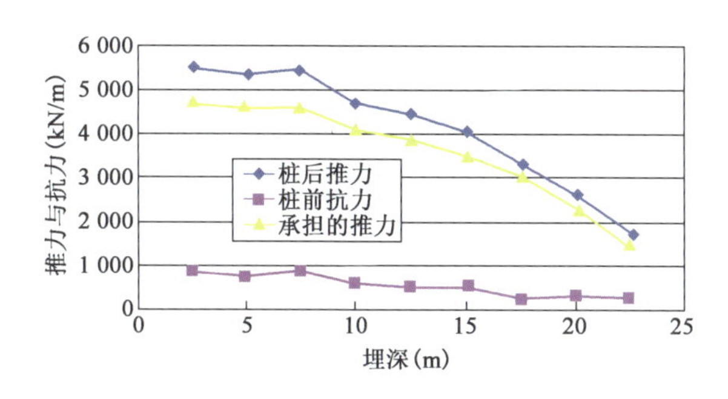

图 6-156 后排桩桩后推力、桩前抗力及承担的推力与桩顶埋深的关系

同时，随后排桩桩顶埋深的增大，由于后排桩遮蔽作用的减弱，前排桩分担的推力逐渐增大，后排桩分担的推力逐渐减小，滑动面的位置也逐渐向后移动。当后排桩的桩顶埋深为 0（全长式抗滑桩）时，滑动面的位置在两排桩的中间，土体从前排桩的顶部“越顶”而出，如图 6-157 所示。当后排桩的桩顶埋深为 20m 时，滑动面的位置越过后排桩的桩顶，从前排桩的顶部“越顶”而出，如图 6-158 所示。后排桩不同桩顶埋深条件下，两排桩的推力分担情况如图 6-159 所示。

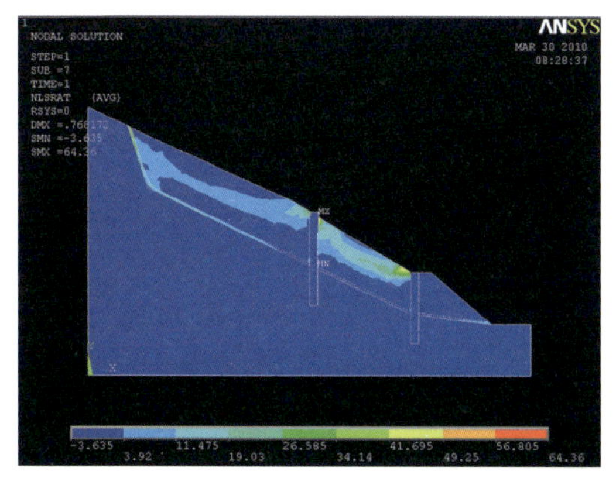
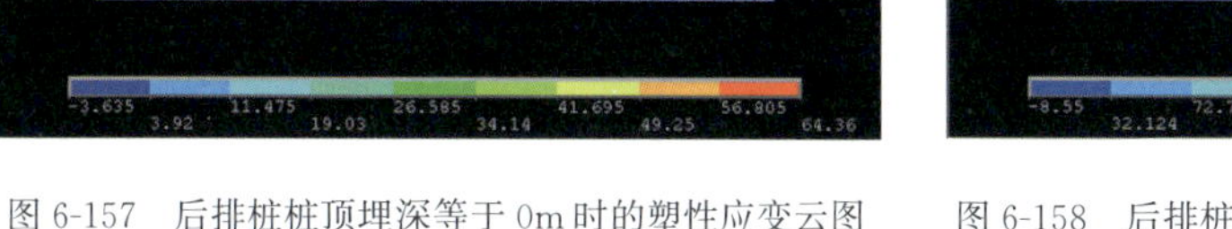

图 6-157 后排桩桩顶埋深等于 0m 时的塑性应变云图

图 6-158 后排桩桩顶埋深等于 20m 时的塑性应变云图

3）结论

上面讨论了在折线型和顺层直线型滑坡中，随桩顶埋深的变化，两排桩的桩前抗力、桩后推力、实际承担推力等的变化规律，并分析了随后排桩桩顶埋深变化滑坡“越顶”破坏的变化过程。主要结论有：

（1）随后排桩埋深的增大，前排桩的桩前抗力基本不变，前排桩的桩后推力缓慢增加。

（2）随后排桩埋深的增大，后排桩的桩后推力逐渐减小，后排桩的桩前抗力迅速下降。桩的受力与桩在滑坡体中的有效长度成正比。

（3）随后排桩埋深的增大，由于后排桩对土体的遮蔽作用减弱，前排桩分担的推力增大，后排桩分担的推力减小，潜在滑动面逐渐向后延伸。

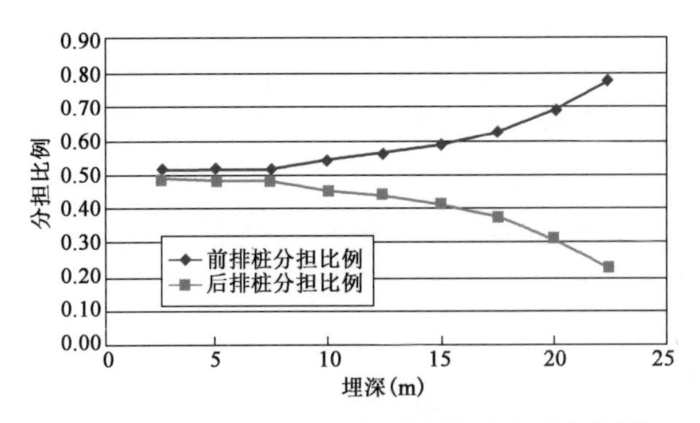

图 6-159　两排桩的推力分担随后排桩桩顶埋深的变化曲线

6.9　锚拉抗滑桩的设计计算

6.9.1　引言

一般采用的抗滑桩都是悬臂抗滑桩，桩身所受弯矩很大，为了降低弯矩，节省材料，近年来广泛采用锚拉抗滑桩，即在悬臂抗滑桩上部施加预应力锚索，通称为锚拉桩。锚拉桩也可采用传统的设计方法，但精度较低，尤其是无法得知桩的推力与抗力的分布，如果在此基础上再进行锚拉桩的优化，其可信度必然很低。而采用有限元强度折减法与有限元法就能改善上述情况，增加计算的精度。

用有限元法进行支护结构的设计计算，一般包括如下五个步骤：一是要对抗滑桩上的推力进行验算，验算其是否达到极限状态，如果达到，此时有限元法与传统方法算出来的内力相同，如果达不到，有限元法算出的推力将大于传统方法算出来的内力；二是获得抗滑桩上的推力与抗力的分布形式；三是计算抗滑桩的内力；四是进行锚拉抗滑桩结构优化设计；五是验算锚拉抗滑桩是否会出现“越顶”，即算出设桩后的滑坡稳定安全系数，要求其大于设计安全系数。

下面通过一个工程算例体现支护结构的设计计算。

6.9.2　算例工程概况

国道主干线重庆至湛江公路（贵州境）崇溪河至遵义高速公路高工天滑坡位于第五合同段 K26＋150～K26＋260 段，计算采用的典型断面如图 6-160 所示。地层岩性从上至下为：第四系覆盖层（耕植土、残坡积层、滑塌块石堆积层）、强风化泥岩、中风化泥岩夹砂岩。本路基开挖时，下切滑体才 5～6m，即引起滑坡的复活，而且还在不断发展，滑动面发育在土层和强风化带内。根据钻探，强风化软弱泥岩夹层遇水容易软化，从井下取出的岩芯暴露在地表后很快就开裂。该软弱泥岩夹层本身就是滑坡发育的地质诱因，一旦被切脚，必将引起岩土体滑动。根据设计，该滑坡的治理采用抗滑桩加预应力锚索的支挡方案，如图 6-160 所示。

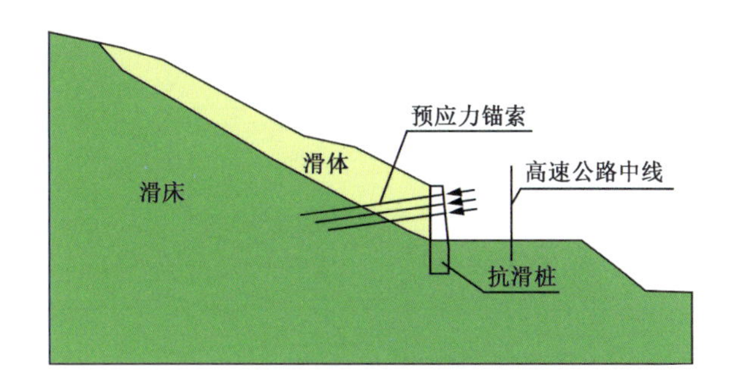

图 6-160　计算采用的典型断面（K26＋230 断面）

预应力锚索的加固作用通过施加集中力的方法来模拟，即在有限元网格中距离等于锚索长度且方向与锚索方向一致的两个节点上施加一对相向的集中力（设计锚固力）。

由于抗滑桩的纵向间距为 4m，而本次平面应变计算纵向只有 1m，也就是说每根桩要承担 4m 厚的滑体的剩余下滑力，因此计算时可将土体重量乘以 4（在 ANSYS 中可在岩土材料密度输入时将密度乘以 4），同时为了确保原有稳定安全系数不发生变化，将岩土体的黏聚力也乘以 4，即保证 γ/c 不发生变化。

根据施工设计，每根锚索设计锚固力 800kN，每根桩上纵向布置两排锚索，而本次平面应变有限元模型中在纵向只布置一排锚索，所以将锚索预应力乘以 2，即 $800\times2=1\,600$kN。

锚索倾角 10°，在锚索的外锚头节点的水平方向施加一 $1\,600\times\cos10°$（kN）的集中力，在竖直方向施加一 $1\,600\times\sin10°$（kN）的集中力。抗滑桩截面尺寸：3m×4m；桩单元的惯性矩：$I=\frac{bh^3}{12}=\frac{3\times4^3}{12}=16\text{m}^4$；桩单元的截面积：$A=12\text{m}^2$。

6.9.3　有限元模型的建立

计算采用 ANSYS 软件，按照平面应变问题处理，岩土材料用 8 节点四边形平面单元 PLANE183 模拟，抗滑桩用梁单元 BEAM3 模拟。BEAM3 单元可以模拟桩的受拉、受压、受弯、受剪等功能。桩的截面积、惯性矩等可以在其对应的实常数中定义，该单元可以输出轴力、弯矩、剪力等。所有单元都需要事先划分好，如图 6-161 所示。

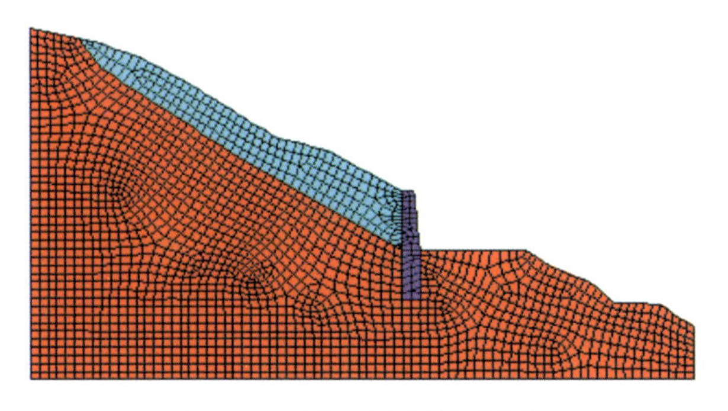

图 6-161　有限元网格划分示意图

6.9.4　计算采用的物理力学参数

计算采用的物理力学参数见表 6-63。

计算采用的物理力学参数　　表 6-63

材料名称	饱和重度（kN/m^3）	弹性模量（MPa）	泊松比	黏聚力（kPa）	内摩擦角（°）
块石堆积层	21	23	0.3	26.5	24.5
强风化泥岩	21	100	0.3	26.5	24.5
中风化砂岩	25	2 700	0.2	200	35
桩（C25 混凝土）	24	29×10^3	0.2	按线弹性材料处理	

6.9.5 材料本构模型及其设计安全系数的考虑

抗滑桩按照线弹性材料处理，岩土材料本构模型采用理想弹塑性模型，屈服准则为平面应变莫尔-库仑匹配 DP4 准则，采用关联流动法则。

设计采用强度储备安全系数，因而求滑坡推力时，必须先将岩土强度除以设计中规定的设计安全系数。本次计算时，取设计安全系数为 1.2，即将岩土体强度参数折减 1.2 后的参数作为输入参数计算滑坡推力及桩的内力，折减后的参数见表 6-64。

考虑设计安全系数 1.2 后的计算参数　　表 6-64

材料名称	天然重度（kN/m^3）	弹性模量（MPa）	泊松比	黏聚力（kPa）	内摩擦角（°）
块石堆积物	21	23	0.3	21.25	20.8
强风化泥岩	21	100	0.3	21.25	20.8
中风化砂岩	26.9	2 700	0.2	167	30
桩（C25 混凝土）	24	29×10^3	0.2	按线弹性材料处理	

6.9.6 开挖和支护过程的模拟

边坡的开挖采用单元“杀死”（E-KILL）的方法来模拟，桩的施作采用单元“激活”（E-ALIVE）的方法来模拟。所谓单元“杀死”，就是将单元刚度矩阵乘以一个很小的因子（如 1×10^{-6}），死单元的荷载将为 0，从而不对荷载向量生效，死单元的质量也设置为 0，单元的应变在“杀死”的同时也将设为 0。与上面的过程相似，单元的“出生”，并不是将其加到模型中，而是重新激活它们，其刚度、质量、单元荷载等将恢复原始数值。重新激活的单元没有应变记录，以实参形式输入的初应变不为单元“生死”所影响，所有单元需要事先划分好。

ANSYS 软件提供的荷载步（Load Step）功能能够很好地模拟边坡的开挖施工过程，本次计算按照以下施工步骤进行计算：

（1）计算边坡未开挖时的初始应力；

（2）施工抗滑桩，激活桩单元；

（3）进行开挖，即“杀死”要开挖的单元，然后施加锚索预应力；

（4）将滑体强度参数折减 1.2，然后计算此条件下桩的内力。

6.9.7 抗滑桩上滑坡推力计算与验算

进行有限元计算后，利用 ANSYS 软件后处理中提供的路径分析（Path Operation）功能，沿桩从滑动面到顶部设置路径，将水平应力映射到路径上，然后沿此路径对水平应力进行积分 $E_a=\int_0^s \sigma_x \mathrm{d}s$，就可以得到总的滑坡水平推力。

为了和传统极限平衡法比较，采用传统极限平衡条分法中的 Spencer 法进行计算。有限元强度折减法计算得到滑坡水平推力为 6 440kN，Spencer 法计算的推力为 6 400kN，两者计算结果相近，表明有限元强度折减法算出的滑坡推力合理，可据此计算桩结构的内力。

6.9.8 抗滑桩上滑坡推力分布

对本算例，根据有限元强度折减法计算结果可以得到各桩单元的水平应力，利用 ANSYS 软件后处理中提供的路径分析（Path Operation）功能，沿桩从滑动面处到桩顶设置路径（Path），将水平应力映射到路径上，就可以直接显示出桩上的水平应力分布，如图 6-162 所示。可见，采用有限元法得到该滑坡推力分布接近于弓形分布或者称为抛物线分布，与许多现场测试结果比较一致。

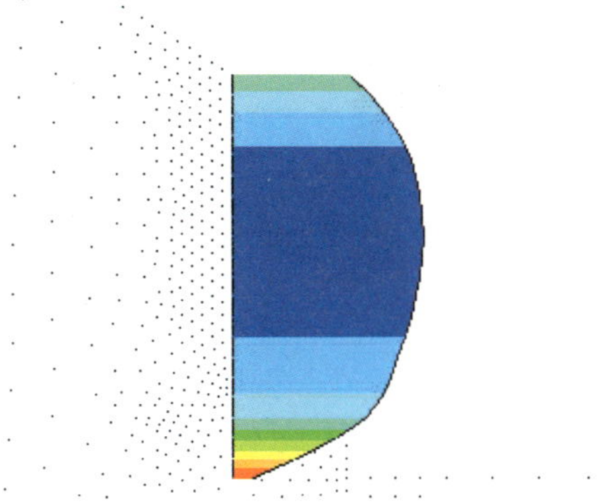

图 6-162 用有限元法得到的土压力分布

6.9.9 抗滑桩弯矩和剪力

在 ANSYS 软件后处理中，通过在 Element Table中定义梁单元（Beam3）的弯矩（SMIS6、SMIS12）、剪力（SMIS2、SMIS8）、轴力（SMIS1、SMIS7），即可得到桩内力的大小和分布（可通过 Plot-Line Element Results 得到）。

（1）开挖后只有抗滑桩时的计算结果

不施加锚固力，只有抗滑桩时桩的最大弯矩为 48 100kN·m，最大剪力为 6 560kN。图 6-163、图 6-164 分别为桩的弯矩和剪力分布图。

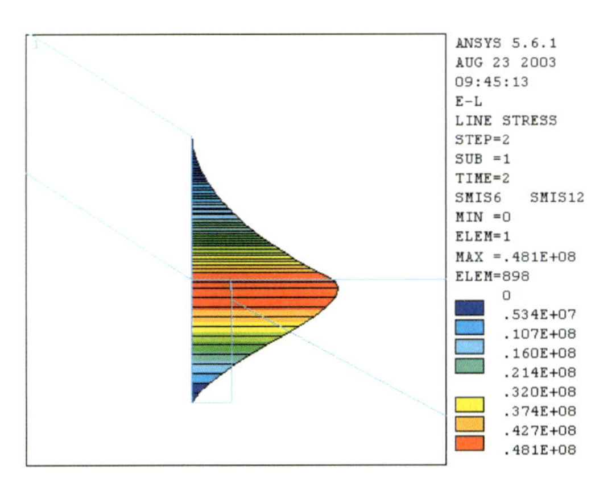

图 6-163 只设置抗滑桩时桩的弯矩分布

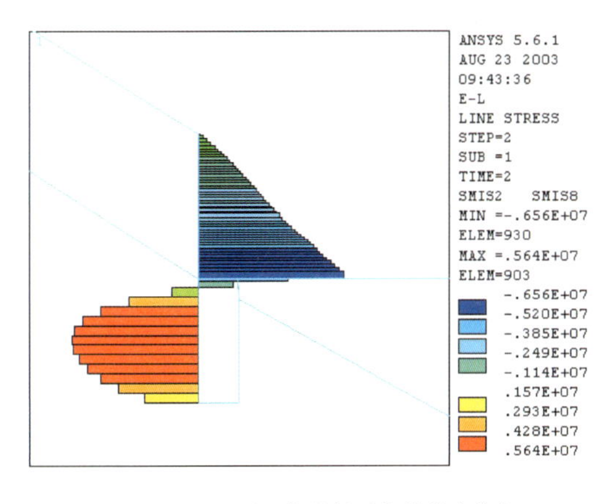

图 6-164 只设置抗滑桩时桩的剪力分布

（2）设置预应力锚索后桩的内力计算结果

设置预应力锚索后桩的最大弯矩为 11 900kN·m，最大剪力为 2 650kN。图 6-165、图 6-166分别为桩的弯矩和剪力分布图。

6.9.10 采用不同方法计算得到的桩内力结果对比

采用不同方法计算得到的桩内力结果对比见表 6-65。从计算结果可以看出，传统方法中采用不同的滑坡推力分布图式的计算结果有很大差别。有限元计算结果与传统方法中滑坡推力分布假定为矩形时的计算结果相对接近，三角形分布计算结果偏于危险。另外通过锚索施加锚固力后，桩的弯矩和剪力都大大减小，可见锚索和抗滑桩联合使用显著改变了桩的悬臂受力状态，使桩的被动受力状态变为主动加固，可以使桩的截面积与桩在滑动面以下的埋置深度显著减小，大大节约工程材料，降低工程造价。

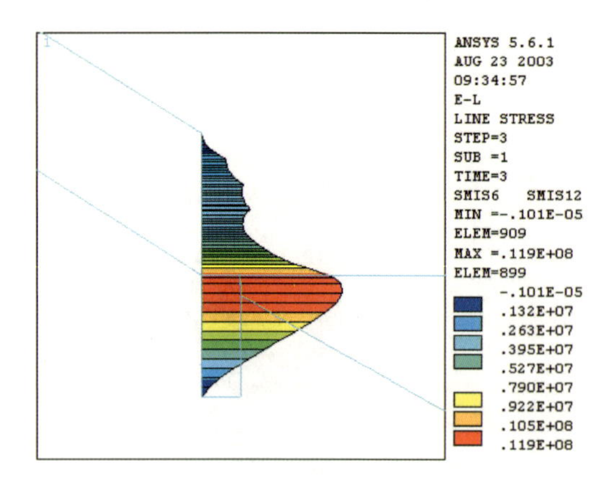

图 6-165 施加锚索锚固力后桩的弯矩分布

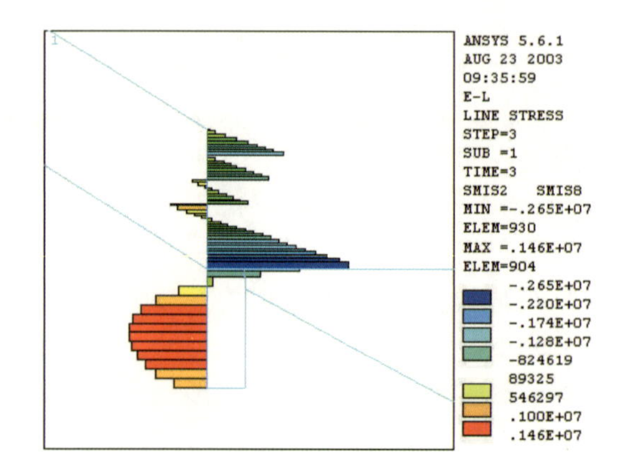

图 6-166 施加锚索锚固力后桩的剪力分布

不同方法得到的桩内力计算结果对比　　表 6-65

有无预应力锚索		传统方法		有限元强度折减法
		受荷段荷载分布类型假定为三角形分布	受荷段荷载分布类型假定为矩形分布	
无预应力锚索	剪力（kN）	6 276	8 323	6 560
	弯矩（kN·m）	42 062	58 082	48 100
有预应力锚索	剪力（kN）	875	2 573	2 650
	弯矩（kN·m）	5 346	11 320	11 900

6.9.11 锚固力优化

锚固力的大小对抗滑桩内力计算结果有较大影响，分别计算不同锚固力时桩的弯矩，计算结果见表 6-66。

不同锚固力时桩的弯矩　　表 6-66

编号	每孔锚索锚固力（kN）	桩的弯矩（kN·m）		
		有限元法	传统方法	
			①	②
1	600	19 700	7 853	22 683
2	800	11 900	5 346	11 310
3	900	4 550	14 516	5 583
4	950	2 650	17 249	2 967
5	1 000	3 410	19 982	4 532
6	1 100	7 300	25 447	8 110
7	1 200	11 700	30 913	13 575

注：表中①代表传统抗滑桩计算中假定滑坡推力分布为三角形，②代表假定滑坡推力分布为矩形。图 6-167 中①、②含义与此处相同。

图 6-167 为不同锚固力时桩的弯矩变化曲线，从计算结果看出，锚固力并不是越大越好，而是存在一个极值。从桩的弯矩变化曲线的走势变化看，当锚固力变化时，有限元计算结果与传统方法中滑坡推力分布假定为矩形时计算结果的变化趋势接近，而三角形分布假定的计算结果则差异很大。当每根锚索的锚固力为 900kN 或 950kN 时，有限元计算结果为 4 550kN·m或 2 650kN·m，与传统方法计算结果 5 583kN·m 或 2 967kN·m 比较接近，而且内力值小，因此经过比较分析认为每孔锚固力采用 900kN 或 950kN 为宜。

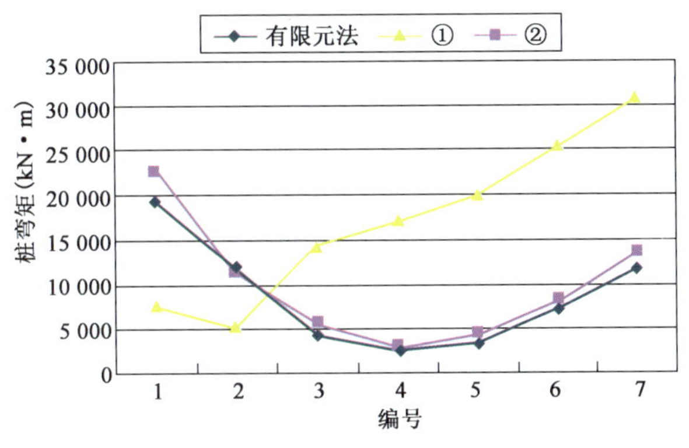

图 6-167 不同锚固力时桩的弯矩变化趋势对比

可见，锚索的锚固力大小对桩的内力有较大影响，设计中可以通过不同方案对比进行优化设计，使结构更趋经济安全。但应当注意，实际工程中锚固力会随时间而松弛，不易控制，而且锚固点位置施工中也不能做到绝对准确，因而优化后算得的内力应酌情增大。

6.9.12 不同工况下的临界滑动面及稳定安全系数

（1）开挖前，通过强度折减得到的滑动面如图 6-168 所示，稳定安全系数 F 为 1.05。

（2）开挖后不支挡时的滑动面如图 6-169 所示，稳定安全系数 F 为 0.64。

（3）支挡后的破坏滑动面如图 6-170 所示，稳定安全系数 F 为 1.39，表明该滑坡采用预应力锚索加固后，如果锚索和桩不出问题，随着滑体强度参数的降低，出现如图 6-170 所示的滑动面，滑体越过桩顶滑出，不过此时的稳定安全系数已经提高为 1.39，大于设计安全系数。也就是说，这一工程在设计要求的范围内不会出现通常所说的滑体“越顶”现象。

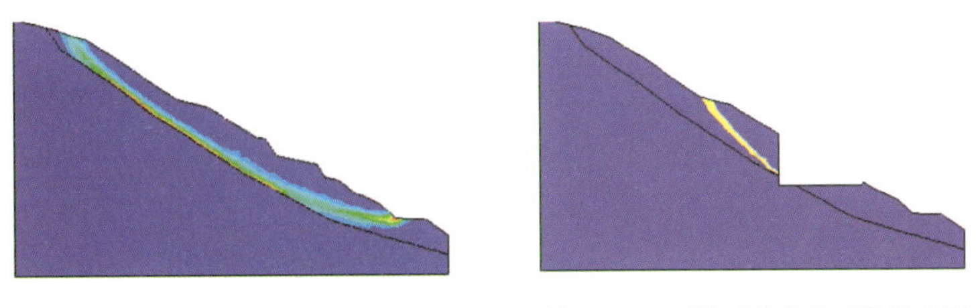

图 6-168 未开挖前的滑动面　　图 6-169 开挖后未支护时的滑动面

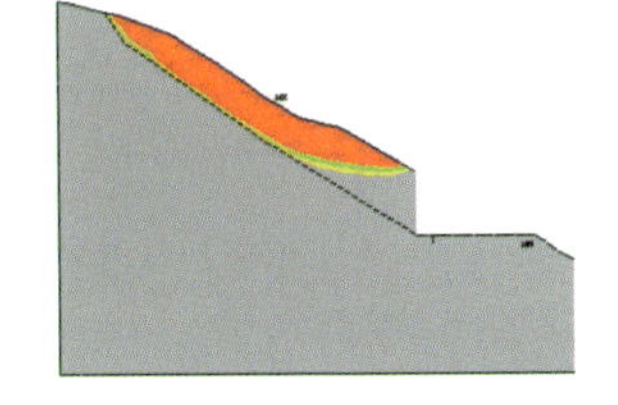

图 6-170 加固后的滑动面

6.10 有限元极限分析法在加筋土挡墙及其高陡边坡中的应用

6.10.1 加筋土挡墙设计方法概述

加筋土是指在土中加入拉筋（或称筋带），从而提高土体的强度，增强土体的稳定性，减少变形。土工格栅的主要特点是受力均匀，抗拉强度高，韧性好，重量轻，耐腐蚀，抗老化与抗震效果好，能在较短时间内发挥加筋作用，从而增强土坡的稳定性，减少变形。加筋土挡墙施工简便、投资省、造价低，因而应用比较广泛。但当前采用的加筋土设计计算是在坡高较低的边坡上研究和实践的基础上发展起来的，只适用于较低的边坡。对于高陡边坡及其挡墙设计并不适用，计算方法有待改进。

现行的加筋土设计方法主要是极限平衡法，它的优点是能给出安全系数的指标；设计时仅需考虑强度方面的参数，计算工作量较小；而且与素土边坡及挡墙的分析方法相近，易为工程界接受。但是由于极限平衡法需要对拉筋、土体、滑动面做出许多假定，因此其计算精度较差，无法保证加筋土挡墙内部的绝对稳定，所以只能将极限平衡法看作半经验半理论的方法。

土工格栅加筋土结构有限元极限分析的优越性是将加筋土结构的变形协调和应力平衡结合在一起，克服了传统极限平衡法将两者完全分开的局限。该方法能计算出土体中各点的位移、应力、应变和应力水平，除提供受荷后土体与拉筋的应力场和位移场外，还能提供加筋土边坡的稳定安全系数。由于机理清晰，适用于土工格栅加筋土高陡边坡及其挡墙设计，并在工程实践中不断获得验证。

6.10.2 PLAXIS 程序中加筋土的有限元数值计算

1）土工格栅与土体之间相互作用的本构模型

（1）土工格栅筋材的本构模型

加筋土挡墙设计计算中，为了考虑筋带与土体之间的共同作用，可采用有限元数值极限分析方法，并通过对加筋土挡墙进行强度折减，求出加筋土挡墙的稳定安全系数。

PLAXIS 有限元程序具有自动进行有限元强度折减的功能，并提供了模拟土工格栅的合理模型。由于土工格栅筋材是一种只能受拉、不能受压、不具有抗弯刚度的柔性材料，因此土工格栅单元的本构关系可以简化为只能受拉的弹塑性体，即看成只能沿轴向变形的一维单元，如图 6-171 所示。

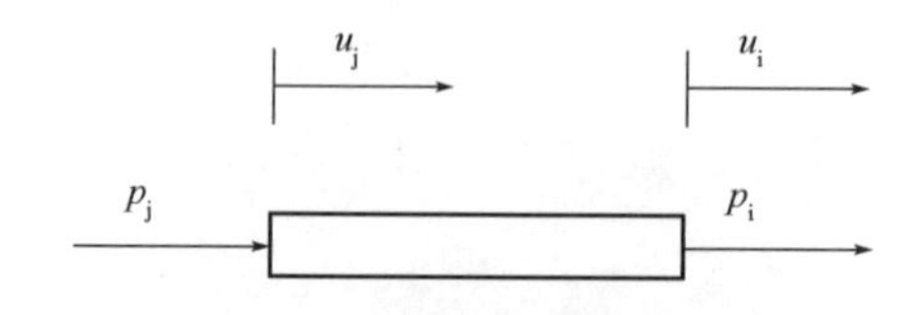

图 6-171　土工格栅筋材单元

在只考虑水平位移的情况下，单元节点与节点的位移关系式为：

$$\{p\} = [k]^e\{u\} \tag{6-33}$$

式中：$\{p\}$ ——节点力，$\{p\}=\begin{Bmatrix} p_i \\ p_j \end{Bmatrix}$；

$\{u\}$ ——节点位移，$\{u\}=\begin{Bmatrix} u_i \\ u_j \end{Bmatrix}$；

$[k]^e$——单元刚度矩阵，$[k]^e=\dfrac{AE_A}{L}\begin{bmatrix} 1 & -1 \\ -1 & 1 \end{bmatrix}$，其中 A 为横截面积，L 为单元长度，E_A 为轴向拉伸刚度。

（2）接触单元的本构模型

为了模拟土工格栅与土之间在工程施工或运行过程中可能出现的相对滑动现象，必须在土工格栅与土之间设置接触单元，如图 6-172 所示。应当注意，加筋材料两面都有接触单元，都存在抗剪强度，两面的抗剪强度大于土体间的抗剪强度。

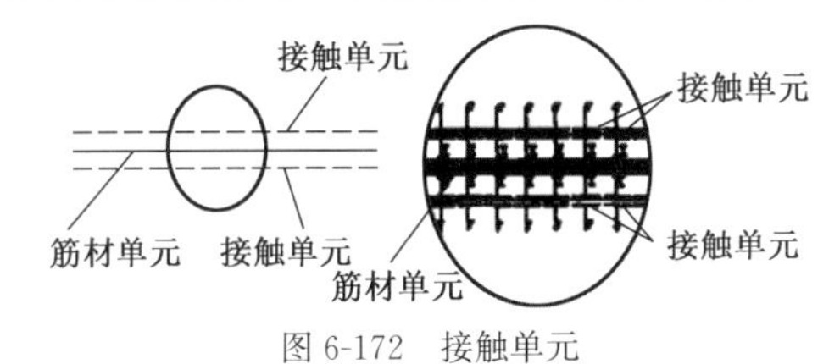

图 6-172　接触单元

PLAXIS 程序通过设置界面来考虑土与土工格栅之间的相互作用，格栅与土体之间的应力传递取决于界面强度，而界面单元的强度等于周围土体的强度乘以系数 R_{inter}，因此参数 R_{inter}反映了两者相互作用的程度。具体关系如下式所示：

$$c_{inter}=R_{inter}c_{soil} \tag{6-34}$$

加筋土的土体一般是内摩擦角很大的碎石土，而 c 值很小，主要依靠摩擦力增加土体强度。式（6-34）显然没有充分的理论依据，但由于 c 值不大，对计算结果影响不大。

当土与土工格栅的变形一致，即两者之间没有相对滑动时，$R_{inter}=1.0$；当两者之间有相对滑动时，界面单元的强度低于周围土体的强度，$R_{inter}<1.0$。实际工程中，R_{inter}的大小可以通过土工格栅的似摩擦系数进行确定。似摩擦系数 f 由试验确定，即：

$$f=\tan\varphi_1 \tag{6-35}$$

式中：φ_1——土与拉筋接触面之间的内摩擦角，即为 φ_{inter}。

由于式（6-34）缺乏充分的理论依据，因而要求填土 c 不应大于 10kPa，以确保计算安全。由式（6-35）可以得到 R_{inter}：

$$R_{inter}=\frac{\tan\varphi_{inter}}{\tan\varphi_{soii}}=\frac{f}{\tan\varphi_{soil}} \tag{6-36}$$

下面通过一个模型试验说明上述计算方法的可行性，在模型箱内装标准砂，其休止角为 37°，$c=10^{-3}$kPa 。加筋后，箱内砂的休止角增大为 44°［图 6-173a)］。按上述强度折减法进行计算，其破裂面角度为 45°［图 6-173b)］，既表明加筋后砂的强度增大，也表明试验结果与计算结果十分相近。

2）材料参数的选择及其影响

在 PLAXIS 程序中采用理想弹塑性模型进行加筋土挡墙的设计计算，需要输入如下计算参数：土体的重度 γ、弹性模量 E、泊松比 ν、内摩擦角 φ、黏聚力 c 以及剪胀角 ψ，还有加筋土填土的内摩擦角 φ_1、黏聚力 c_1、反映格栅与土体之间相互作用的系数 R_{inter}以及筋带

的轴向拉伸刚度 E_A。其中，剪胀角 ψ 对计算稍有影响，当采用关联流动法则时，取 $\psi=\varphi$；当采用非关联流动法则时，为了考虑一定的剪胀，取 $\psi=\varphi/2$ 较为合适。

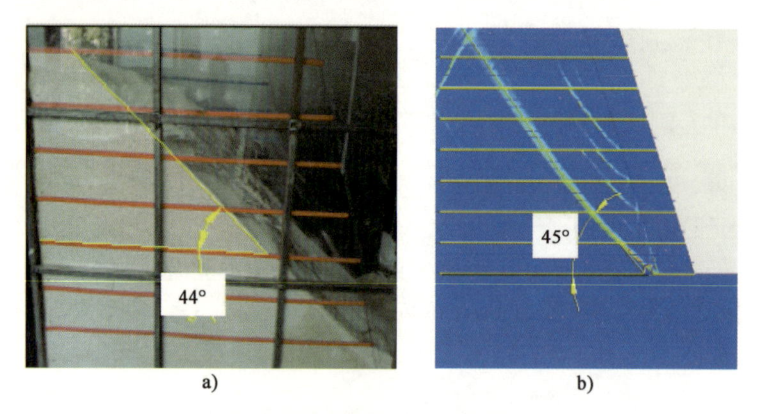

图 6-173 加筋后试验与计算破坏面

a)试验破坏面；b)计算破坏面

6.10.3 土工格栅加筋土挡墙破坏模式及有限元极限设计计算方法

1）加筋土挡墙破坏模式

基于上述土工格栅加筋土挡墙稳定性分析的结果可以发现，加筋土挡墙具有如下三种破坏模式：

（1）当筋带轴向拉伸刚度和长度足够时，挡墙失稳时破裂面前部的土体会发生松动坍塌，此时的破坏模式为加筋土挡墙的内部破坏，并且似摩擦系数 f 越大，破裂面的位置越靠前，失稳范围越小，稳定安全系数相对越高，如图 6-174a）所示。

（2）在似摩擦系数和筋带的长度都满足要求的前提下，当筋带的轴向拉伸刚度减小到一定数值后，由于筋带的变形过大，对加筋部分的土体丧失了有效约束，从而使大部分加筋土体进入塑性，导致破裂面的位置后移并进入未加筋的土体。此时的破坏模式为加筋土挡墙内部与外部同时破坏，如图 6-174b）所示。

（3）在似摩擦系数和筋带的轴向拉伸刚度都满足要求的前提下，当筋带的长度减小到一定数值后，在未加筋的土体内产生破裂面，此时发生的破坏是由于土体产生的水平推力克服了加筋体“基底”与地基土之间的摩擦力而发生的沿底面滑动的外部失稳破坏，如图 6-174c)所示。

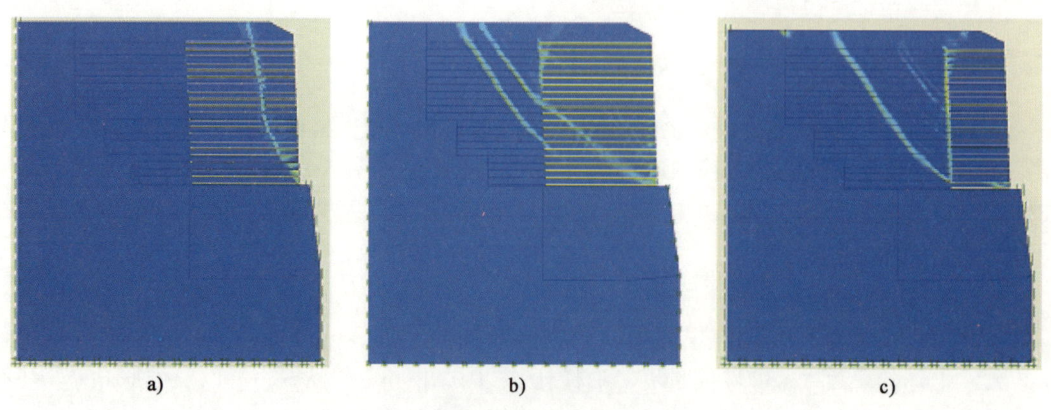

图 6-174 土工格栅加筋土挡墙的三种破坏模式

2）加筋土挡墙有限元极限设计计算方法

加筋土挡墙有限元极限设计计算方法主要包含三项内容：①复核设计条件，主要是对加筋土挡墙地基的地质特征及力学参数、填料的物理力学性质、荷载的条件及设计安全系数等进行复核；②验算加筋土挡墙的稳定性，确定筋带铺设的间距和长度，确保加筋土挡墙的稳定性达到设计要求；③验算筋带拉力、基底压力与水平位移。加筋土挡墙有限元设计流程如图 6-175 所示。

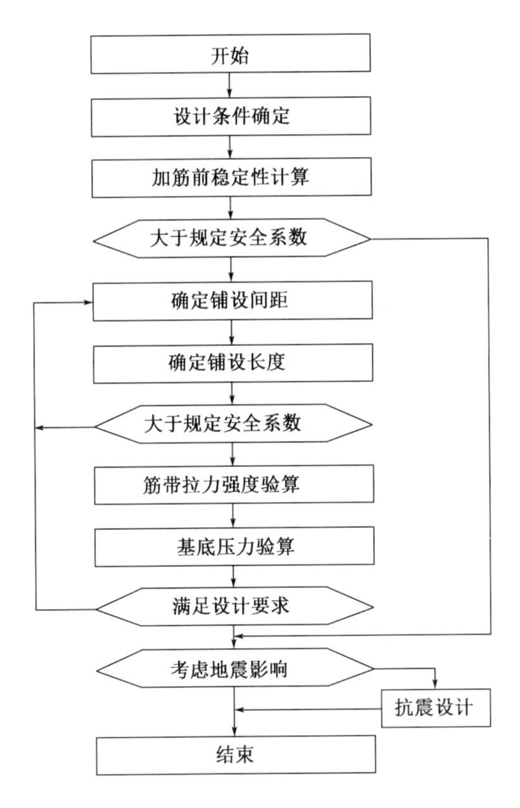

图 6-175　加筋土挡墙有限元设计流程

采用有限元强度折减法进行加筋土挡墙的设计计算，其具体步骤为：

（1）利用有限元强度折减法进行挡墙的稳定性分析，计算得到破裂面的位置与稳定安全系数。

（2）如稳定安全系数过大，则可适当减小筋带数量，即增大筋带的间距，使设计安全系数大于 1.3。

（3）计算筋带的长度，不断减小筋带的长度直到安全系数突然减小，再综合考虑安全度将此长度乘以 1.2～1.4 即可作为设计长度，安全度取多少为宜有待进一步研究。

（4）计算加筋带的最大拉力，其大小不能超过筋带的设计拉力。设计拉力可按式(6-37)确定，也可根据《土工合成材料应用技术规范》（GB/T 50290—2014）中的公式确定。

$$T < T_D = \frac{T_M}{\gamma_f \gamma_{R2} \gamma_0} \tag{6-37}$$

式中：T——筋带的最大拉力；

T_D——筋带的设计拉力；

T_M——筋带的极限拉力；

γ_f——筋带材料抗拉性能的分项系数，通常取1.25；

γ_{R2}——筋带材料抗拉计算的调节系数，通常取1.8～2.5；

γ_0——结构重要性系数，通常取1.0～1.1。

（5）验算筋带的轴向刚度是否合理，并验算加筋土挡墙的水平位移是否满足工程对变形控制的要求。

（6）验算加筋土挡墙的基底压力是否满足基底土承载力的要求。

3）加筋土挡墙有限元极限设计计算方法的工程应用

以某高速公路土工格栅加筋土挡墙的实际工程作为算例，计算模型如图6-176a）所示。挡墙高9.6m，筋带长6.4m，垂直间距为0.4m，共铺设21层筋带。土体重度 $\gamma=19.5\text{kN/m}^3$，黏聚力 $c=5\text{kPa}$，内摩擦角 $\varphi=35°$，筋土界面摩擦系数为0.44，筋带轴向拉伸刚度 $E_A=1\ 000\text{kN/m}$。

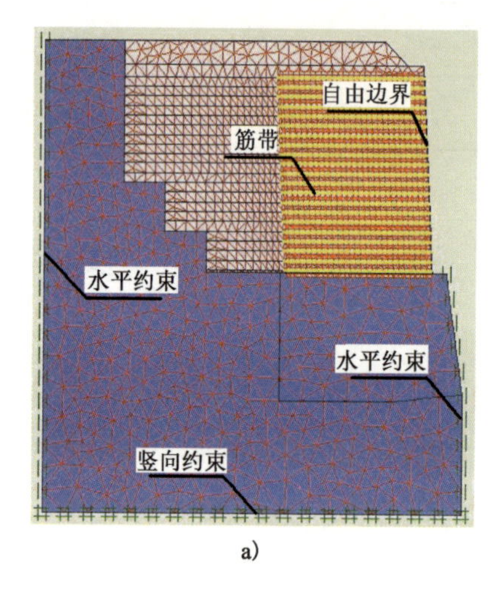

a)

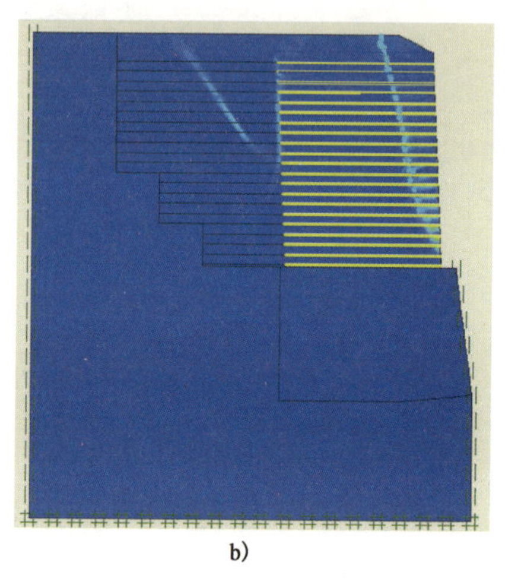

b)

图6-176 计算模型与破裂面位置图

a)计算模型；b)破裂面位置

采用有限元强度折减法进行土工格栅加筋土挡墙的设计与优化。

（1）加筋前挡墙的稳定性计算

如果不铺设土工格栅，直接进行填筑，那么填筑体的稳定安全系数 $F_s=0.42$，不能满足设计要求，因此需要在填筑体中铺设土工格栅来提高挡墙的稳定性。

（2）加筋后破裂面与稳定安全系数的确定

经计算，稳定安全系数为1.376，破裂面位置如图6-176b）所示。

（3）加筋土挡墙筋带间距的确定

采用有限元强度折减法对不同筋带间距条件下挡墙的稳定性进行分析，筋带的长度取6.4m，在分析过程中保持不变，计算结果见表6-67。

筋带间距与稳定安全系数的关系 表6-67

筋带间距（m）	0.3	0.4	0.45	0.5	0.6	0.8	1
稳定安全系数	1.519	1.376	1.331	1.244	1.196	1.074	1.009

从表6-67可以看出，如果工程的设计安全系数要求达到1.3，那么筋带间距取0.4m和0.45m比较合理，因此确定这两种筋带间距，在此基础上进行筋带长度的优化设计。

(4) 加筋土挡墙筋带长度的确定

根据上一步确定的两种筋带间距，进行不同筋带长度条件下挡墙的稳定性分析，计算结果见表6-68。

筋带长度与稳定安全系数的关系　　表6-68

筋带间距（m）	0.4					
筋带长度（m）	7.4	6.4	5.4	4.4	4.0	3.4
稳定安全系数	1.382	1.376	1.358	1.350	1.290	1.194
筋带间距（m）	0.45					
筋带长度（m）		6.4	5	4.5	4.2	4
稳定安全系数		1.331	1.320	1.310	1.286	1.283

从表6-68可以看出，不论采用哪种筋带间距，当筋带长度从7.4m减小至4.4m时，稳定安全系数降低的幅度都不是很大，这表明筋带过长不但对挡墙稳定性的提高没有明显作用，反而会造成不必要的浪费。

分析不同筋带长度条件下的稳定安全系数可以发现，当筋带间距为0.4m，筋带长度为4.4m时，继续减小筋带长度，稳定安全系数突然降低，同时挡墙的破坏也由加筋土内部的破坏转变为外部的破坏，如图6-177所示。由此可以确定，若将筋带稳定安全系数突降后的长度4m作为筋带临界长度，那么设计长度应在临界长度上乘以一个安全系数，暂取1.4，则采用的筋带设计长度为5.6m，此时工程的稳定安全系数为1.364，图6-178为筋带长度为5.6m时对应的破裂面位置。

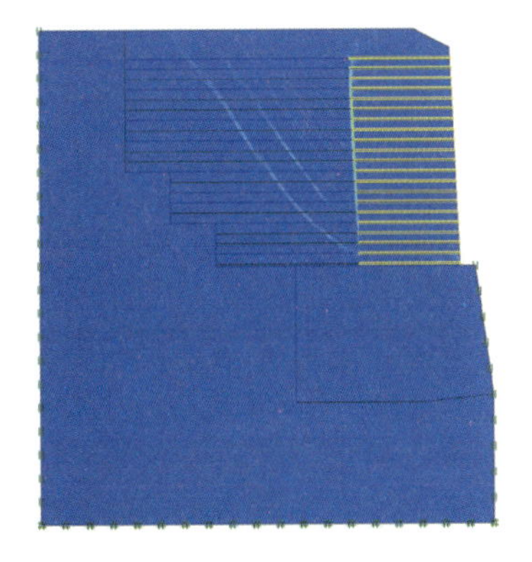

图6-177　间距0.4m筋长4m破裂面

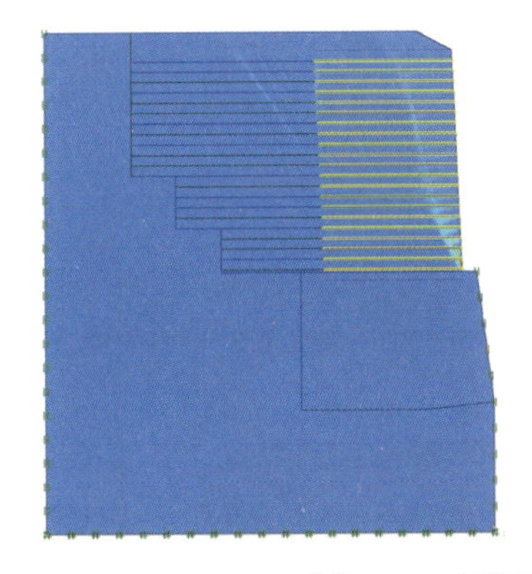

图6-178　间距0.4m筋长5.6m破裂面

当筋带间距取0.45m时，从表6-68中的计算结果可以看出，筋带的临界长度变为4.2m，同样考虑安全度将筋带的临界长度乘以1.4作为设计长度（$4.2\times1.4=5.88$m），即取5.9m作为筋带的设计长度。采用有限元强度折减法进行稳定性分析，此时工程的稳定安全系数为1.326，满足设计安全系数的要求，图6-179为其对应的破裂面位置。

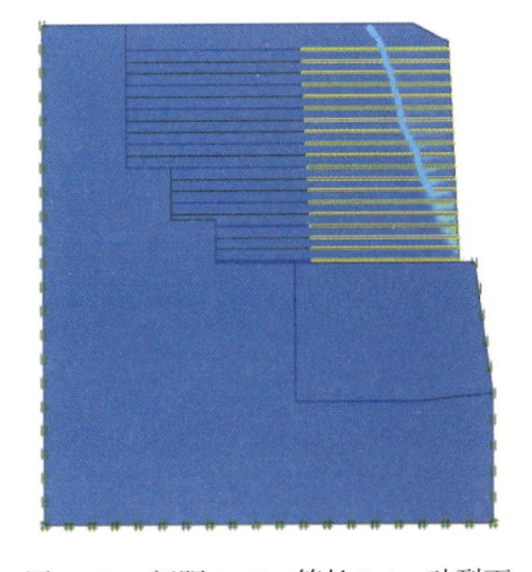

图6-179　间距0.45m筋长5.9m破裂面

(5) 筋带拉力及挡墙水平位移验算

筋带的最大拉力是通过在PLAXIS程序后处理中查询每根筋带的拉力值得到的，同时也可以得到每根筋带最大拉力点的位置。

本工程采用的筋带的极限拉力为100kN/m，则设计拉力可按下式计算：

$$T_D = \frac{T_M}{\gamma_f \gamma_{R2} \gamma_0} = \frac{100}{1.25 \times 2.5 \times 1.1} = 29\text{kN/m}$$

通过分析得到，当筋带间距为0.4m，筋带长度为5.6m时，筋带的最大拉力为17.35kN/m，小于筋带的设计拉力29kN/m，满足设计要求。

筋带间距为0.4m，筋带长度为5.6m时每根筋带最大拉力点的连线如图6-180所示，其位置和破裂面的位置十分接近。

当筋带间距为0.45m，筋带长度为5.9m时，筋带的最大拉力为19.9kN/m，也小于筋带的设计拉力29kN/m，满足设计要求。图6-181为每根筋带最大拉力点的连线与相应的破裂面位置。

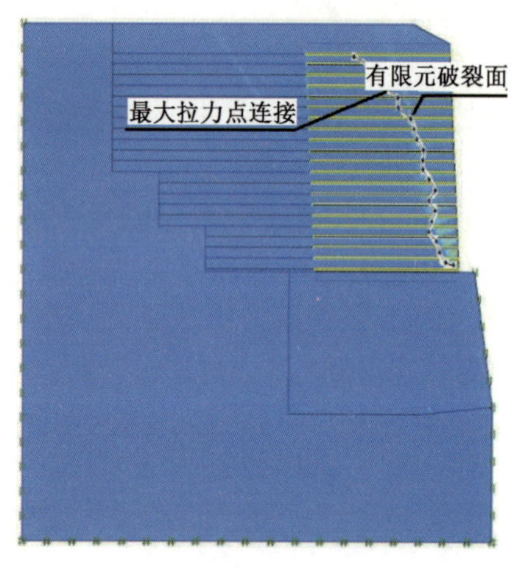

图6-180 间距0.4m筋长5.6m时最大拉力点连线与破裂面

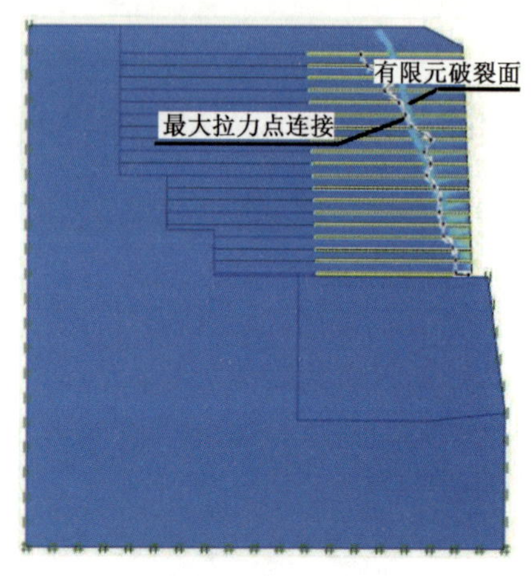

图6-181 间距0.45m筋长5.9m时最大拉力点连线与破裂面

图6-182、图6-183分别为筋带间距为0.4m、筋带长度为5.6m和筋带间距为0.45m、筋带长度为5.9m时，加筋土挡墙水平位移的云图。从图中可以看出，最大水平位移出现在挡墙最上部的临空面处，分别为10cm和10.3cm，均满足工程对变形控制的要求。

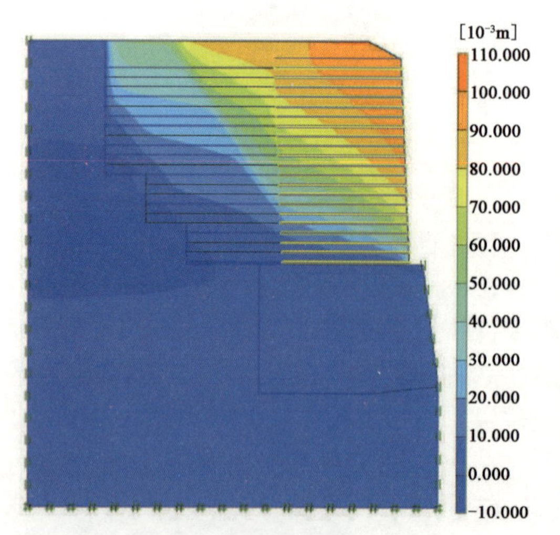

图6-182 间距0.4m筋长5.6m时水平位移云图

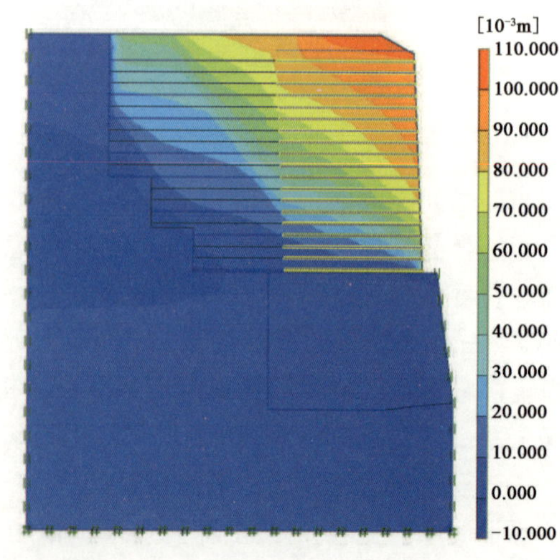

图6-183 间距0.45m筋长5.9m时水平位移云图

(6) 两种设计方案与原设计方案比较

从表 6-69 不同设计方案的比较可以看出，在满足工程稳定性和其他设计要求的前提下，优化后的方案二与方案一、原设计方案相比每米范围内筋带的总长度最小，因此方案二更为优化、经济。

不同设计方案比较 表 6-69

方　案	稳定安全系数	筋带间距（m）	筋带根数	筋带长度（m）	筋带总长（m）
原设计方案	1.376	0.4	21	6.4	134.4
优化方案一	1.364	0.4	21	5.6	117.6
优化方案二	1.326	0.45	19	5.9	112.1

通过上述分析可以看出，采用有限元强度折减法进行加筋土挡墙的设计计算，能够很好地弥补传统设计方法的不足，确保工程的稳定性，增大设计的安全性与可靠性，降低工程费用。同时，该方法不仅可以自动判断加筋土挡墙的破坏模式，不需要按传统设计方法分别进行内部稳定性的验算和外部稳定性的验算，还可以考虑筋带的轴向拉伸刚度对挡墙稳定性的影响，并可以对筋带的间距和长度进行优化设计。

6.10.4 土工格栅界面特性的研究及其应用

由上可见，加筋土的计算与 R_{inter} 有关，而 R_{inter} 只与土与拉筋接触面之间的摩擦角，即 φ_{inter} 与土体内摩擦角 φ_{soil} 之比有关，而与界面中筋带的面积和土体的面积无关，这显然不够合理。如果筋带面积远大于土体面积，并不会提高 R_{inter}，而使计算偏于浪费；反之土体面积远大于筋带面积，可能使加筋土失效，造成工程失稳破坏。因而需要对土工格栅界面特性进行充分研究。当筋带面积远大于土体面积时，一是减少筋带面积，二是适当提高 R_{inter}，避免过分浪费。当土体面积远大于筋带面积时，需要设限，确保工程稳定。但目前这方面的研究不多，本节做了初步研究，提出一些新的观念，以供参考。

(1) 不同网孔尺寸条件下土工格栅界面特性及其格栅-土界面与剪切面面积比的试验研究

试验研究采用 ZY50-2G 大型剪压两用仪，其上下剪切盒半径为 25cm，试验用土工格栅产品简图如图 6-184 所示。试验方案有 4 个，方案一未铺垫格栅，方案四为全铺垫格栅，方案二、三分别见图 6-185、图 6-186。

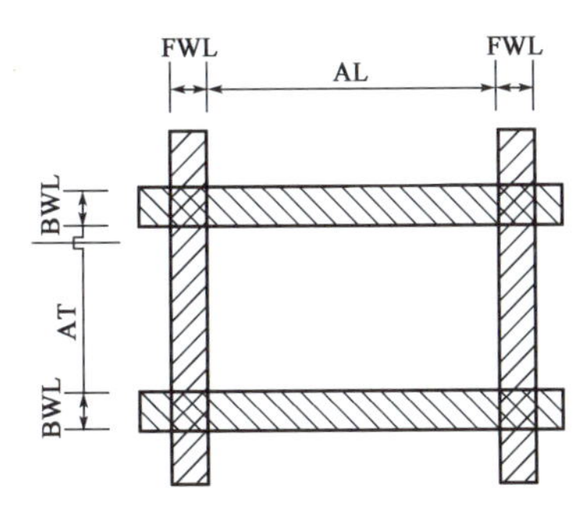

图 6-184 土工格栅产品简图

图 6-185 试验仪器与试验方案二

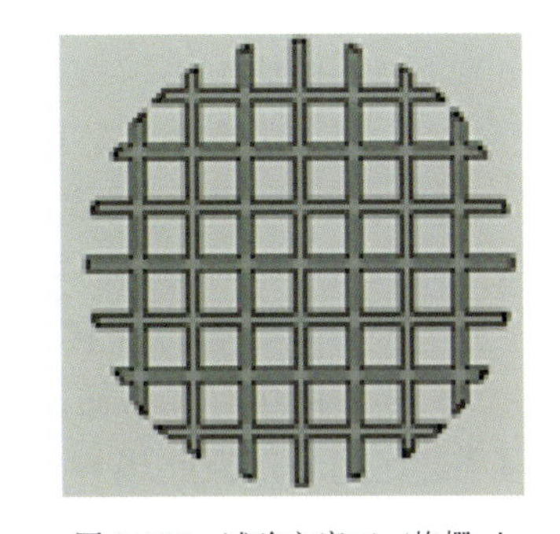

图 6-186 试验方案三（格栅-土接触面积为 0.07m²）

试验选用标准砂（砂土）为填料，黏聚力 $c=0.01$kPa（近似为 0kPa），内摩擦角 $\varphi=30°$。剪切试验时分别施加 100kPa、200kPa、300kPa 和 400kPa 的竖向荷载，并测定不同竖向荷载条件下，试样发生剪切破坏时的水平推力。根据剪切试验时施加的竖向荷载的大小得到土工格栅-土界面上的正应力σ，通过试样发生剪切破坏时水平推力和剪切盒横截面面积的比值计算得到界面上的剪应力τ。对界面正应力σ和界面剪应力τ进行直线拟合，如图6-187所示。获得界面黏聚力$c_{界面}$，界面内摩擦角$\varphi_{界面}$。

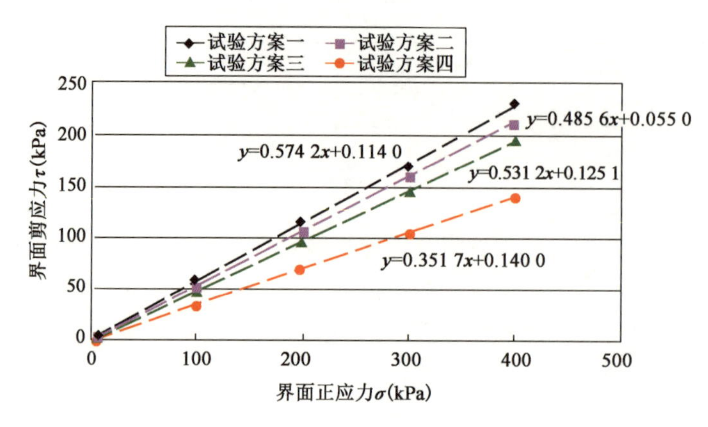

图6-187　界面正应力σ和界面剪应力τ的直线拟合

采用《公路土工合成材料应用技术规范》（JTG/T D32—2012）中界面摩擦系数比的定义来评价土工格栅的界面特性，如表6-70所示。由于试验方案一未铺设土工格栅，此时界面的强度指标应该等于填料标准砂的强度指标，表中试验方案一对应的$c_{界面}$和$\varphi_{界面}$分别等于0.114kPa和29.86°，此时的界面摩擦系数比近似等于1。

不同试验方案土工格栅界面的强度指标　　表6-70

界面强度指标	试验方案一	试验方案二	试验方案三	试验方案四
界面黏聚力$c_{界面}$（kPa）	0.114	0.125	0.060	0.140
界面内摩擦角$\varphi_{界面}$（°）	29.86	27.98	25.90	19.38
$\tan\varphi_{界面}$	0.574	0.531	0.486	0.352
界面摩擦系数比（$=\tan\varphi_{界面}/\tan\varphi_{土体}$，$\varphi_{土体}=30°$）	0.99	0.92	0.84	0.61

试验结果表明，土工格栅和标准砂界面的摩擦系数比与格栅和土之间的接触面积有关，随着土工格栅网孔尺寸的变化，界面摩擦系数比是个变化值，因此必须考虑网孔尺寸对格栅-土界面特性的影响。随着土工格栅网孔尺寸的减小，即格栅-土接触面积增大，土-土接触面积减小，界面的摩擦系数比也逐渐减小。当格栅满铺时（试验方案四），土工格栅的界面摩擦系数比等于0.61，其数值最小。分析其原因主要是剪切试验测定的是土工格栅和上剪切盒土体单面接触时的界面摩擦系数比，由于土工格栅-土接触界面比土-土接触界面更光滑，因此当界面全部是土-土接触时（试验方案一），摩擦系数比等于1，此时界面摩擦系数比最大。只要界面中存在格栅-土的接触，则摩擦系数比小于1，且格栅-土的接触面积越大，摩擦系数比越小，因此当界面全部是格栅-土接触时（试验方案四），摩擦系数比等于0.61，其数值最小。

（2）不同网孔尺寸条件下土工格栅界面特性的数值研究

PLAXIS程序基于弹塑性模型模拟土工格栅-土接触界面的相互作用。通过在模型顶面设置面荷载模拟竖向加压荷载，与试验一样，竖向荷载分别取100kPa、200kPa、300kPa和

400kPa。建立的数值模型如图 6-188 所示。

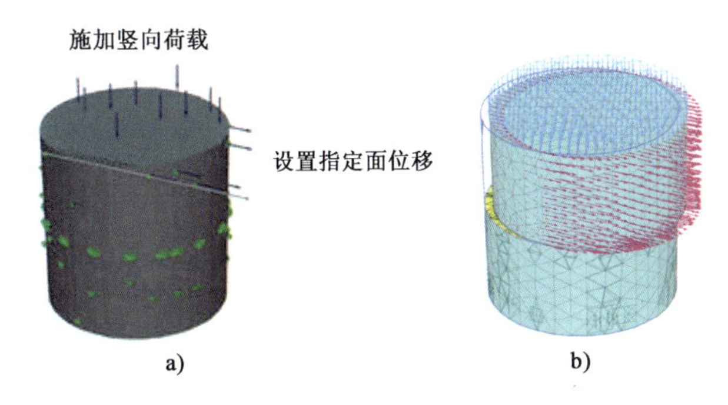

图 6-188　有限元模型示意图

a)模型图;b)位移矢量图

以试验用标准砂为填料，其强度指标黏聚力 $c_{土体}$ 取 0kPa，内摩擦角 $\varphi_{土体}$ 取 30°。格栅-土的界面强度指标按前述满铺格栅时的试验结果，即界面摩擦系数比等于 0.61 计算得到，$c_{格栅-土}$ 取 0kPa，界面内摩擦角 $\varphi_{格栅-土}$ 取 19.40°。数值模拟结果见表 6-71。

填料为纯摩擦标准砂时不同格栅-土接触面积条件下界面的强度指标　　表 6-71

编　号	格栅-土接触面积 (m^2)	$c_{界面}$ (kPa)	$\varphi_{界面}$ (°)	界面摩擦系数比 ($=\tan\varphi_{界面}/\tan\varphi_{土体}$)
方案二	0.036 2	0.33	27.62	0.91
方案三	0.070 0	0.24	25.80	0.84
方案四	0.196 3	0	19.37	0.61

从表 6-71 中的数据可以看出，当填料为标准砂时，采用数值模拟得到方案二和方案三对应的界面内摩擦角分别为 27.62°和 25.80°，与上述试验结果 27.98°和 25.90°十分接近。由此表明，基于数值模拟开展不同网孔尺寸条件下土工格栅界面特性的数值研究是可行的。

（3）土工格栅合理网孔尺寸研究

采用建立的数值模型，仍以标准砂为填料，对 11 种不同网孔尺寸的土工格栅进行格栅-土界面特性研究，数值计算得到的不同网孔尺寸条件的界面摩擦系数比见表 6-72。

填料为纯摩擦标准砂时不同格栅-土接触面积条件下界面的强度指标　　表 6-72

型号	格栅-土接触面积 $A_{格栅-土界面}$ (m^2)	土-土接触面积 $A_{土-土界面}$ (m^2)	格栅-土界面与剪切面面积比	$c_{界面}$ (kPa)	$\varphi_{界面}$ (°)	界面摩擦系数比 ($=\tan\varphi_{界面}/\tan\varphi_{土体}$)	$\tan\varphi_{格栅-土}$	$\varphi_{格栅-土}$ (°)	格栅-土界面摩擦系数比 ($=\tan\varphi_{格栅-土}/\tan\varphi_{土体}$)
GSA	0.196 3	0.000 0	1.00	0.16	19.37	0.61	0.352	19.37	0.609
GSB	0.157 2	0.039 1	0.80	0.17	21.43	0.68	0.347	19.11	0.600
GSC	0.128 5	0.067 8	0.65	0.21	22.85	0.73	0.339	18.73	0.587
GSD	0.100 2	0.096 1	0.51	0.23	24.37	0.78	0.334	18.45	0.578
GSE	0.083 3	0.113 0	0.42	0.25	25.37	0.82	0.334	18.48	0.579
GSF	0.070 0	0.126 3	0.36	0.24	25.80	0.84	0.314	17.43	0.544
GSG	0.066 1	0.130 2	0.34	0.25	26.06	0.85	0.315	17.49	0.546
GSH	0.054 3	0.142	0.28	0.29	26.79	0.87	0.315	17.51	0.546

续上表

型号	格栅-土接触面积 $A_{格栅-土界面}$ (m²)	土-土接触面积 $A_{土-土界面}$ (m²)	格栅-土界面与剪切面面积比	$c_{界面}$ (kPa)	$\varphi_{界面}$ (°)	界面摩擦系数比 (= $\tan\varphi_{界面}/\tan\varphi_{土体}$)	$\tan\varphi_{格栅-土}$	$\varphi_{格栅-土}$ (°)	格栅-土界面摩擦系数比 (= $\tan\varphi_{格栅-土}/\tan\varphi_{土体}$)
GSI	0.046 7	0.149 6	0.24	0.31	27.01	0.88	0.293	16.34	0.508
GSJ	0.036 2	0.160 1	0.18	0.33	27.57	0.90	0.278	15.53	0.481
GSK	0.023 5	0.169 8	0.12	0.30	27.62	0.91	0.176	10.01	0.306

表 6-72 中的计算结果直观说明了土工格栅网孔尺寸对其界面特性的影响，不同网孔尺寸对应的界面摩擦系数比各不相同。同时，格栅-土界面面积越小，即网孔尺寸越大，界面摩擦系数比越大。以此类推，不铺设土工格栅时界面摩擦系数比反而最大，这显然是不合理的。分析其原因，根据界面摩擦系数比等于 $\tan\varphi_{界面}/\tan\varphi_{土体}$ 的定义，其中 $\tan\varphi_{界面}$ 的大小是由界面处土体-土体界面的摩擦和格栅-土体界面的摩擦的综合作用决定的，由于格栅-土体界面比土体-土体界面更光滑，因此只要界面处存在格栅-土体的接触，$\tan\varphi_{界面}$ 就小于 $\tan\varphi_{土体}$，界面摩擦系数比就小于 1，导致不铺设土工格栅界面摩擦系数比反而越大。但是实际工程中，土工格栅是有一定厚度的，有两个接触面，其上下界面均能起到抗剪切作用，从而实现对土体强度的增强。

为了针对性地研究土工格栅的加筋作用，需进一步将格栅-土界面的摩擦作用从界面综合摩擦作用中分离出来。

根据界面剪力的合力等于剪应力乘以剪切面积，即 $F=\tau\times A$，将剪应力的表达式带入上式可以得到：

$$(c_{界面}+\sigma_{界面}\times\tan\varphi_{界面})\times A_{界面}=(c_{土体}+\sigma_{土-土}\times\tan\varphi_{土体})\times A_{土-土}+(c_{格栅-土}+\sigma_{格栅-土}\times\tan\varphi_{格栅-土})\times A_{格栅-土} \tag{6-38}$$

近似取 $c_{界面}=c_{土体}=c_{格栅-土}=0$，且由于 $\sigma_{界面}=\sigma_{土-土}=\sigma_{格栅-土}$，上式可以简化为：

$$\tan\varphi_{界面}\times A_{界面}=\tan\varphi_{土体}\times A_{土-土}+\tan\varphi_{格栅-土}\times A_{格栅-土} \tag{6-39}$$

其中，$\varphi_{界面}$ 可以由建立的数值模型计算得到，$\varphi_{土体}$、$A_{界面}$、$A_{土-土}$ 和 $A_{格栅-土}$ 已知，可以求得 $\varphi_{格栅-土}$，这样就能将格栅-土界面的摩擦作用从界面综合摩擦作用中分离出来，计算结果见表 6-72。

由此可以看出，随着开孔尺寸的增大，即格栅-土接触面积的减小，$\tan\varphi_{格栅-土}$ 逐渐减小，表示格栅的作用越来越弱。定义格栅-土界面的摩擦系数比等于 $\tan\varphi_{格栅-土}/\tan\varphi_{土体}$。不同型号土工格栅对应的格栅-土界面的摩擦系数比见表 6-72。绘制格栅-土界面与剪切面面积比和格栅-土界面摩擦系数比的关系曲线，如图 6-189 所示。

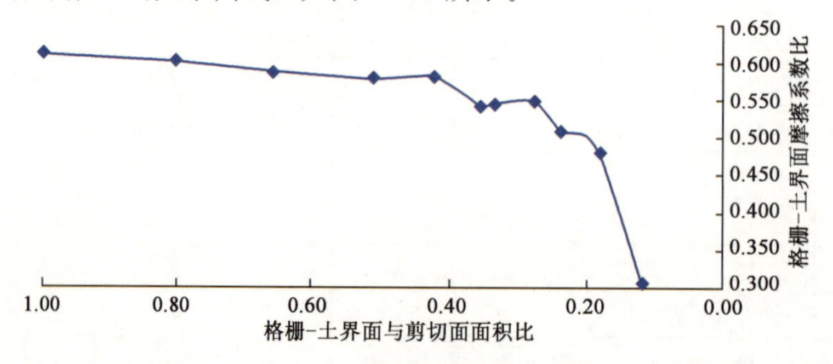

图 6-189 格栅-土界面与剪切面面积比和对应界面摩擦系数比的关系曲线

从图 6-189 可以看出，格栅-土界面摩擦系数比随着格栅-土接触面积的减小而逐渐减小。当面积比小于 0.42 时，格栅-土界面摩擦系数比随格栅-土界面与剪切面面积比的减小呈阶梯形减小，表示格栅的加筋作用逐渐减弱。当面积比小于 0.28 时，格栅-土界面摩擦系数比随格栅-土界面与剪切面面积比的减小发生陡降，此时格栅的加筋作用已经很小了。因此，建议土工格栅的合理网孔尺寸应保证格栅-土之间的有效接触面积占整个界面面积的 1/3 左右，考虑一定安全性，建议不低于 36%，以确保安全。而当格栅-土界面与剪切面面积比大于 50%的时候，可适当提高 R_{inter}，以充分发挥盘带面积的作用。从安全考虑，建议格栅-土界面与剪切面面积比在 0.51～0.7 之间时，R_{inter} 提高 7%；在 0.7 以上时，R_{inter} 提高 15%，以供参考。

6.10.5　高陡土工格栅加筋土边坡的工程实例

高陡加筋土挡墙的设计施工必须满足筋材质量好、设计计算方法合理、采用无严重风化的粗粒土为填料、施工达到规定的密实度，以及具有良好的防水和排水系统的要求。

（1）有限元计算模型

高陡土工格栅加筋土挡墙工程实例如图 6-190 所示。按照平面应变问题建立有限元模型，加筋土挡墙高 60m，分四阶，每阶高度为 15m，各阶倾角均为 70°，依据经验和试算，筋带的最大长度以坡高乘以 0.75 确定，从下向上长度分别为 45m、37m、30m 和 25m，筋带垂直间距为 0.4m。有限元模型如图 6-191 所示。对于高陡加筋土边坡，设计稳定安全系数需要提高，一般取 1.4～1.5，这里采用 1.4。

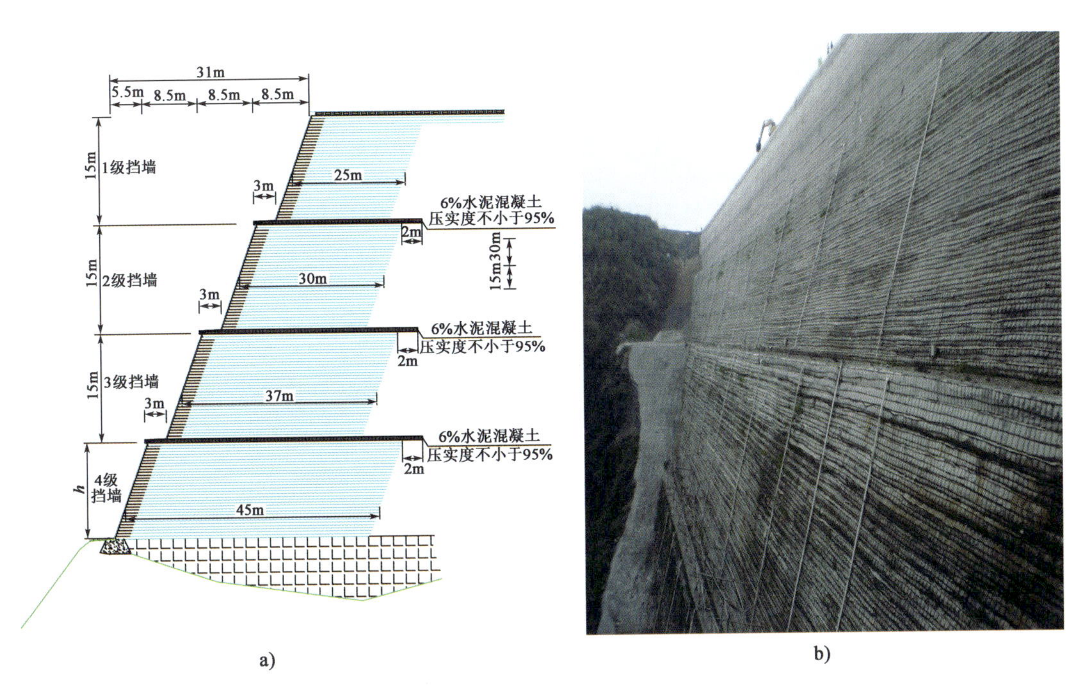

图 6-190　60m 高加筋土挡墙

a）方案示意图；b）竣工图

（2）岩土体参数的确定

通过试验，岩土参数的取值见表 6-73。

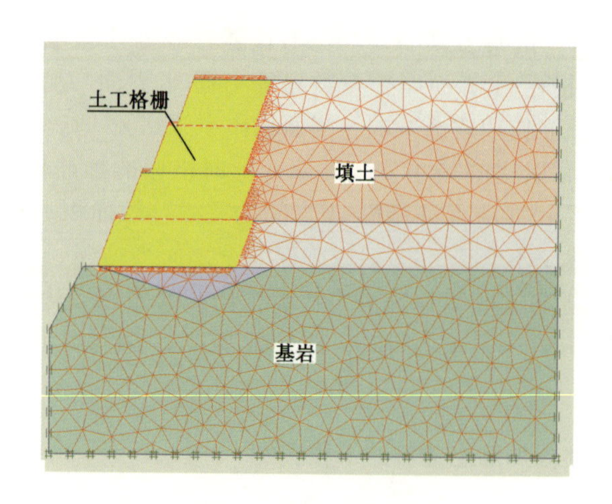

图 6-191　有限元计算模型

岩土物理力学参数　　表 6-73

材料名称	饱和重度（kN/m^3）	弹性模量（MPa）	泊松比	黏聚力（kPa）	内摩擦角（°）
填土	19	40	0.3	10	30
地基土	20	80	0.3	28	23.8
基岩	23	1 600	0.12	1 000	33

考虑到在铺设土工格栅的过程中填土要经过分层碾压，以达到相关施工要求，因此其强度参数相对较高，结合本工程现场填料的工程性状，确定填土的强度参数为：$c=5\text{kPa}$、$\varphi=30°$。

计算中似摩擦系数取 0.40，由于填土的内摩擦角取 30°，因此可以确定参数 $R_{inter}=0.693$。

（3）筋带轴向刚度参数的确定

在 PLAXIS 程序中，筋带材料唯一的材料参数是轴向拉伸刚度 E_A，用 kN/m 表示。图 6-192为实际工程采用的 120 型土工格栅抗拉强度与应变关系曲线。

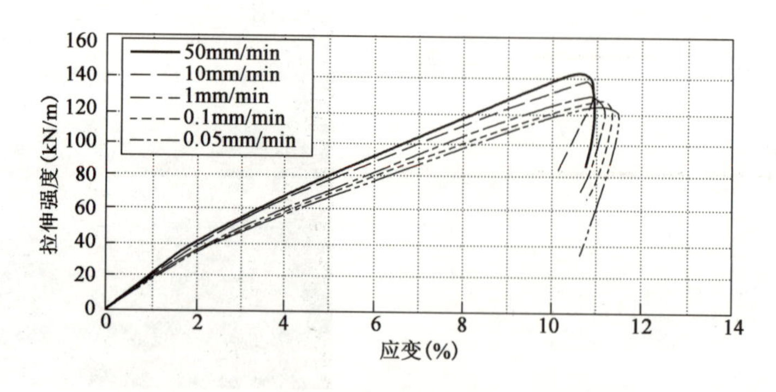

图 6-192　120 型土工格栅抗拉强度与应变关系曲线

实际工程中土工格栅实测的应变值一般为 2%～3%，这是其工作状态时的应变值。当采用有限元强度折减法进行稳定性分析时，土工格栅的轴向刚度则应按照其达到极限状态时的应变取值。从图 6-192 可以看到，当格栅的应变达到 10%时，格栅强度也达到极限状态。因此，稳定性分析时采用的土工格栅轴向刚度可以通过格栅应变为 10%时筋材的抗拉强度

值 F 计算得到，即根据 $E_{\mathrm{A}}=\frac{F}{10\%}$确定。如土工格栅的极限拉力为 100kN，则轴向刚度为 1 000kN/m。本工程土工格栅的轴向刚度 E_{A} 取 2 000kN/m，即格栅的极限拉力为 200kN。

（4）加筋土挡墙的稳定性分析

根据加筋土挡墙的施工进度，共设置 4 个计算工况，依次按第一、二、三、四层加筋土挡墙施作后，采用有限元强度折减法进行工程的稳定性分析。

①第一层加筋土挡墙施作后工程的稳定安全系数为 1.745，对应的滑动面位置如图 6-193所示。从图中可以看到，此时的滑动面出现在加筋体内。

②第二层加筋土挡墙施作后工程的稳定安全系数为 1.578，对应的滑动面位置如图 6-194所示。

③第三层加筋土挡墙施作后工程的稳定安全系数为 1.447，对应的滑动面位置如图 6-195所示。

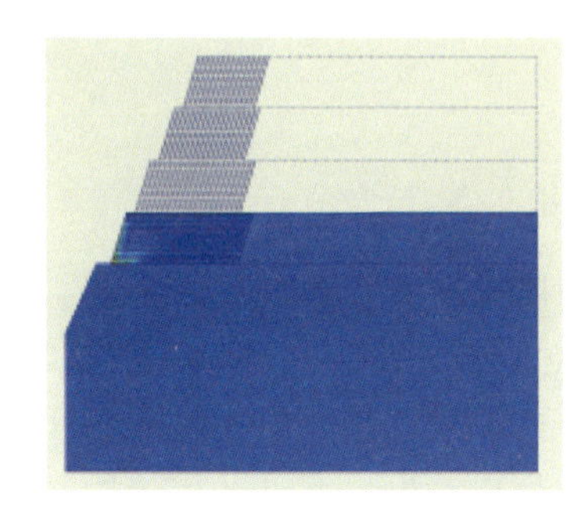

图 6-193 第一层挡墙施作后滑动面位置

图 6-194 第二层挡墙施作后滑动面位置

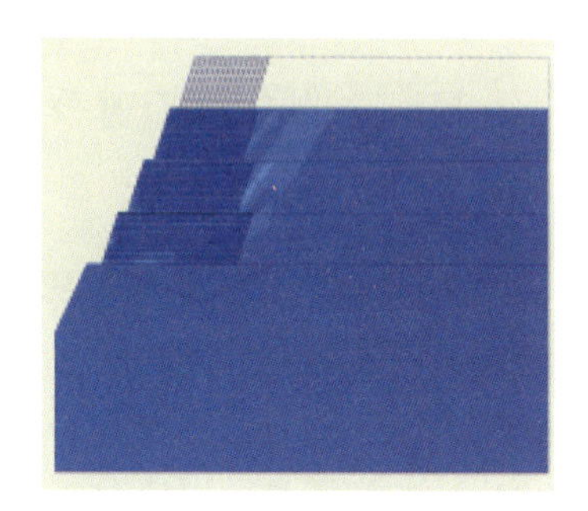

图 6-195 第三层挡墙施作后滑动面位置

④第四层加筋土挡墙施作后工程的稳定安全系数为 1.397，刚好满足高边坡设计安全系数 1.4 的要求，对应的滑动面位置如图 6-196 所示。从图中可以看到，整个加筋土挡墙施作完成后，滑动面出现在加筋土挡墙的外部，并沿第一层加筋土挡墙的底部滑出。

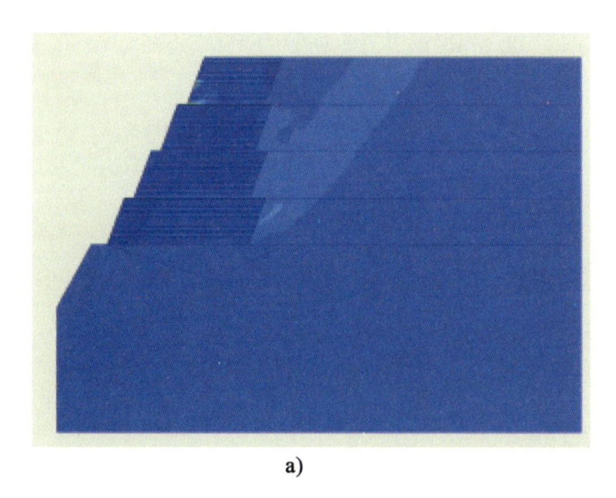

a)

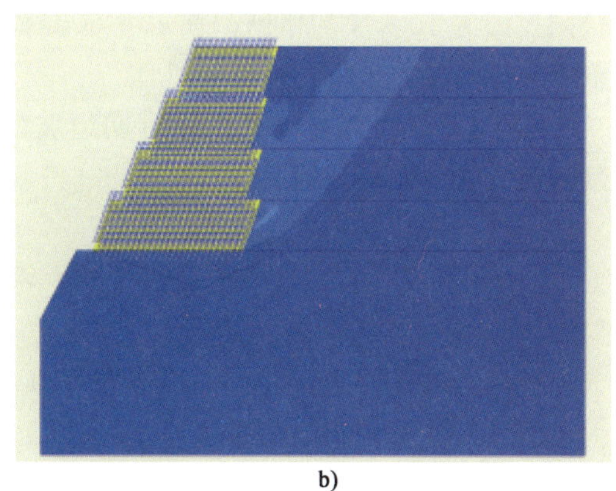

b)

图 6-196 第四层加筋土挡墙施作后的滑动面位置

a)不显示土工格栅单元；b)显示土工格栅单元

从上述计算结果可以看出，在加筋土挡墙施作期间，各个工况对应的稳定安全系数均在 1.397 以上，因此筋带的长度与间距均能满足高陡边坡工程稳定性的要求。考虑到全部采用极限拉力为 200kN 的土工格栅费用较高，且滑动面主要是沿第一层加筋土挡墙的底部滑出，而上部第二层、第三层和第四层加筋土体的内部并未出现塑性破坏，因此这三层加筋土挡墙可以采用极限拉力较低的土工格栅，以降低工程费用。

（5）筋带拉力分析及土工格栅型号的选取

整个加筋土挡墙施工完毕后，筋带的最大拉力为 92.54kN/m（位于第一层挡墙的底部），拉力分布如图 6-197 所示。

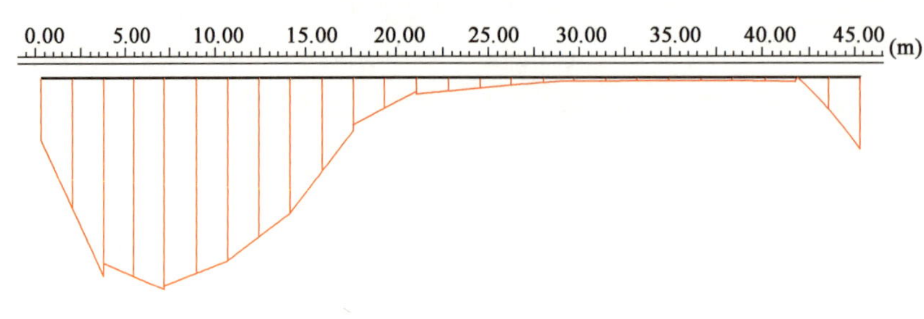

图 6-197 筋带拉力分布

根据设计拉力的计算公式可以得到：

$$T_D = \frac{T_M}{\gamma_f \gamma_{R2} \gamma_0} = \frac{200}{1.25 \times 1.8 \times 1.0} = 88.9\text{kN/m}$$

可以看出，筋带的最大拉力稍大于极限拉力为 200kN 的格栅所能提供的设计拉力，因此应采用极限拉力更高的土工格栅。但是考虑到筋带的最大拉力超出设计拉力不是很多，同时超出设计拉力的筋带均位于第一层挡墙的底部，且数量十分有限，因此采用极限拉力为 200kN 的格栅是可以满足工程要求的。根据每根筋带最大拉力的大小，可以选用极限拉力不同的格栅对设计方案进行优化，从而降低工程费用。优化后的设计方案为：从挡墙的底部起，在 1.6～10m 范围内，筋带的最大拉力值在 77～87.42kN/m 之间，选取极限拉力为 200kN 的格栅；在 10～25m 范围内，筋带的最大拉力值在 65～77kN/m 之间，选取极限拉力为 180kN 的格栅；在 25～30m 范围内，筋带的最大拉力值在 54～65kN/m 之间，选取极限拉力为 150kN 的格栅；在 30～45m 范围内，筋带的最大拉力值在 28～44kN/m 之间，选取极限拉力为 100kN 的格栅；在 45～60m 范围内，筋带的最大拉力值在 17.36kN/m 左右，选取极限拉力为 80kN 的格栅即可。

工程于 2010 年 5 月竣工，运行期边坡最大水平位移只有 2.8cm，表明工程施工良好，高陡边坡工程稳定性良好。

参考文献

[1] 郑颖人，沈珠江．龚晓南．岩土塑性力学原理．北京：中国建筑工业出版社，2002

[2] 郑颖人，孔亮．岩土塑性力学．2 版．北京：中国建筑工业出版社，2019

[3] 郑颖人，孔亮，阿比尔的．强度理论与数值极限分析．北京：科学出版社，2020

[4] 郑颖人，赵尚毅，李安红，等．有限元极限分析法及其在边坡中的应用．北京：人民交通出版社，2011

[5] 李爱群，王铁成，等．混凝土结构设计原理．6 版．北京：中国建筑工业出版社，2015

[6] Zienkiewicz O C，Humpheson C，Lewis R W. Associated and non-associated visco-plasticity and plasticity in soil mechanics. Geo technique，1975，25（4）：671-689

[7] 宋二祥．土工结构安全系数的有限元计算．岩土工程学报，1997，19（2）：1-7
[8] 沈珠江．关于破坏准则和屈服函数的总结．岩土工程学报，1995（1）：1-8
[9] 赵尚毅，郑颖人，时卫民，等．用有限元强度折减法求边坡稳定安全系数．岩土工程学报，2002，24（3）：343-346
[10] 连镇营，韩国城，孔宪京．强度折减有限元法研究开挖边坡的稳定性．岩土工程学报，2001，23（4）：407-411
[11] 郑宏，李春光，李焯芬，等．求解安全系数的有限元法．岩土工程学报，2002，24（5）：626-628
[12] 郑颖人，赵尚毅．岩土工程极限分析有限元法及其应用．土木工程学报，2005，38（1）：91-99
[13] 郑颖人，赵尚毅．有限元强度折减法在土坡与岩坡中的应用．岩石力学与工程学报，2004，23（19）：3381-3388
[14] 郑颖人，张玉芳，赵尚毅，等．有限元强度折减法在元磨高速公路高边坡中的应用．2005，24（21）：3812-3817
[15] 郑颖人，王乐，孔亮，等．钢材破坏条件与极限分析法在钢结构中的应用探索．工程力学，2018，35（1）：55-65
[16] 郑颖人．岩土数值极限分析方法的发展与应用．岩石力学与工程学报，2012，31（7）：1297-1316
[17] 赵尚毅，郑颖人，刘明维，等．基于 Drucker-Prager 准则的边坡安全系数定义及其转换．岩石力学与工程学报，2006（S1）：2730-2734
[18] 赵尚毅，郑颖人，邓卫东．用有限元强度折减法进行节理岩质边坡稳定性分析．岩石力学与工程学报，2003，22（2）：254-260
[19] 赵尚毅，郑颖人，李安洪，等．多排埋入式抗滑桩在武隆县政府滑坡中的应用．岩土力学，2009，30（S1）：160-164
[20] 唐晓松，郑颖人，邬爱清，等．应用 PLAXIS 有限元程序进行渗流作用下的边坡稳定性分析．长江科学院院报，2006（4）：13-16
[21] 唐晓松，郑颖人．水位下降过程中超孔隙水压力对边坡稳定性的影响．水利水运工程学报，2007（1）：1-6
[22] 唐晓松，郑颖人，王永甫，等．关于土工格栅合理网孔尺寸的研究．岩土力学，2017，38（6），1583-1588
[23] 陈长安，郑颖人．应变空间中的岩土屈服准则与本构关系．应用数学与力学，1985（7）：647-654
[24] 徐干成，郑颖人．岩石工程中屈服准则应用的研究．岩土工程学报，1990（2）：93-99
[25] 辛建平．极限应变法在岩土工程与沉管隧道中的应用研究．重庆：中国人民解放军后勤工程学院，2017
[26] Jianping Xin，Yingren Zheng，Yingxiang Wu，et al. Analysis of Tensile Strength's Influence on Limit Height and Active Earth Pressure of Slope Based on Ultimate Strain Method. Advances in Materials Science and Engineering，Volume 2017，Article ID 6824146，https://doi.org/10.1155/2017/6824146
[27] 阿比尔的，冯夏庭，郑颖人，等．岩土类材料应变分析与基于极限应变判据的极限分

析．岩石力学与工程学报，2015，34（8）：1552-1560
[28] 时卫民，郑颖人．库水位下降情况下滑坡的稳定性分析．水利学报，2004（3）：76-80
[29] 刘明维，郑颖人．基于有限元强度折减法确定多滑面方法研究．岩石力学与工程学报，2006，25（8）：1544-1549
[30] 王敬林，郑颖人，陈瑜瑶，等．岩土材料极限分析上界法的讨论．岩土力学，2003（4）：538-544
[31] 张鲁渝，郑颖人，赵尚毅．有限元强度折减系数计算土坡稳定安全系数的精度研究．水利学报，2003（1）：21-27
[32] 邓楚键，何国杰，郑颖人．基于M-C准则的D-P系列准则在岩土工程中的应用研究．岩土工程学报，2006（6）：735-739
[33] 宋雅坤，郑颖人，张玉芳，等．加筋土挡墙稳定性分析研究．湖南大学学报，2008（11）：172-177
[34] 许江波，郑颖人，赵尚毅，等．有限元与极限分析法计算桩后推力的分析与比较．岩土工程学报，2010，32（9）：1380-1385
[35] 雷文杰，郑颖人，冯夏庭．滑坡加固系统中沉埋桩的有限元极限分析研究．岩石力学与工程学报，2006（1）：27-33
[36] 雷用，郑颖人，蒋文明．抗滑短桩的应力监测与分析．地下空间与工程学报，2007（5）：941-946
[37] 梁斌，郑颖人，宋雅坤．不同计算方法计算滑坡推力与桩前抗力的比较与分析．后勤工程学院学报，2008（2）：14-17
[38] 高红，郑颖人，冯夏庭．岩土材料能量屈服准则研究．岩石力学与工程学报，2007（12）：2437-2443
[39] 杨波，郑颖人，赵尚毅，等．双排抗滑桩在三种典型滑坡的计算与受力规律分析．岩土力学，2010，31（S1）：237-244
[40] 向钰周，郑颖人，阿比尔的，等．加筋土破坏面的模型试验与数值模拟．岩石力学与工程学报，2014，33（S1）：2977-2982

第7章 边（滑）坡稳定性分析与评估

DIQIZHANG

7.1 滑裂面计算参数的选取

7.1.1 概述

边(滑)坡失稳时岩土体沿着滑裂面滑动。通常，滑坡中在滑体与滑床之间存在着承受挤压剪切破坏的滑带，滑带具有较低的剪切强度且有一定厚度。滑裂面(滑面)是在滑带内产生相对位移的分割面，每次滑坡时的滑面会发生变动，但滑带是不变的。边坡的滑裂面一般是新生面，通常没有明显的滑带。当边坡的坡体上存在地质构造面，如存在土体与风化岩体的结合面，如果边坡的滑裂面也恰好发生在这一结合面上，这时也存在一条滑带。

若坡体内存在滑带，滑带的岩土抗剪强度一般要低于其上、下岩土体的抗剪强度，特别是在浸水后常有强度衰减较大的特点。一般位于滑面上部的岩土体称为滑体，位于滑面以下的岩土体称为滑床。在边(滑)坡稳定分析中，如何找出滑带以及滑带岩土的抗剪强度，是稳定分析中十分重要的事情。当坡体中不存在滑带时，滑裂面发生在坡体内，滑裂面把坡体分成两部分。上半部分为滑动部分，下半部分为不滑动部分，两部分具有相同的岩土抗剪强度。这时确定坡体的岩土抗剪强度成为稳定分析中最重要的事情。

本节的目的就是要合理选取滑裂面的计算参数，也就是要合理确定滑带的岩土抗剪强度，或者在无滑带情况下确定岩土坡体的抗剪强度。

7.1.2 岩土的抗剪强度试验与抗剪强度指标

当前，岩土抗剪强度试验有室内试验和现场大型剪切试验。室内试验分直剪试验与三轴试验。

（1）直剪试验

直剪试验的试验设备与操作都比较简单，试验费用低，获得工程上广泛应用，但试验的误差与离散性较大。

滑带受剪时土体所处的条件不同会影响土体抗剪强度的不同。通常试验时模拟不同的条件，进行不同条件下的试验，从而获得各种不同的抗剪强度指标。

①不固结不排水（快剪）试验，相应的黏聚力与内摩擦角指标分别为c_u、φ_u

这种试验当施加垂直荷载P以后，立即加水平剪力，在3～5min内把土样剪损。在试验过程中，不让土中水排出，保持土的含水率不变，因此试样中存在孔隙水压力，使有效应力降低，此时测得的抗剪强度最小。如果在浸水下进行这项试验，即获得饱和快剪强度。这两个强度在边（滑）坡稳定分析中应用很广，适用于在边坡施工开挖情况与暴雨下和库水降落期滑坡突然发生的急剧破坏，也适用于新建路堤边坡的浅层稳定分析。与此种强度指标相应的稳定分析方法是总应力法，通过模拟现场的剪切试验，直接测定土在破坏时发挥的强度，它避免了确定孔隙压力的困难，因而适用于黏性土。

②固结不排水剪（固结快剪）试验，相应的黏聚力与内摩擦角指标分别为c_{cu}、φ_{cu}

这种试验在施加垂直荷载P后，让孔隙水压力全部消散，在固结后再施加水平剪力，在3～5min内剪损，不改变含水率。此时试件的有效应力有一定控制，仍含有一定量的孔隙水压，测得的抗剪强度稍大于c_u、φ_u。浸水固结快剪可测得饱和固结快剪强度。固结不排水剪切试验用来模拟土坡在自重和正常荷载下固结已完成，后来又遇到快速荷载下被剪破的情况。这种强度适用于时动、时停的滑坡在天然状态下或雨中突然破坏的状态，也适用于新建路堤边坡的稳定分析。它适应采用总应力法分析的黏性土。

③排水剪（固结慢剪）试验，相应的黏聚力与内摩擦角指标表示为c'_d、φ'_d或c'、φ'

试件在施加垂直荷载P后，该孔隙水压力消散，再施加水平剪力。每级水平剪力施加后都充分排水，使土样在应力变化过程中始终处在孔隙水压力为零的固结状态，直至土体剪损。这时孔隙水压力为零，因而测得的抗剪强度最大。它用来模拟在自重下固结完成后，受缓慢荷载作用被剪破情况或砂土受荷载作用被剪破的情况。浸水固结慢剪可测得饱和固结慢剪强度，它适用于雨季后中厚层大型滑坡由缓慢移动转化为缓慢破坏状态。但这类滑坡不多，故很少在滑坡分析中采用固结慢剪强度。此时测得的黏聚力称为有效黏聚力c'，内摩擦角称为有效内摩擦角φ'，适用于有效应力法分析。这一方法首先通过各种手段，确定土体中孔隙水压力的分布，然后采用有效应力强度指标。这种方法比较容易确定强度指标，但不易确定孔隙压力。这一指标适用于无黏性土的水、土分算及稳定渗流期与库水位降落期等边坡的稳定分析。

在直剪试验中，一般采用原状土。当无法采得质量为Ⅰ级的原状土样时，也可作重塑土的剪切试验。此时要求采取少量原状土样，测其天然含水率、天然重度、土粒相对密度，以保证制备的重塑土试件的含水率、密实程度与原状土相同。重塑土的c、φ值一般接近曾经多次滑动的滑带土，或由断层泥及破碎糜棱物转化的滑带土。

当滑坡处于滑动阶段时，滑坡的滑面应取残余强度指标，因而滑面土体强度需提供土体峰值强度与残余强度。当土的剪应力达到峰值后，随剪切位移量的增加而逐渐减小，最终趋于稳定值，此值称为残余强度，其指标为 c_r、φ_r。

残余剪切强度可采取特制的直剪仪或三轴仪采用反复剪切试验测定。特制的直剪仪是当每次盒位移过 τ 峰值后，位移达 12～14mm，再自动退回至原位。当应力环内量表读数恢复到第一次剪切时初读数，再进行第二次剪切。每隔一定时间，测记量力环读数与水平位移量一次，直到量力环读数稳定或水平位移达最大值 12mm 为止。如此反复进行第三次与第四次剪切等，直到剪应力达到稳定值试验方可结束，其稳定值即为残余剪切强度。图 7-1 给出各次剪切过程中剪应力与剪切位移的关系，图 7-2 给出抗剪强度与垂直压力关系曲线，由此即能得到 c_r、φ_r。

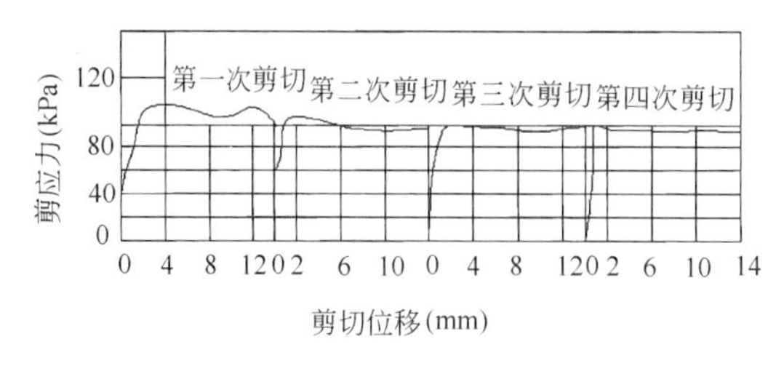

图 7-1　剪应力-剪切位移关系曲线

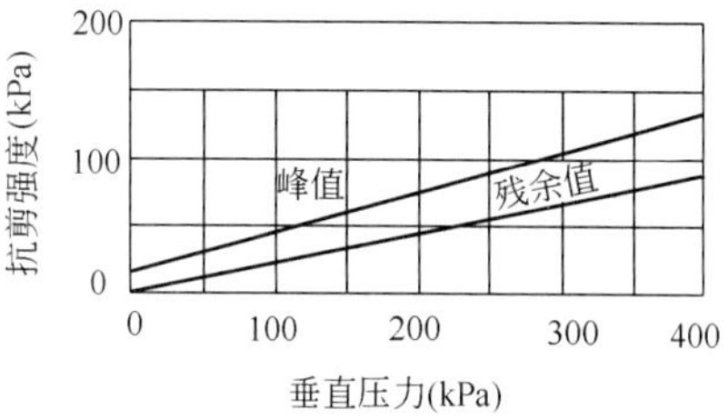

图 7-2　抗剪强度-垂直压力关系曲线

（2）三轴试验

三轴试验的设备与操作过程比直剪试验稍复杂一些，但试样在加荷过程中应力分布比较均匀，试样的固结与加荷速率易于控制，试验成果比较稳定，离散性小。因而对于重大工程，宜进行三轴试验。但由于其移距小，颗粒、团粒定向排列不够充分，所得残余强度偏高，目前应用也较少。

与直剪试验一样，三轴试验也有不固结不排水试验（UU 试验）、固结不排水试验（CU 试验）与固结排水试验（CD 试验）。

当需要提供总应力法强度时，如加荷速率较快宜采用不固结不排水试验。当验算库水位迅速下降时稳定分析，或新建路堤边坡、路堑边坡稳定分析均可采用固结不排水试验。当需要提供有效应力强度指标时，可采用固结排水试验。需要测定孔压时，要进行测孔压的不固结或固结不排水试验，相应的有效黏聚力及有效内摩擦角指标为 c'_u、φ'_u 和 c'_{cu}、φ'_{cu}。对于荷载变化突然，可压缩、透水性小的土（主要是黏性土），可以认为外荷载变化时，其含水率不变，故建议采用室内固结不排水试验测孔隙水压力，通过试验测定孔隙水压力系数，然后算出孔隙水压力。

表 7-1 与表 7-2 给出了水利工程部门与《公路路基设计规范》（JTG D30—2004）中有关水利工程边坡与公路路基边坡选用土体强度指标的有关规定。

黏性土质边坡各工况下抗剪强度指标的应用　　表 7-1

工　况	抗剪强度计算方法	强 度 指 标
施工开挖和水位降落	有效应力法	c'，φ'
	总应力法	c_{cu}，φ_{cu}
施工填筑	总应力法	c_u，φ_u
稳定渗流	有效应力法	c'，φ'

路堤填土采用的强度指标　　表 7-2

<table>
<tr><th>控制稳定的时期</th><th>强度计算方法</th><th>土　类</th><th>试验方法</th><th>采用的强度指标</th><th>试样起始状态</th><th>备　注</th></tr>
<tr><td rowspan="2">施工期</td><td rowspan="2">总应力法</td><td>渗透系数小于 10^{-7}cm/s</td><td>直剪快剪</td><td rowspan="2">c_u，φ_u</td><td rowspan="4">填筑含水率和填筑密度。当难以获得填筑含水率和填筑密度时，或进行初步稳定分析时，密度采用要求达到的密度，含水率采用击实曲线上要求密度对应的较大含水率</td><td rowspan="2">—</td></tr>
<tr><td>任何渗透系数</td><td>三轴不排水剪</td></tr>
<tr><td rowspan="6">运营期</td><td rowspan="6">总应力法</td><td>渗透系数小于 10^{-7}cm/s</td><td>直剪固结快剪</td><td rowspan="2">c_{cu}，φ_{cu}</td><td rowspan="2">用于新建路堤的稳定性分析</td></tr>
<tr><td>任何渗透系数</td><td>三轴固结不排水剪</td></tr>
<tr><td>渗透系数小于 10^{-7}cm/s</td><td>直剪快剪</td><td rowspan="2">c_u，φ_u</td><td rowspan="2">填筑含水率和填筑密度。当难以获得填筑含水率和填筑密度时，或进行初步稳定分析时，密度采用要求达到的密度，含水率采用击实曲线上要求密度对应的较大含水率，但要预先饱和</td><td rowspan="2">用于新建路堤边坡的浅层稳定性分析</td></tr>
<tr><td>任何渗透系数</td><td>三轴不排水剪</td></tr>
<tr><td>渗透系数小于 10^{-7}cm/s</td><td>直剪快剪</td><td rowspan="2">c_u，φ_u</td><td rowspan="2">取路堤原状土</td><td rowspan="2">用于已建路堤的稳定性分析</td></tr>
<tr><td>任何渗透系数</td><td>三轴不排水剪</td></tr>
</table>

（3）现场原位大剪试验

对于重大工程、大型与巨型滑坡、岩土结构面及岩土体与混凝土接触面、碎石土滑带等宜采用现场原位大剪试验。尽管大剪试验费用昂贵，操作麻烦，但它更接近实际情况。现场直剪试验可分为岩土体试样在法向力作用下沿剪切面破坏的抗剪断强度试验与岩土体剪断后沿剪切面继续剪切的抗剪试验（摩擦试验）。前者表示岩土的峰值抗剪强度，后者表示岩土的残余抗剪强度。有必要时，还可作无外加法向应力时岩体剪切的抗切试验（水平剪切试验）。对于土体，大型试验必须选择有代表性的测试点，土体试件尺寸不小于 0.3m^2，高度不小于 20cm 或为最大粒径的 4～8 倍。试验前应对试件的饱水状态和物质组成等特征进行描述。试验结束后，应对剪切面特征进行描述，量测其剪切角和实际剪切面积，并在必要时修正试验结果。直剪试验点不宜少于 6 个，不得少于 3 个。每个试验点土样试件数量不宜少于 5 件，不应少于 3 件。

土体现场大剪试验方法依据需要而定，同样可考虑浸水或不浸水、固结或不固结、快剪或慢剪。现场剪切试验常因试验点选择不当或天气晴雨等影响而出现较大离散性。所以应采取措施保证试验条件的一致性。

现场原位大剪试验是确定滑面（带）抗剪强度指标的重要方法，但一般仅适应在滑坡前、后缘周边处或滑面埋藏较浅条件下使用。某单位在对河南洛宁电站等滑坡的勘察研究中，取近百个滑坡滑面（带）试样，开展了多种试验法的成果对比分析，以摸索其规律。试验表明滑带土多次剪与滑面直剪、重塑土多次剪所得到的土的残余抗剪强度参数值较为一致。

7.1.3 岩石抗剪强度测试

岩石的抗剪强度就是岩石抵抗剪切破坏的能力。岩石的抗剪强度可用黏聚力 c 和内摩擦角 φ 来表示，这两个指标沿用了土力学的术语，其实岩石的抗剪强度，说得更确切些应当是抗剪断强度。确定岩石抗剪强度的方法主要是室内直剪试验、三轴试验和现场直剪试验。

（1）室内直剪试验

直剪试验采用直剪仪进行。岩石的直剪仪与土的直剪仪相似，如图 7-3 所示。仪器主要由上、下两个刚性匣子组成，试件在平面内的尺寸，规程中对软弱结构面的试件，规定为 15cm×15cm～30cm×30cm，并规定结构面上、下岩石的厚度分别约为断面尺寸的 1/2 左右，对于测定岩石本身抗剪强度的试件，没有明确规定，一般可用 5cm×5cm。在制备试样时，可以将试样沿着四周切成凹槽状（图 7-4）。当试样不能做成规则形状时，可以用砂浆将它浇制在一起进行剪切（图 7-5）。将制备好的岩样放入剪切仪的上、下匣之间。一般上匣固定，下匣可以移动。上、下匣的错动面就是岩石的剪切面。直接剪切试验可以将试件在所选定的平面内进行剪切。

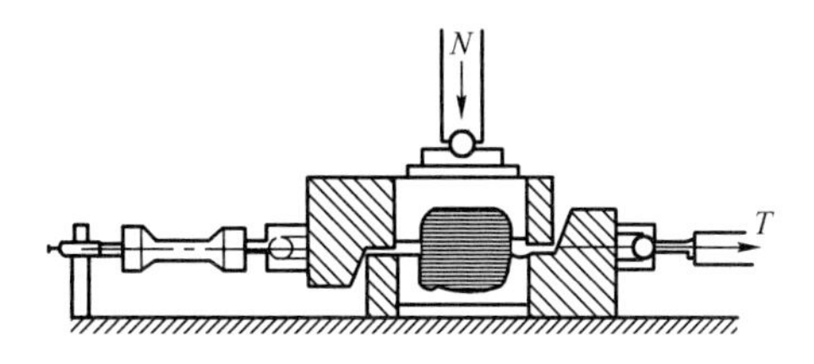

图 7-3 直接剪切试验

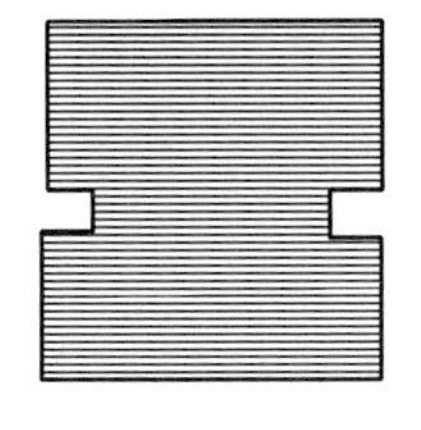
图 7-4 剪切试验试件

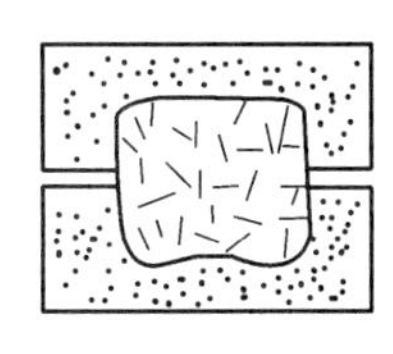
图 7-5 不规则形状试件制备

每次试验时，先在试样上施加垂直荷载 P，然后在水平方向逐渐施加水平剪切力 T，直至发生破坏为止。剪切面上的正应力 σ 和剪应力 τ 按下式计算：

$$\sigma = \frac{P}{A} \tag{7-1}$$

$$\tau = \frac{T}{A} \tag{7-2}$$

式中：A——试样的剪切面面积。

在逐渐施加水平剪切力 T 的同时，不断观测上、下匣试样的相对水平位移以及垂直位移，从而可以绘制剪应力 τ 与水平位移 δ_h 的关系曲线（τ-δ_h 曲线）以及垂直位移 δ_v 与水平位移 δ_h 的关系曲线（δ_h-δ_v 曲线），如图 7-6 所示。为了获得剪切时的剩余应力，试验应当一直延续到较大的位移值（5～10mm 或更大）。

图中的 τ_{max} 表示最大剪应力，也就是在给定正应力 σ 下的抗剪断强度，今以 τ_f 表示。这样，用相同的试样、不同的 σ 进行多次试验，即可求出不同 σ 下的 τ_f，将其绘成 σ-τ_f 曲线，如图 7-7 所示。试验证明，这根强度线并不是严格的直线，但在正应力不大时可以近似看作直线，其方程为：

$$\tau_f = c + \sigma\tan\varphi \tag{7-3}$$

根据直线在 τ_f 轴上的截距求得岩石的黏聚力 c，根据该线与水平线的夹角，定出岩石的内摩擦角 φ。

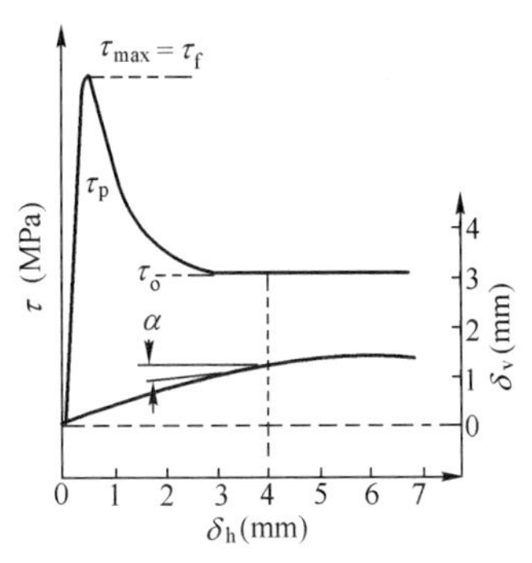

图 7-6 τ-δ_h 曲线和 δ_h-δ_v 曲线

直剪剪切试验的优点是简单方便，不需要特殊设备。该法的缺点是试件的尺寸较小，不易反映岩石中的裂缝、层理等弱面的情况。

（2）室内三轴试验

三轴试验是研究岩石力学特性比较合理的方法之一，主要研究岩块抗压强度、抗剪强度及应力-应变特性等力学性质。

岩石三轴仪的主要装置、工作原理、试验方法与土工三轴仪类同，只是仪器刚度和加载容量比土工三轴仪大得多。

三轴压缩试验应根据其应力状态选用四种围压，提供下列成果：

①不同围压下的主应力差与轴向应变关系，即应力-应变关系；

②抗剪强度包络线及强度参数 c、φ 值。

应当注意，普通刚度压力机，由于刚度不足，在试验中间试件破坏，只能测试前期的应力-应变关系。为了测试岩石应力-应变全过程曲线（图 7-8），必须采用刚性压力机。真正的刚性压力机价格昂贵，一般采用由伺服系统控制的刚性压力机。

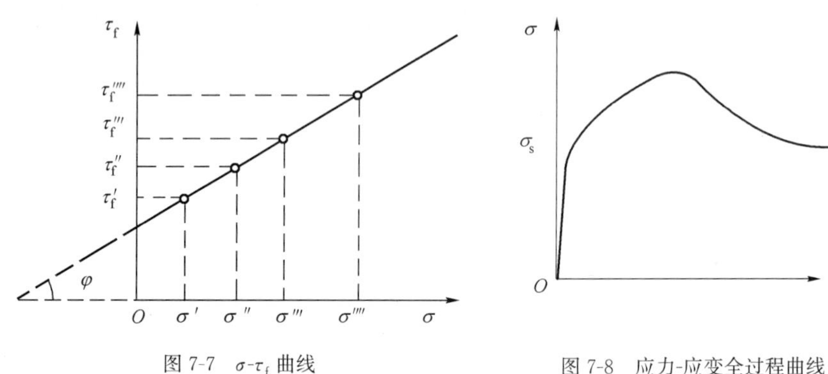

图 7-7　σ-τ_f 曲线　　　图 7-8　应力-应变全过程曲线

（3）现场直剪试验

为了克服室内直剪试验的缺点，可以进行现场剪切试验。在我国许多工程中采用的试验方法是千斤顶法。此法是用两个油压千斤顶按图 7-9 所示的方式布置，一个用来施加垂直荷载，另一个用来施加侧向推力。试验多数是放在岩壁上专门开凿的试洞中进行。如果采用反力框架，也可以在露天的坑道或大口径的钻井的井底进行。施加侧向推力的方式有平推法和斜推法。在采用斜推法时应当使垂向荷载与侧向推力的合力通过剪切面的中心，这样可使应力分布均匀。

试样的尺寸一般根据裂隙的间距来决定，规程规定，其底部的受剪面积不得小于 2 500cm^2，最小边长不宜小于 50cm，高度不应小于最小边长的一半。岩样试件不宜少于 7 个，不得少于 3 个。

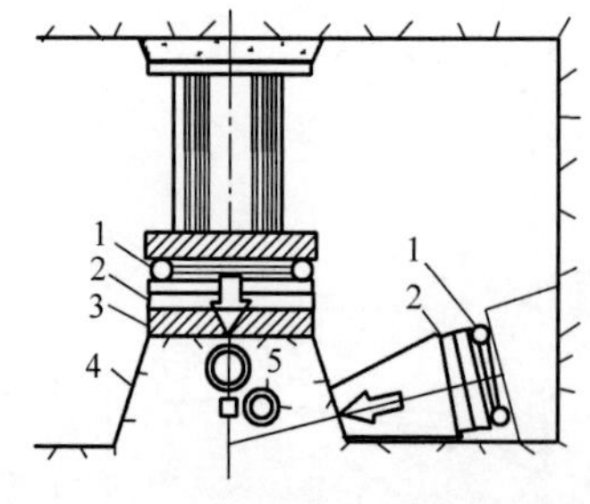

图 7-9　现场岩体抗剪强度试验装置
1-加压钢枕；2-侧力钢枕；3-传压钢板；4-试体；5-千分表

在试验时，先用垂直向安装的压力钢枕对试体施加垂直压力，然后再用侧向压力钢枕施加侧向推力。在施加压力的同时，要利用千分表观测试体的侧向和垂直向位移。随着侧向推力的逐渐增加，水平位移和垂直位移也不断增大，直至试体产生剪断破坏为止。根据试验的结果，可以绘出剪应力 τ 与 δ_h 的关系曲线（图 7-10）。根据该曲线可以求出在该压力下试体的峰值强度和残余强度。对多个相同试体分别在不同垂直压力 σ 的作用下重复试验，即可获得不同压力下的多个峰值强度和残余强度。像室内直剪试验一样整理试验数据，绘出抗剪强度与垂直压力的关系曲线来确定其强度参数。

(4) 三类岩石强度

岩石抗剪强度通常分岩块、岩体与结构面强度。岩块抗剪强度是指不包含节理裂隙在内的岩石强度。在室内完成测试，与其他岩石强度相比，强度最高。岩体抗剪强度考虑了岩石中存在节理裂隙，试件尺寸大，在现场进行测试，反映了岩体的强度。但由于常见的隧道、边坡、坝基等岩石工程规模很大，目前采用的现场直剪试件尺寸太小，尚不能真实反映岩体强度。有些地区及部门常依据工程经验按岩体的完整性，通过对岩块强度进行折减来确定岩体强度。如重庆规定岩体的 c 值为岩块的 1/6～1/4，岩体的 φ 值为岩块的 0.80～0.95。又如铁路隧道、公路隧道、锚喷支护地下工程、国防地下工程等都按经验规定了各级围岩的 c、φ 值，显然，这些数据只适用于隧道或地下工程，并不适用于边坡。

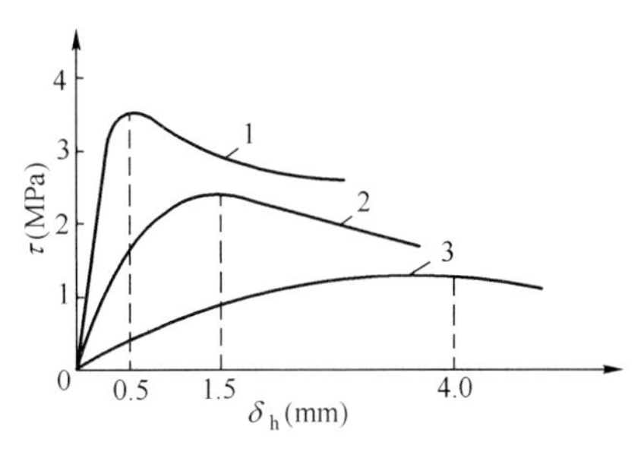

图 7-10 τ-δ_h 关系曲线

1-完整岩石；2-裂隙岩体；3-软弱岩层

结构面强度是指岩体中结构面的强度，可以在室内或现场测试，与其他岩石强度比，结构面强度最低。对于岩体边坡来说，结构面强度往往起着控制作用，因为滑面常常就在结构面上或者多数滑面段位于结构面上。由于测试困难，除重大工程需测试外，通常规范中也是给出经验值。表 3-2 给出了《建筑边坡工程技术规范》(GB 50330—2002) 与《公路路基设计规范》(JTG D30—2004) 中有关结构面强度的指标，这里再提供《水利水电工程地质勘察规范》(GB 50287—99) 的有关规定（表 7-3）。

结构面、软弱层和断层的抗剪断强度指标 表 7-3

类　型	f'	c' (MPa)
胶结的结构面	0.80～0.60	0.250～0.100
无充填的结构面	0.70～0.45	0.150～0.050
岩块岩屑型	0.55～0.45	0.250～0.100
岩屑夹泥型	0.45～0.35	0.100～0.050
泥夹岩屑型	0.35～0.25	0.050～0.020
泥	0.25～0.18	0.005～0.002

对高大边坡来说，结构面往往是非贯通的，因而破坏面强度是结构面强度与岩块强度的组合，所以结构面连通率是一个非常重要的指标，但当前地质部门对连通率的研究还很不够，它制约着岩体边坡的稳定分析。

7.1.4 滑带岩土抗剪强度反算法

滑带岩土抗剪强度参数的反算法目前应用很广。它是通过已知稳定系数及滑面等条件情况下反算滑面的岩土抗剪强度参数。显然，当计算的前提十分清晰和准确时，反算的结果是准确的。这种情况下可以反算参数为主，确定滑带抗剪强度。但有些情况下，获得的计算前提并不十分清晰和准确，因而反算结果可信度也低，通常也只作为校验之用。

1）反算法的基本前提

①稳定系数反算的基本前提之一是必须知道当时坡体的稳定系数值。当滑坡处于刚滑动阶段，此时正处于极限平衡状态，因而可认为滑坡的稳定系数为1或稍小于1，如为0.99～1.00；当滑坡处于剧滑动阶段，稳定系数假设为0.95～0.98，显然这是可以接受的。当滑坡处于挤压变形阶段或强变形阶段，一般稳定系数取1.01～1.05，但当滑坡处于蠕动变形阶段或弱变形阶段，稳定系数的取值便没有把握，何况此时滑面还没有真正形成。

②稳定系数进行反算的基本前提之二是要事前知道滑面的确切位置，包括后缘拉裂缝及前缘剪出口等。当滑面已经贯通，出现了滑动或剧滑动，则可以比较清晰地找到滑面，但即使如此，由于勘探中控制点不多，也很难勾画出精确的滑面位置。边坡在开挖之前不可能出现滑面；坡体处在蠕动变形阶段或弱变形阶段，滑面尚未形成，因而也不可能确切搞清滑面的位置；坡体在挤压变形阶段或强变形阶段，通过勘察可大致勾画出滑面。但在没有滑动之前，勘察出来的滑面是否就是真正的滑面尚不得而知，因为未产生滑动前，有可能出现滑面的漏画与错画。要知道滑面的确切位置，既需要做严格的勘察工作，也需要做细致的分析工作。

③滑坡剧滑动时的工况，必须查清剧滑动前的雨情、震情、水位升降、斜坡弃土等生成剧滑动破坏的外力因素，这也是进行反算的基本前提。但当坡体处于强变形或挤压变形阶段，尚没有发生滑动，只是具有滑动的趋势，同样需要查清造成坡体变形的各种外力因素。

如果能准确把握住上述三个反算的前提，那么反算结果可信。而实际上要完全搞清上述三个前提是很难的，所以反算法通常只作为确定滑面剪切强度的校验之用。由上述可知，滑坡处于滑动与剧滑动阶段，采用反算法是有条件的。在滑动阶段，稳定系数可采用0.99～1.00，在剧滑动阶段稳定系数可采用0.95～0.98。当滑坡处于挤压变形阶段或坡体处于强变形阶段，可以进行反算，稳定系数一般取1.01～1.05。滑坡处于蠕动变形阶段或弱变形阶段，反算结果可信度低，有时反而会造成出错，因而有些专家认为不宜进行反算，但有些专家则认为可在1.05左右取值。

2）两种反算方法

①反算整个滑面抗剪强度的平均值。当已知反算的三个前提后，就可以反算出某种工况下（一般为自重工况或暴雨工况）整个滑面的平均c、φ值。反算采用的公式应视滑面来定。由于c、φ值是两个未知数，因而必须先假定一个未知数，再求另一个未知数，通常对砂性土假定c求φ，这是因为砂性土c值变动小；对黏性土则假定φ反求c。近来，抗剪强度指标反算值采用敏感性分析后确定，可仿照表7-4进行。

抗剪强度指标敏感性分析样表 表7-4

黏聚力 c (kPa)	内摩擦角 φ (°)						
	7	8	9	10	11	12	13
5							
10							
15							

续上表

黏聚力 c (kPa)	内摩擦角 φ (°)						
	7	8	9	10	11	12	13
20							
25							
30							
35							

显然，这种反算结果是整个滑面的平均强度值，而不是某种具体的强度指标（如天然强度、饱和强度、峰值强度、残余强度），但它可以作为各种具体强度指标选取的参考。

②中铁西北科学研究院提供的反算方法

反算法的基本原理是视滑坡将要滑动而尚未滑动的瞬间坡体处于极限平衡状态，其稳定系数 $F_s=1.0$，列出滑坡主轴断面的极限平衡方程求取滑带土的强度参数 c 值和 φ 值。其必要条件是要恢复滑动前的滑坡主轴断面。它的优点是宏观上反映了滑坡的实际状态及各种作用因素。

(1) 一个断面的反算方法

对于圆弧形滑动面，当前一般仍采用瑞典条分法，有：

$$F_s=\frac{\sum(N_i\tan\varphi+cL_i)}{\sum T_i}=\frac{\sum(W_i\cos\alpha_i\tan\varphi+cL_i)}{\sum W_i\sin\alpha_i}=1 \tag{7-4}$$

式中：W_i——第 i 条块的单宽重力（kN/m）；

L_i——第 i 条块滑动面长度（m）；

α_i——第 i 条块的滑动面倾角（°）；倾向临空面时取正值，反向时取负值；

φ——滑动面（带）土的内摩擦角（°）；

c——滑动面（带）土的黏聚力（kPa）。

对于单一直滑面：

对沿平直层面滑动的简单顺层滑坡，其后缘常是被拉开的，因此其滑动面为一个平面，平衡方程为：

$$F_s=\frac{W\cos\alpha\tan\varphi+cL}{W\sin\alpha}=\frac{\tan\varphi}{\tan\alpha}+\frac{cL}{W\sin\alpha}=1 \tag{7-5}$$

式中：W——滑体单宽重力（kN/m）；

α——滑动面倾角（°）；

c、φ——滑动面（带）土的黏聚力（kPa）和内摩擦角（°）；

L——滑动面长度（m）。

若 $c=0$，则 $\varphi=\alpha$，即 $\varphi>\alpha$ 时滑坡稳定，$\varphi<\alpha$ 时滑坡滑动。

对于折线形滑动面：

多数滑坡的滑动面为多个平直面的组合，简化为折线形，此种情况，常用传递系数法求滑坡的稳定系数和滑坡推力，当前反算中一般仍采用显式解公式，因为当安全系数接近 1 时，显式解与隐式解算得的结果十分相近。第 i 块滑体的剩余下滑力为：

$$E_i=W_i\sin\alpha+E_{i-1}\psi_i-W_i\cos\alpha_i\tan\varphi_i-c_iL_i$$

当逐块向下传递计算至最后一块并令 $E_n=0$ 时，

$$E_n = W_n \sin\alpha_n + E_{n-1}\psi_{n-1} - W_n \cos\alpha_n \tan\varphi_n - c_n L_n = 0 \tag{7-6}$$

式中：ψ_i——传递系数，其值为

$$\psi_i = \cos(\alpha_{i-1}-\alpha_i) - \sin(\alpha_{i-1}-\alpha_i)\tan\varphi_i$$

即下滑力与抗滑力相等时，滑坡处于极限平衡状态，就可求取 c 或 φ 值。

以上式中：E_i——第 i 块滑动面的剩余下滑力（kN/m）；

E_{i-1}——第 $i-1$ 块滑动面的剩余下滑力（kN/m）；

α_i——第 i 块滑动面的倾角（°）；

c_i、φ_i——第 i 块滑动面（带）土的黏聚力（kPa）和内摩擦角（°）；

L_i——第 i 块滑动面的长度（m）。

折线形滑动面往往较长，且各段滑动面物质组成和含水状态不同。经验告诉我们，滑坡的牵引段和抗滑段滑带土的抗剪强度变化不大，用试验方法和经验数据基本上可以确定。变化大且较难确定的是主滑段的强度参数。因而常在选定牵引段和抗滑段参数后反算主滑段的参数。

为了用一个公式求一个未知数，按滑体厚度假定黏聚力 c 值，如表 7-5 所示。实践经验表明，此表列数值基本符合实际。如此即可利用以上公式求取主滑段滑带土的 φ 值。

滑体厚度与黏聚力 c 值　　表 7-5

滑体厚度（m）	黏聚力（kPa）
5	5
10	10
15	15
20	20
25	25

（2）多断面平衡方程联立反算

为了减少人为假定的影响，同时反算出 c 值和 φ 值，可采用类似地质条件下的两个断面方程联立求解的方法。基本条件是两个断面必须相似，包括：

①地质条件类似，滑坡的类型和形态相似，特别是滑带土的物质组成和含水状态要类似。

②滑坡的运动状态和过程类似，即发育阶段类似。

实践证明，同一个滑坡的主轴断面和其两侧的辅助断面［图 7-11a)］是可以联立求解的，也是最常使用的。但有时会出现两个方程是两条平行的直线方程，以致无法求解的情况。此外，同一个滑坡区的两个类似滑坡的两个主轴断面［图 7-11b)］可以联立求解。同一滑坡的上、下两级［图 7-11c)］和同一滑坡在滑前及滑后两种状态［图 7-11d)］的断面也可以联立求解。

用传递系数法时其联立方程为：

$$\begin{cases} W_1\sin\alpha_1 + E_1\psi_1 - W_1\cos\alpha_1\tan\varphi_1 - C_1L_1 = 0 \\ W_2\sin\alpha_2 + E_2\psi_2 - W_2\cos\alpha_2\tan\varphi_2 - C_2L_2 = 0 \end{cases} \tag{7-7}$$

上述线性方程的求解十分简单。此外也可用图解法求解 c 值和 φ 值，即对每一方程假定 $c=0$，求 φ，再假定 $\varphi=0$，求 c，这样在 c-φ 坐标图上求出两条直线的交点，即可求出所需的 c 值和 φ 值，如图 7-12 所示。

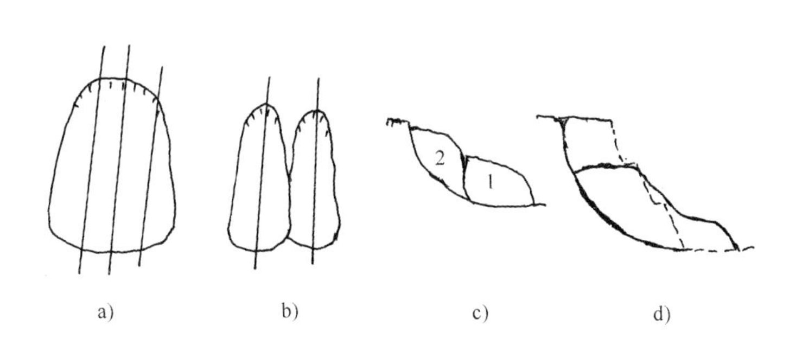

图 7-11　联立方程求解断面示意图

a)同一个滑坡的两个断面；b)类似两个滑坡的断面；c)同一滑坡的两级断面；

d)同一滑坡滑动前、后断面

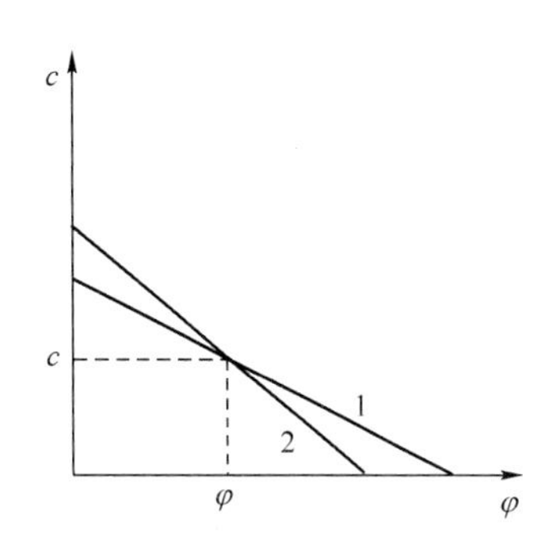

图 7-12　c 值和 φ 值的图解示意

用恢复极限平衡断面反求滑带土参数应注意的几个问题：

①均质土圆弧形旋转式滑坡，在极限平衡时，顶部常先有张开的裂缝而后滑动，此段不应计入滑面长度 L 之内。

②对平移式块体滑坡，在极限平衡时，若后部为张开的裂缝，又无充填物，或充填物非常疏松，则不考虑此段之 c、φ 值。若后部为地堑式的裂缝带且裂缝闭合时，应考虑该段之 c、φ 值，因该部分土颗粒较粗，含水率低，可假定 $c=0$，而选择滑体材料与滑壁间的摩擦系数。

③对于首次滑动的滑坡，极限平衡断面是滑坡刚要开始滑动时的状态。此时整个滑带土的强度未达到残余强度，因此反算求出的参数高于残余强度指标，当用于评价大滑动过或多次滑动过的滑坡稳定性时，必须根据实际情况予以修正才能应用。

3）不恢复滑动前斜坡断面的反算

①对于单一平面形岩石顺层滑坡，因为地面形状变化很小，可不必恢复原地面而直接用现有滑坡断面进行反算。

②对于古老滑坡，由于滑壁的剥蚀、坍塌，改变了原来的形态，或因缺少原有地形资料，不容易恢复原地面线。这时，可不恢复原地面线，而根据滑坡复活时所处的发育阶段及其相应的稳定系数（不一定等于 1），用现有断面进行反算。如滑坡处于蠕动挤压阶段，取稳定系数为 1.01～1.05，正在等速滑动时稳定系数为 1.0，加速滑动时稳定系数取 0.95～0.98，代入公式进行反算，所得指标反映当前状态。

③当有建筑物（如挡土墙）等被滑坡滑动破坏时，在方程中应包括其可能的最大抗力，即滑坡推力 $E\neq0$，这就是工程地质类比计算法。此外，在计算中还应根据滑坡发生的具体情况决定是否计入静水压力和地震力的作用。

应当指出，当计算断面的方向与实际滑动方向有偏离时，反算出的参数也是有误差的，这是应当注意的。

7.1.5 确定滑带岩土抗剪强度指标的方法与原则

由于滑带岩土抗剪强度的复杂性，光凭试验数据有时尚不能准确确定滑带岩土的抗剪强度。因而在滑坡稳定分析中又发展了工程类比的经验法与强度参数反算法来确定滑带岩土的抗剪强度。

工程类比经验法往往是依据当地类似工程的一些经验数据以及某些工程技术人员的经验来定。但由于这种方法只能定性确定数据，有些地方数据不多，技术工程人员的经验不足就可能出错，因而一般作为校验之用。

确定滑带岩土抗剪强度通常采用现场大剪试验、室内剪切试验、工程类比与地区经验及反算法等方法。滑带土岩土抗剪强度指标应以测试结果为基础，结合宏观地质判断、工程类比和地区经验、反算法等综合确定，力求做到准确合理。

滑带土与滑体的测试项目应包括天然及饱和状态的重度，孔隙比，含水率，压缩系数，液、塑限，渗透系数，给水度，天然及饱和状态的剪切试验，试验结果应包括峰值强度指标和残余强度指标。对于均质的岩土，一般宜采用原状岩土室内试验，有条件时采用原状岩土的三轴试验；不具条件时，可采用直剪试验。对于粗颗粒土与含较多粗颗粒的细颗粒土，岩体结构面强度及岩体与混凝土接触面强度，应以现场大型剪切试验为主，也可采用室内大试件剪切试验，如直径 ϕ300mm 的三轴试验，直径 ϕ500mm 的直剪试验等。

土的试验方法宜根据现场含水情况及排水条件选取。一般先要确定分析中采用总应力法还是有效应力法，以确定选用何种试验方法及何种强度指标。

岩土性质指标测试值应根据概率理论进行统计，统计方法可参见相应规范，提供抗剪强度的标准值。当现场测试数据不足以进行统计时，可采用平均值乘以换算系数确定。

当采用一种试验手段（如室内试验法或现场试验法）时，试验获得的标准即为试验数据。当采用两种以上试验手段获得相应标准值时，应按实际情况取不同权重综合取值作为试验数据。

工程类比应优先选择已经竣工及效果良好的防治工程，地区经验也应当选择地质条件相近地区的经验。当试验值与工程类比、地区经验值很接近时可采用试验值，当与试验值稍有出入时，可对试验值稍作修正；当出入较大时应查明其原因。

当有条件进行反算时，应按给定的稳定系数反算整个滑动面的 c、φ 平均值，当反算值与综合确定的强度指标值有出入时，可再对综合值进行适当修正。

应当注意，在滑面各段采用的抗剪强度是不同的，应根据滑坡所处的变形阶段及含水状态分别选用不同指标。例如，对处于蠕动或弱变形阶段的滑坡可取峰值强度指标；对处于滑动和剧滑阶段的滑面可取残余强度指标；对处于挤压或强变形阶段可在峰值强度和残余强度之间取值；对于尚未出现的潜在滑面可取峰值强度指标；对于位于地下水位以上的滑面一般取天然强度；在暴雨工况下滑面有可能饱水时，即在降雨入渗深度以内可取饱和强度；对于地下水位以下的滑面取饱和强度；对于尚未复活老滑坡，选用稍大于残余强度的参数，因固结过程强度有一定提高；已经复活老滑坡，主滑段用残余强度，抗滑段视沿原老滑面或是新生滑面，根据其滑动阶段选用其峰值强度或残余强度。总之，参数选择必须考虑滑坡性质及其发育阶段、设计工况与工程使用年限内可能出现的最不利情况及修建后对最不利情况的控制程度。

7.2　边（滑）坡稳定性的工程地质评价及其失稳预防

7.2.1　边（滑）坡稳定性的工程地质评价

长期以来，边（滑）坡稳定性评价多采用力学极限平衡法计算其不同工况下的稳定系数，评价其稳定性。但这些方法目前只适用于相对均质土和类土质边坡，以及滑面已经十分明确的滑坡。

但是，对地质结构复杂的高边坡和滑坡，实践表明单纯用力学计算方法难以得出符合实际的结果，因而边（滑）坡稳定性工程地质评价十分重要，一般应在此基础上再进行力学定量分析。

1）从斜坡地貌形态演变方面判断边（滑）坡的稳定性

（1）从极限稳定坡判断边（滑）坡的稳定性

一定成因和结构的岩土，具有一定的密实程度、含水状态和强度，在漫长的地质历史时期外营力作用下形成了与其强度特征相适应的极限坡高、坡形和坡率。如黏性土 20m 高度以下稳定坡 10°～15°；老黄土在 20m 以内可保持 50°～70°的陡坡，新黄土则只能保持 35°～40°的坡度；崩坡积的碎块石土在 30～50m 高度内可保持 30°～35°的坡度，而洪积物因水流参与作用，只形成 15°～25°的稳定坡（与含水多少有关）。泥岩风化残积物形成的自然稳定坡 20°左右，全风化的花岗岩也只能保持 35°～40°的稳定坡率。自然坡是人工边坡的基础，由自然稳定坡的调查，结合人工边坡开挖后对坡体应力状态和地下水渗流场的改变，造成强度的降低，即可判断边坡的稳定性。

（2）岩质斜坡在自然营力作用下形成了不同的形态，它的坡形、坡高和坡率取决于岩体的强度、构造破碎程度和风化程度，其稳定性更多受控于各种构造和结构面的组合及其与临空面的关系。因此，对岩质边坡要充分利用地质力学的原理，调查各组构造裂面的产状和力学属性，分析各期构造应力及其相互关系，找出不利结构面的组合，特别是倾向临空面的一组，分析其可能发生的变形类型和范围（结合卸荷松弛的范围）。

一个高大的斜坡，在不同高程会形成多个剥蚀面或阶地面，将斜坡分成若干级，由于岩性和构造影响的不同，各级有不同的高度、坡度和稳定程度。斜坡变形可能仅发生于某一级，也可能涉及两级或三级。既要分别调查评价各级斜坡的稳定性，又要相互联系进行分析。

若无大的不利结构面（如层面、断层面、错动面等）倾向临空面，强度高的硬岩在下部、上覆软弱岩层或风化破碎岩层边坡可发生上层的局部破坏；若硬岩在上部、下伏软弱岩层，则会发生因软岩承载能力不足的整体失稳滑动。

（3）二元结构的斜坡，土岩接触面常是软弱面，应特别注意调查基岩顶面的形状（平面形、沟槽形）、坡度、物质成分和含水情况，评价其有无滑动的可能。

（4）从不同发育阶段滑坡的地貌特征判断滑坡的稳定性。

①未发生变形的山坡外貌平顺。基岩斜坡平顺且构造裂面多挤紧无错位；堆积斜坡上陡下缓变化均匀；同一岩性和构造的斜坡上冲沟分布均匀，少见坍塌；具多级平台的斜坡各台面高程从河流上游到下游呈顺河缓坡，高度和级数相当。这些地貌特征表明斜坡较为稳定。

②滑坡形成的斜坡有独特的外貌特征，不同发育阶段有不同的特征和稳定程度，已如前述。存在于Ⅰ级以上阶地后缘的古滑坡因无河流冲刷，若无人为因素影响多属稳定。若有灌溉、开挖、水库浸淹等则需重新评价其稳定性。存在于现河流岸边的老滑坡，虽暂时稳定，但河流冲刷因素仍存在，洪水冲刷严重时仍会复活，应慎重对待。如南昆铁路八渡滑坡抗滑段掩埋南盘江卵石层宽 40～80m，1938—1996 年，58 年未发现变形迹象，但铁路施工后 1997 年南盘江涨大洪水，岸边公路被毁，滑坡复活。

工程滑坡多数处在蠕动挤压或缓慢滑动阶段，应根据其变形形迹和位移监测资料评价其稳定性和发展趋势。

（5）从已有滑坡判断边坡开挖后滑动的可能性。同样岩性和构造条件下的斜坡，已经出现滑坡的，可类比判断将开挖边坡发生滑坡的可能性。如京福高速公路三明联络线有一处砂泥岩高边坡，紧邻的边坡已经滑坡并按滑坡设计了抗滑桩，但该边坡 48m 高仅设计了锚杆加固，且一直挖到坡脚尚未加固，结果坡顶外 25m 发生了大裂缝，不得不重新加固。又如山西省长治—晋城高速公路 K31 经过一砂泥岩顺倾地段，当二级公路在坡脚开挖 10m 高时，边坡已发生长 120m 的岩层顺层滑坡。高速公路路堑中心最大挖深 32m，可以判断开挖后滑动规模和深度更大。结果因边坡上部加固力度不够，开挖到第三级平台顶部时发生了大滑动。

（6）一个大的滑坡区，可包括几个滑动块体，它们之间以滑动后形成的冲沟相隔开，或由交叉的裂缝来划分。同一滑动块体上有多级滑坡平台时，大多是多级、多次滑动所形成的。它们的主滑段与抗滑段的长度与坡度不同，具有不同的稳定程度，应分别进行评价。如抗滑段较长且滑面反倾时稳定性较高，反之则较低。具多级牵引扩大的滑坡潜伏着更大的危险。

2）从地质条件对比方面判断边(滑)坡的稳定性

（1）从自然山坡的地层岩性、产状、风化程度、构造破碎程度、地下水分布及有无变形的调查测绘中可判断边坡开挖后的稳定性和发生的变形类型和规模。非易滑地层，贯通结构面倾向山内，地下水不发育，一般不易发生大型崩塌和滑坡。反之，当有较大的断层造成岩体破碎或不利结构面倾向临空面时则容易发生滑坡。易滑坡地层，层面、片理面、贯通的构造结构面倾向临空，并含水、倾角大于结构面综合摩擦角时容易发生滑动。

通过滑坡区内外地层、构造产状变化及岩土松弛、裂隙开张与充填情况等的调查也易圈定滑坡的范围。

（2）从代表性地质断面（滑坡主轴断面）上分析判断边(滑)坡的稳定性。

在代表性地质断面图上绘入所揭露的所有地层（特别是软弱夹层）及主要构造裂面及裂隙的产状，地下水位及含水层和隔水层的位置，结合地面调查资料联结出滑动面(带)，区分出主滑、牵引和抗滑段。根据各段滑面倾角、长度及滑带岩土的抗剪强度对比可评价其稳定性。新生的滑坡主滑段逐渐增大，抗滑段逐渐缩小，向不稳定方向发展。古老滑坡因抗滑段增大或脱离原滑床而掩盖于前方老地面上，稳定性较高，特别当滑带土已失水固化时稳定性更高，若无自然和人为改变将会保持稳定。

对有多级滑动的滑坡应分析前、后级的依附关系，常常因前级失稳滑动而引起后级跟着滑动，反之，若稳定了前级，后级也不会失稳。

对有多层滑面的滑坡，应分层评价其稳定性，并应考虑上层滑动后地表水容易下渗而引起深层滑坡的滑动或加剧。还应根据滑床岩土的性质分析滑面向下发展加深的可能。

（3）从滑床顶面等高线图和滑坡过湿带的变化上判断滑坡的稳定性。

滑床顶面为平面时，滑带各处含水状态类似。滑床顶面为沟槽状者更易积水，随降雨和地下水的增加，过湿带范围扩大，滑坡稳定性降低。滑坡有季节性变化，也有年度（如高降雨年份）变化，如有的滑坡有 5～10 年一个活跃周期。

3）从分析滑动因素变动方面判断边（滑）坡的稳定性

（1）寻找某一边坡或滑坡的主要作用因素

具有滑动条件的斜坡，在无外界因素作用时，不一定失稳滑动。前面已介绍了作用于滑坡的自然和人为因素，并强调了人为因素在边坡失稳中的重要性。虽然边坡失稳滑动作用因素是多样的，但对某一具体边坡和滑坡来说，总是某一种或两种因素起主要作用，它们引起了下滑力与抗滑力的较大变化，使滑坡从一种状态进入另一种状态，因此找出主要作用因素，控制或消除其作用就可预防和治理滑坡。

对自然滑坡来说，河流冲刷和地震常是主要作用因素。工程滑坡多因开挖坡脚或堆载改变了斜坡的应力状态和地下水的渗流条件而引起。库岸滑坡则由于水库浸水降低了滑带（或潜在滑带）土的抗剪强度及降水增大渗透力的作用。地下水位的升高增大滑带土的孔隙水压力并降低其强度对许多滑坡都是存在的。高烈度地震区的滑坡，除附加地震力增大下滑力、降低抗滑力外，饱水粉土和细砂土还会造成震动液化，破坏滑带土结构。要针对每一滑坡的地质条件找出其主控因素。

主控因素在滑坡发育过程中也会发生变化。如地表降雨不一定是滑坡的主控因素，但当滑坡已开始发生，地表裂缝出现，大量雨水渗入坡体则可促使滑坡加速滑动。

（2）将主要作用因素的变化幅度转化为作用力加在代表性断面上进行计算评价滑坡的稳定性

这里要注意主要作用因素是变化的，要考虑在工程年限内可能出现的最大变化，以其作为最不利情况进行计算才能评价出当前（勘察期间）和今后的稳定性及其发展趋势。前述的八渡滑坡就忽视了江水的冲刷作用而造成老滑坡复活。兰州市海石湾煤矿一工业广场布设在一大型古老黄土滑坡的上部，因忽视了人类工程活动的影响，加之大暴雨也引起了老滑坡复活，造成了重大损失。

4）从监测滑动迹象方面判断边（滑）坡的稳定性

（1）不同滑动变形阶段出现的迹象及其稳定度

1.5 节已介绍了滑坡不同发育阶段滑体各部位的变形和裂缝出现的顺序和特征，以及各阶段的稳定系数，可供判断参照。

（2）从位移监测资料判断滑坡的稳定性

若在滑坡的上、中、下部布设地面位移监测桩排，特别是在主轴断面上布设深孔测斜监测，从不同部位滑坡位移上判断其稳定性。如滑坡上部下沉和外移而下部没有位移，表明抗滑段没有受力，滑坡处在蠕动阶段。若抗滑段有抬升和外移表明处在挤压阶段。当滑坡上、中、下以同一速率水平位移时即进入整体滑动阶段。当位移加速时（如每天位移大于 10mm）即认为进入剧滑破坏阶段。

深孔测斜监测滑动面的位移，当每天位移 3mm 以内时，滑坡处在蠕动挤压阶段；每天位移 3～5mm 时即进入滑动阶段；大于 10mm 即进入加速滑动阶段。滑坡剧滑前测斜管常被剪断。

（3）从其他监测资料判断滑坡的稳定性

如地下水位监测，滑带土孔隙水压力变化监测，声发射监测，建筑物受力监测等，都能提供有用的分析资料，尤其当其发生突变时，都表示滑坡稳定状态的较大变化，只是目前定量数据还少，提不出其规律性的定量数据。

（4）宏观迹象的分析

许多大滑坡在剧滑破坏前能听到滑带岩土剪切破坏发出的声音；有的在滑坡前缘流出混浊的水，以及有动物异常等也都是重要信息。应采取避险措施，防止造成灾害。

7.2.2　边（滑）坡失稳的预防技术

1）边（滑）坡失稳预防的意义

任何自然灾害都应以预防为主，防止造成灾害，这已是人们的共识。但是由于地质条件的复杂和人们对自然认识水平的限制，自然地质灾害还很难全部预防，如地震。对于滑坡灾害，虽然只发生在地壳的表层斜坡地带，但是也经历了灾害频发被动治理，加强研究到逐步主动预防的发展阶段。

20世纪50年代随着我国国民经济的恢复和发展，要求铁路、公路快速发展，由于当时地质技术力量薄弱，对地质自然灾害认识不足，在山区铁路和公路建设中发生了众多病害，如崩塌、滑坡、错落、坍塌和倾倒等，其中尤以滑坡规模大，性质复杂，治理周期长，费用昂贵。如宝鸡至成都铁路1956年已经接轨，但因2 136处病害需要治理，其中大型滑坡75处，崩塌、坍塌337处，危岩、落石34处，延迟一年才正式通车。许多车站布设在古老滑坡体上，如西坡、白水江、徽县、略阳车站等，施工开挖后，古滑坡复活，花费巨资进行治理。通车后继续治理病害，仅宝鸡至广元段即花费4.7亿元，为原造价的1.6倍。江西鹰潭至福建厦门铁路穿越武夷山和戴云山区，发生病害3 000余处，其中严重者100余处，如K161、K163、K365、K601和K602滑坡等，曾造成1962年全年累计3个月不能通车。治理这些病害共花费4.6亿元，是原造价的1.5倍。

20世纪60年代初修建成昆铁路时，地形更为艰险，地质更为复杂，在总结宝成、鹰厦铁路经验教训的基础上，铁道部制定了《铁路勘测设计工作条例》，强调“地质工作参与选线，隧道宁长毋短，高30m以上挖方边坡要与隧道方案作比较，填方高度大于20m要与桥梁方案作比较”的技术政策，故选线中就避开了100余处大滑坡。即使如此，施工中仍发生了甘洛车站1号、2号、3号滑坡，玉田车站滑坡，白石岩车站滑坡，越西车站滑坡等。通车后还发生了铁西滑坡中断行车达40天，及东荣河1号隧道滑坡和毛头马1号隧道滑坡等，每一滑坡都花费数千万元进行治理。

应该说铁路部门对滑坡灾害有较深刻的经验教训，但年轻技术人员缺乏这种体会，所以至20世纪90年代初在南宁至昆明铁路建设时，仍将八渡车站放在了一个大型（500万m^3）老滑坡体上。1997年雨季南盘江特大洪水冲刷滑坡抗滑地段，老滑坡复活，严重威胁铁路接轨通车，做了两条截水洞，使用113根抗滑桩，花费9 000余万元进行治理，教训是十分深刻的。

成都至拉萨的川藏公路是我国地形地质条件极为复杂的一条公路，全线崩塌、滑坡、泥石流等病害389处，规模之大世界罕见，几十年来每逢雨季都中断运输，有时长达半年不能正常行车。西藏境内的102道班滑坡体积达500万m^3，1991年滑下，曾堵断帕隆藏布江，1991—1998年曾造成17台翻车事故。仅做保通工程即花费5 000余万元。四川境内的二郎山段，隧道通车后大大改善了运输条件，但隧道两端引道上的近10处滑坡治理却花费近

2亿元，其中仅K2730一处滑坡即花费6 000万元。

近年来在山区高速公路建设中发生的滑坡和高边坡变形更为常见，延误工期，增大投资。如云南省元江至磨黑高速公路，300余处高边坡，其中高于100m的有60余处。施工中发生变形者130余处。处理滑坡和高边坡变形增加投资6亿多元。

水电建设中不论是坝区还是库区也都遇到过滑坡，如1961年湖南柘溪水库蓄水初期曾发生167万m^3的岩石顺层滑坡造成了洪水越坝的严重灾害。1963年意大利北部的瓦依昂水库库岸3亿m^3的大滑坡造成水库报废、2 600多人死亡的事故引起世界各国对近坝库岸滑坡稳定性的重视。我国水利部门对黄河上的龙羊峡、李家峡、公伯峡、拉西瓦及澜沧江上的漫湾、小湾等电站建设中近坝库岸滑坡进行了较深入的监测和研究。当然，最大规模的研究和预防灾害，当属长江三峡库岸滑坡的研究，有关部门对5 300km库岸的4 719处滑坡和高边坡进行了研究和预防性加固，保证了三峡水库蓄水后库岸滑坡的稳定。其中治理最早的是链子崖危岩体和黄蜡石滑坡的加固。

甘肃省永靖县黑方台滑坡群是水库移民区发生的人们事先未曾预计到的新问题。黑方台是黄河的Ⅳ级阶地，是有1万多亩（1亩≈666.67m^2）地的旱塬（黄土塬），由于当地干旱少雨，很少有人居住和耕种，塬上黄土覆盖厚约50m，其下为白垩系砂、泥岩互层。除少数古滑坡外，岸坡基本稳定。但是自1967年刘家峡水库移民移居塬上提黄河水漫灌之后，由于地下水位的抬升，塬边不断发生滑坡，至今已发生30余起，造成道路中断，耕地被毁，管道断裂、人员伤亡（图7-13）。其中黄茨村大滑坡（体积600万m^3）为上覆黄土连同下伏砂泥岩的顺层古滑坡因灌溉而复活，幸有监测预报，事先疏散了居民，才未造成人员伤亡。

图7-13　黑方台滑坡群

露天矿边坡失稳滑坡也屡有发生，特别是煤矿地区。山区不少村镇就建在古老滑坡体上，由于人口增加，开挖建房，或因自然环境条件的变化，古老滑坡复活，影响到机关和居民的安全，事例众多，不再赘述。

滑坡灾害的频发，除了我国山区特殊的自然地质条件外，还有以下原因：

①早期对滑坡灾害的规律性认识不足，未贯彻“地质选线”的原则，未能在选线、选厂、选址时避开大型古老滑坡和易滑坡地段（如岩层顺倾地段、厚层堆积层地段及大型断层破碎带等），施工后古滑坡复活和发生新滑坡。

②对古老滑坡虽有认识，但未充分考虑人类工程活动的影响，通过的方法不正确（如削弱其支撑力，上部加载等），或防护措施不足，建设中仍造成了古滑坡复活。

③高边坡数量多、高度大，缺少科学合理的稳定性评价方法和相应的加固和排水措施，开挖后，发生工程滑坡。

④施工方法不科学，造成滑坡复活、范围扩大或急剧滑动。

滑坡灾害一旦发生，治理费用十分昂贵，一般滑坡需几百万至上千万元，大型、特大型滑坡常需数千万元。

从20世纪80年代开始我国已十分重视边（滑）坡灾害的预防工作。预防边（滑）坡灾害的意义和作用在于：

①在选线、选厂、选址时避开大型古老滑坡和易发生滑坡的地质不良地段，防止了古老滑坡复活和新生滑坡，保证了安全，节约了投资。如宝鸡—兰州铁路第二线仍在渭河河谷走廊带，但55次跨渭河避开大型滑坡和不良地质地段，加之桥隧比例较大，通车以来基本未出现因滑坡中断交通的事故。

②正确评价和通过滑坡区，采取预防措施，防止滑坡复活，节约了投资。如长江三峡库岸的众多滑坡，由于事先采取了较详细的勘察和正确评价其稳定状态，分别采用了不同的预防措施，水库蓄水后绝大多数滑坡是稳定的。又如云南省保山至龙陵高速公路有47个滑坡，有许多是用桥梁通过的，由于正确评价和采取了预加固措施，通车后无一滑坡复活，保证了公路畅通。

③对已发生变形的滑坡和高边坡变形，及时判明变形性质，采取预防措施，防止滑坡剧滑造成灾害或延误工期，增加投资。

④正确预测和评价高边坡的稳定性，采取"预加固"措施，防止高边坡施工中和工后发生滑坡等变形，保证了安全，节约了投资。

滑坡在未大滑动前，滑带土具有较高的强度，具有较大的抗滑阻力，加固费用较低。而大滑动后，滑带土降到其残余强度，抗滑阻力大大减小，因而其治理费用可能成倍增加。所以即使需治理的滑坡，也应将其稳定在萌芽状态，既防止了灾害，又节约了投资。

可见预防滑坡的意义和作用是巨大的。以下着重介绍绕避滑坡、通过滑坡、防止滑坡剧滑和预防高边坡变形的技术。

2）绕避滑坡的技术

在选线、选厂、选址时避开滑坡是最彻底地预防滑坡灾害。但是由于各种条件的限制，也难以避开所有的滑坡，有时避开滑坡在经济和技术上也不合理。这里主要指应避开那些规模巨大、危害严重、治理费用昂贵的滑坡，规模不很巨大但数量多、连续分布的地段，以及地质条件不良、施工后可能发生众多滑坡的地段，如岩层顺倾地段、大型岩堆地段和大型断裂破碎带。

要做到有充分根据的避让，就必须贯彻"地质选线"的原则和指导思想，在可行性研究、初测和定测阶段都应加强地质工作，查明所遇到的滑坡规模、性质、地质结构、稳定状态及在自然和人为因素作用下的变化趋势和危害情况，为绕避方案和原地防治滑坡方案提供充分的依据。

道路绕避方案可以用桥梁跨河绕避，也可用隧道绕避，大的绕避方案也可桥、隧结合，如图7-14所示。

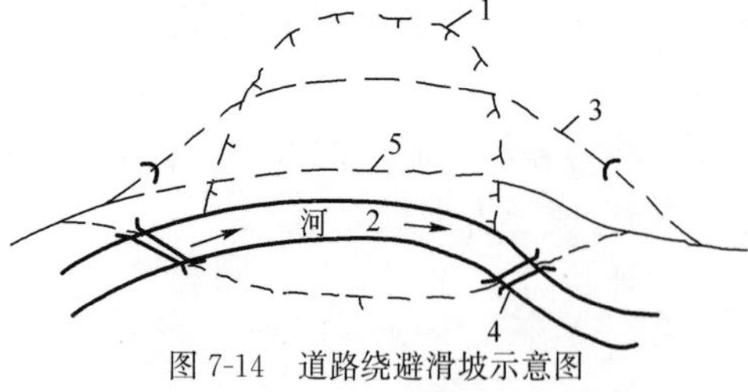

图7-14 道路绕避滑坡示意图

1-滑坡；2-河流；3-隧道；4-桥梁；5-通过滑坡方案

（1）跨河绕避滑坡

前已述及，成昆铁路选线时已避开100余处大的滑坡，仅孙水河沿线一段就多次跨河避开滑坡和不良地质地段。宝鸡至兰州铁路第二线选线时55次跨渭河，避开了大滑坡和地质不良地段，通车后保证了铁路畅通。

老宝天铁路由于位于渭河大断裂带内，标准低，经常发生塌方断道，其中K1358黄土滑坡，体积40万m^3，发生于1963年，曾造成10余天中断行车。1981年相距约1km的K1357又发生体积60万m^3的黄土滑坡，将隧道外的明洞破坏75m，中断行车13天。被迫采取了两跨渭河的绕避方案（图7-15）。通车20多年来铁路畅通。

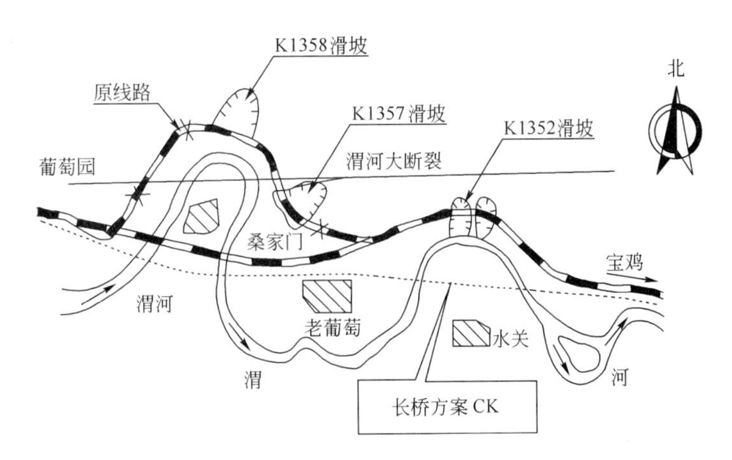

图 7-15　老宝天铁路跨河绕避滑坡平面图

桥梁绕避滑坡重点是选好桥址。

（2）隧道绕避滑坡

用隧道绕避滑坡是在滑坡可能发展范围以外用隧道在滑动带以下稳定地层中穿过而避开滑坡的危害。隧道洞顶低于滑动带的距离以大于 15m 为宜，坚硬岩层可小一些，软弱岩层应大一些，目标使滑坡移动不影响隧道安全，隧道施工不影响滑坡稳定。宝中铁路堡子梁隧道在滑坡体下穿过，因红色泥岩强度低，洞顶距滑带较近，隧道塌方引起了滑坡滑动。成昆铁路东荣河一号隧道因滑坡而破坏，如图 7-16 所示。为保证铁路安全而改线建长隧道绕避滑坡，新隧道进口段施工时因塌方引起滑坡移动，曾使老线隧道拱圈错位，洞顶混凝土受挤压而破碎掉块，严重影响运输安全。但隧道完成后彻底避开了滑坡危害。这表明隧道洞口选择也需注意安全。襄渝铁路第二线修建时为避开赵家塘大滑坡，采用了在滑动面下 70～80m 处建隧道通过，互不干扰，隧道和滑坡都是稳定的。

云南省保山至龙陵高速公路长 2.8km 的高黎贡山隧道出口穿过一古滑坡，开工前作者调查后建议局部改线避开滑坡，保证了施工和运营安全，如图 7-17 所示。

图 7-16　东荣河一号隧道

图 7-17　高黎贡山隧道出口滑坡

（3）选址避开滑坡区

水电大坝的选址地质工作是比较充分的，一般都选择了岩体较稳定的地段，即使存在不良地质体，也都采取了预防措施，如黄河龙羊峡水电站对近坝滑坡的处理及雅砻江锦屏一级电站对坝上倾倒体的处理。但是在有些山区工厂的选址上就存在着不足，未能避开滑坡的危害，特别是 20 世纪 60 年代一些山区工厂在建设中遇到了滑坡，延误工期，增加投资，甚至有的运行期仍遭危害，不得不再次搬迁。前述的兰州市海石湾煤矿上工业广场放在一大型古滑坡体上，施工中滑坡复活，花巨资进行治理也是一个教训。

大量实践证明，只要在选址时认真地做好地质评价，选择安全稳定的厂址是可以做到的。

在新建村镇选址时，同样应重视地质环境人为改造后在自然因素（地震、降雨、库水位升降等）及人类活动（如水管破裂漏水、生产生活用水下渗、灌溉等）作用下的稳定问题，否则就会发生古老滑坡复活（如洒勒山滑坡、黄茨滑坡）及新生滑坡。这里滑坡的预测和评价是技术关键。

3）通过滑坡的预防技术——预防古老滑坡复活

人们不可能避开所有的滑坡。当通过滑坡时，为防止滑坡的危害，应区别不同情况采取以下预防措施：

（1）通过路线调整预防技术

在路线大方案已确定的情况下，遇到具体滑坡，应考虑局部改移路线平面位置，调整路线纵坡，减少填、挖方数量，以增加滑坡的稳定性。当原路线方案在滑坡抗滑地段挖方削弱其稳定性时，路线外移在抗滑段及其前缘填土反压会增加滑坡的稳定性。道理虽简单，但具体实施时需通过滑坡的多种工况下的稳定性计算，算出填方的高度和数量，必要时还需增加排水工程和支挡工程以达到设计所需的稳定安全系数。

当难以改移路线时，可通过调整路线纵坡变滑坡主滑段和牵引段的填方加载为挖方减载，变抗滑段的挖方为填方，以增加滑坡的稳定性，如图 7-18 所示。

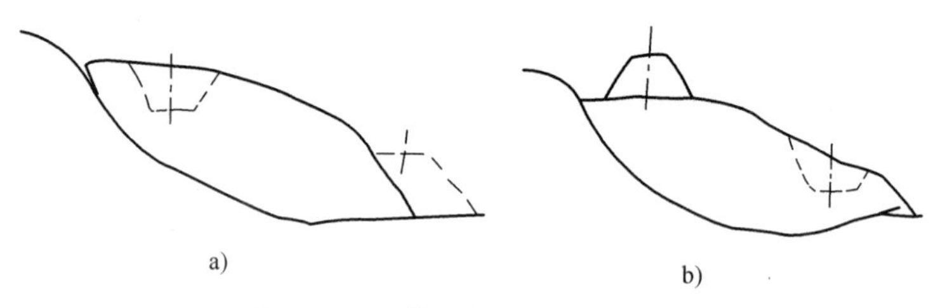

图 7-18　滑坡体上填、挖方位置示意图

a)合理位置;b)不合理位置

当填方位于河流冲刷范围时，还应设置防冲刷的工程措施。

当路线位于大滑坡后缘时，也可只保路线安全而不治理整个滑坡。

（2）预加固和排水预防老滑坡复活的技术

当不得不在主滑段填方加载、在抗滑段挖方削弱其稳定性时，为防止滑坡复活，必须采取预防措施。首先是采取地表和地下排水措施，提高滑带土强度，增加其稳定性；其次是根据最不利工况下需增加的稳定系数或推力设置支挡工程“预加固”。多数情况下是设置抗滑桩或锚索抗滑桩，有条件时采用减重和反压措施。减重减小了滑坡推力，可减少支挡工程数量。施工时先支挡后开挖是预防滑坡复活的重要手段，应足够重视。以往开挖后不及时支挡造成滑坡复活的教训是深刻的。重庆市万州至梁平高速公路张家坪大滑坡先做排水和抗滑桩后开挖保证了古滑坡稳定。

（3）桥梁通过滑坡的预防措施

桥梁是重要建筑物，一旦破坏后果十分严重，因此一般不用桥梁通过滑坡。但近年来山区高速公路受地形限制，为减少填方对滑坡稳定性的影响，采用了一些用桥梁通过古老滑坡的方案，如云南省保山至龙陵高速公路有多处滑坡是用桥梁通过的。桥梁对滑坡移动的敏感性比路基高，为保桥梁安全，在滑坡稳定性评价基础上，在桥梁桩基山侧或河侧设一排抗滑桩“预加固”。当滑坡稳定性较高时，可只在每个桥桩下侧设三根抗滑桩。有条件时也可在滑坡前缘填土反压提高滑坡的稳定性，确保桥梁安全，如图 7-19 和图 7-20 所示，并应先治滑坡后做桥梁墩台。

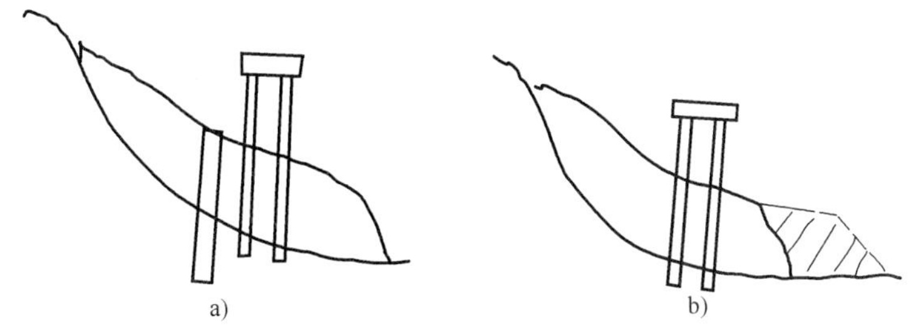

图 7-19　桥梁通过滑坡的预防

当桥梁位于上、下两级滑坡之间时，两级滑坡的滑动均可能危害桥梁安全，则需在桥梁山侧和河侧均设支挡工程。

当滑坡规模不大时，能用一跨桥梁跨越滑体也不失为一种方案，但必须保证滑坡范围扩大时不危及桥梁墩、台安全。

（4）隧道通过滑坡的预防技术

隧道一般也不应穿过滑坡设置，已建成路线上隧道被滑坡挤压变形和错断时有发生。如成昆铁路东荣河一号隧道通车 20 年后因河流冲刷古滑坡复活将隧道错断，不得不在滑坡上部减重，隧道两侧做两排抗滑桩来稳定滑坡，以确保行车安全，后来做了长隧道改线避开了滑坡。毛头马 1 号隧道受错落蠕动挤压不断变形，在山侧减重和做了埋入式抗滑桩才得稳定。襄渝铁路赵家塘滑坡在 20 世纪 70 年代施工时曾造成旗杆沟隧道进口段 50m 被错断，后做四排抗滑桩稳定了滑坡。但桩做在隧道外侧，隧道承受不了滑坡推力，至 2008 年隧道又被严重挤裂，不得不在隧道山侧再做抗滑桩以截断滑坡推力，保隧道安全。

图 7-20　桥上设抗滑桩

隧道进、出口穿越滑坡的情况更常见，如宝鸡至兰州铁路第二线伯阳隧道进口、重庆武隆至水江高速公路白马隧道出口、宝鸡至天水高速公路甘泉隧道进口都遇到了滑坡，本来在选线时就应避开这些滑坡，或采取预加固措施以保证隧道施工安全，但因种种原因而未能做到，施工中滑坡复活被迫治理。

隧道穿越滑坡的预防，首先要掌握滑坡的性质、规模、地质结构、稳定状态，及隧道穿越滑坡的位置、方向、穿越滑体的长度、穿入滑面以下的深度，然后，分析评价隧道施工对滑坡的影响及滑坡一旦滑动对隧道的危害，从而决定采取何种预防措施。如滑坡已经稳定且没有复活可能，则只需控制隧道开挖方式和支护结构，减少对滑坡扰动即可。若滑坡不稳定或潜在不稳定，则必须先治滑坡后开挖隧道，即先作“预加固”工程后开挖隧道。

图 7-21 是某高速公路隧道口穿越一滑坡抗滑段，勘察后先在隧道山侧做了抗滑桩保滑坡稳定，再施工隧道，施工时虽挖出了滑动面，但滑坡稳定，隧道安全。

在山西祁县至临汾高速公路常家山隧道不得不穿越滑体的情况下，作者同中交第一公路勘察设计研究院研究在滑坡前缘沟中填堤保滑坡整体稳定的前提下，在洞口两侧各做三根抗滑桩、洞身注浆加固的措施保证了滑坡稳定和施工安全（图 7-22）。

图 7-21　隧道进口滑坡的预加固桩

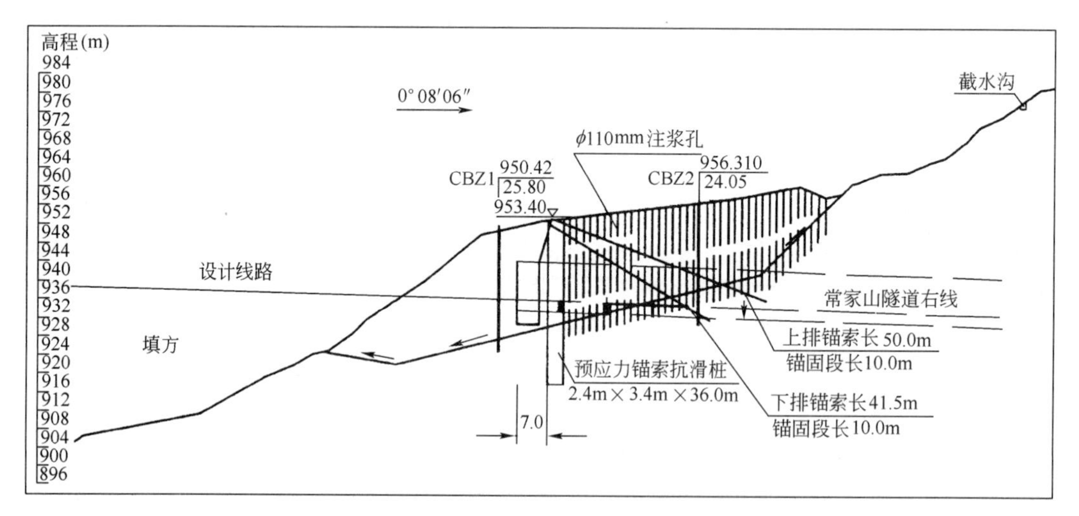

图 7-22　常家山隧道出口滑坡预加固断面图

（5）水库库岸滑坡的预防

修建水库时都应对库岸，特别是近坝库岸滑坡的稳定性及蓄水后和库水位骤降时对滑坡稳定性的影响做出预测和评价，必要时采取相应的预防措施。

水库蓄水后，古老滑坡的抗滑段、部分主滑段，甚至整个滑坡都被浸入水下，随滑坡距水坝的远近和滑坡剪出口的高程不同而不同。滑带土浸水后被软化，孔隙水压力增大，强度降低，加之库水位骤降时的渗透力作用，都会使原来稳定的古老滑坡变成不稳定而复活。原来稳定的岸坡也会因坡脚浸水强度降低发生坍岸和滑坡。水电部门对大型水库如黄河上的龙羊峡、李家峡、公伯峡及长江三峡库岸古老滑坡复活问题进行了深入的研究，有成功的经验。在预防措施上多采用滑坡上部减重、前缘压脚（占死库容）的经济有效的办法。对小型水库，因库容限制，也可采用减重与支挡工程（如抗滑桩和锚索等）相结合的措施稳定滑坡。

值得注意的是，预防古老滑坡复活的首要措施是滑坡区的地表排水系统和地下排水工程。减少地表水渗入滑体和排出疏干滑带水对稳定滑坡作用是显著的，其定量评价还需深入研究。在防治滑坡的实践中，在做了截水隧洞等排水之后，我们将滑带土内摩擦角 φ 提高

1°～2°，节省了支挡工程量，如在重庆市万州至梁平高速公路张家坪大滑坡预防治理时，因上部做了截水隧洞，前缘做了仰斜孔排水，因而将滑带土 φ 值提高 1.5°，结果滑坡推力减少约 2 000km/m，等于节省了一排抗滑桩。

4）预防已变形的滑坡大滑动的技术

当边坡或山坡变形已经发生，已有建筑物出现裂缝、变形或错位，甚至山坡裂缝已贯通或有下错时，应迅速判明变形的性质和原因——是坍塌变形还是滑坡变形？是老滑坡的复活还是新生的滑坡？尽快采取措施防止其继续发展扩大或大滑动造成灾害，根据不同情况采取以下措施：

（1）停止施工、分析原因，加强动态监测

①若系施工开挖或填方堆载而引起，应立即停止施工，待查清变形性质，采取相应措施后再施工；同时应对变形进行监测，防止急剧变形造成灾害。

②若系不利水源（生产和生活用水，渠道或池塘、管道漏水等）渗入坡体而引起，应立即切断水源并将其引出不稳定坡体之外，同时监测其变形的发展变化。

③若系施工大药量爆破振动而引起，应立即停止爆破施工，待观测变形变化之后再决定施工方法。

④坡体和建筑物的裂缝和变形监测是掌握变形发展、防止灾害的重要手段，首先是裂缝和变形监测，有地下水露头时应有地下水变化观测。

（2）立即采取应急措施防止变形扩大和大滑动

①初步调查测绘后，应尽快夯填地表裂缝，增加临时或永久排水沟，防止雨水和地表水渗入坡体和灌入裂缝促使变形加剧。

②对性质比较复杂的滑坡或老滑坡的局部复活，应尽快开展地质调查和必要的勘探（如完成一个主轴断面），判明其性质、范围、原因，危害性和发展趋势，制定防止恶化的应急措施和永久稳定措施。在未确定性质前，不可在滑坡前缘刷方，以免进一步削弱抗滑段的抗力，促使滑坡扩大（如向后牵引）和剧烈滑动。

③对变形发展较快、危害严重的滑坡，特别是坡面高陡、下滑力较大的滑坡，应立即在滑坡上部牵引段和主滑段进行减重，减小下滑推力，这常常是阻止滑坡大滑造成灾害的有效措施。减重方式和数量应有设计和计算，一般挖去滑体总量的 1/6～1/5 可取得明显效果。有条件时把滑坡上部减重的土石移到滑坡前缘压脚更能收到事半功倍的效果，既是应急工程，又是永久工程。成昆铁路会仙 4 号桥头滑坡就是采用上部减重、前缘改沟反压取得稳定的。当然填方部分必须做好地下水处理和基底软弱土层处理。1995 年 4 月内蒙古自治区准格尔煤矿成品煤仓前边坡滑坡以每天 3～5mm 的速度在发展，严重威胁煤仓的安全，立即采取前缘反压稳定了滑坡。

当滑坡地下水比较发育或有地下水渗出时，采用施工快的仰斜排水孔排出滑带水，减小其孔隙水压力，提高抗滑力，也是很有效的应急措施。如，2004 年 7 月重庆市向家坡滑坡在坡顶开裂，坡脚锚索桩顶倾斜达 30cm 的危险情况下，建议在桩间打仰斜排水孔排滑坡地下水，降低了滑带孔隙水压力，减小了滑坡速度，为后期补充勘察、设计和治理施工争取了时间，也防止了灾害。

微型桩施工快、见效快，可尽快增加滑面抗滑力，也能发挥应急工程效果。如，2006 年 8 月向家坝水电站进场公路弃渣堆在内昆铁路一堆积层滑坡上引起滑坡复活，将铁路内侧挡墙推断外移 30cm，严重威胁内昆铁路运输安全。调查后因弃渣难以尽快清除，建议在铁路内侧和公路外侧各设三排微型桩（ϕ150mm 的钢管桩和钢筋桩），很快稳定了滑坡。

以下再举三个实例供参考。

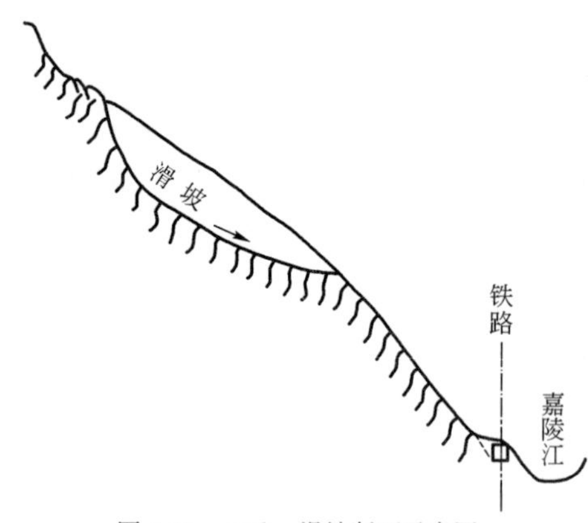

图 7-23　190km 滑坡断面示意图

实例一：1992 年 6 月，宝成铁路 190km 处发生滑坡，中断运输，滑坡体积约 30 万 m^3，但其剪出口高悬于路线上方 80～100m 处，如图 7-23 所示。滑坡滑出剪出口后不断崩落到路线上，致使抢修人员和设备无法开展工作，作者等估计滑体为 30 万 m^3，建议采用上部减重 5 万 m^3 并清除危石的方案使滑坡处于暂时稳定状态，为抢修通车争取了时间。

实例二：1998 年 2 月，205 国道福建省永安市的箭丰滑坡，后缘拉张裂缝已贯通并下错，两侧羽状裂缝明显张开，前缘公路路面拱起，公路内侧挡土墙不断倒塌，处于十分危险的状态。为防止滑坡大滑动中断公路运输，采取了两项应急措施：一是在滑坡上部减重约 10 万 m^3，减小下滑力；二是在公路内侧抗滑段打仰斜排水孔排出滑带水，提高抗滑力。其中有一孔地下水喷出 10 余米远达到公路另一侧。采取这两项措施后，滑坡滑动速度明显下降，为勘察和治理争取了时间，也防止了灾害。

实例三：2000 年 9 月，正在施工中的北京至珠海高速公路粤北段 152km 处发生一石灰岩顺层滑坡。原设计为一高 60m 的高边坡，在第四级边坡设预应力锚索抗滑桩已完成，第二、三级坡设预应力锚索地梁尚未完成，第一级边坡已开始开挖。9 月 20 日台风暴雨后第四级边坡以上出现一条环形拉张裂缝，立即采取了减重约 1 万 m^3、第三级已成锚索进行预张拉等措施，但未能阻止滑坡的发展。至 10 月 16 日，后缘裂缝发展扩大到 4 条，远离坡顶 70m，已加预应力的锚索有的被拉断，有的被弹出。未张拉的原留 1.5m 张拉段仅剩 0.5m，表明坡体位移已达 1.0m。在这种危险情况下，如何阻止滑坡滑下破坏已有工程？由于未见地下水渗出，故建议立即在第四级平台锚索抗滑桩以上坡面减重（8～10）万 m^3，同时开展补勘和深孔位移监测。当减重达 7 万 m^3 时，滑坡位移速度减至每天 1mm 以下，为补强加固争取了时间，防止了滑坡大滑动。

可见当滑坡处于较危险状态时，采用地表和地下排水、滑坡上部减重、前缘反压以及微型桩等是可以防止其大滑动造成灾害的。当然对已经开始大滑动无法采用应急措施的滑坡，就只能疏散人员、撤离设备防止灾害扩大了。

（3）尽快勘察，制定永久治理方案并实施

任何应急措施都只能解决滑坡的短期稳定问题，要彻底消除滑坡灾害，必须尽快进行补充勘察，查清滑坡复活或新生的规模、性质和原因，制定永久稳定方案和措施并尽快实施。因为已经开裂变形的滑坡表明其整体稳定已经不足，随着降雨、开挖等不利因素的作用很可能发展为急剧滑动。因此这类滑坡的治理是一项抢险工程，争取有利时机是非常重要的。

重庆市奉节至云阳高速公路 K96 滑坡的大滑动是一个教训：该滑坡为发育在朱依河北岸三级阶地时期的砂泥岩切层古滑坡，外貌形态已不很明显。2006 年底，当高速公路路基开挖滑坡抗滑段一级多边坡时，山坡上发生了长 100 余米的大裂缝，并威胁到高压输电线路杆塔的安全。业主立即决定迁移杆塔，开展地质勘察，并同时设置了深部位移监测。2007 年 3 月提出滑坡勘察报告及应急和永久治理方案，主要是上部减重刷方，一级边坡平台设置抗滑桩及部分锚索框架支挡，以及地表排水和仰斜孔排水工程。遗憾的是评审勘察报告和治理方案时，部分地质专家认为此处不是滑坡，只是一般边坡变形，因此应急减重方案未能及时实施，施工开挖继续进行。至5月2日滑坡变形加剧，路基开挖面开裂上鼓，技术人员要求施工单位立即撤出人员和设备，并疏散了前缘坡下的居民，5月3日凌晨滑坡剧滑，后缘下错30m，路基开挖面抬高了数米，部分滑体被推入前方的河边，幸无人员伤亡，但后期的治理费用却增加了近一倍。假若当时立即采取上部减重并反压于开挖面上（抗滑段）使滑坡暂时稳定，既可为抗滑桩施工争取时间，该滑坡不会大滑动，也不会增加那么多投资。

5）预防易滑地段发生工程滑坡

防止易滑坡地段发生新的滑坡属于滑坡的预测和预防，从防灾角度来说，这是最有意义的一项工作，但也是目前尚未很好解决的一个难题。因为变形和滑坡尚未发生，要预测随着人类工程活动（如开挖）的进行会否发生滑坡，以及可能滑动的规模、范围、发生的部位及其危害性，从而制定出合理的预防和加固措施防止其发生。一般而言，古老滑坡因其具有较明显的特征，有经验的地质人员和岩土工程人员只要在现场调查时稍微留心，是不难发现的，较困难的是正确判断其稳定性和人类工程活动作用后复活的可能性和范围，以及合理确定防止其复活的对策和措施。这方面已有成熟的经验。对已经或正在滑动的滑坡，特别是发育完全、动态明显的滑坡，由于变形形迹比较清楚，人们在认识上比较一致，当滑坡已经大滑动，就更不会有异议了。但是对那些刚开始变形、发育尚不完全的滑坡，如滑坡后缘拉张裂缝已经出现，但两侧和前缘尚无变形迹象或不明显，就会出现不同的认识和判断，有的认为是滑坡变形，有的则认为不是，加之勘察和动态监测资料不足，下不了采取预防大滑动的决心，当滑坡大滑了，滑面已贯通，强度又降低（达其残余强度），治理费用大大增加了，有时还会造成滑坡范围扩大，甚至造成已有工程破坏。当然，若不是滑坡而按滑坡治理也是浪费资源。

有变形迹象者尚且如此，对那些尚未施工开挖没有变形发生的地段的预测和预防，认识上的差距就更大了。但是，从过去铁路、公路、水利和矿山建设中和施工后出现的大量边坡变形和滑坡被迫治理的经验教训中，人们深切认识到了滑坡预测和预防的重要性。近二十余年来，随着高速公路建设的飞速发展，由于高速公路路面宽、平纵面要求高，加之时间紧迫、地质工作不足，山区高速公路上出现了许多高边坡及其变形现象，不得不追加大量投资进行病害治理。如陕西省的铜川至黄陵高速公路在80km内发生滑坡27处，有古老滑坡的复活，也有新生的滑坡。北京至珠海高速公路粤北段近300km，地质条件复杂，高度大于30m的高边坡近300处，广东省交通运输厅十分重视高边坡开挖后的稳定问题，曾专门立项进行设计复查研究，补充了地质调查和勘探，对欠稳定和不稳定边坡进行了变更设计和补强加固，增加投资约8亿元，取得了良好效果。云南省昆明至曼谷高速公路元江至磨黑段147km，地形地质更为复杂，高度大于50m高边坡有160处，开挖后因坍、滑高度超过100m的有60余处，加固治理增加投资6亿元。北京至福州高速公路福建段200余公里，高度大于40m的高边坡有180余处，吸取以往的经验教训，对高边坡工点大多补充了地质勘察资料，进行了预测性评价，对高边坡进行特殊设计。

以下主要介绍如何预测和预防滑坡。

（1）如何预测人类工程活动后是否会发生新滑坡

预测人类工程活动作用后会不会产生滑坡，主要还是应用工程地质对比法，辅以力学平衡计算方法，从以下几方面作工作：

①从宏观地质条件上调查预测。从某一地区或地段的地层、岩性、构造上分析是否为易滑坡地层？若属于易滑坡地层，如黏性土、黄土、厚层山坡或沟口堆积层，砂岩、页岩、泥岩地层、煤系地层、变质岩、火成岩的厚层风化壳及大的断层破碎带等，应注意其周围有无斜坡变形现象？有无古老滑坡和正在活动的滑坡？它们产生的条件、性质和规模大小，以便与将要开挖的地段作比较，判断开挖后是否会产生滑坡。

②从自然山坡和人工边坡稳定状况的调查预测。自然山坡的走向、朝向、坡形（直线坡、凸形坡、凹形坡、台阶状坡等）、坡度和坡高、植被状况，同类地层在河岸或沟岸所能保持的稳定斜坡坡度和高度，从中寻找其极限稳定坡。自然坡上的变形现象、类型，规模和稳定状况。已有的人工边坡的岩土种类、性状、稳定状况、设计的坡形、坡度、坡高和防护措施，从中寻找稳定坡形和设计参数。

③从软弱结构面调查预测。斜坡变形类型很多，如崩塌、滑坡、错落、坍塌、倾倒等，滑坡与其他变形的主要区别是它沿着相对固定的软弱面（带）滑动，滑动面多是沿坡体内已有的软弱结构面，特别是倾向临空和开挖面的软弱面，应注意这些软弱面的产状、分布及其与开挖面的关系，如是否含水，开挖后会否被切断或接近暴露？这些面在土质滑坡中是土层下伏的基岩顶面，不同成因土层的分界面，不同时期堆积的土层分界面，透水和隔水性能不同的土层界面，含水层的顶、底面，老地面，以及较均质土中的剪应力最大的面。在岩质滑坡中，它们是岩层面，片理面，不同成因、不同时代岩层的接触面（整合面、假整合面），层间错动面，缓倾角断层面，大节理面，不同风化程度的分界面，及以上软弱面的组合面。这些软弱面的产状、性质、延伸长度、充填物及含水状况，及其与临空面或开挖面的关系，控制着滑坡会否发生，以及发生滑坡的位置和规模大小，因而是调查勘探的重点。一般来说，当这些软弱面倾向山或近于水平时，发生滑坡的可能性较小，而当其倾向临空面、倾角或视倾角为10°～30°时，发生滑坡的可能性很大。比较典型者如砂、页、泥岩顺层地段，当岩层面倾向临空面、倾角为10°～30°时，自然发生的顺层滑坡就很多，人工边坡开挖后也会发生众多的顺层滑坡。当有多个软弱层存在时，会发生多层滑坡。这里坡体结构控制了滑坡的滑动模式是调查分析的重点。

④地下水是形成滑坡的重要因素，有一个隔水层存在，就可能形成一个滑动面，因此调查中应注意地下水露头的出露位置和高程及相应的隔水层性状，并应考虑开挖后坡体松弛引起地下水向下渗透和变化，造成滑坡的加深。

⑤在工程地质条件和作用因素变化分析、对比的基础上，基本上可以定性确定开挖后发生滑坡的类型、部位、规模大小，但要做到定量评价，还需借助力学计算方法。没有力学计算，得不出边坡的稳定系数大小，也不知加固工程所应平衡的力量大小，因此它是不可缺少的手段之一。除了传统的极限平衡方法以外，目前还有有限单元法、三维稳定计算方法等。但是力学计算法存在两个困难：一是变形的边界条件如何确定。因为变形尚未发生，边界不确定，计算范围大了，工程浩大造价高，计算范围小了，可能稳定不了坡体，造成工程破坏。二是计算参数难以准确试验和选择。因受取样条件和试验手段的限制，目前还主要依靠已有或假定滑面的反算（演）法和经验数据对比法确定。关于高边坡稳定性计算的范围，根据作者的经验，主要考虑边坡开挖后坡体可能松弛的范围，因坡体侧向卸荷支撑力减弱而松弛变形，裂隙张开、地表水下渗，易引起坡体滑动。其松弛的范围依岩土体的质量而不同，一般为坡高 H 的1.0～3.0倍，如图7-24所示。中等风化以下的岩体为（1.0～1.5）H，强风化岩体和土层可达（1.5～3.0）H。有的情况下滑坡范围会更大，如顺层滑坡和沿大的构

造面滑动时，可能达 $5H$ 以上，应根据具体坡体结构来决定。

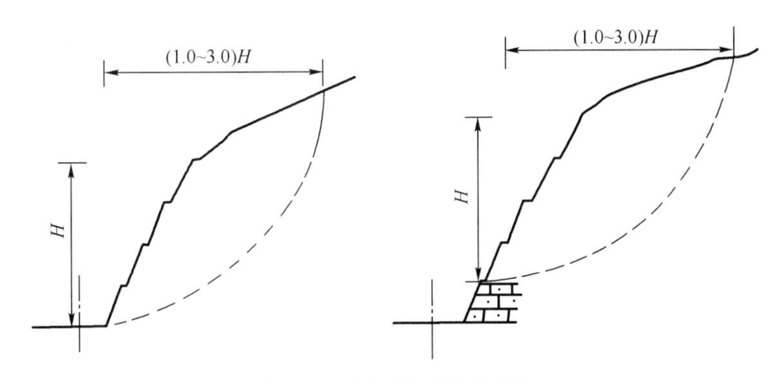

图 7-24　边坡松弛范围示意图

（2）如何预防高边坡开挖后发生滑坡

①高边坡的特点。

a. 高边坡是将地质体的一部分改造成为人为工程设施，其稳定性受控于当地的环境地质条件和人为改造的程度。设计的边坡只有符合当地岩土的结构和构造条件及强度特征才能保持稳定，否则就会发生变形。边坡所在地段地质条件是正确设计的基础。

b. 高边坡是预测性设计、风险性设计。高边坡尚未开挖和揭露，设计什么样的坡形、坡率及采用何种加固、排水和防护措施，都取决于对边坡地质条件了解的详尽程度，资料详细者，设计较符合实际，变形风险就小，否则风险就大。

c. 高边坡对施工有严格要求。高边坡开挖施工是对地质体的改造，开挖卸荷不仅造成坡体应力场的改变，坡脚应力集中，而且造成坡体内地下水渗流场的改变，水向边坡脚集中。在机械化施工条件下，这种改变在几个月内就完成，坡体应力调整得不及时就会发生变形。因此，高边坡施工应避开雨季降雨的影响，为减少坡体开挖松弛引起变形，应开挖一级，加固防护一级，控制松弛变形量，不能一直挖到底而不防护加固。

d. 动态设计，信息化施工。由于高边坡地质条件的复杂性，同一段边坡内的不同段落其岩性、构造、风化程度都会有差异，因此随着边坡的开挖揭露的地质情况，调整边坡设计使之符合实际地质条件，这就是动态设计。施工过程中除地质信息外还有边坡变形动态信息。施工信息的反馈，设计的及时调整变更可有效减少高边坡变形的发生。

②高边坡的设计原则。

a. 应尽量减小边坡的总高度，特别是地质条件不良和岩层顺倾地段的边坡，必要时应和隧道方案进行比较。

b. 高度低于 30m 的边坡可以结合岩土性质以设计稳定坡形和坡率为主，即以放缓边坡坡率为主；而高度大于 30m 的边坡，则不宜以放缓坡率为主，而应增加一定的支挡或锚固工程减小边坡的总高度，也可在边坡中部留较宽的平台以减小坡脚应力。过高的边坡，大量破坏原有植被，破坏斜坡的稳定性，不仅增大了坡面防护工程量，还潜伏了边坡变形的隐患。

c. 地下水发育的边坡，除地表排水系统外，还应设置地下排水工程，如仰斜孔排水等，以减小孔隙水压力，提高软弱带的强度，增加边坡的稳定性。

d. 有滑坡可能的边坡必须设置预防滑动的支挡工程，最好是先加固后开挖，防止坡体松弛和滑动。

e. 高边坡设计应充分考虑环境保护，避免“扒山皮”式的刷方，宁可设置支挡工程以减小刷方高度。

③高边坡的设计方法。

应综合应用工程地质比拟法、力学计算法和经验数据对比法。工程地质比拟法是从当地同类地层结构的自然山坡和已有人工边坡的调查中找出稳定的、不稳定的和极限平衡的斜坡的坡高和坡率，作为设计的参考值。从坡体结构的分析中判定可能发生变形的类型和范围，作为力学计算的边界条件，并从已变形斜坡的反算中求可供使用的计算参数。力学计算法是在工程地质调查勘探的基础上，拟定边坡变形破坏的模式、变形范围、可用有限元方法计算不同工况下边坡的应力分布和可能的松弛范围，但主要还是应用极限平衡方法计算边坡整体和各个局部的稳定系数及滑动时的推力大小，从而决定放缓坡率还是增加加固工程。经验数据对比法是已有工程经验的总结，可供类似工程参考。

当用工程地质比拟法和力学平衡计算法评判为不稳定和欠稳定的边坡，有两种处理办法：一是放缓边坡、减小每一级边坡的高度，这只有在不过多增大边坡总高度的情况下才可采用；二是设置必要的加固工程和地下排水工程。前已说明，当边坡高度大于 30m 时，我们更倾向于采取加固措施。由于坡脚应力集中，容易被破坏，一般用挡土墙或桩进行加固，中下部用预应力锚索框架（或地梁）加固，即所谓“强腰固脚”。上部则可放稳定坡只作坡面防护和绿化。当坡脚一级岩体较好，风化轻微时，加固的重点在中上部。图 7-25 是高边坡加固的示意图。当滑坡推力不大时，锚索、锚杆可间隔布设，当有多层潜在滑面时，则应分层加固。

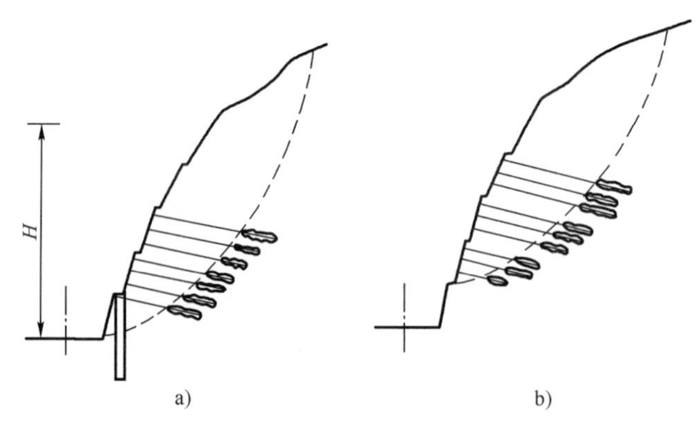

图 7-25　高边坡加固示意图

a)坡脚为不稳定地层时；b)坡脚为稳定地层时

值得指出的是，滑坡问题不是边坡坡率和坡高问题，而是有潜在滑动面（带）存在，边坡开挖后（边坡不一定很高），削弱了滑坡的支撑部分，加之坡体松弛，地表水下渗及施工爆破振动，使坡体沿潜在滑面滑动。这种情况必须采取抗（防）滑加固措施。最好是用抗滑桩、预应力锚索抗滑桩或预应力锚索框架，必要时设置仰斜排水孔疏干地下水。这种预加固桩的设计，由于滑坡尚未发生，潜在滑动面上的强度未降到其残余强度，推力会小一些，因此工程自然比已发生的同规模滑坡要小。这就是预先加固的好处。

④高边坡施工开挖方法也是影响滑坡发生的关键因素。施工最好安排在旱季，并先做好山坡截水沟，减少地表水渗入坡体。为减少坡体松弛，随时增加支撑力，高边坡开挖应开挖一级，立即加固一级，不允许一直挖到坡底再加固。施工中不允许大药量爆破，以免震动引起边坡变形发生。若最下一级边坡用桩加固，应先做桩后开挖，以保边坡的稳定。

⑤具有多层潜在滑动面的高边坡加固设计，如岩石顺层高边坡，应特别注意不同施工工

况下的局部和整体稳定问题，如图 7-26 所示。

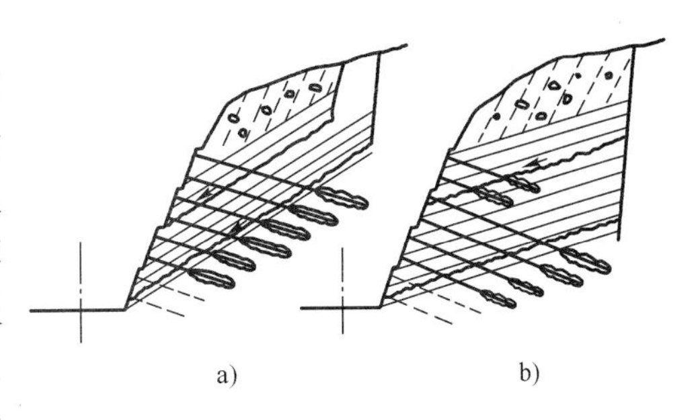

图 7-26　多层潜在滑动面锚固示意图

a)全部锚索穿过深层滑动面的情况；b)部分锚索穿过深层滑动面的情况

a. 当滑面较陡，一、二、三、四级边坡均用预应力锚索加固，且每级的锚索均穿过深层滑动面时，上层锚索既要稳定浅层滑坡，又要承担一部分深层滑坡的推力，自然要做分层稳定检算和设计。但是值得注意的是，设计上往往以四级边坡上锚索的总抗力平衡最深一层滑坡的推力，然而当开挖最下一级边坡到设计高程时，最下级边坡上锚索尚未施工或未施工完成，这是边坡整体上最不稳定的状态，若考虑不周，会造成深层滑动变形，破坏已做好的锚索工程，后果十分严重。设计上必须考虑施工过程这一特点，使第二、三、四级锚索的抗力略大于深层滑坡的推力，防止其变形，而第一级锚索的抗力作为提高边坡的稳定系数到 1.2～1.3 时才可保证施工过程中和工后的安全。

b. 当滑动面较平缓、上层边坡锚索伸入深层滑动面、长度太大施工困难时，可以分层加固，即上层只稳定浅层滑坡，中、下级锚索才伸入深层滑动面以下保证深层滑坡的整体稳定。此时，中、下级锚索必须有足够的抗力抵抗整个滑坡的推力，而且同样应考虑上面已说明的第一级开挖后尚未锚固的情况。若第一级用抗滑桩加固，先作桩后开挖，情况会要好得多。

图 7-27 是高边坡加固及排水结构示意图，供参考。

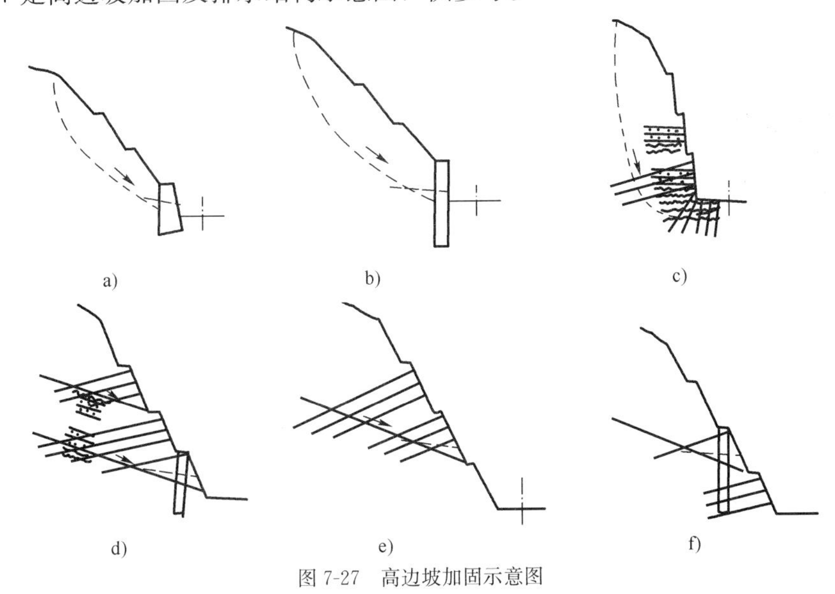

图 7-27　高边坡加固示意图

(3) 预防填堤（弃土）发生滑坡

①填堤和弃土滑坡的主要类型和原因

填堤和弃土、弃渣滑坡虽然不如挖方边坡滑坡普遍，但是其影响却非常严重。如有的路堤整体滑动，造成道路中断，甚至会造成车毁人亡的事故。有些弃渣场或尾矿滑坡也会造成重大事故，因此人们对路堤滑坡是比较关注的。

路堤滑坡有以下一些类型：

a. 路堤本体的滑坡

一般路堤只要填料和填筑方式符合规范要求，基本上都能保持稳定。只有那些填料不良的特殊土，如膨胀土处理不好或填筑质量不好的路堤，才会发生路堤本体的滑坡。

b. 路堤整体滑坡

路堤滑坡最常见也是最严重的是路堤基底处理不好造成路堤整体滑动，或路堤饱水造成路堤“溃爬”，即整个路堤土像泥石流一样溃决流向下游。常见的有以下三种：

（a）陡坡填堤滑坡。在自然坡度大于 20°的斜坡上填筑路堤，尽管开挖了台阶，有的还铺设了土工格栅，但当下伏有含水黏性土层时，常发生沿其顶、底面（基岩顶面）的路堤滑坡，如图 7-28a）所示。

（b）沟槽填堤的滑坡。沟槽中填堤会压缩沟底覆盖土层，减小地下水过水渗流断面，当沟上游汇水面积较大，涵洞设置和地表排水不尽合理，又无堤下盲沟排水时，会造成地下水位抬升，甚至把路堤底部饱和，因此常造成路堤沿基底老地面整体滑动，甚至溃爬，如图 7-28b）所示。

（c）软基上填堤滑坡。软土地基上填堤发生滑塌的事例众多，并已有较深入的研究和处置办法。这里主要指山区局部地段存在的几米厚的软黏土，有时其基底岩面倾向沟谷。路堤填筑后因下伏软黏土破坏而滑坡，如图 7-28c）所示。

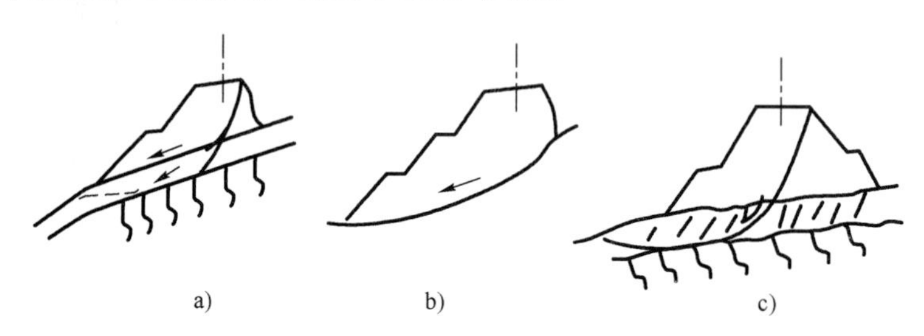

图 7-28　路堤滑坡的类型

弃渣场滑坡大体上也具有以上类似的情况，只不过弃渣上排水更差。

②填堤滑坡的预防措施

a. 软弱地基处理：当软黏土厚度小于 3m 时，一般采用挖除换填；当厚度较大时可用碎石桩、灰土搅拌桩等处理。

b. 排水工程：排水（包括地表排水和地下排水）始终是路基工程和滑坡防治应首先考虑的工程措施。若能事先做好地表排水特别是沟槽填堤前的盲沟排水，滑坡是可以预防的。已经发生了滑坡变形的路堤，也应先在上游做截排地表水，堤体下加设仰斜排水孔或支撑盲沟，尽量减少水的影响。

c. 支挡工程，根据具体地形地质条件可采取以下措施：

（a）路堤下侧反压护道，其高度和宽度应经计算确定，应注意不能堵塞地下水通道；

（b）设抗滑挡土墙、抗滑桩或支撑盲沟；

（c）设抗滑桩板墙或锚索框架；

（d）穿过滑面的钢管注浆加固。

7.3　库水位下降时土坡内浸润线的确定

对于因库水影响的库岸来说，库水渗入库岸后，在库岸中就会生成一个自由水面，自由水面上部属非饱和区域，与空气相连，在自由面下部属饱和区。通常将这个自由面称为浸润面，在剖面图中称为浸润线。当库水及外部补给水量恒定时，就会形成稳定渗流，此时浸润线不随时间变化。当库水升降或降雨等引起水头或补给量变化时，形成不稳定渗流的情况，浸润线会随时间发生变化。从严格意义上讲，自然界的渗流都属不稳定渗流，绝对的稳定渗流是不存在的。但为了分析问题方便，通常将随时间因素变化不大的问题简化为稳定渗流问题。研究渗流的问题是为了确定土体内部的孔隙水压力，若能够得到土体中每点孔隙水压力，就不用求浸润线了。目前求解土体中孔隙水压力的方法是有限元法，但这样求解比较复杂，不便于工程应用。为了分析问题方便，工程人员通常用浸润线来确定土体中的孔隙水压力。可见确定浸润线的目的也是为了确定土体中的孔隙水压力。

7.3.1 土中的水及其流动

（1）伯努里定理

所谓伯努里定理是指水的流动符合能量守恒原理，如果忽略不计摩擦等引起的能量损失，则伯努里定理可以用下式表示：

$$h=\frac{v^2}{2g}+z+\frac{u}{\gamma_w} \tag{7-8}$$

式中：$\frac{v^2}{2g}$——速度水头（v 为流速，g 为重力加速度）；

z——位置水头（从基准面到计算点的高度）；

$\frac{u}{\gamma_w}$——压力水头（u 为水压，γ_w 为水的重度）。

三者的和称为总水头，因为土中水的流速小，速度水头项可以忽略不计，此时

$$h(\text{总水头})=z(\text{位置水头})+\frac{u}{\gamma_w}(\text{压力水头}) \tag{7-9}$$

（2）达西定律

水力坡度的含义是：土中的水沿着流线方向每前进 Δs 的距离，就要有 $-\Delta h$ 的水头损失，通常用 i 表示，其公式如下：

$$i=-\frac{\Delta h}{\Delta s} \tag{7-10}$$

达西通过试验发现，当水流是层流的时候，水力坡度 i 与土中水的流速 v 之间有一定的比例关系，这个比例系数用 k 表示，称这个关系为达西定律：

$$v=ki=k\left(-\frac{\Delta h}{\Delta s}\right) \tag{7-11}$$

式中的 k 为渗透系数，表示土中水流过的难易程度。对于渗透系数 k 值，砂土大，黏土小。渗透系数可采用室内常水头试验或变水头试验来确定，对于复杂的场地可做现场抽水试验来测定。

设与水的流动方向（流线）垂直的端面积为 A，则单位时间的透水量由下式表示：

$$Q=vA=kiA \tag{7-12}$$

（3）给水度

给水度是一个常用的十分重要的水文地质参数，无论在地下水非稳定流计算中还是在资

源评价中，都几乎离不开它。它的大小应当通过实际测试的办法加以确定。给水度是指在单位饱和岩土体积中由于重力作用所能释放出的水量份额。或者定义为：在某个饱和岩土体积中，依靠重力所能释放的重力水的体积与该岩土体积之比。

毛昶熙根据国内外砂砾土和黏性土的试验资料，分析求得给水度的经验公式：

$$\mu = 1.137n(0.000\ 117\ 5)^{0.067(6+\lg k)} \tag{7-13}$$

式中：n——孔隙率；

k——渗透系数（cm/s）。

别申斯基（вецинский，1960）根据砂砾石土料的试验资料分析得出简单的经验公式为：

$$\mu = 0.117\sqrt[7]{k} \tag{7-14}$$

式中：k——渗透系数（m/d）。

上面两式用于砂砾土时计算结果很接近，但式（7-14）用于黏土时比式（7-13）大很多（1 个数量级）。目前对于黏性土的给水度研究尚不完善。有些野外数据，由于土体裂隙的不均匀性，常大于室内试验值。

（4）潜水非稳定渗流基本方程的建立

在潜水含水层中，当水位发生变化，例如水位下降时，含水层中的储存水量以重力疏干形式释放。重力疏干仅发生在潜水位的变动带中。释放水量的多寡仅与水位变动带的范围（体积）及此带岩层的给水度有关。

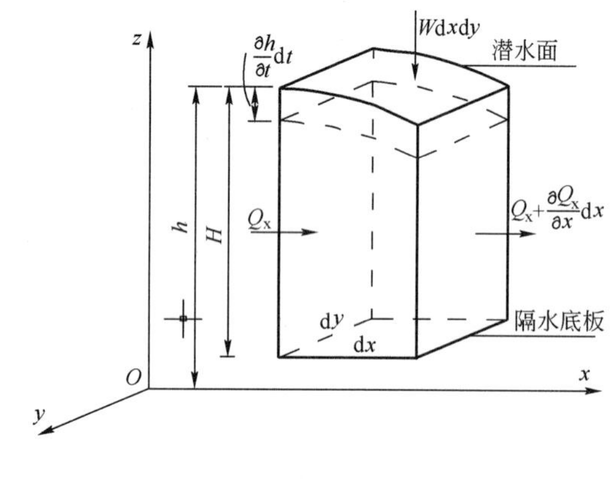

图 7-29　潜水流的计算单元

假定水流为二维流且服从达西定律；含水层为非均质、各向异性；垂直补给强度（W）为定值，不随时间和坐标位置而改变；水头变化引起含水层中储存水量的变化瞬时完成；给水度为定值。并假定水和土骨架是不可压缩的。

为了建立上述条件下潜水非稳定运动的基本微分方程，我们来研究底面积为 $dxdy$，高为含水层厚度 H 的均衡单元（图 7-29）中，在 dt 均衡时段内的水均衡。

流入水量由三部分组成：①沿 Ox 轴方向进入单元体的侧向水量为 $Q_x dt$；②沿 Oy 轴方向进入单元体的侧向水量为 $Q_y dt$；③沿 Oz 轴方向垂直进入单元体的补给量。

流出单元体的水量也由三部分组成：①沿 Ox 轴方向流出单元体的侧向水量为 $\left(Q_x + \frac{\partial Q_x}{\partial x}dx\right)dt$；②沿 Oy 轴方向流出单元体的侧向水量为 $\left(Q_y + \frac{\partial Q_y}{\partial y}dy\right)dt$；③沿 Oz 轴方向垂直流出单元体的排泄量。

沿 Oz 轴进入单元体的补给量与排出量的代数和等于 $Wdxdydt$。

由于认为水是不可压缩的流体，小土体内的水量增加必然会引起潜水面的上升，水量减少则会引起潜水面的下降。设潜水面变化的速率为 $\frac{\partial h}{\partial t}$，在 dt 时间内潜水面的升高（或降低）为 $\frac{\partial h}{\partial t}dt$。潜水面的变化而引起的小土体内水体积的增量为 $\mu\frac{\partial h}{\partial t}dxdydt$。根据质量守恒定律，流入与流出水量的差值应等于单元体中水体积的变化值，于是得：

$$-\left(\frac{\partial Q_x}{\partial x}dx+\frac{\partial Q_y}{\partial y}dy\right)dt+Wdxdydt=\mu\frac{\partial h}{\partial t}dtdxdy \tag{7-15}$$

根据达西定律有：

$$Q_x=-k_x i_x A_x=-k_x\frac{\partial h}{\partial x}Hdy,\ Q_y=-k_y i_y A_y=-k_y\frac{\partial h}{\partial y}Hdx$$

则

$$\frac{\partial Q_x}{\partial x}=-\frac{\partial}{\partial x}\left(k_x H\frac{\partial h}{\partial x}\right)dy,\ \frac{\partial Q_y}{\partial y}=-\frac{\partial}{\partial y}\left(k_y H\frac{\partial h}{\partial y}\right)dx$$

将它们代入式（7-15），并用 $dxdydt$ 除等式两侧，整理后得到如下的微分方程：

$$\frac{\partial}{\partial x}\left(k_x H\frac{\partial h}{\partial x}\right)+\frac{\partial}{\partial y}\left(k_y H\frac{\partial h}{\partial y}\right)+W=\mu\frac{\partial h}{\partial t} \tag{7-16}$$

式（7-16）即为布辛涅斯克（Boussinesq）方程，它是研究潜水非稳定运动的基本微分方程。

若不考虑边界的补给量，并且用平均含水层厚度 h_m 代替 H，这样，式（7-16）就变为：

$$\frac{\partial}{\partial x}\left(k_x\frac{\partial h}{\partial x}\right)+\frac{\partial}{\partial y}\left(k_y\frac{\partial h}{\partial y}\right)+\frac{W}{h_m}=\frac{\mu}{h_m}\frac{\partial h}{\partial t} \tag{7-17}$$

若为一维流，则式（7-16）又可写成下式：

$$\frac{\partial}{\partial x}\left(kH\frac{\partial h}{\partial x}\right)+W=\mu\frac{\partial h}{\partial t} \tag{7-18}$$

对于稳定渗流问题，因为水头不随时间变化，即 $\partial h/\partial t=0$，将其代入上面相应条件下地下水运动的微分方程式。对于含水层均质、各向同性的一维流，其稳定渗流微分方程为：

$$\frac{\partial}{\partial x}\left(kH\frac{\partial h}{\partial x}\right)+W=0 \tag{7-19}$$

7.3.2 库水位等速下降时坡体内浸润线的求解

（1）基本假设

①含水层均质、各向同性，侧向无限延伸，具有水平不透水层；

②库水降落前，原始潜水面水平；

③潜水流为一维流；

④库水位以 v_0 的速度等速下降；

⑤库岸按垂直考虑，库水降幅内的库岸与大地相比小得多，为了简化将其视为垂直库岸。

由于坡体中，浸润面比较平缓，为了简化问题，通常忽略垂直方向的渗流，即认为流速在高度方向上无变化。在此情况下可以把问题变为一维渗流问题，并假定上部无流量补给（$W=0$），这样式（7-18）就变为：

$$\frac{\partial h}{\partial t}=\frac{k}{\mu}\frac{\partial}{\partial x}\left(H\frac{\partial h}{\partial x}\right) \tag{7-20}$$

这是一个二阶非线性偏微分方程，目前还没有求解析解的方法，通常采用简化方法将其线性化。简化的方法是将括号中的 H 近似地看作常量，用时段始、末潜水流厚度的平均值 h_m 代替，这样就得到简化的一维非稳定渗流的运动方程：

$$\frac{\partial h}{\partial t}=a\frac{\partial^2 h}{\partial x^2},\ a=\frac{kh_m}{\mu} \tag{7-21}$$

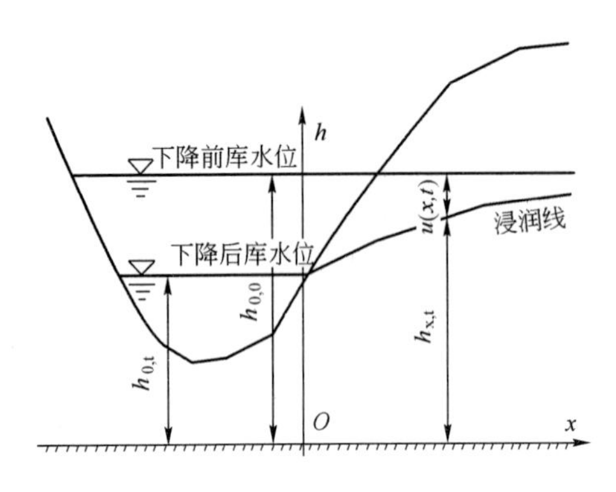

图 7-30　浸润线计算简图

（2）模型建立及求解

计算坐标如图 7-30 所示，初始时刻，即 $t=0$ 时，由假设条件②可知区内各点水位为 $h_{0,0}$。设距库岸 x 处在 t 时刻的地下水位变幅为：

$$u(x,t)=h_{0,0}-h_{x,t}=\Delta h_{x,t} \tag{7-22}$$

该断面 $t=0$ 时的水位变幅为：

$$u(x,0)=h_{0,0}-h_{x,0}=0$$

库水位以 v_0 速度下降，发生侧渗后，在 $x=0$ 断面处有：

$$u(0,t)=h_{0,0}-h_{0,t}=v_0t$$

在 $x=\infty$ 断面处，有 $u(\infty,t)=0$。

令

$$u(x,t)=h_{0,0}-h_{x,t}$$

由式（7-22）可以把上述水位下降的半无限含水层中地下水非稳定运动归结为下列数学模型：

$$\frac{\partial u}{\partial t}=a\frac{\partial^2 u}{\partial x^2}\quad (0<x<\infty,t>0) \tag{7-23}$$

$$u(x,0)=0\quad (0<x<\infty) \tag{7-24}$$

$$u(0,t)=v_0t\quad (t>0) \tag{7-25}$$

$$u(\infty,t)=0\quad (t>0) \tag{7-26}$$

将上述式（7-23）～式（7-26）表述的数学模型对变量 t 进行拉普拉斯（Laplace）积分正变换和逆变换，可得到如下的解：

$$u=v_0tM(\lambda) \tag{7-27}$$

式中，$M(\lambda)=(1+2\lambda^2)\mathrm{erfc}(\lambda)-\frac{2}{\sqrt{\pi}}\lambda e^{-\lambda^2}$，$\lambda=\frac{x}{2\sqrt{at}}$，$\mathrm{erfc}(\lambda)=\frac{2}{\sqrt{\pi}}\int_{\lambda}^{\infty}e^{-x^2}dx$ 为余误差函数。

将式（7-27）代入式（7-22）得：

$$h_{x,t}=h_{0,0}-v_0tM(\lambda) \tag{7-28}$$

上式就是库水位等速下降时，坡体浸润线的计算公式。$M(\lambda)$ 可按表 7-6 查得。从

图 7-31可以看出，$M(\lambda)$ 为减函数，当 $\lambda>2$ 时，$M(\lambda)$ 近似等于 0。

库水位等速下降对地下水的影响系数 $M(\lambda)$ 表 7-6

λ	$M(\lambda)$	λ	$M(\lambda)$	λ	$M(\lambda)$	λ	$M(\lambda)$
0.000	1.000 0	0.185	0.646 0	0.450	0.322 0	0.820	0.105 0
0.005	0.989 0	0.190	0.638 0	0.460	0.313 0	0.840	0.098 2
0.010	0.987 0	0.195	0.630 0	0.470	0.305 0	0.860	0.091 9
0.015	0.967 0	0.200	0.622 0	0.480	0.296 0	0.880	0.086 0
0.020	0.956 0	0.205	0.615 0	0.490	0.288 0	0.900	0.080 3
0.025	0.946 0	0.210	0.607 0	0.500	0.280 0	0.920	0.075 0
0.030	0.934 0	0.215	0.600 0	0.510	0.272 0	0.940	0.070 0
0.035	0.923 0	0.220	0.592 0	0.520	0.264 0	0.960	0.065 4
0.040	0.913 0	0.225	0.587 0	0.530	0.256 0	0.980	0.060 9
0.045	0.902 0	0.230	0.578 0	0.540	0.249 0	1.000	0.056 8
0.050	0.892 0	0.235	0.571 0	0.550	0.242 0	1.020	0.052 9
0.055	0.882 0	0.240	0.563 0	0.560	0.235 0	1.040	0.049 2
0.060	0.872 0	0.250	0.549 0	0.570	0.229 0	1.060	0.045 8
0.065	0.862 0	0.255	0.542 0	0.580	0.222 0	1.080	0.042 6
0.070	0.852 0	0.260	0.535 0	0.590	0.215 0	1.100	0.039 6
0.075	0.842 0	0.265	0.528 0	0.600	0.209 0	1.120	0.036 7
0.080	0.832 0	0.270	0.522 0	0.610	0.203 0	1.140	0.034 1
0.085	0.822 0	0.275	0.516 0	0.620	0.197 0	1.160	0.031 6
0.090	0.813 0	0.280	0.509 0	0.630	0.191 0	1.180	0.029 3
0.095	0.803 0	0.285	0.503 0	0.640	0.185 0	1.200	0.027 2
0.100	0.793 0	0.290	0.496 0	0.650	0.180 0	1.220	0.025 2
0.110	0.775 0	0.300	0.483 0	0.660	0.174 0	1.240	0.023 3
0.115	0.766 0	0.310	0.470 0	0.670	0.169 0	1.260	0.021 5
0.120	0.757 0	0.320	0.458 0	0.680	0.164 0	1.280	0.019 9
0.125	0.747 0	0.330	0.446 0	0.690	0.159 0	1.300	0.018 4
0.130	0.739 0	0.340	0.435 0	0.700	0.154 0	1.320	0.017 0
0.135	0.730 0	0.350	0.423 0	0.710	0.149 0	1.340	0.015 6
0.140	0.721 0	0.360	0.412 0	0.720	0.145 0	1.360	0.014 4
0.145	0.712 0	0.370	0.401 0	0.730	0.140 0	1.380	0.013 3
0.150	0.704 0	0.380	0.391 0	0.740	0.136 0	1.400	0.012 2
0.155	0.695 0	0.390	0.380 0	0.750	0.132 0	1.420	0.011 3
0.160	0.687 0	0.400	0.370 0	0.760	0.128 0	1.440	0.010 4
0.165	0.679 0	0.410	0.360 0	0.770	0.123 0	1.460	0.009 5
0.170	0.670 0	0.420	0.350 0	0.780	0.120 0	1.480	0.008 7
0.175	0.661 0	0.430	0.341 0	0.790	0.116 0	1.500	0.008 0
0.180	0.654 0	0.440	0.331 0	0.800	0.112 0	1.520	0.007 3

续上表

λ	M（λ）	λ	M（λ）	λ	M（λ）	λ	M（λ）
1.540	0.006 7	1.660	0.003 9	1.780	0.002 3	2.000	0.000 7
1.560	0.006 2	1.680	0.003 6	1.800	0.002 1	2.100	0.000 5
1.580	0.005 7	1.700	0.003 3	1.840	0.001 7	2.200	0.000 3
1.600	0.005 2	1.720	0.003 0	1.880	0.001 4	2.300	0.000 2
1.620	0.004 7	1.740	0.002 7	1.920	0.001 1	2.400	0.000 1
1.640	0.004 3	1.760	0.002 5	1.960	0.000 9	∞	0.000 0

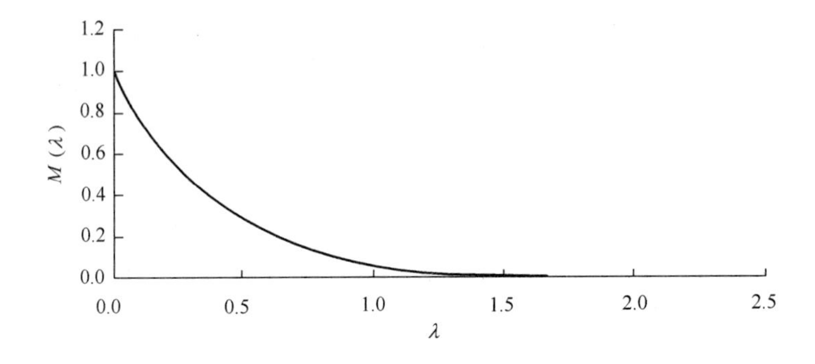

图 7-31　λ 与 M（λ）的关系曲线

将 $a=\frac{kh_{m}}{\mu}$ 代入 $\lambda=\frac{x}{2\sqrt{at}}$ 得：

$$\lambda=\frac{x}{2\sqrt{at}}=\frac{x}{2}\sqrt{\frac{\mu}{kh_{m}t}} \tag{7-29}$$

为了便于工程应用，将表 7-6 中的数据进行多项式拟合，得到如下的拟合公式：

$$M(\lambda)=\begin{cases}0.109\,1\lambda^{4}-0.750\,1\lambda^{3}+1.928\,3\lambda^{2}-2.231\,9\lambda+1 & (0\leqslant\lambda<2)\\ 0 & (\lambda\geqslant 2)\end{cases} \tag{7-30}$$

这样就得到库水位等速下降时浸润线的简化计算公式：

$$h_{x,t}=\begin{cases}h_{0,0}-v_{0}t(0.109\,1\lambda^{4}-0.750\,1\lambda^{3}+1.928\,3\lambda^{2}-2.231\,9\lambda+1) & (0\leqslant\lambda<2)\\ h_{0,0} & (\lambda\geqslant 2)\end{cases} \tag{7-31}$$

以上式中：k——渗透系数（m/d）；

h_{m}——潜水流的平均厚度（m），取 $h_{m}=(h_{0,0}+h_{0,t})/2$；

$h_{0,0}$——库水下降前的水位（m）；

$h_{0,t}$——t 时刻库水的水位（m）；

μ——给水度；

t——库水下降时间（d）。

从图 7-31 中可以看出，当$\lambda=2$时，$M(\lambda)\approx 0$，把这个位置定义为库水下降的影响范围，该范围可由式（7-29）得到：

$$x=4\sqrt{\frac{kh_{m}t}{\mu}} \tag{7-32}$$

通过该公式可以估计库水作用时的影响范围，还可以在有限元分析中，确定计算模型的尺寸。

（3）计算公式的分析

为了便于分析，令库水的下降高度$h_{t}=v_{0}t$，那么库水的下降时间$t=h_{t}/v_{0}$，将其分别代入式（7-28）和式（7-29）得：

$$h_{x,t}=h_{0,0}-h_{t}M(\lambda) \tag{7-33}$$

$$\lambda=\frac{x}{2}\sqrt{\frac{\mu v_{0}}{kh_{m}h_{t}}} \tag{7-34}$$

从式（7-34）可看出，影响浸润线的因素有：渗透系数k，给水度μ，库水下降速度v_{0}，含水层厚度h_{m}和下降高度h_{t}。从图 7-18 可以看出，$M(\lambda)$为减函数，随λ的增大，$M(\lambda)$的值减小。也就是说，λ越大，坡体中自由水面下降的速度越慢；反之，λ越小，坡体中自由水面下降的速度越快。

当$\lambda=0$时，$M(\lambda)=1$，坡体中的自由水面与库水位同步下降。

当$\lambda=\infty$时，$M(\lambda)=0$，坡体中的自由水面在库水位下降过程中不变动。从表 7-6 和图 7-18 可以看出，当$\lambda>2$时，$M(\lambda)$已接近于 0。

大家知道，当坡体中的水位越高时，对坡体的稳定性越不利。根据这个常识来分析各因素对稳定性的影响。

从前面的分析可知，λ越小，坡体中自由水面下降的速度越快，也就是坡体中的水位降低得快，对坡体稳定有利。反之λ越大，对坡体稳定越不利。

（4）有限元分析及公式修正

为了消除一维代二维引起的误差，下面通过几个算例来分析库岸具有不同倾角的情况下（图 7-32），简化公式与有限元计算结果的误差。已知渗透系数$k_{x}=k_{y}=0.3\text{m/d}$，库水的下降高度为 30m，下降速度 1m/d，给水度为 0.031 2，孔隙率 0.35。计算的结果如图 7-33 所示。

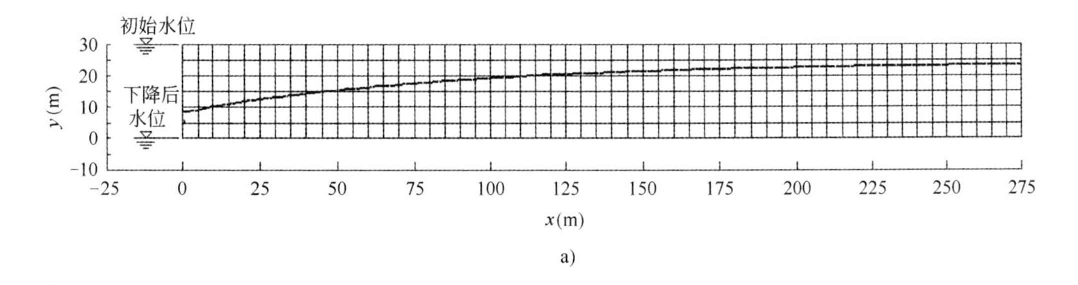

a)

图 7-32

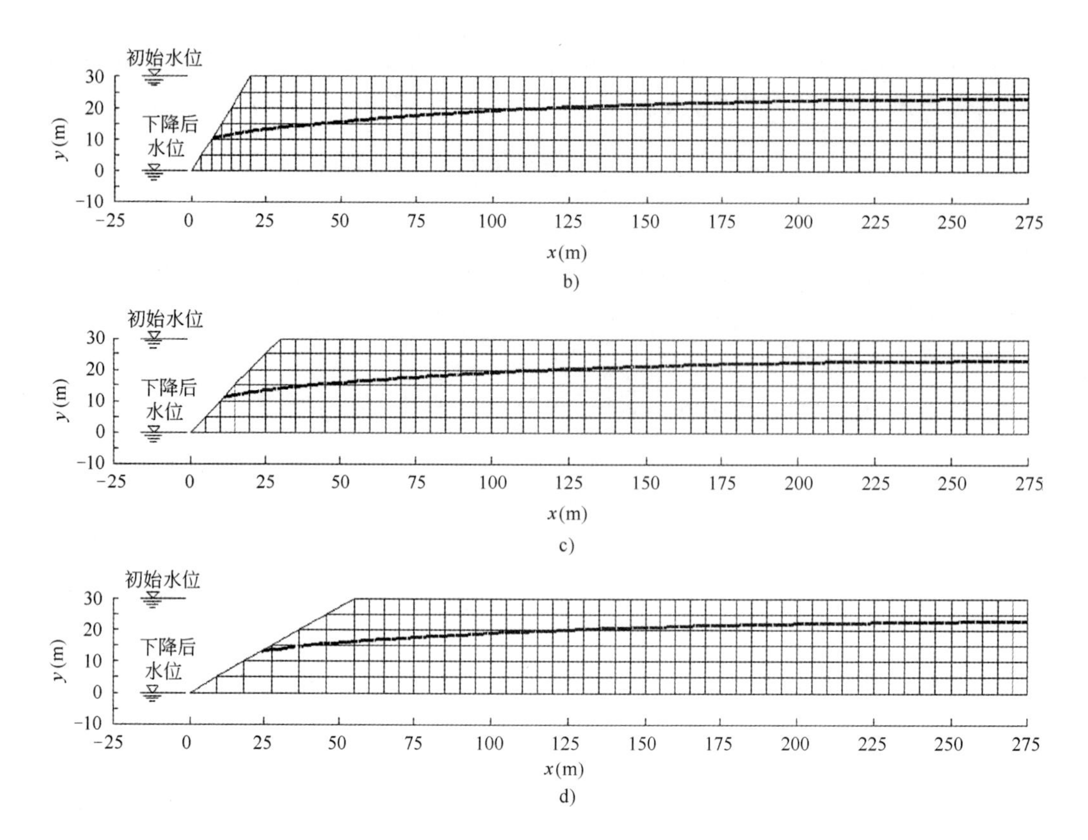

图 7-32　简图及有限元网格

a)坡角为 90°;b)坡角为 56.3°;c)坡角为 45°;d)坡角为 28.6°

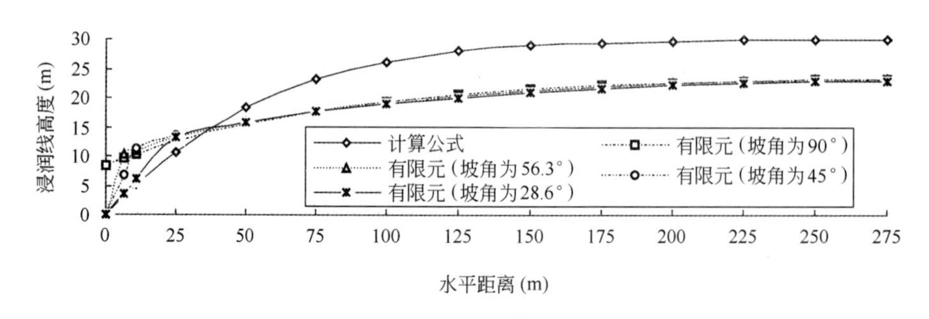

图 7-33　计算结果对比

有限元的分析结果（图 7-33）表明：在坡角附近简化公式的结果大于有限元的结果，该范围通常在 1 倍下降高度范围内，且误差随坡角的减小而减小。由于其影响范围小，且大多数工程是斜边坡，因此对该部分不进行修正。对于后部，由于计算公式的结果大于有限元的结果，且影响范围较大，因此对后部需进行修正。

根据图 7-30，可将式（7-28）改写成下式：

$$h_{x,t} = h_{0,t} + [1 - M(\lambda)]v_0 t \tag{7-35}$$

式中：　$h_{0,t}$——库水下降后的高度；

$[1-M(\lambda)]v_0 t$——浸润线至库水位的高度。

因为一维公式的计算结果与有限元的结果近似为平行线，因此可对一维公式乘以一个系数进行修正。在式（7-35）中的 $[1-M(\lambda)]v_0 t$ 前乘以修正系数 η，修正后的公式如下：

$$h_{x,t} = h_{0,t} + \eta[1 - M(\lambda)]v_0 t \tag{7-36}$$

将式（7-30）代入式（7-36）得：

$$h_{x,t} = \begin{cases} h_{0,t} + \eta v_0 t(-0.1091\lambda^4 + 0.7501\lambda^3 - 1.9283\lambda^2 + 2.2319\lambda) & (0 \leqslant \lambda < 2) \\ h_{0,t} + \eta v_0 t & (\lambda \geqslant 2) \end{cases} \tag{7-37}$$

修正系数 η 可按下式计算：

$$\eta = \begin{cases} 9.2989\beta & (\beta < 0.088) \\ 0.0066\beta + 0.8218 & (\beta \geqslant 0.088) \end{cases} \tag{7-38}$$

$$\beta = \sqrt{\frac{\mu v_0}{K}} \tag{7-39}$$

式（7-37）即为修正后的浸润线计算公式。

7.3.3 修正公式的试验验证

下面用砂槽试验对上面的公式进行验证。砂槽的净尺寸为：长 3.7m，宽 1.5m，高 1.5m。在槽壁的一侧设置了测压管，以测定试验中水头高度，测压管的水平间距为 0.3m。在槽壁的另一侧设置玻璃窗，通过它可以直观地了解自由水面的变化情况。砂槽断面及试验模型如图 7-34 所示。

a)

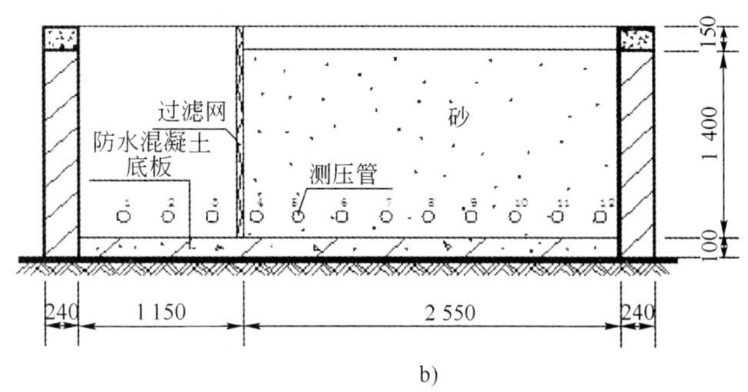

b)

图 7-34 砂槽试验图（尺寸单位：mm）

（1）试验方法

砂槽建好后，按以下步骤在槽中进行试验。

①在槽中设置模型的支挡结构。该支挡结构由木格架和砂网构成，使其具有挡土透水的功能。

②在槽中分层铺渗透材料，每层厚度为 300mm，然后压实，再铺下一层，直到模型完成。

③打开进水阀门，向槽中蓄水，直到水淹没模型为止。随着时间的增长，槽中的水逐渐渗入到模型中，槽中的水位就会下降，这时应随时打开阀门向池中补给水量，直到模型中的水位与模型同高时为止。

④降水试验。启动抽水泵或打开排水龙头排水，记录不同时刻各测压管的水头高度。

⑤试验结束后，在模型中用环刀取样，测定土的物理特性参数。

（2）试验结果

试验完毕后，在模型中部用环刀取样，测定该模型的密度、含水率、土粒相对密度和渗透系数，以得到的物理参数求得所需要的参数，试验得到的参数如表 7-7 所示。

砂土模型的物理参数　　表 7-7

密度 (g/cm^3)	含水率 (%)	土粒相对 密度	孔　隙　比	孔　隙　率	渗透系数 (cm/s)	给　水　度
1.42	5.54	2.65	0.970	0.492	9.64×10^{-3}	0.158

由于砂的渗透系数较大，因此试验采用水泵抽水的降水方式。分别采用单个水泵抽水和两个水泵同时抽水的降水方案，试验结果见图 7-35。

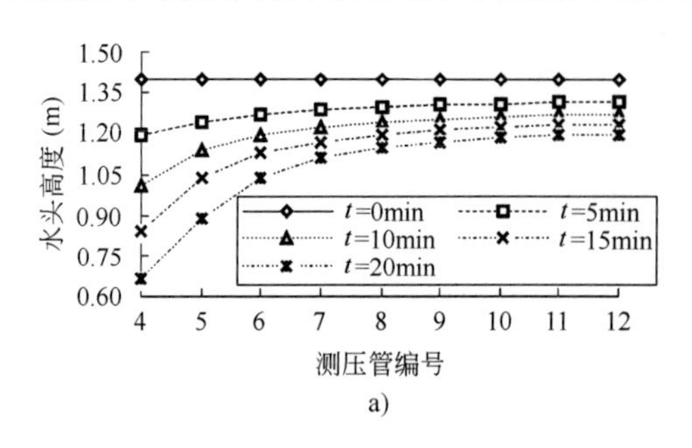

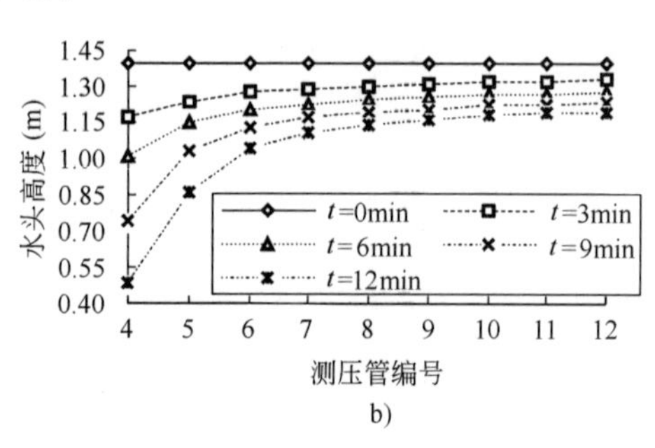

图 7-35　试验结果

a)单泵；b)双泵

试验结果表明：在模型前部试验值大于计算值，该误差随下降高度的增大而增大；在中后部试验值小于计算值，该误差同样随下降高度的增大而增大。除前部个别点外，其余误差都在 5%以内，说明用修正公式计算浸润线是可行的。

(3) 工程算例

图 7-36 为重庆市万州区天城农机技校变形体治理工程中 3—3 地质剖面的计算简图，已知渗透系数 $k_x=k_y=0.3$m/d，库水下降速度为 1m/d，给水度为 0.031 2，孔隙率 0.35，下面来分析库水从 175m 下降至 145m 的过程中坡体内浸润线的变化。

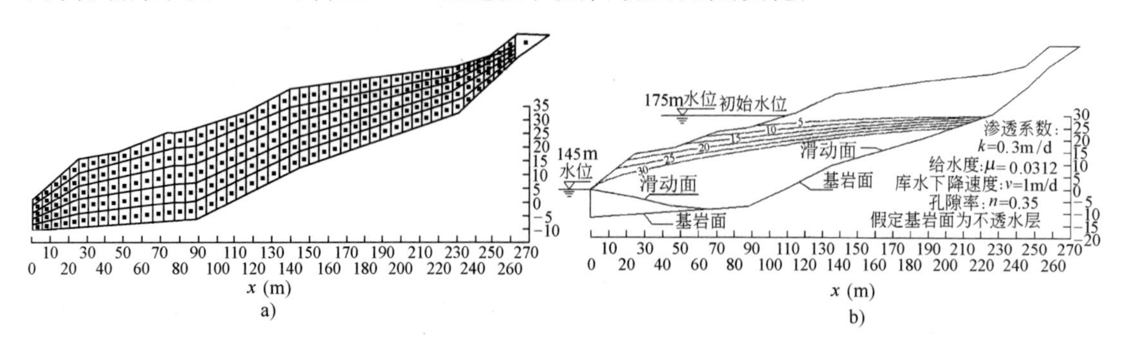

图 7-36　滑坡简图

a)有限元网格；b)不同时刻的计算结果

有限元的网格划分如图 7-36a) 所示，计算中按各向同性的二维问题进行计算，并假定水平向和竖直向的渗透系数相同，即 $k_x=k_y$。图 7-36b) 绘出了库水以 1m/d 的速度从 175m 下降至 145m 水位时不同时刻的浸润线。图 7-37 绘出了简化公式和有限元的计算结果。

从图 7-37 的对比曲线可以看出，有限元与修正公式的结果非常接近，总体呈现修正公式的结果大于有限元结果的趋势。误差随下降高度的增大而增大，除中部误差较大外（最大为 14.4%），大多数误差都在 10%以内。

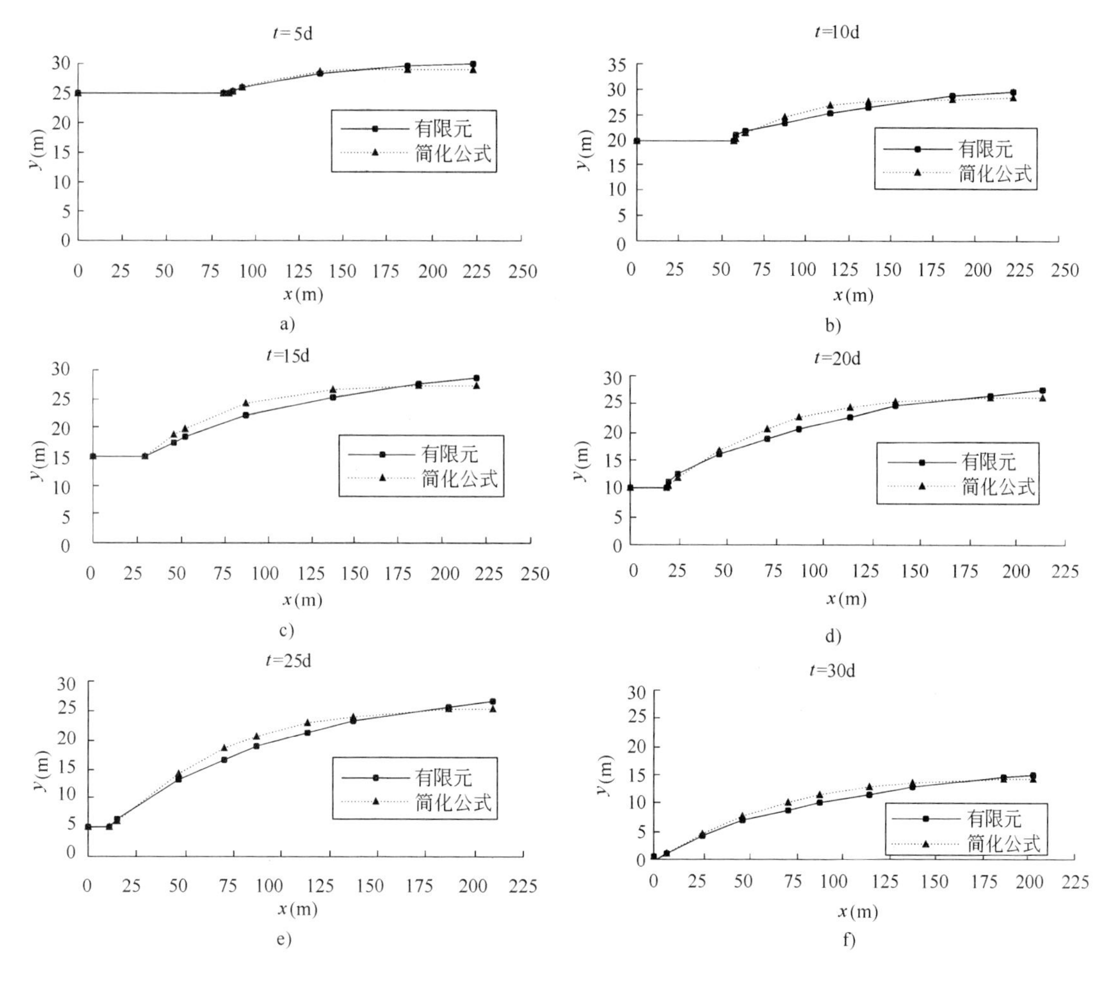

图 7-37　不同时刻计算结果的比较

7.4　渗流作用下稳定性评价的方法

7.4.1　评价方法

在土力学中考虑土中水的作用有两种方法：一种是用单元体的饱和重和边界孔隙水压力来分析，另一种是用单元体的有效重和渗透力来分析。在前面的稳定评价公式中采用了第一种方法，有些情况下用渗透力来评价滑坡的稳定性会更实用，本节着重来解决这个问题。

为了从第一种用孔隙水压力表述的稳定公式中推导出第二种用渗透力表述的条分法公式，下面首先来确定土条边界上孔隙水压力的计算方法，然后以瑞典法为例推导条分法中渗透力的计算公式，在此基础上推导工程中常用的用渗透力来表示的瑞典法、Bishop 法及不平衡推力法的评价公式。

1）土条边界上孔隙水压力的确定方法

从坡体中取出一个土条（图 7-38），W_1 为土条中浸润线以上土体的重力，W_2 为土条中浸润线以下土体的饱和重力，W_2'为土条中浸润线以下土体的浮重，W_{2w}为土条中浸润线以下水的重力。P_a 为 AB 边静水压力的合力，P_b 为 CD 边孔隙水压力的合力，U 为 BC 边孔隙水压力的合力，N 为土颗粒之间的接触压力（有效压力），α 为土条底面与水平方向的夹角，β 为土条中浸润线与水平向的夹角。

为了确定 AB、CD 和 BC 边上的孔隙水压力 P_a、P_b 和 U，可根据流线与等势线垂直的流网性质来确定周边孔隙水压力。如图 7-39 做 BE 和 CG 垂直于浸润线（流线），再做 $GH \perp CD$，$EF \perp AB$，这样就得到 B 点的水头 BF、C 点的水头 CH，由几何关系可以得到：

$$\overline{BF} = h_a\cos^2\beta,\ \overline{CH} = h_b\cos^2\beta$$

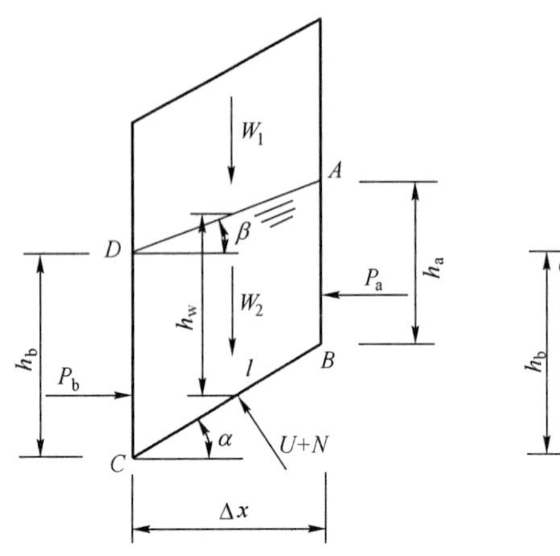

图 7-38　土条计算简图

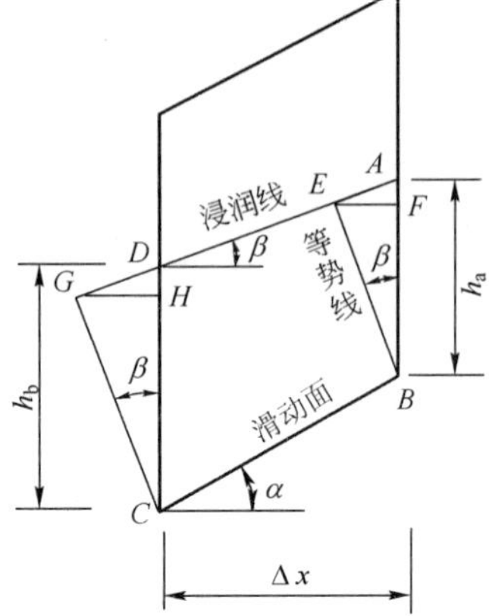

图 7-39　水头计算简图

这样边界 AB 和 CD 上的孔隙水压力的合力为：

$$P_a = \frac{1}{2}\gamma_w h_a^2\cos^2\beta,\ P_b = \frac{1}{2}\gamma_w h_b^2\cos^2\beta$$

在滑面 BC 上的孔隙水压力的合力为：

$$U = \frac{\gamma_w(h_a + h_b)l}{2}\cos^2\beta$$

该力在竖向和水平方向的分量为：

$$U_y = \frac{\gamma_w(h_a + h_b)l}{2}\cos\alpha\cos^2\beta$$

$$U_x = \frac{\gamma_w(h_a + h_b)l}{2}\sin\alpha\cos^2\beta$$

土条中水的重力为：

$$W_{2w} = \frac{\gamma_w(h_a + h_b)l}{2}\cos\alpha$$

令 $h_w = \dfrac{h_a + h_b}{2}$，则

$$W_{2w} = \gamma_w h_w l\cos\alpha \tag{7-40}$$

$$P_a - P_b = \gamma_w h_w (h_a - h_b)\cos^2\beta \tag{7-41}$$

$$U_x = \gamma_w h_w l \sin\alpha \cos^2\beta \tag{7-42}$$

$$U_y = \gamma_w h_w l \cos\alpha \cos^2\beta \tag{7-43}$$

为了分析的方便，在以下分析时将 U 用 U_x、U_y 代替。

2）瑞典法

瑞典条分法是最简单的一种方法，该法不考虑条间的作用力。由图 7-38 的静力平衡得：

$$N = (W_1 + W_2 - U_y)\cos\alpha - (P_a - P_b + U_x)\sin\alpha$$

滑面 BC 上的下滑力 T：

$$T = (W_1 + W_2 - U_y)\sin\alpha + (P_a - P_b + U_x)\cos\alpha$$

滑面 BC 上的抗滑力 R：

$$R = [(W_1 + W_2 - U_y)\cos\alpha - (P_a - P_b + U_x)\sin\alpha]\tan\varphi + cl$$

滑体的安全系数可表示为：

$$F_s = \frac{\sum\{[(W_1 + W_2 - U_y)\ \cos\alpha - (P_a - P_b + U_x)\ \sin\alpha]\ \tan\varphi + cl\}}{\sum[(W_1 + W_2 - U_y)\ \sin\alpha + (P_a - P_b + U_x)\ \cos\alpha]} \tag{7-44}$$

为了寻求土条周边的孔隙水压力与渗透力之间的关系，将式（7-44）进行变换得：

$$F_s = \frac{\sum\{[(W_1 + W_2 - W_{2w})\ \cos\alpha + (W_{2w} - U_y)\ \cos\alpha - (P_a - P_b + U_x)\ \sin\alpha]\ \tan\varphi + cl\}}{\sum[(W_1 + W_2 - W_{2w})\ \sin\alpha + (W_{2w} - U_y)\ \sin\alpha + (P_a - P_b + U_x)\ \cos\alpha]} \tag{7-45}$$

下面对式（7-45）中分子、分母中的下面两项做进一步研究。

分子项：$(W_{2w} - U_y)\cos\alpha - (P_a - P_b + U_x)\sin\alpha$

分母项：$(W_{2w} - U_y)\sin\alpha + (P_a - P_b + U_x)\cos\alpha$

将式（7-40）～式（7-43）代入上面两项得：

$$\begin{aligned}
&(W_{2w} - U_y)\cos\alpha - (P_a - P_b + U_x)\sin\alpha \\
&= (\gamma_w h_w l\cos\alpha - \gamma_w h_w l\cos\alpha\cos^2\beta)\cos\alpha - [\gamma_w h_w(h_a - h_b)\cos^2\beta + \gamma_w h_w l\sin\alpha\cos^2\beta]\sin\alpha \\
&= \gamma_w h_w l\cos^2\alpha\sin^2\beta - \gamma_w h_w\cos^2\beta(h_a - h_b + l\sin\alpha)\sin\alpha \\
&= \gamma_w h_w l\cos^2\alpha\sin^2\beta - \gamma_w h_w\cos^2\beta\sin\alpha \cdot \Delta x \cdot \frac{h_a - h_b + l\sin\alpha}{\Delta x} \\
&= \gamma_w h_w l\cos^2\alpha\sin^2\beta - \gamma_w h_w\cos^2\beta\, l\sin\alpha\cos\alpha\tan\beta \\
&= \gamma_w h_w l\cos^2\alpha\sin^2\beta - \gamma_w h_w l\sin\alpha\cos\alpha\sin\beta\cos\beta \\
&= \gamma_w h_w l\cos\alpha\sin\beta(\cos\alpha\sin\beta - \sin\alpha\cos\beta) \\
&= \gamma_w h_w l\cos\alpha\sin\beta\sin(\beta - \alpha) \\
&= D\sin(\beta - \alpha) \\
&= -D\sin(\alpha - \beta)
\end{aligned}$$

同样可得到：$(W_{2w}-U_y)\sin\alpha+(P_a-P_b+U_x)\cos\alpha=D\cos(\alpha-\beta)$

式中，$D=\gamma_w h_w l\cos\alpha\sin\beta$，其几何意义是土条中饱浸水面积、水的重度和水力坡降$\sin\beta$的乘积。其大小等于渗透力（或动水压力），其方向与水流方向一致，与水平向的夹角为β。

因此，式（7-45）也可表示为：

$$F_s=\frac{\sum\{[(W_1+W_2-W_{2w})\cos\alpha-D\sin(\alpha-\beta)]\tan\varphi+cl\}}{\sum[(W_1+W_2-W_{2w})\sin\alpha+D\cos(\alpha-\beta)]}$$

因为浸润线以下土的浮重$W'_2=W_2-W_{2w}$，所以上式又可表示为：

$$F_s=\frac{\sum\{[(W_1+W'_2)\cos\alpha-D\sin(\alpha-\beta)]\tan\varphi+cl\}}{\sum[(W_1+W'_2)\sin\alpha+D\cos(\alpha-\beta)]} \tag{7-46}$$

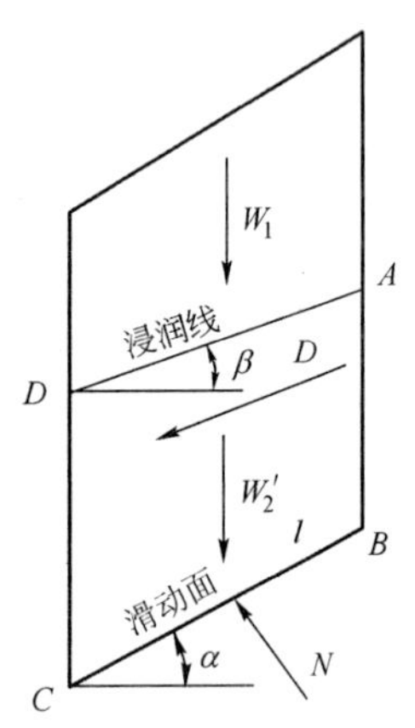

图 7-40　计算简图

从式（7-46）可看出，在浸润线以下，稳定系数仅与渗透压力D和土条浮重有关，这就证明了渗透力与土条中的水重和周边孔隙水压力是一对平衡力。因此当用渗透力表述稳定系数时，对于浸润线以上取天然重力，对浸润线以下取土条浮重和渗透力即可。这样可将计算简图7-38改用计算简图7-40代替，把土条周边上的水压力和水重用一个渗透力D代替，使问题变得简单。

由于渗透力与静水压力是一对平衡力，因而稳定分析中只需计算其中一种力。目前，国内某些规范支挡结构计算中，既考虑了渗透力（称动水压力）又考虑了静水压力，这种做法是不合适的。

3）简化 Bishop 法

前面在推导瑞典法的公式中，证明了渗透力与土条中的水重和周边静水压力是一对平衡力的重要结论。下面用这个方法来推导用渗透力表述的简化 Bishop 法的计算公式。

Bishop 法只考虑水平方向的条间力，不考虑条间的竖向剪力。用渗透力表述的计算简图如图 7-41 所示。

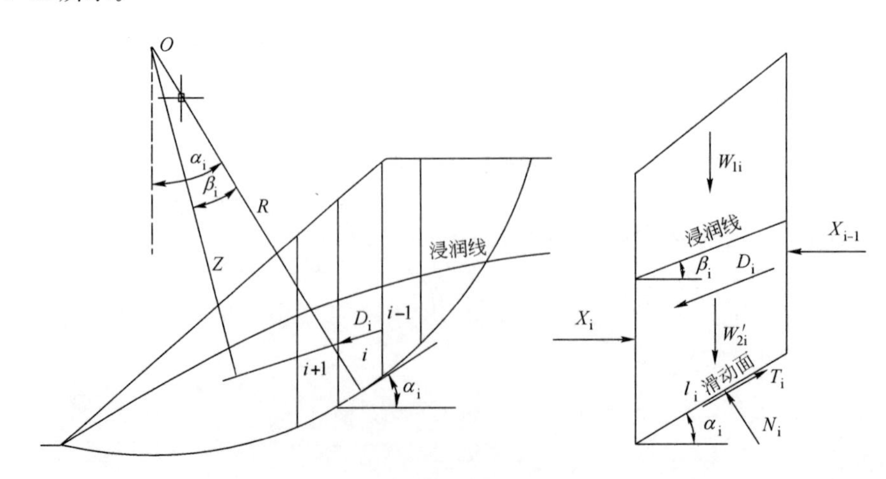

图 7-41　Bishop 法计算简图

根据每一土条垂直方向力的平衡条件有：

$$W_{1i} + W'_{2i} + D_i\sin\beta_i - N_i\cos\alpha_i - T_i\sin\alpha_i = 0 \tag{7-47}$$

式中，T_i 为滑面的抗剪强度，将其折减使滑体处于极限平衡状态，此时 T_i 的表达式如下：

$$T_i = \frac{c_i l_i}{F_s} + \frac{N_i\tan\varphi_i}{F_i} \tag{7-48}$$

由式（7-47）和式（7-48）得：

$$N_i = \frac{W_{1i} + W'_{2i} + D_i\sin\beta_i - \dfrac{c_i l_i}{F_s}\sin\alpha_i}{\cos\alpha_i + \dfrac{\tan\varphi_i}{F_s}\sin\alpha_i} \tag{7-49}$$

一般令 $m_{\alpha i} = \cos\alpha_i + \dfrac{\tan\varphi_i}{F_s}\sin\alpha_i$，那么式（7-49）变为：

$$N_i = \frac{1}{m_{\alpha i}}\left(W_{1i} + W'_{2i} + D_i\sin\beta_i - \frac{c_i l_i}{F_s}\sin\alpha_i\right) \tag{7-50}$$

极限平衡时，所有土条对滑面圆心 O 的力矩之和应为零，此时条间力的作用将相互抵消，因此得：

$$\sum(W_{1i}+W'_{2i})R\sin\alpha_i - \sum_i T_i R + \sum_i D_i Z_i = 0 \tag{7-51}$$

将式（7-50）和式（7-48）代入式（7-51）得：

$$F_s = \frac{\sum\dfrac{1}{m_{\alpha i}}[c_i l_i\cos\alpha_i + (W_{1i}+W'_{2i}+D_i\sin\beta_i)\tan\varphi_i]}{\sum[(W_{1i}+W'_{2i})\sin\alpha_i + D_i\dfrac{Z_i}{R}]} \tag{7-52}$$

Z_i 近似用 $R\cos(\alpha_i-\beta_i)$ 代替，式（7-52）可改成式（7-53）：

$$F_s = \frac{\sum\dfrac{1}{m_{\alpha i}}[c_i l_i\cos\alpha_i + (W_{1i}+W'_{2i}+D_i\sin\beta_i)\tan\varphi_i]}{\sum[(W_{1i}+W'_{2i})\sin\alpha_i + D_i\cos(\alpha_i-\beta_i)]} \tag{7-53}$$

上式就是用渗透力表述的简化 Bishop 的计算公式。

4）不平衡推力法

不平衡推力法亦称传递系数法或剩余推力法，它是我国工程技术人员创造的一种实用滑坡稳定分析方法。下面用渗透力的概念来推导不平衡推力法的计算公式。

（1）计算公式的推导

不平衡推力法，假定条间力的作用方向与上一条的滑面方向平行，由此可得到图 7-42 所示的计算简图，在该图中已经用渗透力 D_i 取代了土条中的水重及周边静水压力。由条块的静力平衡得：

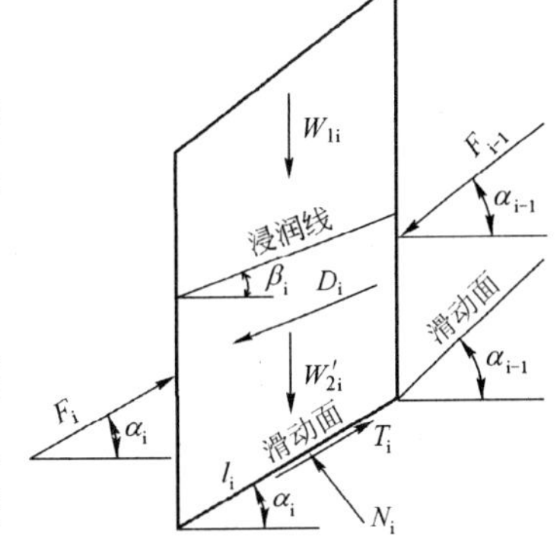

图 7-42　不平衡推力法计算简图

$$N_i = (W_{1i} + W'_{2i})\cos\alpha_i - D_i\sin(\alpha_i - \beta_i) + F_{i-1}\sin(\alpha_{i-1} - \alpha_i)$$

$$T_i = (W_{1i} + W'_{2i})\sin\alpha_i + D_i\cos(\alpha_i - \beta_i) + F_{i-1}\cos(\alpha_{i-1} - \alpha_i) - F_i$$

由莫尔-库仑准则得：

$$T_i = (c_i l_i + N_i \tan\varphi_i)/F_s$$

由上面的等式可得到：

$$F_i = [(W_{1i} + W'_{2i})\sin\alpha_i + D_i\cos(\alpha_i - \beta_i)] - \{c_i l_i + [(W_{1i} + W'_{2i})\cos\alpha_i - D_i\sin(\alpha_i - \beta_i)]\tan\varphi_i\}/F_s + F_{i-1}[\cos(\alpha_{i-1} - \alpha_i) - \sin(\alpha_{i-1} - \alpha_i)\tan\varphi_i/F_s]$$

令传递系数

$$\psi_i = \cos(\alpha_{i-1} - \alpha_i) - \sin(\alpha_{i-1} - \alpha_i)\tan\varphi_i/F_s \tag{7-54}$$

那么可得到：

$$F_i = [(W_{1i} + W'_{2i})\sin\alpha_i + D_i\cos(\alpha_i - \beta_i)] - \{c_i l_i + [(W_{1i} + W'_{2i})\cos\alpha_i - D_i\sin(\alpha_i - \beta_i)]\tan\varphi_i\}/F_s + F_{i-1}\psi_i \tag{7-55}$$

以上式中：W_{1i}——土条中浸润线以上土条的重力；

W'_{2i}——土条中浸润线以下土条的浮重；

F_i、F_{i-1}——分别为本条和上一条的剩余推力；

α_i、α_{i-1}——分别为本条和上一条的滑动面倾角；

c_i、φ_i——滑带土的黏聚力和内摩擦角；

F_s——滑坡的稳定系数；

D_i——其几何意义是土条中饱和浸水面积 A_i、水的重度 γ_w 和水力坡降 $\sin\beta_i$ 的乘积，其大小等于渗透力，其方向与水流方向一致，与水平向的夹角为 β_i，$D_i = \gamma_w A_i \sin\beta_i$。

式（7-55）中右边第一项为本条的下滑力，第二项为本条的抗滑力，第三项为上一条传下来的剩余推力。对于第一条，最后一项为 0，用上式逐条计算，直到最后一条的剩余下滑力为 0，由此确定稳定系数 F_s。同样若要计算某一安全系数下的推力，只要取 F_s 等于安全系数，将其代入式（7-55）即可得到推力。

（2）显式解与隐式解

正如 4.3 所述，对式（7-55）的求解，通常提供了两种解法，即隐式解法和显式解法，只是这里采用渗透力来表述，并讨论两个解法求解推力的不同。

①隐式解法

此法为迭代法，通过不断折减抗剪强度，使坡体达到极限平衡状态，以此来求稳定系数。其求解过程是假定处于滑体顶端的第一条块右侧的 $F_0 = 0$，根据式（7-55）逐条计算条间力，直至处于坡趾的第 n 条块，要求 $F_n = 0$。如果 $F_n = 0$ 不成立，则需调整 F_s 值，直到 $F_n = 0$ 成立为止，此时的 F_s 即为所求的稳定系数。

②显式解法

为了简化计算步骤，可将式（7-55）和式（7-54）改写为：

$$F_i = F_s[(W_{1i} + W'_{2i})\sin\alpha_i + D_i\cos(\alpha_i - \beta_i)] - \{c_i l_i + [(W_{1i} + W'_{2i})\cos\alpha_i - D_i\sin(\alpha_i - \beta_i)]\tan\varphi_i\} + F_{i-1}\psi_i \tag{7-56}$$

$$\psi_i = \cos(\alpha_{i-1} - \alpha_i) - \sin(\alpha_{i-1} - \alpha_i)\tan\varphi_i \tag{7-57}$$

此时，隐于c、φ及ψ中的F_s均消失，只是在$[(W_{1i}+W'_{2i})\sin\alpha_i+D_i\cos(\alpha_i-\beta_i)]$前乘上一个安全系数$F_s$。按此式逐条计算条间力，仍要求$F_n=0$，经这一简化处理，$F_s$仅包含在一个线性方程中，可以直接获得下面计算稳定系数F_s的显示求解公式：

$$F_s = \frac{\sum\limits_{i=1}^{n-1}(R_i\prod\limits_{j=1}^{n-1}\psi_j)+R_n}{\sum\limits_{i=1}^{n-1}(T_i\prod\limits_{j=1}^{n-1}\psi_j)+T_n} \tag{7-58}$$

式（7-58）即为不平衡推力法的显式解表达式。

由上可见，显式解在原来不平衡推力法中，又做了如下假设：

假设传递系数中的$F_s=1$，因而只有在$F_s=1$时，显式解与隐式解结果相等。但当F_s偏离1时，便会产生误差。

（3）显式解与隐式解推力的比较

由于显式解和隐式解的表达式不同，用它们得到的结果也是不同的，为了比较式（7-55）与式（7-56），将式（7-55）两边乘以F_s得：

$$F_s \cdot F_i = F_s \cdot [(W_{1i}+W'_{2i})\sin\alpha_i + D_i\cos(\alpha_i-\beta_i)] - \{c_il_i + [(W_{1i}+W'_{2i})\cos\alpha_i - D_i\sin(\alpha_i-\beta_i)]\tan\varphi_i\} + F_{i-1}\psi_i \cdot F_s \tag{7-59}$$

式（7-55）是边坡稳定分析中通常采用的方法，它反映的是材料强度的储备系数。式（7-56)是用增加坡体重力的方法得到的，它反映的是超载系数。由于采用的方法不同，计算得到的推力也就不同。当$F_s=1$时，式（7-55）和式（7-56）是等价的。

由于坡体的稳定系数一般在1左右，为了简化计算，常常在计算上土条对本土条的推力时假定$F_s\approx1$，这样就得到$F'_{i-1}\psi'_i \approx F_sF_{i-1}\psi_i$，将其代入式（7-59）得：

$$F_s \cdot F_i = F_s \cdot [(W_{1i}+W'_{2i})\sin\alpha_i + D_i\cos(\alpha_i-\beta_i)] - \{c_il_i + [(W_{1i}+W'_{2i})\cos\alpha_i - D_i\sin(\alpha_i-\beta_i)]\tan\varphi_i\} + F'_{i-1}\psi'_i \tag{7-60}$$

由式（7-59）和式（7-60）就得到下面的近似等式：

$$F_i' \approx F_s \cdot F_i \tag{7-61}$$

由式（7-61）可以看出，在相同安全系数的情况下求推力时，用显示解得到的剩余下滑力近似等于隐式解的F_s倍。

可见用显式解计算推力是偏于保守的，显式解的安全系数近似为隐式解安全系数的平方。

（4）算例分析

图7-43所示的滑坡体，已知滑体的天然重度为20.8kN/m^3，饱和重度为21kN/m^3，滑带土的抗剪强度指标，天然状态下：$c=20$kPa，$\varphi=10°$；饱和状态下：$c=15.6$kPa，$\varphi=9.27°$。计算中浸润线以下取滑带土饱和强度，浸润线以上取滑带土天然强度，经计算该滑坡的稳定系数为0.932，不同安全系数下剪出口的剩余推力见表7-8。

若其他条件不变，改变滑带土的强度参数，天然状态下：$c=21$kPa，$\varphi=11°$；饱和状态下：$c=16.6$kPa，$\varphi=10.27°$，在此情况下计算该滑坡的稳定系数为1.023，不同安全系数下剪出口的剩余推力见表 7-9。

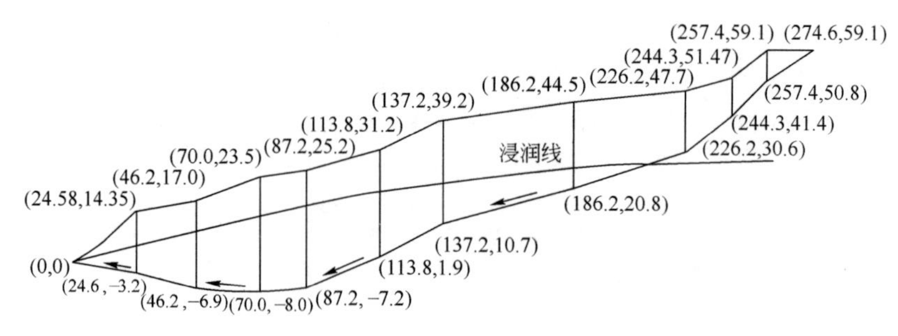

图 7-43 滑坡简图

不同安全系数下滑坡剪出口的剩余推力（稳定系数 0.932） 表 7-8

安全系数 F_s	0.85	0.90	0.95	1.00	1.05	1.10	1.15	1.20
显式解 F_i'（kN）	−53.3	−53.48	389.84	1 378.08	2 366.31	3 354.45	4 345.44	5 337.08
隐式解 F_i（kN）	−62.7	−59.43	383.13	1 378.08	2 283.21	3 110.16	3 870.95	4 571.86
F_i'/F_i	0.85	0.90	1.02	1.00	1.04	1.08	1.12	1.17

不同安全系数下滑坡剪出口的剩余推力（稳定系数 1.023） 表 7-9

安全系数 F_s	0.85	0.90	0.95	1.00	1.05	1.10	1.15	1.20
显式解 F_i'（kN）	−56.88	−57.05	−57.22	−57.39	502.83	1 482.43	2 462.02	3 442.58
隐式解 F_i（kN）	−66.91	−63.39	−60.23	−57.39	506.56	1 405.42	2 230.26	2 990.64
F_i'/F_i	0.85	0.90	0.95	1.00	0.99	1.05	1.10	1.15

算例的计算结果表明，安全系数与坡体稳定系数相差越大，两种公式计算的误差越大，在安全系数等于 1 时，两者计算的结果相同。这个结论与式（7-61）表述的关系一致。

（5）计算公式的讨论

如上所述，隐式解与显式解求得的推力不同，其原因在于显式解做了一定假设，且安全系数定义不同。由式（7-61）可见，当安全系数大于 1 时，用显式解求得的推力总是偏于保守的。

从式（7-61）还可以看出，在计算推力时，若显示解法的安全系数取 F_s，那么用隐式解法得到与之相同的推力所需要的安全系数近似于 F_s^2，这是要引起我们注意的。因为用显示解法算推力时若安全系数取 1.2，那么要达到这么大的推力，用隐式解法得到的安全系数近似是 $1.2^2=1.44$，目前规范中对一级滑坡采用安全系数 1.25，而实际得到的安全系数将接近 1.56。这么大的安全储备势必造成投资增加。

由表 7-9 可以看出，当安全系数为 1.15 时，实际推力应为 6 184kN，而当安全系数为 1.25，且采用显式解时，计算的推力会达到 9 025kN。

鉴于上述情况，建议滑坡的稳定系数及滑坡推力统一用隐式解法进行计算。

7.4.2 库水下降的算例分析

根据上面得到的计算理论，编写了滑坡稳定性分析程序。下面利用该程序通过一个算例研究库水下降情况下，各影响因素对稳定性的影响规律。

如图 7-43 所示滑坡体，已知滑体的天然重度为 20.8kN/m^3，饱和重度为 21kN/m^3，滑带土的抗剪强度指标，天然状态下：$c=20$kPa，$\varphi=10°$；饱和状态下：$c=15.6$kPa，$\varphi=9.27°$。坡体表面荷载为 15kN/m^2。

计算中浸润线以下取滑带土饱和强度，浸润线以上取滑带土天然强度，滑坡坡脚处的库水位为 145m。库水陡降时，不考虑坡体内孔隙水压力的消散，即假定坡体内的自由水面与降落前相同。库水缓降时，不考虑孔隙水的滞后作用，即假定坡体中的水面与库水位同步下降。

（1）滑带土抗剪强度参数对稳定性的影响

图 7-44 是在没有考虑库水位影响情况下的计算结果。从图中可以看出，稳定系数 F_s 与 c、φ 呈线性关系，φ 的影响要大于 c 的影响。φ 每增加 1°，稳定系数增加 0.109，c 每增加 1kPa，稳定系数增加 0.024 8。可见滑带土参数（尤其是 φ 值）确定的正确与否，直接影响坡体稳定评价结果，如果所取的 φ 值与实际的相差 1°，就有可能对坡体稳定性造成错误的评价，因而正确选择符合实际的滑带土强度参数是至关重要的问题。

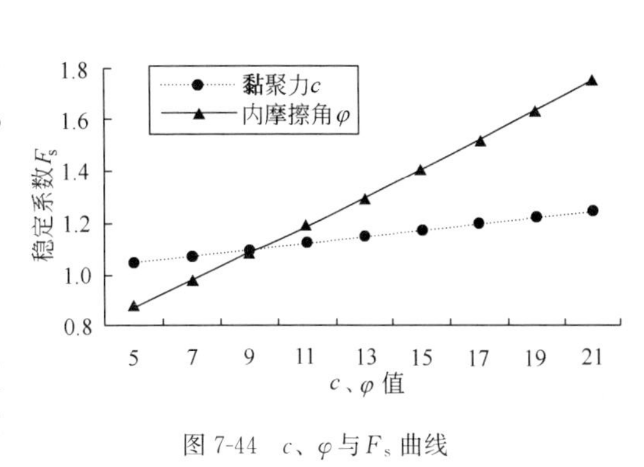

图 7-44　c、φ 与 F_s 曲线

（2）浸润线的指标对稳定性的影响

图 7-45 给出了库水位从 175m 降至 145m 的过程中各因素对坡体稳定系数的影响曲线。从这些分析曲线可以看出，坡体的稳定性随渗透系数、含水层厚度的增大而增大，而随库水下降速度、给水度的增大而降低。

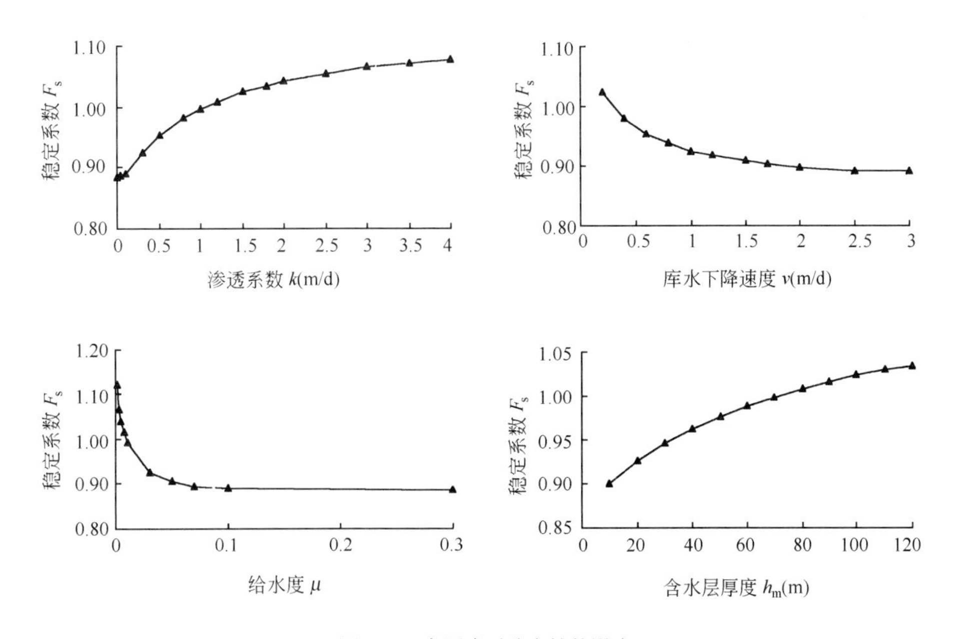

图 7-45　各因素对稳定性的影响

（3）库水下降高度对坡体稳定性的影响

从式（7-33）和式（7-34）可以看出，库水下降高度 h_t 对坡体稳定性的影响比较难确定，得不到明确的定性关系。为了研究下降高度 h_t 对坡体稳定性的影响，对各因素情况下

不同下降高度时的稳定系数进行了计算，曲线的水平坐标取库水位距滑坡坡脚的高度 h_t 与滑坡坡体总高 H 的比值（h_t/H）。

图 7-46 给出了库水下降速度 v、坡体渗透系数 k、给水度 μ 以及含水层厚度 h_m 在库水位下降过程中对坡体稳定性的影响曲线，从图 7-33 可以看出，滑坡的稳定系数随库水位的下降由大→小→大地变化。这个变化规律说明，在库水位的下降过程中，坡体的稳定系数存在一个最小值。这可以考虑是由以下三个原因造成的：①由于库水位的下降，水的浮力消失，土的自重加大，增加了向下的滑动力，即土的重度由浮重度增加到饱和重度（$\gamma'=\gamma_{sat}-\gamma_w\to\gamma_{sat}$），土的自重变大，所以促使坡体破坏，这是对坡体不利的一面；②在水位下降的短期内，土体中的水还来不及排出，致使坡体中产生了较大的动水压力，这对坡体也是不利的；③由于库水位的下降，水的浮力消失，土的自重加大，增加了滑面上的正应力，提高了坡体的抗滑力，这又是有利的一面。当这三种原因中，有利的方面大于不利的方面时，坡体稳定性就提高，反之就降低。从图中可以看出这个最小值一般出现在 $h_t/H=0.3$ 左右，随其他影响因素略有变化，它是最不利的库水位。库水的陡降和缓降是坡体稳定的两个极端情况，缓降对坡体最有利，陡降对坡体最不利，随下降速度的增加坡体稳定系数减小，陡降与缓降的最小稳定系数相差 20%左右。

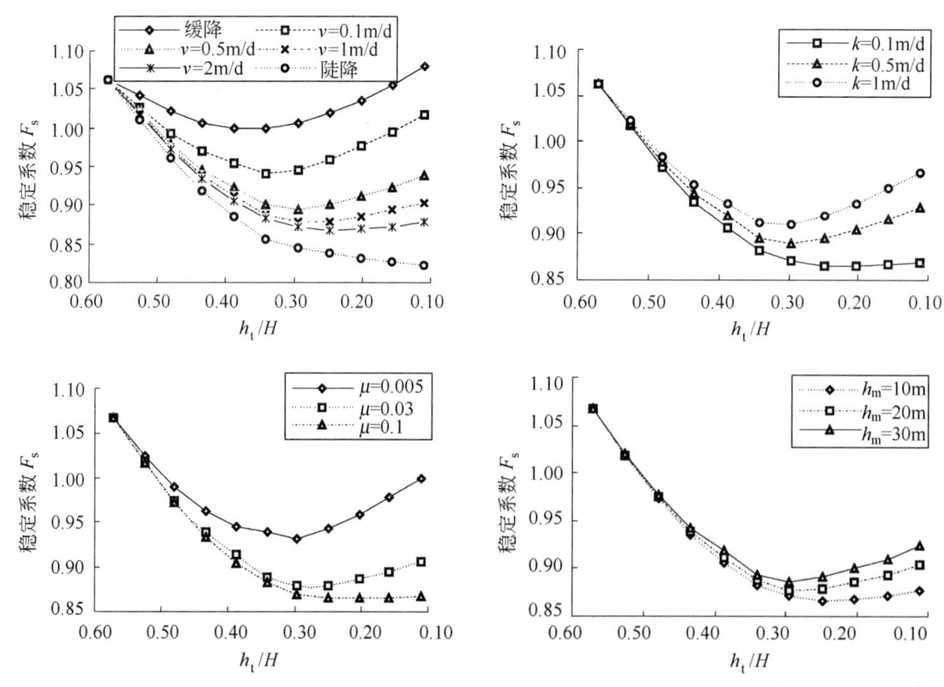

图 7-46　下降高度对稳定性的影响

7.4.3　边（滑）坡的计算工况

边（滑）坡的稳定分析要视边（滑）坡的实际工作状况来进行。边（滑）坡实际遇到的工况是多种的，不同的工况算出的稳定系数也是不同的，在某些工况下边（滑）坡可能稳定，而在某些工况下则可能不稳定。因而需要慎重选择可能遇到的各种工况，确保安全。由此可见，评估边（滑）坡的稳定性，不仅要看采用的稳定性计算方法及其计算参数是否合理，设计采用的稳定安全系数是否合适，还要看采用的计算工况是否合理。此外，不同的设计工况，可以采用不同的稳定安全系数。

边（滑）坡稳定性计算所采用的荷载可分为滑坡体自重、地面荷载、地下水与地表水及其变化产生的荷载。边（滑）坡稳定性计算通常采用如下工况。

（1）不涉水边（滑）坡应考虑：

滑体重＋地面荷载＋暴雨＋地下水

滑体重＋地面荷载＋地震＋地下水

（2）涉水边（滑）坡应考虑：

滑体重＋地面荷载＋暴雨＋库水位

滑体重＋地面荷载＋暴雨＋库水位降

滑体重＋地面荷载＋库水位降＋地震

通常地震工况作为校核工况，采用的稳定安全系数适当降低。

上述“暴雨”指强度重现期为20年的暴雨；“地下水”为坡体地下水产生的荷载；“地震”是地震产生的荷载；“库水位”是最高库水位荷载；“库水位降”是库水位下降时产生的渗透力（只有滑体渗透系数大于1×10^{-7}m/s时才考虑，滑坡体重度取浮重度，此时不计算地下水荷载）。

边（滑）坡自重一般按下述考虑：地下水位面以上按天然重度计算，地下水位面或库水位以下按饱和重度计算。考虑降雨对滑坡体自重影响时，降雨入渗深度范围内按饱和重度计算。降雨入渗深度以下，地下水位以上仍按天然重度计算。降雨入渗深度视当地暴雨强度、土体入渗系数和渗透系数确定。当降雨入渗深度大于滑面深度时，滑动面抗剪强度应取饱和强度。库水位以下按浮重度计算，此时不考虑库水产生的荷载。

建筑荷载可按假定建筑物范围内建筑荷载均布考虑、每层荷载取5～15kPa的方法计算。

地震力视为水平方向，可按下式计算：

$$Q = KW$$

式中：Q——作用于条块的地震力（kN/m）；

K——地震影响系数，按抗震设防烈度确定，对于土体按表7-10确定；

W——条块自重与相应建筑等地面荷载之和（kN/m）。

地震影响系数 *K* 表7-10

抗震设防烈度	6	7	8	9
K	0.012 5	0.026 2	0.052 4	0.105

对岩质边（滑）坡的坡体后缘裂隙，应考虑裂隙水压力，裂隙和滑动面水压力（扬压力）计算可采用下式（图7-47）：

$$V = \frac{1}{2}\gamma_w h_w^2 \tag{7-62}$$

$$U = \frac{1}{2}l h_w \tag{7-63}$$

式中：V——后缘裂隙水压力（kN/m）；

U——滑动面水压力（kN/m）；

l——滑面长度（m）；

h_w——裂隙充水高度（m），暴雨时裂隙充水高度应视裂隙空间蓄水能力和降雨情况确定，当蓄水能力较高时可取裂隙深度的 1/2～2/3。

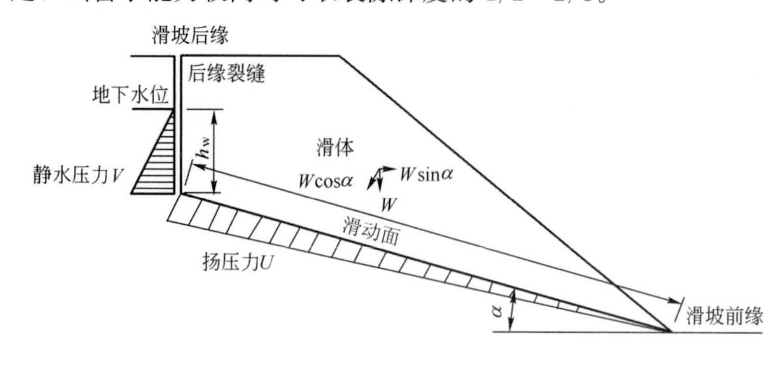

图 7-47 后缘裂隙水压力和滑动面水压力

7.5 边（滑）坡的稳定性评价

边(滑)坡稳定性评价一般有两个方面：其一是搞清最不利工况下边(滑)坡稳定系数值，按此来判断边(滑)坡的稳定性如何；其二是将边(滑)坡稳定系数与工程设计要求的稳定安全系数进行比较，以此来判断边(滑)坡的稳定性是否满足设计要求。

7.5.1 影响边坡稳定安全系数的因素

为评价边(滑)坡稳定性，首先应确定各类边(滑)坡的稳定安全系数。第 4 章中已经说过，不同的安全系数定义，采用的安全系数应是不同的，只有在同一安全系数定义下来讨论安全系数取值才是有意义的。下面大都是按强度折减来定义安全系数，当采用不平衡推力法显式解时，按增大下滑力来定义安全系数；而《建筑边坡工程技术规范》(GB 50330—2002)中边坡安全系数是超载安全系数。通常，影响边(滑)坡稳定安全系数的因素，一是边坡的失稳概率。由于坡顶加载、岩土遇水强度降低、坡脚切坡及填土质量不好等额外影响，都会导致边坡失稳。这种偶然因素对不同工程不同地点都是不同的，很难有一致的规律，一般只能依据设计者的经验，事故的统计数据来定。采用概率理论，应按统计结果，设定概率，以求得稳定安全系数。但由于数据不足，操作不便，很少这样来做，多数工程部门都是依据诸多工程专家的经验来定，并在相应国家与行业标准中规定下来。二是边坡工程的重要性和危害性。越是重要的工程和危害性大的工程所取的安全系数越高，例如土石坝的稳定安全系数取 1.5，而高等级公路路堤安全系数取1.30～1.35，又如《建筑边坡工程技术规范》(GB 50330—2002)中推荐的边坡安全系数值，一级边坡为 1.30～1.35，二级边坡为 1.25～1.30，三级边坡为 1.20～1.25，可见，边坡稳定安全系数的确定与边坡工程的重要性与危害性密切相关。三是采用的计算稳定系数的方法。不同计算方法获得的稳定系数是不同的。一般来说，采用非严格条分法中瑞典法的稳定系数低于其他条分法的稳定系数。因而它具有最小的稳定系数而偏于保守。简化 Bishop 法虽然计算简单，但它抓住了问题的主要矛盾，因此有较高的精度。由严格条分法得到的稳定系数精度最高。郑颖人、赵尚毅等应用有限元折减法得到的稳定系数与严格条分法得到的稳定系数十分接近。因此，选取稳定安全系数时，应明确对应何种计算方法。如上所述，有些计算方法安全系数的定义不同，如不平衡推力法中的隐式解法与显式解法，前者是强度储备安全系数，后者是下滑力超载安全系数，它会显著影响安全系数值的选取。四是滑裂面的形状和位置。对于不同的滑裂面，采用同一种计算方法所得到的稳定系数是不同的。因而选择安全系数时也应考虑这一因素。

7.5.2 国内边（滑）坡选用稳定安全系数的现状

由于边(滑)坡稳定安全系数的取值在边(滑)坡工程中具有重要的技术经济意义，各行业规范都十分重视安全系数和选取，但由于人们对各种计算方法所对应的安全系数缺乏明确认识，导致安全系数的选用十分混乱。现将当前国内各行业采用的边(滑)坡稳定安全系数及其所采用的计算方法列于表 7-11，将香港特别行政区所采用的边坡稳定安全系数列于表 7-12和表 7-13。

边（滑）坡稳定安全系数与稳定分析方法 表 7-11

<table>
<tr><th>部门</th><th colspan="2">工 程 名 称</th><th>安全系数</th><th>分 析 方 法</th><th>备 注</th></tr>
<tr><td rowspan="10">建筑</td><td colspan="2">地基边坡</td><td>1.2</td><td>瑞典法</td><td>《建筑地基基础设计规范》（GB 50007—2002）</td></tr>
<tr><td rowspan="3">滑坡</td><td>甲级建筑物</td><td>1.25</td><td rowspan="3">不平衡推力法（显式解）</td><td rowspan="3">《建筑地基基础设计规范》（GB 50007—2002），《建筑边坡工程技术规范》（GB 50330—2002）</td></tr>
<tr><td>乙级建筑物</td><td>1.15</td></tr>
<tr><td>丙级建筑物</td><td>1.05</td></tr>
<tr><td rowspan="3">建筑边坡</td><td>一级边坡</td><td>1.30～1.35</td><td rowspan="3">前面数据——瑞典圆弧法；后面数据——平面解析法</td><td rowspan="3">《建筑边坡工程技术规范》（GB 50330—2002）</td></tr>
<tr><td>二级边坡</td><td>1.25～1.30</td></tr>
<tr><td>三级边坡</td><td>1.20～1.25</td></tr>
<tr><td rowspan="3">边坡</td><td>重要工程</td><td>1.30～1.50</td><td rowspan="3">采用多种方法综合评价</td><td rowspan="3">《岩工工程勘察规范》（GB 50021—2001）</td></tr>
<tr><td>一级工程</td><td>1.15～1.30</td></tr>
<tr><td>次要工程</td><td>1.05～1.15</td></tr>
<tr><td rowspan="5">公路</td><td rowspan="2">路堤边坡</td><td>路堤堤身稳定性</td><td>1.35</td><td>简化 Bishop 法（圆弧滑面）</td><td rowspan="5">《公路路基设计规范》（JTG D30—2004）</td></tr>
<tr><td>路堤沿斜坡地基或软弱层滑动的稳定性</td><td>1.30</td><td>不平衡推力法隐式解（非圆弧滑面）</td></tr>
<tr><td rowspan="3">路堑边坡</td><td>一级边坡</td><td>1.30</td><td rowspan="3">简化 Bishop 法（圆弧或任意形状滑面）；不平衡推力法隐式解（任意形状滑面）</td></tr>
<tr><td>二级边坡</td><td>1.20</td></tr>
<tr><td>三级边坡</td><td>1.10</td></tr>
<tr><td rowspan="3">铁路</td><td rowspan="3">滑坡</td><td>一级边坡</td><td>1.25</td><td rowspan="3">不平衡推力法（显式解）</td><td rowspan="3">《铁路工程不良地质勘察规程》（TB 10027—2001，J 125—2001）</td></tr>
<tr><td>二级边坡</td><td>1.15</td></tr>
<tr><td>三级边坡</td><td>1.05</td></tr>
<tr><td>水利</td><td colspan="2">土石坝边坡</td><td>1.50</td><td>严格条分法与简化 Bishop 法</td><td>《碾压式土石坝设计规范》（SL 274—2001）</td></tr>
</table>

新开挖边坡的稳定安全系数（十年降雨重现期） 表 7-12

经济风险程度	生命危害程度		
	微	低	高
微	＞1.0	1.2	1.4
低	1.2	1.2	1.4
高	1.4	1.4	1.4

注：1. 除十年降雨重现期采用稳定安全系数 1.4 外，对生命危害程度高的边坡，当预计的地下水条件较差时，还要再取 1.1 的稳定安全系数。

2. 本表给出的稳定安全系数为推荐值，就经济风险程度来讲，可按特殊情况采用更高或更低的安全系数。

已有边坡的稳定安全系数（十年降雨重现期） 表 7-13

生命危害程度		
微	低	高
＞1.0	1.1	1.2

注：1. 表中稳定系数的小值仅用于边坡的地质和岩土条件已进行仔细研究，边坡站立时间已很长，而且其荷载条件、地下水状态及基本坡形大体上保持不变的已有边坡。

2. 在补救与加固工程的设计中如采用反演分析法，对较不利的已知荷载和地下水条件的已有边坡，可假定其具有较小的稳定安全系数 1。

3. 对已破坏或很危险的边坡，其引起的原因必须查明，并在补救工程的设计中加以考虑。

由此可以看出，由于工程重要性不同、规范制定者的经验与看法不同以及所采用的计算方法不同，当前国内各行业以及不同地区所采用的安全系数值是有所差别的。但是，它们确具有以下共同特点：

（1）除重要工程滑坡外，边坡的安全系数一般高于滑坡的安全系数，这是因为边坡采用的计算方法对应着强度储备安全系数与超载安全系数，而滑坡显式解采用的计算方法对应着下滑力超载安全系数。

（2）建筑边坡安全系数高于道路路堑边坡的安全系数。

（3）重要性高和危害性大的边坡（即对生命财产危害程度大的一级边坡）安全系数要高于重要性低的二、三级边坡的安全系数。

（4）建筑边坡中对不同的边坡稳定分析方法采用不同的安全系数，对瑞典圆弧法采用较低的安全系数。

此外，随着时代的进展，新老规范中对边(滑)坡稳定公式的采用也在发生变化。正如第 4 章所述，对圆弧滑面从采用瑞典法逐渐改为简化毕肖普法；对非圆弧滑面从采用不平衡推力显式解法逐渐改用严格解法或不平衡推力隐式解法并对折角很大的滑面进行修正。2001 年修编的《岩土工程勘察规范》(GB 50021—2001）从采用不平衡推力显式解法改为采用多种方法综合评价。2004 年修编的《公路路基设计规范》(JTG D30—2004）对圆弧滑面从采用瑞典法改用简化毕肖普法；对折线形滑面采用不平衡推力隐式解法，并对折角大的滑面进行适当修正。2006 年编制的《水利水电工程边坡设计规范》推荐采用 Morgenstern-Price 法、Sarma 法等严格条分法，简化毕肖普法（圆弧滑面），不平衡推力隐式解法。

7.5.3 对选取安全系数的建议

采用不同的边(滑)坡稳定分析方法算出的稳定系数是不同的，有的偏于保守，有的偏于危险，因而选取安全系数必须与采用的分析方法相应，且对应着同样定义的安全系数。对于坡高不大的普通边坡，宜采用平面滑面的分析方法，因为当前国内的边坡支护规范中都规定按平面滑面采用解析法计算土压力与岩石压力。但对于高边坡，采用平面滑面计算精度较差，会与实际有较大出入，因而应采用圆弧滑面或任意形状滑面。第 4 章中已推荐对圆弧滑面采用简化 Bishop 法。就重要性一般工程而言，考虑以往边坡计算中采用瑞典法，安全系数取 1.20～1.25。一般认为简化 Bishop 法算得的安全系数高出瑞典法，那么改用简化 Bishop 法后，安全系数宜稍有提高，因而建议安全系数取 1.20～1.35。然后再可依据边坡的重要性、危害性分等级确定安全系数。

对于折线形滑面，2004 年以前的国内规范广泛应用不平衡推力显式解法，本书及 2004 年后编制的国内规范，在应用不平衡推力法时做了某些限制并建议采用隐式解法，以保证计算中不出现大的偏差。当采用不平衡推力法显式解时，当前对一般工程采用 1.15 安全系数值，如考虑两者推力相同，则与此相对应的基于强度储备安全系数定义的隐式解的安全系数为 1.25～1.30，因而隐式解的安全系数（包括各种严格条分法）也宜取 1.20～1.35。

显然，对重要性很高或很低的特殊边坡还可采用更高或更低的安全系数。

7.5.4 边（滑）坡的稳定状态分类

根据边（滑）坡稳定系数大小，可确定边（滑）坡目前所处的稳定状态。这种评估方法对边（滑）坡的维修有重要实用意义。通常对边（滑）坡稳定性划分为不稳定、欠稳定、基本稳定、稳定四类，作者建议相应的稳定系数列于表 7-14 可作为参考。

边（滑）坡稳定状态划分（基于强度储备安全系数） 表 7-14

边（滑）坡稳定系数 F_s	$F_s<1.00$	$1.00\leqslant F_s<1.10$	$1.10\leqslant F_s<1.20$	$F_s\geqslant 1.20$
边（滑）坡稳定状态	不稳定	欠稳定	基本稳定	稳定

表 7-14 中的不稳定大致相当于滑坡处于流动和大流动阶段；欠稳定大致相当于蠕动挤压变形阶段；基本稳定大致相当于该坡体未出现变形破坏迹象或变形破坏现象不明显。这里所指的稳定状态与通常所指稳定系数大于安全系数的稳定状态具有不同的含义，前者指坡体目前所处的稳定状态，即坡体处于滑动阶段、挤压变形、蠕动变形阶段，还是处在未变形稳定阶段；后者指坡体的稳定性满足了工程设计的要求，即坡体的稳定性满足规定要求的安全储备。

参考文献

[1] 徐邦栋．滑坡分析与防治．北京：中国铁道出版社，2001
[2] 王恭先，徐峻龄，刘光代，等．滑坡学与滑坡防治技术．北京：中国铁道出版社，2004
[3] 王恭先．滑坡机理概论．中国铁道科学的进步与发展//铁道部科学研究院 50 周年论文集．北京：中国铁道出版社，2000
[4] 王恭先，李天池．我国滑坡研究的回顾与展望//滑坡论文选集．成都：四川科学技术出版社，1989
[5] 王恭先．滑坡过程的力学分析//滑坡文集：第 8 集．北京：中国铁道出版社，1991

[6] 王恭先．滑带土抗剪强度的参数的综合分析与选择//滑坡文集（兰州滑坡会议文集）
[7] 王恭先．滑坡防治中的两个关键技术问题//海峡两岸岩土学术讨论会文集．西安：陕西科学技术出版社，1994
[8] 王恭先．预防滑坡的原理和方法//滑坡文集：第16集．北京：中国铁道出版社，2003
[9] 郑颖人，时卫民，杨明成．不平衡推力法与Sarma法的讨论．岩石力学与工程学报，2004，23（17）：3030-3036
[10] 郑颖人，时卫民，孔位学．库水位下降时渗透力及地下水浸润线的计算．岩石力学与工程学报，2004，23（18）：3203-3210
[11] 郑颖人，时卫民，唐伯明．重庆三峡库区滑坡勘察工程中的一些问题．重庆建筑，2003（1）：6-10
[12] 郑颖人，时卫民．不平衡推力法使用中应注意的问题．重庆建筑，2004（2）：6-8
[13] 时卫民，郑颖人，唐伯明．滑坡稳定性评价方法的探讨．岩土力学，2003，24（4）：545-548+552
[14] 时卫民，郑颖人，唐伯明，等．边坡稳定不平衡推力法的精度分析及其使用条件．岩土工程学报，2004（3）：313-317
[15] 时卫民，郑颖人．库水位下降情况下滑坡的稳定性评价．工程勘察，2004（1）：26-30+35
[16] 陈祖煜．土质边坡稳定分析——原理·方法·程序．北京：中国水利水电出版社，2003
[17] 陈祖煜．土石坝边坡稳定分析中的总应力法．水利水电技术，1984（10）：1-6+22
[18] 陈祖煜．库水位骤降期土石坝坡稳定分析总应力法的计算步骤．水利水电技术，1985（9）：30-33
[19] 铁道部科学研究院西北研究所．滑坡防治．北京：人民铁道出版社，1977
[20] 铁道部科学研究院西北研究所．滑坡滑带土残余强度的几种试验方法//滑坡文集：第2集．北京：人民铁道出版社，1979：190-209
[21] 毛昶熙，段祥宝，李祖贻．渗流数值计算与程序应用．南京：河海大学出版社，1999
[22] 毛昶熙．渗流计算分析与控制．北京：水利电力出版社，1990
[23] 薛禹群．地下水动力学原理．北京：地质出版社，1986
[24] 李俊亭，王愈吉．地下水动力学．北京：地质出版社，1987
[25] 祝同江．工程数学——积分变换．2版．北京：高等教育出版社，2001
[26] 屈智炯，何昌荣，刘双光，等．新型石渣坝——粗粒土筑坝的理论与实践．北京：中国水利水电出版社，2002
[27] 松冈元．土力学．罗汀，姚仰平，译．北京：中国水利水电出版社，2001
[28] 中华人民共和国建设部．建筑边坡工程技术规范：GB 50330—2002. 北京：中国建筑工业出版社，2002
[29] 南京水利科学研究院．土工试验规程：SL 237—1999. 北京：中国水利水电出版社，1999
[30] 中华人民共和国交通部．公路路基设计规范：JTG D30—2004. 北京：人民交通出版社，2004
[31] 重庆市质量技术监督局．地质灾害防治工程勘察规范：DB50/143—2003，2003.
[32] 中华人民共和国水利部．水利水电工程地质勘察规范：GB 50287—99. 北京：中国计

划出版社，1999
[33] 中华人民共和国建设部．建筑地基基础设计规范：GB 50007—2002. 北京：中国建筑工业出版社，2002
[34] 中华人民共和国铁道部．铁路工程不良地质勘察规程：TB 10027—2001，J 125—2001. 北京：中国铁道出版社，2001
[35] 香港特别行政区政府土木工程署土力工程处．斜坡岩土工程手册 .1998
[36] 中华人民共和国水利部．碾压式土石坝设计规范：SL 274—2001. 北京：中国水利水电出版社，2001

第8章 边坡工程设计

DIBAZHANG

8.1 治理方法概述

边坡工程设计的内容包括确定边坡坡率(坡度)与形状，以及排水工程、防护加固工程与景观绿化工程等设计内容。其中边坡加固防护工程设计包括：设置重力挡墙、扶壁式挡墙、锚杆挡墙、岩石锚喷支护、格构锚固、加筋陡坡和加筋土挡墙等支挡加固结构，以及采取植被防护、骨架植被防护、圬工防护与石笼防护等防护工程。近年来，土钉墙、注浆加固等技术也在边坡加固工程中得到了推广应用。

本章主要介绍边坡坡率与形状设计和边坡加固支挡工程设计两大部分内容。边坡排水工程将在第10章介绍，边坡防护与景观绿化设计将在第11章介绍。

在进行边坡工程设计时，必须遵守以下设计原则和基本要求。

8.1.1 边坡工程设计原则

(1) 边坡工程设计可分为下列两类极限状态：

①承载能力极限状态：对应于支护结构达到承载力破坏、锚固系统失效或坡体失稳；

②正常使用极限状态：对应于支护结构和边坡的变形达到结构本身或邻近建（构)筑物的正常使用限值或影响耐久性能。

(2) 边坡工程设计采用的荷载效应最不利组合应符合下列规定：

①按地基承载力确定支护结构立柱（肋柱或桩)和挡墙的基础底面积及其埋深时，荷载效应组合应采用正常使用极限状态的标准组合，相应的抗力应采用地基承载力特征值；

②进行边坡与支护结构的稳定性和锚杆(索)锚固体与地层的锚固长度计算时，荷载效应组合应采用承载能力极限状态的基本组合，但其荷载分项系数均取1.0，组合系数按现行国家标准的规定采用；

③在确定锚杆(索)、支护结构立柱、挡板、挡墙截面尺寸、内力及配筋时，荷载效应组合应采用承载能力极限状态的基本组合，并采用现行国家标准规定的荷载分项系数和组合值

系数；支护结构的重要性系数 γ_0 按有关规范的规定采用，对安全等级为一级的边坡取 1.1，二、三级边坡取 1.0；

④计算锚杆(索)变形和支护结构水平位移与垂直位移时，荷载效应组合应采用正常使用极限状态的准永久组合，不计入风荷载和地震作用；

⑤在支护结构抗裂计算时，荷载效应组合应采用正常使用极限状态的标准组合，并考虑长期作用影响；

⑥抗震设计的荷载组合和临时性边坡的荷载组合应按现行有关标准执行。

(3) 永久性边坡的设计使用年限应不低于受其影响相邻建筑的使用年限。

(4) 边坡工程应按下列原则考虑地震作用的影响：

①边坡工程的抗震设防烈度可采用地震基本烈度，且不应低于边坡破坏影响区内建筑物的设防烈度；

②对抗震设防的边坡工程，其地震效应计算应按现行有关标准执行；岩石基坑工程可不作抗震计算；

③对支护结构和锚杆外锚头等，应采取相应的抗震构造措施。

(5) 边坡支护结构设计时应进行下列计算和验算：

①支护结构的强度计算：立柱、面板、挡墙及其基础的抗压、抗弯、抗剪及局部抗压承载力以及锚杆杆体的抗拉承载力等均应满足现行相应标准的要求；

②锚杆锚固体的抗拔承载力和立柱与挡墙基础的地基承载力计算；

③支护结构整体或局部稳定性验算；

④对变形有较高要求的边坡工程可结合当地经验进行变形验算，同时应采取有效的综合措施保证边坡和邻近建(构)筑物的变形满足要求；

⑤地下水控制计算和验算；

⑥对施工期可能出现的不利工况进行验算。

8.1.2 边坡工程设计的基本要求

(1) 边坡工程设计时应取得下列资料：

①工程用地红线图，建筑平面布置总图以及相邻建筑物的平、立、剖面和基础图等；

②场地和边坡的工程地质和水文地质勘察资料；

③边坡环境资料，包括边坡影响范围内的岩土体、水系、建(构)筑物、道路及管网等状况资料；

④施工技术、设备性能、施工经验和施工条件等资料；

⑤条件类同边坡工程的相关经验。

(2) 一级边坡工程应采用信息(动态)设计法。应提出对施工方案的特殊要求和监测要求，应掌握施工现场的地质状况、施工情况和变形、应力监测的反馈信息，必要时对原设计做校核、修改和补充。二级边坡工程宜采用信息(动态)设计法。

(3) 规模大、破坏后果很严重、难以处理的滑坡、危岩、泥石流及断层破碎带地区，不应修筑建筑边坡。

(4) 山区进行工程建设时宜根据地质、地形条件及工程要求，因地制宜设置边坡，避免形成高填深挖的边坡工程。对稳定性较差且坡高较大的边坡宜采用后仰放坡或分台阶放坡。分台阶放坡时水平台阶应有足够宽度(不小于 1m)，否则应考虑上阶边坡对下阶边坡的荷载影响。

（5）当边坡坡体内洞室（或岩溶）密集而对边坡产生不利影响时，应根据洞室大小、深度及与边坡的关系等因素采取相应的加强措施。

（6）边坡工程的平面布置和立面设计应考虑对周边环境的影响，做到美化环境，体现生态保护要求。边坡坡面和坡脚应采取有效的保护措施，坡顶应设护栏。

（7）在边坡工程的施工期和使用期，应控制不利于边坡稳定的因素产生和发展。不应随意开挖坡脚，并防止坡顶超载。应避免地表水及地下水大量渗入坡体，并应对有利于边坡稳定的相关环境进行有效保护。

8.1.3 边坡支护结构形式的选用

（1）边坡支护结构形式可根据场地地质和环境条件、边坡高度以及边坡工程安全等级等因素，并参照表 8-1 选定。

边坡支护结构常用形式 表 8-1

结构类型	边坡环境	边坡高度 H (m)	边坡工程安全等级	说明
重力式挡墙	场地允许，坡顶无重要建(构)筑物	土坡，$H \leqslant 8$；岩坡，$H \leqslant 10$	一、二、三级	土方开挖后边坡稳定较差时不应采用
护壁式挡墙	填方区	土坡，$H \leqslant 10$	一、二、三级	土质边坡
悬臂式挡墙	填方区	土层，$H \leqslant 8$；岩层，$H \leqslant 10$	一、二、三级	土层较差，或对挡墙变形要求较高时，不宜采用
板肋式或格构式锚杆挡墙	—	土坡，$H \leqslant 15$；岩坡，$H \leqslant 30$	一、二、三级	坡高较大或稳定性较差时宜采用逆作法施工。对挡墙变形有较高要求的土质边坡，宜采用预应力锚杆
排桩式锚杆挡墙	坡顶建(构)筑物需要保护，场地狭窄	土坡，$H \leqslant 15$；岩坡，$H \leqslant 30$	一、二级	严格按逆作法施工。对挡墙变形有较高要求的土质边坡，应采用预应力锚杆
岩石锚喷支护	—	Ⅰ类岩坡，$H \leqslant 30$	一、二、三级	—
		Ⅱ类岩坡，$H \leqslant 30$	二、三级 $H \leqslant 30$	
		Ⅲ类岩坡，$H \leqslant 15$	二、三级 $H \leqslant 15$	
坡率法	坡顶无重要建(构)筑物，场地有放坡条件	土坡，$H \leqslant 10$ 岩坡，$H \leqslant 25$	二、三级	不良地质段、地下水发育区、流塑状土时不应采用

续上表

结构类型		边坡环境	边坡高度 H (m)	边坡工程安全等级	说明
加筋土技术	加筋土挡土墙	填方区	$H \leqslant 20$	一、二、三级	墙面直立，高度超过12m需要分台阶修筑
	土钉墙	原位边坡加固	$H \leqslant 15$	二、三级	边坡坡度一般为1∶0.36～1∶0。对变形有严格要求的边坡工程不宜采用
注浆法		—	$H \leqslant 15$	一、二、三级	提高岩土的抗剪强度和边坡整体稳定性，解决岩层的渗水、涌水问题。使用时与其他加固措施联合使用

注：本表除加筋土技术和注浆法外，其余均摘自《建筑边坡工程技术规范》(GB 50330—2002)。

(2) 下列特殊边坡工程的设计与施工应进行专门论证：

①高边坡，如岩质边坡高度超过30m、土质边坡高度超过20m的挖方边坡，以及高度超过20m(填方材料为砂、砾时为12m)的道路与铁路填方边坡工程；

②地质和环境条件很复杂、稳定性极差的边坡工程；

③边坡邻近有重要建(构)筑物、地质条件复杂、破坏后果很严重的边坡工程；

④已发生过严重事故的边坡工程；

⑤采用新结构、新技术的安全等级为一、二级边坡工程。

8.2 边坡坡率坡形设计

8.2.1 概述

坡率法是指控制边坡高度和坡率，无须对边坡整体进行加固而自身稳定的一种人工边坡设计方法。坡率法是一种比较经济、施工方便的方法，当工程条件许可时，应优先采用坡率法。

坡率法适用于整体稳定条件下的岩层和土层，在地下水位低且放坡开挖时不会对相邻建筑物产生不利影响的条件下使用。有条件时可结合坡顶刷坡卸载、坡脚回填压脚的方法。

坡率法可与锚杆(索)或锚喷支护、护面墙等联合应用，形成组合边坡，或与植被护坡联合使用，美化环境。例如当不具备全高放坡条件时，上段可采用坡率法，下段可采用支护结构以稳定边坡。

下列边坡不应采用坡率法放坡：

①放坡开挖对拟建或相邻建(构)筑物有不利影响的边坡；

②地下水发育的边坡；

③稳定性差的边坡。

采用坡率法时应进行边坡环境整治，因势利导保持水系畅通。

高度较大的边坡应分级放坡。分级放坡时应验算边坡整体和各级的稳定性。

边坡的坡率，用边坡高度 H 与边坡宽度 b 之比值表示，并取 $H=1$，如图 8-1 所示，$H:b=1:0.5$（挖方边坡）或 $1:1.5$（填方边坡），通常用 $1:n$ 或 $1:m$ 表示，图中 $n=0.5$，$m=1.5$。

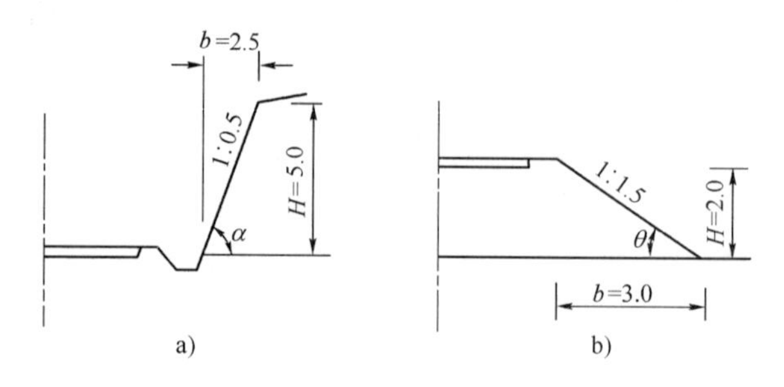

图 8-1　路基边坡坡率示意图

边坡坡率关系到边坡工程的稳定和投资。比如道路与铁路路基中的边坡，尤其是陡坡地段的路堤及较深路堑的挖方边坡，不仅工程量大，施工难度高，而且是路基稳定性的关键所在。如果地质水文条件较差，往往病害严重，持续年限很长，在水作用下导致边坡坍塌破坏，影响道路与铁路的正常运营。因此，合理确定路基边坡坡率，对路基稳定和断面经济至为重要。因此在设计时，要全面考虑，力求合理。

8.2.2　填方边坡

在道路与铁路工程中，填方路基非常普遍。全填方路堤边坡的几种常用断面形式如图 8-2所示。陡坡地段的半填半挖路基边坡的几种常用断面形式如图 8-3 所示。

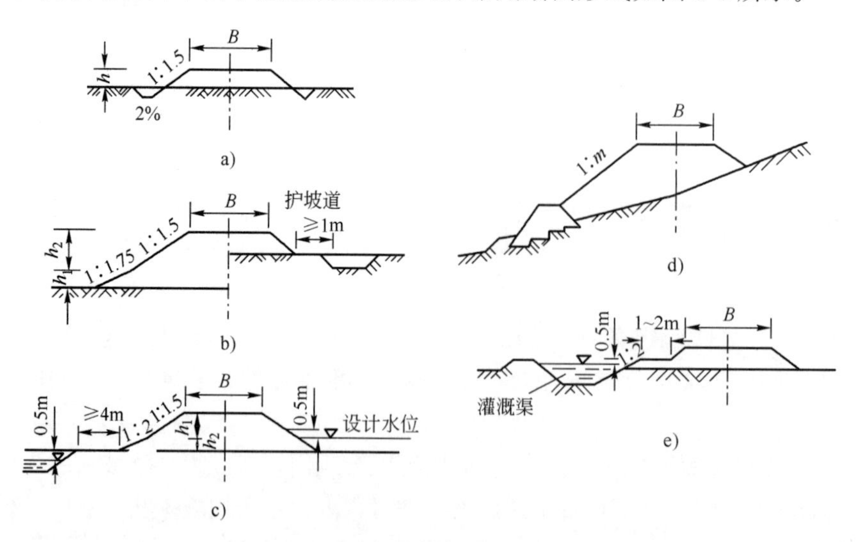

图 8-2　全填方路堤边坡的几种常用横断面形式

a)矮路堤；b)一般路堤；c)浸水路堤；d)护脚路堤；e)挖沟填筑路堤

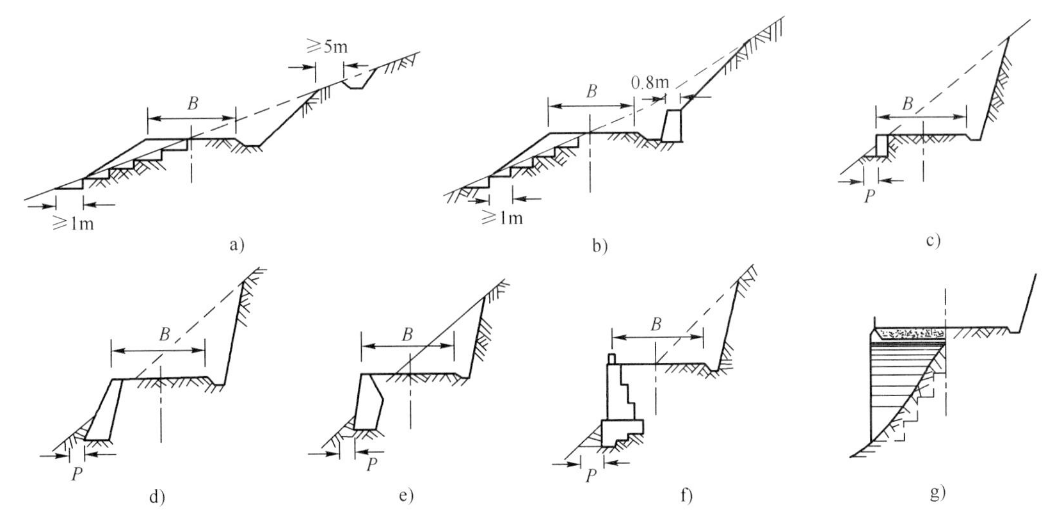

图 8-3　半填半挖路基边坡的几种常用横断面形式

a)一般填挖路基；b)矮挡土墙路基；c)护肩路基；d)砌石护坡路基；e)砌石护墙路基；f)挡土墙路基；g)半山桥路基

填方边坡坡度与填料类型和边坡高度有关，根据所用填料类型的不同，分为土质和石质两种填方边坡。

（1）土质填方边坡

一般土质填方边坡，均采用 1∶1.5，但当边坡高度超过一定高度时，其下部边坡改用 1∶1.75，以保证边坡工程的稳定。各类土质填方边坡坡率的取值如表 8-2 所列。

路 堤 边 坡 坡 率　　表 8-2

填 料 类 别	边 坡 坡 率	
	上部高度 （$H \leqslant 8$m）	下部高度 （$H \leqslant 12$m）
细粒土	1∶1.5	1∶1.75
粗粒土	1∶1.5	1∶1.75
巨粒土	1∶1.3	1∶1.5

对于浸水填方边坡，设计水位以下部分视填料情况，边坡坡率采用 1∶1.75～1∶2，在常水位以下部分可采用 1∶2～1∶3，并视水流情况采取加固措施。

（2）石质填方（路堤）边坡

当沿线有大量天然石料或开挖坡体所得的废石方时，可以用来填筑边坡。填石边坡应由不易风化的较大（大于 25cm）石块砌筑，边坡坡率一般可用 1∶1。但当采用易风化的岩石填筑边坡时，边坡坡率应按风化后的土质边坡设计。如风化成黏土或砂，则分别按黏性土或砂的边坡要求进行设计。

当填筑体全部用 25cm 左右的不易风化石块砌筑，且边坡采用码砌方式修筑，其边坡坡率应根据具体情况决定，亦可参考表 8-3 采用。

填石路堤边坡坡率 表 8-3

填石料种类	边 坡 坡 率	
	上部高度（$H \leqslant 8m$）	下部高度（$H \leqslant 12m$）
硬质岩石	1∶1.1	1∶1.3
中硬岩石	1∶1.3	1∶1.5
软质岩石	1∶1.5	1∶1.75

注：填石料按单轴饱和抗压强度分为硬质岩石、中硬岩石和软质岩石，其单轴饱和抗压强度分别为大于 60MPa、30～60MPa 和5～30MPa。

陡坡上的路基填方可采用砌石护坡路基［图 8-3d)］。砌石应用当地不易风化的开山片石砌筑。砌石顶宽一律采用 0.8m，基底以 1∶5 的坡率向路基内侧倾斜，砌石高度 H 一般为2～15m，墙的内外坡率依砌石高度，按表 8-4 选定。

砌 石 边 坡 坡 率 表 8-4

高度（m）	内 坡 坡 率	外 坡 坡 率
≤5	1∶0.3	1∶0.5
≤10	1∶0.5	1∶0.67
≤15	1∶0.6	1∶0.75

8.2.3 挖方边坡

挖方边坡包括建筑挖方边坡和道路路堑边坡。挖方边坡其边坡坡率与边坡的高度、坡体土石性质、地质构造特征、岩石的风化和破碎程度、地面水和地下水等因素有关。挖方边坡的几种常用横断面形式如图 8-4 所示。

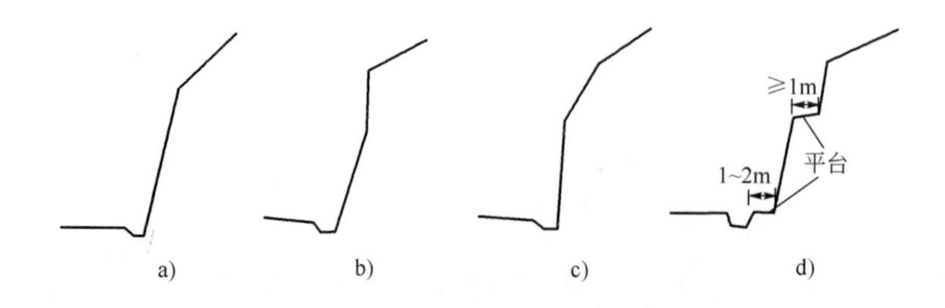

图 8-4 挖方边坡的几种常用横断面形式

a)直线形；b)上陡下缓折线形；c)上缓下陡折线形；d)台阶形

(1) 土质挖方边坡

土质（包括粗粒土）挖方边坡坡率，应根据边坡高度、土的密实程度、地下水和地面水情况、土的成因及生成时代等因素确定。一般情况下，具有一定黏性土质的挖方边坡坡率，取值为 1∶0.5～1∶1.5，个别情况下，可放缓至 1∶1.75。不同高度、不同密实程度的土质路堑边坡坡率可参照表 8-5 和表 8-6 确定。

土质挖方(路堑)边坡坡率 表 8-5

土的类别		边坡坡率
黏土、粉质黏土、塑性指数大于 3 的粉土		1∶1
中密以上的中砂、粗砂、砾砂		1∶1.5
卵石土、碎石土、圆砾土、角砾土	胶结和密实	1∶0.75
	中密	1∶1

注：1. 边坡较矮或土质比较干燥的路段，可采用较陡的边坡坡率；边坡较高或土质比较潮湿的路段，可采用较缓的边坡坡率。

2. 开挖后，密实程度很容易变松的砂类土及砾类土等路段，应采用较缓的边坡坡率。

3. 土的密实程度的划分见表 8-6。

土的密实程度划分 表 8-6

分级	试坑开挖情况
较松	铁锹很容易铲入土中，试坑坑壁容易坍塌
中密	天然坡面不易陡立，试坑坑壁有掉块现象，部分需用镐开挖
密实	试坑坑壁稳定，开挖困难，土块用手使力才能破碎，从坑壁取出大颗粒处能保持凹面形状
胶结	细粒土密实度很高，粗颗粒之间呈弱胶结，试坑用镐开挖很困难，天然坡面可以陡立

《建筑边坡工程技术规范》(GB 50330—2002）规定，土质建筑边坡的坡率允许值应根据经验，按工程类比的原则并结合已有稳定边坡的坡率值分析确定。当无经验，且土质均匀良好、地下水贫乏、无不良地质现象和地质环境条件简单时，可按表 8-7 确定。

土质建筑边坡坡率允许值 表 8-7

边坡土体类别	状态	边坡坡率允许值	
		坡高小于 5m	坡高 5～10m
碎石土	密实	1∶0.35～1∶0.5	1∶0.5～1∶0.75
	中密	1∶0.5～1∶0.75	1∶0.75～1∶1.00
	稍密	1∶0.75～1∶1.00	1∶1.00～1∶1.25
黏性土	坚硬	1∶0.75～1∶1.00	1∶1.00～1∶1.25
	硬塑	1∶1.00～1∶1.25	1∶1.25～1∶1.50

注：1. 表中碎石土的充填物为坚硬或硬塑状态的黏性土。

2. 对于砂土或充填物为砂土的碎石土，其边坡坡率允许值应按自然休止角确定。

（2）岩质挖方边坡

岩质路堑边坡形式及坡率应根据工程地质与水文地质条件、边坡高度、施工方法，结合自然稳定边坡和人工边坡的调查综合确定。必要时可采用稳定性分析方法予以检算。岩石的分类、风化和破碎程度及边坡的高度是决定坡率的主要因素，当岩质路堑边坡高度不大于 30m 时，无外倾软弱结构面的边坡可根据这些因素按表 1-6 及表 1-7 确定岩体类型。在按上述分类方法确定岩体类型的基础上，《公路路基设计规范》（JTG D30—2004）规定按表 8-8 确定边坡坡率。

公路岩石挖方边坡坡率 表 8-8

边坡岩体类型	风化破碎程度	边坡坡率	
		H< 15m	15m≤H< 30m
Ⅰ类	未风化、微风化	1∶0.1～1∶0.3	1∶0.1～1∶0.3
	弱风化	1∶0.1～1∶0.3	1∶0.3～1∶0.5
Ⅱ类	未风化、微风化	1∶0.1～1∶0.3	1∶0.3～1∶0.5
	弱风化	1∶0.3～1∶0.5	1∶0.5～1∶0.75
Ⅲ类	未风化、微风化	1∶0.3～1∶0.5	—
	弱风化	1∶0.5～1∶0.75	—
Ⅳ类	弱风化	1∶0.5～1∶1	—
	强风化	1∶0.75～1∶1	—

注：1. 有可靠的资料和经验时，可不受本表限制。
2. Ⅳ类强风化包括各类风化程度的极软岩。

边坡高度大于 20m 的软弱松散岩质路堑，宜采用分层开挖、分层防护和护脚与加固等技术措施。当挖方边坡较高，可根据不同的土质、岩石性质和稳定要求开挖成折线式或台阶式边坡，台阶式边坡中部应设置边坡平台（护坡道），边坡平台的宽度不宜小于 2m。

由于地表岩层和自然条件，以及路基的构造要求与形式变化极大，岩石路堑边坡难以定型，表列数值为一般条件下的经验值，运用时应结合当地的工程地质条件和水文条件，参考各地现有自然稳定山坡和人工成型稳定的山坡，加以对比选用。对于土质挖方边坡高度超过 20m、岩石挖方边坡高度超过 30m 和不良地质地段的路堑边坡，应进行个别勘察设计和稳定性验算，以及采取排水、护坡与加固等技术措施。

《建筑边坡工程技术规范》(GB 50330—2002) 规定，在边坡保持整体稳定的条件下，岩质边坡开挖的坡率允许值应根据实际经验，按工程类比的原则并结合已有稳定边坡的坡率值分析确定。对无外倾软弱结构面的边坡，可按表 8-9 确定。

下列挖方边坡的坡率允许值应通过稳定性分析计算确定：

①有外倾软弱结构面的岩质边坡；

②土质较软的边坡；

③坡顶边缘附近有较大荷载的边坡；

④坡高超过表 8-9 范围的边坡。

建筑岩质边坡坡率允许值 表 8-9

边坡岩体类型	风化程度	边坡坡率允许值		
		H<8m	8m≤H<15m	15m≤H<25m
Ⅰ类	微风化	1∶0.00～1∶0.10	1∶0.10～1∶0.15	1∶0.15～1∶0.25
	中等风化	1∶0.10～1∶0.15	1∶0.15～1∶0.25	1∶0.25～1∶0.35
Ⅱ类	微风化	1∶0.10～1∶0.15	1∶0.15～1∶0.25	1∶0.25～1∶0.35
	中等风化	1∶0.15～1∶0.25	1∶0.25～1∶0.35	1∶0.35～1∶0.50

续上表

边坡岩体类型	风化程度	边坡坡率允许值		
		$H<8$m	8m$\leqslant H<$15m	15m$\leqslant H<$25m
Ⅲ类	微风化	1∶0.25～1∶0.35	1∶0.35～1∶0.50	—
	中等风化	1∶0.35～1∶0.50	1∶0.50～1∶0.75	—
Ⅳ类	微风化	1∶0.50～1∶0.75	1∶0.75～1∶1.00	—
	中等风化	1∶0.75～1∶1.00	—	—

注：1. 表中 H 为边坡高度。

2. Ⅳ类强风化包括各类风化程度的极软岩。

8.2.4 构造设计

在坡高范围内，不同的岩土层可采用不同的坡率放坡。边坡设计应注意边坡环境的防护整治，边坡水系应因势利导保持畅通。考虑到边坡的永久性，坡面应采取保护措施，防止土体流失、岩层风化及环境恶化造成边坡稳定性降低。具体应注意以下几个方面：

(1) 边坡的整个高度可按同一坡率值进行放坡，也可根据边坡岩土的变化情况按不同的坡率值放坡。

(2) 设置在斜坡上的人工压实填土边坡应验算其整体下滑的稳定性。分层填筑前应将斜坡的坡面修成若干宽度不小于 1m、内倾坡度 2%～3%的台阶，使压实填土与斜坡面紧密接触。

(3) 边坡坡顶、坡面、坡脚和水平台阶应设排水系统，在坡顶外围应设截水沟。

(4) 当边坡表层有积水湿地、地下水渗出或地下水露头时，应根据实际情况设置外倾排水孔、盲沟排水、钻孔排水，以及在上游沿垂直地下水流向设置地下排水廊道以拦截地下水。

(5) 挖方边坡局部不稳定块体应清除，也可用锚杆或其他有效措施加固。

(6) 永久性边坡宜采取锚喷、浆砌片石或格构等构造措施护面。在条件许可时，宜尽量采用格构或采取其他有利于生态环境保护和美化的护面措施。临时性边坡可采用水泥砂浆护面。

8.3 重力式挡土墙

8.3.1 重力式挡土墙的类型及使用条件

(1) 挡土墙的用途

挡土墙是一种能够抵抗侧向土压力，用来支撑天然边坡或人工边坡，保持土体稳定的建筑物。它被广泛用于公路、铁路、水利及建筑等其他土建工程。

重力式挡土墙各部分名称如图 8-5a) 所示。靠回填土（或山体）一侧为墙背，外露临空一侧为墙面（也称墙胸），墙底与墙面交线为墙趾，墙底与墙背的交线为墙踵，墙背与垂线的交角为墙背倾角 α。

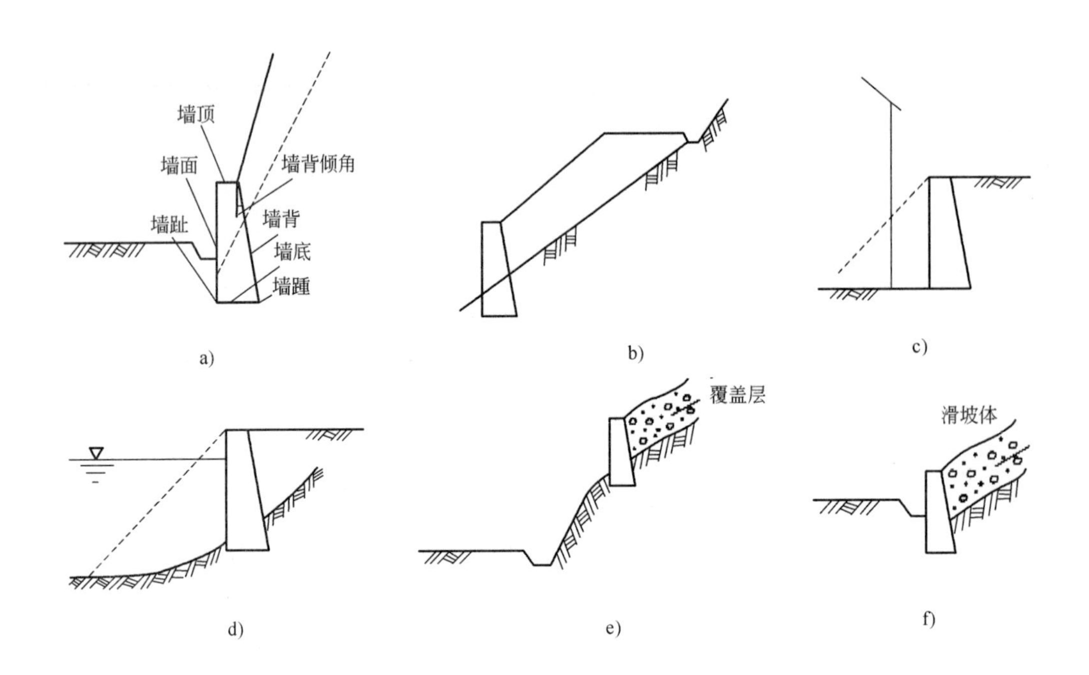

图 8-5 设置挡土墙的位置

a)路堑墙；b)路堤墙；c)路肩墙；d)驳岸（路肩墙）；e)山坡挡土墙；f)抗滑挡土墙

（图中虚线表示不设挡土墙时的路基边坡）

以公路与铁路工程为例，挡土墙的用途可归纳如下：

①在路堑地段，若开挖后的路堑边坡不能自行稳定，可在坡脚处设置挡土墙，以支撑边坡，降低挖方边坡高度，减少挖方数量，避免山体失稳坍滑［图 8-5a)］；

②在地面横坡较陡，填筑路基难以稳定，或征地、拆迁费用高的填方路段，可在路肩或填方边坡的适当位置设置挡墙，以收缩路堤坡脚，减少填方数量［图 8-5b)］或减少拆迁和占地面积［图 8-5c)］，保证路堤稳定性；

③对于沿河路基，为避免沿河路基挤缩河床，防止水流冲刷路基，可在沿河一侧路基设置挡土墙［图 8-5d)］；

④在某些挖方路段，原地面有较厚的覆盖层或滑坡，可在路堑边坡上方设置挡土墙，防止山坡覆盖层下滑［图 8-5e)］和抵抗滑坡［图 8-5f)］。

其他还有设置于隧道洞口的洞口挡墙和设置于桥头的桥头挡墙等。

在路基设计中，是否需要设置挡土墙，应通过与其他可能的技术方案进行技术、经济比较来确定。

（2）重力式挡土墙的类型

挡土墙按照墙的位置、材料、结构形式可划分为以下几种类型：

① 按照修筑挡土墙的材料可分为：石砌挡土墙、砖砌挡土墙、混凝土挡土墙等类型。

② 按照挡土墙的结构形式可分为：重力式、衡重式、半重力式等，如表 8-10 所示。其中，重力式、衡重式多用石砌，半重力式用混凝土浇筑，视需要也可在受拉区加少量钢筋，以节省圬工。

（3）特点与使用条件

重力式和衡重式挡土墙的特点是构造简单，断面尺寸较大，墙身较重，墙背侧向土压力主要由墙身重力来平衡。由于墙身重，故对地基承载力要求亦较高。半重力式与重力式相似，但因其整体强度较高，故墙身断面和自重力相对较小。各种挡土墙的主要特点和适用范围如表 8-10 所示。

各类重力式挡土墙主要特点与适用范围 表 8-10

类型	特　点	结构示意图	适 用 范 围
石砌重力式	①依靠墙身自重力抵抗土压力的作用； ②形式简单，取材容易，施工简易	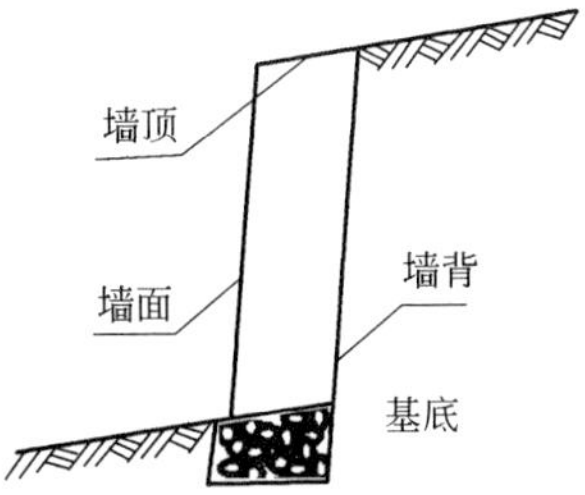 墙顶 墙面 墙背 基底	①盛产砂石地区； ②墙高在 6.0m 以下，地基良好，非地震区和沿河受水冲刷时，可采用干砌； ③其他情况宜用浆砌
石砌衡重式	①利用衡重台上部填土的重力作用和全墙重心的后移，增加墙身稳定，节约断面尺寸； ②墙面陡直，下墙墙背仰斜，可降低墙高，减少基础开挖	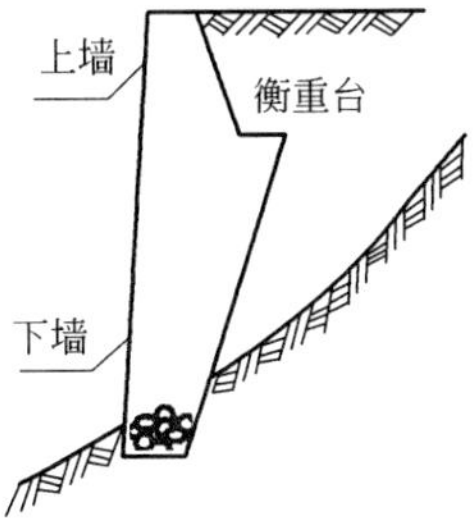 上墙 衡重台 下墙	①盛产砂石地区； ②山区、地面横坡陡峻的填方边坡支挡； ③也可用于挖方边坡，兼有拦挡坠石作用
混凝土半重力式	①在墙背加入少量钢筋，以减薄墙身，节省圬工； ②墙趾较宽，以保证基地宽度，必要时在墙趾处加入少量钢筋	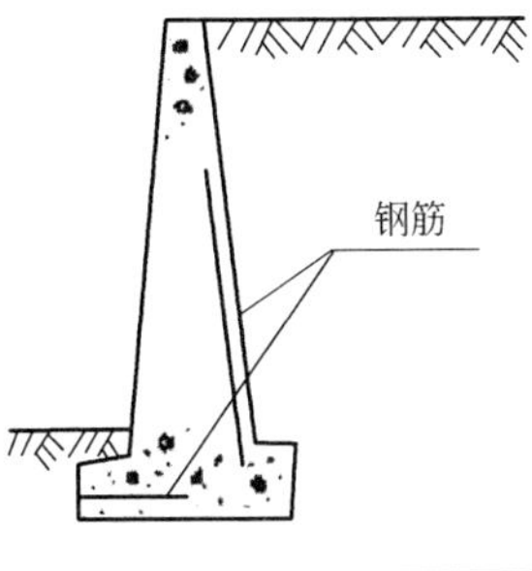 钢筋	①缺乏石料地区； ②一般高度的填方边坡支挡； ③地基情况较差

8.3.2 构造

重力式挡土墙一般由墙身、基础、排水设施以及沉降缝与伸缩缝等部分构成。

1）墙身

（1）墙身断面形式及其特点

根据墙背的倾斜方向，墙身断面形式可分为仰斜、垂直、俯斜、凸形折线式和衡重式几种，如图 8-6 所示。

在其他条件相同时，仰斜墙背所承受的土压力比俯斜墙背小，故其墙身断面亦较俯斜墙背经济。同时，由于仰斜墙背的倾斜方向与开挖面边坡方向一致，故开挖量和回填量均比俯斜墙背小。然而，由于仰斜式挡土墙的基础外移，当墙趾处地面横坡较陡时，会使墙身增高，断面增大。因此，仰斜式挡土墙适用于作路堑墙及墙趾处地面平坦的路堤墙或路肩墙。

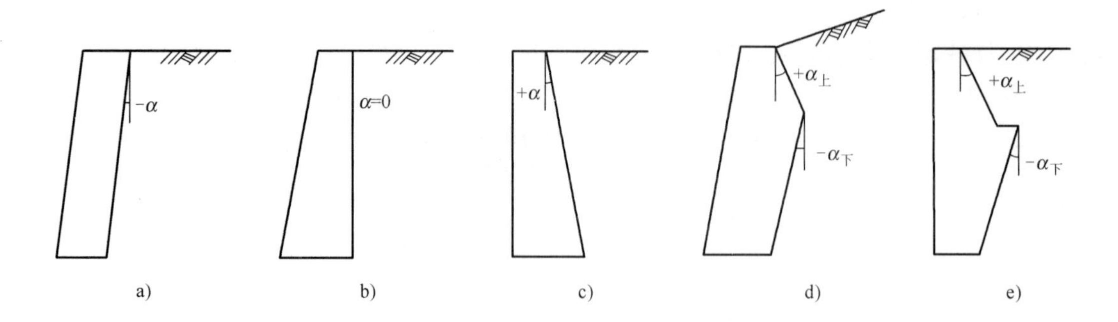

图 8-6　重力式挡土墙的断面形式

a)仰斜；b)垂直；c)俯斜；d)凸形折线式；e)衡重式

俯斜墙背所承受的土压力较大。在地面横坡陡峻时，俯斜式挡土墙可用陡直的墙面，以减小墙高。俯斜墙背亦可做成台阶形，以增加墙背与填料间的摩阻力。

垂直墙背的特点介于仰斜和俯斜墙背之间。

若将仰斜式挡土墙的上部墙背改为俯斜，即构成凸形折线形。与仰斜式比较，其上部尺寸有所减少，故断面亦较节省。多用于路堑墙，也可用于路肩墙。

若在凸形折线式的上下墙之间增设一平台，并采用陡直墙面，即为衡重式断面。在其他条件相同时，衡重式的断面积比俯斜式小而比仰斜式大，但其基底应力较大，故对地基承载力要求相对较高。

（2）墙身断面尺寸

①墙背坡度

俯斜式墙背坡度一般为 1∶0.15～1∶0.4（即 $\alpha = +8°32' \sim +21°48'$）。仰斜式不宜缓于 1∶0.3（即 $\alpha \leqslant -16°42'$），以免施工困难。衡重式之上墙背为 1∶0.25～1∶0.45（即 $\alpha_{上} = +14°02' \sim +24°14'$），下墙背在 1∶0.25（$\alpha_{下} = -14°02'$）左右，上下墙高比一般采用 2∶3。

②墙面

墙面一般为平面，其坡度除应与墙背坡度相协调外，还应密切结合墙趾处的地面横坡合理选择。地面横坡较陡时，为减小墙高，宜采用垂直墙面或仰斜 1∶0.05～1∶0.20，地面横坡较缓时，可放得更缓些，但不宜缓于 1∶0. 40，以免过分增加墙高。

③墙顶

墙顶最小宽度，浆砌挡墙不宜小于 0.5m，干砌不宜小于 0.6m。浆砌路肩墙墙顶一般宜采用粗料石或低强度等级混凝土做成顶帽，顶帽厚约 0.4m。如不做顶帽或为路堑墙或路堤墙，墙顶应以较大块石砌筑，并用砂浆勾缝，或用 M5 砂浆抹平顶面，砂浆厚约 2cm。干砌挡墙墙顶 0.5m 高度内，用 M2.5 砂浆砌筑，以增加墙身稳定性。

④护栏

为保证交通和行人安全，在地形险峻地段，或过高过长的路肩墙，需在墙顶设置护栏。

2）基础

在实际工程中，挡土墙的破坏在多数情况下，都是由于地基不良和基础处理不当引起的。因此，基础设计是挡土墙设计的重要内容，必须予以充分重视。

基础设计，包括选择基础类型和确定基础埋置深度两项主要内容。

（1）基础形式

大多数挡土墙都是直接砌筑在天然地基上的。当地基承载力不足且墙趾处地形平坦时，为减小基底应力和增加抗倾覆稳定性，常采用扩大基础［图 8-7a），b）］；当地面陡峻而地基为完整坚实的岩石时，为节省圬工和基础开挖数量，可采用切割台阶基础［图 8-7c）］；如局部地基软弱，挖基困难或需跨越沟涧时，可采用拱形基础［图 8-7d）］跨过。

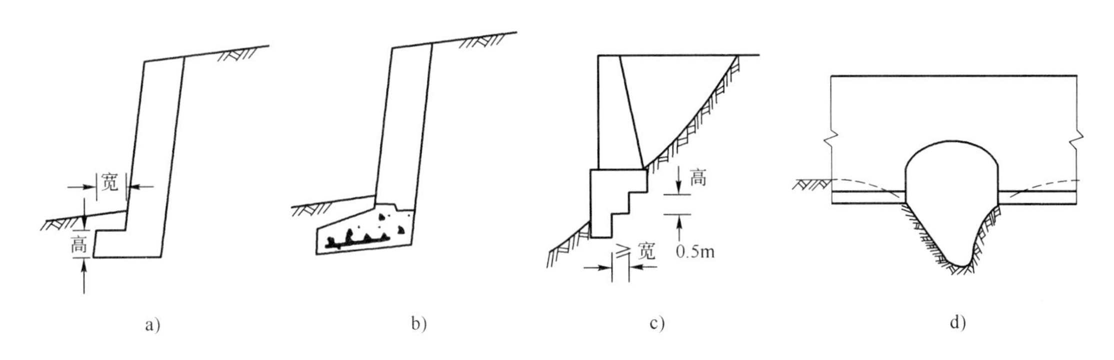

图 8-7　挡土墙的基础形式

a）加宽墙趾；b）钢筋混凝土底板；c）台阶基础；d）拱形基础

扩大基础是将墙趾或墙踵部分加宽成台阶，也可同时将两侧加宽，以增大承压面积，减小基底应力。台阶的宽度视基底应力需要减小的程度和加宽后的合力偏心距大小而定，一般不宜小于 0.2m。台阶高度按加宽部分的抗剪、抗弯和基础材料的扩散角（刚性角）要求确定。高宽比可采用 3∶2 或 2∶1。

当基底应力超出地基容许承载力过多时，基底需加宽的数值较大，台阶高度亦随之增加。为减小台阶高度，基础可改为钢筋混凝土底板。底板高度根据剪应力和主拉应力的要求确定。

切割台阶基础，每一台阶的宽度需要根据地形和地质条件而定，高宽比不宜大于 2∶1。最下一个台阶的底宽应满足偏心距的有关规定。其余台阶的宽度不宜小于 0.5m，高度一般约为 1.0m。

（2）基础埋置深度

为保证挡土墙的稳定性，必须根据下列要求，将基础埋入地面以下适当深度。

①应保证基底土层的容许承载力大于基底可能出现的最大应力。不同深度的土层具有不同的承载力。基底应力分布因基础埋置深度不同而有所差异，埋入土中的基础，基底应力分布比置于地面的均匀。所以，将基础置于具有足够承载力的土层上，以避免地基产生剪切破坏，保证基础稳定。

②应保证基础不受冲刷。在墙前地基受水冲刷地段，如未采取专门的防冲刷措施，应将基础埋到冲刷线以下，以免基底和墙趾前的土层被水淘蚀。

③在季节性冰冻地区，应将基础埋置到冰冻线以下，以防止地基因冻融而破坏。

对于上述要求，公路上的一般规定是：

①设置在土质地基上的挡墙，基底埋置深度一般应在天然地面以下至少 1.0m；受水冲刷时应在冲刷线以下至少 1.0m；受冻胀影响时，应在冻结线以下不少于 0.25m，当冻深超过 1.0m 时，仍采用 1.25m，但基底应夯填一定厚度的砂砾或碎石垫层，垫层底面亦应位于冻结线以下不少于 0.25m。

②设置在石质地基上的挡土墙，应清除表面风化层，当风化层厚难于全部清除时，可根据地基风化程度及其容许承载力，将基底埋入风化层中。基础嵌入岩层的深度，可参照表 8-11确定。墙趾前地面横坡较陡时，基底埋深必须满足墙趾前的安全襟边宽度 L，以防止地基剪切破坏。

挡墙基础嵌入岩石地基深度 表 8-11

岩层种类	基础埋深 h (m)	襟边宽度 L (m)	嵌入示意图
较完整的坚硬岩石	0.25	0.25～0.5	
一般岩石（如砂页岩互层等）	0.6	0.6～1.5	
松散岩石（如千枚岩等）	1.0	1.0～2.0	
砂夹砾石	≥1.0	1.5～2.5	

在挡土墙位于地质不良地段，地基内可能出现滑动面时，应进行地基抗滑稳定性验算，将基底埋置在滑动面以下，或采用其他措施，防止挡土墙滑动。

3）排水设施

挡土墙设计一般都以天然地基容许承载力和自然状态下的墙背土体的土压力为依据的。如排水不良，地基和墙背土体将由于水分增加而改变原来的状态，导致地基承载力降低和土压力增加。同时，土体内水分过多时，将产生静水压力；在冰冻地区，还将产生冻胀压力；对黏性土，水分增加时将产生膨胀压力。显然，当附加的压力过大以致超出设计计算土压力，或地基承载力过分降低以致低于设计基底应力时，挡土墙的稳定性和强度难以保证。因此，设置有效排水设施对保证挡土墙稳定性和强度具有重要的意义。

挡土墙常用的排水设施可分为地面排水和墙身排水两部分。

地面排水主要是防止地表水渗入墙背土体或地基。主要措施包括：在墙后地面设置排水沟、夯实地表松土，必要时采取封闭处理；对路堑挡土墙墙趾前的边沟予以铺砌加固等。

墙身排水主要是为了迅速排除土内积水。其方法是在浆砌挡土墙墙身的适当高度处设置一排或数排泄水孔（图 8-8），泄水孔尺寸一般为 5cm×10cm、10cm×10cm、15cm×20cm 的矩形孔，或直径为 5～10cm 的圆形孔。泄水孔间距一般为 2～3m，干旱地区可适当增大，渗水量大时可适当加密。上下排泄水孔交错布置。为保证顺利泄水和避免墙外水流倒灌，泄水孔应向外侧倾斜，最下一排泄水孔出口应高出地面或边沟、排水沟及积水地区的常水位 0.3m。为防止水分渗入地基，最下一排的底部需铺设 30cm 厚的黏土隔水层。泄水孔的进水口附近应设置粗粒料反滤层，以免孔道阻塞。当墙背透水性差或可能发生冻胀时，应在最低一排泄水孔至墙顶以下 0.5m 高度范围内铺设砂卵石排水层［图 8-8c)］。

4）沉降缝与伸缩缝

为防止墙身因地基不均匀沉降而引起断裂，需根据地基地质条件和墙高、墙身断面变化情况，设置沉降缝。为防止墙身因圬工砌体硬化收缩，或温度变化所产生的温度应力引起开裂，需设置伸缩缝。

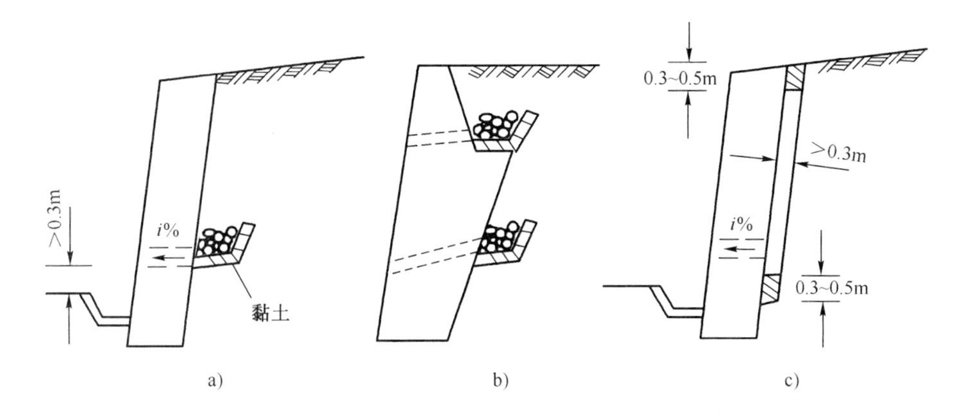

图 8-8 挡墙排水孔及反滤层的构造

设计时，一般将沉降缝和伸缩缝合并设置，统称为伸缩缝。沿路线方向每隔 10～15m 设一道，缝宽 2～3cm，缝内可用胶泥填塞，但在渗水量大、填料容易流失或冻害严重地区，宜用沥青麻筋或涂以沥青的软木板等具有弹性的材料，沿内、外、顶三方填塞，填深不宜小于 15cm。当墙背为填石且冻害不严重时可不填缝。

干砌挡土墙，缝的两侧应选用平整石料砌筑，使其成垂直通缝。

8.3.3 挡土墙稳定性、基底应力与强度验算

（1）作用在挡土墙的力系

作用在挡土墙上的力系，按其作用性质分为永久作用（主要力系）、可变作用（附加力系）和偶然作用（特殊力）。

永久作用（主要力系）是指经常作用于挡土墙的各种力，如图 8-9 所示，包括：

①挡土墙自重力 G（或者 W）及位于墙上的恒载；

②作用于墙上的主动土压力 E_a（包括作用在墙后填料破裂体上的荷载，简称超载）；

③基底的法向反力 N 及摩擦力 T；

④墙前土体的被动土压力 E_p；

⑤浸水挡土墙常水位时的静水压力及浮力。

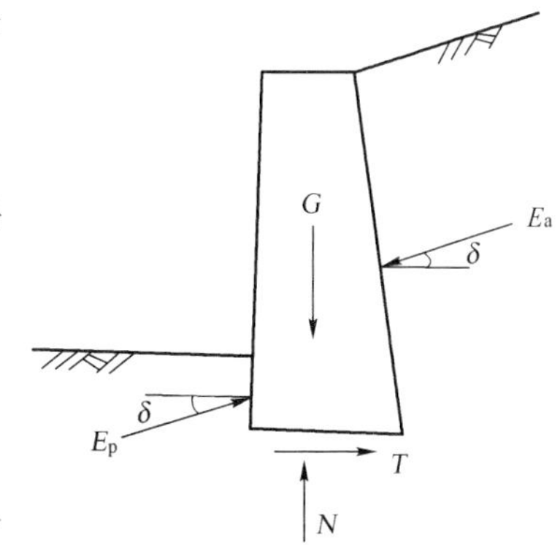

图 8-9 作用在挡土墙的主要力系

可变作用（附加力系）是季节性作用于挡土墙上的各种力，包括季节性洪水时的静水压力及浮力、动水压力、波浪冲击力、冰胀压力、冰压力等。

偶然作用（特殊力）是偶然出现的力，如地震力、施工荷载及水流漂浮物的撞击力等。

在一般地区，挡土墙设计仅考虑主要力系的前四项，在浸水地区还应考虑附加力，而在地震地区应考虑地震力对挡土墙的影响。各种力的取舍，应根据挡土墙所处的具体工作条件，按可能的最不利组合作为设计依据。

各种作用（荷载）的取舍，应根据挡土墙所处的具体工作条件，按最不利组合作为设计的依据。具体如下：

组合Ⅰ：挡土墙结构重力、墙顶上的有效永久荷载、填土重力、填土侧压力及其他永久荷载组合；

组合Ⅱ：组合Ⅰ与基本可变荷载（人群和车辆荷载等）相组合；

组合Ⅲ：组合Ⅱ与其他可变荷载、偶然荷载相组合。

（2）挡土墙的破坏形式及稳定性要求

重力式挡土墙的破坏形式及原因如下：

①由于基础滑动而造成的破坏；

②由于绕墙趾转动所引起的倾覆；

③因基础产生过大或不均匀的沉陷而引起的墙身倾斜；

④因墙身材料强度不足而产生的墙身剪切破坏；

⑤沿通过墙踵的某一滑动圆弧的浅层剪切破坏和沿基底下某一深度（如通过软土下卧层底面）的滑弧的深层剪切破坏。

为避免挡土墙发生上述破坏，保证其具有足够的整体稳定性和强度，设计挡土墙时，一般均应验算沿基底的滑动稳定性，绕墙趾转动的倾覆稳定性，基底应力和偏心距，以及墙身断面的强度，如地基有软弱下卧层存在，还需验算沿基底下某一可能的滑动面滑动的稳定性。

挡土墙的验算，系按平面问题取单位长度来进行，《公路路基设计规范》(JTG D30—2004)规定的验算项目和指标要求如表 8-12 所示。

挡土墙验算项目及控制指标 表 8-12

荷载情况	验算项目	指标
荷载组合Ⅰ、Ⅱ	抗滑动稳定系数	$K_c \geqslant 1.3$
	抗倾覆稳定系数	$K_0 \geqslant 1.5^*$
荷载组合Ⅲ	抗滑动稳定系数	$K_c \geqslant 1.3$
	抗倾覆稳定系数	$K_0 \geqslant 1.3$
施工阶段验算	抗滑动稳定系数	$K_c \geqslant 1.2$
	抗倾覆稳定系数	$K_0 \geqslant 1.2$
上述各种情况下	基底合力偏心距	土质地基 $e_0 \leqslant B/6$； 岩石地基 $e_0 \leqslant B/4$
	基底应力	基底最大压应力小于基底容许承载力 $\sigma_{max} \leqslant [\sigma_0]$
	墙身断面强度	墙身断面压应力和剪应力： 按极限状态：见注③； 按容许应力： 最大压应力 $\leqslant [\sigma_a]$； 最大剪应力 $\leqslant [\tau]$

注：1. 基底容许承载力按《公路桥涵地基与基础设计规范》(JTJ 024—85) 的规定采用，当为作用（或荷载）组合Ⅲ及施工荷载，且 $[\sigma_0] > 150$kPa 时，可提高 25%。

2. 重力式挡墙、半重力式挡墙的强身材料强度可按《公路圬工桥涵设计规范》(JTG D61—2005) 的规定采用，必要时应做墙身的剪应力验算。

3. 按极限状态检算墙身断面应力见《公路圬工桥涵设计规范》(JTG D61—2005) 和《公路路基设计规范》(JTG D30—2004)。

4. * 《建筑边坡工程技术规范》(GB 50330—2002) 规定抗倾覆稳定系数 $K_0 \geqslant 1.6$。

（3）挡土墙稳定性验算

①抗滑稳定性验算

《公路路基设计规范》(JTG D30—2004) 规定重力式挡土墙的滑动稳定方程为：

$$[1.1G+\gamma_{Q1}(E_y+E_x\tan\alpha_0)-\gamma_{Q2}E_p\tan\alpha_0]\mu+(1.1G+\gamma_{Q1}E_y)\tan\alpha_0-\gamma_{Q1}E_x+\gamma_{Q2}E_p>0 \tag{8-1}$$

式中：G——作用于基底以上的重力（kN），浸水挡土墙的浸水部分应计入浮力；

E_y——墙后主动土压力的竖向分量（kN）；

E_x——墙后主动土压力的水平分量（kN）；

E_p——墙前被动土压力的水平分量（kN），当为浸水挡土墙时，$E_p=0$；

α_0——基底倾斜角（°），基底为水平时，$\alpha_0=0$；

γ_{Q1}、γ_{Q2}——主动土压力分项系数、墙前被动土压力分项系数，可按表8-13的规定选用；

μ——基底与地基间的摩擦系数，当缺乏可靠试验资料时，可按表8-14a）的规定选用。

承载能力极限状态作用（或荷载）分项系数 表8-13

情况	荷载增大对挡土墙结构起有利作用时		荷载增大对挡土墙结构起不利作用时	
组合	Ⅰ，Ⅱ	Ⅲ	Ⅰ，Ⅱ	Ⅲ
垂直恒载 γ_G	0.90		1.20	
恒载或车辆荷载、人群荷载的主动土压力 γ_{Q1}	1.00	0.95	1.40	1.30
被动土压力 γ_{Q2}	0.30		0.50	
水浮力 γ_{Q3}	0.95		1.10	
静水压力 γ_{Q4}	0.95		1.05	
动水压力 γ_{Q5}	0.95		1.20	

基底与基底土间的摩擦系数 μ 表8-14a）

地基土的分类	摩擦系数	地基土的分类	摩擦系数
软塑黏土	0.25	碎（卵）石类土	0.50
硬塑黏土	0.30	软质岩石	0.40～0.60
砂类土、黏砂土、半干硬黏土	0.30～0.40	硬质岩石	0.60～0.70
砂类土	0.40		

《建筑边坡工程技术规范》(GB 50330—2002）规定岩土对挡墙基底的摩擦系数 μ 宜由试验确定，也可按表8-14b）选用。

岩土对挡墙基底摩擦系数 μ 表8-14b）

岩土类别		摩擦系数
黏性土	可塑	0.20～0.25
	硬塑	0.25～0.30
	坚硬	0.30～0.40
粉土		0.25～0.30
中砂、粗砂、砾砂		0.35～0.45
碎石土		0.40～0.50
极软岩、软岩、较软岩		0.40～0.60
表面粗糙的坚硬岩、较硬岩		0.65～0.75

抗滑动稳定系数 K_c 按下式计算：

$$K_c = \frac{[N + (E_x - E'_p)\tan\alpha_0]\mu + E'_p}{E_x - N\tan\alpha_0} \tag{8-2a}$$

式中：N——作用于基底上合力的竖向分力（kN），浸水挡土墙应计浸水部分的浮力；

E'_p——墙前被动土压力水平分量的 0.3 倍（kN）；

其余符号意义同前。

《建筑边坡工程技术规范》(GB 50330—2002）规定重力式挡墙的抗滑移稳定性按式（8-2b）验算：

$$K_c = \frac{(G_n + E_{an})\mu}{E_{at} - G_t} \geqslant 1.3 \tag{8-2b}$$

$$G_n = G\cos\alpha_0$$

$$G_t = G\sin\alpha_0$$

$$E_{at} = E_a\sin(\alpha - \alpha_0 - \delta)$$

$$E_{an} = E_a\cos(\alpha - \alpha_0 - \delta)$$

以上式中：G——挡墙每延米自重（kN/m）；

E_a——挡墙墙背每延米主动岩土压力合力（kN/m）；

α——挡墙墙背倾角（°）；

δ——岩土对挡墙墙背摩擦角（°），可参照表 8-15 选用；

其余符号意义同前。

岩土对挡墙墙背摩擦角 δ 表 8-15

挡土墙情况	摩擦角 δ	挡土墙情况	摩擦角 δ
墙背平滑，排水不良	$(0\sim0.33)\varphi$	墙背很粗糙，排水良好	$(0.50\sim0.67)\varphi$
墙背粗糙，排水良好	$(0.33\sim0.50)\varphi$	墙背与填土间不可能滑动	$(0.67\sim1.00)\varphi$

注：φ 为墙背后岩土的内摩擦角（°）。

②抗倾覆稳定性验算

挡土墙的倾覆稳定方程为：

$$0.8GZ_G + \gamma_{Q1}(E_yZ_x - E_xZ_y) + \gamma_{Q2}E_pZ_p > 0 \tag{8-3}$$

式中：Z_G——墙身重力、基础重力、基础上填土的重力及作用于墙顶的其他荷载的竖向力合力重心到墙趾的距离（m）；

Z_x——墙后主动土压力的竖向分量到墙趾的距离（m）；

Z_y——墙后主动土压力的水平分量到墙趾的距离（m）；

Z_p——墙前被动土压力的水平分量到墙趾的距离（m）；

其余符号意义同前。

抗倾覆稳定系数 K_0 按下式计算：

$$K_0 = \frac{GZ_G + E_yZ_x + E'_pZ_p}{E_xZ_y} \tag{8-4a}$$

式中符号意义同前。

《建筑边坡工程技术规范》(GB 50330—2002）规定重力式挡墙的抗倾覆稳定性按式（8-4b)验算：

$$K_0 = \frac{Gx_0 + E_{az}x_f}{E_{ax}z_f} \geqslant 1.6 \tag{8-4b}$$

$$E_{ax} = E_a \sin(\alpha - \delta)$$

$$E_{az} = E_a \cos(\alpha - \delta)$$

$$x_f = b - z\cot\alpha$$

$$z_f = z - b\tan\alpha_0$$

式中：z——岩土压力作用点至墙踵的高度（m）；

x_0——挡墙重心至墙趾的水平距离（m）；

b——基底的水平投影宽度（m）。

（4）基底应力及合力偏心距验算

基底合力的偏心距 e_0 可按下式计算：

$$e_0 = \frac{M_d}{N_d} \tag{8-5}$$

式中：N_d——作用于基底上的垂直力组合设计值（kN/m）；

M_d——作用于基底形心的弯矩组合设计值（MPa）。

计算挡土墙地基时，各类作用（或荷载）组合下，作用效应组合设计值计算式中的作用分项系数，除被动土压力分项系数 $\gamma_{Q2}=0.3$ 外，其余作用（或荷载）的分项系数规定均为 1。

基底压应力 σ 应按下列公式计算：

$|e| \leqslant \frac{B}{6}$ 时，

$$\sigma_{1,2} = \frac{N_d}{A}\left(1 \pm \frac{6e}{B}\right) \tag{8-6}$$

位于岩石地基上的挡土墙

$e > \frac{B}{6}$ 时，

$$\sigma_1 = \frac{2N_d}{3\alpha_1}, \sigma_2 = 0 \tag{8-7}$$

$$\alpha_1 = \frac{B}{2} - e_0 \tag{8-8}$$

以上式中：σ_1——挡土墙趾部的压应力（kPa）；

σ_2——挡土墙踵部的压应力（kPa）；

B——基底宽度（m），倾斜基底为其斜宽；

A——基础底面每延米的面积（m^2），矩形基础为基底宽度 $B \times 1m$；

其余符号意义同前。

设置于不良土质地基、表土下为倾斜基岩地基及斜坡上的挡土墙，应对挡土墙地基及填土的整体稳定性进行验算，其稳定系数应小于 1.25。

合力偏心距 e 直接影响到基底应力的大小和性质（拉或压）。如偏心距过大，即使基底应力仍小于地基容许承载力，但由于基底应力分布的显著差异，亦可能引起基础产生不均匀沉陷，从而导致墙身过分倾斜。为此，应控制偏心距，使挡土墙满足表 8-12 的要求。

（5）墙身截面强度验算

①重力式挡土墙按承载能力极限状态设计时，在某一类作用（或荷载）效应组合下，作用（或荷载）效应的组合设计值，可按式（8-9）计算。圬工构件或材料的抗力分项系数 γ_f，按表 8-16 采用。

$$S = \Psi_{ZL}(\gamma_G \sum S_{Gik} + \sum \gamma_{Qi} S_{Qik}) \tag{8-9}$$

式中：S——作用（或荷载）效应的组合设计值；

γ_G、γ_{Qi}——作用（或荷载）的分项系数，按表8-13采用；

S_{Gik}——第i个垂直恒载的标准值效应；

S_{Qik}——土侧压力、水浮力、静水压力、其他可变作用（或荷载）的标准值效应；

Ψ_{ZL}——荷载效应组合系数，按表8-17采用。

圬工构件或材料的抗力分项系数 γ_f 表8-16

圬 工 种 类	受 力 情 况	
	受压	受弯、剪、拉
石料	1.85	2.31
片石砌体、片石混凝土砌体	2.31	2.31
块石、粗料石、混凝土预制块、砖砌体	1.92	2.31
混凝土	1.54	2.31

荷载效应组合系数 Ψ_{ZL} 值 表8-17

荷 载 组 合	Ψ_{ZL}	荷 载 组 合	Ψ_{ZL}	荷 载 组 合	Ψ_{ZL}
Ⅰ，Ⅱ	1.0	施工荷载	0.7	Ⅲ	0.8

②挡土墙构件轴心或偏心受压时，正截面强度和稳定按下列公式计算。

计算强度时：

$$\gamma_0 N_d \leqslant \frac{a_k A R_a}{\gamma_f} \tag{8-10}$$

计算稳定时：

$$\gamma_0 N_d \leqslant \frac{\Psi_k a_k A R_a}{\gamma_f} \tag{8-11}$$

式中：N_d——验算截面上的轴向力组合设计值（kN）；

γ_0——结构重要性系数，按表8-18选用；

γ_f——圬工构件或材料的抗力分项系数，按表8-16取用；

R_a——材料抗压极限强度（kN）；

A——挡土墙构件的计算截面面积（m^2）；

a_k——轴向力偏心影响系数，按式（8-12）计算；

Ψ_k——偏心受压构件在弯曲平面内的纵向弯曲系数，按式（8-13）计算确定；轴心受压构件的纵向弯曲系数，采用表8-19的规定。

结构重要性系数 γ_0 表8-18

墙高（m）	公 路 等 级	
	高速公路、一级公路	二级及二级以下公路
≤5.0	1.0	0.95
>5.0	1.05	1.0

$$a_k = \frac{1-256\left(\frac{e_0}{B}\right)^8}{1+12\left(\frac{e_0}{B}\right)^2} \tag{8-12}$$

式中：e_0——轴向力的偏心距（m）；

B——挡土墙计算截面宽度（m）。

轴心受压构件纵向弯曲系数 ψ_k 表 8-19

$2H/B$	混凝土构件	砌体砂浆强度等级	
		M10，M7.5，M5	M2.5
≤3	1.00	1.00	1.00
4	0.99	0.99	0.99
6	0.96	0.96	0.96
8	0.93	0.93	0.91
10	0.88	0.88	0.85
12	0.82	0.82	0.79
14	0.76	0.76	0.72
16	0.71	0.71	0.66
18	0.65	0.65	0.60
20	0.60	0.60	0.54
22	0.54	0.54	0.49
24	0.50	0.50	0.44
26	0.46	0.46	0.40
28	0.42	0.42	0.36
30	0.38	0.38	0.33

$$\Psi_k = \frac{1}{1 + a_s\beta_s(\beta_s - 3)\left[1 + 16\left(\frac{e_0}{B}\right)^2\right]} \tag{8-13}$$

式中：a_s——与材料有关的系数，按表 8-20 采用。

a_s 取 值 表 8-20

圬工名称	浆砌砌体采用以下砂浆强度等级			混 凝 土
	M10，M7.5，M5	M2.5	M1	
a_s 值	0.002	0.002 5	0.004	0.002

挡土墙墙身或基础为圬工截面时，其轴向力的偏心距 e_0 按式（8-14）计算并应符合表 8-21的规定。

圬工结构轴向力合力的容许偏心距 e_0 表 8-21

荷 载 组 合	容许偏心距	荷 载 组 合	容许偏心距
Ⅰ，Ⅱ	0.25B	施工荷载	0.33B
Ⅲ	0.3B		

注：B 为沿力矩转动方向的矩形计算截面宽度。

$$e_0 = \left|\frac{M_0}{N_0}\right| \tag{8-14}$$

式中：M_0——在某一类作用（或荷载）组合下，作用（或荷载）对计算截面形心的总力矩（kN·m）；

N_0——某一类作用（或荷载）组合下，作用于计算截面上的轴向力的合力（kN）。

$$\beta_s = \frac{2H}{B} \tag{8-15}$$

式中：H——墙高（m）。

偏心受压构件除验算弯曲平面内的纵向稳定外，还应按轴心受压构件验算非弯曲平面内的稳定。

③重力式挡土墙轴向力的偏心距 e_0 应符合表 8-21 的规定。

④混凝土截面在受拉一侧配有不小于截面面积 0.05%的纵向钢筋时，表 8-21 中的容许规定值可增加 0.05B；当截面配筋率大于表 8-22 的规定时，按钢筋混凝土构件计算，偏心距不受限制。

按钢筋混凝土构件计算的受拉钢筋最小配筋率 表 8-22

钢筋牌号（种类）	钢筋最小配筋率（%）	
	截面一侧钢筋	全截面钢筋
Q235 钢筋（Ⅰ级）	0.20	0.50
HRB335、HRB400 钢筋（Ⅱ、Ⅲ级）	0.20	0.50

注：钢筋最小配筋率按构件的全截面计算。

8.4 悬臂式及扶壁式挡土墙

8.4.1 概述

重力式挡土墙具有构造简单、施工方便和就地取材等优点，但其稳定性主要靠墙身自重力来保证，因而墙身断面较大，占地较多，不能充分发挥建筑材料的强度性能，也不易实行施工的机械化与工厂化。轻型挡土墙则常用钢筋混凝土构件组成，墙身断面较小，墙的稳定性不是或不完全是依靠自身重力来维持，因而结构较轻巧，圬工量省，占地较少，有利于机械化施工。轻型挡土墙的类型很多，本章着重介绍悬臂式及扶壁式挡土墙的构造和设计。

悬臂式挡土墙的一般形式如图 8-10 所示，它是由立壁（壁面板）和墙底板（包括墙趾板和墙踵板）组成，呈倒“T”字形，具有三个悬臂，即立壁、墙趾板和墙踵。扶壁式挡土墙由墙面板（立壁）、墙趾板、墙踵板及扶肋（扶壁）组成，如图 8-11 所示。当墙身较高时，在悬臂式挡土墙的基础上，沿墙长方向，每隔一定距离加设扶肋。扶肋把立壁同墙踵板连接起来，扶肋起加劲的作用，以改善立壁和墙踵板的受力条件，提高结构的刚度和整体性，减少立壁的变形。

悬臂式和扶壁式挡土墙的结构性是依靠墙身自重力和踵板上方填土的重力来保证，而且墙趾也显著地增大了抗倾覆稳定性，并大大减小了基底应力。它们的主要特点是构造简单，施工方便，墙身断面较小，自身质量轻，可以较好地发挥材料的强度性能，能适应承载力较低的地基。但是需耗用一定数量的钢材和水泥，特别是墙高较大时，钢材用量急剧增加，影响其经济性能。因此，它们适用于缺乏石料与地基承载力较低的填方地段及地震地区。由于墙踵板的施工条件，一般用于填方路段作路肩墙或路堤墙使用，且墙高 6m 以内采用悬臂式，6m 以上则采用扶壁式。对于扶壁式挡墙而言，其墙高也不宜超过 15m。

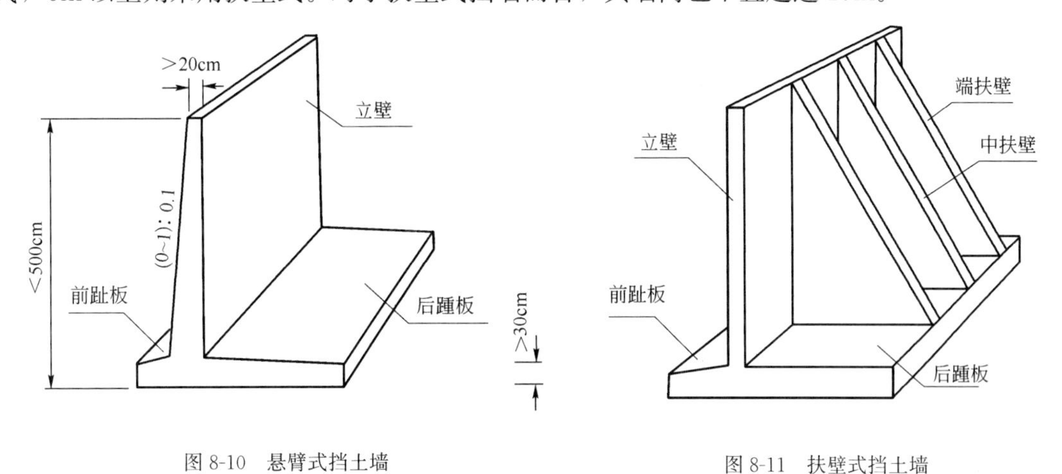

图 8-10 悬臂式挡土墙　　图 8-11 扶壁式挡土墙

扶壁式挡土墙宜整体灌注，也可采用拼装，但拼装式扶壁挡土墙不宜在地质不良地段和地震烈度大于或等于 8 度的地区使用。

悬臂式和扶壁式挡土墙的设计分为确定墙身断面尺寸和钢筋混凝土结构设计两部分。

确定墙身断面尺寸，通常按试算法进行。它包括拟定断面的试算尺寸，计算土压力，以及通过全墙稳定性检算确定墙踵板和墙趾板的长度。

钢筋混凝土结构设计是对已确定的墙身进行内力计算和配置钢筋。在配筋过程中，往往需要调整截面的厚度。但这种调整对墙身的整体稳定影响不大，可以不再进行全墙的稳定检算。

悬臂式挡土墙，一般以一延米为单位进行设计。而扶壁式挡土墙，则以两伸缩缝之间的长度为一节进行设计。每节扶壁式挡土墙包括 2～3 个中间跨和两端的悬臂跨，如图 8-11 所示。

挡土墙墙身的钢筋混凝土结构设计，一般可按容许应力法进行。

8.4.2 悬臂式挡土墙

悬臂式挡土墙设计，主要包括土压力计算、墙身尺寸计算、墙身稳定性和基底应力验算，以及墙身配筋计算和裂缝宽度验算等部分的设计内容。

1）墙身构造

悬臂式挡土墙（图 8-10）由立壁和墙底板组成。墙高一般在 6～9m 之间，且墙高大于 4m 时，宜在立壁前设置加劲肋。当墙高较大时，立壁下部的弯矩大，钢筋与混凝土用量剧增，影响这种结构形式的经济效果，此时可采用扶壁式挡土墙。

另外，为了增加挡土墙的抗滑稳定性，减少墙踵板的长度，通常在墙踵板的中部设置凸榫（防滑键），如图 8-12 所示。

（1）立壁

立壁为锚固于墙底板的悬臂梁。为了便于施工，立壁的背坡一般为竖直，胸坡应根据强度和刚度确定，一般为1∶0.02～1∶0.05。墙顶的最小厚度通常采用15～25cm，路肩挡土墙不宜小于20cm。当墙身较高时，宜在立壁的下部将截面加厚。

（2）墙底板

墙底板通常为水平设置。当墙身受抗滑稳定控制时，多采用凸榫基础。

墙底板由墙踵板和墙趾板两部分组成。墙踵板顶面水平，其长度由全墙的抗滑稳定检算确定，并应具有一定的刚度，通常为墙高的1/12～1/10，且不应小于30cm。墙趾板的长度根据全墙的倾覆稳定、基底应力和偏心距等条件确定。墙趾板与立壁衔接处的厚度与墙踵板相同，朝墙趾方向一般设置向下倾斜的坡度，墙趾端的最小厚度为30cm。

（3）凸榫

为使凸榫前的土体产生最大的被动土压力，墙后的主动土压力不致因设置凸榫而增加，通常将凸榫置于通过墙趾与水平成$45°-\varphi/2$角线和通过墙踵与水平成φ角线的范围之内，如图8-12所示。凸榫的高度应根据凸榫前土体的被动土压力能够满足全墙的抗滑稳定要求而定。凸榫的厚度除了满足混凝土的直剪和抗弯的要求以外，为了便于施工，还不应小于30cm。

2）土压力计算原理

（1）填土表面为折线形或有局部荷载作用时（图8-13）

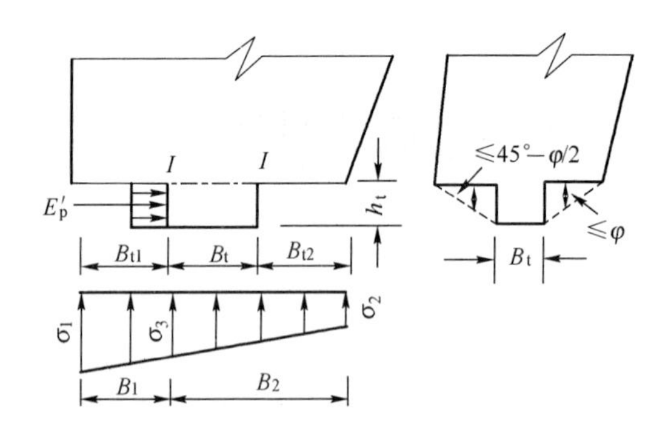

图8-12　凸榫基础

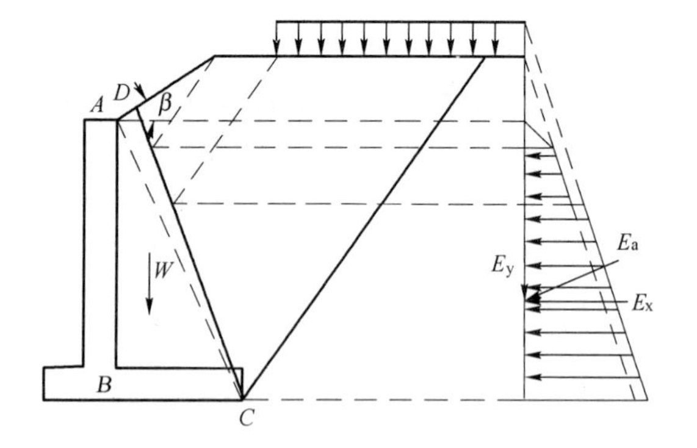

图8-13　悬臂式和扶壁式挡土墙的库仑土压力

作用于挡土墙的土压力，可按第二破裂面库仑公式计算。不能形成第二破裂面时，用墙踵下缘与墙背上缘的连线作为假想墙背按库仑公式计算。

（2）填土表面为一平面或其上有均布荷载作用时（图8-14）

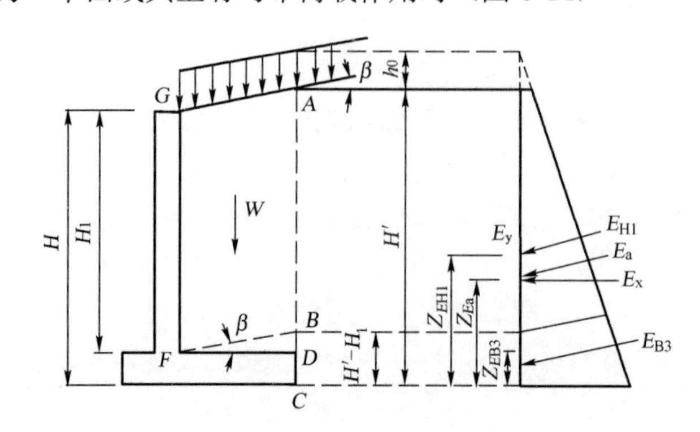

图8-14　悬臂式和扶壁式挡土墙的朗肯土压力

一般采用朗肯公式计算作用于墙踵垂直面上的土压力 E_a，土压力的作用方向平行于墙顶地面。在墙身结构检算中，将土压力 E_a 分为 E_{H1} 和 E_{B3}，分别作用于竖直面 AB 上和竖直面 BC 上；填土 $ADFG$ 的重力 W 作用在踵板上。

$$\left.\begin{aligned} E &= \frac{1}{2}\gamma H'^2\left(1+\frac{2h_0}{H'}\right)K \\ K &= \cos\beta\frac{\cos\beta-\sqrt{\cos^2\beta-\cos^2\varphi}}{\cos\beta+\sqrt{\cos^2\beta-\cos^2\varphi}} \end{aligned}\right\} \tag{8-16}$$

$$E_{H1} = \frac{1}{2}\gamma H_1^2\left(1+\frac{2h_0}{H_1}\right)K \tag{8-17}$$

$$E_{B3} = \frac{1}{2}\gamma(H'^2-H_1^2)\left(1+\frac{2h_0}{H'+H_1}\right)K \tag{8-18}$$

$$Z_{Ea} = \frac{(3h_0+H')H'}{3(2h_0+H')} \tag{8-19}$$

$$Z_{EH1} = \frac{(3h_0+H_1)H_1}{3(2h_0+H_1)} \tag{8-20}$$

$$Z_{EB3} = \frac{(3h_0+2H_1+H')(H'-H_1)}{3(2h_0+H_1+H')} \tag{8-21}$$

式中：K——朗肯土压力系数，当地面水平时，$\beta=0$，$K=\dfrac{1-\sin\varphi}{1+\sin\varphi}=\tan^2\left(45°-\dfrac{\varphi}{2}\right)$。

3）墙身尺寸计算

（1）踵板和趾板长度

①踵板长度 B_3（m）

踵板长度是根据墙身滑动稳定性的要求确定的。

路肩墙，墙顶有均布荷载，立壁面坡度为 0 时［图 8-15a)］：

$$B_3 = \frac{K_c E_x}{f(H+h_0)\gamma\mu} - B_2 \tag{8-22}$$

路堑墙或路堤墙，墙顶地面与水平线成 β 角，立壁面坡的坡度为 0 时［图 8-15b)］：

$$B_3 = \frac{K_c E_x - fE_y}{f\left(H+\dfrac{1}{2}B_3\tan\beta\right)\gamma\mu} \tag{8-23}$$

由上式通过试算法求出 B_3。

当立壁面坡的坡度为 1∶m 时，以上两式应加上立壁面坡修正长度 ΔB_3（m）［图8-15c)］。

$$\Delta B_3 = \frac{1}{2}mH_1 \tag{8-24}$$

以上式中：K_c——滑动稳定系数，对于加设凸榫的挡土墙，在未设凸榫前，要求 $K_c \geq 1.0$；

f——基底摩擦系数；

γ——填土重度（kN/m³）；

h_0——活荷载的换算土层高（m）；

μ——重度修正系数，由于未考虑趾板及其上部土重对抗滑动的作用，因而将填土的重度根据不同的 γ 和 f 提高 3%～20%，见表 8-23。

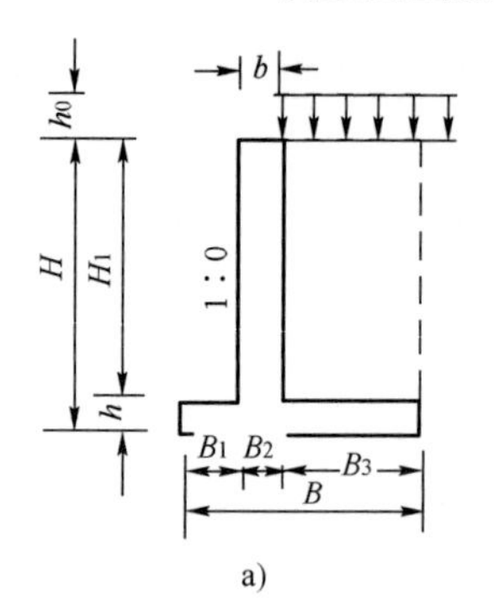

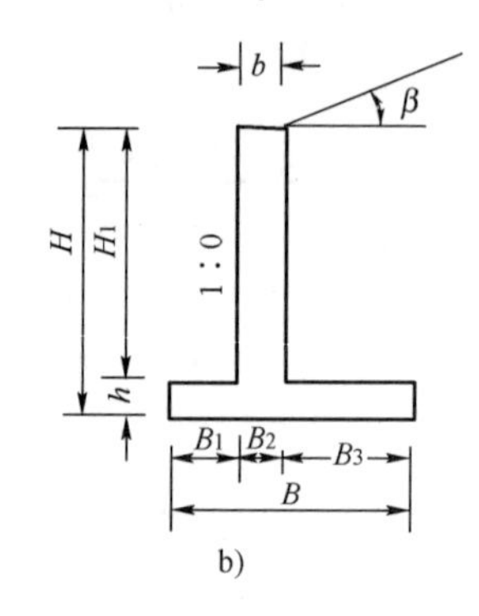

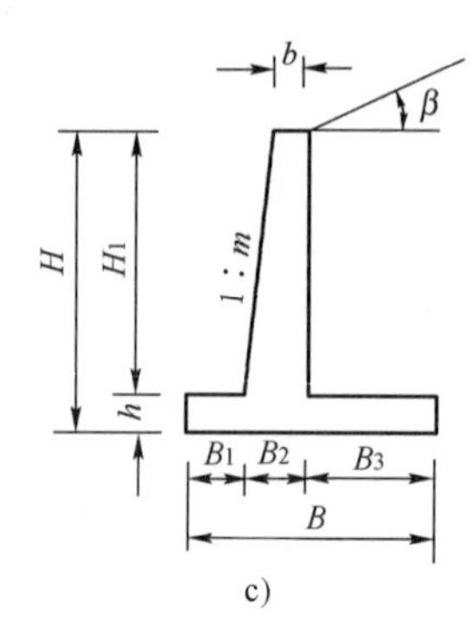

图 8-15 悬臂式挡土墙的尺寸

重度修正系数 μ 表 8-23

填土重度 γ（kN/m³）	摩擦系数 f								
	0.30	0.35	0.40	0.45	0.50	0.60	0.70	0.84	1.00
16	1.07	1.08	1.09	1.10	1.12	1.13	1.15	1.17	1.20
18	1.05	1.06	1.07	1.08	1.09	1.11	1.12	1.14	1.16
20	1.03	1.04	1.04	1.05	1.06	1.07	1.08	1.10	1.12

②趾板长度 B_1（m）

趾板长度 B_1 一般情况下由基底应力或偏心距控制，高墙时 B_1 由倾覆稳定性控制。

路肩墙［图 8-15a)］：

$$B_1 = 0.5fH\frac{3\sigma_0+\sigma_H}{K_c(2\sigma_0+\sigma_H)} - 0.25(B_2+B_3) \tag{8-25}$$

式中，$\sigma_0=\gamma h_0 K$，$\sigma_H=\gamma HK$。

路堤墙或路堑墙［图 8-15b)］：

$$B_1 = \frac{0.5(H+B_3\tan\beta)f}{K_c} - 0.25(B_2+B_3) \tag{8-26}$$

③底板总宽度

$$B = B_1+B_2+B_3+\Delta B_3 \tag{8-27}$$

如果由 $B=B_1+B_2+B_3+\Delta B_3$ 计算出的基底应力 $\sigma>[\sigma]$，或 $e>\dfrac{B}{6}$时，应采用加宽基础的方法加大 B_1，使其满足要求。

（2）立壁和底板厚度

①立壁和底板厚度取决于墙身构造要求和截面强度要求（配筋或斜裂缝宽度）。一般配筋率采用 0.3%～0.8%，截面厚度由式（8-28）确定：

$$h_0 \geqslant \sqrt{\frac{M_j \gamma_c}{A_0 b R_a}} \tag{8-28}$$

式中：h_0——截面有效厚度（m）；

M_j——根据《公路钢筋混凝土及预应力混凝土桥涵设计规范》（JTG D62—2004）（以下简称《桥规》）计算的弯矩（kN·m）；

γ_c——混凝土安全系数，采用1.25；

b——矩形截面宽度，取1.0m；

A_0——计算系数，其值为

$$A_0 = \xi(1 - 0.5\xi) \tag{8-29}$$

ξ——计算系数，其值为

$$\xi = \mu R_g / R_a \tag{8-30}$$

μ——配筋率；

R_g——纵向受拉钢筋设计强度（kPa）；

R_a——混凝土抗压设计强度（kPa）。

②为了防止斜裂缝开展过大和端部斜压破坏，截面有效厚度应满足关系式（8-31）：

$$h_0 \geqslant \frac{Q_j}{0.05\sqrt{R}b} \tag{8-31}$$

式中：h_0——截面有效厚度（cm）；

Q_j——根据《桥规》计算的最大剪力（kN）；

R——混凝土截面宽度，取100cm。

立壁和底板有效厚度取用式（8-28）和式（8-31）计算结果中的最大者。

③弯矩和剪力计算

如图8-16所示，将挡土墙分为立壁、趾板和踵板三个悬臂梁，同时固着于夹块$ABCD$上，且夹块处于平衡状态。

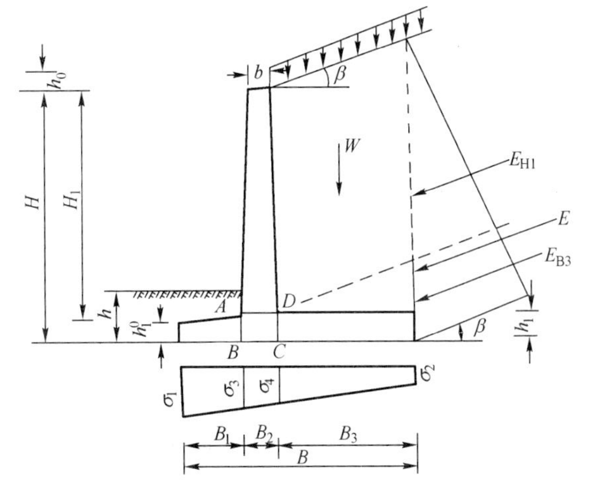

图8-16　弯矩和剪力计算图

a.趾板

当趾板埋深为h时，趾板AB截面处的剪力（kN）和弯矩（kN·m）为：

$$Q_1 = B_1\left[\sigma_1 - \gamma_h h_{pj} - \gamma(h - h_{pj}) - (\sigma_1 - \sigma_2)\frac{B_1}{2B}\right] \tag{8-32}$$

$$M_1 = \frac{B_1^2}{6}\left[3(\sigma_1 - \gamma h) - (\gamma_h - \gamma)(h_1^0 + 2h_{pj}) - (\sigma_1 - \sigma_2)\frac{B_1}{B}\right] \tag{8-33}$$

式中：B_1——趾板计算长度（墙趾至立壁根部的距离）（cm）；

σ_1、σ_2——墙趾和墙踵处的地基应力（kPa）；

h_{pj}——墙趾与立壁根部处趾板厚度的平均值（m），其值为：

$$h_{pj} = \frac{1}{2}(h_1 + h_1^0)$$

h_1^0——趾板端部厚度（m）；

γ_h——钢筋混凝土重度（kN/m³）；

γ——墙后填土重度（kN/m³）。

b.立壁

$$Q_{Zi} = E_{xHi} = E_{Hi}\cos\beta = \gamma H_i \cos\beta(0.5H_i + h_0)K_a \tag{8-34}$$

$$M_{Zi} = M_{Hi} = \frac{1}{6}\gamma H_i^2 \cos\beta(H_i + 3h_0)K_a \tag{8-35}$$

式中：E_{Hi}、E_{xHi}——计算截面以上（从立壁顶部算起墙高为 H_i 时）的主动土压力及其水平分力（kN）；

K_a——主动土压力系数；

β——墙顶地面倾角（°）；

h_0——活荷载的换算土层高度（m）；

M_{Hi}——主动土压力对计算截面中心的弯矩（kN·m）；

Q_{Zi}——计算截面处的剪力（kN）。

c.踵板

$$Q_{3i} = B_{3i}\left[\gamma(H_1 + h_0) + \gamma_h h_3 - \sigma_2 - 0.5B_{3i}\left(\frac{\sigma_1 - \sigma_2}{B} - \gamma\tan\beta\right)\right] + E_{B3}\sin\beta \tag{8-36}$$

$$M_{3i} = \frac{B_{3i}^2}{6}\left[3\gamma(H_1 + H_0) + 3\gamma_h h_3 - 3\sigma_2 - B_{3i}\left(\frac{\sigma_1 - \sigma_2}{B} - 2\gamma\tan\beta\right)\right] + E_{B3}\sin\beta \cdot Z_{EB3} \tag{8-37}$$

式中：Q_{3i}、M_{3i}——计算截面处的剪力（kN）和弯矩（kN·m）；

B_{3i}——踵板计算长度（踵板端至计算截面的距离）（m）；

E_{B3}——作用在踵板上的主动土压力（kN）；

Z_{EB3}——作用在踵板上的主动土压力的垂直分力对计算截面的力臂（m），其值为：

$$Z_{EB3} = \frac{B_{3i}}{3}\left[1 + \frac{(h_0 + H_1) + 2B_{3i}\tan\beta}{2(h_0 + H_1) + B_{3i}\tan\beta}\right] \tag{8-38}$$

h_3——踵板厚度（m）。

用式（8-32）～式（8-38）计算出的内力，需按照《桥规》换算成相应计算内力。为简化计算过程，将汽车产生超载土压力当作永久荷载处理，荷载安全系数取为1.2。

4）墙身稳定性及基底应力验算

悬臂式墙身稳定性及基底应力验算与重力式挡土墙的验算相同。

（1）抗滑稳定系数 K_c 和抗倾覆稳定系数 K_0

①主要荷载组合时：$K_c \geqslant 1.3$，$K_0 \geqslant 1.5$［《建筑边坡工程技术规范》（GB 50330—2002）要求 $K_0 \geqslant 1.6$］；

②附加荷载组合时：$K_c \geqslant 1.3$，$K_0 \geqslant 1.3$；

③地震力作用时：$K_c \geqslant 1.1$，$K_0 \geqslant 1.1$。

（2）作用于基底的合力偏心距

土质地基：$e \leqslant B/6$；

岩质地基：$e \leqslant B/4$。

（3）基底最大压应力

$\sigma_{max} \leqslant [\sigma]$，$[\sigma]$ 为地基容许承载力。

5）墙身配筋和裂缝开展宽度计算

按照《公路钢筋混凝土及预应力混凝土桥涵设计规范》（JTG D62—2004）有关条款进行计算。

8.4.3 扶壁式挡土墙

扶壁式挡土墙由趾板、踵板、墙面板和肋四部分组成（如图 8-11）。其设计内容主要包括土压力计算、墙身尺寸计算、墙身稳定性及基底应力验算，以及墙身配筋率和裂缝开展宽度计算四个部分。扶壁式挡土墙的一般计算方法概括如下：

①取肋中至肋中或跨中至跨中为一个计算单元；

②趾板和肋分别按矩形和变截面 T 形悬臂梁计算；

③墙面板和趾板系三向固定板，属超静定结构，一般作简化近似计算；

④土压力计算、底板各部分尺寸、墙面板厚度的确定，以及墙身稳定性验算等均与悬臂式挡土墙相同。

1）墙面板和踵板

（1）计算荷载

①墙面板

设计中近似用图 8-17d）、e）中的梯形 $ABCDE$ 来替代相应的法向土压力图形（虚线表示的压力图形），且

$$\sigma_{Pi} = \frac{1}{2}\sigma_{H1} \quad （地面无荷载时） \tag{8-39}$$

或

$$\sigma_{Pi} = \sigma_{h0} + \frac{1}{2}\sigma_{H1} \quad （地面有荷载时） \tag{8-40}$$

②踵板

作用在踵板上的法向应力按三角形分布计算，最大值在踵板端处等于 W，如图 8-17i）所示。

$$\begin{aligned} W &= W_1 + W_2 + W_3 + W_4 + W_5 - \sigma_2 \\ &= \gamma(H_1 + B_3\tan\beta + h_0) + \gamma_h h_3 + \frac{\sin\beta}{B_3}(E_{B3} + 2E_h) + 2.4\frac{M_1}{B_3^2} - \sigma_2 \end{aligned} \tag{8-41}$$

式中：E_{B3}——作用在 bc 面上的土压力［图 8-17a）］（kN）；

E_h——作用在 cd 面上的土压力［图 8-17a）］（kN）；

M_1——趾板固着端处的计算弯矩［图 8-17h）］（kN·m）；

γ、γ_h——墙后填土和钢筋混凝土的重度（kN/m^3）；

β——地面坡角（°）；

σ_2——踵板端处的地基反力（kPa）。

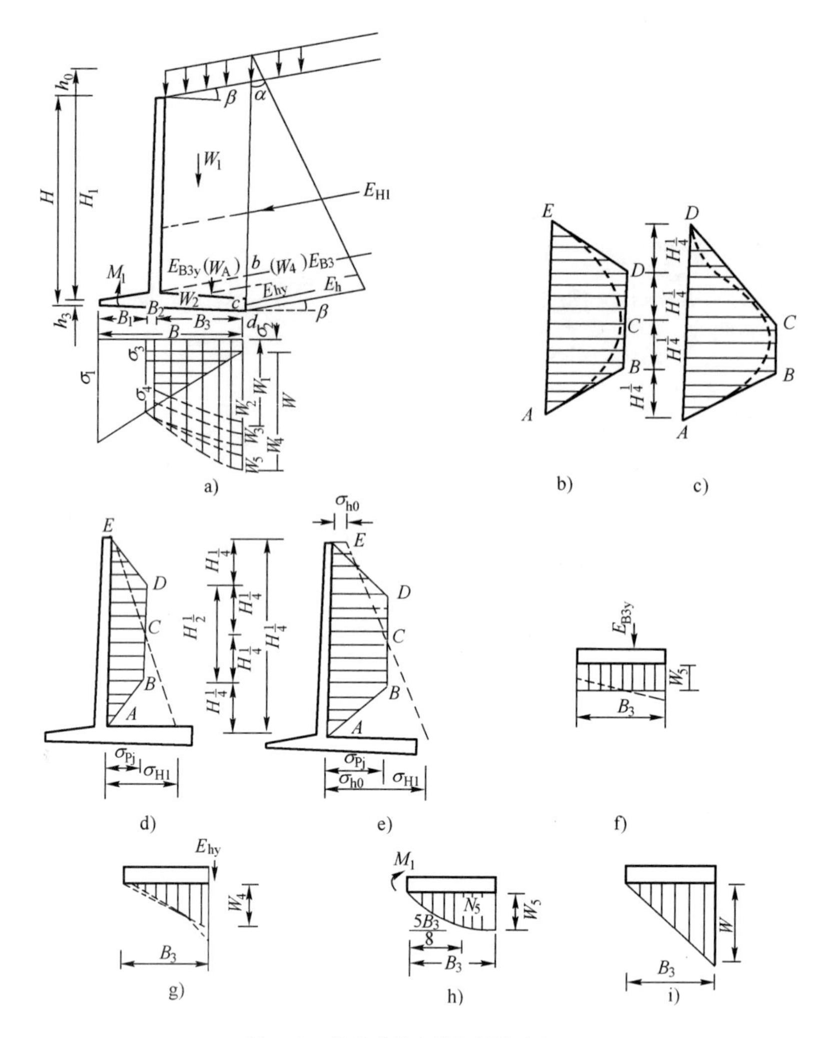

图 8-17　扶壁式挡土墙各部分受力

a)墙身和踵板法向应力叠加全图；b)两肋间中点墙面板承受的弯矩；c)墙面板与肋固着端的弯矩；d)无超载的替代土压力；e)有超载的替代土压力；f)E_{B3y}对踵板的作用；g)E_{hy}对踵板的作用；h)趾板弯矩 M_1 对踵板的作用；i)踵板法向应力总和

（2）弯矩

施工缝一般设在两肋之间中点处，如图 8-18 所示，若施工缝或伸缩缝跨及两道或多于两道肋时，踵板和墙面板的弯矩应按连续梁计算。

①各支点及跨中水平弯矩。

图 8-18a）是连续构件荷载简图。设计采用的弯矩系数值如图 8-18c）所示，和实际弯矩系数值相比如图 8-18b）所示，设计弯矩系数值是偏安全的。

a. 与肋相交处的水平负弯矩。

墙面板

$$M = -\frac{1}{12}\sigma_{\mathrm{Pi}} l^2 \tag{8-42}$$

踵板

$$M = -\frac{1}{12} W l^2 \tag{8-43}$$

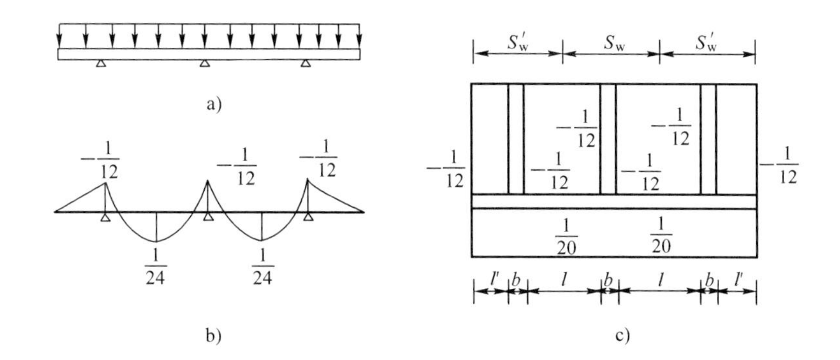

图 8-18　墙面板的水平弯矩系数

a)荷载作用;b)实际弯矩;c)设计用弯矩系数

b.肋跨中点处的水平正弯矩

墙面板

$$M = \frac{1}{20}\sigma_{Pi} l^2 \tag{8-44}$$

踵板

$$M = \frac{1}{20}W l^2 \tag{8-45}$$

墙面板承受的最大水平正弯矩及最大水平负弯矩在竖直方向上分别发生在肋跨中点 $H_{1/2}$处［图 8-17b)］和肋固着处的第三个 $H_{1/4}$处［图 8-17c)］。

②墙面板的垂直弯矩。

图 8-19 为墙面板垂直弯矩分布图。垂直负弯矩发生在靠填土的一侧底部 $H_{1/4}$范围内；垂直正弯矩发生在墙面坡一侧，最大值在第三个 $H_{1/4}$段内。

负弯矩

$$M = -0.03(\sigma_{h0} + \sigma_{H1})H_1 l \tag{8-46}$$

正弯矩

$$M = [0.03(\sigma_{h0} + \sigma_{H1})H_1 l]/4 \tag{8-47}$$

垂直弯矩在纵向上的分布如图 8-19b）所示，呈抛物线形状，钢筋布置于中部 $2l/3$ 段时用全值，两端各 $l/6$ 段时用半值。

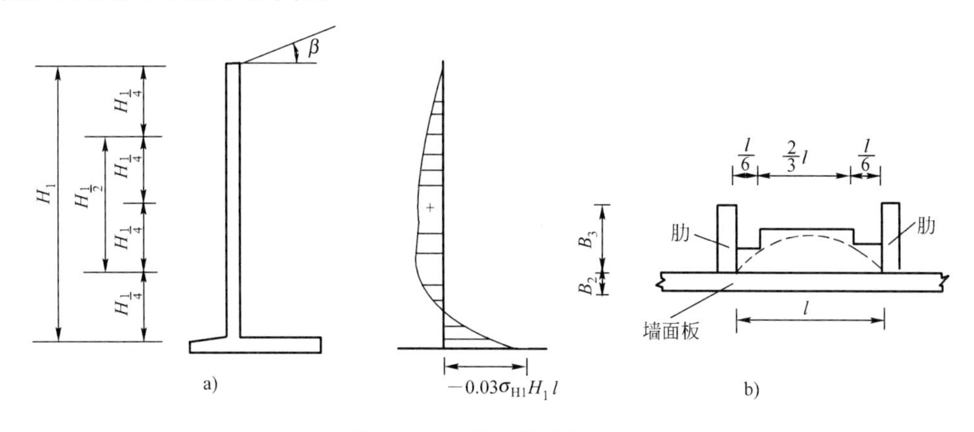

图 8-19　墙面板上的垂直弯矩

a)垂直弯矩沿墙高分布;b)垂直弯矩沿墙纵向分布

③踵板上的横向弯矩较小，在计算中不起控制作用，一般可按构造要求配筋。

(3) 肋间净距 l 及肋外悬臂长度 l' 的确定

①肋间净距 l

根据经验，经济间距约为 $l=(0.3\sim0.5)H_1$，并且要根据施工节长具体选定。

②肋外悬臂长度 l'

根据悬臂梁固定端弯矩与设计采用的弯矩相等的原则，如图 8-18 所示，可求得 l'，即

$$M=\frac{1}{12}\sigma_{\mathrm{Pi}}l^2=\frac{1}{2}\sigma_{\mathrm{Pi}}l'$$

求得：

$$l'=0.41l \tag{8-48}$$

2) 肋

肋为一变截面悬臂梁，为简化计算，将肋与墙面板自重力和土压力的垂直分力忽略不计，取跨中至跨中一段的墙面板与肋共同作用，构成一 T 形梁。

①剪力和弯矩

在实际土压力 E_{H1}［如图 8-20a) 所示，作用在 ab 面上的土压力］作用下，产生的剪力和弯矩为：

$$Q_{\mathrm{Hi}}=\gamma H_{\mathrm{i}}S_{\mathrm{w}}(0.5H_{\mathrm{i}}+h_0)K_{\mathrm{a}}\cos\beta \tag{8-49}$$

$$M_{\mathrm{Hi}}=\frac{1}{6}\gamma H_{\mathrm{i}}^2S_{\mathrm{w}}(H_{\mathrm{i}}+3h_0)K_{\mathrm{a}}\cos\beta \tag{8-50}$$

式中：Q_{Hi}、M_{Hi}——高度为 H_{i}（从墙顶算起）截面处的剪力（kN）和弯矩（kN·m）；

S_{w}——跨中至跨中的计算长度，如图 8-20 所示，其值为 $S_{\mathrm{w}}=l+b$（中跨）或 $S_{\mathrm{w}}=0.91l$（悬臂梁），且 $S_{\mathrm{w}}\leqslant b+12B_2$。

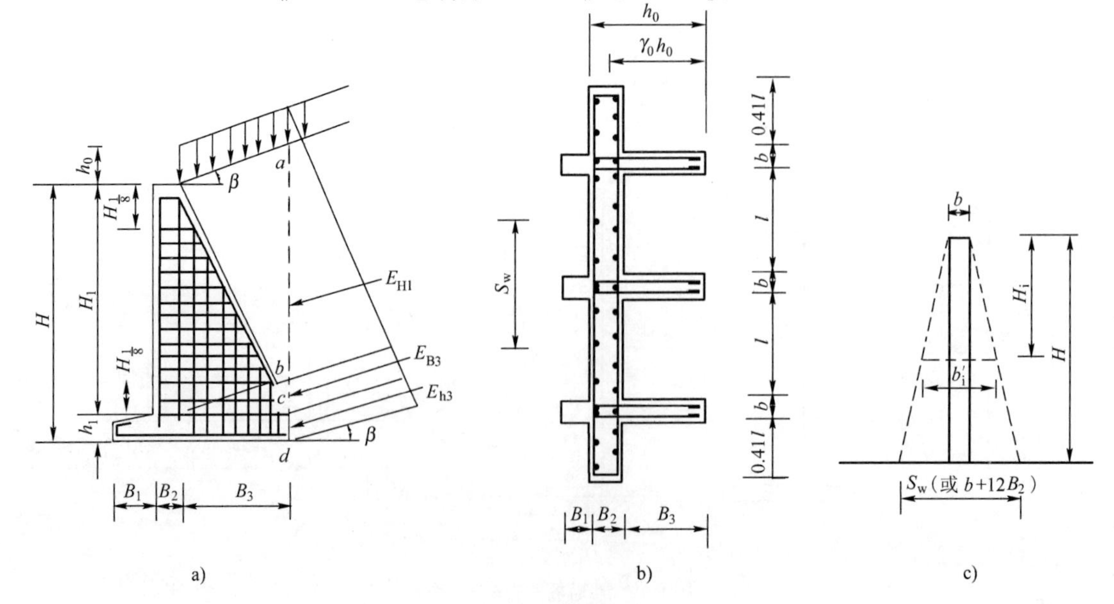

图 8-20　肋的计算草图

②宽度

肋的宽度 b 需试算确定，根据经验，其值为：

$$b = l/8 \sim l/6, 且 b \geqslant 0.3\text{m}$$

板肋（T形梁）的受压区有效翼缘宽度 b_i 为（图8-20）：

$$b_i = b + \frac{12B_2h_i}{H_1} \tag{8-51}$$

或

$$b_i = \frac{b + H_il}{H_1} \tag{8-52}$$

8.5 岩质边坡设计

8.5.1 总则

（1）岩质边坡工程设计的原则

①边坡工程设计应满足现行国家标准《建筑边坡工程技术规范》（GB 50330）、《建筑结构荷载规范》（GB 50009）、《建筑抗震设计规范》（GB 50011）、《建筑地基基础设计规范》（GB 50007）、《岩土工程勘察规范》（GB 50021）、《混凝土结构设计规范》（GB 50010）和现行行业标准《公路路基设计规范》（JTG D30）等的规定。

②边坡工程宜取得如下资料后设计：工程用地红线图，工程平面布置总图以及相邻构筑物的基础图等；场地和边坡的工程地质和水文地质勘察资料；边坡工程环境资料；施工技术、设备性能、施工经验和施工条件等；条件类同边坡工程的经验等。

③一级边坡应采用动态设计法；二级边坡宜采用动态设计法。

④除Ⅰ类边坡岩体外，挖方边坡应采用逆作法施工，并应分段开挖，严禁大开挖或一挖到底。

⑤锚杆挡墙根据地形可采用单级或多级，岩质边坡高度超过20m时宜作分级处理，在两级墙之间宜设置平台，平台宽度不宜小于2m。

⑥除非地形限制，锚杆挡墙一般宜做成向山体倾斜式，不宜做成直立式。

⑦当岩体结构面倾角很大而接近垂直时，应按岩体可能出现崩塌破坏进行设计，一般可采用锚杆支护防止岩体崩塌。

⑧每层锚杆宜向下倾斜，锚杆轴线与水平面夹角一般不宜小于10°也不宜大于45°，一般在10°～25°之间，便于灌浆密实，也能防止过大的锚杆竖向分力与过小的水平分力。

⑨锚杆可按弯矩相等或支点反力相等的原则布置，同时为了防止出现“群锚”现象，锚杆间距不宜过小，一般水平间距不宜小于2m，竖向间距不宜小于2.5m。

⑩边坡工程应根据实际情况设置地表排水系统及内部排水系统。

⑪对30m以上的岩质边坡及地质和环境条件很复杂的边坡工程应进行特殊设计。

⑫对高度超过15m的边坡，在施工过程中宜进行动态变形监测，在工程竣工后2～3年

内，也应进行变形监测，监测点的布置和监测频率应满足相应的技术要求。

（2）边坡类型的划分和支护结构形式的选择

边坡（包括人工边坡和自然边坡）分为土质边坡和岩质边坡。岩质边坡岩体类型可根据岩体完整程度、结构面结合程度和结构面产状的不同分段划分。岩质边坡岩体类型的划分见表1-11。

边坡支护结构形式可根据场地地质和环境条件、边坡高度及边坡工程安全等级参照表8-1选择。一个边坡的各段可采用不同的支护结构形式。一段边坡可以采用不同支护结构的组合形式，如上段为坡率法，下段为锚杆挡墙；一段边坡也可以采用不同支护结构的复合形式，如坡率法和锚杆挡墙的复合。

（3）边坡工程安全等级

边坡工程安全等级的确定见表8-24。

边坡工程安全等级 表8-24

<table>
<tr><th colspan="2">边坡类型</th><th>边坡高度 H（m）</th><th>破坏后果</th><th>安全等级</th></tr>
<tr><td rowspan="8">岩质边坡</td><td rowspan="3">岩体类型为Ⅰ类或Ⅱ类</td><td rowspan="3">$H \leqslant 30$</td><td>很严重</td><td>一级</td></tr>
<tr><td>严重</td><td>二级</td></tr>
<tr><td>不严重</td><td>三级</td></tr>
<tr><td rowspan="5">岩体类型为Ⅲ类或Ⅳ类</td><td rowspan="2">$15 < H \leqslant 30$</td><td>很严重</td><td>一级</td></tr>
<tr><td>严重</td><td>二级</td></tr>
<tr><td rowspan="3">$H \leqslant 15$</td><td>很严重</td><td>一级</td></tr>
<tr><td>严重</td><td>二级</td></tr>
<tr><td>不严重</td><td>三级</td></tr>
<tr><td colspan="2" rowspan="5">土质边坡</td><td rowspan="2">$10 < H \leqslant 15$</td><td>很严重</td><td>一级</td></tr>
<tr><td>严重</td><td>二级</td></tr>
<tr><td rowspan="3">$H \leqslant 10$</td><td>很严重</td><td>一级</td></tr>
<tr><td>严重</td><td>二级</td></tr>
<tr><td>不严重</td><td>三级</td></tr>
</table>

注：1. 一个边坡工程的各段，可根据实际情况采用不同的安全等级。

2. 对危害性极严重、环境和地质条件复杂的特殊边坡工程，其安全等级应根据工程情况适当提高。

国家标准《建筑边坡工程技术规范》(GB 50330—2002)规定：

破坏后果很严重、严重的下列建筑边坡工程，其安全等级应定为一级：

①由外倾软弱结构面控制的边坡工程；

②危岩、滑坡地段的边坡工程；

③边坡塌滑区内或边坡塌方影响区内有重要建(构)筑物的边坡工程。

破坏后果不严重的上述边坡工程的安全等级可定为二级。

边坡塌滑区范围可按下式估算：

$$L = \frac{H}{\tan\theta} \tag{8-53}$$

式中：L——边坡坡顶塌滑区边缘至坡底边缘的水平投影距离（m）；

H——边坡高度（m）；

θ——边坡的破裂角（°）。

8.5.2 边坡支护结构上的侧向岩土压力计算

（1）侧向岩土压力类型

根据边坡支护结构的位移方向和位移量以及支护结构背面岩土体所处的应力状态，边坡支护结构侧向岩土压力分为主动岩土压力、静止岩土压力和被动岩土压力。

当支护结构向离开岩土体方向偏移至岩土体达到极限平衡状态时，作用在支护结构上的岩土压力为主动岩土压力。

当支护结构在外力作用下向岩土体方向偏移至岩土体达到极限平衡状态时，作用在支护结构上的岩土压力为被动岩土压力。

当支护结构静止不动，支护结构背面岩土体处于弹性平衡状态时，作用在支护结构上的岩土压力为静止岩土压力。

（2）侧向岩石压力

静止岩石压力合力标准值按下式计算：

$$E_{0k} = \frac{1}{2}\gamma H^2 K_0 \tag{8-54}$$

$$K_0 = \frac{\upsilon}{1-\upsilon} \tag{8-55}$$

式中：υ——岩石泊松比，由试验确定。

式(8-55)作为岩体地层中提供的由岩体自重引起的侧向静止压力系数是可行的，在数值计算中常被应用。但作为岩体开挖后作用在侧墙上的静止岩石压力的压力系数明显偏大，所以实用中要将式(8-55)乘以折减系数。

主动岩石压力合力标准值按下述方法计算：

对无外倾结构面的边坡，一般发生由岩体强度控制的破坏，主动岩石压力按主动土压力公式计算，但公式中的参数 c 取 0，φ 用 φ_e 代替（φ_e 为岩体等效内摩擦角，无地区经验时，按表 8-25 取值）；破裂角按 $45°+\varphi/2$ 确定（φ 为岩体内摩擦角，由岩块内摩擦角标准值折减确定，折减系数按表 8-26 取值），Ⅰ类岩体边坡可取 75°左右。

边坡岩体等效内摩擦角标准值 表 8-25

边坡岩体类型	Ⅰ	Ⅱ	Ⅲ	Ⅳ
等效内摩擦 φ_e（°）	≥70	70～60	60～50	50～35

注：1. 边坡高度较大时宜取低值，反之取高值；坚硬岩、较硬岩、较软岩和完整性好的岩体取高值，软岩、极软岩和完整性差的岩体取低值。
2. 临时性边坡取表中高值。
3. 表中数值已考虑时间效应和工作条件等因素。

边坡岩体内摩擦角折减系数 表 8-26

边坡岩体特性	内摩擦角折减系数	边坡岩体特性	内摩擦角折减系数
裂隙不发育	0.90～0.95	裂隙发育	0.80～0.85
裂隙较发育	0.85～0.90	碎裂结构	0.75～0.80

当边坡有外倾结构面时，边坡既可能发生由岩体强度控制的破坏，也可能沿外倾结构面滑动，确定主动岩石压力应同时进行这两方面的计算，取两种结果的较大值，破裂角取外倾结构面的倾角和 $45°+\varphi/2$ 两者中的较大值。

对沿外倾结构面滑动的边坡，其主动岩石压力合力标准值可按下式计算：

$$E_{ak}=\frac{1}{2}\gamma H^2K_a \tag{8-56}$$

$$K_a=\frac{\sin(\alpha+\beta)}{\sin^2\alpha\sin(\alpha-\delta+\theta-\varphi_s)\sin(\theta-\beta)}\times\left[K_q\sin(\alpha+\theta)\sin(\theta-\varphi_s)-\eta\sin\alpha\cos\varphi_s\right] \tag{8-57}$$

$$\eta=\frac{2c_s}{\gamma H} \tag{8-58}$$

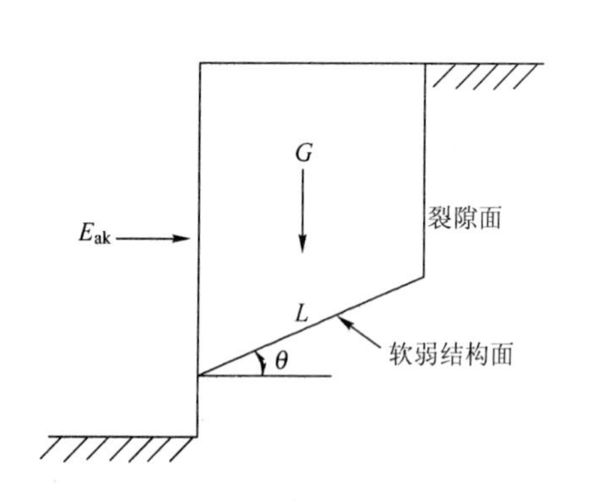

图 8-21 岩质边坡四边形滑裂时侧向压力计算

式中：θ——外倾结构面倾角（°）；

c_s——外倾结构面黏聚力（kPa）；

φ_s——外倾结构面内摩擦角（°）；

K_q——系数；

β——填土表面与水平面的夹角（°）；

α——支挡结构墙背与水平面的夹角（°）；

δ——岩石与挡墙背的摩擦角（°），取（0.33～0.5）φ。

当有多组外倾结构面时，计算每组结构面的主动岩石压力并取其大值。

对沿缓倾的外倾软弱结构面滑动的边坡(图 8-21)，主动岩石压力合力标准值可按下式计算：

$$E_{ak}=G\tan(\theta-\varphi_s)-\frac{c_sL\cos\varphi_s}{\cos(\theta-\varphi_s)} \tag{8-59}$$

式中：G——四边形滑裂体自重（kN/m）；

L——滑裂面长度（m），可视当地地质条件确定；

θ——缓倾的外倾软弱结构面的倾角（°）；

c_s——外倾软弱结构面的黏聚力（kPa）；

φ_s——外倾软弱结构面内摩擦角（°）。

结构面抗剪强度指标除通过原位试验确定外，可按表 3-2 取值。

结构面结合程度按表 1-8 确定。

(3) 边坡支护结构设计中侧向岩土压力的类型选择和修正

边坡支护结构设计中侧向岩土压力类型的选择与支护结构变形控制的严格程度及坡顶重

要建筑物的相对位置有关，当相应变形不满足静止岩土压力、主动岩土压力产生条件时，还需要对侧向岩土压力进行修正。侧向岩土压力的类型选择和修正方法见表 8-27。

侧向岩土压力的类型选择和修正　　表 8-27

支护结构变形控制要求或坡顶重要建（构）筑物基础位置 a		侧向岩土压力修正方法
土质边坡	对支护结构变形控制严格；或 $a<0.5H$	E_0
	对支护结构变形控制较严格；或 $0.5H\leqslant a\leqslant 1.0H$	$E'_a=\frac{1}{2}(E_0+E_a)$
	对支护结构变形控制不严格；或 $a>1.0H$	E_a
岩质边坡	对支护结构变形控制严格；或 $a<0.5H$	$E'_0=\beta_1 E_0$，且 $E'_0\geqslant(1.3\sim1.4)E_a$
	对支护结构变形控制不严格；或 $a>0.5H$	E_a

注：1. E_a 为主动岩土压力，E_0 为静止土压力，E'_a为修正主动土压力，E'_0为修正静止岩石压力。
2. β_1 为岩质边坡静止岩石压力折减系数。
3. 当基础浅埋时，H 取边坡高度。
4. 当基础埋深较大，若基础周边与岩土间设有软性弹性材料隔离层或空位构造处理，能使基础垂直荷载传至边坡破裂面以下足够深度的稳定岩土层内，且基础水平荷载对边坡不造成较大影响，H 可从隔离下端算至坡底，否则 H 按坡高计算。
5. 基础埋深大于边坡高度且采取了注 4 的处理措施，基础的垂直荷载与水平荷载均不传给支护结构时，边坡支护结构侧压力可不考虑基础荷载的影响。
6. 表中 a 为坡脚到坡顶重要建（构）筑物基础外边缘的水平距离。

静止岩石压力折减系数根据边坡岩体类别按表 8-28 确定，岩体越好，折减系数越小。

静止岩石压力折减系数 β_1　　表 8-28

边坡岩体类型	Ⅰ	Ⅱ	Ⅲ	Ⅳ
静止岩石侧压力折减系数 β_1	0.30～0.45	0.40～0.55	0.50～0.65	0.65～0.85

注：当裂隙发育时取表中大值，裂隙不发育时取小值。

8.5.3　锚杆（索）设计

（1）锚杆（索）类型

锚杆是将拉力传至稳定岩土层的构件，当采用钢绞线或高强钢丝束作杆体材料时，锚杆也可称为锚索。锚固于土层中的锚杆称为土层锚杆；锚固于岩层中的锚杆称为岩层锚杆；施加了预应力的锚杆称为预应力锚杆；未施加预应力的锚杆称为非预应力锚杆。锚杆材料类型有普通钢筋［HRB335，HRB400（Ⅱ级、Ⅲ级）］、精轧螺纹钢筋、高强钢丝或钢绞线。各种材料类型锚杆的选取参见表 8-29。

锚杆选型 表 8-29

锚杆类别	材料	锚杆承载力设计值（kN）	锚杆长度（m）	应力状况	备注
土层锚杆	钢筋（HRB335，HRB400）	<450	<16	非预应力	锚杆超长时，施工安装难度较大
	钢绞线 高强钢丝	450～800	>10	预应力	锚杆超长时，施工方便
	精轧螺纹钢筋	400～800	>10	预应力	杆体防腐耐久性好，施工安装方便
岩层锚杆	钢筋（HRB335，HRB400）	<450	<16	非预应力	锚杆超长时，施工安装难度较大
	钢绞线 高强钢丝	500～3000	>10	预应力	锚杆超长时，施工方便
	精轧螺纹钢筋	400～1100	>10	预应力 或非预应力	杆体防腐耐久性好，施工安装方便

钢绞线和精轧螺纹钢筋的力学性能见《建筑边坡工程技术规范》（GB 50330—2002）附录E。边坡变形控制严格或边坡在施工期稳定性很差时宜采用预应力锚杆。

（2）锚杆（索）计算

锚杆（索）轴向拉力设计值按下式计算：

$$N_a = \gamma_Q N_{ak} \tag{8-60}$$

式中：N_a——锚杆（索）轴向拉力设计值（kN）；

N_{ak}——锚杆（索）轴向拉力标准值（kN）；

γ_Q——荷载分项系数，取1.3，当可变荷载较大时按荷载规范确定。

锚杆(索)轴向拉力标准值按下式计算：

$$N_{ak} = \frac{H_{tk}}{\cos\alpha} \tag{8-61}$$

式中：H_{tk}——锚杆所受水平拉力标准值（kN）；

α——锚杆倾角（°）。

锚杆钢筋截面面积应满足下式的要求：

$$A_s \geqslant \frac{\gamma_0 N_a}{\xi_2 f_y} \tag{8-62}$$

式中：A_s——锚杆钢筋或预应力钢绞线截面面积（m^2）；

ξ_2——锚筋抗拉工作条件系数，永久性锚杆取0.69，临时性锚杆取0.92；

γ_0——边坡工程重要性系数；

f_y——锚筋或预应力钢绞线抗拉强度设计值（kPa）。

锚杆锚固段长度除应同时满足地层对砂浆的黏结力和砂浆对钢筋的握裹力要求外，还应满足构造设计规定的最少锚杆锚固长度的要求。

锚杆锚固体与地层的锚固长度应满足式（8-63）的要求：

$$l_a \geqslant \frac{N_{ak}}{\xi_1 \pi D f_{rb}} \tag{8-63}$$

式中：l_a——锚固段长度（m）；

D——锚固体直径（m）；

f_{rb}——地层与锚固体黏结强度特征值（kPa），宜通过试验或当地经验确定，当无试验资料时可按表8-30和表8-31选取；

ξ_1——锚固体与地层黏结工作条件系数，永久性锚杆取1.00，临时性锚杆取1.33。

岩石与锚固体黏结强度特征值 表8-30

岩石类别	f_{rb}（kPa）	岩石类别	f_{rb}（kPa）
极软岩	135～180	较硬岩	550～900
软岩	180～380	坚硬岩	900～1 300
较软岩	380～550		

注：1. 表中数据适用于注浆强度等级为M30。
2. 表中数据仅适用于初步设计，施工时应通过试验检验。
3. 岩体结构面发育时，取表中下限值。
4. 表中岩石类别根据天然单轴抗压强度 f_r 划分：f_r＜5MPa为极软岩，5MPa≤f_r＜15MPa为软岩，15MPa≤f_r＜30MPa为较软岩，30MPa≤f_r＜60MPa为较硬岩，f_r≥60MPa为坚硬岩。

土体与锚固体黏结强度特征值 表8-31

土层种类	土的状态	f_{rb}（kPa）
黏性土	坚硬	32～40
	硬塑	25～32
	可塑	20～25
	软塑	15～20
砂土	松散	30～50
	稍密	50～70
	中密	70～105
	密实	105～140
碎石土	稍密	60～90
	中密	80～110
	密实	110～150

注：1. 表中数据适用于注浆强度等级为M30。
2. 表中数据适用于初步设计，施工时应通过试验检验。

锚杆钢筋与锚固砂浆间的锚固长度应满足式（8-64）的要求：

$$l_a \geqslant \frac{\gamma_0 N_a}{\xi_3 n \pi d f_b} \tag{8-64}$$

式中：l_a——锚筋与砂浆间的锚固长度（m）；

d——锚筋直径（m）；

n——钢筋（钢绞线）根数；

γ_0——边坡工程重要性系数；

f_b——钢筋与锚固砂浆间的黏结强度设计值（kPa），宜由试验确定，当缺乏试验资料时，可按表8-32取值；

ξ_3——钢筋与砂浆黏结强度工作条件系数，永久性锚杆取0.60，临时性锚杆取0.72。

钢筋、钢绞线与砂浆之间的黏结强度设计值 f_b（MPa） 表8-32

锚杆类型	水泥浆或水泥砂浆强度等级		
	M25	M30	M35
水泥砂浆与螺纹钢筋间	2.10	2.40	2.70
水泥砂浆与钢绞线、高强钢丝间	2.75	2.95	3.40

注：1. 当采用两根钢筋点焊成束方法时，黏结强度应乘以折减系数0.85。

2. 当采用三根钢筋点焊成束方法时，黏结强度应乘以折减系数0.7。

3. 成束钢筋的根数不应超过三根，钢筋截面总面积不应超过锚孔面积的20%；当锚固段钢筋和注浆材料采用特殊设计，并经试验验证锚固效果良好时，可适当增加锚筋用量。

自由段无黏结的非预应力岩石锚杆的受拉变形基本上是自由段钢筋的弹性变形，其水平变形值由下式计算：

$$\delta_h = \frac{H_{tk}}{K_h} \tag{8-65}$$

式中：δ_h——锚杆水平变形（m）；

H_{tk}——锚杆所受水平拉力标准值（kN）；

K_h——锚杆水平刚度系数（kN/m）。

锚杆的水平刚度系数宜由锚杆试验确定。当无试验资料时，自由段无黏结的非预应力岩石锚杆的水平刚度系数 K_h 可按下式估算：

$$K_h = \frac{AE_s}{l_f}\cos^2\alpha \tag{8-66}$$

式中：A——杆体截面面积（m^2）；

l_f——锚杆自由段长度（m）；

E_s——杆体弹性模量（kN/m^2）。

预应力岩石锚杆和全黏结岩石锚杆的受拉变形可忽略不计。

8.5.4 锚杆构造要求

（1）锚杆总长度为锚固段、自由段和外锚段的长度之和。锚杆自由段长度按外锚头到潜在滑裂面的长度计算，预应力锚杆自由段长度应不小于5m，且应超过潜在滑裂面。

（2）土层锚杆的锚固段长度不应小于4m且不宜大于10m；岩石锚杆的锚固段长度不应小于3m，且不宜大于45D和6.5m（对拉力型锚杆），或55D和8m（对预应力锚索）。当计算锚杆锚固段长度超过上述数值时，应采取扩大锚固段直径等技术措施，提高锚固力。

（3）锚杆隔离架（或称对中支架）应沿锚杆轴线方向每隔1～3m设置一个，对土层应取小值，对岩层可取大值。

（4）当锚固段岩体破碎、渗水量大时，宜在锚杆施工前对岩体作固结灌浆处理。

（5）锚杆外锚头、台座、腰梁和辅助件等的设计应符合现行有关标准的规定。

（6）永久性锚杆的防腐蚀处理可采取下列做法：

①非预应力锚杆的自由段位于土层中时，可采用除锈、刷沥青船底漆、沥青玻纤布缠裹（其层数不少于 2 层）；

②对采用钢绞线、精轧螺纹钢制作的预应力锚杆（索），其自由段可按本条①处理后装入套管中；自由段套管两端 100～200mm 长范围内用黄油充填，外绕扎工程胶布固定；

③对位于无腐蚀性岩土层内的锚固段应除锈，砂浆保护层厚度应不小于 25mm；

④位于具有腐蚀性岩土层内锚杆的锚固段及非锚固段，应采取特殊防腐处理；

⑤经过防腐处理后非预应力锚杆的自由段外端应埋入钢筋混凝土构件内 50mm 以上；对预应力锚杆，其锚头的锚具经除锈、涂防腐漆后应用钢筋网罩、现浇混凝土封闭，混凝土强度等级不应低于 C30，厚度不应小于 100mm，混凝土保护层厚度不应小于 50mm。

（7）临时性锚杆的防腐蚀可采取下列做法：

①非预应力锚杆自由段，可采用除锈后刷沥青防锈漆处理；

②预应力锚杆自由段，可采用除锈后刷沥青防锈漆或加套管处理；

③外锚头可采用外涂防腐材料或外包混凝土进行处理。

8.5.5 锚杆挡墙支护结构设计

（1）锚杆挡墙支护结构类型及选取

锚杆(索)挡墙支护结构一般是由锚杆(索)、肋柱(立柱或格构梁)和挡板等组成。

根据结构形式的不同，锚杆挡墙可分为板肋式锚杆挡墙、格构式锚杆挡墙和排桩式锚杆挡墙（此时立柱为桩）。

下列情况下的边坡宜采用排桩式锚杆挡墙支护：位于滑坡区或切坡后可能引发滑坡的边坡，切坡后可能沿外倾软弱结构面滑动，破坏后果严重的边坡；高度较大、稳定性较差的土质边坡；塌滑区内有重要建筑物基础的Ⅳ类岩质边坡和土质边坡。

在施工期稳定性较好的边坡可采用板肋式或格构式锚杆挡墙。

对填方锚杆挡墙，在设计和施工时应采取有效措施防止新填方土体造成的锚杆附加拉应力过大现象。

（2）锚杆挡墙支护结构计算

坡顶无建（构）筑物且不需要进行边坡变形控制的锚杆挡墙，其侧向岩土压力可按下式计算：

$$E'_{ah} = E_{ah}\beta_2 \tag{8-67}$$

式中：E'_{ah}——侧向岩土压力合力水平分力修正值（kN）；

E_{ah}——侧向主动岩土压力合力水平分力设计值（kN）；

β_2——锚杆挡墙侧向岩土压力修正系数，根据岩土类别和锚杆类型按表 8-33 确定。

锚杆挡墙侧向岩土压力修正系数 β_2 表 8-33

锚杆类型	非预应力锚杆			预应力锚杆	
	土层锚杆	自由段为土层的岩石锚杆	自由段为岩层的岩石锚杆	自由段为土层时	自由段为岩层时
β_2	1.1～1.2	1.1～1.2	1.0	1.2～1.3	1.1

注：当锚杆变形计算值较小时取大值，较大时取小值。

填方锚杆挡墙和单排锚杆的土层锚杆挡墙的侧压力，可近似按库仑理论取为三角形分布。

对岩质边坡以及坚硬、硬塑状黏土和密实、中密砂土类边坡，当为采用逆作法施工的、柔性结构的多层锚杆挡墙时，侧压力分布可近似按图 8-22 确定，图中 e_{hk}按下式计算。

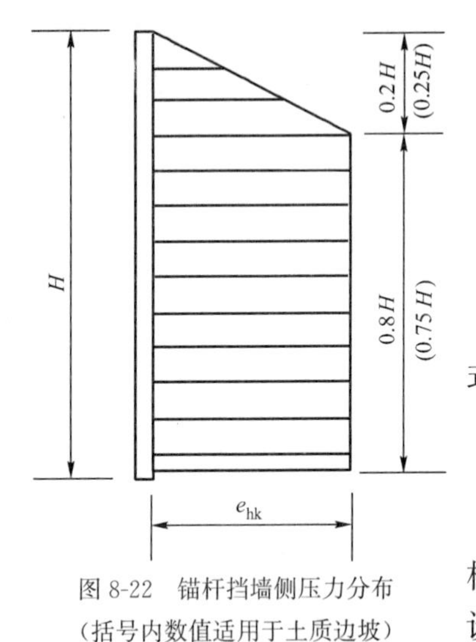

图 8-22 锚杆挡墙侧压力分布
（括号内数值适用于土质边坡）

对岩质边坡：

$$e_{hk}=\frac{E_{hk}}{0.9H} \tag{8-68}$$

对土质边坡：

$$e_{hk}=\frac{E_{hk}}{0.875H} \tag{8-69}$$

式中：e_{hk}——侧向岩土压力水平分力标准值（kN/m^2）；

E_{hk}——侧向岩土压力合力水平分力标准值（kN/m）；

H——挡墙高度（m）。

求出了侧向岩土压力水平分力标准值，就可以根据锚杆的受荷范围求出锚杆所受的水平拉力标准值，进行锚杆设计。

对板肋式和排桩式锚杆挡墙，立柱荷载设计值取立柱受荷范围内的最不利荷载组合值。

对岩质边坡以及坚硬、硬塑状黏土和密实、中密砂土类边坡的锚杆挡墙，立柱可按支承于刚性锚杆上的连续梁计算内力；当锚杆变形较大时立柱宜按支承于弹性锚杆上的连续梁计算内力。立柱下端根据嵌固程度，可按铰接端或固定端考虑；当立柱位于强风化岩层以及坚硬、硬塑状黏土和密实、中密砂土边坡内时，其嵌入深度可按等值梁法计算。

除坚硬、硬塑状黏土和密实、中密砂土类外的土质边坡锚杆挡墙，结构内力计算宜按弹性支点法计算。当锚固点水平变形较小时，结构内力可按静力平衡法或等值梁法计算。

根据挡板与立柱联结构造的不同，挡板可简化为支撑在立柱上的水平连续板、简支板或双铰拱板；设计荷载可取板所处位置的岩土压力值。岩质边坡挡墙或坚硬、硬塑状黏土和密实、中密砂土等且排水良好的挖方土质边坡挡墙，可考虑两立柱间岩土形成卸荷拱效应。

当锚固点变形较小时，钢筋混凝土格构式锚杆挡墙可简化为支撑在锚固点上的井字梁进行内力计算；当锚固点变形较大时，应考虑变形对格构式挡墙内力的影响。

（3）锚杆挡墙支护结构的构造要求

立柱的间距采用 2～8m。立柱、挡板和格构梁的混凝土强度等级不应低于 C20。

锚杆上下排垂直间距不小于 2.5m，水平间距不小于 2m；当垂直间距小于 2.5m 或水平间距小于 2m 或锚固段岩土层稳定性较差时，锚杆采用长短相间的方式进行布置。第一排锚杆锚固体上覆土层的厚度不小于 4m，上覆岩层的厚度不小于 2m。第一锚点位置可设于坡顶下 1.5～2m 处。锚杆的倾角宜为 10°～35°。锚杆布置尽量与边坡走向垂直，并与结构面呈较大倾角相交。立柱位于土层时在立柱底部附近设置锚杆。

立柱的截面尺寸除应满足强度、刚度和抗裂要求外，还应满足挡板（或拱板）的支座宽度、锚杆钻孔和锚固等要求。肋柱截面宽度不宜小于 300mm，截面高度不宜小于 400mm；钻孔桩直径不宜小于 500mm，人工挖孔桩直径不宜小于 800mm。立柱基础应置于稳定的地层内，可采用独立基础、条形基础或桩基础等形式。

对永久性边坡，现浇挡板和拱板厚度不宜小于 200mm。

格构梁截面宽度和截面高度不宜小于 300mm。

永久性锚杆挡墙现浇混凝土构件的温度伸缩缝间距不宜大于 20mm。

锚杆挡墙立柱的顶部宜设置钢筋混凝土构造连梁。

当锚杆挡墙的锚固区作用有建（构）筑物基础传递的较大荷载时，除应验算挡墙整体稳定外，还应适当加长锚杆，并采用长短相间的设置方法。

面板设泄水孔。对岩质边坡，泄水孔优先设置于裂隙发育、渗水严重的部位。泄水孔边长或直径不小于 100mm，外倾坡度不小于 5%，间距为 2～3m，梅花形布置。最下一排泄水孔高于地面或排水沟底面 200mm 以上。在泄水孔进水侧设置反滤层或反滤包。反滤层厚度不小于 500mm，反滤包尺寸不小于 500mm×500mm×500mm。反滤层顶部和底部设厚度不小于 300mm 的黏土隔水层。坡脚设排水沟，坡顶潜在塌滑区后缘设置截水沟。坡顶设护栏。

8.6 格构锚固

8.6.1 概述

在复杂山区修建铁路、高等级公路等基础设施时，将遇到许多深挖高填的工程，从而形成高陡边坡（坡度大于 60°的高边坡和超高边坡），需要施加更强的工程措施，才能使边坡稳定。在进行高陡边坡工程的设计和施工时，应考虑以下问题并采取相应的工程措施。

（1）高陡边坡存在深层稳定问题，必须找出边坡可能失稳的原因，施加有效工程措施确保坡体稳定。一般采用抗滑桩或预应力锚索抗滑桩，并且将它置于坡脚，抵抗坡体产生的土压力或滑坡推力，如图 8-23 所示。

（2）边坡高而陡峭，浅层土体难以在坡面固定，存在严重的浅层稳定性问题。一般在坡面现浇钢筋混凝土格构（框架）或者将预制好的钢筋混凝土构件铺设在坡面以形成格构（框架），格构（框架）的节点处视情况可用锚杆或预应力锚索来固定。这种预应力锚固格构（框架）既有加固浅层岩土体，又有加固深层岩体的作用。对于那些浅层稳定性较好的坡体，可不用格构（框架）而只用地梁，即将横梁取消。

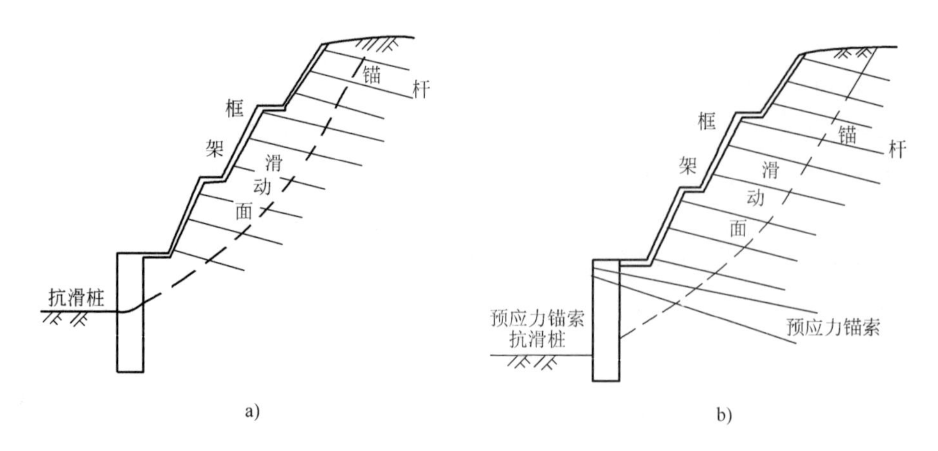

图 8-23　高陡边坡的加固防护措施

8.6.2　钢筋混凝土格构加固

（1）适用条件

钢筋混凝土格构护坡是指在边坡上现浇钢筋混凝土框架或将预制件铺设于坡面形成框架，在框架的节点处视情况可用锚杆来固定。一般而言该方法可适用于各类边坡，但由于造价高，仅在那些浅层稳定性差的边坡中采用。

（2）结构设计

钢筋混凝土格构护坡典型设计图示如图 8-24～图 8-26 所示。

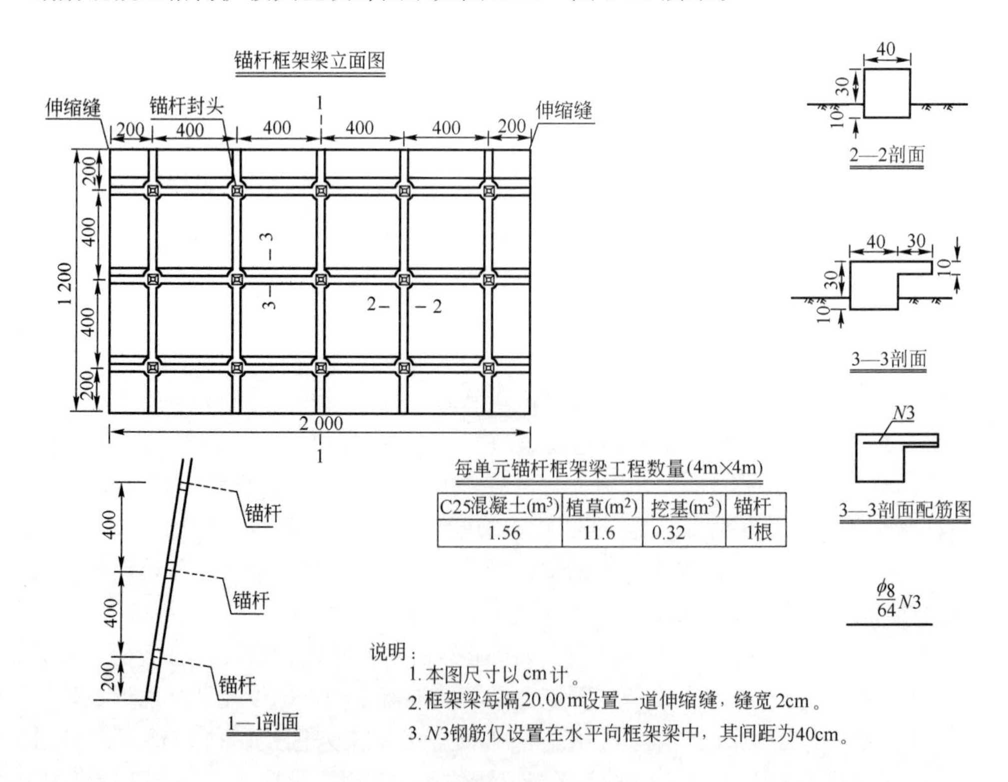

每单元锚杆框架梁工程数量(4m×4m)

C25混凝土(m^3)	植草(m^2)	挖基(m^3)	锚杆
1.56	11.6	0.32	1根

说明：
1. 本图尺寸以cm计。
2. 框架梁每隔20.00m设置一道伸缩缝，缝宽 2cm。
3. N3钢筋仅设置在水平向框架梁中，其间距为40cm。

图 8-24　钢筋混凝土格构护坡框架布置

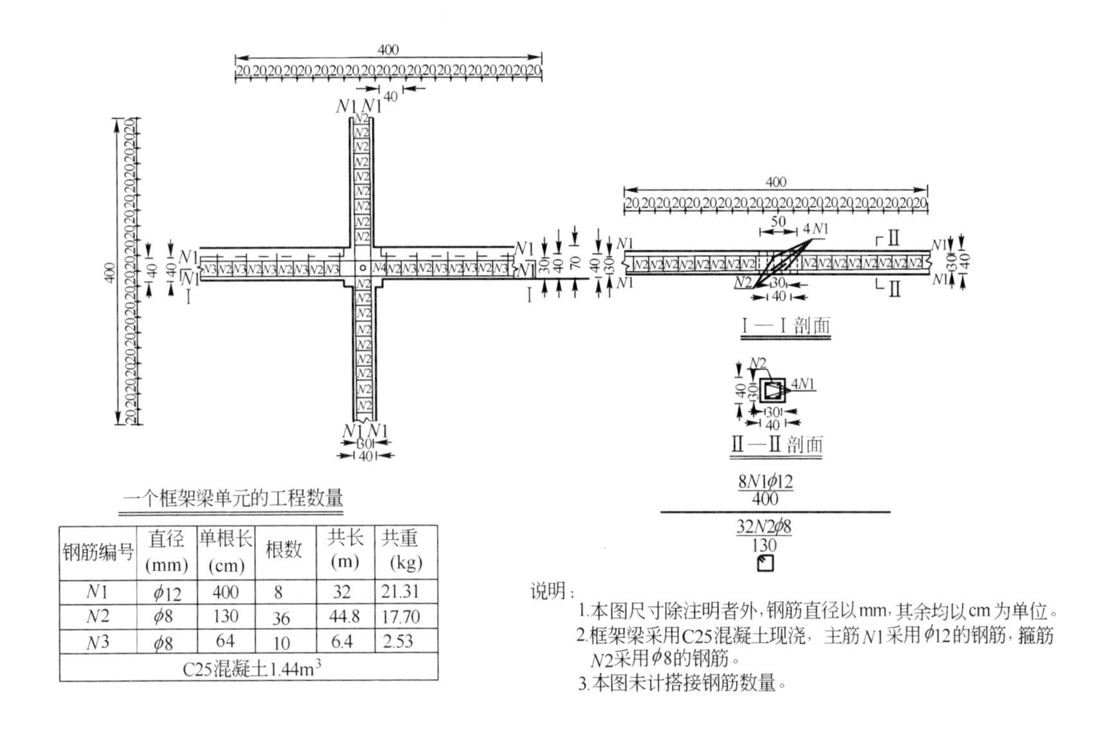

钢筋编号	直径(mm)	单根长(cm)	根数	共长(m)	共重(kg)
$N1$	$\phi12$	400	8	32	21.31
$N2$	$\phi8$	130	36	44.8	17.70
$N3$	$\phi8$	64	10	6.4	2.53
C25混凝土1.44m^3					

图 8-25　钢筋混凝土格构护坡框架配筋设计

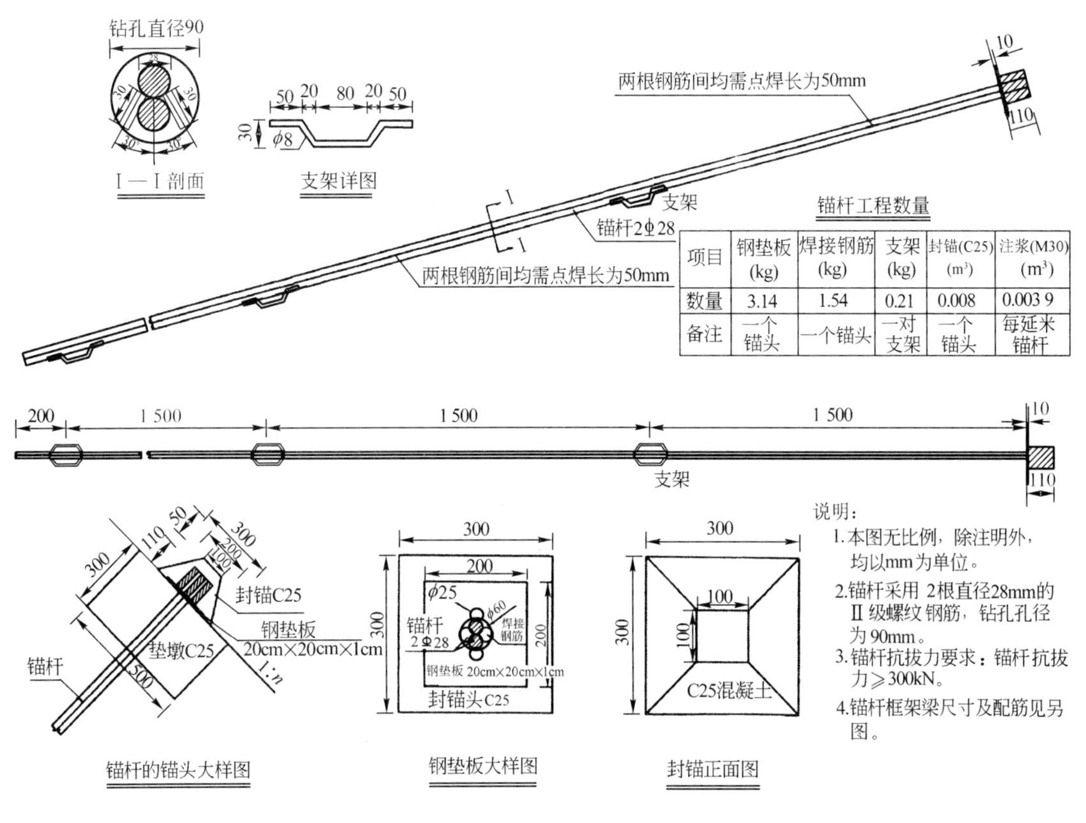

项目	钢垫板(kg)	焊接钢筋(kg)	支架(kg)	封锚(C25)(m^3)	注浆(M30)(m^3)
数量	3.14	1.54	0.21	0.008	0.003 9
备注	一个锚头	一个锚头	一对支架	一个锚头	每延米锚杆

图 8-26　钢筋混凝土格构护坡锚杆设计

8.6.3 预应力锚索格构加固

（1）适用条件

对那些稳定性很差的高陡岩石边坡，用锚杆不能将钢筋混凝土格构固定于坡面，此时应采用预应力锚索，既固定格构又加固坡体。适用条件是：

①必须用锚索加固的高陡岩石边坡。

②边坡坡度大于 1∶0.5，高度不受限制。

（2）结构设计

用预应力锚索加固坡体，用锚杆固定格构。预应力锚索、锚杆长度视工程具体情况确定。预应力锚索格构护坡典型设计图示如图 8-27～图 8-29 所示。

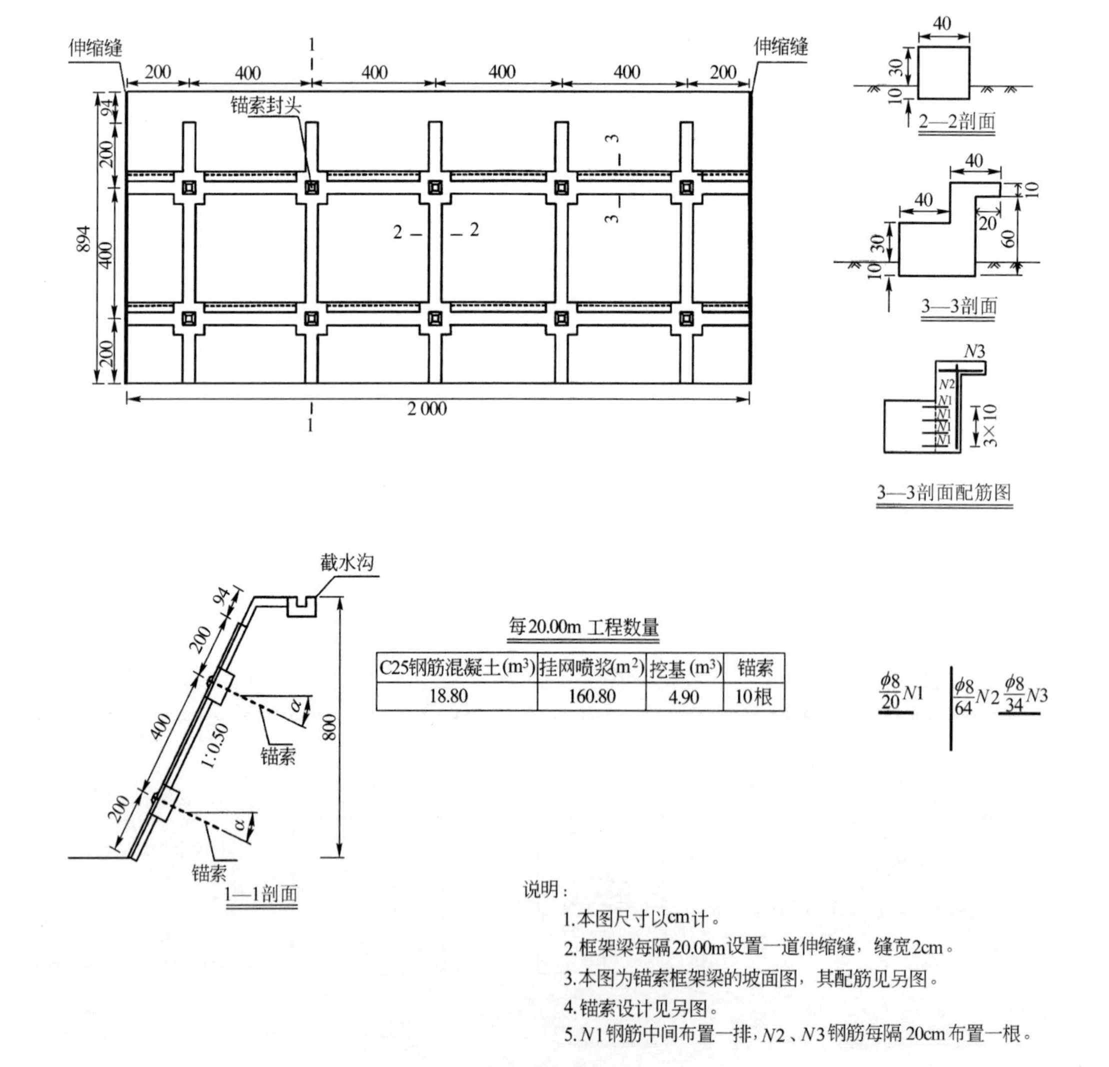

每20.00m 工程数量

C25钢筋混凝土(m^3)	挂网喷浆(m^2)	挖基(m^3)	锚索
18.80	160.80	4.90	10根

图 8-27 预应力锚索格构护坡布置

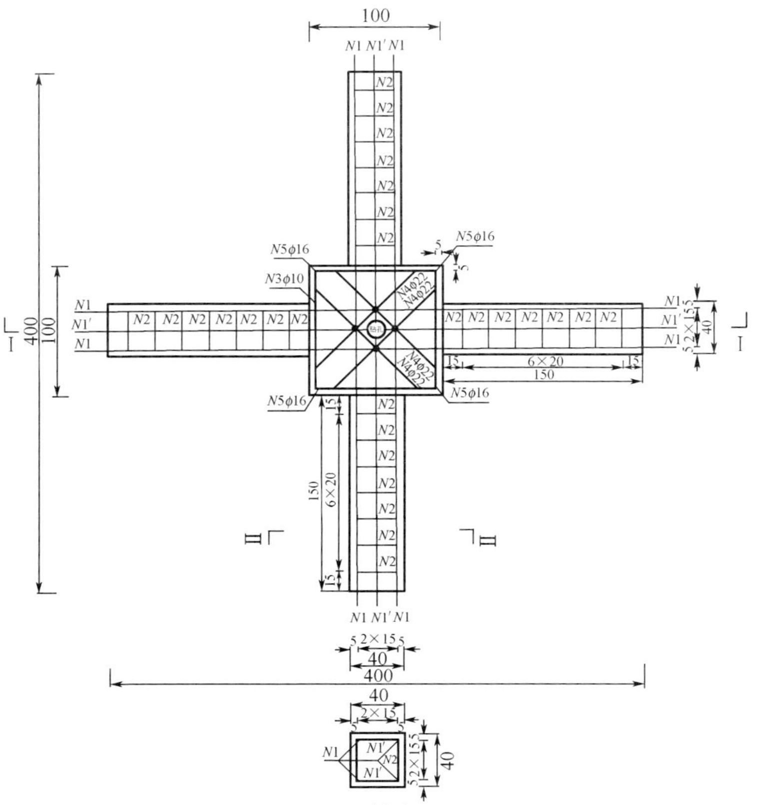

每单元钢筋混凝土材料数量

钢筋编号	直径(mm)	单根长 (cm)	根数	共长 (m)	共重(kg)
$N1$	$\phi 22$	400	8	32	95.36
$N2$	$\phi 8$	136	28	38.05	14.91
$N3$	$\phi 10$	376	4	15.04	9.28
$N4$	$\phi 22$	116	4	3.98	11.88
$N5$	$\phi 16$	76	6	4.56	7.50
$N6$	$\phi 8$	64	10	6.4	2.53
$N1'$	$\phi 22$	192.5	8	15.4	45.89
C25 混凝土 56m³					

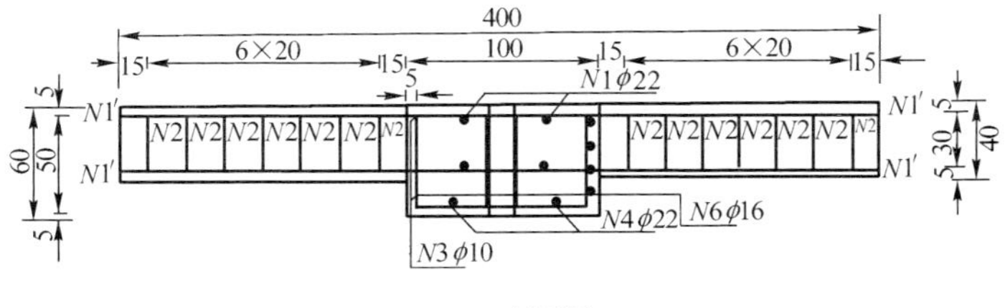

Ⅰ—Ⅰ剖面图

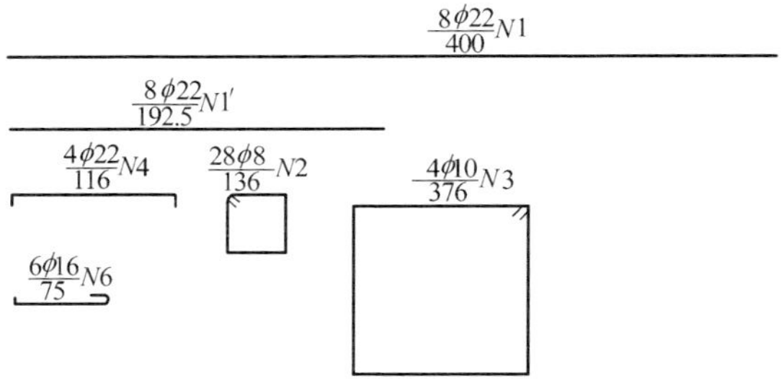

Ⅱ—Ⅱ剖面图

说明：

1. 本图尺寸除注明者外，钢筋直径以mm计，其余均以cm为单位。
2. 垫墩与框架梁均采用C25混凝土现浇，垫墩钢筋与混凝土梁钢筋采用焊接。
3. 如果锚索倾角与垫墩配筋不能协调时，应增设斜托（参见预应力锚索标准图 8-29），并适当调整 钢筋间距，或者将配筋截面由矩形改为平行四边形，再者将顺路纵梁绕中心轴线旋转适当角度以适应锚索倾角。
4. 由于坡面未进行削坡处理，各个锚索框架梁节点间的框架梁长度应相应增长，配筋间距和形式不变。

图 8-28　预应力锚索格构护坡框架配筋设计

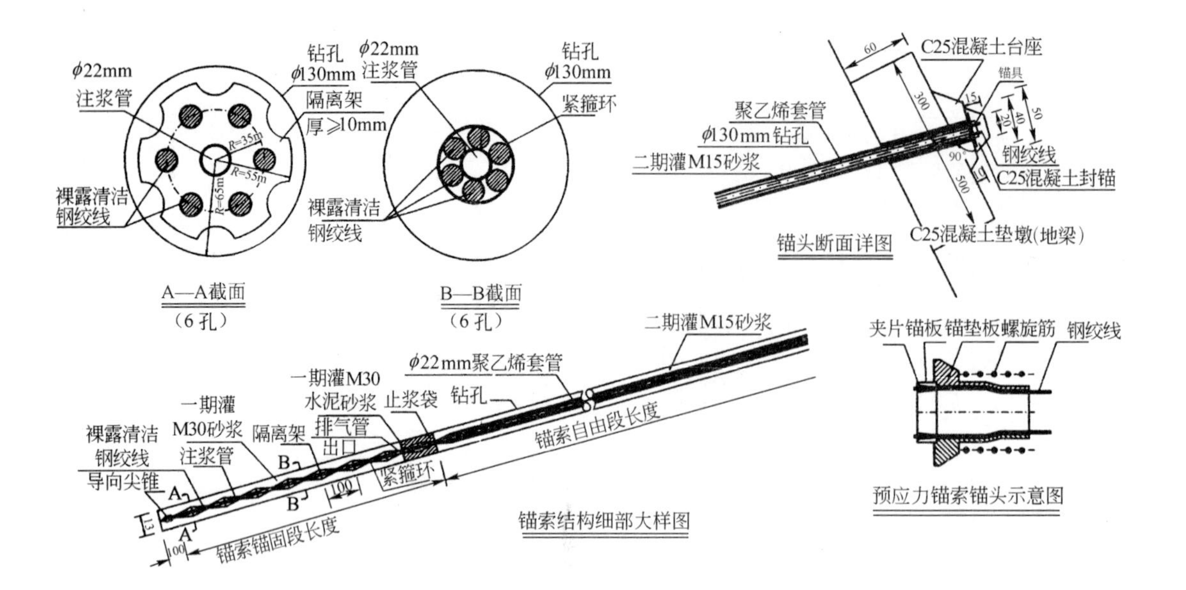

说明：

1. 本图尺寸除注明者外，余均以 cm 为单位。
2. 预应力锚索采用 270 级高强度低松弛、抗拉强度不小于1 860MPa的钢绞线，A 型锚索每孔 ϕ15.24mm共 6 束；B 型锚索每孔 ϕ15.24mm 共 8 束，其设计预应力和锚固段长度见各边坡处治设计图要求。
3. 锚索锚固段内的钢绞线采用隔离架和扎丝分离、扎紧，保证隔离架与锚索垂直；锚索自由段需作防腐处理，每束钢绞线分别采用聚乙烯套管隔离保护，外用铁丝绑扎成一体，对张拉段裸露部分应作防腐处理。
4. 锚索自由段可在施工时选用 ϕ22×1.5 的聚乙烯套管现场套做，但制作时应注意套管内的间隙用 2 号防锈油脂充填，两端用油脂棉纱塞紧，并用铁丝固定防止滑脱；锚固段的钢铰线用清洁剂除油污；也可购买工厂生产的带套管的钢绞线，但施工时应剥去锚固段的套管，并用清洁剂除净附在钢绞线上的油脂。
5. 无论是现场自制或使用工厂生产的带套管的钢绞线，均应保证套管壁厚不小于 1mm。
6. 应根据钢绞线根数选择配套的锚板、夹片、锚垫板、螺旋筋等产品。
7. 整个锚索采用二次灌浆法施工，锚固段、止浆袋钻孔内注入 M30 水泥砂浆，自由段钻孔内注入 M15 水泥砂浆，每孔一期锚固段和止浆袋压浆量应大于理论浆量的130%，注浆压力为0.6 ～ 0.8MPa。
8. 一期灌浆为整个锚固段长度，只有当一期注浆体强度达到设计强度后，方可施加预应力。
9. 为保证预应力锚索锚固段注浆压力达到设计要求，应在锚固段中设置止浆袋，其设计见止浆袋设计大样图。
10. 隔离架采用 A3 钢，需去毛刺，并进行防锈处理。
11. 施工中如发现设计与实际情况不符，经监理工程师同意后，可适当调整锚索自由段长度。
12. 预应力锚索施工必须严格按照相关施工技术要求进行。

图 8-29　预应力锚索格构护坡锚索设计示例

框架梁和垫墩的配筋可根据《建筑地基基础设计规范》（GB 50007—2002）独立基础的配筋进行计算。根据工程的计算和美观综合考虑，格构中的框架梁和垫墩主要尺寸可参照表 8-34。

格构主要尺寸推荐表　　表 8-34

序号	吨　　位	框架梁尺寸（cm）			垫墩尺寸（cm）		
		碎石土	强风化岩石	中弱风化岩石	碎石土	强风化岩石	中弱风化岩石
1	1 500kN 级以上	60×60	50×50	40×40	150×150	120×120	100×100
2	1 000～1 500kN 级	50×50	50×50	40×40	120×120	100×100	80×80
3	500～1 000kN 级	50×50	40×40	40×40	100×100	100×100	60×60
4	500kN 级以下	40×40	40×40	40×40	100×100	80×80	60×60

注：1. 一般锚索框架梁断面尺寸不宜小于 40cm×40cm，以满足配筋需要。

2. 当坡面岩石为顺层边坡，且完整时可不设置框架梁，仅采用地梁或垫墩形式。

3. 预应力较小的锚杆框架梁可采用的断面尺寸为 30cm×30cm。

对于那些浅层稳定性好，但深层易失稳的高陡岩土边坡，不必用框架固定浅层，而只用地梁即可，这样可去掉框架的横梁，从而节省较多的材料，其结构形式如图 8-30 所示。

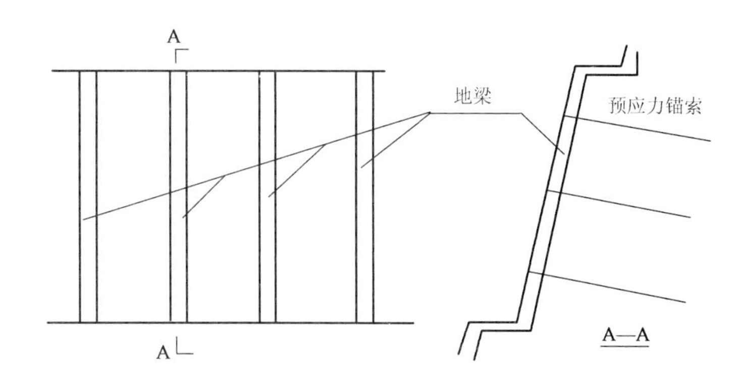

图 8-30　预应力锚索地梁护坡图式

地梁用预应力锚索固定于坡体，对于稳定性较好的坡体还可采用锚杆固定。

8.6.4　预应力锚索地梁的内力计算原理

对于预应力锚索地梁的内力计算，建议按下述原则进行：

①应考虑锚索张拉和工作阶段分别验算地梁的内力；

②对于张拉阶段，建议采用温克勒假定计算破碎软弱岩体上的地梁内力；有较好弹性性质的地层，可按弹性地基计算地梁内力；鉴于刚性梁的计算方法简单，可用于地梁内力的初步估算；

③对于工作阶段，可将地梁视为承受主动土压力的多跨静不定连续梁，在用此方法计算其内力时，应合理确定作用于地梁上的主动土压力大小。

1）受力分析

如图 8-30 所示，预应力锚索地梁由置于坡面的地梁和预应力锚索组成。锚索一端锚固于深层岩石中，一端固定于地梁上。地梁之间的坡面采用植被防护，也可根据具体情况采用浆砌片石、喷锚等其他形式的防护。由前面介绍的施工顺序可知，现场浇筑地梁后，按设计程序张拉锚索并锁定，然后预应力锚索进入工作阶段。因此预应力锚索地梁的受力分析，应考虑张拉阶段和工作阶段。下面以地梁上设置 3 根预应力锚索为例分析其受力。

（1）张拉阶段

预应力锚索地梁的受力状态首先是在锚索张拉阶段，为简化分析，这里所说的张拉阶段是指锚索张拉刚刚完成的阶段，其受力模型可简化为受多个集中荷载的地基基础梁。此时，作用于地梁上的外力主要有锚索张拉力、梁下岩体的反压力、地梁重力、梁底摩擦力。由于后两者相对于前两者非常小，故这里只考虑作用于地梁上的两个主要外力——锚索张拉力 P、梁下岩体的反压力 $q(x)$。于是，这时的地梁在形式上可以看成一个倒扣在坡面上的连续梁，锚索抑制点即为连续梁的“支座”，而在连续梁的下表面则作用着指向梁的地基反压力，如图 8-31a）所示。

（2）工作阶段

当锚索张拉完成并锁定后，预应力锚索地梁便进入工作阶段，此阶段是预应力锚索地梁结构的主要受力阶段。这时，作用于地梁上的主要外力虽然仍是锚索张拉力和梁下岩体的压力，但这时梁下岩体压力的含义是不同的。在张拉阶段，地基反压力主要是由地梁压岩体而产生的被动岩体压力。在工作阶段，由于随着坡体的滑移变形，若没有锚索存在，则地梁会随着坡面岩体一起滑动，但若有锚索存在，由于锚索紧拉地梁而抑制地梁滑动，进而也就抑制坡体滑移，于是便起到加固坡体的作用，所以此时地基反压力则主要是来自地梁下岩体变形压地梁而形成的主动岩体压力。便于简化分析，这里假定坡体滑移方向与潜在滑面一致，即沿潜在滑面发生滑移。于是，对于一般硬质岩石边坡，作用于地梁上的主动岩体压力可根据边坡整体稳定分析来确定，如采用极限平衡法；当坡体主要为软质破碎岩石时，主动岩体压力则可采用滑坡稳定分析中的传递系数法确定，或者近似地按主动土压力理论计算。但是，当施工过程中有现场监测条件时，则应以现场监测资料为主要参考来确定主动岩体压力。锚索张拉力在工作阶段也与前一阶段有所不同，由于地基反力发生变化，所以锚索抑制力也必然发生变化。也就是说，在张拉阶段，作用于地梁上的两个主要外力中，锚索张拉力是已知的，地基反压力是未和待求的；工作阶段，地基压力即主动岩体压力 $\sigma(x)$ 则是已知的，而锚索张拉抑制力 F 却是未知待求的。工作阶段的地梁可直接按照倒扣在坡面上的受分布荷载作用的连续梁来计算，受力模式如图 8-31b)所示。

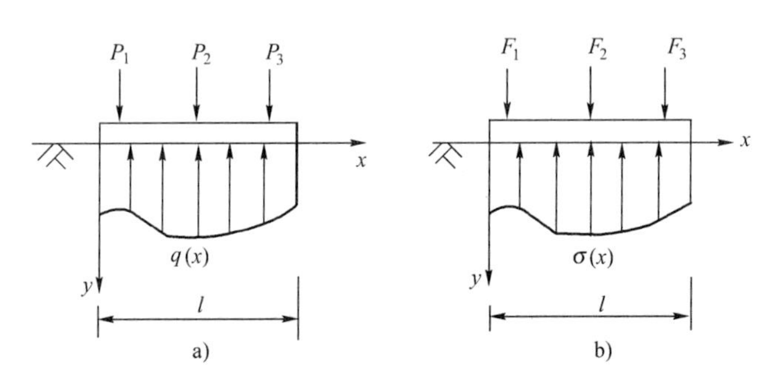

图 8-31 地梁受力模式

a)张拉阶段；b)工作阶段

从上述分析可知，在张拉阶段预应力锚索的张拉力 P_1、P_2 和 P_3，是主动作用于地梁上的力，它迫使土体变形，使土体产生被动抗力 $q(x)$，并作用于地梁上。张拉阶段完成后，锚索张力、土体抗力保持相对平衡，但在工作阶段土体的变形将破坏这种平衡。例如，坡体发生蠕滑变形时，土体的抗力 $q(x)$将转变成主动土压力 $\sigma(x)$，锚索张力 P_1、P_2 和 P_3 则转变为被动抗力 F_1、F_2 和 F_3，以抵抗土压力。一般来说，工作阶段的 F_1、F_2 和 F_3 要大于张拉阶段对应的 P_1、P_2 和 P_3。这两个阶段受力模式不同，在设计预应力锚索地梁时，应分别验算张拉阶段和工作阶段的内力，以确保地梁的安全使用。

2）理论计算

（1）张拉阶段地梁内力计算

一般按温克勒假定计算张拉阶段地梁内力。

根据温克勒假定，地基中一点的位移与该点的压应力成正比，其间比例系数称为基床系数。于是可根据地梁的特征系数 α 和长度 l 以及载荷距梁端的距离 x，区分为刚性梁、短梁和长梁。刚性梁的 $\alpha l \leqslant 1$，此时地梁的刚度较大，它的弯曲变形与地基沉陷相比甚小，可忽略不计，因而地基反力可假设为直线分布；长梁是指梁上荷载与梁两端的距离 x 满足 $\alpha_x \geqslant 2.75$ 的地梁；除这二者之外，凡不是刚性梁和长梁的类型则称为短梁，即 $\alpha_x < 2.75$ 且 $\alpha l > 1$。实际上，在满足 $\alpha_x < 2.75$ 的条件下，多数地梁都可作为短梁来计算，只有当地梁长度相对很小（具体由 $\alpha l \leqslant 1$ 确定）时，才可以按刚性梁计算。温克勒假定没有考虑地基中剪应力的影

响，因而就不能考虑地基中的应力扩散效应。尽管有这种局限性，但由于其模型简单，较容易计算，故在工程设计中仍被较为广泛地采用。

①刚性梁的内力计算

假设为矩形梁，底宽为 b，长度为 l，按静力平衡条件 $\sum P_y=0$ 和 $\sum M_c=0$，可求出梁两端 A 和 B 两点的地基反力 q_A 和 q_B。

$$q_A=\frac{\sum P_i}{A}-\frac{\sum P_i e_i}{W},\ q_B=\frac{\sum P_i}{A}+\frac{\sum P_i e_i}{W} \tag{8-70}$$

式中：A——地梁底面积，即 bl；

e_i——各集中力 P_i 对梁中心的偏心距；

W——地梁底面积的截面模量，即 $bl^2/6$。

由此可求出地梁下任意点的地基反力，再利用静力平衡条件可计算出地梁上任何截面上的弯矩和剪力。这种方法除了当地梁刚度较大时可采用外，还可用于地梁的初步计算。

②长梁的内力计算（图 8-32）

内力计算公式为：

$$\begin{cases} y=\dfrac{P\alpha}{2K}\varphi_7 \\ \theta=-\dfrac{P\alpha^2}{K}\varphi_8 \\ M=\dfrac{P}{4\alpha}\varphi_5 \\ Q=-\dfrac{P}{2}\varphi_6 \end{cases} \tag{8-71}$$

式中：y、θ、M、Q——分别是地梁某截面位移、转角、弯矩和剪力；

K——集中基床系数，为土表宽度 b 与基床系数 k 的乘积；

k——基床系数(地基弹性压缩系数)，与地基岩土体的物理力学性质有关；

α——特征系数，$\alpha=\sqrt[4]{kb/(4EI)}$，其中 E 是地梁弹性模量，I 是其截面惯性矩，可以看出，地梁抗弯刚度 EI 越大，α 一般也越大；

$\varphi_5\sim\varphi_8$——可查阅文献《地下结构静力计算》（中国建筑工业出版社，1979）的附表 3。

③短梁的内力计算（图 8-33）

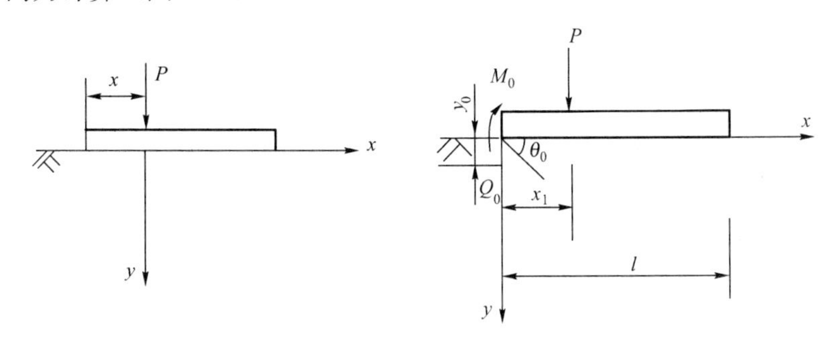

图 8-32　长梁计算模式　　　　图 8-33　短梁计算模式

内力计算公式为：

$$
\begin{cases}
y = y_0\varphi_1 + \dfrac{\theta_0}{2\alpha}\varphi_2 - M_0\,\dfrac{2\alpha^2}{K}\varphi_3 - Q_0\,\dfrac{\alpha}{K}\varphi_4 + \dfrac{\alpha P}{K}\varphi_{4\alpha(x-x_1)} \\
\theta = -y_0\alpha\varphi_4 + \theta_0\varphi_1 - M_0\,\dfrac{2\alpha^3}{K}\varphi_2 - Q_0\,\dfrac{2\alpha^2}{K}\varphi_3 + \dfrac{2\alpha^2 P}{K}\varphi_{3\alpha(x-x_1)} \\
M = y_0\,\dfrac{K}{2\alpha^2}\varphi_3 + \theta_0\,\dfrac{K}{4\alpha^3}\varphi_4 + M_0\varphi_1 + Q_0\,\dfrac{1}{2\alpha}\varphi_2 - \dfrac{1}{2\alpha}P\varphi_{2\alpha(x-x_1)} \\
Q = y_0\,\dfrac{K}{2\alpha}\varphi_2 + \theta_0\,\dfrac{K}{2\alpha^2}\varphi_3 - M_0\alpha\varphi_4 + Q_0\varphi_1 - P\varphi_{1\alpha(x-x_1)}
\end{cases}
\tag{8-72}
$$

内力计算公式如式(8-72) 所示，其中要把地梁梁端截面位移、转角、弯矩和剪力作为已知边界条件。φ_1、φ_2 和 φ_3 可查阅文献《地下结构静力计算》(中国建筑工业出版社，1979) 的附表 2。

(2) 工作阶段地梁内力计算

工作阶段坡体产生滑动变形，破坏了地梁结构与坡体的相对平衡。因此必须首先确定图 8-31b) 中作用于地梁上的土压力 $\sigma(x)$，为简化分析，这里假定此时地梁上的土压力按朗肯主动土压力理论计算。$\sigma(x)$ 确定后，该受力模型就可按常规的连续梁（一般为两跨及以上，视地梁上锚孔数而定）计算地梁内力。

8.6.5 预应力锚索格构的内力计算原理

预应力锚索格构如图 8-27 和图 8-34 所示，由伸缩缝将整个结构分解为由两片纵梁和两片横梁组成的框架型结构。目前很多设计部门在设计此类结构时，一般都采用经验类比法来估算地梁内力，或者简单地按一般建筑基础的方法来计算地梁内力，没有较为严格地根据岩石高边坡工程中预应力锚索框架型地梁的具体受力特点来设计计算地梁，其不合理性及弊端是显而易见的。

对于预应力锚索格构的内力计算，建议按下述原则进行：

①计算时宜将预应力锚索格构框架拆成单片梁的形式分别计算，根据岩石高边坡的力学特点，应分锚索张拉阶段和工作阶段分别计算地梁内力，并在此基础上综合比较分析，进行合理结构设计。

②在张拉阶段，将地梁视为在上部集中力（锚索预张拉力）作用下置于坡面上的连续梁，此时锚索预张拉力已知，而地基反力未知，可按 Winkler 地基模型计算地梁内力。

③在工作阶段，将地梁视为在线分布力作用下倒置于坡面上的连续梁，此时梁下主动岩体压力已知，而锚索张拉力未知，可按力矩分配法等计算地梁内力。

④工作阶段作用于地梁上的主动岩体压力宜通过现场监测分析确定，在无监测资料时，可以根据岩体种类由边坡整体稳定分析或近似按主动土压力理论来确定。当然，在具体处理过程中，还会涉及锚索预应力损失等问题，就需要根据一定的经验来处理了。

1) 地梁形式与基本假定

(1) 格构形式

格构结构形式简化为如图 8-34 所示，是由两片纵梁和两片横梁组成的框架（框架型）结构。在一个格构单位中，每片纵梁两侧，在纵、横梁交点处，设置预应力锚索。

(2) 基本假定

①当格构主动作用压力于坡体时，坡体对格构的反作用力按 Winkler 假定计算，即

$$p = ky$$

式中：p——坡体反压应力；

k——相应的地基弹性系数；

y——坡面在格构压力作用下产生的垂直于格构底面方向的位移。

②不考虑纵梁和横梁的扭转效应，即在纵、横梁交点处简化为铰支连接。

③不讨论格构与岩体地基的相对刚度对地基压力的影响，认为格构具有一定的刚柔度。

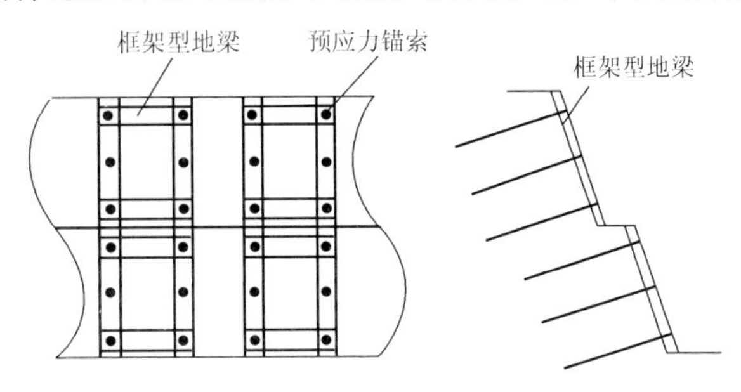

图 8-34 格构(框架)示意图

2）受力分析

基于纵、横梁之间为铰支连接的假设，将格构“分解”开，拆成纵梁和横梁分别单独进行受力分析。鉴于岩石高边坡工程的特点，分锚索张拉阶段和工作阶段分别进行分析。

（1）张拉阶段

预应力锚索格构的受力状态首先是在锚索张拉阶段，这里所说的张拉阶段仍与前述相同，即指张拉刚刚完成的阶段。此时，作用于纵、横格构上的外力主要有：锚索张拉力、梁下岩体的反压力、格构重力、梁底摩擦力。由于后两者相对于前两者非常小，故这里只考虑作用于格构上的两个主要外力——锚索张拉力 T、梁下岩体的反压力 $q(x)$。于是，这时的格构在形式上可以看成一个倒扣在坡面上的连续梁，锚索抑制点即为连续梁的“支座”，而在连续梁的下表面则作用着指向梁的地基反压力，纵梁和横梁的受力模式如图 8-35a）所示。图中纵梁有一定的外延长度，而横梁则没有外延，有时横梁也有外延，此时作相应调整就可。

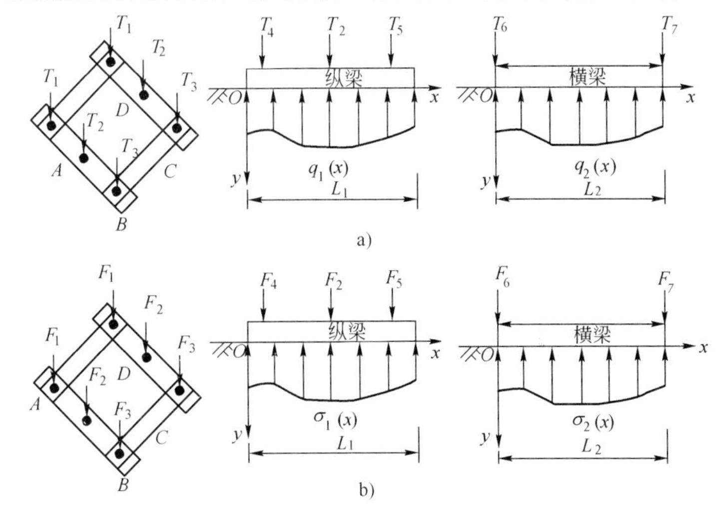

图 8-35 格构受力模式图

a)张拉阶段；b)工作阶段

(2) 工作阶段

当锚索预张拉完成并锚固抑制稳定后，预应力锚索格构便逐渐地进入工作阶段，此阶段是预应力锚索格构结构的主要受力阶段。这时，作用于格构上的主要外力虽然仍是锚索张拉力和梁下岩体的压力，但这时梁下岩体压力的含义是不同的。在张拉阶段，地基反压力主要是由格构主动压岩体而产生的被动岩体压力。在工作阶段，由于随着坡体的滑移变形，若没有锚索存在，则格构会随着坡面岩体一起滑动，但若有锚索存在，由于锚索紧拉格构而抑制格构滑动，进而也就抑制坡体滑移，于是便起到加固坡体的作用，所以此时地基反压力则主要是来自格构下岩体变形挤压格构而形成的主动岩体压力。便于简化分析，这里假定坡体沿潜在滑面发生滑移破坏。于是，对于一般硬质岩石边坡，作用于格构上的主动岩体压力可根据边坡整体稳定分析来确定。如采用极限平衡法；当坡体主要为软质破碎岩石时，主动岩体压力则可采用滑坡稳定分析中的传递系数法确定，或者近似地按主动土压力理论计算。但是，当施工过程中有现场监测条件时，则应以现场监测资料为主要参考来确定主动岩体压力。锚索张拉力在工作阶段也与前一阶段有所不同，由于地基反力发生变化，所以锚索抑制力也必然发生变化。也就是说，在张拉阶段，作用于格构上的两个主要外力中，锚索张拉力是已知的，地基反压力是未知待求的；在工作阶段，地基压力即主动岩体压力 $\sigma(x)$ 则是已知的，而锚索张拉抑制力 F 却是未知待求的。工作阶段的格构可直接按照倒扣在坡面上的连续梁来计算，对于纵梁来说，是一个超静定结构，而对横梁来说则为一个静定结构，两者受力模式如图 8-35b) 所示。

3) 计算方法

(1) 张拉阶段

可以把框架型格构拆分成纵梁和横梁分别进行研究。不论是纵梁还是横梁，将其置于坡面上，在外力作用下，格构-地基系统都必须满足两个力学相容关系，即：静力平衡和变形协调。具体针对格构来说，首先在各外力作用下要满足静力平衡条件；其次在外力作用下要使格构底面与坡面始终保持接触，即格构产生的挠度要等于坡面产生的相应方向的位移。由于纵梁与横梁组合成整体框架形式，所以还应满足的一个变形协调条件：在纵、横梁交点处（如 A 点，以下均以此点为例）纵梁挠度 ω_1 应与横梁挠度 ω_2 相等。从这些基本的力学条件出发，将纵梁与横梁分别进行计算。在张拉阶段，锚索预张拉力 T_1 是已知的，在纵、横梁交点处分别作用于纵、横梁的压力 T_4、T_6 可视作由张拉力 T_1 分别分配而来。于是由力的平衡和变形协调可以得到方程：

$$T_4 + T_6 = T_1 \tag{8-73}$$

$$\omega_1 = \omega_2 \tag{8-74}$$

对于单独的纵梁(横梁)，在梁上只受集中力作用下，根据 Winkler 假定以及基本力学相容关系，可以得到梁挠度的表达式。这样，结合此处纵梁与横梁的具体情况，式 (8-74) 又可以进一步写成：

$$T_4\alpha_1 Z_{x1}/(2kb_1) = T_6\alpha_2 Z_{x2}/(2kb_2) \tag{8-75}$$

式中：k——弹性系数；

b_1、b_2——分别为纵、横梁的宽度；

α_1、α_2——分别为纵、横梁的地基柔度系数，$\alpha_1 = \sqrt[4]{kb_1/(4EI_1)}$，$\alpha_2 = \sqrt[4]{kb_2/(4EI_2)}$，其

中，EI_1，EI_2 分别为纵、横梁的抗弯刚度；

Z_x—— 计算函数，$Z_x = 1 + e^{-2\alpha x}(2\cos^2\alpha x + 1 - \sin 2\alpha x)$；

x_1、x_2——分别为交点处 T_4、T_6 至相应梁端的距离。

这样，式（8-73）与式（8-75）联立，便可解出 T_4 和 T_6：

$$T_4 = (\alpha_2 Z_{x2}/b_2)/(\alpha_1 Z_{x1}/b_1 + \alpha_2 Z_{x2}/b_2)T_1 \tag{8-76}$$

$$T_6 = (\alpha_1 Z_{x1}/b_1)/(\alpha_1 Z_{x1}/b_1 + \alpha_2 Z_{x2}/b_2)T_1 \tag{8-77}$$

于是纵梁、横梁的挠度 $\omega(x)$、弯矩 $M(x)$、剪力 $Q(x)$ 以及相应地基反力 $q(x)$ 可根据相应梁的计算类型都能得到解答。具体计算操作时，可编制电算程序完成计算。

（2）工作阶段

在此阶段，同样将格构框架拆分成纵梁和横梁分别计算。这时，由于作用于格构上的地基压力为已知，而锚索张拉力变为未知，所以计算格构的问题就可以看成求解倒置于坡面上的连续梁的内力与支座反力（锚索张力）的问题。对于纵梁，由于中间设有锚索，所以其计算模型应是两侧外侧的两跨超静定连续梁；对于横梁，则可看成单跨简支梁，纵、横梁的计算模式如图 8-35b）所示。具体求解时，纵梁可采用力矩分配法，首先求出弯矩，进而可求出剪力、支座反力等；横梁则直接按简支梁求解得出梁的内力与支座反力。

8.7　加筋土挡墙和加筋陡坡

8.7.1　加筋土技术发展概况及其特点

加筋土（Reinforced earth）是在土中加入拉筋（或称筋带）的一种复合土。在土中加入拉筋可以提高土体中的强度，增加土体的稳定性。在我国，加筋土的应用实际上已有悠久的历史，如水工建筑中用树木枝条加固地基，道路工程中加入枝条的黄土“土桥”，在民用房屋建筑中用掺入草筋、发丝或竹片的土夯筑土墙等，可惜没人总结并向更深一步发展。在国外，也有类似记载。然而作为近代建筑技术加以研究和推广，则是近 40 年来的事。20 世纪 60 年代初期，法国人亨利·维达尔（Henri Vidal）在试验中发现，当土中掺有纤维材料时，其强度可明显提高到原有强度的好几倍，继而提出了加筋土设计理论。1965 年法国普拉聂尔斯（Prageres）首次用他的设计理论成功地修建了一座公路加筋土挡墙，于是这一具有许多独特优势的加筋土结构立即引起了法、英、美、苏联和日本等世界各国的重视、试验与应用。加筋土技术也从最初用于挡土墙扩展到用于桥台、护岸、堤坝、沉淀池、半地下仓斜墙、建筑物基础、核电站反应堆等复杂条件下工作的结构中。

我国于 1979 年首次在云南建成加筋土挡墙试验工程。从此，加筋土技术的研究和应用在我国得到迅速发展。到目前为止，先后在云南、山西、湖北、浙江、广东、四川、重庆、陕西、贵州、广西、辽宁、北京、天津、江苏和江西等 26 个省区市修建了加筋土工程 300 余座，其中公路占 85%，铁路占 6%，林区、矿区道路占 3%，其他占 6%。目前最长的加筋土挡墙工程是重庆市区的长江滨江公路驳岸墙（长 5.5km），高速公路最高加筋土挡墙为云南楚大高速公路 1 号墙（墙高 43.75m），城市道路最高加筋土挡墙为重庆巫山县集仙路挡墙（墙高 60m）。目前国内对加筋土挡墙的理论研究也接近国际先进水平。

近年来加筋土技术广泛应用于土木工程，其优越性越来越明显，归纳起来有如下特点：

（1）加筋土最大的特点是可以做成很高的垂直填土边坡。从而可以减少占地面积，这对填土放坡困难的地区、城市郊区的道路，以及土地珍贵的地区、有着巨大的经济意义。

（2）加筋土结构是柔性结构，能适应地基较大的变形。

（3）施工简便。加筋土的组成构件（面板、拉筋、路缘石、栏杆、条形基础等）均可以预先制作，除需压实机械外，施工时一般不需要配备其他机械，易于掌握。同时可缩短工期和节省劳力。

（4）抗地震。由于加筋土结构所独有的柔性能吸收地震的能量，故具有刚性结构物无法与之比拟的耐震性能。

（5）造型美观。墙面板形式可以根据需要、受力特点进行各种设计、造型，并使之拼装成造型美观的建筑物，改善道路景观。

（6）投资省。加筋土挡墙面板薄，基础尺寸小，与重力式挡墙相比，可节省圬工数量95%～97%，造价可比石砌重力式挡墙和钢筋混凝土挡墙减少 20%～60%。挡土墙高度越大，节省资金越多。

8.7.2 加筋土挡墙的设计原理

（1）加筋土结构的基本原理

加筋土在土工建筑工程中常用作支挡建筑，有时也用于加固地基。用作支挡建筑的加筋土结构（加筋土挡墙）如图 8-36 所示，它由填料、拉筋、面板、基础、面板与拉筋之间的连接件等组成。

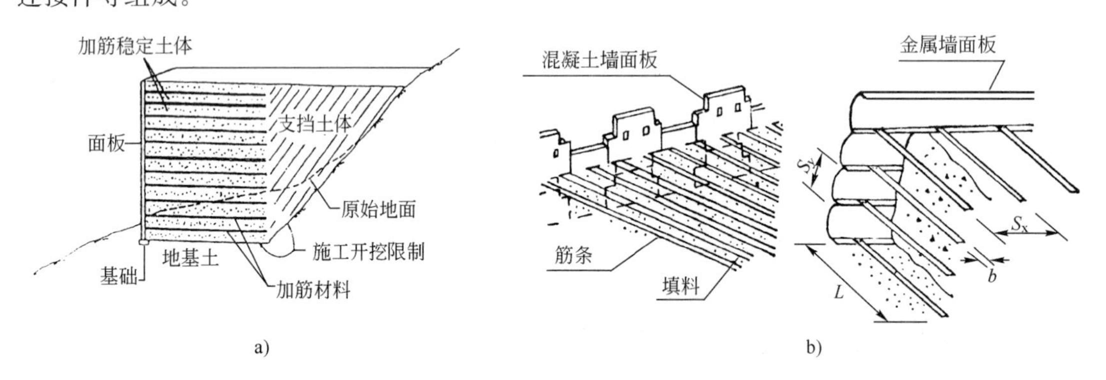

图 8-36 加筋土挡墙结构示意图

加筋土挡墙是利用水平、相间、成层地布置在填料中的拉筋与填料之间的摩擦力来稳定土体的。面板的作用是为了防止拉筋间填土从侧面被挤出并使结构具有一定形状，美化结构的外观造型。面板本身是刚性的，但墙面体系却是柔性的，故墙体可根据要求布置曲线形。面板需与拉筋连接以便使面板受到的侧向土压力传递给锚固在土体中的拉筋。

加筋土挡墙与传统重力式挡墙在概念与构造上都是完全不同的，如图 8-37 所示。重力式挡墙是依靠其重力 G 以抵抗墙后滑裂体的侧向土压力 E_a。而加筋土挡墙则是通过埋入拉筋把土体分成若干子区，通过摩擦作用把各子区土的侧向土压力传递给拉筋，防止土体产生滑裂，故而稳定了土体。由于拉筋层以上填土及外荷载的作用，密实的填土将产生侧向膨胀，因侧向膨胀比竖向变形大得多，犹如施加了一侧向荷载 $K_a\sigma_v$。若填土中安置了拉筋，由于拉筋的弹性模量比土体的大，相对来说拉筋是不膨胀的，通过拉筋与土粒之间的摩擦作用阻止土体侧向膨胀，于是拉筋产生了拉力，也就是土压力所做的功转变为拉筋的弹性能储藏在拉筋内。拉筋与土颗粒相互作用改善了土的物理力学性能，使几乎没有抗剪能力的松散介质（土）变得具有某种“黏聚力”，使得土体保持稳定。

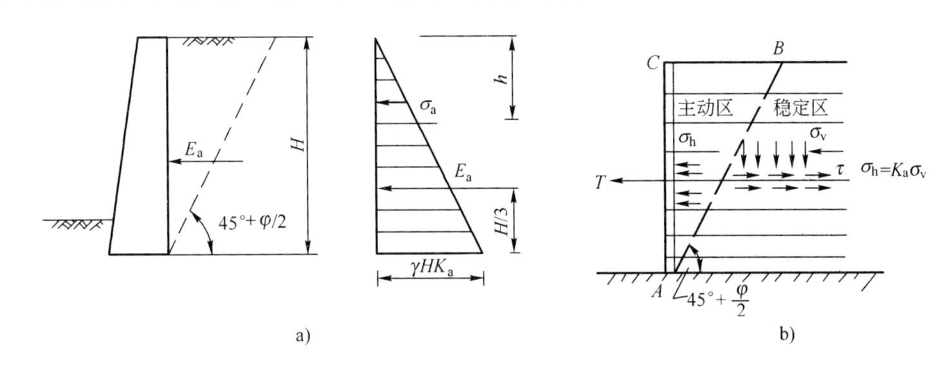

图 8-37　加筋土挡墙与传统挡墙的区别

a)重力式挡墙；b)加筋土挡墙

拉筋与土颗粒之间的摩擦作用是很复杂的，不仅取决于土壤组成成分、土粒粒径与级配、拉筋类型与断面尺寸，而且还与环境状况、加筋土结构类型、荷载方式等因素有关。为了说明拉筋与土颗粒之间的受力情况，取拉筋中的一个微段 dL（图 8-38）来分析，在此微段上拉力变化为 $\mathrm{d}T=T_1-T_2$，拉筋上下两面共有摩阻力为 $2\sigma_v bf^*\mathrm{d}L$（忽略拉筋本身的重力），拉筋不被拔出时所需的摩擦关系应为：

$$\mathrm{d}T<2\sigma_v bf^*\mathrm{d}L \tag{8-78}$$

或

$$\frac{\mathrm{d}T}{\mathrm{d}L}\leqslant 2\sigma_v bf^* \tag{8-79}$$

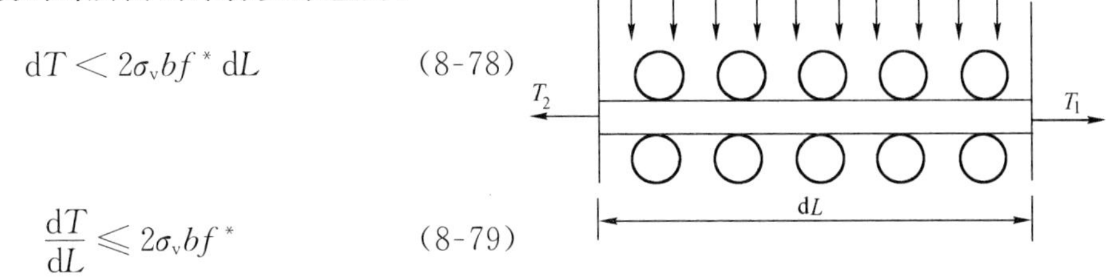

图 8-38　拉筋受力分析图

以上式中：f^*——土与拉筋接触面之间的摩擦系数，由试验确定，常称为似摩擦系数，$f^*=\tan\varphi_1$；

φ_1——土与拉筋接触面之间的摩擦角；

b——拉筋宽度（mm）；

σ_v——单位面积压力（上部土体和外荷载）。

式（8-78）没考虑拉筋侧面所受的摩阻力，这主要是考虑到拉筋侧向所受的正压力较小，且拉筋较薄。

这就要求拉筋不但要有足够的抗拉强度和弹性模量，而且要有足够的锚固长度（破裂后面的拉筋长度），以防从土中滑出，如图 8-39 所示。

拉筋的工作类似将结构锚固在稳定的土体中，所以稳定区（破裂面后面的填土区）也常被比拟为锚固区。拉筋在稳定区的长度称为锚固长度或有效长度 L_e，而在不稳定区（破裂体内）的长度相对地称为活动区长度或无效长度 L_0（在没形成破裂面之前仍为有效），则拉筋总长度 $L=L_e+L_0$。

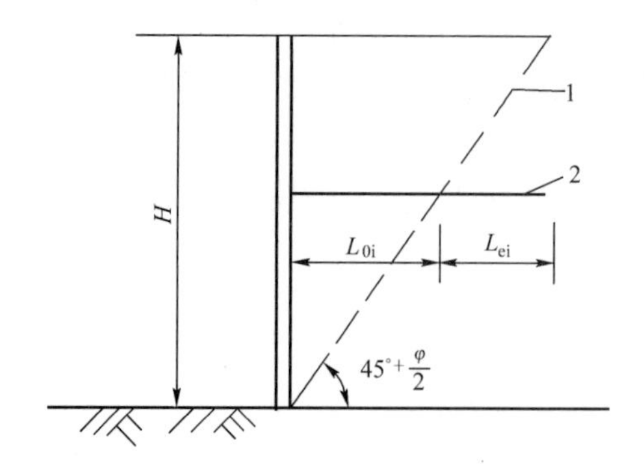

图 8-39　拉筋的锚固长度和活动区长度
1-破裂面；2-第 i 层筋材

（2）加筋土挡墙设计计算的内容

加筋土挡墙设计计算的内容包括内部稳定性分析、外部稳定性分析以及加筋土挡墙的材料选择与构件设计。

内部稳定性分析包括拉筋的拉力计算、拉筋强度验算，以及拉筋长度（包括锚固长度 L_e 和活动区长度 L_0）的确定，以确保拉筋在最大拉力作用下不被拉断或不被拔出。

外部稳定性分析包括整体稳定性分析（加筋土结构随地基一起滑动的验算）、滑移稳定性分析、倾覆稳定性分析、基底应力验算与沉降计算等。

8.7.3　内部稳定性分析

加筋土挡墙设计的重点在于内部稳定性分析，特别是拉筋拉力的计算。由于加筋土的特性，因外部失稳而致结构破坏的情况一般很少发生，因此，研究加筋体的内部稳定性问题，特别对拉筋的拉力计算方法的研究，一直是人们所关注的热点。

1）拉筋拉力计算

（1）加筋体重力产生的拉力

在加筋土发展初期，一般将加筋土视为锚固结构，认为填土和活载引起的土压力作用于面板，通过拉筋与墙面板的连接而传递给拉筋，亦即拉筋承担的最大拉力的确定，是通过计算其分担的墙面板面积所承受的土压力来决定的。随着模型试验和现场原型试验所得的实测资料逐渐丰富和研究工作的逐步深入，认为上述锚固系统的简单概念难以全面反映加筋土结构的内力平衡。众多的试验均表明实际破裂面远离库仑-朗肯理论破裂面［与水平线成$(45°+\varphi/2)$交角的平面］。滑裂体顶宽由 $H/\tan(45°+\varphi/2)$ 缩小到 $\leqslant 0.3H$（H 为墙高），说明古典理论过于保守。由于土中埋入拉筋与土之间的相互作用改善了土的力学性能，所以新近的研究则把拉筋与土壤看成各向异性的复合材料，它被一层层拉筋所起的“黏结”作用所稳定，组成一个整体。如考虑这个加筋整体背后填土的土推力对拉筋拉力的影响（图 8-40），则会出现对各层拉筋及基底的合力偏心，这就

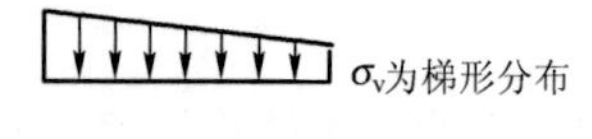

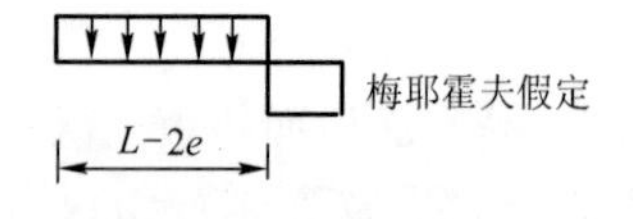

图 8-40　复合材料理论的破裂面及垂直应力分布

需要研究垂直应力 σ_v 在拉筋上的分布状况，而墙背填土对加筋土挡墙结构内的垂直应力 σ_v 影响直接涉及结构内拉筋拉力的计算及抗拔稳定系数的计算。拉筋上垂直应力 σ_v 的不同分布状况，将得到不同的结论，现分述如下。

①σ_v 均匀分布

这一分布假定加筋土后的填土压力对结构内部 σ_v 不产生影响，面板单位面积上的侧向土压应力 σ_{Hi} 为：

$$\sigma_{Hi} = K_i\sigma_{vi} = K_i\gamma_1 h_i$$

因此，一个计算单元 $S_x \cdot S_y$ 范围内拉筋拉力 T_{hi} 为：

$$T_{hi} = \sigma_{Hi}S_xS_y = K_i\gamma_1 h_i S_x S_y \tag{8-80}$$

②σ_v 呈梯形分布

此时假定加筋土后的土压力对计算截面产生的弯矩为 $M = E_i\dfrac{1}{3}h_i = \dfrac{1}{2}K_i\gamma_1 h_i h_i \dfrac{1}{3}h_i = \dfrac{1}{6}K_i\gamma_1 h_i^3$，而计算截面处的截面模量为 $W=\dfrac{1}{6}L^2$，则节点 A 处的垂直土压应力增加量为：$\Delta\sigma_v=\dfrac{M}{W}=K_i\gamma_1 h_i\ (h_i/L)^2$。

不计弯矩影响时的垂直土压应力仍为：$\overline{\sigma_{vi}}=\gamma_1 h_i$。

所以，节点 A 处的垂直应力为：$\sigma_v=\overline{\sigma_{vi}}+\Delta\sigma_v=\gamma_1 h_i+K_i\gamma_1 h_i(h_i/\mathrm{L})^2$。

因此，深度 h_i 处拉筋拉力为：

$$T_{hi} = K_i\sigma_v S_x S_y = K_i\gamma_1 h_i[1+K_i(h_i/L)^2]S_xS_y \tag{8-81}$$

③σ_v 按梅耶霍夫（Mayerhof）分布

在考虑加筋土挡墙墙背后填土推力 E 的影响时，采用梅氏假定用 $L-2e$ 代替原有拉筋的全长 L，则在 $L-2e$ 上垂直应力为均匀分布应力，此时，偏心距为 $e=M/G=\dfrac{1}{6}K_i\dfrac{h_i^2}{\mathrm{L}}$，则分布在 $L-2e$ 长度上的 σ_v 为：

$$\sigma_v = \frac{G}{L-2e} = \frac{\gamma_1 h_i}{1-\dfrac{1}{3}K_i\dfrac{h_i^2}{L^2}}$$

故，深度 h_i 处拉筋拉力 T_{hi} 为：

$$T_{hi} = K_i\sigma_v S_x S_y = K_i\gamma_1 h_i\frac{1}{1-\dfrac{1}{3}K_i\dfrac{h_i^2}{L_i^2}}S_xS_y \tag{8-82}$$

这里需要特别指出的是，目前大多数设计规范或方法均采用垂直应力均匀分布法，我国《公路加筋土工程设计规范》（JTJ 015—91）采用的也是垂直应力均匀分布法。因此，后面有关分析计算内容即按垂直应力均匀分布假定进行分析。

（2）加筋体上填土对拉筋产生的拉力

加筋体上填土的计算分界面为通过加筋体墙面顶部的水平面，该面以上填土自重属加筋体上填土重力。由于拉筋拉力按垂直应力均匀分布计算，加筋体上的填土重力需换算为假想的均布连续荷载。《公路加筋土工程设计规范》（JTJ 015—91）规定，加筋体上路堤填土重

力换算为等代均布土层厚度值为距墙面板背面 1/2 加筋体高度的水平距离处的加筋体上填土高度，如图 8-41 所示，即

$$\begin{cases} h_2 = \dfrac{1}{m}\left(\dfrac{H}{2} - b_b\right) & (h_2 < h_f) \\ h_2 = h_f & (h_2 \geqslant h_f) \end{cases} \tag{8-83}$$

式中：h_2——加筋体上路堤填土换算为等代均布土层厚度（m）；

h_f——加筋体上路堤填土高度（m）；

b_b——填土坡脚至面板的水平距离（m）；

H——加筋体自身高度（m）。

顺便指出，在外部稳定性分析中，加筋体上填土重力直接按其几何尺寸计算。

因此，加筋体上路堤填土重力对第 i 层拉筋产生的拉力 T_{fi} 为：

$$T_{fi} = K_i \gamma_2 h_2 S_x S_y \tag{8-84}$$

式中：γ_2——加筋体上路堤填土重度（kN/m^3）。

（3）外荷载作用产生的拉力

在计算加筋体顶面的外荷载（如车辆荷载）对拉筋产生的附加拉力时，可将外荷载近似地以等代均布土层进行计算，对于加筋体上部有填土的加筋土挡墙，外荷载换算成等代均布土层后，考虑到这种荷载影响将会随深度增加而减小，因此，采用 1∶0.5 向下扩散来传递荷载，如图 8-42 所示。在深度 h_i 处，拉筋承受的拉力 T_{ai} 为：

$$T_{ai} = \sigma_{ai} K_i S_x S_y \tag{8-85}$$

式中：σ_{ai}——外荷载作用下，加筋体内深度 h_i 处的垂直应力（kPa）。

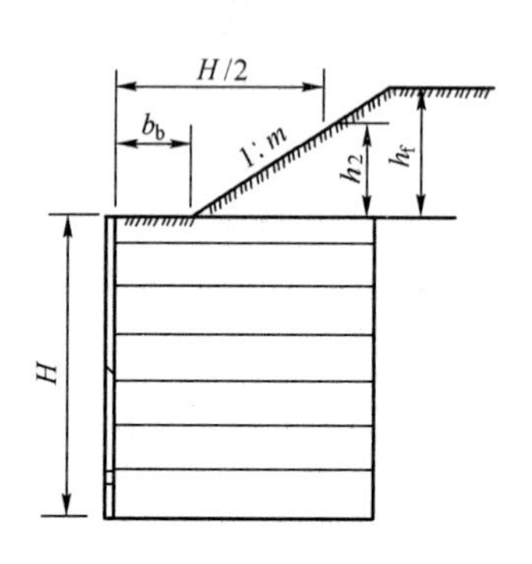

图 8-41　路堤式挡土墙填土等代土层厚度计算

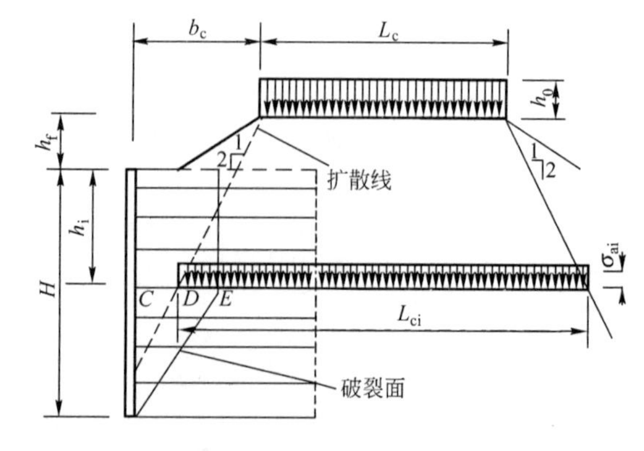

图 8-42　荷载传递及影响范围

$$\begin{cases} \sigma_{ai} = \gamma_1 h_0 \dfrac{L_c}{L_{ci}} & (l_{0i} > l_{di}) \\ \sigma_{ai} = 0 & (l_{0i} \leqslant l_{di}) \end{cases} \tag{8-86}$$

式中：h_0——均布土层厚度（m）；

l_{0i}——第 i 层拉筋处的活动区长度（m）；

l_{di}——第 i 层拉筋墙面板背面至均布土层扩散外侧的距离（m）；

L_{ci}——均布土层扩散至第 i 层筋带处的分布宽度（m）。

$$\begin{cases} L_{ci} = L_c + h_f + h_i \quad (h_i + h_f \leqslant 2b_c) \\ L_{ci} = L_c + b_c + \dfrac{h_f + h_i}{2} \quad (h_i + h_f > 2b_c) \end{cases} \tag{8-87}$$

式（8-86）表明，当等代土层未扩散至活动区（$l_{0i} \leqslant l_{di}$）时，如图 8-42 所示，不考虑外荷载引起的附加拉力 T_{ai}。

对于上部无填土的加筋土挡墙（路肩式），不考虑外荷载的扩散作用。因此，外荷载引起的附加拉力 T_{ai} 为：

$$T_{ai} = K_i \sigma_{ai} S_x S_y = K_i \gamma_1 h_0 S_x S_y \tag{8-88}$$

（4）拉筋拉力

第 i 层拉筋的拉力 T_i 按下式计算（垂直土压应力均匀分布）：

路堤墙式加筋土挡墙

$$T_i = T_{hi} + T_{fi} + T_{ai} = K_i(\gamma_1 h_i + \gamma_2 h_2 + \sigma_{ai}) S_x S_y \tag{8-89}$$

路肩式加筋土挡墙

$$T_i = T_{hi} + T_{ai} = K_i \gamma_1 (h_i + h_0) S_x S_y \tag{8-90}$$

2）拉筋断面计算与抗拉强度验算

现行规范规定的方法是按极限状态法进行加筋土结构计算，鉴于其工程应用的时间不长、积累的经验不多，而按容许应力法已设计有非常多的实际工程和成功案例，我们在这里一并归纳介绍。

（1）容许应力法

根据不同深度处拉筋所承受的最大拉力计算拉筋断面。当采用扁钢并用螺栓连接时还应验算螺栓连接处的截面强度（该截面受到固定螺栓孔的削弱）和螺栓的抗剪强度。

①拉筋断面计算

第 i 层拉筋断面积根据拉筋拉力和拉筋强度确定：

$$A_i = \frac{T_i \times 10^3}{K[\sigma_L]} \tag{8-91}$$

式中：A_i——第 i 层拉筋的断面积（mm^2）；

T_i——第 i 层拉筋的拉力（kN）；

K——拉筋容许应力提高系数，一般取 1.3～2.0；

$[\sigma_L]$——拉筋容许拉应力（MPa）。

当采用薄钢带作拉筋时，应考虑薄钢带预留腐蚀厚度，一般采用 0.2mm。

当采用土工合成带作拉筋时，按式（8-91）计算该层所需筋带断面积后，需换算为筋带条数。为方便施工，最后所采用的筋带条数应取为偶数条。

②螺栓连接处筋带强度验算

除去螺栓孔后，拉筋断面的容许拉力应大于或等于该层拉筋所承受的拉力，即

$$T_i \leqslant K[\sigma_L][b_i - n'(d + d')](t - c) \times 10^{-3} \tag{8-92}$$

式中：b_i——第 i 层拉筋总宽度；

n'——拉筋横断面内螺栓数；

$d+d'$——安装螺栓的直径（mm）加上钻孔误差 d'，取 $d'=3$mm；

t——拉筋的厚度（mm）；

c——拉筋的预留锈蚀厚度（mm）。

③连接螺栓抗剪强度验算

安装螺栓承受的剪应力 τ_i 应小于或等于螺栓的容许剪应力，即

$$\tau_i = \frac{T_i \times 10^3}{n' A_e} \leqslant [\tau_a] \tag{8-93}$$

式中：A_e——螺栓的螺纹部有效断面面积（mm^2）；

$[\tau_a]$——螺栓的容许剪应力（MPa）。

④土工合成材料与面板联结处筋材强度验算

大量的实测资料表明，面板处筋材所受的拉力为最大拉力的 75%左右，而面板联结处的筋材数量与最大计算拉力计算处的筋材数量不一定相同，因此有必要按式（8-94）验算面板附近筋材的抗拉强度。抗拉强度安全系数 K_L 按下式计算：

$$K_L = \frac{K[\sigma_L] \times A_{im}}{T_i \times 0.75 \times 10^3} \geqslant 1 \tag{8-94}$$

式中：A_{im}——第 i 层筋材面板联结处的断面积（mm^2）；

其余符号意义同前。

作者建议安全系数 K_L 取为 1.3。

（2）极限状态法

用极限状态法验算时，筋带截面的抗拉强度应满足下式要求：

$$\gamma_0 T_i \leqslant A_i f_k \times 10^{-3} / (\gamma_f \gamma_{R2}) \tag{8-95}$$

式中：γ_0——结构重要性系数；

γ_f——筋带材料抗拉性能的分项系数，各类筋带均取 1.25；

f_k——拉筋材料强度标准值（MPa），见表 8-35；

γ_{R2}——筋带材料抗拉计算调节系数，见表 8-35；

其余符号意义同前。

拉筋强度标准值 f_k 及抗力分项系数 γ_{R2} 表 8-35

材料类型	f_k（MPa）	γ_{R2}
Q235 扁钢带	240	1.0
钢筋混凝土板带的 Q235 主钢筋	240	1.05
钢塑复合带	由产品标准确定	1.55～2.0
土工格栅	由产品标准确定	1.8～2.5
聚丙烯土工带	由产品标准确定	2.7～3.4

3）拉筋抗拔稳定性验算与拉筋长度计算

拉筋抗拔稳定性验算主要是验算拉筋与填土之间产生的摩阻力是否足以抵抗土体产生的拉拔力。

（1）拉筋抗拔稳定系数 K_f

拉筋抗拔稳定性用抗拔稳定系数 K_f 表示，定义为拉筋所具有的抗拔力（不计加筋体上外荷载的影响），F_i 与它所受的拉拔力（拉筋拉力）T_i 之比值，即

$$K_{fi}=\frac{F_i}{T_i}\geqslant[K_f] \tag{8-96}$$

拉拔力与拉筋填土之间的摩阻力、拉筋长度及破裂面形状有关，只有稳定区内的拉筋长度（称有效锚固长度，见图 8-39 和图 8-43）才能提供抗拔力。因此，拉筋抗拔力 F_i 为：

$$K_{fi}=2b_i(\gamma_1 h_i+\gamma_2 h_2)f^* L_{ei} \tag{8-97}$$

式中：f^*——拉筋与填土之间的似摩擦系数；

b_i——第 i 层拉筋的总宽度；

L_{ei}——第 i 层拉筋的有效锚固长度（m）。

抗拔安全系数 $[K_f]$ 应不小于 2.0。

如果抗拔稳定性不足，则应根据设计工点的地形、地质、材料来源等采用增加拉筋长度，或增加拉筋数量，或改用内摩擦角较大的材料等措施来改善和提高抗拔力。

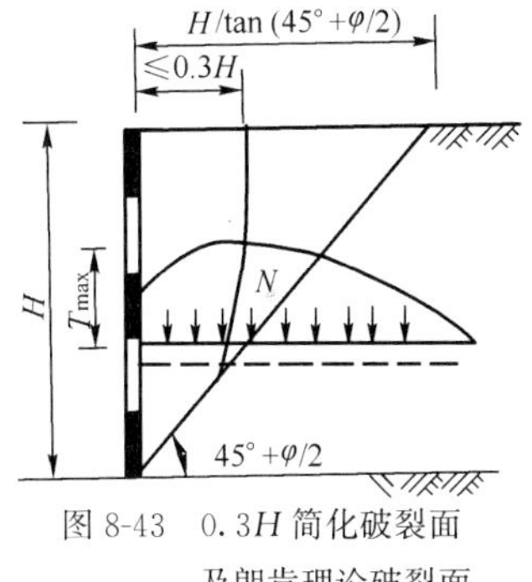

图 8-43　0.3H 简化破裂面及朗肯理论破裂面

（2）拉筋长度

①活动区长度

拉筋长度由活动区（无效）长度 L_0 和锚固（有效）长度 L_e 两部分组成，即 $L=L_{0i}+L_{ei}$，活动区长度 L_{0i} 与破裂体的几何形状有关。破裂体的几何形状与墙面的位移或拉筋工作状况、拉筋的布置情况等因素有关。

一是破裂面接近朗肯理论破裂面，如美国加州大学的模型试验使墙面略微前移（移动量控制在 13mm 内），获得的破裂面接近朗肯理论破裂面，如图 8-43 所示，这种情况发生在墙面有足够的位移（如采用塑料土工带、土工织物等材料作拉筋），此时，破裂角 $\theta=45°+\frac{\varphi}{2}$。

此种情况下的活动区长度 L_{0i} 为：

$$L_{0i}=(H-h_i)/\tan\left(45°+\frac{\varphi}{2}\right)\quad(0\leqslant h_i\leqslant H) \tag{8-98}$$

式中：L_{0i}——深度 h_i(m) 处的拉筋的活动区长度（m）；

H——墙高（m）；

φ——填土内摩擦角（°）。

第二种情况是破裂面在墙的下部（H_2 范围内），接近朗肯理论破裂面，上部（H_1 范围内）则与墙面平行，顶宽 0.3H，如图 8-43 所示。此种情况，发生在墙身被有足够强度的拉筋锚定时（如采用刚度足够大，即变形较小的钢带、钢筋混凝土带或者钢塑复合带作拉筋），则拉筋的活动区长度 L_{0i} 为：

$$\begin{cases}L_{0i}=0.3H\quad(0<h_i\leqslant H_1)\\L_{0i}=(H-h_i)/\tan\theta\quad(H_1<h_i\leqslant H)\end{cases} \tag{8-99}$$

此时，有两种取法，一种认为 $H_1=H_2=H/2$，则 $\tan\theta=\frac{H/2}{0.3H}=\frac{1}{0.6}$，另一种取破裂角

$\theta=45°+\frac{\varphi}{2}$。日本加筋土挡墙设计施工指南采取的是前一种取法。这种取法没考虑填料性质对破裂面形状的影响，这显然有其缺陷性。我国《公路加筋土工程设计规范》（JTJ 015—91）则是采用后一种，此时

$$\left.\begin{aligned} H_2 &= 0.3H\tan\left(45°+\frac{\varphi}{2}\right) \\ H_1 &= H-H_2 \end{aligned}\right\} \tag{8-100}$$

②锚固长度(有效长度) L_e

加筋土挡墙内部稳定性的破坏，可能是由于拉筋强度不足而断裂造成结构破坏；也可能由于拉筋抗拔稳定性不足，拉筋从填料中拔出而导致结构破坏。因此，合理的设计除保证拉筋不被拉断外，还应满足拉筋不被拔出。

要使拉筋在最大拉力作用下不被拔出，则要求作用在有效长度 L_e 上拉筋的极限抗拔阻力 F_i 大于拉筋带所承受的拉力。即需要按拉筋拉力和容许抗拔稳定系数 $[K_f]$ 计算第 i 层拉筋的有效锚固长度 L_{ei} 为：

$$L_{ei}=\frac{[K_f]T_i}{2b_i(\gamma_1 h_i+\gamma_2 h_2)f^*} \tag{8-101}$$

式中：h_2——加筋体上填土高度的等代均布土层厚度，见式（8-83）。

此时，不计加筋体上外荷载提供的摩擦作用。

③筋带总长度

深度 h_i 处拉筋的总长度为：

$$L_i=L_{ei}+L_{0i} \tag{8-102}$$

在采用极限状态法进行验算时，单个筋带的抗拔稳定性按下式验算：

$$\left.\begin{aligned} \gamma_0 T_{i0} &\leqslant \frac{T_{pi}}{\gamma_{R1}} \\ T_{i0} &= \gamma_{Q1}T_i \\ T_{pi} &= 2f^*\sigma_i b_i L_{ei} \\ T_i &= (\sum\sigma_{Ei})S_x S_y \end{aligned}\right\} \tag{8-103}$$

式中：γ_0——结构重要性系数，按表 8-18 取用；

T_{i0}——第 i 层筋带所承受的水平拉力设计值（kN）；

T_i——第 i 层筋带所承受的水平拉力（kN）；

$\sum\sigma_{Ei}$——第 i 层筋带处面板上的水平土压力，$\sum\sigma_{Ei}=K_i(\gamma_1 h_i+\gamma_2 h_2+\sigma_{ai})$；

γ_{Q1}——加筋体及墙顶填土主动土压力或附加荷载土压力的分项系数，按表 8-13 采用；

T_{pi}——永久荷载重力作用下，第 i 层筋带的有效长度所提供的抗拔力（kN）；

γ_{R1}——筋带抗拔力计算调节系数，荷载组合Ⅰ、Ⅱ时取 1.4，荷载组合Ⅲ时取 1.3，施工荷载取 1.2；

其余符号意义同前。

全墙抗拔稳定性验算应符合式（8-104）的规定（分项系数均取 1.0）：

$$K_b=\frac{\sum T_{pi}}{\sum T_i}\geqslant 2 \tag{8-104}$$

式中：K_b——全墙抗拔稳定系数；

$\sum T_{pi}$——各层筋带所产生的摩擦力总和；

$\sum T_i$——各层筋带所承担的水平拉力总和。

（3）拉筋长度的实际采用值

在满足抗拔稳定性要求的前提下，可按下列原则决定：

①墙高小于 3.0m 时可设计为等长拉筋。

②墙高大于 3.0m 时，可考虑变换拉筋长度，但一般同等长度拉筋的高度不应小于 2.0m，如图 8-44a）所示。

③相邻拉筋长度的变换不得小于 0.5m，如图 8-44a）所示。

④采用钢筋混凝土作为拉筋材料时，每节长度最小为 1.5m，最大为 4.0m，并以 0.5m 作为每级递增量。

⑤底部筋带计算长度如果小于 3m，一般仍应取 3m，且不小于 0.4H。

拉筋的长度还需要根据不同的结构形式，满足构造的基本要求，如图 8-44b）所示。

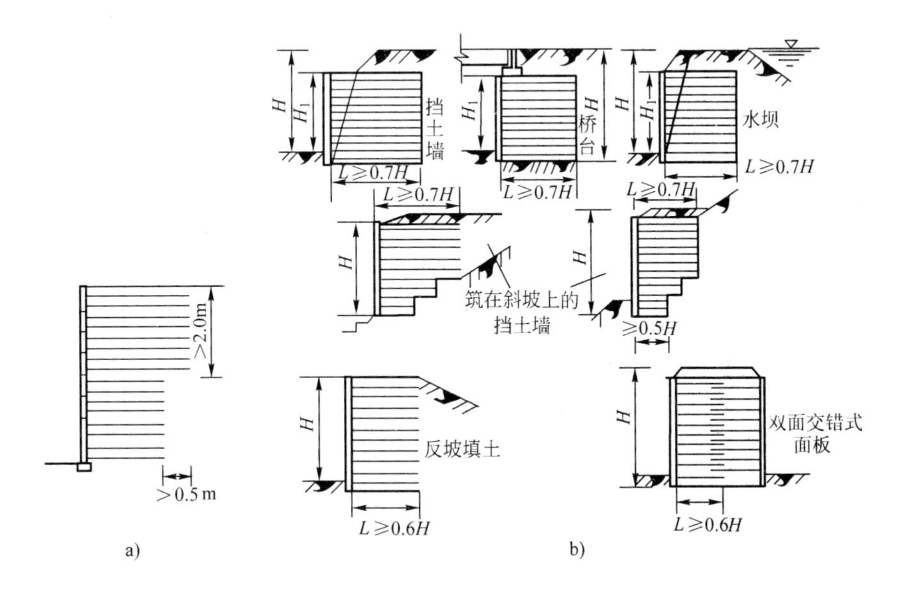

图 8-44　拉筋长度变化

4）加筋土设计中土压力系数 K_i 和似摩擦系数 f^* 的确定

（1）土压力系数

国外许多实测资料表明，当加筋土结构的填筑在低层进行时，土压力虽然还较小，而拉筋抗拔力也很小，此时，土的侧压力作用可能超过拉筋阻止填土侧移的能力，亦即拉筋不能稳定地锁定面板。当面板有一定侧移时，它所受的土压力即进行主动状态，此时土压力系数 K_i等于主动土压力系数 K_a。随着填土增高，拉筋也逐层增加，强大的拉筋摩阻力不仅足以锁定高处的墙面板，而且也保证了在挡墙的低处土压力不会再增加。因而在挡土墙的较高部位，当墙面板只允许极微小的变形或不允许变形时，土压力系数应取 $K_i>K_a$ 为宜。

因此，有些国家（如中国、日本、法国）的加筋土设计规则或规范对土压力系数 K_i 的计算做了规定，从墙高上端至深度方向 6m 处，由静止土压力系数 K_0 线性变化为主动土压力系数 K_a，6m 以下深度采用主动土压力系数 K_a，如图 8-45 所示。不同深度处的土压力系数可按下式计算：

$$\begin{cases} K_i = K_0\left(1-\dfrac{h_i}{6}\right)+K_a\dfrac{h_i}{6} \quad (h_i < 6\text{m}) \\ K_i = K_a \quad (h_i \geqslant 6\text{m}) \end{cases} \tag{8-105}$$

式中：K_i——第 i 层拉筋层（埋深 h_i）的土压力系数；

K_0——静止土压力系数，$K_0=1-\sin\varphi$；

K_a——主动土压力系数，$K_a=\tan^2\left(45°-\dfrac{\varphi}{2}\right)$；

h_i——埋深（m）；

φ——填料内摩擦角（°）。

（2）似摩擦系数 f^*

加筋土计算中所用的摩擦系数应为似摩擦系数 f^*，它是填土与拉筋带之间的滑动摩擦、土粒之间的互相咬合以及拉筋凸凹引起的土抗力的综合。对于似摩擦系数，不能简单地从土的内摩擦角 φ 得出，它取决于土的内摩擦角、土的密度、拉筋带上的垂直压应力、结构的几何形状、拉筋带长度、宽度以及拉筋带表面粗糙程度等。试验表明，土的密度高，似摩擦系数 f^* 值大；填土高度增加或荷载增加，f^* 减小；并且 f^* 值随着拉筋长度的增加而减小；拉筋表面越粗糙，f^* 值就越大。在确定 f^* 时，应了解土的密度、抗剪强度、拉筋带尺寸、结构形式等。因此，似摩擦系数 f^* 的确定是比较复杂的，宜模拟实际工程的情况，进行抗拔试验测定。一般说来，似摩擦系数的测试方法有以下几种：

①填土和筋带材料之间的直剪（滑动剪切）试验；

②在模型或足尺加筋体中的筋带抗拔试验；

③在模型刚性移动墙中的筋带抗拔试验；

④在填方中预埋筋带的抗拔试验；

⑤模型加筋土挡墙，在振动荷载作用下的拉筋抗拔试验。

根据筋带似摩擦系数随垂直压力（墙高）增加而减小并趋于稳定的试验结果，法国、日本等提出似摩擦系数 f^*（图 8-46）的计算公式，即

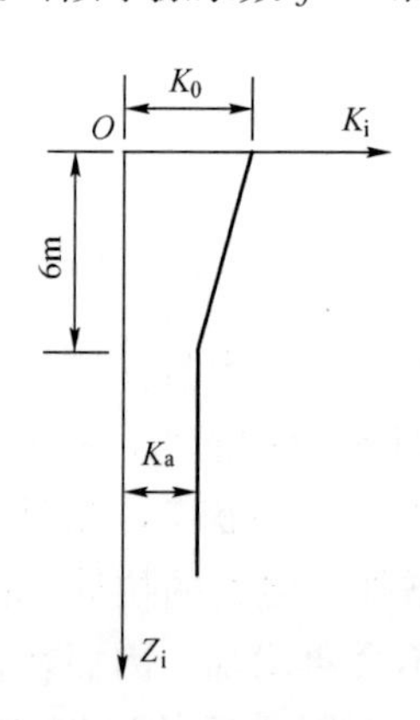

图 8-45　土侧压力系数

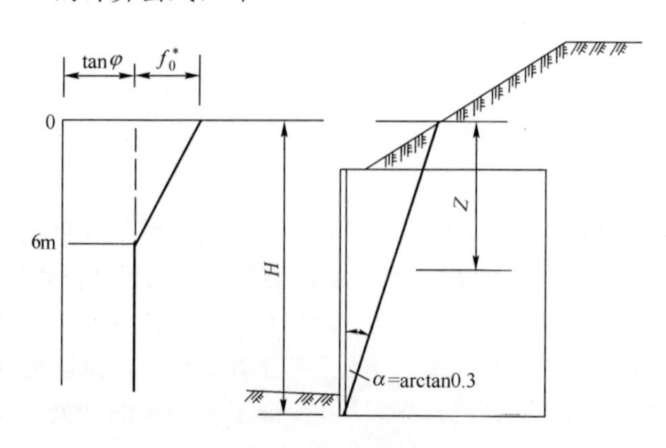

图 8-46　似摩擦系数

$$
\begin{cases} f^{*} = f_0^{*}\left(1-\dfrac{h_i}{6}\right)+\tan\varphi_1\dfrac{h_i}{6} & (h_i < 6\text{m}) \\ f^{*} = \tan\varphi_1 & (h_i \geqslant 6\text{m}) \end{cases} \tag{8-106}
$$

式中：f_0^{*}——与填土的粒度、内摩擦角等有关的系数，$f_0^{*}=1.2+\lg C_u$；

C_u——填土的不均匀系数，$C_u=D_{60}/D_{10}$，D_{60}和D_{10}分别为土的级配曲线上土颗粒含量小于60％和10％的粒径；

φ_1——拉筋带与填土的摩擦角。

当缺乏资料时，可取$f_0^{*}=1.5$。

我国《公路加筋土工程设计规范》（JTJ 015—91）根据现场测试资料，推荐采用如表8-36所示的似摩擦系数值。

填料与筋带之间的似摩擦系数 f^{*} 表8-36

填料类型	似摩擦系数	填料类型	似摩擦系数
中低液限黏性土	0.25～0.40	砾碎石类土	0.40～0.50
砂性土	0.35～0.45		

注：1. 有肋钢带、钢筋混凝土带的似摩擦系数可提高0.1。
2. 墙高大于12m的加筋土挡墙似摩擦系数采用低值。

5）拉筋拉力计算的其他方法简介

由于加筋土结构的工作条件的确与传统的朗肯-库仑理论有很大的不同，对加筋土结构面板后土体的破裂面位置和形状，拉筋上拉应力的分布以及面板所受土压力的研究都远远不能适应要求。近年来，不少学者在室内外试验的基础上，从不同方面去探讨拉筋的受力状态，推动了加筋土理论的发展，在设计计算方面出现了一些新的方法，下面将介绍几种新的计算方法及公式，供设计者参考。

（1）能量法

Osman M. A. 用能量原理导出距墙顶深h_i处的拉筋最大拉力为：

$$
T_i=\sqrt{\frac{6K_i^{2.5}}{L}}\gamma h_i S_x S_y\sqrt{H-h_i} \tag{8-107}
$$

加筋土挡墙中最大拉筋拉力发生在距墙顶$\frac{2}{3}H$处，其值为：

$$
T_{max}=\sqrt{\frac{8K_i^{2.5}}{9L}}\gamma H^{1.5}S_x S_y \tag{8-108}
$$

拉筋的抗拔稳定系数

$$
K_f=\frac{2bf^{*}L^{1.5}}{S_x S_y\sqrt{6K_i^{2.5}(H-h_i)}} \tag{8-109}
$$

式中各符号意义同前。

（2）修正的能量法

凌天清于1990年利用极限荷载法确定的理论破裂面和Osman M. A. 能量法的拉筋拉力曲线，提出了一种用能量法计算拉筋拉力的修正方法，经对比研究发现此法比原能量法拉筋拉力计算值更接近实测值，认为是比较理想的拉筋拉力计算法。此拉筋拉力计算式为：

$$T_i = \lambda_i S_x S_y h_i \sqrt{H - h_i} \tag{8-110}$$

$$\lambda_i = \frac{15}{2} \frac{K_i^3}{(1 + K_i^2)^2} \cdot \frac{(H + h_0)}{H^{5/2}}$$

式中：h_0——车辆荷载的等代土厚度（cm）。

在全墙高度范围内，拉筋最大拉力出现在距墙顶$\frac{2}{3}H$处，这与众多试验数据吻合，其拉筋最大拉力值为：

$$T_{max} = \frac{2\sqrt{3}}{9} \lambda S_x S_y \sqrt{H^3} \tag{8-111}$$

式(8-111)已多次成功应用于四川、贵州和云南等省的加筋土挡墙工程设计中。

(3) 剪胀区法

在加筋土破坏试验中，观察到破裂面是从底部开始向上发展，只要底部得到加强，最危险破裂面就不能产生，塑性区转移到新的部位，所以采用逐段配筋的办法，让塑性区转移，直到规定的最小配筋长度（图 8-47）与 AD_n 之比不小于 0.8 时停止转移的做法，如图 8-48 所示。在最后一段（AD_n 段）内拉筋拉力计算公式为：

$$T_i = \rho h_i \tan\left(45° - \frac{\varphi}{2}\right) \tag{8-112}$$

式中：ρ——无因次拉筋拉力参数。

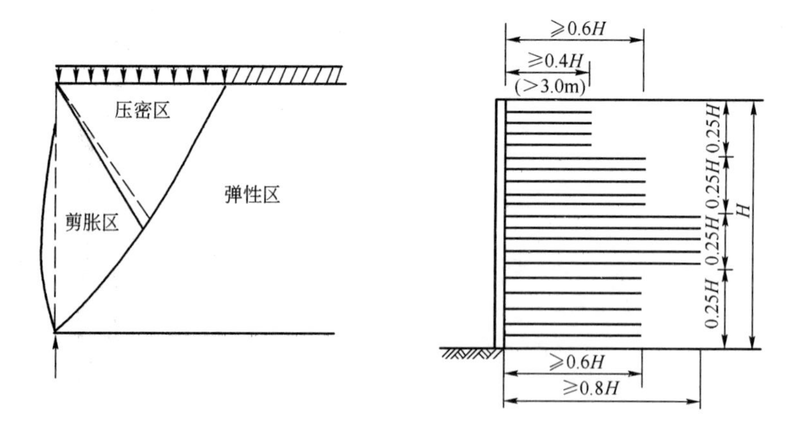

图 8-47　剪胀区及其配筋

在 $D_i D_{i+1}$ 段(下段）的拉筋拉力：

$$T_i = \rho h_i \tan(\theta - \theta_i) \tag{8-113}$$

$$\theta = 45° - \frac{\varphi}{2}$$

式中：θ_i——下部拉筋与深层滑面 CD 交点处的 θ 角，根据下式用迭代法时试算可求得 θ_i。

$$\theta_i = \frac{\ln\left[\frac{h_i}{R_0 \cos(\theta - \theta_i)}\right]}{\tan\varphi} \tag{8-114}$$

云南煤矿设计院根据这一原理及计算方法，成功地设计建造了一座高10.35m、长43m的加筋土挡墙，取得了较好的经济效果，为深入研究及其他工程设计提供了可贵的参考资料。

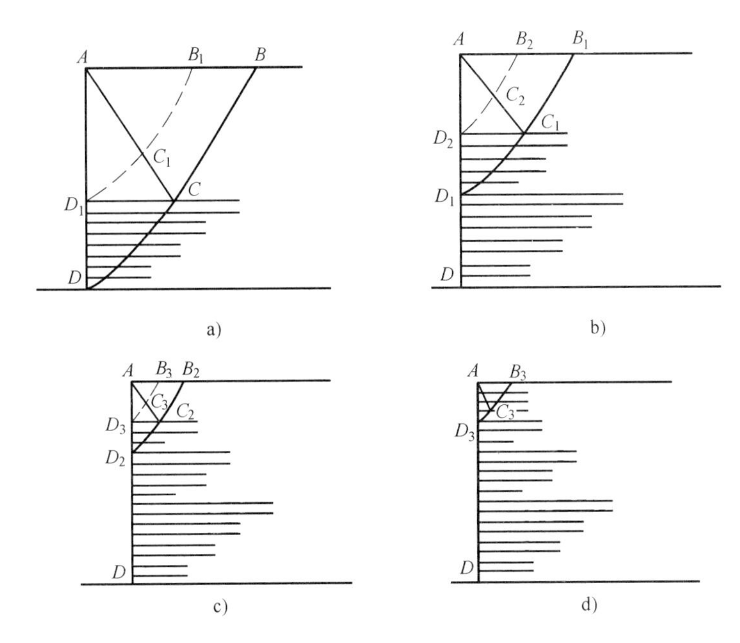

图 8-48　剪胀区配筋法

a)塑性区第一级转移；b)塑性区第二级转移；c)塑性区第三级转移；d)最小配筋长度与 AD_n 之比≥0.8H

（4）弹性理论法

弹性理论法的拉筋拉力计算按下式进行：

$$T_i = \lambda \gamma h_i S_x S_y \tag{8-115}$$

式中：λ——弹性系数，取 λ=0.35；

其余符号意义同前。

将弹性理论法[式(8-115)]与正应力均布法[式(8-80)]相比较，实际是用弹性系数 λ=0.35取代土侧压力系数 K_i。弹性理论假定加筋土结构为理想的弹性体，而加筋土属于柔性结构，因此，弹性假说有待商榷，取 λ=0.35显然是近似解。

8.7.4　外部稳定性分析

（1）加筋土挡墙外部失稳形式

加筋土挡墙的外部稳定性与工程的地基土（承载能力、沿基础底面滑动等）和工程相连的整体土层等有关，其破坏形式有：①加筋土挡土墙与地基之间的摩阻力不足或墙后土体的侧向推力过大所引起的滑移，如图8-49a)所示；②加筋土挡土墙受墙后土体的侧向推力以致倾覆，如图8-49b)所示；③由于地基承载力不足或不均匀沉降而引起的倾斜，如图8-49c)所示；④加筋土挡土墙及墙后土体出现整体滑动，如图8-49d)所示。

进行加筋土挡土墙的外部稳定性分析时，把拉筋带的末端与墙面板之间的填土视为刚体。根据破坏形式，外部稳定性分析的内容有抗滑移稳定性与抗倾覆稳定性验算、地基承载力验算，必要时还应对整体滑动稳定性和地基沉降进行验算。

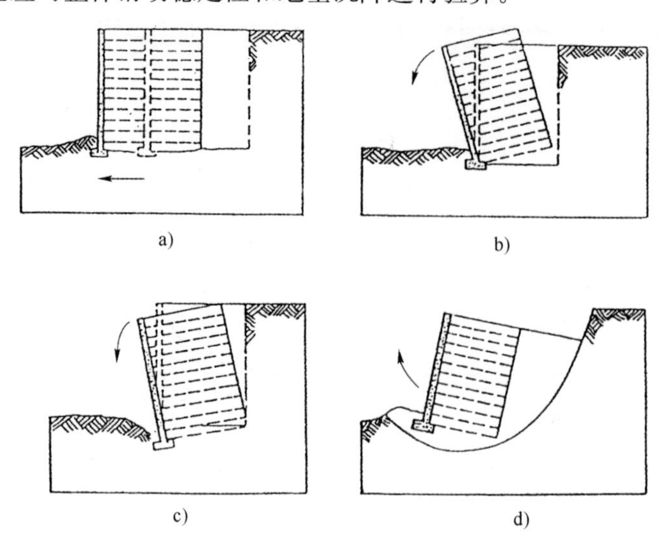

图 8-49 加筋土挡土墙破坏形式

a)滑移；b)倾覆；c)倾斜；d)整体滑动

（2）土压力计算

根据加筋土挡土墙墙后填土的不同边界条件，采用库仑理论计算作用于加筋体的主动土压力。但是，应注意此时墙背为 AB，如图 8-50 所示，墙高则为 H'，墙背摩擦角 δ 为：

$$\delta = \min(\varphi_1, \varphi_2) \tag{8-116}$$

式中：φ_1——加筋体填土的内摩擦角；

φ_2——墙后填土的内摩擦角。

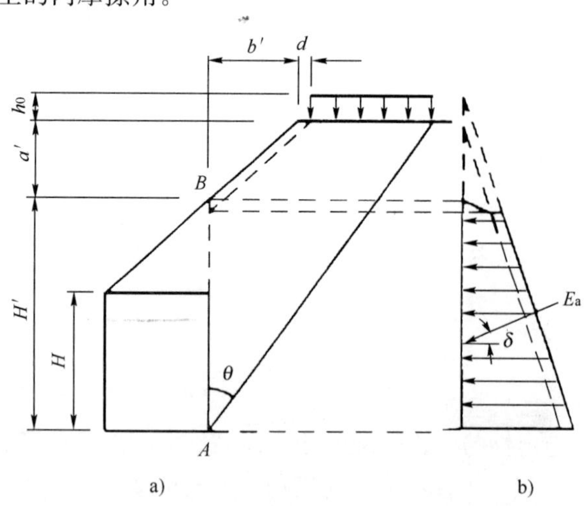

图 8-50 加筋体后土压力计算图式

（3）外部稳定性验算

加筋土挡墙的外部稳定性验算包括抗滑稳定性验算与抗倾覆稳定性验算，其分析方法与一般重力式挡墙相同，此处不再赘述。

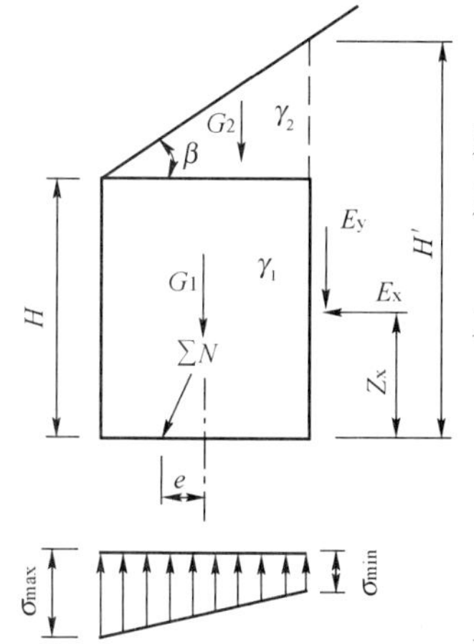

图 8-51　地基承载力验算图示

（4）地基承载力分析

地基承载力验算就是要验证加筋体在总竖向力作用下，基底压应力是否小于地基承载力。由于加筋体承受偏心荷载，基底压应力按梯形分布或梅耶霍夫分布考虑。

①基底压应力按梯形分布，如图 8-51 所示，那么基底压应力为：

$$\left.\begin{aligned}\sigma_{max}&=\frac{\sum N}{L}\left(1+\frac{6e}{L}\right)\\\sigma_{min}&=\frac{\sum N}{L}\left(1-\frac{6e}{L}\right)\end{aligned}\right\}\tag{8-117}$$

式中：σ_{max}——基底最大压应力（kPa）；

σ_{min}——基底最小压应力（kPa）；

e——$\sum N$ 偏心距（m），其值为

$$e=\frac{L}{2}-\frac{\sum M_y-\sum M_0}{\sum N}\tag{8-118}$$

$\sigma_{min}<0\left(e>\frac{L}{6}\right)$时，应按应力重分布（三角形分布）计算基底最大压应力：

$$\sigma_{max}=\frac{2}{3}\cdot\frac{\sum N}{\frac{L}{2}-e}\tag{8-119}$$

②由于加筋体为柔性结构，基底压应力分布可按梅耶霍夫分布考虑，如图 8-40 所示，此时基底压应力为：

$$\left.\begin{aligned}e&=\frac{1}{6}K_a\frac{H^2}{L}\quad\cdot\\\sigma_{max}&=\frac{\gamma H}{1-\frac{1}{3}K_a\frac{H^2}{L^2}}\end{aligned}\right\}\tag{8-120}$$

③地基承载力验算。

按上述方法计算出的基底压应力不能超过地基容许承载力，即：

$$\sigma_{max,min}\leqslant[\sigma_0]\tag{8-121}$$

否则，则应加宽下部筋带长度，或对地基进行加固处理。

（5）整体抗滑稳定性分析

整体抗滑稳定性分析，其目的在于确定潜在破裂面的稳定系数，即判别加筋体是否随地基一起滑动。目前大多采用圆弧滑动面法进行验算。

在进行验算时，应考虑埋置于填土中的筋带作用，一般有以下三种方法：

①设拉筋带长度不超过可能的滑动面，如图 8-52 所示，可以按普通的圆弧法进行整体抗滑稳定性分析。

②破裂面穿过筋带，在加筋体部分考虑因筋带产生的准黏聚力，而将该力视为稳定力，计入稳定力矩中。准黏聚力按下式计算：

$$C_p = \frac{\sigma_s A_s \tan\left(45^\circ + \frac{\varphi}{2}\right)}{2S_x S_y} \tag{8-122}$$

式中：σ_s——拉筋的极限抗拉强度（kPa）；

A_s——筋带的截面积（m^2）。

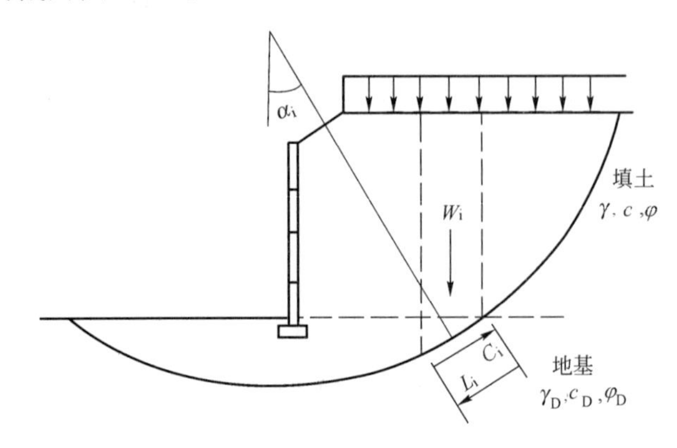

图 8-52　加筋土挡墙整体抗滑稳定性分析

③破裂面穿过拉筋带，将伸入破裂面的拉筋带所产生的抗拔力对圆心取矩，视为稳定力矩，当拉筋带的抗拉强度小于抗拔力时，则应以抗拉强度控制，计算稳定力矩。

上述计算方法中第②③种方法较为复杂，在一般情况下与第①种方法算出的滑动圆弧最小安全系数差别不大，因此可按方法①进行滑动圆弧检算。我国《公路加筋土工程设计规范》(JTJ 015—91)也推荐采用第①种方法检算，此时，整体抗滑稳定系数（图 8-52）为：

$$K_s = \frac{\sum(c_i L_i + W_i \cos\alpha_i \tan\varphi_i)}{\sum W_i \sin\alpha_i} \tag{8-123}$$

式中：c_i、L_i——第 i 条块滑动面上的黏聚力（kPa）与弧长（m）；

W_i——第 i 条块重力及其荷载重（kN）；

φ_i——第 i 条块滑动面上土的内摩擦角；

α_i——第 i 条块滑动圆弧的法线与竖直线的夹角。

（6）沉降分析

地基土因加筋体重力及上部荷载引起的沉降，尤其是不均匀沉降必须控制在容许范围内。由于拉筋具有柔性，能很好地随地基下沉而变形，因而顺拉筋延长方向能克服较大的沉降差，但沿墙面板的延长方向却必须严格控制不均匀沉降。目前尚无公认的容许沉降值或容许沉降差的标准。

根据墙面容许的变形量不同而规定容许下沉量 ΔW，可取下列经验数据值：

混凝土墙面板 $\Delta W \leqslant 1\%$；

金属墙面板 $\Delta W \leqslant 2\%$。

在预计有较大不均匀沉降的地段，可把加筋土挡墙在构造上分为若干段，段间设置沉降缝，尤其是与桩基桥台及涵洞等的连接部分应加设沉降缝。加筋体地基的沉降计算方法和其他建筑物计算一样，把加筋土挡墙视为一个整体，按土力学中浅基础沉降和填土沉降计算方法（一般采用分层总和法）来进行估算。

8.7.5 材料与构造设计

1）填料

加筋土挡墙的填料应具有较高的内摩擦角，与拉筋带有较高的似摩擦系数，且对拉筋带的腐蚀小，水稳定性好。

可取自天然土、人工改造土或工业废料，不得含有冻土块、有机废料、淤泥、杂草、腐殖土和垃圾等；填料性质除应符合《公路路基设计规范》（JTG D30—2004）规定的路基填料要求外，还应满足下述要求：

①填料粒径一般不宜大于150mm，并不得大于每层压实厚度的1/3。

②填料通过80μm筛孔（200号分析筛）的土粒应少于15%；或者虽然多于15%，但通过15μm的土粒却少于10%；对于通过15μm筛孔的土粒超过20%的不能用于加筋土工程的填料。

③加筋土填料与拉筋之间的似内摩擦角，对于光面拉筋应大于22°，对于高黏附力拉筋应大于25°（饱和填料在直剪条件下测定）。

④为了减小填料对拉筋（特别是镀锌钢带）的腐蚀程度，填料的pH值宜控制在5～12。

⑤对于有水浸润的加筋土工程，或者拉筋带为钢带时，应测定从填料中提取的水所含氯离子［Cl^-］、硫酸根离子［SO_4^{2-}］的浓度，其化学和电化学标准应符合表8-37的规定。

⑥采用土工合成带作拉筋，筋带上、下两面严禁与硬质棱角填料直接接触，一般在其上下表面铺一层薄砂或细粒土，以免损伤筋带表面。同时，填料中不宜含有二价以上铜、锰、铁离子以及氯化钙、硫酸钠、硫化物等化学物质，因为它们会加速聚丙烯、聚乙烯等材料的老化与溶解。

⑦填料的设计参数应由试验或根据当地经验数据确定。当无上述条件时，可参照《公路加筋土工程设计规范》（JTJ 015—91）的推荐值论证选用，见表8-38。

填料的化学与电化学标准 表8-37

项　目	电阻率（Ω/m）	氯离子（m·e/100g土）	硫酸根离子（m·e/100g土）	pH　值
无水工程	>10	≤5.6	≤21.0	5～10
淡水工程	>10	≤2.8	≤10.5	5～10

注：每毫克当量（m·e）氯离子为0.035 5g；每毫克当量（m·e）硫酸根离子为0.048g。

填料设计参数 表8-38

填料类型	重度γ（kN/m^3）	计算内摩擦角φ（°）	似摩擦系数f^*
中低液限黏性土	18～21	25～40	0.25～0.40
砂性土	18～21	25～30	0.35～0.45
砾（碎）石类土	19～22	35～40	0.40～0.50

注：有肋钢带的似摩擦系数可提高0.1；墙高大于12m的高挡墙的计算内摩擦角和似摩擦系数取低值。

2）拉筋（或称筋带）

拉筋的作用是承受垂直荷载产生的水平拉力，并与填料产生摩擦力。因此，拉筋必须具有以下特性：

①抗拉能力强，延伸率和蠕变小，不易产生脆性破坏；

②与填料之间具有足够的摩擦力；

③耐腐蚀和耐久性能好；

④具有一定的柔性，加工容易，接长及与墙面板连接简单；

⑤使用寿命长，施工简便。

拉筋在土中随着时间推移，有锈蚀或老化的可能，这时板面抗拒外力的能力减弱。挡土墙的稳定主要靠土体本身的自立作用，因此，不宜在急流、波浪冲击及高陡山坡使用加筋土挡土墙。必须设置时，水位以下部分的墙体应采用其他措施，如重力式挡土墙或浆砌片石防护等。

国外加筋土工程广泛使用镀锌钢带和土工格栅，而国内以采用土工合成材料带状拉筋为主。

（1）薄钢带

薄钢带一般用软钢轧制，分光面带和有肋带两种，如图 8-53 所示，筋带上设置横肋以增加摩擦力。它的横断面为扁矩形，宽度不小于 30mm，厚度不小于 3mm。

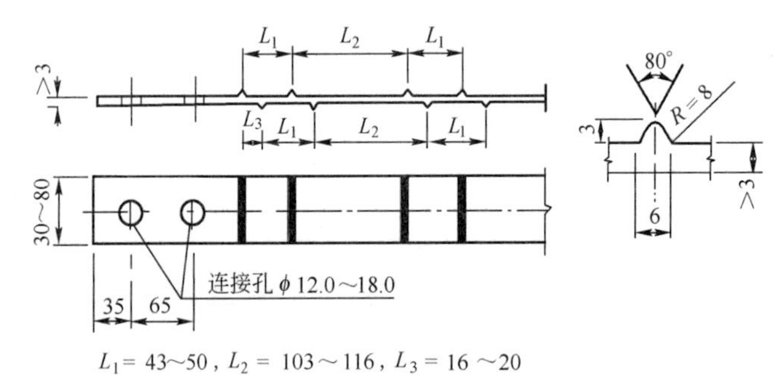

$L_1 = 43 \sim 50$，$L_2 = 103 \sim 116$，$L_3 = 16 \sim 20$

图 8-53　有肋钢带（尺寸单位：mm）

薄钢带防锈所涉及的因素较多，除表面采取镀锌防锈措施外，还应注意填料及填料中的水与水中的化学物质，并考虑不同设计年限的锈蚀厚度。一般要求其镀锌量应不小于 $0.05g/cm^2$，锈蚀厚度可按表 8-39 采用。

钢带单面锈蚀厚度（mm）　　表 8-39

工程类型	无水工程	浸淡水工程	浸海水工程
非镀锌	1.5	2.0	2.5
镀锌	0.5	0.75	

（2）土工合成材料

土工合成材料筋带国内最常用的有聚丙烯土工带（PP 带）和钢塑复合土工带两类，而国外则采用席垫式土工织物与土工格栅挡墙较多。

①聚丙烯土工带（PP 带）

聚丙烯土工带（PP 带）是一种低模量、高蠕变材料，其抗拉强度受蠕变控制。由专业工厂定型生产，表面应有均匀的粗糙压纹，宽度均匀一致，带宽应大于 18mm，厚度应大于 0.8mm。由于各地产品性质差异较大，设计时应做抗断裂试验，确定断裂强度，断裂强度（在 25℃±2℃ 的恒温下保温 4h，以标距 10cm、拉伸速度 100mm/min 测定）不小于

220MPa，断裂伸长率不宜大于10%，容许应力采用值应小于断裂强度的1/5。在含有硬质尖棱的碎石土中，不得使用聚丙烯土工带，以免筋带被割断。

聚丙烯土工带具有造价低，抗拉强度好，不易脆断，使用方便等优点，其缺点是低模量、高蠕变，使得墙面位移大或者墙面平整性变差，影响美观。对其在土中抗老化和抗微生物的能力有待进一步研究。

②钢塑复合土工带

由于钢带造价高，防腐蚀困难；聚丙烯土工带蠕变大，难于控制墙面平整度；由于钢筋混凝土带施工困难，造价高等原因，使得加筋土挡墙在国内使用受到一定程度的限制。我国公路科技工作者，根据塑料和钢材各自的优点，研制出了一种新型的土工合成带——钢塑复合土工带。钢塑复合土工带采用高强度钢丝和添加抗老化剂的聚合物（聚乙烯）复合而成，是一种宽度大于30mm，厚度大于2mm的薄型土工带，其断裂伸长率不超过2%，表面有粗糙花纹，以提高抗拔能力。钢塑复合土工带充分发挥高强钢丝强度高、蠕变小的优点，并利用聚合物的保护作用阻止钢丝的锈蚀，其主要承力部分由钢丝承担。设计强度应考虑接头处或破损处的钢丝锈蚀的影响而折减。

由于钢塑复合土工带的诞生，加筋土挡墙在国内得到了更为广泛的应用。例如，重庆市区长达5.5km、高12～22m的长江滨江公路、南昆铁路田林站11m高加筋土挡墙，以及作者在楚大高速公路43m高的公路特高大加筋土挡墙（被誉为我国高速公路第一高墙）等工程中就是利用钢塑复合土工带作筋带建造的加筋土挡墙。

③土工格栅

土工格栅（图8-54）是通过独特的工艺过程使聚合物的长链碳氢分子沿拉伸方向重新排列成一直线，因而具有较高的抗拉强度（较拉伸前提高5～10倍）和较低的延伸率（只有拉伸前的0.1～0.15倍）。高品质土工格栅的抗拉强度已接近软钢的强度，再加之其孔眼对土的锁定作用，土对栅肋的被动阻抗作用，使得土工格栅在土中的抗拔能力或格栅对土的加固效果也明显高于条带式筋带。

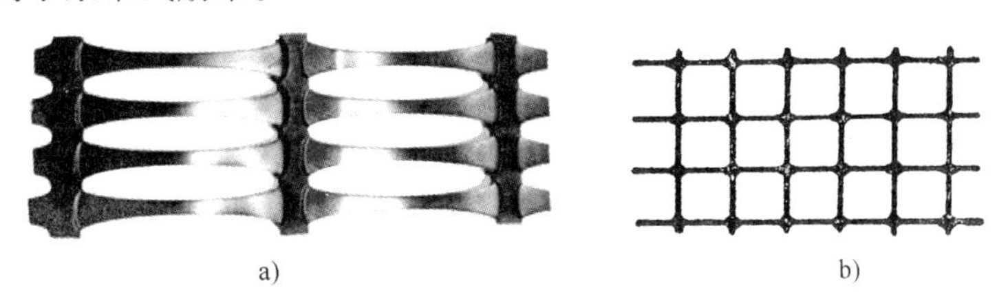

图8-54　土工格栅

a)单向土工格栅；b)双向土工格栅

土工格栅作加筋土挡墙的拉筋，具有普通塑料带的一些特点，与PP带与钢塑复合土工带相比，其一大优点是铺设方便，整体加筋效果好，但需处理好格栅与面板之间的牢固连接。

国外如英国和日本使用土工格栅作为加筋土挡墙拉筋材料有成功的先例，也积累了一些经验。我国将土工格栅用于软基加固的加筋材料的工程实例较多，并取得了满意的效果，而将其用于加筋土挡墙的工程实例较少，目前正试图发展和试用这种新型土工加筋材料来修筑加筋土挡墙。

另外，拉筋带还可使用土工织物、土工格室、钢筋格带、废旧材料等，可根据要求和使用经验设计。

3）墙面板

墙面板的作用是防止填土侧向挤出、传递土压力以及便于拉筋带固定布设，并保证填料、拉筋带和墙面构成具有一定形状的整体。墙面板不仅要有一定的强度，以保证拉筋带端部土体的稳定，而且要求具有足够的刚度，以抵抗预期的冲击和震动作用；又需具有足够的柔性，以适应加筋体在荷载作用下产生的容许沉降所带来的变形。因此，墙面板设计应满足坚固、美观、运输方便和易于安装等要求。

①金属墙面板

国外早期的加筋土挡墙多采用镀锌弧形钢板。金属墙面板富有弹性，抗拉强度大，自重轻，在填土高度较大(大于 12m)或地基强度承载力较差，必须依赖人工安装为主的条件下特别适宜。常用的形式为厚 3～5mm、长 3～6m、高 33.3cm 的带泄水孔的镀锌钢板。

②混凝土墙面板

国内常用混凝土面板，适用于填土低于 12m，地基良好，施工时可以使用重型机械的条件。混凝土或钢筋混凝土面板从外形上可以分为十字形、槽形、六角形、L 形、矩形和弧形等几种类型，见表 8-40。面板除表 8-40 的标准形状墙面板外，为适应顶部和角隅处的构造要求，尚需设计异形面板和角隅面板，如图 8-55 所示。

墙面板尺寸表 表 8-40

类　型	简　图	高度（cm）	宽度（cm）	厚度（cm）	备　注
十字形	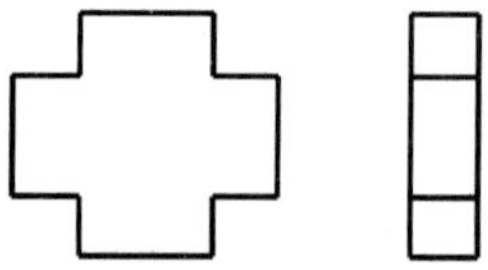	50～150	50～150	8～25	
槽形	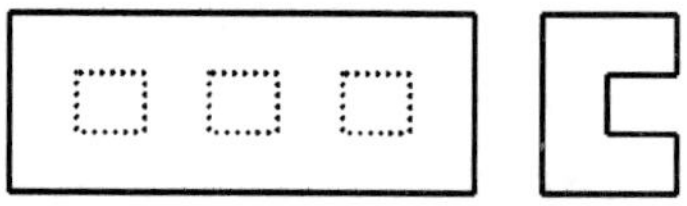	30～75	100～200	14～20	槽形面板和翼缘厚度不小于 5cm
六角形	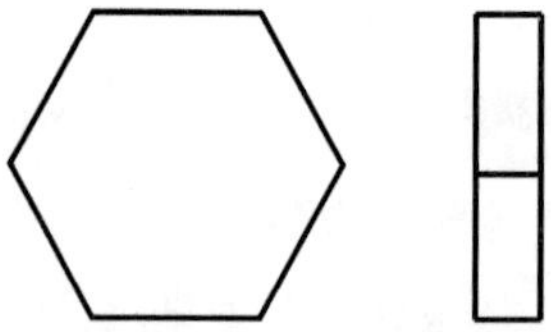	60～120	70～180	8～25	
L形	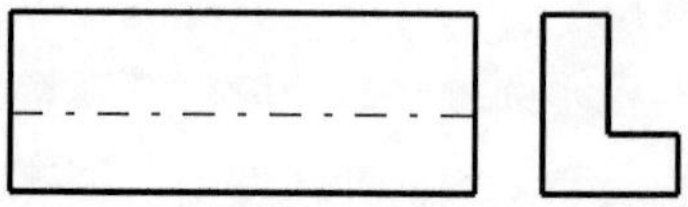	30～50	100～200	8～12	L 形面板下缘宽度一般采用 20～25cm，厚度为 8～12cm

续上表

类　型	简　图	高度（cm）	宽度（cm）	厚度（cm）	备　注
矩形		50～100	100～200	8～25	
弧形		50～100	100～200	8～15	

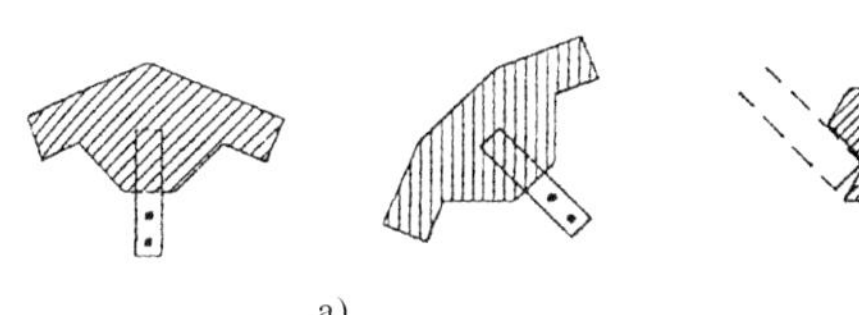

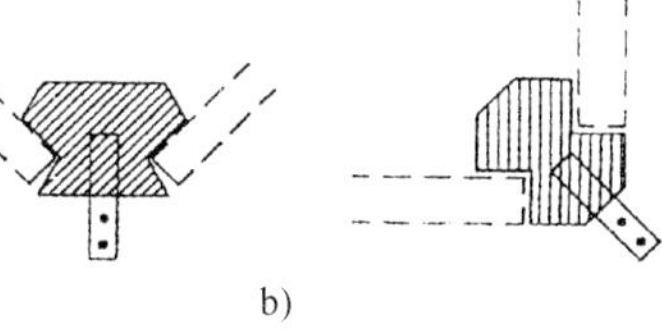

图 8-55　角隅面板

a)凸部时用；b)凹部时用

面板四周应设企口和相互连接装置。当采用插销连接装置时，插销直径不应小于10mm。槽形面板采用拉筋带上下对穿形式可以不设插销连接。

面板上的拉筋带结点，按等间距布置，可采用预埋钢拉环、钢板锚头或预留穿筋孔等形式，钢拉环应采用直径不小于 10mm 的一级钢筋，钢板锚头应采用厚度不小于 3mm 的钢板，露于混凝土外部的钢拉环、钢板锚头应做防锈处理，土工合成材料筋带与钢拉环的接触面应做隔离处理，以加速防老化。

面板一般采用混凝土预制件，其强度等级不应低于 C20，厚度不小于 8cm。计算面板厚度时，可将面板假定为每块单独受力，土压力均匀分布，并由筋带平均承担，即将面板视为均布荷载作用下的简支板。对矩形混凝土面板厚度可按式（8-124）计算：

$$t=\sqrt{\frac{60M_{\max}}{K[\sigma_{\mathrm{WL}}]a}} \tag{8-124}$$

式中：t——面板厚度（m）；

$M_{\max}$——计算断面内的最大弯矩（kN·m），按简支梁或悬臂梁求得，当按悬臂梁计算时

$$\left.\begin{aligned}M_{\max}&=\frac{1}{8}q_{\mathrm{i}}S_{\mathrm{x}}^{2}\\ q_{\mathrm{i}}&=\frac{0.75T_{\mathrm{i}}}{S_{\mathrm{x}}S_{\mathrm{y}}}\end{aligned}\right\} \tag{8-125}$$

q_{i}——深度 h_{i} 处的土压应力（kPa）；

T_{i}——深度 h_{i} 处拉筋带拉力（kN），$0.75T_{\mathrm{i}}$ 为墙面板处的拉筋带拉力（即为最大拉力的 75%）；

$[\sigma_{\mathrm{WL}}]$——混凝土的容许弯拉强度（MPa）；

K——材料容许应力提高系数；

a——计算断面宽度（m）。

在墙高小于 6m 时，可不分段设计，采用一个板厚。对于加筋土挡墙高度较大（如大于

12m)，则应分段设计板厚，但分段不宜太多。

4）基础设计

加筋土挡墙的基础一般情况只在面板下设置宽度不小于0.3m、厚度不小于0.2m的混凝土或浆砌片(块)石条形基础，如图8-56所示。但属下述情况之一者可不设：

①面板筑于石砌圬工或混凝土之上；

②地基为岩石，但需先用一层贫混凝土找平岩石地基。

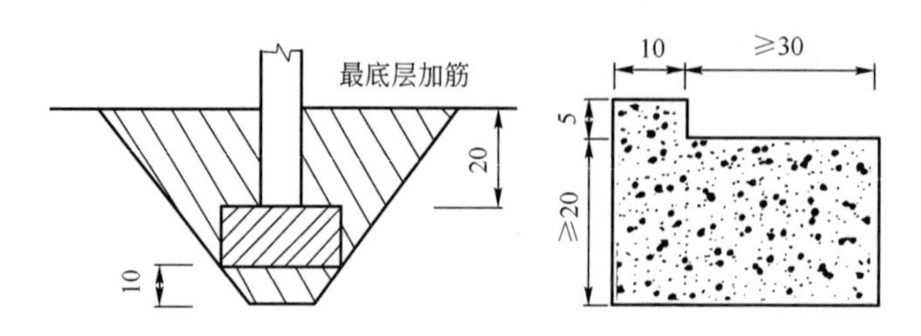

图8-56　条形基础（尺寸单位：cm）

对于地面横坡较陡的岩石地基，则可设置混凝土或浆砌片(块)石台阶基础。

当地基为土质地基时，应铺设一层0.1～0.15m厚的砂砾或碎石垫层，如果地基土质较差，承载力不能满足要求，应进行地基处理，如采用换填、土质改良以及加固补强等措施。

加筋土挡墙的墙面板基础应有一定的埋置深度，以防止因墙前土粒流失而引起墙面附近加筋体的局部破坏，其埋置深度与地基的地质与地形条件、冻结深度和冲刷深度等有关。

对于一般土质地基不应小于0.6m，当设置在岩石上时应清除表面风化层，当风化层较厚难以全部清除时，可采用土质地基的埋置深度。

浸水地区与冰冻地区的加筋土挡墙面板基础埋置深度应按《公路桥涵地基与基础设计规范》(JTJ 024—85)有关规定确定。

浸水加筋土挡墙应埋置在冲刷线以下1m，并要防止墙面板后填料的渗漏。

季节性冰冻地区，当基础埋置深度小于冻结线时，为防止地基冻胀的危害，由基底至冻结线范围内的土应换填非冻胀性的中砂、粗砂、砾石等粗粒土，其中粉、黏土粒含量不应大于15%。

斜坡上的加筋土挡墙应设宽度不小于1m的护脚，以防止前沿土体在加筋土体水平推力作用下剪切破坏，导致加筋土结构丧失稳定。加筋土挡墙面板基础设置深度从护脚顶面算起，如图8-57所示。另外，为防止基础冲刷和排除地表径流，护脚表面宜用浆砌片石做成具有3%～5%横坡的散水。

加筋土挡墙的墙面基底沿路线方向有纵坡度时，一般采用纵向台阶，在错台处要保证最小埋置深度。基础的台阶长度要满足面板模数要求。

5）加筋体的横断面形式

加筋体的断面尺寸由内部稳定性和外部稳定性的计算确定。一般情况下，上部筋带长度由抗拔稳定性所决定，而下部筋带长度则取决于加筋体的抗滑移稳定性、抗倾覆稳定性、地基承载力以及加筋体的整体抗滑稳定性等的一种或若干种因素。

加筋体的横断面形式一般采用矩形断面，即拉筋长度在加筋体范围内均相同。斜坡地段由于受地形条件限制且地基承载力较高时，可采用倒梯形断面，即拉筋长度随填土深度的增加而缩短，这种断面形式符合库仑破裂面的情况。但底部（约为1/3墙高）筋带的长度不应小于 3m，同时不小于 0.4 倍墙高（0.4H）。而当地基承载力较低时，或者为满足外部稳定性的需要，可将墙的横断面向下逐步加宽，以达到应力的扩散，减少对地基的压应力。一般情况下，上部筋带长度不小于 0.7 倍墙高，即大于 0.7H。图 8-44 也给出了一些构造上的基本要求，可参考综合确定加筋土结构的断面形式。

对于墙高大于 12m 的加筋土挡墙，除填料应慎重选择外，尚应在墙高中间适当部位设置宽度不小于 1.0m 的错台，其横断面形式如图 8-58 所示。错台顶部宜设 20%的排水横坡，用混凝土板防护；当采用细粒填料时，上级墙的面板基础下宜设置宽度不小于 1.0m、高度不小于 0.5m 的砂砾或稳定土垫层。

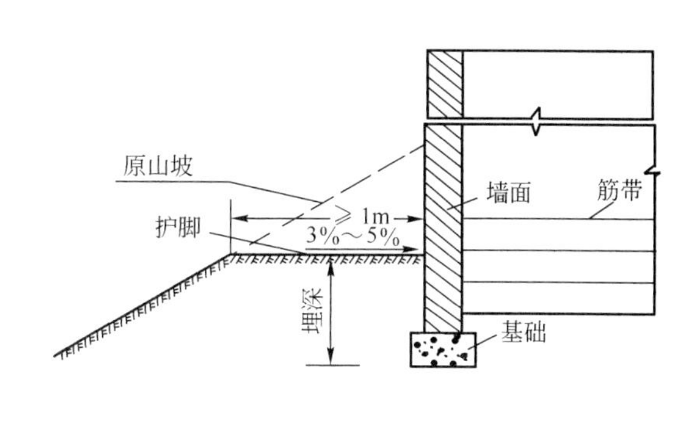

图 8-57　护脚横断面

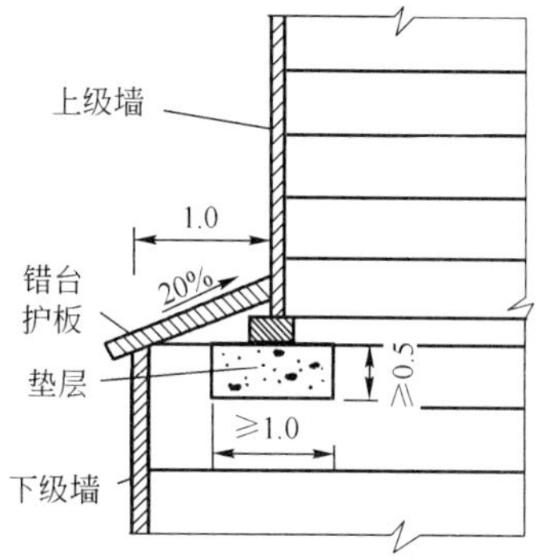

图 8-58　错台与垫层横断面
（尺寸单位：m）

墙高大于 20m 时，应进行特殊设计。

6）其他

①加筋土挡墙应根据地形、地质、墙高等条件设置沉降缝。其间距土质地基为 10～30m，岩石地基可适当增大。当设置整体式路檐板时，应酌情设置伸缩缝，其间距一般与沉降缝一致。沉降缝、伸缩缝缝宽一般为 1～2cm，可用沥青板、软木板或者沥青麻絮等填塞。

②加筋土挡墙顶部一般应按路线要求设置纵坡。路堤式挡土墙，也可调整挡墙两端与路线的水平距离，变更墙高，将墙顶设计成平坡。设置纵坡的加筋土挡墙（如路肩式挡土墙）顶部可按纵坡要求设计异形面板，也可将需要设异形面板的缺口用浆砌片石或现浇混凝土补齐。

③当双面加筋土挡墙的拉筋带相互插入时，应错开铺设，避免重叠。

④在拱涵顶部的加筋土挡墙，其下部(拱顶附近)宜增加拉筋带用量或采取防止拱两端墙面变位的其他措施。

8.7.6　高大加筋土挡墙设计方法

加筋土挡墙的应用范围越来越广，高大加筋土挡墙在工程实践中的应用也在逐步增多，见表 8-41。但我国《公路加筋土工程设计规范》（JTJ 015—91）因高大加筋土挡墙的现场测试资料可供借鉴利用的资料太少，而无法作有关规定或论述，仅规定高度大于 12m 者宜设错台、超过 20m 者应进行特殊设计而已。由于这些原因导致工程技术人员在设计高大加筋土挡墙时沿用一般高度的加筋土挡墙设计理论与方法，要么使有的方面过于保守，要么使有的方面不安全。

高大加筋土挡墙工程一览表　　表 8-41

序号	工程名称及地点	高（m）	长（m）	墙面积（m^2）	建设时间（年）
1	重庆长寿白沙湾码头	26.15	90	1 880	1983—1985
2	宜昌保康路普溪河大桥引道（双侧）	15	250	—	1988
3	宝鸡千陇公路 K1+200（双侧）	16	62	1 000	1984
4	陕西西韩线 K240（双侧）	21.6	61	2 808	1986
5	陕西铜川西包线陈家（双侧）	22.2	125	—	1986
6	山西长治—邯郸公路新庄（双侧）	18.2	80	—	1987
7	陕西西包线 K167+95（双侧）	5～25	215	1 277	1987
8	云南省水富火车站	18	180	3 140	1993
9	重庆汽车制造总厂公路挡墙	20	—	—	1992
10	重庆长江滨江公路挡墙	12～22	5 500	90 000	1989—1995
11	重庆北碚龙西公路挡墙	8～22	901	13 000	1993—1995
12	山西省大同—运城公路挡墙	28	70	—	1986
13	甘肃西兰公路 K693	28.7	230	6 601	1987
14	陕西西包线 K176+400	35.5	75	2 625	1984
15	陕西洛川公路挡墙	50.7	215	7 356	1995
16	重庆巫山县集仙中路挡墙	10～60	150	11 500	1995—1996
17	云南楚大高速公路 1 号高墙（双侧）	44	—	—	1997
18	云南楚大高速公路 2 号高墙（双侧）	24	—	—	1996
19	四川绵广高速公路加筋土挡墙（双侧）	19	550	—	2001

因此现行规范的一些建议或规定均与公路建设的现实情况有差距，已不能满足实际工程需要。为满足工程设计的实际需要，对于高大加筋土挡墙的研究已迫在眉睫。下面所介绍的仅是作者近年来所做的一点工作，供大家参考。

（1）试验研究概况

作者在重庆交通大学进行了室内模型试验并在现场进行了原型高大加筋土挡墙的试验研究，对高大加筋土挡墙中的垂直土压力、侧向土压力和筋带拉力进行了测试分析。

原型墙为云南楚大高速公路 1 号高大加筋土路肩墙。该墙总高度 43.75m，后因测试导线被破坏，其测试部分高度 $H=30.75\text{m}$，筋带水平间距 S_x 与竖直间距 S_y 均为 0.5m，填料为碎石土，其等效内摩擦角 $\varphi=35°$，重度 $\gamma=20\text{kN/m}^3$，$m_0=\tan(45°-\varphi/2)=0.520\ 6$，$K_a=0.271$，如图 8-59 所示。

室内模型墙是对 1 号加筋土挡墙按 1∶15 修筑。

（2）墙背破裂面的形式

现有设计规范的设计方法都不能反映破裂面与填料性质之间的关系，利用极限荷载法求出的理论破裂面则能反映出破裂面几何尺寸 H_1、H_2、b 与填料性质的关系。用极限荷载法所求得的破裂面几何尺寸为（图 8-60）：

$$
\left.\begin{aligned}
H &= \frac{2m_0^4}{1+m_0^4}H' \\
b &= \frac{2m_0^5}{1+m_0^4}H'
\end{aligned}\right\} \tag{8-126}
$$

$$
m_0 = \tan\left(\frac{\pi}{4} - \frac{\varphi}{2}\right)
$$

以上式中：H'——对于路肩墙，$H'=H+h_0$；对于路堤墙，$H'=H+h_2$；

H——墙高（m）；

h_0——外荷载（如车辆荷载）的等代土厚度（m）；

φ——内摩擦角（°）；

h_2——加筋体上填土高度 h_f 的等代荷载高度（cm），即恒载，见式（8-83）。

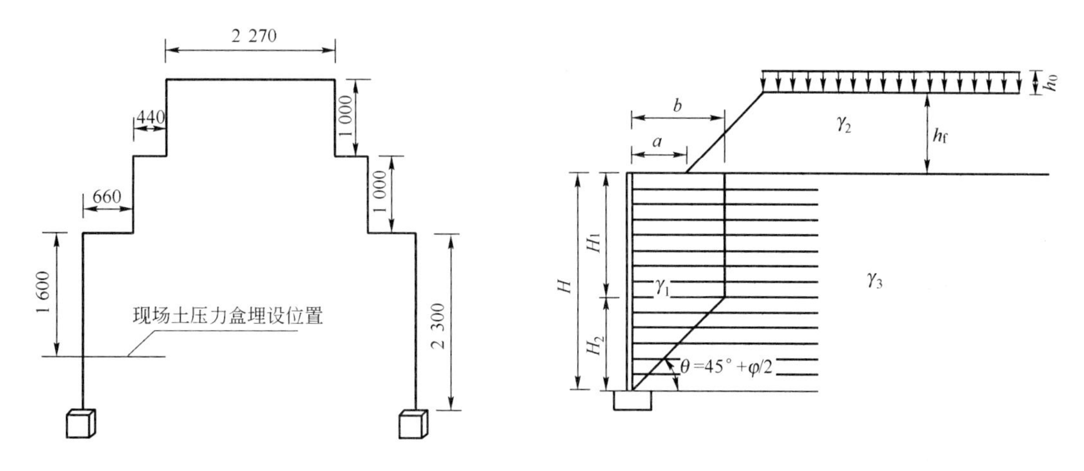

图 8-59　原型墙断面示意图（尺寸单位：cm）

图 8-60　加筋土挡墙简化破裂面

（3）筋带拉力计算方法

根据试验研究和能量方法，在极限荷载法得出的破裂面基础上，推导得埋深 h_i 处拉筋的拉力 T_i 计算式如下。

路肩墙：

当 $h_i<0.8H$ 时

$$
T_i=\lambda \cdot S_x \cdot S_y \cdot h_i \cdot \sqrt{H-h_i} \tag{8-127a}
$$

当 $h_i \geqslant 0.8H$ 时

$$
T_i=0.36\lambda\sqrt{H^3} \cdot S_x \cdot S_y \tag{8-127b}
$$

路堤墙：

当 $h_i<0.8H$ 时

$$
T_i=\lambda \cdot S_x \cdot S_y \cdot h_i \cdot \sqrt{H-h_i}+K_i \cdot \sigma_{ai} \cdot S_x \cdot S_y \tag{8-128a}
$$

当 $h_i \geqslant 0.8H$ 时

$$
T_i=(0.36\lambda\sqrt{H^3}+K_i\sigma_{ai})\,S_x \cdot S_y \tag{8-128b}
$$

$$
\lambda = \frac{15m_0^6\gamma_1}{2(1+m_0^4)^2} \cdot \frac{H'^2}{\sqrt{H^5}}
$$

以上式中：T_i——距墙顶 h_i 处的拉力（kN）；

K_i——土侧压力系数；

h_i——计算拉力的拉筋距墙顶距离（埋深）（m）；

S_x、S_y——分别为拉筋距墙顶距离（埋深）（m）；

i——计算拉筋的层位号（从上至下），且 $i=h_i/S_y$；

σ_{ai}——车辆荷载分布在第 i 层拉筋表面的垂直压应力（kPa）；

其余符号意义同前。

（4）垂直土压力

在室内模型试验中，下层垂直土压力较理论土柱压力值小 39%。为此，从安全角度考虑，建议在计算时，上部 1/3 墙高范围内垂直土压力按 $\gamma_1 h_i$ 土柱压力理论计算，下部垂直土压力进行适当折减，最底部垂直土压力按 $\gamma_1 h_i$ 理论值折减 30%，即垂直土压力可用式（8-129)计算：

当 $h_i < H/3$ 时

$$\sigma_{vi}=\gamma_1 h_i \tag{8-129a}$$

当 $h_i \geqslant H/3$ 时

$$\sigma_{vi}=\gamma_1 H/3+0.55\gamma_1(h_i-H/3) \tag{8-129b}$$

式中：h_i——拉筋埋深（m）；

H——墙高（m）；

σ_{vi}——土中垂直压力（kPa）；

γ_1——填料重度（kN/m^3）。

这一“土拱”现象使得靠筋带与土体之间摩擦来稳定土体的加筋土挡墙来说，是不利的。也就是说，在高大加筋土挡墙设计时，底部筋带与土体的摩擦力要进行折减，才能安全地确定筋带的长度。同时，这一“土拱”现象对于高填土下的涵洞却是非常有利的，也即按土柱压力 $\gamma_1 H_i$ 计算高填土涵洞顶的垂直压力过于安全。

由式（8-129）计算可得本研究的理论计算值，与原型墙实测结果和土柱压力 $\gamma_1 h_i$ 的对比分析见表 8-42。

由表 8-42 可知，本研究推荐的垂直土压力计算方法［式(8-129)］所计算的垂直土压力与实测垂直土压力相比较是合理的，与 $\gamma_1 h_i$ 理论计算值相比则更接近实测值，同时它也是安全的。

原型墙实测垂直土压力与研究推荐计算方法比较　　表 8-42

填土高度（m）	实测垂直土压力（kPa）					式（8-129）计算值（kPa）	理论值 $\gamma_1 h_i$（kPa）
	距面板距离（m）						
	1.5	6	12	18	24		
0	0	0	0	0	0	0	0
2.25	4	0	6	5	0	45	45
6.50	53	46	50	52	51	130	130
9.25	149	121	128	134	109	185	185
11.25	168	106	135	128	120	218	225
13.25	176	140	150	167	140	240	265

续上表

填土高度（m）	实测垂直土压力（kPa）					式（8-129）计算值（kPa）	理论值 $\gamma_1 h_i$（kPa）
	距面板距离（m）						
	1.5	6	12	18	24		
15.25	208	165	175	187	215	263	305
17.25	192	185	168	149	164	285	345
25.00	147	234	211	198	212	371	500
27.25	167	247	208	216	175	396	545
28.25	85	151	180	222	113	407	565
30.75	80	200	212	250	200	435	615

现场原型墙的测试资料还表明：垂直土压力曲线在两个台阶分层高度处，也有两个台阶，这反映了加载形式的变化对垂直土压力所产生的影响，即由于分台阶使土柱压力产生突变性的变化，这种变化使得下层土压力相对于上层土压力增长速率减小，这有利于整个路堤的稳定。

（5）面板后侧向土压力计算

由室内模型试验得到面板后侧向土压力与筋带最大拉力之比约为0.8，则由此可得面板侧向土压应力计算式：

当 $h_i \leqslant 0.8H$ 时

$$\sigma_{Hi} = 0.8\lambda h_i \sqrt{H - h_i} \tag{8-130a}$$

当 $h_i > 0.8H$ 时

$$\sigma_{Hi} = 0.8 \times 0.36\lambda \sqrt{H^3} \tag{8-130b}$$

根据楚大高速公路1号原型墙的有关参数，按式(8-130)所得的面板后侧向土压力计算值与原型墙的现场实测值的对比分析见表8-43所示。计算时：

$$\lambda = \frac{15 m_0^6 \gamma_1}{2(1+m_0^4)^2} \cdot \frac{H'^2}{\sqrt{H^5}} = \frac{15 \times 0.5206^6 \times 20.2}{2 \times (1+0.5206^4)^2} \cdot \frac{30.75^2}{\sqrt{30.75^5}} = 0.472$$

原型墙面板处实测侧向土压力与计算值比较 表8-43

填土高度（m）	实测面板后侧向土压力（kPa）	式（8-130）计算侧向土压应力 σ_{Hi}（kPa）	相对误差（%）	朗肯理论土压力（kPa）
0	0	0	0	0
2.25	2	4.5	55.6	12.20
6.50	8.77	12.1	28.4	35.23
9.25	17.33	16.19	7.0	50.14
11.25	24.33	18.76	29.7	60.98
13.25	26.33	20.93	25.8	71.82
15.25 *	33.00	22.67	45.6	82.66
17.25	26.00	23.94	8.70	93.50
25.00 *	14.33	23.18	38.18	135.50
27.25	15.67	23.18	32.4	147.69
28.25	16.50	23.18	28.8	153.12
30.75	13.00	23.18	43.9	166.67

注：1. $\gamma_1 = 20\text{kN/m}^3$，$\varphi = 35°$，$K_a = 0.271$，朗肯土压力 $E_a = K_a \gamma_1 h$。
2. 带 * 处为两台分界处。

由表 8-43 可知，本研究推荐的理论计算方法所得到的侧向土压力与实测值相比，具有较大的安全储备，而与朗肯土压力理论相比，又能更好地接近实测值，由此证明本研究提出的计算式基本可行。

通过原型墙的试验测试我们发现：

①实测面板后侧向土压力在上部 1/3 墙高范围内随墙高的增加呈线性增长；在中部 1/3 墙高范围内随墙高依然增长，但增长速率趋缓；在下部 1/3 墙高范围内随墙高增加反而减小，这反映了拉筋在潜在破裂体整体受力过程中所起的作用。

②如表 8-42 所示，在接近分台阶处，随墙高的增加，面板后侧向土压力均有一个突变性减少的过程，这说明分台处的水泥稳定碎石土垫层在使其整体受力过程中是起到了显著作用的。即上一台路堤只是相当于整体荷载加在下一台加筋体上，使得下一台侧压力并非随墙高而直线增长，这有利于减少侧向土压力，从而达到增大墙高，增加加筋土挡墙整体稳定性的目的。

（6）筋带数量

一个结点处的所需筋带断面积为：

$$A_i = \frac{T_i \times 10^3}{K[\sigma_L]} \tag{8-131}$$

式中：A_i——第 i 层拉筋的断面积（mm^2）；

K——拉筋容许拉应力提高系数，同式（8-91），取 1.3～2.0；

$[\sigma_L]$——拉筋容许拉应力（kPa）。

（7）筋带长度计算

①筋带活动区长度 L_{0i}

加筋体中活动区与稳定区的分界面采用如图 8-60 所示的简化破裂面，其几何尺寸见式（8-126），所以深度 h_i 处活动区拉筋长度 L_{0i} 为：

$$L_{0i} = \begin{cases} b \quad (0 < h_i < H_1) \\ (H - h_i)/\tan(45^\circ + \varphi/2) \quad (h_i \geqslant H_1) \end{cases} \tag{8-132}$$

②筋带锚固长度

加筋土挡墙要保持其内部稳定性，除满足拉筋不被拉断外(截面积要求)，尚需要满足拉筋不被拔出。若设拉筋带在稳定区的锚固长度为 L_{ei}，则其抗拔力为：

$$F_i = 2B_i L_{ei} \sigma_v f N_i \tag{8-133}$$

对于路肩墙，拉筋带上的垂直压力[式(8-129)]为：

$$\begin{cases} \sigma_v^j = \gamma H/3 + 0.55\gamma H(h_i - H/3) \quad (h_i > H/3) \\ \sigma_v^j = \gamma h_i \quad (h_i \leqslant H/3) \end{cases} \tag{8-134}$$

对于路堤墙，拉筋带上的垂直压力为：

$$\sigma_v^d = \sigma_v^j + \gamma_2 h_2 \tag{8-135}$$

要满足拉筋带不被拔出，则

$$F_i \geqslant [K_f] T_i \tag{8-136}$$

所以，拉筋带的锚固长度为：

路肩墙

$$L_{ei} \geqslant \frac{[K_f] \cdot T_i \times 1\,000}{2b_i \cdot \sigma_v^j \cdot f \cdot N_i} \tag{8-137}$$

路堤墙

$$L_{ei} \geqslant \frac{[K_f] \cdot T_i}{2b_i \cdot \sigma_v^d \cdot f \cdot N_i} \tag{8-138}$$

③筋带总长度 L_i

$$L_i = L_{ei} + L_{0i} \tag{8-139}$$

以上式中：$[K_f]$ ——筋带容许抗拔稳定系数；

b_i——第 i 层筋带的宽度；

N_i——第 i 层筋带的条数；

γ_2——加筋体上路堤填土重度（kN/m^3）；

其余符号意义同前。

对于一般加筋土挡墙而言，最上层部分筋带总长度不得小于 0.7H；底部筋带长度不得小于 0.4H，并不小于 3m。对于超过 20m 高的高大加筋土挡墙，底部筋带长度不得小于 0.5H。

（8）外部稳定性验算

高大加筋土挡墙的外部稳定性分析以及地基承载力分析等与一般加筋土挡墙相似，此处不再赘述。

上述高大加筋土挡墙设计计算方法，在经云南省楚大高速公路 43.75m 高加筋土挡墙设计和其他几段加筋土挡墙（含：①陡坡地段加筋土挡墙；②回填土地基加筋土挡墙；③软弱地基加筋土挡墙；④河滩地段加筋土挡墙；⑤顶锚式基础上的加筋土挡墙；⑥双面高大加筋土挡墙等）的设计试用，所建工程于 1998 年底以前全部竣工，已经过多年的考验，是成功的。

8.7.7 加筋陡坡设计与施工

1）计算模型与理论

既然利用土工合成材料可以建成具直立坡的加筋挡墙，自然可以设想，也能用它们来修建坡度较直立、墙缓的陡坡。所不同的是在加筋陡坡中，不一定需要在坡面处设置面板或将加筋材折回以包裹土体。

加筋陡坡的设计方法，是在传统的土坡稳定分析方法中考虑筋材作用。土坡加筋筋材通常是在土坡内水平铺设。认为土坡的失稳形式与传统考虑的一样，即或是沿某个圆弧产生转动式滑动，或是以楔体形式沿折面滑动。要发生滑动时，筋材的抗拉力或由抗拉力产生的力矩将增大抗滑作用。评价土坡稳定性常先求出促使产生滑动的滑动力矩 M_S 和抵抗滑动的抗滑力矩 M_R，前者与后者之比，即$\frac{M_S}{M_R}$称安全系数 F_S。当安全系数 F_S 大于某一规定的数值（如 $F_S > 1$）时，则认为土坡是稳定的。

对于加筋土坡，各层筋材中的拉力对滑动圆心产生的力矩均起抗滑作用，它们的总和即为抗滑力矩增量 ΔM_R。只要以（$M_R + \Delta M_R$）代替上述的 M_R，按同法即可求得加筋陡坡的安全系数。

土坡内铺设的筋材应有一定的长度，使其超出滑动圆弧外的被动段 L_p 与土之间的握裹力不小于拉（抗）拔力，且有一定安全系数。为此，要对每层加筋材作内部稳定性校核，保证其不会被拔出。

另外，修建加筋陡坡要求具有良好地基，即其承载力足够。否则，陡坡产生的应力集中将使地基因承载力不足而破坏。

2）基本资料

为进行加筋陡坡的设计，首先应具备以下资料：

（1）设计要求：包括坡高 H、坡角 β，如图 8-61 所示。外荷载为坡顶超载 q、临时活荷载 Δq 和地震荷载 αW 等。

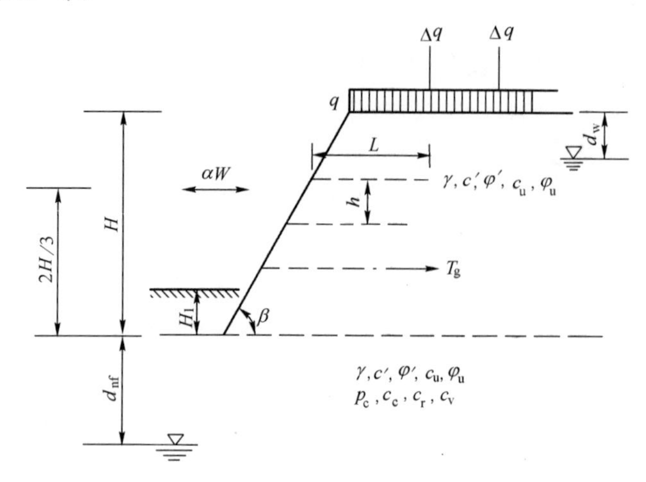

图 8-61　加筋陡坡设计要求的资料

（2）地基土特性：土层剖面（其所达深度最少为坡高的 2 倍）、土的重度、强度指标、固结指标和地下水位等。如果曾发生过滑坡事故，应查明滑坡原因及位置。

（3）填料特性：颗粒粒径分布、塑性指标、击实指标、强度指标、土内所含化学成分等。

（4）要求的安全系数。

①外部稳定和沉降

a.抗平面滑移：$F_S \geqslant 1.5$；

b.抗深层（整体）滑动：$F_S \geqslant 1.3$；

c.动力分析：$F_S \geqslant 1.1$，或按地方规范有关规定；

d.许可沉降量：按工程要求规定。

②内部稳定

a.土坡稳定：$F_S \geqslant 1.3$；

b.筋材容许抗拉强度 T_a：

$$T_a = T_u / F_S \tag{8-140}$$

式中：F_S——安全系数（包含土工合成材料筋材铺设时的机械损伤，以及使用过程中的材料蠕变、化学剂破坏和生物破坏等在内的各种因素引起筋材强度降低的综合强度折减系数），应符合《土工合成材料应用技术规范》（GB 50290—98）的规定。

c.抗拔验算：$F_S = 1.5$（无黏性土，筋材最短 lm）；

$F_S = 2.0$（黏性土）。

3）设计方法与步骤

（1）土坡稳定分析

采用传统的土坡稳定分析方法进行分析，找出其最危险滑动圆弧与圆心以及相应的稳定安全系数。安全系数低于规定值部分，用加筋来补足。

（2）加筋土坡稳定分析

①为了使陡坡的稳定安全系数达到要求的数值，在土坡内水平铺设几层筋材，一般其垂直间距为1～2m。然后按瑞典条分法核算其安全系数 F_S，如图8-62所示。

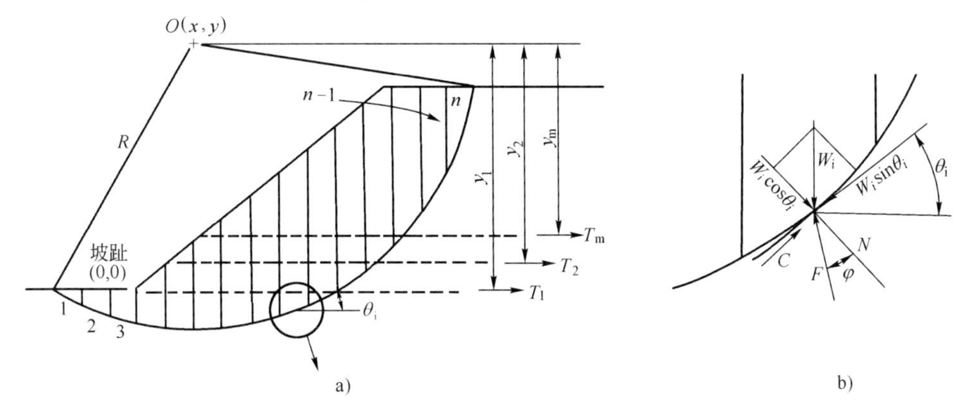

图8-62　加筋堤陡坡稳定性核算

$$F_S=\frac{\sum_{i=1}^{n}(W_i\cos\theta_i\tan\varphi+c\Delta l_i)R+\sum_{i=1}^{m}T_{ai}y_i}{\sum_{i=1}^{n}(W_i\sin\theta_i)R} \tag{8-141}$$

式中：W_i——第 i 土条重力；

θ_i——第 i 条底弧的仰角［图8-62b)］；

Δl_i——第 i 土条底弧长；

R——最危险滑动圆弧的半径；

T_{ai}——第 i 层筋材的抗拉强度。

要求按上式算得的安全系 $F_S \geqslant 1.3$。如不满足，应调整筋材和布置间距。

②如果填土是细粒黏性土，当其含水率接近饱和时，分析中常采用不排水抗剪强度 c_u，它不随作用于剪切面上的法向应力而变化，此时分析不再需要分条，而直接采用总强度指标。安全系数表达式变为（图8-63）：

$$(F_S)_r=\frac{c_u RL+\sum_{i=1}^{m}T_{ai}y_i}{W\cdot x} \tag{8-142}$$

式中：L——滑动圆弧全长；

W——土坡滑动部分的总重力；

x——距滑动圆心 O 的水平距离。

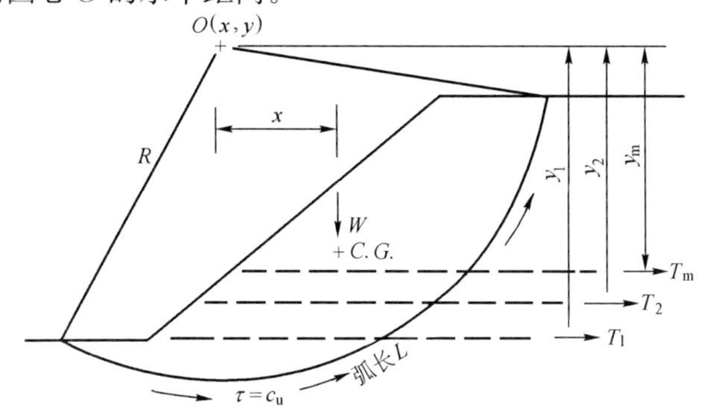

图8-63　加筋陡坡按不排水抗剪强度核算稳定性

(3) 筋材长度

筋材长度确定的依据是保证每层筋材延伸出滑动弧以外的长度 L_p 可提供充分的握裹力，防止筋材被拔出。

$$L_p = \frac{T_a F_S}{2\sigma_v \tan\varphi_{ag}} \tag{8-143}$$

式中：T_a——筋材的容许抗拉强度；

F_S——要求的安全系数；

σ_v——作用在某层筋材上土的覆盖压力；

φ_{ag}——土与筋材间的摩擦角，由拉拔试验测得。

对于接近饱和的软黏土，筋材与土之间的摩阻力不随界面处的法向应力而变化，而是靠二者间的黏着力 c_u 提供握裹力，则筋材的被动段长度为：

$$L_p = \frac{T_a F_S}{2c_u} \tag{8-144}$$

筋材总长度 L 为：

$$L = L_a + L_p \tag{8-145}$$

式中：L_a——主动段长，即在滑弧以内的长度。

4）施工要点与注意事项

施工方法基本与一般筑堤工程类似。

(1) 平整坡底

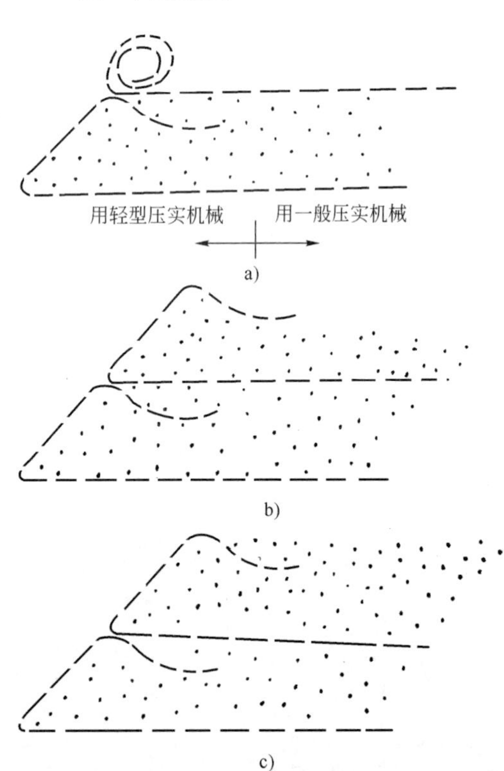

图 8-64 加筋堤的施工

a)第 1 层和 第 2 层筋材；b)第 2 层筋材已反包好；c)第 2 层筋材已完成

(2) 铺放第一层筋材

①筋材强度大的方向垂直于坡面。

②满铺土工合成材料时，顺坡长方向的搭接宽应不小于 30cm；按适当距离，以 U 形钉将土工合成材料固定，防止填土时位移。如用土工格栅等，连接处应用高强尼龙绳扎结好。

③在筋材上铺土压实

在筋材上按规定层厚铺土；施工机械设备与筋材间的填土厚度最少为 15cm，以防受到施工车辆的损坏；填土时防止筋材移动。

控制填料压实含水率为 $w_{op} \pm 2\%$（w_{op}为最佳含水率），压实度不低于 95%。对于粒料土，用振动压路机碾压；对于黏性土，用轮胎压路机或光轮压路机碾压。近坡面处用轻型压实机械，以保持坡面平整。

④坡面处理

如果要防止坡面冲刷则须将坡面做成反包式，可按图 8-64 所示方法进行，即将土工合成材料在坡面处反包，此时压在上一层下面的长度最短为 2m；若为陡坡，可能需要模板支撑坡面。如果筋材为土工格栅，为防包裹坡面处漏土，可能同时要内衬细孔网材或土工织物，通常也在该处内衬织物袋装土。

如果加筋层间距不大于 40cm 时，对于坡角在 45°以下的边坡，可不采用反包式结构，而将筋材简单延伸到坡面即可。有时也采取超填，然后挖除超填部分进行修坡。

8.7.8 植物加筋技术在加筋土边坡中的应用

在应用加筋土技术加固路基边坡时，可以选择强度高的筋材作为主要加筋，选用强度较差的筋材作为次筋，长度一般为 1～2m，垂直间距为 0.2～0.8m。在当今人们环保意识日益增强的情况下，人们开始利用易于成活的低矮灌木取代强度较低的土工格网等次筋材料，甚至直接用作主筋。目前在国外已经取得了一些成功的经验。例如，在南加利福尼亚州的一条公路上采用等高的灌木枝条加固路堤陡坡，在北卡罗来纳州、马萨诸塞州等地也均有成功的经验。处理的边坡还有路堑边坡、裸露的带裂隙水的岩面等。

1）植物加筋技术稳定边坡机理

植物加筋技术稳定边坡是将易于成活的灌木枝条或根茎上、下分层埋在边坡土中，形成加筋土（图 8-65）。它们可以起到多方面的作用：发挥次筋的加筋作用；形成水平排水通道；阻止边坡土的移动；防止唧泥或溜坡。截割的根茎枝条可以立即发挥加筋作用，随着内部根茎沿边坡深度的生长，加筋作用继续增强，加筋范围扩大。特别适用于砂性土边坡的表面侵蚀和浅层滑坡。若在边坡土体内部埋设其他土工合成材料加筋材料，可以相互形成空间交错的网络加筋结构，可用于解决细粒土等黏性土形成的边坡深层滑动问题。

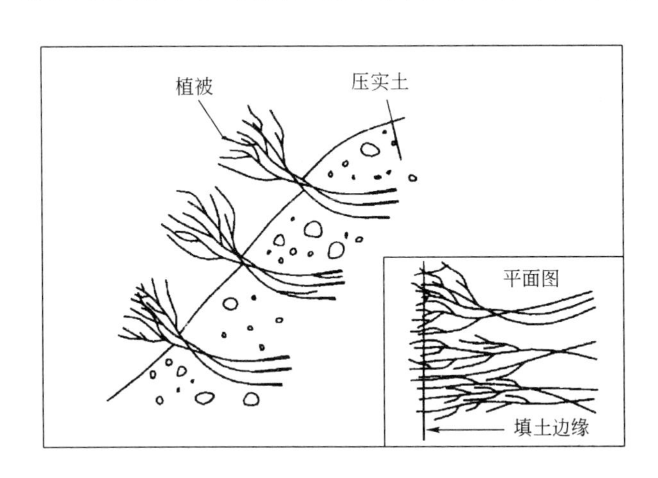

图 8-65 填土路堤边坡中的植物加筋

2）稳定性分析

（1）坡面稳定性

由于在路堤边缘压实不紧密、吸水引起抗剪强度降低、侧限压力较低等原因，一般路堤会存在坡面侵蚀或碎落的问题。可以采用植物加筋技术解决这一问题，而且可以长时间地发挥作用。

低矮的灌木层可以有效地阻止浅层滑坡和碎落的作用，主要来源于：

①其根茎与填料之间的软弱面会形成排水通道，改善一定范围的水影响；

②沿根茎向内生长的根须等可以起到次筋作用或改善坡面土的黏结性；

③向外生长的灌木丛可以减缓坡面水的冲刷；

④利于坡面其他植物的生长。

为了讨论其有效性，可以假设一坡度为 1∶1.5 的砂性土填筑边坡，砂性土的抗剪强度为 $c=1.4\text{kPa}$，$\varphi=35°$，重度 $\gamma=18.5\text{kN/m}^3$。边坡坡面稳定性系数是坡面高度 H 和水渗透方向与水平方向夹角 θ 的函数，如图 8-66a）所示。由于黏聚力的缺乏，当水接近平行于坡面渗透且深度达 0.3m 时，稳定性系数小于 1。若在边坡内移植灌木，改善边坡土的黏聚性能，将大大增强边坡土的抗剪强度，改善坡面稳定性。如图 8-66b）所示，加固深度将达到 0.6m。

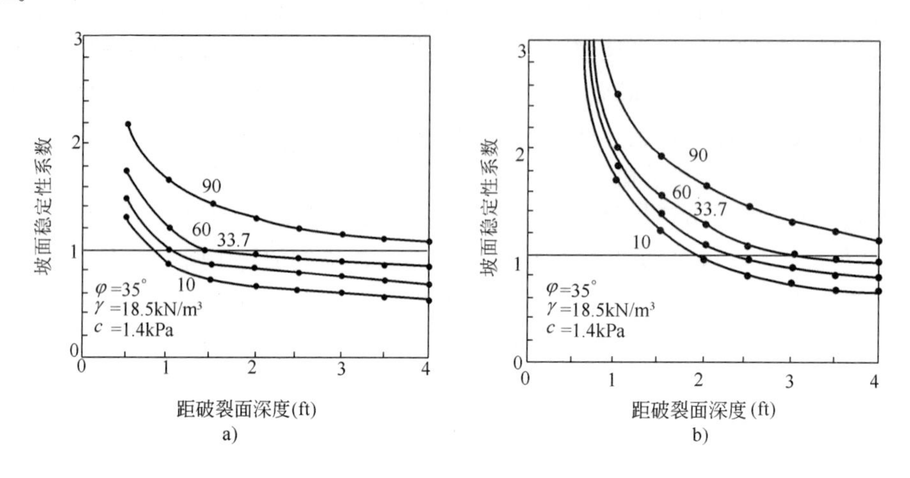

图 8-66　坡面稳定性系数的变化

a)未移植加筋植物；b)移植加筋植物

注：1ft=0.304 8m。

由于植被枝条根茎能提供显著的黏聚力，因而对缺乏黏聚力的砂性土边坡特别有效。室内试验指出，在每立方米土壤中每增加 1kg 根茎，其抗剪强度增长 3.2～3.7kPa。现场试验采用根茎的密集度研究复合土体黏聚力随深度的变化，指出即使根茎与周围土体间的黏结性减弱，也能显著改善土体的抗剪强度特性。并且所形成的水平排水通道能有效地汇集排出土体内部的渗水，减弱水对土体的侵蚀冲刷作用。

对于细砂和粉质砂填筑的砂性土填方边坡，也可以应用植物加筋技术。但此时在坡面应设置土工网垫起固定表面砂土的作用。最简单的土工网垫设置方法是在填土层间进行反包。

（2）内部稳定性

在应用植物加筋技术时必须重视边坡的内部稳定性。深埋的枝条或土工合成材料均可起到深层加筋作用。有时可以在植被以下的坡面设置浆砌片石层，起坡脚稳定作用。采用前述传统的方法分析植物加筋的抗拔稳定作用，并确定连续的灌木加筋层的垂直间距和埋设深度，其抗拔能力可以根据根茎的抗拉强度、平均直径、单位宽度埋设枝数确定。

3）施工要求

必须注意加筋植物的收割、绑扎、储存和栽植。各地的植物移植应在各自适宜的季节进行，并最好选用当地易于成活的品种。根茎为 70～80mm 的柳树、山茱萸、桤木、白杨等均可用作加筋植物。在收割以后最好马上就在已压实的路基土上进行交叉铺设。填土应撒铺在枝条之间，保证根茎枝条与土接触紧密。

参考文献

[1] 中华人民共和国建设部．建筑边坡工程技术规范：GB 50330—2002. 北京：中国建筑工业出版社，2002

[2] 中华人民共和国交通部．公路路基设计规范：JTG D30—2004. 北京：人民交通出版社，2004

[3] 中华人民共和国交通部．公路路基施工技术规范：JTJ 033—95. 北京：人民交通出版社，1995

[4] 中华人民共和国交通部．公路排水设计规范：JTJ 018—97. 北京：人民交通出版社，1998

[5] 中华人民共和国铁道部．铁路特殊路基设计规范：TB 10035—2002. 北京：中国铁道出版社，2002

[6] 中华人民共和国交通部．公路加筋土工程设计规范：JTJ 015—91. 北京：人民交通出版社，1991

[7] 中华人民共和国建设部．锚杆喷射混凝土支护技术规范：GB 50086—2001. 北京：中国计划出版社，2001

[8] 中华人民共和国建设部．建筑地基基础设计规范：GB 50007—2002. 北京：中国建筑工业出版社，2002

[9] 凌天清，曾德荣．公路支挡结构．北京：人民交通出版社，2006

[10] 交通部第二公路勘察设计院．公路设计手册·路基．2 版．北京：人民交通出版社，1996

[11] 凌天清，吴承平．加筋土挡墙拉筋拉力计算的能量修正法．重庆交通学院学报，1990（1）：32-39

[12] 凌天清．公路高大加筋土挡墙设计方法的研究．中国公路学报，2000（2）：13-15＋19

[13] Meyers M S，etc. Mechanically stabilized earth wall design：external stability // 6th International conference on geosynthetics，1998：587-592

[14] 周志刚，郑健龙．公路土工合成材料设计原理及工程应用．北京：人民交通出版社，2001

[15] 黄晓明，朱湘．公路土工合成材料应用原理．北京：人民交通出版社，2001

[16] 郑颖人，方玉树，郑生庆，等．岩石边坡支挡结构上岩石压力计算方法探讨．岩石力学与工程学报，1997，16（6）：529-535

[17] 郑颖人，方玉树．《建筑边坡工程技术规范》中有关侧向岩石压力计算的思路．岩土工程界，2005，5（12）：13-15

[18] 尉希成．支挡结构手册．北京：中国建筑工业出版社，1995

[19] 国家技术监督局，中华人民共和国建设部．岩土工程勘察规范：GB 50021—94. 北京：中国建筑工业出版社，1995

[20] 程良奎，杨志银．喷射混凝土与土钉墙．北京：中国建筑工业出版社，1998

第9章 滑坡防治工程设计

DIJIUZHANG

9.1 治理方法概述

勘察认识滑坡的目的在于有效地预防和治理，消除或减轻其可能造成的危害，保障人民生命财产和重要设施的安全。以往在预防和治理滑坡的实践中，有成功的经验，也有失败的教训。成功者一次根治，不留后患，保证了滑坡的长久稳定；失败者或因对滑坡性质认识错误或不足，或因工程措施不当，致使多次治理而不能稳定滑坡，甚至造成了灾害。经过多年的实践，人们已经总结出一套预防和治理滑坡的原则和方法，并成功地治理了数以千计的滑坡。

9.1.1 滑坡防治的原则

经过多年防治滑坡的实践，总结出以下10条防治滑坡的原则：

（1）正确认识滑坡的原则

滑坡的性质、类型、范围、规模、机理、动态、稳定性的正确认识和发展趋势的预测是防治滑坡的基础。过去在生产建设中发生的古老滑坡复活或新生滑坡，多是因为对滑坡勘察不足、认识不清所造成的。只要认真细致地勘察，滑坡是可以认识的，也是可以预防和治理的。反之，忽视或削弱了滑坡的地质勘察，则预防和治理的失误也在所难免。

（2）预防为主的原则

滑坡危害严重，治理费用昂贵，因此在铁路和公路选线、厂矿与城镇选址时应充分重视地质勘察，地质配合选线（即所谓“地质选线”），尽量避开大型滑坡和多个滑坡连续分布的地段，以及开挖后可能发生滑坡的地段，如岩层面倾向路线的倾角大于10°及厚层堆积层分布地段，大型断层破碎带分布及多条断层交叉地段等。20世纪50—60年代，由于对滑坡灾害认识不足，山区铁路不少路段通过古滑坡体，许多车站设在古滑坡区，施工开挖后出现了众多滑坡，既增加了投资，又延误了工期，还给运营安全留下了隐患。后来，有些地段不得不重新改移路线位置。山区高速公路建设中由于时间紧，地质工作显得不足，施工后出现了不少高边坡变形和滑坡，如深圳至汕头高速公路 K101 滑坡，同江至三亚高速公路福鼎至宁德段的八尺门互通区滑坡，都耗费数千万元进行治理。万县至梁平高速公路约 20km 长路线选在砂、页、泥岩顺层地段，岩层倾角达 20°～30°，开挖后出现了 20 余处滑坡。

总之，在易滑坡地层分布区、地质构造复杂地区和自然滑坡分布密集区选线、选厂、选址时应特别加强地质工作，尽量避开滑坡。

当然，一条路线要想避开所有的滑坡也是不可能的，有时在技术和经济上也是不合理的。对于避不开的滑坡，应经过较详细的勘察，查明其性质、规模、目前的稳定程度，及人为工程活动作用后其稳定状态的变化和发展趋势，尽量少破坏其稳定性，如局部调整路线平面位置和纵坡，少填少挖，特别是不在古滑坡抗滑地段作挖方，不在其主滑和牵引地段作填方。必要时采取一定的预防加固措施，如地表和地下排水、减重、压脚与支挡等，提高其稳定程度。

（3）一次根治不留后患的原则

实践经验告诉我们，对工程设施和人身安全危害较大的滑坡，必须查清性质，一次根治，不留后患。这里有两层意思，首先是对危害性质有较充分的认识，不仅有地质勘察资料，最好还有滑坡动态监测和地下水变化的资料，以便对滑坡的动态过程做出正确的判断。其次是在治理滑坡的措施上要强大，宁稍过之而无不及，即使今后出现了不利因素的组合作用，滑坡也能保持稳定，做到“药到病除”。以往曾遇到不少滑坡，或因对其性质认识不准，或受经济条件限制，经两次、三次治理仍不稳定，一次次治理工程被破坏，滑坡继续扩大和恶化，结果多次治理的费用总和远远大于一次根治的投资。而且久治不愈的间接损失更大。

（4）全面规划分期治理的原则

对于规模巨大、性质复杂的滑坡，短期内不容易查清其性质，治理费用特别昂贵，滑坡变形缓慢，短期内不会造成大的灾害的，应做出规划，分期治理。滑坡防治本身是一项较复杂的系统工程，从勘察、设计、施工到运营是环环相扣、有机联系的一个整体，应分阶段做出规划，提出要求，保证质量，分步实施。随勘察工作的加深，逐步设计和治理，一般是先做应急工程、防止滑坡恶化，如地表排水工程，夯填地表裂缝，加强滑坡动态监测，减重、压脚工程等，再做永久治理工程，如地下排水和支挡工程等。应急和永久治理工程应有统一规划、互相衔接、互为补充，形成统一的整体。

（5）综合治理的原则

滑坡常常是在多种因素作用下发生的，而具体到每个滑坡又有其不同的主要作用和诱发因素。因此滑坡的治理总是针对主要因素采取主要工程措施消除它或控制其影响，同时辅以其他措施进行综合治理，以限制其他因素的作用。这样做一方面是由于有时主要作用因素确定的不一定准确，另一方面随着时间的推移和外界条件的改变主要因素也会发生变化。因而如地表排水系统对任何一个滑坡的预防和治理都是不可缺少的。地下水特别发育，是滑坡形成的主要因素者应以地下排水工程为主；若河流冲刷、人工开挖或堆载使滑坡失去力学平衡者，则应以防冲刷、支挡或减重、压脚等力学平衡措施为主。有条件时总是优先采用地面排水，地下排水（如仰斜孔排水）和减重、压脚等容易实施且见效快的措施。滑坡治理还应同时考虑环境保护和绿化、美化，尤其是在城镇地区。

（6）治早治小的原则

滑坡的发生和发展是一个由小到大逐渐变化的过程，防治滑坡最好是把它消灭在初始阶段和萌芽状态。如滑坡处在蠕动挤压阶段，虽其后缘张拉裂缝已贯通或有下错，但整个滑动面尚未贯通，抗滑段还有较大抗力，滑带土强度也未完全达到其残余强度，整体稳定系数尚大于1，若在此阶段治理滑坡，可充分利用土体自身的强度，支挡工程量小，可节约工程投资。

有些滑坡具有牵引（后退）扩大的性质，即前一级滑动后，后一级因失去支撑力而跟着滑动、扩大。若能及时稳定前一级，后一级就不会再发展、扩大，因为前一级范围小，治理投资也少，否则等滑坡扩大后再治理，难度和工程量均大大增加。作者在福建省一高速公路上曾遇到一滑坡，因开挖路堑而引起老滑坡局部复活，当时滑坡长仅50余米，建议排水和抗滑桩支挡，由于种种原因而未能实施，一年以后滑坡裂缝发展到距路基250m，不得不做三级支挡和排水，增加了大量投资。

这就是滑坡要治早、治小的原因。道理虽然简单，但在滑坡变形初期阶段，因资料不充分，认识不统一，难下按滑坡治理的决心，常常延误了治理的时机。更有甚者，把滑坡变形误认为是坍塌变形，而在滑坡前缘刷方放缓边坡，结果进一步削弱了抗滑力，人为地促使了滑坡扩大，这样的教训是相当多而深刻的。因此，在未查清变形性质之前，切忌在滑坡前缘刷方。

（7）技术可行经济合理的原则

任何一项工程都应要求技术上可行，经济上合理，对滑坡防治工程来说也不例外，在保证预防和治住滑坡的前提下应尽量节约投资。所谓技术上可行，即结合滑坡的具体地形地质条件和保护对象的重要性，提出多个预防和治理方案进行比选，其措施应是技术先进，耐久可靠、方便施工、就地取材和经济而有效的。一般来说，地表排水工程造价不高，不起控制作用。地下排水工程有截水隧洞、截水盲沟、支撑盲沟、仰斜孔排水、虹吸排水等措施，应根据滑坡的具体条件及地下水在滑坡形成中的作用决定采取哪一种或两种措施的结合。当地下水比较发育时，截排水工程常可起到稳定和预防滑坡的明显效果。支挡工程如抗滑挡墙、抗滑桩、预应力锚索抗滑桩、预应力锚索框架（或地梁），以及减重、压脚工程等，在稳定滑坡上能起到立即见效的作用，但造价也是比较昂贵的。一般来说，当有条件在滑坡上部减重、下部压脚时，是比较经济有效的，应优先采用。当无减重、压脚条件时，只能采用支挡工程。由于其造价高，更应多方案精心比选，包括支挡工程设置的位置、排数、结构类型选择等。一般中小型滑坡可用抗滑挡土墙、或结合支撑盲沟，对中大型滑坡则只能采用抗滑桩和预应力锚索抗滑桩，当预应力锚索有较好的锚固条件时，后者比前者可节约30%投资。

（8）科学施工的原则

再好的设计若无科学且高质量的施工，也不能有效预防和治理滑坡。

防滑工程的施工应放在旱季，并应首先做好地表排水工程和夯填地表已有裂缝，防止地表水渗入滑体影响其稳定。同时应加强滑坡动态监测，保证施工安全。抗滑支挡工程，不论是抗滑挡土墙还是抗滑桩，其施工开挖总会削弱滑坡原有稳定性。因此，为防止施工不当引起滑坡大滑动，要求基坑开挖分批（一般分三批）分段跳槽开挖，并应挖好一批，砌（灌）筑一批，及时恢复支撑力，然后再开挖下一批。决不允许全面开挖和大拉槽施工造成滑坡大滑动。1967年在成昆铁路甘洛二号滑坡抗滑挡墙施工时，施工单位不按设计要求分段跳槽开挖，而用机械大拉槽开挖，结果造成滑坡大滑动，填满了4m深的基坑，结果不得不变更设计，重新施工。1988年在四川省江油市一滑坡抗滑桩施工时，已经是雨季，施工单位为赶进度而开挖二分之一桩坑，结果，一场大雨后滑坡移动，将桩坑护壁混凝土挤裂出现2～

3cm 宽的裂缝，被迫停工，回填已开挖桩坑，等到雨季后再施工，真是欲速则不达。

滑坡区施工是在动体上施工，不同于一般场地，生产、生活用水的排放及堆料等都不能影响滑坡的稳定，更不允许采用大药量爆破施工。

（9）动态设计，动态施工的原则

滑坡是较复杂的地质现象，尤其是大型复杂的滑坡，由于多种条件和因素的限制，仅通过勘察还很难摸清和掌握滑坡各部位的真实情况，因此利用施工开挖进一步查清滑坡的地质情况和特征，从而据实调整或变更设计，这就是动态设计。比如抗滑挡土墙和抗滑桩的施工，第一批基坑开挖就要做好地质编录，复核地质情况和滑动面层数、位置和状态，必要时取土样进行试验，以便调整基础埋深和桩身配筋，当挖出的滑面滑动擦痕方向与桩、墙的方向出入较大时，还应调整其受力方向（或后两批桩的方向）。施工也应作相应的变化。截水隧洞的施工应先开挖检查井，以便依据实际的滑面位置和地下水分布调整洞的埋深和纵向坡度，以达到最好的排水效果。

地质条件复杂、易发生滑塌的高边坡施工，由于事前地质勘探资料不足，防护和加固工程设计依据不充分，更应贯彻动态设计、动态施工的原则，根据开挖后暴露的实际地质情况，如不同成因和性质的岩土在边坡上的分布、岩体的风化破碎状况，不利结构面的产状及其组合，地下水的出露位置等，调整原有的设计。并应采用开挖一级，防护和加固一级，然后再挖下一级的方法。高边坡的最下一级由于坡脚剪应力集中，地下水集中，最容易破坏，故最好先加固后开挖。不能开挖到底再加固，这样引起边坡整体或局部变形破坏的事例是很多的。

除了依据地质条件的变化调整设计，相应地调整施工内容和方法外，动态施工的另一层意思即根据滑坡的动态调整施工顺序和方法。如在雨季滑动较剧烈时，抗滑工程基坑应少挖，旱季滑坡相对稳定期则可多开挖一些，根据滑坡的动态特征调整开挖桩坑数量，在八渡车站滑坡抗滑桩施工中动态监测起了很好的指导施工的作用。

（10）加强防滑工程维修保养的原则

防滑工程设施完工后应随时注意维修和保养，使其处于良好的工作状态，发挥应有的作用，防止其失效。如地表和地下排水沟的清理、疏通，裂缝的修补和夯填，滑坡动态和地下排水效果及支挡建筑物变形监测等。

9.1.2 治理滑坡的主要工程措施

防治滑坡的目的在于消除其危害。依据滑坡的防治原则，能避开者应尽量避开，能预防者应尽可能预防，特别是对那些大型复杂的滑坡。但是毕竟不可能避开所有的滑坡。对那些避不开又防不了的，或事先认识不足，在施工开挖后出现的滑坡，受各种条件限制不能避开者，只能进行治理，而且应尽可能做到一次根治，不留后患，既稳定滑坡又节约投资。

国外用工程措施治理滑坡已有一百多年的历史，但大量的工程防治和技术上的发展是二次世界大战后随着各国的社会经济发展而发展起来的。我国大量采取工程措施治理滑坡是新中国成立后才开始的。

我国经过五十多年防治滑坡的实践，在学习国外先进经验的基础上结合自己的国情也形成了一整套防治办法，概括如表 9-1。分为绕避滑坡、排水、力学平衡和滑带土改良四类。绕避滑坡在前面已经讨论过。清除滑体只在滑体很小，清除后对后部及两侧山坡稳定不会造成新的影响时才可使用，一般应用很少。以下简要介绍排水工程的基本原理，重点介绍支挡工程的设计。

滑坡防治措施分类 表 9-1

类型	绕避滑坡	排水	力学平衡	滑带土改良
主要工程措施	1. 改移路线 2. 用隧道避开滑坡 3. 用桥跨越滑坡 4. 清除滑体	1. 地表排水系统 ①滑体外截水沟 ②滑体内排水沟 ③自然沟防渗 2. 地下排水工程 ①截水盲沟 ②盲（隧）洞 ③仰斜钻孔群排水 ④垂直孔群排水 ⑤井群抽水 ⑥虹吸排水 ⑦支撑盲沟 ⑧边坡渗沟 ⑨洞-孔联合排水	1. 减重工程 2. 反压工程 3. 支挡工程 ①抗滑挡墙 ②挖孔抗滑桩 ③钻孔抗滑桩 ④锚索抗滑桩 ⑤锚索 ⑥支撑盲沟 ⑦抗滑键 ⑧排架桩 ⑨刚架桩 ⑩刚架锚索桩 ⑪微型桩群	1. 滑带注浆 2. 滑带爆破 3. 旋喷桩 4. 石灰桩 5. 石灰砂桩 6. 焙烧

（1）地表排水工程

由于水是滑坡发生和发展的重要影响因素，因此，容易实施且见效快的地表排水工程对任何一个滑坡的预防和治理都是不可缺少的。它既可作为应急工程的一部分，又是永久治理工程之一。

地表排水的目的是把滑坡区以上山坡来水截排不使其流入滑坡区，把滑坡区内的降水及地下水露头（泉水、湿地及其他水体）通过人工沟道尽快排出滑坡区，减少其对滑坡稳定的影响。

地表排水系统包括滑坡区以外的山坡截水沟、滑坡区内的树枝状排水沟及自然沟的疏通和铺砌等，是一个统一的排水网络。滑坡区以外的山坡截水沟应布设在滑坡可能发展扩大的范围以外至少 5m 处，以免滑坡扩大破坏水沟使沟中水集中灌入滑坡后缘裂缝加速滑坡的发展。其断面尺寸取决于汇水面积、地面土质和坡度、植被情况和当地的年降雨量和集中暴雨量。排水沟纵坡一般不小于 2%，陡坡地段设置跌水或急流槽。滑体内的树枝状排水沟，主沟方向应尽量与滑坡的主滑方向一致，或充分利用滑体内外的自然沟，支沟一般每 30～50m 设置一条，其方向应与主滑方向成 30°～45°夹角，以免滑坡滑动时被拉裂或错断，水流灌入滑体促使其发展。跨越滑坡裂缝的排水沟在滑坡稳定之前应做成活动的搭接式活动接头（木质的或钢筋混凝土的）或沟底铺设柔性隔水土工布，待滑坡稳定后再做成永久性的。泉水、湿地水的引排，多采用明沟与盲（暗）沟相结合的方式引入就近的排水沟。自然沟是历史上已形成的排水通道，要充分利用，其沟岸坍塌、堵塞段应进行疏通，使排水流畅。至于是否铺砌则视是否有沟水补给滑坡而定，可据实际情况采取局部地段铺砌的办法。

（2）地下排水工程

地下排水工程是治理滑坡的主体工程之一，特别是地下水发育的大型滑坡，地下排水工程应是优先考虑的措施。它比支挡工程投资少，但发挥的作用是较大的，主要是截断了补给滑带的水源，降低了地下水位，减少了滑带土的孔隙水压力，提高其抗剪强度，从而增大了滑坡的稳定性，因而可减少甚至取消支挡工程，节约投资。

地下排水工程依据不同的滑坡地下水分布和补给情况，常用的措施有：截水盲沟、截水盲（隧）洞、仰斜（水平）孔群排水、垂直钻孔群排水、井点抽水、虹吸排水、支撑盲沟等。以下分别介绍其适用条件和作用原理。

①截水盲沟和盲洞（隧洞）

当补给滑坡的地下水主要来自滑坡区以上的山坡时，可在滑坡区以上山坡垂直地下水流向布设截水盲沟（或盲洞）截断地下水，如图 9-1 所示。盲沟的沟底应放在滑动面以下的隔水地层中，并应浆砌不使其漏水，沟壁靠滑体一侧为浆砌片石截水墙，迎水方向设反滤层和土工布进水，沟中填砂卵石或块石，沟底设带进水孔的排水管。所截的地下水从一端或两端排入滑体以外的自然沟中。盲沟的优点是能较彻底地截断补给滑坡的多层地下水，效果好；其缺点是在含水地层中开挖，易坍塌，需加强支撑，施工较困难。根据以往的经验，当沟深大于 12m 时，其造价比盲洞还高，不如用盲洞截水。

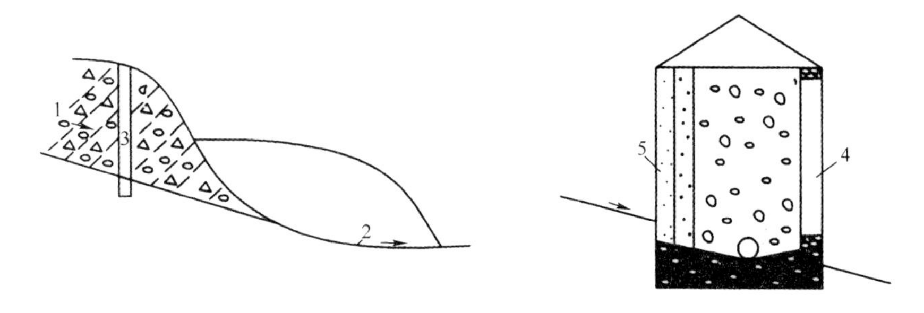

图 9-1　截水盲沟布设示意图

1-地下水流向；2-滑面；3-盲沟；4-隔水墙；5-反滤层

盲（隧）洞的作用与盲沟类似，主要是截断补给滑动带的一层地下水，常布置在滑体以外或滑坡区的中上部，其轴线方向与地下水流向近于垂直以发挥最好的截水效果。20 世纪 50 年代修建的截水盲洞，洞身放在滑动面以下，洞顶紧靠滑动带，衬砌时把滑动带揭穿，使其上部的地下水流入洞中排走。这样排水效果虽好，但靠近滑动带岩体破碎，地下水丰富，常常出现塌方，给施工造成较大困难。60 年代以后，将盲洞洞顶放在滑动带以下 2～3m 的稳定地层中，施工方便，截水则采用两种方式：一是从洞内向上和两侧打长 10～20m 的仰斜钻孔，穿过滑动带将地下水引入洞中排除，孔的直径和密度则根据水文地质计算确定，一般采用孔径 80～100mm，孔间距 5～10m；二是在滑体厚度不大时，从地面沿洞轴线打垂直钻孔群形成截水帷幕，将多层地下水均引入洞中排除，如图 9-2 所示。垂直孔中充填渗水材料成为渗管，其孔径、间距等也应根据降水和地层的渗透系数等通过水文地质计算确定，一般采用间距 5～10m。

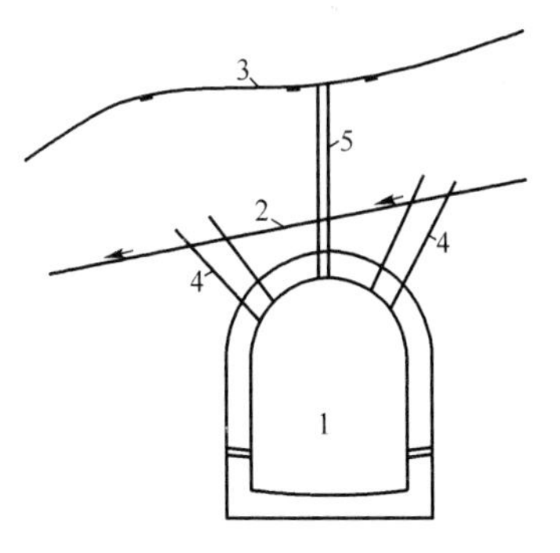

图 9-2　截水盲洞结构示意图

1-盲洞；2-滑动面；3-地面；4-仰斜排水孔；5-垂直渗管

长的盲沟和盲洞沿轴线每隔 30～50m 应设置检查井，其作用有四：一是进一步勘探确定沟或洞的排水纵坡；二是作施工时的通风孔和进料；三是起渗井和沉淀作用；四是当沟、洞分岔或转弯时作连接用。盲洞洞身截面一般为拱形，受力条件好，但也有用梯形和圆形的。其截面尺寸主要取决于施工方便，不受排水控制，一般宽 1.6m，高 1.8～2.0m。

值得指出的是，采用盲沟和盲洞截水，必须有详细的水文地质资料，如地下水的分布位置、高程、水量、流向、补给来源、排泄方向、渗透系数等，否则可能起不到良好的排水效果。

②仰斜（水平）钻孔群排水和井-孔联合排水

所谓水平钻孔是相对于垂直钻孔而言的，作为排水，它实际上是向上仰斜 5°～10°的钻孔，所以叫仰斜钻孔排水更符合实际。仰斜钻孔群排水是在地下水比较发育的滑坡的上部或前缘打若干个钻孔将水排出，以降低滑坡的地下水位，减少滑带土的孔隙水压力，提高其强度、增加滑坡的稳定性。当滑坡移动速度较快有可能剧滑造成灾害时，作为应急工程用仰斜钻孔群排出部分地下水，常可减缓滑动速度，甚至使滑坡处于相对稳定状态，为勘察、设计、施工争取有利时间，在滑坡预防部分已用实例做了说明。它也可以作为治理滑坡的永久工程的一部分。

20 世纪 30—40 年代欧美和日本已开始应用仰斜孔群排水治理滑坡，由于它在地面上用机械施工，速度快，造价比盲沟或盲洞低，所以被广泛应用。如日本 80 年代在地附山滑坡就打了 8 400m 仰斜钻孔。我国从 20 世纪 60—70 年代开始应用仰斜孔排水技术，随着国产水平钻机的问世，80—90 年代该技术在铁路和公路滑坡治理和高边坡加固中已普遍应用。

仰斜孔的布设方向应与滑坡的主滑方向相平行，以免滑坡滑动时被错断，一般采用钻孔直径为 100～150mm，内放直径 50～90mm 的带渗水孔的聚氯乙烯管或尼龙软管排水。孔长以 30～40m 为宜，太长时因钻孔偏斜，上挠、下垂不易控制，排水效果不佳。钻孔的间距应通过水文地质计算确定，一般采用 5～10m 效果较好。

作为治理滑坡的永久工程，仰斜孔的主要问题是排水孔被淤塞，使用寿命短。根据国外经验，一般地层有效期为 8～10 年，黏性土地层为 5～6 年。要保持其排水效果，几年后需进行清孔（用高压射水或高压空气），或重新打孔。

当地下水埋深较大或有多层地下水需排除时，使用仰斜孔群有困难，但日本曾采用集水井和仰斜孔相结合的方法，即在滑体上打若干个直径 3.5m 的竖井，在井中打放射状集水孔，各井用钻孔串联起来，把水排出滑体以外，如图 9-3 所示。井深一般 20m 左右，井底应放在滑动面以下的稳定地层中。当滑坡移动速度较快时，为防止井被错断，井底先放在滑面以上，待滑坡稳定后再加深放入稳定地层中。

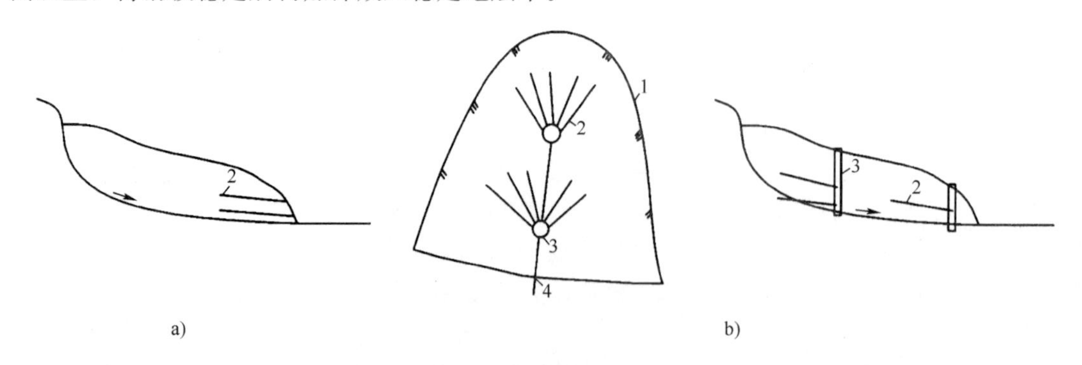

图 9-3　仰斜孔排水和井-孔联合排水示意图

a)仰斜孔排水；b)井-孔联合排水

1-滑坡周界；2-仰斜排水孔；3-集水井；4-排水管

③井群抽水和垂直孔群排水

井群抽水是在滑坡的中上部地下水分布比较集中的地区布设若干个抽水井，井底伸入到滑面以下的稳定地层，由井群集水并降低地下水位，井中积水用泵抽出地面用明沟排走。但由于管理上的麻烦，且井深时造价也不低，故在大型滑坡上应用很少。井径和间距仍然是根据欲降水的深度及地层的渗透系数由水文地质计算确定。

垂直钻孔群排水基本原理与井群抽水相同，只是不用人工挖井，而用机械钻孔。由于其孔径小，数量多，应用也不多。

当滑体下伏有渗水地层时，利用垂直钻孔群将滑体内作用于滑带的水渗漏到下伏透水层中自流排出，无须人工抽水，不失为利用自然条件排水的可取方法。20 世纪 60 年代在修建成昆铁路时，针对甘洛车站 1 号古滑坡滑动后掩埋古河道的情况，为保证滑坡前缘少量挖方后滑坡的稳定，经过试验、观测，采用了在滑坡中前部设垂直钻孔群排水的方案，降低了滑坡体内的地下水位，提高了滑带土强度和滑坡的稳定性，1967 年施工完成至今，滑坡保持了稳定。

④虹吸排水

虹吸排水是利用虹吸管的真空原理及进水口和出水口的大气压差将浅层地下水自流排出地表的一种方法。它是一种传统的、简便的排水方法，我国农业灌溉中早已使用。20 世纪 80 年代以来，在法国已将虹吸排水应用于 100 个滑坡的治理。曾有一公路滑坡，地下水位仅低于公路路面 2m，由于地下水发育致使路面开裂、路堤变形。在路堤上打了 35 个垂直钻孔集水，用虹吸管排水，将水位降低到路面下 8m（低于滑动面），从而稳定了滑坡。

虹吸排水是在滑坡区地下水分布较集中的部位打若干个垂直钻孔（或井），将水汇集于孔（井）中，在孔（井）中放入虹吸管（直径 10～30mm 的聚氯乙烯管或镀锌铁管）将水排出孔外以达到降低地下水位、提高滑带土强度稳定滑坡的目的。

（3）抗滑支挡工程

抗滑支挡工程，包括抗滑挡土墙、抗滑桩、预应力锚索抗滑桩、预应力锚索框架或地梁等，由于它们能迅速恢复和增加滑坡的抗滑力使滑坡得到稳定而被广泛应用，特别是对工程滑坡的预防和治理。

20 世纪 60 年代以前国内外在滑坡防治中除地表和地下排水工程外，在支挡工程方面多采用抗滑挡土墙和小直径的抗滑桩。抗滑挡土墙多用在中小型滑坡上，大型滑坡上也曾做过顶宽 4～6m 的庞大挡土墙。因挖基困难，也做过沉井式抗滑挡墙。国外如日本采用钢桩，在直径 40cm 的钻孔中放入直径 38.5cm、壁厚 2～4cm 的钢管，或在钢管中再放入 H 型钢，然后灌注混凝土，桩间距 2～2.5m，桩头用钢筋混凝土承台联成一个整体，叫作钢桩。根据要求，钢桩可以布设一排、两排或三排，由于这种桩截面小，抗弯能力差，主要是利用钢材的高强度增大滑动面的抗剪力。美国和苏联多采用直径 0.8～1.2m 的钻孔钢筋混凝土灌注桩，桩头也采用钢筋混凝土承台或梁联结。

20 世纪 60 年代中期铁道部科学研究院西北分院同其他铁路设计部门在成昆铁路建设中共同研究开发了大截面挖孔钢筋混凝土抗滑桩治理滑坡取得成功。由于它抗滑能力大，对滑坡稳定性影响小，施工安全、见效快，因此被广泛推广应用，不仅使大中型滑坡也能得到治理，而且几乎取代了抗滑挡土墙。桩截面由 2m×2m、2m×3m 发展到 3m×4m、3.5m×5.5m 及 3.5m×7m，桩长也由 20～30m 发展到 40～50m。除单排桩外，还开发了排架桩和刚架式的椅式桩墙，并对各种桩的受力和变形模式进行了研究。

由于悬臂桩的受力状态不尽合理，截面大、埋深长，造价高，随着预应力锚索技术的应用，铁道部科学研究院西北分院于 20 世纪 80 年代中期研究开发在抗滑桩头部施加预应力锚索 2～4 束，锚固于滑动面以下的稳定地层中，如此在桩上增加一个支点，使桩的受力状态大大改善，桩身弯矩和截面减小，埋深减短。经实际工点应用，可节省造价30%左右，得到了越来越广泛的应用。为避免开挖桩坑的困难，在中小型滑坡上使用预应力锚索框架也取得成功，如在太原至古胶的二级公路14km处滑坡的治理。预应力锚索技术更被广泛地应用于高边坡的预加固中。

9.2 抗滑桩

抗滑桩是将桩插入滑动面（带）以下的稳定地层中，利用稳定地层岩土的锚固作用以平衡滑坡推力、稳定滑坡的一种结构物。其受力如图9-4所示。

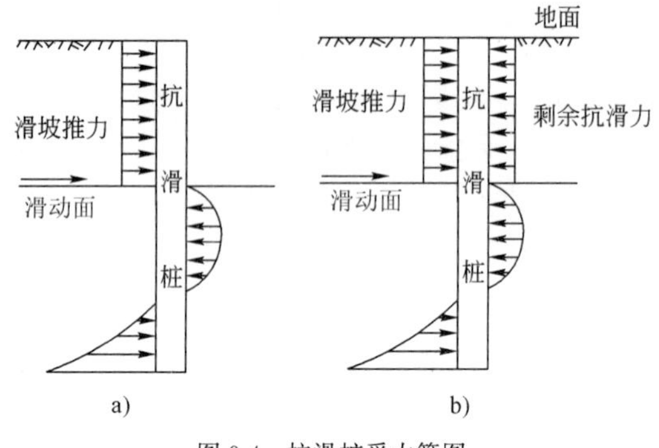

图9-4 抗滑桩受力简图
a)悬臂桩；b)全埋式桩

抗滑桩一般应设置在滑坡前缘抗滑段滑体较薄处，以便充分利用抗滑段的抗滑力，减小作用在桩上的滑坡推力，减小桩的截面和埋深，降低工程造价，并应垂直滑坡的主滑方向成排布设。对大型滑坡，当一排桩的抗滑力不足以平衡滑坡推力时，可布设两排或三排。只在少数情况下因治理滑坡的特殊需要才把桩布设在主滑段或牵引段。

9.2.1 抗滑桩的优点

抗滑桩之所以被广泛应用，是因其有以下优点：

①抗滑能力大，支挡效果好。一根桩通常可承担数千千牛至上万千牛的滑坡推力，而且可多排桩联合使用，使大中型滑坡也能治理，被喻为治理滑坡的重型武器。

②对滑体稳定性扰动小，施工安全。抗滑挡土墙的施工挖基，尽管采用分段跳槽开挖，总是会削弱滑坡的支撑力，常常引起滑坡活动加剧，为施工带来困难。抗滑桩坑截面较小，加之桩坑的钢筋混凝土护壁支撑，对滑体的稳定性扰动很小，一般不会引起滑坡大的滑动，施工相对比较安全。若用钻孔桩在地面施工就更加安全。

③设桩位置灵活。根据工程需要可将桩设在滑坡的前缘、中部或后部，并可单排或多排布设，这是抗滑挡土墙难以做到的。

④能及时增加滑体抗滑力，保证滑坡的稳定。一般抗滑桩分三批施工，每一批的施工时间为1～1.5个月，完成一批即可迅速增加滑坡的抗滑力，完成两批基本上可控制滑坡的滑动。

⑤桩坑可作为勘探井，验证滑面位置和滑动方向以便调整设计，使之更符合实际。

⑥预防滑坡可先做桩后开挖，防止滑坡发生。在一些古老滑坡和易滑坡地段，如顺层边坡和高边坡地段，为防止滑坡的复活和新生，采用先做桩后开挖，能防止古老滑坡复活和因开挖坡体松弛而形成滑坡。

此外，抗滑桩还可用于其他坡体变形及桥台、隧道变形等的加固。

9.2.2 抗滑桩的类型

①按桩身材质分有：木桩、钢管桩、钢筋混凝土桩等；

②按桩身截面形式分有：圆形桩、管桩、方形桩、矩形桩等；

③按成桩工艺分有：钻孔桩和挖孔桩；

④按桩的受力状态分有：全埋式桩、悬臂桩和埋入式桩；

⑤按桩身刚度与桩周岩土强度对比及桩身变形分有：刚性桩和弹性桩；

⑥按桩体组合形式分有：单桩、排架桩、刚架桩等；

⑦按桩头约束条件分有：普通桩和锚索桩等。

常用的抗滑桩的基本形式如图 9-5 所示。其中 a）和 b）是使用最多的全埋式桩和悬臂桩。c）为埋入式桩，即在滑体较厚且较密实的情况下，只要滑坡不会形成新滑面从桩顶剪出，桩可以不做到地面以节省圬工。d）是承台式桩，为使两排桩协调受力和变形，在桩头用承台连接，这样可使桩间土体与桩共同受力。e）、f）和 g）实际上都是刚架桩，能有效发挥两桩的共同作用，从而减少桩的埋深和圬工，节省造价，只是施工稍为麻烦，尤其是排架桩中部横梁施工不便，故应用不多。h）为锚索桩，即在桩头或桩的上部加若干束锚索锚固于滑动面以下的稳定地层中，等于在桩上增加了一个或几个横向支点和抗力，减小了桩的弯矩和剪力，从而减小桩身截面和埋深。

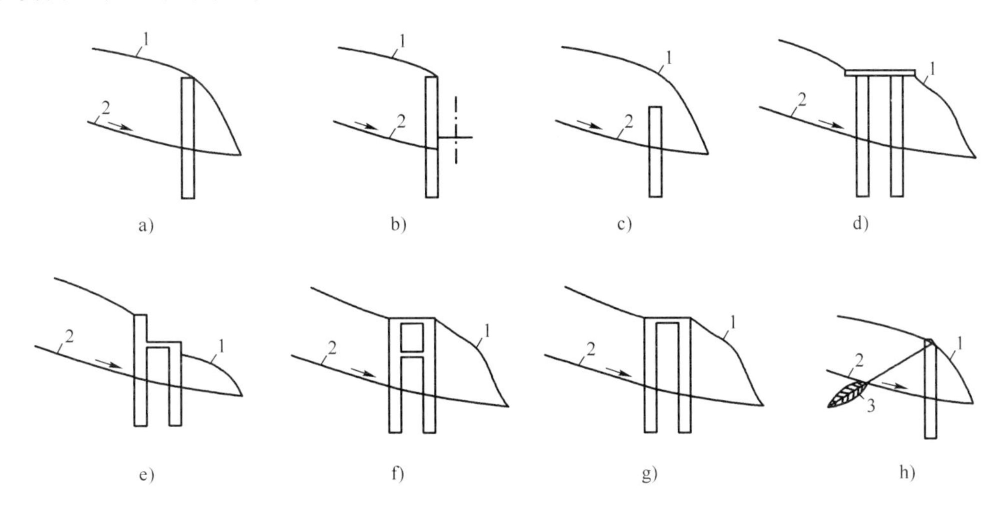

图 9-5 常用抗滑桩的基本形式

a)全埋式桩；b)悬臂桩；c)埋入式桩；d)承台式桩；e)椅式桩(h 形桩)；f)排架桩；g)刚架桩；h)锚索桩

1-原地面；2-滑动面；3-锚索

实际工作中应根据滑坡的类型、规模和地质条件以及滑床（桩的锚固段）的岩土状况、施工条件和工期要求来选用具体的桩型。

9.2.3 抗滑桩的破坏形式

抗滑桩的破坏形式有以下几种：

①抗滑桩间距过大、滑体含水率高呈流塑状，滑体土从桩间流出；

②抗滑桩抗剪能力不足，桩身在滑动面处被剪断；

③抗滑桩抗弯能力不足，在最大弯矩处被拉断；

④抗滑桩埋深不足，锚固力不够，桩被推倒；

⑤抗滑桩桩前滑面以下岩土软弱抗力不足产生较大塑性变形，使桩的变形过大而超过允许范围；

⑥抗滑桩高出滑面的高度不足或桩位选择不合理，桩虽有足够强度，但滑坡从桩顶以上剪出（即所谓“越顶”）。

关于流塑状黏性土滑体从两桩间流出的问题，有的学者曾提出用桩侧壁与土的摩擦阻力和土体的抗剪强度比较以确定桩间距大小。我们认为对这类滑坡首先应考虑采用排水措施（如支撑盲沟）疏干滑体提高其抗剪强度，然后再设桩支挡，两者同时应用较好。对一般滑坡，桩间距取决于两桩间土体能形成的破坏拱的大小，其主要作用力是滑坡推力，而不是重力。拱的大小取决于桩间岩土体的强度。实用上取桩中—中间距为桩径的 2～5 倍，小直径的钻孔桩间距取 2～3m，土质滑坡中的挖孔桩间距取 5～6m，较完整的岩质滑坡可取 7～8m。当然桩间距的大小还与单桩承受的推力大小有关，有时因单桩受的滑坡推力过大，也可适当缩小桩间距。当桩间距过小时，桩的计算宽度和桩前滑床的抗力将受到限制。

只要滑坡推力计算接近滑坡的实际情况，并预测到滑坡可能扩大的范围、多层滑面滑动的可能，留有一定的安全储备，桩被剪断和被弯而拉断的情况是较少发生的。但桩的埋深不足和桩前滑床抗力不足而引起桩身倾斜过大甚至倾倒的情况曾发生过多起，因此设桩之前对桩锚固段地基详细勘察和评价是十分重要的。

值得指出的是近年来在高边坡加固中在边坡中部设计了不少半坡桩，如图 9-6 所示。

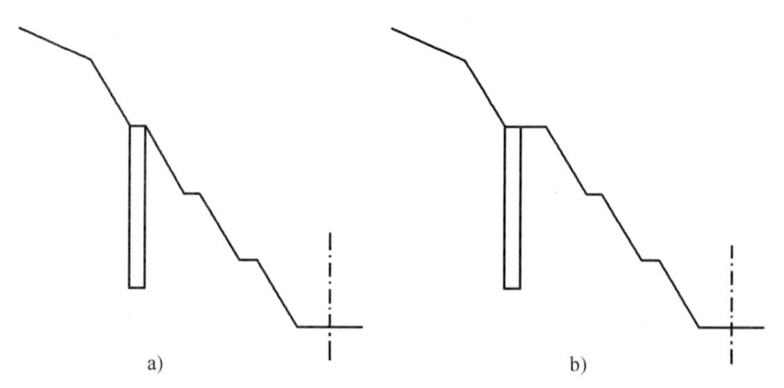

图 9-6　半坡抗滑桩示意图

a)不留宽平台的半坡桩；b)留有宽平台的半坡桩

其中，图 9-6a）是设桩处不留宽平台的情况，桩的埋深偏浅，特别是桩头设有锚索的情况，常因边坡下部开挖，爆破振动而引起坡体松弛，甚至局部滑动，造成半坡桩锚固段不足而变形。一般桩的锚固段是按半无限体考虑的，边坡上桩前的三角体难以形成半无限体的锚固条件。如图 9-6b）所示，在半坡桩处留一个宽大的平台，一般宽为 3～5 倍桩径，即 6～8m 宽，桩的埋深适当加大，基本可以造成半无限体的锚固条件，并限制下部边坡开挖的爆破，才可保证半坡桩的作用。在岩层顺倾地段，半坡桩更应深入到潜在最深层滑动面以下一定深度，避免因下部边坡开挖，深层滑面滑动而使半坡桩失效。

因抗滑桩的高度不足使滑坡从桩顶滑出的事故常有发生，所以在支挡工程设计中，不论是抗滑挡土墙、抗滑桩，还是抗滑反压土堤，支挡工程的高度都不能任意假定，而必须通过

“越顶检算”，即滑坡因前部增加支挡而从支挡工程顶部滑出的可能检算，而目前工程设计中，常常遗漏此项工作。它实际上是形成了新的滑面，如图 9-7 所示。可用寻找最不利滑弧的方法计算，也可用图示的简化方法寻找抗滑阻力最小的新滑面，最好的办法是采用有限元强度折减法自动寻找新滑面。只有当新滑面的稳定系数大于或等于设计安全系数时，才表明桩高是满足要求的，否则应调整桩顶高程。当桩顶已位于地面时，应调整桩位。

9.2.4 抗滑桩设计计算的基本原理

（1）抗滑桩与桥梁桩基的区别

抗滑桩设计计算早期曾比照深基础的计算方法，以桩前、桩后主动、被动土压之差进行极限平衡计算。后来引用桥梁桩基础的计算方法将抗滑桩作为埋入岩土中的弹性地基梁进行计算。但是抗滑桩与桥梁桩基还是有区别的，主要表现在以下几方面：

①桥梁桩基以承受竖向荷载为主（桥梁和列车荷载），横向水平荷载较小，主要是河流水冲力、风力和列车制动力等。而抗滑桩则主要受横向滑坡推力，而且力量比较大，竖向荷载主要是桩身自重。因此，桥梁桩基对桩底承载力要求高，抗滑桩则对地基岩土的侧向承载力要求高。

②桥梁桩基地面以下可以近似看作匀质体或分不同岩土层次，但均对桩产生弹性抗力。抗滑桩则因滑动面的存在，桩前滑体难以形成弹性抗力，只能考虑剩余抗滑力或根本不能考虑（当桩前滑体自身不稳定时），因而只有滑动面以下岩土才能产生弹性抗力。只在特殊情况下桩前剩余抗滑力很大，大于弹性抗力和被动抗力时，才能以小者列入计算。

③桥梁桩基的间距较大，一般为 10～30m，因此桩前岩土抗力能够充分发挥作用。抗滑桩间距 5～6m，间距小，桩前滑面以下岩土的抗力不易充分发挥作用，如图 9-8 所示。从某种意义上说，桥梁桩基是空间受力，而抗滑桩更接近平面受力，因此在利用桥梁桩基设计理论计算时，应留有一定的安全储备，目前桩侧摩阻力和桩底反力不列入计算，桩前滑床岩土侧向承载力也不宜取过大的允许值。

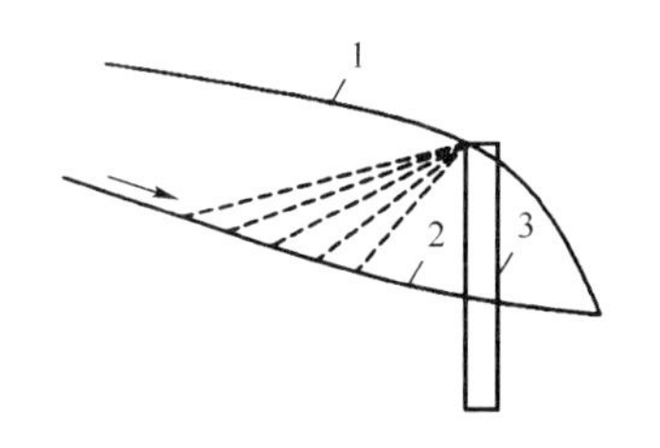

图 9-7 越顶检算示意图
1-地面；2-滑动面；3-抗滑桩

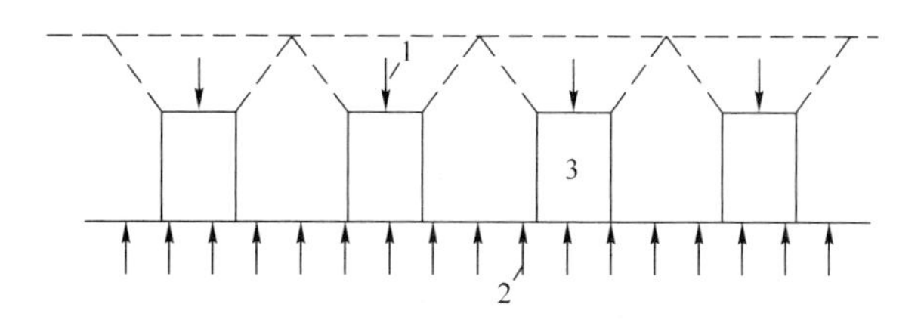

图 9-8 抗滑桩前滑床抗力平面示意图
1-桩前土抗力；2-滑坡推力；3-桩

④桥梁桩基因上部结构的要求，对桩头变位要求较严格，一般不宜大于 6mm。抗滑桩则无如此严格的要求，只要不侵入限界或有特别要求，桩头变位达到 100mm 也是允许的。

鉴于以上特点，在利用桩基理论设计计算抗滑桩时，应考虑滑坡的具体特点。

（2）地基系数法中桩受力的基本原理

这里主要介绍地基系数法计算桩的受力的基本原理。

地基系数法是将地基岩土看作弹性介质，将温克勒弹性地基假定作为计算的理论基础。

对于抗滑桩来说，由于桩的受力变位，对地基土某点产生作用力，引起该点的压缩变形，力的大小与该点土的压缩量成正比。即

$$P_y = KX_y$$

式中：P_y——桩对地基 y 点的作用力；

X_y——y 点地基的压缩变形量；

K——地基系数或称地基抗力系数。它的物理意义是：在弹性变形范围内使单位面积地基土产生单位压缩变形所需施加的力，即

$$K = \frac{P_y}{X_y} \quad (\text{kN/m}^3)$$

桩对地基施加作用力，地基土给桩以大小相等、方向相反的反作用力，因此，在 y 点处地基土对桩的反作用力也与该点土的压缩变形成正比。

抗滑桩是竖直埋入土中的结构物，地基岩土的性质、密度和含水状态沿桩身是变化的，与其有关的地基系数难以确定，所以实用中根据一定量的实测资料多做出一些假定，如假定地基系数随深度按幂函数规律变化，表示为：

$$K = m(y + y_0)^n$$

式中：m——地基系数随深度变化的比例系数；

n——随岩、土类别变化的指数；

y_0——与岩土类别有关的常数。

根据实测和实践经验，为便于计算，进一步假定：

①地基系数为常数。即上式中 $n=0$，$K=m(y+y_0)=$常数，它适用于地基为较完整的岩层，未扰动的硬黏土和半岩质地层。与之相应的计算方法称为“K 法”。

②地基系数随深度成正比例增加。即上式中 $n=1$，$y_0=0$，$K=my$。它适用于地基为硬塑至半坚硬的砂黏土、碎石土或风化破碎成土状的软质岩层，以及密度随深度增大的地层。与之相应的计算方法称为“M 法”。

③地基系数随深度成正比例增加，但表层地基系数不是零。即上式中 $n=1$ 而 $y_0 \neq 0$，$K=m(y+y_0)$。它适应于超压密土层、地面有附加荷载的地层，与之相应的是 M 法中的换算荷载法。

(3) 抗滑桩设计中的关键技术

①滑坡推力及其分布图式。滑坡推力是作用在抗滑桩上的主要外力，其大小通过推力计算决定。国内采用的传递系数法，其作用方向平行于桩以上一段滑动面；其分布图式一般是从滑动面到桩顶范围按矩形分布，规范也作这样的规定，这是比较安全的。但实际上不同类型的滑坡体岩土和结构，推力分布不一定都是矩形，国内外曾有三角形、抛物线形、梯形分布的讨论，但由于实测资料太少，还未形成统一的意见，目前设计上以采用矩形分布较合适。

②桩前抗力的大小和分布。所谓“桩前抗力”指桩前滑体对桩的作用力。由于滑动面的存在，桩前滑体难以形成连续的弹性抗力，一般采用剩余抗滑力（桩在抗滑段时）和被动土压力二者中的较小值，用剩余抗滑力时其分布图式为矩形，用被动土压力时为三角形。当桩前滑体有可能滑走时则不能考虑桩前抗力。

③抗滑桩是将滑动面以下锚固段作弹性地基梁计算的，将滑动面以上的作用力转移到滑动面上。所以，地基的弹性抗力系数 K 或其随深度变化的比例系数 m，以及桩侧地基的侧

向承载能力的选取是重要的设计参数。由于实测资料有限，目前还主要是参照桥梁和隧道设计手册中的一些参数选用，见表 9-2～表 9-4。其中 C_0 和 C' 也即前面的 K_0 和 K'。

非岩石地基系数随深度变化的比例系数 m（水平向）和 m_0（竖向） 表 9-2

编号	土 的 名 称	m 和 m_0 （kN/m^4）
1	流塑黏性土 $I_L \geq 1$，淤泥	3 000～5 000
2	软塑黏性土 $I_L \geq 0.5$，粉砂	5 000～10 000
3	硬塑黏性土 $0.5 > I_L > 0$，细砂、中砂	10 000～20 000
4	半坚硬的黏性土、粗砂	20 000～30 000
5	砾砂、角砾砂、砾石土、碎石土、卵石土	30 000～80 000
6	块石土、漂石土	80 000～120 000

注：本表适用于结构在地表处位移不超过 6mm 时。对于抗滑桩来说，允许滑面处和桩顶有较大的位移，所以可采用表中的中值。

岩石地基系数 C_0 表 9-3

编　　号	R（kPa）	C_0（kN/m^3）
1	1 000	300 000
2	≥25 000	15 000 000

较完整岩层的地基系数 C_0 表 9-4

编号	饱和极限抗压强度（kN/m^2）	C_0（kN/m^3）	重度（kN/m^3）	注
1	1 000	0.1×10^6～0.2×10^6		
2	1 500	2.5×10^6	22～26	页岩、破碎砂岩
3	2 000	3.0×10^6		页岩、破碎砂岩
4	3 000	4.0×10^6	24～26	页岩
5	4 000	6.0×10^6	24～27	坚硬页岩、砂岩
6	5 000	8.0×10^6	23	砂质页岩
7	6 000	12×10^6	24	普通砂岩
8	8 000	15×10^6～25×10^6	25	灰岩、坚硬砂岩
9	78 000	25×10^6～28×10^6		

注：1. 在 R=1 000～2 000kPa 的半岩质岩层或破碎带中，可采用

$$C' = A + m \cdot y$$

式中：A——滑面处地基系数（kN/m^3）。

2. 一般侧向 C' 为竖向 C_0 的 0.6～0.8 倍，厚层岩层 $C' = C_0$。

表中 C_0 为竖向地基系数，C' 为侧向地基系数。当滑面以下有几层不同土层时，应将 h_m 深度内各层土换算成同一个 m 值以方便计算。对刚性桩 h_m 即为滑面以下的埋置深度 h；对弹性桩，$h_m = 2(d+1)$。

当 h_m 深度内存在两层不同土层时：

$$m = \frac{m_1 h_1^2 + m_2(2h_1 + h_2)h_2}{h_m^2}$$

当 h_m 深度内存在三层不同土层时：

$$m = \frac{m_1 h_1^2 + m_2(2h_1 + h_2)h_2 + m_3(2h_1 + 2h_2 + h_3)h_3}{h_m^2}$$

9.2.5 抗滑桩的设计

(1) 桩的计算宽度

参考桥梁桩基设计，当抗滑桩的截面设计宽度为 B 或直径为 d 且 B 和 d 大于 0.6m 时，计算宽度 B_p：

矩形桩

$$B_p = B + 1$$

圆形桩

$$B_p = 0.9(d + 1)$$

(2) 刚性桩与弹性桩的区分

按桩身的变形情况分为刚性桩和弹性桩，前者桩截面较大，长度较短，其刚度相对于桩周岩土为无穷大；后者截面小、长度大，相对刚度较小。一般大截面挖孔抗滑桩多为刚性桩。其判别式为当桩在滑面下埋深 $h \leqslant \frac{2.5}{\alpha}$ 时，按刚性桩设计；当 $h > \frac{2.5}{\alpha}$ 时按弹性桩设计。

K 法

$$\alpha = \sqrt[4]{\frac{C'B_p}{4EI}}$$

M 法

$$\alpha = \sqrt[5]{\frac{mB_p}{EI}}$$

式中：α——桩的变形系数（1/m）；

m——地基系数随深度变化的比例系数（kN/m^4）；

B_p——桩的计算宽度（m）；

EI——桩的平均抗弯刚度（$kN \cdot m^2$）；

$$EI = 0.8E_w \cdot I$$

E_w——混凝土的弹性模量（kPa）；

I——桩截面惯性矩，$I = \frac{1}{12}Bd^3$，d 为矩形桩长边（沿滑坡推力方向）边长（m）；

C'——桩底侧向地基系数（kN/m^3），在岩石地基中 C' 为常数。

(3) 确定桩的长度

抗滑桩的长度由滑动面上、下的两部分组成，滑动面以上的长度以保证滑体不会从桩顶滑出为原则，应进行越顶检算。在进行越顶检算时，应把因做桩后地下水排泄断面减小而可能抬高桩后地下水位这一因素考虑进去。实际工程中，有许多桩的长度大于实际需要而造成浪费，这就导致当前埋入式抗滑桩的出现。越顶和桩长过长表明缺少对桩长的合理设计，这部分内容有待于我们深入研究和补充。埋于滑动面以下的长度，除满足不超过土体允许的弹性抗力外，还应考虑滑动面是否有向下发展的可能，以确保桩的稳定。悬臂桩桩身在滑面以下的埋置深度一般为桩长的 1/3～1/2，视锚固条件而异。

(4) 抗滑桩的内力计算

抗滑桩的内力计算，分刚性桩和弹性桩两种情况，它们又各分为悬臂桩和全埋式桩两种情况。滑动面以上的下滑力和桩前剩余下滑力均视为外力，按一般力学方法，可以很容易地由桩顶向下分别计算出桩侧应力 σ_y 和桩身内力 Q_y、M_y。这里不再赘述，仅考虑滑动面以下岩土体的弹性抗力。

①刚性桩的内力计算

a. 基本假定。桩的刚度与土的刚度相比视为无穷大；滑面以下的土层视为弹性介质，一般土层和风化破碎岩层的侧向地基系数随深度成比例增加，硬黏土（黏土岩）和岩层的地基系数为常数；不考虑桩与土之间的黏着力和摩擦力。

b. 计算方法。刚性桩的计算方法很多，这里仅着重介绍角变位法及无量纲法。

a）角变位法

当桩埋入土层、风化破碎岩层和软弱岩层时，在滑坡推力作用下，桩身将绕滑动面以下 y_0 处的“O”轴旋转一个 ϕ 角，使桩周土体受到压缩，如图 9-9 所示。下面分别介绍悬臂桩和全埋式桩的计算方法。

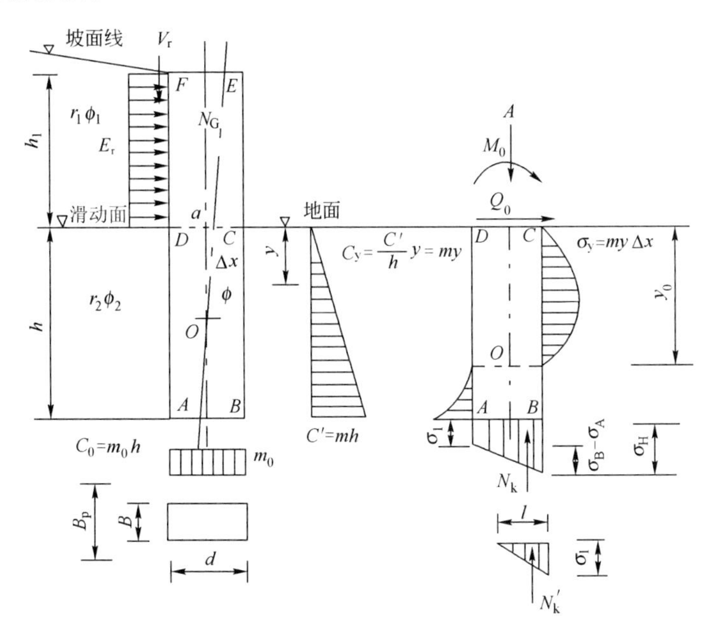

图 9-9　埋入土层或风化破碎岩层中的悬臂桩

ⓐ埋于土层或风化破碎岩层中的悬臂桩

设在滑坡推力作用下当桩身绕 O 轴旋转一个 ϕ 角时，深度 y 处的水平位移为 Δx，则 $\Delta x=(y_0-y)\tan\phi$，ϕ 角一般很小，$\tan\phi$ 可用 ϕ（单位为弧度）代替，所以 $\Delta x=(y_0-y)\phi$，该处土的侧应力为：

$$\sigma_y=\Delta x\cdot C_y=(y_0-y)\phi\cdot my$$

在桩埋置总深 h 上的侧向土应力之和为：

$$R_h=\int_0^h B_p\cdot my(y_0-y)\phi\mathrm{d}y=\frac{1}{6}B_p m\phi h^2(3y_0-2h)$$

R_h 对滑面处 a 点的力矩为：

$$M_a=B_p m\phi\int_0^h y^2(y_0-y)\mathrm{d}y=\frac{1}{12}B_p m\phi h^3(4y_0-3h)$$

当不考虑桩底应力重分布时，桩底面的压应力为：

$$\sigma_{\min}^{\max}=\frac{N}{F}\pm\frac{1}{2}C_0\cdot d\cdot\phi \tag{9-1}$$

其合力为：

$$N_k=\frac{1}{2}(\sigma_{\max}+\sigma_{\min})d\cdot B=N$$

N_k 对桩底截面中心的弯矩为：

$$M_k = \frac{1}{2}(\sigma_{max} - \sigma_{min})W = \frac{1}{2}C_0\phi Wd$$

桩身的静力平衡方程式为：

$$\left.\begin{aligned}&\Sigma x=0 \quad Q_0-R_h=Q_0-\frac{1}{6}B_p m\phi h^2(3y_0-2h)=0\\&\Sigma M_a=0 \quad M_0+M_a-M_k=M_0+\frac{1}{12}B_p m\phi h^3(4y_0-3h)-\frac{1}{2}C_0 d\phi W=0\end{aligned}\right\} \tag{9-2}$$

解方程得：

$$y_0 = \frac{B_p mh^3(4M_0 + 3Q_0 h) + 6Q_0 C_0 dW}{2B_p mh^2(3M_0 + 2Q_0 h)} \tag{9-3}$$

$$\phi = \frac{12(3M_0 + 2Q_0 h)}{B_p mh^4 + 18C_0 dW} \tag{9-4}$$

式中：M_0——滑动面以上桩上所有外力对滑动面处桩中心的力矩（kN·m）；

Q_0——将桩上所有外力移至滑动面处的剪力（kN）；

W——桩底截面模量（m^3），$W=\frac{1}{6}Bd^2$；

N_G——桩身自重（kN），$N=N_G+V_T$；

V_T——滑坡推力在竖直方向的分力（kN），一般可不计入；

F——桩底截面积（m^2），$F=B\cdot d$；

d——顺滑动方向之桩宽（m）；

B——垂直滑动方向之桩宽（m）；

C_0——桩底竖向地基系数（kN/m^3）；

其他符号意义同前。

滑动面以下桩身各截面的侧向土应力和桩身内力为：

侧向土应力

$$\sigma_y = (y_0 - y)\phi my \tag{9-5}$$

剪力

$$Q_y = Q_0 - \frac{1}{6}B_p m\phi y^2(3y_0 - 2y) \tag{9-6}$$

弯矩

$$M_y = M_0 + Q_0 y - \frac{1}{12}B_p m\phi y^3(2y_0 - y) \tag{9-7}$$

桩底最大和最小压应力

$$\sigma_{min}^{max} = \frac{N}{F} \pm \frac{1}{2}C_0 d\phi \tag{9-8}$$

当考虑桩底应力重分布时，桩底反力

$$N'_k=\frac{1}{2}C_0 t^2\phi' B$$

式中：t——应力重分布后三角形应力图形顺滑动方向的边长（一般影响较小，在实际计算时常忽略不计）。

N'_k对桩底截面中心点a之力矩为：

$$M'_k= \frac{1}{2}C_0 t^2\phi B\left(\frac{d}{2}-\frac{t}{3}\right)$$

由桩身平衡方程：

$$\left.\begin{aligned}&\sum y \qquad N-N_k=N-\frac{1}{2}C_0t^2\phi'B=0\\&\sum x=0 \qquad Q_0-\frac{1}{6}B_pm\phi'h^2(3y'_0-2h)=0\\&\sum M_a=0 \qquad M_0+\frac{1}{12}B_pm\phi'h^3(4y'_0-3h)-\frac{1}{2}C_0t^2\phi'B\left(\frac{d}{2}-\frac{t}{3}\right)=0\end{aligned}\right\} \tag{9-9}$$

解得：

$$\phi'=\frac{2N}{C_0Bt^2} \tag{9-10}$$

$$y'_0=\frac{Q_0C_0Bt^2}{B_pmh^2N}+\frac{2}{3}h \tag{9-11}$$

$$t^3+\left(\frac{3M_0+2Q_0h}{N}-\frac{3}{2}d\right)t^2-\frac{B_pmh^4}{6C_0B}=0 \tag{9-12}$$

求出 ϕ'、y'_0 和 t 之后，代入式（9-5）～式（9-7）即可计算出桩底应力重分布情况下土的侧向应力 σ_y、桩身剪力 Q_y 和弯矩 M_y。

桩底应力

$$\sigma_{max}=t\cdot\phi'C_0 \tag{9-13}$$

ⓑ桩尖嵌入岩层的悬臂桩

如图 9-10 所示，因抗滑桩的刚度较大，当抗滑桩的桩端嵌入较完整的岩层内时，可形成铰端，桩身只能绕桩底中心旋转（这种情况非常少）。

$$\phi=\frac{12(M_0+Q_0h)}{B_pmh^4+4C_0dW} \tag{9-14}$$

土的侧向应力

$$\sigma_y=my(h-y)\phi \tag{9-15}$$

桩身剪力

$$Q_y=Q_0-\frac{1}{6}B_pm\phi y^2(3h-2y) \tag{9-16}$$

桩身弯矩

$$M_y=M_0+Q_0y-\frac{1}{12}B_pm\phi y^3(2h-y) \tag{9-17}$$

桩底岩层所承受的横向力

$$P=\frac{1}{6}B_pm\phi h^3-Q_0 \tag{9-18}$$

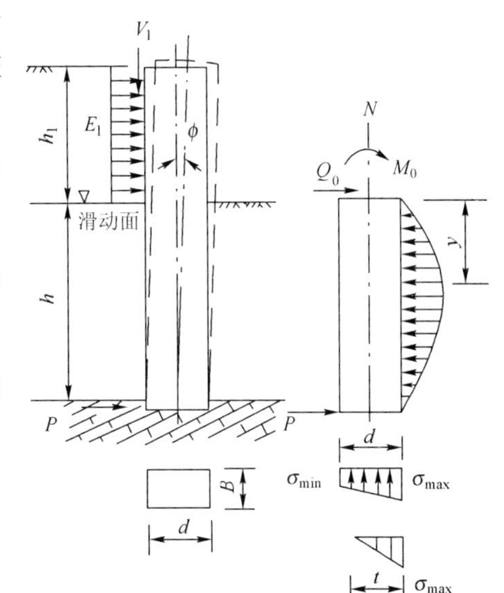

图 9-10　桩尖嵌入岩层内的悬臂桩

桩底岩层最大和最小应力

$$\sigma_{min}^{max}=\frac{N}{F}\pm\frac{1}{2}C_0d\phi \tag{9-19}$$

式中 C_0 为桩底岩层的 C_0 值。

当考虑应力重分布时：

$$\phi'=\frac{2N}{C_0Bt^2} \tag{9-20}$$

$$t^3+\left(\frac{3M_0+3Q_0h}{N}-\frac{3}{2}d\right)t^2-\frac{B_pmh^4}{2C_0B}=0 \tag{9-21}$$

$$P = \frac{1}{6}B_p m\phi' h^3 - Q_0 = \frac{B_p mNh^3}{3C_0Bt^2} - Q_0$$

将 ϕ' 代入式（9-15）～式（9-17）即可求得桩底应力重分布时的 σ_{max}、Q_y 和 M_y。

ⓐ、ⓑ两种情况的稳定条件如下：

——桩底最大竖向应力 $\sigma_{max} \leqslant [\sigma]$，式中 $[\sigma]$ 为地基容许承载力；

——土的侧向应力应满足下列条件：

$$\sigma_{h/3} \leqslant [\sigma]_{h/3} = \frac{4\gamma(h + h_2')}{3\cos\varphi}\tan\varphi \quad \text{（即该点的主、被动土压力之差）} \tag{9-22}$$

$$\sigma_h \leqslant [\sigma]_h = \frac{4\gamma(h + h_1')}{\cos\varphi}\tan\varphi \quad \text{（即该点的主、被动土压力之差）} \tag{9-23}$$

式中：σ_h——滑面下 $y=h$ 处土的侧向压应力（kPa）；

$\sigma_{h/3}$——滑面下 $y=h/3$ 处土的侧向压应力（kPa）；

$[\sigma]_h$——滑面下 $y=h$ 处土的侧向容许承载力（kPa）；

$[\sigma]_{h/3}$——滑面下 $y=h/3$ 处土的侧向容许承载力（kPa）；

φ——滑床土的内摩擦角（°）；

γ——滑床土的重度（kN/m^3）；

h_1'——桩后滑体土换算为滑床土的高度（m）；

h_2'——桩前滑体（悬臂桩时不存在）土换算为滑床土的高度（m）。

ⓒ埋入完整软质岩层中的悬臂桩

所谓软质岩层，系指比钢筋混凝土桩体软弱的岩层，在外力作用下，抗滑桩桩身仍可绕滑面下 y_0 处的 O 轴旋转一个 ϕ 角，由于完整岩层的地基系数为常数，所以桩侧应力图形为三角形（图 9-11）。

对应于转角 ϕ，滑面下 y 处的水平位移为 Δx，按下式计算：

$$\Delta x = (y_0 - y)\tan\phi = (y_0 - y)\phi$$

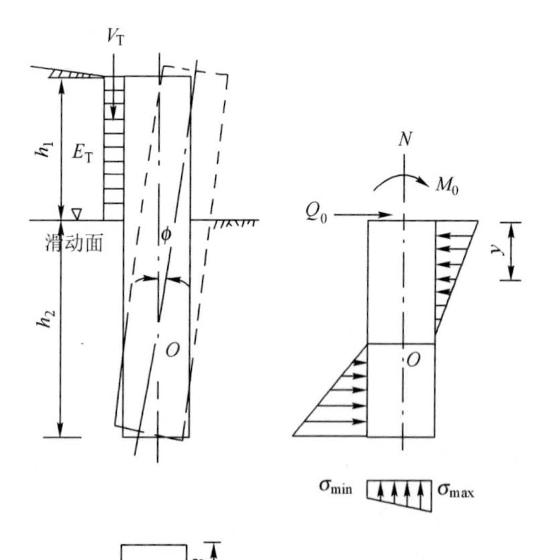

图 9-11 埋入软岩层中的悬臂桩

侧应力

$$\sigma_y = C(y_0 - y)\phi$$

合力

$$R_b = \int_0^h B_p \cdot C \cdot \phi(y_0 - y)\mathrm{d}y = \frac{1}{2}B_p \cdot C \cdot \phi \cdot h(2y_0 - h)$$

合力对滑面处桩中心点 a 之力矩

$$M_a = \int_0^h B_p \cdot \phi \cdot y(y_0 - y)\mathrm{d}y = \frac{1}{6}B_p \cdot C \cdot \phi \cdot h^2(3y_0 - 2h)$$

桩底最大和最小压应力

$$\sigma_{min}^{max} = \frac{N}{F} \pm \frac{1}{2}C_0 d\phi$$

桩底反力矩

$$M_k = \frac{1}{2}(\sigma_{max} - \sigma_{min})W = \frac{1}{2}C_0 d\phi W$$

桩身平衡方程式：

$$\left.\begin{aligned}&\sum x=0\quad Q_0-\frac{1}{2}B_pC\phi h(2y_0-h)=0\\&\sum M_a=0\quad M_0+\frac{1}{6}B_pC\phi h^2(3y_0-2h)-\frac{1}{2}C_0d\phi W=0\end{aligned}\right\}\tag{9-24}$$

解得：

$$\phi=\frac{12M_0+6Q_0h}{B_pCh^3+6C_0dW}\tag{9-25}$$

$$y_0=\frac{Q_0(B_pCh^3+6C_0dW)}{B_pCh(12M_0+6Q_0h)}+\frac{h}{2}\tag{9-26}$$

$$\sigma_y=C(y_0-y)\phi\tag{9-27}$$

$$Q_y=Q_0-\frac{1}{2}B_pC\phi y(2y_0-y)\tag{9-28}$$

$$M_y=M_0+Q_0y-\frac{1}{6}B_pC\phi y^2(3y_0-y)\tag{9-29}$$

桩底应力

$$\sigma_{\min}^{\max}=\frac{N}{F}\pm\frac{1}{2}C_0d\phi\tag{9-30}$$

当考虑桩底应力重分布时，桩底最大应力

$$\sigma_{\max}=C_0t\phi'$$

式中：t——三角形应力图形顺滑动方向的边长。

桩底反力：
$$N_k=\frac{1}{2}C_0t^2\phi'B$$

N_k 对桩底截面中心之力矩：$M_k=\frac{1}{2}C_0Bt^2\phi'\left(\frac{d}{2}-\frac{t}{3}\right)$

$$\left.\begin{aligned}&\sum y=0\quad N-\frac{1}{2}C_0t^2\phi'B=0\\&\sum x=0\quad Q_0-\frac{1}{2}B_pC\phi'h(2y'_0-h)=0\\&\sum M_a=0\quad M_0+\frac{1}{6}B_pC\phi'h^2(3y'_0-2h)-\frac{1}{2}BC_0t^2\phi'\left(\frac{d}{2}-\frac{t}{3}\right)=0\end{aligned}\right\}\tag{9-31}$$

解得：

$$\phi'=\frac{2N}{C_0Bt^2}\tag{9-32}$$

$$y'_0=\frac{Q_0C_0Bt^2}{2B_pCNh}+\frac{h}{2}\tag{9-33}$$

$$t^3+\left(\frac{6M_0+3Q_0h}{2N}-\frac{3}{2}d\right)t^2-\frac{B_pCh^3}{2C_0B}=0\tag{9-34}$$

将 ϕ'、y'_0 和 t 代入式（9-27）、式（9-28）、式（9-29）即可求出岩土的侧向应力 σ_y、桩身剪力 Q_y、桩身弯矩 M_y。

桩底应力

$$\sigma_{\max}=C_0t\phi'\tag{9-35}$$

抗滑桩的稳定条件为侧应力和桩底最大应力均不超过岩层的容许应力。

ⓓ埋入土层和风化破碎岩层中的全埋式桩

如图 9-12 所示，桩前剩余抗滑力作外力考虑，其土层厚度（对滑床土抗力的影响）用换算高度 h_2 表示，只计算滑面下岩土的弹性抗力。

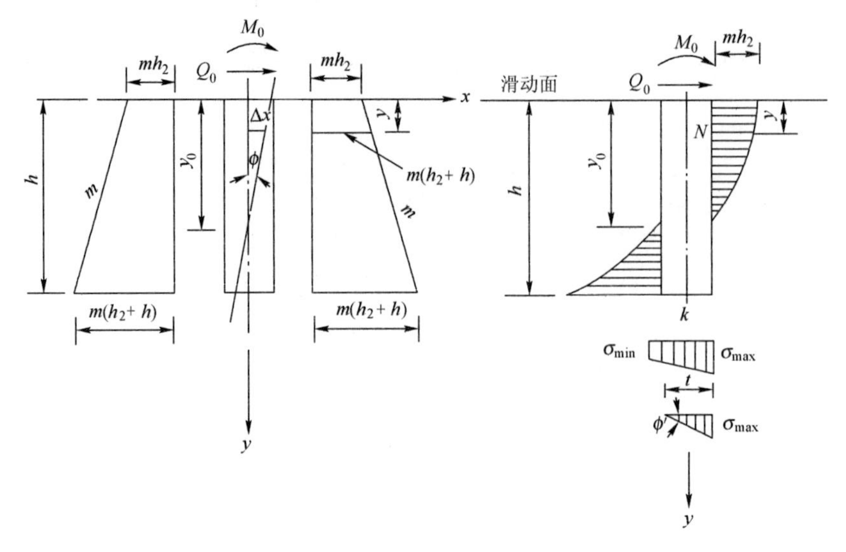

图 9-12　埋入土层和风化破碎岩层中的全埋式桩

$$h_2=\frac{m_1}{m}h_1 \quad 或 \quad h_2=\frac{\gamma_1}{\gamma}h_1$$

式中：h_2——滑体土换算成滑床土的高度（m）；

h_1——设桩处滑体土的厚度（m）；

m_1——滑体土的地基系数随深度变化的比例系数（kN/m^4）；

m——滑床土的地基系数随深度变化的比例系数（kN/m^4）；

γ_1——滑体土的重度（kN/m^3）；

γ——滑床土的重度（kN/m^3）。

h_1、y_0 和 y 均由滑面向下计算。在深度 y 处的水平位移为：

$$\Delta x=(y_0-y)\phi$$

侧应力

$$\sigma_y=m(h_2+y)(y_0-y)\phi$$

σ_y 在深度 h 上的合力

$$R_h=\int_0^h mB_p(h_2+y)(y_0-y)\phi\mathrm{d}y=\frac{1}{6}B_p\phi mh[3y_0(2h_2+h)-h(3h_2+2h)]$$

R_h 对滑面处桩中心 a 点之力矩

$$M_a=\int_0^h my(h_2+y)(y_0-y)B_p\phi\mathrm{d}y=\frac{1}{12}B_p\phi mh^2[2y_0(3h_2+2h)-h(4h_2+3h)]$$

桩底应力

$$\sigma_{min}^{max}=\frac{N}{F}\pm\frac{1}{2}C_0d\phi$$

桩底反力

$$N_k=\frac{1}{2}(\sigma_{max}+\sigma_{min})d\cdot B$$

N_k 对桩底截面中心点之力矩

$$M_k = \frac{1}{2}C_0 d\phi W$$

桩身平衡方程式

$$\left.\begin{aligned}&\sum x=0 \quad Q_0-\frac{1}{6}B_p\phi mh(6h_2y_0+3y_0h-3hh_2-2h^2)=0\\&\sum M_a=0 \quad M_0+\frac{1}{12}B_p\phi mh^2(6h_2y_0+4y_0h-4h_2h-3h^2)-\frac{1}{2}C_0d\phi W=0\end{aligned}\right\} \tag{9-36}$$

解得：

$$\phi=\frac{36M_0(2h_2+h)+12Q_0h(3h_2+2h)}{B_pmh^3(6h_2^2+6hh_2+h^2)+18C_0dW(2h_2+h)} \tag{9-37}$$

$$y_0=\frac{B_pmh^2[Q_0h(4h_2+3h)+2M_0(3h_2+2h)]+6Q_0C_0dW}{2B_pmh[3M_0(2h_2+h)+Q_0h(3h_2+2h)]} \tag{9-38}$$

侧应力

$$\sigma_y=m(h_2+y)(y_0-y)\phi \tag{9-39}$$

桩身剪力

$$Q_y=Q_0-\frac{1}{6}B_pm\phi y[3y_0(2h_2+y)-y(3h_2+2y)] \tag{9-40}$$

桩身弯矩

$$M_y=M_0+Q_0y-\frac{1}{12}B_pm\phi y^2[2y_0(3h_2+y)-y(2h_2+y)] \tag{9-41}$$

考虑桩底应力重分布时：

桩底反力 $$N_k=\frac{1}{2}C_0t^2\phi' B$$

$$M_k=\frac{1}{2}C_0\phi' Bt^2\left(\frac{d}{2}-\frac{t}{3}\right)$$

$$\left.\begin{aligned}&\sum y=0 \quad N-\frac{1}{2}C_0t^2\phi' B=0\\&\sum x=0 \quad Q_0-\frac{1}{6}B_pm\phi' h(6h_2y'_0-3h_2h+3y'_0h-2h^2)=0\\&\sum M_a=0 \quad M_0+Q_0h-\frac{1}{12}B_pm\phi' h^2(6h_2y'_0-2h_2h+2y'_0h-h_2)-\\&\qquad\frac{1}{2}BC_0t^2\phi'\left(\frac{d}{2}-\frac{t}{3}\right)=0\end{aligned}\right\} \tag{9-42}$$

解得：

$$\phi'=\frac{2N}{C_0Bt^2} \tag{9-43}$$

$$y'_0=\frac{3Q_0C_0t^2B+B_pmNh^2(3h_2+2h)}{3B_pmNh(2h_2+h)} \tag{9-44}$$

式中：d——抗滑桩截面顺滑动方向的边长。

将 ϕ' 和 y'_0 代入式（9-39）～式（9-41）即可求出 σ_y、Q_y 和 M_y。

用角变位法计算刚性抗滑桩内力时，抗滑桩的设计计算步骤如下：

——根据地质情况确定桩的断面形式，计算宽度 B_p，选取 m 值和 C 值，计算桩的变形系数 α，确认是否属于刚性桩。

——将各个外力移至滑面处，求出 Q_0 和 M_0。

——计算 ϕ 和 y_0 或 ϕ'和 y_0'（一般可忽略不计 N'_k的影响）。

——计算侧应力 σ_y 和桩底最大压应力 σ_{max}。

——检算 $\sigma_{h/3}$、σ_h 及桩底反力 σ_{max}是否满足稳定条件。

——计算桩身内力 Q_y、M_y，并绘出剪力图和弯矩图。

——进行配筋计算并绘出结构图、平面布置图、桩排纵剖面图、地质断面图、钢筋图及材料数量表。

b）用无量纲法计算刚性抗滑桩的内力

对于承受横向荷载的抗滑桩，考虑到土的弹性模量 E_s 随深度 y 变化的各种函数关系，对桩和土共同作用的静力平衡方程式（刚性桩）和桩轴线的挠曲微分方程（弹性桩）进行量纲分析，从而可以求出桩的内力。实践证明，即使利用最简单的情况进行分析，计算结果的精度也可以满足抗滑桩工程设计的要求，计算原理简明。

刚性桩的基本假定同前。假定土为弹性介质，其弹性模量为 E_s，E_s 随深度 y 成比例增加。

有关物理量的正、负规定如图 9-13 所示。

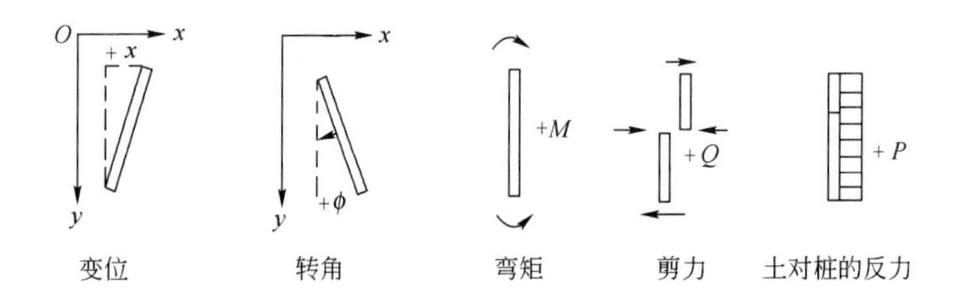

图 9-13　符号规定

将作用在桩上的滑坡推力和剩余抗滑力移至滑面处用 Q_0 和 M_0 代替，桩在滑动面以下部分的变形和受力状态则可用下面的方程表示（图 9-14）：

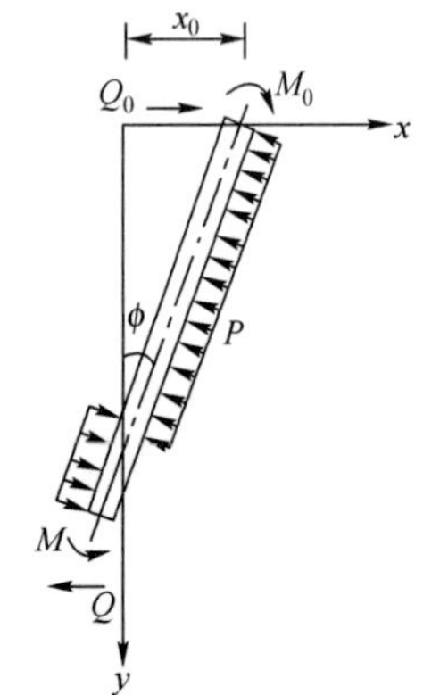

图 9-14　滑动面下桩的受力状态

$\phi=\tan\phi=$常数（当 ϕ 很小时）

$$x = x_0 + \phi y \tag{9-45}$$

土的抗力

$$P = E_S x = Cyx = Cyx_0 + \phi C y^2 \tag{9-46}$$

由静力平衡条件，可求得桩身任一截面的剪力和弯矩。

$\sum x=0$

$$Q_y=Q_0+\int_0^y P\cdot dy=Q_0-x_0C_1\int_0^y y dy-C_1\phi\int_0^y y^2 dy \tag{9-47}$$

$\sum M=0$

$$M_y=M_0+\int_0^y Pydy=M_0+x_0C_1\int_0^y y^2dy+C_1\phi\int_0^y y^3 dy \tag{9-48}$$

下面介绍基本方程的解及其无量纲表达式。

ⓐ桩底支立于非岩石地基或岩石面上时，将图 9-15 的状态分解成 A、B 两种情况，分别求解，然后再叠加。

先以 A 情况为例说明求解过程，此时 $M_0=0$，仅 Q_0 起作用，边界条件为：

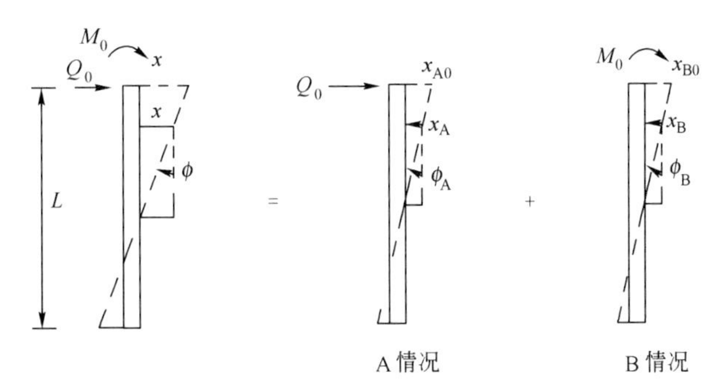

图 9-15　两种情况分别考虑后叠加

当 $y=L$ 时，$M_L=0$，$Q_L=0$ 代入基本方程式（9-47）、式（9-48）后

$$Q_0 = x_{A0} \cdot C_1\int_0^L y\mathrm{d}y + \phi_{A0} \cdot C_1\int_0^L y^2\mathrm{d}y$$

$$M_0 = x_{A0} \cdot C_1\int_0^L y^2\mathrm{d}y + \phi_{A0} \cdot C_1\int_0^L y^3\mathrm{d}y = 0$$

解得：

$$\phi_{A0} = \phi_A = \frac{Q_0}{JL^2}(-24)$$

$$x_{A0} = \frac{Q_0}{JL}(18)$$

式中：J——土的模量常数，$J=C_1L$。

将初参数 ϕ_{A0} 和 x_{A0} 代入基本方程式（9-45）～式（9-48）得：

$$\left.\begin{aligned} \phi_A &= (-24)\frac{Q_0}{JL^2} \\ x_A &= \frac{Q_0}{JL}(18-24h) \\ Q_A &= Q_0(1-9h^2+8h^3) \\ M_A &= Q_0L(1-3h^3+2h^4) \\ P_A &= \frac{Q_0}{L}(18h-24h^2) \end{aligned}\right\} \tag{9-49}$$

式中，$h=\dfrac{y}{L}$，无量纲的深度系数。

这样就可将 h 的函数分别定义为 A 情况下的有关物理量的无量纲系数：

$$\left.\begin{aligned} a_\phi &= -24 \\ a_x &= 18-24h \\ a_Q &= 1-9h^2+8h^3 \\ a_m &= 1-3h^3+2h^4 \\ a_p &= 18h-24h^2 \end{aligned}\right\} \tag{9-50}$$

同样可以求出 B 情况下（$Q_0=0$，仅 M_0 作用）的解和无量纲系数：

$$\left.\begin{aligned}
\phi_B &= \frac{M_0}{JL^3}(-36) \\
x_B &= \frac{M_0}{JL^2}(24-36h) \\
Q_B &= \frac{M_0}{L}(-12h^2+12h^3) \\
M_B &= (1-4h^3+3h^4)M_0 \\
P_B &= \frac{M_0}{L^2}(24h-36h^2) \\
b_\phi &= -36 \\
b_x &= 24-36h \\
b_Q &= -12h^2+12h^3 \\
b_m &= 1-4h^3+3h^4 \\
b_p &= 24h-36h^2
\end{aligned}\right\} \tag{9-51}$$

当滑面处同时有 Q_0 和 M_0 作用时，将 A、B 两种情况叠加得：

$$\left.\begin{aligned}
x &= \frac{Q_0}{JL}a_x + \frac{M_0}{JL^2}b_x \\
\phi &= \frac{Q_0}{JL^2}a_\phi + \frac{M_0}{JL^3}b_\phi \\
Q &= Q_0 a_Q + \frac{M_0}{L}b_Q \\
M &= Q_0 L a_m + M_0 b_m \\
P &= \frac{Q_0}{L}a_p + \frac{M_0}{L^2}b_p
\end{aligned}\right\} \tag{9-52}$$

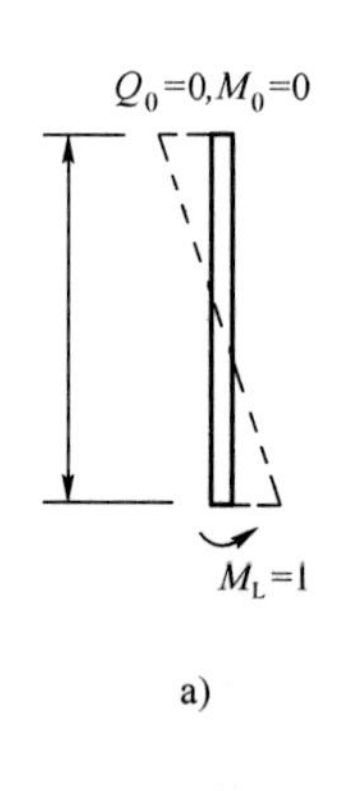

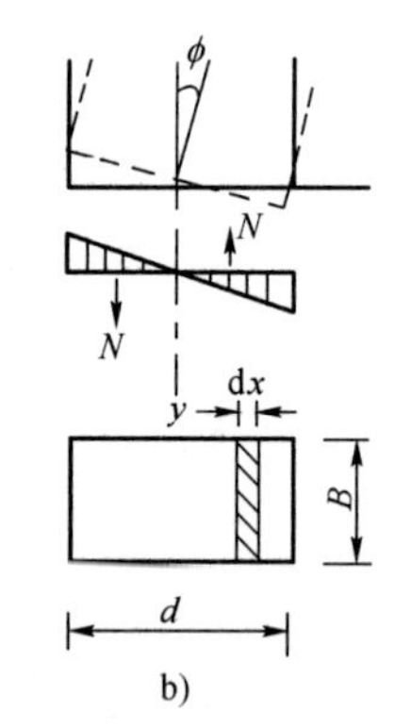

图 9-16　桩底应力计算图式

a)单独计算桩底抵抗力矩 M_L 时的情况；

b)桩底应力分布

另外，刚性桩的桩底还有一个由 Q_0 和 M_0 引起的抵抗力矩 M_L，单独考虑其作用后，然后再叠加到以上各物理量的方程中。即 $M_0=0$，$Q_0=0$，可求得其无量纲系数（图 9-16）。

$$\begin{aligned}
\bar{b}_\phi &= 36 = -b_\phi \\
\bar{b}_x &= -24+36h = -b_x \\
\bar{b}_Q &= 12h^2-12h^3 = -b_Q \\
\bar{b}_m &= 4h^3-3h^4 = 1-b_m \\
\bar{b}_p &= -24h+36h^2 = -b_p
\end{aligned}$$

以上结果表明，受 M_L 作用的无量纲系数，完全可以用 M_0 作用时（B 情况）的无量纲系数来表示。

至此，当桩底支立于非岩石地基或岩石面上，并且考虑桩底抵抗力矩 M_L 时，桩身任一截面的变位、内力用无量纲法的一般表达式为：

$$\phi = \frac{Q_0}{JL}\cdot\frac{1}{1+\psi_1}a_\phi + \frac{M_0}{JL^3}\cdot\frac{1}{1+\psi_1}b_\phi \tag{9-53}$$

$$x = \frac{Q_0}{JL}\left(a_x - \frac{2}{3}\cdot\frac{\psi_1}{1+\psi_1}b_x\right) + \frac{M_0}{JL^2}\cdot\frac{1}{1+\psi_1}b_x \tag{9-54}$$

$$Q = Q_0\left(a_Q - \frac{2}{3}\cdot\frac{\psi_1}{1+\psi_1}b_Q\right) + \frac{M_0}{L}\cdot\frac{1}{1+\psi_1}b_Q \tag{9-55}$$

$$M = Q_0 L\left[a_m - \frac{2}{3}\cdot\frac{\psi_1}{1+\psi_1}(b_m - 1)\right] + M_0\left[b_m - \frac{\psi_1}{1+\psi_1}(b_m - 1)\right] \tag{9-56}$$

$$P = \frac{Q_0}{L}\left(a_p - \frac{2}{3}\cdot\frac{\psi_1}{1+\psi_1}b_p\right) + \frac{M_0}{L^2}\cdot\frac{1}{1+\psi_1}b_p \tag{9-57}$$

注：计算侧应力时应除以 B_p。

式中：$\psi_1 = 3\cdot\frac{E_L}{CL}\cdot\frac{I_a}{I_L} = 3\cdot\frac{E_L}{C_1 L}\cdot\frac{d^3}{L^3}$；

E_L——桩底地基土的竖向土体模量（kN/m^2），矩形截面时 $E_L = m_0 L\cdot B$，圆形截面时 $E_L = m_0\cdot L\cdot d$；支于岩层面上时：$E_L = C_0 B$（矩形桩）；$E_L = C_0 d$（圆形桩）。

可以看出，在实际工程中，ψ_1 是一个常数，$\frac{\psi_1}{1+\psi_1}$ 也是一个常数，其值在 0～1.0 之间，桩底应力 $\sigma = \frac{N}{F} \pm \frac{M_L}{W}$。

各附加项的系数可由表 9-5 查得。

用无量纲法计算刚性抗滑桩（桩底为自由端，相当于桥桩尖支立于非岩石地基或岩石面上）**桩身变位和内力时的附加系数**　　表 9-5

h	a_m	$\frac{\psi_1}{1+\psi_1}=1$ 时 a_m 的附加项	a_Q	$\frac{\psi_1}{1+\psi_1}=1$ 时 a_Q 的附加项	a_p	$\frac{\psi_1}{1+\psi_1}=1$ 时 a_p 的附加项	b_m	$\frac{\psi_1}{1+\psi_1}=1$ 时 b_m 的附加项	b_Q	b_p
0	0	0	1	0	0	0	1	0	0	0
0.05	0.049 6	−0.000 3	0.978 5	−0.019 0	0.84	0.74	0.999 5	−0.000 5	−0.028 5	1.11
0.10	0.097 2	−0.002 5	0.918 0	−0.072 0	1.56	1.36	0.996 3	−0.003 7	−0.108 0	2.04
0.15	0.141 0	−0.008 0	0.824 5	−0.153 0	2.16	1.86	0.998 0	−0.012 0	−0.229 5	2.79
0.20	0.179 2	−0.018 0	0.704 0	−0.256 0	2.64	2.24	0.972 8	−0.027 2	−0.384 0	3.36
0.25	0.219 4	−0.033 9	0.562 5	−0.375 0	3.00	2.50	0.949 2	−0.050 8	−0.562 5	3.75
0.30	0.235 2	−0.055 8	0.406 0	−0.504 0	3.24	2.64	0.916 3	−0.083 7	−0.756 0	3.96
0.35	0.251 4	−0.084 3	+0.240 5	−0.637 0	3.36	2.66	0.873 5	−0.126 5	−0.955 5	3.99
0.40	0.259 2	−0.119 5	+0.072 0	−0.768 0	3.36	2.56	0.820 8	−0.179 2	−1.152 0	3.84
0.45	0.258 6	−0.161 0	−0.093 5	−0.891 0	3.24	2.34	0.758 5	−0.241 5	−1.336 5	3.51
0.50	0.250 0	−0.208 3	−0.250 0	−1.000 0	3.00	2.00	0.687 5	−0.312 5	−1.500 0	3.00
0.55	0.233 9	−0.260 7	−0.391 5	−1.089 0	2.64	1.54	0.609 0	−0.391 0	−1.633 5	2.31
0.60	0.211 2	−0.316 8	−0.512 0	−1.152 0	2.16	0.96	0.524 8	−0.475 2	−1.728 0	1.44
0.65	0.183 1	−0.375 3	−0.605 5	−1.183 0	1.56	0.26	0.437 0	−0.563 0	−1.774 5	0.39
0.70	0.151 2	−0.434 5	−0.666 0	−1.176 0	0.84	−0.56	0.348 3	−0.651 7	−1.764 0	−0.84
0.75	0.117 2	−0.492 2	−0.687 5	−1.125 0	0	−1.50	0.261 7	−0.738 3	−1.687 5	−2.25
0.80	0.083 2	−0.546 1	−0.664 0	−1.024 0	−0.96	−2.56	0.180 8	−0.819 2	−1.536 0	−3.84
0.85	0.051 6	−0.593 7	−0.589 5	−0.867 0	−2.04	−3.74	0.109 5	−0.890 5	−1.300 5	−5.61
0.90	0.025 2	−0.631 8	−0.458 0	−0.648 0	−3.24	−5.04	0.052 3	−0.947 7	−0.972 0	−7.56
0.95	0.006 9	−0.657 3	−0.263 5	−0.361 0	−4.56	−6.46	0.014 0	−0.986 0	−0.541 5	−9.69
1.00	0	−0.666 7	0	0	−6.00	−8.00	0	−1.000 0	0	−12.00

ⓑ抗滑桩桩底嵌入完整岩层内，桩底为铰端，刚性桩桩身任一截面的变位和内力的无量纲法表达式为：

$$\phi = \frac{Q_0}{JL} \cdot \frac{1}{1+\psi_2} a_\phi + \frac{M_0}{JL^3} \cdot \frac{1}{1+\psi_2} b_\phi \tag{9-58}$$

$$x = \frac{Q_0}{JL} \cdot \frac{1}{1+\psi_2} a_x + \frac{M_0}{JL^2} \cdot \frac{1}{1+\psi_2} b_x \tag{9-59}$$

$$Q = Q_0 \left(a_Q - \frac{\psi_2}{1+\psi_2} b_Q \right) + \frac{M_0}{L} \cdot \frac{1}{1+\psi_2} b_Q \tag{9-60}$$

$$M = Q_0 L \left[a_m - \frac{\psi_2}{1+\psi_2} (b_m - 1) \right] + M_0 \left[b_m - \frac{\psi_2}{1+\psi_2} (b_m - 1) \right] \tag{9-61}$$

$$P = \frac{Q_0}{L} \cdot \frac{1}{1+\psi_2} a_p + \frac{M_0}{L^2} \cdot \frac{1}{1+\psi_2} b_p \tag{9-62}$$

式中，$\psi_2 = \frac{E_L}{CL} \cdot \frac{I_a}{I_L}$。

其无量纲系数为：

$$\left.\begin{aligned} a_\phi &= b_\phi = -12 \\ a_x &= b_x = 12 - 12h \\ a_Q &= 1 - 6h^2 + 4h^3 \\ b_Q &= -6h^2 + 4h^3 \\ a_m &= h - 2h^3 - h^4 \\ b_m &= 1 - 2h^3 - h^4 \\ a_p &= b_p = 12h - 12h^2 \end{aligned}\right\} \tag{9-63}$$

桩底应力

$$\sigma = \frac{N}{F} \mp \frac{M_L}{W}$$

该种情况下的附加系数可由表 9-6 查得。

用无量纲法计算刚性抗滑桩（桩底为铰端，相当于桥桩桩尖嵌入基岩内）**桩身变位和内力时的附加系数** 表 9-6

h	a_m	$\frac{\psi_1}{1+\psi_1}=1$ 时 a_m 的附加项	a_Q	a_p	b_m	b_Q	b_p
0	0	0	1	0	1	0	0
0.05	0.049 8	−0.000 2	0.985 5	0.57	0.999 8	−0.014 5	0.57
0.10	0.098 1	−0.001 9	0.944 0	1.08	0.998 1	−0.056 0	1.08
0.15	0.143 8	−0.006 2	0.878 5	1.53	0.993 8	−0.121 5	1.53
0.20	0.185 6	−0.014 4	0.792 0	1.92	0.985 6	−0.208 0	1.92
0.25	0.222 7	−0.037 3	0.687 5	2.25	0.972 7	−0.312 5	2.25
0.30	0.254 1	−0.045 9	0.568 0	2.52	0.954 1	−0.432 0	2.52
0.35	0.279 3	−0.070 7	0.436 5	2.73	0.929 3	−0.563 5	2.73
0.40	0.297 6	−0.102 4	0.296 6	2.88	0.897 6	−0.704 0	2.88

续上表

h	a_m	$\frac{\psi_1}{1+\psi_1}=1$时 a_m 的附加项	a_Q	a_p	b_m	b_Q	b_p
0.45	0.308 8	−0.141 2	0.149 5	2.97	0.858 8	−0.850 5	2.97
0.50	0.312 5	−0.187 5	0	3.00	0.812 5	−1.000 0	3.00
0.55	0.308 8	−0.241 2	−0.149 5	2.97	0.758 8	−1.149 5	2.97
0.60	0.297 6	−0.302 4	−0.296 0	2.88	0.697 6	−1.296 0	2.88
0.65	0.279 3	−0.370 7	−0.436 5	2.73	0.629 3	−1.436 5	2.73
0.70	0.254 1	−0.445 9	−0.568 0	2.52	0.554 1	−1.568 0	2.52
0.75	0.222 7	−0.527 3	−0.687 5	2.25	0.472 7	−1.687 5	2.25
0.80	0.185 6	−0.614 4	−0.792 0	1.92	0.385 6	−1.792 0	1.92
0.85	0.143 8	−0.706 2	−0.878 5	1.53	0.293 8	−1.878 5	1.53
0.90	0.098 1	−0.801 9	−0.944 0	1.08	0.198 1	−1.944 0	.08
0.95	0.049 8	−0.900 2	−0.985 5	0.57	0.099 8	−1.985 5	0.57
1.00	0	−1.000 0	−1.000 0	0	0	−2	0

注：$\frac{\psi_1}{1+\psi_1}=1$时 a_Q 的附加项即表中之 b_Q、b_m 的附加项即 a_m 的附加项，故不再列出。

②弹性桩的内力计算

当桩的 $\alpha_h>2.5$ 时，按弹性桩进行设计，对于横向荷载很大的抗滑桩排中的单桩而言，是否适用，有待研究，现仍按弹性桩考虑。除考虑桩身变形之外，其基本假定同刚性桩。

a. m 法

a）一般表达式（图 9-17）

此法是根据弹性地基上的弹性梁受挠曲后的微分方程采用幂级数解出来的，求解过程从略。一般表达式为：

$$x=x_0A_1+\frac{\phi_0}{a}B_1+\frac{M_0}{a^2EI}C_1+\frac{Q_0}{a^3EI}D_1 \quad (9\text{-}64)$$

$$\phi=a\left(x_0A_2+\frac{\phi_0}{a}B_2+\frac{M_0}{a^2EI}C_2+\frac{Q_0}{a^3EI}D_2\right) \quad (9\text{-}65)$$

$$Q=a^3EL\left(x_0A_4+\frac{\phi_0}{a}B_4+\frac{M_0}{a^2EI}C_4+\frac{Q_0}{a^3EI}D_4\right) \quad (9\text{-}66)$$

$$M=a^2EL\left(x_0A_3+\frac{\phi_0}{a}B_3+\frac{M_0}{a^2EI}C_3+\frac{Q_0}{a^3EI}D_3\right) \quad (9\text{-}67)$$

$$\sigma_y=myx \quad (9\text{-}68)$$

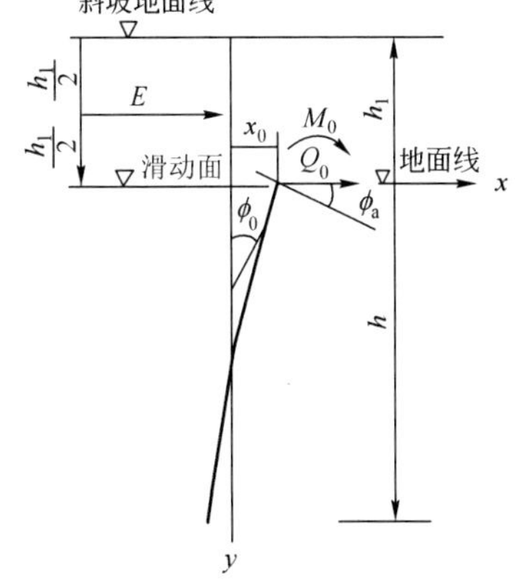

图 9-17 弹性桩的内力计算图式（m 法）

式中：x_0、ϕ_0、M_0、Q_0——分别为在滑面处的水平位移、转角（弧度）弯矩和剪力。

A_i、B_i、C_i 和 D_i 为随桩的换算深度（α_h）而异的系数，可以查表 9-6 和表 9-7，x_0 和 ϕ_0 可根据不同边界条件分别确定。

用 m 法计算弹性桩桩身变位和内力时的系数 表 9-7

换算深度 $\bar{h}=ay$	A_1	B_1	C_1	D_1	A_2	B_2	C_2	D_2
0	1.000 00	0.000 00	0.000 00	0.000 00	0.000 00	1.000 00	0.000 00	0.000 00
0.1	1.000 00	0.100 00	0.005 00	0.000 17	−0.000 00	1.000 00	0.100 00	0.005 00
0.2	1.000 00	0.200 00	0.020 00	0.001 33	−0.000 07	1.000 00	0.200 00	0.020 00
0.3	0.999 98	0.300 00	0.045 00	0.004 50	−0.000 34	0.999 96	0.300 00	0.045 00
0.4	0.999 91	0.399 99	0.080 00	0.010 67	−0.001 07	0.999 83	0.399 98	0.080 00
0.5	0.999 74	0.499 96	0.125 00	0.020 83	−0.002 60	0.999 48	0.499 94	0.124 99
0.6	0.999 35	0.599 87	0.179 98	0.036 00	−0.005 40	0.998 70	0.599 81	0.179 98
0.7	0.998 60	0.699 67	0.244 95	0.057 16	−0.010 00	0.997 20	0.699 51	0.244 90
0.8	0.997 27	0.799 27	0.319 88	0.085 32	−0.017 07	0.994 54	0.798 91	0.319 80
0.9	0.995 08	0.898 52	0.404 72	0.121 46	−0.027 33	0.990 16	0.897 79	0.404 60
1.0	0.991 67	0.997 22	0.499 41	0.166 57	−0.041 67	0.983 33	0.995 83	0.499 21
1.1	0.986 58	1.095 08	0.603 84	0.221 63	−0.060 96	0.973 17	1.092 62	0.603 41
1.2	0.979 27	1.191 71	0.717 87	0.287 58	−0.086 32	0.958 55	1.187 56	0.717 10
1.3	0.969 08	1.286 60	0.841 27	0.365 36	−0.118 83	0.938 17	1.279 90	0.840 02
1.4	0.955 23	1.379 10	0.973 73	0.455 88	−0.159 73	0.910 47	1.368 65	0.971 63
1.5	0.936 81	1.468 39	1.114 84	0.559 97	−0.210 30	0.873 65	1.452 59	1.111 45
1.6	0.912 80	1.553 46	1.264 03	0.678 42	−0.271 94	0.825 65	1.530 20	1.258 72
1.7	0.882 01	1.633 07	1.420 61	0.811 93	−0.346 04	0.764 13	1.599 63	1.412 47
1.8	0.843 13	1.705 75	1.583 62	0.961 09	−0.434 12	0.686 45	1.658 67	1.571 50
1.9	0.794 67	1.769 72	1.751 90	1.126 37	−0.537 68	0.589 67	1.704 68	1.734 22
2.0	0.735 02	1.822 94	1.924 02	1.308 01	−0.658 22	0.470 61	1.734 57	1.898 72
2.2	0.574 91	1.887 09	2.272 17	1.720 42	−0.956 16	0.151 27	1.731 10	2.222 99
2.4	0.346 91	1.874 50	2.608 82	2.195 35	−1.338 89	−0.302 73	1.612 86	2.518 74
2.6	0.033 15	1.754 73	2.906 70	2.723 65	−1.814 79	−0.926 02	1.334 85	2.749 72
2.8	−0.385 48	1.490 37	3.128 43	3.287 69	−2.387 56	−1.754 83	0.841 77	2.866 53
3.0	−0.928 09	1.036 79	3.224 71	3.858 38	−3.053 19	−2.824 10	0.068 37	2.804 06
3.5	−2.927 99	−1.271 72	2.463 04	4.979 82	−4.980 62	−6.708 06	−3.586 47	1.270 18
4.0	−5.853 33	−5.940 97	−0.926 77	4.547 80	−6.533 16	−12.158 10	−10.608 40	−3.766 47

换算深度 $\bar{h}=ay$	A_3	B_3	C_3	D_3	A_4	B_4	C_4	D_4
0	0.000 00	0.000 00	1.000 00	0.000 00	0.000 00	0.000 00	0.000 00	1.000 00
0.1	−0.000 17	−0.000 01	1.000 00	0.100 00	−0.005 00	−0.000 33	−0.000 01	1.000 00
0.2	−0.001 33	−0.000 13	0.999 99	0.200 00	−0.020 00	−0.002 67	−0.000 20	0.999 99
0.3	−0.004 50	−0.000 67	0.999 94	0.300 00	−0.045 00	−0.009 00	−0.001 01	0.999 92
0.4	−0.010 67	−0.002 13	0.999 74	0.399 98	−0.080 00	−0.021 33	−0.003 20	0.999 66
0.5	−0.020 83	−0.005 21	0.999 22	0.499 91	−0.124 99	−0.041 67	−0.007 81	0.998 96
0.6	−0.036 00	−0.010 80	0.998 06	0.599 74	−0.179 97	−0.071 99	−0.016 20	0.997 41
0.7	−0.057 16	−0.020 01	0.995 80	0.699 35	−0.244 90	−0.114 33	−0.030 01	0.994 40
0.8	−0.085 32	−0.034 12	0.991 81	0.798 54	−0.319 75	−0.170 60	−0.051 20	0.989 08
0.9	−0.121 44	−0.054 66	0.985 24	0.897 05	−0.404 43	−0.242 84	−0.081 98	0.980 32
1.0	−0.166 52	−0.083 29	0.975 01	0.994 45	−0.498 81	−0.332 98	−0.124 93	0.966 67
1.1	−0.221 52	−0.121 92	0.959 75	1.090 16	−0.602 68	−0.442 92	−0.182 85	0.946 34
1.2	−0.287 37	−0.172 60	0.937 83	1.183 42	−0.715 73	−0.574 50	−0.258 86	0.917 12
1.3	−0.364 96	−0.237 60	0.907 27	1.273 20	−0.837 53	−0.729 50	−0.356 31	0.876 38

续上表

换算深度 $\bar{h}=ay$	A_3	B_3	C_3	D_3	A_4	B_4	C_4	D_4
1.4	−0.455 15	−0.319 33	0.865 73	1.358 21	−0.967 46	−0.909 54	−0.478 83	0.821 02
1.5	−0.558 70	−0.420 39	0.810 54	1.436 80	−1.104 68	−1.116 09	−0.630 27	0.747 45
1.6	−0.676 29	0.543 48	0.738 59	1.506 95	−1.248 08	−1.350 42	−0.814 66	0.651 56
1.7	−0.808 48	0.691 44	0.646 37	1.566 21	−1.396 23	−1.613 46	−1.036 16	0.528 71
1.8	−0.955 64	0.867 15	0.529 97	1.611 62	−1.547 28	−1.905 77	−1.299 09	0.373 68
1.9	−1.117 96	−1.073 57	0.385 03	1.639 69	−1.698 89	−2.227 45	−1.607 70	0.180 71
2.0	−1.295 35	−1.313 61	0.206 76	1.646 28	−1.848 18	−2.577 98	−1.966 20	−0.056 52
2.2	−1.693 34	−1.905 67	−0.270 87	1.575 38	−2.124 81	−3.359 52	−2.848 58	−0.691 58
2.4	−2.141 17	−2.663 29	−0.948 85	1.352 01	−2.339 01	−4.228 11	−3.973 23	−1.591 51
2.6	−2.621 26	−3.599 87	−1.877 34	0.916 79	−2.436 95	−5.140 23	−5.355 41	−2.821 06
2.8	−3.103 41	−4.717 48	−3.107 91	0.197 29	−2.345 58	−6.022 99	−6.990 07	−4.444 91
3.0	−3.540 58	−5.999 79	−4.687 88	−0.891 26	−1.969 28	−6.764 60	−8.840 29	−6.519 72
3.5	−3.919 21	−9.543 67	−10.340 40	−5.854 02	1.074 08	−6.788 95	−13.692 40	−13.82 61
4.0	−1.614 28	−11.730 70	−17.918 60	−15.075 50	9.243 68	−0.357 62	−15.610 50	−23.14 04

b）几种边界条件下 x_0 和 ϕ_0 的计算公式

ⓐ当（桥）桩底嵌入岩石中，$x_A=\phi_A=0$，为固结端时：

$$x_0=\frac{M_0}{a^2EI}\cdot\frac{B_1C_2-C_1B_2}{A_1B_2-B_1A_2}+\frac{Q_0}{a^3EI}\cdot\frac{B_1D_2-D_1B_2}{A_1B_2-B_1A_2} \tag{9-69}$$

$$\phi_0=\frac{M_0}{aEI}\cdot\frac{A_2C_1-A_1C_2}{A_1B_2-B_1A_2}+\frac{Q_0}{a^2EI}\cdot\frac{A_2D_1-D_2A_1}{A_1B_2-B_1A_2} \tag{9-70}$$

ⓑ当（桥）桩支立于岩层面上，$x_A=0$，$\phi_A\neq0$，为铰端时：

$$x_0=\frac{M_0}{a^2EI}\cdot\frac{(C_1B_3-B_1C_3)+K_h(C_1B_2-B_1C_2)}{(B_1A_3-B_3A_1)+K_h(B_1A_2-A_1B_2)}+\frac{Q_0}{a^3EI}\cdot\frac{(D_1B_3-B_1D_3)+K_h(D_1B_2-B_1D_2)}{(B_1A_3-A_1B_3)+K_h(B_1A_2-A_1B_2)} \tag{9-71}$$

$$\phi_0=\frac{M_0}{aEI}\cdot\frac{(A_1C_3-A_3C_1)+K_h(A_1C_2-C_1A_2)}{(B_1A_3-A_1B_3)+K_h(B_1A_2-A_2B_2)}+\frac{Q_0}{a^2EI}\cdot\frac{(A_1D_3-D_1A_3)+K_h(A_1D_2-D_1A_2)}{(A_3B_1-B_3A_1)+K_h(B_1A_2-A_1B_2)} \tag{9-72}$$

$$K_h=\frac{C_0}{aE}\cdot\frac{I_A}{I}$$

ⓒ当（桥）桩埋入土层或风化破碎岩层中，$Q_A=0$，$\phi_A\neq0$，$x_A\neq0$，为自由端时：

$$x_0=\frac{M_0}{a^2EI}\cdot\frac{(B_3C_4-B_4C_3)+K_h(C_4B_2-B_4C_2)}{(B_4A_3-B_3A_4)+K_h(B_4A_2-A_4B_2)}+\frac{Q_0}{a^3EI}\cdot\frac{(D_4B_3-B_4D_3)+K_h(B_2D_4-D_2B_4)}{(B_4A_3-A_4B_3)+K_h(B_4A_2-A_4B_2)} \tag{9-73}$$

$$\phi_0=\frac{M_0}{aEI}\cdot\frac{(A_4C_3-C_4A_3)+K_h(A_4C_2-C_4A_2)}{(B_4A_3-B_3A_4)+K_h(B_4A_2-A_4B_2)}+\frac{Q_0}{a^2EI}\cdot\frac{(A_4D_3-D_4A_3)+K_h(D_2A_4-A_2D_4)}{(B_4A_3-A_4B_3)+K_h(B_4A_2-A_4B_2)} \tag{9-74}$$

当桩埋入土层中和桩支立于岩层面，且 $\alpha_h \geqslant 3.5$ 时，均可按 $K_h=0$ 计算。

以上式中：I——截面惯性矩，$I=\frac{1}{12}Bd^3$；

EI——相对刚度系数，$EI=0.8E_wI$；

E_w——混凝土的弹性模量（kN/m^2）；

a——桩的变形系数（m^{-1}）；

I_A——桩底的截面惯性矩（m^4）。

将上述三种情况下的 x_0 和 ϕ_0 代入一般表达式（9-64）～式（9-68）即可求出 x、ϕ、Q、M 和 σ 各物理量。

c）弹性抗滑桩用 m 法计算时，步骤如下：

ⓐ首先确定桩的间距 L，并计算出作用在每根桩上的滑坡推力 E。

ⓑ确定桩的计算宽度 B_p 和桩的刚度。

ⓒ求出 M_0 和 Q_0。

ⓓ根据桩底的地质条件确定桩底的边界条件，选择相应的公式计算出 x_0 和 ϕ_0。有关系数查表 9-7 和表 9-8，仅适合滑面处土抗力为零的悬臂式抗滑桩。

ⓔ将 x_0 和 ϕ_0 代入一般表达式计算出桩身内力，侧应力和变位。

ⓕ进行配筋计算。

用 m 法计算弹性桩桩身变位和内力时的系数 表 9-8

换算深度 $\bar{h}=ay$	$B_3D_4-B_4D_3$	$A_3B_4-A_4B_3$	$B_2D_4-B_4D_2$	$A_2B_4-A_4B_2$	$A_3D_4-A_4D_3$	$A_2D_4-A_4D_2$	$A_3C_4-A_4C_3$
0	0.000 00	0.000 00	1.000 00	0.000 00	0.000 00	0.000 00	0.000 00
0.1	0.000 02	0.000 00	1.000 00	0.005 00	0.000 33	0.000 03	0.005 00
0.2	0.000 40	0.000 00	1.000 04	0.020 00	0.002 67	0.000 33	0.020 00
0.3	0.002 03	0.000 01	1.000 29	0.045 00	0.009 00	0.001 69	0.045 00
0.4	0.006 40	0.000 06	1.001 20	0.079 99	0.021 33	0.005 33	0.080 01
0.5	0.015 63	0.000 22	1.003 65	0.125 04	0.041 67	0.013 03	0.125 05
0.6	0.032 40	0.000 65	1.009 17	0.180 13	0.072 63	0.027 01	0.180 20
0.7	0.060 06	0.001 63	1.019 62	0.245 35	0.114 43	0.050 04	0.245 59
0.8	0.102 48	0.003 65	1.038 24	0.320 91	0.170 94	0.085 39	0.321 50
0.9	0.164 26	0.007 38	1.068 93	0.407 09	0.243 74	0.136 85	0.408 42
1.0	0.250 62	0.013 90	1.116 79	0.504 36	0.335 07	0.208 73	0.507 14
1.1	0.367 47	0.024 64	1.188 23	0.613 51	0.447 39	0.306 00	0.618 93
1.2	0.521 58	0.041 56	1.291 11	0.735 65	0.583 46	0.434 12	0.745 62
1.3	0.720 57	0.067 24	1.434 98	0.872 44	0.746 50	0.599 40	0.889 91
1.4	0.973 17	0.105 04	1.631 25	1.026 12	0.940 32	0.808 87	1.055 50
1.5	1.289 38	0.159 16	1.893 49	1.199 81	1.169 60	1.070 61	1.247 52
1.6	1.680 91	0.234 97	2.237 76	1.397 71	1.440 15	1.393 79	1.472 77
1.7	2.161 45	0.339 04	2.682 96	1.625 22	1.759 34	1.789 18	1.740 19
1.8	2.747 34	0.479 51	3.251 43	1.889 46	2.136 53	2.269 33	2.061 47
1.9	3.458 33	0.666 32	3.959 45	2.199 44	2.583 62	2.849 09	2.451 47
2.0	4.318 31	0.911 58	4.868 24	2.566 64	3.115 83	3.546 38	2.929 05

续上表

换算深度 $\bar{h}=ay$	$B_3D_4-B_4D_3$	$A_3B_4-A_4B_3$	$B_2D_4-B_4D_2$	$A_2B_4-A_4B_2$	$A_3D_4-A_4D_3$	$A_2D_4-A_4D_2$	$A_3C_4-A_4C_3$
2.2	6.610 44	1.639 62	7.363 56	3.533 66	4.518 46	5.384 69	4.248 06
2.4	9.955 10	2.823 66	11.131 30	4.952 88	6.570 04	8.022 19	6.288 00
2.6	14.868 00	4.701 18	16.746 60	7.071 78	9.628 90	11.820 60	9.462 94
2.8	22.157 10	7.626 58	25.065 10	10.264 20	14.257 10	17.336 20	14.403 20
3.0	33.087 90	12.135 30	37.380 70	15.092 20	21.328 50	25.427 50	22.068 00
3.5	92.209 00	36.858 00	101.369 00	41.018 20	60.476 00	67.498 20	64.769 60
4.0	266.061 00	109.012 00	279.996 00	114.722 00	176.709 00	185.996 00	190.834 00

换算深度 $\bar{h}=ay$	$A_2C_4-A_4C_2$	$\frac{B_3D_4-B_4D_3}{A_3B_4-A_4B_3}$	$\frac{A_3D_4-A_4D_3}{A_3B_4-A_4B_3}=\frac{B_3C_4-B_4C_3}{A_3B_4-A_4B_3}$	$\frac{A_3C_4-A_4C_3}{A_3B_4-A_4B_3}$	$\frac{B_2D_1-B_1D_2}{A_2B_1-A_1B_2}$	$\frac{B_2C_1-B_1C_2}{A_2B_1-A_1B_2}=\frac{A_2D_1-A_1D_2}{A_2B_1-A_1B_2}$	$\frac{A_2C_1-A_1C_2}{A_2B_1-A_1B_2}$
0	0.000 00	∞	∞	∞	0.000 00	0.000 00	0.000 00
0.1	0.000 50	3 770.490	5 4098.4	819 672.0	0.000 33	0.005 00	0.100 00
0.2	0.004 00	424.771	2 807.280	21 028.6	0.002 69	0.020 00	0.200 00
0.3	0.013 50	196.135	869.565	4 347.97	0.009 00	0.045 00	0.300 00
0.4	0.032 00	111.936	372.930	1 399.07	0.021 33	0.079 99	0.399 96
0.5	0.062 51	72.102	192.214	576.825	0.041 65	0.124 95	0.499 88
0.6	0.1080 4	50.012	111.179	278.134	0.071 92	0.179 83	0.599 62
0.7	0.171 61	36.740	70.001	150.236	0.114 06	0.244 48	0.699 02
0.8	0.256 32	28.108	46.884	88.179	0.169 85	0.318 67	0.797 83
0.9	0.365 33	22.245	33.009	55.312	0.240 92	0.401 99	0.895 62
1.0	0.501 94	18.028	24.102	36.480	0.328 55	0.493 74	0.991 79
1.1	0.669 65	14.915	18.160	25.122	0.433 51	0.592 94	1.085 60
1.2	0.872 32	12.550	14.039	17.941	0.555 89	0.698 11	1.176 05
1.3	1.114 29	10.716	11.102	13.235	0.694 88	0.807 37	1.261 99
1.4	1.400 59	9.265	8.952	10.049	0.848 55	0.918 31	1.342 13
1.5	1.737 20	8.101	7.349	7.838	1.013 82	1.028 16	1.415 16
1.6	2.131 35	7.154	6.129	6.268	1.186 32	1.133 80	1.479 90
1.7	2.592 00	6.375	5.189	5.133	1.360 88	1.232 19	1.535 40
1.8	3.130 39	5.730	4.456	4.300	1.531 79	1.320 58	1.581 15
1.9	3.760 49	5.190	3.878	3.680	1.693 43	1.396 88	1.617 18
2.0	4.499 99	4.737	3.418	3.213	1.840 91	1.459 79	1.644 05
2.2	6.401 96	4.032	2.756	2.591	2.080 41	1.545 49	1.677 90
2.4	9.092 20	3.526	2.327	2.227	2.239 74	1.585 66	1.685 20
2.6	12.971 90	3.161	2.048	2.013	2.329 65	1.596 17	1.686 65
2.8	18.663 60	2.905	1.869	1.889	2.371 19	1.592 62	1.687 17
3.0	27.125 70	2.727	1.758	1.818	2.385 48	1.586 06	1.690 51
3.5	72.048 50	2.502	1.641	1.757	2.388 91	1.584 35	1.711 00
4.0	200.047 00	2.441	1.625	1.751	2.400 74	1.599 79	1.732 18

b.无量纲法

a) 基本假定与 m 法相同，此处从简叙述。

桩的挠曲微分方程推导图式［图 9-18b)］分解成 A、B 两种情况再叠加各物理量的表达式为：

$$x = \left[\frac{Q_0 T^3}{EI}\right]A_x + \left[\frac{M_0 T^2}{EI}\right]B_x \tag{9-75}$$

$$\phi = \phi_A + \phi_B = \left[\frac{Q_0 T^2}{EI}\right]A_\phi + \left[\frac{M_0 T}{EI}\right]B_\phi \tag{9-76}$$

$$M = M_A + M_B = [Q_0 T]A_m + [M_0]B_m \tag{9-77}$$

$$Q = Q_A + Q_B = [Q_0]A_Q + \left[\frac{M_0}{T}\right]B_Q \tag{9-78}$$

$$P = P_A + P_B = \left[\frac{Q_0}{T}\right]A_p + \left[\frac{M_0}{T_2}\right]B_p \quad (\text{求侧应力时除以 } B_p) \tag{9-79}$$

式中：T——$T=\dfrac{1}{a}$，相对刚度系数；

A_ϕ、A_m、A_Q、A_p——A 情况下的转角、弯矩、剪力、土抗力系数；

B_ϕ、B_m、B_Q、B_p——B 情况下的转角、弯矩、剪力、土抗力系数；

A_x——A 情况的位移系数；

B_x——B 情况的位移系数。

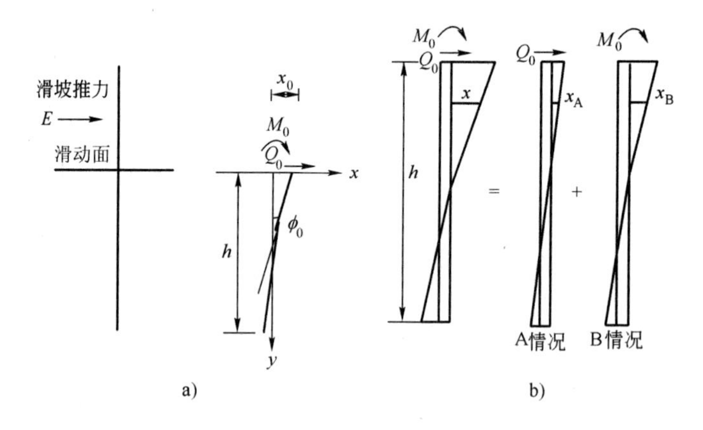

图 9-18 弹性桩无量纲法方程推导图式

最大深度系数 $Z_{max}=\dfrac{h}{T}$；深度系数 $Z=\dfrac{y}{T}$，h 为滑面以下桩的埋深。

$$A_x = A_1 \mid A_{x0} \mid - B_1 \mid B_{x0} \mid + D_1 \tag{9-80}$$

$$B_x = A_1 \mid A_{\phi 0} \mid - B_1 \mid B_{\phi 0} \mid + C_1 \tag{9-81}$$

$$A_\phi = A_2 \mid A_{x0} \mid - B_2 \mid B_{x0} \mid + D_2 \tag{9-82}$$

$$B_\phi = A_2 \mid A_{\phi 0} \mid - B_2 \mid B_{\phi 0} \mid + C_2 \tag{9-83}$$

$$A_m = A_3 \mid A_{x0} \mid - B_3 \mid B_{x0} \mid + D_3 \tag{9-84}$$

$$B_m = A_3 \mid A_{\phi 0} \mid - B_3 \mid B_{\phi 0} \mid + C_3 \tag{9-85}$$

$$A_Q = A_4 \mid A_{x0} \mid - B_4 \mid B_{x0} \mid + D_4 \tag{9-86}$$

$$B_Q = A_4 \mid A_{\phi 0} \mid - B_4 \mid B_{\phi 0} \mid + C_4 \tag{9-87}$$

$$A_p = ZA_x \tag{9-88}$$

$$B_p = ZB_x \tag{9-89}$$

式中：A_{x0}、B_{x0}、$A_{\phi 0}$、$B_{\phi 0}$——分别为 $Q_0=1$，$M_0=0$ 和 $Q_0=0$，$M_0=1$ 时，桩在滑面处的位移和转角的无量纲系数。

$$
\left.\begin{aligned}
|A_{x0}| &= \frac{B_3D_4 - B_4D_3}{A_3B_4 - B_3A_4} \\
|A_{\phi0}| &= \frac{A_3D_4 - D_3A_4}{A_3B_4 - B_3A_4} \\
|B_{x0}| &= \frac{A_3D_4 - D_3A_4}{A_3B_4 - B_3A_4} \\
|B_{\phi0}| &= \frac{A_3C_4 - C_3A_4}{A_3B_4 - B_3A_4}
\end{aligned}\right\} \tag{9-90}
$$

式中，A_i、B_i、C_i、D_i 为幂级数的计算系数。因为 m 法和无量纲法中关于土抗力的正负号有差别，故标明绝对值符号“｜　｜”。

以上所有系数均可通过查表取得，表格可见相关资料，这里从略。

b）用无量纲法计算弹性桩的步骤如下：

ⓐ计算 $a=\sqrt[5]{\dfrac{mB_p}{EI}}$，据 α_h 值判定桩是否属于弹性桩。

计算相对刚度系数 $T=\dfrac{1}{a}$，a_0 为桩的变形系数。

ⓑ求出 M_0 和 Q_0。

ⓒ根据桩底边界条件，查表找出无量纲系数，计算桩身内力（Q_y，M_y）和侧应力 σ_y 及变位 x。

ⓓ确定桩身最大弯矩位置和最大弯矩（若桩底为自由端）。

由$\dfrac{\alpha M_0}{Q_0}=C_{\text{I}}$ 和 α_h，从表中查得对应的 α_y 值，此 y 即为最大弯矩位置。

事实上令导数 $M'_y=Qy=0$，此时的 y 即为最大弯矩位置。$M_{max}=M_0C_{\text{II}}$。

由 α_h 和对应弯矩最大值的 α_y 查相应表得 C_{II}。桩身弯矩零点位置由$\dfrac{\alpha M_0}{Q_0}$和 α_h 查相应表得对应的 α_y，y 即为弯矩零点位置；也可令导数 $Q'_y=0$ 求得 y 值。

ⓔ最大侧应力位置及最大侧应力。

由$\dfrac{\alpha M_0}{Q_0}=C_{\text{IV}}$ 和 α_h，从表中查得对应的 α_y 值，此 y 即为最大侧应力位置，$\sigma_{y\,max}=\dfrac{\alpha Q_0}{B_p}\cdot C_{\text{V}}$，$C_{\text{V}}$ 由 α_h 和对应最大侧应力位置的 α_y 由相应表查得。

由$\dfrac{\alpha M_0}{Q_0}=C_{\text{VI}}$ 和 α_h，从表中查得对应的 α_y 值，此 y 值即为侧应力 $\sigma_y=0$ 的位置。

若桩底为固结端，也可查相应表格。

ⓕ绘出剪力图，弯矩图并进行配筋计算。

9.3　锚拉抗滑桩

上一节我们介绍的普通抗滑桩，已得到广泛应用。但是在用于治理大型和特大型滑坡时，由于滑体厚度和滑坡推力大（如大于 2 000kN/m），常常使桩身截面很大，埋深很长，造价高，施工困难。如有的桩截面达 3.5m×7.0m，桩长达 50～60m。这就暴露出普通桩

(特别是悬臂桩)的缺点。曾有人为节省桩身圬工，建议将桩做成空心桩，但因施工不便，也未被采用。

预应力锚索技术在桥梁工程中早已应用，但在岩土工程中由于其工作环境较差，20 世纪 70 年代以前在国内应用较少。80 年代铁道部科学研究院西北分院为解决普通抗滑桩受力不合理的缺点，研究了在桩头加预应力锚索形成预应力锚索抗滑桩。经过理论分析、模型试验，发现桩头施加预应力后大大改善了桩的受力条件，桩身弯矩和剪力大大减小，因此桩的截面和埋置深度也大为减少。重庆市金鸡岩煤矿、四川省江油某厂和成昆铁路莫洛三个滑坡的应用实践表明，锚索桩比普通桩可节省投资 30%以上。此后便得到了广泛的应用。

除了在桩上加预应力锚索外，也可在桩上加锚杆或锚杆束(预应力的或非预应力的)增加拉力改善桩的受力状态和控制桩顶位移。这种桩称为锚拉桩。

9.3.1 锚拉桩的优点和结构形式

锚拉桩的优点包括：

①改变了普通桩的受力状态，减小了桩身弯矩和剪力，因而减小了桩的截面和埋深，节省材料和造价；

②锚索控制了桩头的位移量，变普通桩的被动受力为主动受力，减小了滑体位移量，对保持滑带或潜在滑带的强度有好处；

③能较快稳定滑坡。

其缺点是需要专业队伍进行锚索施工，并需严格控制施工质量，特别是锚索的防腐和灌浆质量。

锚索可以和各种形式的抗滑桩结合使用，一般对全埋式桩，在其桩头部位设 2～4 束锚索是常用的，其间距为 0.5～1.0m。对于悬臂较高的桩，也可在桩身的不同高度上设置多排锚索，以改善锚索锚固段的受力条件。

锚索与水平面的下俯倾角，视滑面倾角大小及锚索长短而定，一般采用 15°～30°，以 20°～30°居多。各排锚索应有不同的倾角，以改善锚固段的受力条件。

对滑坡而言，锚索的锚固段必须置于滑动面(带)以下的稳定地层中以发挥抗滑作用。

锚拉桩的结构形式见图 9-19，a)为在滑坡后缘附近设桩排以保证道路安全，不治理整个滑坡，为控制桩头位移，可设锚索，也可设锚杆加锚定板；b)为全埋式抗滑桩在桩头设锚索 2～4 束；c)为悬臂桩上设多排锚索。为保证岩体的锚固力，锚固段在滑动面处的间距不能小于 2.5m。

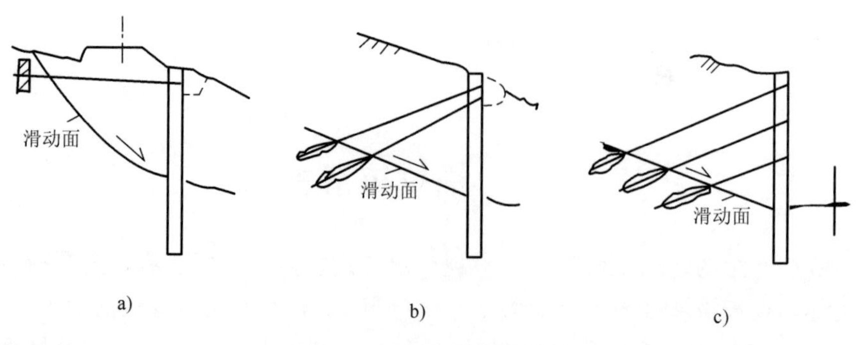

图 9-19 锚拉桩结构形式示意图

以下主要介绍预应力锚索抗滑桩的设计。

9.3.2 预应力锚索抗滑桩设计

预应力锚索抗滑桩设计包括：滑坡推力和桩身内力计算；确定桩在滑面以下的埋深；桩身横截面选择，锚索锚固力和预应力计算；锚索孔直径及锚固深度计算等。

预应力锚索抗滑桩的设计，可分两种情况考虑；

第一种情况，把预应力锚索的锚固力视为作用在桩顶的集中外荷载，计算出的滑坡推力作为作用在滑动面以上至锚索作用点一段桩身上的均布荷载或梯形荷载。在这些荷载作用下，桩周岩土对桩同时产生弹性抗力作用，使桩发生微小变形和位移后处于力的平衡状态。

第二种情况，锚索预应力是在滑坡推力出现最大值（即设计值）之前施加的（这是大多数情况），或是在滑坡推力未出现以前（这种情况是个别的，但也是存在的）施加的，锚索预应力在克服了已产生的那部分滑坡推力之后，还要使桩身继续挤压桩后的土体，当滑坡推力继续增大接近或达到最大值，桩后岩土反过来推挤桩身，锚索拉力增大，桩身和锚索进一步产生微小的弹性变形，桩顶的最终位移变小或变为反方向。

1）预应力锚索抗滑桩的变形条件

①桩顶锚索的设置不妨碍桩顶转动，只限制它在一定范围内发生水平位移，它们是铰性连接。

②桩在弹性地基中受力变形。

③预应力锚索抗滑桩的受力状态类似简支梁。

2）计算锚索设计拉力 A

①用控制桩顶位移法计算锚索设计拉力 A。苏联学者曾经提出用控制桩顶水平位移的方法计算锚索抗滑桩锚索的设计拉力。其计算简图如图 9-20 所示。

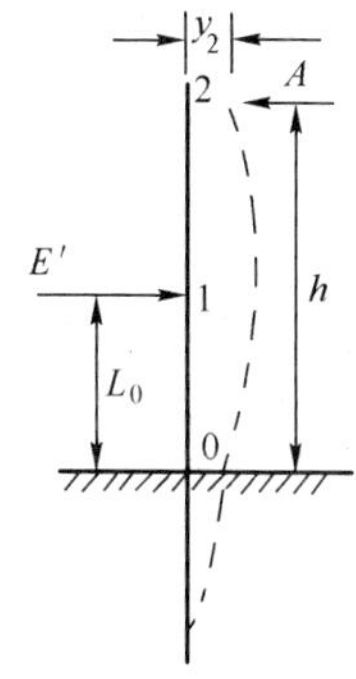

图 9-20 锚索桩计算简图

设在锚索拉力 A 和滑坡推力共同作用下，桩顶在水平方向最终产生的允许位移为 y_2，并设 y_2^{A} 为桩顶在锚索拉力 A 作用下产生的水平位移，$y_2^{E_1}$ 为桩顶在滑坡推力 E'作用下产生的水平位移，则有：

$$y_2 = y_2^{E_1} - y_2^{A} \tag{9-91}$$

$$y_2^{E_1} = y_0^{E_1} + \phi_0^{E_1} L_0 + \frac{E_1 L_0^3}{3E_c I_c} + \phi_1^{E_1}(h - L_0) \tag{9-92}$$

$$y_2^{A} = y_0^{A} + \phi_0^{A} h + \frac{Ah^3}{3E_c I_c} \tag{9-93}$$

$$\phi_1^{E'} = E'\delta_{mQ} + E'L_0\delta_{mm} + E' \cdot \frac{L_0^3}{2E_c I_c} \tag{9-94}$$

将式（9-92）、式（9-93）、式（9-94）代入式（9-91）可解出锚索拉力 A 值：

$$A = \frac{E'L_0\left[\dfrac{\delta_{QQ}}{L_0} + \left(1 + \dfrac{h}{L_0}\right)\delta_{Qm} + h\delta_{mm} + \dfrac{L_0(3h - L_0)}{6}\right] - y_2}{h\left(\dfrac{\delta_{QQ}}{h} + 2\delta_{Qm} + h\delta_{mm} + \dfrac{h_2}{3E_c I_c}\right)} \tag{9-95}$$

式中：$E_c I_c$——桩截面刚度；

$y_2^{E_1}$、$\phi_1^{E_1}$、y_0^{A}、ϕ_0^{A}——在 E'和 A 分别作用下桩在 0 点产生的水平位移和转角，分岩石地基和非岩石地基两种情况计算；

$\phi_1^{E'}$——在 E' 作用下，桩在 1 点产生的转角；

δ_{QQ}、δ_{Qm}——分别为在 $M_0=1$ 和 $Q_0=1$ 时 0 点在剪力方向产生的位移；

δ_{mm}、δ_{mQ}——分别为在 $M_0=1$ 和 $Q_0=1$ 时 0 点产生的转角；

y_2——给定的桩顶允许水平位移。对一般抗滑桩要求不严格，对锚索抗滑桩有严格的要求，必须考虑不能超出锚索自由段允许的弹性变形量。在预应力锚索的弹性变形范围内，一般控制在 3cm 左右。

需要说明的是，引出 $y_2^{E_1}$ 和 y_2^A 的概念，只是便于说明问题和便于计算，而不是实际上让桩在 E' 和 A 作用下分别产生水平位移 $y_2^{E'}$ 和 y_2^A，y_2 是桩顶在 E'、A 共同作用下产生的水平位移。

②首先用作用在每根桩上的滑坡推力 E、桩前滑动面以上岩土的抗力 E_p 计算出 Q_0，然后再确定锚索设计拉力 A。预应力锚索抗滑桩一般设计成弹性桩，桩顶水平位移限制在 3cm 左右，锚索相当于一个铰性支点。同时，锚索桩在滑动面以下的埋置深度较浅，一般好的岩层为 3～4m，只有在滑面有向下发展可能的情况下才适当增加桩的埋置深度。所以预应力锚索抗滑桩的受力图式类似上端铰支、下端为弹性铰的简支梁式受力结构，滑坡推力在桩上的分布近似矩形，E 和 E_p 之合力作用点大致在桩身的 1/2 处。因此，一般情况下，锚索拉力设计为 $0.5Q_0$ 是合理的。这与由控制桩顶水平位移方法计算出来的结果很相近，用于实体工程设计，结果也比较理想。有时受地层锚固力限制，锚索拉力达不到 $0.5Q_0$，为有效减小桩弯矩，应达（0.2～0.3）Q_0，再小时不能发挥锚索的优点。

③励国良利用摩根斯顿-普拉斯法，结合优化与有限差分法，提出了桩与滑坡相互作用的计算方法，较周密地考虑了各种影响因素，是一种比较好的计算方法，虽然计算较为复杂，但编成程序输入计算机计算是很方便的。详见《滑坡文集（第八集）》。

3）确定锚索预应力大小

预应力锚索抗滑桩，给锚索施加预应力的目的有两点，一是在滑坡推力作用下特别是出现最大值时，锚索真正发挥铰性支点的作用，使桩身外侧受拉，成为简支梁式受力结构；二是有利于滑坡的迅速稳定。但预应力不宜过大，过大会出现弊端，因为滑坡推力不一定出现最大值，徒使锚索处于疲劳状态；同时不能充分发挥地基的反力作用，而且当滑坡推力出现最大值时，锚索在滑坡推力作用下，所受的拉力进一步增大，有可能使其变形超出弹性范围而发生破坏，一般锚索的预应力定为锚索设计拉力的 50%～70%是比较适宜的，视滑体物质徐变的不同类型和锚具引起锚索预应力损失的大小而定。

4）根据实际地质情况确定锚固形式

锚索的有效锚固段是预应力锚索抗滑桩的关键受力部位。因此，根据工程地质条件选择适宜的锚固方案是至关重要的。

（1）一般直孔灌浆式锚固力形成机理

所谓一般直孔灌浆式锚固，就是锚索孔钻成之后，将锚索下到孔底，对滑动面以上结构段锚索套上软管，然后灌水泥砂浆，待强度达到设计要求时张拉锚索。这是常用的、行之有效的方法之一。它适用于各种地层，特别是岩质地层。其缺点是上部应力比较集中，砂浆柱体可能出现少量微裂纹，不利于锚索防护。

以往，人们普遍认为锚固力 F 的大小与有效锚固段长度 L 及锚索孔直径 D 均成正比例关系，即

$$F=\pi DL\tau \tag{9-96}$$

式中：τ——水泥砂浆柱状体表面与地层之间的平均摩阻力。

但是根据上面的公式计算出来的结果与现场锚索（杆）拉拔试验的结果并不相符。试验表明，白垩纪嘉定统黏土质页岩中，当锚索孔直径 D=45～50mm 时，在有效锚固长度 L=1.5～3.5m 范围内，锚索（杆）的锚固力 F 与 L 近似地成正比例关系；但是当 L 大于 3.5m 时，虽然 F 也有所增加，但增加很少，如图 9-21 所示。3.5m 就称为该情况下的最佳有效锚固深度。

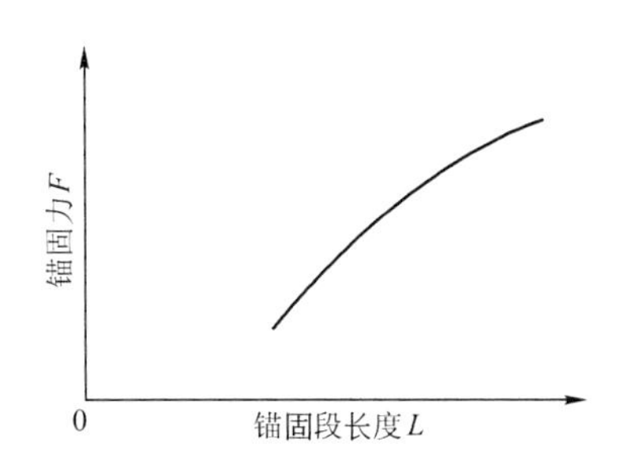

图 9-21　锚固力随锚固段长度变化曲线（据王少东资料）

在第四纪泥质和钙质混合胶结的酒泉砾石层中，当锚索孔直径 D=110mm 时，最佳锚固深度 $L_{佳}$ 为 5m 左右。

国外锚索抗拔力试验的结果为：在一般破碎岩石地层和软质岩层中，当锚索孔直径 D=130mm 时，有效锚固深度大于 10m 以后，锚固力 F 的增加也很有限了，10m 就是其最佳锚固深度。

上述试验结果表明，砂浆柱体与地层之间某点的摩阻应力 τ 不是一个常数，它随锚固深度 L 变化而变化；锚固力 F 并非无条件的与锚固深度 L 成比例增加，而是在一定深度内锚固力 F 才与有效锚固长度 L 近似地成正比例关系 。我们就称这个限值为最佳有效锚固深度 $L_{佳}$，与此深度对应的最大锚固力为 F_{max}，设计锚固力不能超过此值。

根据已有的资料，可以粗略地计算出破碎岩层和软质岩层中 $L_{佳}$ 与锚索孔直径 D 的比例系数 K=77，即

$$L_{佳} = 77D \tag{9-97}$$

最大锚固力

$$F_{max} = 77D^2\tau\pi \tag{9-98}$$

为什么存在一个 $L_{佳}$？这与锚固力的形成机理有关，如图 9-22 所示，当锚索（杆）处于受拉状态时，锚索在轴向受到两个力的作用，千斤顶施加的张拉力 T 和砂浆柱体与围岩土之间的摩阻力 f，未破坏时这两个力的代数和为零。即 $T=f=\pi DL\tau$，拉力 T 是逐渐增加的，锚固力也是逐渐形成的。设拉力分 n 级施加，即 T_1，T_2，T_3，…，T_n。当拉力 T 由零逐渐增加到 T_1 时，其应力传递深度 L_1 段处于极限平衡状态，单位平均摩阻应力为 τ_1。拉力 T 继续增加，超过了 L_1 段的极限锚固力，L_1 段砂浆柱体与围岩土之间产生轻微破坏，发生微小的位移，τ_1 由峰值开始下降，L_1 段的锚固力已不能平衡千斤顶张拉力 T，应力便自然随之向深部传递，应力传递深度超过 L_1，当拉力达到 T_2 时，设 L_1 段的 τ 值下降 $\Delta\tau$，即这时 L_1 段的 τ 值为 $\tau_1-\Delta\tau$，应力传递深度 $L_2=L_1+\Delta L_1$，ΔL_1 段的 τ 值达到了峰值。当拉力 T 再继续增大，超过了 L_2 段的锚固力时，L_2 段的砂浆柱体与围岩土之间便产生微小的位移，即 L_1 段再次产生位移，其摩阻应力由（$\tau_1-\Delta\tau$）再次降低，ΔL_1 段也首次由峰值开始下降，应力便随之向更深处传递，以达到新的平衡。这一过程直到拉力加到 T_n 时才终止，L_1 段的 τ 值降低（$n-1$）次。从以上应力传递过程可以看出，锚固段前部的锚固力随着锚固深度的增加而降低，深度增加越大，单位摩阻力降低的幅度越大，降低的深度范围也随锚固深度的增加而增加。直到前部锚固力的降低值与深部延深段新增加的锚固力值大致相等时，便达到了最佳锚固深度。对于较大的锚固工程，都需要在现场做锚固力抗拔试验，求出对应于最大锚固力的锚固深度，作为设计的依据，手册或有关资料给定的 τ 值或最大锚固力

值只能供初步设计参考，不能作为施工图设计的依据。

（2）机械式内锚头锚固

机械式内锚头式样有多种，但其基本原理相同，即都是利用楔形原理制成的，中间圆锥形锚塞与钢绞线相连，锚塞外部套有可以张开的壳体，当锚塞由钢绞线向外牵动时，楔形作用将壳体沿径向向四周挤压，从而使锚塞与壳体、壳体与围岩之间挤紧，形成巨大的锚固力。这种锚固形式适用于较坚硬的岩层。我国有胀壳式内锚头，其形式如图 9-23 所示。国外有多级胀开式内锚头，日本的多级式内锚头及扩孔钻具见图 9-24 和图 9-25。

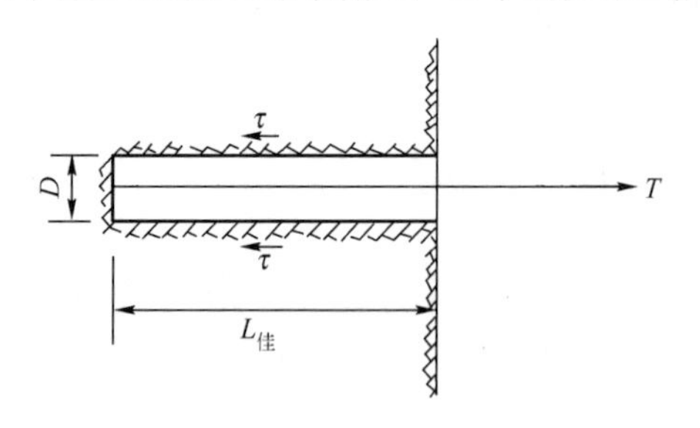

图 9-22　锚固力形成机理

T-千斤顶张拉力；D-锚索孔直径；$L_{佳}$-最佳锚固深度；τ-锚索砂浆柱体与围岩之间的摩阻应力

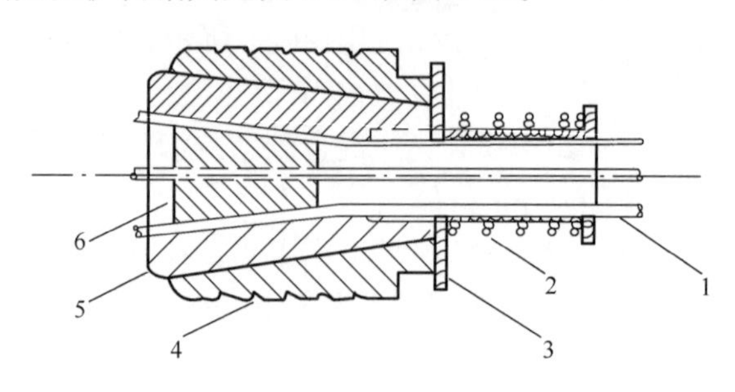

图 9-23　胀壳式内锚头结构示意图

1-锚索(钢绞线)；2-弹簧；3-活动垫圈；4-锯齿形外夹片；5-锚环；6-锚塞

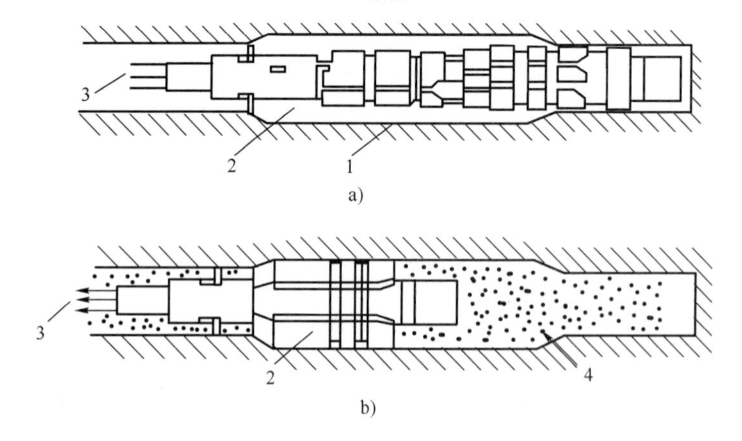

图 9-24　日本多级式内锚头

a)胀开前多级式内锚头；b)胀开后多级式内锚头

1-扩大处孔壁；2-多级式内锚头；3-锚索；4-水泥砂浆

（3）扩孔锚固

扩孔锚固是将锚索孔局部扩大以增加锚固力的一种锚固形式，它主要适用于软岩和土质地层，可有效增加锚固力。局部扩大锚索孔的形式很多，但从锚索的受力机理分析，以底部扩大效果最好，实际情况也如此。该种锚固形式需要配备扩孔钻具，国外已有定型产品，在国际上瑞典的 ODEX 扩孔钻具享有盛名（图 9-26）；国内也有了扩孔钻具，已形成定型产品。

（4）高压灌浆锚固和劈裂灌浆锚固

高压灌浆适用于土质地层，孔底设置耐高压的囊状物，通过向囊内高压灌浆压缩周围土体而增加锚固效果，技术较复杂，需配备高压泵。劈裂灌浆的程序为第一次灌浆后，把灌浆管留在孔内，待浆液凝固成型后，再次加大压力灌浆，把第一次的加固体劈开，增加锚固力。

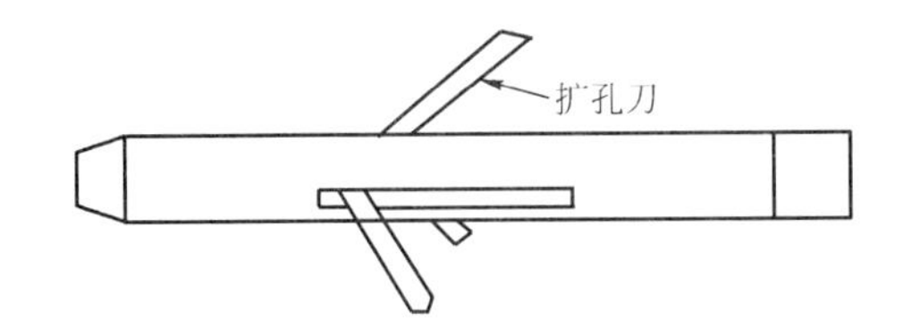

图 9-25　日本刀式扩孔钻具

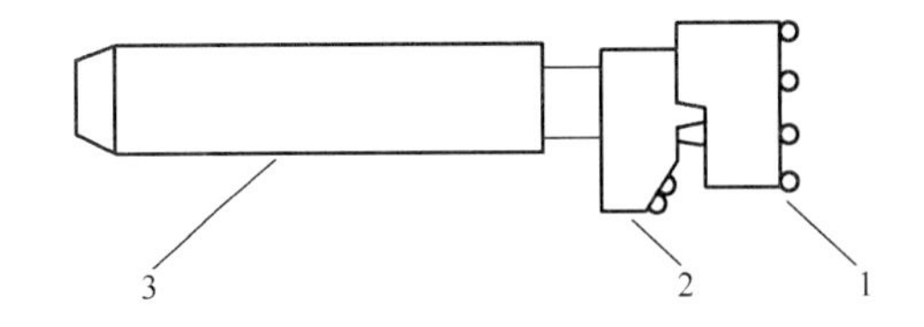

图 9-26　瑞典的 ODEX 扩孔钻具

1-固定纽扣式冲击头；2-活动的扩孔冲击头；3-冲击器

(5) 综合式锚固

综合几种锚固形式的特点，混合使用几种锚固形式。另外采取一些其他措施，例如，在砂浆中掺入聚合树脂配料，在灌注水泥浆之前，先用 PS 浆液加固土质钻孔的孔壁等以提高锚固效果。

5) 锚固强度计算

预应力锚索抗滑桩锚索锚固强度的计算包括锚索材料本身强度的计算，锚索与砂浆之间的握裹力计算，砂浆柱体与围岩土之间的黏聚力计算以及锚固段岩体稳定性检算。

锚索的设计拉力为 P_0，锚索材料（钢绞线）的强度为 P_1，锚索与砂浆之间的握裹力为 P_2，砂浆柱体与围岩土之间的黏聚为 P_3，锚固段倒圆锥体的极限破坏强度为 P_4，首先必须满足 KP_0 小于或等于 P_1、P_2、P_3、P_4 的条件，并取 P_1、P_2、P_3、P_4 中最小者作为锚索设计承载力的控制荷载。

(1) 材料强度 P_1

锚索多由数根钢绞线组成。常用的钢绞线规格为 $\phi_j 7.5$（$7\phi 2.5$）、$\phi_j 12$（$7\phi 4$）和 $\phi_j 15$（$7\phi 5$），设计时可根据具体情况选用。钢绞线的截面积应按规范规定采用折算值。设单束锚索由 n 根钢绞线组成，单根钢绞线的折算截面积为 S，其设计抗拉强度为 $[\sigma]$（设计时钢绞线的强度均用 1 860MPa），安全系数为 K。

则有：

$$P_1 = \frac{nS[\sigma]}{K} \quad (\phi 15\text{mm 的钢绞线，} S = 1.429\ 9\text{cm}^2) \tag{9-99}$$

考虑到计算滑坡推力时已经引进了安全系数，此处的安全系数可取得小些，$K=2.0$。

(2) 砂浆与锚索之间的握裹力 P_2

砂浆与锚索之间的握裹力，与砂浆强度和施工质量等有关。

$$P_2 = \pi d L_{效} \tau_2 n \tag{9-100}$$

式中：τ_2——砂浆与钢绞线之间的平均黏结强度，$\tau_2 = K_2 R$，其中，R 为砂浆体的极限抗压强度，K_2 为折减系数，可取 0.5～0.55，建议在现场做握裹力试验，取得可靠的 τ_2 值；

$L_{效}$——锚索有效锚固段长度；

n——钢绞线根数；

d——钢绞线换算直径。

一般情况下，P_2 不控制设计。

(3) 砂浆柱体与围岩土之间的抗剪力 P_3

砂浆与孔壁之间的抗剪力（摩阻力）受很多因素影响，它往往又控制设计，所以一般情况下都要做现场抗拔力试验，取得可靠数据。给出的公式仅供参考。

$$P_3 = \pi D L_{效} \tau_3 \tag{9-101}$$

式中：D——锚索孔直径；

τ_3——砂浆与围岩之间的平均静摩阻应力。

（4）锚固段岩体的稳定性检算（图 9-27）

锚固段岩体的稳定性，可按柯因假定进行计算。以锚固段底端为顶点，扩散角为 90°的倒圆锥体的抗挠强度为：

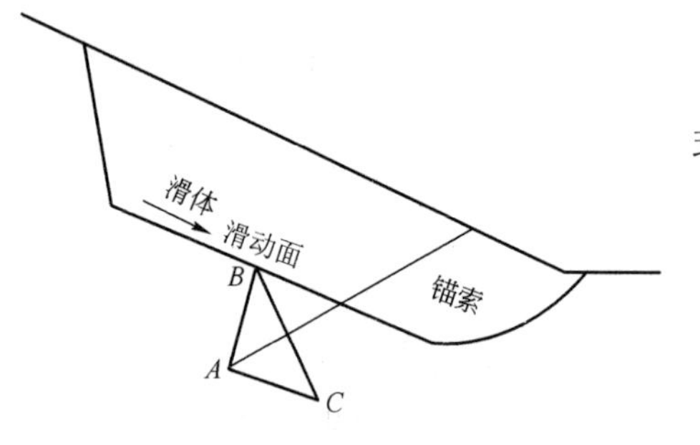

图 9-27　锚固段岩体稳定性检算示意图

$$P_4 = \frac{1}{3}\pi r^2 h\gamma K_2 + \pi rC\frac{hK_4}{\cos 45^\circ} \tag{9-102}$$

式中：r——扩散角上边与滑动面交点至锚索中心线的垂直距离；

h——倒圆锥体的高度；

γ——岩土的重度；

C——岩土的黏聚力；

K_4——系数，取 0.4～0.7。

锚固段岩体的稳定性通常不起控制作用，但应特别注意锚索孔底部岩体是否存在贯通的节理或裂隙。若存在贯通的节理、裂隙，要采取措施，如把锚索孔深度打的深浅不一，不使孔底在节理或裂隙的同一侧。

将 P_2、P_3、P_4 进行比较，取其中较小者 P_i 作为控制设计的荷载，锚索的设计拉力 $P_0 \leqslant \frac{P_i}{K}$，并使 P_1 基本上等于 P_i。

6）桩身内力计算

用位移法或由 Q_0 计算出作用在单根桩上锚索的总拉力在水平方向的分力 A 之后，把其视为作用在桩顶的外力，滑坡推力按矩形分布，桩前滑动面以上岩土抗力按主动土压力或剩余下滑力计算，就很容易算出预应力锚索抗滑桩的桩身内力。

滑动面以上桩身内力按一般静力学方法计算。

滑动面以下桩身内力计算同一般抗滑桩。计算时首先把各力移至滑动面处，求出 Q_0 和 M_0：

$$Q_0 = E' - A - E'_a \tag{9-103}$$

$$M_0 = E'L_0 - Ah - \frac{1}{3}E'_a h_1 \tag{9-104}$$

式中：E'——作用在桩上的滑坡推力；

L_0——滑坡推力合力作用点至滑动面的距离；

E'_a——作用在桩上的桩前主动土压力；

h——锚索合力作用点至滑动面的距离；

h_1——滑动面以上桩前岩土厚度。

然后，根据滑床岩性选用相应的公式计算桩身内力。

比较简便的做法是将锚索设计拉力的水平分力作为外力与滑坡推力及桩前抗力移至滑面处，计算滑面以下桩身内力，同普通刚性抗滑桩计算方法。但桩身尤其是桩顶变位应与锚索的允许伸长量协调一致，否则应调整设计。

以下推导预应力锚索抗滑桩（刚性桩）的内力计算公式。

(1) 第一种情况（图 9-28）

①基本假定

a. 桩体混凝土龄期 28d 已满；

b. 滑坡推力还未对桩作用（滑坡处于相对稳定状态）；

c. 桩前桩后土的地基系数随深度变化的比例系数 m 一样；

d. 岩层的侧向地基系数 C 桩前桩后一样；

e. 桩体处于预加应力阶段。

②公式推导

$$\sigma_y = (y_0 - y)\Delta\phi m y \quad (0 \leqslant y \leqslant y_0) \tag{9-105}$$

$$\sigma_y = (y_0 - y)\Delta\phi m y (y - a) \quad (y_0 \leqslant y \leqslant h) \tag{9-106}$$

$$\sigma_y = (y_0 - y)\Delta\phi C \quad (h \leqslant y \leqslant H) \tag{9-107}$$

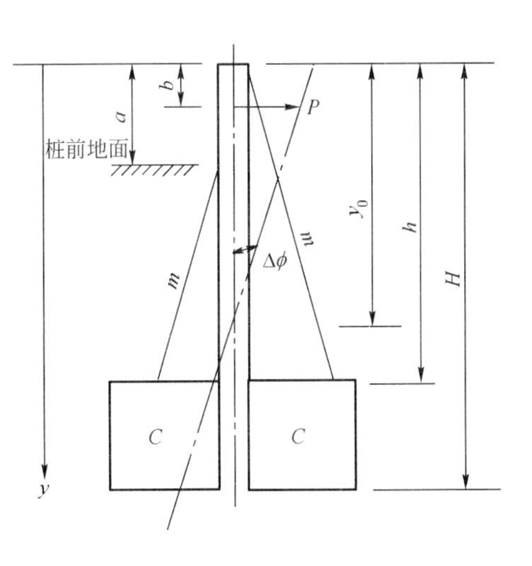

图 9-28 第一种情况受力模式

据桩体水平受力条件 $\sum X = 0$ 得：

$$-P + B_p\int_0^{y_0}\sigma_y \mathrm{d}y + B_p\int_{y_0}^{h}\sigma_y \mathrm{d}y + B_p\int_h^{H}\sigma_y \mathrm{d}y = 0 \tag{9-108}$$

式中：P——为锚索预应力值；

B_p——桩的计算宽度；

m——土的地基系数随深度变化的比例系数；

C——岩层的侧向地基系数；

$\Delta\phi$——桩体在 P 作用下的旋转角（弧度）；

σ_y——侧应力。

$$B_p\int_0^{y_0}\sigma_y \mathrm{d}y = B_p\int_0^{y_0} m\Delta\phi(y_0 y - y^2)\mathrm{d}y = \frac{1}{6}m\Delta\phi B_p y_0^3 \tag{9-109}$$

$$B_p\int_{y_0}^{h}\sigma_y \mathrm{d}y = B_p\int_{y_0}^{h} m\Delta\phi(y_0 - y)(y - a)\mathrm{d}y$$

$$= \frac{1}{6}m\Delta\phi B_p[-y_0^3 + 3ay_0^2 + 3y_0h^2 - 6ay_0h - 2h^3 + 3ah^2] \tag{9-110}$$

$$B_p\int_h^{H}\sigma_y \mathrm{d}y = B_p\int_h^{H}(y_0 - y)\Delta\phi C \mathrm{d}y = -\frac{1}{2}B_p C\Delta\phi[2y_0(H - h) - (H^2 - h^2)] \tag{9-111}$$

将式（9-109）～式（9-111）代入式（9-108）化简得：

$$3may_0^2 + [3mh(h - 2a) + 6C(H - h)]y_0 - [mh^2(2h - 3a) + 3C(H^2 - h^2)] = \frac{6P}{\Delta\phi B_p} \tag{9-112}$$

据桩体受弯平衡条件 $\sum M_{顶} = 0$ 得：

$$-Pb + B_p\int_0^{y_0} y\sigma_y \mathrm{d}y + B_p\int_{y_0}^{h} y\sigma_y \mathrm{d}y + B_p\int_h^{H} y\sigma_y \mathrm{d}y = 0 \tag{9-113}$$

其中

$$B_p\int_0^{y_0} y\sigma_y \mathrm{d}y = B_p\int_0^{y_0} m\Delta\phi(y_0y^2 - y^3)\mathrm{d}y = \frac{1}{12}m\Delta\phi B_p y_0^4 \tag{9-114}$$

$$B_p\int_{y_0}^{h} y\sigma_y \mathrm{d}y = B_p\int_{y_0}^{h} m\Delta\phi(y_0y^2 - ay_0y - y^3 + ay^2)\mathrm{d}y$$

$$= m\Delta\phi B_p\left[-\frac{1}{12}y_0^4 + \frac{1}{6}ay_0^3 + \frac{1}{6}h^2(2h - 3a)y_0 + \frac{1}{12}h^3(4a - 3h)\right] \tag{9-115}$$

$$B_p\int_h^H y\sigma_y dy = B_p\int_h^H C\Delta\phi(y_0 y - y^2)dy = \Delta\phi B_p C\left[\frac{1}{2}(H^2-h^2)y_0 - \frac{1}{3}(H^3-h^3)\right] \tag{9-116}$$

将式（9-114）～式（9-116）代入式（9-113）式化简得：

$$2may_0^3 + 2[mh^2(2h-3a)+3C(H^2-h^2)]y_0 + [mh^3(4a-3h)-4C(H^3-h^3)] = \frac{12pb}{\Delta\phi B_p} \tag{9-117}$$

令（9-112）式中 $\qquad d=3mh(h-2a)+6C(H-h)$

令（9-117）式中 $\qquad e=mh^2(2h-3a)+3C(H^2-h^2)$

$\qquad g=mh^3(4a-3h)-4C(H^3-h^3)$

化简式（9-112）与式（9-117）式组成的方程组，消去 $\Delta\phi$ 得：

$$2may_0^3 + 2(e-bd)y_0 - 6maby_0^2 + (g+2be) = 0 \tag{9-118}$$

由式（9-118）可求得 y_0。

再将 y_0 代入式（9-112）或式（9-117）可求得 $\Delta\phi$。

各截面内力计算公式：

$0 \leqslant y \leqslant b$

$$\left.\begin{aligned}\sigma_y &= \Delta\phi m(y_0-y)y\\ Q_y &= B_p\Delta\phi m\left(\frac{1}{2}y_0y^2-\frac{1}{3}y^3\right)\\ M_y &= \frac{1}{2}B_p\Delta\phi m(2y_0-y)y^3\end{aligned}\right\} \tag{9-119}$$

$b \leqslant y \leqslant y_0$

$$\left.\begin{aligned}\sigma_y &= \Delta\phi m(y_0-y)y\\ Q_y &= \frac{1}{6}B_p\Delta\phi m(3y_0-2y)y^2-p\\ M_y &= \frac{1}{12}B_p\Delta\phi m(2y_0-y)y^3-p(y-b)\end{aligned}\right\} \tag{9-120}$$

$y_0 \leqslant y \leqslant h$

$$\left.\begin{aligned}\sigma_y &= \Delta\phi m(y_0-y)(y-a)\\ Q_y &= B_p\Delta\phi m\left[\frac{1}{2}ay_0^2-\frac{1}{3}y^3+\frac{1}{2}(y_0+a)y^2-y_0ay\right]-p\\ M_y &= \frac{1}{12}B_p\Delta\phi m[2(y_0+a)y^3-6y_0ay^2-y^4+6ay_0^2y-2ay_0^3]-p(y-b)\end{aligned}\right\} \tag{9-121}$$

$h \leqslant y \leqslant H$

$$\left.\begin{aligned}\sigma_y &= (y_0-y)\Delta\phi C\\ Q_y &= \frac{1}{6}B_p\Delta\phi m[3(y_0+a)h^2-6y_0ah-2h^3+3ay_0^2]+B_p\Delta\phi C\cdot\\ &\quad\left(y_0y-\frac{1}{2}y^2-y_0h+\frac{1}{2}h^2\right)-p\\ M_y &= \frac{1}{6}B_p\Delta\phi m(3y-y_0)ay_0^2+\frac{1}{12}B_p\Delta\phi m[3h^4-4(y_0+y+a)h^3+\\ &\quad 6(y_0y+y_0a+ay)h^2-12y_0yah]+\frac{1}{6}B_p\Delta\phi C[3y_0y^2-y^3-\\ &\quad 2h^3+3(y_0+y)h^2-6y_0hy]-p(y-b)\end{aligned}\right\} \tag{9-122}$$

滑坡处于暂时稳定状态或蠕动阶段时，可认为滑坡推力尚未对桩体发生作用，处于该状态下的桩体内力计算可选用上述第一种情况。

（2）第二种情况（图 9-29）

①基本假定

a. 桩体混凝土龄期 28d 已满；

b. 滑坡推力达到最大值且在滑面以上沿桩体均布；

c. 预应力锚索在初始预应力 P_0 后呈线性增大；

d. 桩前是土体的弹性抗力作用；

e. 桩前和桩后土的地基系数随深度变化的比例系数 m 一样；

f. 岩层的侧向地基系数 C 桩前和桩后一样。

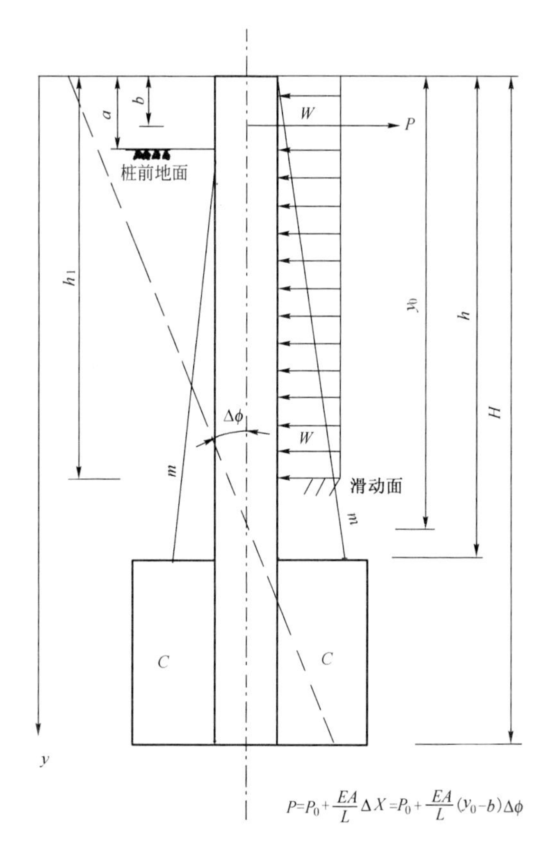

图 9-29　第二种情况受力模式

②公式推导

$a \leqslant y \leqslant y_0$

$$\sigma_y = (y_0 - y)(y - a)\Delta\phi m \quad (\text{桩前}) \tag{9-123}$$

$y_0 \leqslant y \leqslant h$

$$\sigma_y = (y_0 - y)y\Delta\phi m \quad (\text{桩后}) \tag{9-124}$$

$h \leqslant y \leqslant H$

$$\sigma_y = (y_0 - y)\Delta\phi C \quad (\text{桩后}) \tag{9-125}$$

令 $\sum X=0$ 得：

$$B_p\int_a^{y_0}\sigma_y \mathrm{d}y + B_p\int_{y_0}^{y}\sigma_y \mathrm{d}y + B_p\int_h^H\sigma_y \mathrm{d}y + P - Wh_1 = 0 \tag{9-126}$$

式中：P——锚索的预应力值，$P=P_0+\frac{EA}{L}\Delta X=P_0+\frac{EA}{L}(y_0-b)\Delta\phi$；

P_0——锚索的初始预应力；

L——锚索的非锚固段长度；

E——锚索的弹性模量；

A——锚索截面积；

W——滑坡推力沿桩身的分布集度，其他符号同第一种情况。

式（9-126）中：

$$B_p\int_a^{y_0}\sigma_y dy = B_p\int_a^{y_0} m\Delta\phi(y_0-y)(y-a)dy$$

$$=\frac{1}{6}m\Delta\phi B_p(y_0^3-3ay_0^2+3a^2y_0-a^3) \tag{9-127}$$

$$B_p\int_{y_0}^{h}\sigma_y dy = B_p\int_{y_0}^{h} m\Delta\phi(y_0y-y^2)dy$$

$$=\frac{1}{6}m\Delta\phi B_p(-y_0^3+3h^2y_0-2h^3) \tag{9-128}$$

$$B_p\int_h^H\sigma_y dy = B_p\int_h^H C\Delta\phi(y_0-y)dy$$

$$=\frac{1}{2}[2(H-h)y_0-(H^2-h^2)]C\Delta\phi B_p \tag{9-129}$$

$$P=P_0+e(y_0-b)\Delta\phi \quad \left(e=\frac{EA}{L}\right) \tag{9-130}$$

将式（9-127）～式（9-130）代入式（9-126）得：

$$-3ay_0^2+\left[3a^2+3h^2+6\frac{C}{m}(H-h)+\frac{6e}{mB_p}\right]y_0-\left[(a^3+2h^3)+\frac{3C}{m}(H^2-h^2)+\frac{6eb}{mB_p}\right]$$

$$=\frac{6Wh_1}{mB_p\Delta\phi}-\frac{6P_0}{mB_p\Delta\phi} \tag{9-131}$$

$\sum M_{顶}=0$

$$B_p\int_a^{y_0}y\sigma_y dy+B_p\int_{y_0}^{h}y\sigma_y dy+B_p\int_h^H y\sigma_y dy+pb-\frac{1}{2}Wh_1^2=0 \tag{9-132}$$

式（9-132）中：

$$B_p\int_a^{y_0}y\sigma_y dy = B_p\int_a^{y_0}ym\Delta\phi(y_0-y)(y-a)dy$$

$$=\frac{1}{12}m\Delta\phi B_p(y_0^4-2ay_0^3+2a^3y_0-a^4) \tag{9-133}$$

$$B_p\int_{y_0}^{h}y\sigma_y dy = B_p\int_{y_0}^{h}m\Delta\phi y(h-y)(y-y_0)dy$$

$$=\frac{1}{12}m\Delta\phi B_p(-y_0^4+4h^3y_0-3h^4) \tag{9-134}$$

$$B_p\int_h^H y\sigma_y dy = B_p\int_h^H C\Delta\phi(y_0y-y^2)dy$$

$$=C\Delta\phi B_p\left[\frac{1}{2}(H^2-h^2)y_0-\frac{1}{3}(H^3-h^3)\right] \tag{9-135}$$

$$pb=eb\Delta\phi(y_0-b)p_0b \tag{9-136}$$

将式（9-133）～式（9-136）代入式（9-132）化简得：

$$-2ay_0^3+\left[2a^3+4h^3+\frac{6C}{m}(H^2-h^2)+\frac{12eb}{mB_p}\right]y_0-\left[a^4+3h^4+\frac{4C}{m}\cdot(H^3-h^3)+\frac{12eb^2}{mB_p}\right]$$

$$=\frac{12\left(\frac{1}{2}Wh_1^2-p_0b\right)}{mB_p\Delta\phi} \tag{9-137}$$

令式（9-131）、式（9-137）中

$$d=3a^2+3h^2+\frac{6C}{m}(H-h)+\frac{6e}{mB_p}$$

$$f=a^3+2h^3+\frac{3C}{m}(H^2-h^2)+\frac{6e}{mB_p}b$$

$$g=a^4+3h^4+\frac{4C}{m}(H^3-h^3)+\frac{12e}{mB_p}b^2$$

得：

$$-3ay_0^2+dy_0-f=\frac{6Wh_1-6p_0}{mB_p\Delta\phi} \tag{9-138}$$

$$-2ay_0^3+2fy_0-g=\frac{6Wh_1^2-12p_0b}{mB_p\Delta\phi} \tag{9-139}$$

在式（9-138）和式（9-139）中消去 $\Delta\phi$ 并令

$$D_1=6Wh_1-6p_0$$

$$D_2=6Wh_1^2-12p_0b$$

得：

$$2aD_1y_0^3-3aD_2y_0^2+(dD_2-2fD_1)y_0+(gD_1-fD_2)=0 \tag{9-140}$$

将式（9-140）求得 y_0 后代入式（9-138）或式（9-139）求得 $\Delta\phi$。

各截面的内力 Q、M 计算公式：

$0\leqslant y\leqslant b$

$$Q_y=Wy \tag{9-141}$$

$$M_y=\frac{1}{2}Wy^2 \tag{9-142}$$

$b\leqslant y\leqslant a$

$$Q_y=Wy-p \tag{9-143}$$

$$M_y=\frac{1}{2}Wy^2-p(y-b) \tag{9-144}$$

$a\leqslant y\leqslant h_1$

$$Q_y=Wy-p-\frac{1}{6}\Delta\phi mB_p[3y_0y^2-6ay_0y-2y^3+3ay^2+3a^2y_0-a^3] \tag{9-145}$$

$$M_y=\frac{1}{2}Wy^2-p(y-b)+\frac{1}{12}\Delta\phi mB_p[y^4-2(y_0+a)y^3+6ay_0y^2-2a^2(3y_0-a)y+a^3(2y_0-a)] \tag{9-146}$$

$h_1\leqslant y\leqslant y_0$

$$Q_y=Q_{h1}+\frac{1}{6}\Delta\phi mB_p[2y^3-3(y_0+a)y^2+6ay_0y+(3y_0h^2-6ay_0h_1-2h_1^3+3ah_1^2)] \tag{9-147}$$

$$M_y=M_{h1}+Q_{h1}(y-h_1)-\Delta\phi mB_p\left(\frac{1}{6}y_0y^3-\frac{1}{2}ay_0y^2-\frac{1}{12}y^4+\frac{1}{6}ay^3-\frac{1}{2}y_0yh_1^2+\frac{1}{3}y_0h_1^3+ay_0yh_1-\frac{1}{2}ay_0h_1^2+\frac{1}{3}yh_1^3-\frac{1}{4}h_1^4-\frac{1}{2}ayh_1^2+\frac{1}{3}ah_1^3\right) \tag{9-148}$$

$y_0 \leqslant y \leqslant h$

$$Q_y = Q_{y0} + \frac{1}{6}\Delta\phi m B_p (2y^3 - 3y_0 y^2 + y_0^3) \tag{9-149}$$

$$M_y = M_{y0} + Q_{y0}(y - y_0) - \frac{1}{12}\Delta\phi m B_p (2y_0 y^3 - y^4 - 2yy_0^3 + y_0^4) \tag{9-150}$$

$h \leqslant y \leqslant H$

$$Q_y = Q_h - \left(y_0 y - \frac{1}{2}y^2 - y_0 h + \frac{1}{2}h^2\right) \cdot \Delta\phi C B_p \tag{9-151}$$

$$M_y = M_h - Q_h(y - h) - \frac{1}{6}\Delta\phi C B_p [3y_0 y^2 + (3h^2 - 6y_0 h)y + 3y_0 h^2 - 2h^3] \tag{9-152}$$

这里需要核算的是当桩前弹性抗力的总和大于剩余抗滑力时，用剩余抗滑力代替重新计算，详细计算公式见第三种情况。

（3）第三种情况（图 9-30）

①基本假定

a. 桩体混凝土龄期 28d 已满；

b. 滑坡推力达到最大值且在滑面以上沿桩体均布；

c. 预应力锚索在初始预应力 P_0 后呈线性增大；

d. 桩前是剩余抗滑力作用，且沿桩体均布；

e. 桩前和桩后土的地基系数随深度变化的比例系数 m 一样；

f. 岩层的侧向地基系数 C 桩前和桩后一样。

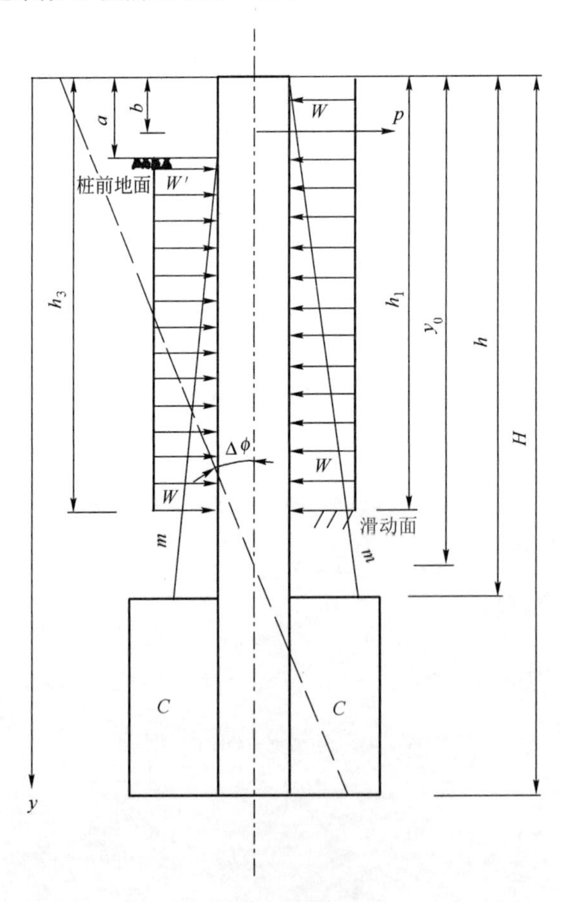

图 9-30　第三种情况受力模式

②公式推导

该部分公式的推导与第一、二种基本相似，这里不再赘述，只给出其结论。

$$3ay_0^2+\left[3h_3(h_3-2a)-3h^2-\frac{6C}{m}(H-h)-\frac{6e}{mB_p}\right]y_0-\left[(2h_3-3a)h_3^2-2h^3-\frac{3C}{m}(H^2-h^2)-\frac{6eb}{mB_p}\right]=\frac{6[p_0+W'(h_3-a)-wh_1]}{m\Delta\phi B_p} \tag{9-153}$$

$$-2ay_0^3-\left[2h_3^2(2h_3-3a)-4h^3-\frac{6C}{m}(H^2-h^2)-\frac{12eb}{mB_p}\right]y_0+\left[(3h_3-4a)h_3^3-3h^4-\frac{4C}{m}(H^3-h^3)-\frac{12eb^2}{mB_p}\right]=\frac{6Wh_1^2-6W'(h_3^2-a^2)-12p_0b}{m\Delta\phi B_p} \tag{9-154}$$

令

$$d=3h_3(h_3-2a)-3h^2-\frac{6C}{m}(H-h)-\frac{6e}{mB_p}$$

$$f=(2h_3-3a)h_3^2-2h^3-\frac{3C}{m}(H^2-h^2)-\frac{6e}{mB_p}$$

$$g=(3h_3-4a)h_3^3-3h^4-\frac{4C}{m}(H^3-h^3)-\frac{12eb^2}{mB_p}$$

$$D_1=6[p_0+W'(h_3-a)-Wh_1]$$

$$D_2=6Wh_1^2-6W'(h_3^2-a^2)-12p_0b$$

代入式（9-153）、式（9-154）消去 $\Delta\phi$ 得：

$$2aD_1y_0^3+3aD_2y_0^2+(dD_2+2fD_1)y_0-(fD_2+gD_1)=0 \tag{9-155}$$

该式可求得 y_0，再求 $\Delta\phi$ 就迎刃而解。

各截面内力 Q、M 计算从略。

7）配筋计算

算出桩身内力并绘出剪力图、弯矩图之后，即可进行配筋计算，用钢筋混凝土结构计算。需要注意的是：桩头斜面部位的箍筋要加密，受力主筋顺斜面弯起，不能断开。若主筋为钢轨无法打弯时，斜面也应采取措施予以加强。箍筋应适当加大直径减少肢数，以便于绑扎钢筋笼和捣固混凝土。

9.4　预应力锚索加固

9.4.1　概述

岩土锚固是岩土工程领域的一个新的重要分支。由于它具有结构简单，施工安全，对坡体挠动小，对附近建筑物影响小，节省工程材料并对坡体或加固建筑物的稳定可起到立竿见影的效果等优点，近年来得到了迅速发展和广泛应用。例如，在边坡、基坑、矿井、隧洞、地下工程，坝体、航道、水库、机场及抗倾、抗浮结构等工程建设中获得推广应用。

国外早在20世纪20年代就开始将岩土锚固技术应用于矿山和水利建设中。60—80年代随着高强度低松弛钢绞线的应用和施工技术的发展，大吨位的预应力锚索广泛应用，单束锚索的承载达3 000kN以上，最大的达16 500kN。

我国1964年曾在安徽省梅山水库采用2 400～3 200kN的预应力锚索加固坝基。20世纪80年代以来在道路、矿山、水利等建设中，锚固技术得到了更迅速的发展。

从整体上来说我国的锚固技术已达到世界先进水平，已开发出摩擦型锚索、支承型锚索、摩擦-支承复合型锚索、扩孔锚索和机械内锚头锚索等多种锚固形式，锚具有XM锚、QM锚、HM锚和OVM锚等系列，并大量应用于工程实践，取得了令人瞩目的成绩。据不完全统计，从1993年至1997年，我国在边坡治理、深基坑加固等领域，每年的锚索工程量达2 000～3 500km，仅长江三峡水利枢纽工程船闸高边坡加固就用了104 000束锚索，锚固力由原来的500kN发展到3 000～3 200kN。重庆探矿机械厂、无锡探矿机械厂、宣化英格索兰工程机械有限公司及冶金部建筑研究总院分别开发出MD-50型、QGJ-100型、MDJ-100型和YM160型岩锚钻机和新型钻具、扩孔钻具，价格低廉，基本能满足目前锚索施工要求。柳州建筑机械总厂和四平建筑机械厂生产的YCW和YCD张拉千斤顶、ZB4-500型高压油泵、上海英格索兰公司生产的VH_p系列空压机均性能良好；天津、江西新余生产的高强度低松弛的钢绞线强度达到了1 860MPa，这一切都为我国锚固技术的提高创造了良好条件。而我国国民经济的快速增长，交通、能源、城市基础设施建设的快速发展又为锚固技术的推广提供了广阔的市场。

预应力锚固技术用在滑坡防治上在我国始于20世纪80年代初，先是加在抗滑桩上改变抗滑桩的受力状态，如本章第3节所述。后来发展为用预应力锚索框架（格构锚固）治理滑坡，如山西太原至古胶二级公路K14滑坡的治理。更多的是用预应力锚索框架（地梁或锚墩）与抗滑桩结合治理滑坡，及加固高边坡以预防工程滑坡的发生。

用于稳定滑坡的预应力锚索是将锚索的锚固段设置在滑动面（或潜在滑动面）以下的稳定地层中，在地面通过反力装置（桩、框架、地梁或锚墩）将滑坡推力传入锚固段以稳定滑坡，所以预应力锚索的设计包括了锚索本身的设计和反力装置的设计两部分。

（1）锚索的类型

按荷载传递方式分：

①直孔摩擦型锚索（包括拉伸型锚索、压缩型锚索）；

②支承型锚索；

③摩擦—支承复合型锚索。

只有一种传力方式且自由段单一的锚索称为单一锚索，最常见的为摩擦型拉力锚索，这是目前使用最广的一种锚索。这种类型的锚索结构简单、施工方便。但受力状态与传力机制不够合理，在锚固段的上部产生应力集中，沿锚固段长度摩阻应力分布不均匀，锚固段长度超过10m后对提高锚固力已没有明显效果，不利于防锈蚀。所以近年来出现了单孔复合型锚索。凡是（一束锚索）有两种以上传力方式或由自由段不同的钢绞线组成的锚索称为单孔复合锚索。

单孔复合锚索类型有：

①拉力分散型锚索；

②压力分散型锚索；

③拉压混合型锚索；

④扩孔型锚索，包括孔底扩大型锚索和糖葫芦型扩孔锚索；

⑤孔底膨胀锚索；

⑥孔底设机械内锚头的锚索。

复合锚固系统的优点是沿整个锚固段长度应力分布相对比较均匀，能充分发挥围岩（土）与锚索砂浆体之间的摩擦阻力、地层的承载力，从而可大幅度地提高锚索的锚固力。由于复合型锚索各单元体的自由段长度不一致，在张拉锁定时应进行补偿张拉，使得各单元体的钢绞线受力均匀，原则上对各根钢绞线施加的预应力值与其自由段长度成正比例关系。

（2）锚索的破坏形式

锚索破坏大致分下列七种形式：

①锚索砂浆体与围岩（土）之间的摩阻应力不够大，整束锚索体从锚索孔内被拔出。

②围岩（土）抗压强度不够或锚索砂浆体强度不够而导致锚索失败。

③水泥砂浆与钢绞线之间的握裹力不够，钢绞线从砂浆体中拔出。

④自由段钢绞线被拉断，原因有：锚索的自由段长度不足，材质不合格，材料安全系数 K 与荷载安全系数不匹配等。

⑤锚头夹片不合格导致钢绞线滑移或在锚头处将钢绞线卡断。

⑥产生柯因假定性破坏，锚索带着一坨呈 90°角的围岩（土）体被拖出。

⑦群锚锚固段底部同时落在贯通裂隙面外侧，锚索受力后岩体沿裂隙面松动。

⑥、⑦两种破坏形式，可能性很小，实际上至今国内外也尚无一例这种破坏形式，因此无须进行检算，不控制设计。

水泥砂浆体对钢绞线的握裹力远大于钢绞线的极限承载力和砂浆体与围岩（土）之间的摩阻力，所以第 3 种破坏形式也不会出现，不控制设计，不需要检算；第 4、第 5 两种破坏形式系设计失误和锚具质量低劣所致。所以对于单一拉力型锚索，只需检算第 1 项，锚索砂浆体与围岩（土）之间的摩阻应力控制设计；对于复合型锚索，应同时检算第 1、第 2 两项。

9.4.2 预应力锚索的设计

1）准确地探明滑坡滑动面的位置并计算滑坡推力

这是锚索设计中最基本，也是最重要的一项工作。只有滑动面的形状和深度、滑坡推力大小确定的准确，锚索设计才有了可靠的基础。

2）根据工程地质和水文地质资料、岩土的力学性质、滑面倾角、深度，做出初步设计和概算，选择适宜的施工工艺，同时做现场抗拔力试验和成孔试验

3）根据试验的结果，做施工图设计

（1）计算锚索根数 N

$$N=\frac{KE_{总}}{P_{n}\tan\phi+P_{t}}=\frac{KE_{总}}{P_{抗}\ \sin\alpha\cdot\tan\phi+P_{抗}\ \cos\alpha} \tag{9-156}$$

式中：$P_{抗}$——单根锚索的抗拔力，通过现场试验取得（图 9-31）；

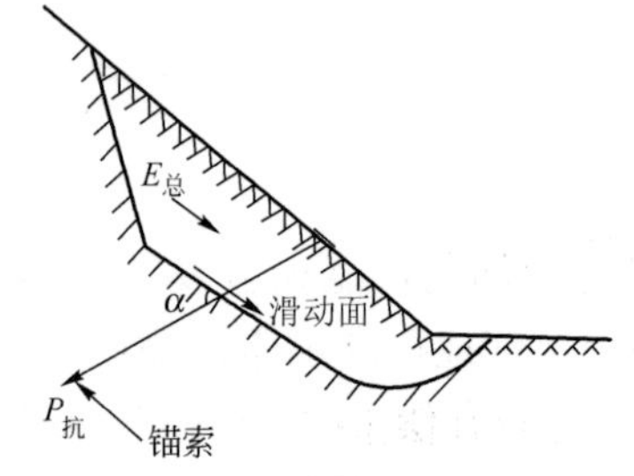

图 9-31　单根锚索示意图

P_n——$P_抗$ 沿滑动面法线方向的分力；
P_t——$P_抗$ 与滑坡滑动方向相反的分力；
ϕ——滑动面的内摩擦角；
α——锚索与滑动面的夹角；
$E_总$——滑坡的总下滑力；
K——安全系数，规定一般情况下不小于 2.0。要注意，材料安全系数应与荷载安全系数一致。由于在计算滑坡推力 E 时，已引进了安全系数 $K_滑$，所以此处安全系数可适当降低，建议取 $K=2.0$，即取极限抗拔力的一半。

（2）有效锚固段长度

锚索的有效锚固段长度 $L_效$（即在滑动面以下的锚固深度）由现场抗拔力试验确定。

如果属于抢险工程、时间紧迫，来不及做现场抗拔力试验，可按式（9-157）和式（9-158)计算：

$$L_效 = \frac{KP}{n\pi d\tau_1} \tag{9-157}$$

$$L_效 = \frac{KP}{\pi D\tau_2} \tag{9-158}$$

式中：d——单根钢绞线的直径；
D——锚索孔的直径；
τ_1——钢绞线与水泥砂浆之间的黏结力；
τ_2——水泥砂浆柱体与围岩之间的平均黏结力；
P——单束锚索设计承载力。

将上两式比较，取较大者作为有效锚固段长度。如上所述，一般情况下都由 $\frac{KP}{\pi D\tau_2}$ 控制设计。应注意自由段长度不能小于 5m。

τ_1 和 τ_2 受许多因素影响，国内外都缺乏可靠的试验资料，它们与围岩的力学性质、破碎程度、锚孔钻进方式、砂浆质量等多种因素有关，工程人员多根据经验和有关资料类比估计，并采用不同的安全系数来弥补其不足。

一般设计时是按沿滑坡主滑方向单位宽度的滑坡推力 E_i 及锚索在垂直滑动方向的间距（如 3～4m）来计算其在竖直方向的根（束）数。因滑坡在主轴附近推力大，数量需要多；两侧滑坡推力小，应该数量少些，或间距适当大一些。

4）锚索与滑面夹角 α 的选择

设单束锚索的设计承载力为 P，它所提供的抗滑力为：

$$P_{抗滑} = P\sin\alpha \cdot \tan\phi + P\cos\alpha \tag{9-159}$$

当 $\alpha=\phi$ 时可取得最大抗滑力，但锚索过长，施钻困难不经济，若 α 过大，虽然锚索的长度减小了，但提供的抗滑力也大大减小了，同样不经济。这中间必然存在一个最优夹角 $\alpha_优$。一般取 20°左右为宜。

5）安全系数

锚索的安全系数是对锚索的工作荷载或锚索轴向拉力设计值而言的，也就是说，设计时所规定的锚索极限状态时的承载力（锚索轴向拉力极限值）应当是锚索的工作荷载与安全系数的乘积。

适宜的安全系数一般是考虑锚索结构设计中的不确定因素和危险程度，如地层岩性、地下水或周边环境的变化；灌浆与杆体材料质量的不稳定性；锚索群中个别锚索承载力下降或失效所附加给周边锚索的工作荷载增量等。多数国家锚索规范中锚索安全系数值取决于锚索的工作年限和破坏后所产生的危害程度。鉴于锚索的安全系数是锚索工程可靠性的基本保证，因而世界各国的锚索规范均对此进行了明确规定，见表 9-9。

岩土锚索的安全系数 表 9-9

国家或组织	规　　范	出 版 年 代	安 全 系 数	
			临时锚杆（索）	永久锚杆（索）
瑞士	SIA 191	1977/1995		1.8、2.0
美国	PTI-Recom	1979/1995		2.0*
英国	BS 8081			2.0
	DD 81	1982	1.4、1.6、2.0	2.0
国际预应力协会（FIP）	Recom	1982		2.0
苏联	Recom	1982		2.0
日本	JSFD 1-77	1977/1992	1.5	2.5
中国	CECS 22：90	1990	1.4、1.6、1.8	1.8、2.0、2.2
	GBJ 86—85		1.4、1.6、1.8	1.8、2.0、2.2

注：* 美国规范规定对锚索预应力筋的安全系数是 1.67（程良奎资料）。

必须十分慎重地对待锚索的安全系数。

①根据锚索的设计工作年限及破坏后可能造成的危害程度，严格按我国规范要求，采用相应的安全系数。

②在塑性指数大于 17 或地下水发育并有侵蚀性地层中安设永久性锚杆，其安全系数不得小于 2.2。治理滑坡的永久性锚索，安全系数 K 应不小于 2.0。

③为检验锚索是否满足安全系数的要求，应取工程锚索总数的 5%做验收试验。验收试验的最大试验荷载，永久性锚索取拉力设计值的 1.5 倍，临时锚索取拉力设计值的 1.2 倍。锚索在最大试验荷载作用下，位移保持稳定，且弹性位移应大于锚索自由段长度理论弹性伸长量的 80%，小于自由段长度与 1/2 锚固段长度之和的理论弹性伸长量。

6）锚索的防腐

岩土锚固结构的使用寿命取决于锚杆（索）的耐久性。对寿命的最大威胁则来自腐蚀。锚索（杆）预应力筋腐蚀的主要危害是地层和地下水的侵蚀性质、锚杆防护系统的失效、双金属作用以及地层中存在着杂散电流。这些危害引起不同形态的腐蚀发生，如全面腐蚀、局部腐蚀和应力腐蚀。对预应力锚杆来说，除了由侵蚀介质引起的腐蚀外，高拉应力作用下的应力腐蚀及由此引起的破坏，将会直接引发钢丝和钢绞线的断裂。

国外已出现不少因腐蚀而导致锚杆破坏的实例。如法国朱克斯坝有几根承载力为 1 300kN 的锚索预应力钢丝仅使用几个月就发生断裂。钢丝所用的应力为极限值的 67%。经多次试验后的结论是，处于高拉伸应力状态下的锈蚀是破坏的主要原因。英国泰晤士河畔的一个码头，由预应力锚杆背后拉的钢板桩工程，在使用 21 年后发生预应力筋断裂，钢板桩倾覆 30m 的严重事故。经分析，也是由于锚杆锈蚀而引起的。1986 年国际预应力协会（FIP）曾对 35 起锚杆因腐蚀导致锚杆断裂的实例进行了调查。其中永久锚杆占 69%，临时锚杆占 31%。断裂部位多半位于锚头附近及自由段长度处。

在国外由于锚索技术早已被广泛采用，小型锚索成型和防锈蚀处理，一般在工厂进行。锚索防锈蚀是延长锚索使用寿命，保证锚索正常发挥作用的重要措施。锚索防锈蚀的措施很多，但不管国内还是国外，用水泥砂浆均匀包裹钢绞线仍然是最基本的也是最有效的措施。因此，锚索正确成型下锚，使砂浆均匀包裹是非常重要的。用波形金属管套在钢绞线外面，灌注砂浆、树脂水泥浆与波形管防护套形成双层防护则效果最佳。因双层防护造价较高，只有在重要工程上，而且具有强烈侵蚀锚索的环境条件下才采用。

图 9-32 是目前国内常用的锚索结构图。

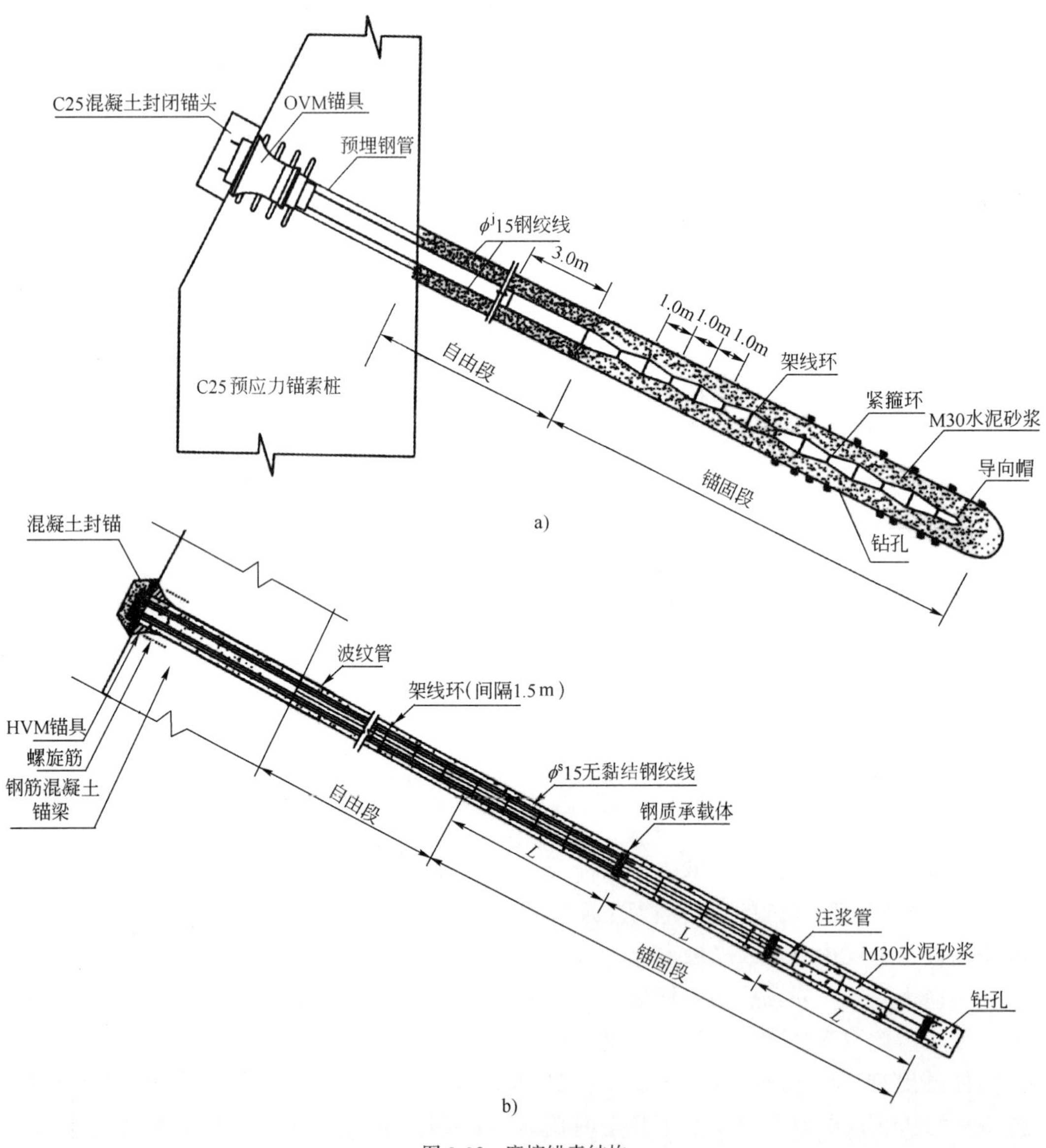

图 9-32　摩擦锚索结构

a) 拉力型锚索结构；b) 压力分散型锚索结构

7）锚索预应力损失

锚索预应力损失，一般由三部分组成：

①施加预应力时，在顶压工作锚夹片的过程中造成预应力损失，这是不可避免的。这部分预应力损失值，估计在5%左右。测出这部分预应力损失并不难，可根据在顶压锚具夹片的过程中高压油泵压力表的增加值算出预应力损失值。

②施加预应力锁定后，在千斤顶卸荷的过程中产生预应力损失。这也是不可避免的。锁定后由于千斤顶卸荷，在一个短暂的时间内，钢绞线失去了力的平衡，它势必带着夹片向孔内方向回缩，作加速运动，可能还有轻微的滑移。这一部分预应力损失可以通过量测锚具处锚索钢绞线的回缩长度及反力墩位移计算出来。

以上两部分预应力损失值的大小与锚具类型有关。有关资料认为，这两部分预应力损失为2%～3%，实际上可能在8%～10%。

③除了上述在锁定和千斤顶卸荷过程中造成的预应力损失外，地层的蠕变，钢绞线的松弛，锚头的松动等因素都会造成预应力损失。

需要说明的是，对滑坡来说，一般情况下预应力损失在滑坡向下蠕动时会加上。

此外，值得说明的是，锚索工程的成败除了锚固段的注浆质量外，锚具的质量十分重要。作者曾在某高速公路发现一锚头上8根钢绞线只剩下5根，有3根因夹片质量问题而缩入孔内，不起作用。还有一处锚头下的钢垫板换成了铸铁板，张拉后垫板碎裂，锚头陷入框架内。这当然不是预应力损失问题，而是工程的失败。

8）黄土锚固

在我国的甘肃、陕西、河南等省，有大量黄土滑坡和铁路、公路路基滑坡，而且往往规模大，滑程远，形成灾害。如何将锚索这一新型锚固技术应用于治理黄土滑坡，一直是滑坡科学工作者和工程技术人员关注的问题。近年来铁道部科学研究院西北分院对这一课题进行了专门研究，并取得了重要成果，在黄土中的锚固力由原来的200～300kN，提高到700kN左右，为把锚索技术应用于黄土滑坡治理开拓了光明前景。

提高锚索在黄土中锚固力的途径有：局部扩大锚索孔，改变直孔锚索单纯摩擦型受力机制；高压注浆，提高锚固力。

（1）局部扩大锚索孔，改变锚索的受力机制

一般直孔灌浆型锚索，锚固力是由砂浆体和围岩土之间的黏结力形成的，对于岩质滑坡来说，可以形成很大的黏结力，直孔压浆型锚索施工简便，是行之有效的锚固形式之一。但是对于土锚来说，砂浆体与土体之间的黏结力却相当低，形不成大的锚固力。于是人们便采用局部扩大锚索孔的措施，变单纯摩擦型受力为摩擦挤压混合型受力，并取得了良好的效果。

局部扩孔按锚索孔的形状可分为两类，一是沿锚固段局部扩大孔径，其形状类似糖葫芦，见图9-33；另一类是扩大锚索根部的孔径，其形状类似去掉一端球体的哑铃，见图9-34。经过理论分析和实际验证，还是图9-33的形式好，施工简便易行，提高锚固力幅度大，稳定可靠。

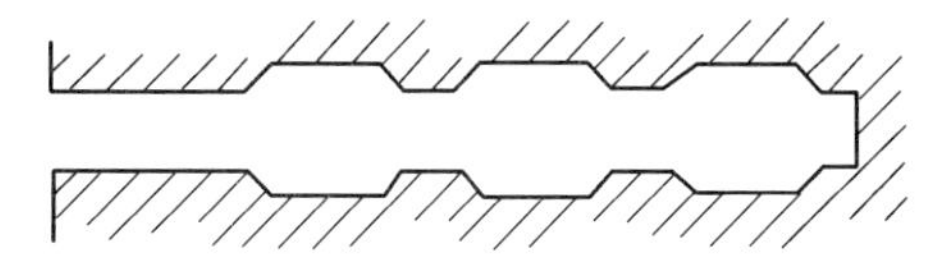

图9-33　锚索孔局部扩大成糖葫芦状

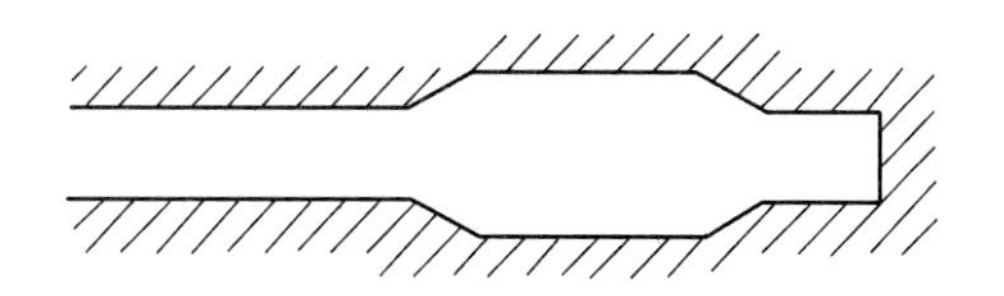

图9-34　锚索孔底部扩大成哑铃状

如果按扩孔的方法分可分为机械扩孔和爆炸扩孔。机械扩孔是利用扩孔钻头在需要扩孔的部位将孔径扩大。一般可以把孔径扩大1～2倍。国内外已研制出不同类型的扩孔钻具，如瑞典的ODEX钻具。爆炸扩孔是在锚索孔钻到预定深度后，抽出钻具，把炸药包送至孔底，利用黄土孔隙度较大的条件，爆破挤密，一般可以把孔径扩大2～3倍。这种扩孔方式效果很好，可以大幅度地提高锚索的锚固力。因为这种扩孔方式不仅扩大了孔径，而且改善了扩孔部分围土的物理力学性质，围土被挤密，半焙烧，其抗压强度大大提高，从而提高锚固力。这一扩孔方式之所以至今没有被广泛采用，是因为人们对爆破存在种种疑虑，担心爆破扩孔会影响滑坡的稳定性，不安全。其实这种担心是多余的，在十数米甚至数十米深的地下放个500g的炸药包根本不会影响滑坡的稳定性，也不会对周围构成威胁。对这种扩孔方式介绍如下。

①在锚索孔将要钻成之前，由经过专门培训的人员在僻静处组装炸药包，炸药包组成如图9-35所示。

②把套管抽到离开爆破位置1.5m，然后用钻杆将炸药包连同导线轻轻推到拟扩孔部位，导线从钻杆空心穿过，以防损坏。钻杆与钻机脱离，中间用厚20cm的木块隔开。

③用起爆器起爆，抽出导线，送风清孔，然后抽出钻杆。

④下锚索和压浆管、拔套管、压浆。

锚索前部做成如图9-36所示形状，钢绞线下到孔底后，加大推力，使未与尖壳焊在一起的钢绞线从侧孔顶出成锚状，增加球体强度和钢绞线与砂浆之间的握裹力。

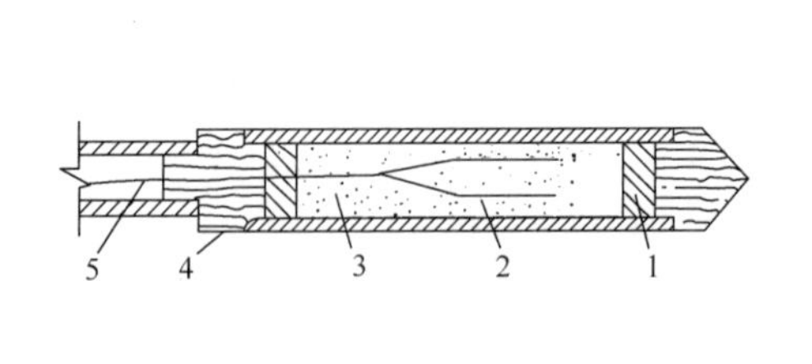

图9-35　爆扩孔炸药包结构

1-硬塑黏土；2-电雷管；3-炸药；4-木塞；5-导线

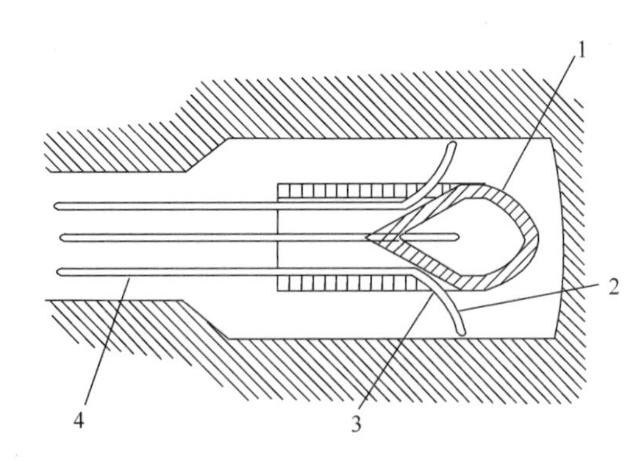

图9-36　带侧孔的导向尖壳

1-导向尖；2-从侧孔中顶出的钢绞线；3-侧孔；4-钢绞线

在雷雨天气，特别是高海拔地区的雷雨天气，禁止爆扩作业，以防空中放电导致炸药包爆炸造成事故。炸药包组装简便，随用随装，禁止提前组装存放。用双雷管引爆。

另外，对于黄土高填路堤和堆填土路堤滑坡或溃爬，西南交通大学彭胤宗教授等曾提出过用对锚的方式加固，即锚索穿过路堤，在路堤两侧设置承压墩或钢筋混凝土框架，如图9-37所示，锚索以15°左右的倾角互相交叉对称斜拉或平拉。如果路堤只是向一侧溃爬或坍滑，则用图9-38所示的方式锚固。这一方法施工简便，不用开挖路堤，特别是施工时不用封闭路线，不影响列车的正常运行。该种锚固方法已在兰州市东岗立交桥高填路堤加固工程上使用，效果良好。建议在有条件的地方推广。

(2) 高压灌浆或采用膨胀水泥注浆

为了增加砂浆体与围土之间的黏聚力，也常采用高压灌浆和膨胀水泥灌浆。高压灌浆分两种形式，一是在孔口部位安置封孔止浆袋全段高压注浆，结构段钢绞线外套波纹管，防止该段砂浆体与钢绞线黏结在一起，不便施加预应力；二是在锚索底部设置一高强囊状织物，然后向囊内高压注浆，囊袋膨胀给地层施加压力，压力超过了地层的极限承载力，产生塑性变形，砂浆体在锚索底部形成橄榄球状，可以有效地提高土锚的锚固力，施工简便，安全可靠。灌浆时，常加入膨胀剂。三天后浆体的抗压强度即可达到一般砂浆体二十几天强度的75%，膨胀率为 $3.15\times10^{-4}\sim10.0\times10^{-4}$。即使砂浆配比为水泥：砂子：水=1：1：0.4，一般水泥砂浆在凝固过程中也会发生轻微收缩，不仅会降低砂浆体与地层的黏结力，而且一般水泥砂浆早期强度形成慢，不利于整治正在活动的滑坡。为克服这一缺陷，针对滑坡预应力锚索的特殊要求，最好在滑动面处设置止浆袋，对滑动面以下有效锚固段进行高压注浆；滑动面以上结构（自由）段进行一般压力下的防腐蚀注浆。

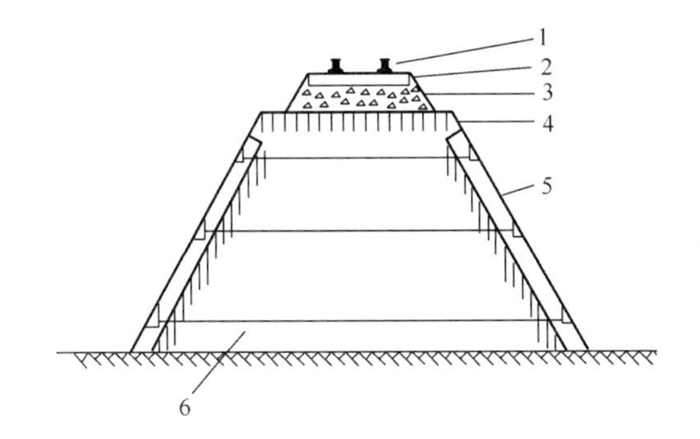

图 9-37 对锚结构

1-钢轨；2-枕木；3-道砟；4-路基；5-钢筋混凝土框架；6-锚索

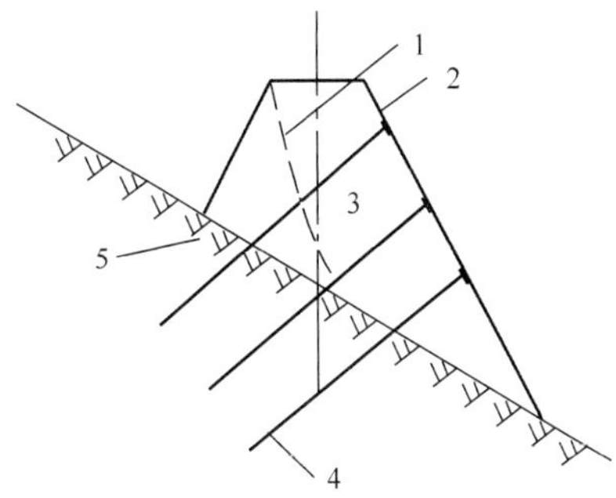

图 9-38 用锚索治理路堤单侧溃爬

1-破裂面；2-路堤；3-填土；4-锚索；5-老坡面

其工序为：

①锚索编束成型，在止浆部位穿上钢绞线固定环和止浆袋，见图 9-39。

②对止浆部位钢绞线之间、钢绞线与注浆管、排气管之间的空隙用快凝水泥～水玻璃填充密封。

③待止浆段水泥～水玻璃凝固并具一定强度后，把止浆袋两端密封，将锚索束连同注浆管、排气管一起送到预定深度。

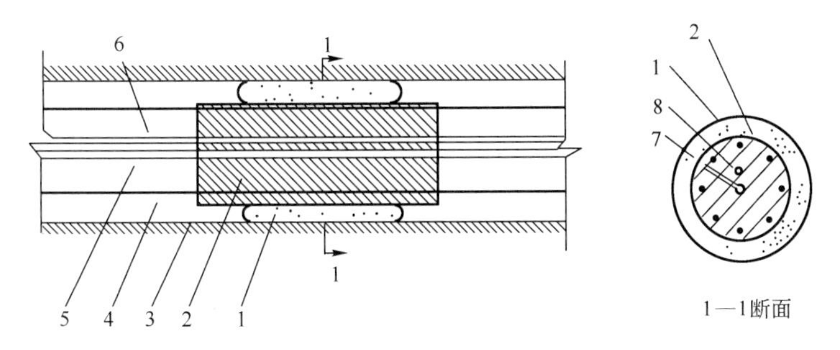

图 9-39 止浆塞

1-封孔囊及砂浆；2-预制砂浆体；3-孔壁；4-钢绞线；5-灌浆管；6-排气管；7-侧孔；8-排气管

压浆时，浆液首先通过压浆管管壁上的注浆孔进入止浆袋，使之膨胀与锚索孔孔壁贴紧。压力继续增大，浆液冲破锚固段压浆端部的塑料膜，锚固段开始注浆。待排气管溢出浆液，扎死排气管，泵压升至设计压力时停止注浆。

上述高压灌浆方式的缺点是施工比较复杂，一旦发生压浆管堵塞事故，处理非常困难，为防止堵塞一般灌水泥浆或细砂水泥浆。

考虑到锚固滑坡的锚索孔绝大多数为倾角 25°左右的俯斜孔，仍然可以通过反向压浆，缓慢提升压浆管的办法达到准高压灌浆的目的。

9）外锚头和承压反力装置的设计

常用的外锚头有 XM、QM 和 OVM 锚具，XM 锚和 QM 锚在结构上没有实质区别。锚具是预应力锚索的重要组成部分，一定要选择质量可靠的定型配套产品。

以下主要介绍承压反力装置——锚墩、地梁、框架的设计。

承压设施分钢筋混凝土锚墩和钢筋混凝土框架。锚墩是纯受压构件，一般做成梯形断面，其功能是把锚具的集中荷载扩散后传递给滑体。具体尺寸由荷载大小和坡体的承载能力而定，在锚墩和锚具之间加设钢质承压板或孔口设置螺旋钢筋。当坡面比较破碎或承载力比较低时，多采用钢筋混凝土框架，既美观又整体性强。

（1）锚墩的设计

锚墩是单束锚索在地面的反力装置，把锚索拉力传给滑体，当滑体岩体完整、强度较高、承载力较大时，可设计较小的尺寸。反之，当滑体表面为土层或破碎松散岩体时，应以其承载力大小控制锚墩底面的尺寸，以免因尺寸过小、承载力不足而造成锚索预应力损失。

$$\frac{P}{A} \leqslant [\sigma_0] \tag{9-160}$$

式中：P——单束锚索设计抗拔力（kN）；

A——锚墩底面积（m^2）；

σ_0——滑体表面岩土的容许承载力（kN/m^2）。

此外，锚墩底面最好与锚索垂直使受力均匀。若有夹角时，应考虑锚墩受力不均及受力后沿坡面滑移的问题。在坡度缓于 1∶2 的坡面上曾发生过锚墩受力后的滑移，这不仅造成预应力损失，还可能造成锚索受剪切力。

锚墩一般设为上小下大的梯形截面以分散锚索对坡面的压力，减小表土压缩变形造成的预应力损失。一般为钢筋混凝土锚墩，在锚头钢垫板下应适当加密钢筋布置。对土质边坡，由于表层土承载能力小，常需很大的锚墩，外观不良，最好不用锚墩，而采用地梁或框架作反力装置。

（2）地梁的设计

地梁是在滑坡（或高边坡）表面垂直主滑方向布设一排或数排竖梁，每一根梁上布置 2 束或 3 束锚索。考虑锚索锚固段的间距不能太近，故地梁间距一般为 3～4m。地梁的截面尺寸受两个因素控制：一是锚索设计拉力的大小；二是坡体坡面岩土的承载力。当坡面岩土软弱、锚索拉力较大时，应加大梁的宽度以增大承载面积，防止预应力损失。

梁的计算比较简单，仍是按弹性地基梁计算，滑坡推力在梁长范围内按矩形均布，把锚索作为支点，如图 9-40 所示。一根梁上布两根锚索时按简支梁计算，布三根以上锚索时按连续梁计算。每根梁所承受的滑坡推力为相邻梁间距宽度的滑坡推力。当滑坡推力较大时(滑坡中部推力大，两侧小)，地梁可设计为上、下多排。梁的设计同钢筋混凝土梁设计，不必多述。值得注意的问题有五：

①地梁按两种受力阶段进行设计计算和配筋。第一种为滑坡处在相对稳定状态，没有或只有很小的滑坡推力作用在地梁上，地梁主要承受锚索上施加的预应力，即预应力阶段，此时梁中部的外侧弯矩大，配筋多。第二种是预应力施加后滑坡推力达到设计推力时，滑坡推力为主要外荷载（当滑坡推力未达最大值时，有时主动土压力也可成为主要外荷载），即地梁工作阶段，此时梁中部靠山侧出现最大弯矩，控制配筋。故地梁需双面配筋。

②为防止梁的不均匀变形（下沉），在岩土层变化处应分开设梁。

③在锚索受力集中处应加密钢筋布设。

④当地面过缓（如缓于1∶1.5）时，为防止受力后梁向山坡上方位移造成预应力损失，应加陡锚索倾角或增加防爬设施。

⑤为防止梁在加预应力时受力不匀造成破坏，各孔锚索张拉时应分级张拉，不可一次拉到设计拉力。如一根梁上有两束锚索，第一次各张拉50%设计拉力，第二次再张拉剩余的50%及超张拉部分。若一根地梁上有三束锚索，最好是三根同时张拉，但施工上往往受设备限制做不到，那就应先张拉中间一根到设计拉力的50%，然后张拉上、下两束。第二次按此再循环一次，达到设计拉力及超张拉部分，以防止地梁在张拉过程中开裂。

设计计算总是简化为均匀受力的理想状态，但实际工程中常常出现非理想情况，故梁的配筋应适当增加以保安全。

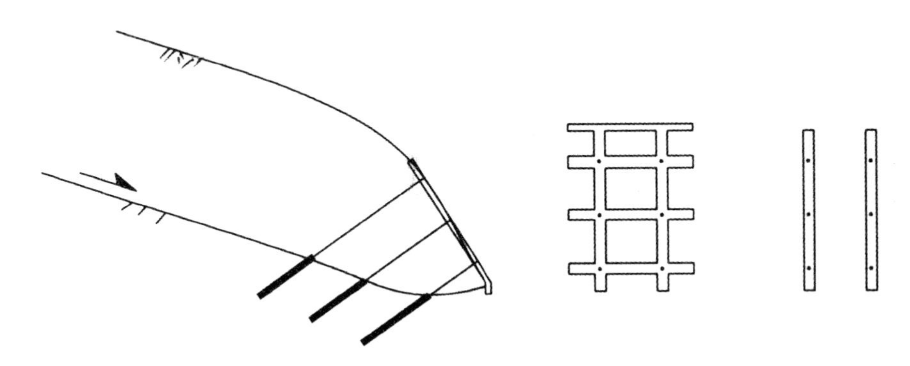

图9-40　锚索框架、地梁示意图

（3）锚索框架的设计

当滑体为土体、堆积体或风化破碎岩体时，为使锚固体系能整体受力稳定滑坡或加固边坡，应采用钢筋混凝土框架作反力装置。一般框架由两根竖梁、两根或三根横梁构成一片框架，在竖、横梁交点处设置预应力锚索，如图9-40所示。一般应连续设置。

框架的设计计算理论上以三维空间受力计算比较合理，但实际工程设计中多简化按竖梁和横梁分别设计，也按预应力施加阶段和滑坡推力作用阶段两种状态控制设计。竖梁和横梁上力的分配是一个问题，通常有三种处理方法：

①以竖梁承担滑坡推力，横梁只作联结构件，扩大竖梁的承载面积。设计计算同地梁，横梁截面尺寸小一些。

②竖梁与横梁共同承担滑坡推力，但竖梁分配多一些，占60%～70%，横梁承担30%～40%，分别设计。

③竖梁和横梁同样分担滑坡推力，为简化计算取每一根锚索为一节点，竖、横梁各一半按悬臂梁设计。这样自然偏于安全，但会造成材料的浪费。

9.5 钢筋混凝土阻滑键和埋入式抗滑桩

9.5.1 钢筋混凝土阻滑键

所谓钢筋混凝土阻滑键是一种钢筋混凝土短桩，长4～6m，主要用在浅层（厚度不超过5m）完整的岩层顺层滑坡上。如厚层完整的砂岩或石灰岩，沿其中厚数毫米至数厘米的软夹层或结构面滑动，由于其滑体和滑床岩体完整、强度高，滑带很薄，故在滑面上插入一短桩（一排或多排）形成键销作用稳定滑坡，如图9-41所示。其主要作用是利用短桩在滑面处的抗剪断能力平衡滑坡推力。一般是在滑体上打若干排钻孔，深入滑床不小于2m，孔中放入钢轨、型钢或钢筋束，然后灌入混凝土或水泥砂浆形成短桩，桩间距为2～3m。在铁路和公路边坡上曾采用钢轨桩和钢筋混凝土桩防止岩层顺层面和结构面（如大节理面）的潜在滑动。

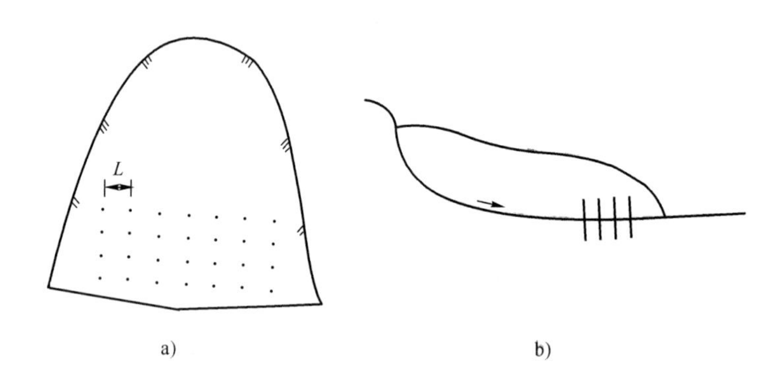

图9-41 抗滑键示意图

阻滑键的优点是桩长短、节省材料，造价低，且可在地面机械化施工，比较安全且速度快。但其直径小，抗剪力有限，只适合滑体薄、推力小的条件，且滑体、滑床岩体完整，强度高，不会被阻滑键受力时破坏，滑坡也不会从键顶或底部形成新滑面而滑动，否则将不起作用。当滑体厚、推力大时，需很多阻滑键，钻孔费用高，可能不如做一排大截面埋入式抗滑桩经济。

顺滑动方向所需的桩数 n 为：

$$n = \frac{4EL}{\pi D^2 \tau} \tag{9-161}$$

式中：n——顺滑动方向阻滑键的根数；

E——滑坡推力（kN/m）；

L——阻滑键垂直滑动方向的间距（m）；

D——阻滑键的直径（m）；

τ——钢筋混凝土阻滑键的抗剪断强度（kPa）。

显然，滑坡中部滑坡推力大，所需根数多，两侧推力小，所需根数少。

9.5.2 埋入式抗滑桩

埋入式抗滑桩是抗滑桩的一种形式。当滑体巨厚，桩身做到滑体表面时，桩身长，弯矩大，不经济。只要滑坡不从桩顶以上剪出，桩可不做到地面以节省材料和投资，这种埋入地面以下一定深度（一般为 3～5m）的桩叫作埋入式桩，如图 9-42 所示。

曾在成昆铁路毛头马一号隧道进口滑坡上采用埋入式桩且取得成功。若从原地面向下做抗滑桩，桩长将达 80m 以上。经减重刷方后，桩长仍达 50m 以上。考虑桩只保隧道安全，又是岩体沿构造面滑坡，把桩顶放在隧道拱顶以上 10m，经检算滑坡不会从桩顶以上剪出，这样桩长减短为 30 余米，节约了投资。

埋入式抗滑桩的主要设计问题是解决桩在滑面以上的合理长度、合理桩位及桩上的滑坡推力大小。其内力计算同全埋式抗滑桩一样。

边（滑）坡的地形、桩的设置位及滑体强度与滑面强度的比值，对埋入式抗滑桩的选用都有密切关系，尤其是后者，强度比值越大，采用埋入式抗滑桩的好处也越大，因为它充分利用了滑体的强度。

由上可知，并不是所有的桩都能做成埋入式的。即使是全埋桩也可能在未达到安全系数要求时，出现冒顶而使支挡失败，以致必须改变桩位。科学合理的桩长和桩位要通过研究确定，不能随意假设而定。如果桩位合适，埋入式抗滑桩长度越短，则过桩顶的新滑面的稳定系数越低，若稳定系数达不到设计要求的稳定安全系数，则必须增加桩长，使其达到安全系数，这就是桩长选取的原则。传统的设计方法，很难寻找新的滑面，因而阻碍了埋入式抗滑桩的应用。有限元强度折减法为埋入式抗滑桩设计提供了有力工具。它可以计算出桩长与稳定系数的关系，随着桩长增长，滑面不断变化，同时坡体稳定系数不断增大。当稳定系数增大到设计规定的安全系数时，与此对应的桩长即为埋入式抗滑桩的合理桩长。桩再增长不会增加安全度，反而造成浪费。有限元计算能算出埋入式抗滑桩上的推力，同时，还能算出埋入式抗滑桩顶上土体所受的推力，这部分推力由土体自身承担，不必转嫁到抗滑桩上。所以，埋入式抗滑桩上的推力会小于全埋式抗滑桩的推力，因为它充分利用了滑体的强度。由于桩长缩短，推力减小，埋入式抗滑桩的内力将会大幅度减少。由于这种方法尚未经过实际工程验证，本书中暂不予以介绍。

为目前应用起见，下面提出一种偏于安全的简化算法。

桩的埋置深度按如下五个方面考虑：

①不出现桩顶滑出的“越顶”；

②桩顶上面不出现新的滑动面；

③如图 9-43 所示的过桩顶的新滑动面的稳定系数必须大于设计安全系数；

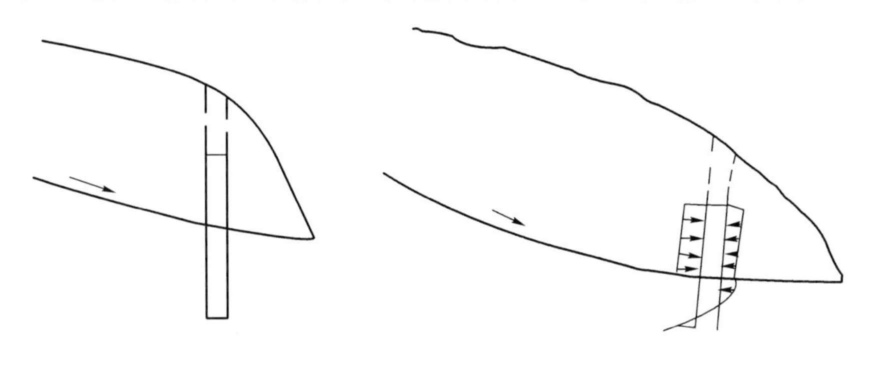

图 9-42　埋入式抗滑桩示意图　　图 9-43　埋入式抗滑桩的一种计算模式

④不出现被动土压破坏；

⑤桩前土体不出现滑动。

依据上述条件，考虑一定的安全度，就能合理确定埋入深度。

滑坡推力分布在滑面以上桩上，按照矩形分布，如图 9-43 所示。这种算法是明显偏于安全的，虽不够科学合理，但减小了弯矩，节约了投资。

9.6　其他治理措施

本节我们仅对其他常用的措施如抗滑挡土墙、刷方减载、回填压脚、注浆加固等予以概述。

9.6.1　抗滑挡土墙

抗滑挡土墙在 20 世纪 60 年代抗滑桩出现以前是治理滑坡的主要支挡措施。即使在抗滑桩应用之后，在一些中、小型滑坡治理中仍广为采用。但抗滑挡土墙的确发生了许多破坏事例，概括起来有以下几种：

①挡土墙抗滑力不足而被推移；

②挡土墙抗倾覆不足而被推倒；

③挡土墙墙身强度不足而被剪断；

④挡土墙墙基埋置于滑面（或潜在滑面）以上而跟随滑坡一起滑动，所谓“坐船”；

⑤挡土墙高度不够，滑坡从墙顶滑出，所谓“越顶”。

出现以上问题的原因有三：一是滑坡推力计算偏小，使设计的挡土墙不足以抵抗实际滑坡推力；二是不了解抗滑挡土墙的特点，按一般挡土墙设计抗滑挡土墙，不适应滑坡的特点和变化；三是设计参数不准确。一和三属于勘察的问题，故这里主要介绍抗滑挡土墙的特点及其与一般挡土墙的区别。

（1）抗滑挡土墙的特点

①墙高不能任意设定，必须检算滑坡在墙后形成新滑面从墙顶滑出的可能性（称为“越顶检算”），以保证抗滑效果。

②一般挡土墙的墙基放在稳定地层上满足承载力要求即可，抗滑挡土墙的墙基必须放在滑动带以下一定深度，并考虑滑动面向下发展加深从墙底滑出（所谓“挡墙坐船”）的可能性。当滑床为土层时，挡墙埋入滑带下的深度为 1.5～2.0m；当滑床为岩层时，埋深为 0.5～1.0m。当然地基也应满足承载力的要求。

③一般挡土墙承受的土压力为主动土压力，其大小和方向与土体种类、破裂面位置、墙高、墙背形状及粗糙度有关，呈三角形分布，合力作用点在墙高的下三分之一处。而抗滑挡土墙上的滑坡推力的大小与墙高、形状及滑面位置无关，分布为矩形（或梯形），一般比主动土压力大，加之墙基埋入滑面下一定深度，故其合力作用点高，倾覆力矩大，墙趾应力较大。为增加其抗倾覆力矩，常将墙的胸坡放缓到 1∶0.3～1∶1；墙底做成向山倾 1∶0.1～1∶0.2的倒坡；墙后留卸荷平台与盲沟连用以节省圬工，或扩大墙趾，如图 9-44 所示。也有的在墙踵部加竖向锚杆。

④抗滑挡土墙对墙后纵向盲沟的要求高。因为一般滑坡均有地下水作用，墙后不能造成

积水，以免软化墙基影响墙的稳定。当地下水较多时，还应设置支撑盲沟或仰斜孔排水。

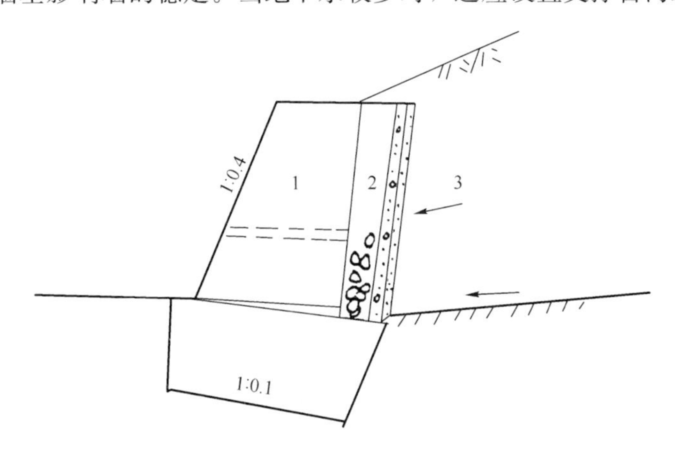

图 9-44 抗滑挡土墙结构示意图

1-墙体；2-墙后盲沟；3-滑坡推力

⑤抗滑挡土墙应垂直滑坡的主滑方向布设以发挥最好的抗滑效果。

⑥抗滑挡土墙的检算内容同一般挡土墙，包括抗滑、抗倾覆、基底应力和墙身截面等检算，但应注意各层滑动面处的墙身检算，因滑面处剪力较大。

⑦抗滑挡土墙的施工有特殊的要求，由于位于滑坡前缘，截面较大，挖基会影响滑坡的稳定性，因此不允许全面开挖，大拉槽施工时，必须分段跳槽开挖，开挖一段立即砌筑一段，及时形成抗滑力。并应从滑坡两侧滑坡推力小的地段先施工，逐步向中轴线推进，以免已有工程因应力集中而破坏。

（2）抗滑挡土墙的类型和布设

抗滑挡土墙一般为重力式挡土墙，以其重量与地基的摩擦阻力抵抗滑坡推力。其材料可以是浆砌片石圬工，也可以用混凝土或片石混凝土。近年来也有墙上增设竖向和横向锚杆锚入滑面以下稳定地层中以增加墙的抗滑能力。

抗滑挡土墙的布设位置一般是放在滑坡前缘出口处，充分利用滑坡抗滑段的抗滑力以减少挡墙的截面尺寸。在工程开挖中出现的滑坡，有条件时局部改移路线位置，留出空间填土反压，结合抗滑挡墙，更可节省挡墙圬工。或在滑坡前缘地下水发育时，墙后设置支撑盲沟（沟底放入滑面下的稳定地层中），盲沟既排水又支挡与抗滑挡墙共同承担滑坡推力，可减小墙身截面。

9.6.2 刷方减重和填土压脚

“刷方”一般指放缓边坡的坡率使边坡坡率适应于岩土的工程性质而保持稳定。“减重”是在滑坡体的上部主滑段和牵引段挖去部分滑体岩土以减小滑体重量和滑坡推力的工程措施。两者是有明显区别的。实际工程中出现许多因在滑坡（或潜在滑坡）前缘抗滑段挖方而引起滑坡蠕动，边坡坍塌，误认为是简单的边坡坡率陡而不稳定，采用刷方放缓边坡坡率，结果进一步削弱了滑坡的抗滑力，引起滑坡范围扩大甚至剧烈滑动，教训十分深刻。所以，在滑坡及可能滑坡区在未查清滑坡性质之前，不可盲目刷方。

“填土压脚”是在滑坡前缘抗滑段及其以外回填土石增加抗滑力的工程措施。图 9-45 是减重和压脚工程示意图。

有条件将滑坡上部减重的土石方移填于其前缘压脚是最经济而有效的治理措施。但受各种条件限制，往往难以同时实现。如山区铁路和公路路基开挖引起的滑坡，有减重的条件，

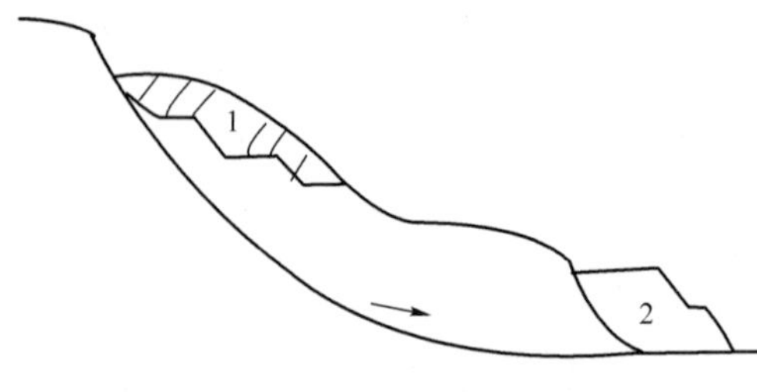

图 9-45　减重和反压工程示意图

1-减重部分；2-反压部分

却无反压的场地，除非局部改移路线的平面位置和纵坡。在一些城镇和厂矿区发生的滑坡，常因滑坡后缘以外有重要建筑物难以迁移而不能减重。1995 年内蒙古自治区准噶尔煤矿成品煤仓区滑坡，就因滑坡后缘裂缝外紧邻煤仓而只能采用前缘反压措施稳定滑坡。

（1）减重

减重是经常应用的治理滑坡的措施之一。它既可作为应急措施，也可作为永久治理措施。前已提及对蠕动挤压阶段的滑坡，上部减重可减小下滑力，使滑坡处于相对稳定状态，为勘察、设计和施工争取了时间。对正在滑动或已经滑动的滑坡，减重减小了下滑力，可减小支挡工程数量、节省投资，也为施工安全创造了条件。对主滑面倾角较陡（大于 20°）的滑坡和错落型滑坡，减重的效果更为明显。

但是，实践经验表明，对已经滑动的滑坡，仅用减重而不用地下排水和支挡工程的，不能长久稳定滑坡，几年或十数年后滑坡仍会滑动。其原因是已经滑动的滑坡，滑动面已贯通，滑带土强度已降低，若无地下排水措施提高滑带土强度，或作支挡工程增加其抗滑力，减重只起减少重量的作用，如同大人和小孩在冰面上均会滑倒一样，因为摩擦系数是一样的。所以采用减重措施时还应同时辅以相应的支挡工程才能永久稳定滑坡。

值得注意的是，滑坡上部的减重不同于滑坡前缘的刷方或清方，前者减少下滑力减缓滑坡的滑动，而后者却是进一步削弱了滑坡的抗滑力，常促使滑坡的扩大发展，这样的教训是很多的。如深圳至汕头高速公路 101km 滑坡，是个老堆积层滑坡，因开挖路堑而局部复活，当时裂缝仅发展到边坡顶以外的天沟，误认为是边坡不稳，采用 1∶2.5 的坡率刷方，结果因抗滑部分的削弱，滑坡裂缝一下发展到距坡脚 100m 以外的山坡上，不得不花数千万元治理。对于岩层顺层滑坡前缘放缓边坡造成滑坡扩大的事例更多，应慎重对待。

减重的数量应根据滑坡的地形地质条件和欲达到的目的来确定，一般应通过稳定性计算或滑坡推力计算来确定，使未大滑动的滑坡的整体稳定系数 F_S 达到设计要求，或设置支挡工程位置的滑坡推力控制在预定数值之内。稳定性计算采用圆弧法或分块推力传递法，用传递系数法时，F_S 按式（9-162）计算：

$$F_S=\frac{W_n\sin\alpha_n+W_n\cos\alpha_n\tan\phi_n+C_nL_n+E_{n-1}\sin(\alpha_{n-1}-\alpha_n)\tan\phi_n}{E_{n-1}\cos(\alpha_{n-1}\alpha_n)} \tag{9-162}$$

式中：W_n——抗滑段滑体的重量（kN/m）；

α_n——抗滑段滑面的倾角（°），反挠时取负值；

ϕ_n——抗滑段滑带土的内摩擦角（°）；

C_n——抗滑段滑带土的内聚力（kPa）；

L_n——抗滑段滑面的长度（m）；

E_{n-1}——滑坡各条块传到抗滑段的剩余下滑力（kN/m）；

α_{n-1}——上一段（$n-1$）的滑动面倾角（°）。

一般要经过几次试算才能达到预期的目的。

减重设计的方量和坡形，应以不影响上方边坡的稳定为原则。当有多层滑面存在时，应注意减重挖方不应引起新的滑动。减重形成的坡面也应有排水措施和必要的防护及绿化措施。

减重方案有时也受弃土条件和其他因素的控制，应综合考虑。

（2）回填压脚

回填压脚的作用原理比较简单而明确，就是增加抗滑力而稳定滑坡，实际上也是一种支挡工程。它有以下要求：

①填土的基底软弱土层必须挖除或换填，陡坡地段应挖台阶处理，以防填土本身的不稳定。

②填土底部应采用碎块石或砂卵石等渗水材料填筑，或做成盲沟以利于地下水排出。

③填土必须压实，增加密实程度和抗滑能力。

④当填土在沟岸或河岸时，填土坡脚应有防冲刷设施，如防冲挡墙或护坡以保证填土的稳定性。并应注意沟道的过洪能力。

⑤填土的高度应经过检算，以滑坡不能从其顶部剪出为原则。

根据滑坡前缘地形条件，反压工程可有多种形式，如前缘地形比较开阔，可采用填堤的形式；当滑坡前缘为狭窄的沟道时，可采用在沟中作涵洞或盲沟而在洞（沟）顶填土压脚稳定滑坡；当沟道较宽时，则可局部改沟而在前缘压脚。当然有条件时局部改移路线位置和纵坡，留出空间进行填土压脚也是常用的办法，如图 9-46 所示。

填土压脚的设计同一般路堤或护堤，但它经滑坡稳定计算达到滑坡稳定的要求为准。

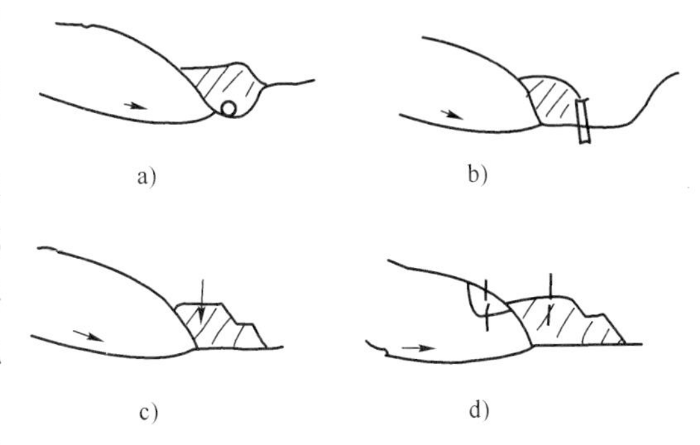

图 9-46　填土压脚形式示意图

a)填沟压脚；b)改沟压脚；c)填堤压脚；d)改移路线

9.6.3　注浆加固

（1）滑带土改良试验概述

滑坡或潜在滑坡的滑动主要是滑带土或潜在滑带土软弱、含水率大、强度低。因此，采用各种方法来改变滑带土的性质，提高其抗剪强度，增加滑坡自身的抗滑动能力，是十分有意义的。人们曾试验过滑带爆破、滑带土焙烧加固、滑带注浆（水泥浆和化学浆液）、石灰砂桩、旋喷桩等措施。以下简要分析其作用的基本原理和适用场合。

①滑带爆破

滑带爆破是在滑体上成面状或条带状打若干个钻孔或洞室穿过滑动带，在滑带上下放入一定量的炸药进行爆破，破坏软弱的滑带，把滑体和滑床岩土爆破成碎石桩样增加滑坡的抗滑阻力。但其效果不易测定，对大型滑坡打很多钻孔也不一定经济，故实际工程中很少应用。

②滑带土焙烧

对于粉质黏土或黄土滑带，打入若干个洞室或钻孔，用煤或通入天然气进行焙烧，像烧砖瓦一样将滑带上下一定范围的土体烧结，改变其性状，提高其抗剪强度，增加抗滑阻力。同样由于其效果检验困难和造价较高而未能广泛应用。

③滑带注浆

灌浆以改良土体性质提高其强度在其他工程上是广泛应用的，因而人们也想利用灌注水泥浆或水泥砂浆于滑带，以提高其强度，稳定滑坡。但是滑带土是含水率较高多呈软塑状的黏性土，因此水泥砂浆的可灌性很差，常常是孔隙大的滑体中进了浆，而要加固的滑带进浆甚少、效果不佳。后来，在黏性土滑坡中，人们曾试验过灌化学浆液，使滑带土发生离子交换以提高其强度，同样因效果检验困难和可逆性反应及其耐久性不易控制而未能推广。

④石灰砂桩

我国在一些膨胀土滑坡治理中，曾采用在滑体上打若干个钻孔（ϕ300mm）深入滑床一定深度，在钻孔中填入生石灰和砂的混合物，利用生石灰吸水熟化疏干滑体中水分，提高滑带土的强度，同时众多的石灰砂桩既改变了滑带土的强度，也起到机械支挡作用。

⑤旋喷桩

旋喷桩是把地基加固的方法引入滑坡的治理，在一些小型浅层滑坡上，成条带打若干排旋喷桩深入滑面以下一定深度，实际是形成了一段改良后的土挡墙，只改良了局部滑带土的性质。这种方法有其特定的使用条件，其造价不一定比其他支挡措施低。

滑带土改良方法目前由于其效果检验、施工不简便以及造价等原因，还处在试验阶段，未能广泛应用，还是值得进一步研究的。

（2）注浆加固的实践和讨论

注浆加固软弱地基已被广泛应用并取得了成功的经验。一般多灌注水泥浆和水泥砂浆。在湿陷性黄土地基加固中还加入了水玻璃等化学浆液来提高其可灌性和调节浆液凝固时间，有效地提高了地基的承载力，消除了土的湿陷性和压缩性。因此，使人们想到把这一技术应用到边坡加固上，防止产生滑坡和稳定已发生的滑坡。在高速公路路堤下沉的防治中也广泛应用注浆加固技术提高填土的密实度和强度，以防止路堤的下沉。在深基开挖过程中为防止边坡开挖后的坍塌和滑坡，也有采用注浆加固提高土体强度、减少地下水渗透而稳定边坡的。在土质、类土质及风化破碎岩质边坡的开挖中，若无沿明显的地质软弱界面滑动的可能，只是防止开挖后沿最大剪应力面形成滑坡者，采用注浆加固提高土体强度防止滑坡也是可行的。一般是在坡体上顺潜在滑动方向打若干排钻孔深入潜在滑动面以下2～3m，孔间距依土体的孔隙度、密实度、可渗性和注浆压力及扩散半径确定，多用1～2m。注浆压力为0.3～1.0MPa。

但是，对沿地质上的软弱结构面滑动（或潜在滑动）的滑坡，单纯采用注浆加固往往不能成功。这是因为要重点加固的软弱带多为泥化夹层，密度大、孔隙少、含水率高、可灌性差，而滑体孔隙度大或裂隙发育，浆液大部分灌在了滑体中，对滑带或潜在滑带的加固作用甚微。典型者如呼和浩特至集宁高速公路发生一砂岩沿泥岩软夹层的滑坡，有人建议用注浆加固，结果花费数百万元，仍未能稳定滑坡，不得不再用抗滑桩治理。

对于这类滑坡，包括路堤沿下伏老地面的滑坡，作者认为不宜采用单纯注浆，除抗滑桩和锚索框架外，对中小型滑坡可采用微型桩群加固。与单纯注浆不同的是在钻孔中插入钢管或钢筋，在滑面处微型桩增加了抗剪强度，滑体和滑床的注浆又提高了岩体的强度，保证了桩的稳定。用这种方法成功地稳定了京珠高速公路粤北段K305路堤滑坡（插入ϕ50mm钢管），长治—晋城高速公路K25砂、泥岩顺层滑坡（插入三根ϕ28mm钢筋束）及宝鸡—中卫铁路大寨岭黄土路堤滑坡的浅层滑动（插入ϕ22mm钢筋束）。采用的孔间距为1.5～2.0m，注浆压力为0.3～1.0MPa。后两个工点微型桩顶采用了系梁连接，以利于形成支挡体系。

参考文献

[1] 王恭先．滑坡防治工程措施的国内外现状．中国地质灾害与防治学报，1998（1）：2-10
[2] 徐邦栋．滑坡的分析与防治．北京：中国铁道出版社，2001
[3] 王恭先，徐峻龄，刘光代，等．滑坡学与滑坡防治技术．北京：中国铁道出版社，2004
[4] 迟淑兰，徐凤华．路基工程设计及程序设计．成都：西南交通大学出版社，1993
[5] 刘光代．浅谈抗滑桩的设计．滑坡文集（第十六集）．北京：中国铁道出版社，2002
[6] 程良奎，等．岩土加固实用技术．北京：地震出版社，1994

第10章 排水工程

DISHIZHANG

10.1 前　　言

排水是边坡加固工程中的一项重要措施。滑坡治理和高边坡工程的实践证明，排水对于提高边坡的稳定性具有至关重要的作用，通常也是一种比较经济的工程方案。

排水系统包括地表排水工程和地下排水工程。

地表排水的目的是最大限度地把雨水从地表排走，防止其渗入边坡内。地表排水包括布置于边坡和边坡周边的沟渠和管道等。

地下排水的目的是最大限度地降低已在边坡内形成的地下水位的高度。它在一些规模较大的边坡和滑坡治理工程中，是一项战略性的工程措施。地下排水由排水廊道和排水孔组成。排水孔可以和廊道相连，也可从坡面以仰孔的形式从地面打入。在各种挡土结构和边坡的结合部，通常需要布置由透水反滤材料组成的排水体或排水孔，这一类排水设置也属地下排水范畴。

排水工程设计应在总体方案的基础上，结合工程地质、地下水和降雨条件及本地区生态环境，制订地表排水、地下排水及二者相结合的方案。

排水工程布置应综合考虑原有的汇流条件和天然排水体系，将排水工程措施与天然的排水体系组成一套完整的排水系统，达到有效集流、安全排放的目的。

有关公路与铁路边坡坡面和路基排水的详细规定，可参见相关著作，本节仅作简要介绍。

边坡坡面排水设施的布设应充分利用地形和天然水系，形成完善的排水系统，并做好进出口位置的选择和处理，使水流顺畅，不出现堵塞、溢流、渗漏、淤积、冲刷、冻结等，以免造成对路基、路面和毗邻地带的危害。地表排水设施主要由各种沟和管组成，它们分别承担一定汇水面积范围内地表水的汇集和排泄功能。并将各项设施组合成一个将地表水顺畅地汇集、拦截和排引到路界外的系统。

当滑坡体上存在地表水体，且必须保留时，应进行防渗处理，并与拟建排水系统相接。

滑坡体上及后缘和周边排水沟和截水沟，必须严格做好防水止水措施，以防水流沿沟体裂缝集中入渗。

10.2 水文和水力学计算

10.2.1 设计径流量的确定

设计径流量系指各项排水设施（包括路面排水、中央分隔带排水、坡面排水和由相邻地带和交叉道路流入路界内地表水排除）所需排泄流量的总和。影响设计径流量的因素包括：①降雨强度；②集水的面积及形状；③坡体表面排水的长度和坡度；④坡体表面的植被覆盖；⑤坡体表面的土体的入渗条件等。

（1）地表水汇流量计算

地表水汇流量按式（10-1）计算：

$$Q = q \cdot \Psi \cdot F \tag{10-1}$$

式中：Q——设计地表水汇流量（L/s）；

q——设计暴雨强度［L/(s·ha)］；

Ψ——径流系数；

F——汇水面积（ha）。

设计暴雨强度应按式（10-2）计算：

$$q = \frac{167A_1(1 + c \cdot \lg p)}{(t + b)^n} \tag{10-2}$$

式中：A_1、c、n、b——参数，根据统计方法进行计算确定；

例如：

重庆市

$$q=\frac{2\ 822 \cdot (1+0.755 \cdot \lg p)}{(1+12.8 \cdot p^{0.076})^{0.77}}$$

宜昌市

$$q=\frac{1\ 108\ (1+0.73 \cdot \lg p)}{T^{0.626}}$$

p——设计降雨的重现期（年），对于边（滑）坡设计可选用20年一遇，对于公路边坡排水设计可参见《公路排水设计规范》（JTJ 018—97）；

T——降雨历时（min），设计降雨历时定义为径流到达计算坡面的径流时间；

$$T = t_1 + m \cdot t_2 \tag{10-3}$$

t_1——地面汇流时间（min），t_1 与汇流面积大小、地形坡度陡缓、土壤干湿程度，以及地面覆盖等有关，$t_1=\frac{L_1}{60V_1}$，一般 $V_1=0.15 \sim 0.6$m/s，L_1 为坡面长度（m）；

t_2——管渠内雨水流行时间（min），$t_2=\frac{L_2}{60V_2}$，L_2 为流程长度（m），即所计算管渠长度，V_2 为所计算的管渠内流速（m/s）；

m——折减系数，明渠折减系数 $m=1.2$，暗渠折减系数 $m=2$，在陡坡地区暗渠折减系数 $m=1.2 \sim 2.0$。

汇水面积 F 由等高线确定。对于已经治理过的边坡，必须考虑以前治理方法对汇水面积的影响。例如，在上游已设置截水沟，则由于截水沟的作用，使汇水面积的范围增加，因此在此汇流路线上设置排水系统时，排水系统的汇水面积应该增大。

(2) 径流系数

径流系数为径流量占总降水量的百分比。可按汇水区域内的地表种类由表 10-1 确定。当汇水区域内有多种类型的地表种类时，应分别为每种类型选取径流系数后，按相应的面积大小取加权平均值。

径流系数 Ψ 表 10-1

地表种类	径流系数	地表种类	径流系数
沥青混凝土路面	0.95	陡峻的山地	0.75～0.90
水泥混凝土路面	0.90	起伏的山地	0.60～0.80
透水性沥青路面	0.60～0.80	起伏的草地	0.40～0.65
粒料路面	0.40～0.60	平坦的耕地	0.45～0.60
粗粒土坡面和路肩	0.10～0.30	落叶林地	0.35～0.60
细粒土坡面和路肩	0.40～0.65	针叶林地	0.25～0.50
硬质岩石坡面	0.70～0.85	水田、水面	0.70～0.80
软质岩石坡面	0.50～0.75		

设计径流量的计算过程可参照图 10-1 中所示的框图。具体计算方法可参照《公路排水设计规范》(JTJ 018—97)。

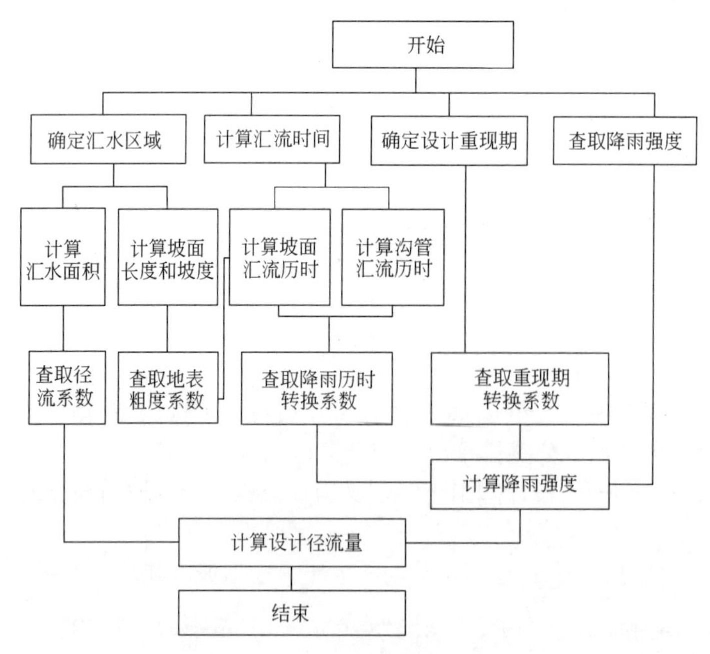

图 10-1 设计径流量计算过程框图

10.2.2 排水管渠水力学计算

排水管渠水力学计算的目的是根据前节确定的设计径流量，确定沟管所需的断面尺寸。并复核其流速是否满足允许值。

(1) 管渠的水力半径

管渠的水力半径按式（10-4）计算：

$$R = \frac{\omega}{X} \tag{10-4}$$

式中：R——水力半径（m）；

ω——过水断面面积（m^2）；

X——湿周（m），即断面中水与固体边界相接触部分的周长。

常用沟管的水力半径和过水面积按表 10-2 确定。

沟管的水力半径和过水面积　　表 10-2

断面形状	断面图	过水面积	水力半径 R
矩形	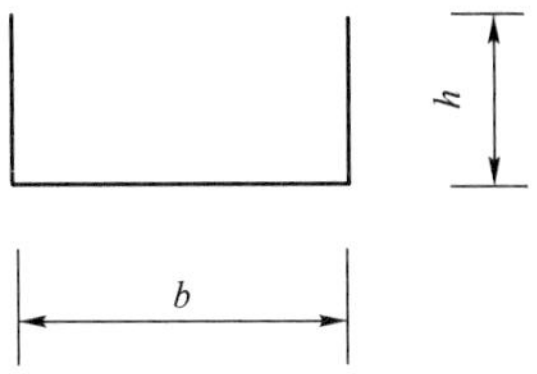 h；b	$A=bh$	$R=\frac{bh}{b+2h}$
三角形	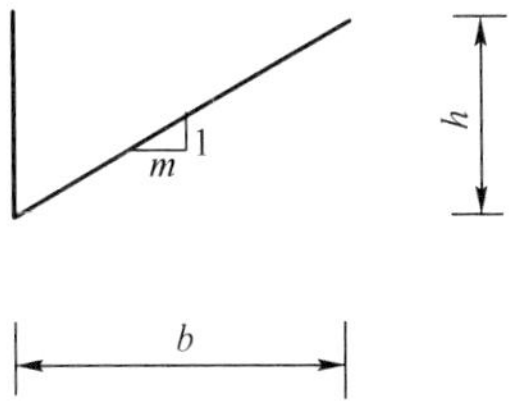 h；m；1；b	$A=0.5bh$	$R=\frac{0.5b}{1+\sqrt{1+m^2}}$
三角形	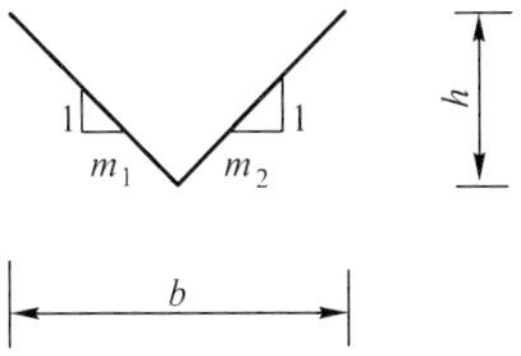 h；1；m_1；1；m_2；b	$A=0.5bh$	$R=\frac{0.5b}{\sqrt{1+m_1^2}+\sqrt{1+m_2^2}}$
梯形	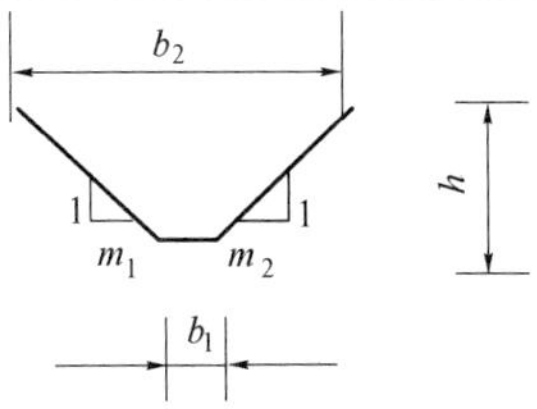 b_2；h；1；m_1；1；m_2；b_1	$A=0.5(b_1+b_2)h$	$R=\frac{0.5(b_1+b_2)h}{b_2+h(\sqrt{1+m_1^2}+\sqrt{1+m_2^2})}$
圆形	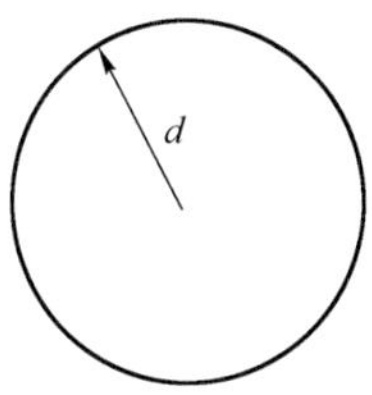 d	$A=\frac{\pi d^2}{4}$	$R=\frac{d}{4}$
半圆形	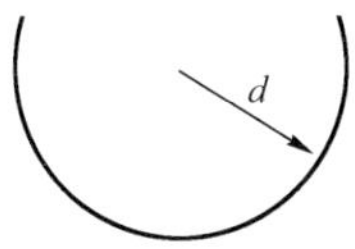 d	$A=\frac{\pi d^2}{8}$	$R=\frac{d}{4}$

（2）沟管的泄水能力

沟管的泄水能力按式（10-5）确定：

$$Q_c = vA \tag{10-5}$$

式中：Q_c——设计的泄水能力；

v——平均流速；

A——过水断面。

上式中 v 可根据曼宁公式来确定：

$$v = \frac{1}{n}[R^{0.67} I^{0.5}] \tag{10-6}$$

式中：v——流速；

R——水力半径；

I——排水沟坡度；

n——沟壁或管壁的粗糙系数，可按表 10-3 查取。

沟壁或管壁的粗糙系数 *n*　　表 10-3

沟或管类别	n	沟或管类别	n
塑料管（聚氯乙烯）	0.010	土质明沟	0.022
石棉水泥管	0.012	带杂草土质明沟	0.027
混凝土管	0.013	砂砾质明沟	0.025
陶土管	0.013	岩石质明沟	0.035
铸铁管	0.015	植草皮明沟（流速 0.6m/s）	0.035～0.050
波纹管	0.027	植草皮明沟（流速 1.8m/s）	0.050～0.090
沥青路面（光滑）	0.013	浆砌片石明沟	0.025
沥青路面（粗糙）	0.016	干砌片石明沟	0.032
混凝土路面（镘抹面）	0.014	混凝土明沟（镘抹面）	0.015
混凝土路面（拉毛）	0.016	混凝土明沟（拉毛）	0.012

（3）浅三角开沟过水断面的泄水能力 Q_c 按下述修正公式计算：

$$Q_c = 0.337 \frac{1}{i_h n} h^{\frac{8}{3}} I^{\frac{1}{2}} \tag{10-7}$$

式中：i_h——沟或过水断面的横向坡度；

I——沟的纵向坡度；

h——沟或过水断面的水深（m）；

n——沟或过水断面的糙率。

10.2.3 沟和管的允许流速

《公路排水设计规范》(JTJ 018—97)对沟和管的允许流速作下列规定：

(1) 明沟的最小允许流速为 0.4m/s，暗沟和管的最小允许流速为 0.75m/s。

(2) 管的最大允许流速为：金属管 10m/s；非金属管 5m/s。

(3) 明沟的最大允许流速，在水深为 0.4～1.0m 时，按表 10-4 取用；在此水深范围外的允许值，按表 10-4 列值乘以表 10-5 中相应的修正系数。

明沟的最大允许流速 (m/s)　　表 10-4

明沟类别	允许最大流速	明沟类别	允许最大流速	明沟类别	允许最大流速	明沟类别	允许最大流速
亚砂土	0.8	干砌片石	2.0	黏土	1.2	水泥混凝土	4.0
亚黏土	1.0	浆砌片石	3.0	草皮护面	1.6		

最大允许流速的修正系数　　表 10-5

水深 h (m)	$h \leqslant 0.4$	$0.4 < h \leqslant 1.0$	$1.0 < h < 2.0$	$h \geqslant 2.0$
修正系数	0.85	1.00	1.25	1.40

10.3 坡面排水

10.3.1 总体设计

坡面排水主要由各种横断面形状和尺寸的沟渠（槽）组成，条件合适时也可采用金属管。边坡排水设施必须要有好布局，现介绍香港公路边坡手册给出的一个设计案例，如图 10-2所示。

合理的排水布置，应有利于将溪流直接引离边坡并通过坡内排水设施截走地下水（例如堆积体中的水），参见图 10-2 中的 A。图 10-2 中的 B 为开挖边坡。C 为位于坡脚的边沟，这些排水设施应具有足够的泄流能力。D 为边坡顶的截水沟，其排水能力应保证上部集水面积的汇流；E 为边坡平台上的截水沟，在布置这些排水设施时应考虑将来维修的方便。F 为在岩石边坡中设置的排水沟，用以防止水流对坡面的冲蚀。G 为急流槽，布置急流槽时应避免水流方向的突然改变。H 为挡土墙，应辅以排水设施，以防止路面溢流。I 为路基的排水出口，同样，也应保证具有足够的泄水能力。J、K 为路面下的排水涵洞，其泄流速度不能过高，以防止对排水措施和边坡的冲刷。如有必要，可设消力池或消力坎。L 表示设置的多级跌水，为使边坡具备防冲蚀能力，可使用浆砌块（片）石或混凝土铺砌，如 Q 所示。M 为辅助排水沟，用以截断低洼处的积水。N 为直立拦水墙，用以防止路面积水直接流到下面的边坡。O 为拦污栅（拦沙坝），用以防止杂物泥沙堵塞渠道和管道。P 为地面排水格栅，用以排泄辅路汇入的水流。

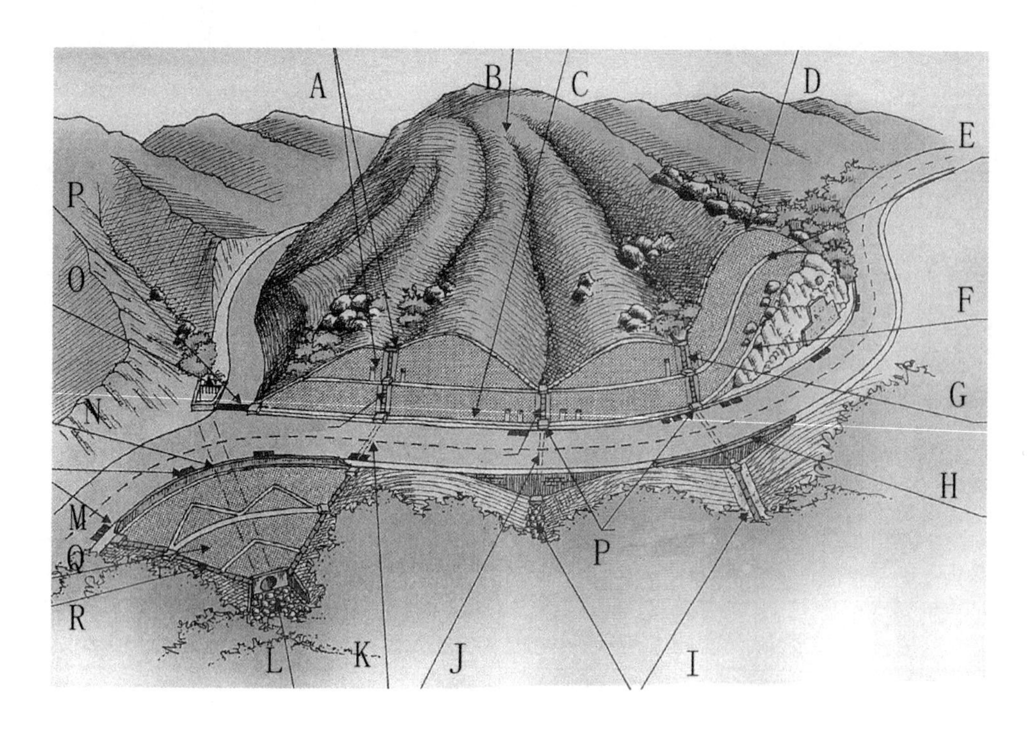

图 10-2　坡面排水总体布置要点

10.3.2　坡面排水设施

坡面排水沟渠可以分为排水沟、边沟、截水沟、急流槽和跌水。

排水沟渠的设计要考虑防冲和防淤的要求。公路设计规范规定，各种坡面排水沟渠的设计，应符合下列要求：

①沟渠纵坡坡度和出水口间距的设计，应使沟内水流的流速不超过沟渠最大允许流速；超过时应对沟壁采取冲刷防护措施。

②为防止沟渠淤塞，沟底纵坡坡度一般不宜小于 0.5％。土质沟渠的最小纵坡为 0.25％；沟壁铺砌的沟渠的最小纵坡为 0.12％。

③沟渠的顶面高度应高出设计水位 0.1～0.2m。

（1）排水沟

可以通过改变排水沟设置方向来调整水流速度。一般来说，对于水流速度接近于 2m/s 的排水沟，可以采用圆弧弯曲的方法来改变水流的方向，圆弧半径不应小于 3 倍的排水沟宽度；对于流速大于 2m/s 的水流，可以增大圆弧的半径来实现；为了不使水面溢出，也可通过给出足够高的出水高度来实现排水沟方向的改变。也可考虑将排水渠做成台阶式（也称多级跌水），如图 10-3 所示，此时需考虑因紊流导致的超高。

排水沟的形状一般设计为矩形和梯形，也可做成 U 形，如图 10-4 所示。为了防止水流进入水渠等自然河沟中冲刷排水沟端部，排水沟端部往往加设一道隔水墙，隔水墙一般低于排水沟底 1～1.5m。

边坡地表排水的排水沟应该设置为开口的混凝土衬砌的 U 形排水沟或者是半圆形的排水沟，如图 10-5 所示。

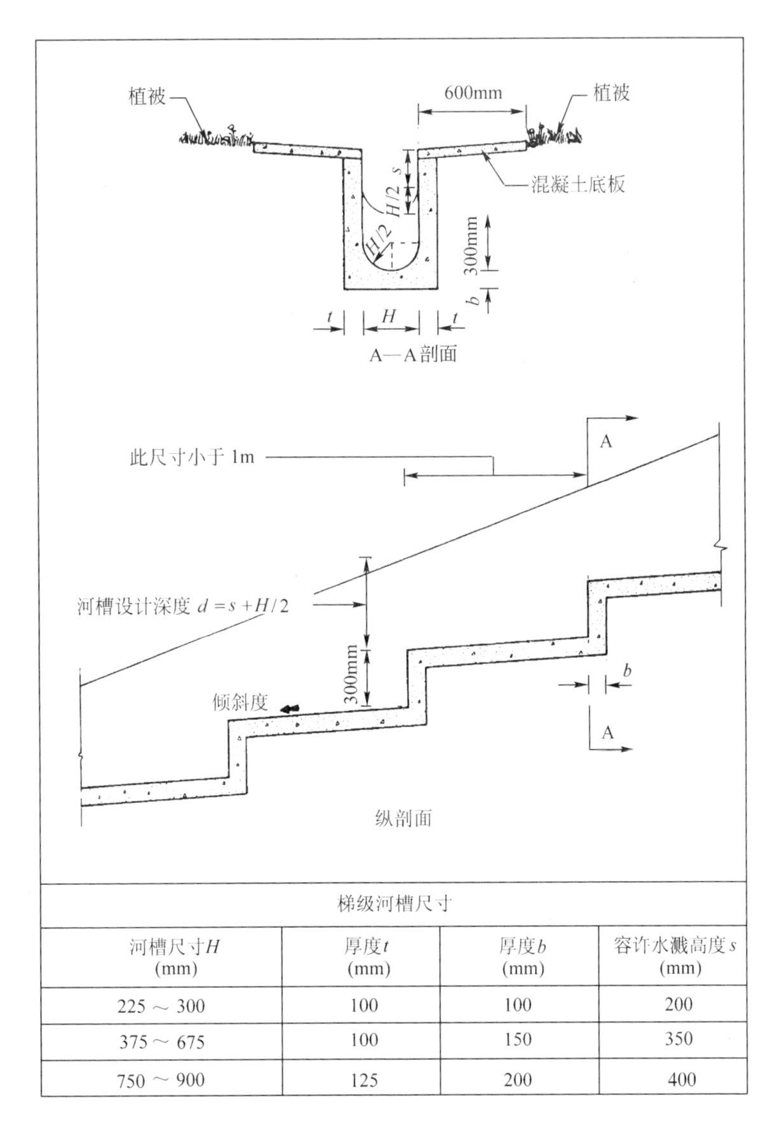

梯级河槽尺寸			
河槽尺寸H (mm)	厚度t (mm)	厚度b (mm)	容许水溅高度s (mm)
225 ～ 300	100	100	200
375 ～ 675	100	150	350
750 ～ 900	125	200	400

图 10-3　阶梯式渠槽的设计

图 10-4　阶梯式排水沟

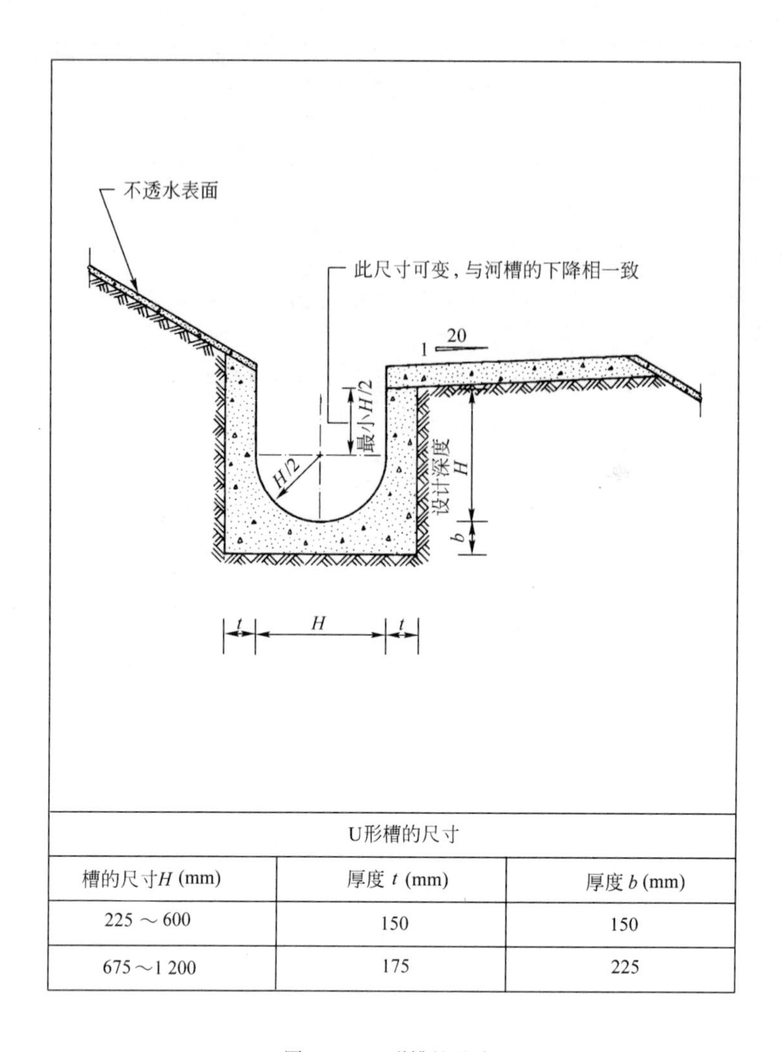

U形槽的尺寸		
槽的尺寸H (mm)	厚度 t (mm)	厚度 b (mm)
225 ～ 600	150	150
675 ～1 200	175	225

图 10-5　U 形槽的设计

（2）边沟

边沟的用途是汇集和排除路面、路肩和边坡坡面上流下的表面水。以往的设计，各级公路的边沟都习惯采用梯形（土质）和矩形（岩质）横断面。采用何种形式宜按公路等级、所需排水设计流量、设置位置和土质或岩质选定。但对于高速和一级公路，在行驶车辆偏离出路基时，梯形和矩形边沟容易造成较大的安全事故，宜采用浅三角形或碟形横断面；而在流量大，过水断面相应较大时，为减少开挖量，可采用设有槽孔盖板的矩形横断面。

边沟纵坡坡度通常与路线纵坡坡度相同或相近。设计时，纵坡坡度、出水口位置和沟壁的允许流速或冲刷防护，三者是综合在一起考虑的，应相互协调一致。

边沟一般宜通过急流槽与排水沟或自然沟渠相接。

（3）截水沟

当边坡上方地表径流量大时，应设置拦截地表径流的截水沟。截水沟应结合地形和地质条件沿等高线布置，将拦截的水顺畅地排向自然沟谷或水道。如果滑坡体的界线基本明确，应在滑坡体的周界外设置截水沟。对于设于路面的截水沟，通常设在路堑坡顶 5m 或路堤坡脚 2m 以外，如土质良好、路堑边坡不高或沟壁进行铺砌时，前者也可不小于 2m。公路排水规范规定，截水沟坡度为1∶1.0～1∶1.5；沟底宽度和沟的深度不宜小于0.5m。地质或土质条件差，有可能产生渗漏或变形时，应采取相应的防护措施。截水沟长度以200～500m为宜；超过500m时，可在中间适宜位置处增设泄水口，由急流槽或急流管分流排引。当自然边坡较缓时，宜采用梯形截水沟；当山体陡峭时，宜采用矩形截水沟。截水沟的流水一般通过急流槽汇入到边沟、排水沟或自然沟渠中。对于几级挖方边坡，每级边坡的平台均应设置平台截水沟，平台截水沟一般有两种设计：上凸式和下凹式。上凸式在高速公路中较为常用。平台截水沟常通过急流槽、接水沟将水引至边沟或截水沟中。

（4）急流槽

急流槽是集中排泄路面水、挖方边坡流水的重要设施，一般有以下几种类型：路堤急流槽、截水沟接边沟的路堑急流槽、截水沟接排水沟的急流槽、边沟接排水沟的急流槽。

公路设计规范对急流槽做了以下规定：

①急流槽可采用由浆砌片石铺砌的矩形横断面或者由混凝土预制件铺筑的矩形横断面。浆砌片石急流槽的槽底厚度为0.2～0.4m，槽壁厚0.3～0.4m。混凝土急流槽的厚度可为0.2～0.3m。槽顶应与两侧斜坡表面齐平。槽深最小0.2m，槽底宽最小0.25m。槽底每隔2.5～5.0m应设置一个凸榫，嵌入坡体内0.3～0.5m，以避免槽体顺坡下滑。

②当急流槽纵坡陡于1∶1.5时，宜采用金属管，管径至少20cm。各节急流管用管桩锚固在坡体上，其接口应做防水联结，以免管内水流渗漏而冲刷坡面。

③急流槽或急流管的进水口与沟渠泄水口之间做成喇叭口式联结，变宽段应有至少15cm的下凹，并做铺砌防护。急流槽或急流管的出水口处应设置消能设施，可采用混凝土或石块铺筑的消力坪或消力池。

路堤急流槽一般用于路面集中排水的情形。非超高段和超高段内侧路面的水通过路缘带汇集到急流槽中，而超高段外侧路面排水先汇集到中央分隔带的集水井中，后通过横向排水管流入超高段外侧的急流槽中。路堤急流槽一般设置间距为30～50m。路堤急流槽尺寸一般为矩形35cm×40cm（深×宽），壁厚25～30cm，底部铺砌25cm，沟壁和沟底铺砌均采用M7.5级浆砌片石，沟底一般设置厚10cm砂垫层。为了增加急流槽的稳定性，应每隔1～2m设置一道防滑平台，平台宽不小于60cm。为了减小水流的冲刷，沿槽身每隔1m设置一道消力坎，坎高10cm。在纵坡较大路段，急流槽入水口宜采用不对称弧形，并设置低凹区；在纵坡小的路段，急流槽入水口宜采用对称弧形。

图10-6为一典型的急流槽设计。

（5）跌水

跌水为人工排水沟渠的特殊形式，用于陡坡地段，沟底纵坡可达100%，是山区路基及边坡排水常见的结构物。由于纵坡大、水流湍急、冲刷作用严重，所以跌水必须用浆砌块石或水泥混凝土砌筑，且应埋设牢固。

图10-7表示路基边沟水流通过涵洞排泄时，采用单级跌水（相当于雨水井）的示例。较长陡坡地段的沟渠，为减缓水流速度，并予以消能，可采用多级跌水。图10-8为一等截面多级跌水结构设计示意图，槽底具有1%～2%的纵坡。其断面尺寸必须通过水文水力计算确定。

10.3.3 沟渠的连接

控制不同渠水面积的沟渠汇合，形成下一级干渠，在接合部往往是排水设计的一个重点。此处容易产生紊流，也容易发生堵塞。在结合部，支渠的宽度宜为干渠宽度的一半，这些沟渠宜局部加深以防止水流紊动和飞溅。如果可能发生过度的紊动和飞溅，则应设缓冲墙（图 10-9）或集水池（图 10-10）。

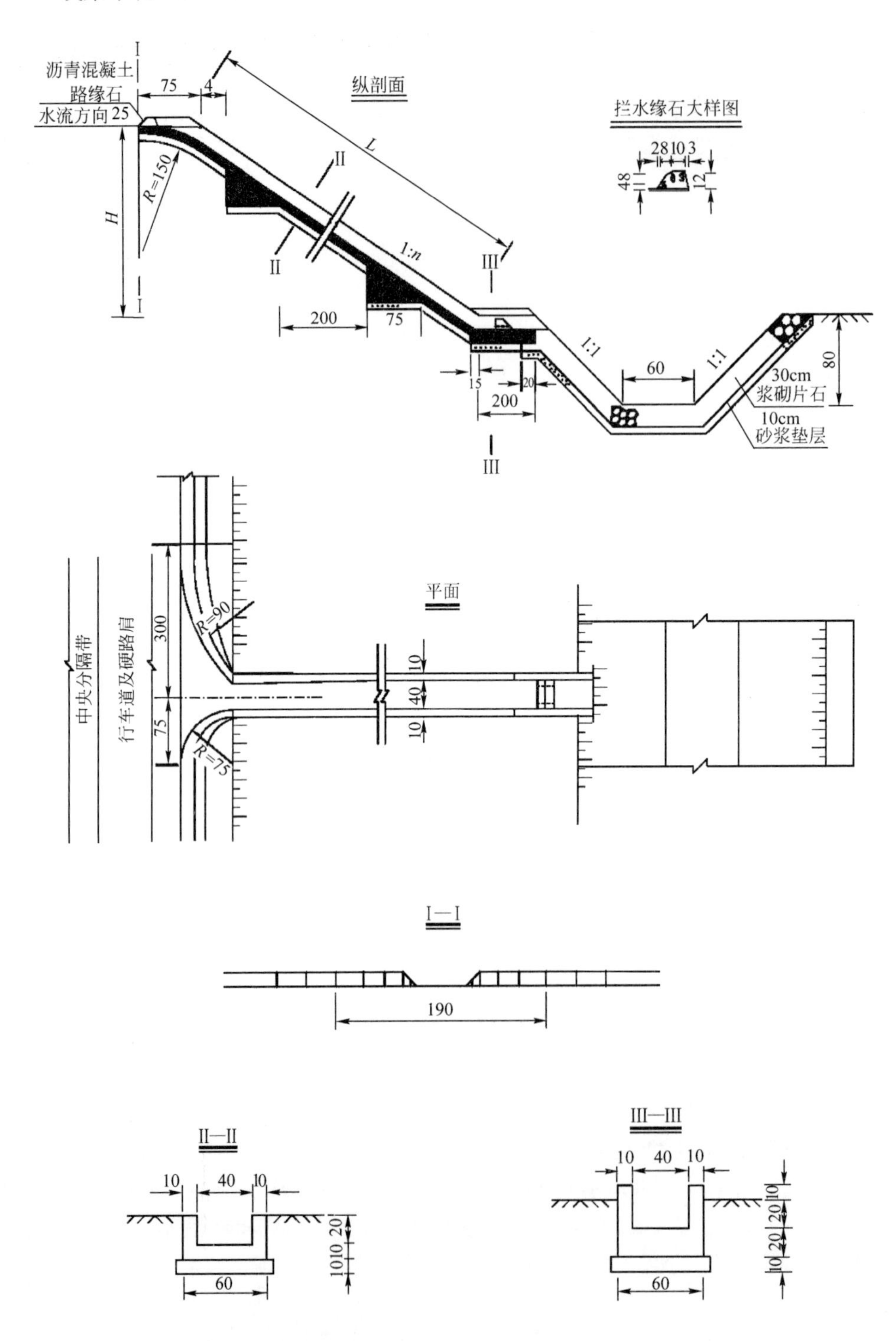

图 10-6　典型的急流槽设计（尺寸单位：cm）

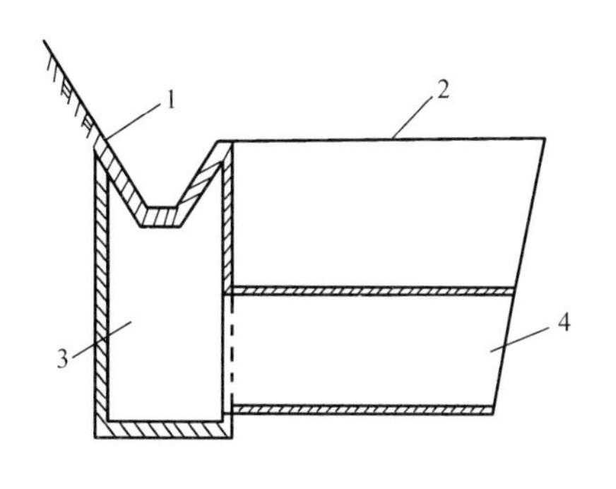

图 10-7　涵洞排泄单级跌水
1-边沟；2-路基；3-跌水井；4-涵洞

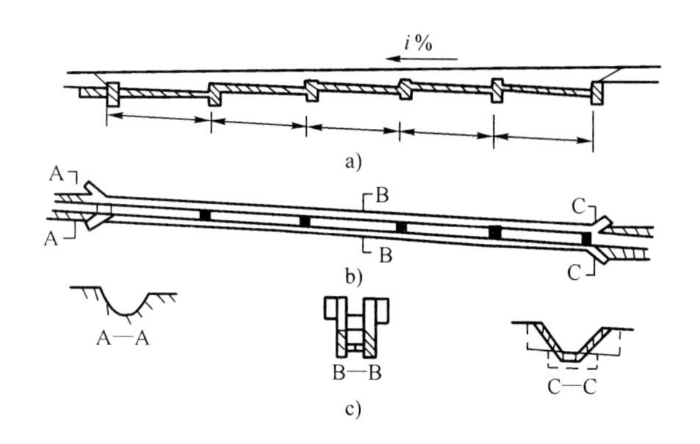

图 10-8　等截面多级跌水结构图
a)纵剖面；b)平面；c)横剖面

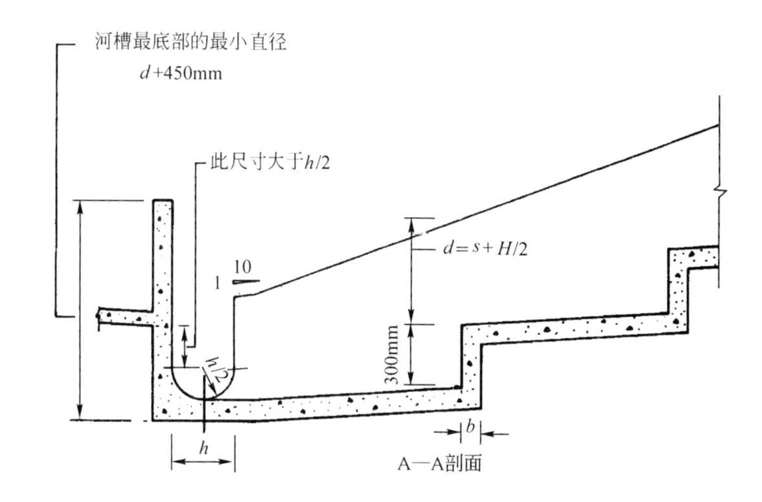

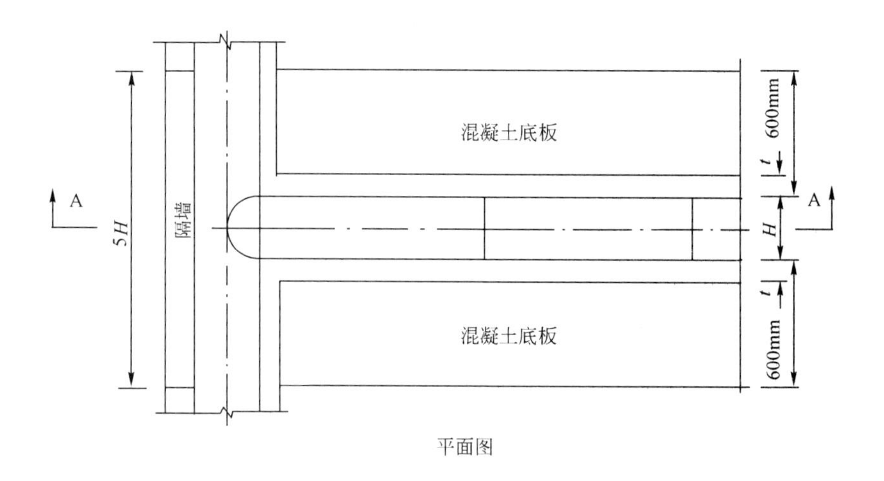

图 10-9　梯级沟槽与 U 形沟槽的连接设计

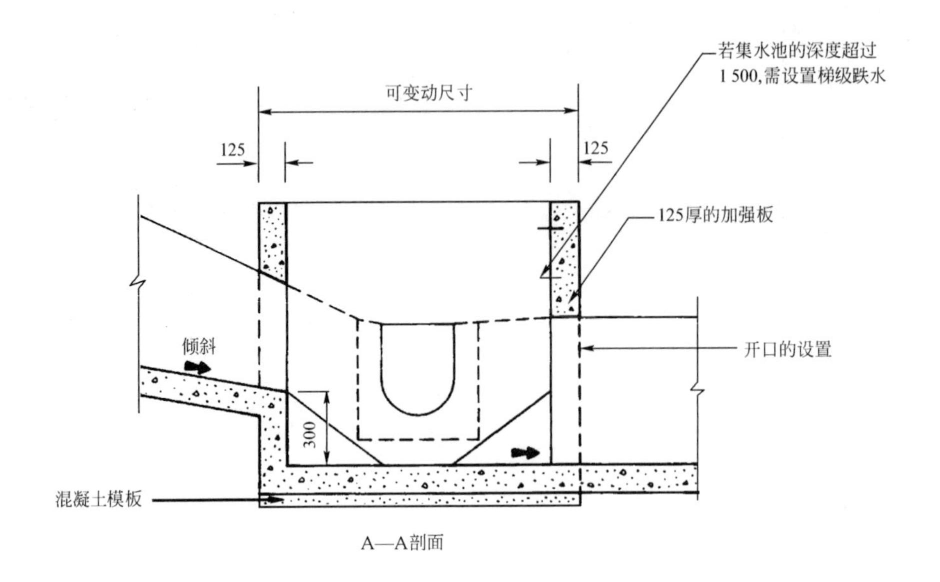

A—A剖面

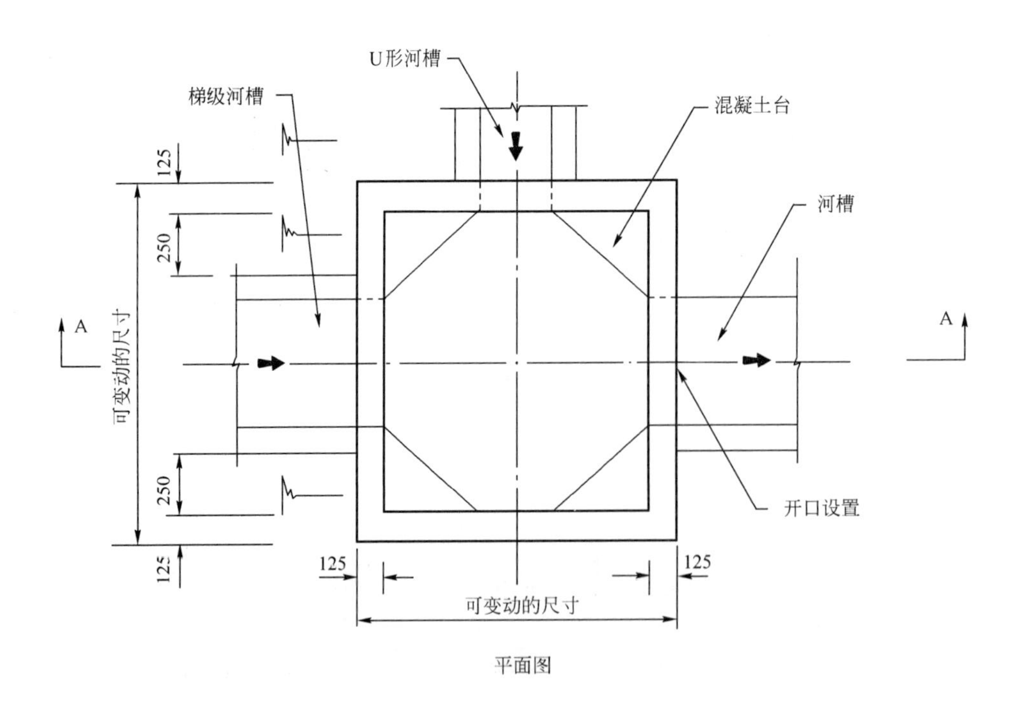

平面图

图 10-10　集水池的设计（尺寸单位：mm）

10. 3. 4　防冲和防淤

对于易冲蚀的坡面，应将拦污栅（拦沙坝）和截砂井设置在坡脚处或者其他易于检查和维护的区域。在设计中，应保证排水系统中的水全部通过截砂井或拦污栅。

由于拦污栅易于被小树枝或水中的漂浮物堵塞，因此设计的栅缝（或泄水孔）应该足够大以确保部分堵塞后水流仍然能通过。香港边坡设计手册建议，一般条件下，按 50％的栅缝被堵塞来设计；对于植被覆盖茂密的坡面来说，按 75％的栅缝被堵塞来设计。图 10-11 是一个典型的截砂井设计图。注意图注中的第 5 点仅作为设计时的参考，因为如果严格按照第 5 点设计，设计出的截砂井的能力很大，这在很多情况下是不实用的。对于易腐蚀的陡峭的坡面，在设置截砂井时应将日常维护作为重点。如果受空间限制不能设置截砂井，则可考虑在坡脚排水沟设置集水坑，采用人工或者机械的方法来清除掉集水坑内的泥沙。

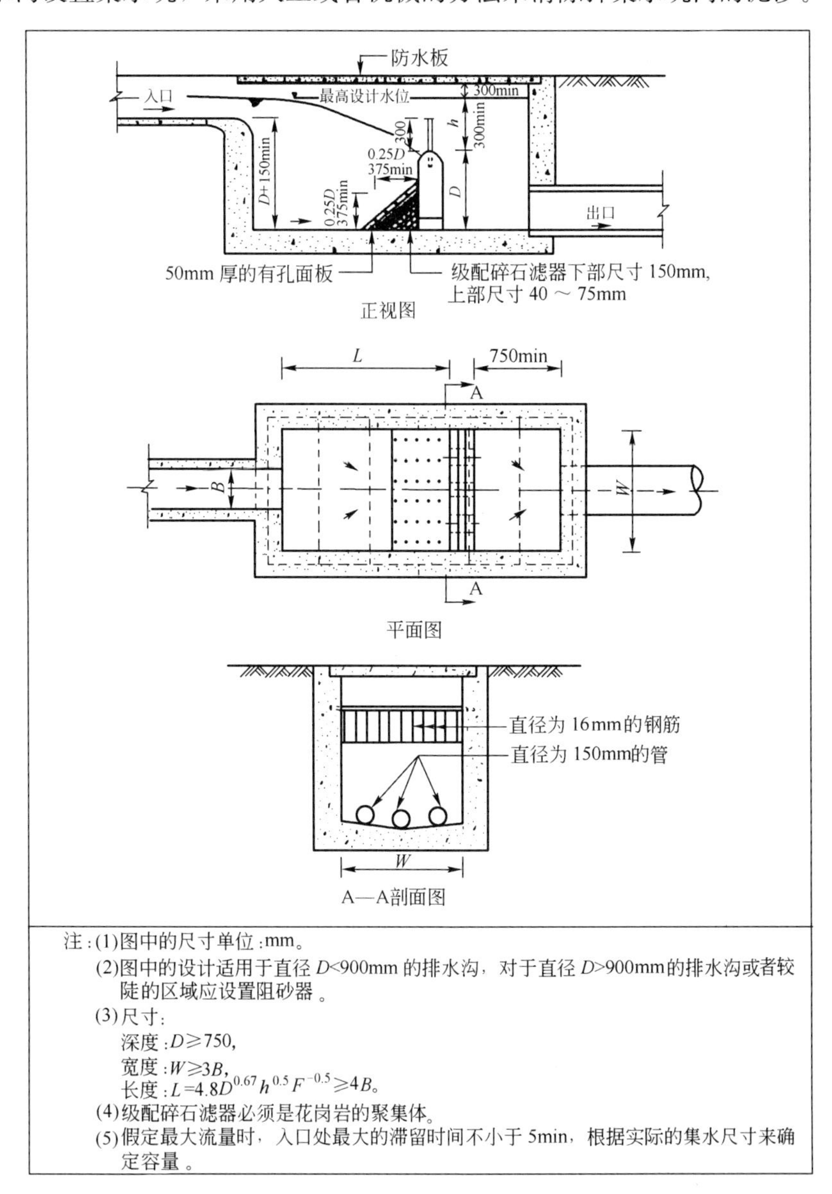

图 10-11　截砂井设计图

在暴雨中，大块的石头随着水流一起运动，由于大块的石头可能破坏和堵塞排水系统，因此设置集石井以便于维护，如图 10-12 所示。由于排水系统的堵塞会导致局部入渗的加剧，为了防止大面积的破坏，应该及时的检查和维护。

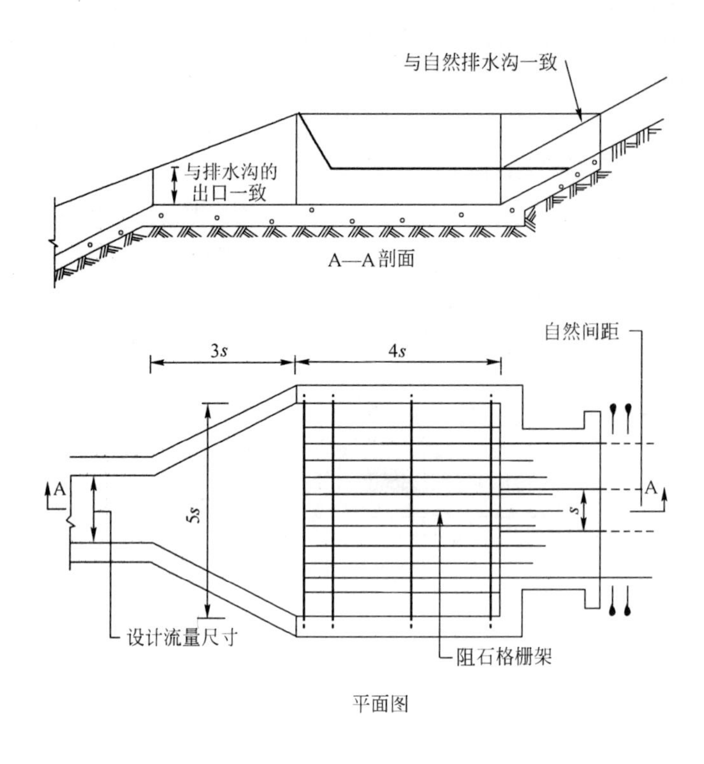

图 10-12　集石井的设计

10.4　地 下 排 水

地下排水的工程措施有：渗沟、盲沟、渗井、排水洞、排水孔、集水井、盲洞、渗井等。边坡地下排水工程中应用较多的是渗沟、盲沟、排水洞、排水孔、集水井。下面分别介绍这几种地下排水设施。其他地下排水设施可参见《公路设计手册　路基》。

10.4.1　渗沟

渗沟按作用的不同，可分为支撑渗沟、边坡渗沟及截水渗沟三种。

（1）支撑渗沟

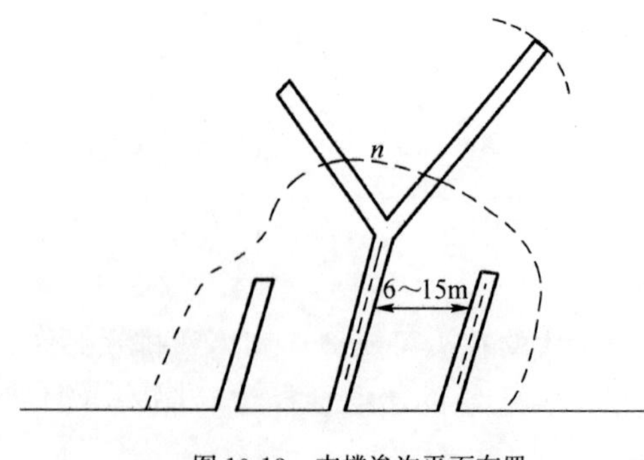

图 10-13　支撑渗沟平面布置

适用深度（高度）为 2～10m，用以支撑不稳定的滑坡体，兼具排除和疏干滑坡体内地下水的作用。

①支撑渗沟有主干和分支两种。主干平行于滑动方向，布置在地下水露头处或由土中水形成坍塌的地方。支沟应根据坡面汇水情况合理布置，可与滑动、移动方向成 30°～40°交角，并可伸展到滑坡范围以外，以起拦截地下水的作用，如图 10-13 所示。如滑坡推力较

大，范围广，可采用抗滑桩挡土墙与支撑渗沟相结合的结构形式，以支撑滑坡体。

支撑渗沟的平面形状，一般有“III”形和“YYY”形。渗沟横向间距视土质情况，可采用表 10-6 所列数据。

渗沟横向间距　　表 10-6

土　质	渗沟横向间距（m）	土　质	渗沟横向间距（m）
黏土	6～10	亚黏土	10～15
重亚黏土	8～12	破碎岩层	15

②结构。支撑渗沟的深度一般以不超过 10m 为宜，宽度一般采用 2～4m，视渗沟深度、抗滑需要及便于施工等因素而定。

支撑渗沟的基底，应埋入滑动面以下 0.5m，并设置 2%～4%的排水纵坡，当滑动面较陡时，可修筑成台阶，台阶宽度视实际需要而定，一般不应小于 2m，如图 10-14 所示。为进一步加强支撑作用，可在台阶底部设置浆砌片石的石牙，形成呈 30°的直角三角形。为防止淤积，渗沟进水侧壁及顶端应设置反滤层。在寒冷地区，渗沟出口应考虑防冻措施。

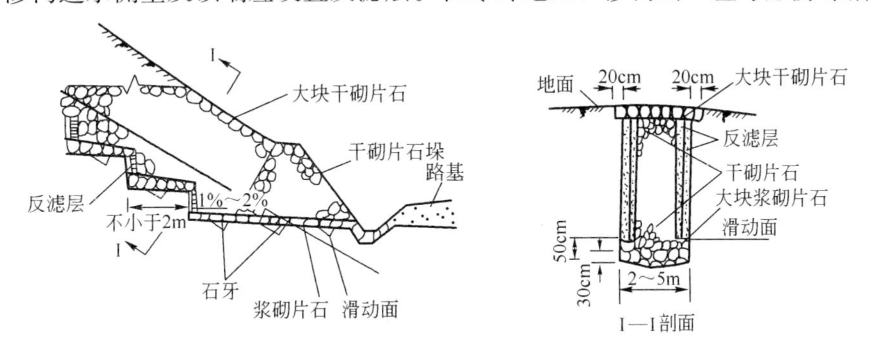

图 10-14　支撑渗沟结构示意图

（2）边坡渗沟

当滑坡前缘的路基边坡上有地下水均匀分布或坡面有大片潮湿时，修建边坡渗沟，可以疏干和支撑边坡，同时，也能起截阻坡面径流和减轻坡面冲刷的作用。

边坡渗沟的平面形状有垂直的、分支的及拱形的等，分支渗沟的主沟主要起支撑作用，而支沟则起疏干作用。分支渗沟可相互连接呈网状布置，如图 10-15 所示。拱形渗沟由于拱部易变形而失去作用，故不宜推广使用。

边坡渗沟的间距取决于地下水的分布、流量和边坡土质等因素。一般采用 6～10m。边坡渗沟的深度一般不小于 2m，宽 1.5～2.0m。基底应设置于边坡湿土层以下的稳定土层内，并铺设防渗层。另外，为加强对边坡的支撑作用，基底可修筑成台阶状。

（3）截水渗沟

当有丰富的地下水进入滑坡体时，可在垂直于地下水水流的方向上设置截水渗沟，以拦截地下水，并排出滑坡体外。

截水渗沟应修筑在滑坡体可能发展的范围 5m 以外的稳定土体上，平面上呈环形或折线形（图 10-16），深度一般不小于 10m，断面大小不受流量控制，主要取决于施工方便。基底应埋入最低一层含水层下的不透水层或基岩内。当基底未埋入完整基岩时，应采用浆砌片石修筑沟槽。渗沟的迎水沟壁应设反滤层，背水沟壁应设隔渗层。在不致冲刷四周孔壁圬工的前提下，尽量采用较陡的流水纵坡。

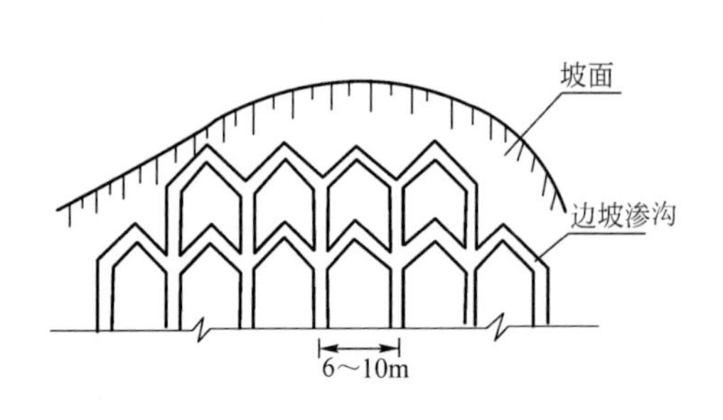

图 10-15　网状边坡渗沟

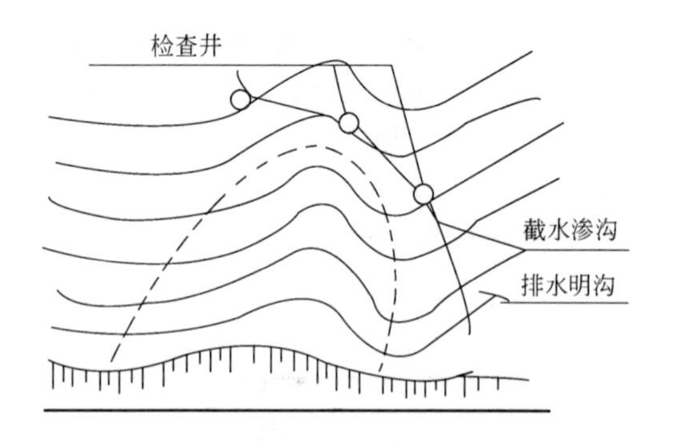

图 10-16　截水渗沟平面布置图

截水渗沟的排水管高度应不小于 1m，以便养护人员进入检查、疏通，如图 10-17 所示。

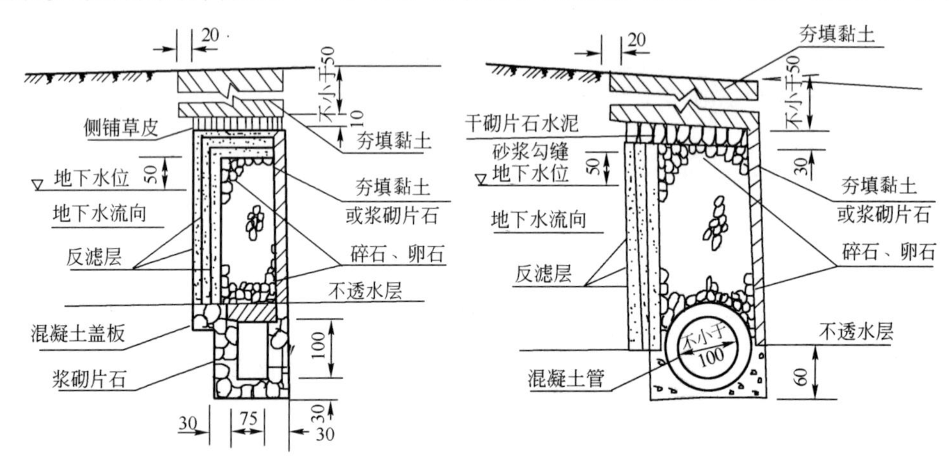

图 10-17　渗沟排水管（尺寸单位：cm）

截水渗沟一般深而长，为便于维修与疏通孔道，在直线段每隔 30～50m 或渗沟的转弯、变坡处应设置检查井，如图 10-18 所示。检查井井壁应设泄水孔，以排除附近的地下水。

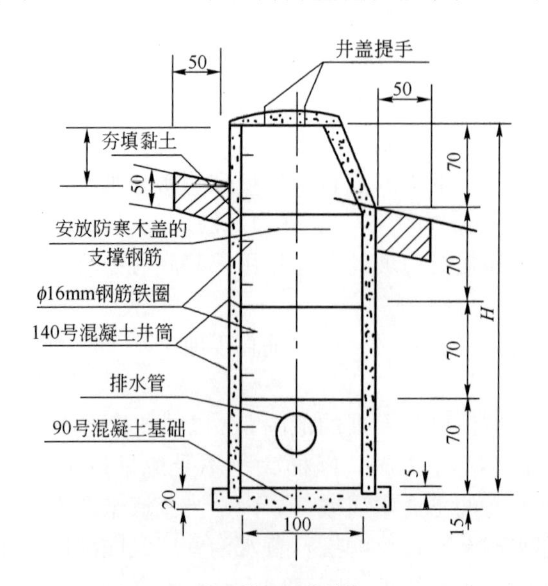

图 10-18　检查井（尺寸单位：cm）

10.4.2 盲沟

盲沟类型应根据当地材料、土质等条件选择，如乱石盲沟、多孔管（花管）盲沟、无砂管盲沟，或瓦管盲沟等。

盲沟利用其透水性将地下水汇集到沟内，并沿沟排至指定地点，其水力特性属于紊流。设置在上侧路基边沟下面的盲沟，用以拦截流向路基的层间水，防止路基边坡滑坍和毛细水上升危害路基。设置在路基两侧边沟下面的盲沟，用以降低地下水位，防止毛细水上升至路基工作区范围内形成水分积聚而造成冻胀，如图 10-19 所示。设在路基挖方与填方交界处的横向盲沟，用以拦截和排除路堑下面层间水或小股泉水，使路堤填土不受水害影响，如图 10-20 所示。

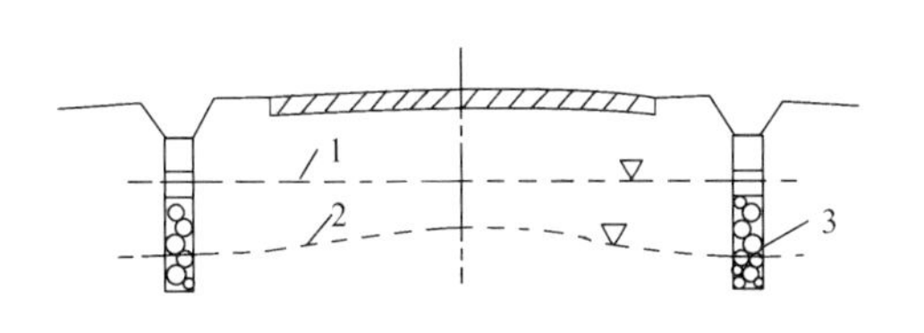

图 10-19 两侧边沟下设盲沟

1-原地下水位；2-降低后地下水位；3-盲沟

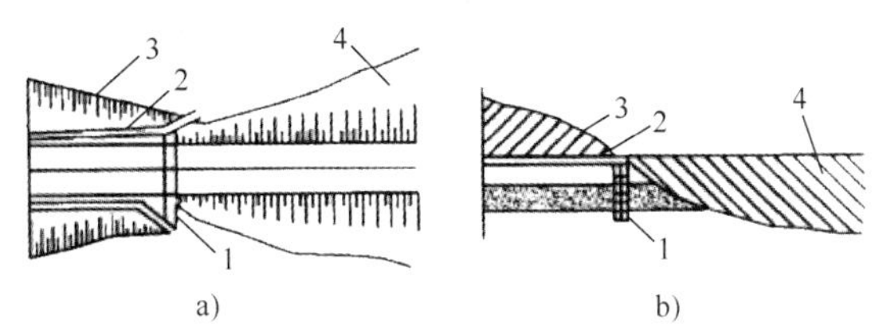

图 10-20 填挖交界处的横向盲沟

a)平面；b)纵剖面

1-盲沟；2-边沟；3-路堑；4-路堤

纵向盲沟平行于道路中线设置，可根据道路宽度决定设置一条或两条；横向盲沟宜与道路中线成 45°～90°角，间距为 10～20m。

简易盲沟的沟槽内全部填满颗粒材料，沟的横断面为矩形，亦可做上宽下窄的梯形，沟壁倾斜度约为 1∶0.2，底宽 b 与深度 h 大致为 1∶3，h=1.0～1.5m，b=0.3～0.5m。盲沟的底部和中间填以粒径较大（3～5cm）的碎石，其空隙较大，水可在空隙中流动。粗粒碎石两侧和上部，按一定比例分层（层厚约 10cm）填以较细粒径的粒料，逐层粒径大致按 6 倍递减。盲沟顶部和底面，一般设有厚 30cm 以上的不透水层，或顶部设有双层反铺草皮。

简易盲沟的排水能力较小，不宜过长，沟底具有 1%～2%的纵坡，出水底面高程应高出沟外最高水位 20cm，以防水流倒渗。

寒冷地区的暗沟，应作防冻保温处理或将暗沟设在冻结线以下。

盲沟应设置土工织物或粒料反滤层，以防淤塞盲沟，失去排水功能。

10.4.3 排水洞

排水洞是人工开挖的隧洞，通常在隧洞的周围还布置一定深度的排水孔，形成一个有效降低地下水位的排水系统。由于岩体中的地下水属于裂隙渗流，因此这样的排水系统可以截获地下水，达到降低边坡内地下水位的目的。

（1）排水洞的布置

排水洞一般平行于边坡走向方向布置，必要时可在其他方向布置支洞，以穿过可能的阻水带，扩大控制地下水的范围。对于较高的边坡，通常需要在不同高程布置若干条排水洞，以最大范围地排走山体内的地下水。

现以下面几个水利水电工程中的典型的地下排水工程说明排水洞的布置方法。

①应用实例 1：三峡工程永久船闸高边坡

三峡工程永久船闸高边坡工程的排水系统在横剖面方向布置情况如图 10-21 所示。

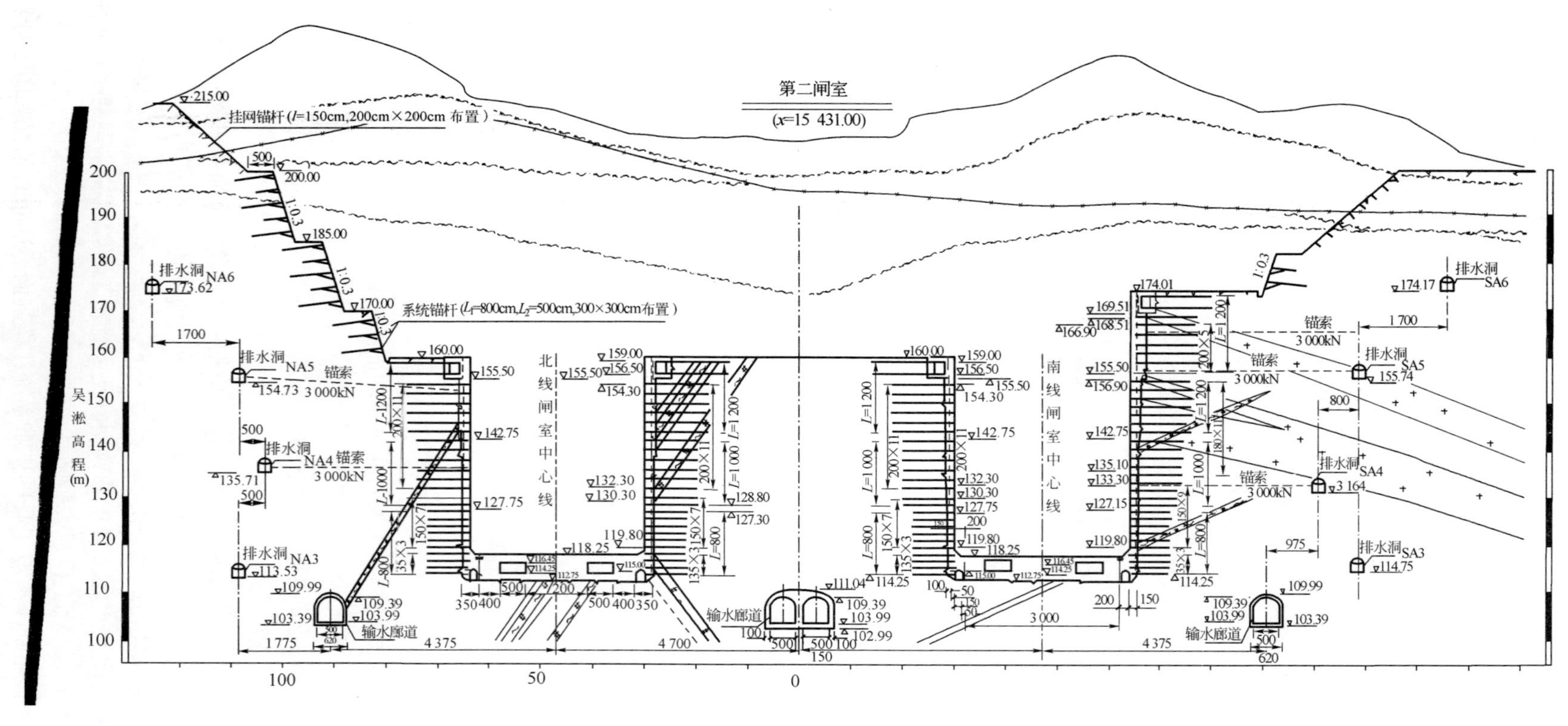

图 10-21 三峡工程永久船闸高边坡工程（尺寸单位：cm）

在船闸南、北两侧边坡岩体中各布置了 7 层共 14 条排水洞。相邻两层排水洞高差为 25～33m。两层排水洞之间设排水孔幕。排水孔间距 2.0～2.5m，下一层排水洞的排水孔超过上层排水洞底板高程 0.5m。南北直立坡和中墩衬砌墙背后岩体坡面上设置有水平和竖向排水管网，对开挖过程中发现的随机块体附近亦布设了排水孔，并将排水孔接入排水管网。排水管网的水直接排向闸室底板内的排水廊道。

②应用实例 2：小浪底工程左岸输水建筑物出口消力塘边坡

该边坡发育有顺层砂岩和泥岩夹层。根据水工建筑物水力学要求，下游输水建筑物边坡外的消力塘底板高程需开挖到 105m，比围堰以外黄河水位 135m 低了 30m。因此，通过排水降低山体内的地下水位，是决定边坡安全开挖的一个重要因素。为此在消力塘边坡 115m 和 100m 高程分别布置了两层排水廊道。以降低施工期和消力塘检修期坡内的地下水位。115m 高程排水洞的平面布置见图 10-22。

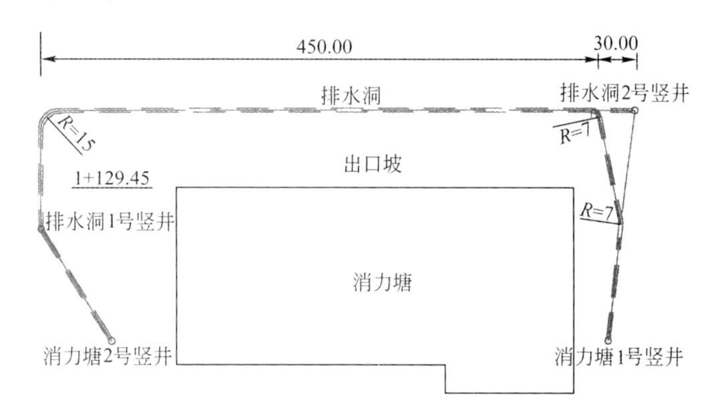

图 10-22　小浪底消力塘排水隧洞平面布置图（尺寸单位：m）

从图 10-22 的排水系统平面布置可知，排水洞沿消力塘周边布置，呈倒 U 字形。两端与消力塘排水系统竖井连接。同时作为排水洞的施工通道，消力塘施工期间，通过该竖井抽取排水洞渗水。其中 1 号竖井井口高程 158m，井深 45m；2 号竖井井口高程 177m，井深 64m。竖井上部为黄土层，下部为黏土岩及砂岩互层。

排水洞总长 888.49m，其中两施工竖井之间长度为 568.56m。排水洞底板高程约 114m，在 1 号导流洞下方通过，排水洞底板纵坡不大于 0.5%，由中间（排水洞桩号 0＋435.56m）向两边排水。消力塘 2 号竖井与排水洞 1 号竖井之间平洞底板高程为 113.49m，平洞长 111.3m。排水洞 1 号竖井（桩号 0＋111.3m）至排水洞桩号 0＋435.56m 之间平洞底板高程由 113.49m 变到 114.69m。排水洞桩号 0＋435.56m 至排水洞 2 号竖井（桩号 0＋679.9.m）之间平洞底板高程由 114.69m 变到 113.49m。排水洞桩号 0＋644.17m 至排水洞桩号 0＋722.62m 之间平洞底板高程由 113.66m 变到 113.49m。

③应用实例 3：柴石滩水库溢洪道高边坡 1 号、2 号排水洞

柴石滩水库位于昆明市宜良县。主体工程为混凝土面板堆石坝，坝高 101.8m。溢洪道布置于右岸。在溢洪道引渠段桩号 0～55m 至 0～33m，高程 1 664m 至 1 710m 的范围，F_1、F_4、F_{10}、F_{14} 等几条断层以及 Z_{bd} 上部假整合面相互切割交叉，使该边坡的硅质白云岩和黏板岩呈全强风化状态。风化深度大于 50m，成为溢洪道高边坡重要的不稳定因素。1997 年 9 月 28 日曾在这一区域发生过一次滑坡。为了保证这一厚层全强风化带排水通畅，除设置了抗滑桩和预应力锚索外，还布置了两条排水洞。1 号排水洞布置在较高部位的岩体中，2 号

排水洞则是通过全风化带，具体位置参见图 10-23。

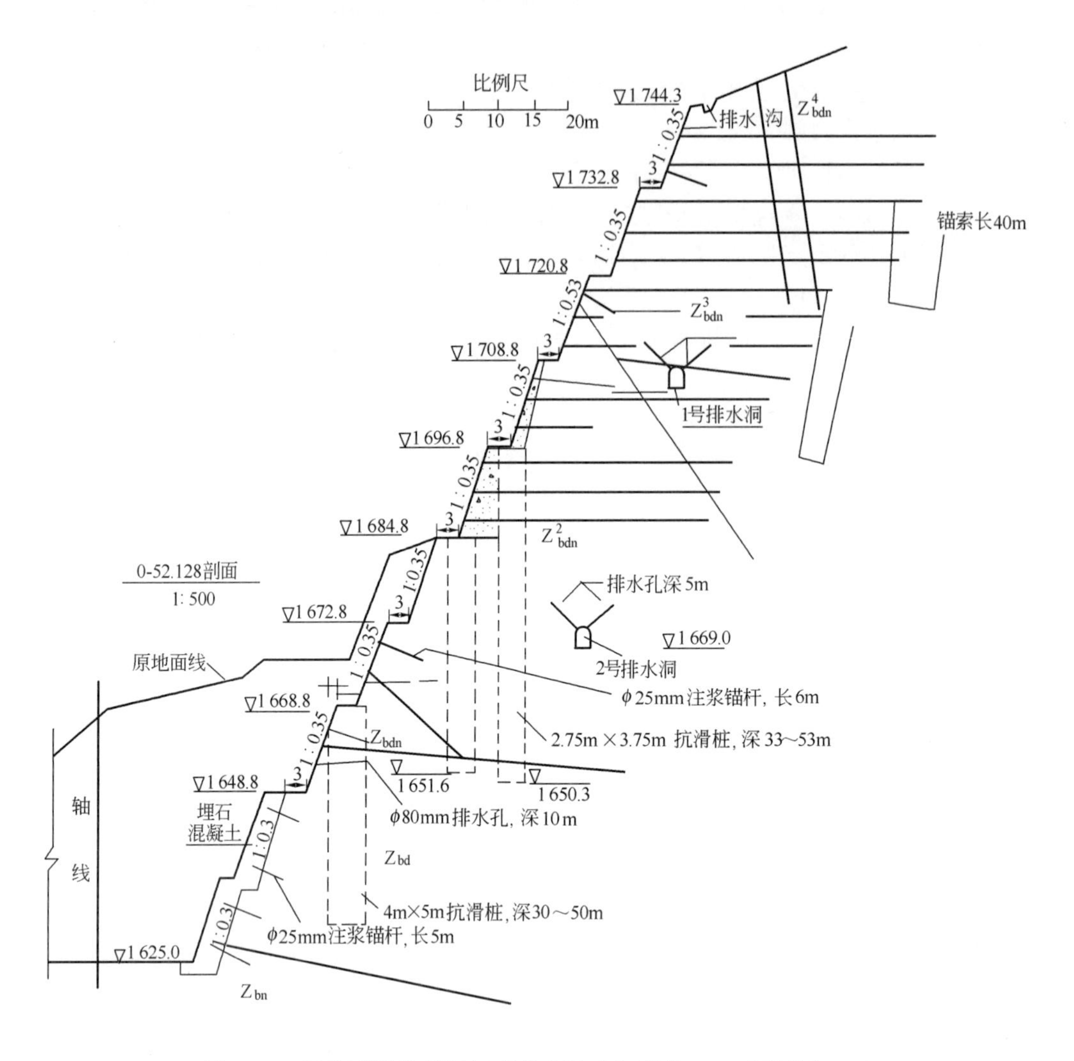

图 10-23 柴石滩溢洪道高边坡 2 号排水洞（尺寸单位：m；高程单位：m）

（2）排水洞剖面和结构

对在土体和风化严重的岩体中开挖的隧洞需进行衬砌支护。为了保证支护结构的整体性，宜采用全断面支护的形式。这一形式也可防止排水洞收集的水又通过洞底渗入边坡内。使用混凝土衬砌时，在施工中需预留孔，以便随后布置辐射状态排水孔，将岩体内的地下水引入洞内。

①应用实例 1［续（1）应用实例 2］：小浪底工程左岸输水建筑物出口消力塘边坡

上述小浪底出口边坡排水洞采用了全断面钢筋混凝土衬砌，分 A、B 两种断面形式，分别相应于Ⅲ类围岩和Ⅴ类围岩。

A 型断面：洞身长 828.49m，开挖断面尺寸 2.9m（宽）×3.5m（高），衬砌后断面尺寸 2.1m（宽）×2.8m（高）。临时支护锚杆直径 20mm@1.2m×1.2m，L=2.0m，挂钢筋网直径 8mm@0.2m×0.2m，一层，喷混凝土厚 0.10m。钢筋混凝土衬砌厚 0.30m，混凝土强度等级为 C25。A 型断面开挖支护见图 10-24a)，混凝土衬砌和排水孔见图 10-24b)。

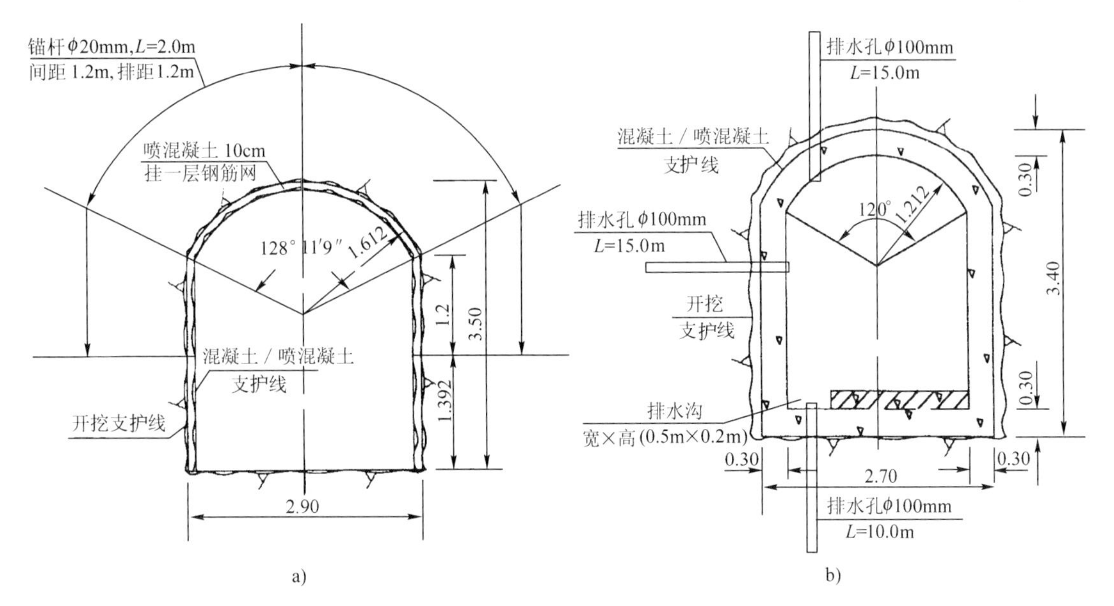

图10-24　小浪底左岸消力塘边坡A型排水洞断面（尺寸单位：m）

a)开挖支护；b)混凝土衬砌和排水孔

B型断面：洞身长60m，开挖断面尺寸3.5m（宽）×3.9m（高），衬砌后断面尺寸2.1m（宽）×2.8m（高）。临时支护锚杆直径20mm@1.0m×1.0m，L＝2.0m，挂钢筋网直径8mm@0.2m×0.2m，一层，喷混凝土厚0.10m。另采用22kg/m钢轨制成的钢支撑，每隔0.8m一架，随开挖随支护。钢筋混凝土衬砌厚0.60m，混凝土强度等级为C25。B型断面开挖支护见图10-25a)，混凝土衬砌和排水孔见图10-25b)。

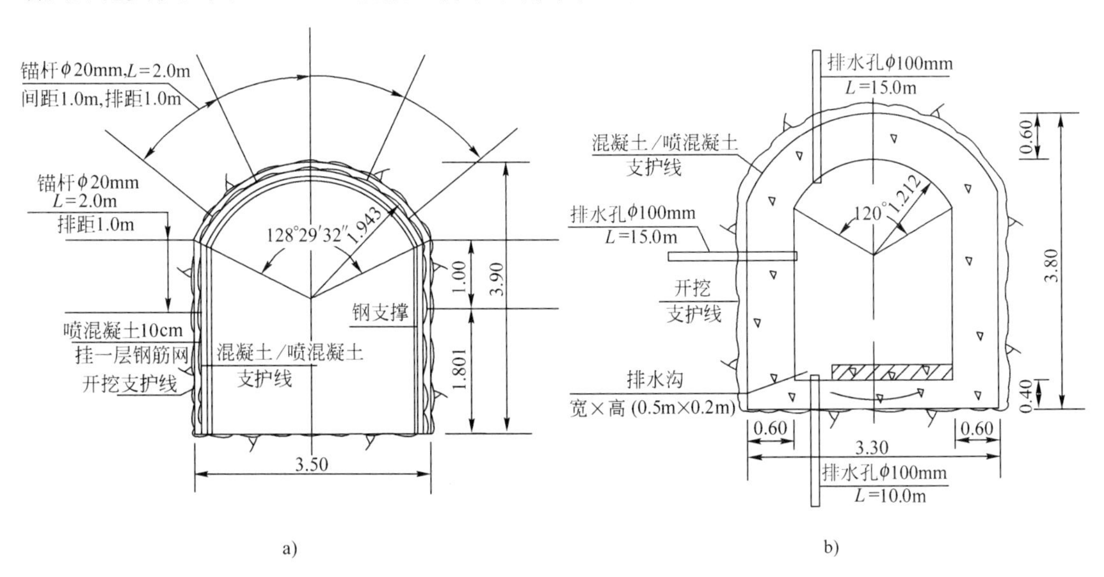

图10-25　小浪底右岩消力塘边坡B型排水洞断面（尺寸单位：m）

a)开挖支护；b)混凝土衬砌和排水孔

②应用实例2［续（1）应用实例3］：柴石滩水库溢洪道高边坡2号排水洞

在土质边坡中开挖的柴石滩水库2号排水洞的衬砌见图10-26。衬砌是用预制混凝土构成的，在现场拼装后再连成整体。

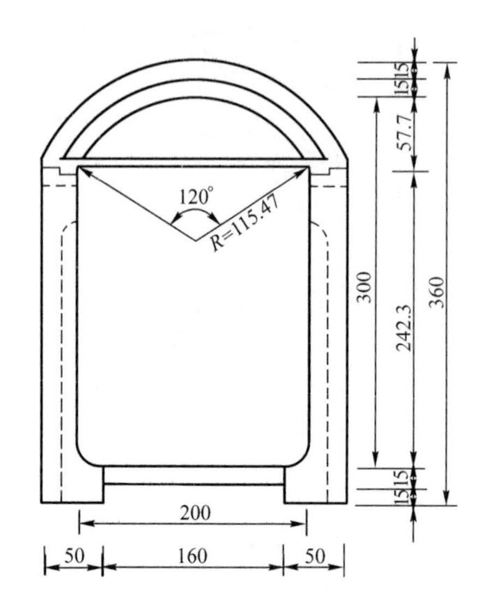

图 10-26　柴石滩水库溢洪道高边坡 2 号排水洞衬砌（尺寸单位：cm）

10.4.4　排水孔

（1）排水孔的分类

排水孔是地下排水的一种重要方式。排水孔施工简单、快速，而且可以控制较大范围的地下水。排水孔通常可分为以下两种：

①通过坡面（包括挡土墙面）打排水孔，以疏干地下水，如图 10-27 所示。

②与地下排水廊道或抽水井相连，以增加这些排水建筑物的控制范围。

（2）排水孔的功能

排水孔的布置应具备以下功能：

①排水孔应具有足够大的直径，保证水流通畅，以达到降低地下水位的目的。

②应保证进入排水孔的水全部流出孔外，因此，在坡面上一般宜以上仰角布置排水孔，坡度一般为 3%～10%。

③排水管应具有足够的刚度和强度，在保证本身完整的同时，防止出现孔壁坍塌。

④排水管中一般凿有排水孔，形成花管。为保证排水孔不发生淤堵，通常用起反滤作用的材料保护。

图 10-27　通过坡面（包括挡土墙面）打排水孔

⑤在坚硬的岩体中打排水孔，可考虑不作任何保护，直接使用该孔排水，但是此类排水孔极易因孔壁塌落淤堵，通常对其长期有效性存在较大的疑虑。因此，排水孔中通常插入一定材质的排水管。按材质分，排水管通常可分为金属排水管、硬质塑料排水管和透水软管三种，见图 10-28。分述如下。

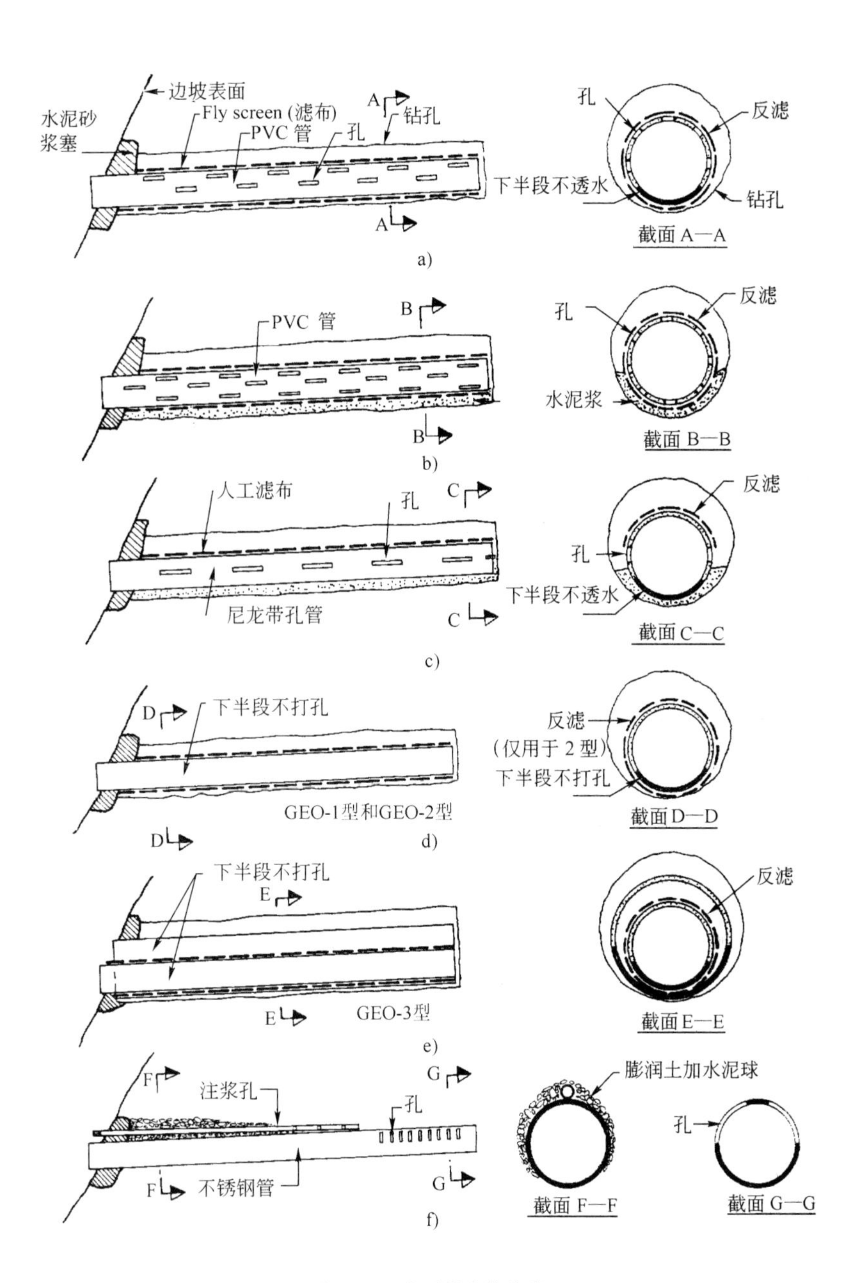

图 10-28　水平排水管分类

（3）三种排水管

①金属排水管［图 10-28f）］

早期排水管多为金属管，此类管材价格较贵，并存在防锈问题。但是，当需要使用较深的排水孔时，还宜考虑金属管。金属管在靠近孔底部分采用花管。在最后一段套管拔出前，进行灌浆。图 10-28f）为金属管的一个典型剖面。

②硬质塑料排水管

塑料排水管具有材质轻，价格便宜的优点，同时也不存在锈蚀问题。Martin 等根据香港的经验，将塑料排水管分为了以下类型：

A 型排水管。使用穿孔的 PVC 管，外裹尼龙滤布，下半部不透水。对松散介质可使用跟管钻进。排水管随滤布一起插入孔内，然后将套管打出。PVC 管的直径一般为 75mm。

排水花管孔直径 6mm，间距为 25mm，或使用 20mm 的圆孔，间距 75mm。尼龙滤布一般使用 1mm 网孔。

B 型排水管［图 10-28a)、b)］。Tong 和 Maher（1975）介绍了一种通过灌浆孔壁的排水管，共布置了三种类型的排水管，布置在顶部的排水孔用土工布包裹起排水作用，浆液在排水孔底部的孔中流到孔壁的空间，再从处于中间部位的孔返回孔内，再排到孔外。施工从孔口附近开始，逐步向孔内推进，施工完毕后冲洗孔壁。

C 型排水管［图 10-28c)］。此类排水管安装后，全部浆液直接从孔底部分输入靠近端部的孔隙。同样，孔底部反拱部分为不透水。位于中部的孔可以使浆液返回。详细工艺可参阅 Fugro（1986）。

从 20 世纪 80 年代初开始，香港土木工程署岩土工程部开发了以下几种用于边坡和挡土墙的标准类型的排水管。

D 型排水管［图 10-28d)］。此类排水管称为 GEO-1 型，为 PVC 管，靠近孔底部位凿有排水孔，外部则不透水，直径一般为 40mm。插入一个未经保护的孔中。

E 型排水管［图 10-28c)］。即 GEO-2 型，与 GEO-1 型类似，但全部用土工布包裹［图 10-29a)］。

F 型排水管［图 10-28e)］。即 GEO-3 型，此类排水设计采用双管型［图 10-29b)］。外管主要作用是保护孔壁。内管和外管直径分别为 40mm 和 60mm。内外管的下部反拱底部均不凿孔。外管裹以土工布。此类排水管中的内管可以取出更换。

a)

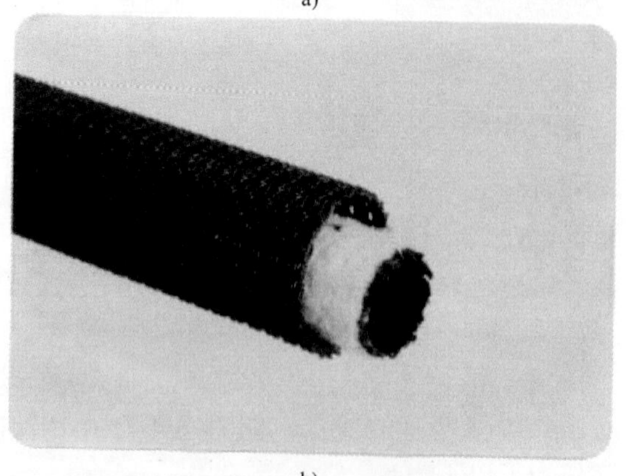

b)

图 10-29　香港土木工程署建议的硬质塑料定型排水管

a)GEO-2 型；b)GEO-3 型

GEO-1 型用于完整岩体，GEO-2 型用于风化岩体中，GEO-3 型则用于土和土石混合体中。当排水管较长时，可分节，中间用接头联结。金属管成本较高，同时在防锈方面存在较多问题。因此较少使用。

可拆卸、冲洗和更换的排水管。所有类型的排水管都存在长期有效性问题。只要排水管是长期通畅地排水的，堵漏的情况就难免发生。在长江大堤加固工程湖南段，结合减压井技术的研究，中国水利水电科学研究院曾开发了一种新型的可拆卸、冲洗和更换的减压井，经过近两年的运行，效果良好，见图 10-30。

a)

b)

c)

图 10-30　可拆卸、冲洗和更换的排水管

应用实例 1：半山村

在 1983 年台风过后，半山村的边坡出现蠕动。边坡的整修工作除包括放缓坡度外，还在 1984 年 1 月至 9 月期间安置了 55 个排水孔（图 10-31、图 10-32）。排水孔长 14～38m。采用 GEO-3 型排水管（图 10-33）。现场监测表明排水效果明显。图 10-34 为几个典型测压管排水量与降雨的关系，说明降雨与排水量有很好相关关系。

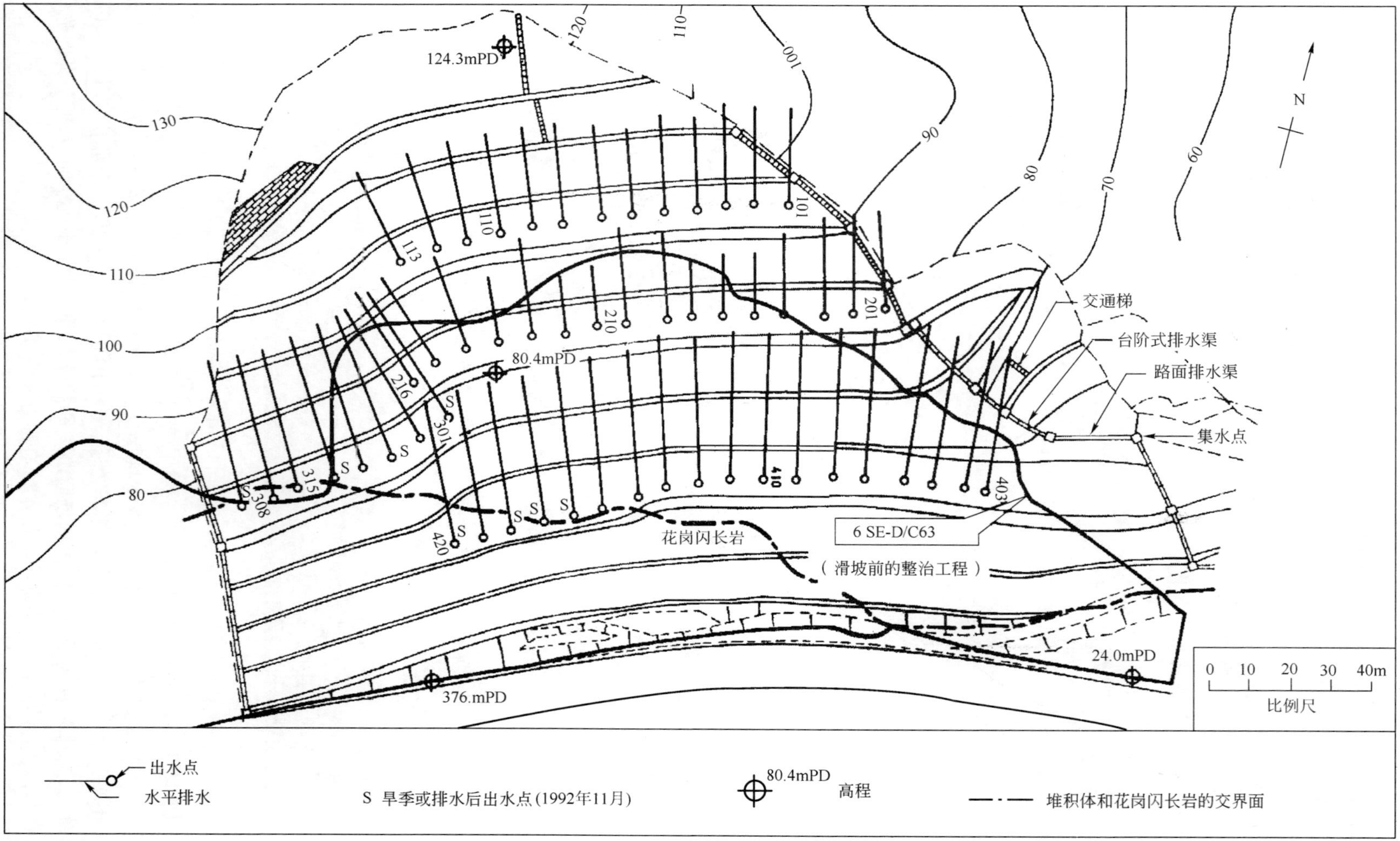

图 10-31　半山村边坡水平排水孔的布置

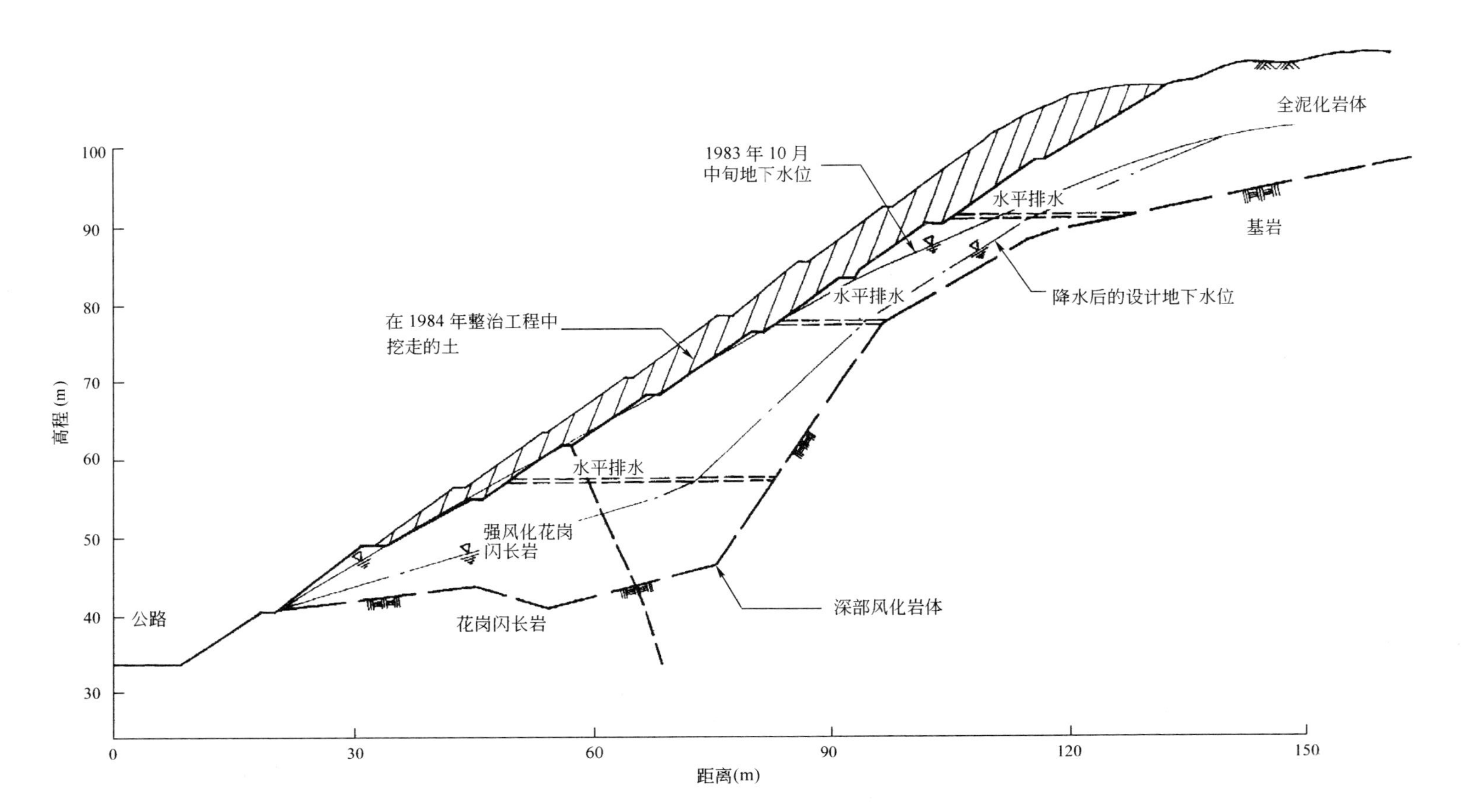

图 10-32 采用排水孔的半山村边坡剖面

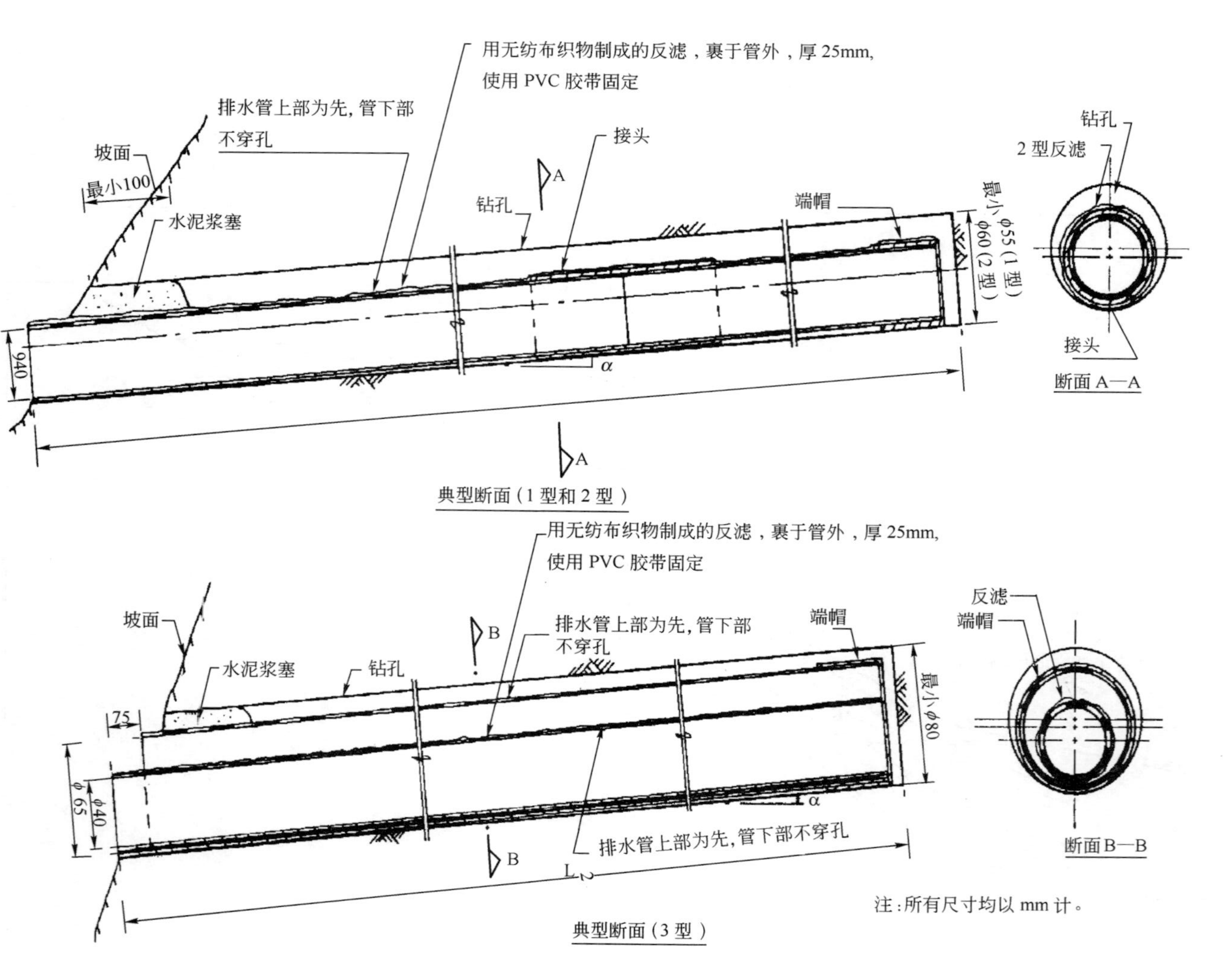

图10-33 半山村采用GEO-3型排水孔

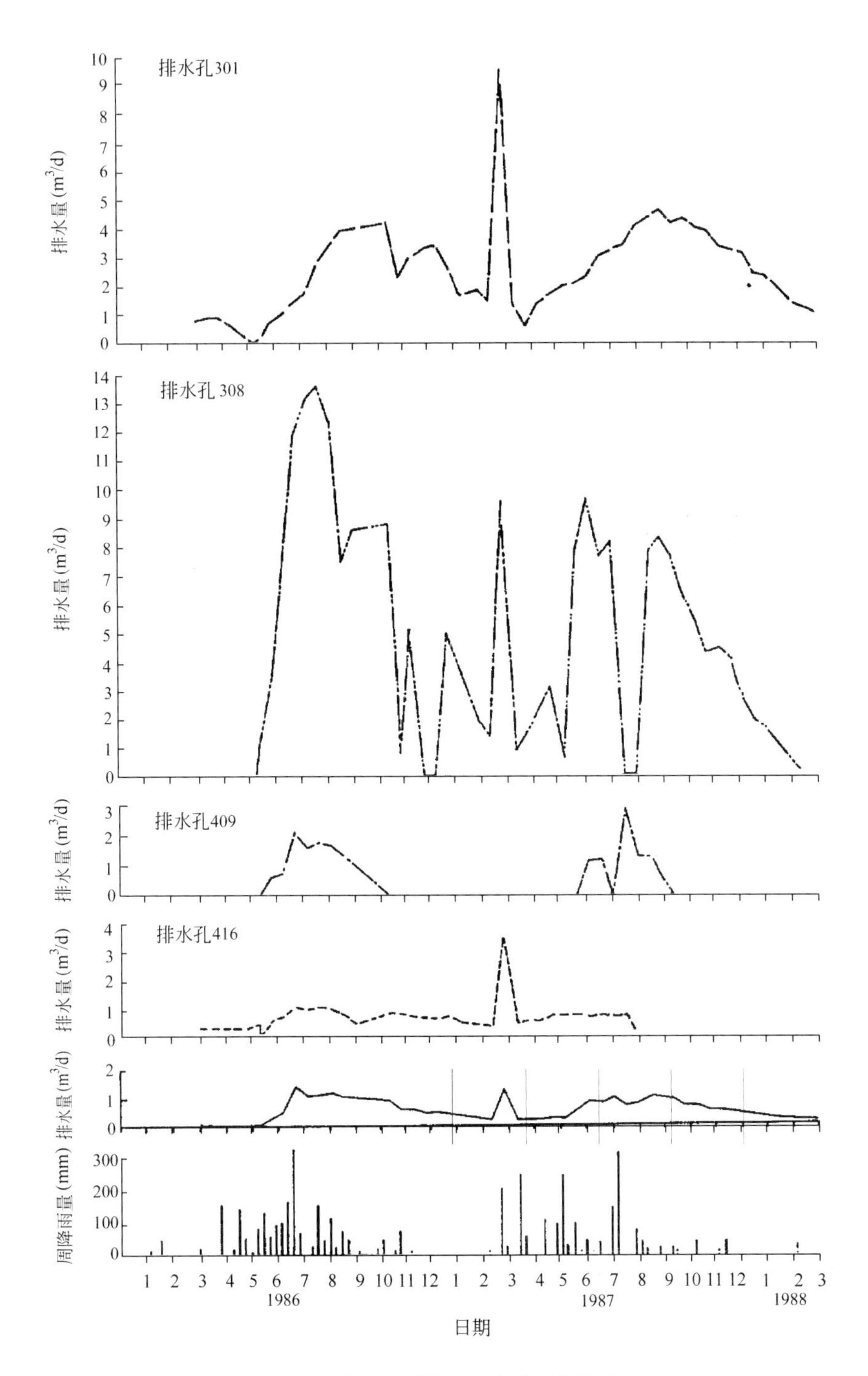

图 10-34　典型测压管排水量与降雨的关系

应用实例 2：彩云邨

彩云邨包括两个边坡降水，即 11EN-A/CR57 和 11EN-A/CR85。地层为冲积层，上覆回填土，其西侧建有一座 3～5m 高的混凝土挡土墙。图 10-35 为 CR85 典型剖面图之一。

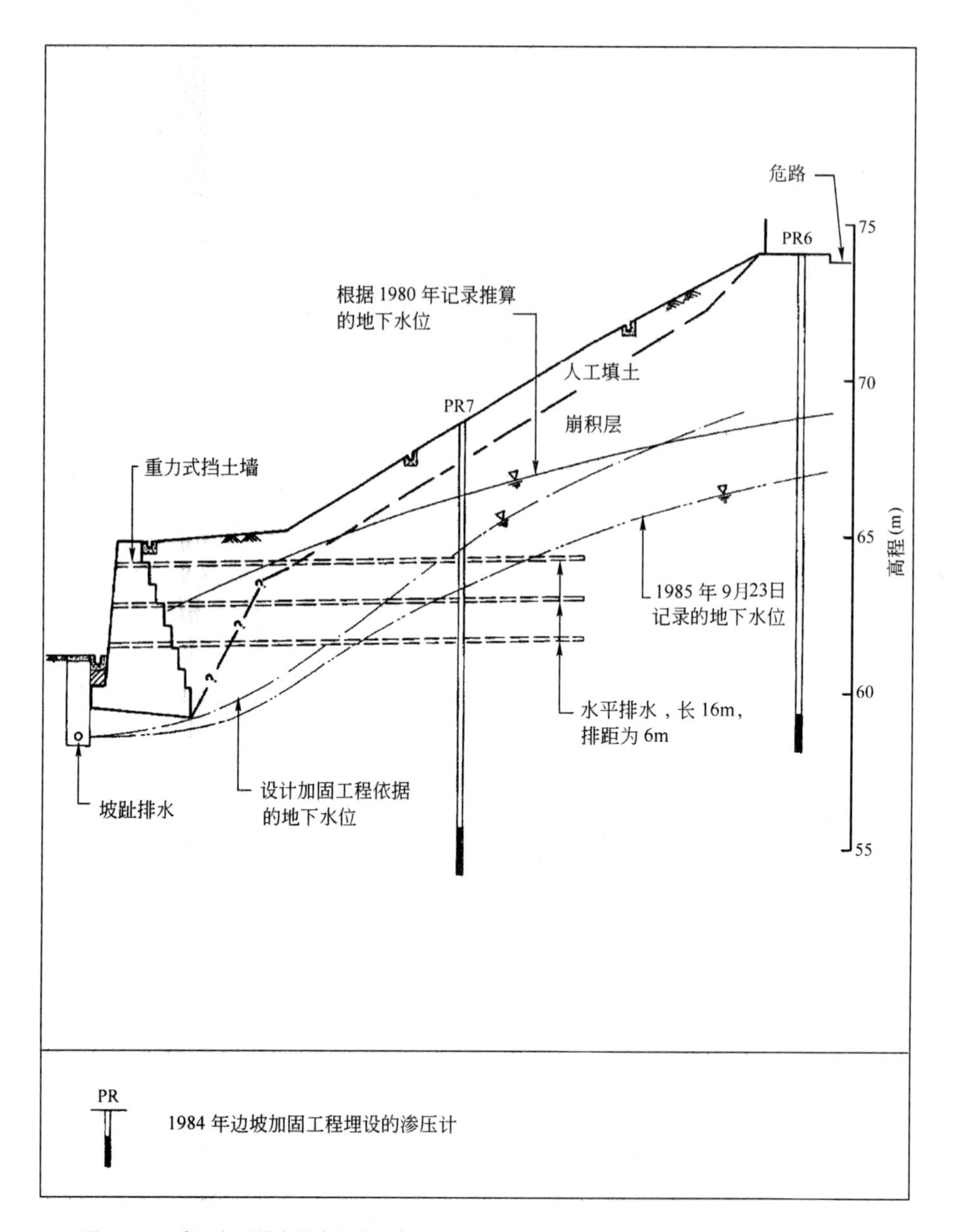

图10-35　采用水平排水技术的彩云邨边坡的典型剖面之一 Line-A/CR85（Fugro，1986）

在CR85设置了124根排水管，间距为6m，排水孔长19m，个别为16m。排水孔详图如图10-36所示，管材直径75mm，尼龙花管，底部反拱段不排水。上部透水部分裹以土工滤布。排水孔下部灌浆，安装时插入一个灌浆孔。灌浆从孔底开始排水孔上仰3°。

竣工后检测发现，CR85中最大的水量为7.3m^3/d（孔号A1.10），CR57中最大水量为3.5m^3/d（孔号A2.10）。

应用实例3［续10.4.3（1）应用实例2］：小浪底工程排水廊道中使用的排水管

根据排水洞开挖后地质素描图，该工程排水孔尽量布置在构造线和节理裂隙带上。在横断面上沿顶拱、上游侧边墙（或外侧边墙）、底板三个方向布置排水孔。排水孔孔径为100mm，沿洞轴线方向间距为6m。顶拱和边墙排水孔孔深均为15m，底板排水孔孔深为10m。图10-37为排水管的照片。图10-38为设计详图。

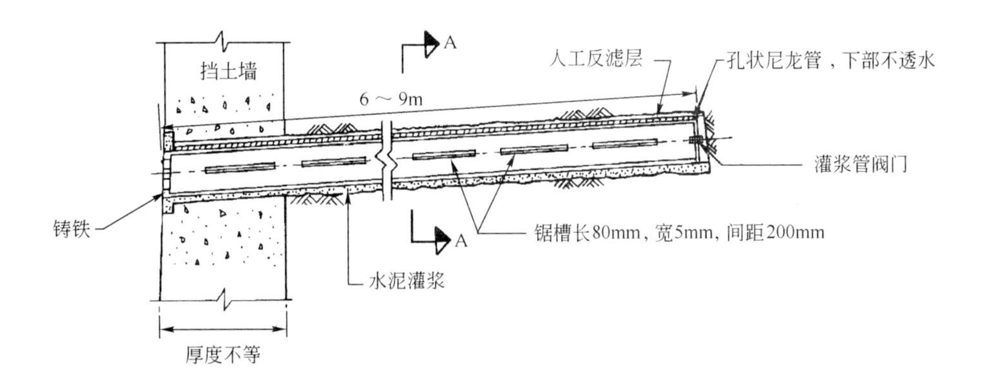

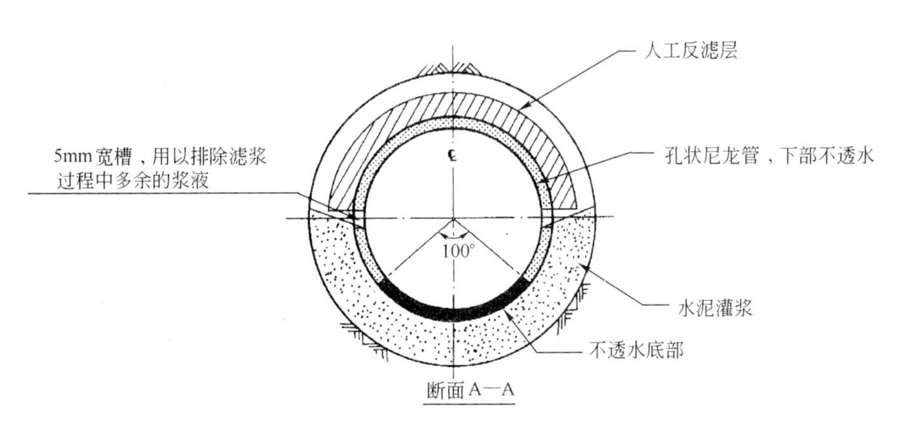

图 10-36　彩云邨边坡水平排水管的详图

图 10-37　小浪底工程排水廊道中使用的排水管

对小浪底工程的一般围岩洞段的排水孔，只安装孔口管，内部不保护。节理密集带、断层及断层影响带中排水孔，孔内设置滤管。滤管采用外径 75mm 的 PVC 多孔管外包土工滤布。滤管结构见图 10-38。硬质 PVC 管符合《聚氯乙烯和聚乙烯管材》（SG 78～80—75）的要求。土工滤布要求见表 10-7。

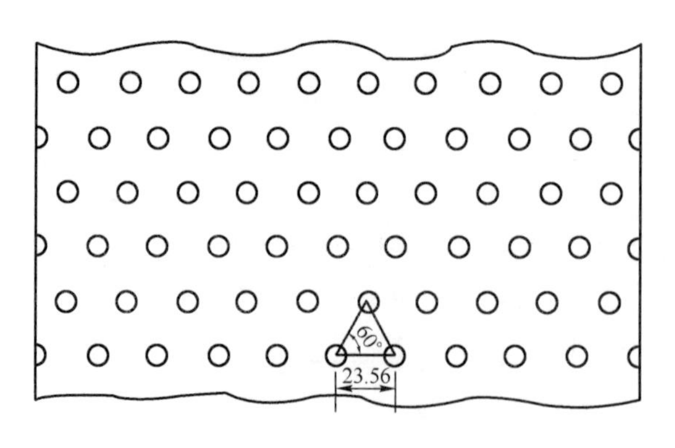

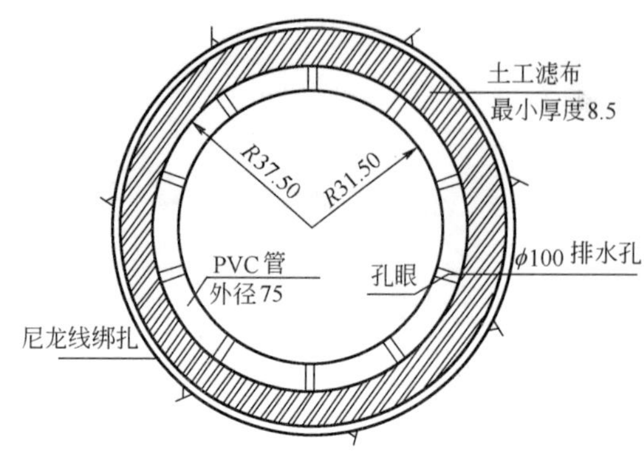

图 10-38　小浪底排水管的设计详图（尺寸单位：mm）

土工滤布技术要求　　表 10-7

项目	单位面积重（g/m²）	厚度（mm）	抗拉强度（kPa）	伸长率（%）	撕裂强度（kPa）	顶破力（N）	渗透系数（cm/s）	等效孔径（mm）
执行标准	—	—	ASTM D4632	ASTM D4632	ASTM D774	ASTM D4833	ASTM D4491	ASTM D4751
数值	200	2.0	1 200	65	1 400	1 200	0.24	0.16

排水孔施工时，根据揭露的围岩地质条件，对排水孔的位置、孔向及孔深做出调整，孔内是否需安设滤水管也要根据现场揭露的围岩地质条件来决定。对已完成排水孔施工的洞段，及时观察各排水孔出水量的大小，对出水量较大的洞段，补打了一些排水孔，以加强排水效果。

③透水软管

透水软管是近期开发的一种新的排水产品，通常由工厂按一定的技术标准生产，因此，使用方便。软管的基本构件为经防锈处理的螺纹型弹簧钢，外侧裹耐酸碱腐蚀的 PVC 加筋织物，再在外包上具有反滤功能的土工布。有时为加强弹簧纵向刚度，增加筋条。透水软管直径 30～200mm 不等，包装长度为 30～300m。表 10-8为典型的软式透水管的主要技术指标。图 10-39 是透水软管的结构简图。

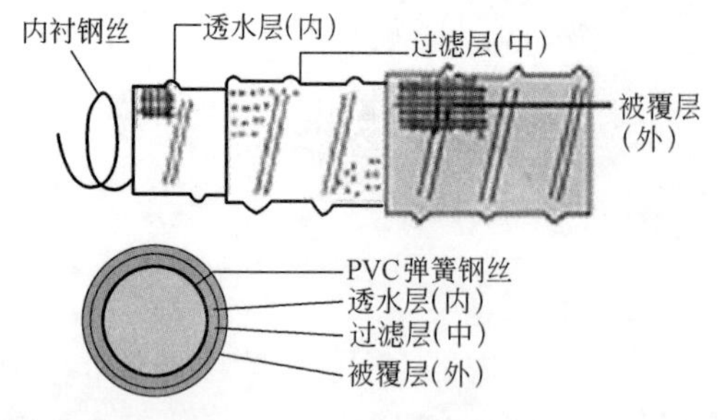

图 10-39　透水软管结构简图

KT 型透水软管的主要技术指标 表 10-8

试验项目		单位	透水管规格		
			ϕ50mm	ϕ80mm	ϕ100mm
滤布	纵向抗拉强度	kN/5cm	>1.0	>1.0	>1.0
	纵向伸长率	%	12～28	12～28	12～28
	横向抗拉强度	kN/5cm	>1.0	>1.0	>1.0
	横向伸长率	%	12～28	12～28	12～28
	顶破力	kN	>1.0	>1.0	>1.0
	渗透系数 k_{20}	cm/s	>0.06	>0.06	>0.06
	等效孔径 O_{95}	mm	0.07～0.28	0.07～0.28	0.07～0.28

与传统的硬塑料排水管相比，排水软管具有全方位透水、排水效果好的优点，同时，由于透水管柔软性好，可以任意弯曲，既可适应土体较大的变形，又方便施工。其缺点是，当孔较深时，下管困难，需要利用导杆将软管送入孔内。

为避免地下水孔口流出时冲蚀坡面，一般在距坡面 5～10m 深度范围内设 PVC 管。

在京珠高速公路 J 标段 K1082 点，人工边坡第 2 级和第 3 级使用的软管长 10m，直径 150mm，上仰角度 10°～15°。透水软管在三峡船闸墙后排水管网中也得到成功应用。

应用实例 4：二滩水电站尾水调压室排水系统

二滩水电站尾水调压中边墙高，室内水位变幅大，为解决内水渗入围岩的问题，在岩壁及底板设计中采用一套高透水性网状排水系统。具体做法是将透水软管分排、分行贴岩面固定在洞壁和底板上，透水软管置于混凝土衬砌和岩壁之间，各分支交叉部位相互连通，使之纵横交错，形成网格。并在总排水管末端设调节阀用以控制渗出水流量。排水管采用 ϕ100mm 高强软式透水管。调压井投入运行后，对围岩的渗压进行了监测，发现正负最大渗压仅为 16.89～5.71kPa，系统排水量平均达 9t/s。

10.4.5 集水井

当通过排水洞和排水孔汇集的地下水不能依靠重力自动排出坡外时，可以考虑采用集水井排水工程。在滑坡体外的相对稳定区域，选择地下水最集中的位置，设置直径大于 3.5m 的竖井，并在井壁上设置短的水平钻孔，一般为 2～3 层，使附近的地下水汇集到井中，可以采用附有浮动开关的水泵自动地把水排到地表。

集水井的深度一般为 15～30m。对于在不稳定的区域设置集水井时，集水井应到达比滑动面浅的部位即停止；对于稳定的区域或滑坡区域外，集水井应到达基岩，并深入基岩 2～3m。

在分布有地下水系地区的附近，要考虑集水井的安全问题，集水井最好选在坚硬的地基上。也就是说，不要过分依靠井壁来汇集涌水，而应依靠水平钻孔来集水，这样比较安全。

10.5 支挡建筑物的排水

支挡建筑物是加固边坡的常用手段，当采用挡土墙支挡边坡时，应注意坡内地下水的排泄通道。一般应在挡土墙上设置排水孔，必要时，要在墙和边坡的接触面设置反滤层。图 10-40为不同类型挡土墙的布置方式。反滤料的级配可参照图 10-41 选用。香港边坡设计手册对反滤料的设计原则如表 10-9 所示。表 10-10 为一个典型算例。

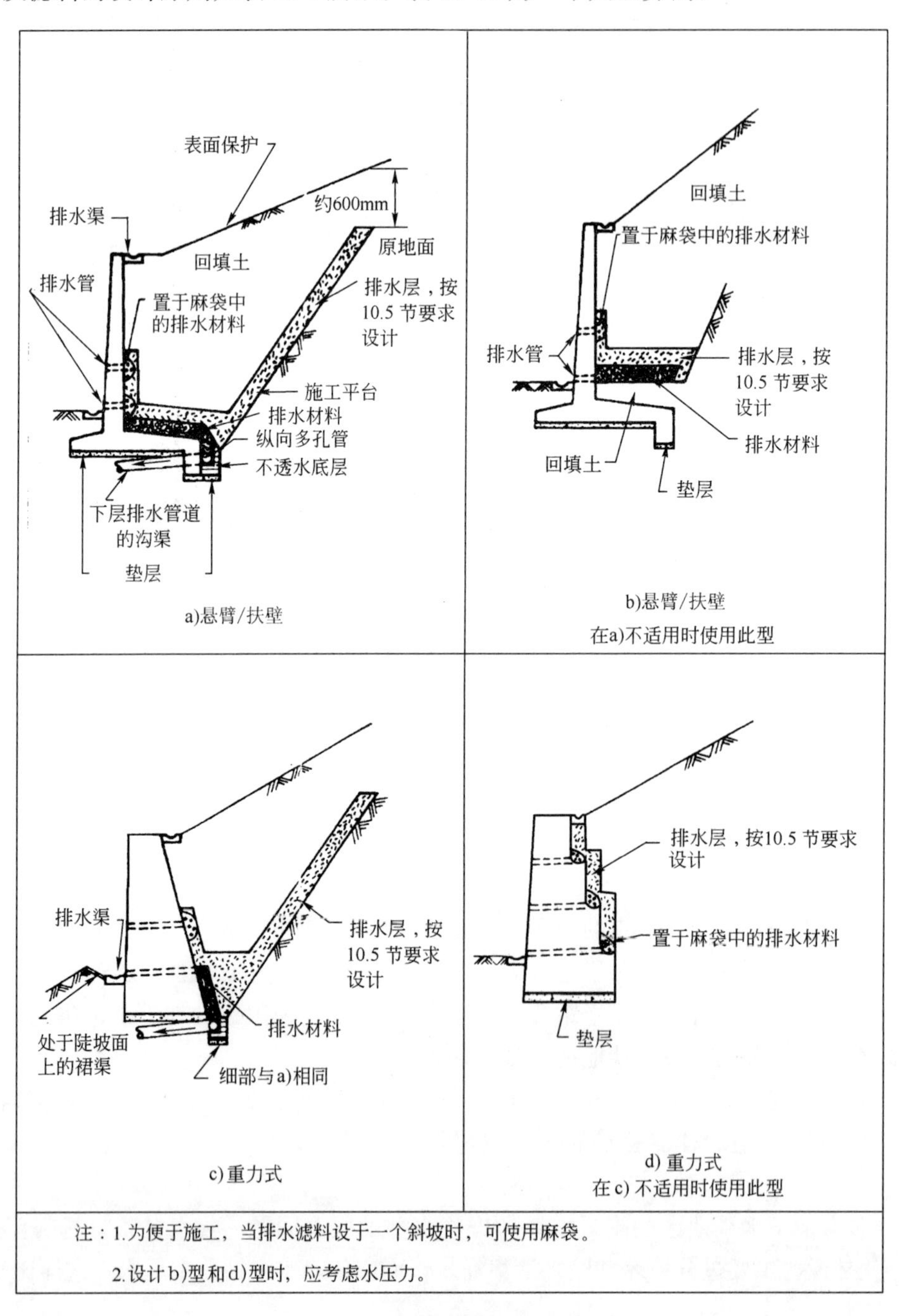

图 10-40　不同类型挡土墙的布置方式

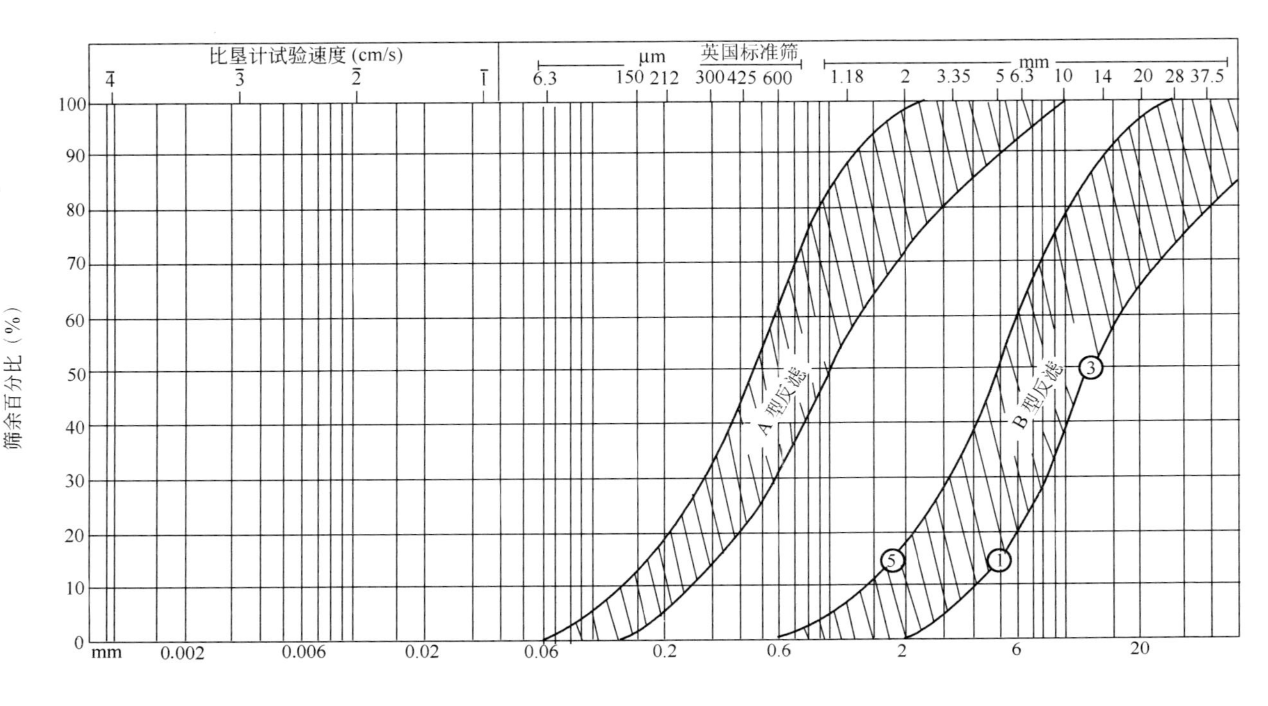

图 10-41　反滤料的级配选用

注：1.A 型反滤——此包络线为美国工程兵团的混凝土砂，用于各种类型的细粒土和砂土。

2. B 型反滤——此包络线为保护 A 型反滤的透水层，系根据表 10-9 导出。

反滤设计原则（香港边坡设计手册） 表 10-9

准则编号	反滤料的设计准则	要　求
1	$D15F_c < 5 \times D85S_f$	稳定性 （即反滤料的颗粒应足够小，以防堵塞）
2	$D15F_c < 40 \times D15S_f$	
3	$D50F_c < 25 \times D50S_f$	
4	不应有空缺级配	
5	$D15F_f > 5 \times D15S_c$	渗透性 （即反滤料材料应比被保护土更为透水）
6	通过 75μm 筛孔的粗粒土不超过 5%，并为非黏性土	
7	不均系数 $4 < \frac{D60F}{D10F} < 20$	防分离 （即反滤料材料在安装和运行过程中不能分离）
8	最大粒径不超过 75mm	

注：1. 对均匀土$\left(即\frac{D60S}{D10S} < 4\right)$，第 2 条准则应为 $20 \times D15S_f$。

2. D15F 中 D15，为按质量计 15%的材料通过筛孔的直径，F 代表反滤料。同样，D85S 中 S 为被保护的土，下标 c 表示颗分曲线包线中偏粗一侧，下标 f 则代表偏细一侧，即图 10-41 所示两条颗分曲线包线右侧和左侧。

典 型 算 例 表 10-10

设 计 准 则	被保护土（mm）		反滤尺寸（mm）	
$D15F_c < 5 \times D85S_f$	$D85S_f = 1.0$		$D15F_c < 5$	
$D15F_c < 40 \times D15S_f$	$D15S_f = 0.18$		$D15F_c < 7.2$	
$D50F_f < 5 \times D15S_c$	$D50S_f = 0.48$		$D50F_c < 12$	
$D15F_f > 5 \times D15S_c$	$D15S_c = 0.35$		$D15F_f > 1.75$	
不均系数	D10	D60	不均系数	
$4 < \frac{D60F_f}{D10F_f} < 20$	1.4	6.0	4.3	满足要求
$4 < \frac{D60F_c}{D10F_c} < 20$	4.0	16.5	4.1	满足要求

注：1. 在本表算例中，被保护土为图 10-41 中工程师团的砂反滤料（A），计算获得的反滤料的颗分也示于图 10-41。

2. 本表按表 10-9 的准则计算。

10.6　地下排水效果的监测

地下水监测是合理评价排水设施效果和边坡稳定性的重要一环。长期收集监测数据，有利于了解边坡内地下水位随季节和使用时间的变化情况，也可通过这些数据发现已失效的排水措施，以便及时采取相应的措施。

1）常用的监测手段

常用的地下水监测手段有以下几种：

①渗流量监测。通常在排水洞的排水渠出口端布设量水堰，宜采用自动化监测手段定时采集量水堰水位，自动化监测既可节约人工，又能及时发现异常渗流情况，便于采取措施。

②测压管。采用开敞式测压管对边坡的地下水位进行长期监控，是一种简便、有效的手段。在滑坡监测仪器的布置中，有时还将量测岩体水平位移的测斜孔作为一个地下水位的开敞式测压管。

③渗压计。在渗透系数较小的土和岩石中布置开敞式测压管，存在着时间滞后现象。为此，必要时可布置渗压计。为了全面地了解渗流场的情况，有时也在一个钻孔的不同高程布置几个渗压计。此时，对钻孔各段的封堵和渗压计的安装要求较高的工艺水平。宜在有经验的技术人员指导下进行。

2）监测成果分析

通常使用专门设计的数据库软件或电子表格处理和分析监测成果。

以下介绍三峡永久船闸高边坡地下水监测成果。

应用实例1［续10.4.3（1）应用实例1］：三峡工程永久船闸高边坡

三峡永久船闸对高边坡地下水布置了全面的监测系统，进行了长期监测，下面简要介绍有关情况。

（1）测压管的布置

永久船闸高边坡一期工程在南北5～7层排水洞内埋设测压管48根，其中南坡23根，北坡25根；船闸二期工程在南北坡1～4层排水洞内埋设67根测压管，其中南坡36根，北坡31根，高边坡内共埋设测压管115根。5～7层测压管位于微风化岩体内，其他大部分测孔位于微、新体内，测压管孔径76mm，5～7层排水洞内测压管孔深14.0~25.0m，1～4层排水洞内测压管孔深为5～10m，采用开敞口式测压管，仅在孔口加管口装置，保护测孔。观测工作从1996年1月开始。

（2）高边坡地下水位监测成果及变化规律分析

通过对测压管水位变化过程线的分析，有以下基本规律：

①测压管水位随降雨量而变化，即6—8月汛期降水量较大，其地下水位较高，典型测压管水位与降雨量过程线如图10-42所示。从图中可知：GW04GP016的水位随降雨量而变化，具有较好的相关性，但水位滞后降雨量一个月。

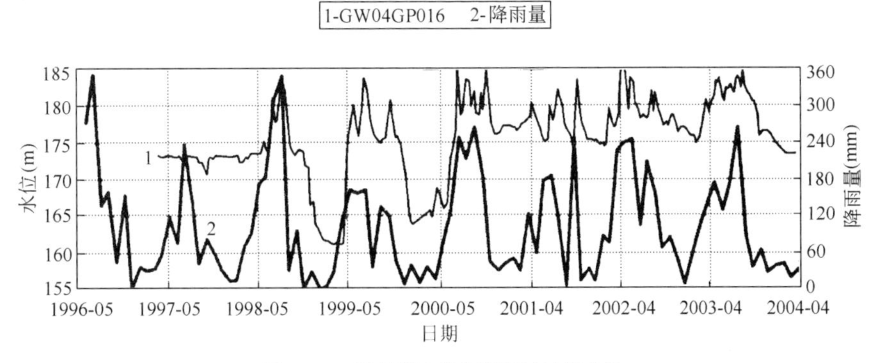

图10-42 测压管水位与降雨量过程曲线

②测压管水位随开挖高程而变化，水位与开挖过程线如图10-43所示。从图中可知：在1999年4月底前，测压管水位随开挖下降较明显，尤其GW04GP025、GW08GP025等测压管水位随开挖高程降低而下降。如前所述，当开挖结束后，测压管水位随降雨量而变化。

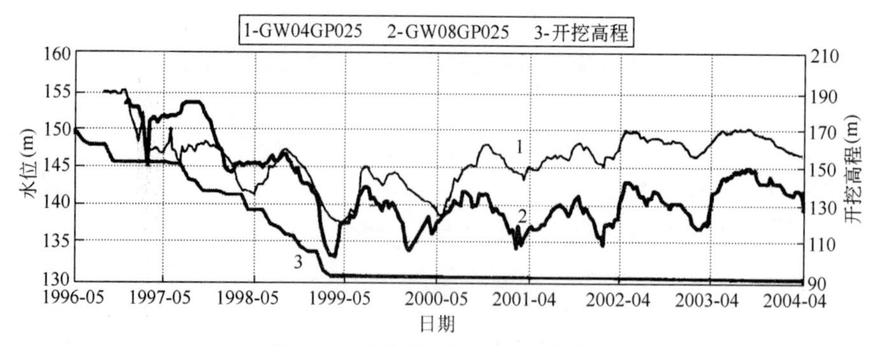

图 10-43 水位随开挖过程的变化曲线

③测压管水位前期有所波动，后期测压管水位变化平稳，不受开挖、降雨量影响，其水位过程线如图 10-44 所示，从图中可知：GW05GP014 从 1997 年 12 月至 1999 年 4 月开挖期间变化 2～3m，后期基本无变化，说明高边坡采取锚喷支护及排水沟、排水洞排水等措施，排水效果良好。

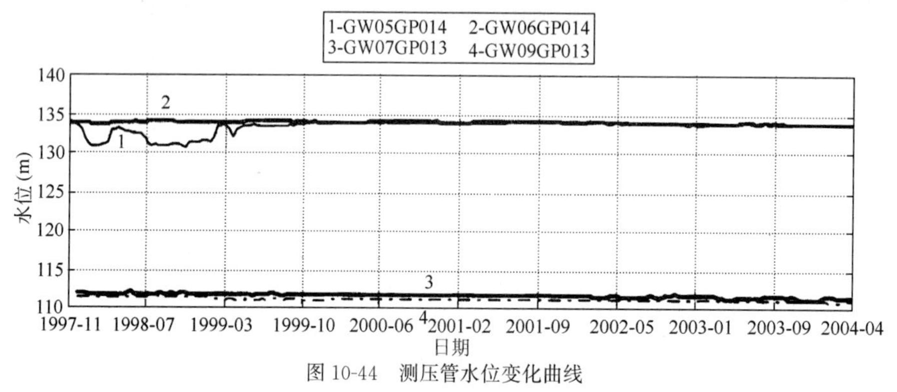

图 10-44 测压管水位变化曲线

3）高边坡地下水位横向分布

选择监测关键断面 17—17 断面和重要断面 15—15、20—20 断面，进行高边坡横向地下水位监测。17—17 断面地下水位过程线如图 10-45、图 10-46 和图 10-47 所示，由图中可知：

①高边坡 5～7 层排水洞的地下水位在 1999 年 4 月呈逐渐下降趋势，这是闸室开挖逐渐下降的结果，开挖结束后地下水位随降雨而变化。2002 年 4 月由于船闸建筑物闸墙混凝土浇筑已完成，山体排水受闸墙约束，部分测压管水位略有上升。

②各层排水洞地下水位呈上高下低的特点，这是花岗岩非饱和孔隙流特点所致。

③深部岩体地下水位平稳，不受大气降雨与开挖的影响。

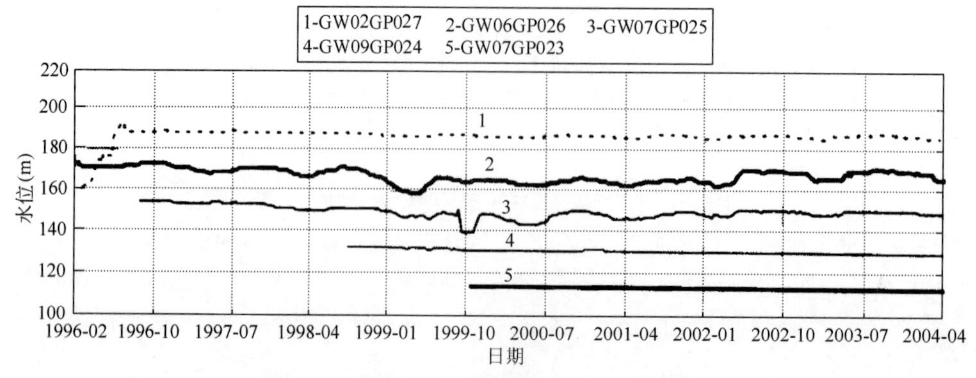

图 10-45 船闸 17—17 断面南坡地下水位过程曲线

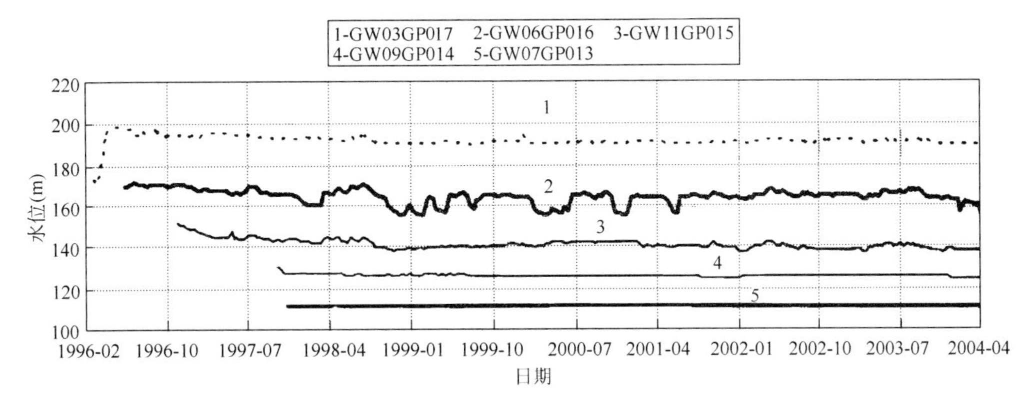

图 10-46　船闸 17—17 断面北坡地下水位过程曲线

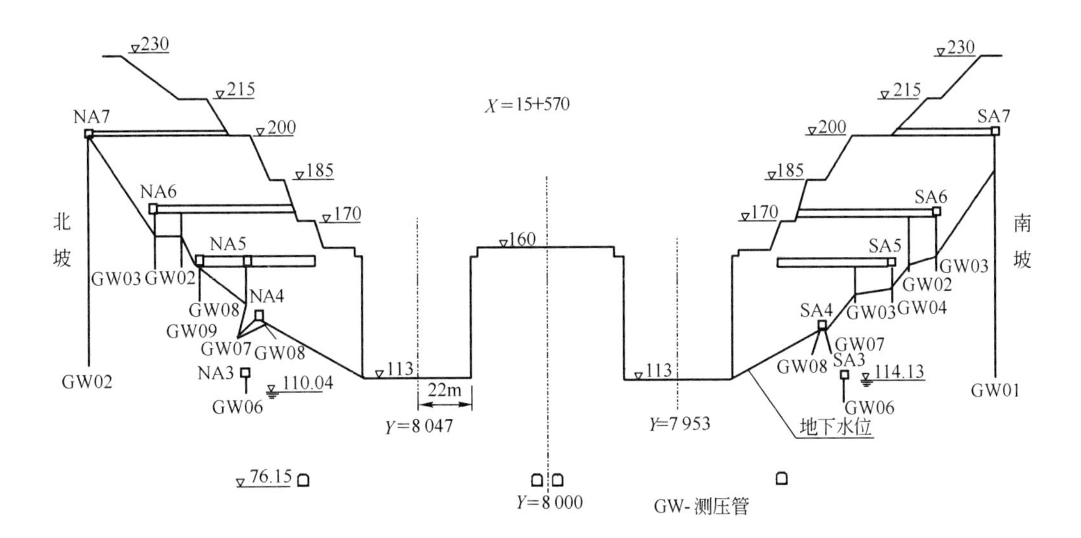

a)

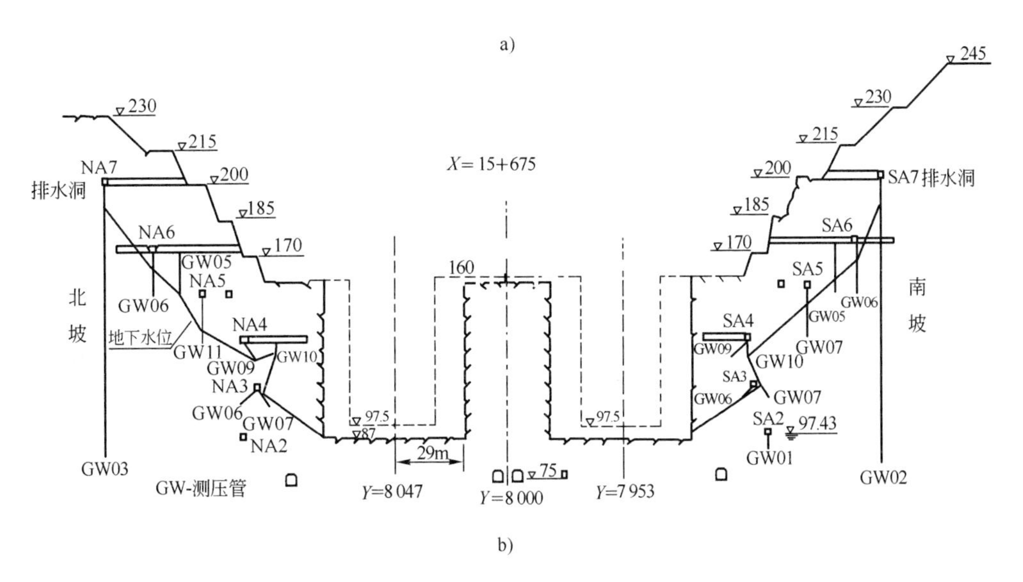

b)

图　10-47

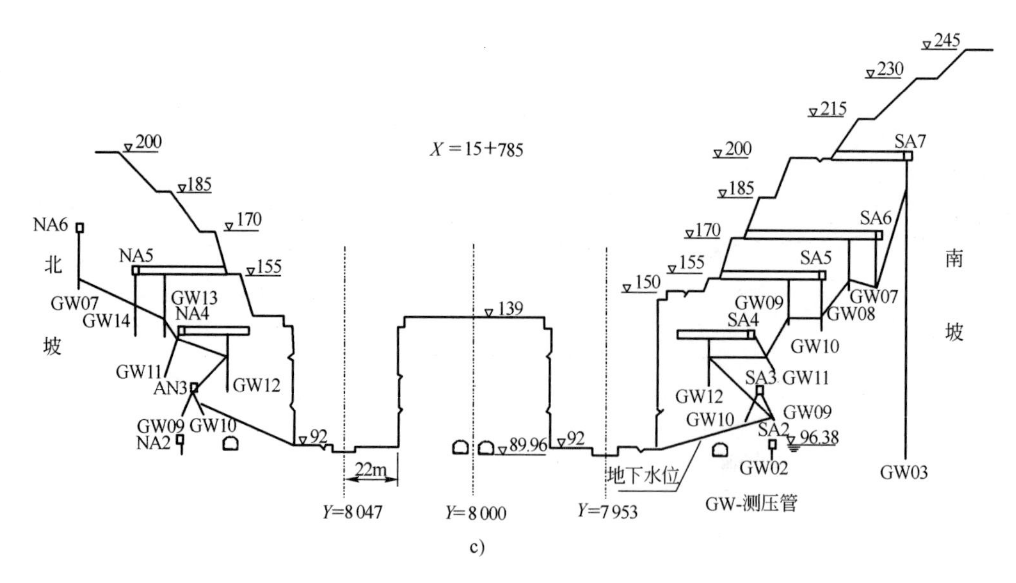

图 10-47 船闸 15—15、17—17、20—20 断面地下水位分布

a)永久船闸 15—15 断面地下水位分布；b)永久船闸 17—17 断面地下水位分布；c)永久船闸 20—20 断面地下水位分布

参 考 文 献

[1] Geotechnical Control Office. Geotechnical Manual for slopes. Engineering Development Department，Hong Kong，1981

[2] Geotechnical Control Office. Highway Slope Manual. Geotechnical Manual for slopes. Engineering Development Department，Hong Kong，2000

[3] Martin R P，Siu K L，Premchit J. Performance of Horizontal drains in Hong Kong. GEO Report No. 42. Department of Civil Engineering，Kong Kong，1995

[4] 陈新富，刘事莲．高速公路排水系统的设计．铁道建筑技术，2004（4）：53-56

[5] 黄河水利规划勘测设计院，中国水利水电科学研究院．黄河小浪底水利枢纽进出水口高边坡施工期稳定性研究和加固技术．1998

[6] 凌天清．道路工程．北京：人民交通出版社，2005

[7] 刘吉福，刘启党，杨春林．深层排水管在边坡加固中的应用．工程勘察，2002（4）：28-31

[8] 刘向阳，卓全．软式透水管在三峡船闸墙后排水管网中的应用．人民珠江，2003（5）：46-47

[9] 王平，周跃年．二滩水电站尾水调压室排水系统设计及高强透水软管的应用．四川水力发电，2001，20（4）：10-11

[10] 张海霞．透水软管排水系统试验研究．水利水电科技进展，2002，22（2）：31-33

[11] 中国长江三峡工程开发总公司安全监测中心．船闸工程安全监测资料整编及分析报告．2004

[12] 中国水利水电科学研究院，云南省水利水电勘测设计研究院．昆明市柴石滩水库溢洪道高边坡工程专题报告．1998

[13] 中华人民共和国交通部．公路排水设计规范：JTJ 018—97. 北京：人民交通出版社，1997

[14]《路基设计手册》编写组．公路设计手册 路基．北京：人民交通出版社，1982

第11章 边（滑）坡工程防护与绿化设计

DISHIYIZHANG

11.1 概　　述

随着科学技术的突飞猛进，人类获得了巨大的开发和利用大自然的能力。人类在赖以生存的家园上大兴土木，开山辟地，筑路架桥，修房建厂。这些工程为人类提供了必要的生存条件，但同时也破坏了大自然原有的生态平衡。公路、铁路、水利、电力、矿山等工程建设过程中经常要大量挖方、填方，形成了大量的裸露边坡。裸露边坡会带来一系列环境问题，如水土流失、滑坡、泥石流、局部小气候的恶化及生物链的破坏等。这些工程所形成的边坡靠自然界自身的力量恢复生态平衡往往需要较长时间。采取工程措施，对边坡进行工程防护与人工绿化是减少生态灾害、保护环境和走可持续发展道路的需要，也是《中华人民共和国水土保持法》所要求的。因此，如何将工程建设与环境保护相结合，成为工程建设者必须考虑和解决的关键问题。

对边坡浅层和深层滑动破坏进行防护，目前主要采用的是工程措施，如设置桩、挡墙、锚杆或锚索、灌浆等。但采用这些处理措施，往往使边坡普遍较高，同时也存在边坡裸露、难以植被、生态重建效果较差等问题。

近年来，结合大量基础设施的建设，对边坡植物恢复技术开展了较多的研究。如边坡的植被防护，已研究提出了有机材喷播、挂网喷播、植被混凝土等防护与绿化方法；对植物的种植也提出了基本要求；对草、乔灌木等植物的合理配置、生态群落的合理布置、生态防护与边坡支护结构物的关系等也开展了一些有益的探索。

对于道路与铁路交通建设而言，路堑边坡是环境艺术设计的“面”，桥梁、隧道、立体交叉、沿线附属设施是环境艺术设计的“点”。环境艺术设计应包括生态设计、视觉设计、空间设计、情感设计和文化设计等主要因素，应充分体现可持续发展的设计理念。吸取当地民族文化精髓的道路、铁路及其环境艺术、生态工程的建设，其本身可以形成一条极具观赏价值的旅游大通道，又可对当地已有的和未开发的旅游资源产生积极的影响。

边坡防护工程按照材料种类分为三类：植物防护与绿化、圬工防护、综合防护，如图11-1所示。

按功能可划分为坡面防护、冲刷防护、支挡工程三类：

①坡面防护

用以防护易受自然因素影响而破坏的土质与岩质边坡。常用的类型有：植物防护（如植草、铺草皮、植树）和矿料防护（如抹面、勾缝、喷浆、灌浆和石砌护坡、护面墙等）两大类。

②冲刷防护

用于防止水流对路基的冲刷与淘刷。按其方法不同，又可分为直接防护（如植草、铺草皮、植树、抛石、砌石、石笼等）与间接防护（如丁坝、顺坝等导流及调治构造物）两种。

③支挡工程

用于防止边坡变形或支挡山体以保证山体的稳定性。常用的类型有各种挡土墙和锚固工程及其他有承重作用的构造物。

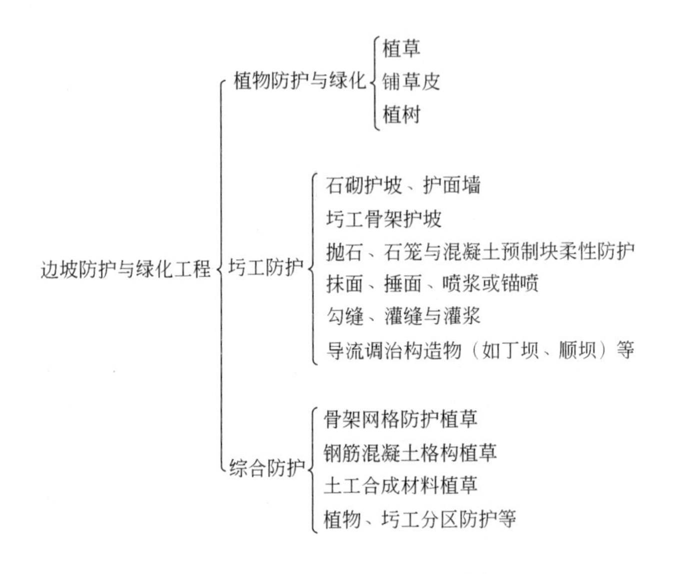

图 11-1　边坡防护与绿化工程分类

为使概念明确，一般把防止边坡冲刷、风化，主要起隔离作用的工程措施称为防护工程；把防止边坡或山体因重力作用而坍滑，主要起支承作用的支挡结构物称为加固工程。事实上，它们除了具有其主要作用外，往往还兼有其他作用。如石砌护坡，主要是防止水流冲刷堤岸边坡，但也具有一定的加固作用；挡土墙主要是支挡路基或山体，但同样亦可以防止水流冲刷。另外这些防护与支挡工程，在过去往往只注重其防护、防冲刷或者支挡等具体的功能，而现在人们对环境的重视也带动并重视这些措施的绿化美化、生态等方面的功能开发。因此，选择时，应根据具体的地质、水文条件，边坡稳定性及环境的主要要求，选用经济合理的方案。

11.2　边（滑）坡工程美学

11.2.1　边坡绿化美化设计的原则

绿化美化主要起护坡、稳定边坡、减少水土流失和丰富景观的目的，并兼顾美学效果。边坡绿化可分为土质边坡绿化和石质边坡绿化，其环保意义是明显的。边坡绿化可美化环境，涵养水源，防止水土流失和滑坡，净化空气。石质边坡，边坡绿化的环保意义尤其突出。

作为一种环保技术，边坡绿化必须坚持以下原则：

①安全性原则

对边坡进行绿化必须确保边坡的稳定和安全，绿化的同时，要考虑对边坡进行防护。

②协调性原则

边坡绿化必须与周围环境协调一致。

③永久性原则

对边坡绿化尽量做到一劳永逸。避免日后大量的人工维护和管理。

④经济性原则

必须考虑合适的绿化方法和方案，做到经济合理。

同时，边坡绿化与美化要以美学理论为指导。在工程边坡绿化美化的规划设计中，以美学理论为指导，按自然科学规律办事，满足工程和植物物种生态习性的特殊要求，科学地进行绿化美化类型选择及植物配置，使边坡成为景点，具有供人们使用和欣赏的双重功能。

另外，边坡绿化与美化必须体现生物多样性。采用不同的景观绿化来协调、弥补和美化边坡建造时对环境的破坏和不利影响，配置出千姿百态、变化无穷的植物群落景观，使之既有生态功能，又能形成优美的环境。坚持以绿为主，绿中求美，充分体现景观绿化美化的生态效益和自然美。

边坡、护坡道绿化应根据当地的地质、土质情况，合理地选择草种或树种。如路基边坡的土质不适宜植物生长时，可将穿越农田区剥离的、有肥力的表土临时存放在公路用地范围内，待边坡防护工程竣工后，重新回填到边坡上，为下一步边坡绿化工程创造有利条件。如在选择植物配置时可以混播豆科、乔木科草本植物进行绿化，形成草地景观，同时增加边坡植被景观变化，部分地段边坡种植地锦等护坡植物，入秋变红亦成一景。在弯道地段，为增加美感，突出夏季，保证视距，可采用中下部铺草皮，上部种花、灌木等方式绿化。

11.2.2　边坡绿化美化设计植物种类的选择原则

在进行边坡景观绿化美化植物选择时，要因地制宜，选择在该地区气候条件下，植株死亡率低，能正常生长；抗病虫害能力较强，耐瘠薄和耐修剪；枝繁叶茂，没有季节性落叶；叶青绿色或多彩，花季较长；根系发达，抗雨水冲刷能力强，具有较强的固土能力，同时根系不会对边坡造成破坏的植物。在此基础上注重所选植物物种要符合边坡工程美化绿化目标的要求，体现本地区以及工程的特色，满足路域景观美化绿化工程建设的实际要求。

根据以上植物选择原则，在边坡绿化工程设计中推荐采用多种景观绿化美化植物种类，如乔木、灌木、草本、攀缘植物等混种，可保持四季常绿，并丰富边坡植物色彩和层次。

边坡绿化美化工程设计是一个新课题，没有固定的模式，也不存在统一的内容。景观绿化美化设计总的原则是公路景观应与公路构造协调，与当地自然风土、历史协调，与时代感协调，与运动中人的感知协调。

11.2.3　边坡绿化与美化设计总体思路

边坡绿化即在满足工程的功能要求、与周围环境相协调的前提下，适地适草适树，因地制宜进行边坡的绿化与美化。因此，边坡绿化与美化应以景观良好、生长稳定、粗生易管且经济实惠的乡土树种进行多层次绿化，营造与自然环境融为一体而又不失其独特绿化风格的工程景观。边坡绿化与美化设计思路如下：

①保留和恢复原有良好景观效果的自然植被。

②在满足工程排水等功能的前提下，对工程施工过程中开挖的空地，特别是一些弃（取）土场，顺坡就势进行地形改造，理顺地形，搞好水土保持，尽可能与周围自然环境相协调。

③充分利用周围环境景观要素。

④在普通工点，一般采用“大绿色”手法进行绿化，而在重要工点采用“创意”手法进行绿化，以突出主次。绿化树种的选择主要根据当地的气候而定，与自然环境相结合，与土建工程相结合，在美观、经济、实用的原则下采取“乔、灌、藤、草”相结合的方式，以达到活跃和开阔视野的多层次绿化效果，如图 11-2 所示。

图 11-2　“乔、灌、藤、草”相结合绿化边坡

道路与铁路边坡工程是一种线形带状结构物，在进行设计时应注重总的粗线条美、一种流畅的美、一种与自然融为一体的美。以因地制宜为前提，环境保护为基础，与周边环境相协调，美学理论为指导，风格鲜明为特点，效益兼顾为目的，达到“虽由人做，宛如天开”的基本设计思想。

边坡工程美学是一个新型学科。同时，一个边坡工程设计是否美，对于不同的人来说既有共识也有差异。下面是几个实例，供参考。

①一条与等高线平行布设的道路，在挖方的过程中有时会出现挖去必要数量的土方后仍有一小块凸边留下的现象，见图 11-3。这时，在设计中应考虑把它除去，以免在地形中出现不雅的外貌。

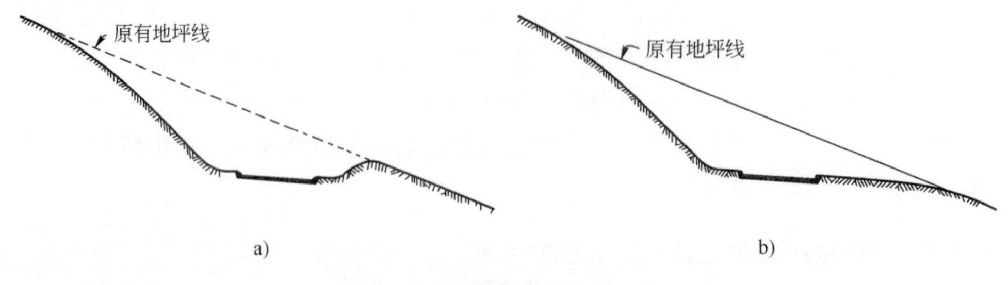

图 11-3　挖方凸边除去前后对比

a)挖方——凸边未除去；b)挖方——凸边除去后

②在边坡工程设计中，为了减少人工破坏大自然的痕迹，增加边坡的美感，可将边坡开挖形成的尖锐“刀痕”进行“圆化”，达到“虽由人做，宛如天开”的基本设计思想。比如将边坡的坡顶设计修整成圆弧形，出现的尖锐“刀痕”自然消失，犹如天然山包（图 11-4）；在开挖边坡的始末两端也可采取修整圆润，恢复自然山体形状，以达到美化边坡的目的。图 11-5 是一个挖方边坡工程设计实例。

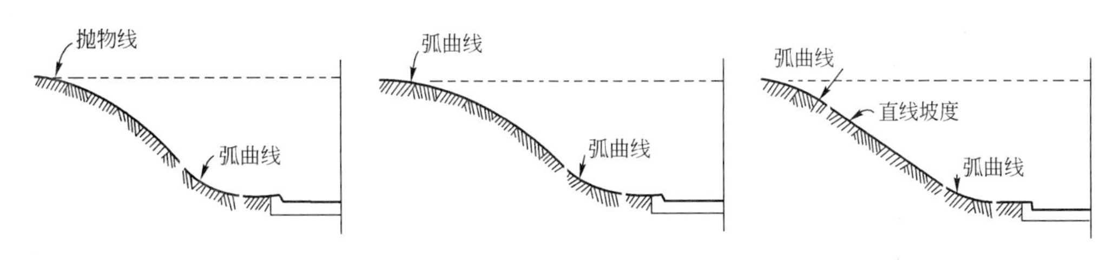

图 11-4　边坡坡顶的美化

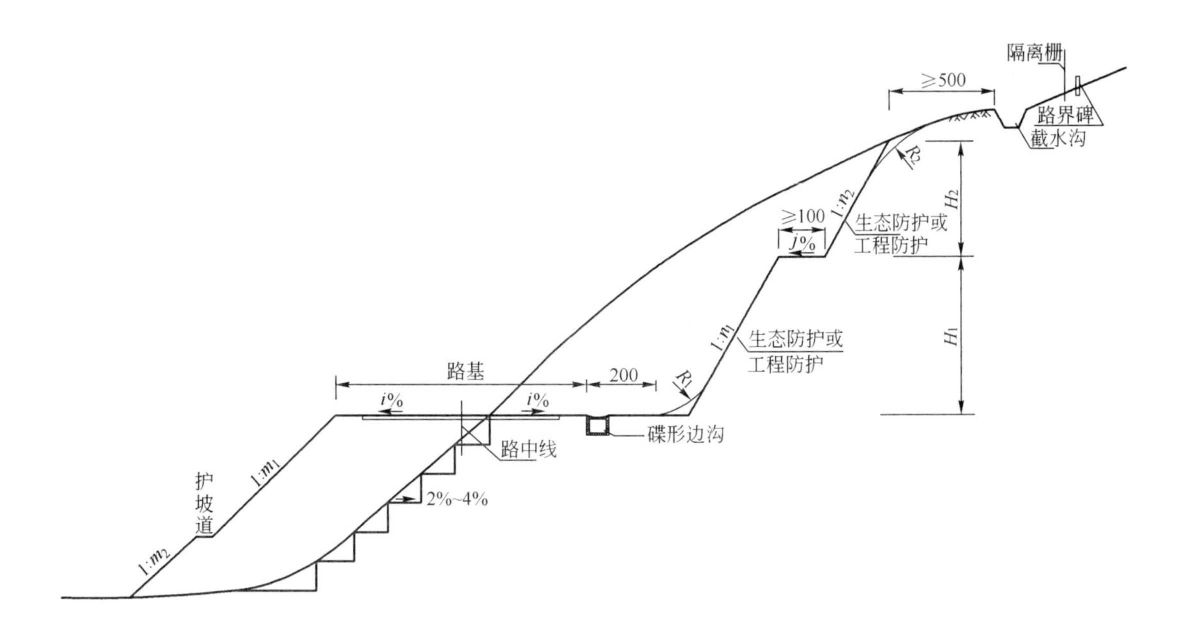

图 11-5　挖方边坡的美化设计（尺寸单位：cm）

填方边坡设计为图 11-6 所示形式，较易与周围环境协调，也利于边坡稳定和植被恢复生长。

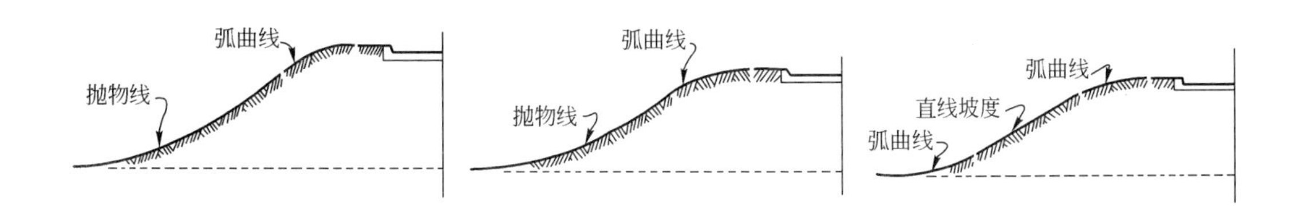

图 11-6　填方边坡的美化设计

11.2.4　边坡支护结构的景观设计思路

从边坡支护结构的功能性、经济性及视觉效果等方面综合分析与归纳，其景观设计思路如下：

①化高为低（图 11-7）

对于土质较好、高度不大的边坡，尽可能不设挡土墙而按斜坡台地处理，以绿化作为过渡；即使边坡高度较大，放坡有困难的地方，也可以在其下部设置挡土墙，在边坡上加做石砌骨架护坡，这样既保证了土坡稳定，空隙地也便于绿化，以保持生态平衡，同时也降低了挡土墙高度，节省了工程造价。

②化整为零（图 11-8）

高度较大的边坡，挡土墙不宜一次砌成，以免造成过于庞大的整体圬工挡土墙，而宜化整为零，分成多级的挡土墙修筑，中间错台处设置绿化带，这样多层次设置的小墙与原先设置的大挡土墙相比，不仅解除了视觉上的庞大笨重、生硬呆板感，而且挡土墙的断面也大大减小，绿化有效地软化了墙面的硬质景观效果。此种设计，环境景观与工程经济得到统一。

图 11-7　化高为低

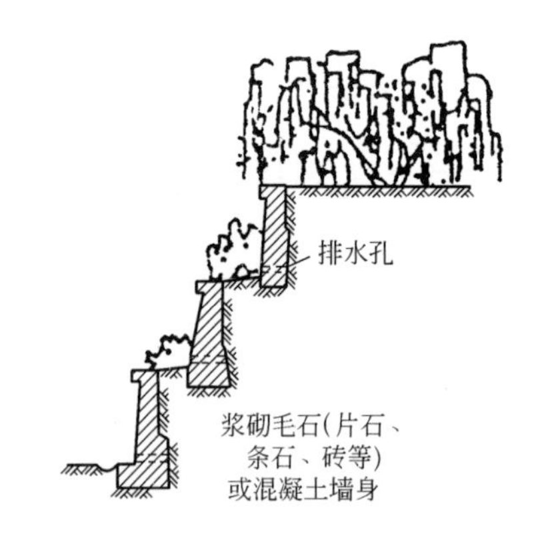

图 11-8　化整为零

③化大为小

在一些景观上有特殊要求的边坡工程中，高差较大时，可将挡土墙化大为小，使其外观由大变小，具体做法是将挡土墙立面一分为二，做成“板凳”式。此时，下部宽度大，挡土墙更稳定，两者之间的联系部分作为绿化挡土墙的种植槽或种植穴，见图 11-9。这种挡墙在国外运用广泛。

④化陡为缓

由于人的视角所限，同样高度的挡土墙，对人产生压抑感的大小常常由于挡土墙界面距人眼距离远近的不同而不同。如图 11-10 所示的挡土墙顶部绿化区域，在直立式挡土墙不能看见时，在倾斜面挡土墙时则能见到，原因是倾斜式挡土墙使空间在视觉上变得开敞，环境也显得明快。

⑤化硬为软（图 11-11）

砖、石、混凝土等砌块或饰面的挡土墙（或护墙），在视觉及心理上给人呆板、生硬、沉重、压抑之感。若在其立面上进行绿化处理，引入生物工程学方法或采用不同材质质感对比、浮雕图案设计等手法，则可改善其原有景观效果，化硬为软，化单调为丰富。

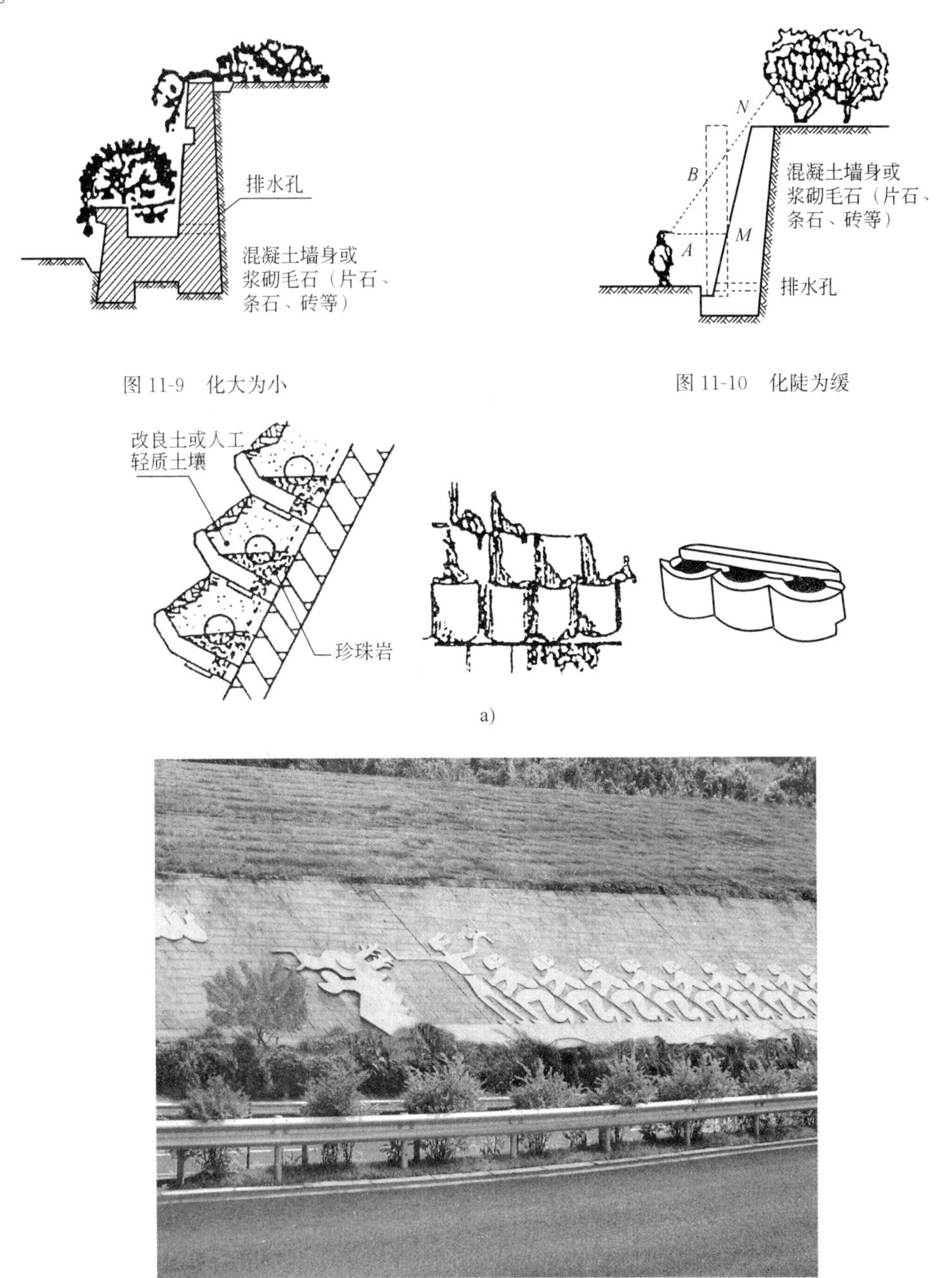

图 11-9　化大为小

图 11-10　化陡为缓

a)

b)

图 11-11　化硬为软

a)化硬为软的护面墙；b)用浮雕美化僵硬的护面墙

⑥材料质感

材料质感是材料的表面属性，质感的对比与变化主要体现在粗细之间、坚柔之间以及纹理之间。质感处理一方面可以利用材料本身所固有的特点来谋求效果，另一方面也可用人工的方法来“创造”某种特殊的质感效果。一般来说，天然石材质感粗犷，人工斧凿后质感细腻，可塑材料质感则可“粗”可“细”。在边坡工程中，挡土墙与护坡所用材料及其质感效果除满足功能要求外，在景观处理上应视其所处环境及观赏者运动方式而定。通常，位于城镇或观赏者静止、慢行等地段的挡土墙与护坡，选用材料及工程做法、材料质感等相对来说应细腻、优美（如细料石镶面错层砌筑等）；而位于原野、丘陵、山地或快速车道等处，挡土墙与护坡选用材料及质感则以粗犷、奔放为主（如毛石砌筑等）。

11.3 边坡植物防护

11.3.1 植物护坡的原理

在各种边坡上种植不同植物，可以改变边坡景观、美化环境，工程上则更看重它对边坡起到的防护作用。边坡植物护坡技术就是利用植物涵水、固土等原理稳定岩土边坡的同时，美化生态环境的一种新技术，是综合岩土工程、恢复生态学、植物学、土壤肥料学等多学科于一体的复合工程技术。国外一般把植物护坡定义为：“单独用活的植物或者植物与土木工程和非生命的植物材料相结合，以减轻坡面的不稳定性和侵蚀”。

植物护坡作为建筑、公路和铁路等工程边坡及其河道的重要防护措施，具有良好的经济效益、社会效益和环境效益。植物防护技术对于边坡具有力学锚固效应、水文效应和生态效应等多方面的作用，具体如下：

（1）植物的锚固效应

①深根的锚固作用

植物的垂直根系穿过坡体浅层的松散风化层，锚固到深处较稳定的岩土层上，起到锚固作用。禾草、豆科植物和小灌木在地下0.75～1.5m深处有明显的土壤加强作用，树木根系的锚固作用可影响到地下更深的岩土层。试验表明，根的直径越细，其抗拉强度越高，直径2～5mm的各种类型的根，其抗拉强度为8～80MPa。

②浅根的加筋作用

在基质及土体中盘根错节的根系，使基质及土体在其延伸范围内成为土与草根的复合材料，草根可视为三维加筋材料。

（2）植物的水文效应

①降低坡体孔隙水压力

降雨是诱发边坡失稳的重要因素之一。植物通过吸收和蒸腾坡体内水分，可降低土体的孔隙水压力，增加土体内聚力，提高土体的抗剪强度，有利于边坡体的稳定。

②降雨截留，削弱溅蚀

一部分降雨在到达坡面之前就被截留，以后重新蒸发到大气或下落到坡面。下落的雨滴打击坡面时，把动能传递给土体，产生的分裂力使土体颗粒分离飞溅，在滴溅过程中，雨滴动能越大，撞击分裂力越大，被溅出的土粒数量也越多。植被能拦截高速下落的雨滴，分散雨滴、减少滴溅能量及飞溅的土粒。

③控制土粒流失

地表径流带走已被滴溅分离的土粒，进一步可引起片蚀、沟蚀。植被能够抑制地表径流并削弱雨滴溅蚀，从而控制土粒流失。通常情况下，土体的流失量随植被覆盖率的增加而锐减。

（3）植物根系统的生态作用

发达、密集的根系在土壤中穿插、挤压、分割及网络作用和根系分泌分解产物的胶结作用，有助于防止边坡的风化剥落。另外，根茎腐解过程中，为土壤微生物增加了碳、氮和其他生物养料，因而导致各类土壤微生物大量繁殖，有助于边坡生态环境的恢复，从而走向良性循环。

不同植物，其对坡面的防护效果也不相同。草本植物，其护坡作用主要表现为增强坡面的抗冲刷性能；木本植物，固坡效果则更为显著。木本植物的根系按其形态特征可分为三种类型：主直根型、散生根型和水平根型，如图 11-12 所示。

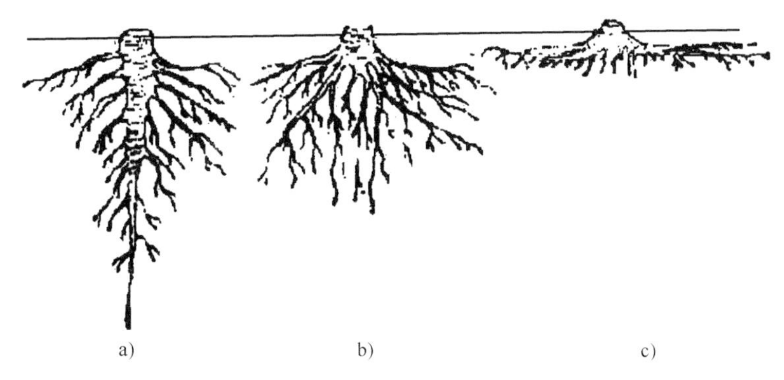

图 11-12　木本植物根系的形态类型

a)主直根型；b)散生根型；c)水平根型

主直根型和散生根型可统称为垂直根型。垂直根系木本植物的主根可扎入土体的深层，通过主根和侧根与周边土体的摩擦作用把根系与周边岩土体联系起来，结合垂直根系的特点，可以把根系简化为以主根为轴向、侧根为分支的全长黏结型锚杆来分析其对周边岩土体的力学作用，此类木本植物对边坡具有显著的加固作用。

水平根型是由水平方向伸展的固着根和繁多的链状细根群所组成，其主根不发达，侧根或不定根相对较发达，并向四周扩展，长度远超过主根，根系多分布在土壤表层。水平根系木本植物由于主根扎入边坡土体不是很深，此类木本植物对边坡护坡作用主要表现为增强边坡抗冲刷性能，但固坡作用不显著。

根-土的相互作用如图 11-13 所示。

植物对边坡的固坡作用效果，还取决于边坡类型（主要是边坡的岩土体结构特征）与所选植物的匹配关系。二者匹配良好，则植物的固坡作用显著，匹配不好，则植物的固坡作用微弱。

国内经过十余年的发展和不断完善，目前已形成多种多样的植物护坡技术。对于深层稳定边坡，根据不同条件可采用铺草皮、植生带、液压喷播、三维植被网、香根草篱、挖沟植草、土工格室植草、片石骨架植草、藤蔓植物、六棱空心砖植草等；对于深层不稳定的边坡，可结合钢筋混凝土框架、预应力锚索桩、预应力锚索地梁、预应力锚索框架地梁等加固措施。

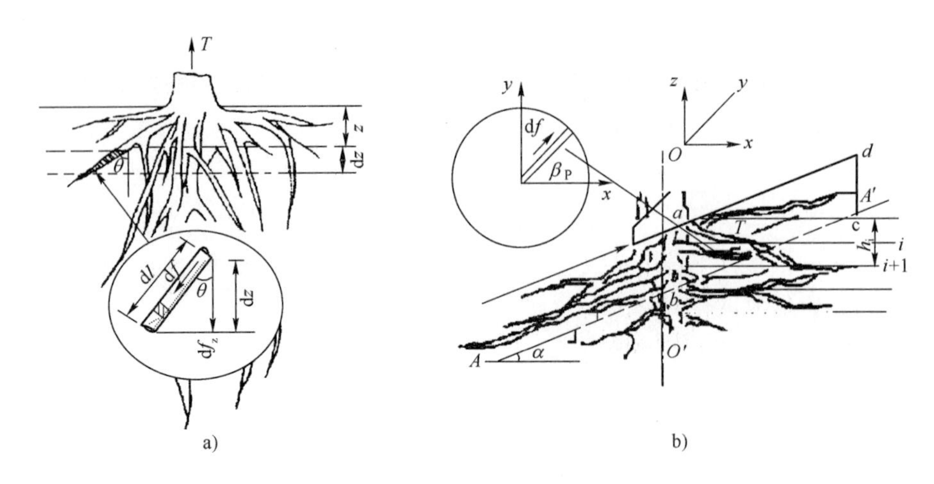

图 11-13　木本植物根系的固坡力学示意图

a)垂直根系；b)水平根系

11.3.2　植物群落类型设计

常用的坡面植物群落类型包括：森林型、草灌型、草本型和观赏型。

①森林型

以乔木、亚乔木为主要组成树种而建造的植物群落，树高一般 3～4m。周围为森林、山地、丘陵、城镇等场合较适宜。

②草灌型

以灌木、草本类为主要植物物种而建造的植物群落，其中灌木高度一般为 3～4m。在陡坡、易侵蚀坡面及周围为农田、山地等时适用。在生长发育基层厚度较小的情况下，利用修剪管理措施，维持灌木高度，按矮林作业方式进行管理。

③草本型

以多种乡土草或外来草为主要物种而建造的植物群落。除可应用于一般坡地外，还适用于急陡边坡、岩石边坡等。

④观赏型

以草本类、花草类、低矮灌木以及攀缘植物的数种为主要物种而建造的植物群落。适用于在城市、旅游景点等人口聚集区的边坡营造特殊植物群落。

一般认为，与自然相协调的植物群落可认为是极为理想的。与自然协调的植物群落，不仅具有丰富的生物多样性，抵御自然灾害的能力强，而且具有优良的改善和保护周围环境的能力。与自然协调的植物群落至少必须满足下面三个条件。

①植物生物学、生态学特性适应于自然环境

在生长状态、形状、形态、种类、构成及植物的多样性等多方面近似于自然，即可判断是适应自然环境。

②植物群落所具有的功能近似于自然

在水文效应、改善环境能力、护坡固土等各种功能方面，和天然植物群落具有相似的功能，即可判断是适应于自然环境。

③景观上近似于自然

在群落形态、植物物种构成等方面和周边已有的其他人工及天然植物群落相近，即可判断是近似于自然景观。

植被护坡坡面的目标植物群落的设计应满足上述三个条件。具体设计方法如下：

①地区环境的观察

一般地，当周围为森林生态时，以建立中低林型植物群落为目标；当周围为草原生态时，以建立草灌型或草本型植物群落为目标；当坡面接近城区、风景区等人口密集区时，以建立观赏型植物群落为目标。

②周边植物的调查

在对象边坡附近，主要以什么样的植物为主，分别以树种、灌木、草种等加以调查。根据周围植物的分布情况，可作为建造类似植物群落选定植物的参考，同时可以类推适合该地区的植物。

③边坡地形地质的勘察

在对象边坡附近，调查有无滑坡、崩坍等，调查其形态及加固措施等。对于对象边坡，应对边坡的形状、规模、坡度、地层、层理、节理状态、风化程度、涌水等进行勘察。根据勘察结果确定边坡的稳定性并确认初步建造的植物群落是否合理。

对于高陡的岩石边坡，即使周围为森林群落时，也不宜建立中低林型植物群落，因为林木根系不能扎入坚硬的岩石中，其根系只能在厚层基材中畸形生长，由此建立起来的中低林型植物群落对自然灾害的抵御力弱，不易形成稳定的植物群落。一般地，高陡的岩石边坡首先以建立草本型或草灌型植物群落为宜，然后在自然力的作用下，随着植物群落的逐渐演替，早期的草本型或草灌型植物群落逐渐被中低林型甚至森林型植物群落所代替。

11.3.3 边坡坡面植物种类选型设计

1）指导思想

在进行坡面植物种类选型设计之前，应明确植被护坡技术在促进坡面植物群落建立方面的几个基本指导思想。

(1) 人工辅助自然植物群落的建立

绿色植物是自然的产物，而并非人类所创造。对于已遭到破坏的边坡，其地表土处于不断移动的状态时，植物就不能侵入和定居。但是，当地表土移动变得极为缓慢或完全停止时，植物就可能侵入。据此，对无表土的岩土坡面提供一厚层的植物生长基材，为植物的侵入和定居创造可能的机会，通过人工辅助的方法，促进自然恢复力的发挥。植物侵入后，未必都能持续生长发育，干旱、霜冻等因素都可导致植物死亡，土壤养分匮乏时可形成自然状态下不能正常生长发育的弱小个体。对此，植被护坡技术提供的基材满足了植物的水分需求和一定的养分供给。因此，植被护坡技术的首要任务就是建造坡面植物生长的稳定环境，稳定的坡面植物群落最终依靠自然本身的恢复力来实现。

(2) 植物种以外来的草本型先锋植物为主，灌木种为辅

一般地，选用施工地的乡土类植物建立起来的植物群落更易于向稳定的植物群落发展，因为按照自然进化的“优胜劣汰”法则，乡土类植物通过不同类间的竞争已适应了当地的生存环境，它们比外来的植物种对当地气候的适应能力更强。但是，乡土类植物的种子却不易大量采集，不利于植被护坡技术的大量应用。因此，可以采用与乡土植物的生理、生态等特性相近且易于大量获得的外来牧草类、草坪类及灌木植物种作为先锋型植物种，先在坡面建造外来的先锋植物群落，然后再演替为乡土类植物群落。

(3) 建立坡面植物群落应以播种为主，栽植为辅

①播种苗木比栽植苗木的根系发达，不易倒。播种苗木根系的主要特点是数量少，粗而长，地下根系的延伸大于地上部分生长量，主根发达，而栽植苗木的根系数量虽多，但细小且短，和地上部分生长量相比，地下根系延伸贫弱，特别是主根不明显。

②播种苗木比栽植苗木的抗拔强度高，播种苗木与邻木根系交结多，抑制崩塌的网状效果好，而栽植苗木与邻木的根系交结少，不存在根系间强有力结合，因此其抗拔强度低。

③播种建立的植物群落比栽植建立的植物群落抗灾害性强，播种苗木易于产生自然淘汰，进行合理密度的控制，而栽植苗木不易产生自然淘汰，放置不管会形成抗风、抗雨弱的形态。

2) 选型原则

科学地选择适宜于工程边坡的植物种类是建立坡面植物群落的重要工作之一。不同的植物具有各自不同的基因特性，因而对环境条件表现出不同的适应性，护坡植物种类的选择应遵循以下原则：

①适应当地的气候条件；

②适应当地的土壤条件（水分、pH 值、土壤性质等）；

③抗逆性（包括抗旱性、抗热性、抗寒性、抗贫瘠性、抗病虫害性等）强；

④地上部较矮，根系发达，生长迅速，能在短期内覆盖坡面；

⑤越年生或多年生；

⑥适应粗放管理，能产生适量种子；

⑦种子易得且成本合理。

3) 边坡植物选择的依据

(1) 气候条件

光照、气温、湿度、降水、风等气候条件都影响着边坡植物的生长发育，但是在选择边坡植物时主要应考虑的气候因素是气温和降水。最高气温和最低气温决定着植物能否正常生长发育，能否顺利越夏、越冬等；降雨（雪）的时期及雨量也是决定采用植物种类的重要依据。

另外，当边坡坡度较高大时，降水落于坡表后，由于重力的作用，极易沿坡面往下流失，造成坡体土壤缺水干旱，直接影响植物的正常生长发育，甚至导致植物的死亡，这一点在北方干旱地区的边坡上表现得尤为突出。

(2) 土壤条件

土壤成分、肥力、土壤结构、酸碱性、盐碱性、土壤厚度等土壤因素与植物的生长发育密切相关，从而决定着边坡植物能否良好地生长。其中，在选择植物时比较重要的因素是土壤肥力状况、土壤结构和土壤 pH 值等。

在施工过程中，因开挖使地表植被完全遭到破坏，原有表土与植被之间的平衡关系失调，表土抗蚀能力减弱，在雨滴、重力和风蚀作用下水土极易流失，植物种子定植困难。此外，边坡土壤一般为没有熟化的生土，养分含量一般很低。同时由于坡度大、土壤渗透性差等原因，边坡土壤降水截流作用较小，造成水土和养分流失，使坡面土壤变得贫瘠，立地条件差，不利于植物生长。还有，边坡土壤有机质含量一般很少，结构不良，经过一定时期的沉降作用后，重度增加、孔隙度降低，不利于土壤中水分和空气的有效运移以及肥料的协调转移，从而对护坡植物正常生长产生不利影响。

(3) 种植目的

边坡植被的主要目的是固土护坡，防止边坡水毁，稳定边坡，以及美化工程景观环境。因此，要求边坡植物根系深，能快速覆盖地表。

4) 植物种类的气候区划选型

我国各大地区常用的护坡植物如表 11-1 所示。在“中国多年生栽培草种区划”的研究成果中，也把我国的牧草栽培分为如表 11-2 所示的九个区。但是，这种划分却并不一定完全合理，因为草坪的正常生长主要受生长地气候的影响，而按气候类型划分的区域与地理区域并不完全一致。

我国各大地区主要可用的护坡草坪植物 表 11-1

地区	冷季型草坪植物	暖季型草坪植物
华北	野牛草、紫羊茅、羊茅、苇状羊茅、林地草熟禾、草地草熟禾、加拿大草熟禾、草熟禾、小糠草、匍茎剪股颖、白颖苔草、异穗苔草、小冠花、白三叶	结缕草
东北	野牛草、紫羊茅、林地草熟禾、草地草熟禾、加拿大草熟禾、匍茎剪股颖、白颖苔草、异穗苔草、小冠花、白三叶	结缕草
西北	野牛草、紫羊茅、羊茅、苇状羊茅、林地草熟禾、草地草熟禾、加拿大草熟禾、草熟禾、小糠草、匍茎剪股颖、白颖苔草、异穗苔草、小冠花、白三叶	结缕草、狗牙根（温暖处）
西南	羊茅、苇状羊茅、紫羊茅、草地草熟禾、加拿大草熟禾、草熟禾、小糠草、多年生黑麦草、小冠花、白三叶	狗牙根、假俭草、结缕草、沟叶结缕草、百喜草
华东	紫羊茅、草地草熟禾、草熟禾、小糠草、匍茎剪股颖	狗牙根、假俭草、结缕草、细叶结缕草、中华结缕草、马尼拉草、百喜草
华中	羊茅、紫羊茅、草地草熟禾、草熟禾、小糠草、匍茎剪股颖、小冠花	狗牙根、假俭草、结缕草、细叶结缕草、马尼拉结缕草、百喜草
华南	—	狗牙根、地毯草、假俭草、结缕草、细叶结缕草、马尼拉结缕草、中华结缕草、百喜草

我国的牧草栽培区划分 表 11-2

地区	植物名称	地区	植物名称
东北	羊草、苜蓿、沙打旺、胡枝子	华南	宽叶雀稗、狗尾草、大翼豆、银合欢
内蒙古	沙打旺、老芒麦、蒙古岩黄芪	西南	白三叶、黑麦草、红三叶、苇状羊茅
黄淮海	苜蓿、沙打旺、无芒雀麦、苇状羊茅	青藏高原	老芒麦、垂穗披碱草、中华羊茅、苜蓿
黄土高原	苜蓿、沙打旺、小冠花、无芒雀麦	新疆	苜蓿、无芒燕麦、老芒麦、木地肤
长江中下游	白三叶、黑麦草、苇状羊茅、雀稗		

气候区划是在气候分类的基础上，将不同气候类型的地域分布加以区分，寻找不同气候类型分布的范围和分区界线。植物生长要求的生态条件很多，从气候因子来看主要是热量，包括年平均气温、最冷月气温 、最热月气温、气温年较差、无霜期；其次是水分，按年降水量进行度量。草坪草的气候区划就是以上述的气候生态条件为基础，按照草坪草对气候生态因子的要求，选择最适草种。

韩烈保根据年平均气温，1月份和7月份平均气温，年平均降水量，1月份和7月份平均相对湿度6项气候指标，将中国草坪气候分为9个气候带，对护坡绿化有一定参考价值。

①青藏高原带（Ⅰ）。包括西藏、青海、青海南部、四川西北部、云南西北部、甘肃南部的广大地区，地势海拔均在3 000m以上。

②寒冷半干旱带（Ⅱ）。包括大兴安岭东西两侧的山麓，科尔沁草原大部，太行山以西至黄土高原。

③寒冷潮湿带（Ⅲ）。包括东北松辽平原、辽东山地和辽东半岛。

④寒冷干旱带（Ⅳ）。本带是我国西北部的荒漠、半荒漠及部分温带草原地区，即大兴安岭西麓—黄土高原北部—祁连山—当金山—阿尔金山—昆仑山一线以北的寒冷干旱地区。

⑤北过渡带（Ⅴ）。包括华北平原、黄淮平原、山东半岛 、关中平原及秦岭、汉中盆地。

⑥云贵高原带（Ⅵ）。包括除四川盆地外的广大西南高原，一般海拔为1 000～2 000m。

⑦南过渡带（Ⅶ）。包括长江中下游地区和四川盆地。

⑧温暖潮湿带（Ⅷ）。包括长江以南至南岭分水岭的广大地区。

⑨热带亚热带（Ⅸ）。包括海南省、广东省、广西壮族自治区 、台湾省和云南省南部。

除去气候条件对草种选型的约束，草种的根系状况、地上部高度及其对环境的抗性则是选择护坡草种的关键因素。

按照中国草坪生态气候区划，根据国内常见草种的根系情况、地上部高度及其对环境抗性，并结合国内学者在不同地区的使用试验结果，建议我国国内的不同气候带的部分护坡植物种见表11-3。

中国不同气候带的部分护坡植物种 表11-3

代　码	气　候　带	植物种（草坪草、牧草及灌木种）
Ⅰ	青藏高原带	高羊茅、老芒麦、垂穗披碱草、多年生黑麦草
Ⅱ	寒冷半干旱带	高羊茅、白三叶、小冠花、无芒雀麦、扁穗冰草、紫花苜蓿、胡枝子、枸杞、紫穗槐
Ⅲ	寒冷潮湿带	紫羊茅、草地早熟禾、梯牧草、白三叶、连翘、胡枝子、葛藤
Ⅳ	寒冷干旱带	无芒雀麦、扁穗冰草、老芒麦、紫花苜蓿、柠条、柽柳、沙棘
Ⅴ	北过渡带	结缕草、高羊茅、异穗苔草、白三叶、野牛草、紫穗槐、连翘
Ⅵ	云贵高原带	结缕草、多年生黑麦草、高羊茅、异地早熟禾、白三叶、紫叶小檗、小叶女贞
Ⅶ	南过渡带	高羊茅、狗牙根、马唐、多年生黑麦草、白三叶、苜蓿
Ⅷ	温暖潮湿带	狗牙根、弯叶画眉草、结缕草、假俭草、银合欢、紫荆
Ⅸ	热带亚热带	狗牙根、结缕草、竹节草、假俭草、巴哈雀稗、白三叶、夹竹桃

由于灌木对气候的适应性要更强一些，因此，对于护坡灌木种的选型仍按常用的地理区域划分进行。

5）播种量设计

对于播种绿化，播种量随土壤及种子的性质不同而不同，不同的植物种子的发芽率与成活率不同。在不同的地质气候条件下，种子的发芽率与成活率也可能不同，应给予适当的修正，以达到期望的绿化效果。植物种子的播种量按式（11-1）进行计算。

$$W=\frac{G(1+Q)}{S\times P\times B} \tag{11-1}$$

式中：W——每 1m^2 经发芽障凝修正后的播种量（g/m^2）；

G——期望成活株数（株/m^2）；

S——平均粒数（粒/m^2）；

P——种子纯度（%）；

B——发芽率（播种前应自行鉴定）（%）；

Q——发芽障凝修正率值（%），参考表 11-4 取用。

不同地质条件下发芽障凝修正值 表 11-4

地质条件	修正值 Q（%）	地质条件	修正值 Q（%）
砂砾石土壤	+20	特别潮湿地	+10
干旱地	+10	缓坡地	−10
特别干旱地	+20	高边坡	+20

6）混播设计

根据植物种的多样性理论，植物种的多样性使生态系统的网状食物链结构更加复杂，使生态系统更趋向稳定，另外，植物种的多样性也促使处于平衡的群落容量增加而导致生态系统的稳定。基于此，护坡植物种采用多种种子混播更易于形成稳定的植物群落。

根据生态位原理，植物种若具有相同的生态位，必然会造成剧烈的竞争而不利于生态系统的群体发展，退化生态系统的恢复与重建须考虑各植物种在水平空间、垂直空间和地下根系的生态位分化。因此，混播的不同植物种必须考虑植物种间的生态生物型的搭配是否合理。

对于自然形成的植物群落，每平方米范围内包含的植物种一般都超过 10 余种。但是，对于护坡所用的外来植物种，一般难以找到如此多满足当地气候的植物种，而且，对于混播牧草的研究成果也表明，一般混播 4～6 种牧草就可满足要求。根据日本多年的护坡经验，也认为合理选用 4～8 种植物种就可满足建立坡面植物群落的要求。

据植物种的多样性理论和种群的生态位原理，确定混播植物种的选型原则如下：

①每种植物种须满足坡面植物种的选型原则；

②一般应包括禾本科和豆科的植物种；

③植物种的生物生态型要互相搭配，以便减少生存竞争的矛盾，如浅根与深根的配合，根茎型与丛生型的搭配等；

④不同植物种的发芽天数尽可能相近，否则有可能造成发芽缓慢的植物种很快被淘汰。

不同植物种的混播量根据所期望的株数由式（11-2）来确定。

$$A=\frac{10\ 000}{S} \tag{11-2}$$

式中：S——植物的单株营养面积（cm^2），根据经验，一般草种的 S 为 4～12cm^2。

混播所形成的植物株数，豆科植物种一般应占 25%～30%，禾本科及其他科占 70%～75%。若需要建造草灌型坡面植物群落，灌木的株数另计，一般应小于 100 株/m^2。

7）种子预处理技术

大部分植物种子一般可直接播种使用且发芽率高，不需要进行处理，但对一些发芽困难的，则必须在喷播前进行种子预处理。主要处理方法如下：

（1）冷水浸种法

如苔草属的几种种子，在播前先用冷水浸泡数小时，捞起晾干再使用。其中如异穗苔草种子，播种前适当搓揉还可提高发芽率。

（2）层积催芽法

如结缕草种子，先将种子装入纱布袋内，投入冷水中浸泡48～72h，然后用2倍于种子的泥炭或河沙拌匀，装入铺有8cm厚河沙的大钵内摊平，再盖河沙8cm，用草帘覆盖。在室外经5d后移入24℃的室内，经12～30d，见湿沙内的种子大部分裂口，或略露出嫩芽，即可使用。

（3）化学药剂处理

如结缕草种子外皮有一层附着物，水分和空气不容易进入，发芽极为困难，常要使用药剂处理。先将种子用清水洗净，除去杂物和空秕等，捞起种子滤干。将氢氧化钠（NaOH）药剂严格按操作规程兑成0.5％的水溶液盛入不受腐蚀的大容器内，将种子分批倒入药剂中，用木棒搅拌均匀，浸泡12～20h时，捞起种子用清水冲洗干净（或再用清水浸泡6～10h，捞起种子风干）备用或直接喷播使用。药剂处理种子时，要特别注意药剂浓度、浸泡时间和清洗的干净度，否则会出现药害或达不到处理目的。另外，还要注意操作者的安全。

（4）升温催芽法

对直接喷播发芽率低的种子，应将种子放在湿度为70％以上、温度为40℃的地方处理几小时，或者在40℃±5℃变温条件下处理4～5d，可以提高种子发芽率1倍以上。

11.3.4 典型的植物护坡技术设计

1）铺草皮护坡

铺草皮是较常用的一种护坡绿化技术，是将培育的生长优良健壮的草坪，用平板或起草坪机铲起，运至需要绿化的坡面，按照一定的大小规格重新铺植，使坡面迅速形成草坪的护坡绿化技术。草皮应选择根系发达、茎矮叶茂的耐旱草种，如白茅草、假俭草、绊根草等。

铺草皮护坡具有成坪时间短、护坡见效快、施工季节限制少和前期管理难度大的特点。

（1）适用条件

根据铺草皮护坡在国内不同地区、不同类型边坡的应用经验，初步确定其适用约束条件，包括以下几个方面：

①应用地区

各地区均可应用，但在干旱、半干旱地区应保证养护用水的持续供给。

②边坡状况

各类土质边坡均可应用，强风化岩质边坡也可应用，并常用于路堤边坡。其坡率一般不超过1∶1.0，局部可不陡于1∶0.75。坡高一般不超过10m。由于铺草皮只是起表面防护作用，因此边坡自身必须稳定。

③施工季节

春季、夏季和秋季均可施工，适宜施工季节为春秋两季。

（2）铺草皮护坡的施工方法

铺草皮护坡施工工序为：平整坡面→准备草皮→铺草皮→前期养护。

①平整坡面

清除坡面所有石块及其他一切杂物，翻耕20～30cm，若土质不良，则需改良，增施有机肥，耙平坡面，形成草皮生长床，铺草皮前应轻振 1～2 次坡面，将松软土层压实，并洒水润湿坡面，理想的铺草皮的土壤应湿润而不是潮湿。

②准备草皮

在草皮生产基地起草皮。起草皮前一天需浇水，一方面有利于起卷作业，同时也保证草皮卷中有足够的水分，不易破损，并防止在运输过程中失水。草皮切成 30cm×30cm 大小的方块，或宽 30cm、长 2m 的长条形，草皮块厚度为 2～3cm。为保证土壤和草皮不破损，起出的草皮块放在用 30cm×30cm 的胶合板制成的托板上，装车运至施工地。长条形的草皮可卷成地毯卷，装车运输。有条件的地方，起草皮可采用起草皮机进行起草皮，草皮块的质量将会大大提高。起草皮机作业，不仅速度快，而且所起的草皮厚度均一，容易铺装。

③铺草皮

铺草皮时，把运来的草皮块顺次平铺于坡面上，草皮块与块之间应保留 5mm 的间隙，以防止草皮块在运输途中失水干缩，遇水浸泡后出现边缘膨胀，块与块间的间隙填入细土。铺草皮时应尽量避免过分地伸展和撕裂。若是随起随铺的草皮块，则可紧密相接。铺好的草皮在每块草皮的四角用尖桩固定，尖桩为木质或竹质，长 20～30cm，粗 1～2cm。钉尖桩时，应使尖桩与坡面垂直，尖桩露出草皮表面不超过 2cm，如图 11-14 所示。待铺草皮告一段落时，要用木槌把草皮全面拍一遍，以使草皮与坡面密贴。在坡顶及坡边缘铺草皮时，草皮应嵌入坡面内，与坡缘衔接处应平顺，以防止水流沿草皮与坡面间隙渗入使草皮下滑。草皮应铺过坡顶肩部 100cm 或铺至天沟，坡脚应作砂浆抹面等处理。

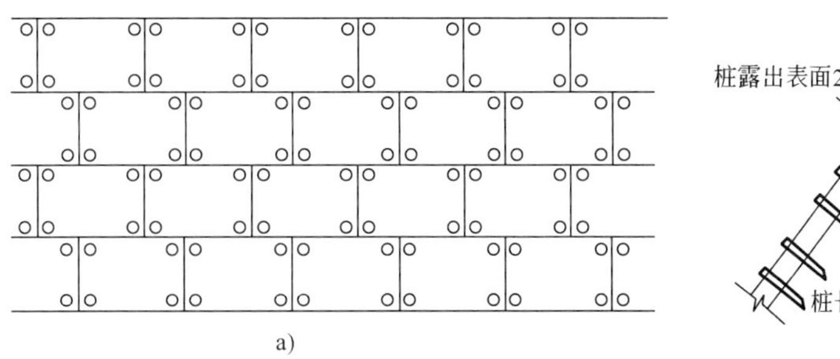

图 11-14　铺草皮护坡

a)尖桩钉固草皮平面布置；b)尖桩钉固草皮横断面

为节约草皮，利用草坪分蘖和匍匐茎蔓延的特点，也可采用间铺法和条铺法。

间铺法：草皮块可切成正方形或长方形，铺装时按照一定的间距排列，如棋盘式、铺块式等。此种方法铺草皮时，要在平整好的坡面上，按照草坪形状和厚度，在计划铺草皮的地方挖去土壤，然后镶入草皮，必须使草皮块铺下后与四周土面相平。经过一段时期后，草坪匍匐茎向四周蔓延直至完全接合，覆盖坡面。

条铺法：将草皮切成 6～12cm 宽的长条，两根草皮条平等铺装，其间距为 20～30cm，铺装时在平整好的坡面上，按草皮的宽度和厚度，在计划铺草皮的地方挖去土壤，然后将草皮镶入，保持与四周土面相平。经过一段时间后，草皮即可覆盖坡面。

④前期养护

洒水：草皮从铺装到适应坡面环境健壮生长期间都需及时进行洒水，每天都需洒水，每次的洒水量以保持土壤湿润为原则，每日洒水次数视土壤湿度而定，直至出苗成坪。

病虫害防治：当草苗发生病害时，应及时使用杀菌剂防治病害，常用喷射药剂有代森锰锌、多菌灵、百菌清、福美霜等。在使用杀菌剂时，应掌握适宜的喷洒浓度。为防止抗药菌丝的产生，使用杀菌剂时，可以用几种效果相似的杀菌剂交替或复合使用。对于常发生的虫害如地老虎、蝼蛄、蛴螬、草地螟虫等，可进行生物防治和药物防治相结合的综合防治方法。常用的杀虫剂是有机磷化合物杀虫剂。

追肥：为了保证草苗能茁壮生长，在有条件的情况下，可根据草皮生长需要及时追肥。

2）三维植被网护坡技术

三维植被网（geomats）是以热塑性树脂为原料，经挤压、拉伸等工序形成相互缠绕，在接点上相互熔和，底部为高模量基础层的三维立体网垫。三维植被网的基础层由 1～3 层经双向拉伸处理后得到的均匀的方形网格组成，拉伸后的方形网格质轻、丝细且均匀，具有很好的适应坡面变化的贴伏性能；三维植被网的上部为 1～3 层网包层，上下两层结构的复合即形成三维植被网垫，如图 11-15 所示。

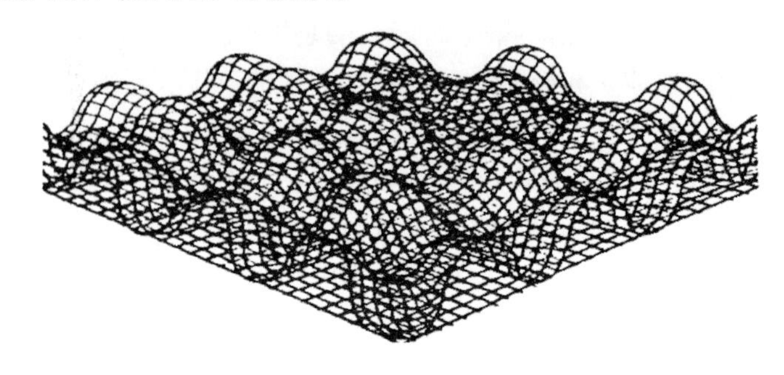

图 11-15　三维植被网垫结构示意图

三维植被网护坡是在铺草皮护坡存在易遭受强降雨或常年坡面径流形成冲沟、引起边坡浅层失稳和滑塌等缺陷的基础上发展起来的，具有固土性能优良、消能作用明显、网络加筋突出与保温功能良好等特点。

（1）适用条件

根据三维植被网护坡在国内不同地区、不同类型边坡的应用经验，初步确定其适用约束条件为以下几个方面：

①应用地区

各地区均可应用，但在干旱、半干旱地区应保证养护用水的持续供给。

②边坡状况

各类土质边坡均可应用，包括路堤和路堑边坡，强风化岩石路堑边坡也可应用，土石混合路堤边坡经处理后方可采用。常用坡率 1∶1.5，一般不超过 1∶1.25，坡率大于 1∶1.0 时慎用。要求每级坡高不超过 10m。与铺草皮护坡一样，边坡自身必须稳定。

③施工季节

施工宜在春季和秋季进行，应尽量避免在暴雨季节施工。

（2）施工方法

三维植被网护坡施工工序为：准备工作→铺网→覆土→播种→前期养护。

①准备工作

a. 平整坡面。为保证三维植被网与坡面的紧密结合，交验后的坡面，采用人工细致整平，清除所有的岩石、碎泥块、植物、垃圾和其他可能引起三维植被网在地面被顶起的阻碍物。

b. 客土改良。对路堤填土土质条件差、不利于草种生长的坡面采用回填改良客土，回填客土厚度为 50～75mm，并用水润湿让坡面自然沉降至稳定。若 pH 值不适宜，尚需改良其酸碱度，一般改良土壤 pH 值应于播种前一个月进行，以增加改良效果。

c. 开挖沟槽。在坡顶及坡底沿边坡走向开挖一矩形沟槽，沟宽 30cm，沟深不少于 20cm。坡面顶沟离坡面 30cm，用以固定三维植被网。

d. 排水设施。三维植被网护坡作为一种浅层护坡的措施来讲，能否最终发挥出效果受很多因素的制约，而边坡排水系统的设置是否合理和完善直接影响到边坡植草的生长环境。对于长大边坡，坡顶、坡脚及平台均需设置排水沟，并应根据坡面水流量的大小考虑是否设置坡面排水沟。一般坡面排水沟横向间距为 40～50m。

②铺网

三维植被网的剪裁长度比坡面长 130cm，顺坡铺设。铺网时，应让其尽量与坡面贴附紧实，防止悬空，并保持平整，不产生褶皱，网与网之间要重叠搭接，搭接宽度 10cm。

固定三维植被网建议采用 U 形钉或聚乙烯塑料钉，也可用钢钉，但需配以垫圈，如图 11-16 所示。钉长为 20～45cm，松土用长钉。钉的间距一般为 90～150cm（包括搭接处），在沟槽内也应按约 75cm 的间距设钉，如图 11-17 所示，然后再填土压实。

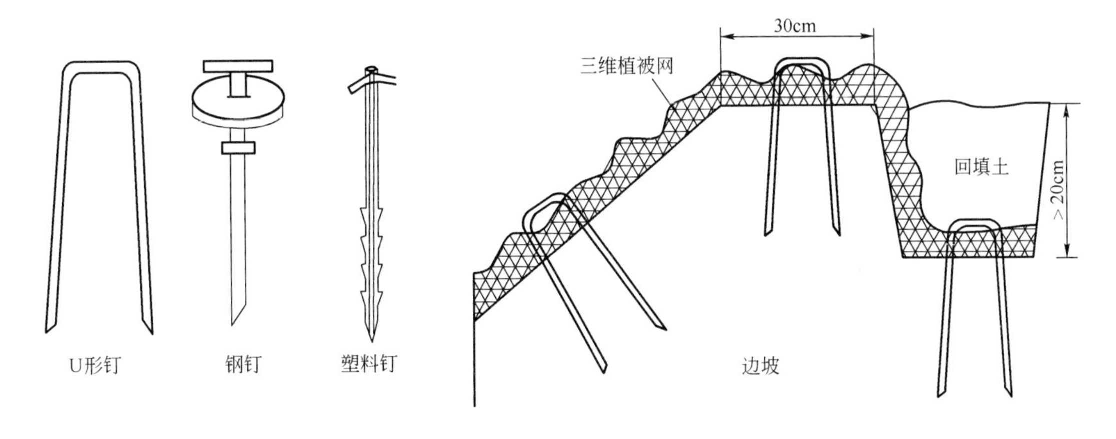

图 11-16　固定钉

图 11-17　网边固定示意图

③覆土

覆土以肥沃表土为宜，对于瘠薄土应填有机肥、泥炭、化肥等提高其肥力。为保证覆土充满网包，且不压包，应分层多次填土洒水浸润，至网包层不外露为止。

④播种

应根据气候区划进行草种选型，草种具有优良的抗逆性，并采用两种以上的草种进行混播。播种方法可采用人工撒播，也可采用液压喷播。采用人工撒播后，应撒 5～10mm 细粒土。雨季施工，为使草种免受雨水冲失，并实现保温保湿，应加盖无纺布，促进草种的发芽生长。也可采用稻草、秸秆编织席覆盖。

⑤前期养护

a. 洒水。用高压喷雾器使养护水成雾状均匀地湿润坡面，注意控制好喷头与坡面的距离和移动速度，保证无高压射流水冲击坡面形成径流。养护期限视坡面植被生长状况而定，一般不少于 45d。

b. 病虫害防治。应定期喷洒广谱药剂，及时预防各种病虫害的发生。

c. 及时补播。草种发芽后，应及时对稀疏无草区进行补播。

(3) 三维植被网护坡典型设计图

三维植被网护坡典型设计如图 11-18 所示。

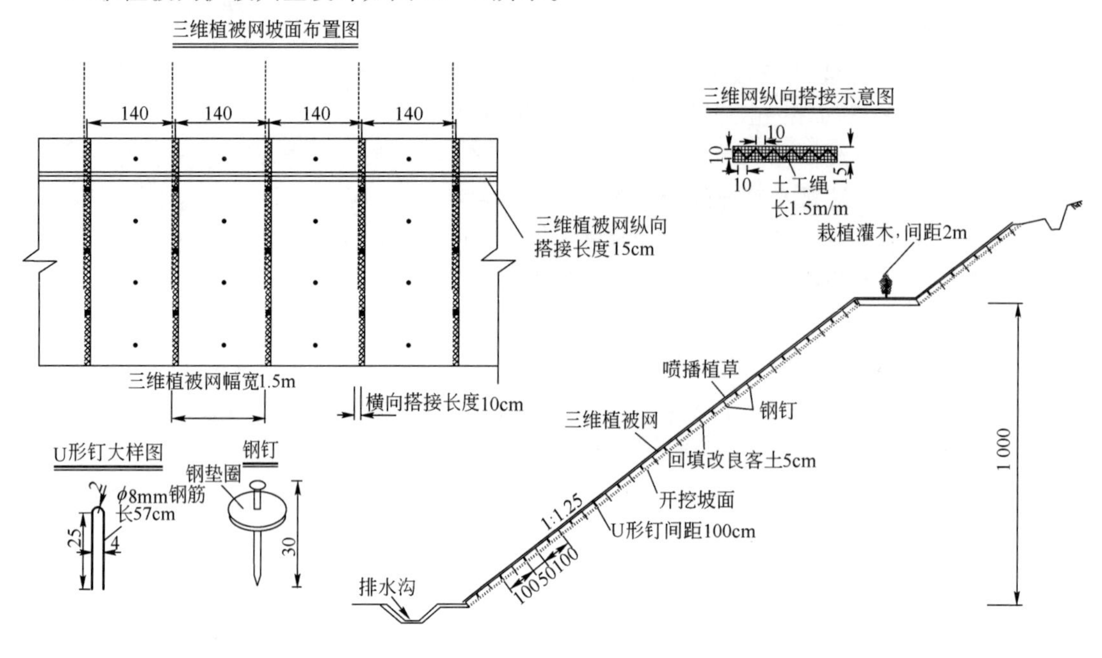

图 11-18 三维植被网护坡典型设计图（尺寸单位：cm）

3) 液压喷播植草护坡

液压喷播植草是将草种、木纤维、保水剂、黏合剂、肥料、染色剂等与水的混合物通过专用喷播机喷射到预定区域建植草坪的高效绿化技术。由于喷出的含有草种的黏性悬浊液具有很强的附着力和明显的颜色，喷射时不遗漏、不重复，可以均匀地将草种喷播到目的位置。在良好的保湿条件下，草种能迅速萌芽，快速发育成为新的草坪。因此，液压喷播植草是一种高速度、高质量和现代化的绿化技术。

液压喷播植草发展于普通草坪绿化，采用液压喷播技术，大大改进和提高了草坪建植技术和方法，使播种、覆盖等多种工序一次完成，提高了草坪建植的速度和质量，同时又能避免人工播种受大风影响作业的情况，克服不利的自然条件的影响，满足不同自然条件下草坪建植的需要。由于液压喷播技术先进，此项技术逐渐应用于公路、铁路和水利工程等的边坡绿化工程。

(1) 适用条件

根据液压喷播植草护坡在国内不同地区、不同类型边坡的应用经验，初步确定其适用条件如下：

①应用地区

各地区均可应用，但在干旱、半干旱地区应保证养护用水的持续供给。

②边坡状况

一般用于土质路堤边坡，土石混合路堤边坡经处理后方可采用，也可用于土质路堑边坡。适宜的常用坡率为 1∶1.5～1∶2.0，当坡率超过 1∶1.25 时应结合其他方法使用。每级坡高不超过 10m，同时要求边坡自身必须稳定。

③施工季节

施工宜在春季和秋季进行，应尽量避免在暴雨季节施工。

(2）施工方法

液压喷播植草护坡施工工序为：平整坡面→排水设施施工→喷播施工→盖无纺布→前期养护。

①平整坡面

交验后的坡面，采用人工细致整平，清除所有的岩石、碎泥块、植物、垃圾。对路堤填土土质条件差、不利于草种生长的坡面采用回填改良客土，回填客土厚度为50～75mm，并用水润湿让坡面自然沉降至稳定。若pH值不适宜，尚需改良其酸碱度，一般改良土壤pH值应于播种前一个月进行，以增加改良效果。

②排水设施施工

边坡排水系统的设置是否合理和完善直接影响到边坡植草的生长环境，对于长大边坡，坡顶、坡脚及平台均需设置排水沟。并应根据坡面水流量的大小考虑是否设置坡面排水沟。一般坡面排水沟横向间距为40～50m。

③喷播施工

按设计比例配合草种、木纤维、保水剂、黏合剂、肥料、染色剂及水的混合物料，并通过喷播机均匀喷射于坡面。建议配合比为：每1m^{2}用水4 000mL，纤维200g，黏合剂（纤维素）3～6g，保水剂、复合肥及草种根据具体情况而定。

④盖无纺布

雨季施工，为使草种免受雨水冲失，并实现保温保湿，应加盖无纺布，促进草种的发芽生长。也可采用稻草、秸秆编织席覆盖。

⑤前期养护

a.洒水养护。用高压喷雾器使养护水成雾状均匀地湿润坡面，注意控制好喷头与坡面的距离和移动速度，保证无高压射流水冲击坡面形成径流。养护期限视坡面植被生长状况而定，一般不少于45d。

b.病虫害防治。应定期喷广谱药剂，及时预防各种病虫害的发生。

c.追肥。应根据植物生长需要及时追肥。

d.及时补播。草种发芽后，应及时对稀疏无草区进行补播。

(3）典型设计

液压喷播植草护坡典型设计如图11-19所示。

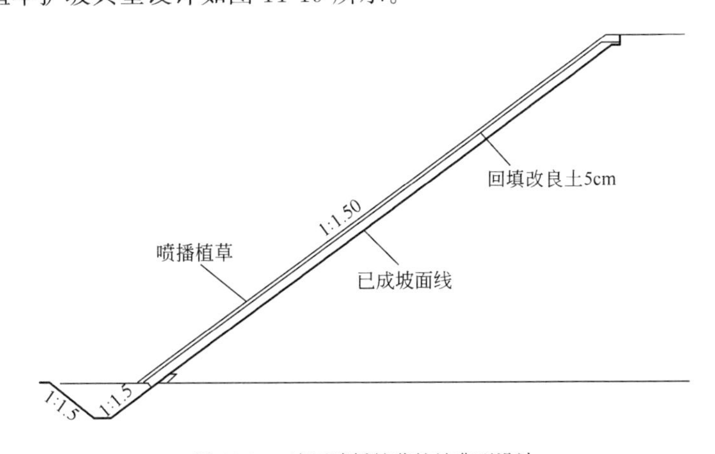

图11-19　液压喷播植草护坡典型设计

4）挖沟植草护坡

挖沟植草护坡是指在坡面上按一定的行距人工开挖楔形沟，在沟内回填改良客土，并铺设三维植被网（或土工网、土工格栅），然后进行喷播绿化的一种护坡技术。与传统的沟播或穴播植草不同，这里所指的挖沟植草是传统沟播、三维植被网和液压喷播三种植草护坡方法的有机结合，兼顾了三者的优点，实现了优势互补。

（1）适用条件

根据挖沟植草护坡在国内不同地区、不同类型边坡的应用经验，初步确定其适用约束条件为以下几个方面：

①应用地区

各地区均可应用，但在干旱、半干旱地区应保证养护用水的持续供给。

②边坡状况

泥岩、页岩及泥、页岩互层等易开挖沟槽的软质岩路堑边坡。常用坡率为 1∶1.0～1∶1.25，坡率超过 1∶1.0 时应结合坡面锚杆使用，坡率不得超过 1∶0.75。要求每级坡高不超过 10m，同时边坡自身必须稳定。

③施工季节

宜在春季和秋季进行，应尽量避免在暴雨季节施工。

（2）施工方法

挖沟植草护坡施工工序为：平整坡面→排水设施施工→楔形沟施工→回填客土→三维植被网施工→喷播施工→盖无纺布→前期养护。

①平整坡面

整平坡面至设计要求，并采用人工修坡，清除坡面浮石、危石等。

②排水设施施工

边坡排水系统的设置是否合理和完善直接影响到边坡植草的生长环境，对于长大边坡，坡顶、坡脚及平台均需设置排水沟。并应根据坡面水流量的大小考虑是否设置坡面排水沟。一般坡面排水沟横向间距为 40～50m。

③楔形沟施工

在坡面上按设计行距开挖楔形沟，楔形沟竖向保持直立，横向设置 5%的倒坡以保证回填客土的稳定。楔形沟应开挖到位。

④回填客土

在楔形沟内回填改良客土，为保证回填客土的稳定，应将填土轻轻压实，并适量洒水润湿，润湿厚度为 1～3cm。

⑤三维植被网施工

三维植被网的施工方法与三维植被网护坡技术相同。

⑥喷播施工、盖无纺土工布和前期养护

基本要求与前述液压喷播植草护坡相同。

（3）典型设计

挖沟植草护坡典型设计如图 11-20 所示。

5）植被混凝土绿化护坡

植被混凝土是在具有一定厚度、一定强度、表面平整的混凝土表面生长植物。植物的种子在混凝土内萌芽成幼苗，继而生长成草坪；草的根往下生长，扎根于混凝土底下的土壤或岩石缝隙中，在起到绿化、水土保持和改变生态作用，以及提升了周边环境质量的同时，对边坡也起到一定的加固作用。此外，植被混凝土在作道路护坡时，可以防止并避免与普通混凝土护坡背后土体，在冬季一旦因含水率过大而冻结膨胀致使护坡崩塌的危险。

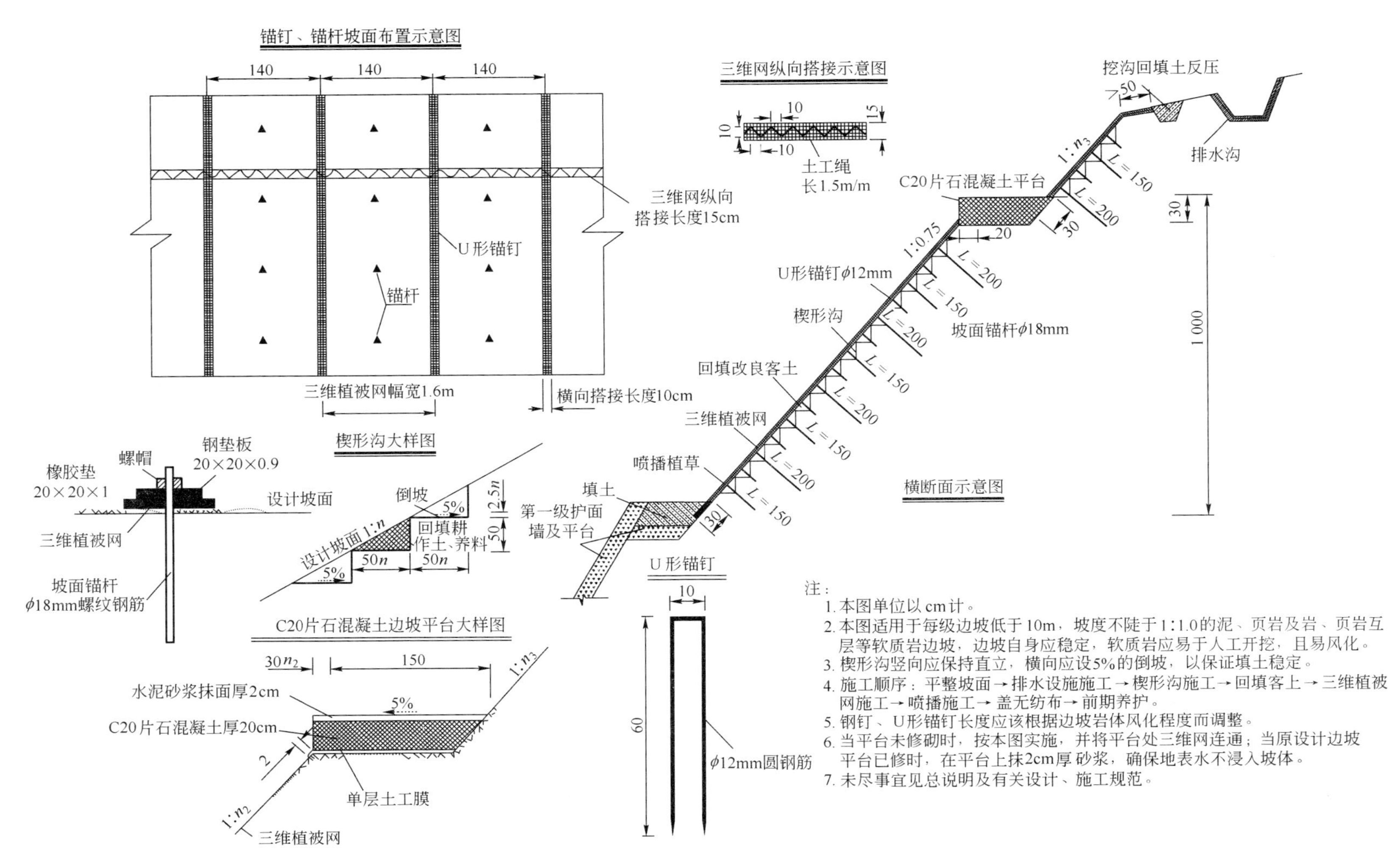

注：
1. 本图单位以cm计。
2. 本图适用于每级边坡低于10m，坡度不陡于1∶1.0的泥、页岩及岩、页岩互层等软质岩边坡，边坡自身应稳定，软质岩应易于人工开挖，且易风化。
3. 楔形沟竖向应保持直立，横向应设5%的倒坡，以保证填土稳定。
4. 施工顺序：平整坡面→排水设施施工→楔形沟施工→回填客上→三维植被网施工→喷播施工→盖无纺布→前期养护。
5. 钢钉、U形锚钉长度应该根据边坡岩体风化程度而调整。
6. 当平台未修砌时，按本图实施，并将平台处三维网连通；当原设计边坡平台已修时，在平台上抹2cm厚砂浆，确保地表水不浸入坡体。
7. 未尽事宜见总说明及有关设计、施工规范。

图11-20　挖沟植草护坡典型设计

（1）植被混凝土的主要组成及功能

①水泥：它使植被混凝土拌合物具有黏聚性，使植被混凝土形成具有一定强度的连续空隙体，一般用32.5级水泥。

②绿化添加剂：让喷射混合物形成促进植物生长的团粒结构，主要功能是营造植物生长环境。目前混凝土绿化添加剂主要为一些专利产品。混凝土绿化添加剂的主要原材料为钙粉、磷矿粉、锰矿粉、锌矿粉等。以上数种矿粉混合与60%硫酸充分反应的生成物，再与部分原混合矿粉混合便制成绿化添加剂。

③绿化基层：主要由腐殖质有机物、混合肥、保水剂等组成。腐殖质是优先为植物提供养分和产生植物根系生长空间的基础材料，一般采用酒糟、锯末、秸秆纤维等。长效混合肥是为植物生长提供长期效力的复合肥，一般采用尿素、生物肥、化学复合肥；保水剂在水分丰裕时吸收水分，天气干燥时为植物提供水分，一般采用粒度100目的保水剂。

④混合草种：冷季型、暖季型、观赏型、固氮型等，根据生物生长特性优选配制。

⑤植生土：一般情况选择工程地原有的地表种植土即可。

⑥纤维：就地取秸秆、树枝等经机械加工而成。

⑦水：pH=5.5～8.5。

⑧网：一般选用ϕ2.2mm的钢丝，50mm×50mm网孔的钢丝格网，也可根据工程需要选用合适的土工网格等。

⑨锚杆：锚杆长度为300～600mm。

（2）植被混凝土的配合比设计

配合比设计需考虑以下几个因素：

①保证拌合物具有良好的黏聚性、流动性即易施工性。

②植被混凝土的无侧限抗压强度不低于15kPa，即能经受风吹雨打，不脱落。

③植被混凝土具有合适的重度及孔隙率，具体地讲孔隙率为50%～65%（体积比），重度为1.3～1.7g/cm^3，这样的结构有利于植物生长。

④植被混凝土有良好的植生条件，如水肥供应良好，能保证植物多年的养分供应（植被混凝土能长期供应养料，植物也能自己补给，如枯叶及草根腐烂，细菌固氮等）。

胶结材料、植生土、有机质、腐殖质的总质量占植被混凝土质量的80%左右，因此，他们决定了植被混凝土的主要性质。

水泥是影响强度、和易性的决定因素，试验表明，水泥用量大于10%（质量比，下同）时，就能保证植被混凝土的无侧限抗压强度不低于15kPa。水泥用量一般不超过25%。

有机质、腐殖质合称有机物，它们的含量对植被混凝土的物理性质，即强度、重度及孔隙率，水肥供应有重大影响。其含量越大，重度越小、孔隙率越大、强度越低。有机物的含量过大会造成植被混凝土的强度偏小，孔隙率过大而不利于保持水分，同时还会降低拌合物的黏聚性，喷射施工时增加回弹损失。实践表明，有机物最适宜的含量为8%～16%。

混凝土绿化添加剂含量一般不大于2%。含量过大不利于降低成本，过少不能营造出植物所需的生长基质。实践表明，其含量在1.0%～2.0%能很好地满足植物需求。

植被混凝土的典型配合比见表11-5。

植被混凝土典型配比用量（kg）　　表11-5

水　泥	土	腐 殖 质	长 效 肥	保 水 剂	混凝土添加剂	混合植绿种子
15.0	90.0	10.0	0.10	0.15	10.0	0.07

（3）植被混凝土护坡绿化技术的施工工艺

植被混凝土护坡绿化技术施工工艺见图 11-21。

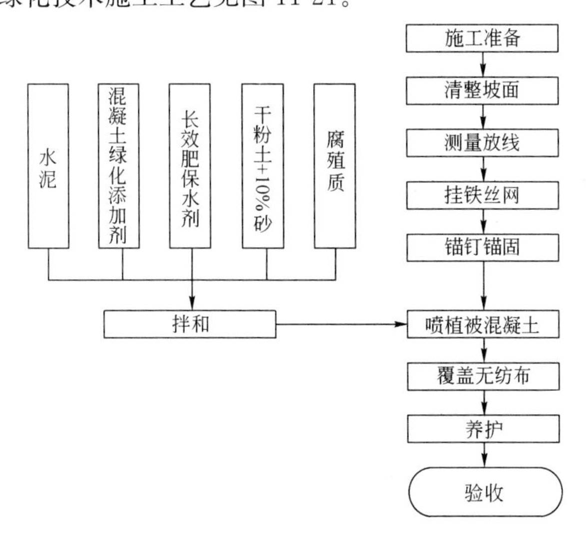

图 11-21　植被混凝土的材料组成与施工工艺示例

具体要求如下：

①修筑天沟（截水沟）及排水沟。在边坡四周、护坡道（马道）设置排水沟。

②清理、平整坡面。清除坡面淤积物，再用高压水枪清洗坡面，使坡面有利于植被混凝土的完全结合。

③铺设并固定复合网

铺设固定复合网的目的是增强护坡强度、形成加筋植被混凝土。一般采用 ϕ20mm 钢筋按 1.5m×1.5m 交叉锚固，锚杆长 30～80cm。

④搅拌植被混凝土。根据搅拌机大小，按植被混凝土的配合比计量拌和。在面层喷射层拌料时加入混合植物种子。混合植物种子应满足四季常绿要求，还需满足景观设计要求。因此，混合植物种子可采用冷季型草种和暖季型草种并根据生物生长特性混合优选确定，如南方岩质边坡绿化采用节水草、黑麦草、狗牙根、羊胡子草和白三叶等混合草种，效果良好。

⑤喷射植被混凝土。要求喷枪口距岩面 1m 左右，加水量应保持植被混凝土不流不散。植被混凝土喷射厚度一般为 10cm 左右，分基层和面层二次喷射，基层喷射厚度为 8cm，面层喷射厚度为 2cm。混合植物种子只拌和在面层喷射。

⑥覆盖无纺布。在面层喷射层完成后，覆盖 28g/m^2 无纺布进行保温保湿，营造种子快速发芽环境。

⑦喷水养护。在养护期应当保持植被混凝土呈湿润状态。喷水设备应采用喷雾喷头移动喷洒，杜绝高压水头直接喷灌。一般养护期为植物覆盖地面为限（50d 左右）。

11.4　骨架植被护坡

骨架植被护坡是指采用浆砌片石或钢筋混凝土在坡面形成框架，并结合铺草皮、三维植被网、土工格室、喷播植草、栽植苗木等方法形成的一种护坡技术。

11.4.1 浆砌片石骨架植草护坡

浆砌片石骨架植草护坡按浆砌片石形状的不同，可以分为方格形、拱形、人字形等，如图 11-22～图 11-24 所示。为减轻坡面冲刷，常采用截水型浆砌片石骨架。

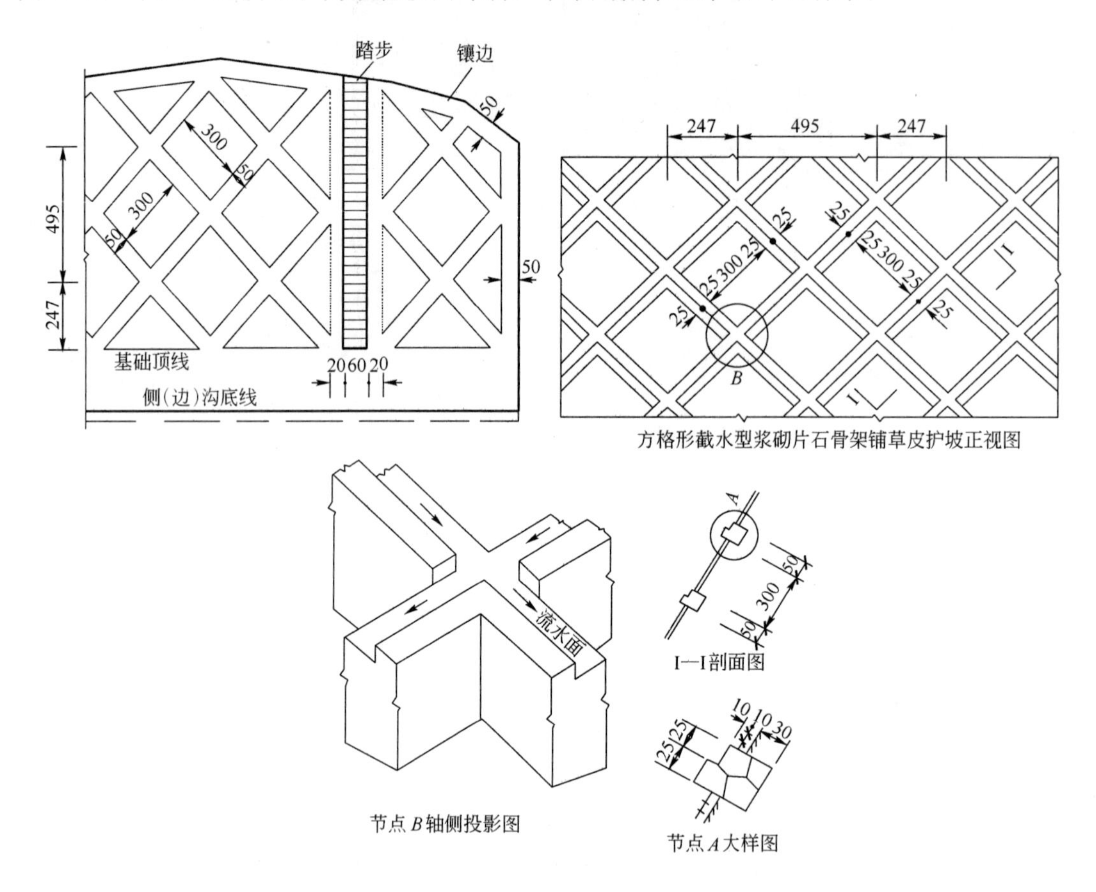

图 11-22 方格形浆砌片石骨架（尺寸单位：cm）

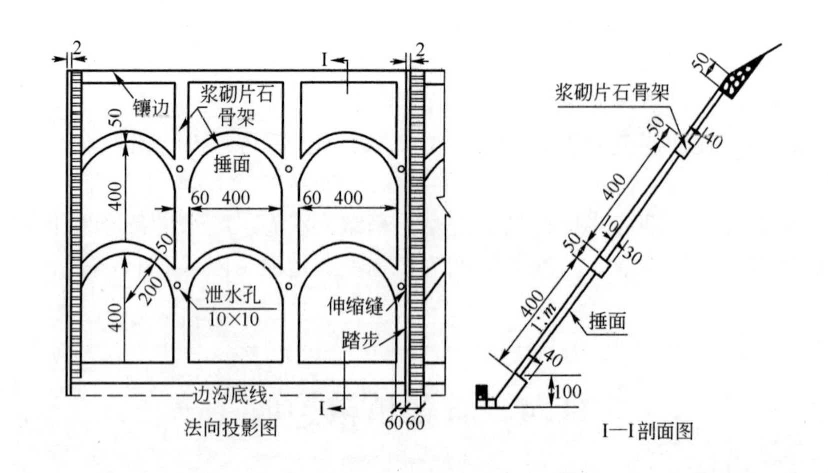

图 11-23 拱形浆砌片石骨架（尺寸单位：cm）

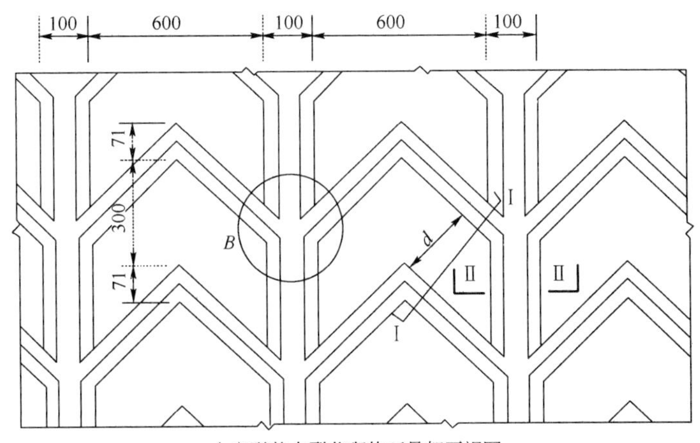

人字形截水型浆砌片石骨架正视图

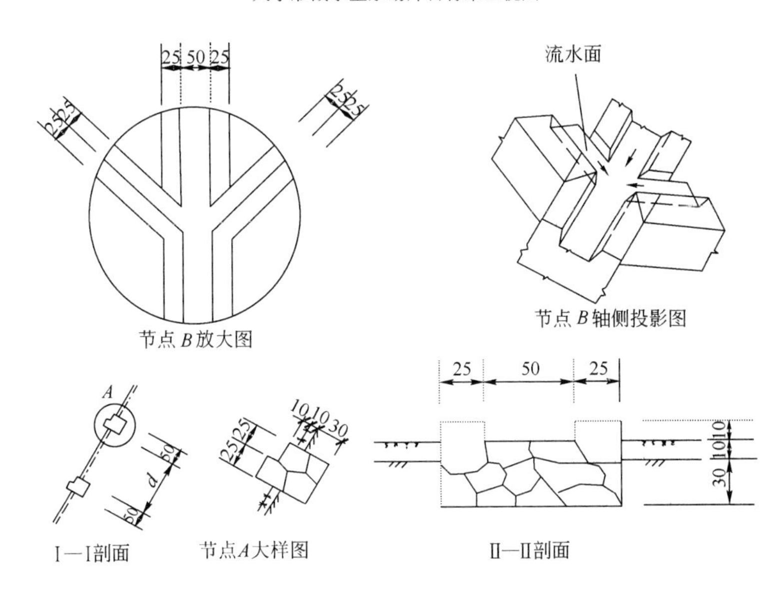

图 11-24　人字形截水型浆砌片石骨架（尺寸单位：cm）

1）适用条件

根据浆砌片石骨架植草护坡在国内的应用经验，其适用条件为：

（1）应用地区

各地区均可应用，但在干旱、半干旱地区应保证养护用水的持续供给。

（2）边坡状况

各类土质路堤、路堑边坡均可应用，强风化岩质路堑边坡也可应用。常用坡率为 1∶1.0～1∶1.5，坡率超过 1∶1.0 时慎用。要求每级坡高不超过 10m，同时要求边坡深层必须稳定。

（3）施工季节

施工宜在春季和秋季进行，应尽量避免在暴雨季节施工。

2）施工注意事项

骨架应按设计形状和尺寸嵌入边坡内，表面与坡面齐平，其底部、顶部和两端均应做镶边加固。宜采用混凝土预制块拼装，并按设计修筑养护阶梯。当采用浆砌片石骨架时，应在路堤填土沉降已趋稳定后施工。

下面以方格形截水型浆砌片石骨架铺草皮护坡（图 11-22）施工方法为例，介绍浆砌片石骨架植草护坡的施工方法。方格形截水型浆砌片石骨架铺草皮护坡施工工序为：平整坡面→浆砌片石骨架施工→回填客土→铺草皮施工→前期养护。

（1）平整坡面

按设计要求平整坡面，清除坡面危石、松土、填补坑凹等。

（2）浆砌片石骨架施工

①砌筑片石骨架前，应按设计要求在每条骨架的起讫点放控制桩，挂线放样，然后开挖骨架沟槽，其尺寸根据骨架尺寸而定。

②采用 M5 水泥砂浆就地砌筑片石。砌筑骨架时应先砌筑骨架衔接处，再砌筑其他部分骨架，两骨架衔接处应处在同一高度。

③骨架的断面形式为 L 形，用以分流坡面径流水。骨架与边坡水平线成 45°，左右互相垂直铺设，方格间距 3～5m。

④在骨架底部及顶部和两侧范围内，应用 M5 水泥砂浆砌片石镶边加固。

⑤施工时应自下而上逐条砌筑骨架，骨架应与边坡密贴，骨架流水面应与草皮表面平顺。

（3）回填客土

片石骨架砌好后，骨架内填充改良客土，充填时要使用振动板使之密实，并与骨架和坡面密贴。靠近表面时用潮湿的黏土回填。

（4）铺草皮

铺草皮的施工方法与 11.3 节相同。

（5）前期养护

前期养护要点和方法与 11.3.4 中一致，此处不再赘述。

11.4.2 钢筋混凝土框架植草护坡

1）基本原理和适用性

钢筋混凝土框架（格构）植草护坡，是在边坡上现浇钢筋混凝土框架或将预制件铺设于坡面形成框架，用锚杆固定框架，在框架内回填客土并采取措施使客土固定于框架内，然后在框架内植草以达到护坡绿化的目的。它同前面介绍的浆砌片石骨架植草护坡类似，区别在于钢筋混凝土框架与锚杆联合使用对边坡的加固作用更强。一般而言，该方法可适用于各类边坡，但由于造价高，仅在那些浅层稳定性差且难以绿化的高陡岩坡和贫瘠土坡中采用。

2）钢筋混凝土框架内的固土植草方法

采用此方法时固定框架内的客土是非常重要的。固土的方法比较多，可以根据工程的具体情况采用适当的固土方法。下面介绍通常采用的固土方法。

（1）框架内填空心六角砖固土植草护坡

框架内填空心六角砖固土植草护坡，是在框架内满铺并浆砌预制的空心六角砖，然后在空心六角砖内填土植草。该方法使回填客土有很强的稳定性，能抵抗雨水的冲刷。可适用于坡率达到 1∶0.3 的岩质边坡。常用的空心六角砖的规格如图 11-25 所示。空心砖植草也可单独应用，主要用于低矮路堤边坡或桥梁锥坡的植被防护，一般边坡坡率不超过 1∶1.0，高度不超过 10m，否则易引起空心砖的滑塌，造成植被防护的失败。

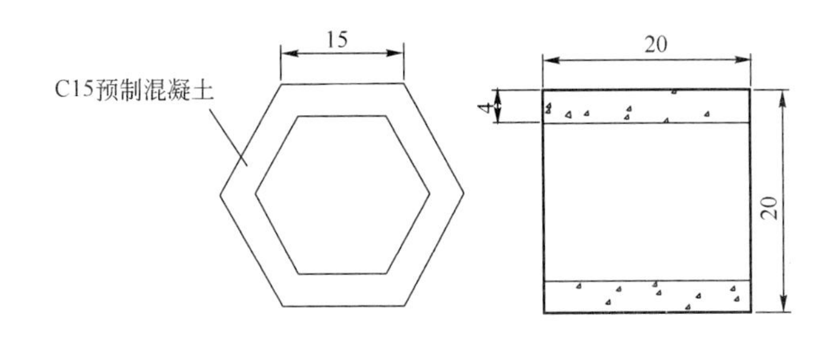

图 11-25　空心六角砖规格（尺寸单位：cm）

（2）框架内设土工格室固土植草护坡

框架内固定土工格室，并在格室内填土，挂三维植被网喷播植草绿化，从而可在较陡的路堑边坡上培土 20～50cm，以利植物成活。图 11-26 是钢筋混凝土框架内土工格室加筋固土植草绿化典型图式。

框架内设土工格室加筋固土植草护坡的施工方法是：整平坡面至设计要求并清除坡面危石→浇筑钢筋混凝土框架→展开土工格室并与锚梁上钢筋、箍筋绑扎牢固→在格室内填土，填土时应防止格室胀肚现象→在坡面采用人工或机械喷播营养土 1～2cm，以覆盖土工格室及框架→从上而下挂铺三维植被网并与土工格室绑扎牢固→将混有草种、肥料等的混合料用液压喷播法均匀喷洒在坡面上→覆盖土工膜并及时洒水养护边坡，直至植草成坪。

（3）框架内设土工格栅加筋固土植草护坡

这是一种先在框架内用土工格栅加筋后填土，再挂三维植被网喷播植草或直接喷播植草的绿化方法。对于 1∶0.5 的边坡，骨架内土工格栅加筋固土后挂三维网喷播植草绿化。边坡坡率缓于或等于 1∶0.75 时，骨架内土工格栅加筋固土后直接喷播植草绿化，可不挂三维植被网。其施工方法为：

①用机械或人工的方法整平坡面至设计要求，清理坡面危岩。

②预制埋于横向框架梁中的土工格栅。

③按一定的纵横间距施工框架梁。竖向锚梁钢筋上预系土工绳，以备与土工格栅绑扎用。视边坡具体情况选择框架梁的固定方式（锚杆或锚索及其他）；将预埋于横向框架梁中的土工格栅绑扎在横梁的箍筋上，然后浇筑混凝土，留在外部的用作填土加筋。

④按由下而上的顺序在框架内填土。根据填土厚度可设两道或三道加筋格栅，以确保加筋固土效果。

⑤当坡率陡于 1∶0.5 时，须挂三维植被网，并将三维网压于平台下，并用土工绳与土工格栅绑扎牢固。三维植被网竖向搭接 15cm，用土工绳绑扎。横向搭接 10cm，搭接处用 U 形钉固定，坡面间距 150cm。三维植被网与竖梁接触处回卷 5cm，用 U 形钉压边。要求三维植被网与坡面紧贴，不能悬空或褶皱。

⑥采用液压喷播植草，将混有种子、肥料、土壤改良剂等的混合料均匀喷洒在坡面上，厚 1～3cm，喷播完后，视情况覆盖一层薄土，以覆盖三维植被网或土工格栅为宜。

⑦覆盖土工膜并及时洒水养护边坡，直到植草成坪。

11.4.3　预应力锚索框架地梁植被护坡

（1）护坡原理及适用条件

对那些稳定性很差的高陡岩石边坡，用预应力锚索加固坡体，用锚杆固定框架，然后在框架内植草种树护坡。预应力锚索长度与间距视工程具体情况而定。

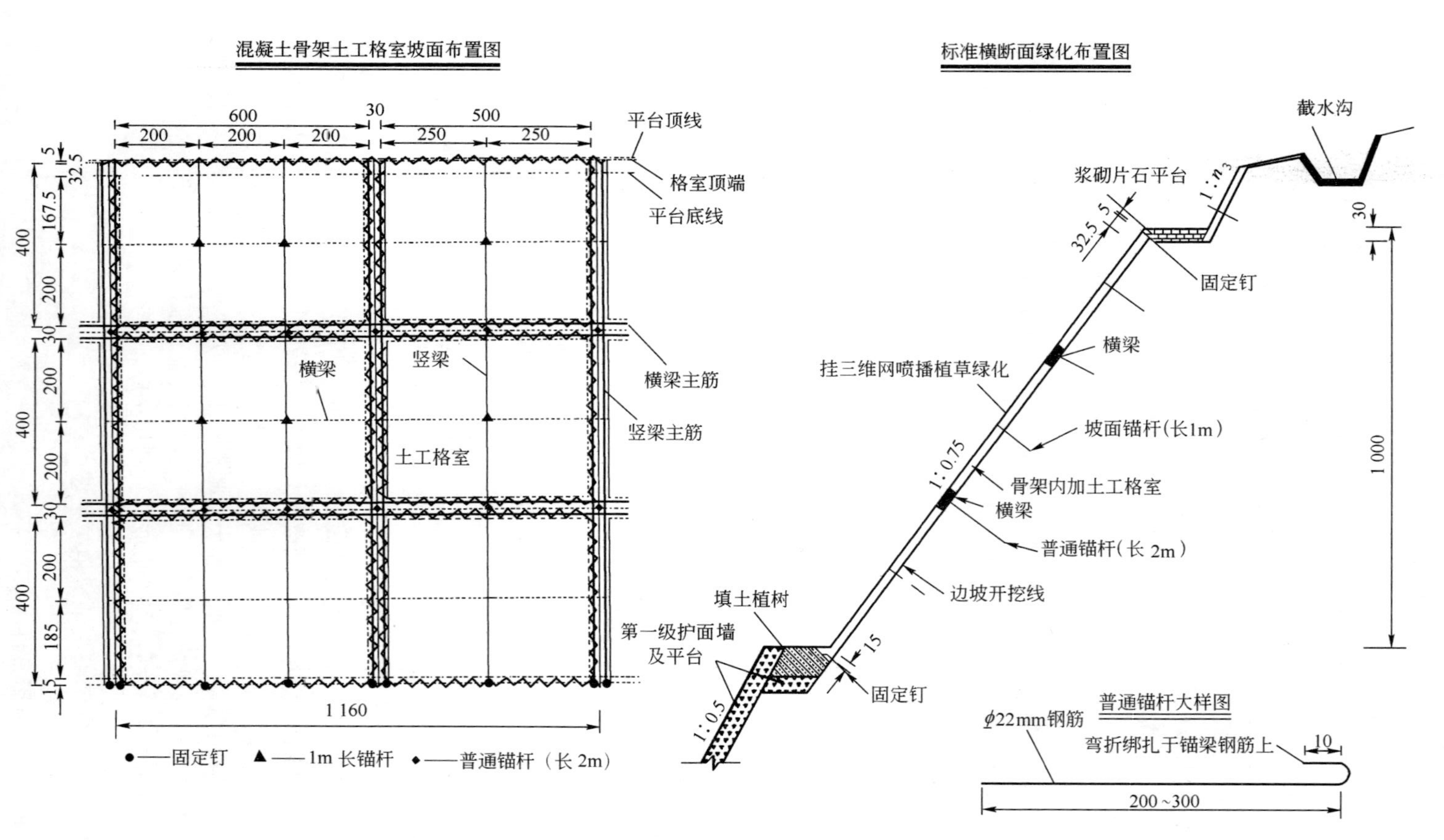

图11-26 钢筋混凝土框架内土工格室加筋固土植草（尺寸单位：cm）

该方法的适用条件是：

①必须用锚索加固的高陡岩石边坡。

②边坡坡度大于 1∶0.5，高度不受限制。

（2）设计与施工技术要求

①根据工程情况确定预应力锚索间距和锚杆间距。

②钻锚杆和锚索孔，浇筑框架地梁。框架地梁也可用预制件，但要确保与反力座及节点的牢固连接，其底面还要和坡面密贴。锚索反力座和框架内都应配钢筋，浇筑反力座时应预留钢筋，以便和框架梁相连。

③施工锚索和锚杆。预应力锚索、锚杆施工按相应施工规范进行。

④浇筑锚索反力座。待反力座达到强度后，将锚索张拉到设计值。张拉锚索后将锚头埋入混凝土中。

⑤整平框架内的坡面，视需要填入部分耕种土。

⑥在框架内喷射种植基及混合草种，要喷射均匀，也要确保草籽分布均匀。其厚度略低于格子梁高度 2cm。根据工程情况和当地的气候条件选择草种。

（3）养护要求

①喷播两天后开始养护，养护水应成雾状均匀地湿润坡面种植基，不得形成高压射流冲击坡面。

②养护湿润深度。发芽期控制在 3～5cm，幼苗期依据植被根系的发展逐渐增大到 5～15cm。但不能在种植基内形成“壤中流”。

③养护时间。应在每天早晨 10 点前（避免强烈阳光）喷水养护，高温干旱季节，在发芽期和幼苗期每天增加 2～3 次喷雾养护。

④养护时间持续约 45d。

图 11-27 是预应力锚索植被护坡的典型图式。预应力锚索框架植被护坡结构设计实例如图 11-28 所示。

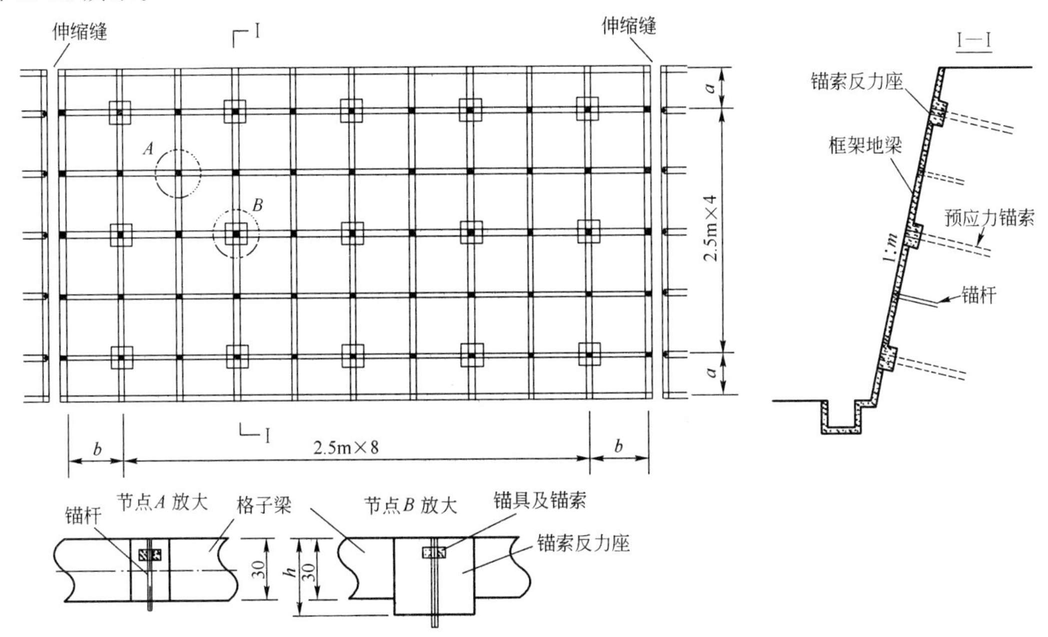

图 11-27　预应力锚索框架地梁内植被护坡（尺寸单位：cm）

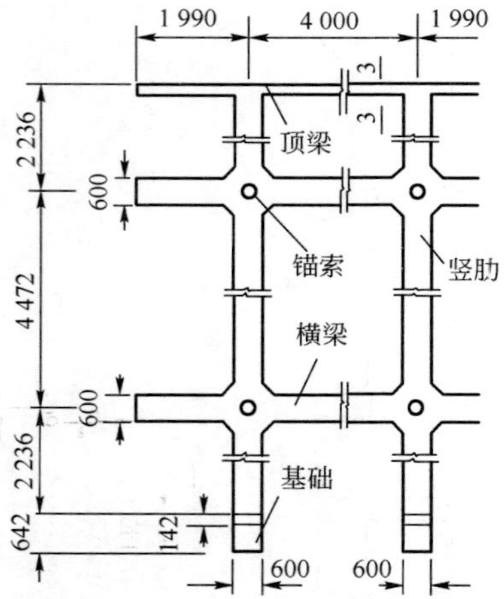

框架法向投影图

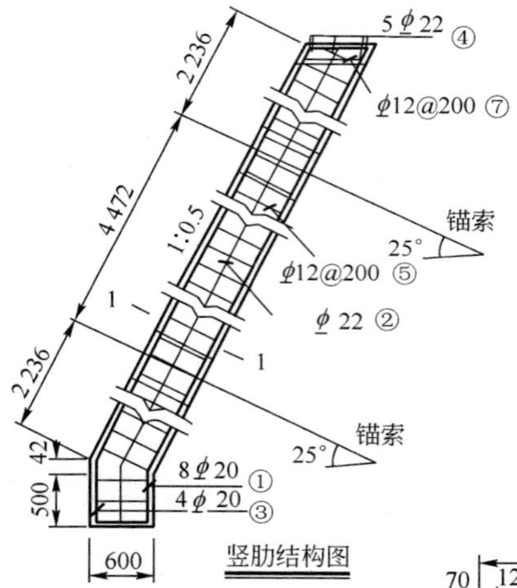

竖肋结构图

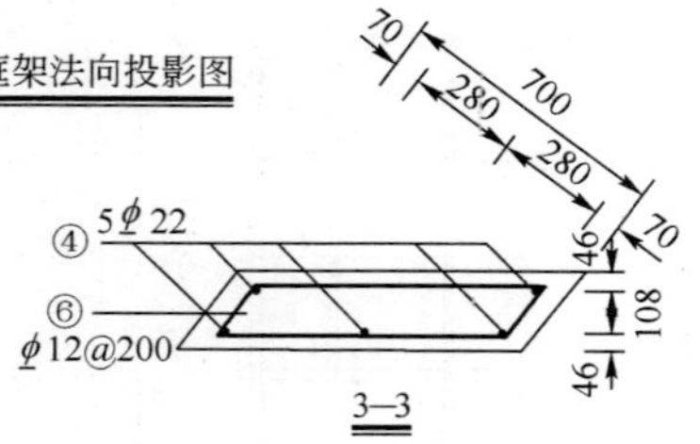

3—3

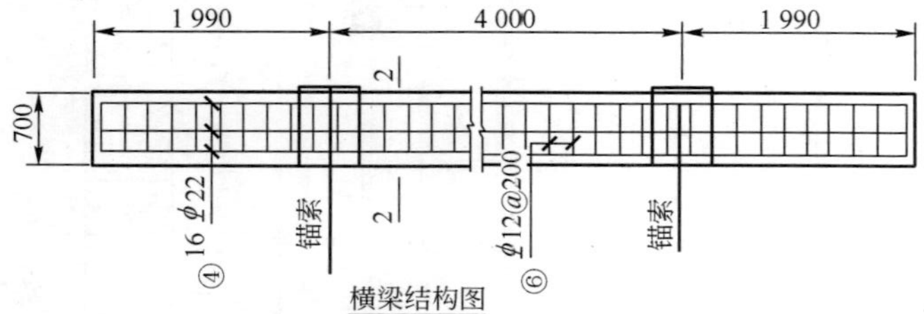

横梁结构图

1—1

2—2

节点结构图

钢筋明细						材料明细			
编号	草图(mm)	规格	长度(m)	根数	合计(m)	规格	总长(m)	单位重(kg/m)	质量(kg)
①	474 153° 8 884	ϕ22	9.358	16	149.7	ϕ22	491.0	2.47	1 212.8
②	531 153° 8 820	ϕ22	9.351	4	37.4	ϕ12	474.9	0.888	421.7
③	588 153° 8 757	ϕ22	9.345	8	74.8	II级钢筋：1.63t C25混凝土：10.99m³ C20混凝土：6.16m³ （859个六棱块） 植草：50.25m² 回填土：8.92m³ 结构挖方：7.36m³ M7.5镶边：2.63m³			
④	7 900	ϕ22	7.90	29	229.1				
⑤	432 512	ϕ12	1.988	94	186.9				
⑥	432 472	ϕ12	1.908	82	156.5				
⑦	126 63° 491	ϕ12	1.334	41	54.7				
⑧	520 1 360	ϕ12	2.400	32	76.8				

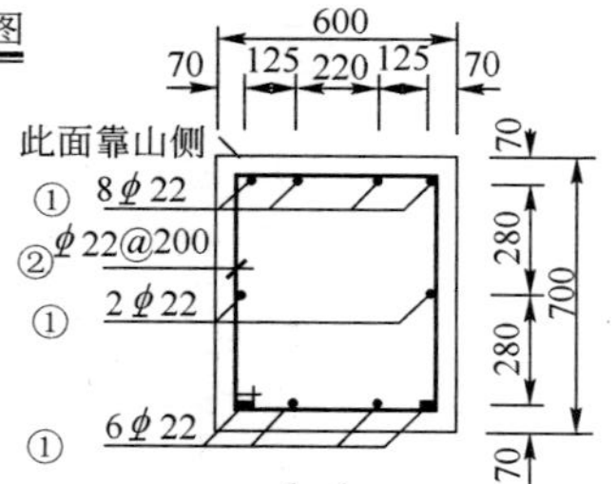

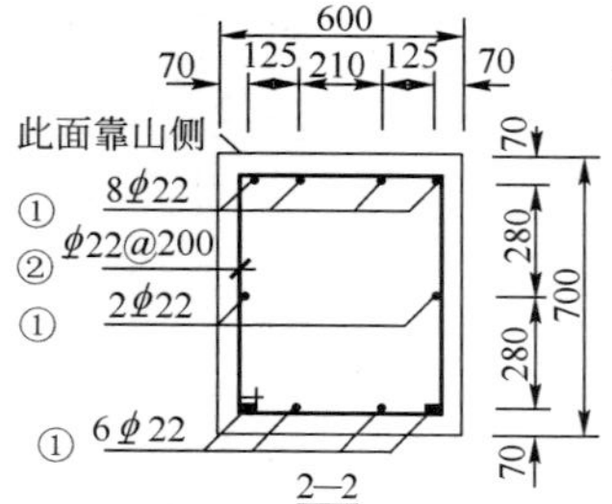

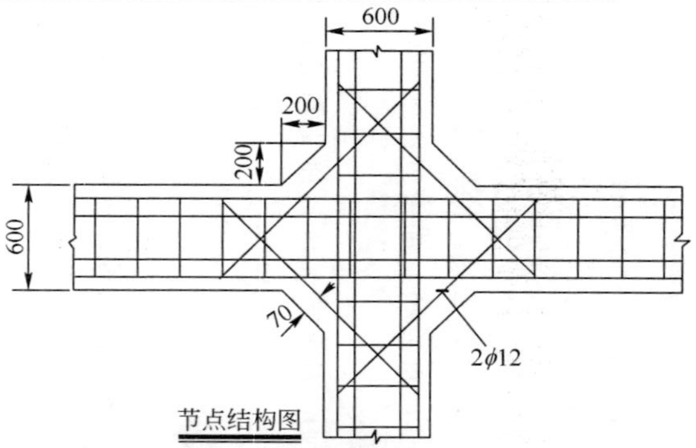

注：

1. 框架采用C25混凝土浇筑，竖肋基础先铺垫5cm厚混凝土垫层，再进行钢筋制作安装。
2. 若坡面不平整或坡率与设计不符时，则按现场实际情况调整钢筋长度。
3. 框架嵌入坡面25cm，露出坡面35cm，框架刻槽采用2~5cm水泥砂浆调平，遇局部架空采用M10浆砌片石嵌补。
4. 框格内采用六棱混凝土块培土植草防护，六棱混凝土块采用C20预制，用M7.5水泥砂浆砌筑。窗孔内六棱块砌筑前必须把其下部土体捶实平整，待预制块砌体达到一定强度后，才能在预制块内培土植草皮，种植草皮的坡面比设计坡面低5cm，应采用木或竹桩将草皮固定。

图11-28 预应力锚索框架植被护坡结构设计实例（尺寸单位：cm）

（4）预应力锚索地梁植被护坡

如果坡体浅层稳定性较好，可取消钢筋混凝土横梁（图 11-27）而在地梁之间采用浆砌片石形成框架，然后在框架内植被护坡。施工顺序：按设计要求开挖并平整坡面→在坡面上定出地梁位置并铺设模板，留出预应力锚索孔的位置→浇筑地梁→待地梁强度达到要求后钻锚索孔→清孔下锚索并给锚孔注浆→待浆体强度达到设计要求后按一根地梁上的锚索数量和设计的张拉工序张拉锚索到设计吨位→视情况在地梁之间采用浆砌片石等方法形成框架→采用液压喷播或厚层基材喷射植被护坡等方法进行植被→对坡面植被进行养护直到长出茂盛的植被。

11.5 圬工防护与石笼防护

除可直接采用上面所介绍的骨架进行护坡外，圬工护坡技术还有护面墙、干（浆）砌片石护坡、混凝土护板以及石笼等。

11.5.1 护面墙

1）使用条件

①为了覆盖一般土质边坡及各种软质岩层和较破碎岩石的挖方边坡，免受大气因素影响而修建的墙，称为护面墙。

②护面墙多用在一般土质边坡，以及易风化的云母片岩、绿泥片岩、泥质页岩、千枚岩与其他风化严重的软质岩层和较破碎的岩石地段，以防止继续风化。

③边坡坡度不大于 1∶0.5。

④护面墙除自重外，不担负其他载重，亦不承受墙后的土压力，因此护面墙所防护的边坡应自身稳定。

2）设计注意事项

（1）实体式护面墙

①护面墙的厚度视墙高而定，见表 11-6，一般采用 0.4～0.6m。底宽 d 可按边坡陡度、墙的高度、被保护山坡的潮湿情况和基础允许承载力大小等条件来确定。底宽 d 一般等于顶宽 b 加（1/10～1/20）H（H 为墙高），即 $d=b+$（1/10～1/20）H。

护面墙的厚度参考值 表 11-6

护面墙高度 H（m）	路 堑 边 坡	护面墙厚度（m）	
		顶宽 b	底宽 d
≤2	1∶0.5	0.4	0.4
≤6	>1∶0.5	0.4	$0.4+H/10$
$6<H\leqslant10$	1∶0.5～1∶0.75	0.4	$0.4+H/20$
$10<H<15$	1∶0.75～1∶1	0.6	$0.6+H/20$

②护面墙墙身坡度

护面墙墙背坡度与边坡坡度一致。等截面护面墙墙面坡度 m 与墙背坡度 n 相同，而变截面护面墙墙面坡度 m 与墙背坡度 n 应满足 $n=m-1/20$（$n=0.5$）或 $n=m-1/10$（$n=0.5\sim0.75$）。

③沿墙身长度每隔 10m 应设置 2cm 宽的伸缩缝（或沉降缝）一道，用沥青麻（竹）筋填塞，深入 10～20cm，心部可空着。墙身设置一些泄水孔，孔口大小一般为 6cm×6cm 或 10cm×10cm。在墙身下部或边坡渗水较多处，应适当加密泄水孔。泄水孔的后面，应用碎石和砂做成反滤层。伸缩缝及泄水孔的布置见图 11-29。

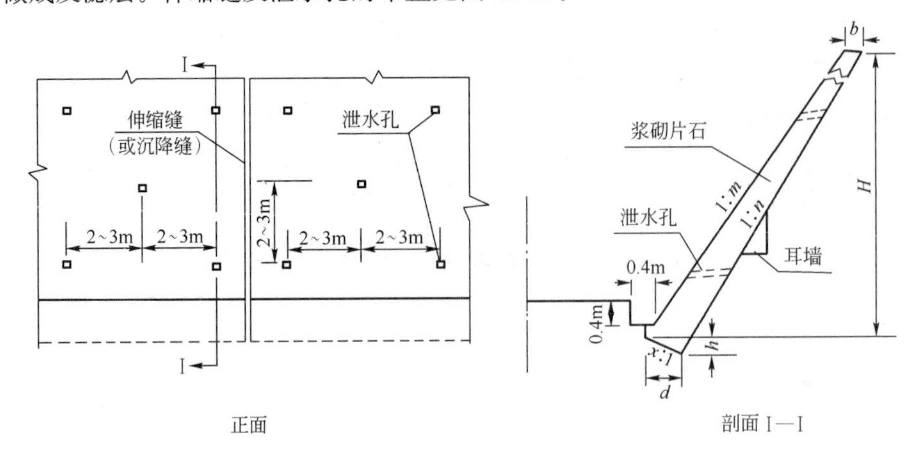

图 11-29　护面墙

④护面墙的基础应设在可靠的地基上，其埋置深度应在当地土壤的冰冻线以下 0.25m。其基础承载力不宜小于 300kPa，如基岩的承载力不够，应采用适当的加强措施。个别软弱地段，可采用拱跨过，如图 11-30 所示。如所防护的挖方边坡岩石较完整时，拱内可以干砌片石填塞，作为泄水孔。

墙底一般做成倾斜的反坡（图 11-29），土质地基采用 x=0.2 或 0.1，岩石地基采用 x=0.2 或 m（墙面坡度）。

⑤为了增加墙的稳定性，视断面上基岩的岩质好坏，每 6～10m 高为一级，并设不小于 1m 宽的平台，墙背每 3～6m 高设一耳墙，其宽 0.5～1.0m，如图 11-31 所示。对于防护松散层的护面墙，最好在夹层的底部土层中，留出宽度不小于 1.0m 的边坡平台，并进行加固，以增加护面墙的稳定性，如图 11-32 所示。

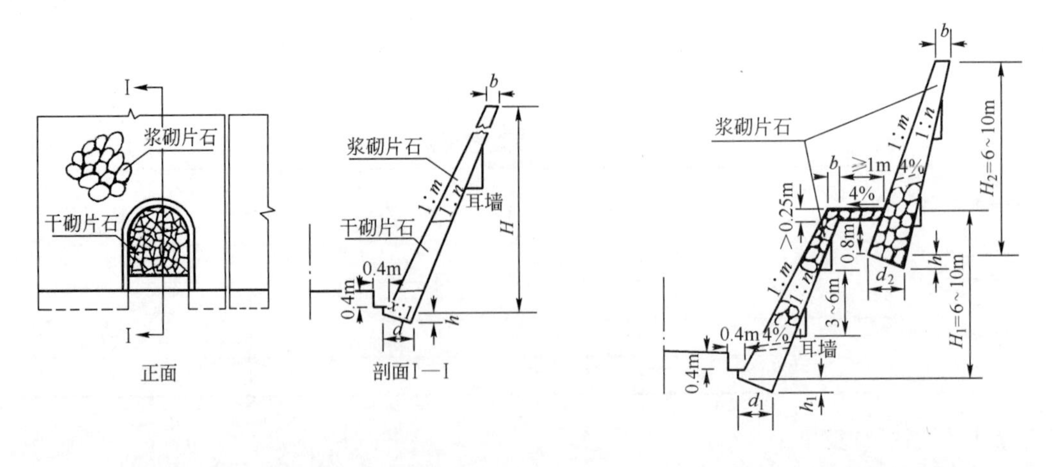

图 11-30　用拱跨过软弱地基　　　　图 11-31　两级护面墙

⑥山岭地区挖方边坡及坡顶山坡上常有各种不良地质现象，而且常是几种现象同时出现，故加固建筑物应该综合考虑。开挖边坡时，在岩石中形成的凹陷，应以石砌圬工填塞，

以支托凸出的岩层，这种护墙称为支补墙，如图 11-33 所示。

（2）孔窗式护面墙

边坡坡度小于 1∶0.75 时可以采用。孔窗通常为半圆拱形，高 2.5～3.5m，宽 2.0～3.0m，圆拱半径为 1.0～1.5m，如图 11-34 所示。孔窗内采用干砌片石或捶面。

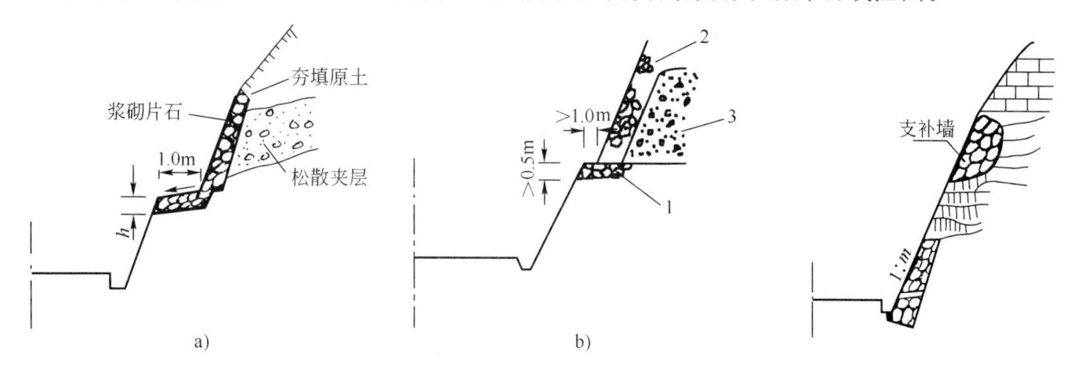

图 11-32　防护松散层的护面墙

1-平台；2-封顶；3-松散夹层

图 11-33　支补墙

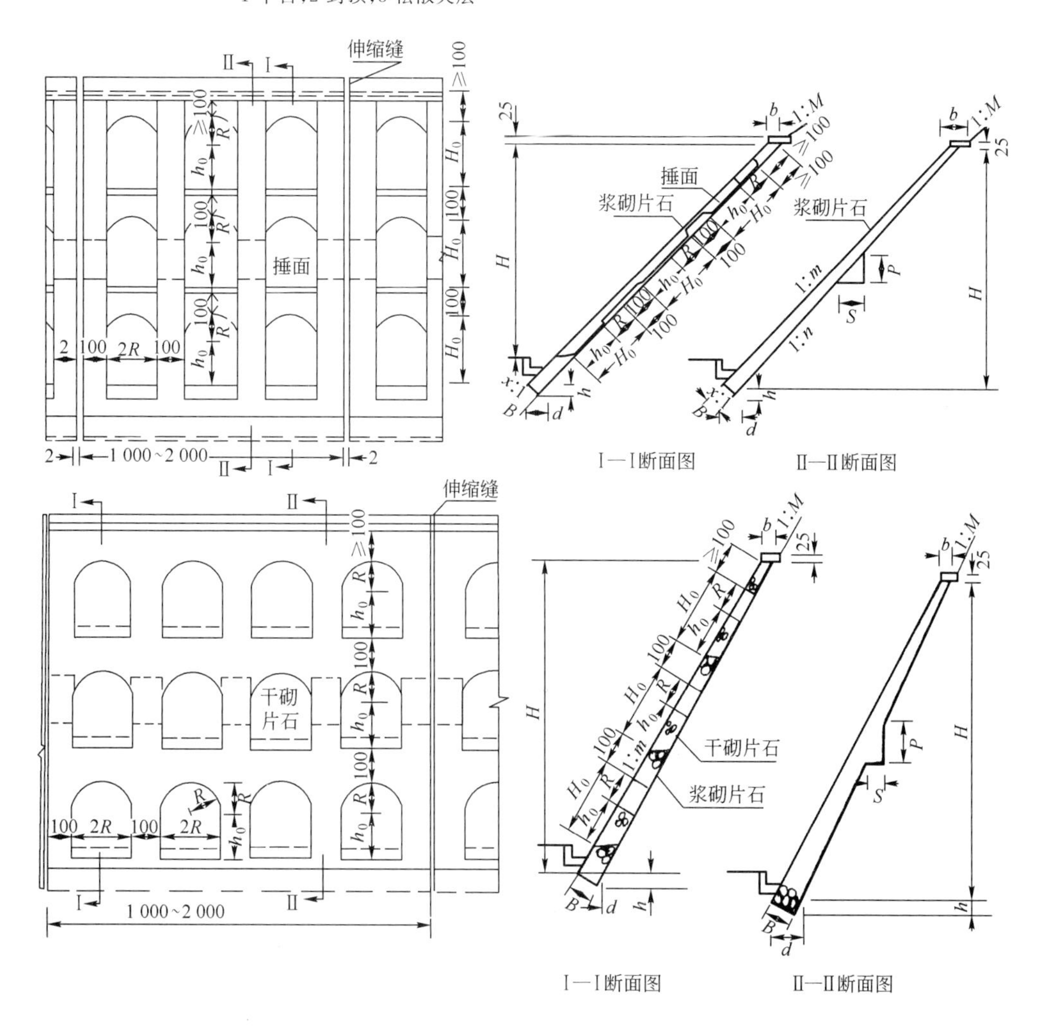

图 11-34　孔窗式护面墙（尺寸单位：cm）

（3）拱式护墙

边坡下部岩层较完整而上部需要防护时采用。拱跨较大者（5m 以上）采用 C15 混凝土拱圈，拱圈厚度根据拱上护墙的高度而定，拱矢高为 81cm。当护墙为变截面时，拱圈以下的肋柱采用等截面（图 11-35）。各部分尺寸见表 11-7。

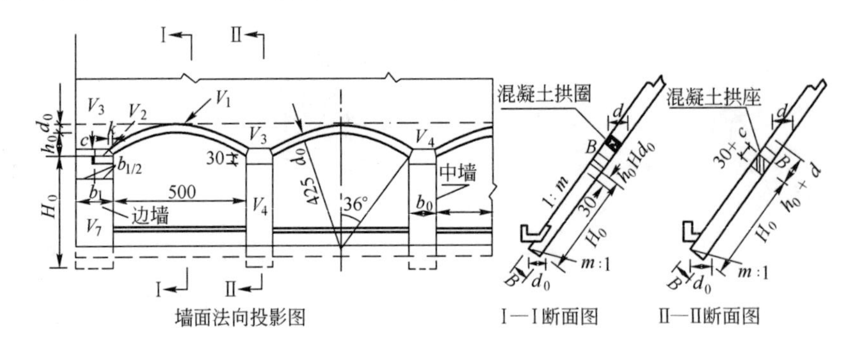

图 11-35 拱式护墙（尺寸单位：cm）

拱式护墙各部分尺寸、体积 表 11-7

项目		单位	$H\leqslant5.00$m $H_0\leqslant14.65$m	$H\leqslant10.00$m $H_0\leqslant9.39$m	$H\leqslant15.00$m $H_0\leqslant4.11$m
各部分尺寸	d_0	cm	20	24	30
	h_0	cm	81	81	81
	c	cm	16	19	24
	k	cm	12	14	18
	b_1	cm	150	200	250
	b_0	cm	100	150	200
各部分体积	V_1	m^3	$1.09B$	$1.32B$	$1.66B$
	V_2	m^3	$0.34B$	$0.48B$	$0.65B$
	V_3	m^3	$0.44B$	$0.71B$	$1.04B$
	V_4	m^3	$2.08B$	$2.51B$	$2.93B$
	V_5	m^3	$1.89B$	$2.33B$	$2.77B$
	V_6	m^3	$14.35B$	$13.64B$	$7.62B$
	V_7	m^3	$21.87B$	$18.67B$	$10.20B$

注：B——拱墙厚度，等于拱式护墙的墙底宽度 B；H——拱圈上部护墙垂直高度。

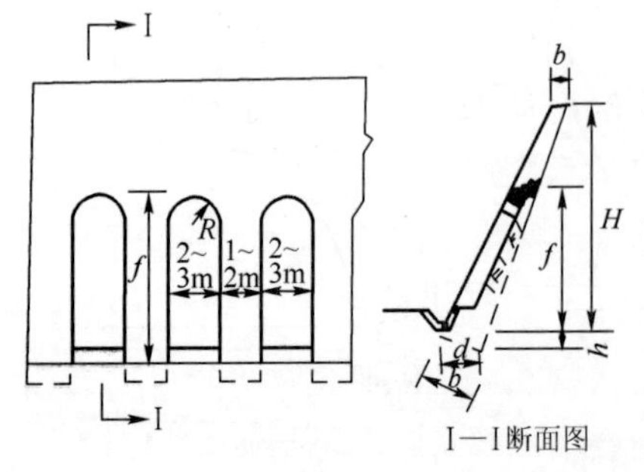

图 11-36 小拱跨护面墙

拱跨较小者，拱圈可采用 M10 浆砌片石，拱的高度视边坡下部完整岩层的高度而定（图 11-36）。

各种护面墙顶部均应设置 25cm 厚的墙帽，并使其嵌入边坡内 20cm，以防雨水灌入墙后引起破坏。

另外，在修筑护面墙之前，对所防护的边坡，应清出新鲜面。对凹陷处可挖为错台，使用与墙体相同的圬工材料进行砌补。对于风化迅速的岩层，如云母片岩、绿泥片岩等边坡，清挖出新鲜面后，应立即修筑护面墙。

11.5.2 干砌片石防护

(1) 使用条件

①凡边坡因雨、雪水冲刷，发生流泥、拉沟与溜坍，或有严重剥落的软质岩层边坡，可采用干砌片石坡面防护。

②用于防护沿河路基受到水流冲刷等有害影响的部位。被防护的边坡坡度，应符合稳定路基边坡的要求，一般应为 1∶1.5～1∶2。

③干砌片石防护，一般有单层铺砌（图 11-37）、双层铺砌（图 11-38）和编格内铺石（图 11-39）等几种形式，可根据具体情况选用。用于冲刷防护时，如允许流速大于单层或双层时，则宜采用编格内铺砌石块的护坡。

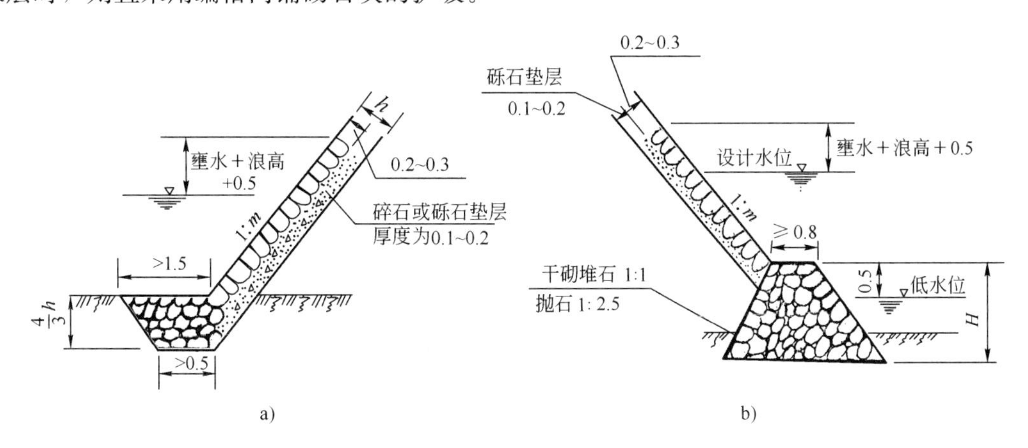

图 11-37 单层铺砌片石护坡（尺寸单位：m）

a)墁石铺砌基础；b)干砌抛石、堆石垛基础

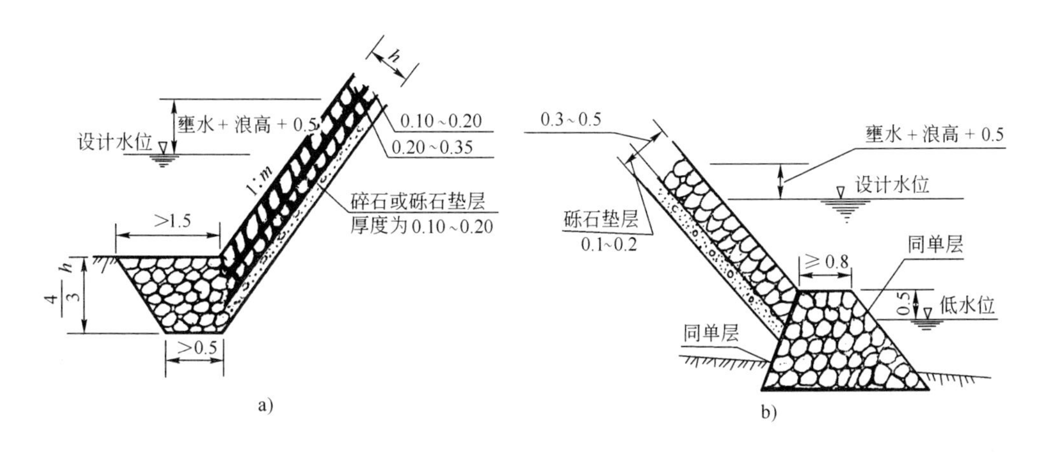

图 11-38 双层铺砌片石护坡（尺寸单位：m）

a)墁石铺砌基础；b)干砌抛石、堆石垛基础

④铺砌层的底面应设垫层，垫层材料一般常用碎石、砾石或砂砾混合物等。垫层的作用是：防止水流将铺石下面边坡上的细颗粒土带出来冲走；增加整个铺石防护的弹性。将冲击河岸的波浪、流水、流冰等的动压力，以及漂浮物的撞击压力，分布在较大面积上，从而增强对各种冲击力的抵抗作用，使其不易损坏。垫层厚度一般为 0.1～0.2m。

⑤干砌片石防护工程不宜用于水流流速较大（大于3.0m/s）、波浪作用较强、有漂浮物冲击的边坡。

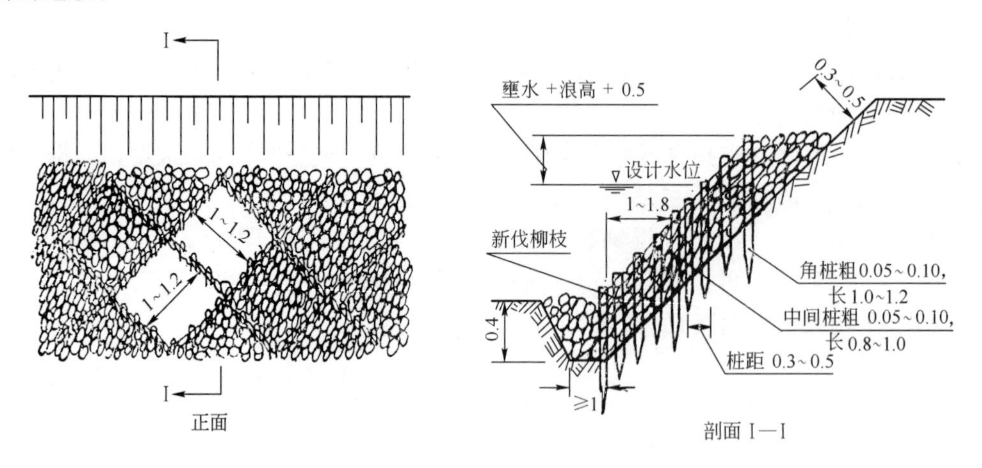

图11-39 编格内铺石（尺寸单位：m）

（2）设计注意事项

①干砌片石的厚度一般为：单层0.15～0.25m，双层的上层为0.25～0.35m、下层为0.15～0.25m。

②所用石料应是未经风化的坚硬岩石，其重度一般不应小于20kN/m^3。

③护坡坡脚应修筑墁石铺砌式基础。一般情况下，基础埋置深度为1.5h（h为护坡厚度）。在基础较深时，可设计为石垛或M5浆砌片石基础。沿河线受水冲刷的基础，应埋置在冲刷线以下0.5～1.0m处或采用石砌深基础。当不能将基础设置于冲刷线以下时，则必须采取适当措施。

④铺石护坡顶的高程，应为计算水位高程加壅水高度、波浪侵袭高度和安全高度（0.50m）。

⑤边坡长期浸水又缺乏大石块时，可采用编格内铺石防护。

11.5.3 浆砌片石防护

（1）使用条件

①边坡缓于1∶1的土质边坡或岩石边坡的坡面采用干砌片石不适宜或效果不好的各种易风化的岩石边坡和土质边坡均可采用浆砌片石护坡。

②当水流流速较大（如4～5m/s），波浪作用较强，以及可能有流冰、漂浮物等冲击作用时，可采用浆砌片石防护并结合其他防护加固措施。

③浆砌片石防护与浸水挡土墙或护面墙等综合使用，以防护不同岩层和不同位置的边坡，可收到较好的效果。

④对于严重潮湿或严重冻害的土质边坡，在未进行排水措施以前，则不宜采用浆砌防护。

（2）设计注意事项

①浆砌片石护坡的厚度一般为0.3～0.5m，用于冲刷防护时，最小厚度一般不小于0.35m。护坡底面应设置0.10～0.20m厚的碎石或砂砾垫层。

②受水流冲刷的边坡之浆砌片石护坡基础埋置深度，应在冲刷线以下0.50～1.00m，否

则应有防止坡脚被冲刷的措施。

③浆砌片石护坡每段长 10～15m，应与护面墙一样设置伸缩缝，缝宽约 2cm，缝内填塞沥青麻筋或沥青木板等材料。在基底土质有变化处，还应设置沉降缝。可考虑将伸缩缝与沉降缝合并设置。

④护坡的中、下部应设泄水孔，以排泄护坡背面的积水及减小渗透压力。泄水孔的孔径，可用 10cm×10cm 的矩形孔或直径为 10cm 的圆形孔，其间距为 2～3m。泄水孔后 0.5m 的范围内应设置反滤层。

⑤填方边坡上采用浆砌片石护坡，应在填土沉实或夯实后施工，以免因填筑体的沉落而引起护坡的破坏。

11.5.4 混凝土预制块护坡

(1) 使用条件

①在选择设计冲刷防护类型时，有些地区缺乏块、片石材料，常采用混凝土预制块防护边坡。它比浆砌片石护坡能抵抗较大的流速和波浪的冲击，其容许流速在 4～8m/s，而容许波浪高可达 2m 以上。它还能抵抗较强的冰压力，只是造价较高。

②必须设置砂砾或碎石垫层。

(2) 设计注意事项

①混凝土预制块板，一般地区采用 C15 混凝土，在严寒地区可提高到 C20 混凝土。为了提高混凝土的耐久性和防渗性，应按不同水泥成分加入适量的增塑剂。

②混凝土块板可预制成边长不小于 1m、厚度大于 6cm 的不同大小的方块，也可预制成如图 11-40 所示的六边形，并配置一定的构造钢筋。相邻块间不联结，靠紧铺设即可，砌缝宽 0.5～1.5cm，并用沥青麻筋或沥青木板填塞。为了减小水流或波浪对块的冲击与上浮力，在预制块板时可留出整齐排列的孔眼，孔眼尺寸应小于靠近块板的垫层颗粒的粒径。

③混凝土板护坡下应按反滤层要求设置砂砾或碎石垫层，其一般厚度为：干燥边坡采用 10～15cm；较湿边坡采用 20～30cm；潮湿边坡采用 30～40cm。

④为增加边坡的稳定性，一般应在坡脚设置混凝土或浆砌块石护脚。

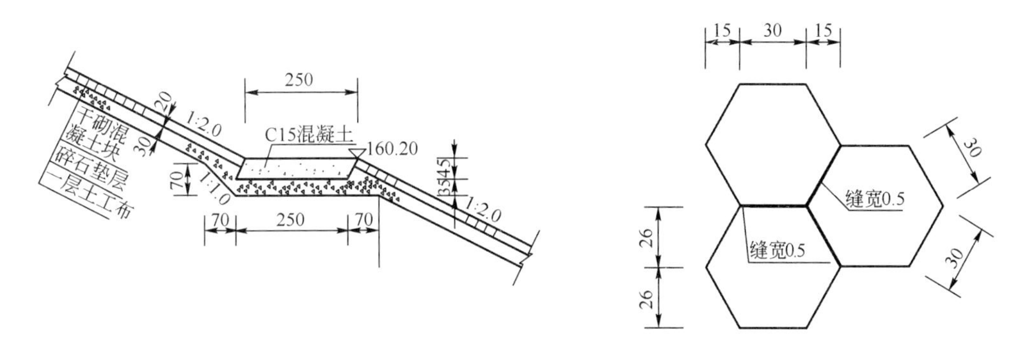

图 11-40　20cm 厚 C20 混凝土预制块护坡示意图（尺寸单位：cm）

11.5.5 抛石防护

(1) 使用条件

①主要用于防护受水流冲刷和淘刷的边坡和坡脚，以及挡土墙、护坡的基础等；宜用于

经常浸水且水流方向较平顺，河床地层承载力较强并无严重局部冲刷的边坡；最适用于砾石河床的路基边坡。

②不受气候条件件的限制，对于季节性浸水或长期浸水的边坡，均可使用，并可在填筑体沉实以前施工。

③适宜在盛产石料（大砾石、卵石）和沿河废石方较多的地区使用。

④常用的抛石结构类型如图 11-41 所示，其中图 11-41a）适用于新筑边坡的抛石垛，图 11-41b)适用于旧填筑边坡（路堤）的抛石垛。

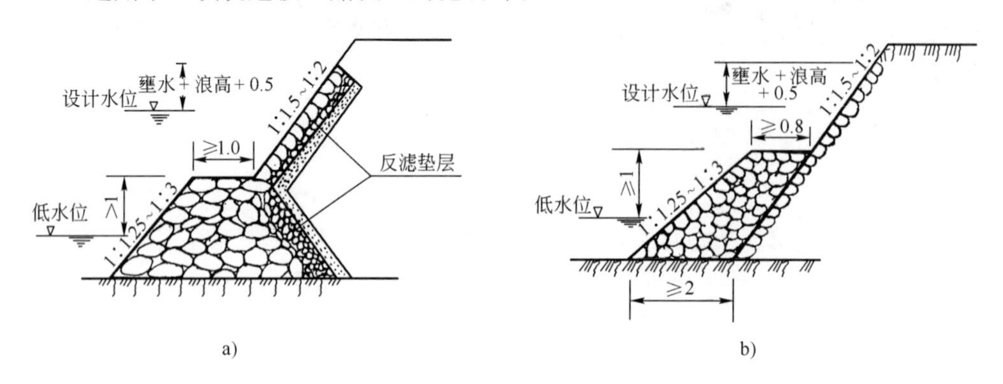

图 11-41　抛石防护（尺寸单位：m）

a)新筑边坡抛石垛；b)旧填筑边坡抛石垛

（2）设计注意事项

①抛石垛的边坡坡度，视水深、流速和波浪情况而定，不应陡于所抛石料浸水后的天然休止角。

②抛石边坡坡度见表 11-8。石料粒径见表 11-9。

③在流速大、波浪高及水很深三种情况兼有时，应采用较大粒径的石块。

④抛石厚度一般为粒径的 3～4 倍，用大粒径时，不得小于粒径的 2 倍。为了使洪水下降后填筑体本身迅速干燥，减少边坡填土被冲淘走的数量，应在抛石背后设置反滤层。

抛石边坡坡度参考值　　表 11-8

水文条件	采用边坡	水文条件	采用边坡
水浅，流速较小	1∶1.25～1∶2	水深大于 6m，在急流中施工	缓于 1∶2
水深 2～6m，流速较大，波浪汹涌	1∶2～1∶3		

抛石粒径与水深、流速关系　　表 11-9

抛石粒径（cm）	水深（m）				
	0.4	1.0	2.0	3.0	5.0
	容许流速（m/s）				
15	2.70	3.00	3.40	3.70	4.00
20	3.15	3.45	3.90	4.20	4.50
30	3.50	3.95	4.25	4.45	5.00
40	—	4.30	4.45	4.80	5.05
50	—	—	4.85	5.00	5.40

11.5.6 石笼防护

(1) 特点

石笼护坡具有以下特点与优点：

①石笼属于柔性结构，可以弥补重力式挡土墙、混凝土护坡等刚性结构的工程缺点。它富于挠曲性，可对抗水流冲击，当洪水将河床刷深时，石（蛇）笼可凭借其本身的重力而自动变位下沉，如变形虫般柔性变形，有极佳的稳定性及整体性。

②在一定的河道宽度及河床坡度，适当的排列石笼，除可以达到极佳的防洪功能外，对于剩余之河川用地，可以规划为绿化公园或其他可供休憩的场所。

③施工简单迅速，可适应偏僻道路，无须铺设大型施工便道，且施工对环境影响小；另外，以机械填放填料，快速、安全性高。

④水中施工，可采取吊放方式定位吊放。

⑤可于河川就地取材，填放天然级配砂砾；同时，还可舒缓河道淤积量，改善通水断面，加大通水面积，改善水流通过的流况，减少水患。

⑥在枯水期，石笼与下层之抛填卵石可作为透（通）水之流路，有利地面及地下排水。

⑦易于搭配其他不同的桥基保护工法与护坡方式。

⑧石笼护坡可顺应河道坡度变化而采取较佳的布置形式，并配合天然石块融入自然景观；在溪沟河道中可视地形布置，以利于鱼虾等生物的生存繁衍。

⑨石笼护坡的布置可以因地制宜采取阶梯式布置形式，并可选择适当地点设置亲水设施，提供市民亲水功能。

⑩石笼护坡可搭配绿化植草，促进自然景观与人文互动，并大幅减小对环境的影响。

石笼按其所使用的材料有铁丝石笼、竹木石笼和土工合成材料石笼等。石笼形状有箱形、扁形、圆柱形、柱形等。主要用途：可用于挡土墙、护坡、护岸、岩崩防护、固土结构、拦沙坝、丁坝、泄洪坝和导流坝、水土保持、桥梁基础的防冲刷及锥坡防护、海岸防御工程与港口建设等。图 11-42 ～图 11-44 为石笼护坡使用的几个实例。

图 11-42　石笼挡墙

a)

b)

图 11-43　路基上边坡

a)道路路基边坡；b)铁路路基边坡

(2) 铁丝石笼结构

铁丝石笼近年来普遍使用在工程界，并且受到相当的肯定，无论使用在河海工程护坡，或是道路与铁路工程护坡，都具有高强和良好的挠曲性、耐久性、透水性，并经常使用于坡地崩坍抢修、构建挡土墙等工程。

①铁丝规格

铁丝石笼网是铁丝编织的网片制成的网箱，网孔可用方形或六角形，如图 11-45 所示。方形网孔强度较低，一旦破坏后，会继续扩大。六角形网孔较为牢固，亦不易变形，但编制稍复杂。常用六角形网孔的铁丝丝径根据六角形的大小而不同，如表 11-10 所示。

图 11-44　防洪堤坝边坡

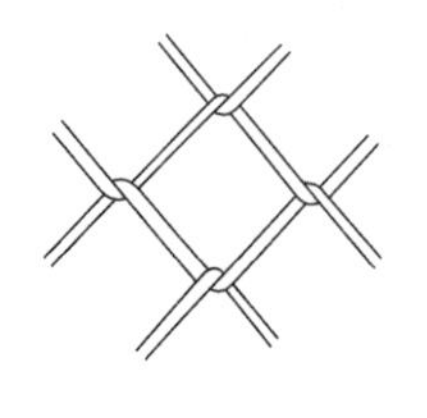

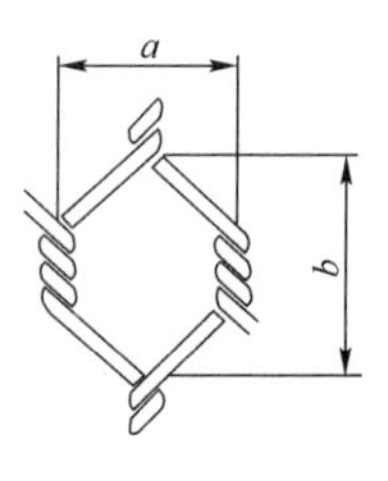

图 11-45　铁丝石笼网孔

常用铁丝网的规格　　表 11-10

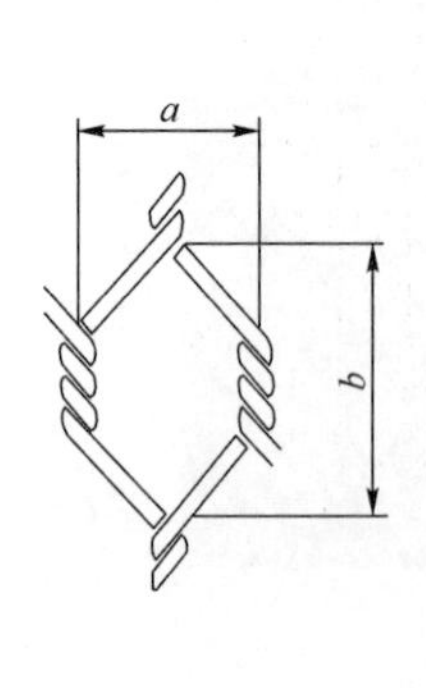

网孔名义尺寸 $a \times b$ (mm)	最大幅宽 (mm)	最大丝径 (mm)	捻 纹 数
60×80	4 300	2.7	3
80×100	4 300	3.0	3
80×130	4 300	3.0	3
100×120	4 300	3.0	3
120×160	4 300	4.0	4
160×200	4 300	4.0	4
200×240	4 300	4.0	4

为了增加铁丝石笼之使用寿命，铁丝表面保护状态有热镀锌、镀锌铝合金等，镀锌铁丝外层被覆 PVC 更可对抗工业废水之侵蚀。PVC 石笼网使用的 PVC 铁丝的丝径有表 11-11 所示的几种常用规格。

PVC 铁丝丝径的几种常用规格 表 11-11

网孔尺寸（mm）	内径/外径（mm）	网孔尺寸（mm）	内径/外径（mm）
60×80	2.0/3.0～2.8/3.8	100×120	2.4/3.4～3.2/4.2
80×100	2.2/3.2～3.0/4.0	120×150	2.7/3.7～3.5/4.5

通常外框边缘的铁丝规格比六角网丝高一号，也可用直径 ϕ6～8mm 钢筋作骨架。

②石笼规格

石笼的形式及尺寸见图 11-46。箱形铁丝石笼的断面尺寸，一般高 h=0.25～1.5m，长 l=（3～4）h，宽 b=1～3m，既可用作边坡防护也可用作挡土墙。

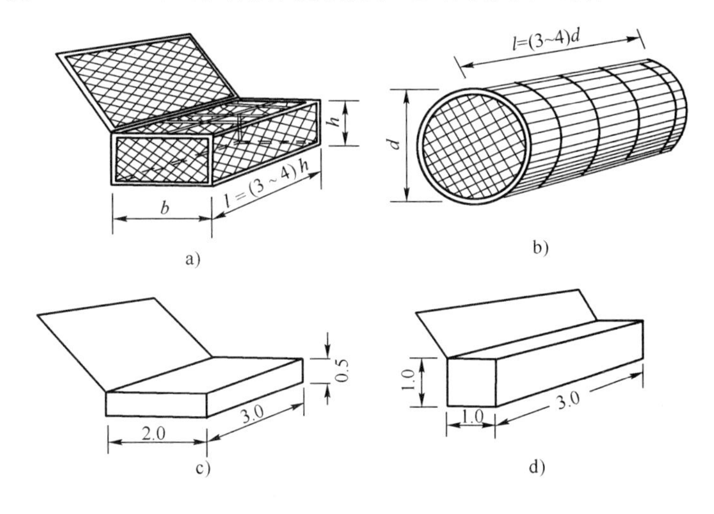

图 11-46 石笼的形式（尺寸单位：m）

a)箱形；b)圆柱形；c)扁形；d)柱形

圆柱形石笼的断面尺寸，一般采用直径 d=1m，长 l=3m。主要用于防洪抢险工程中，防止洪水对边坡的冲刷破坏。它可在边坡边缘上制备，填好石块后滚入水中。

石笼由大规格六角网联结而成，施工中只需将石块装入笼中封口即可。图 11-47 和图 11-48分别是箱形石笼和圆柱形石笼的立体及展示图。

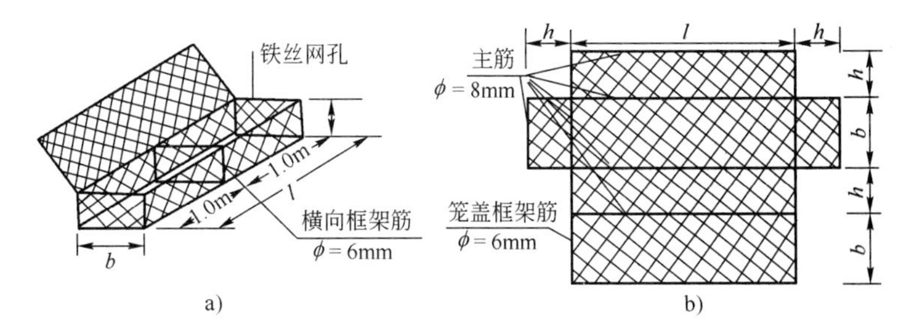

图 11-47 箱形石笼立体及展示图

a)立体图；b)展示图

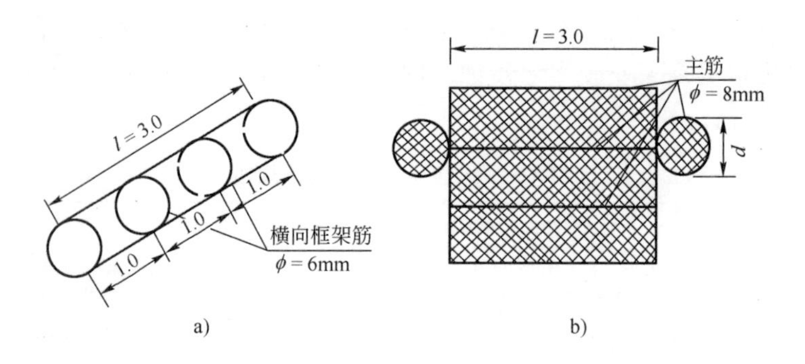

图 11-48　圆柱形石笼立体及展示图（尺寸单位：m）
a）立体图；b）展示图

常用的石笼尺寸如表 11-12 所列，亦可按需要进行编制。长度较大的石笼，应在内部设横墙或铁丝拉线。

常用石笼尺寸　　表 11-12

石笼		适用石笼种类	表面积 (m^2)	容量 (m^3)	装石粒径 (cm)
形式	尺寸（m）				
箱形	3×1×1	铁丝笼及木笼	14.0	3.0	5～20
	3×2×1		22.0	6.0	
扁形	4×2×0.5	铁丝笼	22.0	4.0	
	3×2×0.5		17.0	3.0	
	2×1×0.25		5.5	0.5	
	4×3×0.5		31.0	6.0	
	3×1×0.5		10.0	1.5	
圆柱形	φ0.5×1.5	铁丝笼及竹笼	2.4	0.30	5～15
	φ0.6×2.0		3.8	0.57	
	φ0.7×2.0		4.4	0.77	

5～8 年后石笼网孔部分锈蚀处，仅需以笼体单元之模块化重新填排修复，砂卵石等资源可回收利用。

（3）竹（木）石笼

为节省钢材，在盛产竹（木）材的地区，可用竹（木）石笼代替铁丝石笼，其防护加固作用相同。竹（木）石笼的强度和柔韧性以及耐久性不如铁丝石笼，但造价低廉，故常用于临时防护工程，如能在短期内被泥沙淤塞固结，则仍具有长期使用效果。竹子一般加工成片材来编制石笼。木石笼一般用柳树条编制，也可用木板材加工成箱形石笼。

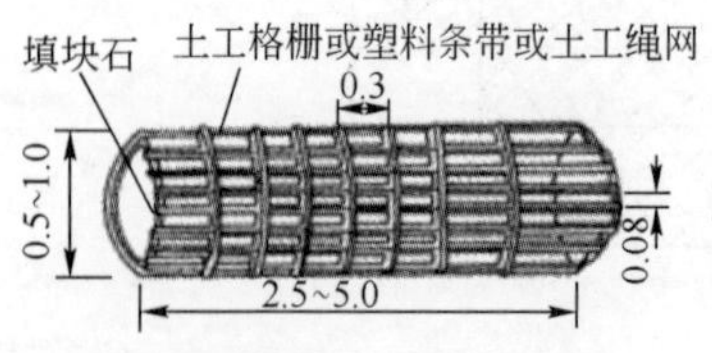

图 11-49　圆形土工格栅石笼
（尺寸单位：m）

（4）土工合成材料石笼

用土工合成材料（土工格栅、土工网等）编制成的圆形或矩形框格（图 11-49），其中充填石料而成。石笼与排布之间用尼龙绳连接。土工合成材料石笼所用的土工格栅、土工网材料根据设计所要求的网眼和强度选择。

（5）施工注意事项

①石笼内所填石块，最好选用重度大、坚硬而未风化的

石块，尺寸不能小于石笼的网孔，最小尺寸不小于 4cm。外层应用大石块，并使石块棱角凸出网孔，以起保护铁丝网的作用。内层可以用较小石块填充。

②石笼下面须用碎石或砾石整平作垫层。必要时底层石笼的各角，应用直径 $\phi16$～19mm 的钢筋固定于基底上。

③编制石笼时，要注意保持石笼各部分的正确尺寸，以利于石笼与石笼之间的紧密连接。用机器将铁丝弯成网孔元件，在工地再编结成网、成笼，既可提高工效，又可保证质量。

④如用于防止冲刷淘底时，一般在河床上将石笼平铺并与边坡坡脚线垂直，同时固定坡脚处的尾端。靠河床中心一端不必固定，淘底时便于向下沉落。当石笼用以防止岸坡受冲刷时，则用垒码或平铺于坡面的形式，如图 11-50 所示。石笼铺设厚度一般为 0.4～0.5m。

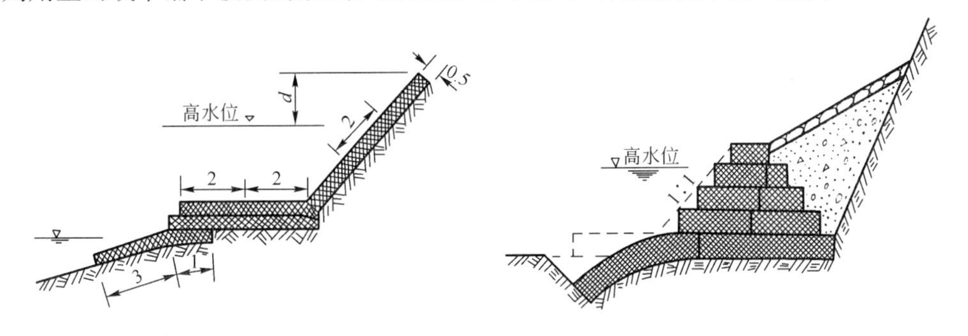

图 11-50　石笼防护示意图（尺寸单位：m）

⑤当石笼用于水流速为 4～5m/s 的岸坡防护时，石笼大小视需要和抛投手段而定，单个石笼的大小，应以不被相应流速的水流所冲动为宜或石笼体积以 1.0～2.5m^3 为宜。抛填石笼应先从最能控制险情的部位抛起，依次扩展，并适时进行水下探测，坡度和厚度应符合设计要求。抛完后，须用大石块将石笼与石笼之间不严密处抛填补齐。为安全稳固，可将所有单个石笼用粗铁丝捆扎，相互连接，使之成为一个整体。

参考文献

[1] 王铁桥，许文年，叶建军，等．挖方岩石边坡绿化技术与方法探讨．三峡大学学报（自然科学版），2003，25（2）：101-104

[2] 许文年，王铁桥，叶建军．岩石边坡护坡绿化技术应用研究．水利水电技术，2002（7）：35-36＋40

[3] 许文年，王铁桥，李建林，等．清江隔河岩电厂高陡混凝土边坡绿化技术研究．水利水电技术，2003（6）：43-46

[4] 张阳．公路景观学．北京：中国建筑工业出版社，2004

[5] 周德培，张俊云．植被护坡工程技术．北京：人民交通出版社，2003

[6] 凌天清，吴承平，陆亚兴．道路养护技术与管理．成都：成都科技大学出版社，1994

[7] 于瑾，崔长俊，毕旭冰．高速公路的景观美化设计．交通与社会，2001（3）：38-40

[8] 胡中华，刘师汉．草坪与地被植物．北京：中国林业出版社，1995

[9] 许文年，王铁桥，叶建军．工程边坡绿化技术初探．三峡大学学报，2001（6）：512-513＋542

[10] 赵发章，凌天清，周辉．边坡绿化与美化工程应用分析．重庆交通学院学报，2006（5）：119-123

第12章 边（滑）坡工程施工与质量评定

DISHI'ERZHANG

12.1 边坡施工

边坡是由天然地层构成的，开挖后暴露于大气中，受到各种自然和人为因素的影响，容易发生变形和破坏。边坡的稳定与施工方法有着密切关系。

边坡施工包括边坡的开挖与填筑、边坡防护与支挡加固工程的修筑等。边坡防护与支挡加固工程的修筑见本书其他相关部分，而本节主要介绍边坡的开挖与填筑。

边坡开挖方式应根据深度和纵向长度以及地形、土质、土方调配情况和开挖机械设备等条件因素确定，以提高工作效率，加快施工进度。

12.1.1 边坡工程施工的一般规定

①边坡工程应根据其安全等级、边坡环境、工程地质和水文地质等条件编制施工方案，采取合理、可行、有效的措施保证施工安全。

②对土石方开挖后不稳定或欠稳定的边坡，应根据边坡的地质特征和可能发生的破坏等情况，采取自上而下、分段跳槽、及时支护的逆作法或部分逆作法施工。严禁无序大开挖、大爆破作业。

③不应在边坡潜在塌滑区超量堆载，危及边坡稳定和安全。

④边坡工程的临时性排水措施应满足地下水、暴雨和施工用水等的排放要求，有条件时宜结合边坡工程的永久性排水措施进行。

⑤边坡工程开挖后应及时按设计实施支护结构或采取封闭措施，避免长期裸露，降低边坡稳定性。

⑥一级边坡工程施工应采用信息施工法。

边坡工程施工主要包括边坡的开挖、边坡的支挡与防护结构的施工等几个部分。

12.1.2 岩石边坡开挖的基本要求和开挖方式

（1）基本要求

在开挖程序确定之后，根据岩石条件、开挖尺寸、工程量和施工技术要求，通过方案比较拟定合理的方式。其基本要求如下：

①保证开挖质量和施工安全；

②符合施工工期和开挖强度的要求；

③有利于维护岩体完整和边坡稳定性，施工时需要首先提出合理的开挖步骤，且每开挖一步都必须确保工程施工期安全，必要时需做施工验算；

④可以充分发挥施工机械的生产能力；

⑤辅助工程量小。

（2）开挖方式

按照破碎岩石的方法，主要有钻爆开挖和直接应用机械开挖两种施工方法。20 世纪 80 年代初，国内外出现了一种用膨胀剂作破岩材料的"静态破碎法"。

①直接应用机械开挖

使用带有松土器的重型推土机破碎岩石，一次破碎深度 0.6～1.0m。该法适用于施工场地宽阔、大方量的软岩石方工程。优点是没有钻爆工序作业，不需要风、水、电辅助设施，不但简化了场地布置，而且施工进度快，生产能力高。但不适于破碎坚硬岩石。

②爆破开挖

爆破开挖是当前广泛采用的开挖施工方法。开挖方式有薄层开挖、分层开挖（梯段开挖）、全断面一次开挖和特高梯段开挖等。

③静态破碎法

在炮孔内装人破碎剂，利用药剂自身产生的膨胀力，缓慢地作用于孔壁，经过数小时至 24h 达到 300～500MPa 的压力，使介质开裂。该法适用于在设备附近、高压线下以及开挖与浇筑过渡段等特定条件下的开挖和切割岩石或拆除建（构）筑物。优点是使用安全可靠，没有爆破所产生的公害；缺点是破碎效率低，开裂时间较长。对于大型或复杂工程，主要使用破碎剂时，还要考虑使用机械挖除等联合手段，或者与控制爆破配合，才能提高工作效率。

12.1.3 边坡开挖的前期准备

①征地拆迁

其范围可分为临时设施用地（包括生活区、生产区、临时道路用地等）和路基施工用地。施工单位进场前应提供给施工业主一份用地平面位置图，说明用途、拆迁建筑物的结构类型，建筑面积以及其他构造物的规格、数量。

②测量放样

施工恢复定线测量及施工放样是施工准备阶段的主要技术工作，承包单位根据设计图纸，监理提供的各导线点坐标及水准点高程进行复测，闭合后将复测资料交监理工程师审核。承包人应根据监理工程师批准的定线（位）数据进行施工放线。经过准确放样后，应提供放样数据及图表，报监理工程师审批。经批准后，承包人才可进行清理地表、开挖边坡等工程施工。测量精度应满足有关工程验收标准或合同规定的施工技术标准要求。

③开挖边坡前应做的排水设施

由于水是造成边坡各种病害的主要原因，所以不论采取何种开挖方法，均应保证开挖过程中及竣工后的有效排水。

在边坡开挖前，应在开挖边坡的上方适当距离（一般为 5m）处做好截水沟，土方工程施工期间应修建临时排水沟。临时排水设施与永久性排水设施相结合，流水不得排于农田、耕地，污染自然水源，也不得引起淤积和冲刷。

边坡施工时应注意经常维修排水沟渠，保证流水畅通。渗水性土质或急流冲刷地段的排水沟应予以加固，防渗防冲。水文地质不良地段，必须严格搞好坡顶排水。

引走一切可能影响边坡稳定的地面水和地下水，在边坡走向的方向上保持一定的纵向坡度（单向或双向），以利排水。

下面以边坡开挖的典型形式——道路（铁路）路堑开挖来介绍边坡的开挖方法。

12.1.4 土方路堑边坡的开挖方法

这里仅介绍土方路堑开挖的方法，有关石方边坡的开挖方法将在12.4节中介绍。

（1）横挖法

①层横挖法

对路堑整个横断面的宽度和深度，从一端或两端逐渐向前开挖的方法称为横挖法，如图12-1a)所示。这种开挖方法适用于开挖深度小且较短的路堑。

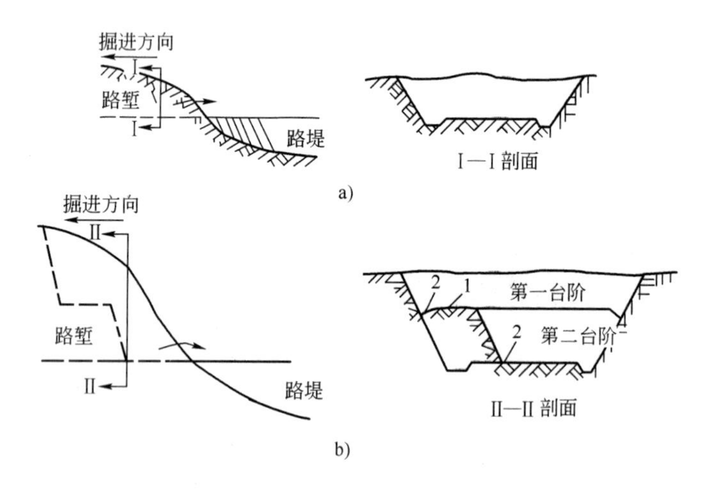

图12-1 横向全宽挖掘法

a)一层横向全宽挖掘法；b)多层横向全宽挖掘法

1-第一台阶运土道；2-临时排水沟

②多层横挖法

如图12-1b）所示，路堑虽也较短，但深度较大时，可分成几个台阶进行开挖。但各层要有独立的出土道和临时排水设施。分层横挖法使得工作面纵向拉开，多层多向出土，可容纳较多的施工机械，若用挖掘机配合自卸汽车进行，台阶高度可采用3～4m。人力横挖时，一般为1.5～2.0m。

（2）纵挖法

①分层纵挖法

沿路堑全宽以深度不大的纵向分层挖掘前进的作业方式称为分层纵挖法，见图12-2a)。本法适用于较长的路堑开挖。施工中，当路堑长度较短（小于100m），开挖深度不大于3.0m，地面较陡时，宜采用推土机作业，其适当运距为20～70m，最远不宜大于100m。当地面横坡较平缓时，表面宜横向铲土，下层宜纵向推运。当路堑横向宽度较大时，宜采用两台或多台推土机横向联合作业。当路堑前方为陡峻山坡时，宜采用斜铲推土。

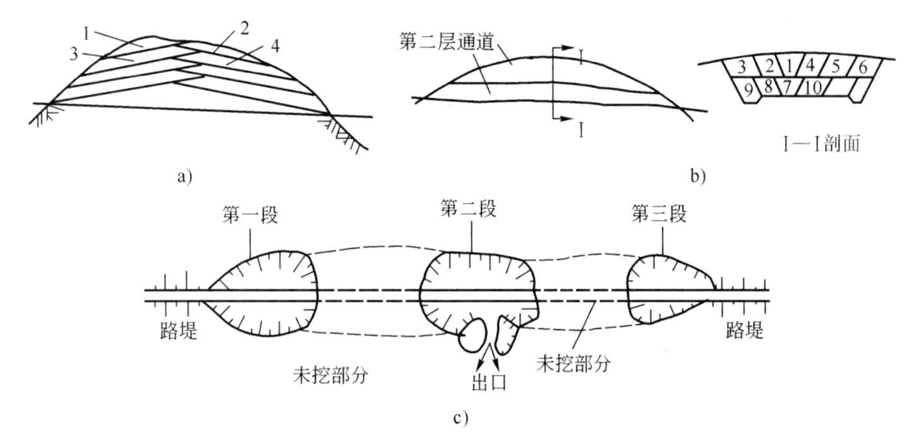

图 12-2　纵向挖掘法

a)分层纵向挖掘法(图中数字为挖掘顺序);b)通道纵向挖掘法(图中数字为拓宽顺序);c)分段纵向挖掘法

②通道纵挖法

沿路堑纵向挖掘一通道，然后将通道向两侧拓宽，如图 12-2b）所示。上层通道拓宽至路堑边坡后，再开挖下层通道，按此方向直至开挖到挖方路基顶面高程，称为通道纵挖法。这是一种快速施工的有效方法，通道可作为行驶运输土方车辆的道路，便于挖掘和外运的流水作业。

③分段纵挖法

沿路堑纵向选择一个或几个适宜处，将较薄一侧路堑横向挖穿，将路堑在纵方向上按桩号分成两段或数段，各段再纵向开挖，称为分段纵挖法，如图 12-2c）所示。本法适用于路堑较长，弃土运距过远的傍山路堑或一侧的堑壁不厚的路堑开挖。同时还应满足其中各段有经批准的弃土场，土方调配计划有多余的挖方废弃的条件。

（3）混合式开挖法

即将横挖法与通道纵挖法混合使用，这种方法适用于路堑纵向长度和深度都很大时。先将路堑纵向挖通，然后沿横向坡面进行挖掘，以增加开挖坡面，如图 12-3 所示。每一个坡面应设一个机械施工班组进行作业。

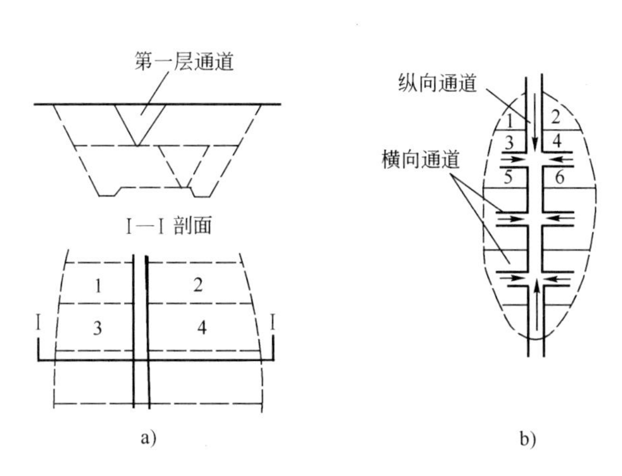

图 12-3　混合挖掘法

a)横断面和平面;b)平面纵、横向通道示意

注：箭头表示运土与排水方向，数字表示工作面号数

（4）挖方边坡的地面排水措施作业

挖方边坡的地面排水措施包括边沟、截水沟、排水沟、跌水和急流槽等地面排水设施。关于排水设施的构造要求在本书第 10 章中有详细的论述，此处不再赘述。

12.1.5 填方边坡的施工

填筑边坡应分层填筑分层压实，如图 12-4 所示，并达到规定的压实度。压实度是指工地上压实达到的干重度 γ 与用室内标准击实试验所得的该类填筑土的最大干重度 γ_0 之比（意为压实的程度），用 K 表示，即

$$K=\frac{\gamma}{\gamma_0}\times 100\% \tag{12-1}$$

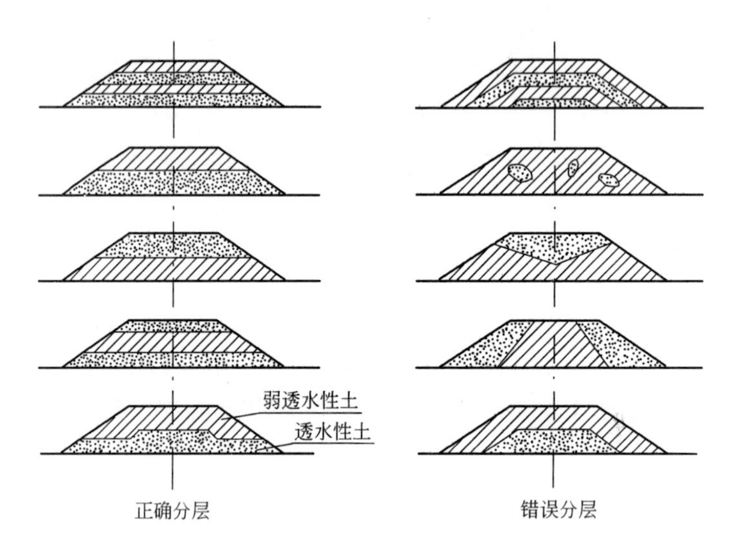

图 12-4 路堤分层填筑

以公路路基填方路堤为例，其要求的压实度见表 12-1。

路基填筑压实度标准 表 12-1

填挖类别	路床顶面以下深度（m）	路基压实度（%）		
		高速公路、一级公路	二级公路	三级公路、四级公路
零填及挖方	0～0.30	—	—	≥94
	0.30～0.80	≥96	≥95	—
填方	0～0.80	≥96	≥95	≥94
	0.80～1.50	≥94	≥94	≥93
	>1.50	≥93	≥92	≥90

注：1. 表列数值以重型击实试验法为准。
2. 特殊干旱或特殊潮湿地区的路基压实度，表列数值可适当降低。
3. 三级公路修筑沥青混凝土或水泥混凝土路面时，其路基压实度应采用二级公路标准。

在填方工程中也可采取竖向填筑（图 12-5），由于填土过厚而难以压实，因此应选用高效能的压实机械压实，或采用强夯技术进行压实。下层采用竖向填筑法而上层采用水平分层填筑法的混合填筑法，上部经分层碾压后，达到足够的压实度，如图 12-6 所示。

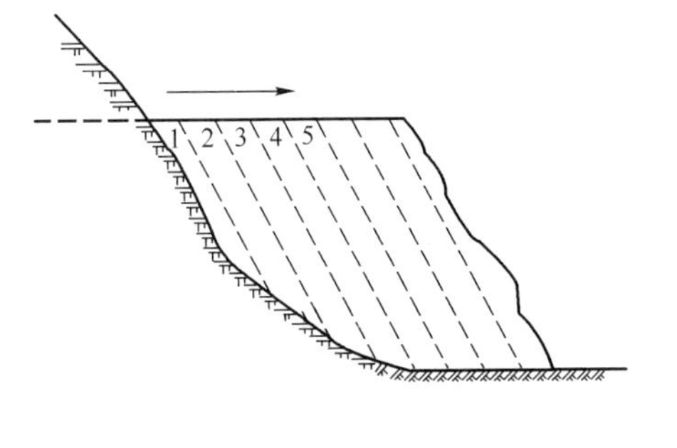

图 12-5 竖向填筑

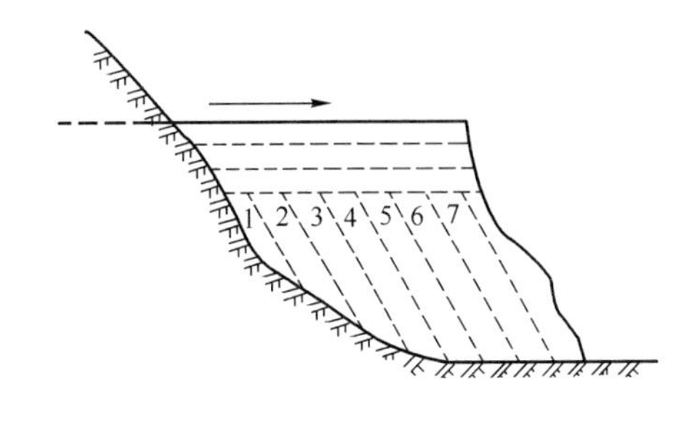

图 12-6 混合填筑

12.2 滑坡工程施工

12.2.1 滑坡工程施工的总要求

滑坡地区的工程施工是在滑体上施工，不同于一般地区施工。施工稍有不当常常造成滑坡变形加剧和变形范围扩大，甚至造成滑坡急剧滑动、破坏已有工程和造成人员伤亡事故，这样的教训很多。因此，在滑坡地区施工要求比一般地区有更详细更严密的施工组织设计、更严格的施工措施和更科学的施工方法。

（1）施工季节的选择

雨水下渗容易引起滑坡的新生和滑动加剧是众所周知的。因此为保施工安全，滑坡地区的施工最好避开雨季，安排在旱季进行。

（2）完善的施工组织设计

施工之前应充分了解认识滑坡的性质、规模和动态，设计的主要防治工程措施及其施工要求，根据现场实际情况编制详细的施工组织设计，包括施工季节、施工顺序、施工方法，人员、设备、材料安排，安全和质量保证体系及发生险情时的抢险预案。保证施工不影响滑坡的稳定性。

（3）施工顺序和方法

①施工开始前先安排滑坡的动态监测，先做滑坡区外围的截水沟，防止山坡水流入滑体，夯填地表裂缝防止地表水灌入滑体，以保证施工期滑坡的相对稳定和安全。

②有条件时先做减重、压脚及地表和地下排水工程增加滑坡的稳定性，再做支挡工程。先做应急工程，后做永久工程。

③支挡工程的挖基必须分段跳槽（桩）开挖，一般分三批施工，开挖一批，立即砌筑（或灌筑）一批，及时增加支撑力，然后再开挖下一批，不允许连续大量开挖破坏滑坡的稳定。一般应从滑坡两侧推力小的部位先施工，逐渐向滑坡主轴推进，以保滑坡的稳定。

若系高边坡的滑坡，应从上向下开挖一级，加固一级，及时增加支撑力，再开挖下一级。采用抗滑桩加固时应先进行桩后开挖。

（4）贯彻“动态设计，信息化施工”原则

充分利用基坑开挖进行地质编录，进一步揭示滑体和滑床的岩土结构、地下水分布和滑动面的位置，验证勘察设计资料。如有较大变化应及时通知设计单位变更设计，再行施工，以保证防治工程的效果。

以下主要介绍抗滑挡土墙、挖孔抗滑桩及预应力锚索的施工。

12.2.2 抗滑挡土墙施工

（1）施工准备

①做好施工现场的“三通一平”。

②按施工图给定坐标测放出抗滑挡土墙的位置及基坑开挖的范围。

③做好基坑开挖的临时排水及临时支撑的用料。需要时备好基坑抽水设备。

④划分分段跳槽开挖的段落，一般分三批，每段长 5～10m。

⑤准备好施工用料及机具设备。

⑥安排好滑坡动态监测。

（2）施工顺序和要求

①挖基从滑坡两侧推力较小的部分先施工，逐步向中轴部位推进。

②基坑挖到设计高程后必须进行验槽，揭露和记录滑动面的位置，墙基必须放在滑面以下一定深度，若深度不够或基底软弱应加深或作特殊处理（报由设计单位定）。若基坑有积水，必须抽干，然后铺砂浆垫层。

③按设计要求砌（灌）筑挡墙，墙后纵向盲沟和反滤层应随墙体砌筑一起填筑。

④修完第一批挡墙后才能开挖相邻一段墙基，并砌筑墙身，墙后盲沟应顺接。

⑤若墙基或墙身设有锚杆或锚索，应先做锚杆、锚索，后修墙身。

12.2.3 挖孔抗滑桩施工

（1）施工准备

①做好施工现场的“三通一平”。

②按施工设计图给定的桩位坐标测放桩位，并分三批安排桩坑开挖顺序。

③根据桩孔深度、主筋类型和焊接要求选择井口吊装设备类型（井字架、三脚架、龙门架或摇头扒杆等）。

④配备施工机具设备，如风镐、料斗、卷扬机、排烟用的鼓风机、潜水泵、电雷管、引爆器、钢筋切割机、电焊机、对焊机、盘条拉直机、钢筋成型工作台，混凝土搅拌机、振动棒、混凝土输送筒、翻斗车、铁锹、铁耙等。

⑤备足第一批桩用的水泥、砂、石用料。

⑥安排好滑坡动态监测。

（2）抗滑桩的施工

抗滑桩的施工顺序为：测放桩位→坑口开挖和锁口盘制作→开挖桩坑→封底→绑扎钢筋→浇筑桩身混凝土。以下分别予以说明：

①测放桩位

按设计桩位坐标测放各个抗滑桩的中点位置，然后按桩的长边平行主滑方向，短边垂直滑动方向及护壁的尺寸测出桩坑位置和形状。

②锁口盘的制作

为保证施工安全和防止护壁滑落，在桩坑口 1.0～1.5m 范围制作锁口盘，其混凝土高出坑口地面 0.2m，宽于坑口护壁 0.5m，厚 0.5m。锁口盘做好拆模后应校核桩的截面尺寸。

③桩坑开挖与护壁浇筑

桩坑分段开挖，及时用护壁支护，每段长度视地层情况一般为 1.0m，松软、渗水易坍塌变形地段应减小长度。坚硬地层需放小炮开挖，最好用迟发雷管电气引爆，用单向鼓风机排烟，若桩坑距附近建筑物较近，应在坑口设活动木门以防飞石伤人。一段桩坑挖好后应检查桩孔尺寸和垂直度（从桩坑口吊垂球检查），然后绑扎护壁钢筋、立模、浇筑护壁混凝土。上下段护壁钢筋应焊接，不能简单绑扎。节间留空隙以便浇筑混凝土和捣固，但应及时封闭。混凝土中可加速凝剂以缩短拆模时间，加快开挖进度。一般一个班组开挖两个桩坑，可以间隔作业，减少窝工。坑内有积水时应及时抽（提）水，并记录渗水位置和水量。坑内照明用低压灯泡，应经常检查是否漏电，并应防止镐、铲碰撞电缆。坑中出渣起吊设备必须牢固，出渣时坑下人员应站于安全地带，防止石块掉落伤人。

开挖过程中应从上向下做地质编录，验证地层岩性和滑动面位置。若与设计不符合应及时通知设计单位变更设计。

④封底

开挖到设计桩底高程后，经验槽合格，进行封底，用 1∶3 水泥砂浆铺底，厚 10～20cm。

⑤桩身钢筋绑扎

受力钢筋应按设计编号，对焊连接，不宜采用搭接焊，接头必须错开，尤其在滑动面位置。应避免在桩坑中焊接主筋，一束钢筋在坑外焊接好吊装入坑定位。钢筋笼完成后应经检验合格方能浇筑混凝土。

⑥浇筑桩身混凝土

浇筑前应备足一根桩的水泥和砂石材料，浇筑应不间断连续进行，一气呵成不留施工缝。若遇停水、停电等特殊情况中途停灌时，应采取插入钢筋、凿毛表面等补救措施。浇筑应采用混凝土泵或串桶将混凝土送入工作面，严禁从坑口向下倾倒混凝土造成离析。每灌 0.4～0.5m 厚混凝土应及时进行充分振捣，保证浇筑质量。

若系锚索抗滑桩，在浇筑混凝土前应在钢筋笼上焊（或绑）上锚索通过的钢管（或塑料管），锚索施工见下面。

12.2.4 预应力锚索施工

1）施工准备

①施工场地“三通一平”及地表排水。

②按设计孔位坐标测放孔位，偏差不应大于 2cm。

③根据孔深、孔径要求选择钻孔机类型。

常用的钻机有 QZJ-100 型全风动潜孔钻机，MGJ-50 型液压电动水平钻机，另外还有日本利根公司生产的 TOP 系列液压电动双管推进的水平钻机，英格索兰生产的 KRS-401/0-4053A 水平钻机，瑞典生产的自行履带式水平钻机。QZJ-100 型潜孔钻机轻便、灵活、效率较高，适用于钻孔径 90～110mm、深 20～40m 的锚索孔，其优点是钻进稳定。日本、德国和瑞典的水平钻机功率大，效率较高；日本双管推进的水平钻机适用于各类地层钻进，机头处设有排渣波纹软管，通进水池，可消尘。进口钻机一般比较笨重，造价昂贵，适用于钻大直径深孔。

④选择张拉设备。张拉设备由千斤顶和高压油泵两部分组成。千斤顶有 YCQ 型、YCD 型、YCW 型和 YKD 型，配有顶压器，根据锚固形式和锚具类型选用。油泵有 ZB4-500 型和 ZBZ×2-500 型高压油泵。

⑤准备钢绞线、锚具等所需材料和设备（如切割机、压浆泵等）。

⑥有高空作业时需准备脚手架、卷扬机等。

⑦安排滑坡动态监测。

2）预应力锚索施工

锚索施工包括以下工序：锚索钻孔、清孔；钢绞线编束成型；锚索安装；孔内压浆；浇筑反力装置；锚索张拉；封锚。

（1）锚索钻孔、清孔

钻机定位必须牢固，按设计下俯角度（一般为 15°～30°）固定钻孔位置和方向，防止左右和上下偏斜。钻孔实际深度比设计深度要长 1.0m，留作沉渣段。

①滑体为土层或软质岩层，滑床为坚硬岩层时，孔口至滑动面一段应采用三牙轮钻头钻进，用高压风（压缩空气）出渣。若这段地层成孔性较好，不需要下套管保护孔壁，则按设计孔径裸孔钻进；若这段地层成孔性较差，为防止孔壁坍塌卡钻，应跟套管钻进，其孔径比设计孔径大一个档次（例如设计孔径为 127mm，此段就下 ϕ146mm 的套管）。也可以用水泥浆加固孔壁而不下套管，视具体情况而定。滑面至孔底一段，采用冲击钻进。如果滑坡体较厚，即孔口至滑动面一段较深，钻机动力不够，带动大一个档次的套管跟管钻进有困难，而又必须用套管保护孔壁时，就下与设计孔径相同直径的套管，锚固段用 ODEX 钻具冲击扩孔，保证锚固段孔径满足设计要求。

②若地层裂隙发育跑风，岩渣吹不出来，则应采用双管同时推进的钻机或边钻进边灌浆充填裂隙保护孔壁，这样虽然进度慢，但稳妥，不易出钻探事故。

③由于锚索孔向下俯斜一个角度，用高压风出渣比平孔和仰斜孔困难，所以小型空压机不适用，一般要求风量不小于 12m^3/min，风压不低于 1MPa 的空压机。

④不论对岩质地层和土层地层，钻孔达到要求的深度后，都要清孔，清除孔内的岩渣和粉尘，增加锚固效果。最好用高压气流清孔，土质地层当然不可能用水清洗钻孔，就是岩质地层用水清洗钻孔也有很大弊病，洗孔时用水渗进滑坡体内和滑带内，会影响滑坡的稳定性。

（2）钢绞线编束成型

按设计锚索长度及每孔锚索的钢绞线根数用砂轮切割机切割锚索，其长度除锚索自由段和锚固段外，应加长 1.5m 作为张拉段。钢绞线必须顺直。

锚索应放在工作台上编织，防止污染。按要求绑扎架线环、紧箍环、导向壳及注浆管。自由段钢绞线涂防腐油后分别套上塑料管，并在底部封堵。塑料管在编织、运输和安装过程中不能有破损。

（3）锚索安装

用人工或机械将编好的锚索束放入钻孔中，检查其是否下到孔底设计位置。否则应拔出、清孔，重新安放。

（4）孔内压浆

压浆质量是锚索工程成败的关键。

水泥砂浆配合比：水∶水泥∶砂子＝0.4∶1∶1。

水泥等级不低于32.5级，砂子过筛孔径为4mm，并用水洗净。砂子粒径太大，容易发生离析，堵塞灌浆管。拌好的砂浆要过筛，以免有水泥结块堵塞灌浆管。也有用纯水泥浆的，但易收缩。

应采用反向压浆，即把灌浆管下到孔底，由孔底向孔口方向反向压浆。反向压浆有明显的优点：能保证砂浆完全充满锚索孔，不会出现正向压浆过程中因排气管堵塞孔底形成压缩空气，砂浆无法压进的现象。在地下水发育无法排干孔内地下水时，正向压浆是无法保证灌浆质量的。而反向压浆却可以把孔内地下水赶出孔外，保证灌浆质量。灌浆的压力一般为0.3～0.6MPa即可。

孔内压浆管采用金属管或PVC管。采用金属管时，用外接箍连接，禁止采用异径接头连接。灌浆前用清水润湿灌浆管内壁。

反向压浆的最大压力一般控制在0.6MPa，随着孔内浆液由里向外不断推进，压力也逐渐升高，当压力接近0.6MPa时，将压浆管向外抽出2～3m，这样边压边抽管子，直至达到设计要求。

对于机械式内锚头应先施加预应力，然后灌浆。因锚索孔较浅，可采用正向压浆方式压浆。排气管多为ϕ15mm的塑料管或尼龙管，灌浆后留在孔内。

当锚固段地层软弱，锚固力不足时，可采用二次劈裂注浆。

（5）浇筑反力装置

预应力锚索的反力装置，不论是锚墩，还是地梁、框架，都是锚索受力的关键部件，一要稳定，二要有足够的强度。一般要嵌入坡面20cm，刻槽、立模、绑扎钢筋、浇筑混凝土。由于锚索附近受力大而集中，混凝土更应捣固密实。当梁下坡面不平顺时，必须用混凝土或浆砌片石垫平。反力装置的受力面应与锚索垂直。框架应分片浇筑，片间留沉降缝。

（6）锚索张拉

张拉前，首先把孔口处混凝土整平，然后再依次放上钢垫板，安装外锚头、千斤顶及工具锚头。组装完毕后即可张拉。

张拉吨位和相应的压力表读数要制成表格。按设计要求分级张拉，每加一级荷载，要稳定5～8min，卸荷至前级荷载，再次升级加荷，直至加到设计荷载，持荷10min，再卸荷至设计的预应力值锁定，至此整个张拉过程完毕。在加荷的同时，要测量锚索的伸长量，绘制出P-s曲线，确认锚索在弹性阶段工作。最后张拉到最大（设计）值，一是为了检验锚固力是否达到了设计要求；二是以后滑坡推力出现最大值时，使锚索均匀受力，并减小锚索的预应力损失。

为使锚索受力均匀，最好在全部锚索施工张拉完成后进行一次补张拉，一是使各根锚索受力均匀，二是补偿部分锚索的预应力损失。

当一根地梁或框架竖梁上有2～3束锚索时，至少分两次循环张拉，第一次只张拉到设计荷载的50%，第二次再张拉到设计荷载，避免受力不均和梁的断裂。

（7）封锚

当锚索张拉完成后，剪去多余的钢绞线，用C20混凝土封闭锚头，保护层厚度为10cm。为了美观，锚头封闭应用统一模具。

12.3 信息施工法

12.3.1 信息施工法的重要性

边坡工程信息施工是指通过监测边坡坡体及支护结构的受力、位移变化等情况，指导边坡工程处治和保证边坡工程的安全运营，以便在出现问题前及时采取有效的措施，将损失降到最低。为指导施工、验证设计参数，并提高设计理论水平，边坡处治中某些结构物还需要做现场试验，通过现场试验发现问题、解决问题。

边坡及其支护结构在各种力的作用和自然因素的影响下，其工作形态和状况随时都在变化，如果出现异常而又不能及时掌握，任其险情发展，其后果是严重的。但如能运用必要的有效观测手段对边坡工程进行信息施工和监测，及时发现问题，采取有效的措施，就可避免出现灾难性事故，保证边坡工程正常快速施工和工程的安全运营。

岩土体是一个复杂的非线性力学体系。施工所要达到的最终状态质量优劣，与开挖卸荷的应力路径的应力历史有关，即与施工方法和开挖过程密切相关。长期以来，边坡工程的安全性主要依靠边坡的设计工作来保证。但是由于岩土体的复杂性，岩土力学尚具有半经验半理论的特点。因此，在时间和空间上对岩土工程的安全度做出准确的判断还有很大的困难。有关边坡工程安全问题的解决，应更多地依靠测试和观测，通过监测保证工程的施工、运行安全，同时又可通过监测验证设计和提高设计水平。

从信息论的角度，提出重视施工方法和开挖过程，还应把重点放在如何从施工中取得更多的信息上。因为岩土工程体系本身就是一个大的信息库，设计时仅取得此库的少量信息，更多的信息还需要从施工中取得。从施工中尽量多地获取信息，进行分别处理，再用以指导施工。

信息施工方法（又称动态施工方法）是目前施工中的一种先进技术，它充分利用目前先进的勘察、计算、监测和施工工艺等手段，利用从边坡的地质条件、施工方法等获取的信息，反馈并修正边坡设计，指导施工。具体做法是：在初步地质调查与围岩分类的基础上，采用工程类比与理论分析相结合的方法，进行预设计，初步选定高边坡加固与施工方案；然后在高边坡开挖和加固过程中进行边坡变形监测，作为判断边坡稳定性与加固设计合理性的依据；并且将施工监测获取的信息反馈于边坡设计与施工，确认支护参数与施工措施或进行必要的调整。其设计与施工程序如图 12-7 所示。

12.3.2 信息施工的思路与工作程序

对于边坡的稳定性分析，应在实地工程地质勘察、试验的基础上进行地质、岩土体结构、参数的敏感性分析与经济技术分析，确定易突破的关键部位与结构，做到重点部位重点治理，据此制订优化合理的治理方案，选择高水平的施工力量施工，防患于未然。

鉴于工程地质发展水平及治理经验的不足，在边坡稳定性评价及治理措施上，有许多问题尚待解决。如有的工程技术人员因稳定性评价或计算方法不合理、力学参数选择不当，使本不该治理或仅需简单的加固措施就能保持稳定的边坡，得到了“感冒动手术”式花费太高的工程加固；有的则对地质原形认识不清或方案选择失误，造成了边坡治理失败。更值得提出的是，在治理方案设计上，很多单位和设计人员没有进行方案比较、方案论证、方案优化，设计方案不是最优方案，造成了很大的不必要的浪费。这些问题应引起足够重视，应大力提倡优化设计，开展信息施工，进行动态设计、设计反馈，开发新的加固措施与施工技术，把边坡工程治理提高到一个新的高度。

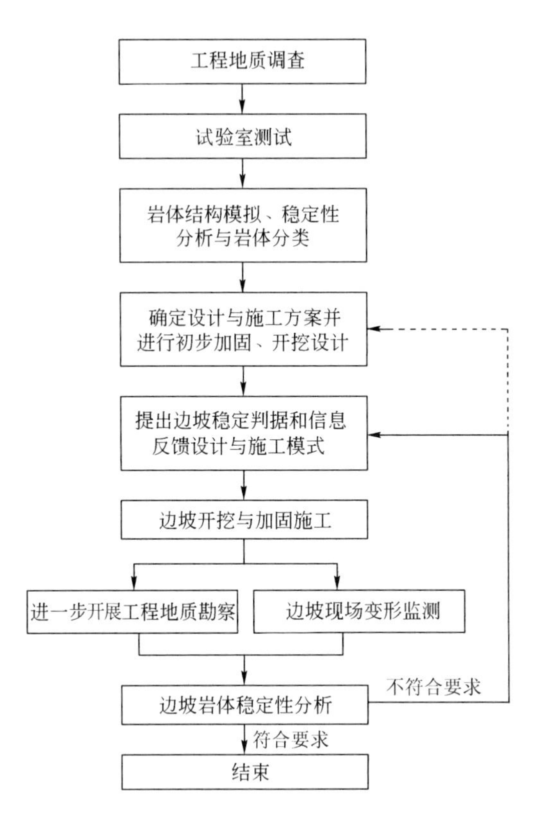

图 12-7　信息施工流程图

信息设计与施工的关键是收集信息。信息的来源主要分两个阶段：一是勘察阶段，通过勘察信息确定初步设计方案和施工方法；二是施工阶段，收集施工期的进一步勘察、施工方法信息，进行反馈分析，必要时修正初步设计方案和施工方法，达到最优化的设计和施工方案。

如何收集并利用边坡工程地质信息和先进的勘察、试验与计算手段为设计服务，使设计尽可能切合实际尤为重要。所以，现场工程地质勘察、先进的试验方法和设计理论成为获取信息资料和科学设计的必要手段。

由于边坡勘察范围面广、线长、点多，要进行详细勘察，势必大大增加勘察费用（主要是钻孔费用），为此，采取以下措施：

①寻找有典型代表性的区域（包括采石场）做详细勘察；

②利用边坡裸露面多，便于槽探的特点，以槽探代替钻探；

③在区域内或附近借已开挖的采石场边坡，作为未来公路边坡稳定的分析模型；

④为了掌握勘察区域内的构造带情况，扩大地表分析区域（增加 3～5km）。

边坡开挖后进一步详勘证明，这种勘察方法收集的信息有较高的真实性，其误差远不足以引起边坡设计方案的改变，但其勘察费用却仅为常规的1/3～1/2。

为了使设计与实际结合紧密，宜将勘察与设计人员组成一个设计小组，先到现场实地勘察，收集第一手资料，再进行室内设计计算，从而改变过去设计人员单靠勘察单位提供勘察报告在室内进行设计的做法。

勘察和设计过程是，首先进行边坡工程地质研究，通过工程地质测绘、岩体结构现场编录，绘制工程地质平面图及工程地质纵剖面图。对于岩质高边坡而言，边坡的稳定性是加固设计的前提。而边坡的稳定性主要取决于结构面和岩体的物理力学性质。通过结构面的现场调查、测量，并对岩体中的结构面进行 Monte-carlo 模拟，建立岩质边坡的几何模型。经过结构面力学试验、岩体物理力学试验、岩体 RMR 分类和 Q 分类，可以获得边坡稳定性计算的可靠参数。在几何模型和物理力学参数确定的基础上，使用计算机软件（Sarma 法和剩余推力法）对每条纵剖面在各种可能工况下进行稳定性计算，为治理提供可靠的依据。

显然，加固设计的前提是稳定性分析的结果，但加固设计中十分重视边坡的开挖方法。因为开挖（爆破）与加固是矛盾的统一体，开挖方法不当将严重影响边坡的稳定性能，因而在设计中同时规定了开挖方法并提出了开挖爆破参数，但仅此仍不够，还要求设计、开挖、加固、量测与信息反馈作为一个整体实施，从而达到设计和施工的最优化。

12.3.3 信息施工原理与施工过程

（1）信息施工原理

岩土工程体系本身就是一个信息库。在对该体系进行设计时，往往只知其中很少的信息。信息了解极少甚至不知的系统称为“灰箱”；部分信息已知、部分信息未知的系统称为“白箱”。利用现代岩土力学理论和现代施工技术，进行“白箱”体系的岩土工程设计和施工是不会出现工程事故的。之所以出现事故，原因是我们的工作往往仅建立在“灰箱”系统上。因此，在岩土工程设计和施工中获取更多的信息，促使“灰箱”转变为“白箱”是工程结构安全稳定的重要保证。

一般而言，岩土工程体系的信息可从以下四方面取得：

①经验信息，这是工程技术人员设计与施工经验的总结；

②观察信息，由地质调查、勘探等方法得到的信息；

③理论信息，根据前两种信息采用理论计算、试验研究等方法所得到的信息；

④施工信息，通过实际开挖和施工所获得的信息。

由于工程岩土体的复杂性，从前三方面取得的信息是很不够的，更多的而且更可靠的信息来自施工，即施工信息。这里提出信息施工的目的就是主张从开挖施工过程中获取尽量多的信息，进行分析处理，用以指导施工。

（2）信息施工过程

实施信息施工，应做三方面的工作，即获取施工信息、信息分析和处理、指导施工。

①通过开挖坡面和钻孔作业以及现场监测等途径获取施工信息

在开挖时由专人记录岩体开挖暴露的节理、裂隙、密度、地下水等信息，现场测定必要的力学指标。在钻孔作业中可分析钻孔排出物，判断岩体深部岩性变化、深层地下水等信息。

对于开挖岩体的及时勘察和编录是信息施工的首要工作。对开挖后的岩体进行全面勘察，分析岩体的结构特征及对边坡稳定性的影响。同时还在现场取样，进行试验室测试，以进一步了解其岩性及结构面特征。

②信息分析和处理

对获取的信息首先进行分类、整理、优化，然后通过相应的分析软件进行分析处理，根据得出的结论为下一步开挖施工提供决策依据。

③根据信息分析处理结果改变开挖方法和加固方法

边坡工程施工应根据信息分析处理结果改变开挖方法和加固方法。如边坡工程施工按逆作法进行施工，边坡岩体分多层开挖，在开挖上层并作锚喷网加固后，对边坡表面进行监测与观测。对锚杆做拉拔测试，根据施工后的各种信息决定下一步开挖与加固方案及施工应注意的问题。

12.3.4 边坡工程监测技术与信息施工

1）监测系统的设计原则

①多层次监测原则；

②重点监测关键区的原则；

③方便实用原则；

④经济合理原则。

2）信息施工技术

（1）信息采集

信息采集系统通过设置于加固结构体系及与其相互作用的岩土体和相邻建筑物中（或周围环境）的监测系统进行工作，以获取如下信息：①加固结构的变形；②加固结构的内力；③岩土体变形；④锚索锚杆变形与应力；⑤相邻建筑（物）变形。

（2）信息处理与反馈

采集到的数据应及时进行初步整理，并清绘各种测试曲线，以便随时分析与掌握加固结构的工作状态，对测试失误原因进行分析，及时改进与修正。信息的反馈主要通过计算机输入初步整理的数据，用预测程序进行系统分析。

根据处理过的信息，定期发布监测简报，若发现异常现象预示潜在危险时，应发布应急预报，并应迅速通报设计施工部门进行研究，对出现的各种情况做出决策，采取有效的措施，并不断完善与优化下一步设计与施工。信息施工技术框图如图 12-8 所示。

（3）信息施工技术内容

信息施工技术内容可归纳为以下几点：①对加固结构体系设计方案全过程进行反演和过程优化；②预测各因素对加固体系的影响及其权重和后果分析；③做出施工方案可行性和可靠性评估；④随施工过程做出风险评估和失控分析；⑤提供决策依据，并提出相应措施。

（4）边坡信息施工要点

①边坡施工方案必须根据信息设计要求确定，做到开挖、加固和监测有机结合。

②为了减小爆破对人工边坡的破坏，边坡开挖时采用松动加预裂爆破或缓冲爆破。预裂爆破的主要目的不在于保持坡面多么光滑，而是减小爆破振动对坡面及岩体的破坏；在软岩中使用缓冲松动爆破，必须靠坡面顶留 2m 以上的缓冲层，这样才能有效地阻隔振动波。而

缓冲层可用挖掘机的铲斗铲除。

③适时加固是信息设计和施工的重要原则之一，为了防止边坡开挖暴露时间过长而受雨水侵蚀，设计要求及时加固边坡，并提出低台阶（2.5～5m）开挖、边开挖边加固的要求。

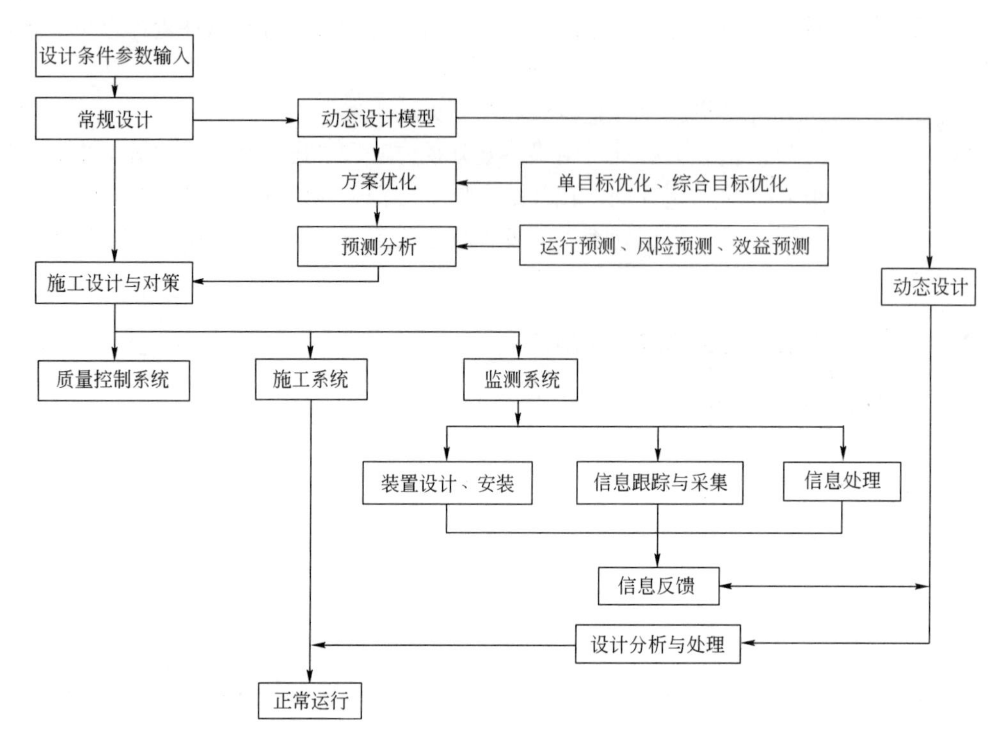

图 12-8 信息施工技术框图

12.3.5 监测与信息反馈

1）现场监测内容与方法

（1）边坡位移地表监测系统

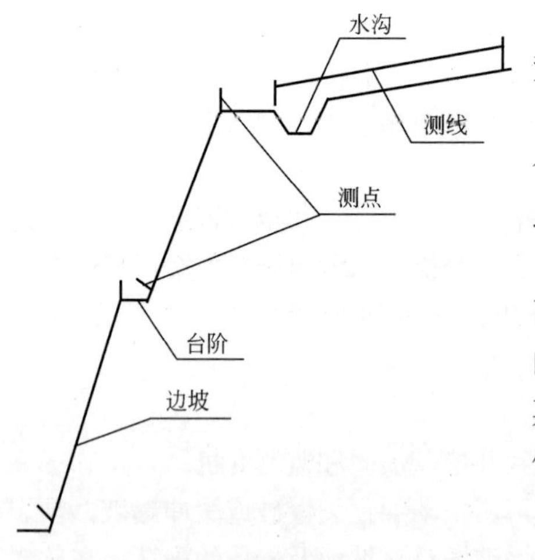

图 12-9 边坡位移地表监测系统示意图

地表监测的目的是了解地表局部和整体滑移趋势和位移量，作为反馈设计的依据。

①监测原理：在需要监测的边坡上纵向建立几个永久测点，定期用收敛计量测测点间的距离，以此控制边坡的微位移，如图 12-9 所示。

由于边坡的破坏形式主要是边坡整体滑移和坡面局部滑移，故测点应控制所有可能的滑移所产生的张裂缝，并使测线尽量与张裂缝相交或垂直。尤其在坡上缘水沟外区域，产生的裂缝不易发现，应作为监测重点。

②监测仪器：收敛计。

③监测指标：边坡变形速度和总变形量。

边坡变形监测点分别布置在多个监测断面上。

各断面上的边坡表面变形采取在边坡上缘至下缘设测点的方法，运用钢尺位移计来监测。相应部位岩体的深层变形则采用钻孔倾斜仪来监测。

但是，利用仪器监测无论是监测断面选择还是测点布置都是有限的，对有限的监测断面和测点都要求有相当的代表性。从一些边坡稳定存在的问题以及影响稳定的因素分析来看，一些边坡失稳主要是局部失稳。而可能发生局部失稳的岩体往往是那些由不利地质构造面组合而形成的楔形体，以及那些由于爆破振动影响在边坡上缘开裂的危岩体。这些可能发生局部失稳的部位在事先是难以确定的，再加上这种部位很多，不可能一一布置仪器来监测。

（2）边坡位移地下监测系统

地下监测的目的是了解边坡深部岩体变形趋势和位移量，作为反馈设计的依据。

在岩石边坡工程，特别是永久性边坡工程的爆破开挖过程中，为控制爆破对边坡岩体的振动破坏，维护边坡岩体的完整性，必须选用合理的预裂爆破参数，并在爆破振动现场监测等基础上，据现场实测效果及有关监控指标进行反馈优化。另外，永久使用边坡一般随开挖进行锚喷或其他支护，为保证锚喷支护质量，除考虑锚喷本身的施工质量外，还应充分考虑到频繁的爆破影响。因此，为保证开挖、支护的平行、协调进行，必须确定合理的爆破开挖与支护的施工顺序及时空间隔。

①监测原理：在需要监测的边坡稳定层与假想滑动层之间垂直钻孔，使用钻孔倾斜测定仪定期检测，若边坡发生滑动，测斜仪能测出滑动角度及滑动变化情况（图 12-10）。

②监测仪器：钻孔倾斜测定仪。

③监测指标：水平位移随深度及时间的变化。

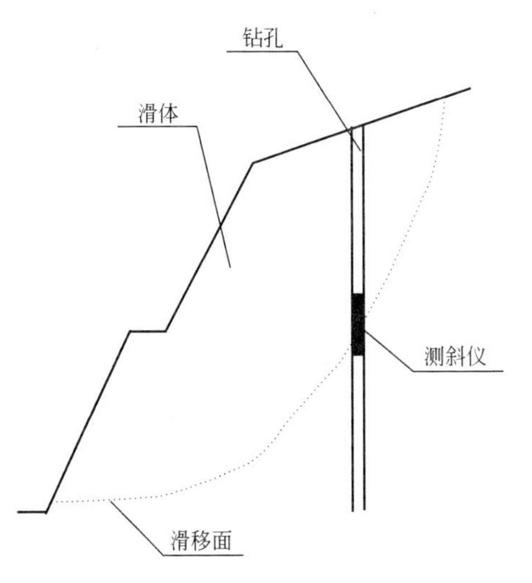

图 12-10 位移地下监测系统示意图

（3）爆破振动监测系统

爆破振动监测的目的是了解爆破产生的振动及其对边坡的破坏情况。

①监测原理：在边坡上设测点，安设速度或加速度传感器，爆破后，振动波传至传感器上。通过爆破振动自动记录仪接受信息，再输到计算机上进行波形分析，计算出振动速度或加速度值（图 12-11），分析是否超过规定值。

②监测仪器：计算机、爆破振动自记仪、速度或加速度传感器。

③监测指标：爆破振动速度、振动频率与加速度（可作 Sarma 法分析用）值。

（4）锚喷支护质量指标监测系统

①监测目的：监测边坡锚喷加固质量。

②监测内容与方法：锚杆拉拔测试，检测锚杆的锚固力；锚喷混凝土强度检测，用试件模块作单轴抗压试验；锚喷几何参数检测，检测锚杆直径、锚孔深、孔距、排距、锚喷混凝土厚度等。

从边坡安全的角度来说，在施工期影响边坡稳定的因素很多，施工现场的情况千变万

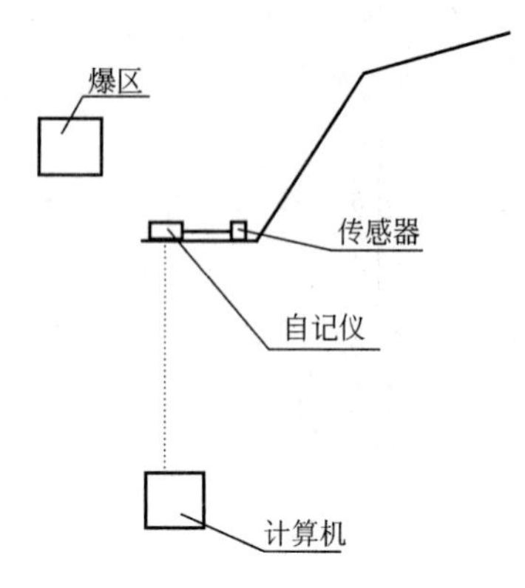

图 12-11　爆破振动监测系统示意图

化，而且有的情况往往事先不能料及，更不是单纯仪器监测所能奏效的。

因此，仪器监测虽是边坡安全监测的主要手段之一，但也仅是安全监测的一个组成部分。仪器监测只有与现场巡视检查相结合，方能更好地达到边坡安全监测的目的。

（5）边坡安全监测中的巡视检查

为弥补仪器监测的不足，边坡安全监测过程中，在进行仪器监测的同时开展现场巡视检查工作。因为仪器监测的点或线的范围是有限的，巡视检查的目的是了解全坡面的地质情况、水文情况、动态变形情况及信息设计与施工的反馈情况。巡视检查的方法是现场定期目视检查与分析。

2）信息反馈设计

衡量边坡稳定及是否修正或补充设计（边坡）的主要指标是人工边坡开挖后的位移变化，而把爆破振动速度、加固施工质量情况作为纠正不合理施工方法的依据，也作为修正或补充设计的依据之一。所以首先要确定边坡位移、爆破振动和加速度的最大允许值，边坡加固质量指标则根据相应规范来确定，如锚喷支护规范等。

（1）确定位移判据

严格地说，确定最大允许位移量和位移速度是很困难的，因为不同岩性、边坡不同位置的位移，其最大允许值是不一样的。目前国内规范也没有统一规定。所以，只有具体情况具体对待。从加固的角度看，允许边坡产生少量位移，充分发挥岩体的自承能力，能达到最经济的加固效果，这也是信息设计的主要原理之一。可将该“少量位移”看成边坡稳定的判据，根据经验，该判据以 10mm 为宜，超过这个范围，必须修正设计并增加加固强度（已加固时）或及时加固（未加固时）。在此范围内，岩体软弱破碎时取大值，岩体较硬时取小值；坡面角小时取大值，坡面角大时取小值。

对于位移速度判据，可参考《公路隧道施工技术规范》（JTG F60—2009）规定值，即 0.2～0.5mm/d。

（2）确定振动速度判据

同位移判据一样，振动速度的最大值（垂直振动速度和水平振动速度矢量和）也是很难确定的。因为振动对不同类别的岩体产生的影响是不一样的。有学者提出，对于硬岩，振动速度达 10cm/s 时对岩体产生破坏作用。对于具体边坡的振动速度判据，应根据该边坡的具体地质、岩土性质等特点，结合工程经验和工程试验而定。

12.4　边坡工程爆破施工

12.4.1　边坡爆破施工的一般要求

边坡的开挖应根据岩石的工程地质分类、岩石的风化程度和节理发育程度等确定开挖方式。对于软石和强风化岩石，凡能用机械直接开挖的，均应用机械开挖；如这类石方数量不大，工期允许，也可以人工开挖。凡不能使用机械或人工直接开挖的石方，则用爆破法开挖。石方需用爆破法开挖的路段，应查明路段内有无电缆线、地下预埋管线及其平面位置、埋置深度，同时应调查开挖边界线外的建筑物结构类型、完好程度、与开挖边界之间的距离，然后制订爆破方案。任何爆破方案的制订都必须确保既有建筑物、管线的安全。

爆破方案选定后，应视其对有影响的构造物的重要程度，分别报送当地公安部门、构造物行业主管部门及监理工程师审批。

爆破作业必须由经过专业培训、并取得爆破证书的专业人员施爆。石方爆破施工中，当工程量小、工期允许时，可采用人工打眼；工程量较大时，应采用机械钻孔，钻孔机械可采用风钻或凿岩机。

岩石边坡开挖应充分重视挖方边坡稳定，一般宜选用中小炮爆破。对于风化较严重，节理发育或岩层产状对边坡稳定不利的石方开挖，宜用小排炮微差爆破，小型排炮药室距设计坡线的水平距离，应不小于炮孔间距的 1/2。

开挖边坡外有必须确保的重要建筑物，当采用减弱松动爆破都无法保证建筑物安全时，可采用人工开凿、化学爆破或控制爆破。

在石方开挖区应注意施工排水，应在纵向和横向形成坡面开挖面，其纵坡应满足排水要求，以确保爆破的石料不受积水的浸泡。

《建筑边坡工程技术规范》(GB 50330—2002) 对边坡爆破施工的规定如下：

①岩石边坡开挖采用爆破法施工时，应采取有效措施避免爆破对边坡和坡顶建（构）筑物的损害。

②当地质条件复杂、边坡稳定性差、爆破对坡顶建（构）筑物震害较严重时，宜部分或全部采用人工开挖方案。

③边坡爆破施工应符合以下要求：

a. 在爆破危险区应采取安全保护措施。

b. 爆破前应对爆破影响区建（构）筑物做好监测点和建筑原有裂缝查勘记录。

c. 爆破施工应符合边坡施工方案的开挖原则。当边坡开挖采用逆作法时，爆破应配合台阶施工；当普通爆破危害较大时，应采取控制爆破措施。

d. 支护结构坡面爆破宜采用光面爆破法。为避免爆破破坏岩体的完整性，爆破坡面宜预留部分岩层采用人工挖掘修整。

e. 爆破施工应满足现行有关标准的规定。

④爆破影响区有建（构）筑物时，爆破产生的地面质点震动速度，对土坯房、毛石房屋不应大于 10mm/s，对一般砖房、非大型砌块建筑不应大于 20mm/s，对钢筋混凝土结构房屋不应大于 50 mm/s。

⑤对坡顶爆破影响范围内有重要建（构）筑物、稳定性较差的边坡，爆破振动效应宜通过爆破振动效应监测或试爆试验确定。

12.4.2 爆破器材

(1) 炸药

炸药的种类繁多，爆破工程中常用的可分为如下两类：

①起爆炸药

起爆炸药是一种爆炸速度极高的烈性炸药，爆速可达2 000～8 000m/s，用以制造雷管。起爆炸药又可分为正起炸药和副起炸药。正起炸药对热能和机械冲击能均具有强烈的敏感性，如雷汞、叠氮铅、黑索金、泰安等；副起炸药须由正起炸药起爆，其爆速甚高，可加强雷管的起爆能量，如三硝基甲硝胺、四硝化戊四醇等。

②主要炸药

用以对岩石或其他介质进行爆炸的炸药称为主要炸药，它的敏感性较低，要在起爆炸药强力的冲击下才能爆炸。边坡工程中常用的主要炸药的成分和性能如表12-2。

炸 药 分 类　　表12-2

类别名称	炸药名称和型号		说　明
硝铵类炸药（主要成分：硝酸铵）	铵梯炸药（以梯恩梯为敏感剂）	岩石铵梯炸药2号、3号，2号抗水，3号抗水	公路工程常用岩石2号，怕潮
		落天铵梯炸药1号、2号、3号，2号抗水	
		煤矿许可铵梯炸药2号、3号，2号抗水，3号抗水（安全炸药）	
	铵梯油炸药2号、3号，2号抗水，3号抗水		
	铵松蜡炸药1号、2号		
	多孔粒状铵油炸药		
	铵油炸药1号、2号、3号		吸湿后结块不能久存，成本低
	乳化炸药	岩石乳化炸药	
		露天乳化炸药	
		煤矿许用乳化炸药	
硝化甘油类炸药	胶质硝化甘油炸药	1号普通，2号普通	爆炸威力大，危险性大
		1号难冻，2号难冻	适用于硬岩石或水下
芳香族硝基炸药	梯恩梯（或称之硝基甲苯）		是一种烈性炸药
	苦味酸（或称黄色炸药）		价格昂贵，爆炸后产生有毒气体
黑火药	爆破用黑火药		适用于开采石料

（2）雷管

雷管是用来起爆炸药的，按点火方式分电雷管与火雷管。用导火索引爆的雷管叫火雷管，分6号、8号两种，除有沼气的地方和矿井中不用外，可用于一般爆破工程，使用中应注意纸壳雷管的防潮。电雷管的构造与火雷管基本相同，只是增加了一个电气点火装置，根据雷管中主装药量不同分为6号和8号两种。图12-12为电雷管的分类。

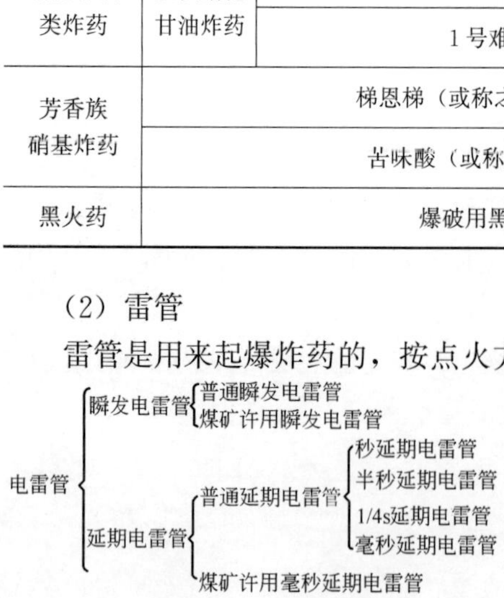

- 电雷管
  - 瞬发电雷管
    - 普通瞬发电雷管
    - 煤矿许用瞬发电雷管
  - 延期电雷管
    - 普通延期电雷管
      - 秒延期电雷管
      - 半秒延期电雷管
      - 1/4s延期电雷管
      - 毫秒延期电雷管
    - 煤矿许用毫秒延期电雷管

图12-12　电雷管分类

延期电雷管与瞬发电雷管的不同点只是延期电雷管在电气点火装置与起爆炸药之间有一段缓燃导火索，根据导火索燃烧时间不同，延长起爆时间也不同，延长时间以 s、ms 计。

一个作业面需要同时起爆的，可用瞬发电雷管；需要不同时间爆炸，制造临空面以扩大爆破效果时，可用延期电雷管。

(3) 导火索和火花起爆

导火索以火点燃，用以引爆火雷管或黑火药包。按燃烧速度分为普通导火索和缓烧导火索，每米燃烧速度分别为 100～125s 与 180～215s。

火花起爆法是利用导火线燃烧引爆雷管，从而成为药包爆炸的一种起爆方法。

(4) 导爆索起爆法

导爆索的索芯用高级烈性炸药制成，按其包缠结构分棉线导爆索和塑料导爆索。由于导爆索着火较困难，使用时，需在药室外的一段爆线上捆扎一个 8 号雷管来起爆，由于爆速快，每秒可达 6 000 多米，故适用于深孔、洞室爆破。

(5) 塑料导爆管非电起爆法

塑料导爆管由高压聚乙烯制成，内、外径分别为 1.4mm 和 3mm 的软管，内装混合炸药，药量为 14～16mg/m。国产塑料导爆管爆速为 1 600～2 500m/s，可用雷管、导爆索、火帽、引火头等产生冲击波的器材激发，通过塑料导爆管传递到雷管，使雷管激发而起爆。

起爆网络与药包的连接方式，有并联、串联、簇联和复式连接法等。由于该起爆法具有抗杂电、操作简便、使用安全、成本较低等特点，有逐渐替代导火索和导爆索起爆法的趋势。

12.4.3 一般爆破

中小爆破可分为一般爆破（如裸露药包爆破、炮孔爆破、药壶爆破和猫洞爆破等）和特殊爆破（如预制爆破、光面爆破、定向爆破、松动爆破、级差爆破和静态爆破等）。下面分别介绍。

(1) 裸露药包爆破

此法主要用来炸除孤石或大块岩石，如图 12-13 所示。

操作时药包最好置于岩石的凹槽或裂缝处。也可将药包底部架空成聚能穴，以加强破碎岩石的能力，还可用厚度大于药包高度的黏土或砂土覆盖，然后即可起爆。但应注意覆盖物内不得有石块、砖头等坚硬物块，以防发生飞石事故。

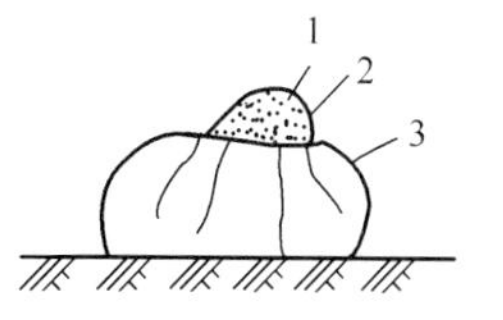

图 12-13 裸露药包爆破
1-裸露药包；2-覆盖物；3-被爆体

(2) 炮孔爆破法

根据炮孔的深浅不同，炮孔爆破法又可分浅孔爆破和深孔爆破两种方法。

①浅孔爆破法

浅孔爆破法又称浅眼爆破法，它是在被爆破的岩石内钻凿直径为 25～75mm、深度为 1～5m的炮孔进行装药爆破，是应用最普遍的一种爆破方法。适用于工程量不大的路堑边坡开挖、采石或大块岩石的再爆破，是一种不可缺少的爆破方法，其炮孔布置如图 12-14 所示。炮孔主要技术参数及用药量的计算方法如下：

最小抵抗线：根据岩石的硬度和爆破层厚度而定，可按式（12-2）计算：

$$W = kd \tag{12-2}$$

式中：W——由炮孔底至临空面的最小距离（m）；

d——钻孔最大直径（cm）；

k——系数，一般取 15～30，坚石用小值，次坚石用大值。

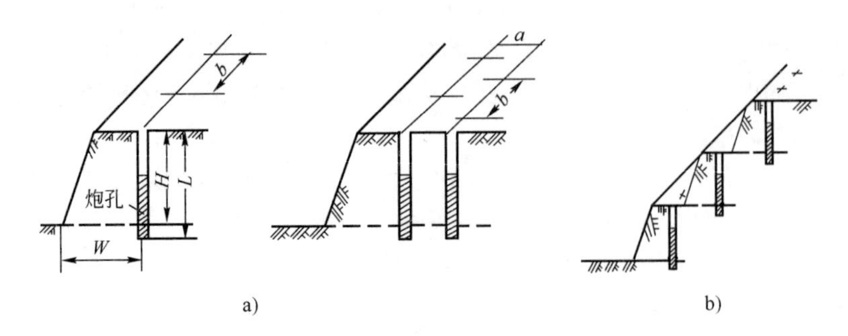

图 12-14　浅孔爆破法炮孔布置图

a)台阶式；b)梯段式

炮孔深度：根据岩石的坚硬程度而确定，可按式（12-3）计算：

$$L = k_2 H \tag{12-3}$$

式中：L——炮孔深度（m）；

H——爆破岩石厚度、台阶高度（m）；

k_2——系数，坚石为 1.0～1.15，次坚石为 0.85～0.95，软石为 0.7～0.9。

炮孔间距：用排炮爆破时，同排炮眼的间距，视岩石的类别、节理发育程度，由式（12-4）计算：

$$a = k_3 W \tag{12-4}$$

式中：a——炮孔间距（m）；

W——最小抵抗线（m）；

k_3——系数，采用火雷管起爆为 1.2～2.0，采用电雷管起爆为 0.8～2.3。

炮孔排距：当使用多排爆破时（图 12-15），如炮孔按方格形布置，则 $b=a$，如炮孔按三角形布置，则 $b=0.8a$。

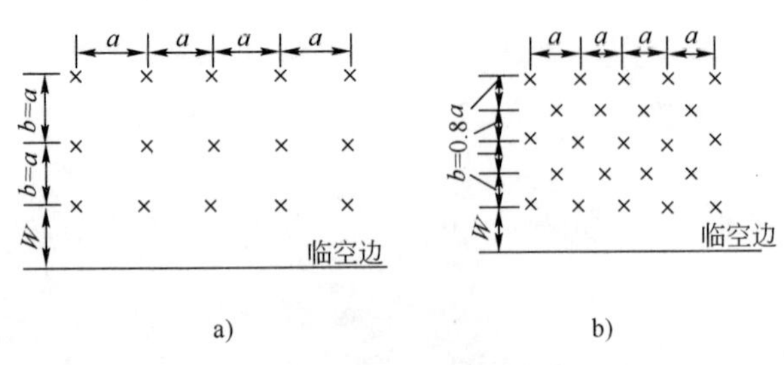

图 12-15　多排炮孔布置方式

a)方格形布置；b)三角形布置

用药量：浅孔炮用药量可按松动药包量的公式计算：

$$Q = 0.33KW^3 \tag{12-5}$$

式中：Q——炸药量（kg）；

K——单位岩石的硝铵炸药消耗量（kg/m^3），软石为 0.26～0.28km/m^3，次坚石为 0.28～0.34kg/m^3，坚石为 0.34～0.35kg/m^3；

W——最小抵抗线（m）。

②深孔爆破法

深孔爆破就是孔径一般为 75～120mm，深度为 1～5m，采用延长药包的一种爆破方法。炮孔需用大型的潜孔凿岩机、穿孔机或空压机打孔，如用挖运机械清方，可以实现石方施工全面机械化，是大量石方（10 000m^3 以上）快速施工的重要方法。其优点是劳动生产率高，一次爆落的方量多，施工进度快，爆破时对路基边坡的影响比大爆小，若配合预裂或光面爆破，则边坡平整稳定，爆破效果更易控制，爆破时比较安全。但由于需要用大型机械，故转移工地、开辟场地、修筑便道等准备工作较复杂，且爆破后仍有 10%～25%的大石块需第二次爆破。

进行深孔爆破，要求先将地面修成台阶，称为梯段。梯段的倾角最好为 60°～75°，高度应在 5～15m 之间，炮孔分垂直孔和斜孔两种，如图 12-16 所示。炮孔直径 d 以采用 100～150mm 为宜。超钻长度 h 大致是梯段直高的 10%～15%（岩石坚硬者取大值）。其他有关用量按如下公式计算。

垂直孔的深度：

$$L_1 = H + h \tag{12-6}$$

斜孔的深度：

$$L_1 = H' + h \tag{12-7}$$

炮孔间距：

$$a = k_3 W \tag{12-8}$$

底板抵抗线：

$$W = d\sqrt{\frac{7.85\rho\tau L}{K'k_3 H}} \tag{12-9}$$

式中：d——钻孔直径（m）；

h——超钻长度（m）；

H、H'——垂直孔、斜孔岩石厚度（m）；

ρ——炸药密度（kg/cm^3）；

K'——单位耗药量（kg/cm^3），$K'=1/3K$；

k_3——一般在 0.6～1.4 范围内，常取 0.7～0.85；

τ——深孔装药系数，$H<10$m，$\tau=0.6$；$H=10\sim15$m，$\tau=0.5$；$H=15\sim20$m，$\tau=0.4$。

W 值确定后，可按 $L=W-H\cot\alpha$ 估算 L 值，为确保凿岩机作业安全，L 应不大于 2m，否则需调整 W 值。多排炮孔时，每排的距离 b 可取 $b=W$。最后按式（12-10）计算炸药用量 Q：

$$Q = \tau K' W H a \tag{12-10}$$

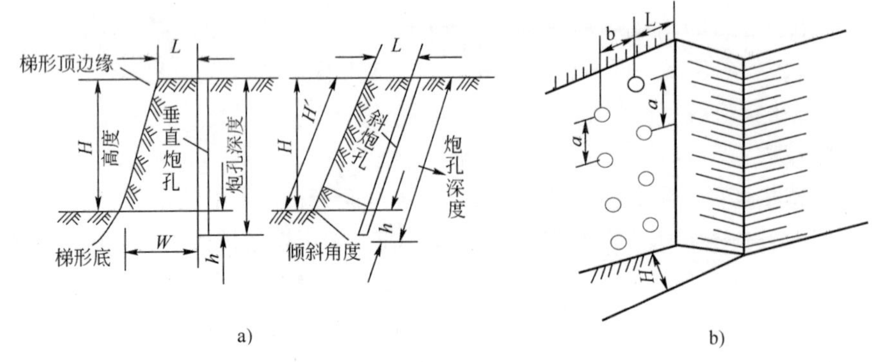

图 12-16　深孔爆破炮孔布置示意图

a)垂直和斜炮孔梯段断面；b)炮孔布置立面

深孔爆破除需正确选用设计参数和布孔外，对装药、堵塞等操作技术要求严格。深孔爆破单位耗药量一般为 0.45～0.75kg/m³，平均每米钻孔爆落岩石 11～20m³。因此，在有条件时应尽可能采用这种爆破方法。

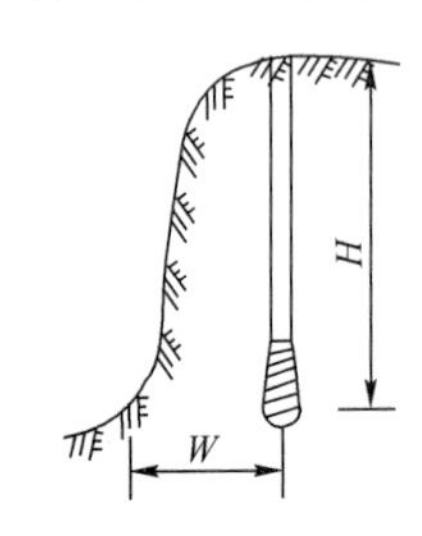

图 12-17　药壶法

(3) 药壶爆破法

药壶爆破法是在深 2.5～3.0m 以上的炮孔底部用少量炸药经一次或多次爆破（称烘膛或压缩爆破）将孔底扩大成葫芦形，最后装入炸药进行爆破（图 12-17）。此法与炮孔爆破法相比，具有爆破效果好、工效高、进度快、炸药消耗少等优点，是小炮中最省工、省药的一种方法。此法主要用于硬土和软石的爆破，爆破层的高度一般为 3～8m，不含水分，自然地面坡度在 70°左右。如果自然地面坡度较缓一般先用浅孔爆破切脚，炸出台阶后再使用。

炮孔有关参数为：

①药壶爆破法的最小抵抗线 W 随爆破层的高度 H 而定，一般 $W=(0.5\sim0.8)H$，H 较大时取小值，反之取大值。

②药壶爆破法的炮孔距离，单排群炮用电雷管起爆时 $a=(0.8\sim1.0)W$。

③炮孔的行距。多排群炮，各排行距 $b=1.5W$。

④当炮眼布置成三角形时，上下层炮孔间距 $a=2W_{下}$（$W_{下}$ 为下层最小抵抗线）。

⑤药壶内的药包量计算。根据实践经验，可按式（12-11）计算：

$$m = KW^3 \tag{12-11}$$

式中：m——药壶内的药包量（kg）；

K——单位岩石的硝铵炸药消耗量（kg/m³），一般软石为 0.26～0.28kg/m³，次坚石为0.28～0.30kg/m³，坚石为 0.34～0.35kg/m³。

当炮孔打至预定的深度后，将孔内清除干净，即可进行药壶的爆扩。爆扩药壶所需的次数及用药量视不同的岩石而定。

(4) 猫洞炮爆破法

猫洞炮系指炮洞直径为 0.2～0.5m，洞穴水平或略有倾斜，深度小于 5m，用集中药包在炮洞中进行爆炸的一种方法，如图 12-18 所示。其特点是充分利用岩体本身的崩塌作用，用较浅的炮眼爆破较高的岩体，一般爆破可炸松 15～150m³。其最佳使用条件是：岩石等级在Ⅴ～Ⅶ级之间，阶梯高度最少应大于炮眼深的 2 倍，自然地面坡度在 70°左右。由于炮眼直径较大，爆能利用率较差，故炮眼深度应大于 1.5m，不能放孤炮. 猫洞炮工效一般可达 4～10m³，单位耗药量在 0.13～0.3kg/m³ 之间。在有裂缝的软石和坚石中，阶梯深度大于 4m，药壶炮的药壶不易形成时采用这种爆破方法，可以获得好的爆破效果。

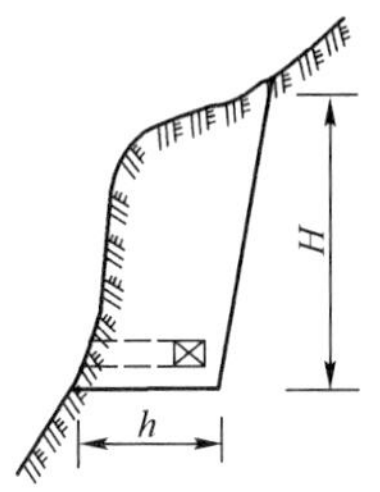

图 12-18　猫洞炮爆破法

猫洞爆破法的药量计算公式为：

①当被炸松的岩体能坍滑距离较大时

$$m = KW^3 \cdot f(\alpha)d \qquad (12\text{-}12)$$

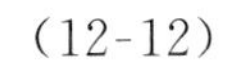

式中：m——用药量（kg）；

K——形成标准抛掷漏斗的单位耗药量（kg/m³）；一般不宜用抛掷爆破，而是用松动或减弱松动爆破，用药量为抛掷爆破的 1/3～1/2；

W——最小抵抗线（m）；

$f(\alpha)$——抛坍系数，$f(\alpha)=\dfrac{26}{\alpha}$；

α——地面横坡度（°）；

d——堵塞系数，可近似用 $d=3/h$ 计算，其中 h 为炮眼深。

②当被炸松的岩体坍滑距离较小时

$$m = 0.35KW^3d \qquad (12\text{-}13)$$

式中符号意义同前，其中 0.35 系数相当于式（12-12）中 $\alpha=70°\sim75°$时的情况。

③药包间距

$$a = kW \qquad (12\text{-}14)$$

式中：W——相邻两药包计算抵抗线的平均值（m）；

k——系数，可根据岩石硬度，节理发育程度及地面坡度的大小而定，一般采用 1.0～1.2；当 $\alpha>70°$时，可采用 1.2～1.3，但必须注意间距过大会使碎石块度过大，增加清方的困难。

应指出的是，猫洞炮炮眼深度应与阶梯高度、自然地面横坡相配合，遇高阶梯时要布置多层药包。烘膛时应根据岩石类别，分别采用浅眼烘膛、深眼烘膛、内部扩眼等法。

12.4.4　边坡工程光面爆破施工

1）基本概念

（1）定义

在主体石方爆破后，沿设计轮廓线将光爆层崩落，获得光滑、平整的壁面，达到控制轮廓线的目的，称光面爆破。

（2）光面爆破基本作业方法

①预留光爆层法。先将主体石方进行爆破开挖，预留设计光爆层厚度，然后再沿设计轮廓线钻孔进行光面爆破。所谓光爆层是指周边孔与最外层主爆孔之间的岩层厚度。

②一次分段爆破法。光面爆破孔和开挖主爆孔用迟发雷管同次分段起爆，光面爆破孔迟后主爆孔 150～200ms。

（3）光面爆破优点

①减少超欠挖，节约工程成本。

②开挖面平整、光滑，可减少支护工作量，有利于后期作业，露天光面爆破有很好的环保效应。

③对保留岩体破坏影响小，有利于巷道围岩和边坡的稳定。

(4) 光面爆破缺点

①钻孔工艺复杂，要求钻孔水平高，钻孔量大。

②对施工人员素质要求较高。

2) 光面爆破适应条件

①地质条件适应性。广泛地应用于坚硬岩石及岩体较完整的软岩，效果明显；同时，在不均岩体和构造发育的岩体中采用光面爆破效果虽然不明显，但对减轻围岩的破坏、减少超欠挖作用很大，因此更需光面爆破。

②爆破方法适应性。适应于孔深大于1.5m的浅孔爆破、露天及地下深孔爆破。

③工程适应性。隧道、水工隧洞及地下石方开挖工程，铁路、公路等露天开挖工程。

3) 光面爆破的设计参数选择

(1) 光面爆破参数一般选择方法

边坡工程的施工，一般为露天光面爆破施工，因此其爆破的参数选择可参照以下方法进行。

①钻孔直径 d

深孔光面爆破，取 $d=80\sim100$mm；浅孔光面爆破，取 $d=38\sim42$mm。

②台阶高度 H

台阶高度 H 和主体石方爆破梯段高度相对应，一般情况，深孔取 $5\text{m}<H\leqslant15\text{m}$ 为好，浅孔取 $2\text{m}<H\leqslant4\text{m}$ 为佳。

③超钻深度 h

炮孔超深 h 可在 $h=0.5\sim1.5$m 间选取，岩石坚硬完整者取大值，反之取小值。

④最小抵抗线 $W_{光}$

$$W_{光}=kD \tag{12-15}$$

式中：k——计算系数，一般取 $k=15\sim25$，软岩取大值，硬岩取小值。

⑤孔距 $a_{光}$

$$a_{光}=\lambda W_{光}\quad(\text{m}) \tag{12-16}$$

式中：λ——炮孔密集系数，一般取 $\lambda=0.6\sim0.8$。

⑥炮孔长度 L

$$L=H/\sin\alpha+h \tag{12-17}$$

式中：α——边坡坡度，即钻孔角度。

⑦光面爆破装药量计算

线装药密度 $q_{光}$ 的计算：

$$q_{光}=K_{光}\,a_{光}\,W_{光}\quad(\text{g/m}) \tag{12-18}$$

炮孔装药量 $Q_{光}$ 的计算：

$$Q_{光}=q_{光}\,L(\text{g}) \tag{12-19}$$

式中：$K_{光}$——光面爆破单位耗药量（g/m^3），见表12-3。

各类岩石爆破炸药消耗 表12-3

岩石名称	岩石特征	岩石坚固系数 f	炮孔松动爆破 $K_{松}$（g/m^3）	光面爆破 $K_{光}$（g/m^3）	预裂爆破 $K_{裂}$（g/m^2）
页岩 千枚岩	风化破碎	2～4	330～480	140～280	270～400
	完整、微风化	4～6	400～520	150～310	300～460

续上表

岩石名称	岩石特征	岩石坚固系数 f	炮孔松动爆破 $K_{松}$（g/m³）	光面爆破 $K_{光}$（g/m³）	预裂爆破 $K_{裂}$（g/m²）
板岩、泥灰岩	泥质、薄层、层面张开、较破碎	3～5	370～520	150～300	300～450
	较完整、层面闭合	5～8	400～560	160～320	320～480
砂岩	泥质胶结、中薄层或风化破碎	4～6	330～480	130～270	270～400
	钙质胶结、中厚层、中细粒结构、裂隙不甚发育	7～8	430～560	160～330	330～500
	硅质胶结、石英质砂岩、厚层裂隙不发育，未风化	9～14	470～680	190～390	380～580
砾岩	胶结性差，砾石以砂岩或较不坚硬岩石为主	5～8	400～560	160～320	320～480
	胶结好、以较坚硬的岩石组成、未风化	9～12	470～640	180～370	370～550
白云岩、大理岩	节理发育、较疏松破碎、裂隙频率大于4条/m	5～8	400～560	160～320	320～480
	完整、坚硬的	9～12	500～640	190～380	380～570
石灰岩	中薄层或含泥质的、竹叶状结构的及裂隙较发育的	6～8	430～560	160～330	330～500
	厚层、完整或含硅质、致密的	9～15	470～680	190～380	380～580
花岗岩	风化严重，节理裂隙很发育，多组节理交割，裂隙频率大于5条/m	4～6	370～520	150～300	300～450
	风化较轻、节理不甚发育或未风化的伟晶、粗晶结构	7～12	430～640	180～360	360～540
	细晶均质结构、未风化、完整致密的	12～20	530～720	210～420	420～630
流纹岩、粗面岩、蛇纹岩	较破碎的	6～8	400～560	160～320	320～480
	完整的	9～12	500～680	200～400	400～590
片麻岩	片理或节理发育的	5～8	400～560	160～320	320～480
	完整坚硬的	9～14	500～680	200～400	400～590
正长岩、闪长岩	较风化、整体性较差的	8～12	430～600	170～340	340～520
	未风化、完整致密的	12～18	530～700	200～410	410～620
石英岩	风化破碎、裂隙频率大于5条/m	5～7	370～520	150～300	300～450
	中等坚硬、较完整的	8～14	470～640	190～370	370～560
	很坚硬完整、致密的	14～20	570～800	230～460	460～680
安山岩、玄武岩	受节理裂隙切割的	7～12	430～600	170～340	340～510
	完整坚硬致密的	12～20	530～800	220～440	440～660
辉长岩、辉绿岩、橄榄岩	受节理切割的	8～14	470～680	190～380	380～580
	很完整、很坚硬致密的	14～25	600～840	240～480	480～720

(2) 经验类比法

光面爆破理论计算目前仍不完善，多数采用经验的方法进行选取。以下列举若干资料供选择参考，见表 12-4～表 12-6。

马鞍山矿山研究院的隧道光面爆破参数　　表 12-4

岩体情况	开挖部位及跨度(m)		光爆孔参数				
			炮孔直径(mm)	炮孔间距(mm)	最小抵抗线(mm)	炮孔密集系数	装药集中度(kg/m)
整体稳定性好、中硬到坚硬岩石	顶拱	＜5	35～45	600～700	500～700	1.0～1.1	0.20～0.30
		＞5	35～45	700～800	700～900	0.9～1.0	0.20～0.25
	边墙		35～45	600～700	600～700	0.9～1.0	0.20～0.25
整体稳定件一般或欠佳、中硬到坚硬岩石	顶拱	＜5	35～45	600～700	600～800	0.9～1.0	0.20～0.25
		＞5	35～45	700～800	800～1 000	0.8～0.9	0.15～0.20
	边墙		35～45	600～700	700～800	0.8～0.9	0.20～0.25
节理裂隙很发育、破碎、岩石松软	顶拱	＜5	35～45	400～600	700～900	0.6～0.8	0.12～0.18
		＞5	35～45	500～700	800～1 000	0.5～0.7	0.12～0.18
	边墙		35～45	500～700	700～900	0.7～0.8	0.15～0.20

瑞典古斯塔夫松的光面爆破参数　　表 12-5

炮孔直径(mm)	装药集中度(kg/m)	炸药种类	最小抵抗线(m)	炮孔间距(m)
25～32	0.07	ϕ11mm　古力特	0.30～0.45	0.25～0.35
25～43	0.16	ϕ17mm　古力特	0.70～0.80	0.50～0.60
45～51	0.16	ϕ17mm　古力特	0.80～0.90	0.60～0.70
51	0.30	ϕ22mm　纳比特	1.00	0.80
64	0.36	ϕ22mm　纳比特	1.00～1.10	0.80～0.90

兰格弗尔斯的光面爆破参数　　表 12-6

炮孔直径(mm)	装药集中度(kg/m)	炸药种类	药卷直径(mm)	最小抵抗线(m)	炮孔间距(m)
30	—	古力特	—	0.7	0.5
37	0.12	古力特	—	0.9	0.6
44	0.17	古力特	—	0.9	0.6
50	0.25	古力特	—	1.1	0.8
62	0.35	纳比特	22	1.3	1.0
75	0.50	纳比特	25	1.6	1.2
87	0.70	代纳米特	25	1.9	1.4
100	0.90	代纳米特	25	2.1	1.6
125	1.40	纳比特	40	2.7	2.0
150	2.00	纳比特	50	3.2	2.4
200	3.00	代纳米特	52	4.0	3.0

注：1. 装药集中度指的是整个炮孔的平均单位长度装药量，它是炮孔装药量除以装药段的长度。
　　2. 炮孔的总装药量除以整个炮孔的长度（包括堵塞段长度），称为线装药密度。

4）光面爆破设计步骤

①收集基本资料。包括一次的开挖量、岩体的种类、构造发育程度以及岩石物理力学性质等方面的资料。

②确定光面爆破的施工顺序。是采用预留光爆层分部开挖，还是全断面开挖。

③确定光爆层的厚度。根据钻孔机械的性能，从每一循环的进尺求出周边孔的外插量，然后根据开挖断面的大小及地质条件等，选定光爆层的厚度。

④选择合理的光爆参数，包括孔距、装药集中度等。

⑤确定炮孔的装药结构。

⑥确定起爆方法及网路的连接形式。

需要说明的是，主爆孔的爆破结果直接影响到光面爆破的效果，同样，采用光面爆破时，为了满足进行光爆的要求，也必然影响到主爆孔的布置。因此，两者必须互相结合，整体考虑，不能顾此失彼，影响总的效果。

另外，光爆孔必须顺设计边坡布置。在开挖度较大时，可分台阶设置。

12.4.5 边坡工程预裂爆破施工

1）基本概念

（1）定义

在主体石方开挖爆破之前，预先在设计的轮廓线上爆破一条有一定宽度的贯穿裂缝，称预裂爆破。

（2）预裂爆破的优点

①可以减少超欠挖量，节省工程投资；

②开挖面光洁平整，有利后期的作业；

③对保留的岩体的破坏影响小，有利于巷道围岩及边坡的稳定；

④由于预裂缝的存在，极大地降低了爆破振动对周围建筑的影响，可以放宽对开挖区爆破规模的限制，提高工效。

2）预裂爆破的参数选择

影响预裂爆破效果的因素很多，有钻孔直径、孔距、装药量、岩石的物理力学性质、地质构造、装药品种、装药结构以及施工因素等等。凡此种种又都是互相影响的，想要完全从理论上说清楚它们之间的关系很困难。就目前的状况来说，对预裂爆破的理论研究还很欠缺，设计计算方法也很不完善，多半需要通过实地的现场试验，才能获得较为满意的结果。

目前，确定预裂爆破主要参数的方法，大致有下列三种：理论计算法、经验公式计算法、经验类比法。

（1）理论计算法

苏联学者提出的计算方法，是以预裂孔同时起爆为基础，根据爆炸应力波的动力作用推导出来的。为了保证形成理想的预裂面，且孔壁不受或少受破坏，必须满足下面的力学方程：

$$\sigma_{\gamma} \leqslant \sigma_{压} \tag{12-20}$$

$$\sigma_{T} \geqslant \sigma_{拉} \tag{12-21}$$

式中：σ_{γ}——预裂孔壁受到的最大径向压应力；

σ_{T}——预裂孔连心线上岩体受到的切向最大拉应力；

$\sigma_{压}$——岩石的极限抗压强度；

$\sigma_{拉}$——岩石的极限抗拉强度。

根据炮孔内冲击应力波的作用理论，在保证孔壁岩体不被压碎的条件下，可求得最佳的装药密度值：

$$\Delta = (\sigma_{压}/10)[2.5 + \sqrt{6.25 + 1\,400/(\sigma_{压}/10)}]/100Q \qquad (12\text{-}22)$$

式中：Δ——最佳装药密度（g/cm^3）；

$\sigma_{压}$——岩石的极限抗压强度（kPa）；

Q——炸药的爆热（kJ/kg）。

求出孔内的装药密度后，只要给定一个孔径，就可以直接求出炮孔的线装药密度。当相邻两孔连心线上的切向拉应力越过岩石的抗拉强度时，那么形成裂缝将是可能的。为此炮孔内的装药满足按式（12-22）计算的最佳装药密度时，可求得炮孔间距为：

$$a = 1.6[(\sigma_{压}/\sigma_{拉})\mu/(1-\mu)]^{2/3}d \qquad (12\text{-}23)$$

式中：a——炮孔间距（cm）；

$\sigma_{拉}$——岩石的极限抗拉强度（kPa）；

$\sigma_{压}$——岩石的极限抗压强度（kPa）；

μ——岩石的泊松比；

d——炮孔直径（m）。

（2）经验公式计算法

预裂爆破经验计算通式：

$$q_{线} = k(\sigma_{压})^{\alpha}a^{\beta}d^{\gamma} \qquad (12\text{-}24)$$

式中：$q_{线}$——炮孔的线装药密度（g/cm）；

$\sigma_{压}$——岩石的极限抗压强度（MPa）；

a——炮孔间距（m）；

d——炮孔直径（m）；

k、α、β、γ——均为系数。

具体的计算式有：

①长江科学院计算式

$$q_{线} = 0.034(\sigma_{压})^{0.63}a^{0.67} \qquad (12\text{-}25)$$

②葛洲坝工程局计算式

$$q_{线} = 0.367(\sigma_{压})^{0.5}d^{0.36} \qquad (12\text{-}26)$$

③武汉水利电力学院计算式

$$q_{线} = 0.127(\sigma_{压})^{0.5}a^{0.84}(d/2)^{0.24} \qquad (12\text{-}27)$$

（3）经验类比法

根据完成的工程实际经验资料，结合工地地形地质条件、钻孔机械、爆破要求及爆破规模等进行类比，是预裂爆破参数选择之行之有效的方法，见表 12-7 和表 12-8。

瑞典古斯塔夫松的预裂爆破参数　　表 12-7

炮孔直径（mm）	线装药密度（kg/m）	炸 药 种 类	炮孔间距（m）
25～32	0.07	ϕ11mm　古力特	0.2～0.3
25～43	0.16	ϕ17mm　古力特	0.35～0.6

续上表

炮孔直径（mm）	线装药密度（kg/m）	炸 药 种 类	炮孔间距（m）
40	0.16	ϕ17mm 古力特	0.35～0.5
51	0.32（半个炮孔） 0.16（半个炮孔）	2×ϕ17mm 古力特 ϕ17mm 古力特	0.4～0.5
64	0.36	ϕ22mm 纳比特	0.6～0.8

兰格弗尔斯的预裂爆破参数 表 12-8

炮孔直径（mm）	线装药密度*（kg/m）	炸药种类	药卷直径（mm）	炮孔间距（m）	炮孔直径（mm）	线装药密度*（kg/m）	炸药种类	药卷直径（mm）	炮孔间距（m）
30	—	古力特	—	0.25～0.4	87	0.70	代纳米特	25	0.7～1.0
37	0.12	古力特	—	0.3～0.5	100	0.90	代纳米特	25	0.8～1.2
44	0.17	古力特	—	0.3～0.5	125	1.40	纳比特	40	1.0～1.5
50	0.25	古力特	—	0.45～0.7	150	2.00	纳比特	50	1.2～1.8
62	0.35	纳比特	22	0.55～0.8	200	3.00	代纳米特	52	1.5～2.1
75	0.50	纳米特	25	0.6～0.9					

注：* 此处的线装药密度为全孔的平均线装药密度。

（4）计算中注意事项

①炸药性能

不同品种的炸药的爆破效果不一样，在进行药量计算时，应根据工地实际使用的炸药品种进行必要的换算。

②线装药密度

线装药密度是指炮孔每延米长度内的炸药装填量，在实际装药过程中，应根据不同的情况进行处理。一般可将装药段分成三段，即底部加强装药段、中部正常装药段、顶部减弱装药段和填塞段。其基本原则是在保证堵塞条件下，取底部长度 $L_3=0.2L$，中部长度 $L_2=0.5L$，顶部长度 $L_1=(0.2\sim0.3)L$，就能够获得满意结果。L 为装药段长度。

③炮孔直径与孔深的关系

在计算中，应密切注意孔深和孔径的关系。一般情况下，孔径小，炮孔深度浅；孔径大，炮孔深度深。当孔深增加时，底部将增大装药量，小直径炮孔会造成耦合装药，从而引起孔壁破坏。因此，在设计中应注意其合理性。

④孔径和孔距的关系

在预裂爆破设计中，为了满足耦合系数不大于 2 的要求，钻孔孔径不宜太小。这就决定了孔径和孔距的比例关系。预裂孔孔距往往以多少倍的孔径来作为衡量指标，一般取 $a_{裂}=nd$，其中 n 为孔距计算系数，通常取 $n=8\sim12$，孔径小、岩石坚硬完整者取大值，反之取小值。

3）预裂爆破设计一般性原则

①对于拉槽或开挖层比较厚的路堑，为减少主体爆破对边坡岩体及其上部建筑物的振动破坏，并达到开挖边坡光滑平整稳定的目的，可采用边坡预裂爆破。

②对于垂直和倾斜边坡的预裂爆破，边坡的倾角 α 大于 60°，或坡率陡于 1∶0.5 为宜。

③预裂孔应沿设计开挖边界面布置，炮孔倾斜角度应与边坡坡度等同。

④预裂爆破的炮孔直径 d，可根据钻机设备条件和石质情况选定，以 $d=40\sim100$mm 为宜。硬岩可选用大孔径，但对于软弱破碎的岩石则宜选择小的孔径。

⑤预裂爆破的台阶高度（一次开挖的深度）H，当 $d=60\sim100$mm 时，可取 $H=5\sim15$m；当 $d=40$mm 时，则以 $H=2\sim4$m 为好。

⑥挖深大于 15m 时，宜分层钻爆。层间应设平台，对 $d=60\sim100$mm 的炮孔，可取平台宽度 $B=1.0\sim2.0$m；小炮预裂则可取 $B=0.2\sim0.5$m，也可不设平台。

⑦预裂炮孔的超钻 h，可在 0.5～2.0m 间取值，钻孔深及岩石坚硬完整者取大值，反之取小值。

⑧炮孔深度 L，按公式 $L=H/\sin\alpha+h$ 计算。

⑨预裂孔与相邻主炮孔之间应符合下列关系：

a. 两者应有一定距离，距离值与主炮孔药包直径及单段最大起爆药量有关，可依照表 12-9取值。

b. 预裂孔的深度不应浅于主炮孔爆破的破坏深度。

c. 预裂孔向两端的延伸长度应超出主孔爆破时地表的破坏范围。

d. 预裂孔超前主炮孔起爆的时间，弱岩不少于 150ms，硬岩不少于 75ms。

预裂孔与主炮孔间距和主炮孔药包直径、药量的关系 表 12-9

主炮孔药包直径（mm）	<32	<55	<70	<100	<130
主炮孔单段起爆药量（kg）	<20	<50	<100	<300	<1 000
预裂孔与主炮孔间距（m）	0.8	0.8～1.2	1.2～1.5	1.5～3.5	3.5～6.0

⑩若相邻主炮孔药量过大，与预裂孔的关系不符合第⑨条规定时，可在主炮孔与预裂孔之间设置一排缓冲孔，其关系以不超出第⑨条规定为限。

⑪预裂爆破炮孔的线装药密度 $q_{裂}$（g/m）和炮孔装药量 $Q_{裂}$（g）可按下式计算：

$$q_{裂}=K_{裂}\ a_{裂} \tag{12-28}$$

$$Q_{裂}=q_{裂}\ L \tag{12-29}$$

式中：$K_{裂}$——预裂爆破单位面积耗药量（g/m^2），见表 12-3。

4）预裂爆破设计步骤

预裂爆破的设计，一般包括以下六个方面。

（1）收集基本资料

①开挖边坡轮廓设计的基本情况，以及地下水以及周围的建筑物状况等；

②爆破岩体的基本情况；

③炸药性能等等。

（2）确定钻孔直径

应当根据当地的机具条件，预裂孔的深度，以及当地的地质条件等综合考虑。在确定钻孔直径时，一方面要从技术上的可靠性方面进行论证，同时也应当尽量简化施工，降低成本。

（3）确定炮孔间距

根据选定的孔径，按一定的比值选取炮孔间距，一般可取 $a=(8\sim12)\ d$，孔径大时取小值，孔径小时取大值；完整坚硬的岩石取大值，软弱破碎的岩石取小值。孔距也可按炮孔间距 a 的公式进行计算。

（4）计算药量

按理论公式或经验公式计算药量，求出线装药密度，同时也应参考已成工程的一些经验数据，作进一步的调整，然后根据所采用的炸药品种，折算成实际的装药量。

（5）确定装药结构

首先要根据地质条件、钻孔直径、孔深、炸药品种、装药量等因素确定堵塞段的长度和底部的装药增量及其范围，然后根据钻孔和炸药的供应情况，决定是采用间隔装药还是采用细药卷连续装药。

（6）确定起爆网路

选定起爆方式并进行起爆网路的设计和计算，提出起爆网路图。

12.4.6 光面、预裂爆破的施工工艺与质量标准

每次爆破均应进行施工技术设计。

（1）施工技术设计内容

①爆孔编号、位置（里程及位于路线中心的左、右与距离）、钻孔方向及倾斜角度与深度。

②炮孔的爆破技术参数表。

③爆孔装药结构及堵塞方法。

④起爆方法、起爆网路图。

⑤炸药、雷管、导爆索、导爆管、导火线及其他所需器材用量。

⑥安全防护措施及所需防护材料数量。

⑦施工技术要求及注意事项。

（2）光面、预裂爆破施工工艺流程

光面、预裂爆破的施工工艺流程见图12-19，供实际操作时参考。

（3）光面、预裂爆破质量评价

①光面、预裂爆破，爆破后都要在边坡壁上留下足够的半边钻孔痕迹，称为半孔率。不同岩性残留半孔率的质量标准，可按表12-10进行评价。

按半孔率（%）评价质量标准 表12-10

岩性	质量等级			
	好	中	尚可	差
硬岩	＞85	70～85	50～70	＜50
中硬岩	＞70	50～70	30～50	＜30
软岩	＞50	30～50	20～30	＜20

②预裂爆破后，裂纹应顺预裂孔中心连线贯通，裂缝宽度应在5～10mm之间，不宜太小，也不能太宽；同时，预裂缝顶部的岩体，对于坚硬整体性好的岩石不应受到破坏，对于松软的岩石可少受破坏。

③光面、预裂爆破的钻孔角度偏差不大于1°；爆破后形成的边坡面平整度（超、欠挖）应不超过±15mm。

④光面、预裂爆破后的边坡岩体壁面和留下的半孔孔壁上都不应出现爆破裂纹。

⑤边坡应达到稳定、平整、光滑、美观的要求，具有较好的环境效益。

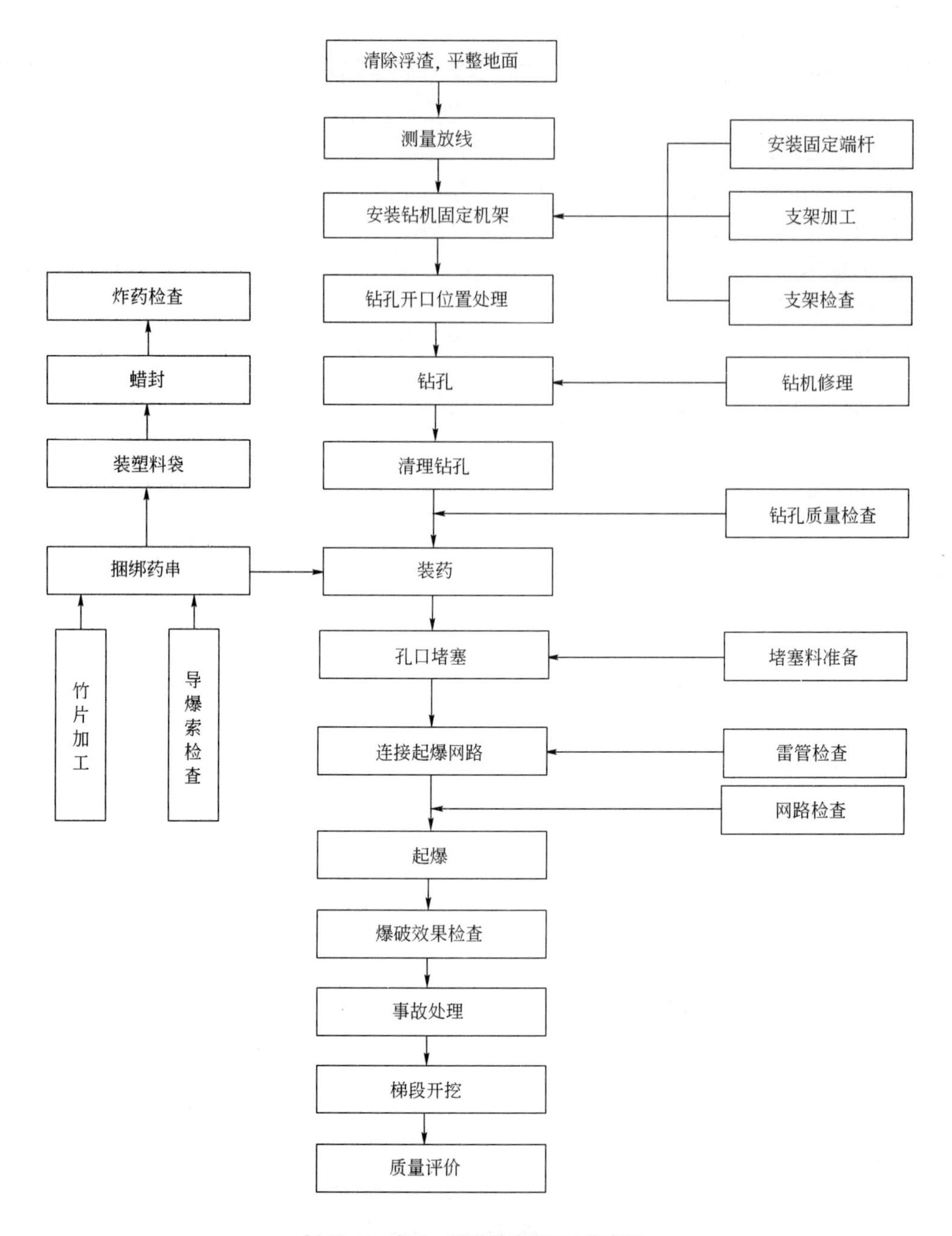

图 12-19　光面、预裂爆破施工工艺流程

12.5　边坡工程的施工组织设计

12.5.1　施工组织设计任务和内容

边坡工程的施工组织设计是施工过程中十分重要和复杂的工作，是指导边坡工程施工的

重要技术环节，是合理组织施工和加强企业管理的重要措施，其目的是保证工程按设计要求的质量和计划进度合理地设计预算，安全、优质、高效地完成施工任务。施工组织设计贯穿于工程从准备阶段、施工阶段到竣工验收阶段的整个过程。编制边坡施工组织设计时，遵循管理出效益、管理是科学的原则，应考虑边坡的规模、工期要求、地质条件和当地自然条件等，确定合理的施工方法和切合实际的施工进度计划。

边坡施工组织设计工作的核心任务是：在边坡施工建设过程中，充分运用科学技术，努力创造良好的施工条件，改善恶劣的施工环境，不断提高施工技术水平，以实现合同对工程质量、安全生产、文明施工及工期等方面的要求。编制边坡施工组织设计，应包括工程概况、场地条件、施工方法、工区划分、场地布置、进度计划、工程数量、人员配备、主要材料、机械设备、电力和运输以及安全、质量、环保、技术、节约等主要措施内容。

边坡施工组织设计是组织施工的基本文件。它是根据设计文件要求、边坡工程特点、现场地质情况、周围环境、施工技术装备和施工力量、工期要求等技术与经济因素，在确保安全、经济的前提下编制而成。通过施工组织设计确定合理的施工方法，对整个工程施工过程做出全面、科学的规划和部署，并制订出工程所需的投资、材料、机具、设备、劳动力等的供应计划，并提出组织措施和对可能出现问题的对策等，确保边坡施工顺利进行。

边坡工程的施工组织设计应包括下列基本内容：

①工程概况

边坡环境和邻近建（构）筑物基础概况、场区地形、工程地质与水文地质特点、施工条件、边坡支护结构特点和技术难点。

②施工组织管理

组织机构图和职责分工，规章制度和落实合同工期。

③施工准备

熟悉设计图、技术准备、施工所需的设备、材料进场、劳动力等计划。

④施工部署

平面布置，边坡施工的分段分阶、施工程序。

⑤施工方案

土石方和支护结构施工方案、附属构筑物施工方案、试验与监测。

⑥施工进度计划

采用流水作业原理编制施工进度、网络计划和保证措施。

⑦质量保证体系和措施

⑧安全管理和文明施工

另外当边坡施工采用信息施工法时，边坡工程组织设计应反映信息施工法的特殊要求。

12.5.2　施工组织设计编制原则和程序

边坡工程施工组织编制原则为：

①保证重点、统筹兼顾；

②采用先进技术、保证施工质量；

③科学安排施工计划、组织连续、均衡施工；

④严格遵守施工规范、规程和制度；

⑤因地制宜、扬长避短。

编制施工组织设计要遵守一定的程序，要按照施工的客观规律，协调和处理好各个影响因素的关系，用科学的方法进行编制。一般的编制程序见图 12-20。

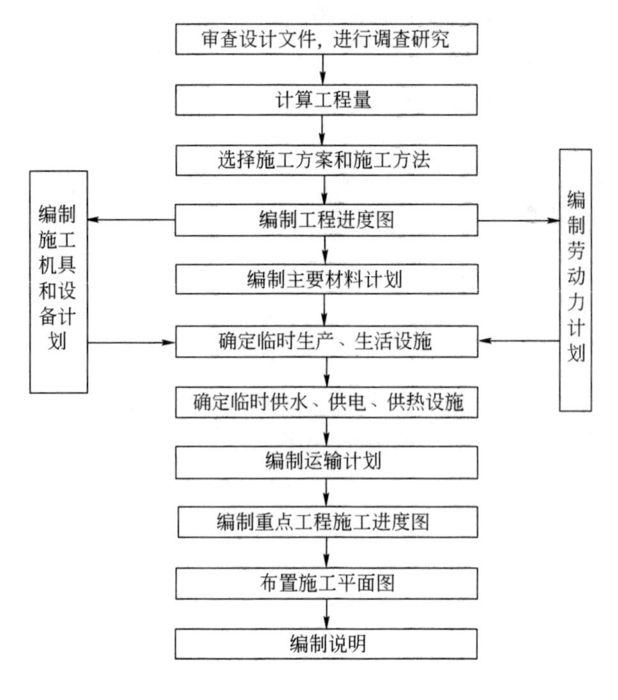

图 12-20　施工组织设计编制程序

12.5.3　施工组织设计的编制

1）施工方案的选择和制订

（1）选择和制订施工方案的目的和要求

编制施工组织设计首先遇到的问题就是选择和制订施工方案，这个问题不解决，施工组织设计乃至以后的施工工作就不可能进行。所以，施工方案的优劣，在很大程度上决定了施工组织设计质量的好坏和施工任务能否圆满完成。

选择和制订施工方案，首先要考虑其是否可行，同时还要做到技术先进、经济合理、施工安全。所谓可行是指施工方案能从实际出发，符合当前实际情况，有实现的可能性。技术先进是指能有效地采用新技术、新方法、新工艺、新材料，从而提高工效、缩短工期、保证质量。经济合理是指能尽量采用降低施工费用的一切正当、有效的措施，挖掘潜力，使施工费用降至最低限度。施工安全则是指施工方案符合安全规程，有保证安全的技术组织措施。以上几点在选择和制订施工方案时应全面权衡、通盘考虑。

（2）施工方法的确定

施工方法是施工方案的核心内容，它对工程的实施具有决定性的作用。确定施工方法应突出重点，凡是采用新技术、新工艺和对本工程质量起关键作用的项目，以及工人在操作上还不够熟练的项目，应详细而具体，不仅要拟订进行这一项目的操作过程和方法，而且要提出质量要求，以及达到这些要求的技术措施。并要预见可能发生的问题，提出预防和解决这些问题的办法。对于一般性工程和常规施工方法则可适当简化，但要提出工程中的特殊要求。

确定施工方法，应考虑工程项目的特点，结合现场一切有关的自然条件和施工单位拥有的施工经验和设备，吸收国内外同类工程成功的施工方法和先进技术，以达到施工快速、经济和优质的目的。

(3) 施工作业方法和顺序

施工作业方法是决定施工劳动组织和施工顺序的依据。在编制施工组织设计时，研究和确定施工作业方法是一项非常重要的工作。

工程多采用流水作业法和网络计划法进行施工。

施工顺序的安排应根据现有技术经济条件、组织管理水平、水文气象资料、施工质量及安全要求，以及其他有关影响因素综合考虑，按最优顺序进行。原则上应做到：

①尽量安排流水作业或部分流水作业，以充分发挥劳动力和机具的效率。

②尽量减少工人和机械的停歇时间，以加快进度。

③减少或避免各作业之间的相互干扰，以保证施工作业顺利进行。

④尽量防止自然条件对施工的不利影响，以确保施工质量和施工安全。

2) 施工进度及资源调配计划的编制

(1) 施工进度计划

施工进度计划是施工组织设计中最重要的组成部分，必须配合施工方案的选择进行安排。它又是劳动力组织、机具调配、材料供应以及施工布置的主要依据，一切施工组织设计都是围绕施工进度计划来进行的。

编制施工进度计划的目的是要确定各个项目的施工顺序，开、竣工日期。一般以月为单位进行安排，据此计算人力、机具、材料等的分期（月）需要量，进行整个施工场地的布置和编制施工预算。

施工进度计划一般用图示法表现，通常采用横道图，它的形式简单、醒目、易绘制、易懂；还可以在施工过程中在同一图上描绘实际进度，与计划进度相对比。当工程项目及工序比较简单，它们之间的关系也不太复杂，工序衔接及进度安排凭已有施工经验即可确定时，可以直接绘制横道图进度计划。当工程项目以及它们之间的相互关系比较复杂、各工序的衔接及进度安排有多种方案需进行比较时，则要用网络图求得最优先计划，再整理绘制成横道进度图。

(2) 劳动力需要量计划

施工进度计划所反应的劳动力调配情况，是检查施工进度安排是否合理的标志之一。劳动力的调配一般应遵循这样的规律：开始时调少量工人进入工地做准备工作，随着准备工作的进展，进入工地的工人数量陆续增加，到工程全面开展时，工人人数增加到计划需要量的最高额，然后尽可能保持人数稳定，直到工程主要部分完成后，工人逐步分批撤离工地，最后只留少量工人完成收尾工作。尽可能避免工人数量骤增骤减和时增时减，否则会增加劳动力调遣费，增加临时工程，增多工具设备，增加生活供应的工作量，以及增加施工管理费。

根据施工进度计划图，可以计算出各个时期所需劳动力人数，绘制劳动力调配图（通常与进度相对应，共同绘在一张图上），从图形上可以看出施工计划安排是否合理。如果劳动力调配图出现不合理情况，应该重新修改施工进度计划，有时需要反复修改多次，才能求得比较合理的方案。采用网络图制订计划时，则可以通过优化计划来求得合理方案。

(3) 施工机具、设备计划

依据已确定的施工方法、施工程序及施工进度计划，在选定施工机具的种类、规格、数量的同时，还要确定所需机具的进场、退场时间，机具设备计划应该详细地反映这些内容（通常用表格列出）。

机具、设备的进场时间及数量，原则上也应同劳动力计划一样，不可时增时减，还应注意避免进场后长期停置不用。

（4）施工材料供应计划

材料供应计划是根据施工进度计划编制的。根据进度计划中每月计划完成的各项工程量，所需耗用的各种材料数量即可求得。但材料供应计划中分期供应的材料数量，并不一定等于分期需要的耗用量，在编制材料供应计划时，还应考虑以下因素来计算分期供应量。

①凡属国家或地区统一分配的物资，其供应情况往往要受分配指标、分配时间的控制，因而供应计划也必须与之相适应，有时甚至要因此相应调整施工进度计划。

②市场采购的材料，要根据市场供求情况和采购的难易程度来制订供应计划。

③应考虑运输有无季节性限制，如雨季、冬季不能运输时，则这时需用的材料，应该提前供应和储备。

材料供应计划的分期供应数量可用下式表示：

材料供应计划的分期供应数量＝计划期需要耗用的数量－前期库存储备的数量＋为下期提前储备的数量

工程用的主要材料，都应进行这样的计算。至于用量不多的零星材料，或需要专门订货或加工的特殊材料和制品，最好在计划使用期前全部供应齐全，不必按使用时期分批供应。否则反而会增加采购、运输和管理费用，如果计划不周，还会导致停工待料，因小失大。

（5）场外运输计划

将各种物资从产地或交货地点运到工地仓库、料场，称为场外运输。场外运输计划应解决的主要问题是正确选择运输方式及运输工具，以达到降低成本和加速工程进度的目的。

在选择运输方式和运输工具时，应进行经济比较，其步骤为：

①把需要从同一发货地点运至同一卸货地点的各种物资的数量及运量算出。

②根据施工需要，决定应在若干工作班内将物资运完，求出每一工作班应运物资的数量。

③根据具体情况，初步选定几种可行的运输方式。

④分别按各种可能的运输方式，计算需要的运输工具。

⑤分别计算每种可供选择的运输工具的成本，进行比较。

场外运输工作如果发包给运输单位，可用招标办法进行经济比较，选择最低运价授标。

12.5.4 施工现场规划和场地布置

（1）施工现场规划和场地布置的原则

施工现场规划和场地布置是施工组织设计的基本内容之一，需要考虑的问题很多、很广泛、也很具体。它是一项实践性、综合性很强的工作，只有充分掌握了现场的地形、地物，熟悉了现场的周围环境和其他有关条件，并对工程情况有了一个清楚与正确的认识之后，才能做到统筹规划，合理布局。一般地，在场地规划和布置时应遵循下述原则：

①应尽量不占、少占或缓占农田，充分利用山地、荒地，重复使用空地，在弃土、清理场地时，有条件的应结合施工造田、复田。

②尽量降低运输费用，保证运输方便、减少和避免二次搬运。为了缩短运输距离，各种

物资按需要分批进场，弃土场、取土场布置尽量靠近作业地点。

③尽量降低临时建筑费用，充分利用原有房屋、管线、道路和可以缓拆或暂不拆除的前期临时建筑，为施工服务。

④以主体工程为核心，布置其他设施，要有利生产、方便生活，临时设施建筑不应影响主体工程施工进展，工人在工地上往返时间短，居住区和施工区距离要近，居住区应水源充足且清洁。

⑤遵循技术要求，符合劳动保护和防火要求。如人员与其他设施距离爆破点的直线距离不得小于规定的飞块、飞石的安全距离等。

⑥施工指挥中心应布置在适中位置，既要靠近主体工程，便于指挥，又要靠近交通枢纽，方便内外交通联系。

施工现场规划和场地布置情况应以场地平面布置图表示出来。在施工场地平面布置图内应示出工程的平面位置，场地内需要修建的各项临时工程和露天料场、作业场的平面位置和占地面积，以及场地内各种运输路线，包括由场外运送材料至工地的进出口路线。

（2）材料加工及机械修配场地的规划和布置

施工单位为满足本身的需要，应设置采石场、采砂场、混凝土构件预制场、金属加工厂、机械修配厂等。

对于预制场，一般宜设在工地，以减少构件的运输。对于砂石材料开采场，宜设在材料产地。如有两个或以上的产地可供选择时，选择的条件首先是材料品质要符合设计要求，其次是运输距离要近，再次是开采的难易程度、成材率的高低。要加以综合考虑，做出综合经济分析。对于材料加工场地，则一般宜设在原材料产地较为有利。

（3）工地临时房屋的规划与布置

工地临时房屋主要包括施工人员居住用房、办公用房、食堂和其他生活福利设施用房，以及试验室、动力站、工作棚和仓库等。这些临时房屋应建在施工期间不被占用、不被水淹、不被坍塌方影响的安全地带。现场办公用房应建在靠近工地，且受施工噪声影响小的地方；工人宿舍、文化生活用房，应避免设在低洼潮湿、有烟尘和有害健康的地方；此外，房屋之间还应按消防规定相互隔离，并配备灭火器。

减少临时房屋费用，是施工组织设计的目标之一，应做周密的计划安排，并应采取以下各项措施：

①提高机械化施工程度，减少劳动力需要量。合理安排施工，使施工期间的劳动力需要量均匀分布，避免在某一短时期工人人数出现突出的高峰，这样可以减少临时房屋的需要量。

②尽量利用居住在工地附近的劳动力，因而可以省去这部分人的住房。

③尽量利用当地可以租用的房屋。

④如设计中需要修建将来管、养道路的房屋，应尽可能提前修建，以便施工期间可以利用。

⑤房屋构造应简单，并尽量利用当地材料。

⑥广泛采用能多次利用的装配式临时房屋。

（4）工地仓库及料场布置

工地储存材料的设施，一般有露天料场、简易料棚和临时仓库等。易受大气侵蚀的材料，如水泥、铁件、工具、机械配件及容易散失的材料等，宜储存在临时仓库中，钢材、木材等宜设置简易料棚堆放，砂、石、石灰等一般是露天料场中堆放。

仓库、料棚、料场的设置位置，必须选择运输及进出料都方便，而且尽量靠近用料最集中、地形较平坦的地点。设计临时仓库、料棚时，应根据储存材料的特点，进料、出料的便利，以及合理的储备定额，来计算需要的面积。面积过大增加临时工程费用，过小可能满足不了储备需要及增加管理费用。

材料必须有适当的储备量，以保证施工能不间断地进行。但过多的储备要多建仓库和多积压流动资金；而且像水泥这类材料，储存过久会导致受潮结块及强度降低，从而影响工程质量，或者须降低等级使用，甚至使材料报废。所以，应正确决定适当的储备量。

（5）施工场内运输的规划

在工地范围内，从仓库、料场或预制场等地到施工点的料具、物资搬运，称为场内运输。场内运输方式应根据工地的地形、地物，材料在场内的运距、运量，以及周围道路和环境等因素选择。如果材料供应运输与施工进度能密切配合，做到场外运输与场内运输一次完成，即由场外运来的材料直接运至施工使用地点；或场内外运输紧密衔接，材料运到场内后不存入仓库、料场，而由场内运输工具转运至使用地点，这是最经济的运输组织方法。这样可节省工地仓库、料场的面积，减少工地装卸费用。但这种场内外运输紧密结合的组织方法在工程实践中是很难做到的，大量的场内运输工作是不可避免的。

当某些工程的用料数量较大，而运输路线又固定不变时，采用轨道运输是比较经济的。

当用料地点比较分散，运输路线不固定，特别是运输路线中有长下坡及急转弯等情况时，可采用汽车运输。采用汽车运输时，道路应与材料加工厂、仓库的位置结合布置，并与场外道路衔接。应尽量利用永久性道路，提前修建永久路基和简易路面。必须修建临时道路时，要把仓库、施工点贯穿起来，按货流量大小设计其规格，末端应有停车场，并避免与已有永久性铁路、公路交叉。

一些零星的运输工作，不可能或不必要采用上述运输方法的，有时要利用手推车运输，即使在机械化程度很高的工地，这种简单的运输工具也有发挥作用之处。

（6）工地供电的规划

工地用电包括各种电动施工机械和设备的用电，以及室内外照明的用电。工程施工离不开用电，做好工地供电的组织计划，对保证施工的顺利进行有着密切的关系。

工地用电应尽可能利用当地的电力供应，从当地电站、变电站或高压电网取得电能。当地没有电源，或电力供应不能满足施工需要的情况下，则要在工地设置临时发电站。最好选用两个来源不同的电站供电，或配备小型临时发电装置，以免工作中偶然停电造成损失。同时，还要注意供电线路、电线截面、变电站的功率和数目等的配置，使它们可以互相调剂，不致因为线路发生局部故障而引起停电。

用电安全是供电组织计划中必须考虑的问题，应符合有关用电安全规程的要求。临时变电站应设在工地入口处，避免高压线穿过工地。自备发电站应设在现场中心，或主要用电区。供电线路不宜与其他管线同路或距离太近。

（7）工地供水的规划

工程施工离不开水，施工组织设计必须规划工地临时供水问题，确保工地用水和节省供水费用。

工地用水分生产用水和生活用水，均应符合水质要求。否则应设置处理设施进行过滤、净化等处理。工地供水设施包括水泵站、水塔或储水池，以及输水管、线路等。布置施工场地时，应尽量使得用水工作地点互相靠近，并接近水源，以减少管道长度和水的损失。

供水管路的设计应尽量使长度最短。在温暖的地方，管道可敷设在地面。穿过场地交通运输道路时，管道要埋入地下30cm深。在冰冻地区，管道应埋在冰冻深度以下。用明沟等方式输水时，一般在使用地点修建蓄水池，将水注入储水池备用；用钢管或铸铁管输水时，管道抵达用水地点后要安装龙头，并可连接橡皮软管，以便灵活移动出水口位置，供应不同位置的用水需要。

12.6 边坡工程施工质量检验评定与竣工验收要求

边坡工程质量检验和评定是依据相关行业的工程施工质量检验评定标准，如公路交通行业就需按《公路工程质量检验评定标准　第一册　土建工程》（JTG F80/1—2004）对公路边坡工程的施工质量进行检验和评定。按照“工程施工质量检验评定标准”对边坡工程进行工程质量检验时，具体试验检测还要以设计文件和有关“工程设计规范”的规定为依据。设计文件中对边坡开挖的规定，支挡结构和防护结构等结构物各部分结构尺寸和材料要求是试验检测的基本依据。边坡开挖、结构施工过程的工艺要求，施工阶段结构材料强度、结构内力和变形控制等都要以有关施工技术规范为依据。

本章主要以公路交通行业的边坡工程施工质量检验评定为例，进行说明。

12.6.1 边坡工程竣工验收要求与施工质量检测项目、评定标准

1）砌体挡土墙

（1）基本要求

①石料或混凝土预制块的强度、规格和质量应符合有关规范和设计要求。

②砂浆所用的水泥、砂、水的质量应符合有关规范的要求，按规定的配合比施工。

③地基承载力必须满足设计要求，基础埋置深度应满足施工规范要求。

④砌筑应分层错缝。浆砌时坐浆挤紧，嵌填饱满密实，不得有空洞；干砌时不得松动、叠砌和浮塞。

⑤沉降缝、泄水孔、反滤层的设置位置、质量和数量应符合设计要求。

（2）实测项目

实测项目见表12-11及表12-12。

砌体挡土墙实测项目　　表12-11

项次	检查项目	规定值或允许偏差	检查方法和频率	权值
1△	砂浆强度（MPa）	在合格标准内	按本章的附录E检查	3
2	平面位置（mm）	50	经纬仪：每20m检查墙顶外边线3点	1
3	顶面高程（mm）	±20	水准仪：每20m检查1点	1
4	竖直度或坡度（%）	0.5	吊垂线：每20m检查2点	1
5△	断面尺寸（mm）	不小于设计值	尺量：每20m量2个断面	3
6	底面高程（mm）	±50	水准仪：每20m检查1点	1

续上表

项次	检查项目		规定值或允许偏差	检查方法和频率	权值
7	表面平整度（mm）	块石	20	2m直尺：每20m检查3处×3尺	1
		片石	30		
		混凝土块、料石	10		

注：表中以“Δ”标识的项目涉及结构安全和使用功能的关键项目，其合格率不得低于90%，且检测值不得超过规定极限值，否则必须返工处理。以下各表相同。

干砌挡土墙实测项目 表12-12

项次	检查项目	规定值或允许偏差	检查方法和频率	权值
1	平面位置（mm）	50	经纬仪：每20m检查3点	2
2	顶面高程（mm）	±30	水准仪：每20m测3点	2
3	竖直度或坡度（%）	0.5	尺量：每20m吊垂线检查3点	1
4Δ	断面尺寸（mm）	不小于设计值	尺量：每20m检查2处	2
5	底面高程（mm）	±50	水准仪：每20m测1点	2
6	表面平整度（mm）	50	2m直尺：每20m检查3处×3尺	1

（3）外观鉴定

①砌体表面平整，砌缝完好、无开裂现象，勾缝平顺、无脱落现象。不符合要求时减1～3分。

②泄水孔坡度向外，无堵塞现象。不符合要求时必须进行处理，并减1～3分。

③沉降缝整齐垂直，上下贯通。不符合要求时必须进行处理，并减1～3分。

2）悬臂式和扶壁式挡土墙

（1）基本要求

①混凝土所用的水泥、石、砂、水和外掺剂的规格和质量应符合有关规范的要求，按规定的配合比施工。

②地基强度必须满足设计要求。

③不得有露筋和空洞现象。

④沉降缝、泄水孔的设置位置、质量和数量应符合设计要求。

（2）实测项目

实测项目见表12-13。

悬臂式和扶壁式挡土墙实测项目 表12-13

项次	检查项目	规定值或允许偏差	检查方法和频率	权值
1Δ	混凝土强度（MPa）	在合格标准内	按本章的附录C检查	3
2	平面位置（mm）	30	经纬仪：每20m检查3点	1
3	顶面高程（mm）	±20	水准仪：每20m检查1点	1
4	竖直度或坡度（%）	0.3	吊垂线：每20m检查2点	1
5Δ	断面尺寸（mm）	不小于设计值	尺量：每20m检查2个断面，抽查扶壁2个	2
6	底面高程（mm）	±30	水准仪：每20m检查1点	1
7	表面平整度（mm）	5	2m直尺：每20m检查2处×3尺	1

(3) 外观鉴定

①石料或混凝土预制块的强度、规格和质量应符合有关规范和设计要求。

②混凝土施工缝平顺。不符合要求时减1～2分。

③蜂窝、麻面面积不得超过该面面积的0.5%，不符合要求时，每超过0.5%减3分；深度超过1cm的必须处理。

④混凝土表面出现非受力裂缝，减1～3分。裂缝宽度超过设计规定或设计未规定时超过0.15mm必须处理。

⑤泄水孔坡度向外，无堵塞现象。不符合要求时必须进行处理，并减1～3分。

⑥沉降缝整齐垂直，上下贯通。不符合要求时应进行处理，并减1～3分。

3) 锚杆、锚定板和加筋土挡土墙

(1) 基本要求

①混凝土所用的水泥、砂、石、水和外掺剂的规格和质量必须符合有关规范的要求，按规定的配合比施工。

②地基强度应符合设计要求。

③锚杆、拉杆或筋带的强度、质量和规格，必须满足设计和有关规范的要求，根数不得少于设计数量。

④筋带须理顺，放平拉直，筋带与面板、筋带与筋带连接牢固。

⑤混凝土不得出现露筋和空洞现象。

(2) 实测项目

基础和肋柱预制分别按相应的有关规定检查。其他实测项目见表12-14～表12-18。

筋带实测项目 表12-14

项次	检查项目	规定值或允许偏差	检查方法和频率	权值
1	筋带长度	不小于设计值	尺量：每20m检查5根（束）	2
2	筋带与面板连接	符合设计要求	目测：每20m检查5处	2
3	筋带与筋带连接	符合设计要求	目测：每20m检查5处	2
4	筋带铺设	符合设计要求	目测：每20m检查5处	1

锚杆、拉杆实测项目 表12-15

项次	检查项目	规定值或允许偏差	检查方法和频率	权值
1	锚杆、拉杆长度	符合设计要求	尺量：每20m检查5根	2
2	锚杆、拉杆间距（mm）	±20	尺量：每20m检查5根	1
3	锚杆、拉杆与面板连接	符合设计要求	目测：每20m检查5处	2
4	锚杆、拉杆防护	符合设计要求	目测：每20m检查10处	2
5Δ	锚杆抗拔力	抗拔力平均值不小于设计值，最小抗拔力不小于0.9倍设计值	抗拔力试验：锚杆数1%，且不少于3根	3

面板预制实测项目 表 12-16

项次	检 查 项 目	规定值或允许偏差	检查方法和频率	权值
1Δ	混凝土强度（MPa）	在合格标准内	按本章的附录 C 检查	3
2	边长（mm）	±5 或 0.5%边长	尺量：长宽各量 1 次，每批抽查 10%	2
3	两对角线差（mm）	10 或 0.7%最大对角线长	尺量：每批抽查 10%	1
4Δ	厚度（mm）	+5，−3	尺量：检查 2 处，每批抽查 10%	2
5	表面平整度（mm）	4 或 0.3%边长	2m 直尺：长、宽方向各测 1 次，每批抽查 10%	1
6	预埋件位置（mm）	5	尺量：检查每件，每批抽查 10%	1

面板安装实测项目 表 12-17

项次	检 查 项 目	规定值或允许偏差	检查方法和频率	权值
1	每层面板顶高程（mm）	±10	水准仪：每 20m 抽查 3 组板	1
2	轴线偏位（mm）	10	挂线、尺量：每 20m 量 3 处	2
3	面板竖直度或坡度	0，−0.5%	吊垂线或坡度板：每 20m 检查 3 处	1
4	相邻面板错台	5	尺量：每 20m 检查 3 处	1

注：面板安装以同层相邻两板为一组。

锚杆、锚定板和加筋土挡土墙总体实测项目 表 12-18

项次	检 查 项 目		规定值或允许偏差	检查方法和频率	权值
1	墙顶和肋柱平面位置（mm）	路堤式	+50，−100	经纬仪：每 20m 检查 3 处	2
		路肩式	±50		
2	墙顶和柱顶高程（mm）	路堤式	±50	水准仪：每 20m 测 3 点	2
		路肩式	±30		
3	肋柱间距		±15	尺量：每柱间	1
4	墙面倾斜度（mm）		+0.5%H 且不大于+50，−1%H 且不小于−100	吊垂线或坡度板：每 20m 测 2 处	2
5	面板缝宽（mm）		10	尺量：每 20m 至少检查 5 条	1
6	墙面平整度（mm）		15	2m 直尺：每 20m 测 3 处×3 尺	1

注：1. 平面位置和倾斜度“+”指向外，“−”指向内。
2. H 为墙高。

（3）外观鉴定

①预制面板表面平整光洁，线条顺直美观，不得有破损翘曲、掉角啃边等现象。不符合要求时减 1～2 分。

②蜂窝、麻面面积不得超过该面面积的 0.5%，不符合要求时，每超过 0.5%减 2 分；深度超过 1cm 的必须处理。

③混凝土表面出现非受力裂缝减 1～3 分。裂缝宽度超过设计规定或设计未规定时超过 0.15mm 必须进行处理。

④面直顺，线形顺适，板缝均匀，伸缩缝贯通垂直，不符合要求时减 1～3 分。

⑤露在面板外的锚头应封闭密实、牢固，整齐美观。不符合要求时减 1～5 分。

4）墙背填土

（1）基本要求

①墙背填土应采用透水性材料或设计规定的填料，严禁采用膨胀土、高液限黏土、腐殖土、盐渍土、淤泥和冻土块等不良填料。填料中不应含有机物、冰块、草皮、树根等杂物或生活垃圾。

②墙背填土必须和挖方路基、填方路基有效搭接，纵向接缝必须设台阶。

③必须分层填筑压实，每层表面平整，路拱合适。

④墙身强度达到设计强度75%以上时方可开始填土。

（2）实测项目

除距面板1m范围以内压实度实测项目见表12-19外，其他部分填土和其他类型挡土墙填土的压实度要求均与路基相同。

锚杆、锚定板和加筋土挡土墙墙背填土实测项目 表12-19

项次	检查项目	规定值或允许偏差	检查方法和频率	权值
1Δ	距面板1m范围以内压实度（%）	90	按本章附录A检查，每100m每压实层测1处，并不得少于1处	1

（3）外观鉴定

①填土表面应平整，边线直顺。不符合要求时减1～3分。

②边坡坡面平顺稳定，不得亏坡，曲线圆滑。不符合要求时减1～3分。

5）抗滑桩

（1）基本要求

①混凝土所用的水泥、砂、石、水和外掺剂的质量和规格必须符合设计和有关规范的要求，按规定的配合比施工。

②施工中应核对滑动面位置，如图纸与实际位置有出入，应变更抗滑桩的深度。

③做好桩区地面截、排水及防渗，孔口地面上应加筑适当高度的围埂。

（2）实测项目

实测项目见表12-20。

抗滑桩实测项目 表12-20

项次	检查项目		规定值或允许偏差	检查方法和频率	权值
1Δ	混凝土强度（MPa）		在合格标准内	按本章的附录C检查	3
2Δ	桩长（m）		不小于设计值	测绳量：每桩测量	2
3Δ	孔径或断面尺寸（mm）		不小于设计值	探孔器：每桩测量	2
4	桩位（mm）		100	经纬仪：每桩测量	1
5	竖直度（mm）	钻孔桩	1%桩长，且不大于500	测壁仪或吊垂线：每桩检查	1
		挖孔桩	0.5%桩长，且不大于200	吊垂线：每桩检查	
6	钢筋骨架底面高程（mm）		±50	水准仪：测每桩骨架顶面高程后反算	1

（3）外观鉴定

无破损检测桩的质量有缺陷，但经设计单位确认仍可采用时减3分。

6）挖方边坡锚喷防护

（1）基本要求

①锚杆、钢筋和土工格栅的强度、数量、质量和规格必须符合设计和有关规范的要求。

②混凝土及砂浆所用的水泥、砂、石、水和外掺剂必须符合有关规范的要求，按规定的配合比施工。

③边坡坡度、坡面应符合设计要求。岩面应无风化、无浮石，喷射前应用水冲洗干净。

④钢筋应清除污锈，钢筋网与锚杆或其他锚固装置连接牢固，喷射时钢筋不得晃动。

⑤锚杆插入锚孔深度不得小于设计长度的95%，孔内砂浆应密实、饱满。

⑥喷射前应做好排水设施，对漏水的空洞、缝隙应采用堵水等措施，确保支护质量。

⑦钢筋、土工格栅或锚杆不得外露，混凝土不得开裂脱落。

⑧有关预应力锚索的基本要求和非锚固段套管安装位置必须符合设计要求与相关标准。

（2）实测项目

实测项目见表12-21。

锚喷防护实测项目 表12-21

项次	检查项目	规定值或允许偏差	检查方法和频率	权值
1Δ	混凝土强度（MPa）	在合格标准内	按本章的附录D检查	3
2Δ	砂浆强度（MPa）	在合格标准内	按本章的附录E检查	3
3	锚孔深度（mm）	不小于设计值	尺量：抽查10%	1
4	锚杆（索）间距（mm）	±100	尺量：抽查10%	1
5Δ	锚杆拔力（kN）	拔力平均值不小于设计值，最小拔力不小于0.9倍设计值	拔力试验：锚杆数1%，且不少于3根	3
6	喷层厚度（mm）	平均厚不小于设计厚；60%检查点的厚度不小于设计厚；最小厚度不小于0.5倍设计厚，且不小于设计规定	尺量（凿孔）或雷达断面仪：每10m检查1个断面，每3m检查1点	2
7Δ	锚索张拉应力（MPa）	符合设计要求	油压表：每索由读数反算	3
8	张拉伸长率（%）	符合设计要求；设计未规定时采用±6	尺量：每索	2
9	断丝、滑丝数	每束1根，且每断面不超过钢丝总数的1%	目测：逐根（束）检查	2

注：实际工程中未涉及的项目不参与评定。

(3) 外观鉴定

混凝土表面密实，不得有突变；与原表面结合紧密，不应起鼓。不符合要求时减1～3分。

7）锥、护坡

（1）基本要求

①石料质量、规格应符合有关规定。砂浆所用的水泥、砂、水的质量应符合有关规范的要求，按规定的配合比施工。

②锥、护坡基础埋置深度及地基承载力应符合设计要求。

③砌体应咬扣紧密，嵌缝饱满密实。

④锥、护坡填土密实度应达到设计要求，对坡面刷坡整平后方可铺砌。

(2) 实测项目

实测项目见表12-22。

锥、护坡实测项目 表12-22

项次	检 查 项 目	规定值或允许偏差	检查方法和频率	权值
1Δ	砂浆强度（MPa）	在合格标准内	按本章的附录E检查	3
2	顶面高程（mm）	±50	水准仪：每50m检查3点，不足50m时至少2点	1
3	表面平整度（mm）	30	2m直尺：锥坡检查3处，护坡每50m检查3处	1
4	坡度	不陡于设计值	坡度尺量：每50m量3处	1
5Δ	厚度（mm）	不小于设计值	尺量：每100m检查3处	2
6	底面高程（mm）	±50	水准仪：每50m检查3点	1

(3) 外观鉴定

①表面平整，无垂直通缝。不符合要求时减1～3分。

②勾缝平顺，无脱落现象。不符合要求时减1～3分。

8) 砌石工程

(1) 基本要求

①石料质量、规格及砂浆所用材料的质量应符合设计要求，按规定的配合比施工。

②砌块应错缝砌筑、相互咬紧；浆砌时砌块应坐浆挤紧，嵌缝后砂浆饱满，无空洞现象；干砌时不松动、无叠砌和浮塞。

(2) 实测项目

实测项目见表12-23及表12-24。

浆砌砌体实测项目 表12-23

项次	检 查 项 目		规定值或允许偏差	检查方法和频率	权值
1Δ	砂浆强度（MPa）		在合格标准内	按本章的附录E检查	3
2	顶面高程（mm）	料、块石	±15	水准仪：每20m检查3点	1
		片石	±20		
3	竖直度或坡度	料、块石	0.3%	吊垂线：每20m检查3点	2
		片石	0.5%		
4Δ	断面尺寸（mm）	料石	±20	尺量：每20m检查2处	2
		块石	±30		
		片石	±50		
5	表面平整度（mm）	料石	10	20m直尺：每20m检查5处×3尺	2
		块石	20		
		片石	30		

干砌片石实测项目　　表 12-24

项次	检 查 项 目	规定值或允许偏差	检查方法和频率	权值
1	顶面高程（mm）	±30	水准仪：每 20m 测 3 点	1
2	外形尺寸（mm）	±100	尺量：每 20m 或自然段，长宽各 3 处	2
3Δ	厚度（mm）	±50	尺量：每 20m 检查 3 处	3
4	表面平整度（mm）	50	2m 直尺：每 20m 检查 5 处×3 尺	2

（3）外观鉴定

①砌体边缘直顺，外露表面平整。不符合要求时减 1～3 分。

②勾缝平顺，缝宽均匀，无脱落现象。不符合要求时减 1～3 分。

9）基础砌体

（1）基本要求

①石料或混凝土预制块的强度、质量和规格必须符合有关规范的要求。

②砂浆所用的水泥、砂和水的质量必须符合有关规范的要求，按规定的配合比施工。

③地基承载力应满足设计要求，严禁超挖回填虚土。

④砌块应错缝、坐浆挤紧，嵌缝料和砂浆饱满，无空洞、宽缝、大堆砂浆填隙和假缝。

（2）实测项目

实测项目见表 12-25。

基 础 砌 体　　表 12-25

项次	检 查 项 目		规定值或允许偏差	检查方法和频率	权值
1Δ	砂浆强度（MPa）		在合格标准内	按本章的附录 E 检查	3
2	轴线偏位（mm）		25	经纬仪：纵、横各测量 2 点	2
3	平面尺寸（mm）		±50	尺量：长、宽各 3 处	2
4	顶面高程（mm）		±30	水准仪：测 5～8 点	1
5Δ	基底高程（mm）	土质	±50	水准仪：测 5～8 点	2
		石质	+50，−200		

（3）外观鉴定

①砌体表面应平整，不符合要求时减 1～3 分。

②砌缝不应有裂隙，不符合要求时减 1～3 分。裂隙宽度超过 0.5mm 时必须进行处理。

10）扩大基础

（1）基本要求

①所用的水泥、砂、石、水、外掺剂及混合材料的质量和规格必须符合有关规范的要求，按规定的配合比施工。

②不得出现露筋和空洞现象。

③基础的地基承载力必须满足设计要求。

④严禁超挖回填虚土。

（2）实测项目

实测项目见表 12-26。

扩大基础实测项目 表 12-26

<table>
<tr><th>项次</th><th colspan="2">检 查 项 目</th><th>规定值或允许偏差</th><th>检查方法和频率</th><th>权值</th></tr>
<tr><td>1Δ</td><td colspan="2">混凝土强度（MPa）</td><td>在合格标准内</td><td>按本章的附录 C 检查</td><td>3</td></tr>
<tr><td>2</td><td colspan="2">平面尺寸（mm）</td><td>±50</td><td>尺量：长、宽各检查 3 处</td><td>2</td></tr>
<tr><td rowspan="2">3Δ</td><td rowspan="2">基础底面高程（mm）</td><td>土质</td><td>±50</td><td rowspan="2">水准仪：测量 5～8 点</td><td rowspan="2">2</td></tr>
<tr><td>石质</td><td>+50，−200</td></tr>
<tr><td>4</td><td colspan="2">基础顶面高程（mm）</td><td>±30</td><td>水准仪：测量 5～8 点</td><td>1</td></tr>
<tr><td>5</td><td colspan="2">轴线偏位（mm）</td><td>25</td><td>全站仪或经纬仪：纵、横各检查 2 点</td><td>2</td></tr>
</table>

（3）外观鉴定

混凝土表面平整，无明显施工接缝。不符合要求时减 1～3 分。

11）钻孔灌注桩

（1）基本要求

①桩身混凝土所用的水泥、砂、石、水、外掺剂及混合材料的质量和规格必须符合有关规范的要求，按规定的配合比施工。

②成孔后必须清孔，测量孔径、孔深、孔位和沉淀层厚度，确认满足设计或施工技术规范要求后，方可灌注水下混凝土。

③水下混凝土应连续灌注，严禁有夹层和断桩。

④嵌入承台的锚固钢筋长度不得低于设计规范规定的最小锚固长度要求。

⑤应选择有代表性的桩用无破损法进行检测，重要工程或重要部位的桩宜逐根进行检测。设计有规定或对桩的质量有怀疑时，应采取钻取芯样法对桩进行检测。

⑥凿除桩头预留混凝土后，桩顶应无残余的松散混凝土。

（2）实测项目

实测项目见表 12-27。

钻孔灌注桩实测项目 表 12-27

<table>
<tr><th>项次</th><th colspan="3">检 查 项 目</th><th>规定值或允许偏差</th><th>检查方法和频率</th><th>权值</th></tr>
<tr><td>1Δ</td><td colspan="3">混凝土强度（MPa）</td><td>在合格标准内</td><td>按本章的附录 C 检查</td><td>3</td></tr>
<tr><td rowspan="3">2Δ</td><td rowspan="3">桩位（mm）</td><td colspan="2">群桩</td><td>100</td><td rowspan="3">全站仪或经纬仪：每桩检查</td><td rowspan="3">2</td></tr>
<tr><td rowspan="2">排架桩</td><td>允许值</td><td>50</td></tr>
<tr><td>极值</td><td>100</td></tr>
<tr><td>3Δ</td><td colspan="3">孔深（m）</td><td>不小于设计值</td><td>测绳量：每桩测量</td><td>3</td></tr>
<tr><td>4Δ</td><td colspan="3">孔径（mm）</td><td>不小于设计值</td><td>探孔器：每桩测量</td><td>3</td></tr>
<tr><td>5</td><td colspan="3">钻孔倾斜度（mm）</td><td>1%桩长，且不大于 500</td><td>用测壁（斜）仪或钻杆垂线法：每桩检查</td><td>1</td></tr>
<tr><td rowspan="2">6Δ</td><td rowspan="2">沉淀厚度（mm）</td><td colspan="2">摩擦桩</td><td>设计规定，设计未规定时按施工规范要求</td><td rowspan="2">沉淀盒或标准测锤：每桩检查</td><td rowspan="2">2</td></tr>
<tr><td colspan="2">支承桩</td><td>不大于设计值</td></tr>
<tr><td>7</td><td colspan="3">钢筋骨架底面高程（mm）</td><td>±50</td><td>水准仪：测每桩骨架顶面高程后反算</td><td>1</td></tr>
</table>

（3）外观鉴定

①桩的质量有缺陷，但经设计单位确认仍可用时，应减 3 分。

②桩顶面应平整，桩柱连接处应平顺且无局部修补，不符合要求时减 1～3 分。

12）挖孔桩

（1）基本要求

①桩身混凝土所用的水泥、砂、石、水、外掺剂及混合材料的质量和规格必须符合有关规范的要求，按规定的配合比施工。

②挖孔达到设计深度后，应及时进行孔底处理，必须做到无松渣、淤泥等扰动软土层，使孔底情况满足设计要求。

③嵌入承台的锚固钢筋长度不得小于设计规范规定的最小锚固长度要求。

（2）实测项目

实测项目见表 12-28。

挖孔桩实测项目 表 12-28

项次	检查项目			规定值或允许偏差	检查方法和频率	权值
1Δ	混凝土强度（MPa）			在合格标准内	按本章的附录 C 查	3
2Δ	桩位（mm）	群桩		100	全站仪或经纬仪：每桩检查	2
		排架桩	允许	50		
			极值	100		
3Δ	孔深（m）			不小于设计值	测绳量：每桩测量	3
4Δ	孔径（mm）			不小于设计值	探孔器：每桩测量	3
5	孔的倾斜度（mm）			0.5%桩长，且不大于 200	垂线法：每桩检查	1
6	钢筋骨架底面高程（mm）			±50	水准仪测骨架顶面高程后反算：每桩检查	1

（3）外观鉴定

①无破损检测桩的质量有缺陷，但经设计单位确认仍可用时，应减 3 分。

②桩顶面应平整，桩柱连接处应平顺且无局部修补，不符合要求时减 1～3 分。

13）石笼防护

（1）基本要求

①所用材料的规格和质量应符合有关规定。

②铁丝笼的网眼尺寸应符合设计要求。

③石笼的坐码或平铺应符合设计要求。

（2）实测项目

实测项目见表 12-29。

石笼防护实测项目 表 12-29

项次	检查项目	规定值或允许偏差	检查方法和频率	权值
1	平面位置（mm）	符合设计要求	经纬仪：按设计图控制坐标检查	1
2	长度（mm）	不小于设计长度－300	尺量：每个（段）检查	1
3	宽度（mm）	不小于设计宽度－200	尺量：每个（段）量 5 处	1
4	高度（mm）	不小于设计值	水准仪或尺量：每个（段）检查 5 处	1
5	底面高程（mm）	不高于设计值	水准仪：每个（段）检查 5 点	1

(3) 外观鉴定

表面整齐，线条直顺，曲线圆滑。不符合要求时减 1～2 分。

14) 土沟

(1) 基本要求

①土沟边坡必须平整、坚实、稳定，严禁贴坡。

②沟底应平顺整齐，不得有松散土和其他杂物，排水畅通。

(2) 实测项目

实测项目见表 12-30。

土沟实测项目 表 12-30

项次	检查项目	规定值或允许偏差	检查方法和频率	权值
1	沟底高程 (mm)	0，－30	水准仪：每 200m 测 4 处	2
2	断面尺寸 (mm)	不小于设计值	尺量：每 200m 测 2 处	2
3	边坡坡度	不陡于设计值	尺量：每 200m 测 2 处	1
4	边棱直顺度 (mm)	50	尺量：20m 拉线每 200m 测 2 处	1

(3) 外观鉴定

沟底无明显凹凸不平和阻水现象。不符合要求时，每处减 1～2 分。

15) 浆砌排水沟

(1) 基本要求

①砌体砂浆配合比准确，砌缝内砂浆均匀饱满，勾缝密实。

②浆砌片（块）石、混凝土预制块的质量和规格应符合设计要求。

③基础中缩缝应与墙身缩缝对齐。

④砌体抹面应平整、压光、直顺，不得有裂缝、空鼓现象。

(2) 实测项目

实测项目见表 12-31。

浆砌排水沟实测项目 表 12-31

项次	检查项目	规定值或允许偏差	检查方法和频率	权值
1△	砂浆强度 (MPa)	在合格标准内	按本章的附录 E 检查	3
2	轴线偏位 (mm)	50	经纬仪或尺量：每 200m 测 5 处	1
3	沟底高程 (mm)	±15	水准仪：每 200m 测 5 点	2
4	墙面直顺度 (mm) 或坡度	30 或符合设计要求	20m 拉线、坡度尺：每 200m 测 2 处	1
5	断面尺寸 (mm)	±30	尺量：每 200m 测 2 处	2
6	铺砌厚度 (mm)	不小于设计值	尺量：每 200m 测 2 处	1
7	基础垫层宽、厚 (mm)	不小于设计值	尺量：每 200m 测 2 处	1

(3) 外观鉴定

①砌体内侧及沟底应平顺。不符合要求时，减 1～2 分。

②沟底不得有杂物。不符合要求时，减 1～2 分。

16）盲沟

（1）基本要求

①盲沟的设置及材料规格、质量等应符合设计要求和施工规范规定。

②反滤层应用筛选过的中砂、粗砂、砾石等渗水性材料分层填筑。

③排水层应采用石质坚硬的较大粒料填筑，以保证排水孔隙度。

（2）实测项目

实测项目见表12-32。

盲沟实测项目 表12-32

项次	检查项目	规定值或允许偏差	检查方法和频率	权值
1	沟底高程（mm）	±15	水准仪：每10～20m测1处	1
2	断面尺寸（mm）	不小于设计值	尺量：每20m测1处	1

（3）外观鉴定

①反滤层应层次分明。不符合要求时，减1～2分。

②进出水口应排水通畅。不符合要求时，减1～2分。

12.6.2 工程质量评定

1）一般规定

根据建设任务、施工管理和质量检验评定的需要，应在施工准备阶段按《公路工程质量检验评定标准 第一册 土建工程》（JTG F80/1—2004）附录A将建设项目划分为单位工程、分部工程和分项工程。施工单位、工程监理单位和建设单位应按相同的工程项目划分进行工程质量的监控和管理。

单位工程是在建设项目中，根据签订的合同，具有独立施工条件的工程。

分部工程是在单位工程中，应按结构部位、路段长度及施工特点或施工任务划分为若干个分部工程。

分项工程是在分部工程中，应按不同的施工方法、材料、工序及路段长度等划分为若干个分项工程。

工程质量检验评分以分项工程为单元，采用100分制进行。在分项工程评分的基础上，逐级计算各相应分部工程、单位工程、合同段和建设项目评分值。

工程质量评定等级分为合格与不合格，应按分项、分部、单位工程、合同段和建设项目逐级评定。

施工单位应对各分项工程按本标准所列基本要求、实测项目和外观鉴定进行自检，按本章附录F中“分项工程质量检验评定表”及相关施工技术规范提交真实、完整的自检资料，对工程质量进行自我评定。

工程监理单位应按规定要求对工程质量进行独立抽检，对施工单位检评资料进行签认，对工程质量进行评定。

建设单位根据对工程质量的检查及平时掌握的情况，对工程监理单位所做的工程质量评分及等级进行审定。

质量监督部门、质量检测机构可依据《公路工程质量检验评定标准 第一册 土建工程》（JTG F80/1—2004）对公路工程质量进行检测评定。

2）工程质量评分

（1）分项工程质量评分

分项工程质量检验内容包括基本要求、实测项目、外观鉴定和质量保证资料四个部分。只有在其使用的原材料、半成品、成品及施工工艺符合基本要求的规定，且无严重外观缺陷和质量保证资料真实并基本齐全时，才能对分项工程质量进行检验评定。

涉及结构安全和使用功能的重要实测项目为关键项目（在文中以“Δ”标识），其合格率不得低于90%（属于工厂加工制造的桥梁金属构件不低于95%，机电工程为100%），且检测值不得超过规定极值，否则必须进行返工处理。

实测项目的规定极值是指任一单个检测值都不能突破的极限值，不符合要求时该实测项目为不合格。

采用《公路工程质量检验评定标准　第一册　土建工程》（JTG F80/1—2004）附录B～附录I所列方法进行评定的关键项目，不符合要求时则该分项工程评为不合格。

分项工程的评分值满分为100分，按实测项目采用加权平均法计算。存在外观缺陷或资料不全时，须予减分。

$$\text{分项工程得分}=\frac{\sum(\text{检查项目得分}\times\text{权值})}{\sum\text{检查项目权值}} \tag{12-30}$$

$$\text{分项工程评分值}=\text{分项工程得分}-\text{外观缺陷减分}-\text{资料不全减分} \tag{12-31}$$

①基本要求检查

分项工程所列基本要求，对施工质量优劣具有关键作用，应按基本要求对工程进行认真检查。经检查不符合基本要求规定时，不得进行工程质量的检验和评定。

②实测项目计分

对规定检查项目采用现场抽样方法，按照规定频率和下列计分方法对分项工程的施工质量直接进行检测计分。

检查项目除按数理统计方法评定的项目以外，均应按单点（组）测定值是否符合标准要求进行评定，并按合格率计分。

$$\text{检查项目合格率（\%）}=\frac{\text{检查合格的点（组）数}}{\text{该检查项目的全部检查点（组）数}}\times 100 \tag{12-32}$$

$$\text{检查项目得分}=\text{检查项目合格率}\times 100 \tag{12-33}$$

③外观缺陷减分

对工程外表状况应逐项进行全面检查，如发现外观缺陷，应进行减分。对于较严重的外观缺陷，施工单位须采取措施进行整修处理。

④资料不全减分

分项工程的施工资料和图表残缺，缺乏最基本的数据，或有伪造涂改者，不予检验和评定。资料不全者应予减分，减分幅度可按《公路工程质量检验评定标准　第一册　土建工程》（JTG F80/1—2004）第3.2.4条所列各款逐款检查，视资料不全情况，每款减1～3分。

（2）分部工程和单位工程质量评分

《公路工程质量检验评定标准　第一册　土建工程》（JTG F80/1—2004）附录A所列分项工程和分部工程区分为一般工程和主要（主体）工程，分别给以1和2的权值。进行分部工程和单位工程评分时，采用加权平均值计算法确定相应的评分值。

$$分部（单位）工程评分值=\frac{\sum[分项(分部)工程评分值\times相应权值]}{\sum分项(分部)工程权值} \quad (12\text{-}34)$$

（3）合同段和建设项目工程质量评分

合同段和建设项目工程质量评分值按《公路工程竣（交）工验收办法》计算。

（4）质量保证资料

施工单位应有完整的施工原始记录、试验数据、分项工程自查数据等质量保证资料，并进行整理分析，负责提交齐全、真实和系统的施工资料和图表。工程监理单位负责提交齐全、真实和系统的监理资料。质量保证资料应包括以下六个方面：

①所用原材料、半成品和成品质量检验结果；

②材料配比、拌和加工控制检验和试验数据；

③地基处理、隐蔽工程施工记录和大桥、隧道施工监控资料；

④各项质量控制指标的试验记录和质量检验汇总图表；

⑤施工过程中遇到的非正常情况记录及其对工程质量影响分析；

⑥施工过程中如发生质量事故，经处理补救后，达到设计要求的认可证明文件等。

3）工程质量等级评定

（1）分项工程质量等级评定

分项工程评分值不小于75分者为合格，小于75分者为不合格；机电工程、属于工厂加工制造的桥梁金属构件不小于90分者为合格，小于90分者为不合格。

评定为不合格的分项工程，经加固、补强或返工、调测，满足设计要求后，可以重新评定其质量等级，但计算分部（项）工程评分值时按其复评分值的90%计算。

（2）分部工程质量等级评定

所属各分项工程全部合格，则该分部工程评为合格；所属任一分项工程不合格，则该分部工程为不合格。

（3）单位工程质量等级评定

所属各分部工程全部合格，则该单位工程评为合格；所属任一分部工程不合格，则该单位工程为不合格。

（4）合同段和建设项目质量等级评定

合同段和建设项目所含单位工程全部合格，其工程质量等级为合格；所属任一单位工程不合格，则合同段和建设项目为不合格。

附录 A 压实度评定

A.0.1 填方边坡体的压实度以重型击实标准为准。对于特殊干旱、潮湿地区或过湿土的填方边坡体以相应的设计施工规范规定的压实度标准进行质量评定。

A.0.2 标准密度应做平行试验，求其平均值作为现场检验的标准值。对于均匀性差的填料，应根据实际情况增补标准密度试验，求得相应的标准值，以控制和检验施工质量。

A.0.3 压实度以1～3km长的施工段为检验评定单元，按《公路工程质量检验评定标准 第一册 土建工程》(JTG F80/1—2004) 各有关章节要求的检测频率进行现场压实度抽样检查，求算每一测点的压实度 K_i。细粒土现场压实度检查可以采用灌砂法或环刀法；粗粒土压实度检查可以采用灌砂法、水袋法或钻孔取样蜡封法。应用核子密度仪时，须经对比试验检验，确认其可靠性。

检验评定段的压实度代表值 K（算术平均值的下置信界限）为：

$$K = \bar{k} - \frac{t_\alpha}{\sqrt{n}} S \geqslant K_0$$

式中：$\bar{k}$——检验评定段内各测点压实度的平均值；

t_α——t 分布表中随测点数和保证率（或置信度 α）而变的系数，见附表 A，采用的保证率：重要边坡或一级边坡取 95%；

S——检测值的标准差；

n——检测点数；

K_0——压实度标准值。

当 $K \geqslant K_0$，且单点压实度 K_i 全部大于或等于规定值减 2 个百分点时，评定施工段落的压实度合格率为 100%；当 $K \geqslant K_0$，且单点压实度全部大于或等于规定极值时，按测定值不低于规定值减 2 个百分点的测点数计算合格率。

$K < K_0$ 或某一单点压实度 K_i 小于规定极值时，该评定施工段压实度为不合格，相应分项工程评为不合格。

填方边坡施工段短时，分层压实度应点点符合要求，且样本数不少于 6 个。

$t_\alpha/\sqrt{n}$ 值见附表 A。

$t_\alpha/\sqrt{n}$ 值 附表 A

n	保证率			n	保证率		
	99%	95%	90%		99%	95%	90%
2	22.501	4.465	2.176	7	1.188	0.734	0.544
3	4.021	1.686	1.089	8	1.060	0.670	0.500
4	2.270	1.177	0.819	9	0.966	0.620	0.466
5	1.676	0.953	0.686	10	0.892	0.580	0.437
6	1.374	0.823	0.603	11	0.833	0.546	0.414

续上表

n	保 证 率			n	保 证 率		
	99%	95%	90%		99%	95%	90%
12	0.785	0.518	0.393	26	0.487	0.335	0.258
13	0.744	0.494	0.376	27	0.477	0.328	0.253
14	0.708	0.473	0.361	28	0.467	0.322	0.248
15	0.678	0.455	0.347	29	0.458	0.316	0.244
16	0.651	0.438	0.335	30	0.449	0.310	0.239
17	0.626	0.423	0.324	40	0.383	0.266	0.206
18	0.605	0.410	0.314	50	0.340	0.237	0.184
19	0.586	0.398	0.305	60	0.308	0.216	0.167
20	0.568	0.387	0.297	70	0.285	0.199	0.155
21	0.552	0.376	0.289	80	0.266	0.186	0.145
22	0.537	0.367	0.282	90	0.249	0.175	0.136
23	0.523	0.358	0.275	100	0.236	0.166	0.129
24	0.510	0.350	0.269	>100	$\frac{2.3265}{\sqrt{n}}$	$\frac{1.6449}{\sqrt{n}}$	$\frac{1.2815}{\sqrt{n}}$
25	0.498	0.342	0.264				

附录B 水泥混凝土弯拉强度评定

B.0.1 混凝土弯拉强度试验方法应使用标准小梁法或钻芯劈裂法，试件使用标准方法制作，标准养生时间28d。重要边坡与一级边坡工程每工作班制作2～4组：日进度不小于1 000m取4组，不小于500m取3组，小于500m取2组。其他边坡工程每工作班制作1～3组：日进度不小于1 000m取3组，不小于500m取2组，小于500m取1组。每组3个试件的平均值作为一个统计数据。

B.0.2 混凝土弯拉强度的合格标准

B.0.2.1 试件组数大于10组时，平均弯拉强度合格判断式为：

$$f_{cs} \geqslant f_r + K\sigma$$

式中：f_{cs}——混凝土合格判定平均弯拉强度（MPa）；

f_r——设计弯拉强度标准值（MPa）；

K——合格判定系数，见附表B；

σ——强度标准差。

合格判定系数　　附表 B

试件组数 n	11～14	15～19	≥20
K	0.75	0.70	0.65

当试件组数为 11～19 组时，允许有一组最小弯拉强度小于 $0.85f_r$，但不得小于 $0.80f_r$。当试件组数大于 20 组时，一般边坡允许有一组最小弯拉强度小于 $0.85f_r$，但不得小于 $0.75f_r$；重要边坡与一级边坡工程均不得小于 $0.85f_r$。

B.0.2.2　试件组数等于或少于 10 组时，试件平均强度不得小于 $1.10f_r$，任一组强度均不得小于 $0.85f_r$。

B.0.3　当标准小梁合格判定平均弯拉强度 f_{cs} 和最小弯拉强度 f_{min} 中有一个不符合上述要求时，应在不合格段落再随机钻取 3 个以上 ϕ150mm 的芯样，实测劈裂强度，通过各自工程的经验统计公式换算弯拉强度，其合格判定平均弯拉强度 f_{cs} 和最小值 f_{min} 必须合格，否则，应返工重铺。

B.0.4　实测项目中，水泥混凝土弯拉强度评为不合格时相应分项工程评为不合格。

附录 C　水泥混凝土抗压强度评定

C.0.1　评定水泥混凝土的抗压强度，应以标准养生 28d 龄期的试件为准。试件为边长 150mm 的立方体。试件 3 件为 1 组，制取组数应符合下列规定：

C.0.1.1　不同强度等级及不同配合比的混凝土应在浇筑地点或拌和地点分别随机制取试件。

C.0.1.2　浇筑一般体积的结构物（如基础等）时，每一单元结构物应制取 2 组。

C.0.1.3　连续浇筑大体积结构时，每 80～200m^3 或每一工作班应制取 2 组。

C.0.1.4　上部结构，主要构件长 16m 以下应制取 1 组，16～30m 制取 2 组，31～50m 制取 3 组，50m 以上者不少于 5 组。小型构件每批或每工作班至少应制取 2 组。

C.0.1.5　每根钻孔桩至少应制取 2 组；桩长 20m 以上者不少于 3 组；桩径大、浇筑时间很长时，不少于 4 组。换工作班时，每工作班应制取 2 组。

C.0.1.6　构筑物（小桥涵、挡土墙）每座、每处或每工作班制取不少于 2 组。当原材料和配合比相同、并由同一拌和站拌制时，可几座或几处合并制取 2 组。

C.0.1.7　应根据施工需要，另制取几组与结构物同条件养生的试件，作为拆模、吊装、张拉预应力、承受荷载等施工阶段的强度依据。

C.0.2　水泥混凝土抗压强度的合格标准

C.0.2.1　试件不少于 10 组时，应以数理统计方法按下述条件评定：

$$R_n - K_1 S_n \geqslant 0.9R$$

$$R_{min} \geqslant K_2 R$$

式中：R_n——同批 n 组试件强度的平均值（MPa）；

S_n——同批 n 组试件强度的标准差（MPa），当 $S_n < 0.06R$ 时，取 $S_n = 0.06R$；

R——混凝土设计强度（MPa）；

R_{min}——n 组试件中强度最低一组的值（MPa）；

K_1、K_2——合格判定系数，见附表 C。

K_1、K_2 的值 附表 C

n	10～14	15～24	≥25
K_1	1.70	1.65	1.60
K_2	0.9	0.85	

C.0.2.2 试件小于 10 组时，可用非统计方法按下述条件进行评定：

$$R_n \geqslant 1.15R$$

$$R_{min} \geqslant 0.95R$$

C.0.3 实测项目中，水泥混凝土抗压强度评为不合格时相应分项工程为不合格。

附录 D 喷射混凝土抗压强度评定

D.0.1 喷射混凝土抗压强度系指在喷射混凝土板件上，切割制取边长为 100mm 的立方体试件，在标准养生条件下养生至 28d，用标准试验方法测得的极限抗压强度，乘以 0.95 的系数。

D.0.2 每喷射 50～100m^3 混合料或小于 50m^3 混合料的独立工程，不得少于 1 组。材料或配合比变更时需重新制取试件。

D.0.3 喷射混凝土强度的合格标准如下：

D.0.3.1 同批试件组数 $n \geqslant 10$ 时：

试件抗压强度平均值不低于设计值；

任一组试件抗压强度不低于 0.85 设计值。

D.0.3.2 同批试件组数 $n < 10$ 时：

试件抗压强度平均值不低于 1.05 设计值；

任一组试件抗压强度不低于 0.9 设计值。

D.0.4 实测项目中，喷射混凝土抗压强度评为不合格时相应分项工程为不合格。

附录 E 水泥砂浆强度评定

E.0.1 评定水泥砂浆的强度，应以标准养生 28d 的试件为准。试件为边长 70.7mm 的立方体。试件 6 件为 1 组，制取组数应符合下列规定：

E.0.1.1 不同强度等级及不同配合比的水泥砂浆应分别制取试件，试件应随机制取，不得挑选。

E.0.1.2 重要及主体砌筑物，每工作班制取 2 组。

E.0.1.3 一般及次要砌筑物，每工作班可制取 1 组。

E.0.2 水泥砂浆强度的合格标准如下：

E.0.2.1 同强度等级试件的平均强度不低于设计强度等级。

E.0.2.2 任意一组试件的强度最低值不低于设计强度等级的 75%。

E.0.3 实测项目中，水泥砂浆强度评为不合格时相应分项工程为不合格。

附录 F　工程质量检验评定用表

分项工程质量检验评定表

附表 F-1

分项工程名称：　　　　所属分部工程名称：　　　　所属建设项目：

工程部位：　　　　施工单位：　　　　监理单位：

<table>
<tr><td colspan="2">基本要求</td><td colspan="16"></td></tr>
<tr><td rowspan="11">实测项目</td><td rowspan="2">项次</td><td rowspan="2">检查项目</td><td rowspan="2">规定值或允许偏差</td><td colspan="10">实测值或实测偏差值</td><td colspan="4">质量评定</td></tr>
<tr><td>1</td><td>2</td><td>3</td><td>4</td><td>5</td><td>6</td><td>7</td><td>8</td><td>9</td><td>10</td><td>平均值、代表值</td><td>合格率(%)</td><td>权值</td><td>得分</td></tr>
<tr><td></td><td></td><td></td><td></td><td></td><td></td><td></td><td></td><td></td><td></td><td></td><td></td><td></td><td></td><td></td><td></td><td></td></tr>
<tr><td></td><td></td><td></td><td></td><td></td><td></td><td></td><td></td><td></td><td></td><td></td><td></td><td></td><td></td><td></td><td></td><td></td></tr>
<tr><td></td><td></td><td></td><td></td><td></td><td></td><td></td><td></td><td></td><td></td><td></td><td></td><td></td><td></td><td></td><td></td><td></td></tr>
<tr><td></td><td></td><td></td><td></td><td></td><td></td><td></td><td></td><td></td><td></td><td></td><td></td><td></td><td></td><td></td><td></td><td></td></tr>
<tr><td></td><td></td><td></td><td></td><td></td><td></td><td></td><td></td><td></td><td></td><td></td><td></td><td></td><td></td><td></td><td></td><td></td></tr>
<tr><td></td><td></td><td></td><td></td><td></td><td></td><td></td><td></td><td></td><td></td><td></td><td></td><td></td><td></td><td></td><td></td><td></td></tr>
<tr><td></td><td></td><td></td><td></td><td></td><td></td><td></td><td></td><td></td><td></td><td></td><td></td><td></td><td></td><td></td><td></td><td></td></tr>
<tr><td></td><td></td><td></td><td></td><td></td><td></td><td></td><td></td><td></td><td></td><td></td><td></td><td></td><td></td><td></td><td></td><td></td></tr>
<tr><td colspan="3">合计</td><td colspan="12"></td><td></td><td></td></tr>
<tr><td colspan="3">外观鉴定</td><td colspan="4"></td><td colspan="3">减分</td><td colspan="3" rowspan="2">监理意见</td><td colspan="5" rowspan="2"></td></tr>
<tr><td colspan="3">质量保证资料</td><td colspan="4"></td><td colspan="3">减分</td></tr>
<tr><td colspan="3">工程质量等级评定</td><td colspan="10">评分：</td><td colspan="5">质量等级：</td></tr>
</table>

检验负责人：　　　　检测：　　　　记录：　　　　复核：　　　　年　月　日

分部工程质量检验评定表

附表 F-2

分部工程名称：　　　　　　　　　　　　所属单位工程：

所属建设项目：　　　　　　　　　　　　工程部位：

施工单位：　　　　　　　　　　　　　　监理单位：

施工单位	分项工程					备注
	工程名称	质量评定				
		实得分	权值	加权得分	等级	
	合计					
质量等级				加权平均分		
评定意见						

检验负责人：　　　　　　计算：　　　　　　复核：　　　　　　年　月　日

单位工程质量检验评定表

附表 F-3

单位工程名称： 所属建设项目：

工程地点、桩号：

施工单位： 监理单位：

施工单位	分部工程					备注
	工程名称	质量评定				
		实得分	权值	加权得分	等级	
	合计					
质量等级				加权平均分		
评定意见						

检验负责人： 计算： 复核： 年 月 日

建设项目(合同段)质量检验评定表

附表 F-4

项目名称：　　　　　　　　起讫桩号：　　　　　　　　完工日期：

施 工 单 位	单 位 工 程			备　　注
	工程名称	实得分	投资额	
质量等级		加权平均分		
评定意见				

检验负责人：　　　　　　计算：　　　　　　复核：　　　　　　年　月　日

________________工程汇总表　　附表 F-5

工　程	实得分	权　值	加权得分	等　级	备　注
加权平均分				质量等级	

计算：　　　　　　　　复核：　　　　　　　　年　月　日

参 考 文 献

[1] 中华人民共和国交通部．公路路基施工技术规范：JTG F10—2006. 北京：人民交通出版社，2006

[2] 中华人民共和国交通部．公路工程质量检验评定标准　第一册　土建工程：JTG F80/1—2004. 北京：人民交通出版社，2004

[3] 中华人民共和国交通部．公路隧道施工技术规范：JTG F60—2009. 北京：人民交通出版社，2009

[4] 陈忠达，王海林．公路挡土墙施工．北京：人民交通出版社，2004

[5] 唐辉明，陈建平，刘佑荣，等．公路高边坡岩土工程信息化设计的理论与方法．武汉：中国地质大学出版社，2002

[6] 凌天清，曾德荣．公路支挡结构．北京：人民交通出版社，2006

[7] 杨航宇，颜志平，等．公路边坡防护与治理．北京：人民交通出版社，2002

[8] 程良奎，杨志银．喷射混凝土与土钉墙．北京：中国建筑工业出版社，1998

[9] 铁道部第一工程局．铁路工程施工技术手册　路基．北京：中国铁道出版社，1994

第13章 DISHISANZHANG 边（滑）坡工程的监测与预报

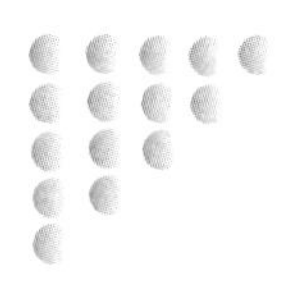

13.1 概　　述

我们遇到一段边坡或一个滑坡，首先要判定它是稳定的还是不稳定的。若有可能失稳变形，变形的类型和性质是什么。若是滑坡，滑动的范围有多大，是整体滑动还是分条、分级、分层滑动？滑动面（带）有几层、各有多深，目前滑动的是哪一层或哪几层？滑动的方向和速度怎样，有无大滑动造成灾害的可能，危害范围有多大（远）？

其次，边坡与滑坡的失稳滑动与哪些主要作用因素（降雨，地震，河流冲刷，人工开挖坡脚，堆载，水库水位升降等等）有关系，这些因素的作用机制和变化幅度如何？

第三，在已有变形的坡体上进行工程施工，如何保障施工的安全？

第四，加固和治理的边坡或滑坡，工程治理效果如何？

要回答以上问题，除了工程地质调查、测绘、勘探、试验和评价外，动态监测是十分重要和不可缺少的手段，尤其是对重要、高大复杂的边坡及大型复杂的滑坡。因为动态监测可提供坡体变化的定量数据，是评价边坡与滑坡稳定性及灾害预报的重要依据，所以国内外都十分重视监测工作。早在20世纪初美国和瑞士等国就对其国内重要滑坡进行监测，延续数十年；50—60年代，除地表位移、孔隙水压力，建筑物变形和受力监测外，着力研究深部位移监测，形成了深孔测斜和滑动面监测的仪器和方法；后来又发展了卫星定位监测等。

国内铁道部门较早开始了对滑坡的系统监测，如对宝成、宝天和鹰厦铁路沿线的大型滑坡连续监测十余年，为滑坡防治提供了宝贵资料。1983年铁道部科学研究院西北分院最早引进美国斜坡指示仪公司的钻孔测斜仪进行滑坡深部位移和滑动面监测，形成了地表和地下位移监测的空间网络，先后对约50个滑坡进行监测并取得了良好效果。1994年对甘肃省永靖县盐锅峡镇黄茨大型滑坡（体积达$6\times10^6m^3$）进行了多手段（地表监测网、滑坡记录仪、地面倾斜仪、钻孔测斜仪、声发射仪等）的综合监测。通过连续7个月的监测，于1995年1月27日提前三天预报了该滑坡的剧滑时间，地方政府得以及时疏散群众，滑坡滑下时，全村1 350口人无一人伤亡，受到甘肃省人民政府和铁道部的嘉奖。

水电部门在对大坝进行监测的同时，对库岸高边坡和滑坡的监测十分重视，如对黄河上的龙羊峡、李家峡电站，以及长江三峡库岸的滑坡都进行了十数年至数十年的监测。自然资源部在地质灾害防治中十分强调监测工作的重要性，在三峡库岸滑坡与边坡监测中花巨资采用多项先进技术进行系统监测，为防灾减灾做出了贡献。湖北省岩崩滑坡研究所 1985 年 6 月成功预报长江北岸新滩滑坡，也是通过 21 年的监测取得的成果。

近年来交通部门在高速公路建设中也十分重视高边坡与滑坡的监测工作。如京珠高速公路粤北段、京福高速公路福建段、云南的元磨高速公路等许多高边坡与滑坡上布设了地表和地下深部位移监测、地下水变化监测，以及建筑物变形和受力监测等，对保证施工安全及检验工程效果起到了很好的作用。

监测工作主要有四方面的作用：

（1）边（滑）坡勘察的手段之一

监测是勘察的手段之一，为勘察提供定量数据，帮助查明滑坡性质，为预防和治理滑坡提供资料：

①确定发育尚不完全的滑坡周界；

②确定滑坡可能扩大的范围；

③确定滑坡区内各个滑动块体的分界；

④确定滑坡的滑动方向和主滑线的位置；

⑤确定正在滑动的滑动面位置；

⑥测定滑坡的滑动速度和滑距；

⑦为滑坡各部分的受力关系提供资料；

⑧研究滑坡的位移与各作用因素（如降水、冲刷、切割、地下水变化、振动等）的关系，为防治工程设计提供依据。

防治滑坡总是针对主要促滑因素（原因）采取控制或消除措施的。作用于滑坡的因素很多，何者为主要的，对不同的滑坡可能是不同的。如滑动速度随降水量的增大而迅速增大，说明降水是主要因素，应以排地表水为主。若滑速增加滞后于降雨或融雪季节，则说明地下水起主要作用，应以排地下水为主。其他可以类推。

（2）防治工程施工期间做安全监测，保障施工安全

工程施工中总会或多或少改变滑体原有的状态，如支挡工程开挖基坑，有可能减小其原有的稳定系数，因而通过监测掌握滑坡动态，既可防止滑坡大滑破坏已成的建筑物，又可及时进行险情预报，防止造成事故，保障人身安全。

如 205 国道福建省永安市箭丰滑坡以大于 3mm/d 的速度在移动，路边挡墙倒塌，处于十分危险的状态。采用上部减重、下部仰斜孔排水后，滑移速度减小到 1mm/d 以下，监测为勘察、设计、施工提供了重要数据。又如京珠高速公路粤北段 K152 岩石顺层滑坡，监测每天位移 2～3mm，总位移量超过 1.0m，也是在减重后监测位移速度小于 1mm/d，保证了补勘和补强工程的顺利完成。南昆铁路八渡滑坡抗滑桩施工中为赶工期想多开挖桩坑，也是通过动态监测调整施工顺序保证了工程顺利完成的。

（3）监测治理工程的效果

滑坡治理之后，工程是否发挥了作用，何时滑坡能够完全稳定，以便修复滑坡区已坏建筑物和修建新的建筑物，通过监测才能提供可靠的资料。有些大型滑坡必须分期进行治理，在第一期工程完成后，也需通过监测才能决定后续工程的施工。如重庆市万州至梁平高速公

路张家坪大滑坡分三级三层，监测表明中层蠕动，深层未动，故主要治理中层。中级滑坡影响公路是治理重点，上级设一排锚索桩放二期实施。一期工程实施后监测两年，滑坡已稳定，故二期工程不必实施，节约了投资。

（4）监测、预警危险滑坡，防止灾害

对不宜处理或十分危险的滑坡，监测其动态，及时报警，防止造成灾害。如后面即将介绍的黄茨大滑坡，由于监测和准确预报，未造成一人伤亡。

通常，开展监测工作多半出于如下两方面的考虑：一是斜坡出现了失稳下滑迹象，经过经济方面的权衡，决定对其整治，为保证整治前、整治中不发生危险，并在工程竣工后检验工程效果。二是斜坡已经出现了滑坡初期的一些迹象或在可预期的环境条件的改变后可能失稳下滑，为了保证险区人员生命财产及国家财产的安全和力争最大限度地减少损失，拟通过对斜坡稳定状态的监测做出相应预报，如对新滩滑坡和黄茨滑坡的监测及近期开展的对三峡库区一些斜坡的监测。

13.2 监测的内容和方法

13.2.1 监测的内容

监测内容可分为表 13-1 的各类型。

监测内容分类　　表 13-1

序号	监 测 项 目	监 测 内 容
1	裂缝监测	①地表裂缝监测；②建筑物裂缝监测
2	位移监测	①地表位移监测；②地下位移监测
3	滑动面监测	滑动面位置测定
4	地表水监测	①自然沟水的观测；②河、湖、水库水位观测；③湿地观测
5	地下水监测	①钻孔、井水的观测；②泉水监测；③孔隙水压力监测
6	降水量监测	降雨量、降雪量监测
7	应力监测	滑带应力监测、建筑物受力监测
8	宏观变形迹象监测	

13.2.2 监测方法

1）裂缝监测

山坡和建筑物（挡土墙、房屋、水沟、路面等）上的裂缝是滑坡变形最明显的标志。对这些裂缝进行监测是最简单易行又最直接的监测，在整个监测系统中是首先要采用的。

①最简单的一种方法是在滑坡周界两侧选择若干个点，在动体和不动体上各打入一根桩（木桩或钢筋），埋入土中的深度不小于 1.0m，桩顶各钉一小钉或作十字标记，定时用钢尺测量两点间的距离，即可求出两桩间距的变化，如图 13-1a）所示。若在不动体上设两个桩，滑体上设一个桩，形成一个三角形，从三边长度变化可求出滑体的移动方向和数量。

一般在滑坡主轴断面上的后壁和前缘出口处应设两组桩，以便测出滑坡的绝对位移值和平均位移速度。记录格式见表13-2。图13-1b）为标尺测量法，即在两观测桩露出地面的部分刻上标尺（或另加标尺），一个水平，一个垂直，设桩后测出其初始读数，以后随时测记水平和垂直尺上的读数，不用另外丈量即可求出滑体的水平位移和垂直升降值。

裂缝监测记录表 表13-2

监测桩编号： 监测： 计算： 复核： 日期：

观测时间				桩间距离(m)	距离差(mm)	平均速度(mm/d)	备注
年	月	日	时				

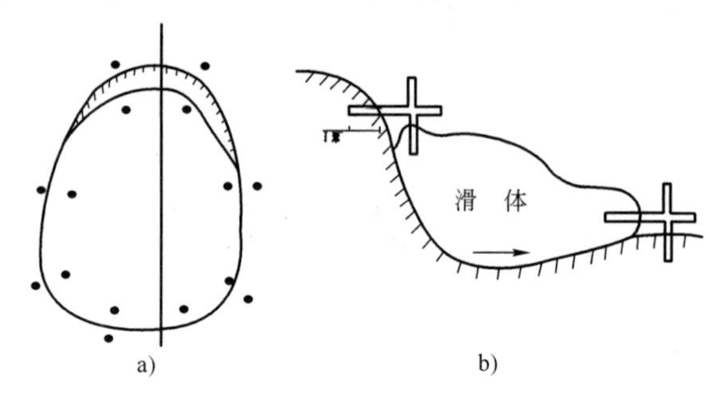

图13-1 简易监测桩示意图

a)平面图；b)断面图

一般距离增大和下沉为正，反之为负。

②为了能同时测出滑体的位移大小和方向，还可用图13-2所示的方法，在不动体上水平打入一根桩，测量时在桩上吊一垂球，垂球下的动体上设一混凝土墩，墩顶面画上方格坐标，即可测出移动的数值和路径。若垂球线长度固定，还可大致测出滑体的沉降量。

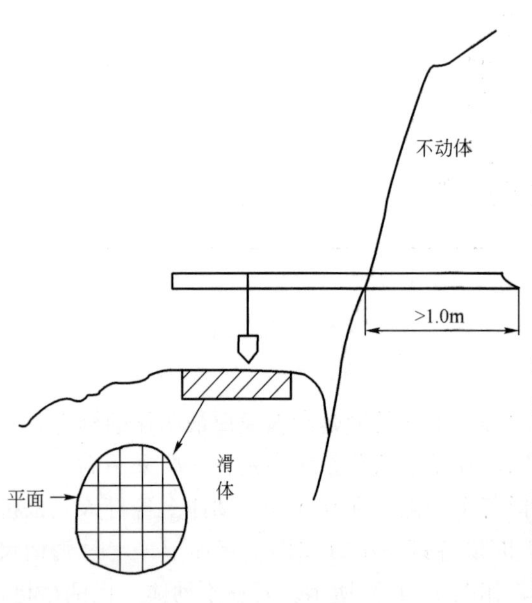

图13-2 垂球法监测示意图

③建筑物上的裂缝监测可以在裂缝两侧设固定点（如涂油漆）用尺量距，也可在缝上贴水泥砂浆片（贴片处必须清洗凿毛以便粘贴牢固），观测水泥砂浆片被拉裂、错开等情况，如图13-3所示。

④滑坡裂缝和位移监测，国外广泛地使用了滑坡记录仪（也叫伸缩计、滑坡计），如图13-4所示。它是一个带计时钟的滚筒记录装置，固定在裂缝外的不动体上，滑体上设观测点，观测点与记录仪之间的距离以15m左右为宜。中间拉一因瓦合金丝（ϕ0.5mm），丝外应设塑料管或木槽保护以防动物碰撞。位移随时间的变化记录在记录纸上。一周或一月换一张记录纸，可连续记录。此记录仪还可带报警器，当位移达到规定数值时，自动报警。

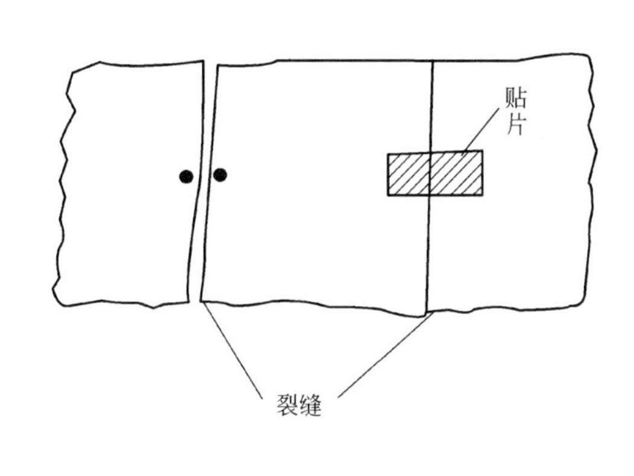

图 13-3　建筑物裂缝贴片监测

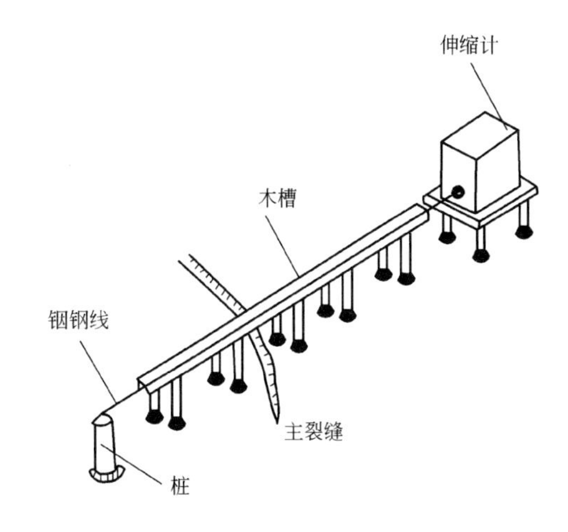

图 13-4　滑坡自动记录仪

日本坂田株式会社生产的 SRL 型滑坡自动记录仪，不用机械纸带记录，一台室内记录装置可带 12 个设在滑坡内外的记录仪，滑坡位移在室内自动记录。自动记录装置可用于滑坡危险性较大、人员不宜接近的情况。

近年来我国也研究制造了由单板机控制的自动记录仪。中铁西北科学研究院研制的 KHB-1 型滑坡自动记录和报警器，可带 16 个探头，既可测位移，又可测雨量和水位，还能自动报警，能分出位移是拉伸还是压缩，而且有较强的抗干扰性能，曾在电气化铁路两侧滑坡上使用，性能良好。记录仪距测点间距离可达 600～800m（即电缆的长度），可以交、直流电两用。

遥测记录仪，即中间不用电缆，而用无线电发射-接收装置测记滑坡的位移。测记距离可达 5～10km，适宜于山坡高陡、短距离内有几个滑坡需要观测的情况。

滑坡记录仪既可作裂缝观测，又可作滑坡位移观测。为了掌握整个滑坡各部分的变化，可沿主轴线布设若干台，以便连续记录和分析。

2）地面位移监测

（1）地面倾斜仪监测

当山坡上对变形反映比较敏感的建筑物等已出现裂缝和变形，但滑坡边界裂缝尚不明显、滑坡范围不清楚时，或对滑坡的影响和扩展范围需作了解时，可用地面倾斜仪进行观测。它精度高，反应灵敏，可测出地面的倾斜方向和倾斜角度。

最简单的倾斜仪是一个水准管，放置在测点的混凝土基座上，混凝土基座埋入土中不少于 0.6m。倾斜仪的结构如图 13-5 所示，由一端的螺旋将气泡调平测出倾斜变化。

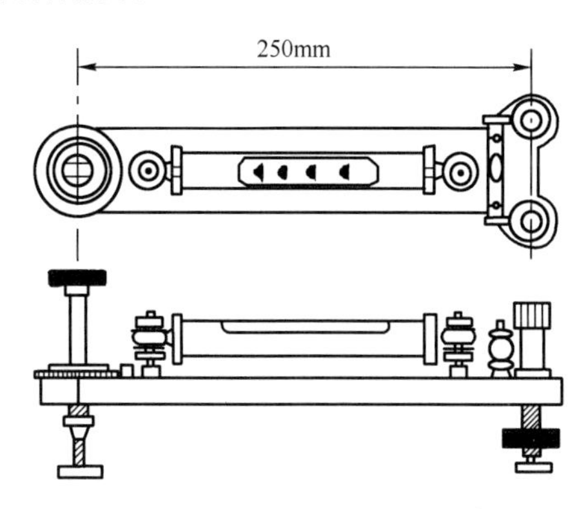

图 13-5　水准管倾斜仪

一个测点上应互相垂直放置两台单管倾斜仪，以便测出倾斜的合矢量方向。

为了固定两水准管的垂直位置，中铁西北科学研究院于 20 世纪 70 年代设计制造了双水准管倾斜仪，如图 13-6 所示。曾在铁路沿线滑坡和甘肃洒勒山滑坡上应用，效果良好。这种仪器造价便宜，易于埋设和操作，但只能用在水平面上测量，不能用于垂直面测量。

美国斜坡指示器公司（简称新克公司）生产的数字式倾斜仪，不是用水准管，而是用伺服加速度计控制定向，是一种轻便的手提式装置，探头不放在现场，现场测点上只固定一个带四个支座的磁盘，如图 13-7 所示。测量时将探头放在正交的两个方向，即可在指示器上读出两个方向的倾斜变化值。其量程为±30°，精度为 8s，蓄电池作电源，适用无电地区工作。适用的温度为－17～＋49℃。既可用于水平面又可用于垂直面（如墙壁、柱子、抗滑桩）上的倾斜测量。曾在长江三峡链子崖危岩体和陕西韩城、临潼及内蒙古准格尔煤矿等滑坡上进行监测。

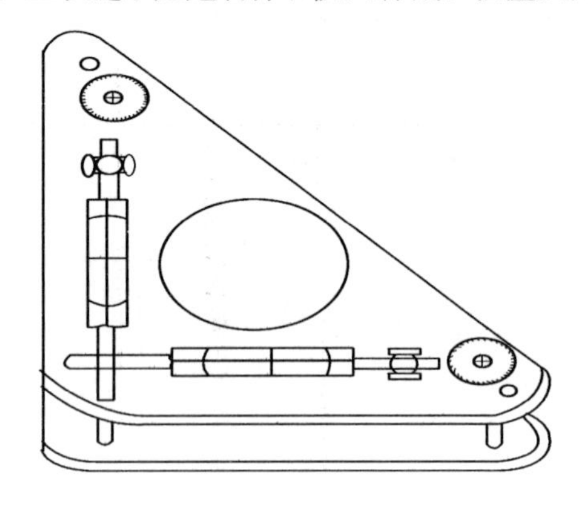

图 13-6　双水准管倾斜仪

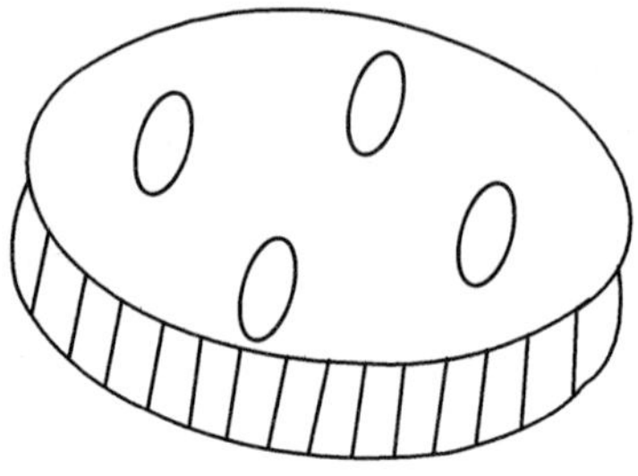

图 13-7　倾斜盘

（2）地面观测网监测

这是一种传统的监测方法，即在滑坡区（包括其可能扩大的范围）设置若干个观测桩（临时短期观测可用木桩，长期观测应用混凝土桩），构成若干条观测线，形成观测网，如图 13-8 所示。每一观测线的两端，在稳定体上设置镜桩、照准桩及其护桩。用精密经纬仪测出各桩垂直观测线方向的位移值，用水平仪找平测出各桩的升降值，即可控制各观测桩在三维空间的位移量和位移方向。

图 13-8 所示的各种网形，各有其适用的地形地貌条件，不需要繁杂计算。

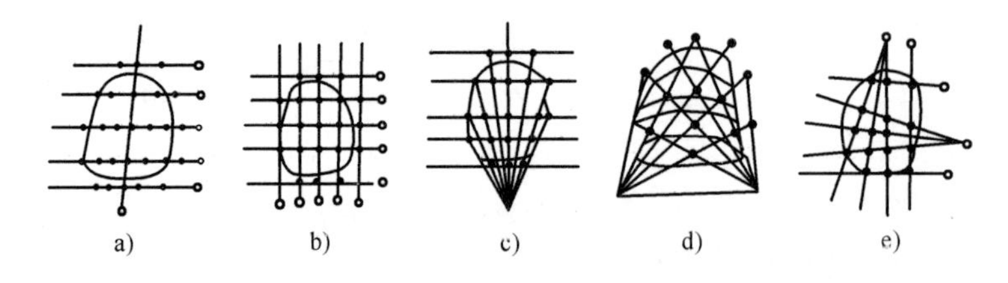

图 13-8　观测网类型示意图

a)十字交叉网；b)正方格网；c)射线网；d)基线交点网；e)任意方格网

观测线应有一条与滑坡主轴相吻合，以便于观测资料的充分利用。观测线间距以 15～30m 为宜，桩间距也以 15～30m 为宜，视需要可不必等距布设。每条观测线在滑坡周界外应布设 1～2 个观测桩，以监测滑坡扩展的范围。

观测桩和照准桩的结构要求如图 13-9 所示。置镜桩和水准基点桩是观测的参照点，必须设置牢固，并加设护桩 2～4 个，以防万一被损坏和遗失时恢复其原位。

建网步骤如下：

①现场调查，初定滑坡的性质、范围、主轴位置、可能选用的观测网型和置镜点、照准点位置。

②在图上或现场布置观测线网，决定各种桩的数量。

③设置置镜桩、照准桩及其护桩。

④用两台经纬仪分别置于相互交叉的两条观测线的置镜桩上，交出观测桩的位置（只有一台仪器时可采用“骑马桩”法），就地灌注观测桩，同时定出观测标志点。

⑤对各桩位置编号、描述、建立卡片。

⑥待桩稳固后测于平面图上，并进行第一次观测，记取初始值。

观测方法如图 13-10 所示，由经纬仪定出观测线，用三角尺测出垂直观测线的位移值。观测记录表见表 13-3 和表 13-4。

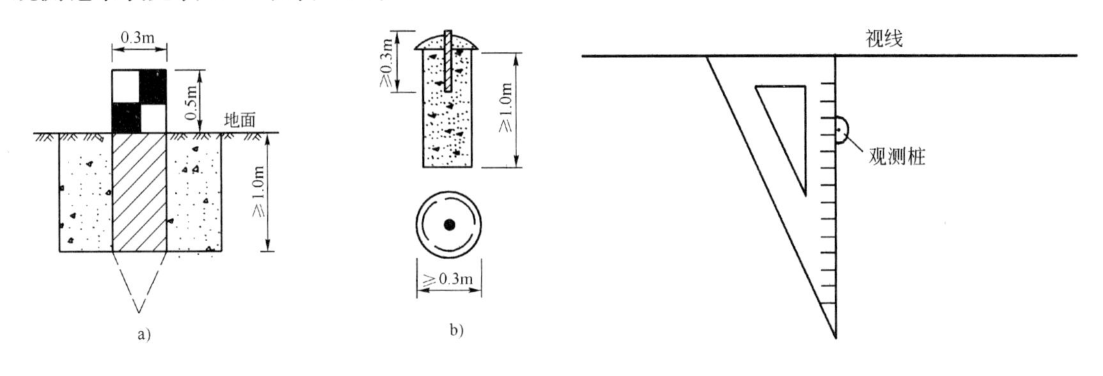

图 13-9 桩结构图

a)照准桩；b)观测桩

图 13-10 观测方法示意图

每次观测结果应及时绘于滑坡观测平面图上，以便随时掌握滑坡各部分的位移情况。

至于观测资料的应用，可参阅相关专著，不再赘述。

××滑坡位移观测记录 表 13-3

第______排 观__________号 第_______页 记录整理__________复核__________

观测次数	观测日期 年 月 日	间隔天数 Δt	平面位移变化量（mm）								高程变化量（mm）				附注
			左行 $+X$	右行 $-X$	两次差 ΔX	平均速度 $\Delta X/\Delta t$	下行 $+Y$	上行 $-Y$	两次差 ΔY	平均速度 $\Delta Y/\Delta t$	高程 Z	两次差 ΔZ	累计差 $\sum\Delta Z$	平均速度 $\Delta Z/\Delta t$	

××滑坡位移观测外业记录 表 13-4

司镜对点______记录______ ______年______月______日 天气______仪器号______

桩 号	平面位移量（mm）				附 注
	$+X$	$-X$	$+Y$	$-Y$	

位移监测的时间间隔视滑坡移动的快慢而异，一般位移非常缓慢的滑坡，如一年移动几厘米，可 1～2 个月观测一次；移动较快，变形较大者，应每半月到一个月观测一次。由于精密仪器观测时间较长，全面观测一次常需数日（视滑坡规模大小而异），若遇滑坡加速移动时，可不作全面观测，而只对滑坡主轴线上有代表性的桩加密观测并随时点出位移随时间的变化曲线，也可做出预报。

光电测距仪和激光经纬仪为位移监测开辟了新的前景。

(3) 全球定位系统（GPS）监测滑坡位移

随着航天技术和计算机技术的发展，利用多个卫星测定地表固定点和监测点三维坐标的技术和精度有了很大提高。因此近20年来，利用全球定位系统，即GPS技术监测滑坡位移也有了很大发展。西班牙学者用GPS技术监测了西班牙比利牛斯山脉东部Vallcebre滑坡，并与传统的全站仪监测做了比较，其精度可达到毫米级。中国科学院成都山地灾害与环境研究所李爱农等在四川雅安市峡口滑坡上也进行了GPS监测应用，自然资源部在长江三峡一些滑坡上也开展了GPS技术监测滑坡位移的研究。与传统的监测方法相比，GPS技术具有覆盖面广、速度快、全天候、可连续、同步、全自动监测的优点，在滑坡移动速度较快时，监测人员不必进入滑坡体也能实时监测，保证了人员安全。因此是一种有发展前景的监测方法。

GPS技术是利用空间卫星确定监测点的坐标，因此一般要求不少于4颗卫星，卫星数目越多，监测精度越高。但利用卫星越多，其费用也越高，只有同时对多个滑坡、多点监测时才比较经济。

GPS监测的技术要求：

①所设的觇标必须能反映周围一定地区的特征；

②应避开树冠、建筑物及其他影响接收卫星信号的障碍物；

③觇标应设在相对稳固的地点，如岩石上、房屋上等；

④在滑坡区外稳定体上设基线点，以便与滑坡体内移动点监测相对比；

⑤为使监测结果更可靠，可用不同方法、不同时、日及不同卫星监测，以便互相核对。

GPS监测目前国内虽已开始广泛研究应用，但多处于研究试验阶段，还不能提供更多的实用结果，有待进一步发展。

3）地下位移和滑动面监测

理论上假定滑坡为整体位移，实际上它随滑体的结构而异，板状顺层岩石滑动，或滑体相对密实、含水较少的滑体多整体滑移，滑动面至地面各点位移量基本相同或非常接近。旋转滑动、滑体含水率较高者，滑体内的位移和地面常不一致。更重要的是人们十分关心滑动面位置的测定，因为仅靠地质上钻孔岩芯的鉴定和分析，对位移较小的滑坡，很难判定是哪一层在动，滑动面判定不准，不是造成浪费，就是造成工程失败。这就使人们对地下位移监测产生了兴趣。

(1) 简单地下位移监测

①塑料管-钢棒观测法

在钻孔中埋入塑料管（联结要光滑）到预计滑动面以下3～5m，然后定期用直径略小于管内径的钢棒放入管中测量。当滑坡位移将塑料管挤弯时（图13-11），钢棒在滑动面处被阻就可以测出滑动面的位置。这种方法只能测出上层滑动面的位置。当滑动面多于两层时，可以事先放一棒在孔底，用提升的办法测下层滑带的位置。

②变形井监测

为了观测地面以下各点的位移，可以利用勘探井，在井中放置一串叠置的井圈（混凝土圈或钢圈），如图13-12所示。圈外充填密实。从地面上向井底稳定层吊一垂球作观测基线。当各个圈随滑坡位移而变位时，即可测出不同深度各圈的位移量，并可判定滑动面的位置。

(2) 应变管监测

日本人最早将应变管用于监测滑坡的地下位移和滑动面位置。所谓应变管，就是将电阻应变片粘贴于硬质聚氯乙烯管或金属管上，埋入钻孔中，管外充填密实，管随滑坡位移而变形，电阻应变片的电阻值也跟着变化，由此分析判断出地下位移和滑动面的位置。

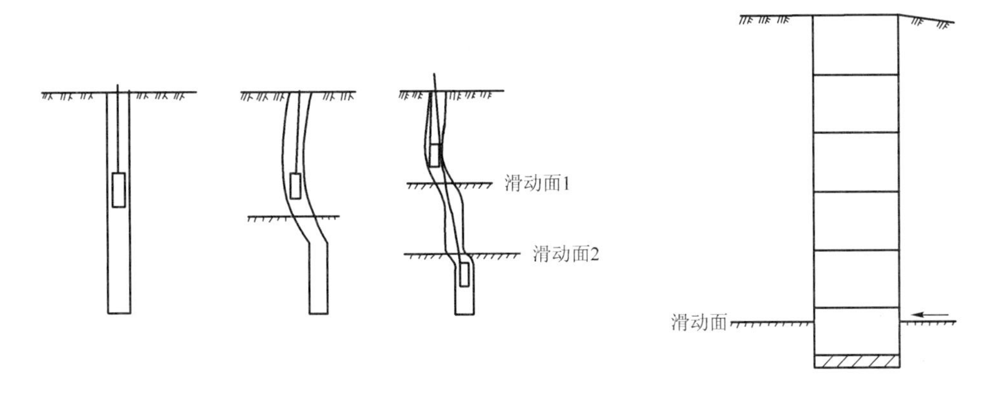

图 13-11　塑料管-钢棒测滑动面示意图　　　图 13-12　变形井观测

日本人用的塑料管和 3 节导向管联结为一组。贴电阻应变片的方式有二：一为当滑动方向为已知时，可沿滑向对贴两片，如图 13-13a）所示，成半桥联结，埋管时必须注意其方向性。二为当滑动方向不明确时，在互相垂直的两个方向贴 4 片，如图 13-13b）所示，成全桥联结。由观测结果判定滑动方向。

管上电阻应变片的间距以 20～25cm 为宜，应变管长 3～6m，用定向杆放入可能滑动面的上、下面。

应变管的优点是操作容易，造价低，测定仪器不复杂。我们曾在青海省一滑坡上埋设一长 3.45m、直径 75mm、壁厚 5mm、半桥贴片的应变管。管外填砂，用电阻应变仪观测，其结果如图 13-14 所示。可明显看出滑带位置处的变形。此黄土滑坡钻孔中无流动地下水。1984 年在洒勒山滑坡上采用钢管贴片，也取得好的效果。

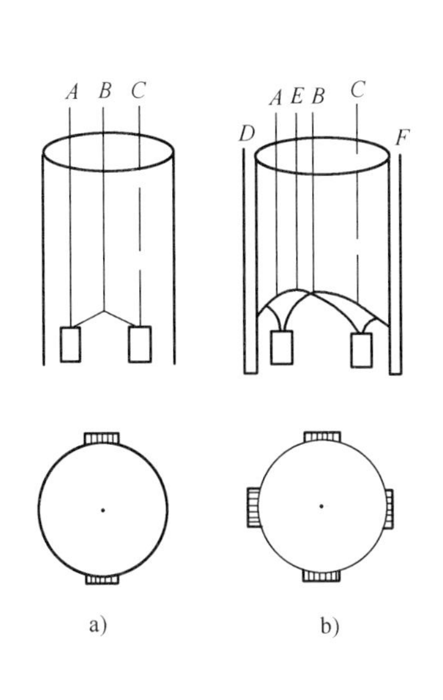

图 13-13　应变管

a)半桥联结；b)全桥联结

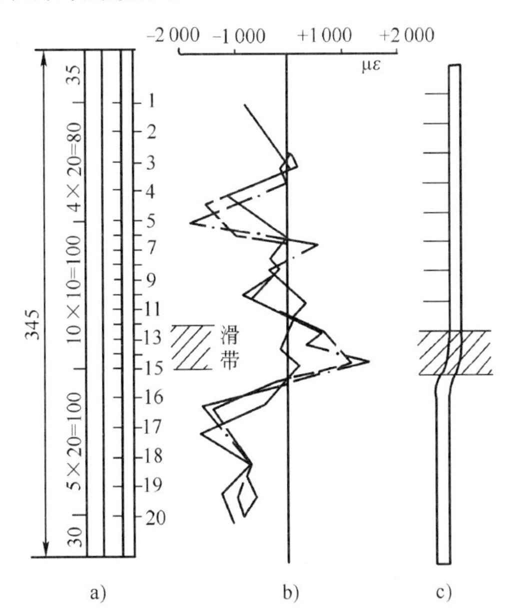

图 13-14　应变管实测图（尺寸单位：cm）

a)应变管，1～20 为应变片；b)电阻变化值；c)测管变形分析

用该方法的关键是贴片工艺和防潮，在孔中有水时使用寿命有限。其缺点是不易直接测出位移值。

(3) 固定式钻孔测斜仪监测

从 20 世纪 50 年代开始人们就着手研制测斜仪，以便下入钻孔中测定土体的侧向位移，先后出现过多种形式，目前较多采用的有四种：

①惠斯登电桥摆锤式

是由一个单摆在阻力线圈中作磁性阻尼摆动，把角度变成电信号。一个探头测一个平面方向的变化。

②应变计式

摆锤上部的刚性薄片上贴电阻应变片或振动弦应变计进行角度变化测量，仍是变为电信号。一个探头测一个平面方向的变化。

③加速度计式

是一个封闭环伺服加速度计电路，如图 13-15 所示。一个探头也在一个平面内测量。一般每套（双轴的）用两个探头。

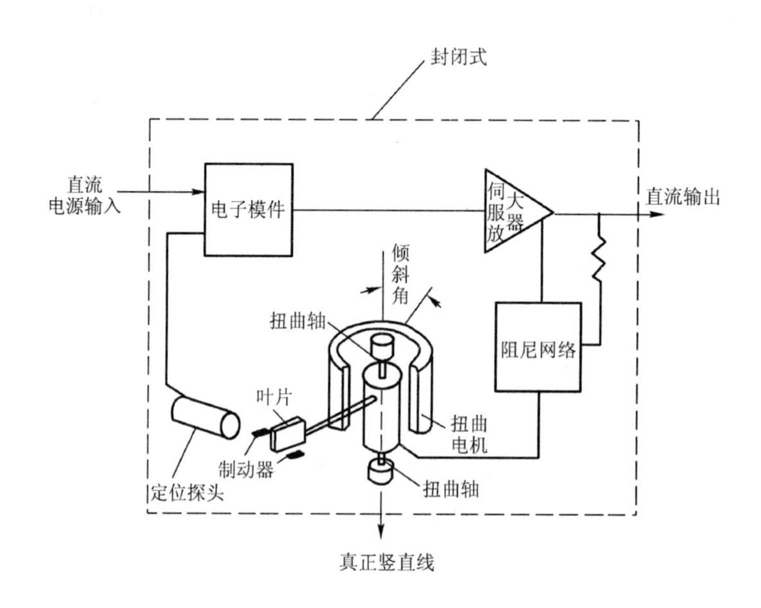

图 13-15　伺服加速度计

④摄影式

用照相的方法记录“摆”两个方向的投影。在滑坡上使用不多。

前三种都要定向埋设。

固定式测斜仪是将若干台测斜仪定向放入钻孔中欲测的位置，把电线拉出孔外，可以定时测量，也可以连续测量。

为了定向，起初曾设计定向杆将探头送入孔内，后来设计了带槽的塑料管或铝管，使定向更好，可以将探头提出孔外维修。槽形管如图 13-16 所示。四个槽在两个互相垂直的方向上，探头上有四个带弹簧的导向轮（或弹簧片），卡在槽中定向。

固定式测斜仪的优点是位置固定，减少了取放仪器的人为影响。缺点是所需探头数量多，花费大。

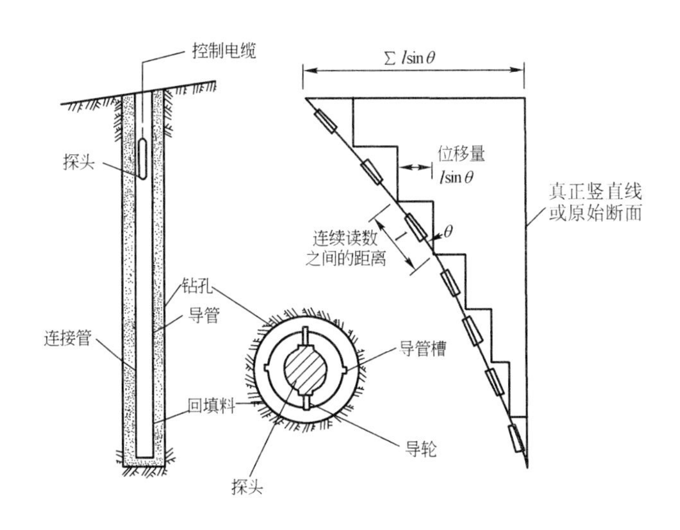

图 13-16　导向槽管

（4）活动式测斜仪监测

活动式测斜仪是把槽形管埋入钻孔，管外用灌浆或填砂固定后，不把测斜仪探头固定孔中，而是用一电缆和一个探头连接，在钻孔中固定深度（如每隔 0.5m 或 0.25m）两个方向进行倾斜测定，以便求出合位移的方向。其测量原理如图 13-16 右图所示，以滑动面以下稳定地层中某点为参照点，以上每点的位移为：

$$\Delta = l \cdot \sin\theta$$

式中：l——两测点间距离（m）；

θ——倾斜角度变化值（°）。

累计位移为：

$$D=\sum l \cdot \sin\theta$$

这种仪器的最大优点是一台仪器可以多孔、多点使用，而且用干电池充电，无交流电的山区也可使用。缺点是测定位置在不同测次总不能很好重合，因而要求管槽加工必须精细，管节连接光滑，埋设减少扭曲，测定时严格控制尺寸。管子的扭曲可能高达 18°。

这种仪器的实际监测误差，30m 深的钻孔约为 5mm。

图 13-17 为一个钻孔的测定曲线，可以明显地看出滑动面的位置。

（5）拉线式地下位移监测（多点位移计）

这也是一种简易观测方法。在钻孔中，从可能滑动面以下到地面设置若干个固定点，间距 2～3m，每一点用一根钢丝拉出孔外，并固定在孔口观测架上，分别用重锤或弹簧拉紧。观测架上设有标尺，可测定每一钢丝伸长或缩短的距离，即表示孔内点的位移。为防各钢丝在孔中互相缠绕，每 3m 设一架线环，即一块金属板上钻若干孔，将钢丝穿入孔中定位。图 13-18 为其示意图。

（6）TDR 技术探测滑坡的滑动面

TDR（Time Domain Reflectometry）称为时间域反射测试技术，是一种电子测量技术。早在 20 世纪 30 年代，美国人已将其应用于检测通信电缆的通断情况，至 80 年代初将其应用于工程地质勘察和监测工作，尤其在煤田地质方面应用较广，用于监测地下煤层和岩层的变形和位移。90 年代中期美国研究人员将其应用于滑坡等变形监测。国内应用才刚刚开始。

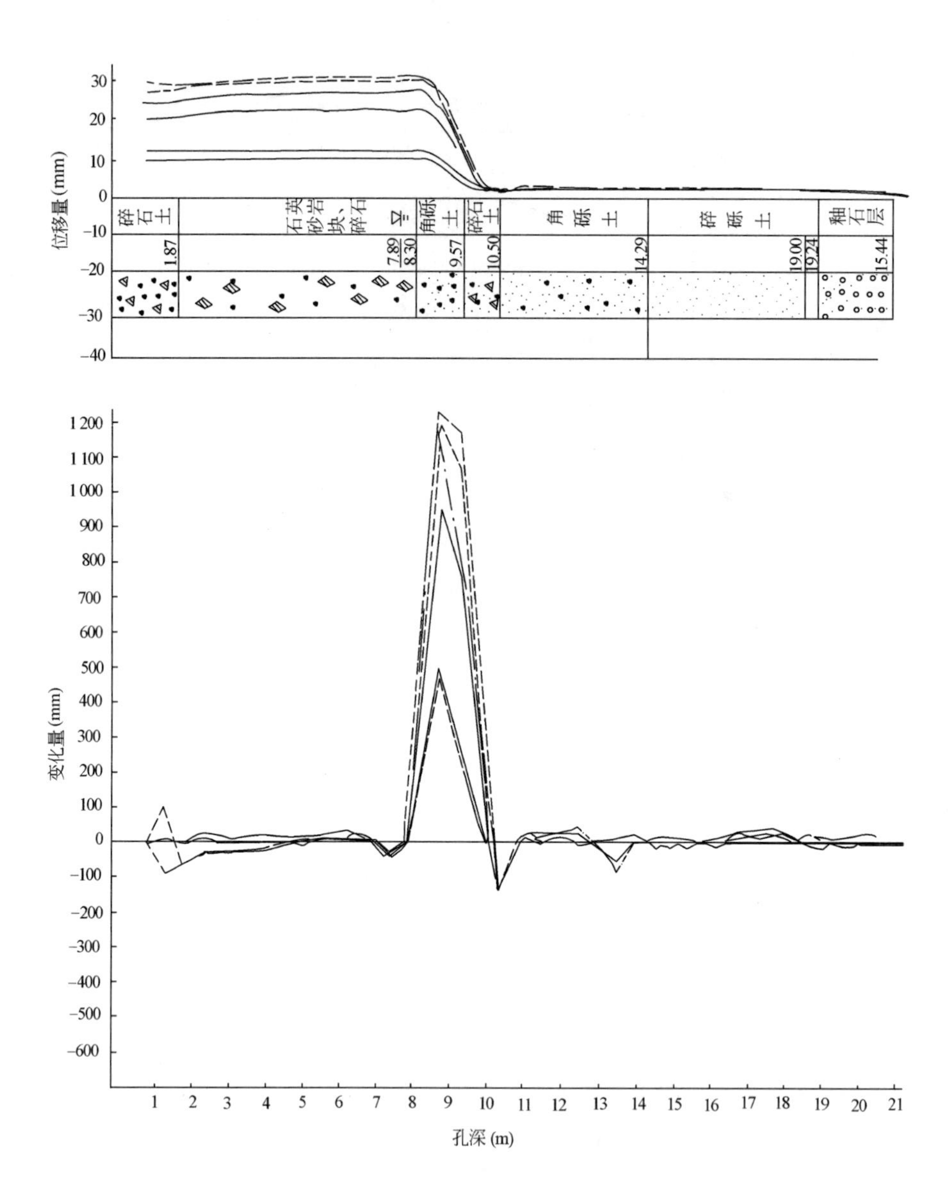

图 13-17　测斜曲线和滑动面位置

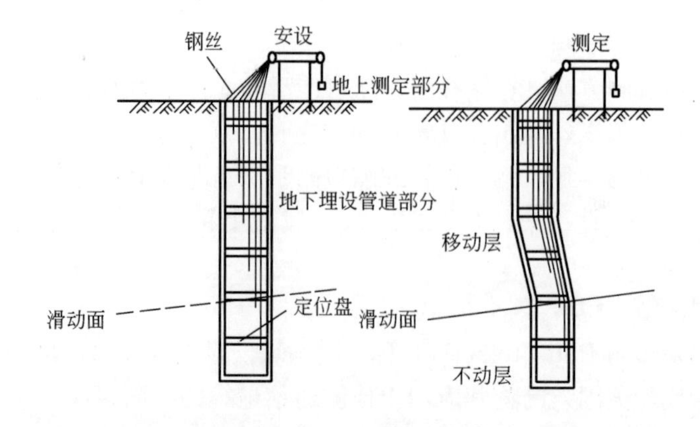

图 13-18　多点位移计

①TDR 的基本原理

TDR 测试技术的基本原理是采用电缆中的“雷达”测试技术，把一个脉冲波发射入同轴电缆中，脉冲信号在同轴电缆中传播，能反映同轴电缆的阻抗特性。特性阻抗是电缆固有的属性，它取决于电缆内部的物质及电缆的直径等因素。当电缆发生扭绞、拉长、中断等变形或遇到像水之类的外界物质时，其特性阻抗将发生变化。当测试脉冲遇到电缆的特性阻抗变化时，就会产生反射波。对入射波和反射波进行比较，根据两者的异常即可判断同轴电缆的状态（断路、短路及变形等）。

若测试脉冲信号在测试电缆中的传播速度为 V_{p}，发射信号与反射信号的时间间隔为 T_{d}，则电缆起点至变形处的距离 d 为：

$$d = V_{\mathrm{p}} \times T_{\mathrm{d}}/2$$

据此可判断同轴电缆发生变形的位置。

另外，若测试脉冲信号为 V_1，反射信号为 V_2，则反射系数为：

$$\rho = V_2/V_1$$

根据线性传播理论有：

$$\rho = \frac{R_1 - R_0}{R_1 + R_0}$$

式中：R_1——变形后电缆的阻抗；

R_0——变形前电缆的阻抗。

由此得：

$$R_1 = \frac{1+\rho}{1-\rho} R_0$$

由此得出结论：当 $\rho=0$ 时，$R_1=R_0$，即没有反射信号发生；当 $\rho=+1$ 时，$R_1 \to \infty$，表示电缆末端呈开路状态，发射信号完全被反射；当 $\rho=-1$ 时，$R_1=0$，表示电缆末端呈短路状态，发射信号完全被吸收；当 $-1<\rho<+1$（$\rho \neq 0$）时，表示电缆发生变形，发生反射波信号。据此通过测量反射系数 ρ，即反射信号的振幅，就可判断电缆的变形量大小。

②TDR 在滑坡变形监测中的应用

根据滑坡的实际情况，在滑体上打钻孔深入预估滑面下一定深度，将测试同轴电缆埋入钻孔中，并充填密实使电缆同周围地层紧密结合，对滑坡深部位移和滑动面进行监测。滑坡位移时引起电缆变形，造成电缆阻抗特性发生变化。地面监测仪在发射测试脉冲信号的同时，测量反射波信号，对监测数据（时间、幅度等）进行分析和处理，就能测定电缆变形处的地层变化，也可测出滑动面位置。

这种测试方法较钻孔测斜仪监测省钱，约为其造价的 1/4，可以较多点进行测量。其缺点是测不出位移有多大，测不出位移方向，而且要防止地下水对它的影响。

还有其他一些监测方法，不再一一介绍。

4）地下水动态监测

监测内容有：井和钻孔中水位升降变化的观测；泉、沟、洞中水流量变化观测；水温变化观测；水质变化的试验和分析。

（1）水位观测

①简易方法

用测绳和测水钟进行定时观测和记录。每次观测应固定在井口的同一位置。

②自动观测法

用自记水位计观测，可连续记录水位随时间的变化关系。

（2）流量观测

①小流量可用杯（或桶）与秒表测量。

②流量大的泉、沟、洞中水可用三角堰进行测定。对自然沟水应在其上、中、下游的不同地点测量，以了解其漏失情况。

（3）水温观测

泉、沟、洞和溢出地表的钻孔中水，可用一般温度计测量，并和钻孔中的水温用缓变温度计测量，入水时间不少于 10min。

（4）水质化验

一般只在雨季前、中、后期取样化验其离子含量的变化。

地下水观测应和降雨观测、位移观测同时进行，以了解其相互关系。

5）降雨和气象监测

一般情况下，当地有气象站时，可以利用气象站的气象和降雨等资料。若滑坡区离气象站较远时，应在滑坡区设简易雨量观测。

6）孔隙水压力监测

自从太沙基提出饱和黏土中孔隙水压力理论之后，在斜坡稳定性评价中，孔隙水压力理论得到了广泛应用。其中的关键问题就是如何实测出坡体内滑动带中的真实孔隙水压力值。几十年来各国研究者和工程技术人员研制了各种形式的孔隙水压力测量设备。在我国软土地基和堤坝修建中也已广泛应用，但在滑坡上应用尚少，原因之一是有些滑坡滑动带很薄，而且埋深很大，探头埋设和封水比较困难，常因埋设不好而测不到真实的数值。但是今后仍应加强这方面工艺的研究，以求能测出可靠的数值。

7）声发射监测

声发射监测最早应用于矿山，测定岩石破坏时的噪声以估算山体压力的大小和可能产生的破坏。20 世纪 60 年代中期美国人古德曼（Goodman）和布莱克（Black）等将这一技术应用于土木工程和滑坡研究中，其原理是岩土受力破坏时能发出一种与周围环境噪声不同的音响，收集这种音响，并从其频率和振幅的分析中可推定岩土的破坏程度，从而评价破坏带（滑动带）的位置、发展和扩大的范围、破坏程度等。仪器包括：探头（接收装置）、信号调节设备（检波、滤波、放大等）、记录和数据处理设备，岩石噪声的频率范围在 50～10 000Hz 之间，但在滑坡中也测到 20～40Hz 的破坏。

声发射技术可以在地面明显可见位移前捕捉到岩石破坏的信息，适用于早期预报。用在滑坡上在我国还是近 10 年的事，曾在宝成铁路观音山、韩城电厂滑坡、黄茨滑坡、长江三峡链子崖危岩体上应用，得到了一些可应用的资料。它是一种有应用前景的方法，但在我国起步较晚，还有待于加强研究和实际应用，首先是找出适用于不同类型滑坡的参数。

滑坡的监测种类、设备、方法很多，以上只介绍了一些常用的方法和设备，而且以简单易用者为主。目的在于能够尽快在我国普及应用，发挥效益。

8）边坡与滑坡的受力监测

我国 20 世纪 60 年代曾在成昆铁路滑坡上监测过抗滑挡土墙和抗滑桩上滑坡推力的分布形式，后来又监测过抗滑桩桩周土抗力及桩身内力。20 世纪 80 年代以来，铁路、公路、水电等许多部门开展了抗滑桩、预应力锚索抗滑桩、预应力锚索地梁和框架上地基反力、滑坡推力、桩身和地梁内力、锚索预应力损失等监测，以期进一步了解结构物上内、外力的分布特点、变化规律，为设计提供科学依据。

滑坡推力和地基反力测定多用钢弦式压力盒，桩和框架（地梁）内力测定用钢筋计，锚索预应力损失则用压力传感器。但是由于埋设工艺和施工上的原因，外力的测试结果不够理想，需继续研究改进。

上面所介绍的监测方法，有些由于其自身的某些缺陷和不便，已废弃不用或较少使用。当前普遍使用的是：用水泥浆贴片对建筑物裂缝的监测；用简易桩或位移计（伸缩计）对地表裂缝的监测；用地面监测网对滑坡动态的监测；用（活动式）测斜仪对坡体深部位移的监测（可有效确定滑动面）；用数字式倾斜仪对坡面动态的监测等。近年来在滑坡监测中使用了卫星定位监测，由于需多个卫星定位，成本较高，在单个滑坡和边坡监测中还应用较少，但它也是一种有前景的方法。

13.3 监测网点的布设与监测周期

监测网点的布设取决于监测目的和要求。当需全面控制边坡或滑坡的变形范围及可能扩大和影响的范围时，应布设较完整的监测网覆盖整个范围，由若干条纵、横交叉的监测线构成网，在交叉点上设监测点。其中有一条监测线应和滑坡主轴断面相重合或控制边坡的最高及最易变形的断面。当只要控制关键变形部位时，不一定形成监测网，可只设滑坡主轴监测线和与其平行的若干监测线。当只需控制几个关键点的位移时，如重要建筑物的变形，则可只设若干个监测点。所以监测网、线、点的布设根据监测目的要求和经费情况可灵活掌握。

1）裂缝监测

边坡或滑坡上出现裂缝后应及时布设简易监测桩或滑坡记录仪进行监测，其沿裂缝的间距以 20～30m 为宜，其方向应平行滑坡的主滑方向或边坡的位移方向（不一定垂直裂缝）。在滑坡主轴断面上最好连续设桩（或记录仪）以便了解滑体的拉伸和压缩范围及新裂缝出现的位置，桩的纵向间距以 10～15m 为宜。

建筑物上的裂缝监测应上、中、下分别设点监测其不同变化。

2）坡体建网监测

为掌握边坡或滑坡的整体变形情况，最好设监测网进行监测，其布设原则和方法已如前述。由于其建网和监测费时长、造价高，只对重要的大型边坡或滑坡需长期监测者才应用。

3）深孔位移和滑动面监测

深孔位移和滑动面监测由于需要钻孔埋设，造价高，因此不可能设置很多点，监测点应设在关键部位，一般应利用勘探钻孔（适当扩大孔径便于测斜管埋设）节约费用，主要设在滑坡主轴断面及其辅助断面上，断面上、中、下（间距 20～50m）不少于 3 个孔，孔应深入预估的最深滑面下 5m。以便了解滑体上、中、下部的位移及滑面的位置和形态。

4）水文监测孔的监测

对地下水发育的滑坡或边坡在勘察时就应确定需进行水文监测的孔位、含水层位置和监测孔数量，一般是选择若干个勘察孔下入监测管作水文监测孔用。地下水的补给区、流通区和排泄区都应有监测孔，以了解其变化和排水工程的效果。

5）结构物受力监测

结构物受力监测总是选在受力最大、最易发生变形的部位，如滑坡的主轴断面和高边坡的最高断面。

（1）抗滑桩监测

①滑坡推力和桩周土抗力监测

在抗滑桩靠山侧和靠河侧护壁外与岩土接触处设两排土压力盒，按预计的压力大小选不同的压力盒，上、下间距 1.5～3.0m，如图 13-19 所示。

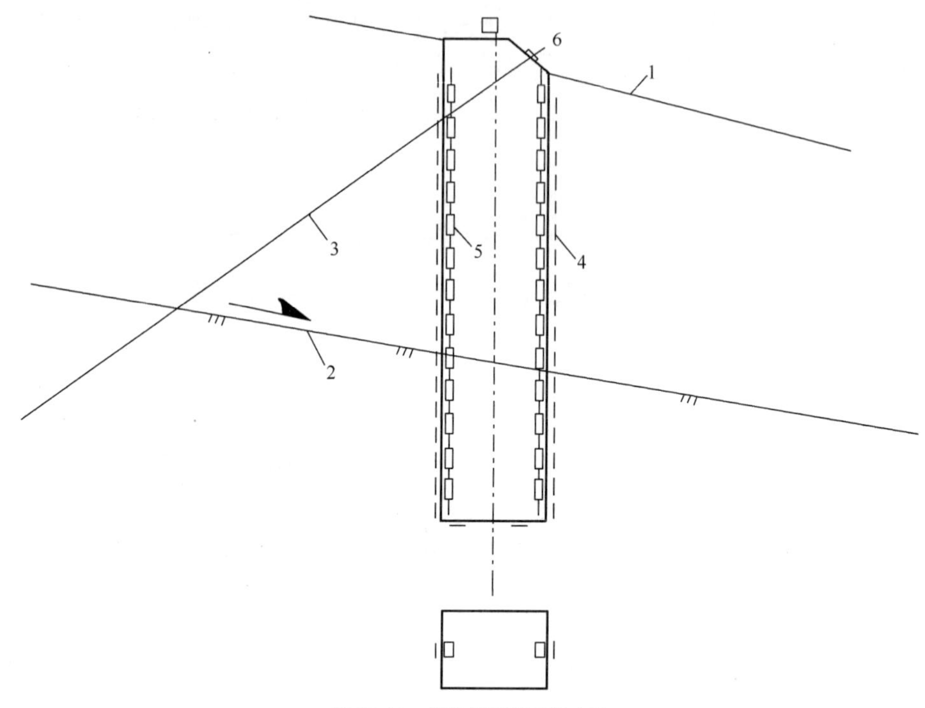

图 13-19　抗滑桩监测元件布设

1-原地面；2-滑动面；3-锚索；4-土压盒；5-钢筋计；6-压力传感器

②桩身内力监测

桩身内力监测是在靠山侧和靠河侧的钢筋上埋设钢筋计进行监测，其间距为 2～3m，如图 13-19 所示。

③桩顶和桩身位移监测

在桩顶设位移监测点，与地表位移一起监测桩顶的位移。桩身位移则采用在桩中心埋设测斜管，用钻孔测斜仪监测桩身的变位。

（2）锚索框架的监测

①土抗力监测

在锚索框架纵、横梁底沿梁轴线设土压力盒监测土抗力，间距 1.5～2.0m，但要避开锚索孔位置。

②框架内力监测

在框架纵、横梁底部和顶部钢筋上设钢筋计进行监测，钢筋计间距为 2.0m。

③锚索预应力损失监测

为监测锚索预应力的损失，在抗滑桩或高边坡的每级预应力锚索框架上选 2～3 束锚索在锚头下安装压力传感器监测其应力的变化。

建筑物受力监测最好选择同类型的两个结构物平行监测，以便互相验证。

6）关于监测周期

前面已经说明两次监测的时间间隔取决于坡体变形的快慢，变形快者应间隔时间短，一周或半月一次，变形缓慢者间隔时间长，可1～2个月一次，很缓慢甚至趋于稳定者，可3个月一次。但在施工期，为保施工安全，应加密。雨季有不利因素影响应加密监测。施工后坡体逐步稳定者可延长间隔时间，如3个月或6个月一次。

为监测工程效果，一般工程完工后至少继续监测一个水文年，最好监测两年。

7）关于监测资料的整理和分析

监测资料的整理主要是位移、地下水位（流量）、应力、降雨等随时间的变化曲线，许多书中均有介绍，这里从略。

13.4 滑坡时间预报

1）滑坡时间预报阶段划分

滑坡时间预报以发生剧滑时间为目标，但并非所有滑坡都可以发生剧滑。概略地说，滑坡运动方式有三种：蠕动型、间歇蠕动型和一次滑动型。前二者通常不会发生剧滑，或一次滑动距离较小，它们虽然也会对人类及其经济活动产生程度不同的危害，但通常不会造成较大灾害，所以，滑坡时间预报一般都是针对一次滑动型滑坡的。一次滑动型滑坡剧滑前都有一个孕育发展过程，要经历蠕动挤压、滑动两阶段后才能发生剧滑，都要经历一段或长或短的时间，所以，滑坡时间预报可分成几个阶段，人们可以在不同阶段采取不同的防灾减灾措施。

关于预报阶段的划分目前尚不统一，有的与地震预报类似分成长期、中期、短期、临滑四个阶段，有的分为长期、中期、临滑三个阶段，各自的概念也不尽相同。

我们认为，分成长期、短期、临滑三个阶段比较合适，这样划分不论从概念上，还是从预报时段的分割以及预报分析操作上均可有较明确的区别。

（1）长期预报

长期预报是指当已发现某些滑坡迹象（包括老滑坡的残留迹象和新生滑坡的初始迹象），但尚未出现较明显位移变化时，对滑坡未来的稳定性演化趋势做出的一种预测，在推测稳定性演化趋势时，应考虑到各种自然条件和因素的可能变化。长期预报的结果只是一种“可能性”——在变化的环境条件的影响下，滑坡可能继续保持稳定，或可能失稳下滑。

长期预报的预报期限一般应在一年以上，但也不宜过长，过长则缺乏实际意义。

对处于这一阶段且又会造成较大灾害的滑坡，应立即安排相应的监测措施，在监测的同时，依据方案比选的结果采取必要的工程措施。

（2）短期预报

短期预报是指当肉眼可见的变形迹象不断发展，滑体位移已明显进入蠕动挤压阶段（有监测资料做依据）时，对剧滑时间做出的一种较粗略预报。在这一阶段，各监测点位移的时序变化还不是完全确定的，加速、减速等不同运动状态还会交替出现，各监测点的位移特征因某些随机因素的干扰还存在一定差异，未形成较好的同步性，但位移-时间曲线已大略呈现线性特征。

短期预报的预报期限应在 1～2 个月。

对已进入短期预报阶段的滑坡，应预测其可能造成的灾害及其影响范围，对灾害区中的人员、物资应组织搬迁及采取其他旨在减轻灾害的防范措施，同时切实加强监测工作。

（3）临滑预报

临滑预报是指当滑坡已开始出现整体下滑前的一些宏观变形迹象，滑体位移已明显进入加速段时，对剧滑时间做出的准确预报。在这一阶段，各监测点位移的时序变化已进入确定的或基本确定的状态，不仅各监测点的加速趋势已不可逆转，同时还表现出较好的同步性，位移-时间曲线已呈现显著的抛物线形态。

临滑预报的预报期限应在几天之内。预报精度可以是一个时段，当然最好是“日”甚至是“小时”。

对处于临滑状态的滑坡，除立即彻底转移险区中的人员物资外，还应严密监视滑坡动态变化，随时做出并不断修正预报结果，采取一切可能采取的防范和警戒措施，最大限度地减少灾害。对危及交通安全的滑坡，则应适时禁止车、船通行，并使其停靠在安全区内。

2）滑坡时间预报参数选取

如前述，滑坡预报可分长期、短期、临滑三个阶段，在这三个阶段中，可选用的预报参数是不同的。

长期预报是基于环境条件变化对滑坡稳定性演化趋势的一种预测，既应考虑相对固定不变的地质、地貌等形成条件，也应考虑相对多变的诱发因素。进行时间预报显然应主要着眼于诱发因素，经常遇到的诱发因素是大气降雨及由此而引起的河水位升降和洪水对岸坡的冲刷。降雨是可以较准确预报并可以量化的一个指标，所以，在长期预报中降雨是被广泛使用的一个预报参数。但是，由于降雨本身的复杂性（如雨季的长短及降雨量的多寡，每一次降雨的持续时间及降雨强度等）和降雨引起的斜坡体水文地质条件变化的复杂性，目前还没有一种比较好的使用办法，但在稳定性演化趋势预报中，降雨作为一个预报参数还是有使用价值的，但不宜在短期预报和临滑预报中采用。

在短期预报和临滑预报中可以采用的参数目前仅有声发射计数率和位移两种，但二者在不同阶段发挥的作用则有所不同。

岩体的声发射现象是指岩土体在破坏过程中发射出的一种释放应变能的弹性波，其活动的强弱以所谓事件计数率来衡量，声发射信息通过埋设在岩土体中适当部位的探头接收并将其传输给声发射监测仪。

据研究和现场监测，岩土体在破坏过程中确实伴随有声发射现象，但岩土体的最终破坏并不发生在声发射活动的高峰期，而是在高峰期之后声发射活动较弱的时候。我们在黄茨滑坡的监测中也发现这一规律是存在的，在滑坡剧滑前 1～2 个月曾采集到强烈的声发射信号（最高达每小时 37 238），而后虽也有声发射信号峰值群出现，但总趋势是逐渐减弱的，如探头 S_1 在 1 月 23 日—27 日以日计的大事件数依次为 8 066、6 046、670、622、39（滑坡开始剧滑时间是 1995 年 1 月 30 日凌晨 2 时 30 分）。

因此，采用声发射技术时可以这样认为：如频繁出现强烈的声发射现象，表明岩土体正在加速破坏，滑坡可能在近期下滑（可属短期预报范畴）；在高峰期之后声发射活动趋于相对平静时，则表明滑坡将可能很快开始剧滑（属临滑预报范畴）。

这种现象与有些类型的地震颇为相似，在大震之前先经历一段密集的小震，而后再经历一段相对平静的时间。譬如，1999 年 11 月 29 日辽宁岫岩—海城 5.4 级破坏性地震发生前，从 11 月 9 日起，连续发生几次 4 级左右的中等地震及 177 次小震，25 日—27 日相对平静（据 1999 年 12 月 21 日《中国减灾报》）。

1966 年的邢台地震也经历了“小震密集—平静—发生大震”这样一个过程（据 1998 年 4 月 28 日《中国减灾报》）。

虽然这是一个十分重要的值得关注的现象，但由于目前还不掌握不同岩土体、不同滑坡体声发射活动强弱变化的幅度和确切规律，有时峰值出现得较晚，距最终破坏仅 1～2h，甚至不足 30min，所以还不能依据声发射技术做出较确切的短期预报和临滑预报。相对于位移而言，声发射毕竟是一种间接的信号。关于如何把声发射技术用于滑坡预报还需要进行深入研究。应该说，声发射技术较适合于不甚确切的短期预报，不适合做出准确的临滑预报，或者说可将其作为临滑预报的一个重要参考指标。

滑坡的剧滑或滑动都是滑体在一定时间内发生了或大或小位移的结果，所以用位移速率进行滑坡时间预报是最直接和最易于理解的。但有两点需要说明：一是此处所说的位移是指地表位移，这不仅因为地下位移值的取得比较困难，而且地下位移值不能满足较大位移量的需要（目前国内外较广泛使用的滑坡深部位移监测的测斜管内径仅 78mm，埋设于孔径不小于 108mm 的钻孔中，滑面处位移稍大，便会把测斜管剪断）；二是依据滑坡的具体情况，地表位移值可取自滑坡后缘裂缝处（适用于主裂缝位移变化可反映整个滑坡动态的小型滑坡），也可取自主滑段滑体表面（主裂缝位移变化不可能反映滑坡整体动态的大型滑坡尤其应采取这种做法）。

滑坡的位移规律符合所谓蠕变三阶段（图 13-20）已获公认，如前述，依据蠕变第二阶段的资料做出的预报为短期预报，依据蠕变第三阶段做出的预报为临滑预报。

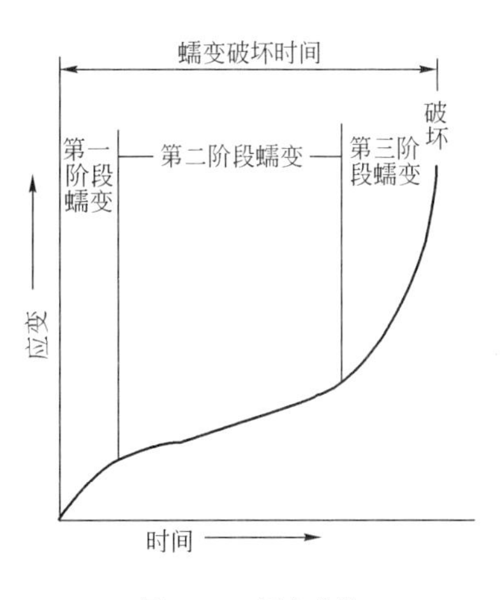

图 13-20　蠕变曲线

3）关于滑坡预报理论和方法的讨论

由于不同预报阶段依据的参数和资料不同，预报的性质和精度也不同，这就决定了预报理论和方法的差异。

（1）长期预报方法

长期预报方法大略有如下四种：

①经验判断

滑坡的发生与诸多环境因素有关，但对其间的关联多不能准确量化，对问题的判断有赖于综合分析，这种综合分析正确与否或者正确的程度与人们对滑坡孕育过程和发生机理了解的深度和经验的积累密切相关。对一位有经验的专家而言，经验判断常可得出大致可靠的结论，但毕竟是一种经验判断，所以常有事物的发展与判断结果相悖的情况发生。

②计算稳定系数

一个滑坡能否下滑取决于下滑力与抗滑力的消长变化，当下滑力大于抗滑力时，滑坡便会整体下滑，反之，则会保持稳定。稳定系数 K＝抗滑力/下滑力，依据可能的变化情况给定各有关参数，分别计算抗滑力与下滑力，如 $K<1$，在预测的那个时期滑坡将下滑，如 $K>1$，滑坡将继续保持稳定。经验告诉我们，鉴于参数选取的准确性和代表性及计算断面的局限性等问题，在斜坡当前稳定性计算中常有 $K>1$ 斜坡不稳定，$K<1$ 斜坡反而稳定的情况出现，更何况是对数年后稳定系数的预测。

③按降雨量周期预测

降雨，尤其是长时间超量降雨对山体稳定的危害极其巨大，在我国最严重的发生在1981年。1981年，川、陕、甘交界一带大量降雨，导致山洪暴发，在总长851km的宝成、阳安和陇海线宝天段三条铁路上，有750km遭受水害，占88.1%，93个区间有53个中断运输，占57%，共发生257处山体塌方，坍塌土石方$1.88\times10^6m^3$，中断运输长达两个月之后，才相继恢复临时行车。除有一些老滑坡复活外，还产生了一些新滑坡，其中比较著名的是宝成线上的军师庙滑坡。军师庙崩塌性滑坡发生于1981年9月4日，滑动土石方$2.0\times10^6m^3$，有$2.5\times10^4m^3$埋压在路线上，钢轨被推至嘉陵江对岸，嘉陵江断流12min，水位抬高15m，中断行车371h30min，造成13名职工死亡。所以，降雨对山体稳定的影响一直为世人所关注。

在降雨与发生滑坡的关系上虽然国内外有不少学者进行过研究，但由于降雨特征复杂多变和山体地形地质情况各不相同，一直还没有找到二者之间比较准确的定量关系，因而用降雨指标进行滑坡时间预报尚未取得比较令人满意的结果。

在降雨指标中，有雨季降雨量、月降雨量、日降雨量、一次连续降雨累计降雨量、降雨强度等等，用哪一个降雨指标比较合适呢？众说纷纭，莫衷一是。一些国家和地区通过统计提出如下数据：美国加利福尼亚地区触发滑坡的降雨量为250mm；加拿大确定季节降雨量达到250mm时发生滑坡；巴西提出累计降雨量为250～350mm时出现滑坡；日本提出，当前期降雨量达到150～200mm，小时降雨量达到20～30mm时，滑坡发生数量急剧增加；我国香港地区的统计结果是，前15日降雨量超过350mm，日降雨量达100mm以上时，开始有滑坡出现。上述数据的差异与各地自然条件不同有关，但定性规律还是一致公认的——降雨越多，滑坡发生越多；降雨不仅会使滑坡发生在雨季，而且还会影响到雨季以后一段时间。

其实，上述数据在实际应用中还是有一些问题的，降雨量和斜坡失稳之间并没有“直接关系”，降雨只有渗透到坡体中才能影响斜坡的稳定，渗透速度和渗水量不仅和降雨量有关，还和降雨强度、地形坡度、地表状况和构成坡体的岩土特点有关。所以，在用降雨这一参数进行滑坡时间预报时，除上述一些具体数据而外，还有一种做法，就是按降雨量周期预测。

一个地区，每年降雨量的多少是不同的，但存在一个大体规律——间隔若干年会有较多降雨。通过调查，可以知道年降雨量达到多少时，滑坡发生较多，而后再根据已经过去的若干年的降雨资料，按某种数学方法寻找今后能触发较多滑坡发生的较大降雨出现的年份，即寻找出现较大降雨量的周期，按这一周期适当外延，即可预报今后哪一年可能发生较多滑坡。

这里有两个问题应该注意：一个地区的年降雨量受整个大气环流的影响，变化较大，所谓降雨量周期的规律性只是一种“趋势”和“可能”，“可靠度”不是很高；外延年份不能太多，越多“可靠度”越低，变得没有实际意义。

④滑坡稳定度模糊综合评判

在滑坡区域（段）预测中我们应用了模糊数学方法，在滑坡长期预报中同样可以采用模糊数学方法。上面介绍的按降雨量周期预测仅仅考虑了年降雨量的变化规律，其他环境条件都隐含在滑坡发生量多少的调查结果中。模糊综合评判在考虑降雨量（或其他因素）变化的同时，还可以考虑更多的影响滑坡发生的因素，更具科学性。

简而言之，模糊综合评判的做法是：

先选定若干评判因素u_1，u_2，…，u_n构成评判因素（有限）论域U：

$$U=\{u_1,u_2,\cdots,u_n\}$$

再确定评判结果 v_1，v_2，…，v_m 构成评语（有限）论域 V：

$$V = \{v_1, v_2, \cdots, v_m\}$$

对一具体滑坡，若能给出各因素对每一种评价结果的隶属度 r_{ij}，则可得模糊矩阵 $\underset{\sim}{\boldsymbol{R}}$：

$$\underset{\sim}{\boldsymbol{R}} = \begin{bmatrix} r_{11} & r_{12} & \cdots & r_{1m} \\ r_{21} & r_{22} & \cdots & r_{2m} \\ \cdots & \cdots & \cdots & \cdots \\ r_{n1} & r_{n2} & \cdots & r_{nm} \end{bmatrix}$$

再考虑到各类滑坡的特点和环境条件，给出各因素的权重，组成论域 U 上的另一个模糊向量——权向量 $\underset{\sim}{A}$：

$$\underset{\sim}{A} = \{a_1, a_2, \cdots, a_n\}$$

则可进行模糊变换

$$\underset{\sim}{A} \circ \underset{\sim}{\boldsymbol{R}} = \underset{\sim}{\boldsymbol{B}}$$

V 上的模糊子集 $\underset{\sim}{\boldsymbol{B}}$ 即为对某样体（滑坡）的评判结果，它是由 m 个数据构成的集合，按最大隶属度原则，即可判定某滑坡稳定与否。

我们曾用这一方法对宝成线宝鸡—广元（上西坝）段的 52 个滑坡进行过评判。

根据工作区自然条件，选择地表水汇集条件、滑体岩层所属岩组的向量长度、滑体的岩体结构、滑坡水文地质特征、大气降雨、河岸冲刷、地震烈度 7 项指标构成评判因素集。根据现场通常做法和实际需要与可能，确定稳定、较稳定、不稳定三种状态构成评语集。对应三种稳定状态，每一评判因素又分成三种情况。

7 项评判指标中，地表水汇集条件、滑体的岩体结构、滑坡水文地质特征、河岸冲刷为状态型，其余 3 项为数值型。

通过调查分析，按三种降雨状态进行评判：

A. $q<1.0Q$；

B. $1.0Q \leqslant q<1.3Q$，按 1963 年 $q=1.13Q$；

C. $1.3Q \leqslant q$。

q 代表当年 5—10 月降雨量，Q 代表多年 5—10 月降雨量平均值（当地铁路工务部门的防洪期为每年 4—10 月，4 月份降雨资料不全，故按 5—10 月雨量统计）

评判结果如表 13-5 所列。

三种降雨状态评判结果　　表 13-5

条　件	状　态		
	稳定	较稳定	不稳定
A	5	12	35
B	—	17	35
C	—	1	51

应该说，这一评判结果是令人满意的，经与现场情况对照，吻合率高达 95%左右。

上列 4 种方法中，前二者适合于一个个“单体”滑坡的预报，后二者适合于对“群体滑坡”的预报。但不论哪一种方法，预报的结果都只是一种“可能性”。目前滑坡发生时间的长期预报也只能做到这种程度，对其中危险性较大并可能造成较大灾害的滑坡，应立即采取监测措施，取得数据，进行短期预报和临滑预报。

（2）短期及临滑预报的理论和方法

前已述及，当前滑坡预报均依据位移数据——即依据在位移和时间两变量之间建立起来的数列。滑坡体的位移量与时间之间的关系曲线所表征的即滑坡体的“运动过程”，短期和临滑预报就是依据已知的“运动过程”去推断未来的“运动过程”并寻求滑坡体下滑的时间，已知的过程越长，对未来过程的推断便越准确。所以，滑坡剧滑时间预报也始终是一个过程——一个“逐步逼近”终值的过程。当滑坡已处于蠕动挤压阶段甚至滑动阶段，但其加速趋势并不显著和确定时，则往往只能预报出一个大略的结果，且距剧滑还有一段较长的时间，此即所谓短期预报。只有当加速趋势已十分显著且不可逆转时，才能做出较准确的预报，此时，剧滑也就为时不远了，故称其为临滑预报。在临滑预报阶段，同样需要“逐步逼近”，在这一阶段滑体位移速度较快，如有条件应连续不断地采集数据并随时修正预报结果，若能如此，则可使预报达到很高的准确度。

目前，用于进行短期和临滑预报的理论方法主要有以下几种：

①斋藤迪孝方法

斋藤氏在滑坡预报方面进行的研究及其提出的预报方法已众所周知，依据斋藤方法在1970年做出的日本饭山线高场山隧道滑坡破坏时间预报是世界第一例依据监测数据做出的准确预报。

斋藤提出，最好在斜坡变形初期依据第二阶段蠕变进行概略预报，接近崩塌时，依据第三阶段蠕变进行临滑预报。

依据“恒定蠕变第二阶段蠕变”进行预报是利用如下经统计而得的公式：

$$\lg t_r = 2.33 - 0.916\lg\dot{\varepsilon} \pm 0.59$$

式中：t_r——滑坡破坏时间（min）；

$\dot{\varepsilon}$——恒定应变速度（10^{-4}/min）；

± 0.59——包含95%的测定值范围。

如把0.916近似地看作1，并省略± 0.59，则上式可简化为：

$$t_r \cdot \dot{\varepsilon} = 214$$

当坡体位移进入第三蠕变阶段后，利用斋藤图解法（具体方法略）常可做出令人满意的预报。

②Pearl模型

有的研究认为，“边坡失稳破坏的发展过程曲线与描述生物生长规律的生物生长曲线类似，……，可以采用预测生物生长的方法对边坡失稳时间进行预报。”

描述生物生长的Pearl曲线的一般数学表达式为：

$$Y = \frac{K}{1 + e^{f(t)}}$$

式中K为常数，$f(t)$是自变量t的多项式，即

$$f(t) = a_0 + a_1 t + \cdots\cdots + a_m t^m$$

经简化变换后得：

$$Y = K/(1 + be^{-at})$$

按一定的方法求出参数 a、b、K 即可进行预报。

Pearl 模型作为一种预报方法可以进行探讨，但我们以为 Pearl 曲线（图 13-21）与表征斜坡破坏的蠕变曲线在形态和含义上完全不同，尤其是到后期。后者显示的是越到后期变化速率越大。剧滑时间预报就是在该曲线上寻求时间增量 $\Delta t \to 0$，位移增量 $\Delta s \to \infty$ 的那一点，物理概念清晰而明确。而前者越到后期变化速率越小，利用这一曲线进行剧滑时间预报其物理概念至少说是不明确的。所以，我们认为利用 Pearl 模型进行滑坡预报是不适宜的。

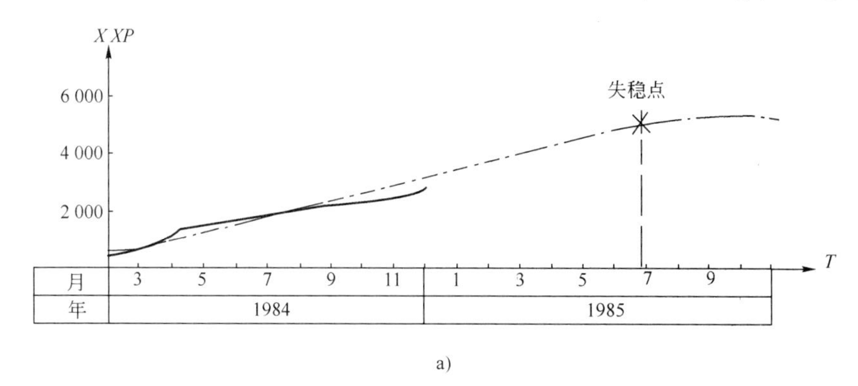

a)

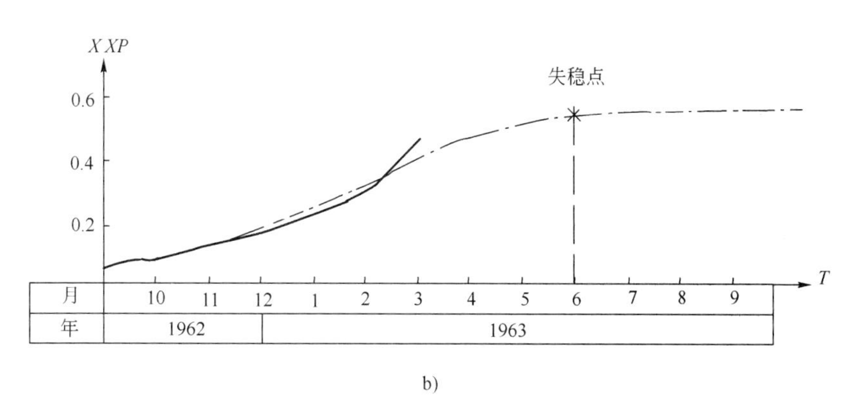

b)

图 13-21　拟合与预报曲线（实线代表实测值，点画线代表预报值）

a)新滩滑坡 A_3 点；b)Vaiont 滑坡

③灰色预报

“灰色系统”理论由我国学者邓聚龙提出，邓聚龙在其著作中指出：“灰色系统建立的是微分方程描述的模型，……，微分方程所揭示的是事物发展的连续的长过程。”显然，灰色预测适用于依据位移数据进行滑坡预报。

灰色预测的基本设想是，将原始数据进行适当处理，“使生成后的数据列呈现一定的规律，其相应的曲线（折线）可以用典型曲线逼近，然后用逼近的曲线作为模型，对系列进行预测”，最后“指出预测值的未来发展的可能范围”。

梅荣生曾采用灰色预测方法对湖北鸡鸣寺滑坡做过反演预报研究，他在文章中提出，当滑坡处于蠕动阶段，可用灰色模型进行滑坡变位趋势预测，当滑坡处于滑动阶段，则可进行剧滑时间预报。

④回归分析方法

在二维坐标系中，滑坡位移-时间关系的散点分布趋势使人们很容易联想到某种二次曲线，故可在二变量间用回归分析方法建立起一个一元二次方程：

$$y = ax^2 + bx + c$$

通过把表示该方程的曲线“适当外延”，即可解决滑坡预报问题。

通常，滑坡位移曲线图示方法如图 13-22a）所示，预报滑坡剧滑时间就是在这条曲线上寻求时间增量 $\Delta t \to 0$，位移增量 $\Delta s \to \infty$ 的那一点，此点对应的时间即滑坡剧滑时间。

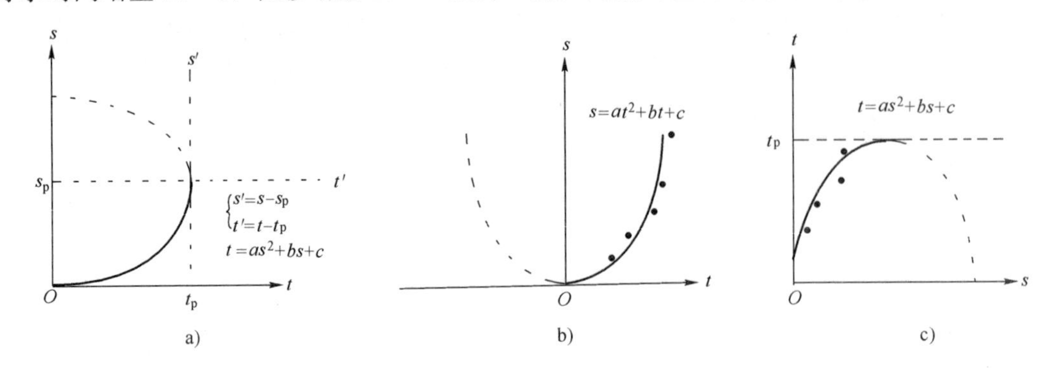

图 13-22　位移-时间曲线和时间-位移曲线

在此，应特别指出的是，该曲线并不像有的学者认为的那样符合方程

$$s = at^2 + bt + c$$

因符合该方程的抛物线在纵轴方向始终是发散的［图 13-22b)］，不可能存在 $\Delta t \to 0$，$\Delta s \to \infty$ 的点。该曲线符合方程

$$t = as^2 + bs + c$$

时，曲线上才存在 $\Delta t \to 0$，$\Delta s \to \infty$ 的那一点。

为避免混淆，可把位移-时间曲线变成时间-位移曲线［图 13-22c)］，这样按求导办法即可确定滑坡剧滑时刻。

⑤滑体变形功理论和方法

不论上述哪一种方法，都只能一个（监测）点一个（监测）点地进行分析，对那种仅靠一个点的监测资料便能反映整个滑坡动态的小型滑坡而言，上述方法均可预报出一个剧滑时刻，如日本高场山隧道滑坡的预报就是依据一个监测点的资料。

但对大中型滑坡而言，一个监测点不可能控制其动态变化，往往需设若干个监测点，由于种种原因，各监测点的位移动态不可能是同步的，更不可能是同一的，因而依据不同点的监测资料做出的预报结果也不相同。譬如，梅荣生依据 B_3、B_5、B_6、B_9 4 个监测点的资料对鸡鸣寺滑坡做反演预报时，预报结果分别为（1991 年）7 月 3 日 4：29，6 月 30 日 6：58，6 月 29 日 0：10，6 月 29 日 13：36。我们依据 10 个监测点的资料用回归法和图解法对黄茨大型滑坡进行预报时，预报结果也是离散的（详见下文）。在这种情况下，只能把多数点比较集中的时段作为预报结果。

显然，在防止和减轻各种自然灾害的工作中，如不能预报出灾害发生的确切时间，但能够给出一个不长的时段也是可取的和重要的，至少人们可以及时躲避到安全的地方，减少甚至避免伤亡。譬如，1997 年 4 月 5 日，新疆地震局依据一系列异常并参考国家地震局的意见，向伽师县人民政府发出“4 月 6 日—12 日伽师震区将再次发生 5～6 级地震”的临震预报，有关方面立即采取紧急措施，故虽然 4 月 6 日 7 时 46 分和 12 时 36 分连续发生 6.3 和 6.4 级地震，造成 2 000 多间房屋倒塌和建筑物严重损坏，但仅有 23 人受伤，无人员死亡，（据 1998 年 4 月 14 日《中国减灾报》）。

1995 年 1 月 27 日，我们向甘肃省政府发出的险情通报也是说“黄茨滑坡将于 1995 年 1 月 31 日至 2 月 7 日整体下滑”，这一时段是根据 10 个监测点离散的预报结果统计出来的，而不是对滑坡位移动态进行整体分析所得。实际上，宏观看来，即便是一个大型滑坡发生剧滑，它也是整体的同步的。所以，如能据多个监测点的位移资料预报出一个统一的剧滑时刻，则不仅符合滑坡运动的实际，也将是学科水平和技术能力的进展和提高。

在这一方面，1994 年，廖小平发表论文《滑坡破坏时间新理论探讨》，把塑性力学理论引入滑坡预报，在黄茨滑坡的预报实践中，这一理论和方法又得到了进一步完善。

这一理论的基本依据是：

斜坡破坏产生滑坡这一灾变的力学过程，其实质是滑坡滑带塑性区的发育和发展过程，即滑带岩土体渐进破坏，或滑带塑性区逐渐扩展，滑面全部贯通并达到极限破坏，于是滑坡发生。如图 13-23 所示，我们建立了一个斜坡的平面应变刚塑性模型，并满足体积不变，即材料不可压缩的假定。

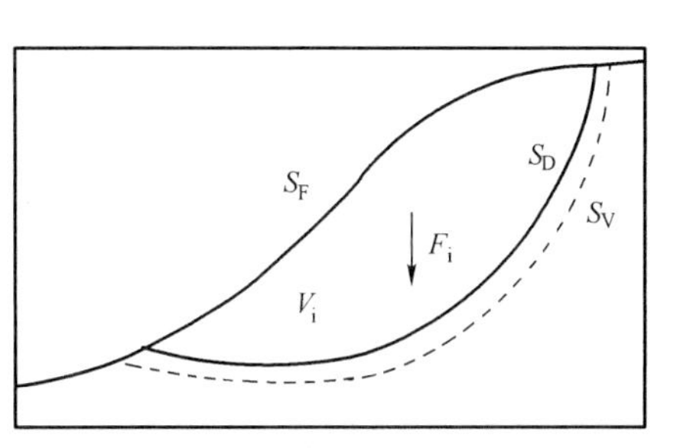

图 13-23 斜坡平面应变刚塑性模型

首先，我们假定 V_i^p 为该斜坡刚塑性体上真实破坏时的位移速度场，另外，采用有限单元等数值分析方法模拟斜坡破坏产生滑坡，此时可得一个静力容许的应力场 σ_{ij}^*，同时可得到一个机动容许的速度场 V_i^*，在边界 S_v^* 上满足速度边界条件，同时满足材料不可压缩条件，在滑面 S_D^* 上存在速度间断 $[V_t^*]$。则据塑性力学理论的下限定理有：

$$\int_v F_i^p V_i^p \mathrm{d}v \geqslant \int_v F_i^* V_i^p \mathrm{d}v \tag{13-1}$$

式中：F_i^p——第 i 条块在斜坡破坏时的体积力；

F_i^*——第 i 条块在斜坡变形过程中某时刻的体积力。

又根据塑性力学理论的上限定理有：

$$\int_v F_i^p V_i^p \mathrm{d}v \geqslant \int_{S_D^*} k[V_i^*]\mathrm{d}S_D^* \tag{13-2}$$

式中：k——剪切屈服极限强度。

根据虚功原理方程有：

$$\int_v F_i^p V_i^* \mathrm{d}v = \int_v \sigma_{ij}^p \varepsilon_{ij}^* \mathrm{d}v + \int_{S_D^*} k[V_t^*]\mathrm{d}S_D^* \tag{13-3}$$

若滑坡变形按平面应变问题考虑，并且按刚性块体在速度间断面上相互移动，则有：

$$\int_v \sigma_{ij}^p \varepsilon_{ij}^* \mathrm{d}v = 0$$

式（13-3）可转化为：

$$\int_v F_i^p V_i^* \mathrm{d}v = \int_{S_D^*} k[V_i^*]\mathrm{d}S_D^* \tag{13-4}$$

又根据虚功原理，并结合理想刚塑性体解的唯一定理有：

$$\int_{v} F_{i}^{*} V_{i}^{p} dv = \int_{v} F_{i}^{p} V_{i}^{*} dv \tag{13-5}$$

结合式（13-1）、式（13-2）、式（13-4）、式（13-5）可得：

$$\int_{v} F_{i}^{p} V_{i}^{p} dv = \int_{S_{D}^{*}} k[V_{i}^{*}] dS_{D}^{*} \tag{13-6}$$

另外，考虑任一速度场 V_i，结合塑性力学下限定理在平面应变问题中的应用以及滑坡块体的蠕变变形规律有：

$$\int_{v} F_{i}^{p} V_{i}^{p} dv = \int_{v} F_{i} V_{i} dv \tag{13-7}$$

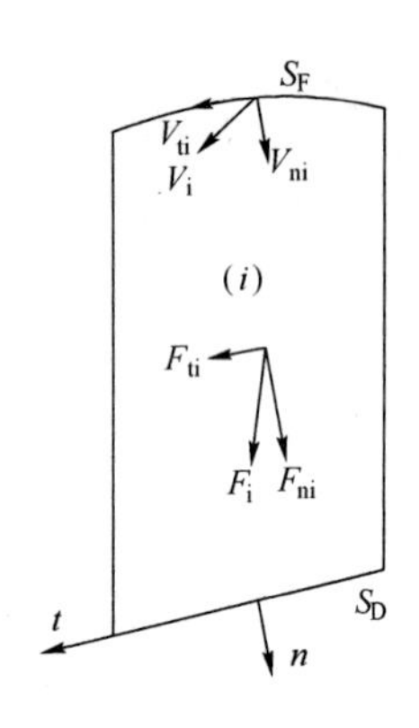

图 13-24　典型条块示意图

式（13-7）和式（13-6）表明，在斜坡变形过程中，在任意速度场上体力所做功的功率不大于斜坡极限破坏时体力在其相应速度场上所做功的功率；并且，破坏时的功率对某具体滑坡而言是一定值，该值可由数值计算方法模拟斜坡破坏求得（有关理论公式的推证从略）。

如图 13-24 所示，对于滑体上的任一条，即第 i 条块，在滑面 S_D 上法向速度不间断有 $[V_n]=0$；切向速度间断，且令 $[V_t]=V_t$。假定速度分布呈线性，结合滑体的变形行为和监测实际情况，则

$$F_{i} V_{i} = F_{ti} V_{ti} + \frac{1}{2} F_{ni} V_{ni} \tag{13-8}$$

对于整个滑坡而言（共 n 条块）：

$$\int_{v} F_{i}^{p} V_{i}^{p} dv = \sum_{i=1}^{n} \left(F_{ti} V_{ti} + \frac{1}{2} F_{ni} V_{ni} \right) \tag{13-9}$$

而

$$\int_{v} F_{i}^{p} V_{i}^{p} dv = \int_{S_{D}^{*}} k[V_{i}^{*}] dS_{D}^{*}$$

其中

$$[V_{t}^{*}] = \frac{\lambda}{2} \int_{0}^{h} [\sqrt{(\sigma_{Y} - \sigma_{X})^{2} / (\sigma_{X} \cdot \sigma_{Y} + \tau_{XY}^{2})} - f_{0}] \sin\alpha dy$$

式中：h——滑带塑性区厚度；

λ——滑带岩土的流动系数；

$f_0 = k/\sigma$，σ 为法向应力。

我们称 $\int_v F_i V_i dv$ 为变形功率，$\int_v F_i^p V_i^p dv$ 为破坏功率。比较二者的相对大小，即可进行滑坡变形阶段预测。当然，变形阶段的划分标准尚有待结合大量实践予以确定，目前还只能进行定性的评估。

同时，还可求得滑坡坡体变形过程中所做的功为：

$$\int_{0}^{t} F_{i} V_{i}^{t} dv dt = \int_{v} F_{i} S_{i} dv$$

根据滑坡变形破坏的特点，其变形（位移）功必然满足渐进破坏准则，并最终达到某一峰值导致滑体整体下滑。因此，滑体变形功可作为滑坡破坏时间的预报参数，可据其较准确地确定滑坡剧滑时间，由于是采用积分办法处理，所以不论多少个监测点，最后总会得出一个具体的时刻，这也是这种做法的优点所在。而且这种做法综合考虑了全场位移、位移速度及滑坡体力等基本因素，综合体现了滑坡变形的动态规律。

滑体变形功预报理论的提出及其在滑坡预报中的成功运用，无疑是滑坡时间预报的一个突破性进展，下文介绍的黄茨滑坡的成功预报，标志着我国在滑坡时间预报方面已达到国际先进水平。

⑥滑坡位移无线遥测预报系统

要想做出准确的滑坡预报，必须采取“逐步逼近”的工作方法，不间断地采集位移动态数据，随时对预报结果进行修正，方能获得最好的结果，即使是在临滑预报阶段也不例外。但是，临近发生剧滑时，为了安全起见，监测人员必须远离滑坡区，不能再到滑坡体上测量或读取位移变化数据，研制开发滑坡位移无线遥测系统势在必行。

在 1995 年 1 月成功预报黄茨滑坡之后，我们研制出了滑坡位移无线遥测预报系统，并在 1996 年 2 月准确预报了焦家 3 号滑坡。

该系统（图 13-25）的核心部分是遥测主台以无线方式与遥测分台进行长距离的无线通信（通信距离可达 10km）；而分台则是通过传输线与子分台进行有线通信（一般为几百米，否则将会有干扰），子分台不能与主台直接联络，而必须通过分台。主台作为整个系统的主控中心，直接控制分台进行相应的工作，分台根据主台的命令指挥子分台进行相应的操作，不用变换频率（在同一频率内）。主台可带 8 个分台，每个分台又可带 8 个子分台，又因分台也能同时监测数据，故一个完整的遥测系统可以同时监测 72 个点，可以满足一个大型滑坡或几个中小型滑坡（与主台的距离均要小于 10km，且目视直达）的监测需要。主台可以与计算机和打印机直接连接，一旦与计算机联机后，主台就受计算机控制，此时，所有命令均由计算机发出，主台就作为一个接收器将其收到的各个分台、子分台的信息自动输入到计算机内，计算机通过“滑坡破坏时间预报分析计算软件”进行预报及报警工作。本系统具有功耗低，工作稳定可靠，自动化程度高，操作简便等特点，适合野外工作条件，尤其是在寒冷冬季－25℃的气候条件下，仍能长期稳定可靠地工作，这在很大程度上减轻了现场监测人员的劳动强度。

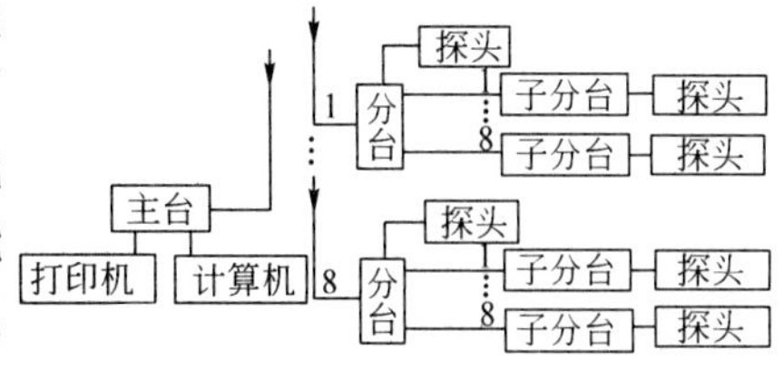

图 13-25 滑坡位移无线遥测系统原理

4）滑坡时间预报实例——黄茨大型滑坡的预报

（1）黄茨滑坡概况

黄茨滑坡位于甘肃省永靖县盐锅峡镇黄茨村北侧黑方台南缘，从坡脚到台塬顶面高差百米许，坡脚是一常年流水的水渠，紧靠水渠南侧即为人口密集的居民区。距坡脚百米之遥是兰州通往盐锅峡化工厂和盐锅峡水电站的公路（图 13-26），滑坡与公路之间原有居民 63 户计 300 余人。

据地表形迹判断，该滑坡是一个上覆厚层黄土的顺层岩石滑坡，主滑方向为 SE30°左右，直指黄茨村。

黄茨滑坡不仅规模巨大（前缘宽约 300m，后缘宽约 500m，长 370m，体积近 $6\times10^{6}m^{3}$），而且地形复杂，中前部是由白垩系红层组成的三条 SSE 走向的山梁，即所谓西山梁、中山梁和东山梁。东山梁东侧和西山梁西侧是两条常年有地下水淙淙而出的自然沟，构成滑坡东、西边界。滑坡中后部是黄土构成的陡坡和台塬——黄河四级阶地之一。台塬边缘走向 NEE。台塬前方是相当宽阔的二级阶地。

据地表调查：黄土中有较发育的垂直节理，各冲沟中几乎均有串珠状分布的黄土陷穴；

白垩系红层呈单斜构造；代表性产状为 N50°～60°E/13°～15°S，节理比较发育；在东山梁东坡可见地下水沿红层中层面渗出（滑面位置），东、西两沟沟头部位也有地下水从基岩中渗出，滑坡区其他部位均未见地下水出露。

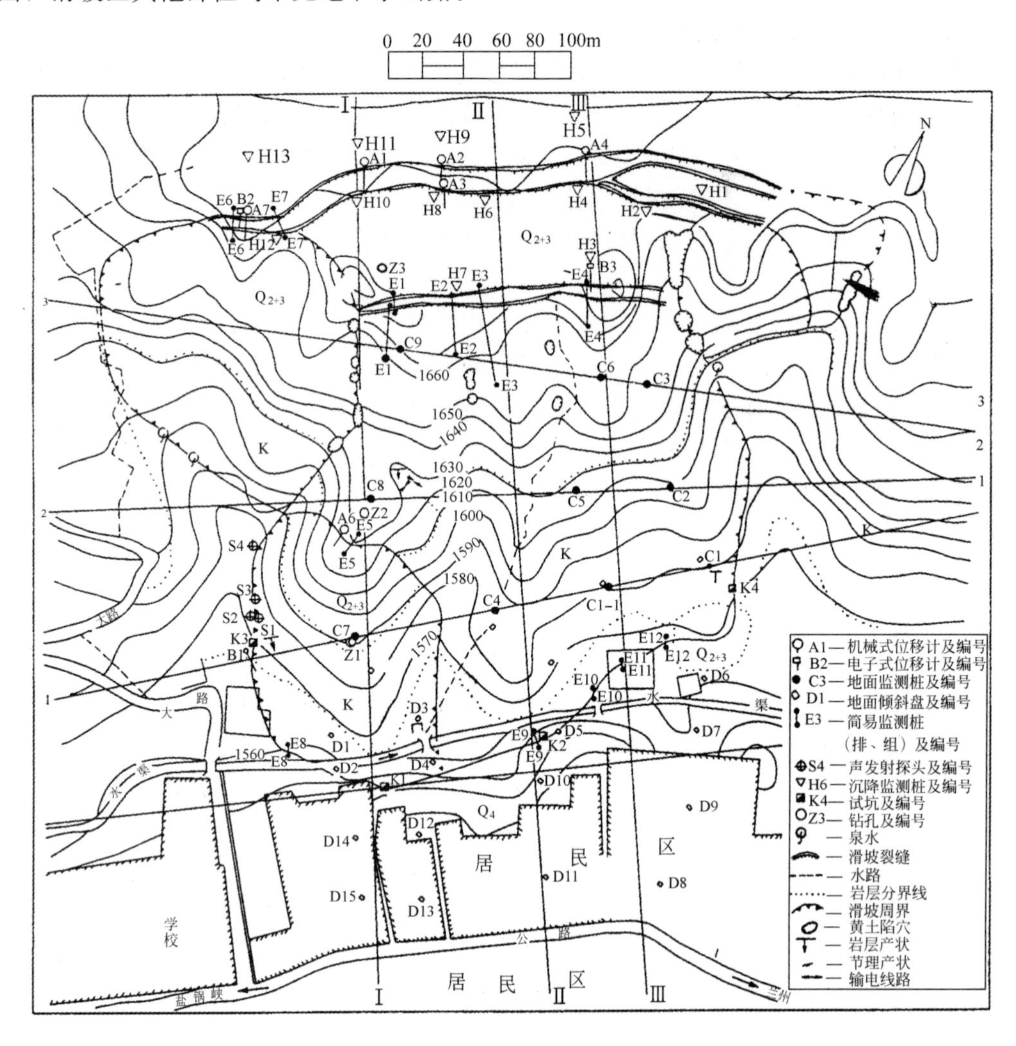

图 13-26　黄茨滑坡工程地质及监视测点布置

据位于台塬上的 Z3 钻孔所见：黄土层厚 42.67m，31.73～40.90m 为厚达 9m 的软塑层，40.90～42.67m 为可塑状态；卵石层厚近 8m（42.67～50.25m），夹少量粗砂，潮湿；卵石层以下是白垩系暗红色泥岩夹泥质砂岩；54m 处为稳定水位。

对黑方台上耕地的长期超量漫灌是黄茨滑坡的主要诱发因素。

黄茨滑坡并不完全是一个新生的滑坡，它曾经经历过不止一次滑动，实际上是一个古滑坡。非常明显的证据之一是，西山梁从上到下有三个平台，相应的，卵石层也有三个不同的高程（图 13-27），这显然是古滑坡作用的结果，亦即西山梁曾经产生两级滑坡，造成黄土层、卵石层及部分红层的滑动。

（2）各种监测设备的布设及其效果

为能采用综合监测手段做出准确的临滑预报，我们共设置了 8 种监测设备，其中电子记录式位移计和声发射仪属试验性质。

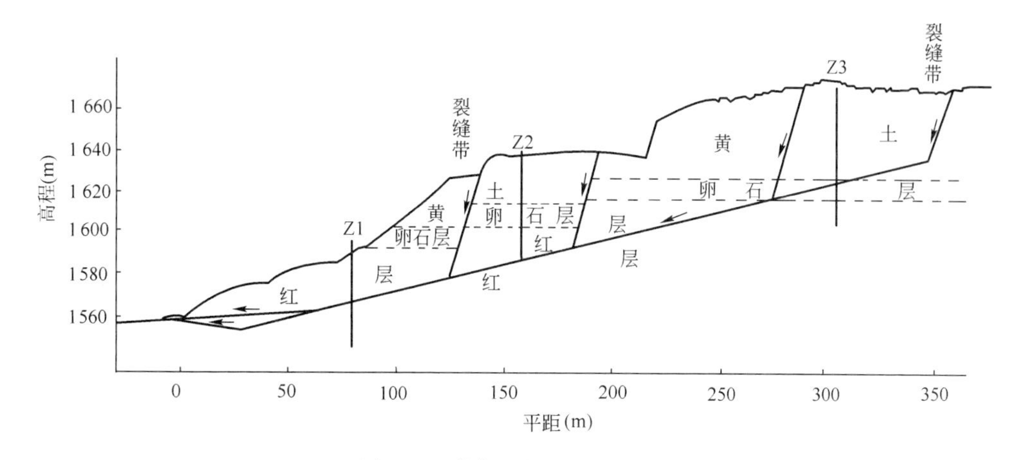

图 13-27　黄茨滑坡Ⅰ—Ⅰ地质断面

①地面监测网

该滑坡规模巨大，地形复杂，属于滑坡范围的宽近百米的四级阶地上裂缝很多（近 20 条），尽管工作伊始就在后缘裂缝上设置了 4 台机械式自记位移计，但并未控制所有裂缝。为了更可靠地监测滑坡的动态变化，后又设置了用经纬仪监测的地面监测网。根据实际地形条件，设置了 3 条呈辐射状的监测线，共设 10 个监测桩，每次观测到的桩的位移方向与其所在监测线垂直。3 条监测线上桩的位移方向与滑坡主滑方向（SE30°）的夹角依次为 6°、2.5°、12.5°，若将其位移值换算到主滑方向上，相差极小可略而不计，监测数据可直接使用。图 13-28 所示是这 10 个地面监测桩的 $s\text{-}t$ 曲线。

从该图可以看出：

a. 它们表现了大体相同的动态过程，主要有以下几点：

a)1994 年 10 月—12 月初，或近似匀速，或缓慢加速，或在加速、减速中波动。日均位移量在 1～5mm 之间，多数为 3mm 左右。

b)冬灌后的 12 月中、下旬，大部分桩均呈现加速状态。日均位移量达 1.9～7.1mm，多数为 4～6mm。

c)12 月底到 1 月初或 1 月中旬，除 C4 外，其余 9 个监测桩均出现一明显减速段。

d)1 月中旬开始显著加速运动，直至破坏。1 月 14 日—25 日，日均位移量达 7.3～12mm，多数为 7.4～9.3mm。1 月 25 日—27 日，日均位移量达 8.5～25.5mm，多数为 10～19.5mm。

b. 从开始监测到滑体下滑，只有地面监测桩监测到的位移量才反映了滑体在这一阶段的总位移量，从 1994 年 10 月 1 日到 1995 年 1 月 27 日，各桩的总位移量如表 13-6 所列，均达 500mm 左右。

各 桩 总 位 移 量　　表 13-6

桩号	C1	C2	C3	C4	C5	C6	C7	C8	C9	C1-1
位移（mm）	511	521	510	485	560	499	473	525	489	550

c. 从这 10 条 $s\text{-}t$ 曲线还可以看出，它们的同步性越到后期表现得越明显。其实，这也是进行滑坡预报的重要依据之一。

②机械式自记单点位移计

共设置了 6 台机械式单点位移计，其中 A1、A2、A3、A4 设在后缘裂缝上，A6 设在西山梁前部那一块滑坡的后缘裂缝上，A7 设在西沟头块的后缘裂缝上。由于后缘裂缝带较宽，

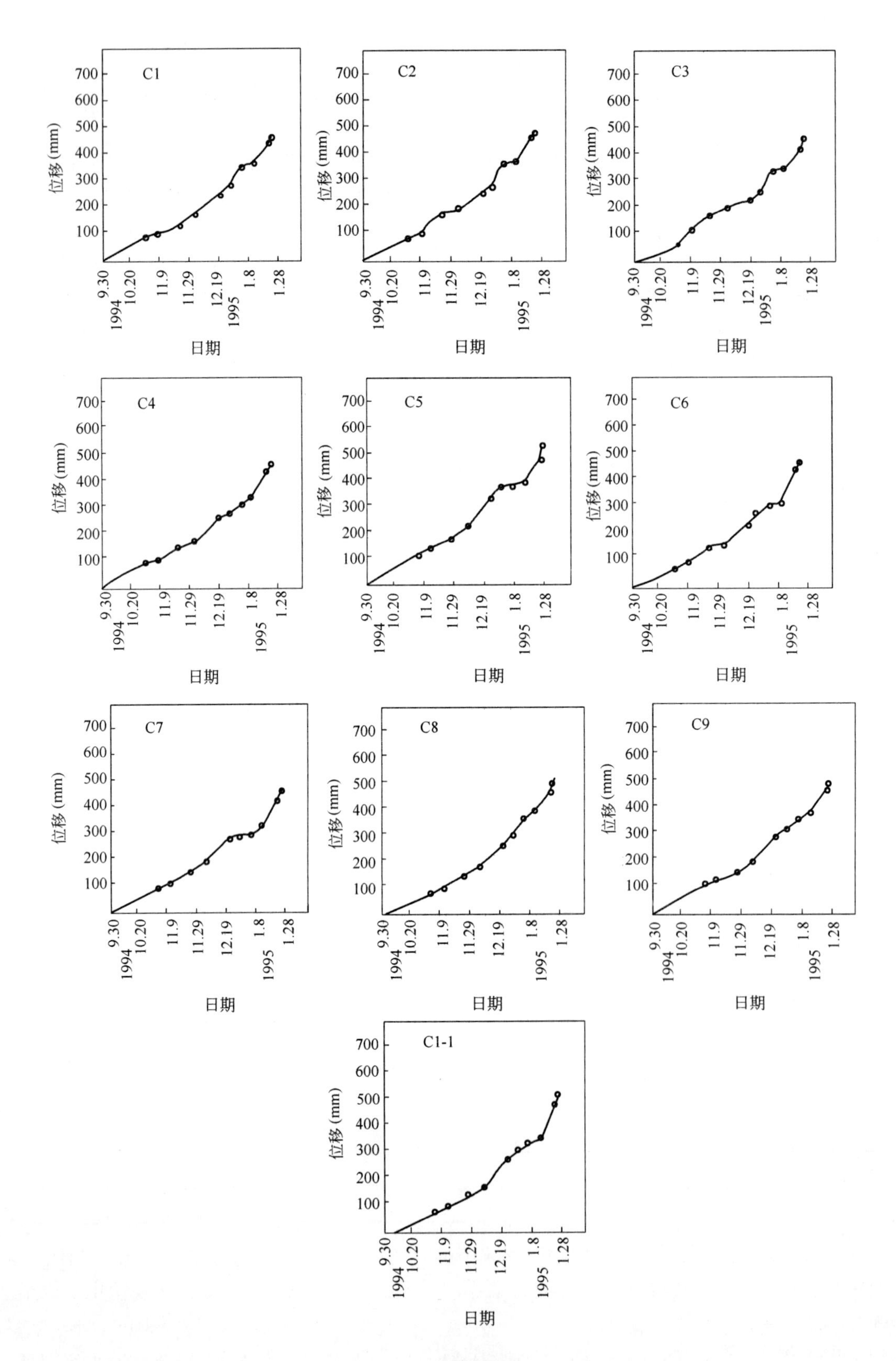

图 13-28　10 个地面监测桩的 s-t 曲线

A2 和 A3 采用了“接力”方式（图 13-26）。

由于滑坡后部的四级阶地面上有两个裂缝带，而 A1、A2＋A3、A4 仅控制了一个裂缝带，所以，它们的监测资料不能全面地真实地反映滑坡的动态。

A7 位移计安设于 1994 年 11 月中旬，其监测线跨越了西沟头块滑坡后缘裂缝，所获监测资料可充分说明该块滑坡动态。由 A7 位移计的 s-t 曲线可看出：从 11 月 15 日到滑体下滑，总位移量为 173.6mm。11 月 15 日—30 日大体呈匀速运动，11 月 30 日—12 月 10 日速度稍减，12 月 10 日—25 日基本为加速运动，12 月 25 日—1995 年 1 月 5 日为减速段，1 月 5 日起再次加速直至破坏，其动态过程也与滑坡主体大体吻合。从而说明，此块滑坡虽位于西沟沟头，前方有较好的临空条件，后缘已形成独自的弧形裂缝，但其滑面与黄茨滑坡主体部分滑面为同一层层面，其位移动态仍受主滑体制约。同时，又一次说明了黄茨滑坡的整体位移特点。

根据各位移计连续自动记录的 s-t 曲线，不同部位、不同时段的滑体具有不同的运动方式，大略可分为三种：

a. 脉动式。静止一段时间突然动一下，而后静止一段时间再动一下，如图 13-29 中的 A4（进口仪器）。

b. 续动式。静止与位移相交替，形成连续小台阶状，但每次位移并不像脉动式那么突然，有一个渐变过程，整个曲线比较圆滑，不像脉动式曲线那么棱角分明，如图 13-29 中 A1 位移计在 1994 年 10 月的曲线。

c. 速动式。滑体不停地运动，s-t 曲线基本呈直线状，如图 13-29 中 A1 位移计在 1995 年 1 月份的曲线。

显然，这与滑体所处的滑动阶段与滑动速度有关。

③沉降监测桩

滑坡后部四级阶地上两个裂缝带之间有较明显的沉降现象，为了解沉降情况，1995 年 11 月 30 日在平台上埋设了 13 个沉降监测桩，大部分集中在后缘裂缝带两侧，各沉降监测桩的具体位置见图 13-26。

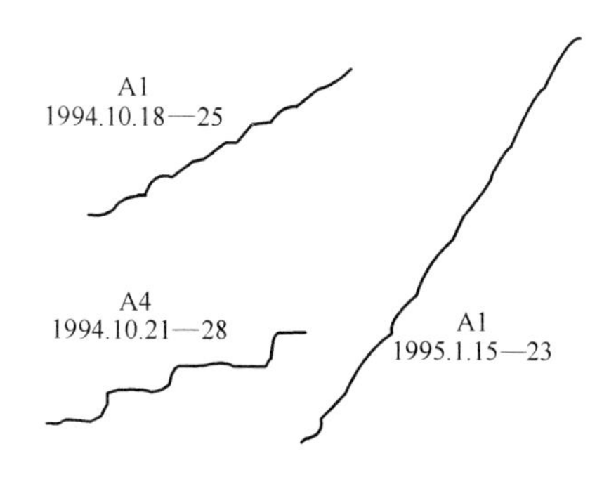

图 13-29　滑体的三种运动方式

由于埋设较晚，观测次数较少。1995 年 1 月 7 日进行初始观测，后于 1 月 14 日、1 月 24 日进行了两次观测。现将各桩的沉降量列于表 13-7。

沉降监测桩沉降量　　表 13-7

桩号	H1	H2	H3	H4	H5	H6	H7	H8	H9	H10	H11	H12	H13
沉降量（mm）	—	63	81	14	－10	63	75	93	－14	161	－4	191	1

由图 13-26 可知，H5、H9、H11、H13 与后缘裂缝有一段距离，应该不发生沉降。H5、H9、H11 产生少量负沉降（上升），应与冻胀影响有关，H13 应视作没有沉降。

位于后缘主裂缝带前缘的 H2、H6、H8 三个桩在半个月中下沉 60～90mm。位于 A4 位移计附近的 H4 下沉量最小，仅 14mm。结合 A4 的资料，可以认为此处比较稳定。位于 A1 位移计处的 H10 下沉量较大，达 161mm。下沉量最大的是位于西沟头的 H12，达 191mm，日均下沉 13mm，说明西沟头块滑坡活动较强。位于台塬边缘裂缝北侧的 H3、H7 的下沉量与 H2、H6、H8 相当，说明两裂缝带间的地块具有大体相同的下沉速率。

④简易监测桩

所谓简易监测因地制宜有不同的方法，我们为监测地表裂缝，采用打木桩办法，每一排的桩数酌情而定。

这次监测工作中在两个部位埋设了简易监测桩：

a. 台塬边缘裂缝带简易监测桩

前文已说明，在台塬上有两个裂缝带，其中一个位于台塬边缘，这里都是动体，安设单点位移计无大意义，为了了解其大略动态，设置了四排简易监测桩，每排含桩数 5 个、6 个不等，即图 13-26 中 E1、E2、E3、E4。

1994 年 8 月 1 日至 1995 年 1 月 28 日，对这些桩整整监测了 40 次，获得 680 个数据。

在这 680 个数据中有 67 个为负位移（含发生负位移后的稳定值），约占 10%。一次负位移值均为 1～2mm。

经历 6 个月后，各排简易桩的总加长量是：E1——290mm，E2——330mm，E3——247mm，E4——236mm。最大相差近 100mm。

这四排桩均位于动体内，其位移数据对滑坡体动态说明不了多少问题，但是，却很好地说明每条裂缝都不断在加宽。所以，地面监测桩的位移不可能全部“传递”到后缘的单点位移计上。

如将简易桩以适当密度纵穿整个裂缝带，其监测资料将会有较大意义。

b. 滑坡出口部位的简易监测桩

滑坡前缘的剪出口出现之后，跨越出口裂缝设置了 5 组监测桩（具体位置见图 13-26），从 1994 年 11 月 12 日至 1995 年 1 月 28 日共观测了 73 次，获得了 365 个数据，各组简易桩（E8～E12）的总位移量依次为－112mm、－280mm、－334mm、－289mm、－229mm。西山梁处滑坡出口位置变化较大，故 E8 的负位移（桩间距缩短）较小，未能真实反映出口处的位移变化。E12 受东山梁前缘“较稳定的黄土包”的影响，变化过程也不够典型。

E9、E10、E11 三组监测桩的资料比较有代表性，他们表现出如下规律：

a）1994 年 11 月，绝大多数的监测值显示几乎每天都在缩短，每一组桩间都产生负位移，其绝对值多为 1mm 或 2mm，少数达 3～4mm。

b）1994 年 12 月，除第 4 组之外，其余每天都产生负位移，其绝对值多为 3～4mm，少数几次达 5～6mm。

c）1995 年 1 月，滑体加速向前移动，绝大多数的日位移量达 5～6mm，1 月 25 日后多大于 7mm，1 月 29 日，E10、E11 两组桩间的位移绝对值为 10mm。

滑坡出口部位的监测桩，虽然桩数不多，监测时间不长，但充分说明滑坡的整体位移及速度。

⑤地面倾斜盘

为早日发现和大体确定滑坡出口的可能位置，我们从斜坡坡脚水渠两侧到公路埋设了 4 排 15 个地面倾斜盘（D1～D15），第一排在水渠北侧紧靠坡脚，第二排在水渠南侧，第三排在水渠与公路间，第四排靠近公路。具体位置见图 13-26。

经过几个月的观测发现，入冬以前，第三、第四排一直未动，入冬以后，有的倾斜盘稍有倾斜，分析可能与冻胀有关，本欲解冻后再做结论，滑坡下滑失去了这一机会。从滑后滑坡到达位置分析，这两排倾斜盘应该不受滑坡蠕动挤压的影响，故仅对水渠两边的 7 个倾斜盘的资料加以分析。

由图 13-26 可知，D1、D2、D3、D4 分布在西山梁前缘两侧，D5 位于中山梁前缘，D6 和 D7 位于东山梁前缘。

据所获资料可得到如下信息：

a. 西山梁活动性最强、位于水渠北侧的 D1 和 D3 的变化一直保持着强劲势头，位于水渠南侧的 D2 和 D4 也产生较大倾斜。后来，水渠南侧地表陆续出现裂缝，但这些裂缝出现的时间滞后于倾斜盘的变化。

b. 从 1994 年 11 月 1 日起，D1 一直倾向 NE，说明此处将出现反翘。

c. D3 也一直倾向 NE，说明滑体顺 N50°E/13°S 的层面滑动，这里受到了一定程度的推挤。D4 与其类似，只是倾斜变化较小。

d. D2 的倾斜方向由 NE 而 SW 而 NW，变化较大，说明初期它也受到顺层推动的影响，到后期向 NW 倾斜，出现反翘趋势。

e. D5 虽然离水渠不远，但其位置较低，且在附近试坑 K2 的出口外侧，这应是其变化较小的原因。

f. D6 尤其是 D7 的变化稍大于 D5，根据滑动前后的情况还提不出很有说服力的解释，如果观测时间更长一些，情况将会比较明朗。

⑥钻孔测斜

由于经费所限，当时只钻了 3 个孔（具体位置见图 13-26），在西山梁构成一个勘探断面。这 3 个孔中均埋设了测斜管进行深部位移监测，以期确定滑面位置。

Z1 孔是 8 月 11 日埋设的测斜管，9 月 5 日进行监测时便发现在 28.75m 处测斜管变形严重，测斜探头下移困难。次日，测斜探头不仅完全下不去，而且探头底部还被软泥污染。这一情况一方面揭示了 Z1 孔滑面的位置，另一方面也说明西山梁前部这一块活动性很强。

Z2 孔钻探深度不够，没有测到滑面位置，但可说明滑面应低于孔底。Z3 孔的监测效果较好，监测资料表明有两层滑面：下部 42m 处有一层滑面，此与地质分析一致，刚好位于卵石层顶面的软塑黄土层底部；上部 21m 处还有一层滑面，对此没有找到地质依据，可能是一条后缘破裂面。

由图 13-27 可知：将 Z1 和 Z3 孔的滑面位置相连，滑面倾角为 14°，与岩层倾角吻合，证明确是顺层滑动；滑面线刚好通过 Z2 孔底，从而揭示了 Z2 孔测不到滑面的原因。

⑦电子记录式位移计

在黄茨滑坡监测期间先后设置了三台电子记录式位移计，即图 13-26 中的 B1、B2、B3。这种仪器有连续自记并将数据存储于单片机中的功能，记数时间间隔为 10min。此处只对 B2 的监测结果做简单讨论。

B2 安设较晚，1994 年 11 月 25 日才开始工作。1994 年 12 月 22 日—1995 年 1 月 22 日，仪器故障，无资料。

表 13-8 所列是 A7 和 B2 的对比资料。

A7 和 B2 资料对比 表 13-8

日期	A7		B2		日期	A7		B2	
	日值 (mm)	累计 (mm)	日值 (mm)	累计 (mm)		日值 (mm)	累计 (mm)	日值 (mm)	累计 (mm)
1994.11.25	1.0	1.0	0.9	0.9	1994.11.29	0.2	10.8	1.9	9.1
26	3.2	4.2	1.8	2.7	30	0.2	11.0	1.6	10.7
27	0.0	4.2	2.4	5.1	1994.12.01	1.2	12.2	1.6	12.3
28	6.4	10.6	2.1	7.2	02	0.8	13.0	1.8	14.1

续上表

日　期	A7		B2		日　期	A7		B2	
	日值（mm）	累计（mm）	日值（mm）	累计（mm）		日值（mm）	累计（mm）	日值（mm）	累计（mm）
1994.12.03	5.0	18.0	2.0	16.1	1994.12.16	2.0	42.2	1.8	42.0
04	0.0	18.0	1.9	18.0	17	3.0	45.2	2.3	44.3
05	0.0	18.0	1.5	19.5	18	4.0	49.2	2.0	46.3
06	0.0	18.0	1.4	20.9	19	0.0	49.2	3.0	49.3
07	4.2	22.2	1.5	22.4	20	0.0	49.2	2.0	51.3
08	0.0	22.2	1.0	23.4	21	0.4	49.6	2.7	54.0
09	0.0	22.2	0.8	24.2	1995.01.23	7.0	7.0	3.2	3.2
10	0.0	22.2	4.1	28.3	24	(7.0)	14.0	4.6	7.8
11	1.4	23.6	1.9	30.2	25	6.0	20.0	6.3	14.1
12	12.2	35.8	1.7	31.9	26	3.0	23.0	6.1	20.2
13	0.0	35.8	3.3	35.2	27	9.0	32.0	6.8	27.0
14	0.0	35.8	2.1	37.3	28	8.4	40.0	7.5	34.5
15	4.4	40.2	2.9	40.2	29	8.0	48.0	7.5	42.0

由表13-8看出，每台位移计在两个阶段的累计位移量均很接近，而且十分有趣的是，12月1日、7日、15日三天（几乎）完全相等。而7日、15日以前2～3天A7的位移量均为“0”，因而认为，B2电子记录式位移计不仅所测数值可靠，而且仪器灵敏性还优于A7。

后来，我们对各台位移计的灵敏性做了测试，结果表明，（国产的）A7机械式位移计确实存在“跳动”现象（进口仪器不存在这种现象），进而证实我们自行研制的电子记录式位移计灵敏度高，所测数据准确。

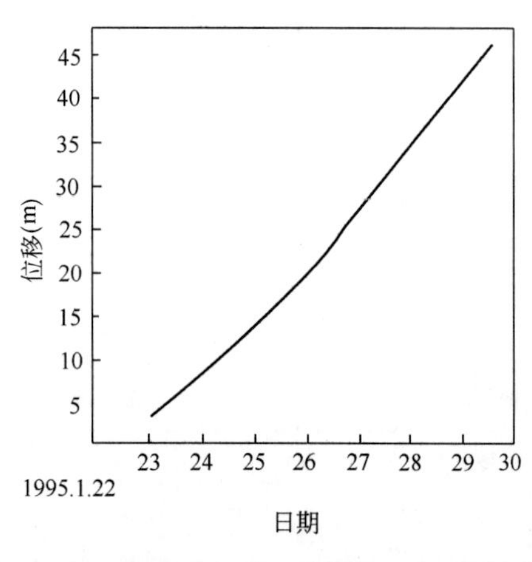

图13-30　B2的日位移 s-t 曲线

图13-30是B2位移计自1995年1月23日起 s-t 曲线。从这段曲线看，滑体一直处于加速状态，但速度递增率较小，总体来看近似匀速运动，直到29日速度递增率才明显加大。但从下文可知若时间轴以小时或以10min为单位，情况将有所不同。

⑧声发射监测

前文已述及，不再重复。

综合上述，除声发射仪由于探头埋设位置不十分理想，其仪器多次改进，正常工作时间较短以及该项技术用于滑坡预报尚不太成熟等原因，获取的资料尚不能很好说明问题外，其余各种监测手段都很好地发挥了各自的作用，对全面了解这一大型滑坡的动态提供了宝贵的资料。由于该滑坡的具体特点，在预报中起关键作用的不是设在后缘裂缝上的单点位移计，而是位于滑体中前部的10个地面监测桩构成的地面监测网，但位移计记录了确切的剧滑起始时间。设在滑坡前缘的地面倾斜盘对早期判定滑坡出口起了良好作用。滑坡出口裂缝出现后埋设的5组出口监测桩提供的资料也有重要价值。

为确切查明滑面位置而进行的钻孔测斜也取得了令人满意的结果。但需要说明的是，若仅从监测预报出发，比较昂贵的钻探工作不一定非做不可。

（3）剧滑时间预报

由前文分析可知，尽管我们先后设置了6台机械式自记单点位移计，而且其中4台是在监测工作伊始就设在后缘主裂缝上的，但由于后缘裂缝带很宽，位移计未能控制滑坡全部位移动态，所以，黄茨滑坡的预报主要依靠设在主滑段地表的10个地面监测桩。

为了验证各种预报方法的可靠性，也为了确保预报成功，在这一大型滑坡的预报工作中，我们既运用了斋藤图解法，也运用了回归分析法，当然，更重要的是首次实际运用了滑体变形功预报方法。

基于黄茨大型滑坡监测预报工作的特点，在工作之初我们还确定了被后来的实践证明是正确有效的工作原则：多种手段，系统监测，逐点分析，逐步逼近，综合决策，总体预报。

现将预报过程及预报结果介绍如下：

①变形阶段划分与确定

a. 计算黄茨滑坡滑体破坏功率

根据前述滑体破坏功率计算原理和方法，并结合黄茨滑坡的工程地质及水文地质条件，可以计算出黄茨滑坡滑体破坏功率：

$$\int_{v} F_{i}^{p} V_{i}^{p} \mathrm{d}v = \int_{S_{D}^{*}} k[V_{i}^{*}] \mathrm{d}S_{D}^{*} = 7\ 850\mathrm{N \cdot m/s}$$

应该指出，参数值的选取具有一定的经验性和人为性，此处仅以定量计算结果作为一种定性破坏标准。

b. 绘制黄茨滑坡变形功率频谱曲线

根据破坏功率和各个时刻的变形功率可绘出如图13-31所示之变形功率频谱曲线。

由图13-31可以看出，1994年11月29日以前，变形功率大体相当于破坏功率的14%，12月22日达25%左右，1995年1月25日近50%，1月27日则近75%，呈现直逼破坏功率的发展趋势，可认为滑坡已处于十分危险的状态。

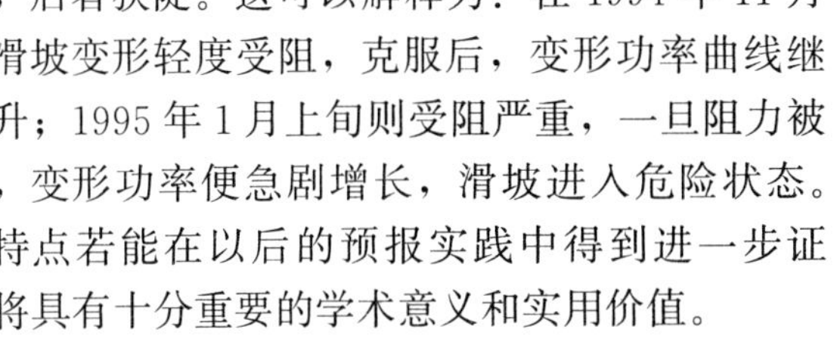

另外，从该频谱曲线中还可看出，在1994年11月下旬和1995年1月上旬出现两个低谷，前者宽缓，后者狭陡。这可以解释为：在1994年11月下旬滑坡变形轻度受阻，克服后，变形功率曲线继续爬升；1995年1月上旬则受阻严重，一旦阻力被突破，变形功率便急剧增长，滑坡进入危险状态。这一特点若能在以后的预报实践中得到进一步证实，将具有十分重要的学术意义和实用价值。

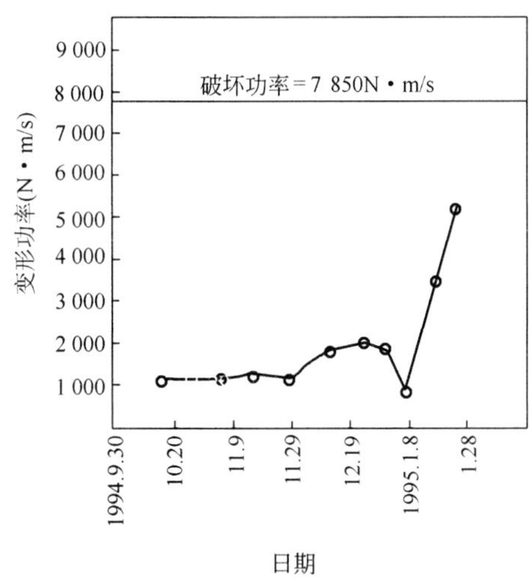

图13-31　黄茨滑坡变形功率频谱曲线

c. 变形阶段划分与确定

除计算分析黄茨滑坡滑体破坏功率及其变形功率频谱规律之外，从黄茨滑坡宏观变形迹象发现：自1994年11月起，后缘裂缝向东西两侧发展，东西两块的块体变形特征显现出来；随后东西两沟局部块体开始崩塌，1995 年 1 月初，崩塌日趋严重；其前缘出口在 1994 年 11 月中旬大体贯通生成，日变形量为 1～4mm，12 月变形量为 3～6mm，1995 年 1 月则达到 5～7mm，最后达 10mm。从地面监测网的资料可以看出，1995 年 1 月下旬，坡体位移日变形量普遍达到 10mm。经综合分析判断，认为黄茨滑坡变形于 1994 年 11 月中下旬进入短期预报阶段；1995 年元月中下旬，黄茨滑坡变形已处于临滑预报阶段。这种短、临变形阶段的划分与确定，对进行有效可靠的预报分析与计算，做出科学预报决策，具有重要的现实意义和实用价值。

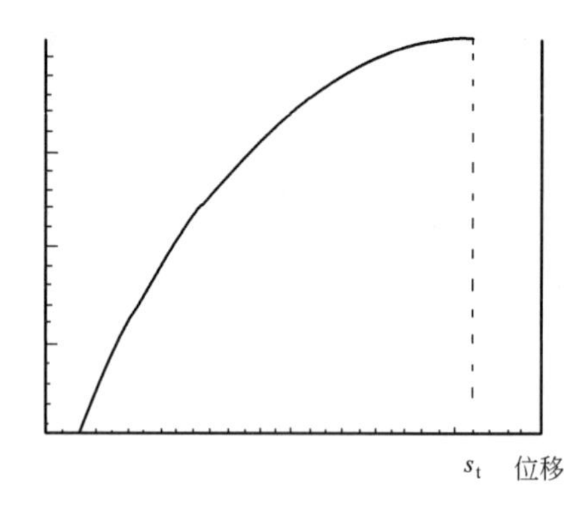

图 13-32 回归统计模型法计算原理

②逐点分析

我们采用的逐点分析方法主要是多项式回归统计模型法和斋藤图解法，分别对每个桩点进行破坏时间预报分析。

在多项式回归统计模型中，我们首次提出对位移-时间曲线进行坐标转置（即变为时间-位移曲线）求导获解技术，比较方便地解决了剧滑时间预报问题，如图 13-32 所示。实践证明，按二次曲线拟合比较恰当，假定：

$$t = as^2 + bs + c$$

式中：a、b、c——回归待定系数。

当剧滑时，s 急剧增长，而 $t'\to 0$。于是，可以通过寻找时间 t 的导数零值点确定剧滑时间。

即令

$$t' = 2as + b = 0$$

可得：

$$s_r = -b/2a$$

则

$$t_r = -\frac{b^2}{4a} + c$$

式中：t_r——剧滑时刻；

s_r——对应 t_r 的位移量。

基于上述原理和方法，我们分别于 1994 年 12 月 29 日、1995 年 1 月 25 日和 1 月 27 日对地面监测网 10 个桩点逐点预报分析，分析预报成果如表 13-9 所示。

回归分析成果　　表 13-9

桩号	C1	C2	C3	C4	C5	C6	C7	C8	C9	C1-1
1994.12.29	01.01	/	/	01.03	12.31	01.13	01.05	01.05	12.30	01.01
1995.01.25	02.01	02.03	02.01	01.31	01.30	01.30	01.26	02.04	02.09	02.01
1995.01.27	02.03	02.02	01.30	01.31	01.29	01.31	01.28	02.06	02.09	01.30

注：“/” 表示尚无法得出结论。

同时，我们在国内首次采用斋藤图解法用于滑坡剧滑时间预报实践。同样，也分别于 1994 年 12 月 29 日、1995 年 1 月 25 日和 1 月 27 日做过三次图解单点预报分析，分析成果如表 13-10 所示。

图解分析成果 表 13-10

桩号	C1	C2	C3	C4	C5	C6	C7	C8	C9	C1-1
1994.12.29	/	/	01.02	/	01.22	01.07	01.15	01.02	01.16	01.23
1995.01.25	01.31	01.23	01.29	02.03	01.26	01.27	01.30	02.05	02.03	02.29
1995.01.27	01.01	01.29	01.28	02.05	01.30	01.29	01.31	01.31	02.05	01.27

注："/"表示尚无法得出结论。

可见，多项式回归统计法和斋藤图解法所得各点分析结果基本吻合。1994 年 12 月 29 日分析成果表明，大多数桩点的剧滑时间介于 1994 年 12 月 30 日至 1995 年 1 月 16 日之间，其中个别桩点尚无法得出结论；1995 年 1 月 25 日分析成果表明各桩点的剧滑时间大体在 1995 年 1 月 26 日至 1995 年 2 月 9 日之间；据 1995 年 1 月 27 日分析成果可以认为：各桩点剧滑时间集中在 1995 年 1 月 28 日至 1995 年 2 月 9 日之间。

③总体预报

我们采用滑体变形功率理论进行总体预报，这对提高滑坡剧滑时间预报的准确性和可靠性具有重要意义，能够反映预报技术的精度和水平。有别于逐点分析结果，其预报结果不是一个时段，而是一个确切的时刻，并且具有整体代表性。

当黄茨滑坡于 1994 年 11 月中下旬进入短期预报阶段以后，我们基于地面监测网的 10 个桩点位移时序资料，对黄茨滑坡整体剧滑时间进行跟踪预报分析，预报成果如表 13-11 所示。

滑体变形功率法预报成果 表 13-11

计算日期	1994.11.24	12.22	12.29	1995.1.6	1.14	1.25	1.27
预报剧滑时间	1995.2.25	1.27	1.23	1.26	2.12	1.31	1.30
提前时间（d）	67	39	32	24	16	5	3
误差时间（d）	+26	−3	−7	−4	+13*	+1	0

注：*1995 年 1 月 6 日—14 日各桩点位移普遍减速。

可以看出，预报结果具有很好的收敛性，而且较好地解决了滑体各局部桩点变形的不同步性。1995 年 1 月 25 日的预报结果是黄茨滑坡将于 1995 年 1 月 31 日下滑，与实际下滑时间只差一天（这一预报结果在最终预报决策中起了十分重要的作用）。1995 年 1 月 27 日的预报结果是 1995 年 1 月 30 日，与黄茨滑坡的实际剧滑时间完全吻合。

通过对各单点分析成果进行综合统计分析，也可得出一个预报结果，尽管是一个时段而不是一个具体的时刻，但考虑到自然因素的复杂和多变，同样具有重要的实用价值，且依据滑体变形功率理论预报出的剧滑时刻在这一时段之中，故而可以说三种方法各有特点，相得益彰，既可如上述作为一个体系来使用，相互验证，最终做出准确的预报结果，也可依据具体情况单独使用。

④综合决策

黄茨滑坡滑体变形阶段划分结论表明，1995 年元月中下旬黄茨滑坡已处于临滑状态。1995 年 1 月 27 日的逐点分析结果表明，黄茨滑坡各桩点剧滑时间集中在 1995 年 1 月 28 日至 1995 年 2 月 9 日之间；1995 年 1 月 25 日滑体变形功率法的预报结果是黄茨滑坡将于 1995 年 1 月 31 日发生整体剧滑。又考虑到，黄茨滑坡的临滑前兆迹象虽然尚不十分危险，但其宏观变形日趋严重的态势已从滑体不同部位上不同程度地表现出来。综合考虑上述两方面的信息做出预报决策：黄茨滑坡将于 1995 年 1 月 31 日发生整体大滑，并给出一定的危险期，即 1995 年 1 月 31 日至 1995 年 2 月 7 日为黄茨滑坡的剧滑危险期，随即通告当地政府有关部门。1995 年 1 月 28 日，永靖县政府及盐锅峡镇有关领导获悉险情奔赴现场察看，听取情况介绍和预报依据，并共同协商，积极地及时地采取了若干减灾防灾措施。1995 年 1 月 29 日，铁道部科学研究院西北分院向甘肃省政府呈报了书面的“险情报告”。

1995 年 1 月 30 日（农历大年三十）凌晨 2 时 30 分，黄茨滑坡开始整体滑动，由于预报准确，减灾防灾措施及时有效，滑体运动距离较小，所以没有造成任何人员伤亡，财产损失也极少。黄茨滑坡险情预报创造了较好的经济效益和社会效益，并且开创了我国主要依据监测数据成功预报滑坡剧滑时间之先例，这在国际上也不多见，具有十分重要的学术意义和实用价值。

⑤位移计预报效果分析

有关单点分析的技术方法，应用效果最好的是日本学者对日本高场山隧道滑坡采用斋藤图解方法所进行的成功预报。该滑坡长约 110m，宽约 100m，是风化层沿页岩顶面的滑动。为监测滑坡动态，先后设置了多台位移计，甚至在一条纵断面上连续安装了 7 台。但赖以进行预报的仅为设在后缘裂缝（宽 40cm，错距 50cm）上的编号为 S27 的一台位移计的资料。该位移计从 1969 年 12 月 31 日开始工作，依据其 *s-t* 曲线，预报滑坡时间是 1970 年 1 月 22 日凌晨 1 时 30 分（1 月 22 日凌晨零点预报），实际滑动时间是 1 时 24 分（仅相差 6min），滑动历时 2min。作为滑坡预报，其准确度确是惊人的。

黄茨滑坡下滑后，我们对有一定独立性的控制西山梁前部的 A6 和控制西沟头块的 A7 及 B2 位移计也按这种方法做了预报反演：

据 A6，剧滑时间是 1995 年 2 月 2 日。

据 A7，剧滑时间是 1995 年 1 月 30 日。

B2 是电子记录位移计，每隔 10min 自动记录存储一个数据，如在此基础上统计出每小时的位移量，把预报精度提高到小时应该是可信的。据 B2 的小时（1995 年 1 月 29 日 11 时至 23 时）位移资料，预报的剧滑时间是 1995 年 1 月 30 日 1 时 12 分，据 B2 的每 10min 位移资料（1 月 29 日 11 时至 23 时）预报的剧滑时间是 1 月 30 日 1 时 45 分，仅较 B2 点实际破坏时间（1 月 30 日 2 时 40 分）早 55min。可见，斋藤图解法用于单点预报分析具有较好的可靠性，但也应该指出，这种方法虽然使用简单，但有一定的经验性和人为影响。

然而，我们提出的用于单点分析，并与斋藤图解法平行使用相互校验的多项式回归统计方法，在曲线拟合及剧滑时间确定方面具有明显的优点，并利用计算机技术较大程度地提高了预报工作效率，能较好地克服图解法的人为影响和多解性。如据 A7 位移计 1995 年 1 月 5 日至 29 日的资料，预报的剧滑时间是 1 月 30 日 2 时 24 分；据 B2 位移计每 10min 记录一次的资料（1995 年 1 月 29 日 14 时至 30 日 2 时 40 分），预报的破坏时间是 1 月 30 日 2 时 37 分，与 B2 位移计实际记录的破坏时间（1 月 30 日 2 时 40 分）仅差 3min。可见，如能做到实时监测和跟踪预报，采用多项式回归统计方法也可以把单个桩点破坏时间预报误差缩小到几分钟之内。

（4）剧滑过程

1995 年春节（1 月 31 日）前夕，1 月 30 日凌晨 2 时 30 分，在浓浓的过年气氛中，黄茨滑坡突然发出轰隆隆的巨响，孕育已久的滑动开始了，滑体整体下滑。

位于滑坡前缘的水渠于3时断流，3时15分供电线路被破坏，全村突然一片漆黑。在寒冷的冬夜中，村民们不得不点燃一堆堆篝火取暖。一直没有搬迁的公路以北尚存的近10户居民则忙着抢运家中的重要物资。

至凌晨4时，再也听不到土石运动的声响，滑动停止。整个滑动历时90min。

天亮以后，情况逐渐明朗：前缘东西宽300m、后缘东西宽近500m、南北长370m、体积近$6\times10^6m^3$的黄茨滑坡整体滑动；后缘下错最大达10m左右，位于后缘作为滑坡后部的四级阶地的一部分——东西长200余米，南北宽50余米——整体下错2～6m，滑坡前缘运动距离较小，最大仅30m，但将原山坡坡脚的水渠抬高了5～7m；由于西山梁这部分滑体突然滑动时的冲击力，其前面的地表裂缝及由此引起的房屋开裂一直延伸到百米外的公路边；滑坡实际滑动时间较预报时间仅提前21h30min，预报成功。

（5）小结

①在滑坡预报中，应特别重视数值预报，仅凭宏观变形迹象判断可能会得出错误的结论

1994年入冬以来，虽然滑坡出口逐渐出现、发展，东、西沟沟头一带不断塌方，但总觉得暂时还不会整体下滑，令人感到十分危险的肉眼可见的变形出现得实在太晚了。可以认为，肉眼可见的滑动是在剧滑前极短的时间内出现的，而且一旦出现，剧滑便接踵而至。由此可知，进行滑坡预报工作，必须采取必要的监测设备，必须依据数据分析，宏观前兆现象不宜作为唯一的依据。

②单点自记位移计的使用必须得当

只有当滑坡规模较小，后缘裂缝较少，单点位移计的测线能够控制所有后缘裂缝时，位移计记录的资料才能反映滑坡的动态，其资料才能用于预报分析（如A7位移计），否则，将不能依据其监测数据做出预报（如A1、A2＋A3、A4位移计）。

③对地形复杂的大型滑坡还应该设置传统的地面监测网

大型滑坡，尤其是地形复杂的大型滑坡，其动态特征往往也比较复杂，单靠设在后缘的位移计不足以监测其动态，在主滑段斜坡上埋设用经纬仪监测的地面监测桩是非常必要的。

④滑体变形功率理论用于滑坡预报是可行的

滑体变形功率理论用于滑坡预报不仅可行，而且是可靠的，它与回归法和图解法等单点分析方法不同，预报结果不是一个时段，而是一个具体的时刻。这种方法采用了计算机技术，可以很快对所获位移信息进行计算处理。但除位移数据而外，这种方法还需要一个参数——滑坡下滑的体力F，这就要求对滑面深度要有比较确切的估计。

⑤蠕变曲线具有较好的适用性

自20世纪60年代斋藤提出滑带土的蠕变曲线并用于滑坡预报以来，我国在严格意义的而不是反演的滑坡预报中运用斋藤蠕变曲线及其提出的图解法还是第一次。实践证明，在黄茨滑坡的变形过程中，蠕变三阶段符合实际（由于监测工作是在裂缝出现若干年后开始的，所以没有获得第一阶段蠕变曲线），如果具备足够的图解经验和较好的适用条件，图解法也可以获得很好的预报结果，且工作方法极其简便。

⑥对一条蠕变曲线进行单点分析时回归法可得唯一解

回归法虽然与图解法一样，依据的也是每一点监测的位移-时间资料，但它具有图解法所不具备的两大优点：

a.依据数理统计原理计算出的公式和曲线能够最好地反映不同时间的位移变化规律，消除了图解法的人为影响，每一条蠕变曲线只能得出一个唯一解。

b.可以采用现代化的计算机技术，能大大缩短每一次预报分析的时间，有利于进行实时跟踪预报。

⑦“多种手段、系统监测、逐点分析、逐步逼近、综合决策、总体预报”的工作方法是正确的、合理的

对大型滑坡而言，不论采取什么样的监测措施，都不是仅靠一个监测点就能解决问题的，必然会在有代表性的地方设置若干个监测点。由于种种原因，这些监测点的动态特征不可能是统一的，即便是临近剧滑阶段。因而，也就不可能用一条蠕变曲线来表示所有监测点的动态。绝大多数情况下，一条蠕变曲线只能表示一部分滑体的动态过程。所以，当采用回归法和图解法时，只能逐条曲线分别分析计算，而后再从统计观点出发，将所有监测点的分析计算结果综合起来，经合理的取舍后做出预报（这也是总体预报）。这就决定了其最后预报结果通常不会是一个具体的时刻，而是一个比较集中、甚至相当集中的时段（采用滑体变形功率理论，能准确确定滑坡整体下滑的剧滑时刻）。

⑧关于预报警戒值

根据黄茨滑坡的资料，可把10mm/d定为滑坡预报预警值（日本专家渡正亮在一次讨论会上称，日本的滑坡预报预警值是7mm/d）。这种预警值可能随地区和滑坡类型不同而有一定差异，但估计，这种差异不会太大。这里提出的10mm/d只是西北地区一个滑坡资料，还有待更多的验证。

⑨关于滑坡前缘剪出裂缝的危险位移量

设在前缘的简易监测桩，日位移量从最初的1～2mm逐渐增大到7mm，最后达10mm。因而，可以认为每日10mm是滑坡前缘剪出裂缝的危险位移量（当然，也需要继续积累资料）。

这一危险位移量不仅可作为预报滑坡剧滑时间的参考，也为没有能力和条件进行较复杂监测的人们提供了一种极简便的监测方法和判据。

⑩在滑坡监测中应特别重视主滑段的位移量

在滑坡孕育过程中，通常总是后缘拉裂缝最先出现，且变化较显著，因而是滑坡监测人员最关注的地方。但常常在最早出现的裂缝之前或之后会出现新的裂缝，如监测仪器不能及时地全面地加以控制，监测资料的准确性就会受到不同程度的影响。

滑坡主滑段斜坡上通常没有这种现象，只要地形条件许可（绝大多数情况下都是许可的），用经纬仪、水平仪即可进行监测，且资料可靠。这两种仪器不论在城市、在农村都比较容易找到，而不像位移计之类只有专业单位才有。从这个意义上说，推广普及用地面监测网监测滑坡动态的方法比较适合我国国情。

⑪应提倡多手段的综合监测

在黄茨滑坡监测中采用了多种手段，有的虽然对预报没有起直接作用，但对了解滑坡各部位的动态有重要意义，对判断滑坡性质等大有裨益。所缺少的是对地下水和孔隙水压力的监测，今后应予以加强。

参 考 文 献

[1] 王恭先，徐峻龄，刘光代，等. 滑坡学与滑坡防治技术. 北京：中国铁道出版社，2004

[2] 山田刚二，渡正亮，小桥澄治. 崩塌、滑坡及其防治. 滑坡和斜坡崩塌及其防治翻译组，译. 北京：科学出版社，1981

[3] 徐峻龄，金波．宝成线略上段滑坡分布与地质环境的关系．路基工程，1992（1）：47-52
[4] 孙景恒，李振明，苏万益．Pearl 模型在边坡失稳时间预报中的应用．中国地质灾害与防治学报，1993（2）：38-43
[5] 宴同珍．水文工程地质与环境保护．北京：中国地质大学出版社，1994

第14章 建筑与道路边（滑）坡工程实例

DISHISIZHANG

14.1 建筑边（滑）坡工程实例

14.1.1 前言

江南清枫商住楼工程位于南岸区南坪东路海棠晓月温泉度假中心东南面，拟建场地东侧为正在修建的南坪体育馆及四海路。根据设计高程整平后，在其西侧、北侧和南侧将形成高13.02～27.48m的人工挖方边坡，依据地质勘察报告，为Ⅲ类岩质边坡，详见平面图（图14-1）。为保证边坡及坡顶建筑物的安全，受业主委托对该边坡进行防治设计。

（1）设计依据

①业主提供的场地平面布置图（1∶500）。

②委托书和设计合同。

③经有关部门审查后合格的岩土工程勘察报告。

④《岩土工程勘察规范》（GB 50021—2001）。

⑤《建筑结构荷载规范》（GB 50009—2001）。

⑥《建筑边坡工程技术规范》（GB 50330—2002）。

⑦《建筑地基基础设计规范》（GB 50007—2002）。

⑧《混凝土结构设计规范》（GB 50010—2002）。

⑨《建筑桩基技术规范》（JGJ 94—94）。

⑩《建筑边坡支护技术规范》（DB50/5018—2001）。

（2）场地工程地质条件

场区属构造剥蚀浅丘地貌，拟建建筑位于一斜坡地带，地形呈南西高北东低，地形坡角在10°左右，拟建建筑靠四海路这面为陡崖。地面高程在193.57～220.61m之间变化，地形相对高差约27.04m。

据勘察报告，钻探揭示的土层有第四系全新统人工填土（Q_4^{ml}）、粉质黏土（Q_4^{dl+el}），下伏基岩为侏罗系中统沙溪庙组（J_2s）紫红～暗紫色泥岩、褐灰色砂岩。第四系全新统（Q_4）：①素填土（Q_4^{ml}）：褐色、褐红色。以黏性土为主，次含10%～25%的砂、泥岩碎块石等，粒块径为20～400mm，稍密，稍湿。场地内大部分钻孔均有分布，回填时间大于5年，为无序抛填。其分布和厚度详见钻孔柱状图和工程地质剖面图。②粉质黏土（Q_4^{dl+el}）：褐黄色，含少量泥岩角砾，呈可塑状态，摇振反应无，稍有光泽，干强度中等，韧性中等。③泥岩（J_2s）：紫红、褐红色。主要矿物成分为黏土矿物，砂泥质结构，厚层状构造，局部含少量灰绿色粉砂质斑团和夹薄层砂岩。强风化带岩芯破碎，强风化层厚0.82～2.81m；中等风化带岩质较硬，岩芯较完整，多呈柱状。泥岩层在拟建场区大部分勘探点均有分布。④砂岩（J_2s）：褐黄色。主要矿物成分为石英、长石及云母，中细粒结构、中厚层状构造，泥钙质胶结，局部夹薄层泥岩。中等风化带岩质硬，岩芯较完整，多呈短、长柱状。砂岩层主要分布在拟建场地东部。

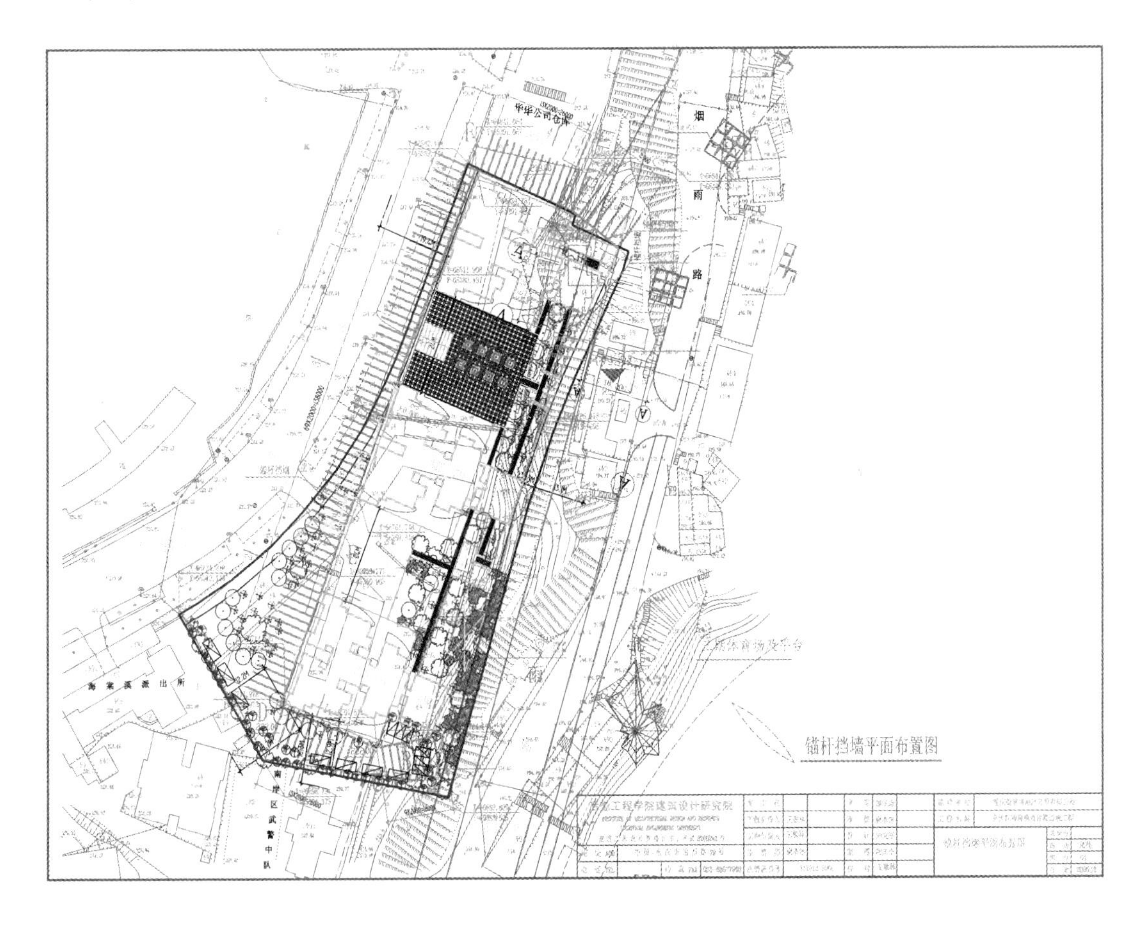

图14-1　平面图

场区地质构造位于南温泉背斜西翼，呈单斜岩层产出，岩层产状：倾向290°，倾角53°。根据地表地质调查，场区有两组裂隙，裂隙产状为：裂隙①倾向195°，倾角88°，泥岩体内多呈闭合状，砂岩体内微张，张开宽度为2～3mm，结合一般，裂隙面较平直、光滑，呈锈色，为铁锰质充填，裂隙间距1.5～3.0m，延伸长一般为2.50～4.50m；裂隙②倾向56°，倾角71°，呈闭合状，结合一般，裂隙面较平直，呈锈色，为铁锰质充填，裂隙间距2.50～3.50m，延伸长一般为4.00～6.00m，该两组裂隙结构面均为硬性结构面；场区构造裂隙不发育。场区无断层、滑坡、边坡失稳等不良地质现象，地质构造较简单。场地水文地质条件简单。

（3）支护方案

根据场地边坡的工程地质特征，结合场地边坡的平面布置要求，边坡采用板肋式锚杆挡墙进行支护。

本工程采用动态设计方法，应根据挡墙施工反馈的信息进行修改和完善。

（4）设计参数

①边坡类别：岩质Ⅲ类边坡。

②边坡重要性系数为1.00（边坡工程安全等级为二级）。

③设计使用年限为：50年。

④土层：$\gamma=20.0$kN/m，综合内摩擦角$\varphi=30°$。

⑤中风化岩石：$\gamma=25.0$kN/m，$c=410$kPa，$\varphi=30°$。

⑥中等风化带泥岩天然抗压强度标准值5.58MPa。

⑦结构面上抗剪强度：$c=70$kPa，$\varphi=17°$。

⑧边坡岩体破裂角取63°。

⑨坡顶附加荷载：$q=3.5\text{kN/m}^2$。

⑩M30水泥砂浆与岩石之间的黏结强度：0.20MPa。

⑪北侧及西侧边坡，边坡岩体等效内摩擦角取55°，南侧边坡岩体等效内摩擦角取60°。

⑫岩体对挡墙墙背的摩擦角$\delta=10°$。

⑬M30水泥砂浆与钢筋间的黏结强度为2.40MPa，两根钢筋点焊成束，折减系数为0.85。

⑭混凝土强度等级为C25；钢筋采用HRB335（Ⅱ级，Φ）及HPB235（Ⅰ级，Φ）钢。

⑮锚杆成孔：采用钻机成孔作业法，孔径130mm（110mm），在北侧边坡锚杆下倾20°，其余段下倾15°。

14.1.2 边坡侧压力及板肋式锚杆挡墙设计计算

边坡工程按北段、西段、南段分别进行计算，下面以南段为例，其余略。南段设计（1—1剖面）见图14-2。

1）侧向岩土压力计算

①参数选取

挡墙顶部荷载3.5 kN/m，锚杆挡墙直立$\alpha=90°$，坡顶地表水平$\beta=0°$，墙背摩擦角$\delta=10°$，岩体重度$\gamma=25\text{kN/m}^3$。

②主动土压力系数K_a计算

依据《建筑边坡工程技术规范》（GB 50330—2002）式（6.2.3-1）有：

$$K_q=1+\frac{2q\sin\alpha\cos\beta}{\gamma H\sin(\alpha+\beta)}=1.0$$

边坡高度：28m

$$\eta=\frac{2c}{\gamma H}=\frac{2\times410}{25\times28}=1.17$$

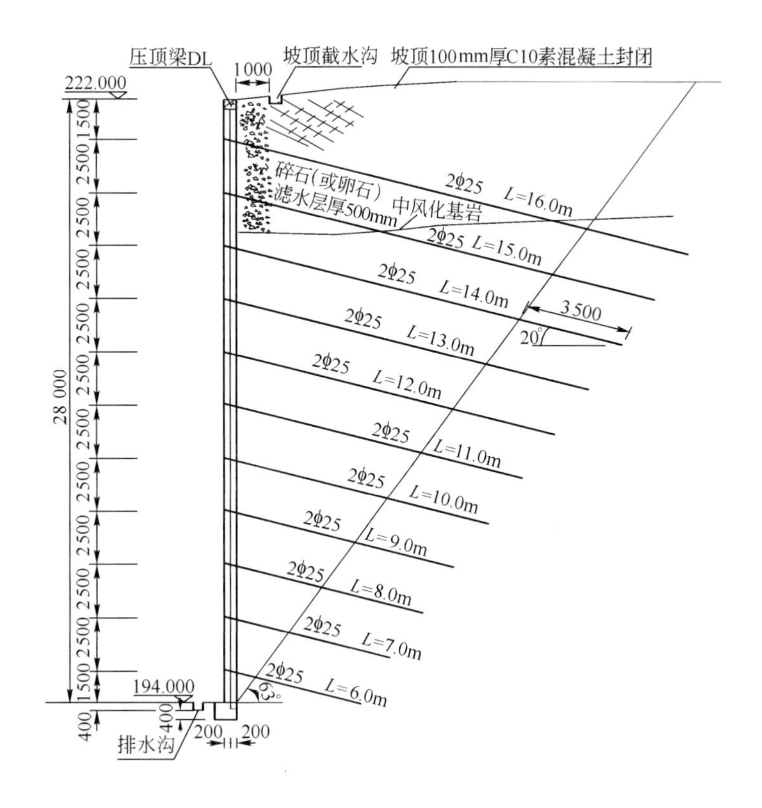

图 14-2　1—1 剖面（除注明外尺寸单位：mm）

$$K_a=\frac{\sin(\alpha+\beta)}{\sin^2\alpha\sin^2(\alpha+\beta-\varphi-\delta)}\{K_q[\sin(\alpha+\beta)\sin(\alpha-\delta)+\sin(\varphi+\delta)\sin(\varphi-\beta)]+$$

$$2\eta\sin\alpha\cos\varphi\cos(\alpha+\beta-\varphi-\delta)-2\sqrt{K_q\sin(\alpha+\beta)\sin(\varphi-\beta)+\eta\sin\alpha\cos\varphi}\times$$

$$\sqrt{K_q\sin(\alpha-\delta)\sin(\varphi+\delta)+\eta\sin\alpha\cos\varphi}\}$$

$$K_a=0.07$$

③主动土压力合力计算

$$E_{ak}=\frac{1}{2}\gamma H^2K_a$$
$$=0.5\times25\times28\times28\times0.07$$
$$=689.5\text{kN/m}$$

④主动土压力合力水平分力计算

$$E_{hk}=E_{ak}\times\cos\delta=679.0\text{kN/m}$$

⑤侧向压力分布计算

$$e_{hk}=\frac{E_{hk}}{0.9H}=37.02\text{kPa}$$

式中：e_{hk}——侧向岩土压力水平力强度标准值（kPa）；

E_{hk}——侧向岩土压力水平分力标准值（kN/m）；

H——挡墙高度，取 $H=28$m。

2）锚杆设计计算

①锚杆的水平拉力 T_{gk}的计算

锚杆布置为 2m×2.5m，如图 14-3 所示，锚杆倾角 $\alpha=20°$。则锚杆的水平拉力标准值：

$$T_{gk}=e_{hk}\times2.5\text{m}\times2\text{m}=134.72\text{kN}$$

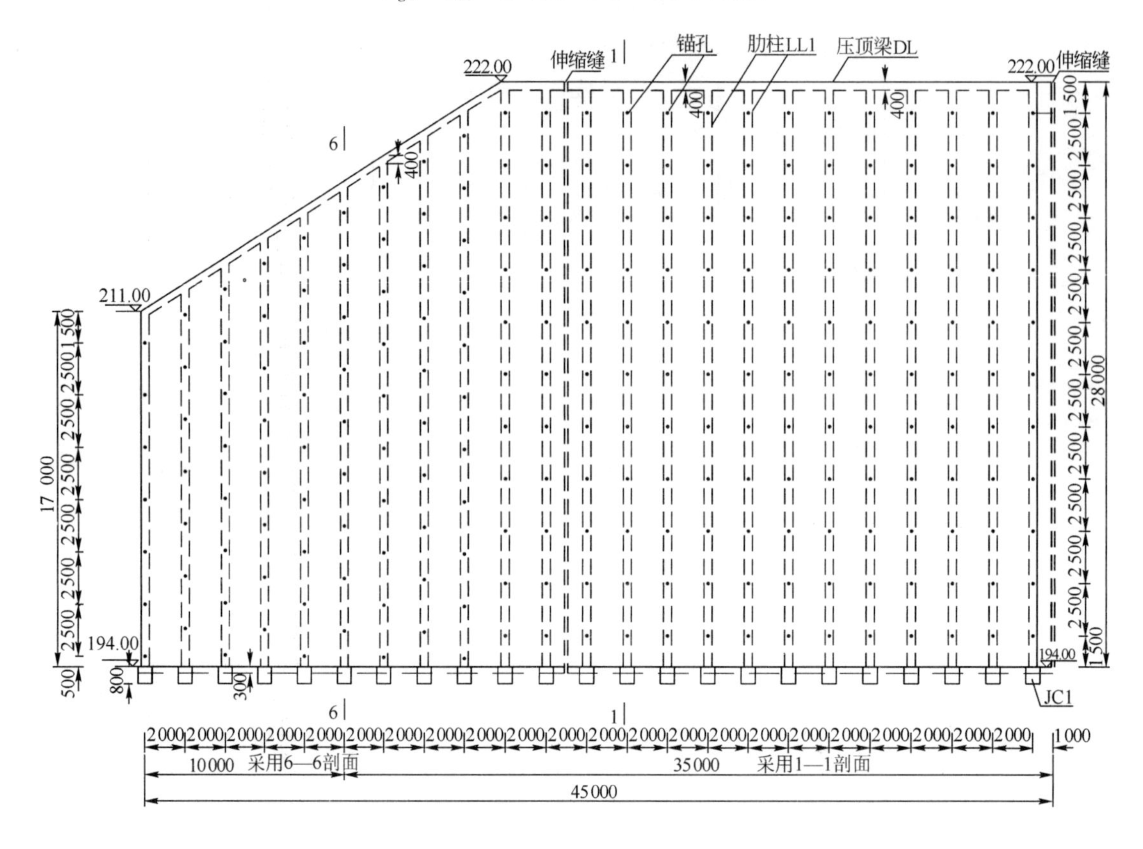

图 14-3 南段立面（尺寸单位：mm）

②锚杆轴向拉力标准值 N_{gk} 及轴向拉力设计值 N_g

$$N_{gk}=\frac{T_{gk}}{\cos\alpha}=143.36\text{kN}$$

$$N_g=N_{gk}\gamma_g=179.2\text{kN}$$

式中：N_{gk}——锚杆轴向拉力标准值（kN）；

T_{gk}——锚杆的水平拉力标准值（kN）；

N_g——锚杆轴向拉力设计值（kN）；

α——锚杆倾角，取 $\alpha=15°$；

γ_g——荷载分项系数，取 1.25。

③锚杆钢筋面积验算

$$A=\frac{\gamma_0N_g}{\xi_2f_y}=\frac{1.0\times179.2}{0.69\times300}\times10^3=865\text{mm}^2$$

式中：f_y——锚杆钢筋抗拉强度设计值（kPa）；

γ_0——建筑边坡重要性系数，取 1.0。

实际采用 2Φ25 的螺纹钢筋，实配钢筋面积 $A_s=982\text{mm}^2>A$，满足。

④有效锚固段长度 L_m 计算

$$L_m=\frac{N_{gk}}{\xi_1 \pi D q_e}=2.07\mathrm{m}$$

式中：D——锚固体直径（mm），取 130mm；

q_e——地层与锚固体黏结强度特征值（kPa），取 200kPa；

ξ_1——锚固体与岩体黏结工作条件系数，取 1.0。

⑤锚杆钢筋与锚固砂浆间的锚固长度 L_g 计算

$$L_g=\frac{\gamma_0 N_g}{\xi_3 n \pi d q_g}=0.79\mathrm{m}$$

式中：d——锚筋直径，取 0.025m；

n——钢筋根数，为 2 根；

γ_0——边坡重要性系数，取 1.0；

q_g——钢筋与锚固砂浆间的黏结强度设计值，取 2 400kPa，折减 0.85；

ξ_3——钢筋与砂浆黏结强度工作条件系数，对于永久性锚杆取 0.60。

⑥锚杆锚固长度 L_g 的确定

根据上述计算，并按照《建筑边坡工程技术规范》（GB 50330—2002）构造要求等有关规定，结合本工程实际情况，本工程锚杆有效锚固长度取为 3.5m。

其余剖面计算略。图 14-4 为锚杆大样图。

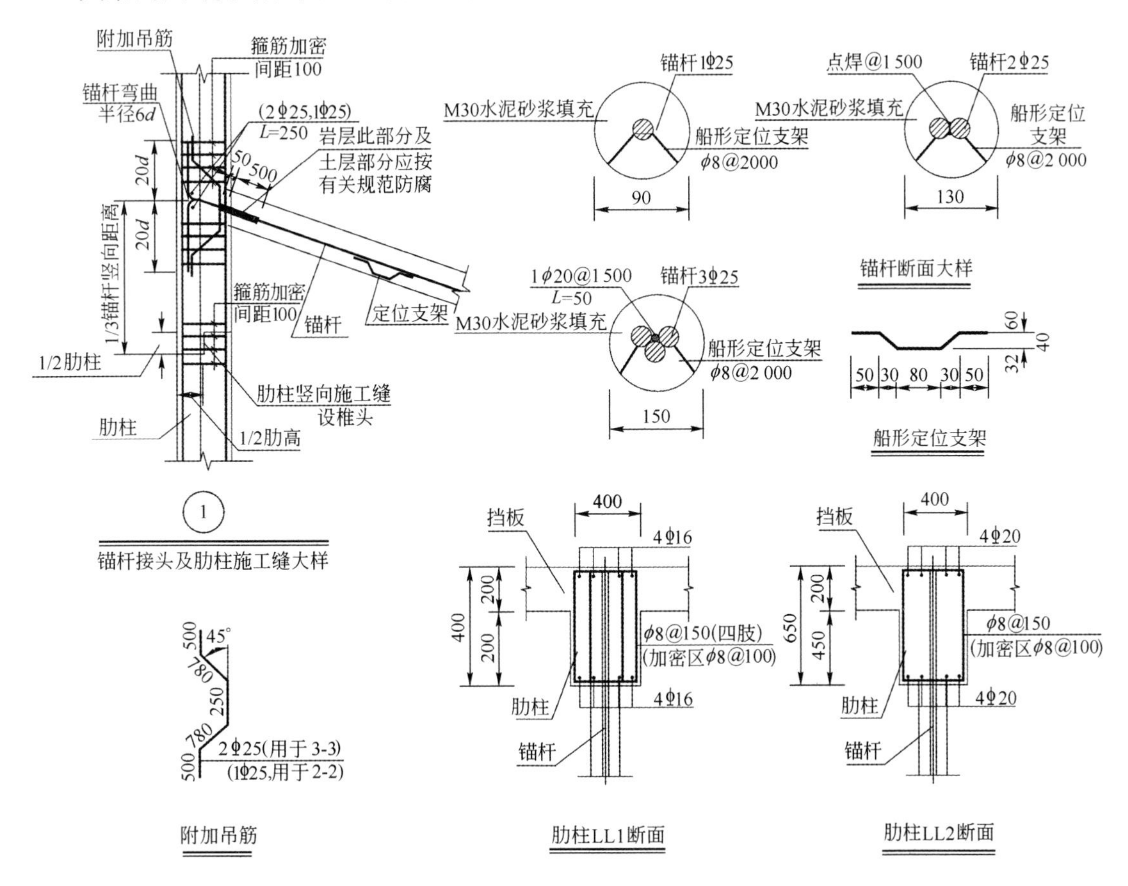

图 14-4　锚杆大样（尺寸单位：mm）

3）肋柱计算

主要受力钢筋采用 HRB335（Ⅱ级，Φ）钢筋，混凝土采用 C25。肋柱断面尺度为 $b \times h = 400\text{mm} \times 400\text{mm}$。图 14-4 示出了肋柱配筋，图 14-5 示出了挡板、水沟、基础大样图。

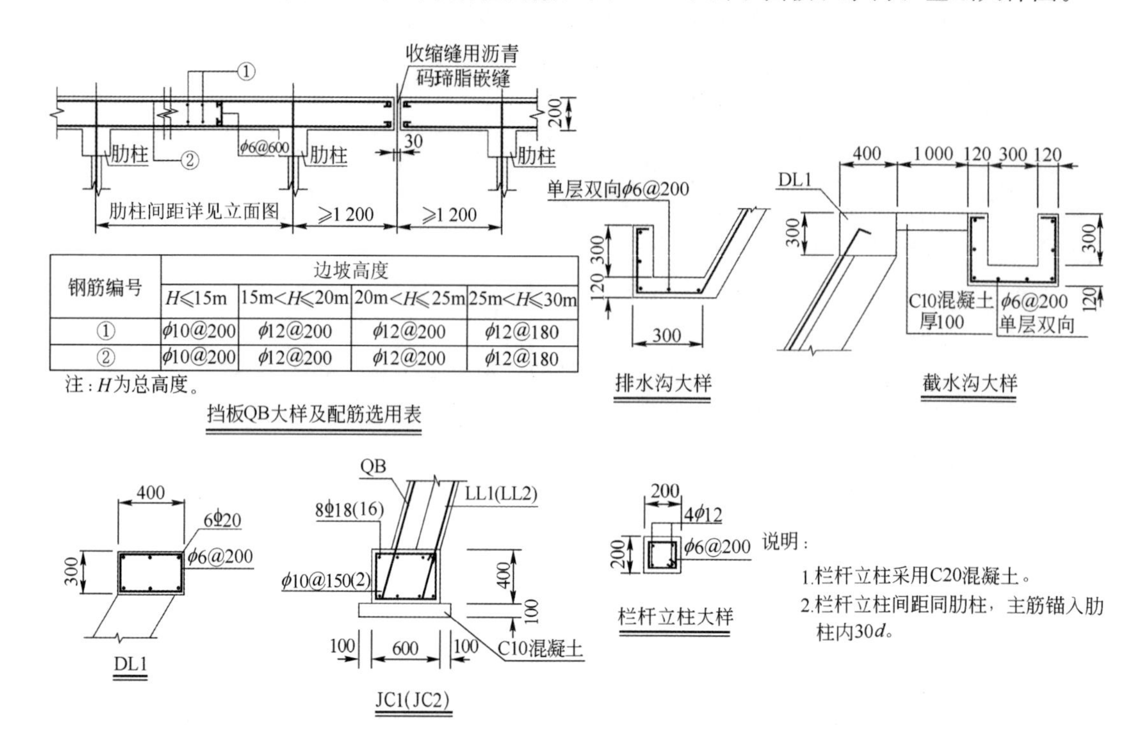

钢筋编号	边坡高度			
	H≤15m	15m<H≤20m	20m<H≤25m	25m<H≤30m
①	φ10@200	φ12@200	φ12@200	φ12@180
②	φ10@200	φ12@200	φ12@200	φ12@180

图 14-5　挡板、水沟、基础大样（尺寸单位：mm）

（1）肋柱正截面验算

肋柱按连续梁计算，其计算跨度为 2.5m，负荷面积为 2m，因此计算荷载为 $q = 2 \times 37.02\text{kPa} = 74.04\text{kN/m}$，肋柱最大负弯矩为 $M = 1/11ql^2 = 42.7\text{kN}\cdot\text{m}$，负弯矩设计值 $M_0 = 1.35M = 57.65\text{kN}\cdot\text{m}$。

最大正弯矩为 $M = 22.5\text{kN}\cdot\text{m}$，正弯矩设计值 $M_0 = 30\text{kN}\cdot\text{m}$。

简化计算按矩形断面考虑，计算最大负弯矩需配置的钢筋：

$$x = h_0 - \sqrt{h_0^2 - \frac{2M}{\alpha_1 f_c b}} = 0.040\text{m}$$

$$A_s = \frac{\alpha_1 f_c b x}{f_y} = 6.35\text{cm}^2$$

式中：b——截面宽度；

h_0——截面有效高度，取 0.35m；

x——混凝土受压区高度；

α_1——系数，C50 以下混凝土，取 1.0；

M——弯矩设计值，荷载分项系数取 1.35；

A_s——受拉区钢筋截面面积；

f_y——普通钢筋抗拉强度设计值，HRB335，取 300MPa；

f_c——混凝土轴心抗压强度设计值，C25，取 11.9 MPa。

实际按 4 Φ 16 双向进行配置，单侧配置钢筋 $A_s=8.04\text{cm}^2$。满足要求。

（2）肋柱斜截面验算

肋柱的最大剪力 $V_{max}=109.9\text{kN}$，荷载分项系数取 1.35，剪力设计值 $V=148.3\text{kN}$。

①不配置箍筋和弯起钢筋时，受剪截面验算：

$$V \geqslant 0.25\beta_h f_t b h_0 = 0.25\times1.0\times1\,270\times0.4\times0.35=44.45\text{kN}$$

式中：f_t——混凝土轴心抗拉强度设计值，C25，取 1.27 MPa；

β_h——截面高度影响系数；

h_0——截面有效高度，$h_0=(800/h)^{1/4}$，计算时，当 h 小于 800 时取 $h=800$，当 h 大于 2 000 时取 $h=2\,000$。

不满足要求。

②当仅配箍筋时，斜截面承载能力验算：

按 $\phi8@20\text{cm}$ 配置箍筋

$$V < 0.7f_t b h_0 + 1.25 f_{yv}\frac{A_{sv}}{s}h_0 = 0.7\times1\,270\times0.4\times0.35+1.25\times210\,000\times 0.000\,050\,3\times2\times0.35/0.2=126.46+46.213=172.67\text{kN}$$

式中：f_t——混凝土轴心抗拉强度设计值，C25，取 1.27 MPa；

f_{yv}——箍筋抗拉强度设计值，HPB235，取 210 MPa；

A_{sv}——箍筋截面面积；

s——箍筋间距，取 200mm。

满足要求。

根据上述计算，并按《混凝土结构设计规范》（GB 50010—2002）的有关规定，设计肋柱的配筋如下：

纵向受力钢筋：4 Φ 16 双向配置；箍筋：按 $\phi8@200\text{mm}$ 配置 HPB235 钢筋。

14.2 铁路滑坡工程实例

14.2.1 工程概况

下面介绍成昆铁路东荣河一号隧道进口段滑坡的勘察、设计和施工概况。

成昆铁路东荣河一号隧道位于四川省越西县白果乡牛日河右岸（图 14-6），路线里程 K345+720.86～K346+373.87m，全长 653.01m。1991 年雨季因牛日河左岸沟谷发生泥石流，洪水冲刷右岸引起隧道中段（K345+934～K346+165）发生滑坡，隧道严重破坏。后采用隧道两侧作抗滑桩及上部减重稳定了滑坡。因为该地段地质条件不良，为防止再出现滑坡造成成昆铁路中断，在原隧道山侧 40～70m 处设计了新隧道，于 1993 年 9 月开始施工。1994 年 9 月发现原隧道进口段出现明显变形，表现为：隧道拱顶混凝土被挤压、掉块，拱圈出现斜向和水平向裂缝，边墙也有横向裂缝。为保铁路运输安全，成都铁路局委托成铁勘测设计院和铁道科学研究院西北分院进行勘察和设计，查清病害性质和原因，提出可行的治理方案。

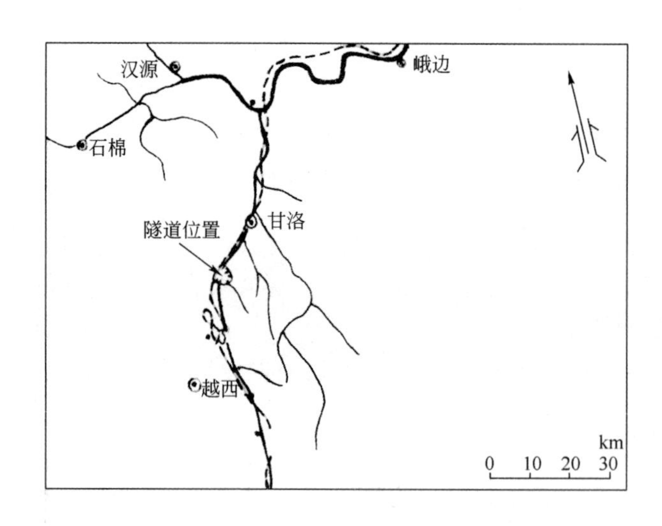

图 14-6 滑坡地理位置

14.2.2 工程地质勘察

1）现场踏勘调查与勘察工作安排

踏勘调查主要是了解新、老隧道的变形破坏情况，山坡的外貌特征、主要地层岩性及变形特征，从而确定勘察的范围、勘察的技术手段及工作量，编制勘察工作大纲。

经过踏勘了解到：

①老隧道进口段拱顶挤裂掉块，拱圈和边墙开裂范围沿路线长达 150m，拱脚向河侧错位最大达 6mm。山侧左边墙外倾，变形比河侧右边墙严重，表明是受来自山侧的压力作用所致。

②新隧道在老隧道山侧，变形十分严重，拱脚的支撑梁（ϕ30cm 圆木）已被压断 26 根，拱部格栅拱和挂网喷混凝土纵、横裂缝密集，错位最大达 20cm。施工过程中进口段曾发生三次塌方透顶。

③该段山坡位于牛日河右岸，正位于石棉—普雄大断裂带内，断层上盘白云质灰岩较坚硬，形成 50°～60°陡坡，高 200～300m，下盘为砂岩、泥岩、炭质页岩，岩性软弱、破碎，表层覆盖块碎石土，形成 25°～40°的缓坡，坡面不平顺，具有古老变形体特征。

④据老隧道竣工资料，在 1966—1969 年施工时进口段 5～57m 穿过堆积层，采用先注浆后开挖，支撑木仍有变形，出现过支撑木折断、花拱变形、塌方等事故。竣工后仍发现衬砌上有 8 条宽度大于 2mm 的裂缝。

以上情况表明，隧道变形可能为山体变形所引起，因此应按山体滑坡变形进行勘察、安排以下工作：

①测绘 1∶500 工程地质平面图；

②布设 3 条滑坡轴向断面和若干横断面 1∶200；

③钻孔 12 个（每一断面 4 孔）；

④物探断面 6 条；

⑤深孔位移监测 4 孔（结合钻孔）；

⑥隧道变形展示图 1∶500；

⑦岩、土、水试验。

2）斜坡环境地质条件

（1）地形地貌

隧道穿越大凉山前缘山麓地带，山高谷深，相对高差千米以上。斜坡前缘平均坡度为25°～40°,呈台阶状。上部陡达50°～60°，整个外貌显示错落的外貌形态，见图14-7。左侧为进口段。

图14-7　东荣河一号隧道滑坡外貌

牛日河在上游以NE70°从左岸流来，以NE15°冲刷隧道中段坡脚，至进口段偏向对岸，本岸不受冲刷。河流常年有水，洪水期水量大，洪水位高程1 286m。平面示意见图14-8。

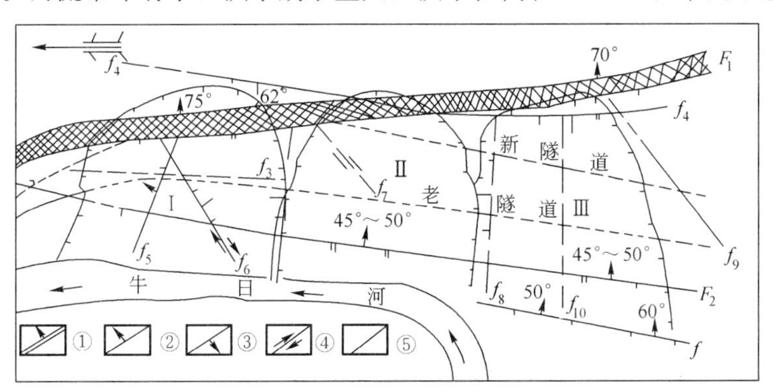

图14-8　东荣河一号隧道平面示意图

①-区域性断裂；②、③-小断层；④-平逆断层；⑤-性质不明断层

（2）气象水文

当地属半干旱海洋季风气候，据甘洛县气象站资料，当地年平均降雨量830mm，最大年降雨量1 400mm。雨季为5月、6月、7月、8月、9月，雨季降雨量占全年雨量的80%，且多大雨和暴雨。

（3）地层岩性

由于该段有石棉—普雄区域性大断裂通过，故地层多呈逆掩推覆状，且岩体破碎，产状变化大。主要地层为：

①震旦系灯影组白云质灰岩（Z_{bd}）：以中、厚层状白云质灰岩及硅质白云岩为主，逆冲于白果湾组地层之上。主要分布于山坡上部陡坡地带（高程1 370～1 390m）。岩层产状

N53°W/N∠41°，N15°E/S∠62°，N5°E/S∠44°等，倾向山内。岩体破碎呈压碎岩、碎裂岩，因受构造挤压，其中错动带、压碎岩和糜棱岩条带发育。其崩塌物堆积于下部缓坡段。

②白果湾组碎屑岩（T_3～J_1）、上部为中、薄层状灰褐色硅质粉砂岩、泥岩夹炭质页岩，下部为灰褐色或灰白色厚层状细砂岩夹薄层硅质粉砂岩或泥岩，岩层产状 N30°E/S∠52°，上部有的产状 N23°E/S∠20°，N37°W/N∠27°，也倾向山内，但受断层影响，岩层破碎、构造裂面和软弱夹层发育且含泥状物。该地层构成山坡下部缓坡的主体，也是新、老隧道所在位置。

③侏罗系新村组（J_2x）：为紫红、灰绿色砂质泥岩及粉细砂岩，只在岸边坡脚有出露，与上部白果湾组呈逆断层接触。

④崩坡积层（Q_4）：主要分布于表层洪坡积层之下，基岩顶面以上，主要是断层上盘破碎带产物，由灰岩碎裂岩、压碎岩、糜棱岩及其碎屑物组成，结构较松散，成分基本不混杂。受地表水淋滤作用，表层具钙质胶结，厚度可达 20m。

⑤地表洪坡积层（Q_4）：为斜坡前缘表层覆盖层，厚 1～3m，为漂石、块石、碎石角砾和腐殖土构成。

地层分布及坡体结构见图 14-9。

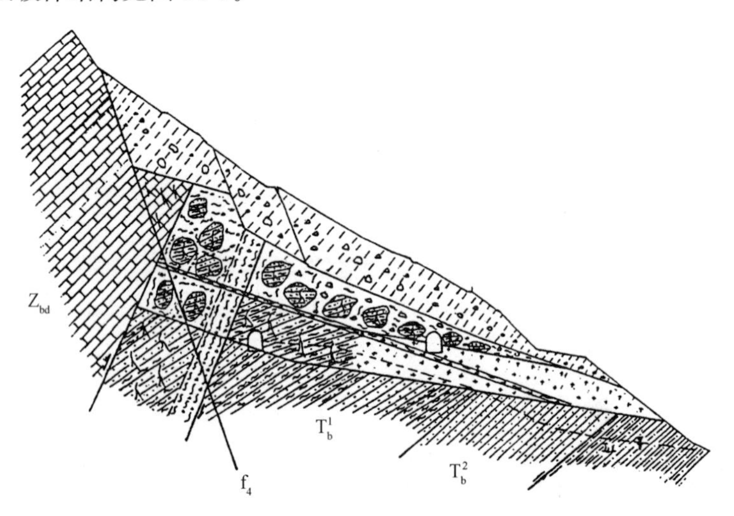

图 14-9 东荣河一号隧道进口滑坡剖面

（4）地质构造

石棉—普雄区域性大断裂是该段坡体的控制性断裂，其走向 NNW，倾向 NE，倾角 60°左右，断层带宽达 50～100m。根据山体工程地质力学调查和分析，将本区地质构造分为四期：

第一期：即石棉—普雄大断裂形成期，断层上盘为震旦系白云质灰岩，下盘为白果湾组粉砂岩，断层走向 N5°～10°E，至隧道进口段变为 N15°～20°E，作用力由东向西推，指向 N70°～80°W，在下伏白果湾组和侏罗系地层中有同一性质逆断层存在。它们控制了斜坡的地貌形态和岩体结构。

第二期：在第一期之后，受逆时针旋转力偶作用，其派生构造线走向 N50°～60°W，倾向 SW，并形成 N60°～70°E 的张扭性断裂带，在进口段形成宽 80～100m 的凹槽地形。

第三期：受顺时针旋转力偶作用，派生作用力方向 N40°～50°E，形成进口段 f_2 及 f_4 断层，倾 NW，倾角 40°左右，以及 N70°～80°W 的张扭性断裂。

第四期：走向 N10°～20°W 或 N10°～20°E，倾向河，倾角 70°～75°，形成明显的构造三角面，是河流下切过程中坡体松弛发生错落的后缘依附面。

同时，在岩体露头和新建隧道开挖面上测得岩体中的结构面见表 14-1。可以看出，虽然岩层倾向山内，但缓倾向河的构造裂面十分发育，倾角在 11°～22°之间。它们是斜坡变形的不利结构面。

岩层结构面的产状和类型

表 14-1

1 号隧道出口以南基岩露头			隧道中间段坡体基岩露头			新建隧道开挖掌子面		
编号	产状	岩性及结构面类型	编号	产状	岩性及结构面类型	编号	产状	岩性及结构面类型
1	N28°E/S20°	粉砂岩层面	7	N12°W/S18°	细砂岩层面	12	N30°E/S52°	泥岩层面
2	N45°E/S12°	炭质页岩软弱夹层	8	N51°E/S61°	细砂岩陡倾裂面	13	N50°E/S35°	炭质页岩夹层
3	N33°E/S31°	炭质页岩软弱夹层	9	N45°W/S17°	细砂岩缓倾裂面	14	N20°W/S61°	泥岩陡倾裂面
4	N55°E/S21°	泥岩缓倾裂面	10	N20°W/S17°	细砂岩缓倾裂面	15	N40°W/S12°	泥岩缓倾裂面
5	N20°E/S22°	泥岩缓倾裂面	11	N45°W/S11°	细砂岩缓倾裂面	16	N10°E/S6°	泥岩缓倾裂面
6	N28°W/S41°	泥岩陡倾裂面				17	N40°W/S42°	泥岩陡倾裂面

区域性大断裂形成下部山坡到河边百余米的断层破碎带构成斜坡变形的基础，平行河谷的陡裂面成为变形的后缘，NE 和 NW 向构造面形成变形边界，缓倾向河的裂面（多夹泥）形成了变形底滑面。所以说，构造条件是该斜坡变形的基础和控制条件。

以上调查分析也被物探资料所证明，如图 14-10 所示。

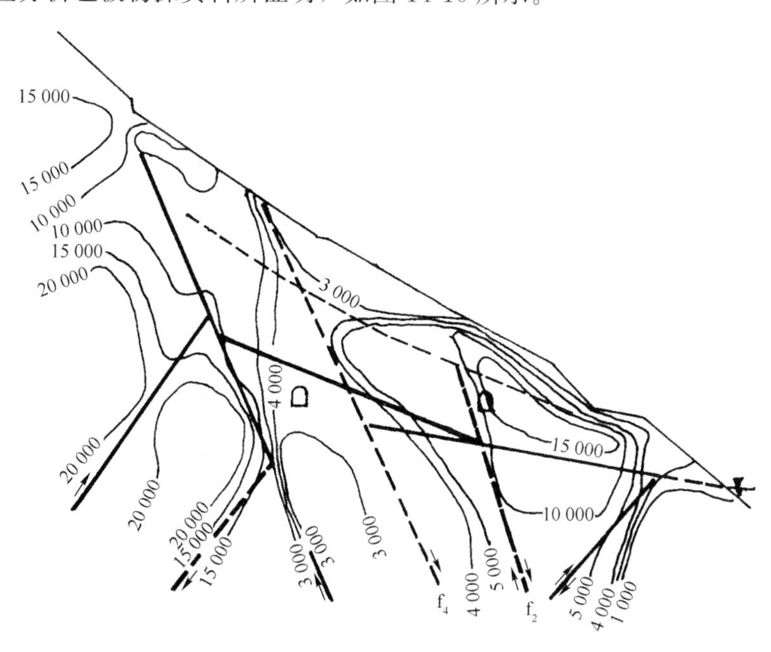

图 14-10　东荣河一号隧道进口段物探剖面

（5）水文地质条件

据钻探揭露，坡体内有两种地下水，一为堆积层中的孔隙水，二为基岩裂隙水。前者因当地降雨量较大，受降雨渗入补给，变化较大。后者则既受降雨补给，又受断层和裂隙水补给，并具有承压性，最高达 8m。冬季钻探时涌水量为 0.3～1.0t/昼夜，估计丰水季节会增大。

新建隧道施工中多处地下水涌出，衬砌完成后仍有三处在边墙和拱部不断渗水，表明坡体内地下水较丰富。这是坡体容易变形的条件之一。

3）隧道变形特征

（1）老隧道的变形

老隧道变形出现在 1994 年 9 月，延长达 150m，详见图 14-11，其特点为：

①拱部变形最严重，拱顶纵向裂缝、掉块，鼓胀等断续延伸达 150m，缝宽 1～4mm，洞口至 100m 段裂缝密集。拱腰横向张裂及斜裂。

②左边墙（山侧）裂缝主要出现在边墙与拱圈接合部，边墙前倾与拱圈脱离下错形成长 150m 的裂缝带，洞身 10～40m 段缝宽 10mm。此外边墙上还有横向及斜向裂缝。

③右边墙（河侧）在拱脚处裂缝断续延伸 150m，拱圈向河移动最大达 6mm，边墙上也有水平和纵向、斜向裂缝。

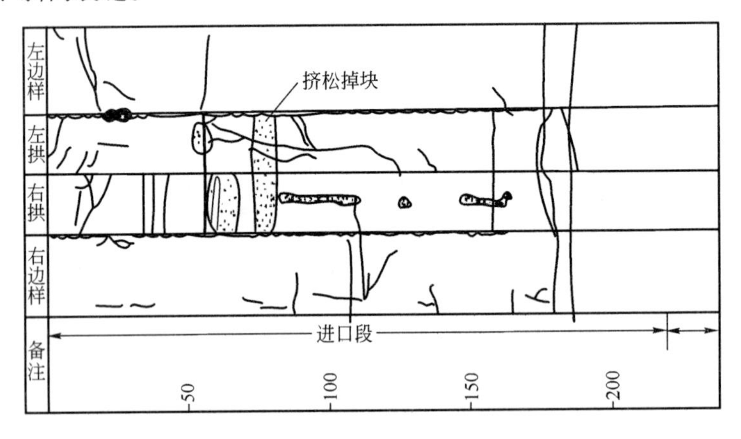

图 14-11　东荣河一号隧道进口段变形展示（尺寸单位：m）

（2）新隧道的变形特征

①新隧道变形表现形式有二：一是拱脚卡口梁被压断裂，总数达 90 根；二是拱部初衬严重变形，有的增加锚喷后继续破坏。

②隧道中段变形大于进口段，表明中段压力更大。

从隧道变形特征分析，主要是受来自山侧的压力所致，而非隧道的围岩压力，特别是既有老隧道。

4）坡体变形与隧道变形的关系

（1）坡体变形的范围和性质

①隧道进口段坡体地貌上显示一 N60°～70°W 的凹槽状，在坡面 1 306m、1 300m、1 385m 高程存在三个台阶，反映出变形过的山坡特征。从整个山坡形态分析，应属于在河流下切过程中断层破碎带岩体沿陡倾构造面先错落，然后转化为老滑坡，其范围长约 200m，沿路线宽约 250m，上至斜坡陡缓交界处，下至牛日河边，北侧至自然沟，南侧以小断层与中段为界，见图 14-12。

②从勘探断面（图14-12）结合地质条件分析，坡体中存在浅、中、深三层软弱带：浅层埋深12～20m，倾角17°～25°，主要沿基岩顶面，系老滑坡的滑面，滑带物质由灰绿、夹褐色泥岩泥化物组成，不同岩性物质混杂，光滑镜面与擦痕明显，在老隧道拱顶以上5～10m通过。中、深层滑带均在白果湾组破碎基岩中。在新隧道处，中层滑带埋深38～40m，深层45～53m，滑带物质为灰褐、灰黑色泥岩、炭质页岩泥化层，普遍含炭质，软塑状，有光滑面及擦痕，倾角16°～20°。中层滑带在新隧道顶部7～13m通过，延至老隧道则通过边墙。深层滑带在新隧道拱部，至老隧道在洞底以下8～10m通过。

③为监测各层滑面的变形情况，在勘察钻探的同时，在滑坡主轴断面Z1～Z4四个钻孔埋设了测斜管进行深部位移监测，从监测结果可以看出，浅层和中层滑面变形明显，而深层滑面基本没有变形，而且山侧变形大，河侧变形小，表明推力主要来自老隧道靠山一侧。

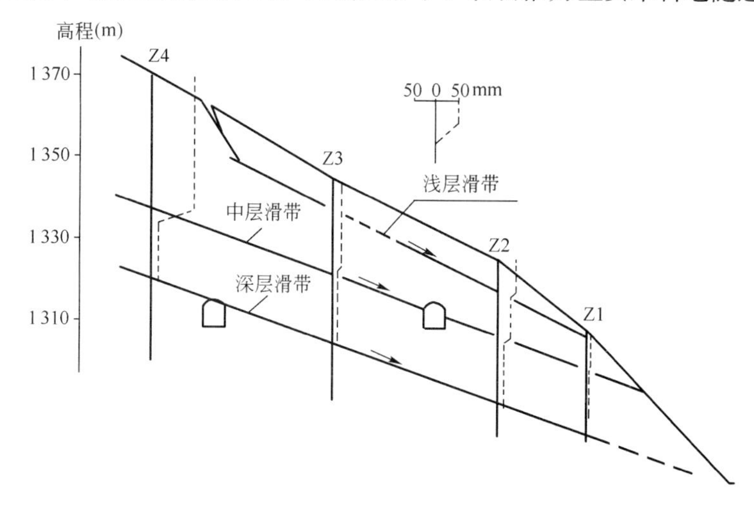

图14-12　东荣河一号隧道进口地质断面

此外，在河岸斜坡前缘有坍塌，在山坡中上部公路以下发现长近百米的地面裂缝，也表明坡体在移动。

从以上调查、勘探、监测资料分析，隧道变形是由断层带破碎岩体滑坡蠕动挤压所造成。滑坡是在古错落转化的老滑坡基础上因自然和人为活动的影响发生了新的活动。

(2) 滑坡变形与隧道变形机制及原因分析

①不良的地质条件是产生变形的基础

砂、页、泥岩地层是易滑坡地层，特别是含炭质页岩地段。虽然岩层倾向山内，不会产生顺层面滑坡，但受大断裂的影响，岩体十分破碎，构造裂面发育，尤以缓倾向河的裂面（多夹泥）易形成滑动带而滑坡。基岩只形成20°～30°的缓坡就表明其总体强度低，风化重。上部山坡大量崩塌物堆积于缓坡上增加荷载，改变了斜坡的应力状态。

②自然斜坡的形成河流下切和侧蚀是主要外动力。在河流下切过程中，一方面改变斜坡的应力状态，释放出山体构造应力形成的应变能，造成坡体松弛；另一方面造成构造破碎斜坡发生沿构造面的多次错落和滑坡，这是斜坡自然的夷平作用。这一种作用在不断进行中，丰水年洪水冲刷强烈时表现更为明显。

③地震活动也是斜坡变形的重要动力。该地区新构造活动强烈，地震活动频繁，地震烈度为7度，是造成斜坡失稳滑坡的重要因素。

④降雨作用。在已经松弛的坡体内大量雨水下渗，增大坡体重量，软化软弱带，使坡体更易失稳变形。

⑤老隧道的开挖。老隧道位于古老错落和滑坡的阻滑段，因岩体破碎，所以在施工过程中发生过多次塌方，施工中虽未引起老滑坡复活，但隧道开挖削弱了坡体的支撑力，形成新的临空面，则引起坡体应力的进一步调整。

⑥新隧道的开挖是坡体蠕滑和老隧道变形的直接诱发因素。新隧道位于山坡陡缓交界处，古错落和老滑坡的后缘附近，靠近大断裂带，上覆盖层厚达45～50m。进口段距老隧道仅35～40m，处于滑坡的中部。这里应力集中，隧道开挖中大量卡口梁被压断，即是证明。隧道开挖，支撑断面减小，使上部岩体压力向坡下传递，加之进口段开挖时几次塌方透顶，引起坡体松弛，支撑力减小，故诱发了老滑坡的蠕滑，滑坡推力传到老隧道，引起其拱部和边墙严重破坏。

5）滑坡稳定性评价及发展趋势预测

（1）工程地质分析评价

前面已经较详细地从坡体结构、地层岩性、地质构造、水文地质条件，以及降雨、地震、河流冲刷、隧道开挖等作用因素进行了分析，判断其为古老错落和滑坡的蠕动复活，并由监测资料给予验证。从变形迹象宏观评价，滑坡目前处于蠕动挤压阶段，抗滑段滑带尚未完全贯通，故其稳定系数总体上大于1.0，在1.02～1.05之间，滑坡上部小，下部稍大，中、浅层滑坡小，深层滑坡大约在1.10。

（2）力学平衡计算

①计算范围，如断面图14-12所示。

②滑带土强度指标。

在钻孔和新隧道开挖面共取8个滑带（软弱带）土样进行了固结快剪和残余强度剪切试验，其结果见表14-2。同时对4个水样进行了分析（表14-3）。参照试验指标，按传统做法，对主滑段滑带土参数进行了反算，建议采用值为：

白果工点岩（土）试验报告表 表14-2

委托单位：铁道部科学研究院西北分院　　试验日期：1995年1月2日

试验单位：西南交通大学工程地质系　　报告发出日期：1995年1月20日

试验室编号	委托单位编号	取样深度	天然含水率	天然重度	相对密度	液限	塑限	塑性指数	液性指数	膨胀量	膨胀力	自由膨胀率	剪切试验						蒙脱石含量
													含水率	重度	固结快剪		残剪		
															c	φ	c	φ	
		m	%	kN/m³		%	%			%	kPa	%	%	kN/m³	kPa	°	kPa	°	%
1	7号孔	24.0	10.7	23.0	2.77	18.0	13.5	5.5	−0.72	9.40	25.0	52.0			79	23	32	21	2.69
2	7号孔	24.64			2.82	15.3	11.6	3.7				48.0	15.3	22.7	24	17	19	9	
3	12号孔	53.0			2.70	26.5	14.5	12.0				62.0	26.5	23.0	4	9	0.0	5	10.79
4	1号K345+950	新隧道取样	8.0		2.78	21.9	14.5	7.4		1.35	7.00	58.0	21.9	22.4	21	23	10	22	4.03
5	K345导坑				2.68	29.0	16.9	12.1				98.0	29.0	21.0	4	12	0.0	7	3.08
6	2号K345+950		8.2							1.05	2.00	50.0							2.69
7	1号K345+930									9.62	48.7	86.0							12.41
8	2号K345+930									6.45	33.0	58.0							

注：1.1号样所做的剪切试验为原状土的剪切试验，其余各试验为重塑土的剪切试验。

2.2号、3号、4号、5号的重塑样的粒级$d \leqslant 2mm$，且重塑样的含水率都达到液限值。

浅、中层主滑带 $\varphi=19^{\circ}\sim20^{\circ}$，$c=10\text{kPa}$；

深层主滑带 $\varphi=16^{\circ}\sim17^{\circ}$，$c=10\text{kPa}$。

分析结果报告单 表 14-3

1995 年 1 月 9 日

样号	取水点编号	1L 中含量	阴离子				阳离子				游离 CO_2 (mg/L)	侵蚀性 CO_2 (mg/L)	pH 值
			HCO_3^-	CO_3^{2-}	Cl^-	SO_4^{2-}	Ca^{2+}	Mg^{2+}	Na^+	K^+			
1	12 号水样 50.5m	毫克	627.12	24.23	4.68	89.47	16.630	41.64	164.80	58.00	0.00	0.00	8.66
		毫摩尔	10.278	0.404	0.132	0.932	0.415	1.713	7.168	1.483			
2	12 号水样 30.5m	毫克	360.99	0.00	4.54	202.78	74.417	41.44	37.50	26.10	11.11	0.00	7.61
		毫摩尔	5.916	0.00	0.128	2.112	1.857	1.705	1.631	0.668			
3	13 号孔 33.7m	毫克	458.32	0.00	3.69	51.82	42.477	50.62	34.00	20.00	7.11	0.00	8.05
		毫摩尔	7.501	0.00	0.104	0.540	1.060	2.083	1.479	0.512			
4	3 号孔 34.5m	毫克	557.51	0.00	20.00	70.75	20.745	19.37	168.00	36.8	4.36	0.00	8.24
		毫摩尔	9.137	0.00	0.564	0.737	0.518	0.797	7.308	0.941			

③稳定性分别按三种状态进行计算。

a. 天然状态下，$F_s=1.05$；

b. 暴雨状态下，$F_s=1.0$；

c. 地震状态下，$F_s<1.0$。

通过以上综合分析认为：滑坡目前接近极限平衡状态，在暴雨和地震状态下将失稳滑动，破坏隧道，中断运输，后果十分严重。因此，应尽快对滑坡进行治理，以确保运输安全。

6）建议的防治工程措施

滑坡治理的基本原则是针对主要原因采取根治措施消除其影响，同时兼顾其他因素综合治理，一次根治，不留后患。因此建议的措施为：

①在老隧道靠山侧 5～10m 修建一排抗滑桩，截断作用在老隧道上的滑坡推力，而且应以中、浅层滑坡推力为主，兼顾深层滑坡。

②对新、老隧道本身采用隧道工程常用的锚杆、注浆、加强支撑等措施予以加固。

③设置完善的地表排水系统，减少地表水的下渗。

④有条件时可适当采用滑坡上部减重，减小滑坡推力，减缓隧道的破坏，减小支挡工程量。

⑤由于该工程的重要性，建议加强施工过程和工后的滑坡动态监测，确保施工和隧道安全。

14.2.3 设计方案

按照成都铁路局的要求，此滑坡的治理方案由成铁勘测设计院完成。这里为使读者了解中铁西北科学研究院的设计思路和方法，只选取主轴断面进行分析计算和方案设计。

1）治理目的和原则

（1）目的

根治滑坡，消除隐患，确保隧道和铁路运输安全。

(2) 防治原则

①在保证铁路正常运输的情况下采取工程措施稳定滑坡，不使其继续恶化。

②一次根治，不留后患，确保运输安全。

③应急措施与永久措施相结合，方便施工，经济合理。

2) 设计参数的选取

(1) 滑带土强度参数的反算

根据地质勘察确定的浅、中、深三层滑面及各层滑面的动态监测情况，反算主滑段滑带土的抗剪强度参数、参照试验值和经验数据，假定：

①浅、中、深层滑坡后缘拉裂段 $c=0$，$\varphi=40°$；前缘抗滑段 $c=10\text{kPa}$，$\varphi=25°$；主滑段 $c=10\text{kPa}$；

②滑体重度：堆积层 $\gamma=19\text{kN/m}^3$，岩层 $\gamma=22\text{kN/m}^3$；

③滑坡的稳定度：浅、中层 $F_s=0.99$，深层 $F_s=1.05$。

反算结果：

浅层主滑段 $\varphi=18.5°$；

中层主滑段 $\varphi=19.6°$；

深层主滑段 $\varphi=19.9°$。

(2) 滑坡推力的计算

按折线形滑面传递系数法计算滑坡推力，其设计的安全系数在正常情况下浅层 $K=1.20$，中层 $K=1.15$，深层 $K=1.10$。在7度地震情况下 $K=1.03$（对巨厚层滑坡）。

在不减重情况下，中、深层滑坡计算到老隧道处滑坡推力 $E>5\,000\text{kN/m}$。推力巨大使工程难以设置。故决定采用上部减重与抗滑桩支挡相结合的工程措施。减重一方面可减小滑坡推力，减缓隧道的变形破坏速度，另一方面减小了桩上的滑坡推力。

减重主要在上部堆积层中进行，从老隧道以上地面开始向上分5级平台刷方，每级平台高10m，坡率1∶1，下面两级平台宽15m，第3级宽8m，第4级5m，第5级4m。这样主轴断面共减重 820m^2，结合两侧断面，共需减重刷方12万 m^3。

按减重后的主轴断面计算滑坡推力为：

正常情况下：浅层 $E=594\text{kN/m}$，中层 $E=3\,260\text{kN/m}$，深层 $E=2\,790\text{kN/m}$；

地震情况下：浅层 $E=325\text{kN/m}$，中层 $E=2\,530\text{kN/m}$，深层 $E=2\,850\text{kN/m}$。

3) 设计方案

设计方案包括四部分：

(1) 刷方减重工程

已如前述，共刷方减重12万 m^3，约为滑坡总体积的1/6，它有三个作用：

①减小滑坡推力，减缓滑坡蠕滑速度，减轻老隧道的继续破坏；

②减小作用在抗滑桩上的滑坡推力；

③使老隧道山侧滑体减薄，桩坑开挖深度减少。

(2) 抗滑桩排支挡工程

在老隧道靠山侧10m左右设一排抗滑桩平衡滑坡推力是切断滑坡推力保证隧道安全的主要工程措施。根据前面计算的滑坡推力，拟采用埋入式抗滑桩，间距5m，桩顶埋入减重后的地面下4m，保证隧道顶以上桩长不小于10m。经计算，所需抗滑桩截面尺寸为3.4m×4.6m，桩长38.5m。

为防止老隧道河侧滑体一旦移动对隧道安全造成威胁，决定将抗滑桩分设于隧道两侧，间距为 10m，错开布设，实际间距仍为 5m，但河侧桩长为 40m。桩排布置如图 14-13 所示。

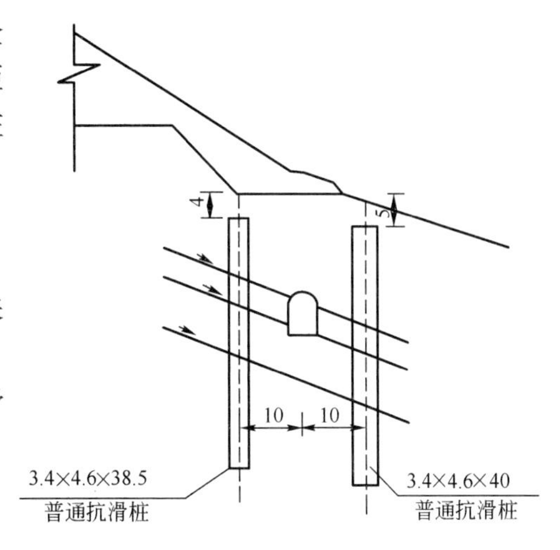

图 14-13　桩排布置（尺寸单位：m）

在 200m 长的范围内，共需抗滑桩 40 根。

（3）地面排水工程

①在滑坡范围外 5m 处设截水沟，将山坡来水截排入隧道进口外自然沟中，长约 400m。

②在刷方减重平台上设排水沟共 5 条，与滑体外截水沟连通，共长 750m。

排水沟总长 1 150m。

（4）隧道加固和维修工程

新、老隧道的破坏，特别是既有运营隧道的损坏部分，在治理滑坡后应采用锚杆挂网喷混凝土进行加固、裂缝封闭等。

总投资约 2 500 万元。

14.2.4　施工方法

（1）施工顺序

该工程的施工顺序为：先作刷方减重工程，再作地面截排水工程，使滑坡处于相对稳定状态，然后施作抗滑桩工程，最后进行隧道的加固和维修。

（2）施工方法

施工方法已如第 12 章所述，此处从略。

14.2.5　施工监测和质量评定

为保证施工安全，施工期安排了坡体位移监测，勘察中安排的深孔位移监测继续进行。由于施工季节、顺序和方法恰当，各项工程顺利完成，滑坡没有大的移动，没有影响运输安全。

工程竣工后，滑坡和隧道保持稳定，达到了预期的目的。

14.3　公路边坡工程实例

14.3.1　工程概况

攀枝花市宁华公路硫磺口边坡坡体自然坡度为 40°～50°，走向 N5°E。由于在坡体前下缘修建公路开挖边坡，形成近 70°的陡坡，整个边坡体最大高度为 63m。该边坡于 1997 年 7 月大雨后发生一边坡坍塌，造成坡顶的一栋 3 层办公楼倒塌，且直接威胁到距坡顶不到 50m 的污水处理厂，同时还可能威胁到上方不远处的铁路。所形成的滑坍体南北横向宽度最大为 58m，周界呈椭圆形，后缘滑动面较陡，坡度为 80°～88°，滑坍体最大厚度为 23m，滑坍体以强风化铁质辉长岩为主，表层有 0.5～2m 厚的松土。由于该滑坍体主要是“推移式滑坍体”，治理工程采取“断尾、防（排）水、拦腰、护脚”的原则进行设计。

14.3.2 地质勘察

根据地质勘察报告，本工程范围沿路线方向全长近 80m，沿坡体方向斜长达 150m，立面在路基边缘露出（凌空面）的高度为 3～14m。该滑坍体是由于路基开挖而诱发的边坡沿路基剪出滑动而形成，滑坍体为红色黏性土及强风化页岩与强破碎铁质辉长岩，滑动面以下稳定层为中风化铁质辉长岩。滑坍体饱和水重度 $\gamma=24kN/m^3$，滑动面土体饱和水内摩擦角 $\varphi=35°$，黏聚力 $c=15kPa$。

14.3.3 设计方案

1）滑坍体推力计算

滑坍体推力计算按分块法进行，坡面按削坡减载后的形状计。取滑坍体饱和水重度 $\gamma=24kN/m^3$，滑动面饱和水内摩擦角 $\varphi=35°$，黏聚力 $c=15kPa$，安全系数 $K_n=1.25$，滑坍体推力计算结果见表 14-4。

滑坍体推力计算 表 14-4

编号	土块面积 S_n (m^2)	土重 W_n (kN)	滑动面倾角 θ_n (°)	沿滑动面分力 T_n (kN)	垂直滑动面分力 N_n (kN)	$N_n\tan\varphi_n$ (kN)	滑动面长 L_n (kN)	C_nL_n (kN)	K_nT_n (kN)	滑坍体推力 P_n (kN)	Ψ
1—1 断面											
1	15.9	381.6	69	356.2	136.8	95.8	12	180	445.3	169.5	0.962
2	36.4	873.6	66	798.1	355.3	248.8	6.6	99	997.6	812.9	0.682
3	42.0	1 008.0	45	712.8	712.8	499.1	4.5	67	891.0	879.8	0.935
4	42.0	1 008.0	40	647.9	772.2	540.7	3.4	51	809.9	1 040.9	0
5	186.2	4 468.8	35	2 563.2	3 660.6	2 563.0	19.4	291	3 204.0	349.8	0
6	24.5	588.0	35	337.3	481.7	337.3	7.0	105	421.6	−20.7	1.000
7	108.0	2 592.0	35	1 486.7	2 123.2	1 486.0	20	300	1 858.0	71.9	
2—2 断面											
1	20.25	486.0	51	377.7	305.8	214.2	10	150	472.1	107.9	0.935
2	42.0	1 008.0	46	725.1	700.2	490.3	5	75	906.4	442.0	1.000
3	46.0	1 104.0	46	794.2	766.9	537.0	7	105	992.7	792.7	0
4	144.0	3 456.0	33	1 882.3	2 898.4	2 029.0	21	315	2 352.0	8.3	0
5	96.0	2 304.0	33	1 254.8	1 932.3	1 353.0	19	285	1 568.0	−69.4	1.000
6	70.0	1 680.0	33	915.0	1 408.9	986.6	24	360	1 143.0	−625.2	
3—3 断面											
1	90.0	2 160	47	1 580	1 473	1 031	15	225	1 975	719	0.817
2	153.0	3 672	34	2 053	3 044	2 132	13	195	2 566	826	0.893
3	81.0	1 944	26	852	1 747	1 223	5.0	75	1 065	504	0
4	184.0	4 416	23	1 725	4 064	2 846	17	225	2 156	−915	1.000
5	24.0	576	23	225	530	371	6.0	90	281	−180	

续上表

编号	土块面积 S_n (m^2)	土重 W_n (kN)	滑动面倾角 θ_n (°)	沿滑动面分力 T_n (kN)	垂直滑动面分力 N_n (kN)	$N_n \tan\varphi_n$ (kN)	滑动面长 L_n (kN)	C_nL_n (kN)	K_nT_n (kN)	滑坍体推力 P_n (kN)	Ψ
4—4 断面											
1	12.8	307	50	235	198	138	6.0	90	294	66	0.683
2	128.8	3 091	29	1 499	2 704	1 893	14.0	210	1 873	−185	0
3	119	2 856	18	882	2 716	1 902	12.0	180	1 103	−979	1.000
4	42.3	1 015	18	314	966	676	5.0	75	393	−358	0.962
5	46.4	1 114	15	288	1 076	753	15.0	225	366	−618	

注：1. 地勘资料的1—1断面图与现场实际不符，现根据现场实测断面，其削坡后的滑坡推力在上部锚定板位置为100kN/m，在中部锚定板位置滑坡推力为30kN/m，余下部分为阻滑段。

2. 3—3断面图在设置预应力锚索抗滑桩处，计算得到滑坍体推力最大值为1 040.9kN/m；而在预应力锚索锚定板位置剩余的滑坡推力最大值仅为30kN/m；锚定板以下部分为阻滑段。

2）治理方案

总体方案是在距上部的滑坍体尾部边缘20m处，布置了一道平面上呈折线形的预应力锚索抗滑桩，在滑坡体的中偏下部布置了一道呈折线形的预应力锚索锚定板，在滑坡体的最下缘布置了锚杆挡墙护脚，整个坡面采取挂网喷浆护坡，防止整个坡面渗水、岩层进一步风化。其治理方案总体布置见图14-14，其典型断面如图14-15～图14-17所示。

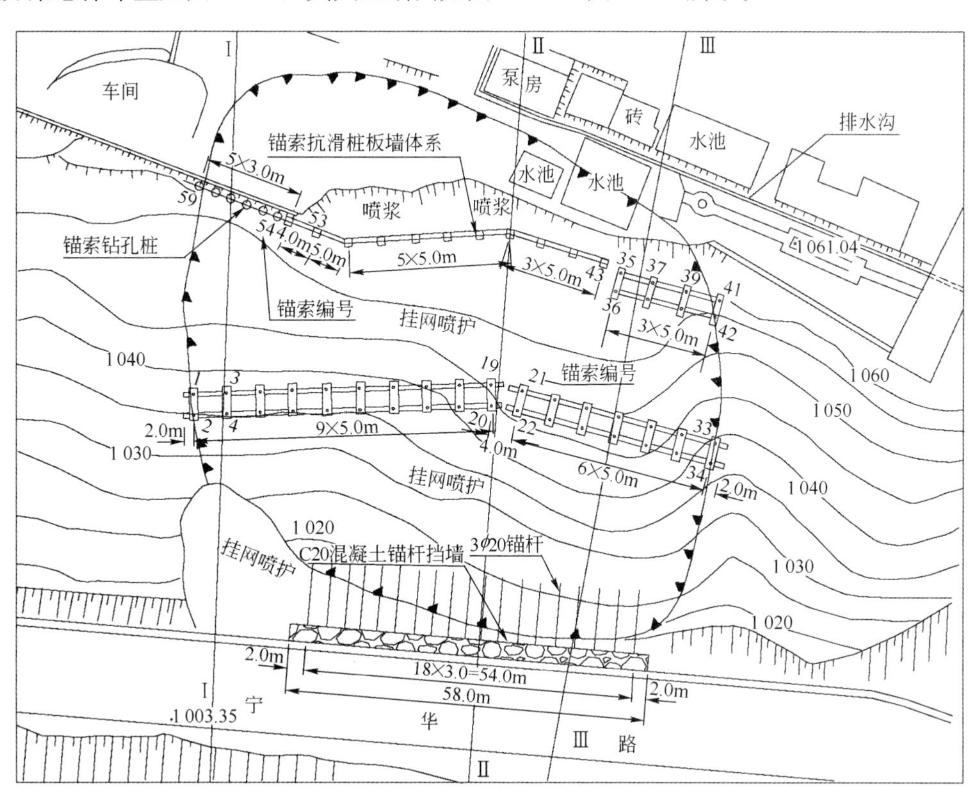

图14-14 平面总体布置

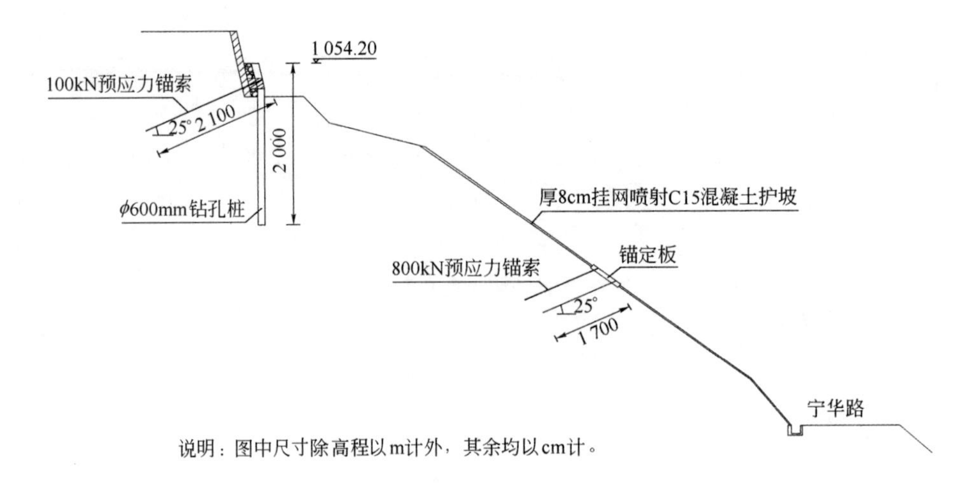

图 14-15 Ⅰ—Ⅰ剖面

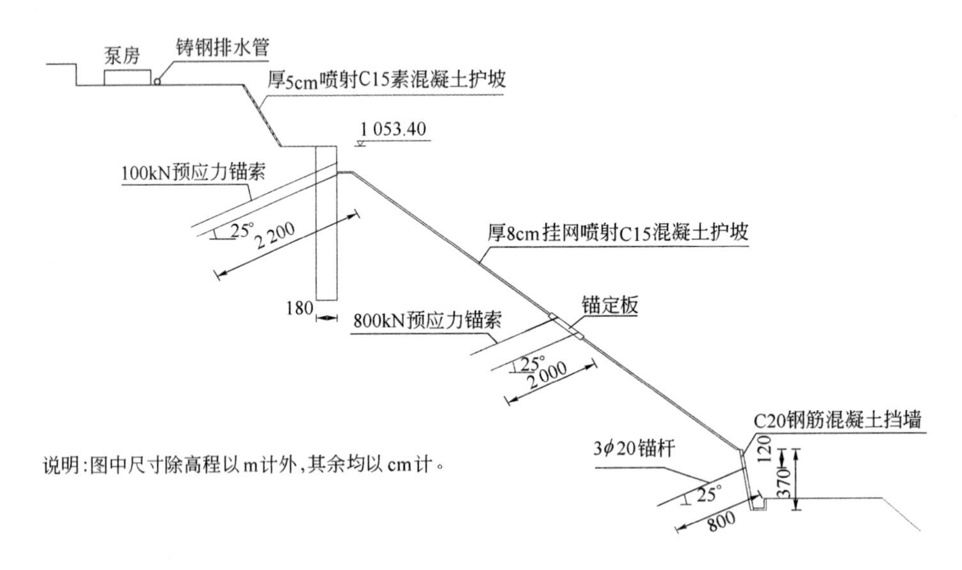

图 14-16 Ⅱ—Ⅱ剖面

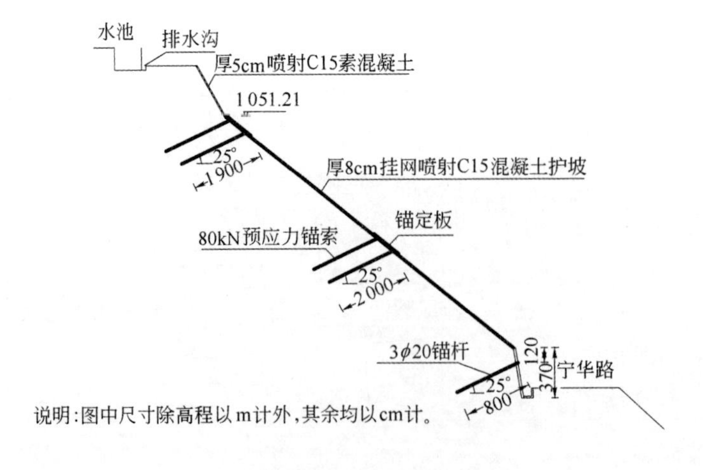

图 14-17 Ⅲ—Ⅲ剖面

（1）滑坍体后缘

由于该滑坍体为“推移式滑动”，要抑制滑坍的发展，“断尾”是最重要的。具体措施为：

①设置强有力的大断面带预应力锚索的挖孔桩或钻孔桩进行支挡，以确保后面建筑物及铁路的安全；其中上部预应力锚索抗滑桩为断面尺寸 1.2m×1.8m 的挖孔桩，桩间距 5m，桩长 21～24.2m，嵌入中等风化铁质辉长岩深度为 4.5～5.5m，在每根桩身上仅设锚索一根，锚索的水平夹角呈 25°，锚索布置在距桩顶下 3m 处，锚索采用 7×ϕ15mm 的钢绞线，长 19.0～22.5m，锚固段长 9.0m，施加预应力 100kN。在左侧布置 6 根直径 ϕ600mm 的预应力锚索钻孔灌注钢筋混凝土桩，桩间距 3.0m，锚索设置同挖孔桩。

②为确保安全，桩孔开挖施工采用跳槽开挖与浇筑桩身，待预应力锚索抗滑桩施工张拉锁定完成后，再对中上段坡面按 1∶1.25 的坡度进行减载清方施工，减小其下滑力，增大中下段滑体的稳定性。

③同时在右侧端部设置并施工预应力锚索锚定板。

（2）中部滑坍体

①在滑坍体后缘抗滑桩施工结束并对坡面按 1∶1.25 的坡度进行减载清方施工后，在接近坡面中部处设置预应力锚索锚定板，以增大滑动面摩擦力、抑制坡面大滑坍体向下滑动、支挡锚定小滑坍体，并能减小或抵消滑坍体对下部坡体的推力。

中部预应力锚索锚定板厚 1.0m，宽 1.5m，长 7.6m，锚定板间距 5.0m，每块锚定板上布置两根锚索，锚索采用 7×ϕ15mm 的钢绞线，水平夹角呈 25°，每根锚索中施加预应力 800kN。锚定板配筋设计如图 14-18 所示。

②为防止地表水下渗，以及防止工后坡面表层开裂而加剧地表水下渗，采用挂铁丝网（锚杆直径 ϕ20mm，长度 L＝200cm）喷射 8cm 厚 C15 混凝土防护整个坡面。

（3）下部滑坍体

对中下段坡面也按 1∶1.25 的坡度进行减载清方，同时对周边坡体仍然采用挂网喷射混凝土进行护坡。由于该滑坍体以推移为主，牵引为辅，在上部和中部采用强有力的工程措施之后，坡脚剩余下滑力很小，因此滑体下缘出口处采用高 3.2m 的全长灌浆锚杆挡墙加固。锚杆为 3ϕ20mm 的螺纹钢筋，长 7～8m，锚杆挡墙面层采用钢筋混凝土，设置双层 ϕ12mm 钢筋网，面板厚度为 25cm。

（4）其他措施

①滑坡后缘边界外设置一道截水沟，以拦截地表水对滑体的冲刷、侵蚀。

②整个挂网喷射混凝土坡面按梅花形布置泄水孔（预埋塑料排水管），间距 3m。

该工程竣工后经历了多个雨季、一次地震，未发现有任何问题，工作状况良好。

14.3.4 施工方法

该项工程总的施工流程如图 14-19 所示。首先对坡面进行清理减载，将松散土体大部分清除，共清除土石方 19 000m^3，其余工程从上部向下部逐渐施工，先施工上部挖（钻）孔桩及锚索，接下来施工中部锚定板，再施工下部锚杆挡墙，最后施工挂网喷射混凝土护坡及排水沟等其他附属工程。

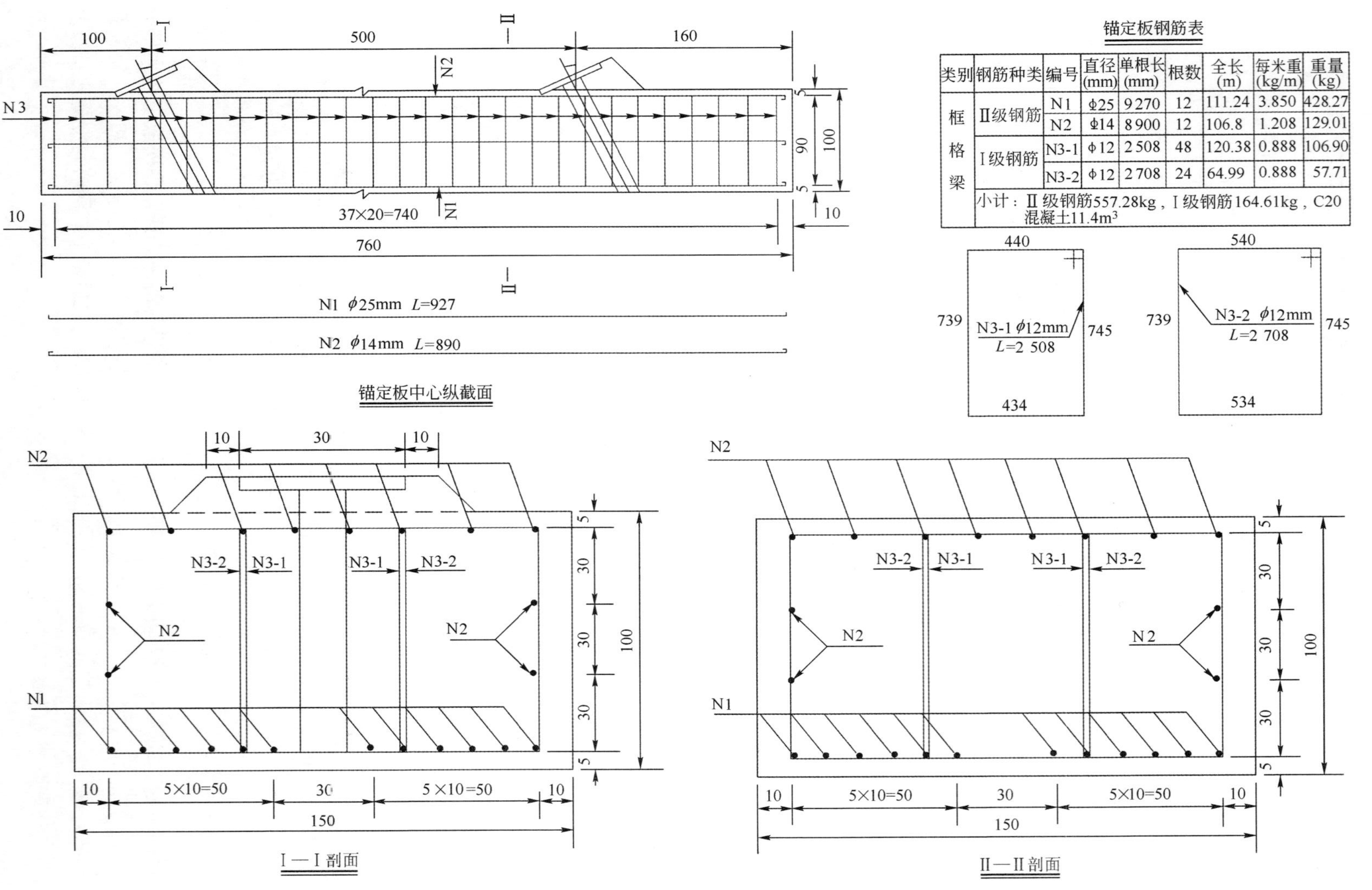

锚定板钢筋表

类别	钢筋种类	编号	直径(mm)	单根长(mm)	根数	全长(m)	每米重(kg/m)	重量(kg)
框格梁	Ⅱ级钢筋	N1	Φ25	9 270	12	111.24	3.850	428.27
		N2	Φ14	8 900	12	106.8	1.208	129.01
	Ⅰ级钢筋	N3-1	ϕ12	2 508	48	120.38	0.888	106.90
		N3-2	ϕ12	2 708	24	64.99	0.888	57.71
	小计：Ⅱ级钢筋557.28kg，Ⅰ级钢筋164.61kg，C20混凝土11.4m^3							

图14-18　锚定板配筋设计（尺寸单位：cm）

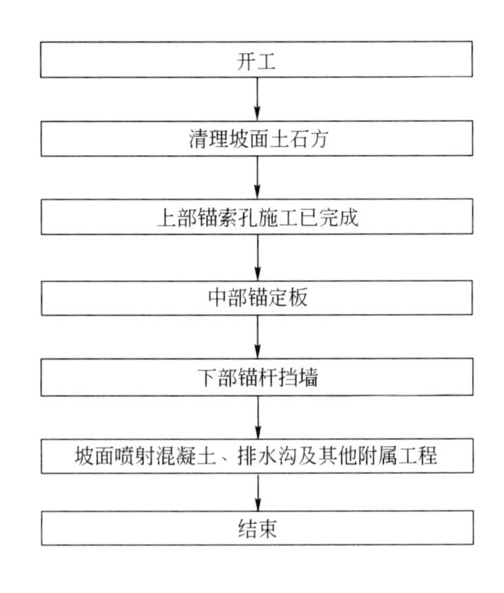

图 14-19　硫磺口边坡治理工程流程

14.4　有限元强度折减法在元磨高速公路高边坡工程中的应用

14.4.1　引言

边坡稳定的极限分析有限元法——有限元强度折减法通过不断降低岩土体强度使边坡达到极限破坏状态，从而可以直接计算得到边坡的破坏滑动面和强度储备安全系数，十分贴近工程设计。该方法不需要对滑动面形状和位置作假定，可以搜索出复杂岩（土）质边坡的所有潜在滑动面（圆弧形和非圆弧形）。采用有限元强度折减法来进行支挡结构计算，既可以考虑支护结构与岩土介质共同作用关系，且可以直接算出结构内力，具有很大的优越性和应用前景。本节介绍有限元强度折减法在云南元（江）—磨（黑）高速某高边坡工程中的应用。

14.4.2　工程概况

云南省元磨高速公路 K301＋320～K301＋900 试验段岩质高边坡（图 14-20）位于云南省墨江县城南西方向，阿墨江中下游老苍坡 6 号隧道出口至阿墨江特大桥之间，设计起点里程 K301＋320，止点里程 K301＋900。路段处于构造剥蚀中山地段。当地自然斜坡走向 NW 向，由东向南倾斜，自然边坡坡度为 25°～42°。元磨高速公路以 NW10°方向穿出老苍坡 6 号隧道，在路面高程 860.0～832.3m 间横切自然斜坡通过，到阿墨江大桥折向 NE10°，路线高出河床 120m 左右。

图 14-20　元磨高速公路 K301＋320～K301＋900 试验段高边坡

自然边坡坡脚下沿阿墨江分布有北西向断层，场地内有两条北东向小断层。受此断裂带的影响，地层褶皱强烈，节理裂隙发育，岩体破碎。

组成试验段边坡（K301＋461.5～K301＋470.5）的岩土体为：上部为1～3m厚的坡残积土（Q^{el+dl}），系褐红色、褐色碎石土，稍密～中密，碎石含量为30％～40％，呈次棱角状，粒径大多为5～7cm，成分较复杂，主要为泥岩和粉砂岩，呈硬塑～可塑。下部基岩为不同风化程度的褐红色泥岩夹灰褐色粉砂岩。全风化泥岩呈土状，稍湿；强风化泥岩呈碎块状，局部岩芯呈短柱状；中风化砂岩和泥岩呈块石状，岩芯呈短柱状。根据钻孔暴露资料，在试验段边坡体内存在一基本由强风化和全风化组成的软岩构造核。构造核的上、下及山侧被相对较坚硬中风化岩层所包裹，系相对较完整的硬壳。软核内的岩层呈碎石土和角砾土状，稍湿至可塑，计算采用的典型断面如图14-21所示。

根据地质力学构造裂面的调查和分析结果（图14-22），结合沿构造面强度指标的取值大小的可能性，边坡变形破坏的模式有以下两种情况：

①沿NE5°/W41°的Ⅲ期松压结构面产生滑动，其破坏面后缘可依附于Ⅱ期产生的NE21°/NW81°（76°）的构造面，根据边坡体的岩性组成，滑动破坏面在以上提及的构造软核中，最危险的底界为沿通过边坡脚的该组构造面，破坏的范围据经验为开挖高度的1.5～2.5倍，因边坡尚未发生边坡病害，可取最小值，即推测边坡变形破坏的最远点距边坡开挖坡脚的水平距离为31.8m。

②施工松动范围的边坡表层可产生掉块、落石及沿构造面的楔形破坏等小型坡面病害。

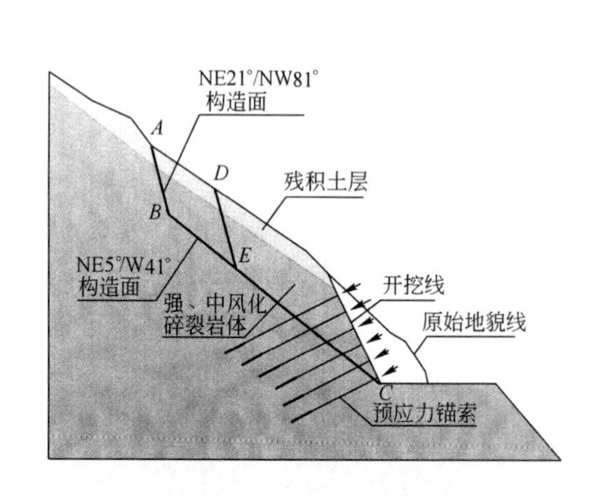

图14-21　计算采用的典型断面

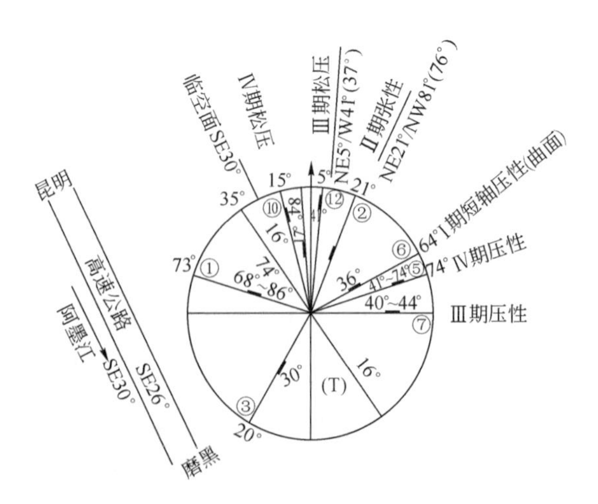

图14-22　边坡地质裂面构造

在自然条件下，原自然边坡的坡度与NE5°/W41°（37°）的构造面基本一致，可判断原自然斜坡为沿NE5°/W41°（37°）的构造面剥蚀而成，边坡在各种外营力的长期作用下，经过无数次变形破坏，达到目前的稳定平衡状态。边坡开挖后，岩体松弛，裂面张开，地表水易于下渗软化构造软核，当沿通过构造软核中某一组NE5°/W41°的构造面的强度小于应力时，边坡就发生沿此面的滑动。

该边坡原设计采用刷缓边坡的方案，边坡按1∶1的坡率刷方，每10m高留2.0m宽分级平台，边坡体基本稳定，但要大面积的开挖边坡，刷方坡顶距坡脚的水平距离超过100m，此方案不但开挖量大，而且大面积的地表水的下渗作用是一个严重的问题，须采用有效的防护措施，防护工程量大，不适宜采用。边坡支护改为采用高陡度预应力锚索加固的设计方案，此方案对边坡的开挖量小，边坡高约 21.0m，水平宽 10.5m，对原有的自然山坡的植被破坏少，工程造价相对较低，而且能恢复坡面植被，美化了自然环境。该方案的具体工程措施如下：

①边坡刷方

自边坡坡脚按 1∶0.5 坡率向山侧刷方，刷到原自然边坡。

②预应力锚索框架加固

刷方边坡采用 6 排压力型预应力锚索框架加固，锚索水平间距均为 3.0m。每根锚索设计锚固力 600kN。

③坡面防护

框架内采用六棱砖覆土植草的柔性防护措施。

④地表排水

在坡脚设排水沟一道，坡面设截水天沟一道，设吊沟将地表水引入坡脚排水沟中。

14.4.3 有限元模型的建立

计算采用的软件为 ANSYS 5.61－University High Option 版，按照平面应变问题建立模型，岩土材料用 6 节点三角形平面单元 PLANE2 模拟，硬性结构面采用接触单元来模拟。预应力锚索加固作用通过施加集中力的方法来模拟，即在有限元网格中距离等于锚索长度且方向与锚索方向一致的两个节点上施加一对相向的集中力（设计锚固力），然后通过强度折减来评价施加锚固力后边坡的稳定性，此方法与传统极限平衡方法是一样的，原理简单，操作方便。

由于锚索间距为 3.0m，而本次平面应变计算纵向只有 1m，在评价预应力锚索的加固效果时，将岩土体重量乘以 3（在 ANSYS 中的材料密度输入时将密度乘以 3），同时为了确保原有稳定安全系数不发生变化，将岩土体以及结构面的内聚力也乘以 3，即保证 γ/c 不发生变化。

根据设计，锚索的设计锚固力为 600kN，锚索倾角 26°。在有限元模型中，在锚索的外锚头节点的水平方向施加力为 $-600\times\cos26°=-539.28$kN，在竖直方向施加力为 $-600\times\sin26°=-263.02$kN。

框架竖肋用 BEAM3 单元模拟，该单元可以输出轴力、弯矩、剪力等。有限元网格划分如图 14-23 所示。所有单元都需要事先划分好，模型的建立以及计算结果均采用国际标准单位。

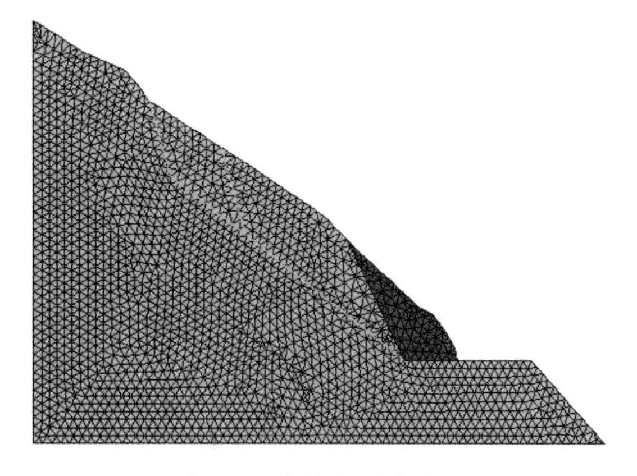

图 14-23 有限元网格划分

边界条件：上部为自由边界，左右两侧水平约束，底部固定。

由于本次分析采用的是平面应变分析，对预应力锚索框架横梁的模拟比较困难。考虑到框架的力学作用主要是将锚索锚固力传递给岩土体，同时将边坡岩土体的侧向压力传递给锚索，由于横梁的作用增加了框架的刚度，因此本次分析时采用一个等效分析的办法，即将框架中竖肋的惯性矩乘以1.5，以此来考虑横梁的作用。

竖肋宽×高=400mm×600mm。

岩土体材料本构模型采用理想弹塑性模型，屈服准则为平面应变莫尔-库仑匹配DP4准则，框架竖肋按线弹性材料处理。

14.4.4 计算采用的物理力学参数

根据提供的地质资料，计算参数取值见表14-5。

计算采用物理力学参数　　表14-5

材料名称	重度(kN/m^3)	弹性模量(MPa)	泊松比	黏聚力(kPa)	内摩擦角(°)
坡残积土	21	100	0.4	15	28
NE5°/W41°结构面				20	33
边坡后部陡裂面				60	35
强～中风化岩体	24	2700	0.2	200	39
C25混凝土（框架梁）	25	29×10^3	0.2	按线弹性材料处理	

14.4.5 各工况条件的模拟

（1）模拟未开挖前雨水的渗透作用

坡体表面的岩土（坡残积层）达到饱和状态，在未开挖前基岩中的结构面处于压密状态。降雨对边坡稳定的影响十分复杂，本次计算采用一种简化方法，即静水压力和动水压力的模拟按在饱和重度的基础上加$2kN/m^3$的方式处理。坡残积土的强度指标取为$c=15kPa$，$\varphi=28°$。

（2）边坡开挖的模拟

采用ANSYS软件提供的载荷步功能以及单元的“死活”技术来模拟边坡的开挖施工过程。

（3）模拟加固工程的作用

在加固后的模型中，对结构面以及岩体强度参数进行折减，直到极限状态，以此来计算加固后的安全系数。

14.4.6 数值模拟结果及分析

（1）各工况条件下破坏形式及安全系数

由计算结果可知，边坡未开挖前的滑动面形状见图14-24，滑动破坏出现在表层残积土中。

将要开挖部分单元“杀死”，然后通过对结构面以及岩体强度进行折减，直到极限状态，得到开挖后未支护情况下的滑动面见图14-25，滑动面沿结构面通过坡脚。

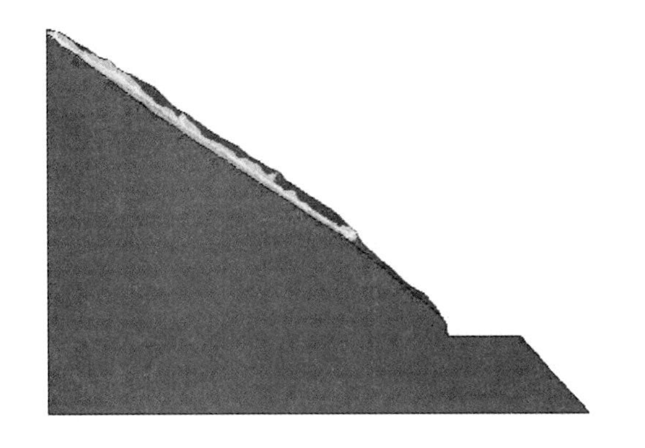

图 14-24　未开挖前的破坏形式

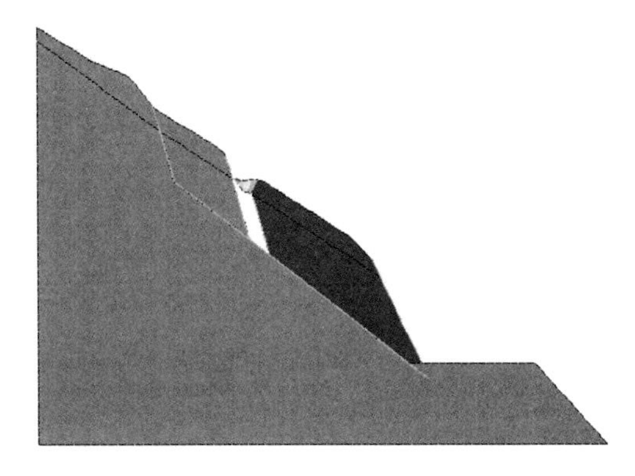

图 14-25　开挖后不支护时的破坏形式

采用预应力锚索框架加固后的破坏形式与图 14-25 相同，不过首先表现为锚索受到的轴向拉力超过其抗拉强度，锚索拉断，边坡跟着失稳。

有限元数值分析结果表明，采用预应力锚索格子梁的加固效果是明显的。如果采用原刷缓边坡的方案，边坡按 1∶1 的坡率刷方，每 10m 高留 2.0m 宽分级平台，边坡体基本稳定，但要大面积的开挖边坡，刷方坡顶距坡脚的水平距离超过 100m。此方案不但开挖量大，破坏自然环境美观，而且大面积的地表水的下渗作用是一个严重的问题，须采用有效的防护措施，防护工程量大，不适宜采用。采用高陡度预应力锚索加固的设计方案，对边坡的开挖量小，边坡高约 21.0m，水平宽 10.5m，对原有的自然山坡的植被破坏少，工程造价相对较低，而且能通过绿化恢复坡面植被，美化自然环境，使边坡的稳定问题（边坡的整体破坏以及局部松动破坏）得到很好解决。各工况条件下的安全系数计算结果见表 14-6。

各工况条件下的安全系数　　表 14-6

开　挖　前	开挖未支护	预应力锚索加固后
1.28	1.03	1.26

（2）预应力锚索框架内力计算结果

通过对结构面强度参数进行折减，得到框架竖肋的内力分布。图 14-26 为竖肋的弯矩分布，图 14-27 为框架竖肋剪力分布，图 14-28、图 14-29 分别为框架竖肋轴力和土压力分布。

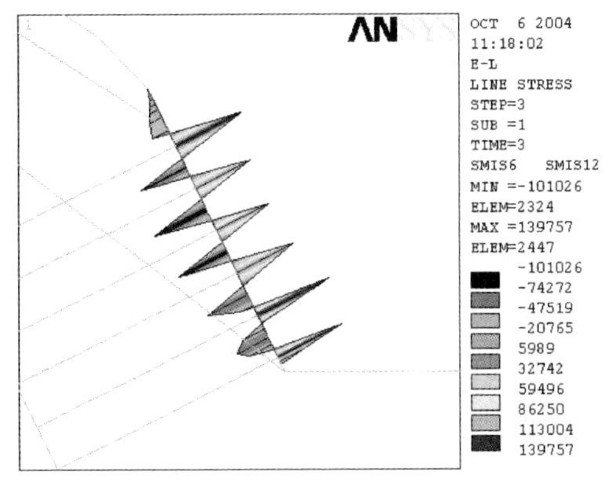

图 14-26　框架竖肋弯矩分布

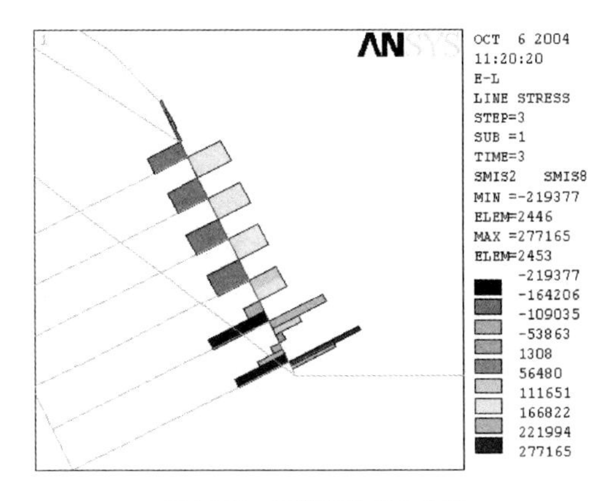

图 14-27　框架竖肋剪力分布

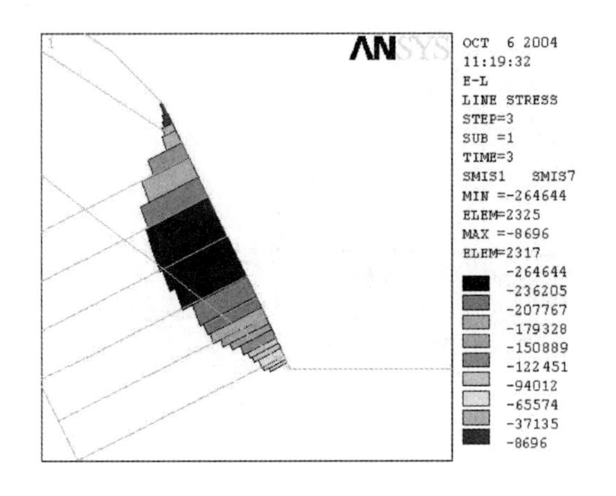

图 14-28 框架竖肋轴力分布

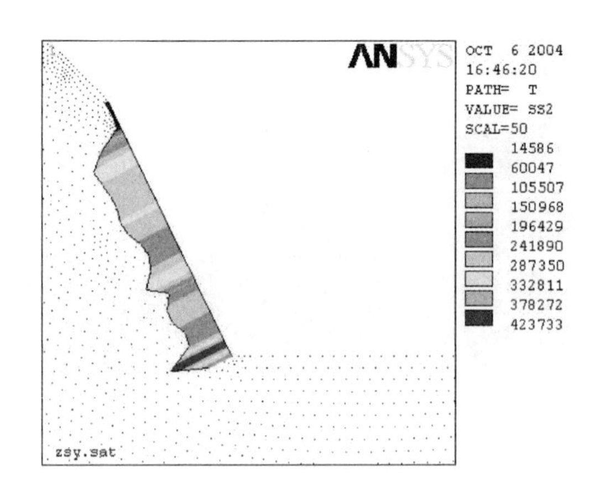

图 14-29 框架竖肋土压力分布

对于该试验段高边坡，课题组对框架在施加预应力以后的内力分配、地基对其反力的大小与分布等做了现场测试和监测。根据该试验工点的现场实测数据，该试验点锚索的平均实际锚固力为 480kN，本次数值计算增加一个实际工况下的内力计算，即在有限元中以现场实测的锚固力数据作为输入，得到了设计工况和实际工况下的框架内力计算结果（表 14-7）。

有限元计算结果与现场实测结果 表 14-7

结 果	锚索锚固力（kN）	竖肋最大弯矩（kN·m）	竖肋最大轴力（kN）	竖肋最大土抗力（kPa）
有限元结果（设计工况）	600	140	265	424
有限元结果（实际工况）	480	112	216	348
现场实测	480	64	254	351

有限元数值模拟结果表明，影响框架竖肋弯矩的主要因素有锚索锚固力、框架下覆岩土体的弹性模量、竖肋的截面积等。锚固力越大，竖肋弯矩越大。框架下覆岩土体的弹性模量越小，竖肋弯矩越大。竖肋的截面积越大，刚度越大，竖肋弯矩越大。另外，通过对竖肋与岩体之间的土压力分布规律的分析，框架节点处的土压力较大，特别是边坡岩体弹性模量较大时更为突出。

通过有限元计算得到的竖肋弯矩比现场实测数据偏大，但总的来看，竖肋实测的弯矩与有限元计算的弯矩除了在数值大小上有较大差异外，在发展趋势上基本吻合，表明采用有限元法计算竖肋的内力是可行的，其结果对预应力锚索框架设计具有一定的参考意义。图 14-30 为现场 2 号竖肋理论弯矩和现场实测弯矩对比，图中的“理论弯矩”是按照弹性地基梁法，采用实测的锚索拉力计算得到的框架各截面的弯矩。由此可见，理论弯矩最大值与有限元计算结果（实际工况）一致，但与现场实测值有差异，主要是测试精度不足所致。

本节采用有限元强度折减法对云南省元磨高速公路 K301＋320～K301＋900 试验段岩质高边坡稳定性进行了评价，通过有限元强度折减得到了不同工况下的破坏模式和安全系数，同时得到了框架竖肋的内力大小和分布，其结果对预应力锚索框架设计具有一定的参考意义。

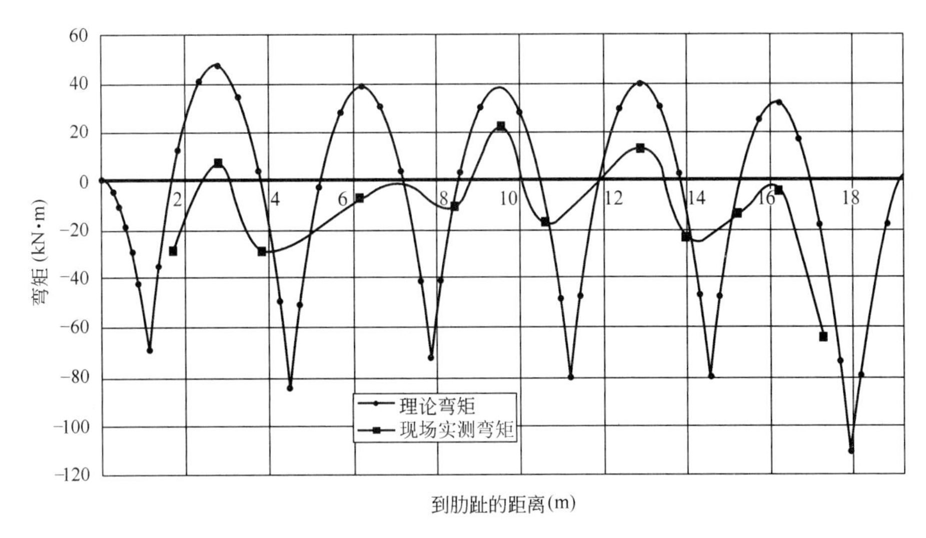

图 14-30　2 号竖肋理论弯矩和现场实测弯矩对比

试验工点边坡的坡体中存在多组构造裂面，边坡破坏决定于这些构造裂面的空间组合，但无法确定究竟沿具体的哪一组滑动、哪几组面的空间组合发生滑动、滑动的范围是多大等问题，有限元强度折减法成功地解决了这一问题。

14.5　公路滑坡工程实例

14.5.1　工程概况

大花地滑坡位于攀枝花市大花地，攀钢热电厂鼓风站北东侧，原攀枝花弄（弄坪）一清（香坪）公路内侧斜坡地带上，自然坡度为 10°～36°，地面高程介于 1 224～1 172m 之间，最大高差约 52m。地貌上呈鼓丘状，属于山麓斜坡地带。该滑坡场地属于古滑坡后缘地带。该古滑坡主要由两个滑体组成，滑动带（面）位于“昔格达”组黏土岩粉砂岩岩层中，曾经过多次滑动。于 2000 年对该公路进行改造扩宽，根据地质勘察结论，此古滑坡必定产生滑动，将直接威胁坡体上部的多栋居民房屋和下部热电厂的安全。对滑坡治理成为该项改造扩建工程的关键工程。

14.5.2　地质勘察

大花地场内地质构成为：表部为第四系人工填土，其下依次为第四系坡积粉质黏土、第四系第Ⅱ冰期冰卵石层、第四系第Ⅰ间冰期“昔格达”组黏土岩粉砂岩互层、第四系第Ⅰ冰期冰水沉积粉质黏土。下伏基岩为三叠系泥岩、砾岩及古生界辉长岩。由上至下将各岩土层分述如下：

（1）第四系人工填土（Q^{ml}）：一般由褐色黏性土混黏性岩、粉砂岩碎石组成，松散～稍密，厚度为1.50～7.50m，最大厚度13.40m。大部分地段表部有一层0.30～0.50m混凝土覆盖。

（2）第四系坡积粉质黏土（Q^{dl}）：褐红色，硬塑状态，稍湿，含有15%～20%碎石及角砾。厚度为2～4m，只在局部地段上部有分布。

（3）第四系第Ⅱ冰期冰卵石：成分为石英岩、辉长岩，扁圆形，粒径为2～10cm，充填黏性土及砂约40%，稍密，厚度3.50m，仅见于旧钻孔151号孔内。

（4）第四系第Ⅰ间冰期“昔格达”组黏土岩粉砂岩互层：

①黏土岩：呈灰黄、褐黄色夹灰紫、灰白及紫红色，顺坡向在高程1 177～1 160m以下为深灰色，半成岩，泥质结构，薄～中层状构造，上部层面较平缓，倾角为3°～5°；深灰色部位以下层面倾角偏大，为8°～10°，局部15°。

②粉砂岩：呈灰黄及褐黄色，粉砂质结构，泥质弱胶结，局部地段具钙质胶结，中厚层状构造，岩芯遇水有软化现象，一般含有钙质结核。

③昔格达组黏土岩、粉砂岩厚度较大，揭露厚度为20～40m，一般在20～25m深度范围内岩芯具破碎现象，节理裂隙发育；地层产状：190°～220°∠3°～5°。钻探结果表明，勘察场地内大部分钻孔见到软弱结构面及挤压带，并见多个滑动面（带），最主要的滑动面（带）有三个。一般滑动面（带）均位于灰紫及紫红色黏土岩中，滑动带土一般呈碎土状或可塑状态黏土状，滑动带上可见明显光滑擦痕面。

（5）第四系第Ⅰ冰期冰水沉积粉质黏土：呈褐黄色，坚硬状态，具有胶结现象，含有卵石及辉长岩风化残块。厚度为0.5～4.0m。

（6）三叠系泥岩及砾岩：泥岩，呈褐黄～灰黄色，泥质结构，中厚层状构造，揭露深度内呈强风化状态。砾岩，褐红色，砾石成分为砂岩、石英岩，泥质胶结，巨厚层状构造，揭露深度内呈中风化状态。

（7）古生界辉长岩：呈褐黄～灰黄色，中～粗粒结构，块状构造，揭露深度内为强～中风化，岩芯呈砂状及块状、短柱状，节理发育。

该滑坡场地属于古滑坡后缘地带。该古滑坡主要由两个滑体组成，滑动带（面）位于“昔格达”组黏土岩粉砂岩岩层中，曾经过多次滑动。最主要的滑动面（带）有三个，Ⅰ号滑体有两个，Ⅱ号滑体有一个，两滑体重叠，滑动面有交叉现象。

地下水源主要是地表民用生活水和雨水渗透。攀枝花地区地震基本烈度为7度。滑体最大厚度达18m，滑体饱水重度（平均）为21kN/m³。在拟建公路的边缘外不足3.0m的地方有多栋房屋。

14.5.3 治理工程设计方案

（1）平面布置

根据地勘资料，可以计算出滑坡最大推力为258kN/m，治理工程设计采取了两级治理的处治方法。第一级治理措施是在滑体的尾部（约为滑体的1/3处）采用有9根锚索的锚定梁。第二级治理措施是在路基的边缘布置了两排抗滑结构（预应力锚索抗滑桩和锚定地梁与锚索桩结合的抗滑结构）。

靠近路基的一排抗滑结构为锚索抗滑桩，桩身采用人工开挖形成，桩径有1.5m×2.2m、2.0m×3.0m两种，桩到桩的间距根据滑体厚度不同而不同，有6m、5m、4m三种，每根桩布置有2～5根锚索，锚索采用7×ϕ15.24mm（钢绞线）或9×ϕ15.24mm。每根桩身上的锚索数量根据其临空高度来确定，最下一排锚索距路基边缘水沟底的高度为3.0m，同一桩身上锚索竖向间距为3.0m，桩顶留长1～3.4m的悬臂段。全立面共布置了26根桩和100根锚索，桩身最大临空高度为18.4m。桩身嵌入滑动面以下4～5m，单根桩身最长达36.0m。

另一排抗滑结构为锚定地梁与锚索桩结合的抗滑结构，布置了6块锚定地梁和5根1.8m×3.0m的抗滑桩，每块锚定地梁上设2根锚索，每根抗滑桩上设2根9×ϕ15.24mm锚索，单根桩身最长达40m，单根锚索最长达43m。值得一提的是该滑体的滑动方向有两个，因此抗滑结构也按两个方向布置，见图14-31。

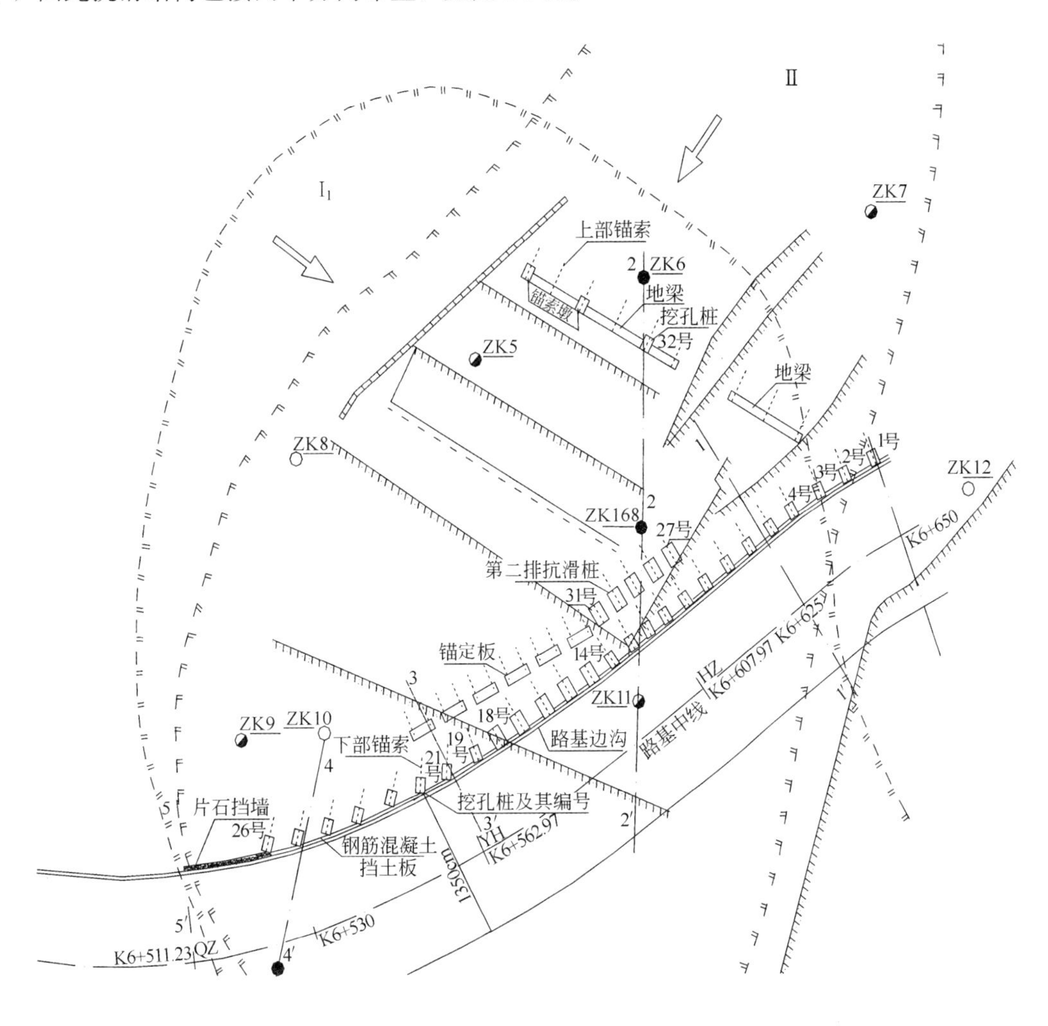

图14-31　治理工程平面布置

(2) 立面布置图

治理工程的主体抗滑结构立面如图14-32所示。

(3) 横断面布置图

图14-33所示为其典型断面，该断面共布置了4排锚索。

(4) 主要结构设计图

①抗滑桩：该工程抗滑桩采用1.5m×2.2m，1.8m×3.0m，2.0m×3.0m三种截面尺寸的挖孔桩。抗滑桩的配筋设计可采用专用计算程序计算，图14-34所示为2.0m×3.0m挖孔桩配筋设计。

②锚定地梁：锚定地梁的设计计算可采用联系地基梁原理进行计算，其计算方法在本书第 7 章中已介绍，此处不再赘述。本工程所设计的锚定地梁配筋见图 14-35。

③预应力锚索：该滑坡治理工程在抗滑桩和锚定地梁上均设有预应力锚索，图 14-36 为预应力锚索设计大样。

④张拉台座：预应力锚索张拉台座是保证锚索张拉的预应力传递到锚定地梁和抗滑桩上的关键结构，在预应力抗滑结构设计中占有相当重要的位置。该滑坡治理工程所设计的张拉台座见图 14-37。

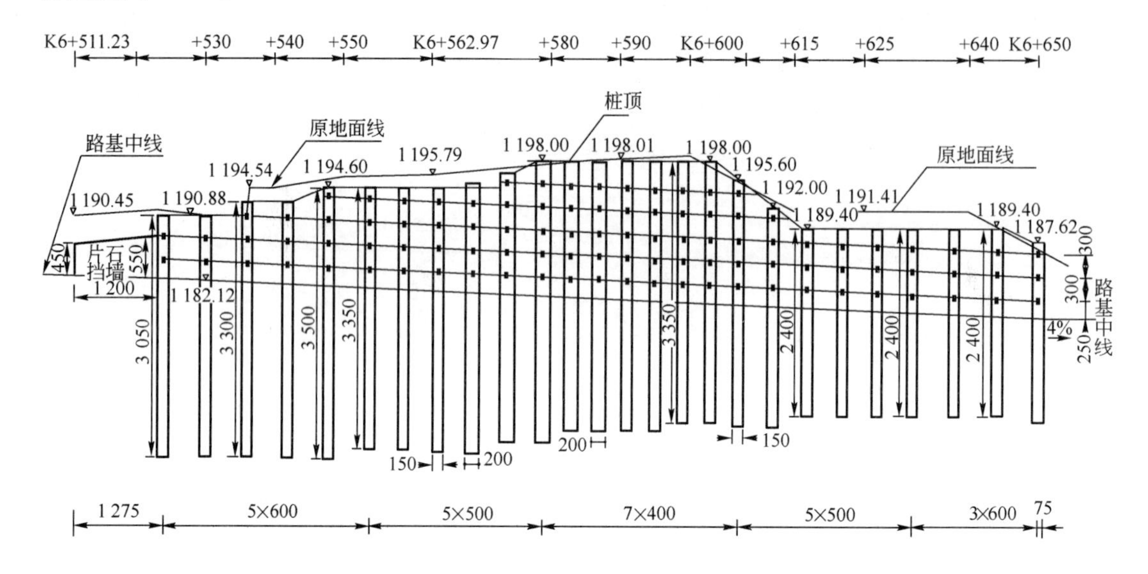

图 14-32 抗滑桩立面展开（图中尺寸除高程以 m 计外，其余均以 cm 为单位）

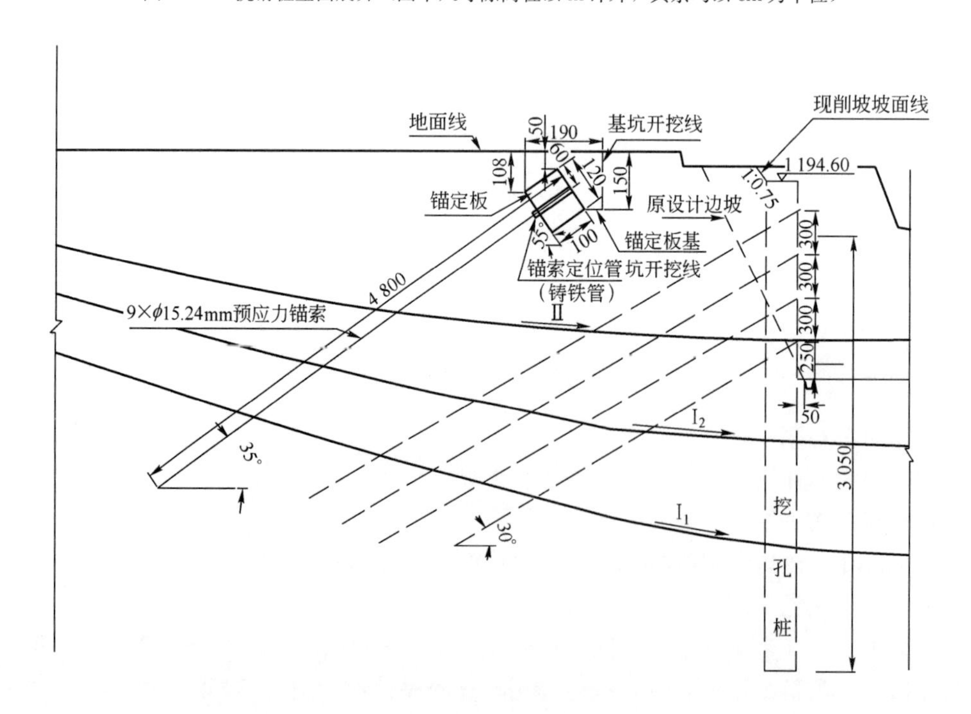

图 14-33 典型横断面（图中尺寸除高程以 m 计外，其余均以 cm 为单位）

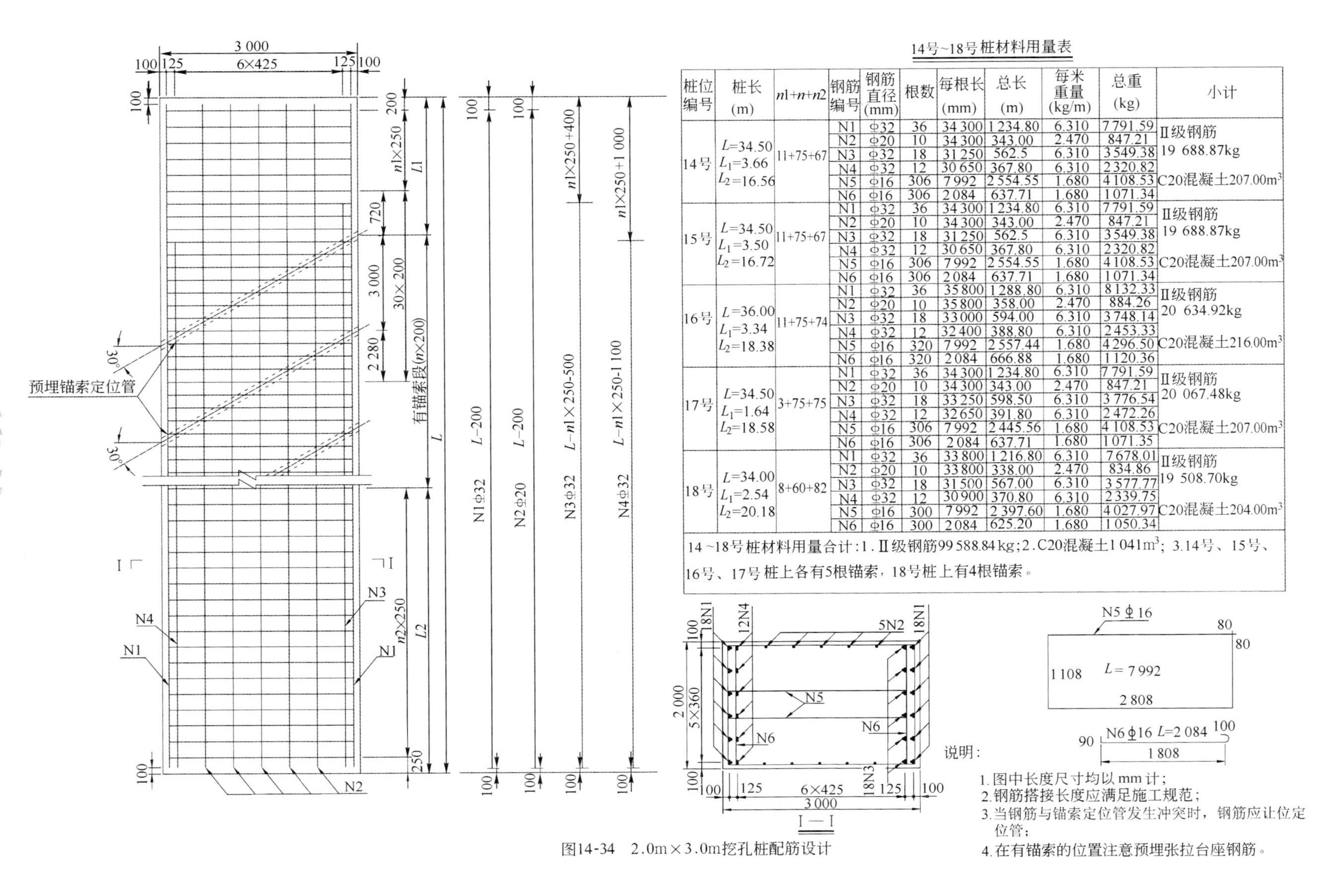

14号~18号桩材料用量表

桩位编号	桩长(m)	$n1+n+n2$	钢筋编号	钢筋直径(mm)	根数	每根长(mm)	总长(m)	每米重量(kg/m)	总重(kg)	小计
14号	L=34.50 L_1=3.66 L_2=16.56	11+75+67	N1	Φ32	36	34 300	1 234.80	6.310	7 791.59	Ⅱ级钢筋 19 688.87kg C20混凝土207.00m³
			N2	Φ20	10	34 300	343.00	2.470	847.21	
			N3	Φ32	18	31 250	562.5	6.310	3 549.38	
			N4	Φ32	12	30 650	367.80	6.310	2 320.82	
			N5	Φ16	306	7 992	2 554.55	1.680	4 108.53	
			N6	Φ16	306	2 084	637.71	1.680	1 071.34	
15号	L=34.50 L_1=3.50 L_2=16.72	11+75+67	N1	Φ32	36	34 300	1 234.80	6.310	7 791.59	Ⅱ级钢筋 19 688.87kg C20混凝土207.00m³
			N2	Φ20	10	34 300	343.00	2.470	847.21	
			N3	Φ32	18	31 250	562.5	6.310	3 549.38	
			N4	Φ32	12	30 650	367.80	6.310	2 320.82	
			N5	Φ16	306	7 992	2 554.55	1.680	4 108.53	
			N6	Φ16	306	2 084	637.71	1.680	1 071.34	
16号	L=36.00 L_1=3.34 L_2=18.38	11+75+74	N1	Φ32	36	35 800	1 288.80	6.310	8 132.33	Ⅱ级钢筋 20 634.92kg C20混凝土216.00m³
			N2	Φ20	10	35 800	358.00	2.470	884.26	
			N3	Φ32	18	33 000	594.00	6.310	3 748.14	
			N4	Φ32	12	32 400	388.80	6.310	2 453.33	
			N5	Φ16	320	7 992	2 557.44	1.680	4 296.50	
			N6	Φ16	320	2 084	666.88	1.680	1 120.36	
17号	L=34.50 L_1=1.64 L_2=18.58	3+75+75	N1	Φ32	36	34 300	1 234.80	6.310	7 791.59	Ⅱ级钢筋 20 067.48kg C20混凝土207.00m³
			N2	Φ20	10	34 300	343.00	2.470	847.21	
			N3	Φ32	18	33 250	598.50	6.310	3 776.54	
			N4	Φ32	12	32 650	391.80	6.310	2 472.26	
			N5	Φ16	306	7 992	2 445.56	1.680	4 108.53	
			N6	Φ16	306	2 084	637.71	1.680	1 071.35	
18号	L=34.00 L_1=2.54 L_2=20.18	8+60+82	N1	Φ32	36	33 800	1 216.80	6.310	7 678.01	Ⅱ级钢筋 19 508.70kg C20混凝土204.00m³
			N2	Φ20	10	33 800	338.00	2.470	834.86	
			N3	Φ32	18	31 500	567.00	6.310	3 577.77	
			N4	Φ32	12	30 900	370.80	6.310	2 339.75	
			N5	Φ16	300	7 992	2 397.60	1.680	4 027.97	
			N6	Φ16	300	2 084	625.20	1.680	1 050.34	
14~18号桩材料用量合计：1.Ⅱ级钢筋99 588.84kg；2.C20混凝土1 041m³；3.14号、15号、16号、17号桩上各有5根锚索，18号桩上有4根锚索。										

说明：

1. 图中长度尺寸均以mm计；
2. 钢筋搭接长度应满足施工规范；
3. 当钢筋与锚索定位管发生冲突时，钢筋应让位定位管；
4. 在有锚索的位置注意预埋张拉台座钢筋。

图14-34　2.0m×3.0m挖孔桩配筋设计

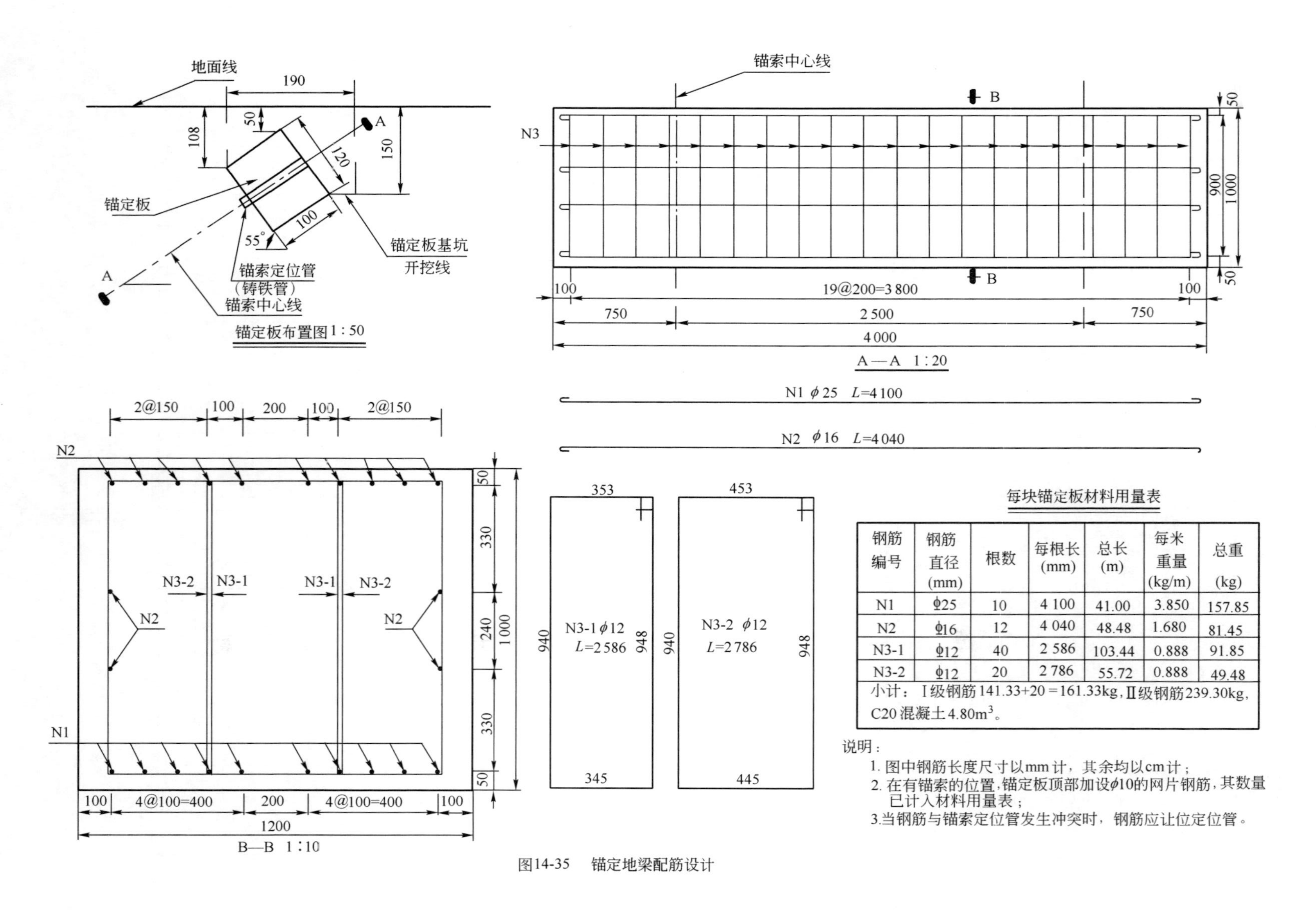

每块锚定板材料用量表

钢筋编号	钢筋直径(mm)	根数	每根长(mm)	总长(m)	每米重量(kg/m)	总重(kg)
N1	ϕ25	10	4 100	41.00	3.850	157.85
N2	ϕ16	12	4 040	48.48	1.680	81.45
N3-1	ϕ12	40	2 586	103.44	0.888	91.85
N3-2	ϕ12	20	2 786	55.72	0.888	49.48
小计：Ⅰ级钢筋141.33+20＝161.33kg，Ⅱ级钢筋239.30kg，C20混凝土4.80m^3。						

说明：

1. 图中钢筋长度尺寸以mm计，其余均以cm计；
2. 在有锚索的位置，锚定板顶部加设ϕ10的网片钢筋，其数量已计入材料用量表；
3.当钢筋与锚索定位管发生冲突时，钢筋应让位定位管。

图14-35　锚定地梁配筋设计

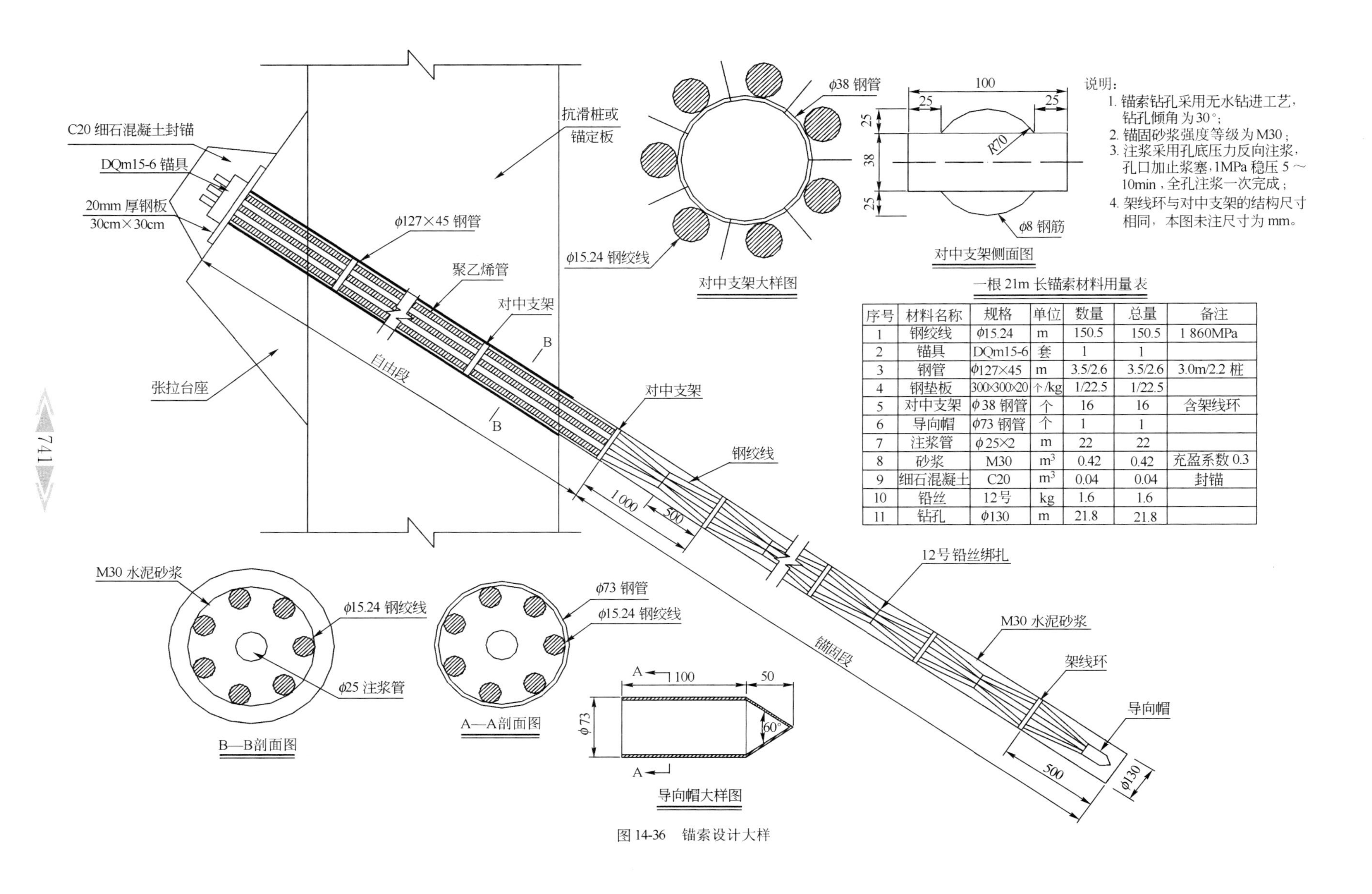

说明：

1. 锚索钻孔采用无水钻进工艺，钻孔倾角为30°；
2. 锚固砂浆强度等级为M30；
3. 注浆采用孔底压力反向注浆，孔口加止浆塞，1MPa 稳压 5～10min，全孔注浆一次完成；
4. 架线环与对中支架的结构尺寸相同，本图未注尺寸为 mm。

一根 21m 长锚索材料用量表

序号	材料名称	规格	单位	数量	总量	备注
1	钢绞线	φ15.24	m	150.5	150.5	1 860MPa
2	锚具	DQm15-6	套	1	1	
3	钢管	φ127×45	m	3.5/2.6	3.5/2.6	3.0m/2.2 桩
4	钢垫板	300×300×20	个/kg	1/22.5	1/22.5	
5	对中支架	φ38 钢管	个	16	16	含架线环
6	导向帽	φ73 钢管	个	1	1	
7	注浆管	φ25×2	m	22	22	
8	砂浆	M30	m^3	0.42	0.42	充盈系数 0.3
9	细石混凝土	C20	m^3	0.04	0.04	封锚
10	铅丝	12号	kg	1.6	1.6	
11	钻孔	φ130	m	21.8	21.8	

图 14-36　锚索设计大样

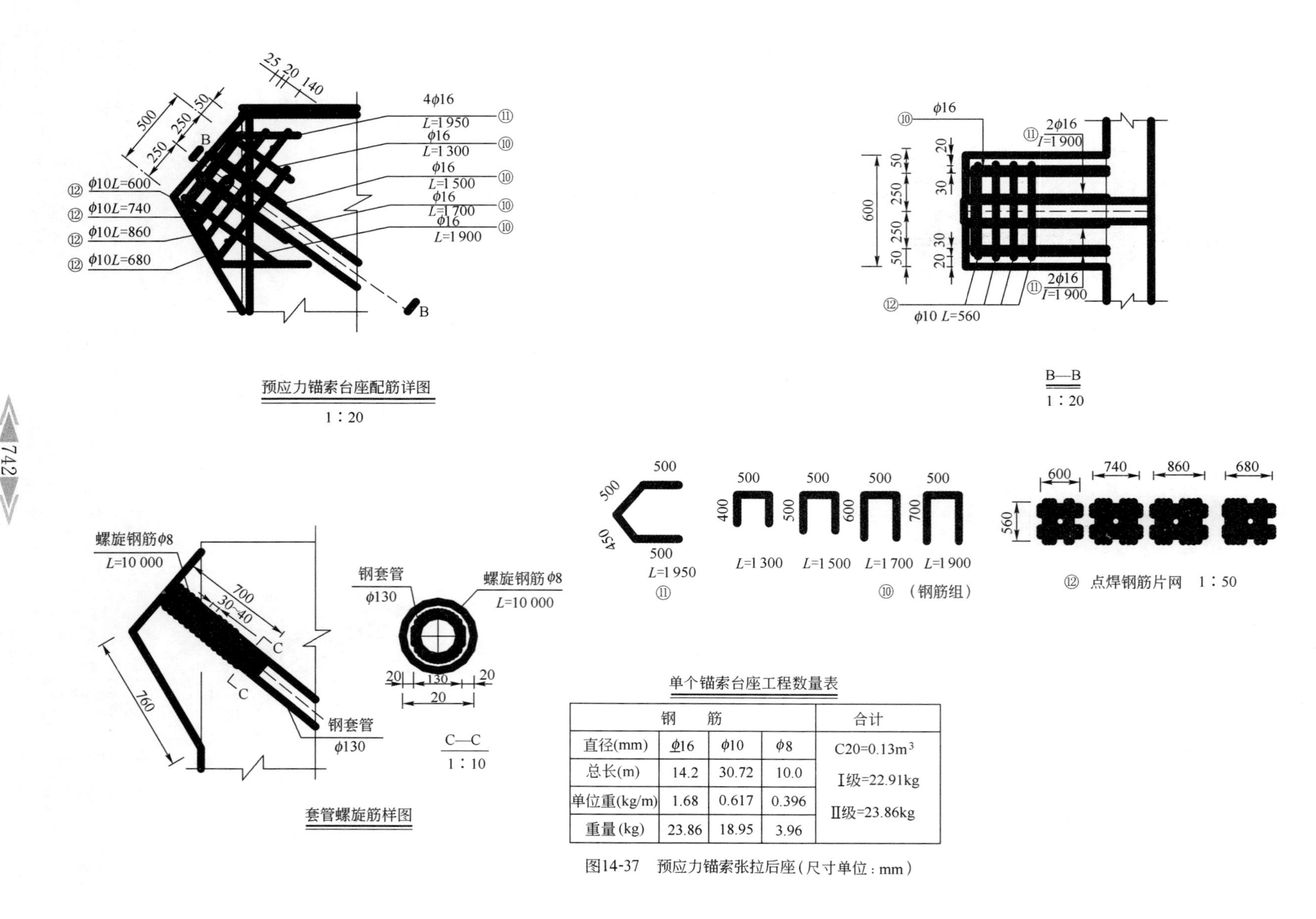

单个锚索台座工程数量表

钢 筋				合计
直径(mm)	ϕ16	ϕ10	ϕ8	C20=0.13m³ Ⅰ级=22.91kg Ⅱ级=23.86kg
总长(m)	14.2	30.72	10.0	
单位重(kg/m)	1.68	0.617	0.396	
重量(kg)	23.86	18.95	3.96	

图14-37 预应力锚索张拉后座（尺寸单位：mm）

14.5.4　施工方法

该项工程总的施工流程如图 14-38 所示。首先跳槽开挖工程量较大的抗滑桩和施工滑体后部的第一级抗滑工程。待桩形成后，再分台阶开挖桩前土体，逐渐形成路基，在抗滑桩上从上至下施工桩上锚索，最后施工其他项目和形成路基。

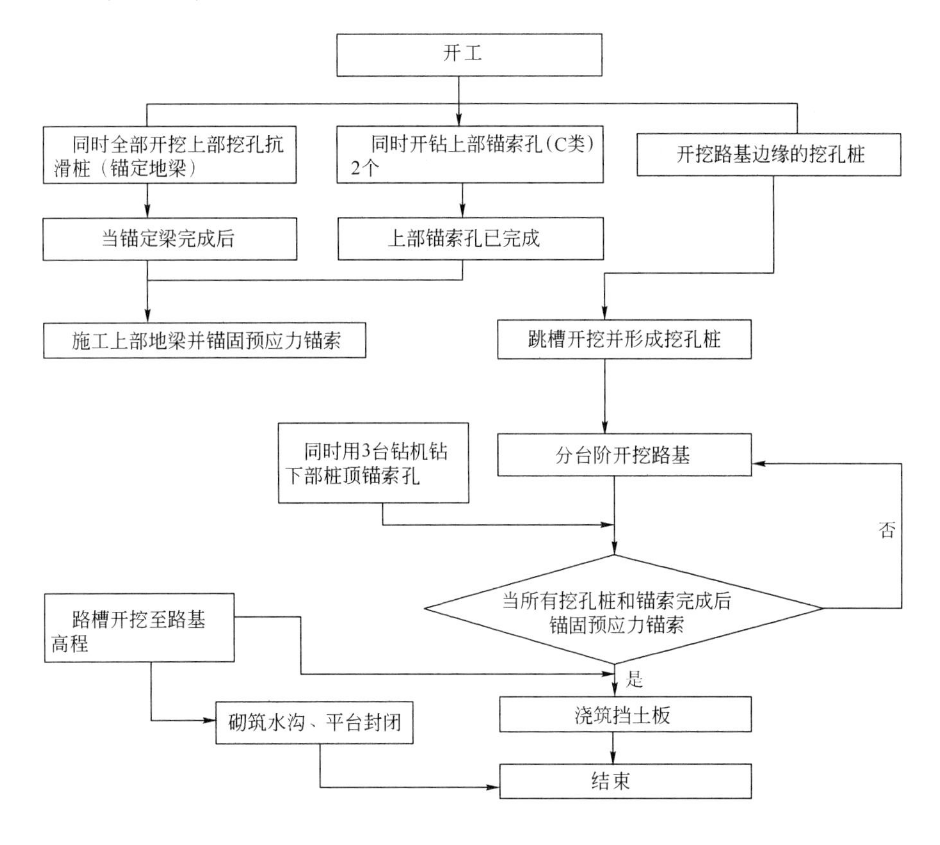

图 14-38　大花地滑坡治理工程施工流程

抗滑桩及锚索的施工采用了如下的方法和步骤，首先采用人工跳槽开挖形成挖孔桩和施工滑体后部的第一级抗滑锚定梁，待全部挖孔桩（或锚定梁）混凝土达到一定强度（75%）后，开始分阶段开挖桩前土至桩上部第一排锚索位置，钻孔施工形成第一排锚索，待第一排锚索孔中锚固锚索的砂浆达到一定强度后，对第一排锚索进行初张拉，每根锚索的初张力为 200kN，并进行锁定和封锚。然后继续开挖桩前土至第二排锚索孔的位置，在此台阶上施工第二排锚索，……，如此重复，形成全部锚索，直至路基高程。每排锚索施工工期约为 20d。现在分别叙述挖孔桩及锚索的施工工序和工艺如下。

1）挖孔桩

挖孔桩采用人工挖孔形成，每孔每班 4 人。由于挖孔桩间距较小，为使工程在施工期间能够安全，挖孔桩实行了跳槽开挖，在挖孔桩的孔口进行锁口，桩孔每米进行钢筋混凝土护壁，护壁厚度为 20cm 或 30cm，待护壁达到一定强度后，才继续向下开挖。当开挖至滑动面附近时，如出现孔壁垮塌，对孔壁采取加厚护壁或内撑模板进行临时加固。其工序如图 14-39 所示。

挖孔桩在挖孔过程中，要注意控制其垂直度和孔的净断面尺寸。

2）锚索施工

（1）锚索施工流程（图14-40）。

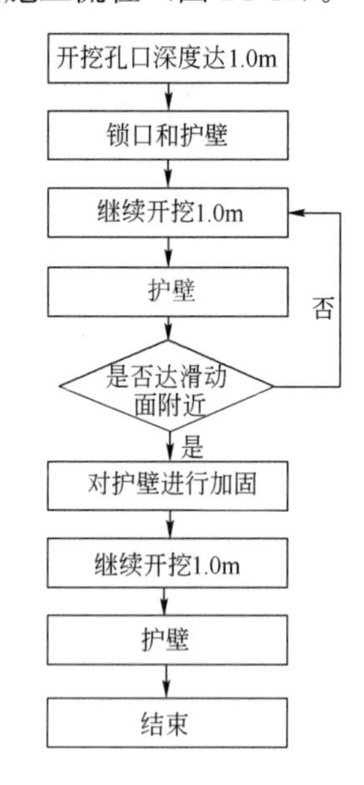

图14-39 挖孔桩工序

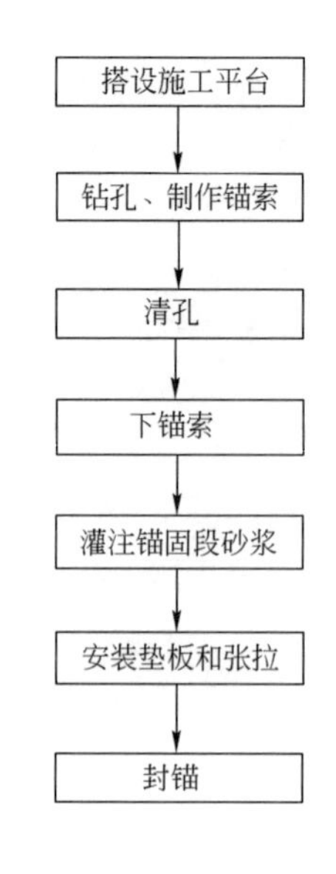

图14-40 锚索施工流程

（2）钻孔工艺

①锚索孔按设计要求的角度钻斜孔。选用的钻机要具有这方面的能力。

②钻孔要达到设计直径和深度要求，还要保证钻孔斜度要求，个别达不到者，应经设计人员同意后采取可靠的技术措施进行调整。一般锚索孔在水平方向和垂直方向的位置与设计之差不超过10cm，锚索孔斜度不应大于设计值的3%；孔深应超过锚索设计长度0.3～0.6m。

③钻孔所穿过的地层，要有详细的描述和记录。在锚固段的钻孔岩芯采取率要达到60%以上。探孔数量和深度视地质情况由设计人员确定。

④钻孔在基岩内的深度，要根据设计的锚固力确定。由于岩石风化、节理裂隙发育等现象，嵌固深度要有可靠的试验数据。

⑤钻孔遇有严重塌孔现象时，要下套管，以保证下锚和灌浆质量。非锚固段位于土层、锚固段进入岩层的岩石锚索，可采用泥浆护壁成孔钻进，但应保证锚固段清孔质量。

⑥钻孔终孔后，要将孔壁和孔底清理干净。如果是用水钻，清孔时要把水管伸到孔底，直到清水流出孔口为止。若钻孔漏水，洗孔时间至少保持10min。

⑦为了配合下锚工作，通常是在下锚完成后，才移走钻机。

（3）锚索制作和下锚工艺

①用于岩土工程的预应力锚索，目的是控制桩头弹性位移，改善桩身的受力状态。钢绞线可采用强度1 400N/mm^{2}以上的任何产品。由于强度是其主要的控制指标，应尽量选用强度大者，同时注意钢绞线的可弯曲性，宜选易弯曲的钢绞线。

②预应力锚索锚具的外锚头、承压板等都可用A3钢或45号钢制作的成品或自制品。

③承压板的尺寸不小于20cm×20cm，承压板板中预留孔直径不应小于钻孔直径（本工程为13cm）。

④锚索在锚固段需用定位环和铅丝定位和绑扎，在锚索的头部应安装导向帽。在锚索的

张拉自由端应进行防腐处理。

（4）压浆工艺

①为保证压浆的可靠性和密实度，要求采用孔底排气排水压浆法。

②压浆强度等级不得低于 M30，要求采用 52.5 级水泥和河砂或其他优质中粗砂配制。

③压浆压力要求为 300～500kPa。

（5）锚索张拉工艺

①张拉设备和相关机具均应进行标定和检验。锚具要有出厂合格证或进行过抽样检查测试，必要时应进行锚索张拉试验。张拉前，应检查张拉台座承压面的平整性以及与锚索是否垂直；锚固段锚固强度达到设计强度的 70％后方可张拉。

②一根桩上设有多根锚索时，张拉顺序为：先下排后上排，先两边后中间。

③当桩与桩之间有联系梁或预应力设计张拉力大于 200kN 时，锚索预应力应逐级张拉，每级张拉吨位不能超过 200kN，且每级张拉的油压表稳压时间不得少于 3min。

④每次张拉时，不仅要记录张拉吨位，还要记录油缸伸长位移量，相同吨位的位移量不应超过 30％。

⑤张拉时应通过试张拉确定出锁定时的张拉力的损失量，以便后面通过超张拉来实现设计张拉力。在超张拉时张拉控制应力不能超过钢绞线锚索强度标准值的 0.85 倍。在锁定工程中及其随后，若发现预应力损失明显，应进行补张拉。

⑥张拉完后，应立即灌浆，直到砂浆外溢为止。

⑦最后对外锚头进行防腐处理和封锚。

该滑坡治理工程竣工一年后其主体抗滑桩实景见图 14-41。

图 14-41　预应力锚索抗滑桩竣工后照片

14.5.5　施工监测

（1）施工监测方案

多根预应力锚索抗滑桩体系，在我国应用还不多，其受力、变形规律也不十分清楚，对此结构的设计、施工在理论和概念上都存在不同的学术观点。通过对桩顶位移和锚索受力进行监测，以便分析和判断该项滑坡治理工程是否成功和安全，同时为研究滑坡治理工程中带有多根预应力锚索的抗滑桩的受力与变形规律，以及锚索的受力规律积累资料和经验，为完善该类工程的设计理论和方法，以及其施工、监理和管理提供依据。

为了掌握多根预应力锚索抗滑桩体系中桩身受力与变形规律、锚索中索力的变化规律，采取下述方案进行了监测与观测。

①变形位移监测。对桩顶变形、滑坡体后缘坡体位移与开裂裂缝宽度，在施工期间和施工结束后一年内均进行了监测，观测对象选择了具有典型代表性的 4 号、8 号、10 号、18 号、20 号抗滑桩的桩顶和坡面的 1—1 断面，以及原滑坡体内的一道混凝土挡墙上的 3 条裂缝。在桩顶用钢筋设置专用观测点，坡面上观测点用 1m 长的混凝土小方桩打入坡体内形成，位移监测均采用三维空间坐标进行，裂缝宽度观测用钢尺量测。

②锚索受力监测。重点选择了 4 号（3 根锚索）、8 号（3 根锚索）、10 号（4 根锚索）、18 号（5 根锚索）、20 号（5 根锚索）抗滑桩进行锚索的索力监测，共 20 根锚索，采用压力传感器预埋在锚具与钢垫板之间，在压力传感器与锚具之间增加了一块钢垫板。

③观测频率，在施工期间定期（每 5d）观测一次，每次对所有监测项目进行全面观测，即 4 号、8 号、10 号、18 号、20 号抗滑桩顶的位移和坡面位移监测点的位移、裂缝宽度，以及桩身锚索的索力；施工结束后半年内每月观测一次，以后每两个月观测一次，直至缺陷责任期满（2002 年 9 月），施工监测工作结束。

（2）监测结果

大花地滑坡治理工程锚索拉力监测记录见表 14-8。

大花地滑坡治理工程锚索拉力监测记录 表 14-8

测试日期	1 号传感器		2 号传感器		3 号传感器		4 号传感器		5 号传感器	
	20 号桩 A 排锚索		20 号桩 B 排锚索		20 号桩 C 排锚索		18 号桩 A 排锚索		18 号桩 B 排锚索	
	应变值	压力（kN）	应变值	压力（kN）	应变值	压力（kN）	应变值	压力（kN）	应变值	压力（kN）
2001.11.20	369	225.884 2	183	132.873 1	206	153.758 4	497	359.317	484	295.856 3
2002.5.23	522	313.981 6	92	73.568 4	138	112.591 2	395	296.077	损坏	
2002.7.5	678	403.806 4	76	63.141 2			381	287.397	损坏	
2002.8.14	622	371.561 6	8	18.825 6			390	292.977		
2002.9.10	738	438.354 4	90	72.265			502	362.417		
2002.10.20	61	48.537 8	105	82.040 5			439	323.357		
2002.11.26	680	404.958	81	66.399 7			380	286.777		

测试日期	6 号传感器		8 号传感器		9 号传感器		10 号传感器	
	10 号桩 A 排锚索		10 号桩 B 排锚索		10 号桩 C 排锚索		10 号桩 D 排锚索	
	应变值	压力（kN）	应变值	压力（kN）	应变值	压力（kN）	应变值	压力（kN）
2001.11.20	261	150.657 7	165	146.394 5	434	283.793 8	143	73.742 6
2002.5.23	476	273.508 7	382	284.558 4	235	166.443 5	133	68.146 6
2002.7.5	438	251.795 5	391	290.288 7	142	111.601 4	99	49.120 2
2002.8.14	293	168.942 5	387	287.741 9	128	103.345 6	117	59.193
2002.9.10	320	184.370 3	409	301.749 3	239	168.802 3	139	71.504 2
2002.10.20	390	224.368 3	371	277.554 7	192	141.086 4	108	54.156 6
2002.11.26	290	167.228 3	350	264.184	221	158.187 7	121	61.431 4

从该表可以看出：

①最大索力不超过 520kN，小于锚索设计承载拉力。

②锚索中的索力基本上都小于或接近张拉锁定力。

③同一根桩上不同（高度）位置的锚索，其索力基本上仍按张拉大小次序存在。

④索力变化没有明显的规律。

14.5.6 设计施工中特点

在该滑坡抗滑结构的设计施工中，主要有以下特点：

①按该工程施工工艺的顺序要求，考虑了施工中索力的自然增长，采用了小初张力的方法来避免先施工的桩身顶部锚索中索力过大而出现锚索体系破坏的事故发生。

②引入了锚索索力调整，以改善抗滑桩身的最终内力分布大小的概念，使桩身设计更为合理。

③由于桩身受力对称，能充分发挥桩身钢筋材料的作用。

④由于该结构体系中，锚索需要多次张拉，不仅增加了工作量，而且对锚具也有新的要求，即由于夹片式锚具对锚索中的钢绞线有一定伤害，所以不再适合用于这种需要反复张拉的锚索中。

⑤该滑坡的滑动带较厚且地下水较丰富，给滑动带附近的成孔带来了较大的困难。

⑥为了克服上部岩土多为松散的坡积土，在锚索孔的成孔中不得不采取跟进导管的钻孔方法来成孔。

参 考 文 献

[1] 金培杰．成昆线东荣河坡体与隧道病害的变形机制分析//滑坡文集（第十四集）．北京：中国铁道出版社，2000

第15章 DISHIWUZHANG 水利水电工程边坡工程和滑坡实例

15.1 洪家渡水电站左岸输水建筑物边坡

15.1.1 工程概况

洪家渡水电站是整个乌江梯级开发的龙头电站，位于乌江干流北源六冲河下游，电站以发电为主，兼有防洪、供水、养殖、旅游等综合效益。正常蓄水位1 140m，总库容$49.47\times10^{8}m^{3}$，总装机容量600MW，年发电量$15.59\times10^{8}kW\cdot h$，控制流域面积9 900$km^{2}$，洪家渡面板堆石坝最大坝高179.5m，处于高山峡谷岩溶地区。输水建筑物布置在左岸，表15-1给出了主要高边坡的部位和规模。图15-1为该高边坡的总貌。

图15-1 洪家渡工程左岸高边坡总貌

枢纽主要高边坡工程 表 15-1

序号	部 位	高度（m）	基本地质情况	主要失稳模式
1	洞式溢洪道进口边坡	100	主要为 T_1yn^1 灰岩	可能形成顶部沿结构面开裂，底部沿层面的滑动
2	洞式溢洪道出口边坡	120	主要为 T_1yn^2 灰岩	失稳模式主要是沿层面和结构面构成的组合滑裂面滑动
3	洞式溢洪道出口侧向坡	140	主要为 T_1yn^2 灰岩	主要是沿结构面的节理组合滑动

坝址地形左岸为向西凸出的直角河湾，坝址河谷呈不对称型，右岸为 25°～40°缓坡，左岸为 70°～80°陡岩组成的高达百余米的陡壁，其间为宽 80～120m 的泥页岩缓坡带。

河湾上游有 25°～35°缓坡地段可供布置进水口，左岸山体内既有防渗性能良好的九级滩泥页岩，又有可供布置地下厂房、大型洞群的坚硬的厚层和中厚层灰岩。这些地质条件决定了枢纽布置的总格局，即除大坝外，其余水工建筑物均布置于左岸。枢纽建筑物由钢筋混凝土面板堆石坝、洞式溢洪道、泄洪洞、引水系统、地面厂房及地面开关站等组成，其工程枢纽布置图可参见第 5 章内容。

15.1.2 工程地质和岩土力学特性

（1）区域地质

坝址区出露地层从下游往上游，分别为二迭系上统龙潭组、长兴—大隆组，三叠系下统夜郎组、永宁镇组。与边坡稳定计算有关的地层为三叠系下统永宁镇组。其岩性特征，由老至新分述如下。

永宁镇组（T_1yn）：自上而下分为四段，其中与水工建筑物相关联的主要是下面两段。

①第一段（T_1yn^1）：自上而下分为六层，总厚 210～237m。

T_1yn^{1-1}：灰、深灰色中厚层、厚层泥质灰岩、泥灰岩夹蠕虫状灰岩，厚 13～15m。

T_1yn^{1-2}：灰、浅灰色薄层、中厚层泥质灰岩、灰岩、夹炭、泥质条带，缝合线发育。底部为厚 2～3m 的灰绿、灰蓝色薄层、极薄层泥灰岩，具眼球状构造，厚 26～32m。

T_1yn^{1-3}：灰、深灰色中厚层灰岩夹少量白云质灰岩及薄层蠕虫状灰岩，厚 36～40m。

T_1yn^{1-4}：浅灰、灰白、深灰、微带红色中厚层灰岩、白云质灰岩夹少量蠕虫状灰岩。底部为厚 5～6m 的浅灰、灰白色中厚层白云质藻鲕灰岩，顶部为深灰色中厚层鲕粒灰岩，厚 70～75m。

T_1yn^{1-5}：灰白、深灰色厚层、中厚层灰岩，灰质白云岩夹薄层、中厚层蠕虫状灰岩，致密、坚硬，厚 45～50m。

T_1yn^{1-6}：灰白色厚层、中厚层含砂砾屑白云岩、灰质白云岩夹少量灰岩，粗晶结构，厚 20～25m。

②第二段（T_1yn^2）：灰、黄灰、肉红色薄层、中厚层泥质灰岩，砂质白云岩、泥质白云岩夹两层厚约 1.0m 的紫红色钙质黏土岩及 4～5 层单层厚 0.2～0.4m 的灰蓝、灰绿色极薄层泥页岩，泥页岩遇水软化，泥化，形成软弱泥化夹层，厚 45～50m。

从总体上讲，洪家渡水利水电枢纽工程坝址区的岩性较好，为新鲜、完整的灰岩、泥质灰岩，岩石的整体性和坚硬度都比较高。

（2）断层

坝区范围发育大小断裂 21 条，属低级次的伴生或次生构造。与左岸山体稳定有关的断层为 F_6 断裂，它构成了滑面的后切面。断层发育于Ⅱ号冲沟口及左岸坝轴线带，走向 N39°～80°E 倾向 SE，倾角 45°～85°，为正断层，地层断距 5～8m，破碎宽 0.8～2m，影响带宽 2～6m，方解石胶结之灰岩角砾及方解石脉。

（3）节理

据坝址区平硐内近 9 000 余条节理裂隙统计，研究区裂隙主要有五组，其中包括岩层面、节理面，多以陡倾角裂隙为主，缓倾角、反倾角裂隙发育较少。各组裂隙发育特征详见表 15-2。

坝址区主要结构面的分组和产状 表 15-2

序号	产状			力学属性	粗糙度	充填物性质
	走向	倾向	倾角			
一	N50°～70°E	320°～340°	27°～35°	层面	有起伏	铁锰质浸染、夹少量泥质薄膜
二	N30°～60°E	120°～140°	60°～80°	剪性	平直	方解石薄片
三	N60°～80°E	150°～170°	50°～75°	剪性	平直	方解石薄片、少量泥质
四	N60°～90°W	180°～210°	35°～80°	剪性	较平直	方解石脉、泥质
五	N30°～60°W	210°～240°	50°～80°	张（张剪）	较粗糙	方解石脉、少量黏土

（4）泥化夹层

研究区岩体中充填泥质的原生结构面，受后期构造作用、地下水作用和物理、化学作用，形成层间泥化夹层或破碎夹层。由于洪家渡水电站洞室群进口边坡为灰岩顺向坡，层间软弱夹层的性状及空间分布情况是边坡主要的稳定边界条件之一，为此，进行了地质测绘、平硐勘探、开挖边坡及洞室编录、地质剖面图绘制与分析等工作。

勘测阶段在进水口边坡共布置勘探平硐 8 个，揭露夹层共计 59 条，根据各自的性状及在平硐中的部位，通过剖面图、平切图等综合分析，分布连续性较好、性状基本稳定的有 8 条，即 J_1～J_8，主要集中发育在 T_1yn^2、T_1yn^{1-3}、T_1yn^{1-2}、T_1y^3、T_1y^{2-2}、T_1y^{2-1}、T_1yn^1 及 P_{2c+d} 等地层中，属岩屑夹泥型或泥夹岩屑型。

根据左岸山体 20 条地质剖面资料（图 15-2），精确测量了每条剖面上 J_1～J_4 软弱夹层的空间坐标，对 J_1～J_4 软弱夹层的三维空间几何形态进行拟合，可知，软弱夹层为层间软弱夹层，其产状与岩层产状一致，即倾向上游偏岸内。

左岸出露于边坡的顺层 J_1、J_2、J_3 和 J_4 夹层，构成了边坡稳定的一个极不利的条件。但是这些软弱夹层和山体的倾向夹一个角度，因此，J_2、J_3 和 J_4 在一定的高程延伸至河床以下。在考虑沿这些夹层的抗滑稳定时，潜在滑体必须限制在一定范围，并应考虑岩体提供的侧向抗力。

根据几何关系，可以确认：

J_2 夹层在 5 号剖面处出露地表，在 11 号剖面处延伸至河床以下。潜在滑体在 5～11 号剖面间。

J_3 夹层在 4 号剖面处出露地表，在 10 号剖面处延伸至河床以下。潜在滑体在 4～10 号剖面间。

J_4 夹层埋藏较深，距地表近 80m，该夹层在 4 号剖面处出露地表，在 7 号剖面处延伸至河床以下。潜在滑体在 4～7 号剖面间。

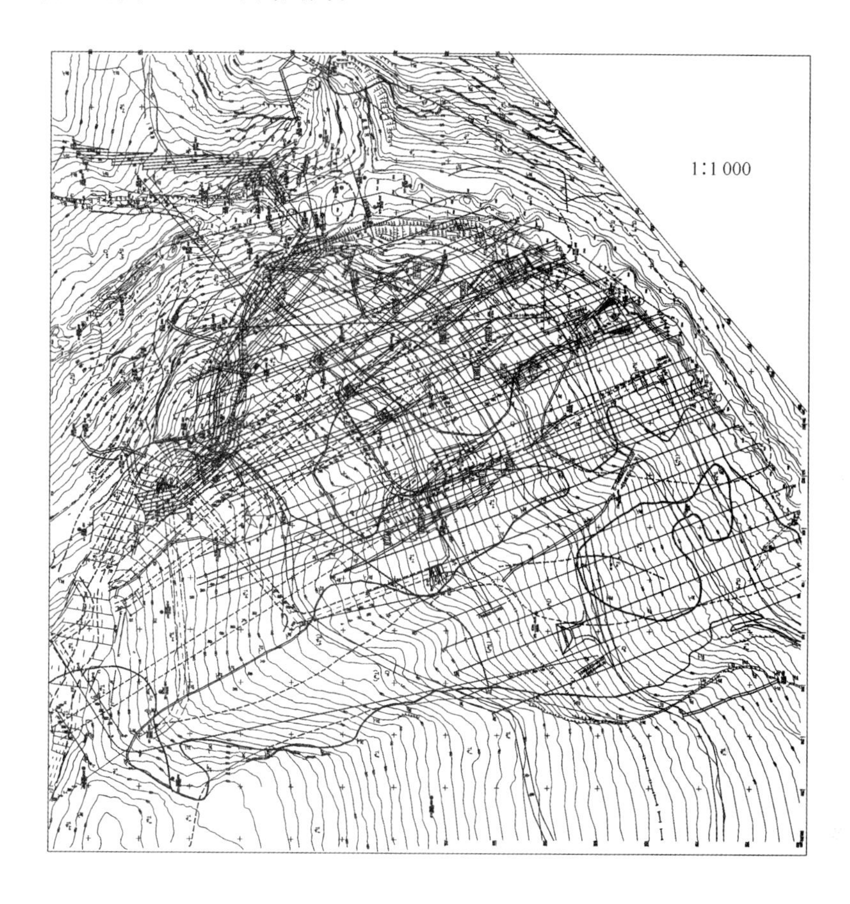

图 15-2　洪家渡左岸山体地质剖面布置

（5）软弱夹层抗剪强度试验研究

在 1 号导流洞进口附近的 PD40 平硐，J_3 软弱夹层具有代表性的区段，切割两组共 10 块原状中型剪试样，进行抗剪强度试验研究。

试验在“MTS 伺服控制刚性中型剪力仪”上进行。该设备具有能有效消除弯矩、测定试样中孔隙水压力、伺服控制及连续加载，并能在浸水状态下进行慢剪试验等特点。

在剪切试验前需要对试样施加垂直荷载，使夹泥层压缩固结，充分排水，以减少孔隙水压力对剪切试验的影响。当法向位移变化速率每 10min 内少于 0.05mm 时，可认为已完成了该法向应力水平的固结过程。

从剪切开始至剪应力达到峰值稍后这一时段，采用 0.01mm/min 的剪切速率。当确认剪应力超过峰值并稳定一段时间后，采用较高的剪切速率直到试验结束。

第一组各试样 τ-u 曲线及该组试样的 τ-σ 线性回归分析结果如图 15-3 所示，线性方程为 $\tau=0.4842\sigma+58.321$，相应的黏聚力 $c=58.3\text{kPa}$，$\varphi=25.8°$。

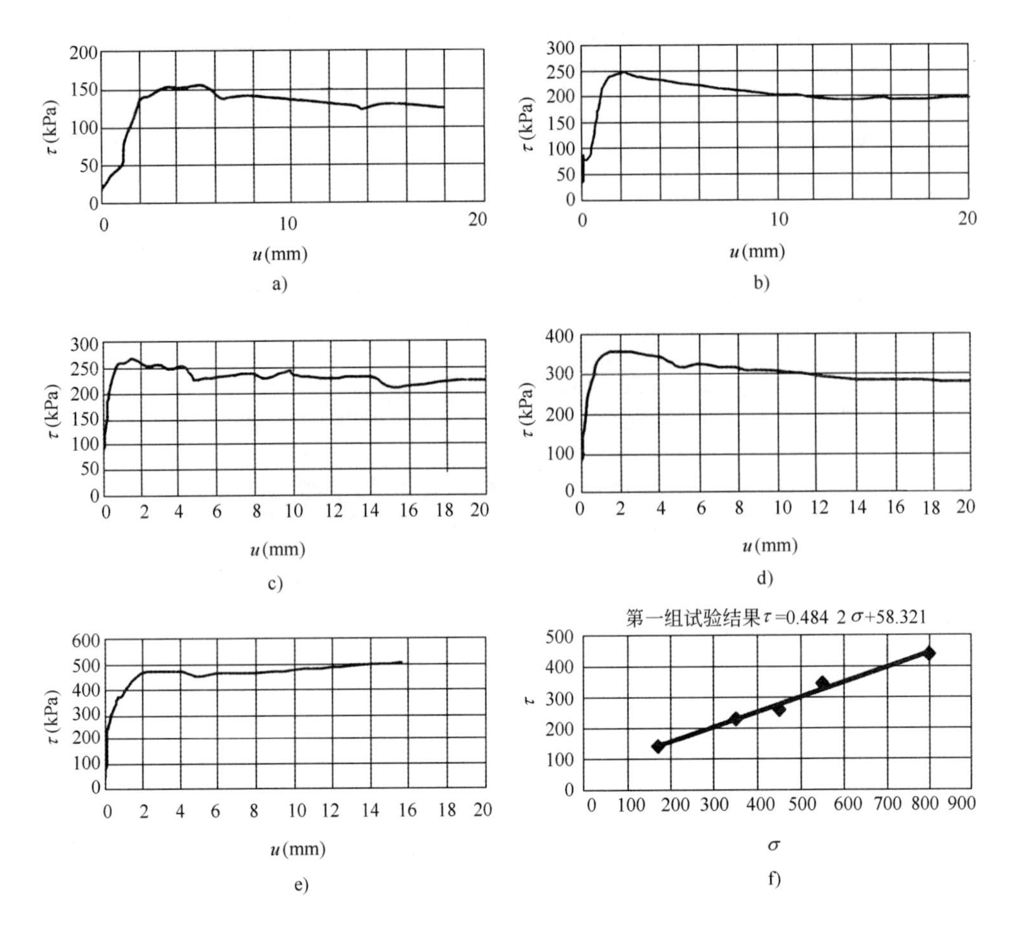

图 15-3 第一组试验结果

a) Ⅰ-1 试样 τ-u 曲线；b) Ⅰ-2 试样 τ-u 曲线；c) Ⅰ-3 试样 τ-u 曲线；d) Ⅰ-4 试样 τ-u 曲线；e) Ⅰ-5 试样 τ-u 曲线；f)第一组试样试验成果[单位(kPa)]

第二组各试样 τ-u 曲线及该组试样的 τ-σ 线性回归分析结果如图 15-4 所示，线性方程为 $\tau=0.4878\sigma+65.006$，相应的黏聚力 $c=65$kPa，$\varphi=26°$。

15.1.3 稳定分析计算参数

计算模型中上游侧山体厚度较大，其对左岸潜在滑动山体的侧向阻滑作用应通过节理岩体的抗剪强度来反映。考虑到潜在滑动山体将沿着软弱夹层的倾向（NW20°左右）方向滑动，通过节理岩体连通率计算，确定相应于连通率为 77.3%的节理岩体抗剪强度为：$c=0.55$MPa，$\varphi=24.07°$。设计单位提出的左岸进水口边坡岩体结构面力学指标建议值见表 15-3。从表中可见，对于 NW 向节理裂隙组，其运行期的抗剪强度指标分别为 $c=0.15\sim0.20$MPa，$\varphi=31°\sim33°$。结合以往工程经验并考虑到工程的安全，计算中取 $c=0.50$MPa，$\varphi=0°$和 $c=0.25$MPa，$\varphi=0°$两种情况来考虑，并对计算结果进行比较。对于库水位骤降则假定滑面上孔隙水压力系数为 0.2。

综合两组试验结果，建议软弱夹层抗剪强度选用 $c=50$kPa，$\varphi=25°$，考虑到计算中应预留必要的安全度，对选用参数进行了适当折减，最终确定计算分析中采用的软弱夹层抗剪强度参数为 $c=30$kPa，$\varphi=20°$。边坡抗滑稳定分析计算采用的参数见表 15-4。

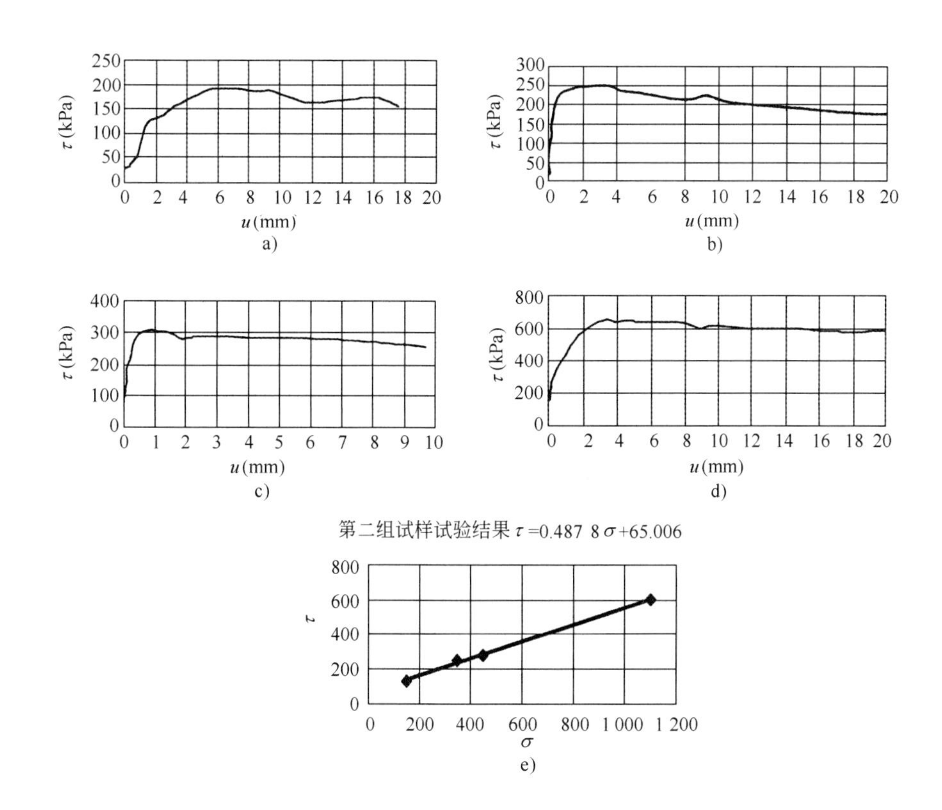

图 15-4 第二组试验结果

a)Ⅱ-1 试样 τ-u 曲线；b)Ⅱ-2 试样 τ-u 曲线；c)Ⅱ-3 试样 τ-u 曲线；d)Ⅱ-5 试样 τ-u 曲线；e)第二组试样试验成果[单位(kPa)]

边坡岩体结构面力学指标建议 表 15-3

岩性		风化程度	黏聚力 c（MPa）	内摩擦角 φ（°）
NW、NE 组剪性裂隙	施工期	风化带	0.20	33
		新鲜	0.25	35
	运行期	风化带	0.15	31
		新鲜	0.20	33

抗滑稳定分析计算参数 表 15-4

岩性	重度 γ（kN/m^3）	黏聚力 c（MPa）	内摩擦角 φ（°）
软弱夹层	20.0	0.03	20
节理岩体	26.6	0.20	35
断层面	—	0.05	22
上游侧向切割面	—	0.50，0.25	0

15.1.4 进水口顺向坡二维抗滑稳定性分析

（1）计算剖面

二维计算各剖面见图 15-2。

（2）沿 J_2 软弱夹层分析成果

在计算中分别考虑施工期天然和开挖后状态、库水位骤降时（假定孔隙水压力系数为 0.2）边坡的抗滑稳定性。分别以 J_1、J_2、J_3、J_4 软弱夹层作为底滑面，相应左岸进水口顺向坡各个剖面的平面抗滑稳定计算结果见表 15-5。计算简图见图 15-5。

J_2 为底滑面的各剖面抗滑稳定计算成果表 表 15-5

剖面号	工况			
	天然边坡	施工期	库水位骤降	数据文件
剖面 5	1.027	1.021	0.842	5j2.dat
剖面 5-6	—	1.044	0.853	5-6j2.dat
剖面 6	0.888	0.888	0.696	6j2.dat
剖面 6-7-1	—	0.853	0.654	6-7-1j2.dat
剖面 6-7-2	—	0.838	0.634	6-7-2j2.dat
剖面 7	0.929	0.878	0.668	7j2.dat
剖面 7-8-1	—	2.374	1.971	7-8-1j2.dat
剖面 7-8-2	—	0.884	0.677	7-8-2j2.dat
剖面 8	0.859	0.859	0.654	8j2.dat
剖面 8-9-1	—	0.998	0.739	8-9-1j2.dat
剖面 8-9-2	—	1.007	0.730	8-9-2j2.dat
剖面 8-9-3	—	0.885	0.638	8-9-3j2.dat
剖面 9（0）	0.841	0.841	0.639	9j2.dat
剖面 10	0.848	0.848	0.646	10j2.dat
剖面 10-11	—	0.879	0.675	10-11j2.dat
剖面 11	0.854	0.772	0.584	11j2.dat

（3）沿其他软弱夹层分析成果汇总

由各剖面平面抗滑稳定计算结果可知：

①沿 J_1 软弱夹层

当以 J_1 软弱夹层为底滑面时，由于滑体厚度较薄，下滑力较小，天然状态下各剖面抗滑稳定安全系数一般在 0.951～1.985 之间，多数大于 1.0。施工期边坡开挖，各剖面安全系数有所降低，一般在 0.749～1.985 之间，多数在 1.0 左右。当库水位骤降，考虑孔隙水压力系数为 0.2 时，各剖面安全系数下降较多，一般在 0.588～1.798 之间，降幅近 0.2。

②沿 J_2 软弱夹层

当以 J_2 软弱夹层为底滑面时，由于滑体厚度相对较大，相应的下滑力较大，天然状态下各剖面抗滑稳定安全系数一般在 0.841～1.027 之间。施工期边坡开挖，各剖面安全系数约降低 0.05 左右，一般在 0.772～1.021 之间。库水位骤降时，各剖面安全系数降低较多，一般在 0.584～0.853 之间，降幅近 0.2。

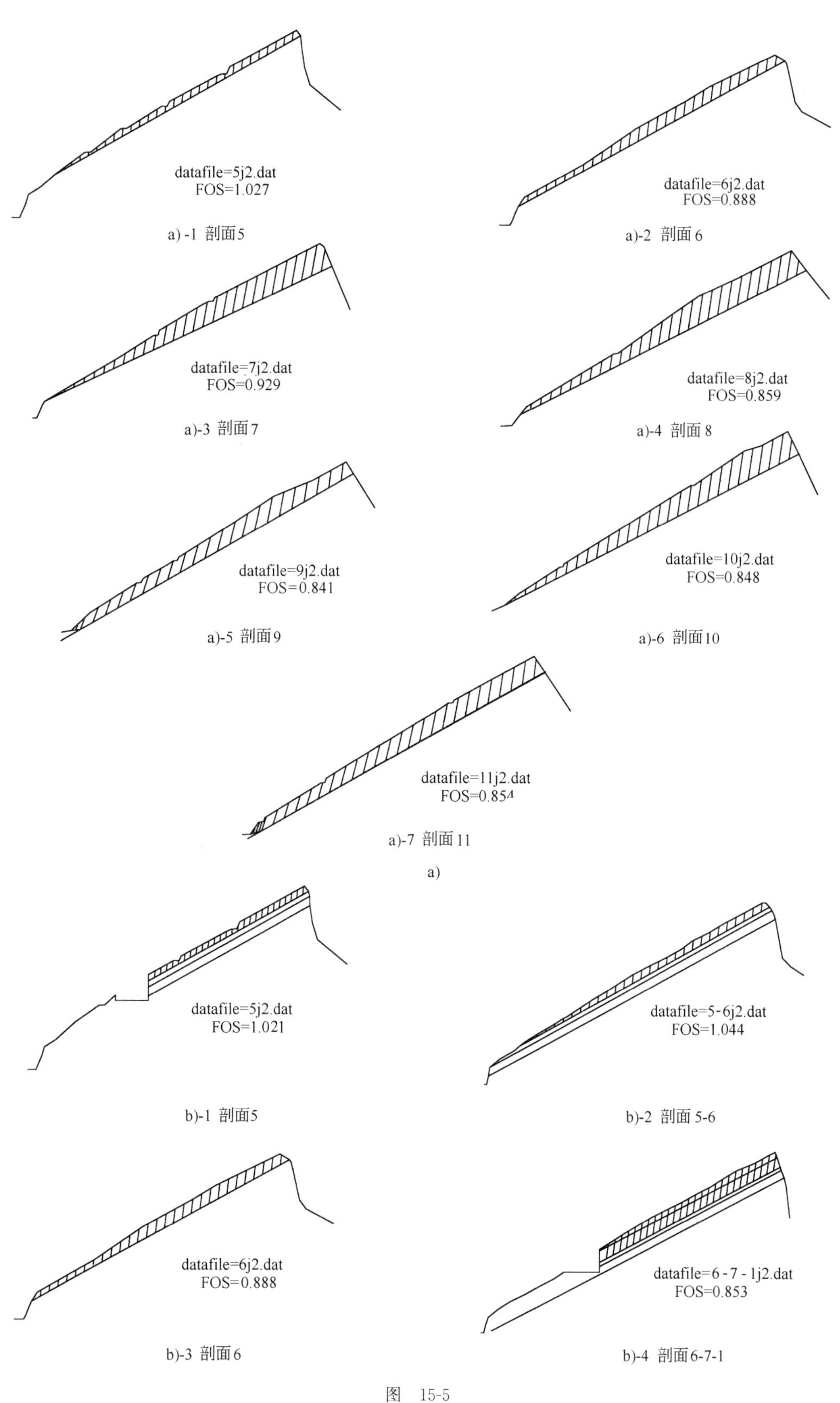
datafile=5j2.dat
FOS=1.027
a) -1 剖面5
datafile=6j2.dat
FOS=0.888
a)-2 剖面6
datafile=7j2.dat
FOS=0.929
a)-3 剖面7
datafile=8j2.dat
FOS=0.859
a)-4 剖面8
datafile=9j2.dat
FOS=0.841
a)-5 剖面9
datafile=10j2.dat
FOS=0.848
a)-6 剖面10
datafile=11j2.dat
FOS=0.854
a)-7 剖面11
a)
datafile=5j2.dat
FOS=1.021
b)-1 剖面5
datafile=5-6j2.dat
FOS=1.044
b)-2 剖面5-6
datafile=6j2.dat
FOS=0.888
b)-3 剖面6
datafile=6-7-1j2.dat
FOS=0.853
b)-4 剖面6-7-1

图 15-5

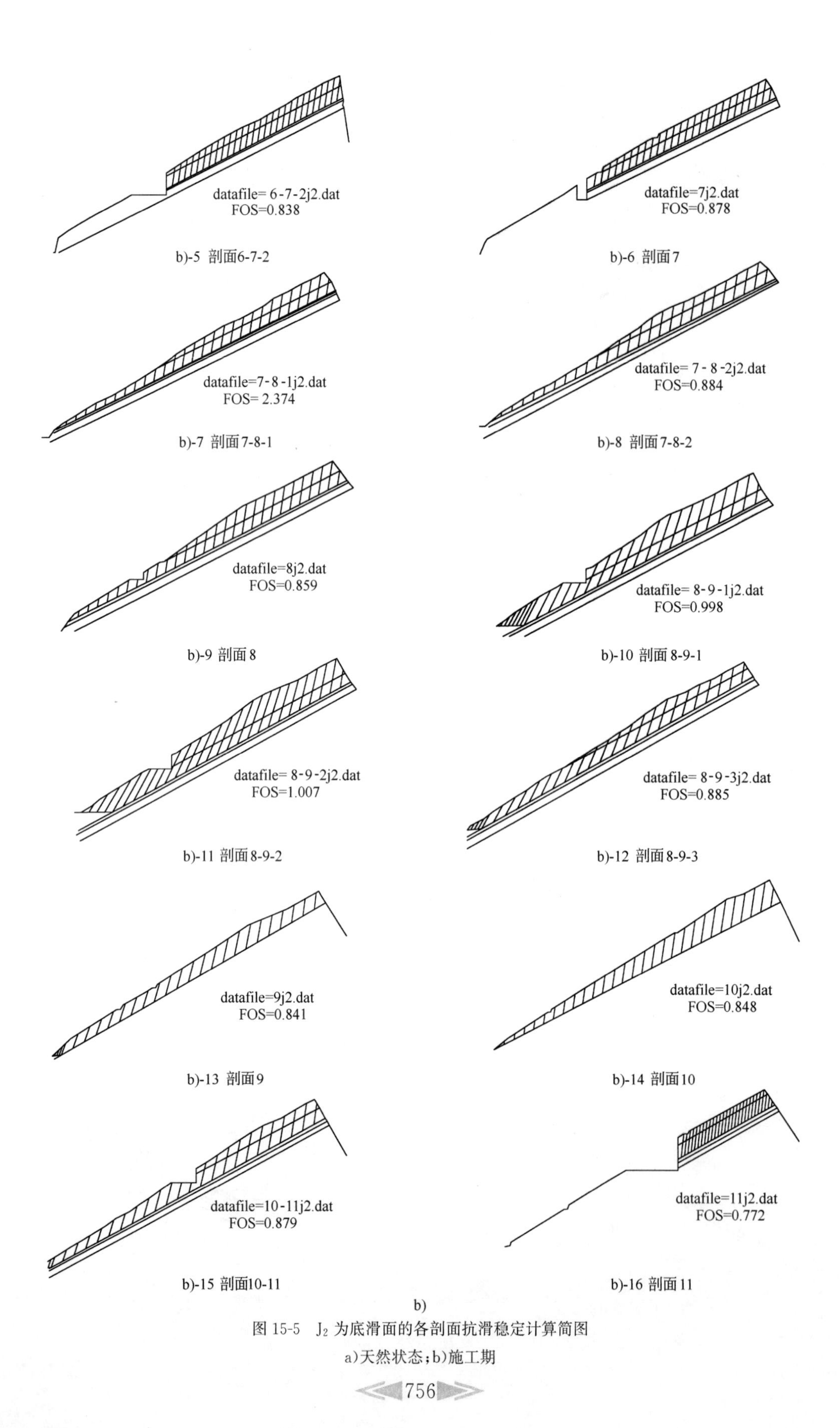

图 15-5　J_2 为底滑面的各剖面抗滑稳定计算简图

a)天然状态；b)施工期

③沿 J_3 软弱夹层

当以 J_3 软弱夹层为底滑面时，滑体厚度较以 J_2 为底滑面的滑体体积更大，下滑力也更大，其天然状态下各剖面边坡的平面抗滑稳定安全系数一般在 0.835～0.920 之间，个别剖面达到 1.438。施工期边坡开挖，安全系数有所下降，降幅一般为 0.05 左右，库水位骤降期，安全系数进一步下降，一般为 0.632～0.792，少数剖面在 1.2 左右。

④沿 J_4 软弱夹层

当以 J_4 软弱夹层为底滑面时，J_4 埋藏较深，上覆滑体厚度很大，下滑力也很大。天然状态下各剖面边坡的平面抗滑稳定安全系数一般在 0.795～0.944 之间。施工期边坡开挖，安全系数有所下降，一般下降 0.01 左右，库水位骤降期，安全系数下降较大，降幅达 0.2 左右，一般在 0.6～0.674 之间，个别剖面安全系数大于 1.0。

由上述计算结果分析可知，各计算剖面天然状态下和施工期开挖边坡后，安全系数都不大，一般为 0.8～1.0。目前洪家渡左岸边坡进口开挖施工工作已基本完成，并未出现滑坡现象，计算结果似乎与之不符，但我们应注意到，洪家渡电站左岸进水口顺向坡的稳定问题是一个典型的岩质边坡三维抗滑稳定问题，潜在滑体之侧向边界上岩体的阻滑作用不容忽视，且往往对滑体的稳定起到决定性的作用。若仅从平面抗滑稳定分析的角度考虑问题，以目前我们研究获得的软弱夹层的抗剪强度来看，软弱夹层将难以抵抗上覆岩体的下滑作用，这显然与事实不符。因此，对洪家渡左岸进水口顺向坡进行三维抗滑稳定分析研究是十分必要的。有关三维计算情况将在下面详述。通过上述分析结果还可以看到，库水位骤降后，各滑体相应各剖面的安全系数降幅达 0.2 左右，表明库水位降落对左岸进水口顺向坡的稳定影响十分巨大，对此应引起重视。

15.1.5 进水口顺向坡三维抗滑稳定性分析

（1）计算边界条件

左岸进水口顺向坡自然边坡倾向 NW，坡角为 25°～30°，与岩层倾向相近，构成顺向坡，各水工建筑物进水口边坡开挖后，岩层面、层间软弱夹层都将临空出露，对边坡稳定极为不利。经地表测绘和平硐勘探资料统计，左岸进水口边坡边界条件主要由底滑面、裂隙面、断层切割面及临空面组成。在左岸进水口边坡共布置了 38 条相互平行的、剖面走向为 N20°W 的地质剖面，并设定剖面号从左坝肩陡崖一侧向上游侧逐渐增大。各剖面平面位置见图 15-2。

①后缘切割面

左岸进水口边坡的后缘切割面为 NE 向高倾角断层面和 NE 向陡倾角裂隙面。其中，断层切割面主要为在左岸后缘边坡 1 225m 高程附近出露地表的 F_6 正断层和发育于左坝肩的 F_{13} 逆断层组合形成，并以 F_6 断层为主。F_6 断层产状为走向 N39°～80°E，倾向 SE，倾角 45°～85°，F_{13} 断层产状为走向 N30°～60°E，倾向 SE，倾角 40°～70°。此外，陡倾角裂隙面主要由 N20°～40°E，SE∠60°～80°和 N60°～80°E，SE∠50°～80°两组剪性裂隙切割面组成。

②上游侧向切割面

左岸山体上游侧向切割面主要由产状为 N10°～20°W/SW∠60°～70°和 N60°～86°W/SW∠70°～85°两组裂隙切割面组成。上游侧向边界面的具体位置依据 J_1～J_4 软弱夹层底滑面的不同而分别确定。J_1～J_4 软弱夹层分别在上游 15 号剖面、11 号剖面、10 号剖面和 7 号剖面处延伸至河床以下，且由于各条地质剖面走向与产状为 N10°～20°W/SW∠60°～70°的侧向切割裂隙的走向近一致，因此，可近似以 15 号剖面、11 号剖面、10 号剖面和 7 号剖面作为底滑面，分别为 J_1～J_4 软弱夹层的上覆山体的上游侧向边界面。

③下游侧边界面

从 J_1～J_4 软弱夹层的产状和空间展布规律可知，各夹层向上游河床 NW 方向倾伏，而在下游左岸边坡地表处分别出露，成为本空间滑坡体的一个临空面。由地质剖面图可知，J_1～J_4 软弱夹层分别在 6 号剖面、5 号剖面和 4 号剖面处出露或接近地表出露，则分别以这些剖面作为相应上覆滑动山体的下游侧边界面。

（2）以 J_2 为底滑面的左岸进水口顺向坡三维抗滑稳定计算

在建立以 J_2 夹层为底滑面的左岸滑动山体模型时，将剖面 9 设定为中性面（0 剖面），剖面 5～9 将左侧山体划分为 4 段。剖面 9～11 及 F_{78} 断层在岸坡的出露线将中性面右侧山体划分为 2 段。沿着 z 轴正方向剖面 5～11 在三维模型中被重新编号为剖面 −2～4。此外沿 x 轴、y 轴正方向设定 30 个相互平行且与中性面垂直的平面组，将潜在滑动山体划分为 29 段，由此形成由若干条柱组成的潜在空间滑体的三维计算模型，开挖前、后计算模型分别见图 15-6a）和图 15-7a）。

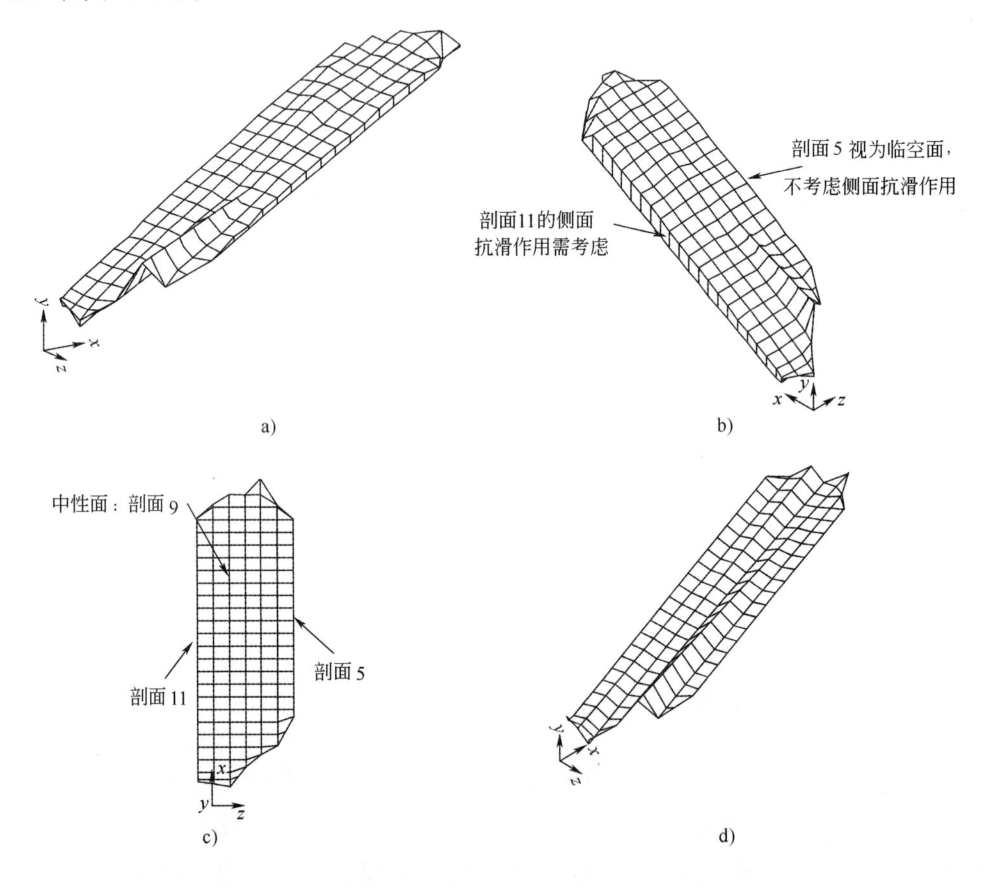

图 15-6　J_2 为底滑面的左岸进水口顺向坡开挖前三维计算模型

a)空间视图；b)上游侧边界面空间视图；c)俯视图；d)底滑面空间视图

作为潜在三维滑体的上游侧边界面，其与相邻山体的相互作用情况由节理岩体的连通率方法来确定。实际计算中只考虑黏聚力 c 值，而设 φ 值为 0。本次计算中分别考虑 c 值为 0.25MPa 和 0.5MPa 两种情况。开挖前、后三维滑体的上游侧边界面见图 15-6b）和

图 15-7b)，开挖前、后三维滑体的俯视图见图 15-6c) 和图 15-7c)，开挖前、后以 J_2 夹层为底滑面的空间滑裂面展示图见图 15-6d) 和图 15-7d)。

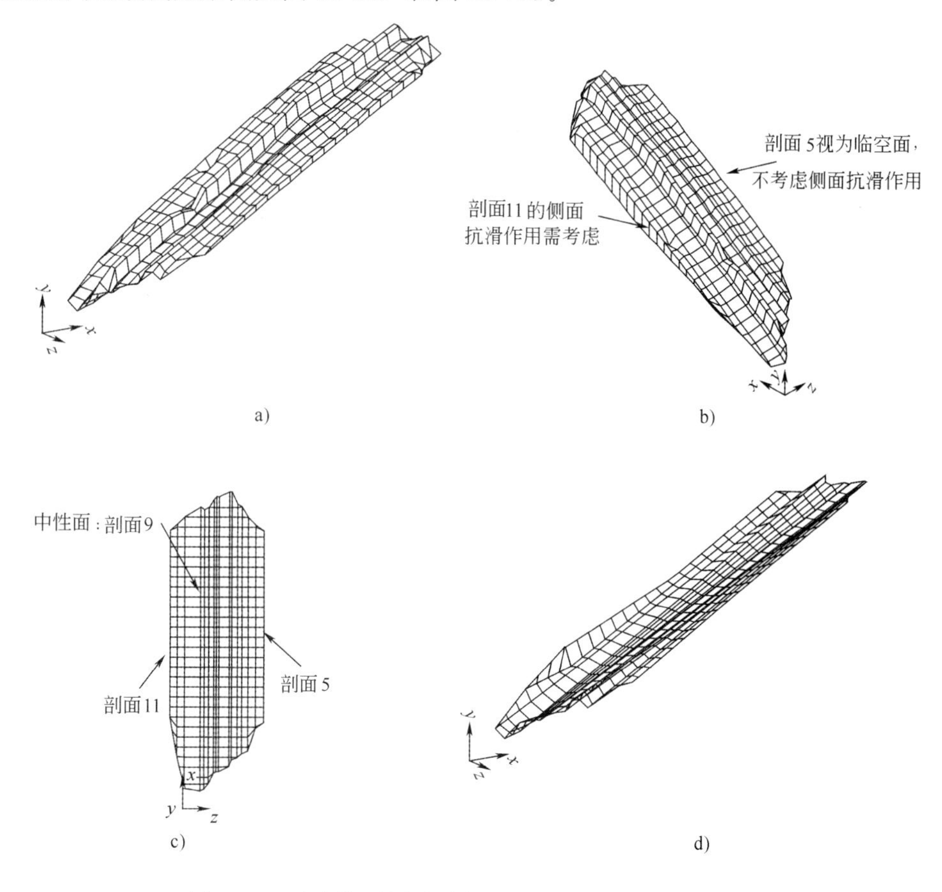

图 15-7 J_2 为底滑面的左岸进水口顺向坡开挖后三维计算模型

a)空间视图；b)上游侧边界面空间视图；c)俯视图；d)底滑面空间视图

计算中具体的参数取值见表 15-6。对于水库运行期库水位骤降情况，假定滑面上孔隙水压力系数为 0.2。

J_2 为底滑面的左岸进水口顺向坡三维抗滑稳定计算成果（安全系数） 表 15-6

底滑面		工况		
		天然边坡	施工期	运行期水位骤降
上游侧边界面岩体抗剪强度 $\varphi=0$	$c=0.25$MPa	1.323	1.308	1.134
	$c=0.50$MPa	1.575	1.526	1.371

以 J_2 软弱夹层为底滑面的滑体，其三维抗滑稳定计算结果见表 15-6。从表中可以看出，三维计算中考虑了滑体上游侧向边界面的阻滑作用，当侧向边界的黏聚力 c 值取为 0.25MPa 时，以 J_2 为底滑面的滑体，安全系数在天然状态下为 1.323，施工期各进口边坡开挖后降低到 1.308，库水位骤降时降低到 1.134。当侧向边界的黏聚力 c 值取为 0.5MPa 时，以 J_2 为底滑面的滑体在天然状态下安全系数为 1.575，施工期各进口边坡开挖后安全系数降低到 1.526，库水位骤降的情况，安全系数降低为 1.371。可见，侧向边界面的阻滑作用对于滑体的稳定影响很大。对于侧向边界面的黏聚力 c 值取为 0.25MPa 的情况，三维计

算的安全系数比二维计算各剖面的平均安全系数提高了 0.3～0.5。

(3) 沿其他软弱夹层分析成果汇总

以 J_1 软弱夹层为底滑面的滑体，当三维计算中考虑了滑体上游侧向边界面的阻滑作用，侧向边界的黏聚力 c 值取为 0.25MPa 时，天然状态下安全系数为 1.440，施工期各进口边坡开挖后安全系数降低到 1.384，库水位骤降时安全系数可降低到 1.195。当侧向边界的黏聚力 c 值取为 0.5MPa 时，天然状态下安全系数为 1.643，施工期各进口边坡开挖后安全系数降低到 1.595，库水位骤降时，安全系数可降低到 1.411。

以 J_3 软弱夹层为底滑面的滑体，当侧向边界的黏聚力 c 值取为 0.25MPa 时，天然状态下安全系数为 1.417，施工期各进口边坡开挖后安全系数降低到 1.375，库水位骤降时安全系数可降低到 1.207。当侧向边界的黏聚力 c 值取为 0.5MPa 时，天然状态下安全系数为 1.746，施工期各进口边坡开挖后安全系数降低到 1.735，库水位骤降时安全系数可降低到 1.533。

以 J_4 软弱夹层为底滑面的滑体，当侧向边界的黏聚力 c 值取为 0.25MPa 时，天然状态下安全系数为 1.401，施工期各进口边坡开挖后安全系数降低到 1.371，库水位骤降时安全系数可降低到 1.200。当侧向边界的黏聚力 c 值取为 0.5MPa 时，天然状态下安全系数为 1.853，施工期各进口边坡开挖后安全系数降低到 1.819，库水位骤降时安全系数可降低到 1.647。

从上述左岸进水口顺向坡三维抗滑稳定计算结果可以看出，三维计算结果较二维计算结果有较大的提高，当上游侧边界面的黏聚力 c 取 0.25MPa 时，对应各种计算工况，安全系数平均提高了 0.4～0.6，当 c 取 0.5MPa 时，对应各种计算工况，安全系数平均提高了 0.6～0.8。分别以 J_1～J_4 软弱夹层为底滑面的滑体的抗滑稳定安全系数又有所不同。其中，以 J_2 夹层为底滑面，当 c 取 0.25MPa 时，库水位骤降这一最危险工况条件下，安全系数为 1.134；当 c 取 0.5MPa 时，在库水位骤降工况下，安全系数为 1.371。而以 J_1、J_3 和 J_4 夹层为底滑面，当 c 取 0.25MPa 时，在库水位骤降这一最危险工况条件下，安全系数分别为 1.195、1.207 和 1.200；当 c 取 0.5MPa 时，在库水位骤降工况下，安全系数分别为 1.411、1.533 和 1.647。

可见，以 J_1 为底滑面的滑体，其安全系数相对较低。分析其原因，主要是由于 J_1 软弱夹层埋藏较浅，该滑体的侧向边界面积相对较小，其阻滑作用也相对较小，而其他软弱夹层埋藏较深，侧向边界面积相对较大，其阻滑作用也相对较大。

三维计算中考虑上游侧边界面的黏聚力 c 分别取 0.25MPa 和 0.50MPa 两种情况，出于工程安全考虑，计算结果建议以黏聚力 c 取 0.25MPa 时对应的各种工况边坡稳定安全系数为准。

15.1.6 边坡加固措施和稳定分析

(1) 加固方案研究

①加固设计依据及加固方法

由前述计算结果可知，进水口顺向坡在施工期开挖和库水位骤降后两种工况条件下的二维抗滑稳定安全系数分别可以达到 0.8～1.0 和 0.6～0.8，而三维抗滑稳定安全系数分别可以达到 1.38 左右和 1.2 左右（侧向边界 c 值为 0.25MPa）。可见三维计算结果安全系数有所提高，但由于洪家渡电站所有过水建筑物均建在左岸山体内，进水口边坡一旦失稳破坏，将产生难以想象的后果，对水库的正常运行造成巨大威胁。因此，采取适当的加固增稳措施以在更大程度上确保左岸进水口整体边坡和局部边坡的稳定性尤为必要。

洪家渡电站进水口边坡体积庞大，选择切实有效的边坡加固增稳措施，并开展相应的加固效果研究十分必要。由洪家渡电站左岸山体的地质条件可知，作为进水口边坡潜在滑裂面的 J_1～J_4 软弱夹层，其埋藏深度相对较浅，具备使用抗滑桩和预应力锚索加固的条件。经研究决定采用以钢筋混凝土抗滑桩结合预应力锚索为主的加固措施，对进水口边坡进行加固。左岸山体共布置了 10 根抗滑桩（平面布置如图 15-8 所示），抗滑桩的尺寸均按 20m×5m 计算，抗滑桩提供的抗力只考虑了抗滑桩混凝土的抗剪力，未考虑配筋因素。单根抗滑桩的抗剪力为 $Q=1.05\times10^5$kN。同时，假定抗剪力的方向为水平方向。

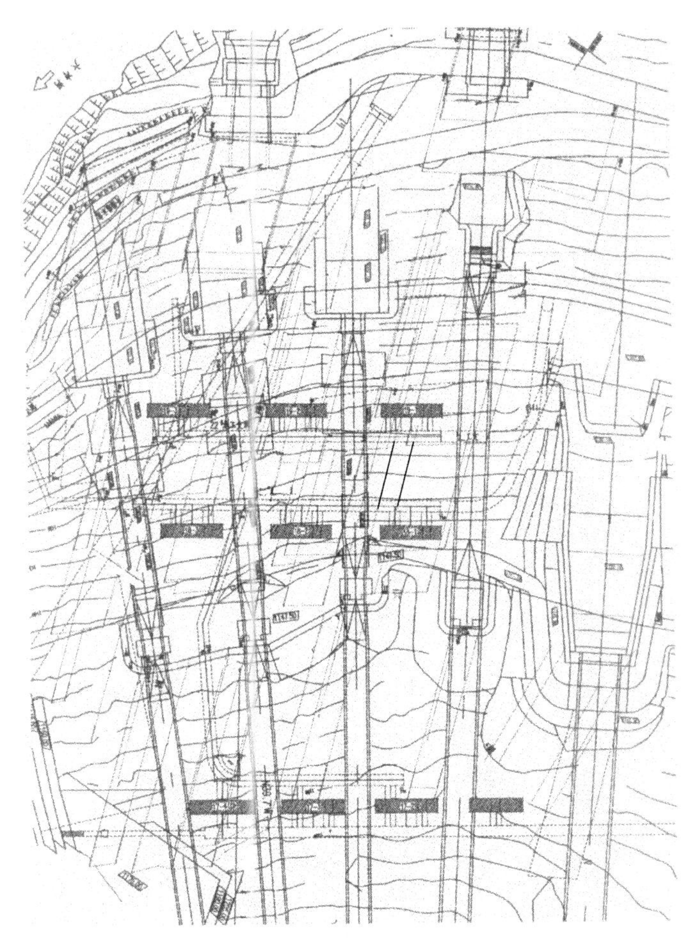

图 15-8　左岸山体抗滑桩布置平面示意图

结合左岸进水口边坡的实际地质条件和目前预应力锚索的实际运用情况，确定主要采用预张力为 3 000kN，长度以穿过 J_4 夹层为准的预应力锚索加固边坡，为确保锚固效果，尽量发挥锚索功效，确定锚索的锚固角为下倾 10°。

②加固范围确定

左岸边坡范围较广，锚索加固不可能面面俱到，加固方案设计首先应划定加固范围，其次应确定重点加固部位。以 J_1 夹层为底滑面的滑体，其上、下游边界面分别为 15 号剖面和 6 号剖面；以 J_2 夹层为底滑面的滑体，其上、下游边界面分别为 11 号剖面和 5 号剖面；以 J_3 夹层为底滑面的滑体，其上、下游边界面分别为 10 号剖面和 4 号剖面；以 J_4 夹层为底滑面的滑体，其上、下游边界面分别为 7 号剖面和 4 号剖面。由此，可以认为 15 号剖面至 4 号剖面间的山体为主要的加固范围，此外考虑到 3 号引水发电隧洞进口边坡的稳定，将下游侧加固范围扩展到 3 号剖面。因此，确定最终的加固范围为上游侧 15 号剖面至下游侧 3 号剖面间的左岸山体。

（2）加固效果研究

加固效果研究中考虑了两种情况：①只考虑加抗滑桩而不考虑加锚索；②既考虑加抗滑桩又考虑加锚索。同时每种情况又分别讨论滑体上游侧黏聚力为 0.25MPa 和 0.50MPa 两种情况。

①只考虑加抗滑桩而不考虑加锚索

因为沿 J_1、J_2、J_3、J_4 软弱夹层滑动的山体范围不尽相同，故对应不同的滑动山体，抗滑桩发挥的作用也不相同。只考虑加抗滑桩而不考虑加锚索的左岸山体抗滑稳定三维安全系数计算结果见表 15-7 和表 15-8。

左岸山体加抗滑桩（不加锚索）后三维抗滑稳定计算成果 表 15-7

（上游侧面 c=0.25MPa）

工况		滑裂面			
		J_1	J_2	J_3	J_4
开挖后加抗滑桩不加锚索	施工期	1.568	1.371	1.479	1.448
	水位骤降（孔隙水压力系数为 0.2）	1.333	1.200	1.279	1.277
	水位骤降（孔隙水压力系数为 0.2）（考虑隧洞的抗滑作用）	1.382	1.230	1.313	1.358

左岸山体加抗滑桩（不加锚索）后三维抗滑稳定计算成果 表 15-8

（上游侧面 c=0.5MPa）

工况		滑裂面			
		J_1	J_2	J_3	J_4
开挖后加抗滑桩不加锚索	施工期	1.800	1.599	1.898	2.013
	水位骤降（孔隙水压力系数为 0.2）	1.567	1.431	1.628	1.827
	水位骤降（孔隙水压力系数为 0.2）（考虑隧洞的抗滑作用）	1.622	1.460	1.672	1.938

②同时考虑抗滑桩和预应力锚索

左岸山体共布置了 10 根抗滑桩，同时在引水隧道和导流洞之间还布置了 227 根 3 000kN 级的锚索，锚索角为下倾 25°，由于此处 J_1、J_2、J_3、J_4 软弱夹层均比较浅，故锚索将全部穿过 J_1、J_2、J_3、J_4 软弱夹层。

既考虑加抗滑桩又考虑加锚索的左岸山体抗滑稳定三维安全系数计算结果见表 15-9 和表 15-10。

左岸山体经抗滑桩和锚索加固后三维抗滑稳定计算成果（上游侧面 c=0.25MPa） 表 15-9

工况		滑裂面		
		J_2	J_3	J_4
开挖后加抗滑桩加锚索	施工期	1.409	1.524	1.515
	水位骤降（孔隙水压力系数为 0.2）	1.235	1.317	1.324
	水位骤降（孔隙水压力系数为 0.2）（考虑隧洞的抗滑作用）	1.258	1.355	1.411

左岸山体经抗滑桩和锚索加固后三维抗滑稳定计算成果（上游侧面 $c=0.5\text{MPa}$） 表 15-10

工况		滑裂面		
		J_2	J_3	J_4
开挖后加抗滑桩加锚索	施工期	1.639	1.946	2.081
	水位骤降（孔隙水压力系数为 0.2）	1.465	1.676	1.889
	水位骤降（孔隙水压力系数为 0.2）（考虑隧洞的抗滑作用）	1.496	1.757	2.007

洪家渡水电站左岸山体加固措施已经完成，经蓄水考验后，边坡处于稳定状态。

15.2 昌马水库枢纽工程右岸边坡稳定研究

15.2.1 工程概况

昌马水库枢纽工程位于甘肃省河西走廊疏勒河昌马峡进口 1.36km 处，距玉门镇 75km，是以农业灌溉为主，结合工业供水、发电等综合利用的大（Ⅱ）型水利枢纽工程，也是疏勒河流域综合开发项目的龙头工程。该工程由大坝、导流排砂洞、溢洪道、引水发电洞、发电厂房等部分组成，大坝为壤土心墙砂砾石坝，最大坝高 54.8m，总库容 $1.94\times10^8\text{m}^3$，控制灌溉面积 147.3 万亩。右岸山体全景见图 15-9。

图 15-9 昌马水库大坝右岸山体全景

导流排砂洞全长 400.3m，作为枢纽工程的重要组成部分，布置于大坝右岸的山体中，是整个枢纽工程的控制性工程之一。该洞在工程截流前承担导流任务，在运行期承担排砂和放空水库任务。该洞的开挖始于 1997 年 12 月。1998 年 11 月 16 日，在桩号 0＋040～0＋080 段发生大面积洞顶塌方。此塌方段在 11 月 27 日再次扩展到桩号 0＋080～0＋125（图 15-10）。塌方后在右岸山体上布置 6 个地面位移观测点，这些观测点显示出山体发生了较大变形。图 15-11 记录了自 1998 年 11 月至 1999 年 5 月各地面位移观测点的变形过程，由图可见，最大的位移数值达 55mm。同时在右岸山体高程 2 005～2 055m 处发生地面裂缝共十余条，裂缝走向平行边坡，见图 15-12。

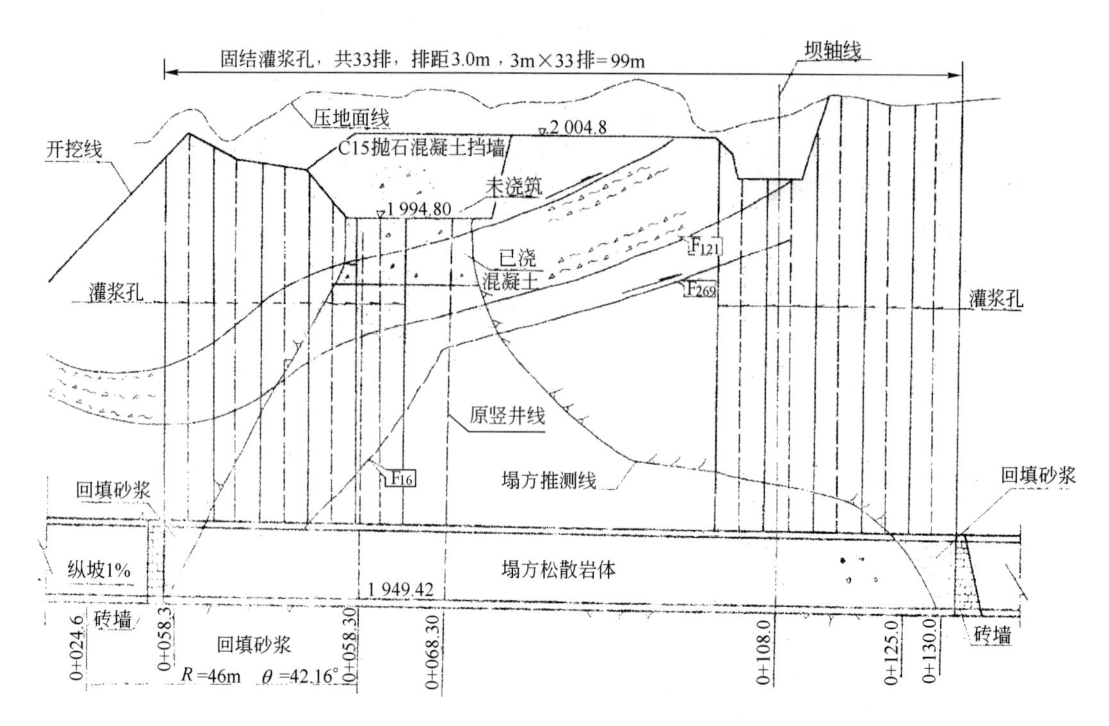

图 15-10 昌马水库工程 1998 年 11 月隧洞塌方及回填灌浆示意图

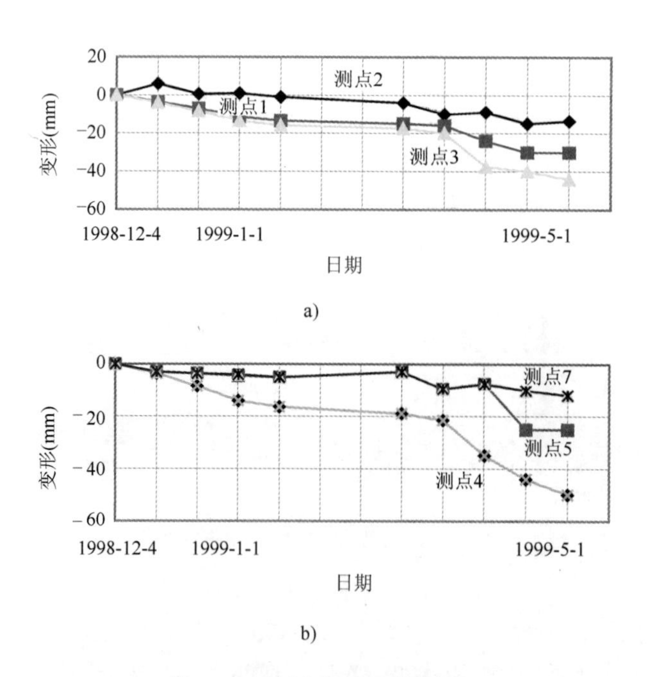

图 15-11 塌方初期地面观测成果

a)测点 1、2、3；b)测点 4、5、7

图 15-12　右岸山体塌方后出现的裂缝

在 15.2.2 中有关该工程的地质条件分析中，将会认识到，由于隧洞塌方导致的山体开裂和变形表现出典型的倾倒破坏模式。

排砂泄洪洞的塌方事故不仅使工程建设受阻，推迟了隧洞施工工期，而且引发了右岸边坡稳定问题。塌方后在塌方段进行了紧急灌浆处理，使山体变形得到了有效控制。具体抢险措施为：

（1）塌方后立即从洞顶的施工道路布设 5 个抢险孔，从孔中向塌方后的空腔内注入约 2000m^3 的水泥砂浆。现场监测的地面位移数值证实这一措施有效地减缓了边坡山体的位移。

（2）在即将用管棚法推进的隧洞开挖断面周围，进行了系统的回填灌浆工作，在塌方石渣中灌入水泥浆液。截至 2000 年，共布置钻孔 1 962m，水泥用量 1 843t。这一灌浆措施为管棚法施工创造了条件，同时也再一次回填了塌落后的空腔。

（3）用管棚法在塌落石渣内重新开挖隧洞，并随即进行钢筋混凝土衬砌。衬砌混凝土厚 1.0m，等级 C60，并进行了高含钢量的配筋。

（4）在已建的混凝土衬砌的内侧布设了深度为 10m 的固结灌浆。这一阶段共布设 115m 钻孔，总长 5 369.8m，水泥总消耗量为 2 607.12t。为了进一步加固塌落体，在钻孔回填时每个孔内埋入 2 根 ϕ28mm 的钢筋。

以上抢险工程为减缓山体变形速率和复建排砂泄洪洞创造了条件。

下面将介绍这一实际工程边坡的稳定性分析以及加固措施。

15.2.2　工程地质和岩土力学特性

（1）工程地质概况

坝址区右岸发育Ⅱ级阶地，其上多覆盖坡积物，厚 10～20m。2 000m 高程以上有基岩出露，岸边地形坡度在 40°左右，坝线下游坡度则增大至 50°～60°。坝址右岸边坡工程地质概况见图 15-13。

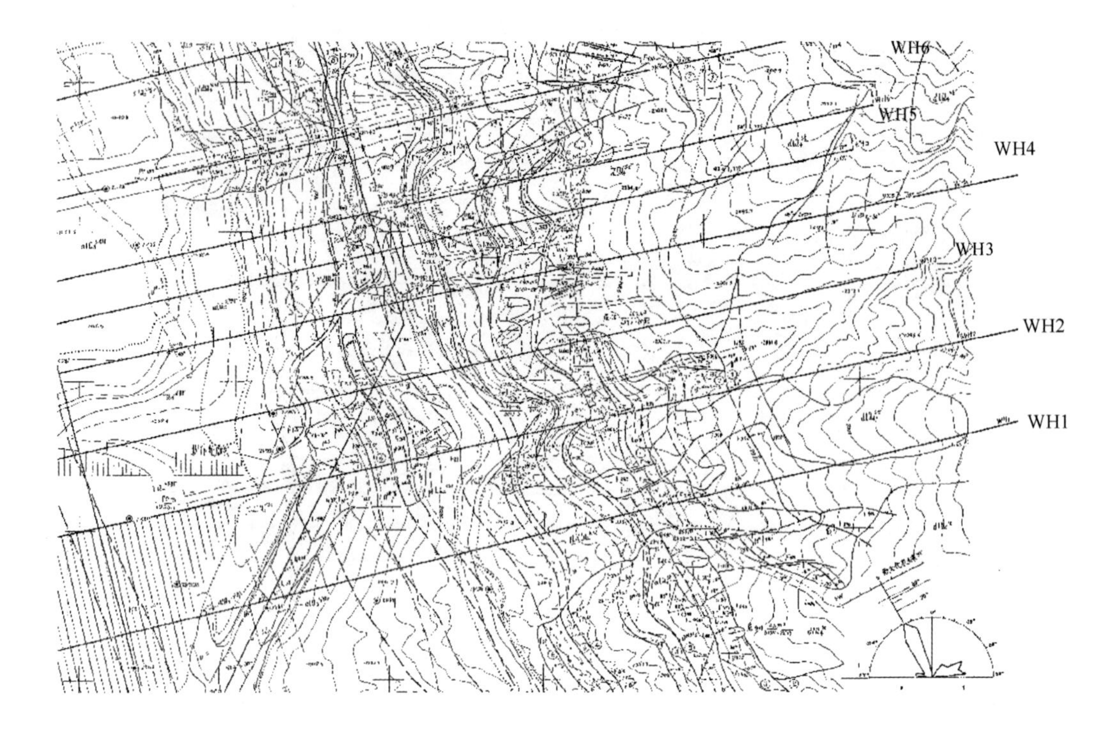

图 15-13 坝址右岸边坡工程地质图

根据平硐、钻孔揭露，右岸岩体强风化带深（铅直地表计）一般为 0～8m，最深达20～25m，弱风化带深 8～22m。

右岸分布地层为奥陶系轻变质火山碎屑岩、灰岩以及岩脉和第四系松散堆积物。其中，灰岩呈厚层状构造，岩石致密坚硬。各岩层均为倒倾岩层，倾向坡内，产状总趋势为 N320°～340°W，NE∠60°～85°（表部∠30°～55°，深部∠60°～85°）。坝肩与坝顶上游岩层产状 NW320°～350°，NE∠60°～85°，坝顶与坝肩下游岩层产状走向由 NW350°向 NE 扭曲转变，倾向随走向而变，由 NW～N～NE 变化，倾角 40°～80°扭曲变化。

右岸岩层自坡内向坡外，地质分层为：

①凝灰熔岩质火山岩；

②灰质凝灰质砂岩夹灰岩；

③厚层灰岩；

④凝灰质砂岩与灰质砂岩；

⑤厚层灰岩；

⑥凝灰质角砾岩夹厚层灰岩。

主要岩层的力学特性指标如表 15-11 所示。由表可见，岩体基本上由坚硬完整的灰岩和砂岩组成。

坝址右岸共发育 43 条断层，其中较大断层多为压扭性，除局部切层外，多与岩层产状基本一致，且多沿岩性分层界线发育展布。如：F_{340}、F_{268}、F_{269}、F_{121}、F_{389}等断层，第一组倾 SE 或 NW 的断层为张扭性结构面，多发育在脆性岩层中，由正断层和平移断层组成。

坝址右岸地表岩体风化破碎，且大部分被坡积、崩坡积物覆盖，测绘范围内地表出露裂隙 80 余条，结合平硐编录，裂隙按走向主要可分三组：

不同岩层岩体的力学特性指标　　　表 15-11

岩层	岩　性	单轴抗压强度（MPa）						声波速（m/s）	
		干			饱和			岩体	岩块
		最大	最小	平均	最大	最小	平均		
②	灰质砂岩与凝灰质砂岩	138	52	96	96	41	63	2 190～4 030	3 840～5 080
③	厚层灰岩	95	47	64	53	43	46	2 300～4 090	2 760～5 720
④	凝灰质砂岩与灰质砂岩	124	49	93	76	36	57	1 500～3 010	2 310～5 250
⑤	厚层灰岩	101	44	70	66	31	41	2 000～2 500	2 930～5 670

第 1 组 NW310°～340°NE∠30°～85°，以剪裂隙为主，裂隙宽 0.5～4cm，充填岩石碎屑、岩粉、石膏碎屑及方解石脉等，一般挤压较紧密，面平直。

第 2 组 NW340°～355°SW∠55°～85°或 NE5°～15°NW∠60°～80°，主要发育张裂隙，与岸坡走向平行，受后期重力作用卸荷，裂隙宽 0.5～10cm，个别达 30cm，一般上宽下窄，无充填或充填不密实，面粗糙。据平硐揭露，该组裂隙一般发育在距硐口 0～30m（水平距离）范围，30m 以后一般极少发育该组裂隙。

第 3 组 NE60°～85°SE∠55°～85°，张裂隙、剪裂隙皆有发育。张裂隙主要发育在第③、第⑦层灰岩中，一般宽 0.5～5cm，局部宽 10～30cm，多充填方解石脉。沿张裂隙发育晶孔、溶孔、小溶洞及溶槽。剪裂隙面平直光滑，一般宽 0.5～4cm，充填岩屑、岩粉等。

坝址右岩边坡工程地质剖面见图 15-14。

对这三组节理几何特性的定量统计分析将在 15.2.3 中介绍。

右岸地下水为基岩裂隙水，地下水埋深一般为 40～80m。该区地下水对普通硅酸盐水泥具有硫酸盐侵蚀性。

另外据压水试验资料，一般基岩面以下 40～60m 地段具有强透水性。

（2）岩土力学特性和指标

在 1999 年开挖了 5 条勘探平硐，并进行了仔细的地质编录和岩石力学试验。在平硐内进行岩石力学试验分析，见表 15-11。由表可见，岩体基本上由坚硬完整的灰岩和砂岩组成。结合平硐资料将进行以下两项工作。

①对昌马右岸边坡岩体强度进行了综合研究。研究方法包括室内外岩石力学性质试验参数整理；根据 Hoek-Brown 准则确定岩体抗剪强度；数据库工程类比等。

由设计单位根据边坡岩体综合分析提出了抗剪强度的经验参数，同时，对边坡岩体做了详细的地质分类 RMR 评分，得到采用 Hoek-Brown 的强度参数，结果见表 15-12。

经验抗剪强度参数及 Hoek-Brown 经验方法确定的抗剪强度指标　　　表 15-12

岩　层	重度 γ（MN/m^3）	建议抗剪强度参数		Hoek-Brown 经验公式计算结果	
		c（MPa）	φ（°）	c（MPa）	φ（°）
厚层灰岩③	0.025	0.34	43.0	0.343 5	43
微风化带	0.026	0.30	42.0	0.315 6	42.6
弱风化带	0.025	0.23	37.0	0.240 8	38
强风化带	0.024	0.15	28.6	0.184 9	32
土条界面	—	0	27.0	—	—

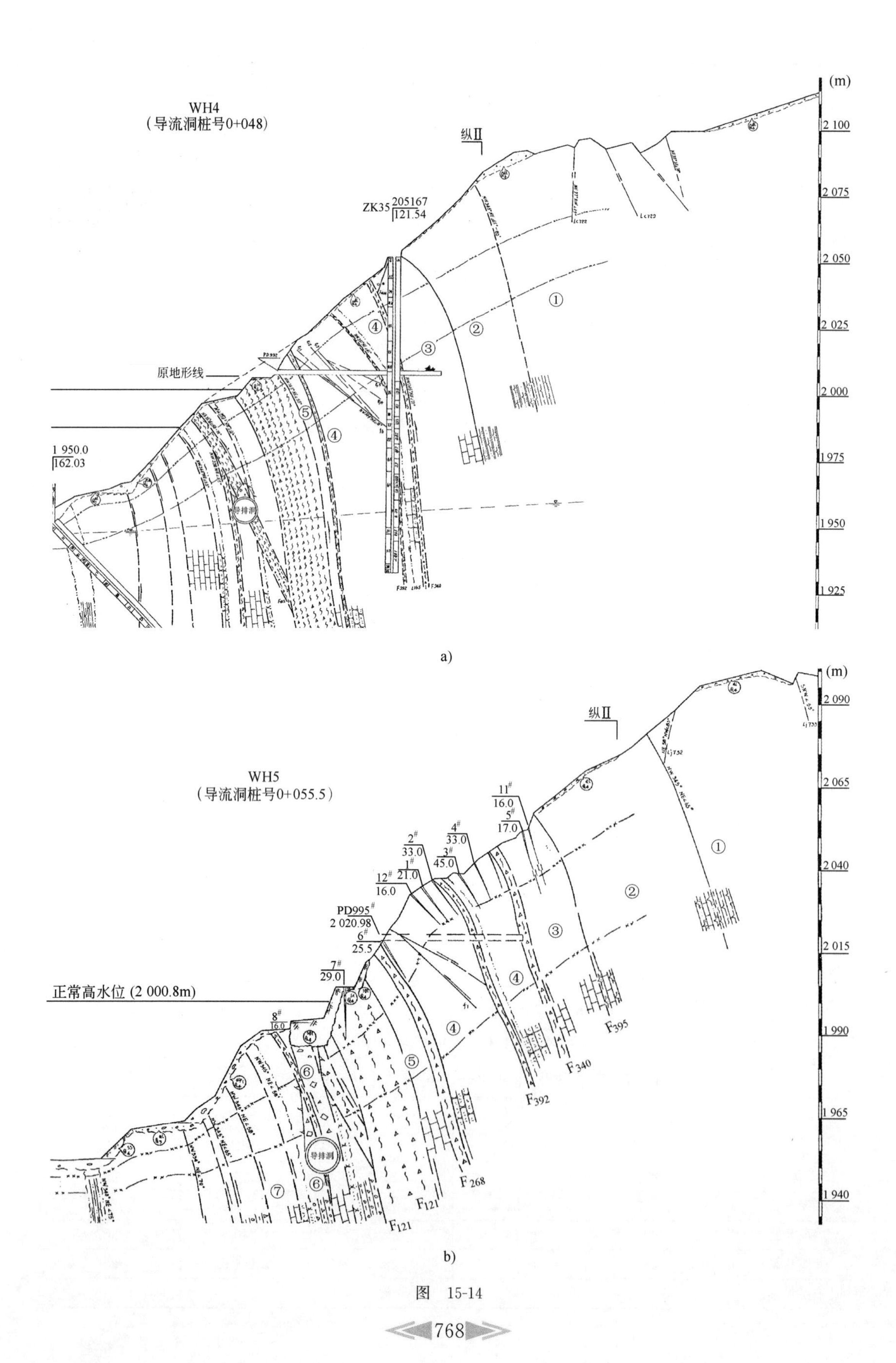
WH4
（导流洞桩号0+048）
(m)
2 100
2 075
2 050
2 025
2 000
1 975
1 950
1 925
纵Ⅱ
ZK35 205167
121.54
原地形线
1 950.0
162.03
①
②
③
④
⑤
导排洞
a)
WH5
（导流洞桩号0+055.5）
(m)
2 090
2 065
2 040
2 015
1 990
1 965
1 940
纵Ⅱ
11#
16.0
5#
17.0
4#
33.0
3#
45.0
2#
33.0
1#
21.0
12#
16.0
PD995#
2 020.98
6#
25.5
7#
29.0
正常高水位 (2 000.8m)
8#
16.0
①
②
③
④
⑤
⑥
⑦
导排洞
F395
F340
F392
F268
F121
b)

图 15-14

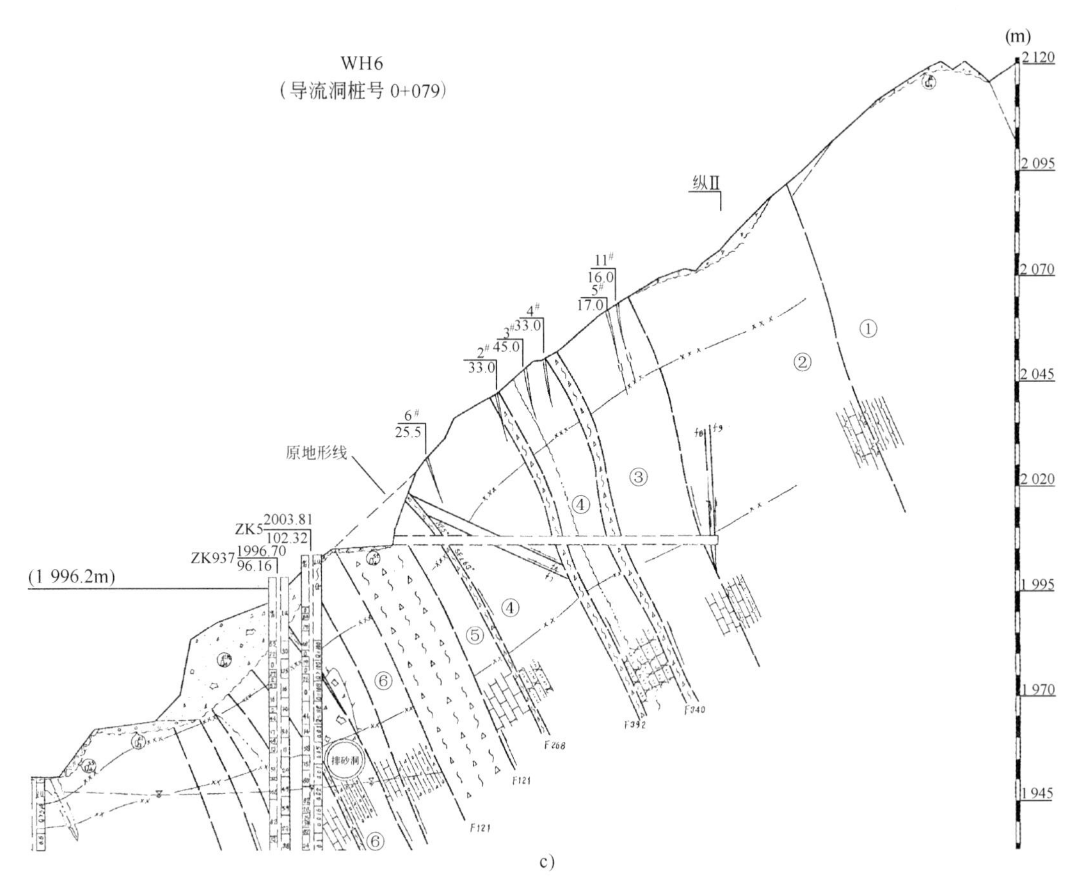

c)

图 15-14　坝址右岸边坡工程地质剖面

a)WH4(导流洞桩号 0+048);b)WH5(导流洞桩号 0+055.5);c)WH6(导流洞桩号 0+079)

②对断层 F_{121} 和经灌浆加固后的塌落堆积体进行中型剪试验，其成果见图 15-15。

(3) 结构面现场调查及统计分析

对勘探平硐内的 968 条裂隙和层面进行统计调查，并获得表 15-13 中的结构面倾向、倾角、迹长和间距的均值统计参数。图 15-16 为节理极点赤平投影图和等密度图。在此基础上，进行岩体结构面网络模拟，获得如表 15-14 所示的昌马右岸边坡岩体沿不同剪切方向的连通率。图 15-17 为节理岩体网络模拟图和不同方向连通率。

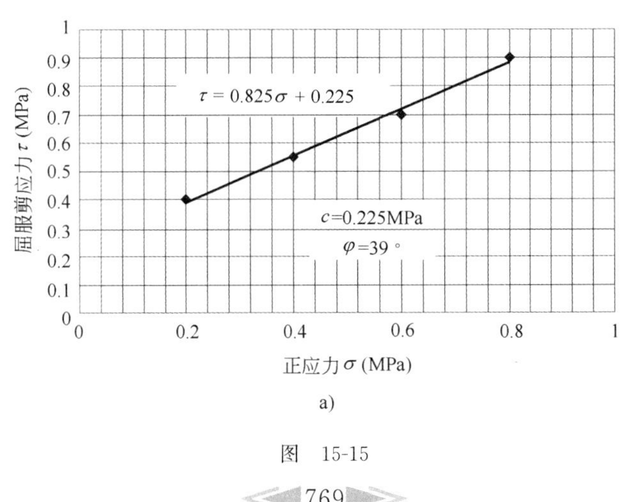

a)

图　15-15

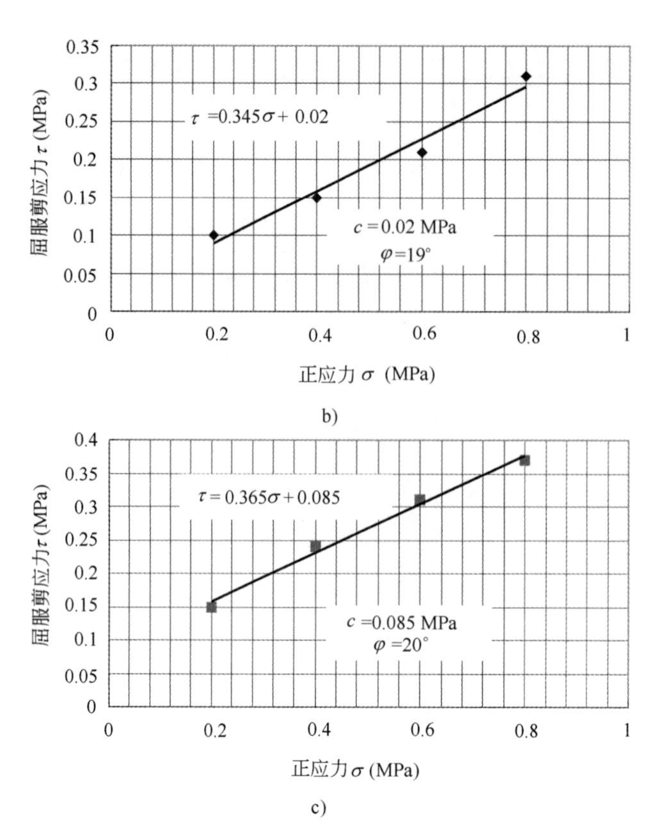

图 15-15 中型剪试验成果

a)取自经灌浆加固后的塌落堆积体的 D1 试样；b)取自断层 F_{121} 的 F4-1 试样；c)取自断层 F_{121} 的 F3-1 试样

昌马水库右岸边坡结构面几何参数统计成果 表 15-13

组号	结构面产状		统计指标名称	概 型	均 值	标 准 差	样本总数
	倾向（°）	倾角（°）					
1	38.30～103.30	29.90～84.90	间距	负指数	0.52	0.52	441
			倾向	正态	70.94	14.62	449
	244.03～259.05	57.08～82.08	倾角	对数正态	59.71	19.47	449
			迹长	正态	5.12	0.24	449
2	274.44～309.44	43.45～78.45	间距	负指数	1.43	1.43	78
			倾向	对数正态	290.37	10.19	86
	135.19～150.19	68.27～88.27	倾角	对数正态	71.42	18.11	86
			迹长	对数正态	2.01	0.94	86
3	327.90～360.00	41.68～76.68	间距	负指数	0.83	1.54	44
			倾向	对数正态	342.26	9.30	52
	158.69～179.69	66.35～86.35	倾角	对数正态	73.59	19.67	52
			迹长	正态	1.02	0.30	52

续上表

组号	结构面产状		统计指标名称	概　型	均　值	标准差	样本总数
	倾向（°）	倾角（°）					
4	246.80～311.80	15.14～40.14	间距	负指数	1.79	1.79	23
			倾向	均匀	281.83	12.50	30
			倾角	正态	29.91	5.95	30
			迹长	对数正态	2.94	1.71	30
5	33.0～103.30 242.90～262.90	19.90～89.90 51.68～86.68	间距	负指数	2.34	2.34	—
			倾向	正态	71.57	14.62	—
			倾角	正态	57.55	15.07	—
			迹长	—	—	—	—

注：结构面组号1为层面。

昌马右岸边坡岩体连通率计算成果 表15-14

剪切方向（°）	连通率（%）		剪切方向（°）	连通率（%）	
	均值	标准差		均值	标准差
10	43.05	3.48	100	81.49	4.04
20	58.84	4.61	110	87.66	2.62
30	69.60	5.14	120	90.68	2.56
40	75.42	4.43	130	90.92	2.24
50	74.50	4.24	140	86.32	2.21
60	65.68	4.77	150	79.34	3.11
70	66.95	4.28	160	73.53	4.67
80	70.13	3.73	170	59.43	6.94
90	76.90	4.05	180	36.63	6.01

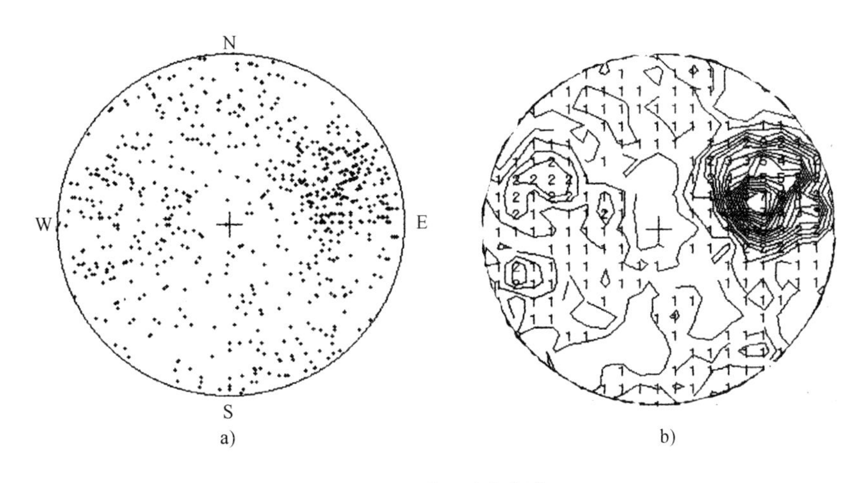

图15-16　节理产状统计

a)极点投影图；b)等密度图

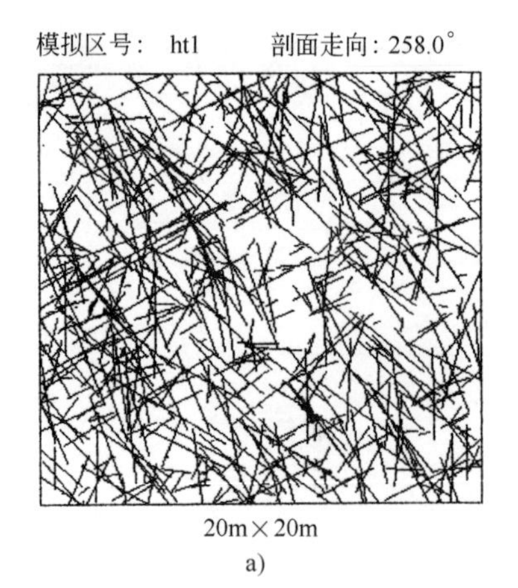

a)

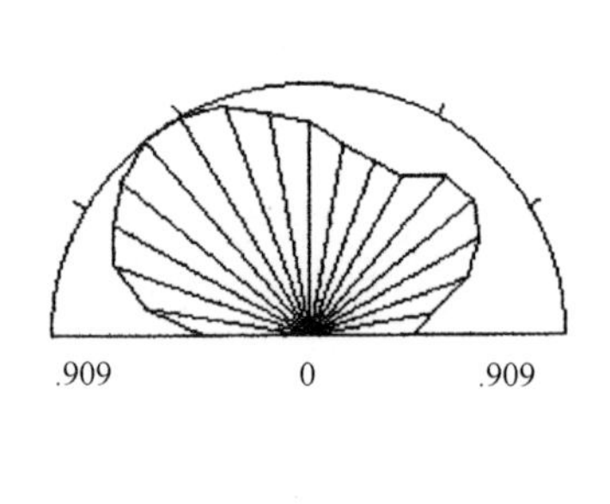

b)

图 15-17　节理岩体网络模拟

a)网络模拟；b)不同方向连通率

15.2.3　边坡稳定分析

（1）边坡可能的失稳模式判断

通过对勘探平硐内的 968 条裂隙和层面进行的统计调查，获得如表 15-13 所示的结构面倾向、倾角和间距的均值统计参数。可见，在灰岩、凝灰岩、砂岩层面的倾向平均值为 71°，恰好与边坡的倾向 253°相差 180°左右，该层面的倾角平均值为 60°左右。同时，第 2 和第 4 组节理的倾向与边坡倾向基本一致，它将构成倾倒时破坏体的底滑面。这些特点证明右岸岩体存在典型的倾倒破坏的可能性。同时，右岸边坡断层发育，尤其在坡脚部位发育有规模较大的 F_{121} 断层等数条断层，而且坡脚部位的塌方松散体虽经灌浆加固，但仍然不排除存在塌方空洞的可能。因此右岸边坡可能的失稳模式主要为倾倒破坏。同时，也存在由倾向与边坡倾向基本一致的第 2 和第 5 组节理构成的顺层滑动可能。

导流排砂洞发生长达 85m 的大规模塌方，致使右岸山体出现松动迹象，且边坡在相当一部分的趾部临空，很可能会触发边坡的弯曲倾倒变形，可见右岸边坡的稳定性与导流排砂洞能否正常运行密切相关。

针对右岸边坡可能的不同失稳破坏模式，需要采用相应的计算方法对边坡的稳定性进行分析评价，并提出切实有效的边坡加固设计及监测方案。

（2）平面滑动稳定分析

平面滑动稳定分析采用极限平衡的方法，主要计算 WH4（导流洞桩号 0＋048）、WH5（导流洞桩号 0＋055.5）、WH6（导流洞桩号 0＋079）三个剖面在加固处理前、后及各种工况时的稳定性。

WH4 剖面，主要分析坝体压脚以上整体坡和公路以上边坡的稳定性，并对削坡前、后的整体坡，水位由正常水位 2 000.8m 骤降至死水位 1 988.4m 时，均分别计算正常情况、8 度地震条件下安全系数。

WH5 剖面和 WH6 剖面，计算工况与 WH4 剖面相同。

计算采用了两套参数指标以便于相互比较：一种是根据原有勘探资料、土工试验，加上地质人员和科研人员经验判断建议的经验抗剪强度指标（简称建议抗剪强度指标），其计算成果见表 15-15。另一种是根据 Hoek-Brown 经验方法和公式确定的抗剪强度指标。利用

Hoek-Brown 经验参数指标所作的复核计算，其计算工况与建议抗剪强度参数计算所采用工况相同，其计算成果见表 15-16。

采用经验抗剪强度指标，平面滑动稳定分析成果　　表 15-15

剖　　面	工　　况	安全系数		
		正常	8 度地震	水位骤降
WH4	整体坡	1.581	1.479	1.512
	平台以下	1.649	1.504	—
WH5	整体坡	1.616	1.478	1.390
	平台以下	1.532	1.432	—
WH6	整体坡	1.735	1.611	1.464
	平台以下	1.685	1.488	—

采用 Hoek 抗剪强度指标，平面滑动稳定分析成果　　表 15-16

剖　　面	工　　况	安全系数	
		正常	8 度地震
WH4	整体坡	1.639	1.523
	平台以下	1.839	1.706
WH5	整体坡	1.767	1.721
	平台以下	1.787	1.677
WH6	整体坡	1.834	1.699
	平台以下	1.609	1.488

分析成果表明，在各种不利运行工况条件下，边坡滑动稳定安全系数均大于 1.2，因此。右岸山体发生平面滑动的可能性较小。

（3）倾倒稳定分析

右岸山坡存在一组 NW330°～350°NE，SW∠63°～86°结构面或断层，倒倾向河谷，倾倒破坏可能是右岸山体主要失稳模式。因此，对 WH4、WH5、WH6 三个剖面做了倾倒计算（图 15-18～图 15-20）。根据网络模拟的成果，设定倾倒条柱的宽度为 3.7m。

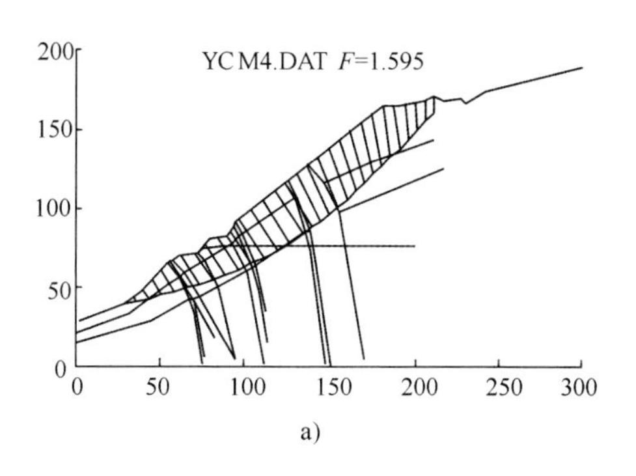

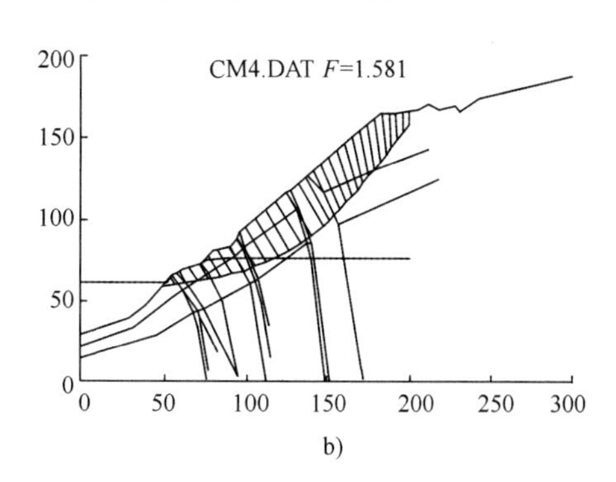

图 15-18　平面滑动稳定分析计算成果，WH4 剖面

a)整体边坡；b)坝体压脚以上边坡

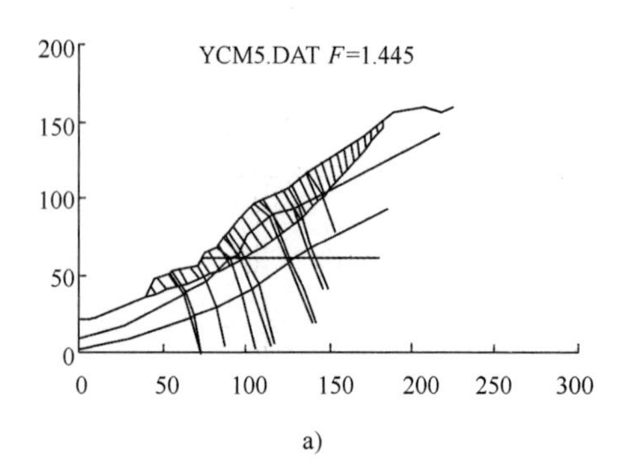

a)

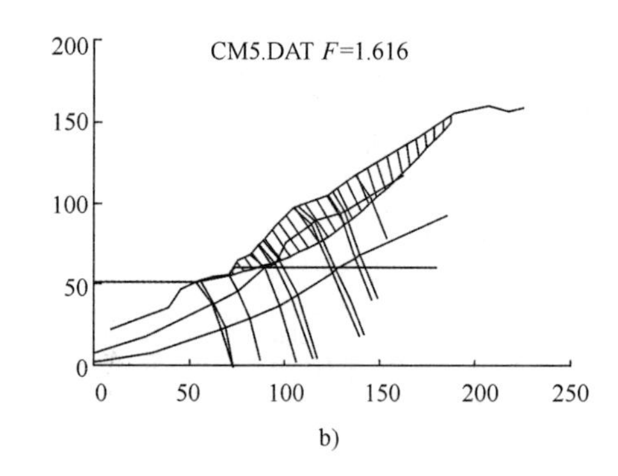

b)

图 15-19　平面滑动稳定分析计算成果，WH5 剖面

a)整体边坡；b)坝体压脚以上边坡

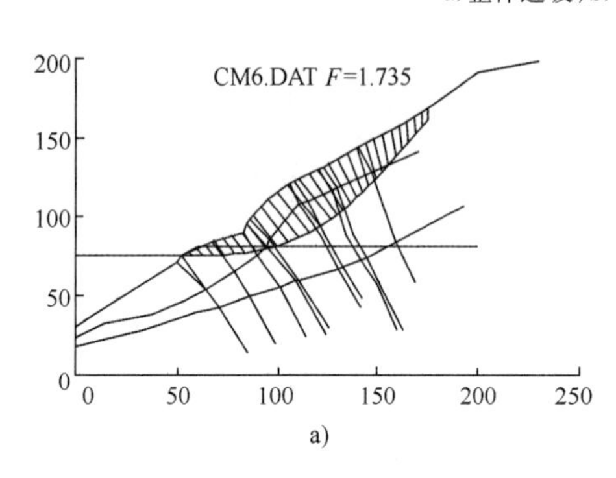

a)

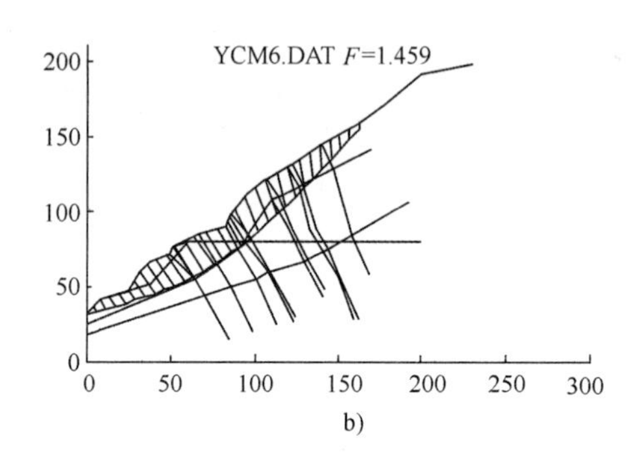

b)

图 15-20　平面滑动稳定分析计算成果，WH6 剖面

a)整体边坡；b)坝体压脚以上边坡

传统的倾倒计算假定底滑面为直线，中国水利水电科学研究院在国家“八五”科技攻关研究中，对岩质边坡三维倾倒破坏做过深入的试验和研究。研究结果表明，倾倒破坏的底滑面多为折线，因此 EMU 程序为此做了改进，程序可以模拟底面为折线的倾倒破坏。

按目前给定的建议抗剪强度参数和 Hoek-Brown 经验参数计算，WH4、WH5、WH6 三个剖面安全系数见表 15-17。部分计算成果见图 15-21。

边坡倾倒破坏分析成果　　表 15-17

剖　面	安全系数（采用经验抗剪强度参数）		安全系数（采用 Hoek-Brown 参数）
	F_{121}断层处理前	F_{121}断层处理后	F_{121}断层处理前
WH4	0.788	1.093	0.775
WH5	0.974	1.178	0.984
WH6	0.945	1.179	0.948

倾倒破坏稳定分析结果表明，按目前给定的建议抗剪强度参数计算，WH4、WH5、WH6 三个剖面安全系数分别为 0.788、0.974 和 0.945，安全系数偏低。将 F_{121} 断层上部的破碎体处理后，其强度指标可提高到强风化岩石的强度指标，倾倒稳定安全系数明显提高，可以满足稳定要求。

根据计算结果、地质构造和结构面形式分析，倾倒破坏仍是右岸山体的主要失稳模式。F_{121} 断层对边坡倾倒稳定影响较大。

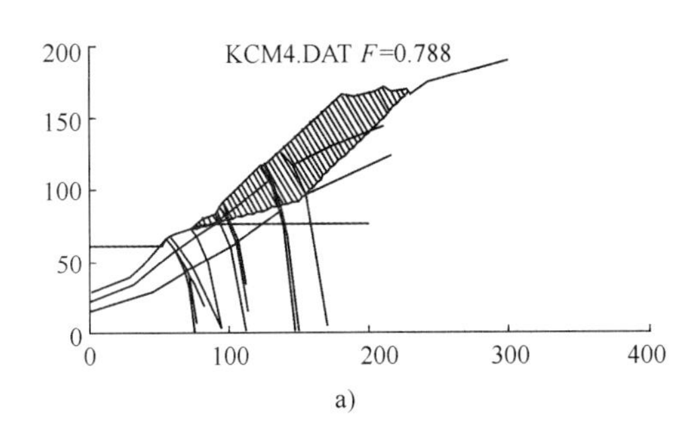

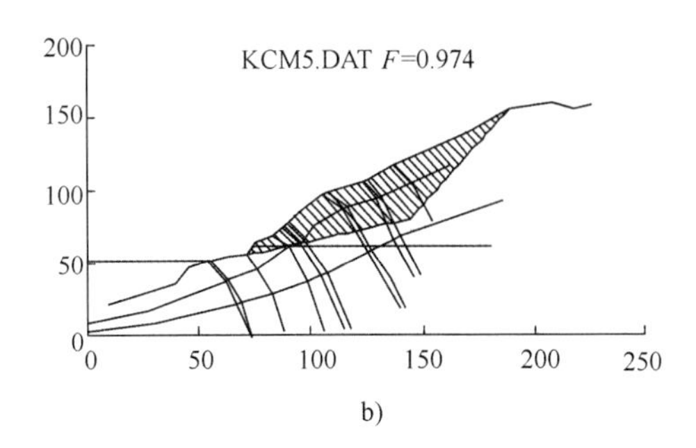

图 15-21　倾倒破坏计算成果（F_{121}断层处理前）

a)WH4 剖面；b)WH5 剖面

15.2.4　加固方案简介

根据前阶段研究工作的成果，建议对右岸边坡进行灌浆加固处理，其主要目的是通过系统、全面地充填固结灌浆，改善经塌方导致的松动及塌落岩体的力学性质，使其成为一个基本持力的岩石材料，保证洞室和边坡的安全。经充分论证，采用充填固结灌浆加固处理是行之有效的方法，充填固结灌浆布置见图 15-22 和图 15-23。

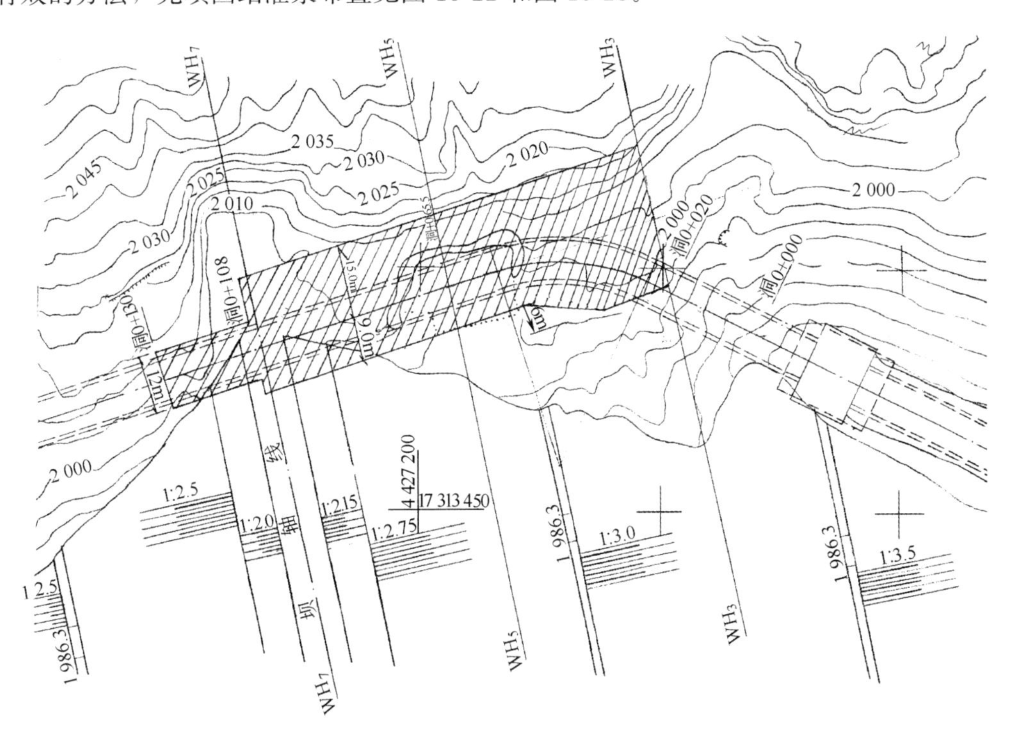

图 15-22　充填固结灌浆方案平面布置

设计加固范围为顺排砂洞轴线方向总长 112m，由洞 0＋018m 起至 0＋130m 止，垂直洞线方向左侧 9m，右侧 15m，总宽 24m，在隧洞转弯处左侧局部加宽 6m。

设计加固深度与已完成的隧洞周围的固结灌浆相结合。在隧洞洞身范围内的灌浆深度至洞顶以上 8～10m，灌浆孔平均深度为 35m；其他部位的灌浆深度则根据具体情况和要求控制在 45～65m 之间。

在设计范围内垂直隧洞轴线布置有 11 排垂直灌浆孔和 2 排斜向灌浆孔。垂直孔排距、孔距均为 3m，梅花形布置；斜孔孔距为 3m，排距为 1.5m。灌浆总量为 16 780m（其中垂直灌浆 13 535m，斜向灌浆 3 245m）。

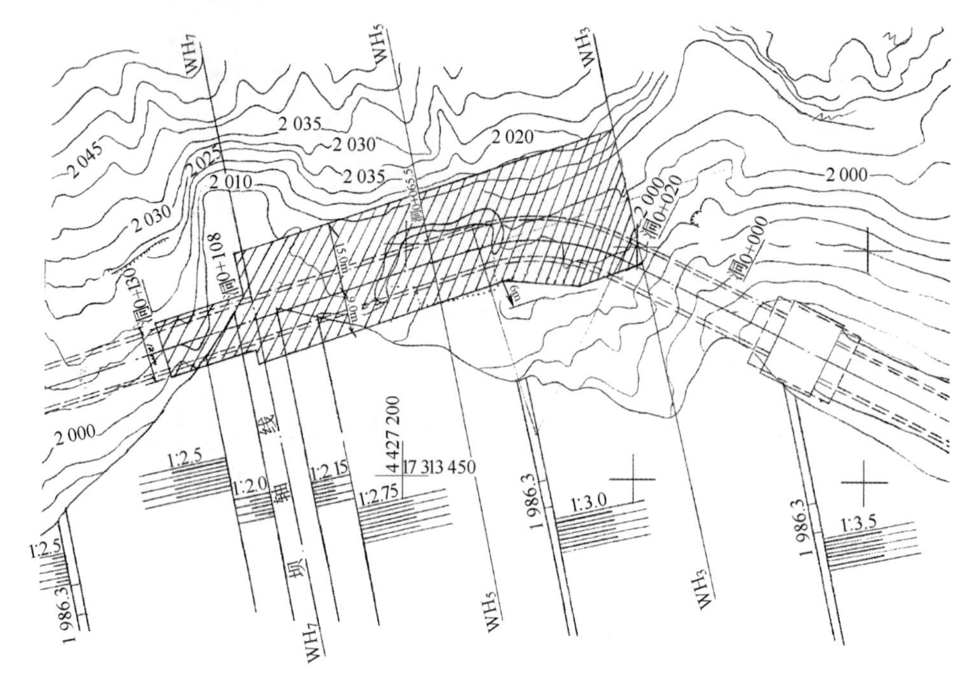

图 15-23　充填固结灌浆方案剖面布置

斜 1 排布置在洞轴线右侧直 10 排和直 11 排中间，倾斜角为 80°，斜 2 排布置在直 11 排上，与垂直孔相间，倾斜角为 75°，斜孔孔距为 3m，排距为 1.5m。

充填固结灌浆逐层逐级加密。设计总工程量为 16 780m，其中垂直灌浆量 13 535m，斜向灌浆量 3 245m。

15.2.5　监测设计、成果及边坡现状分析

右岸边坡稳定性的监测工作包括以下方面：

（1）1998 年 11 月隧洞塌方后在 2 004m 公路以上边坡埋设地面水平垂直位移观测点。

（2）对边坡山体上出现的裂缝布设简易裂缝宽度量测设施。

（3）在右岸山体 3 个断面布设 8 个测斜孔，这 8 个孔的孔深均在 70m 左右，使用美国 Slope Indicator 生产的测斜仪和中国水科院生产的测斜管，观测工作从 2000 年 8 月开始。

（4）在右岸边坡上埋设 5 个多点位移计，量测山体在接近水平方向的位移。

（5）计划在右岸山体内埋设 8 个渗压计，观测山体内的地下水位。

此外，在排砂泄洪洞衬砌及围岩中埋设了土压力计、压应力计、钢筋计和渗压计。这些观测仪器也从一个方面提供边坡变形和应力的特征信息。观测仪器布置见图 15-24。

地面位移监测包括水平和垂直两个方面的变形，共 12 个测点。此项工作从 1998 年 12 月 4 日开始，一直持续至今。尚有 3 号、5 号、6 号、7 号和 9 号测点继续工作，其垂直和水平位移过程线如图 15-25 所示。

右岸山体的 3 个剖面 8 个测斜孔自 2000 年 8 月开始第一次读数。目前 5 个测斜孔的读数稳定。A 和 B 两个方向（A 方向大体与河道方向正交，B 方向与 A 方向垂直）的最大位移如表 15-18 所示。

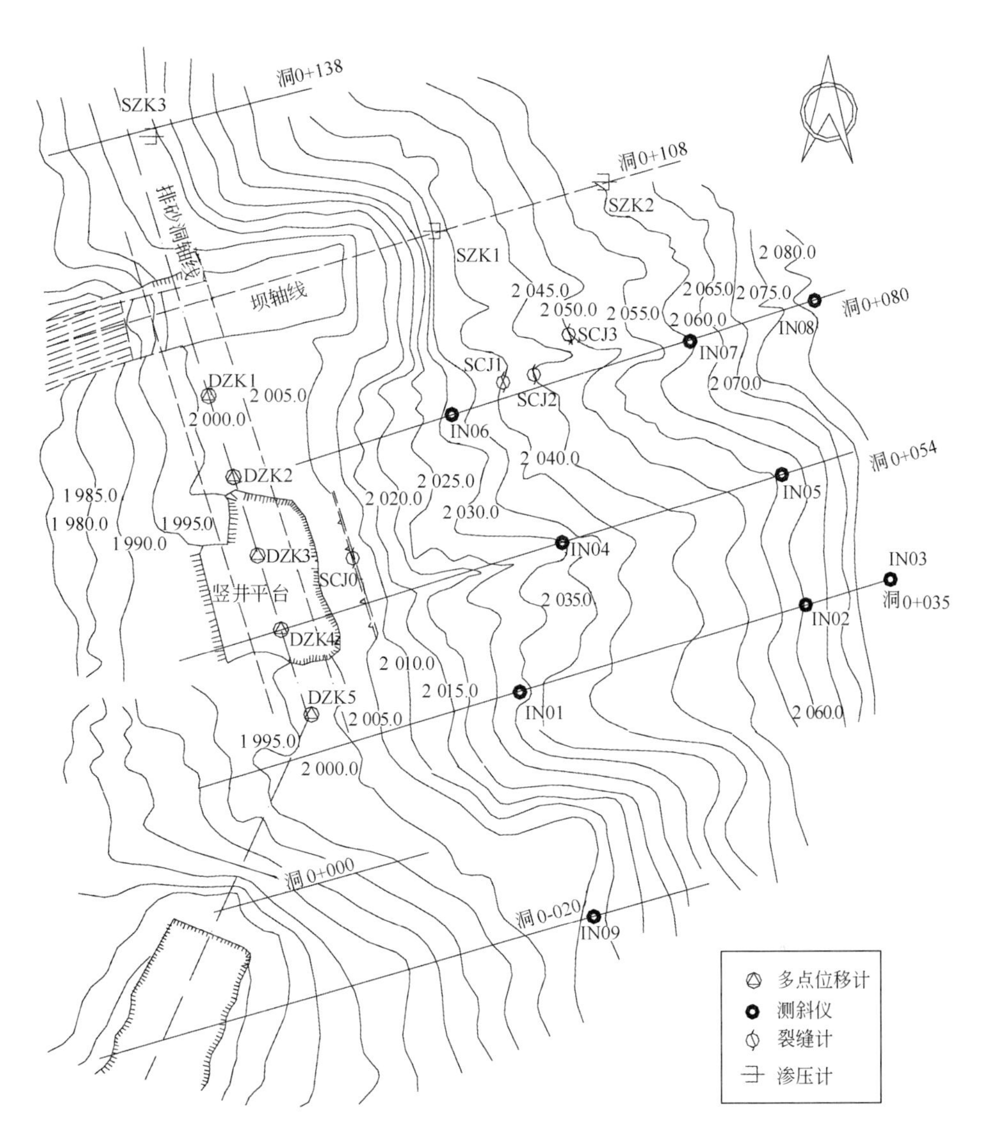

图 15-24 昌马水库右岸边坡监测断面及仪器布置示意图

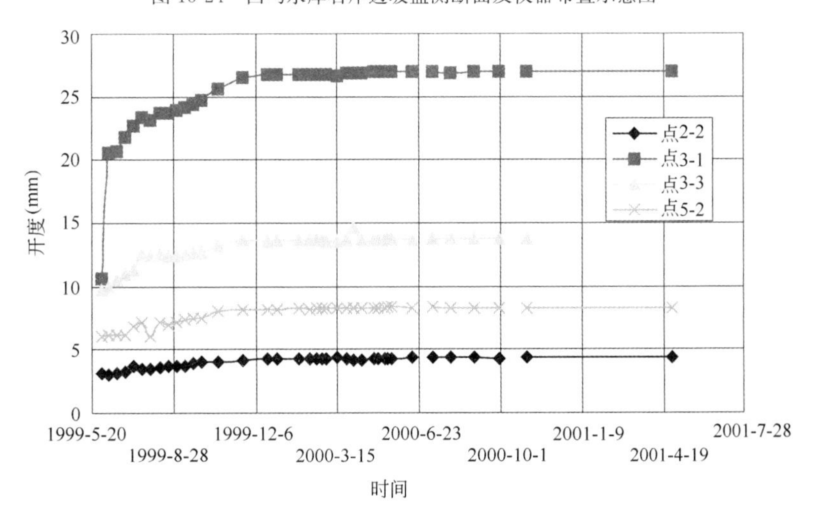

图 15-25 测缝计观测成果

各测斜孔管口（1m 深度）01/05/13、01/08/22 位移统计　　表 15-18

测孔编号	A 向位移（mm）		B 向位移（mm）		合位移（mm）		合位移方向（°）	
	01/05/13	01/08/22	01/05/13	01/08/22	01/05/13	01/08/22	01/05/13	01/08/22
IN01	−8.53	−8.27	8.26	2.36	11.87	8.60	201	229
IN02	−1.26	1.16	1.71	−5.24	2.12	5.37	204	2
IN03	−4.38	3.88	1.12	0.08	4.52	3.88	231	66
IN04	−7.09	−4.47	−0.31	−1.63	7.10	4.76	263	280
IN05	−7.55	0.40	−11.14	−8.06	13.46	8.07	321	358
IN06	6.50	11.61	−0.37	−4.59	6.51	12.48	79	60
IN07	−14.15	−3.27	8.56	0.22	16.54	3.28	226	253
IN08	—	5.61	—	5.70	—	8.00	—	123

观测结果表明，到目前为止测斜孔附近山体内部的水平位移可大致划分为两个发展变化阶段，即第一阶段自 2000 年 8 月至 2001 年 5 月，除 IN06 测斜孔外其他各测斜孔 A 向位移均为负值，明显反映出右岸山体向临空面（顺边坡向）倾倒变形的趋向，各测斜孔合位移值为 2.12～16.54mm，其中合位移值超过 10mm 的有 IN01、IN05 和 IN07；合位移方向总体在 201°～321°范围内，其中最大 A 向位移达－14.15mm（IN07 测斜孔），合位移值达 16.54mm，合位移方向为 226°。IN04、IN05 和 IN06 三个测斜孔局部深度略有层面滑动的显示，其中 IN06 更为明显，滑动的方向均指向山内。初步分析其原因可能是边坡灌浆加固处理时灌浆压力对边坡松散体的挤压作用，加之受岩层产状向山内倾斜等地质条件的控制，因此山体在灌浆压力的作用下达到一定的程度时，岩体就会沿着岩层存在的某个软弱面产生微小的滑动。IN08 测斜孔观测曲线的明显弯曲主要是当时埋设施工条件所限钻孔回填不实所致。第二阶段从 2001 年 5 月至 8 月底止，各测斜孔水平位移基本处于较稳定状态，多次观测曲线基本重合或摆动不大，测值的微小变化是测量误差的正常显示。测斜仪观测 A 向位移与时间关系曲线如图 15-26 所示。

总之目前监测结果表明，山体边坡没有出现变形加速发展的迹象，经过实施全面灌浆工程处理后，位移变化很小，山体边坡基本处于稳定状态。但目前还未经水库蓄水运行及长期的考验，因此还需进一步的观测验证。

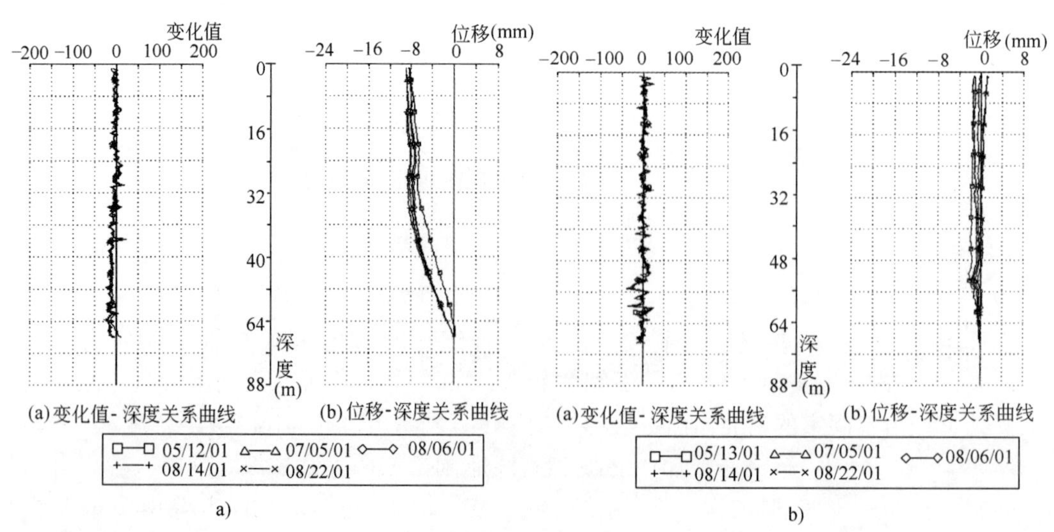

图　15-26

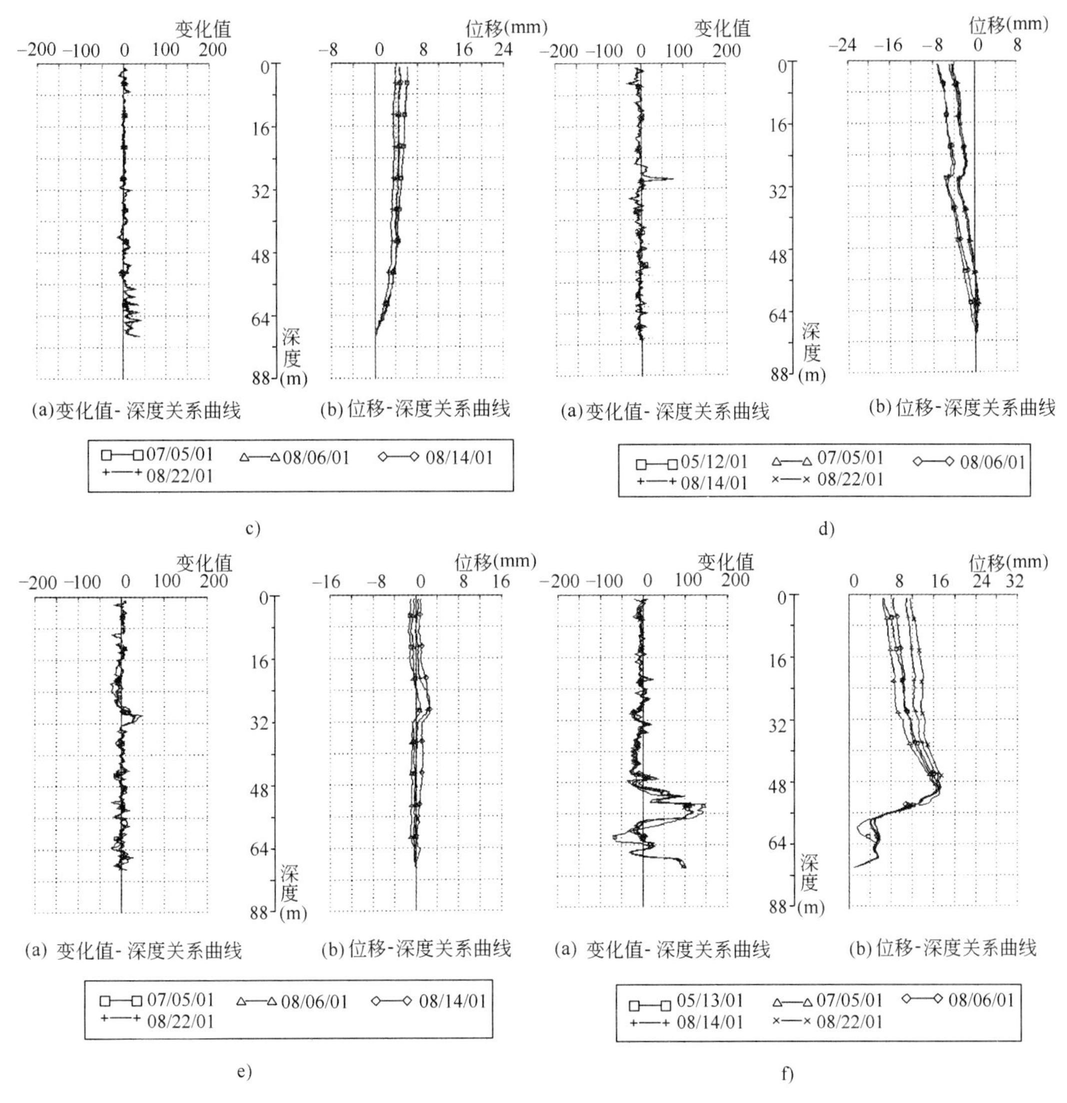

图 15-26 测斜仪观测 A 向位移曲线

a)IN01;b)IN02;c)IN03;d)IN04;e)IN05;f)IN06

15.3 三峡工程船闸高边坡

15.3.1 前言

三峡工程双线永久船闸闸室段长 1 607m，轴线方向 110°58′08″，单线闸室有效尺寸 280m×34m×5m（长×宽×水深），两闸室为宽 60m 的岩体中隔墩。闸室段自一闸室的金子山开始，经由三闸室的南北向山脊大岭，至位于五闸室出口的大丘湾为止。整个闸室段均在山体中开挖，开挖后形成左线船闸北坡和右线船闸南坡两大高边坡。其中大岭山脊为最高。闸室开挖成形后将形成南、北侧岩质高边坡，最大下挖深度 171m，南侧最大坡高 157.8m（计至▽ 250m 平台），北侧 137.8m（计至▽ 230m 平台）；中隔墩两侧坡高一般

50m，最高 70m。图 15-27 为 16—16 和 20—20 剖面图。图 15-28 为施工中的三峡船闸。

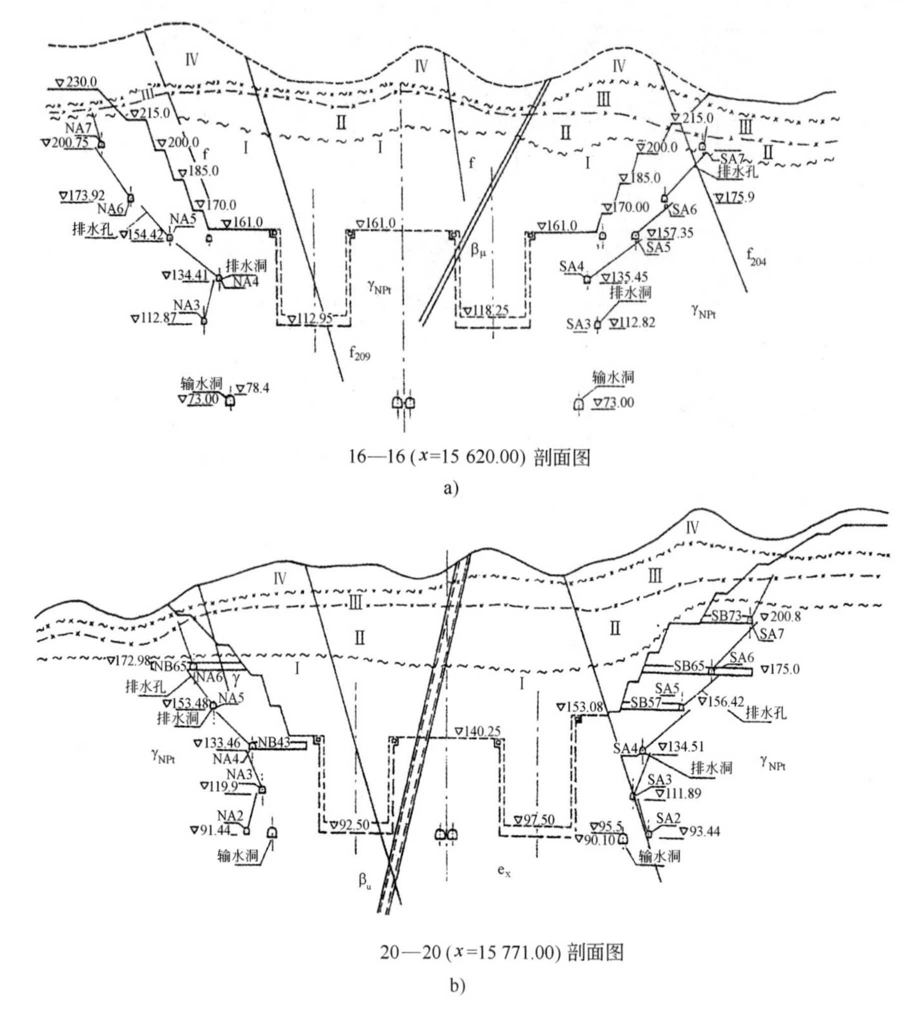

16—16 (x=15 620.00) 剖面图

a)

20—20 (x=15 771.00) 剖面图

b)

图 15-27　三峡永久船闸工程剖面图（高程单位：m）

a)16—16；b)20—20

15.3.2　边坡岩体工程地质条件综述

边坡岩体为前震旦系结晶岩，岩性以闪云斜长花岗岩为主，并见片岩捕虏体及后期侵入的脉岩。

（1）闪云斜长花岗岩（γ_{NPt}）

新鲜岩石为浅灰色，主要矿物为斜长石、石英，其次为黑云母、角闪石等。中粗粒花岗结构、块状构造，暗色矿物略具定向排列。

（2）片岩捕虏体（e_x）

在大岭东坡呈带状近东北向展布，横穿第三闸室段桩号 15＋700～15＋850。走向 340°～360°，倾向西，倾角 40°～80°，以 50°～60°居多。岩体时宽时窄，一般为 20～35m，边界不规则。岩性主要为角闪石英片岩，片理时有揉皱、扭曲，见闪云斜长花岗岩呈带状穿插其中，显混合岩化，与围岩接触紧密。微风化、新鲜片岩的完整性及物理力学性质与闪云斜长花岗岩相当。

图 15-28　施工中的三峡船闸

（3）脉岩

有辉绿岩脉、花岗岩脉、伟晶岩脉、石英脉等，均不发育，其中以辉绿岩脉宽度略大、延伸长。

辉绿岩脉（β_u）：灰绿或暗绿色，细粒结构，主要矿物为斜长石，次为辉石、角闪石。走向 50°～70°，倾向北西，倾角 60°～80°，局部走向、倾向有转折现象。脉体宽度变化大且时有分支。主要有两条：β_{u1003}宽 5～12m，于桩号 15＋700、15＋870 附近穿越南北坡，该脉体与 F_{215}断层时分时合延伸，受断层切错时脉体破碎，脉面与围岩呈裂隙接触或紧密接触；β_{u1005}宽 3～5m，于桩号 15＋850、15＋960 附近穿越南北坡，与围岩呈裂隙或紧密接触。

花岗岩脉（γ）、伟晶岩脉（ρ）：不发育，以前者数量稍多。花岗岩脉为肉红、灰白色，中细粒结构。伟晶岩脉为肉红色伟晶结构。按产状分为走向 40°～70°，倾向南东为主，倾角 40°～80°；走向 335°～360°，倾向南西，倾角 20°～40°两组。脉体宽以 0.1～0.5m 居多，与围岩多呈紧密接触，少数为裂隙接触。

石英脉（q）：不发育，多充填于部分断层中，延续性差，宽度小于 0.3m。

脉岩的物理力学性质与闪云斜长花岗岩基本相同。

（4）断层

根据施工前地表 1/1 000 地质测绘，在 15～20 号横剖面间南北向宽 600m 范围内（船闸中心线两侧各 300m），共发现断层 23 条，断层长度多小于 100m，宽度小于 0.5m。按走向可分为 NNW、NNE、NE～NEE 三组，以陡倾角为主。

在一期开挖的南北边坡上，通过测绘编录共发现断层 40 条（南北坡各 20 条），其中长度小于 50m 即穿越三个梯段边坡的裂隙性断层占 57％。断层带宽度小于 0.3m 为主，少数为 0.5～1.5m，F_{215}最宽处为 4.57m。

（5）裂隙

在一期开挖坡面上，南坡共测得裂隙 1 249 条，北坡 1 050 条，按其走向可分为 NNW、NNE、NE～NEE、NW～近 EW（与轴线交角小于 30°）四组。裂隙发育程度及与边坡的关系见表 15-19，裂面倾角、长度、形态特征等统计见表 15-20。南北坡均以 NNW、NE～NEE

组裂隙为主，其余两组不发育。分布普遍且具有控坡意义的两组裂隙，在宏观上具疏密相间分布特点，其发育程度在南北坡有差别：在南坡，以NNW组最发育，尤其在F_{215}以西，该组裂隙占绝对优势，裂隙的密度及长度均较大，而F_{215}以东则两组的发育程度相差不大；北坡以NE～NEE组最发育，尤以桩号15＋500～15＋700段密度较大，NNW组则分布稀疏。

永久船闸15＋500～15＋900边坡裂隙发育程度 表15-19

分组及产状	序号	南坡							
		本组条数	占总数(%)	不同倾向发育程度					
				倾向(°)	条数	占本组(%)	占总数(%)	与边坡关系	发育程度
NNW (330°～360°) ∠60°～75°	1	421	33.7	240～270	274	65.0	21.9	斜逆坡	最发育
	2			60～90	147	35.0	11.8	斜顺坡	次发育
NE～NEE (30°～80°) ∠60°～88°	3	327	26.2	320～350	229	70.0	18.4	斜顺坡	最发育
	4			141～170	98	30.0	7.8	斜逆坡	不发育
NNE (5°～35°) ∠55°～80°	5	241	19.3	275～305	150	62.2	12.0	近正交	次发育
	6			95～125	91	37.8	7.3	近正交	不发育
EW～NW (261°～321°) ∠50°～75°	7	260	20.8	171～231	80	30.8	6.4	近平行逆坡	不发育
	8			351～51	180	69.2	14.4	近平行顺坡	次发育
合计		1 249	100		1 249		100		
分组及产状	序号	北坡							
		本组条数	占总数(%)	不同倾向发育程度					
				倾向(°)	条数	占本组(%)	占总数(%)	与边坡关系	发育程度
NNW (330°～360°) ∠60°～75°	1	266	25.3	240～270	155	58.3	14.8	斜顺坡	次发育
	2			60～90	111	41.7	10.5	斜逆坡	次发育
NE～NEE (30°～80°) ∠60°～88°	3	399	38.0	320～350	280	70.2	26.7	斜逆坡	最发育
	4			140～170	119	29.8	11.3	斜顺坡	次发育
NNE (5°～35°) ∠55°～80°	5	196	18.7	275～305	134	68.4	12.8	近正交	次发育
	6			95～125	62	31.6	5.9	近正交	不发育
EW～NW (261°～321°) ∠50°～75°	7	189	18.0	171～231	64	33.9	6.1	近平行逆坡	不发育
	8			351～51	125	66.1	11.9	近平行顺坡	次发育
合计		1 050	100		1 050		100		

永久船闸15＋500～15＋900边坡裂隙特征值统计（%） 表15-20

分组	倾角（°）			长度（m）							透水性		面形态分类		
	61～90	30～60	＜30	＜5	5～10	11～15	16～20	21～25	26～30	＞30	微渗水	无水	平直光滑	平直稍粗	起伏及波状粗糙
NNE	56.2	31.6	12.2	9.9	46.2	23.4	15.3	3.6	0.7	0.9	3.5	96.5	1.6	71.0	27.4
NE～NEE	84.9	10.8	4.3	15.2	41.3	21.6	17.5	3.8	0.3	0.3	4.5	95.5	1.0	72.0	27.0
NNW	61.9	31.0	7.1	12.5	40.1	19.6	16.2	8.5	2.2	0.9	5.8	94.2	4.1	79.5	16.4
EW～NW	56.4	18.9	24.7	14.5	55.2	16.5	9.4	3.3	0.7	0.4	5.1	94.9	1.1	63.8	35.1

表 15-19 和表 15-20 分别介绍南坡和北坡的裂隙各组节理的发育程度。图 15-29 和图 15-30分别为南坡和北坡的裂隙统计图。

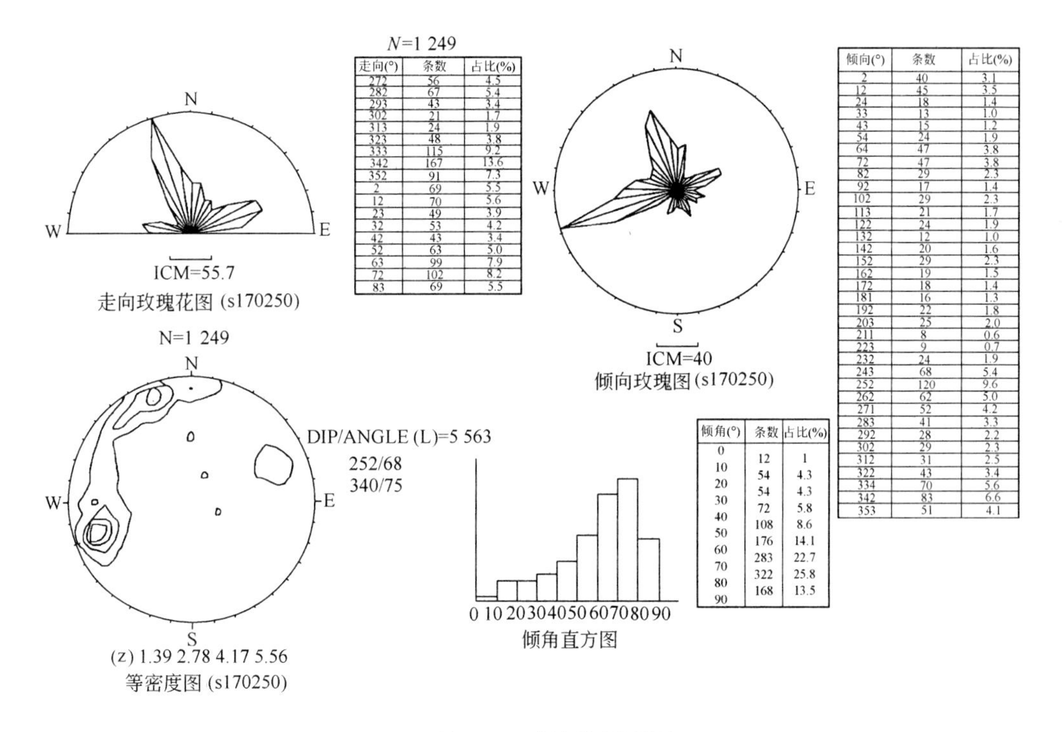

N=1 249

走向(°)	条数	占比(%)
272	56	4.5
282	67	5.4
293	43	3.4
302	21	1.7
313	24	1.9
323	48	3.8
333	115	9.2
342	167	13.6
352	91	7.3
2	69	5.5
12	70	5.6
23	49	3.9
32	53	4.2
42	43	3.4
52	63	5.0
63	99	7.9
72	102	8.2
83	69	5.5

倾向(°)	条数	占比(%)
2	40	3.1
12	45	3.5
24	18	1.4
33	13	1.0
43	15	1.2
54	24	1.9
64	47	3.8
72	47	3.8
82	29	2.3
92	17	1.4
102	29	2.3
113	21	1.7
122	24	1.9
132	12	1.0
142	20	1.6
152	29	2.3
162	19	1.5
172	18	1.4
181	16	1.3
192	22	1.8
203	25	2.0
211	8	0.6
223	9	0.7
232	24	1.9
243	68	5.4
252	120	9.6
262	62	5.0
271	52	4.2
283	41	3.3
292	28	2.2
302	29	2.3
312	31	2.5
322	43	3.4
334	70	5.6
342	83	6.6
353	51	4.1

倾角(°)	条数	占比(%)
0–10	12	1
10–20	54	4.3
20–30	54	4.3
30–40	72	5.8
40–50	108	8.6
50–60	176	14.1
60–70	283	22.7
70–80	322	25.8
80–90	168	13.5

图 15-29　南坡裂隙统计图

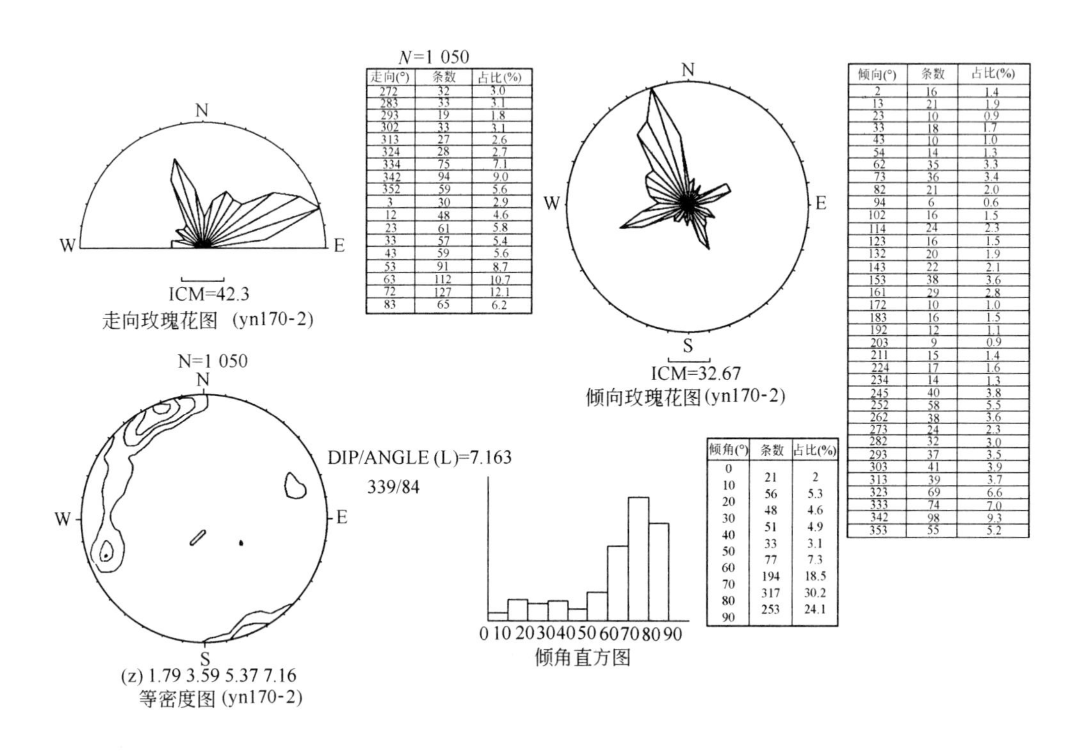

N=1 050

走向(°)	条数	占比(%)
272	32	3.0
283	33	3.1
293	19	1.8
302	33	3.1
313	27	2.6
324	28	2.7
334	75	7.1
342	94	9.0
352	59	5.6
3	30	2.9
12	48	4.6
23	61	5.8
33	57	5.4
43	59	5.6
53	91	8.7
63	112	10.7
72	127	12.1
83	65	6.2

倾向(°)	条数	占比(%)
2	16	1.4
13	21	1.9
23	10	0.9
33	18	1.7
43	10	1.0
54	14	1.3
62	35	3.3
73	36	3.4
82	21	2.0
94	6	0.6
102	16	1.5
114	24	2.3
123	16	1.5
132	20	1.9
143	22	2.1
153	38	3.6
161	29	2.8
172	10	1.0
183	16	1.5
192	12	1.1
203	9	0.9
211	15	1.4
224	17	1.6
234	14	1.3
245	40	3.8
252	58	5.5
262	38	3.6
273	24	2.3
282	32	3.0
293	37	3.5
303	41	3.9
313	39	3.7
323	69	6.6
333	74	7.0
342	98	9.3
353	55	5.2

倾角(°)	条数	占比(%)
0–10	21	2
10–20	56	5.3
20–30	48	4.6
30–40	51	4.9
40–50	33	3.1
50–60	77	7.3
60–70	194	18.5
70–80	317	30.2
80–90	253	24.1

图 15-30　北坡裂隙统计图

15.3.3 岩体抗剪强度指标的综合研究

合理地确定岩体抗剪强度是正确进行边坡稳定分析的关键。由于边坡岩体是一个十分复杂的地质体，目前还不可能依据现成的一套成熟的方法予以确定。本工作主要通过以下途径研究抗剪强度指标的取值和敏感性问题。

（1）综合设计参数

自三峡工程开始规划以来，曾开展过全面深入的岩石力学参数的试验研究工作，设计部门根据以往工作成果综合研究后确定的船闸边坡抗剪强度参数如表 15-21 所示。

三峡船闸高边坡设计大纲提出的抗剪强度参数　　表 15-21

材料号	材料名		重度（$\times 9.8kN/m^3$）	f'（$\tan\varphi$）	φ（°）	黏聚力 c（MPa）
1	花岗岩	全风化	2.50	0.70	35.00	0.05
2		强风化	2.65	1.00	45.00	0.20
3		弱风化	2.68	1.30	52.40	0.50
4		微风化	2.70	1.80	60.90	1.50
5	片岩	微风化	2.68	0.70	35.00	0.15

（2）使用 Hoek-Brown 经验公式

三峡水利枢纽永久船闸岩体进行了 RMR 岩体质量评分（表 15-22），在此基础上，据 Hoek-Brown 确定岩体综合抗剪强度的方法，确定了岩体综合抗剪强度。为保持叙述的连贯性，在此列出根据 RMR 数值获得的抗剪强度指标，如表 15-22 所示。

根据 RMR 和 Hoek-Brown 确定的岩体强度参数　　表 15-22

岩性	风化程度（m）		RMR	σ_c（MPa）	f	φ（°）	c（kPa）
花岗岩	弱风化	25	57	50	0.883	41.4	60.01
花岗岩	微风化	25	77	100	1.582	57.7	199.5
片岩	微风化	17	57	50	0.772	37.7	57.8

15.3.4 稳定分析的工况和计算成果

（1）计算工况

计算断面取 16—16 剖面和 20—20 剖面。20—20 剖面的直立墙部分通过片岩捕虏体，16-16 剖面为开挖高度最大的典型的闪长花岗岩段。此两剖面如图 15-27 所示。

稳定复核按以下几个情况进行：

①每一个断面都复核以下几个部位的稳定安全系数：整体，直立墙有锚索，直立墙无锚索，直立墙以上部分，高程 161.8m 大平台以上部分。预应力锚索加直立墙部分，按每米 2 000kN计，水平布置。

②每一个计算断面均考虑边坡内无浸润线和浸润线略高出排水洞两种情况。同时复核直立墙部分排水全部失效的情况，此时，直立墙内全部充水，孔隙水压力按等势线铅直假定确定。

③每个计算工况都考虑使用设计参数（表 15-21）和 Hoek-Brown 准则参数（表 15-22）两种情况。

④对直立墙部分和整体的稳定，还进行了 Morgenstern-Price 法的分析。

（2）稳定分析成果

①16—16 和 20—20 两个剖面的整体、直立墙有锚索、直立墙无锚索、直立墙以上部分、高程 161.8m 大平台以上部分的稳定安全系数如表 15-23、表 15-24 所示，相应的临界滑裂面如图 15-31 和图 15-32 所示。从表 15-23 及表 15-24 可知在 16—16 剖面闪云斜长花岗岩地区开挖的边坡，各种工况安全系数大于 4；在 20—20 剖面片岩出露区，安全系数大于 2.0。但是，假定在直立墙开挖面上出现随机的缓倾角断层，则整体滑动安全系数在两个剖面均降低到 1.4 左右，但缓倾角断层不控制直立墙部分的稳定。

②应用 Hock-Brown 公式确定的强度指标（表 15-22）对上述全部工况进行了复核，计算成果也列于表 15-23、表 15-24，可见和使用设计大纲的指标获得的成果大体接近。

三峡船闸 20—20 剖面边坡稳定分析成果 表 15-23

编号	工　况	计算部位	锚索	按设计大纲	按 Hoek-Brown
1	无浸润线	直立墙部分	无	2.009	1.895
2			有	2.240	2.058
3		直立墙以上部分		6.429	7.166
4		宽平台以上部分		7.814	8.809
5		整体		3.255	3.523
6	加浸润线	直立墙部分	无	2.011	1.895
7			有	2.251	2.058
8		直立墙以上部分		6.073	6.848
9		宽平台以上部分		7.900	8.738
10		整体		2.936	2.308
11	浸润线加断层	直立墙部分	无	2.510	2.119
12			有	2.011	1.949
13		整体		1.685	1.415
14	排水全部失效	直立墙部分	无	0.682	
15			有	0.875	

三峡船闸 16—16 剖面边坡稳定分析成果 表 15-24

编号	工　况	计算部位	锚索	按设计大纲	按 Hoek-Brown
1	无浸润线	直立墙部分	无	5.776	6.943
2			有	6.413	7.598
3		直立墙以上部分		6.822	7.877
4		宽平台以上部分		7.428	8.118
5		整体		4.963	5.549
6	加浸润线	直立墙部分	无	5.761	6.493
7			有	6.290	7.640
8		直立墙以上部分		6.447	7.319
9		宽平台以上部分		7.443	8.120
10		整体		4.511	5.129
11	浸润线加断层	直立墙部分	无	5.555	6.943
12			有	6.438	7.640
13		整体		1.457	1.744
14	排水全部失效	直立墙部分	无	4.330	
15			有	4.845	

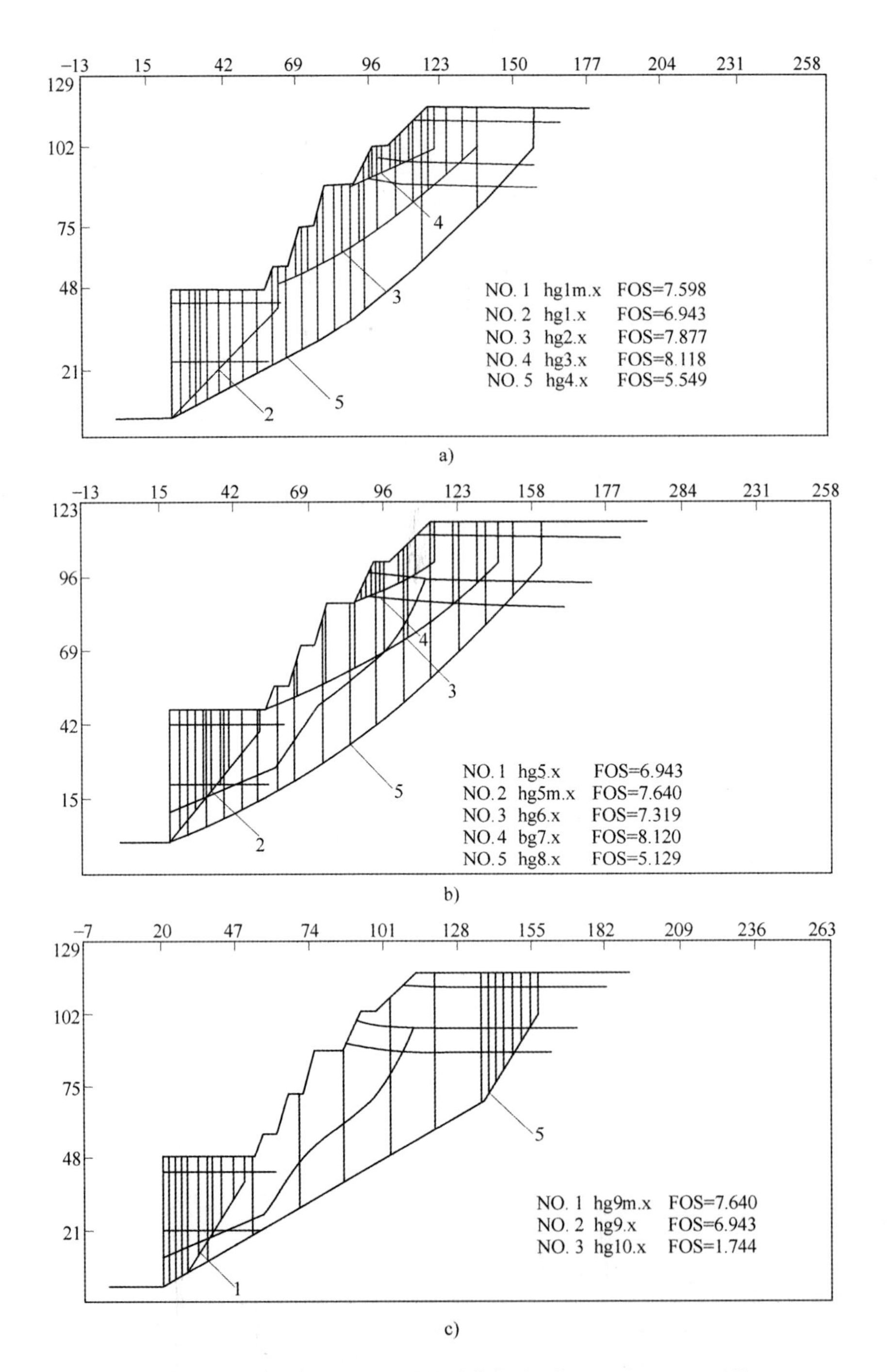

图 15-31 极限平衡法 16—16 剖面计算成果，使用 Hoek-Brown 系数

（3）主要研究结论

根据分析计算成果，可以对三峡船闸边坡的稳定问题得出如下结论：

①对船闸高边坡的整体和局部稳定，采用 Sarma 法，应用设计大纲规定的岩体抗剪强度指标进行分析、计算。计算结果表明，在闪云斜长花岗岩地区开挖的边坡，各种工况安全系数大于 4。在片岩出露区，安全系数大于 2.0。

②假定在直立墙开挖面上出现随机的缓倾角断层，则整体滑动安全系数会有大幅度的降

低，如断层规模较大（长度达 40m 左右），则安全系数可能降低到 1.4 左右。因此，建议在开挖过程中，密切注意缓倾角断层的出现频率和规模，在片岩出露区，定量地确定缓倾角片理的产状和出现的规模，是评价边坡稳定、确定合理的边坡加固方式的主要依据。

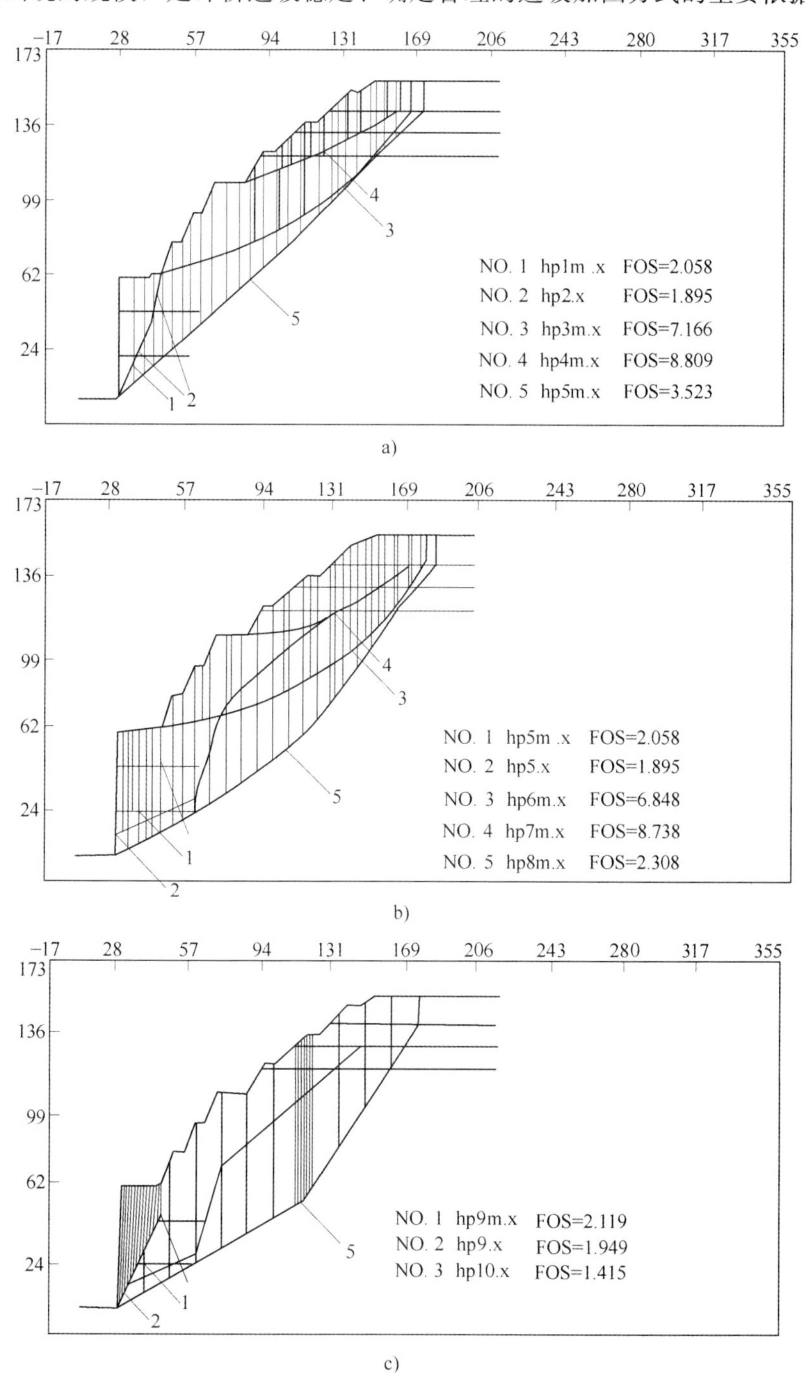

图 15-32　极限平衡法 20—20 剖面计算成果，使用 Hoek-Brown 系数

③应用 Hoek-Brown 建议的经验公式确定强度指标，对全部工况使用这套指标进行了复核，发现计算成果和使用设计大纲的指标获得的成果十分接近。

④为了进一步探讨不同计算方法对计算结果的影响，对整体和直立墙部分，同时应用

Morgenstern-Price 法进行复核，计算成果和 Sarma 法接近，说明稳定分析的各种极限平衡方法对计算结果影响不大。

⑤预应力锚索仅对直立墙部分的稳定具有加固作用，但其对安全系数的提高是有限的，边坡的稳定主要依靠其岩体本身的抗剪强度。

15.3.5 变形和应力分析

在三峡船闸设计施工阶段，各大专院校、科研单位围绕船闸的应力、变形和稳定问题，进行了较全面的分析。以下简要介绍有关成果。

(1) 有限元方法

有限元方法是分析连续介质应力和变形的常用手段，鉴于水工和岩土工程结构常有开挖、填筑及衬砌的区域动态变化过程，模块被设计成可分别按“逆序法”或“重编号法”进行动态区域模拟的功能。前者要求把动态区域的单元及节点按施工顺序依次排列于后，后者则要求把动态区域的单元及节点附以施工时步指标。

对于岩体中的节理、断层等不连续面，模块被设计成可分别按有厚度的“夹层单元”或无厚度的“节理单元”进行不连续面模拟的功能。

武汉大学陈胜宏等应用自己编制的自适应有限元方法软件对三峡工程船闸第二闸室边坡的开挖施工过程进行了模拟计算，计算剖面如图 15-33 所示。施工过程按六步模拟，其第一步和第六步的优化网格如图 15-34 和图 15-35 所示。

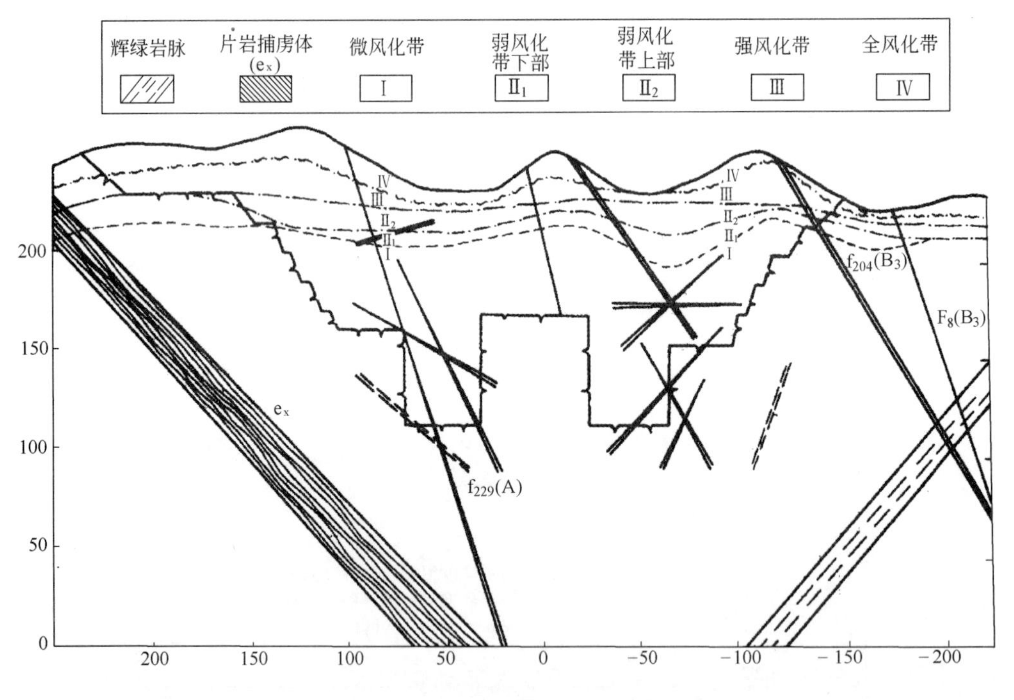

图 15-33 自适应有限元方法计算剖面

根据计算结果可知开挖完成后，北坡顶中的最大位移为 2.7cm；北闸室边墙最大位移 2.66cm；南闸室边墙最大位移 2.24cm。随开挖的进行，普遍产生应力松弛现象，但在开挖底部，则有应力集中，且随开挖的进行，应力集中部位下移，集中程度也加重，在第六步开挖完成后，最大主压应力为 15.9MPa。

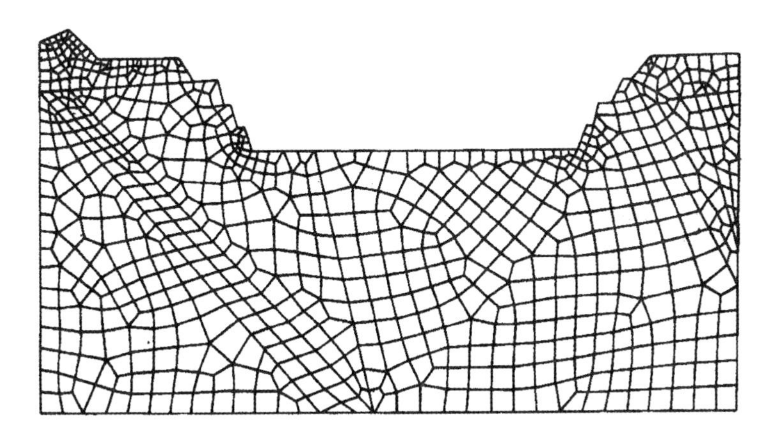

图 15-34　第一步开挖优化网格

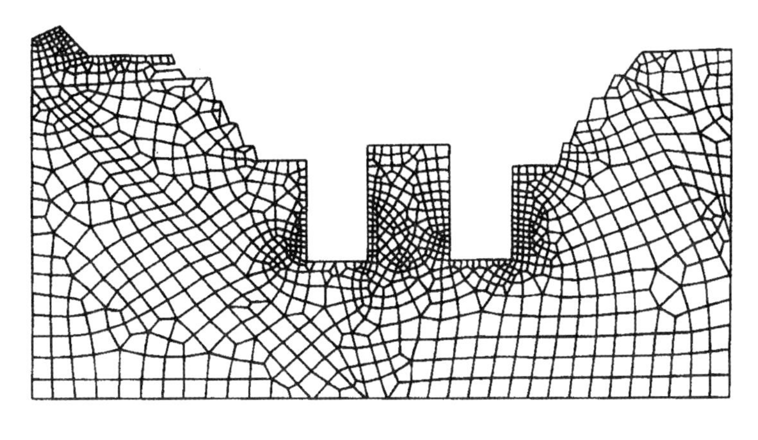

图 15-35　第六步开挖优化网格

（2）离散单元（DEM）方法

离散元方法可对由不同岩块组成的岩体进行应力、应变的分析计算。各不同岩块之间通过接触点的耦合而互相连接在一起。离散单元法的一个突出功能是在反映岩块之间接触面的位移、分离和倾翻等大位移的同时，又能计算岩块内部的变形与应力分布。离散元方法的计算步骤为：①依据对现场结构面观测数据的统计资料，将岩体离散化；②假定各岩块之间仅通过接触点/边/面作用，确定各岩块之间的相互作用关系及作用力和位移。

清华大学金锋、崔玉柱以三峡船闸施工开挖区 15—15 剖面南坡为例，分析计算了一些控制点的位移时程，并与实测结果进行了比较。计算断面及控制点如图 15-36 所示，控制点编号及主要开挖高程如图 15-37 所示。计算结果如图 15-38～图 15-40 所示。分析计算结果表明，南坡和北坡的最大水平位移分别为 225mm 和 240mm。

（3）数值微分（DDA）方法

DDA 是基于岩体介质非连续性发展起来的一种数值方法，其基本思想是：以自然存在的节理面（断层）切割岩体形成不同的块体单元，以各个块体的位移为基本未知量，通过块体之间的接触形成块体系统。DDA 方法可以模拟出岩石块体的移动、转动、张开、闭和等全部过程。据此，可以判定出岩体的破坏程度、破坏范围，从而对岩体的整体和局部的稳定性做出正确的评价。它解决了岩体的大变形和大位移问题。DDA 以位移作基本未知量，按结构矩阵分析的方式求解平衡方程。

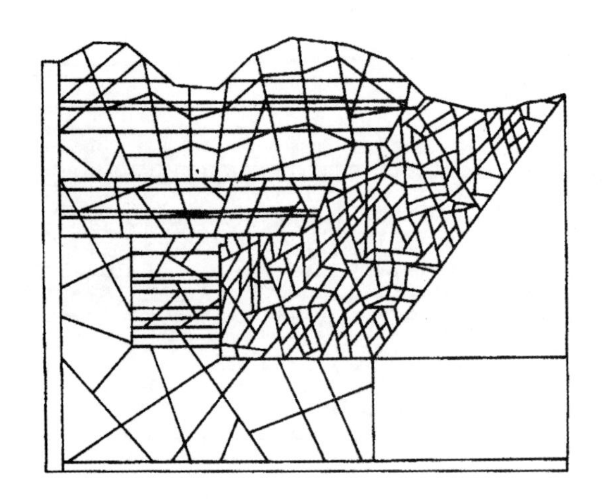

图 15-36　DEM 法三峡船闸南坡计算断面网络

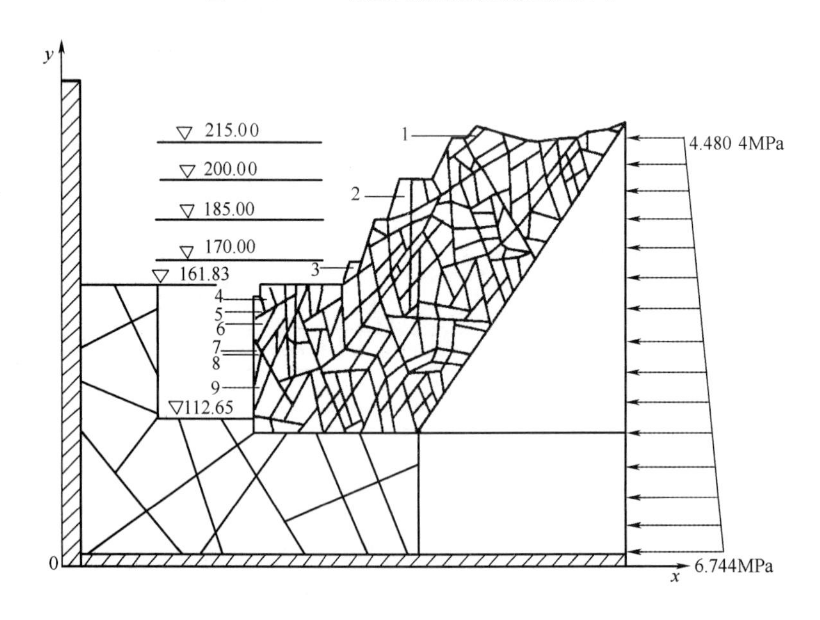

图 15-37　DEM 法计算控制点编号及主要开挖高程（高程单位：m）

王如玉、孙均使用 DDA 法，将 20—20 剖面块体编号（图 15-41），计算获得的主应力分布如图 15-42 所示，计算获得的左、右两侧边坡最大位移为 40mm。

（4）FLAC 方法

FLAC 方法是建立在有限变形理论基础上的一种数值模拟方法。该法将拉格朗日法移植到固体力学中，把所研究的区域划分成网格，其节点就相当于流体质点，然后按时步用拉格朗日法来研究网格节点的运动，并按时步的动力松弛进行求解，介质特点由向量元 x_i、u_i、v_i 及 dv/dt 来定义，它们分别代表质点的空间位置、变形、运动速度和加速度。同有限元方法相比，FLAC 方法具有如下特点：

①采用了混合离散法使塑性破坏和塑性流动得到正确的体现。

②对静态系统模型也可采用动态方程进行求解。

③采用了显示解析法，由于不需要建立刚度矩阵，因此只需少量的内存便可建立由大量元构成的模型；所需的计算时间减小。

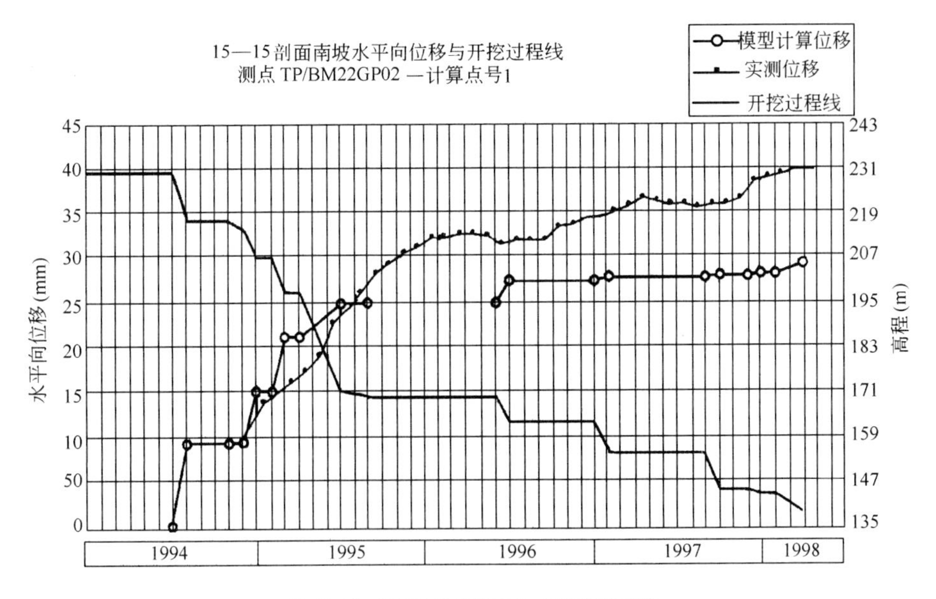

图 15-38　DEM 法南坡 1 号点位移过程线

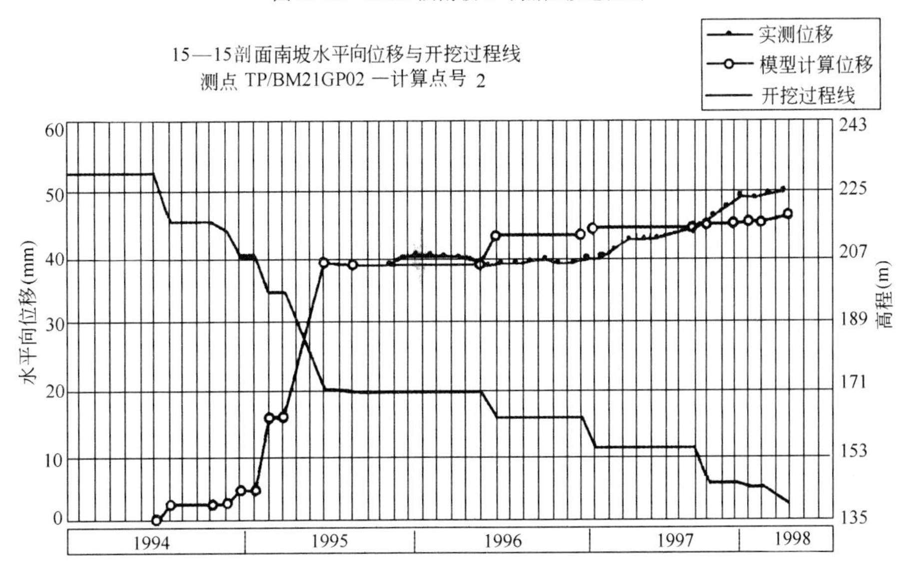

图 15-39　DEM 法南坡 2 号点位移过程线

日本九州大学蒋宇静，张晓岳应用 FLAC 方法模拟了三峡船闸的开挖过程，计算模型如图 15-43 所示，模拟结果如图 15-44 所示。各步开挖后，临界方向的位移为 12.5～15.4mm。

（5）数值流形元（NMM）方法

对于岩石高边坡的分析可以采用连续体的方法，也可以采用非连续体的方法，数值流形元法是 DDA 方法和有限元方法的统一形式，该法以流形分析中的有限覆盖技术为基础，统一解决了连续与非连续变形的力学问题。NMM 中的网格就是数学覆盖，这些数学覆盖相互重叠并且覆盖了整个计算区域，在每个数学覆盖上定义互相独立的位移近似函数。这些数学覆盖被物理边界切割而形成物理覆盖，物理覆盖的重叠区域即形成单元。然后将这些覆盖上的位移函数结合起来形成计算区域上的全域位移近似函数，在每个单元上的近似函数就是形成此单元的若干个互相重叠的覆盖上的近似函数的加权平均，然后利用最小位能原理形成整体平衡方程。

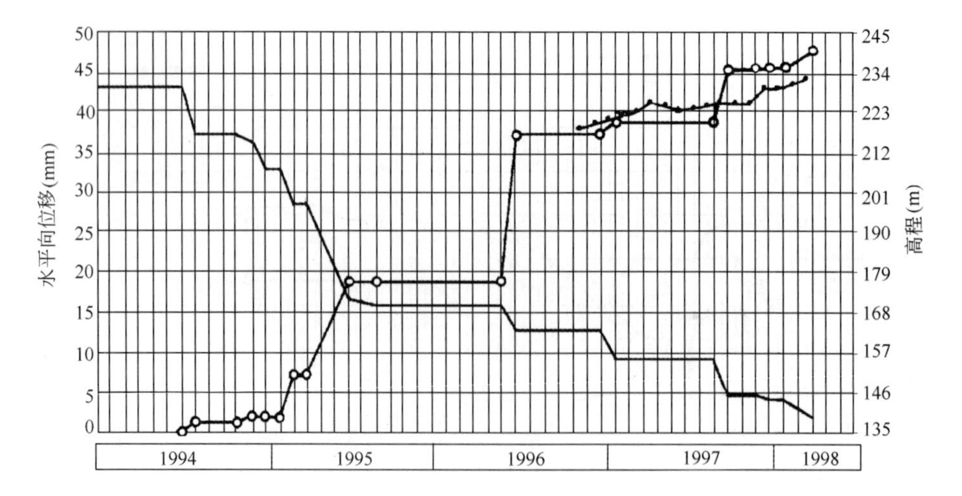

图 15-40　DEM 法南坡 3 号点位移过程线

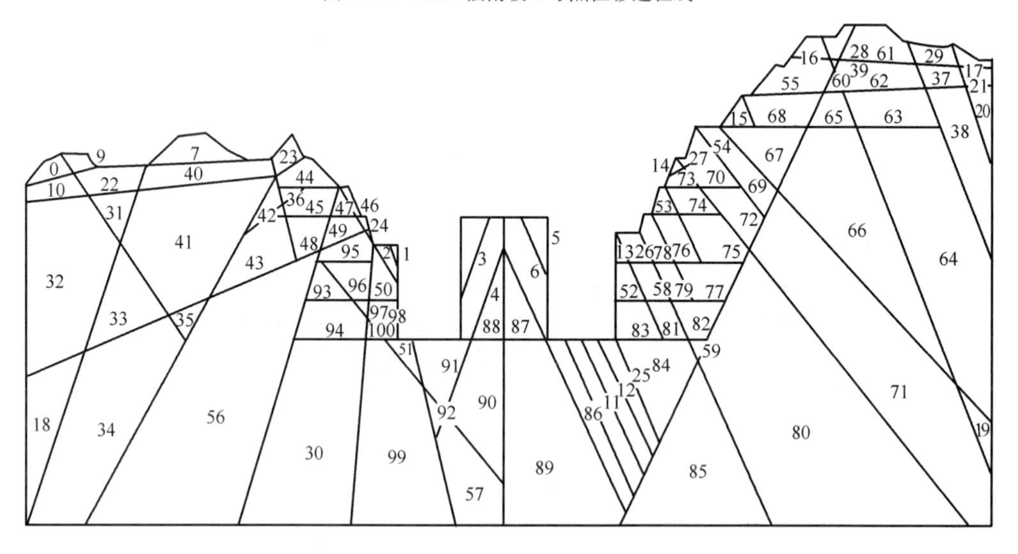

图 15-41　DDA 法块体系统编号

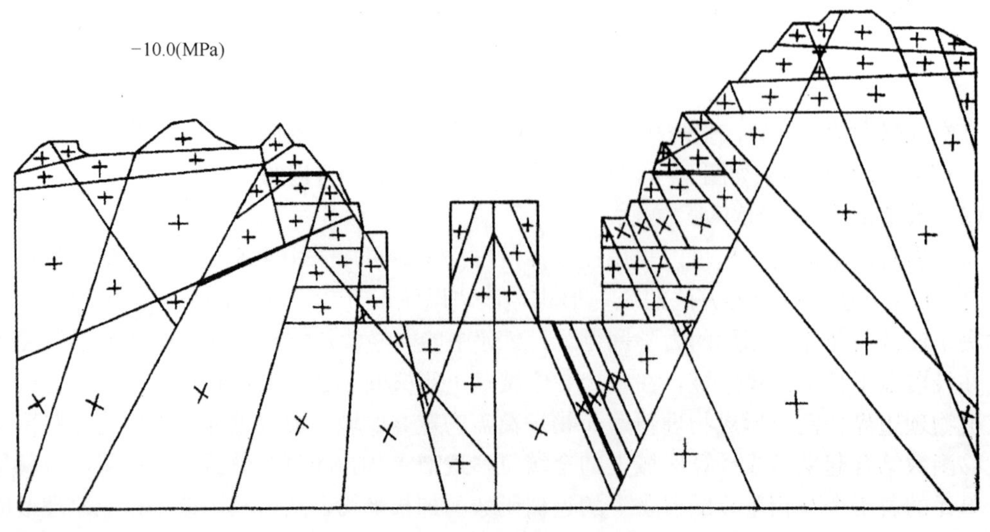

图 15-42　DDA 法主应力分布与主应力主方向

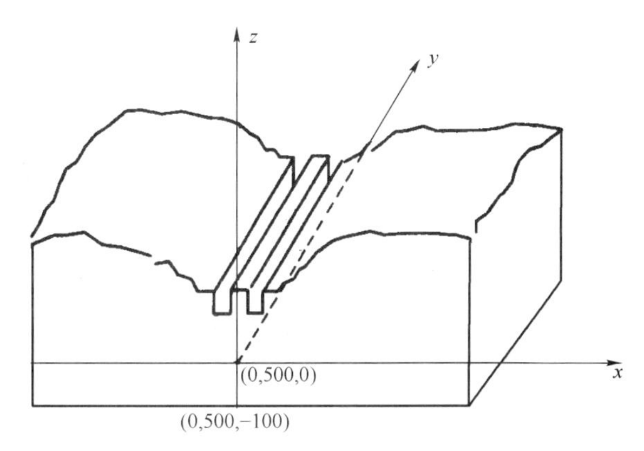

图 15-43　使用 FLAC 计算模型和坐标系选取示意图

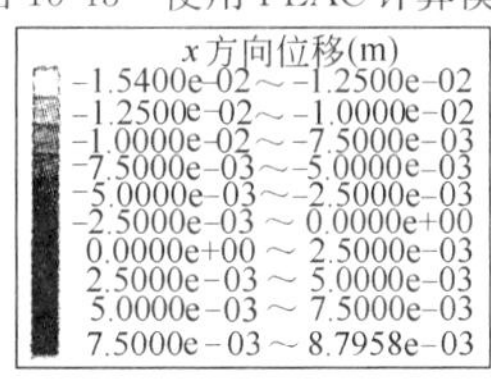

a)

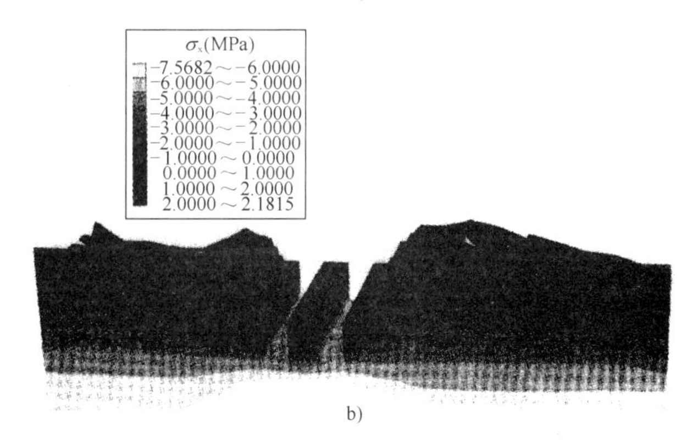

b)

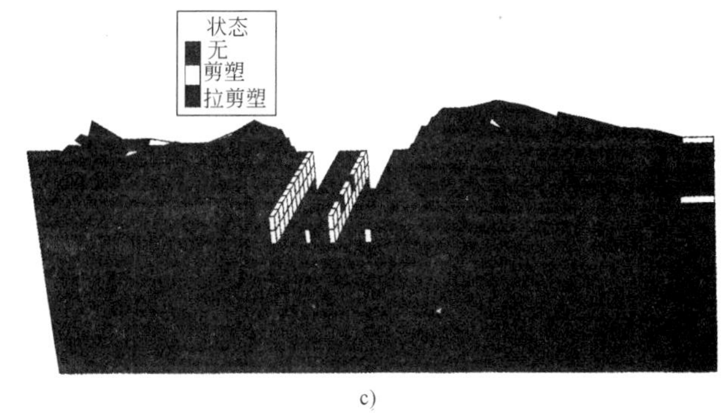

c)

图　15-44

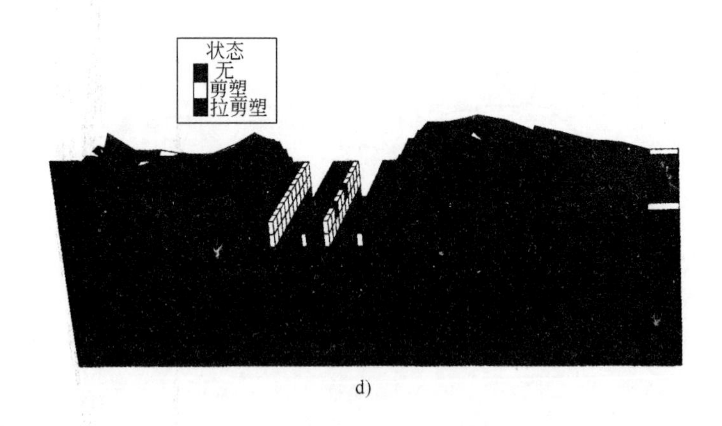

d)

图 15-44　FLAC 第六步开挖完成后的位移和应力

a)x 方向的位移等值线图；b)σ_x 应力等值线图；c)塑性区分布；d)进行支护的塑性区分布

强天池、肖洪天采用数值流形元法分析三峡船闸高边坡的稳定，得出了其变形和稳定规律，其计算断面和结果如图 15-45～图 15-47 所示。图 15-48 显示了加载后船闸的变形和破坏模式。

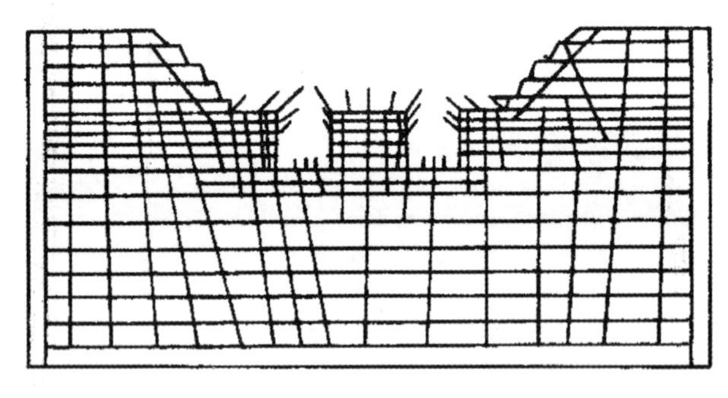

图 15-45　流形元法计算断面

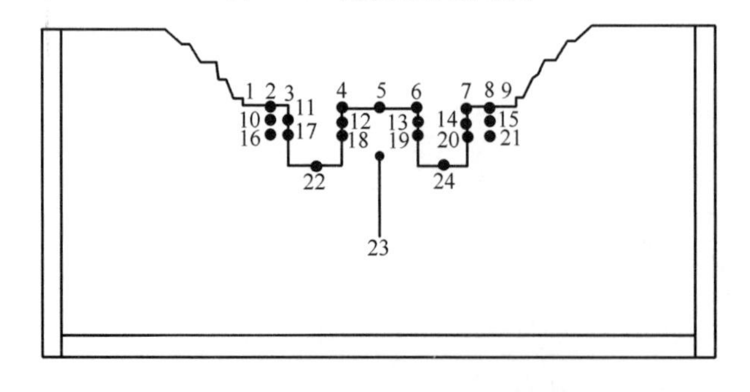

图 15-46　流形元法位移控制点的位置

(6) 界面元方法

本法首先由河海大学卓家寿教授提出。是一个基于累积单元变形于界面的界面应力元模型，适用于分析不连续、非均匀、各向异性和各类非线性问题、场问题。此法是能够完全模拟各类锚件复杂空间布局和开挖扰动界面的理论和方法，为复杂岩体的仿真计算提供了一种新的有效方法。开发者基于力学原理，建立了评判岩体稳定性的干扰能量准则、判据与干扰能量法，成功地解决了岩体稳定性的客观判据、潜在滑面、危险滑向、稳定薄弱部位和最小抗滑稳定安全系数等问题。

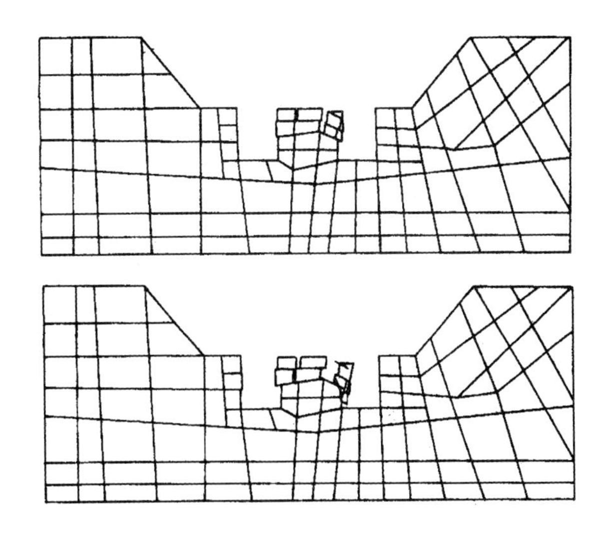

图 15-47　流形元法三峡船闸崩解图

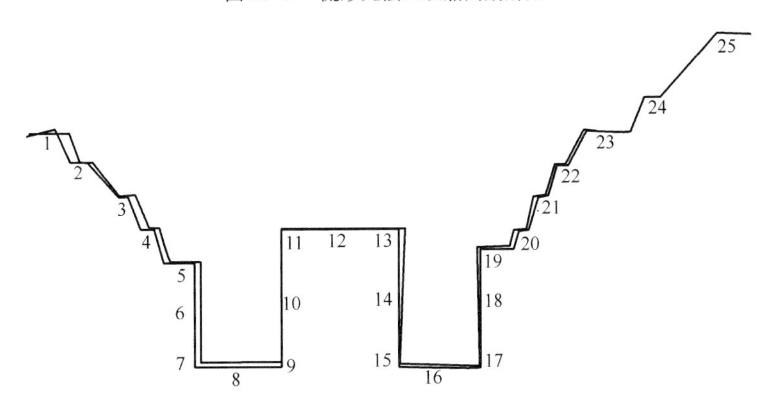

图 15-48　流形元法开挖边界上变形图

卓家寿和章青使用界面元进行了三峡船闸高边坡的稳定性分析。图 15-49 为水平向和垂直向位移的等值线图和大、小主应力的等值线图。图 15-50 为干扰能量法等值线。

15.3.6　监测反馈

永久船闸南、北高边坡在山体开挖过程中对边坡和建筑物变形、应力和渗流开展了系统和全面的监测工作。有关渗流观测的成果已在前面做了详细介绍。这里介绍高边坡变形观测的成果。

在永久船闸一期北坡马道上，共布置水平、垂直位移监测点 18 个点，大多分布在 230 马道（4 点）、200 马道（5 点）和 170 马道（6 点）上。1995 年 6 月至 1996 年 11 月，陆续取得基准值。南坡马道共布置水平、垂直位移监测点 30 个，大部分在 230 马道（5 点）、200 马道（9 点）和 170 马道（9 点）上。1994 年 12 月至 1996 年 8 月，陆续取得基准值。

边坡变形的一般规律表现为向闸室临空面方向位移。自 1999 年 4 月后，位移速率逐年减小。截止到 2003 年 9 月，北坡最大位移发生于二闸室，为 31.22mm（桩号 15＋494，160）；南坡最大位移也发生于二闸室，为 41.88mm（桩号 15＋496，168）。

部分监测成果如图 15-51～图 15-58 所示。

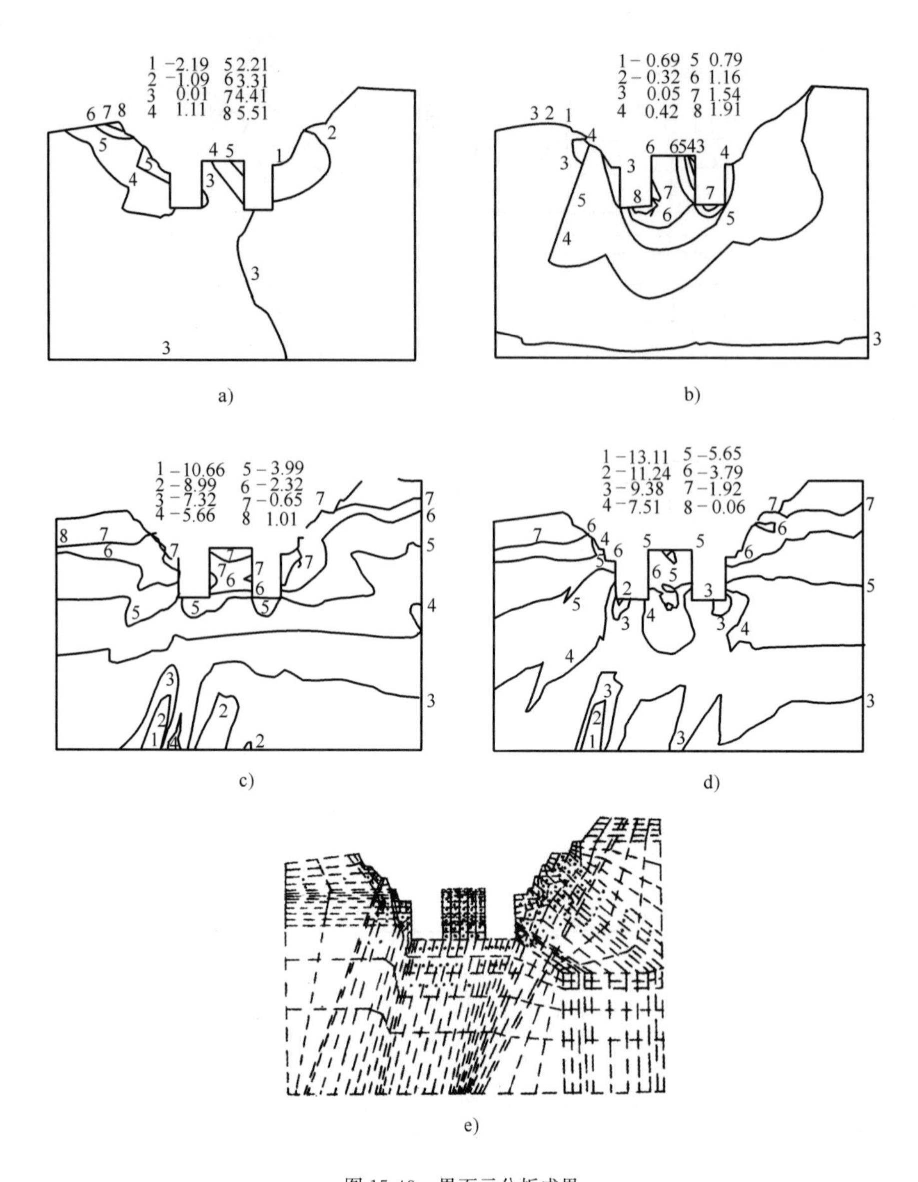

图 15-49 界面元分析成果

a)水平和位移等值线;b)铅垂向位移等值线;c)最大主应力等值线;d)最小主应力等值线;e)塑性区分布

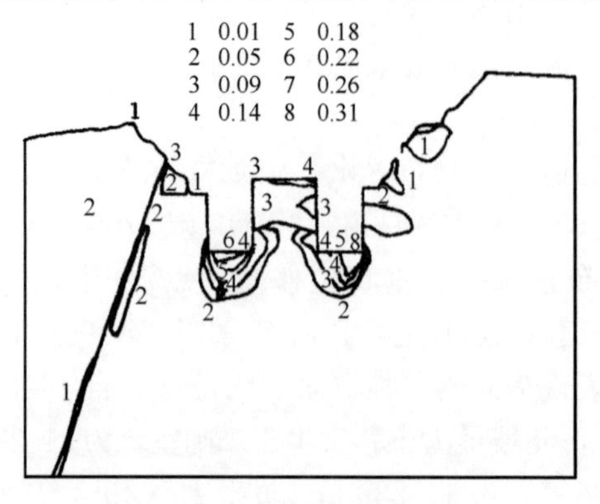

图 15-50 干扰能量法等值线

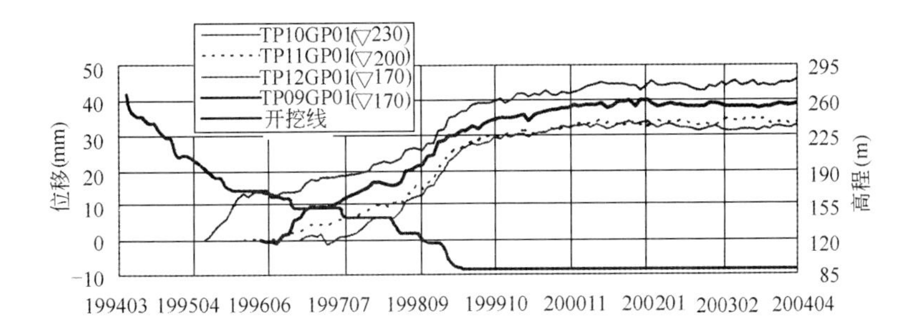

图 15-51　永久船闸北坡 17—17 剖面向闸室方向变形过程线

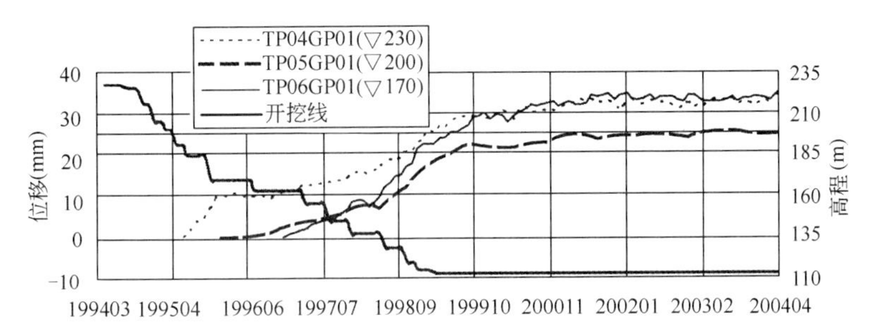

图 15-52　永久船闸北坡 15—15 剖面向闸室方向变形过程线

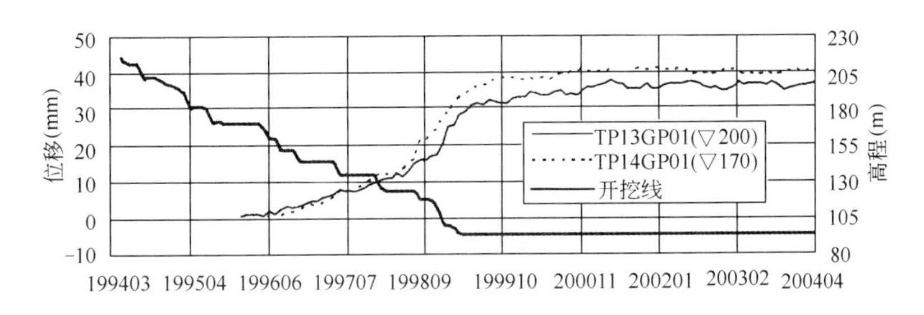

图 15-53　永久船闸北坡 20—20 剖面向闸室方向变形过程线

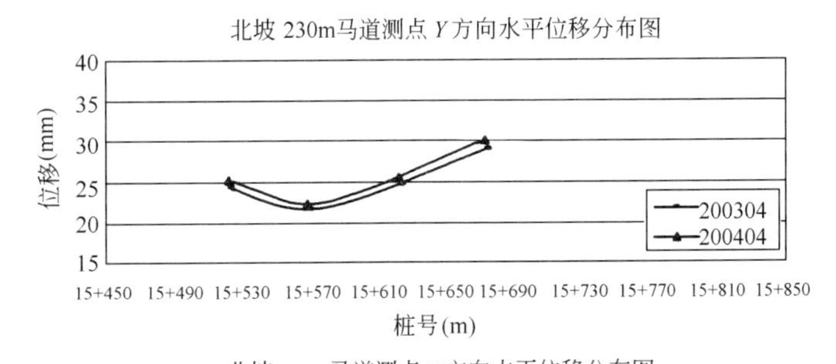

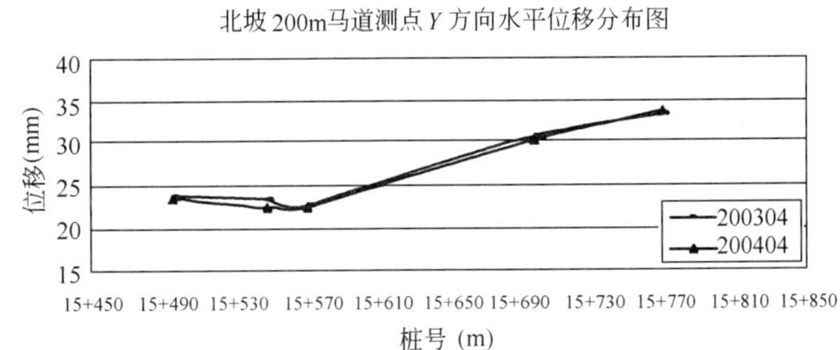

图　15-54

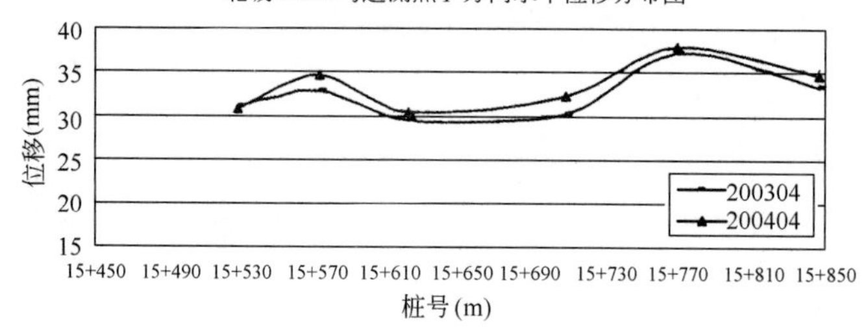

图 15-54　北坡各层马道水平位移分布图

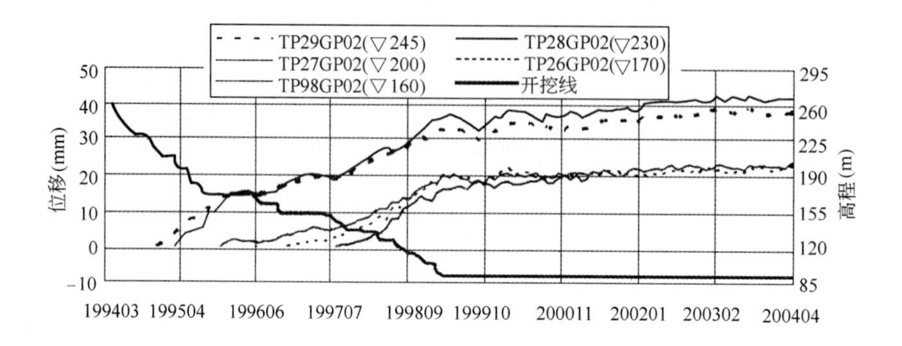

图 15-55　永久船闸南坡 17—17 剖面向闸室方向变形过程线

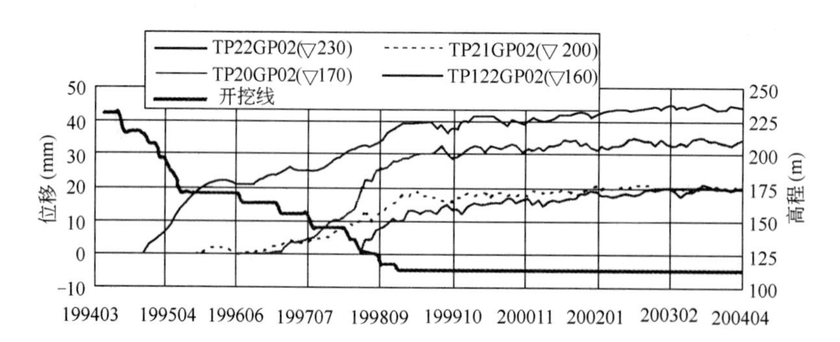

图 15-56　永久船闸南坡 15—15 剖面向闸室方向变形过程线

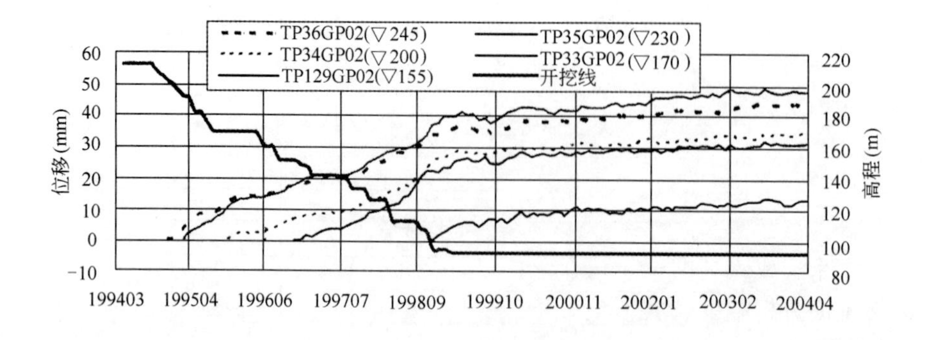

图 15-57　永久船闸南坡 20—20 剖面向闸室方向变形过程线

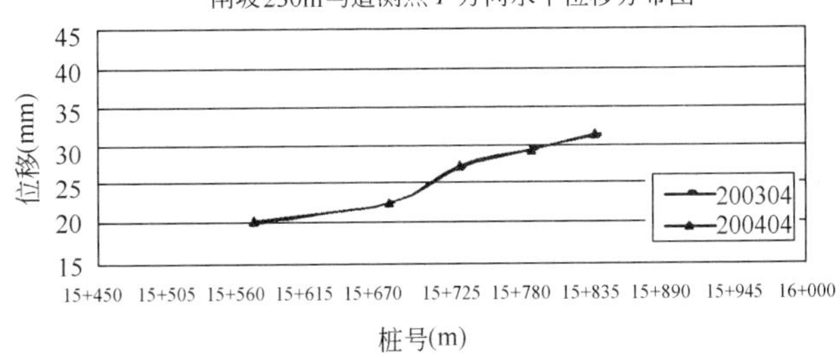

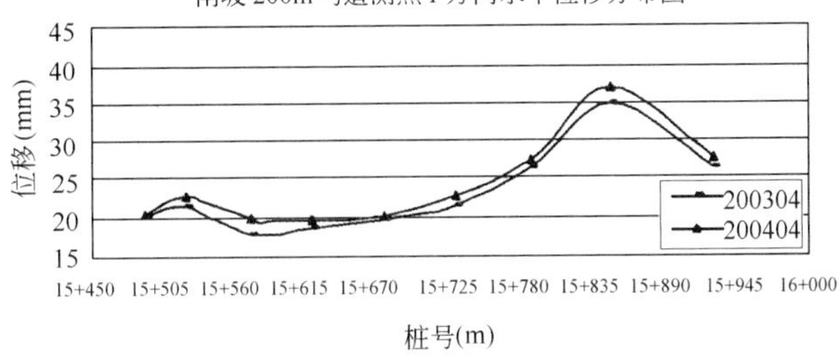

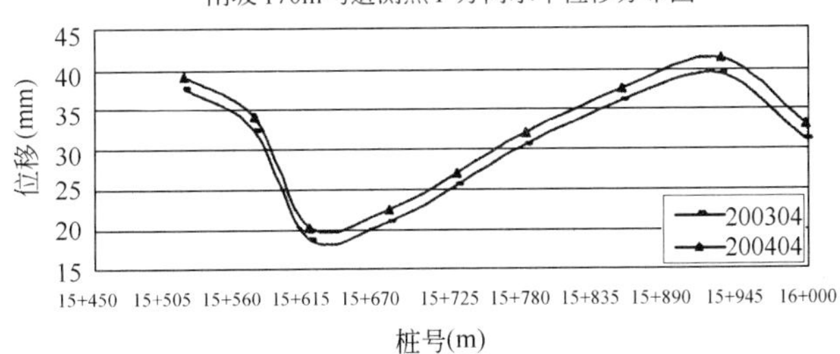

图 15-58　南坡各层马道水平位移分布图

15.4　漫湾水电站左岸滑坡

15.4.1　概述

漫湾水电站为我国“七五”期间在云南省澜沧江上修建的一座大型水电站。电站装机容量 150 万千瓦。混凝土重力坝最大坝高 132m。1989 年 1 月 7 日下午 6 时 56 分，大坝左岸缆机平台下正在开挖的边坡突然失稳，发生规模较大的滑坡。图 15-59 和图 15-60 分别是左岸滑坡前后的地貌。滑坡发生于桩号坝横 0＋10～0＋130、高程 1 024～912m 地段，总计方量为 10.6 万 m^3。本节主要根据《漫湾水电站左岸滑坡工程实录》编写而成。

此事故幸未造成人员伤亡，但导致重大经济损失。本节介绍这次滑坡产生的地质背景、塌滑机理、反演分析结果以及滑坡发生后的加固处理措施。

15.4.2　左岸山体地质概况

左岸山体岩性主要为中三叠统忙怀组第二段流纹岩、流纹质火山碎屑岩。新鲜岩石致密坚硬，无原生软弱夹层。但由于后期热液、动力、风化和水的作用，岩石的黏土化（高岭土化）明显，高岭土的主要分布形式有：呈星云状或星散状分布在岩石的内部；呈脉状、薄膜状或网络状充填于节理裂缝中，这对结构面的抗剪强度影响较大。

图 15-59　1989 年 1 月 7 日滑坡发生前的左岸地貌

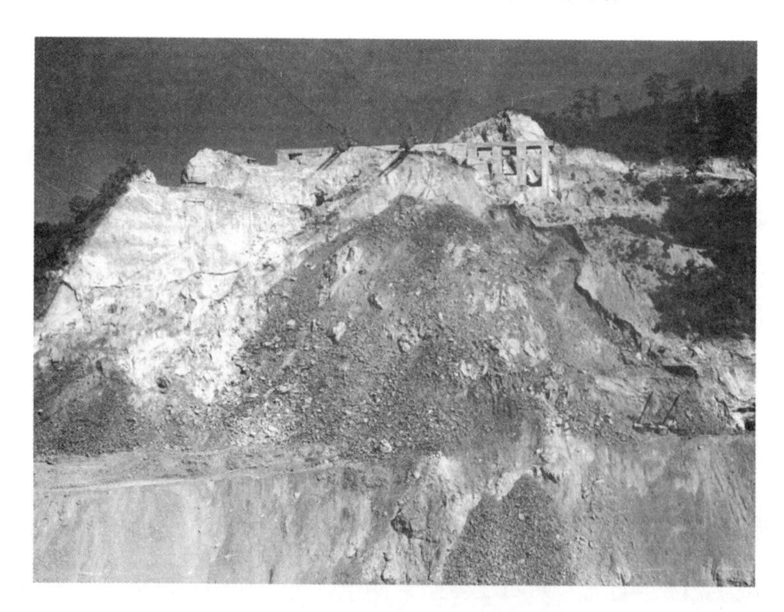

图 15-60　滑坡发生后的左岸地貌

左岸山体岩石变形以岩坡破碎岩石为主，构造比较发育。较大的断层有 F_{307}、F_{301}、F_{341}、F_{342}等。在 F_{301}、F_{307}以东地段，次一级断裂构造发育，断层密集且宽度较大，岩体破碎，高岭土化蚀变作用显著，风化较深，卸荷作用强烈，水文地质条件复杂。山坡变形以松弛变形为主，并伴有少量的小范围的土滑或岩滑现象。在上游有松 1 岩体存在，厚 50～80m，方量 300～400m^3。在下游，有松 2 岩体存在，方量近百万立方米。因此，在 F_{301}、F_{307}以东地段，工程地质条件差，没有布置水工建筑物（图 15-61）。在左侧坝区开挖区存在的主要断层见表 15-25。左岸坝区开挖期支护工程平面图见图 15-62。

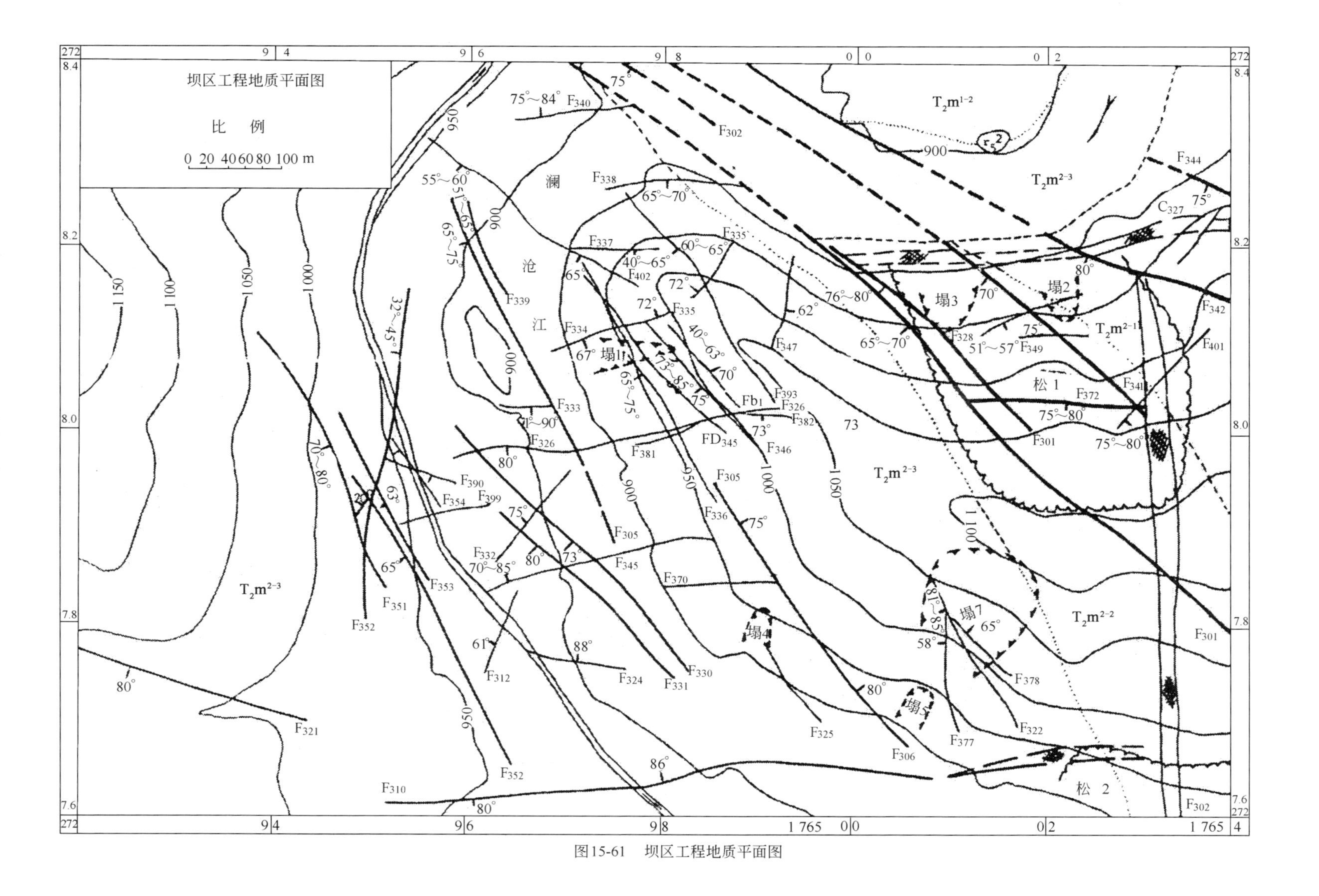

图15-61 坝区工程地质平面图

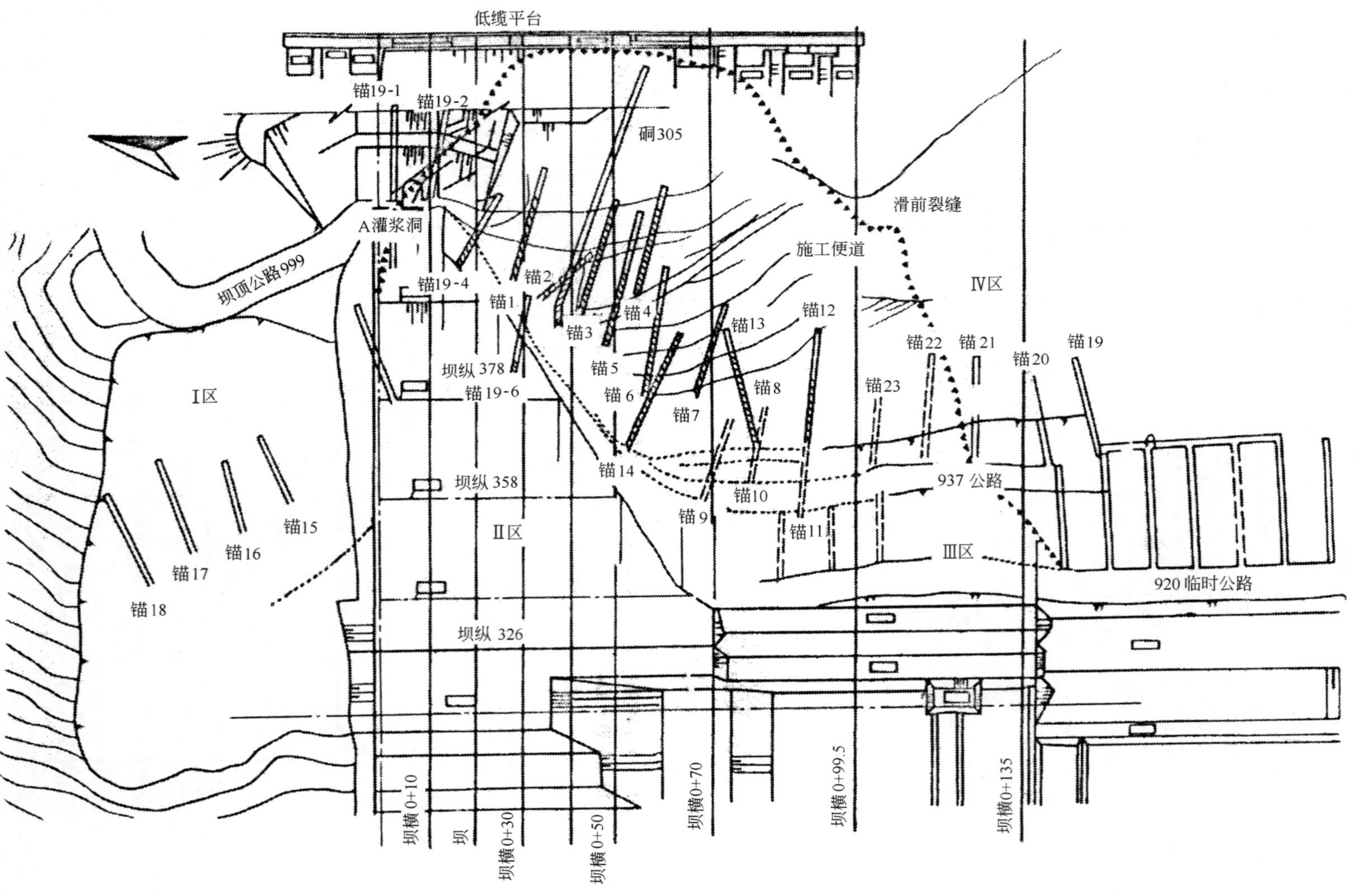

图15-62 左岸坝区开挖、支护工程平面图

左岸工程区和开挖边坡范围内的主要断层　　表 15-25

编号	产　状	宽度（cm）	级别	构造岩性状	工 程 部 位
F_{393}	N0°～20°W/ SW∠45°～65°	5～30	Ⅲ	碎块岩、少量角砾岩、糜棱岩、高岭土，胶结中等	坝基、缆机边坡
Fb_1	N35°～60°W/ NE∠55°～70°	30～40	Ⅲ	以 $Ⅱ_b$ 岩体、糜棱岩及数条挤压面组成的破碎带，并含少量角砾岩，胶结较差	坝基、缆机边坡
F_{346}	N10°～35°W/ SW∠70°～80°	10～80	Ⅲ	角砾岩、糜棱岩、碎块岩、断层泥组成，胶结差	坝基、缆机边坡
FD_{345}	N50°W/ NE∠73°～83°	2～35	Ⅲ	碎块岩组成，面上为片状岩，胶结中等	坝基、厂房边坡
F_{336}	N15°～40°W/ SW∠70°～85°	2～80	Ⅲ	角砾岩，碎裂岩组成，断层带风化呈土状，有次生黏土充填，胶结差	坝基、厂房边坡
F_{326}	近 EW/S∠70°～80°	10～100	Ⅲ	碎块岩，角砾岩组成，胶结好	厂房边坡
F_{381}	N75°～80°E/ SE∠76°～80°	80～100	Ⅲ	碎块岩，角砾岩组成，胶结差	厂房边坡
F_{306}	N25°～30°W/ NE∠73°～90°	100～200	Ⅱ	碎块岩，角砾岩为主，少量糜棱岩，胶结中等～好	水垫塘边坡“三洞出口”边坡
F_{370}	N85°W/NE∠90°	10～30	Ⅲ	碎块岩、角砾岩、糜棱岩组成，少量高岭土，胶结差	水垫塘边坡
F_{325}	N40°～45°W/ SW∠85°～90°	30～60	Ⅲ	碎块岩，角砾岩组成，胶结中等	“三洞出口”边坡
F_{345}	N70°～85°E/ NW∠70°～90°	30～70	Ⅲ	碎块岩，角砾岩组成，胶结差	水垫塘边坡
F_{334}	EW/S∠67°	20～50	Ⅲ	碎块岩，角砾岩组成，裂面呈锯齿状，胶结好	坝前边坡
F_{377}	N0°～30°W/ SW∠40°～58°	15～60	Ⅲ	碎块岩、角砾岩、糜棱岩组成，胶结中等，裂面上高岭土	2 号导流洞出口东侧边坡
F_{322}	N30°～35°W/ SW∠76°～85°	40～80	Ⅲ	角砾岩、糜棱岩、少量碎块岩、组成、裂面上有厚 0.5～1.5cm 的片状岩、高岭土，胶结差	2 号导流洞出口东侧边坡

F_{301} 以西地段，为走向 N40°W～S40°E 的狭长条形山脊，高与底宽比约为 1∶2。自然山坡角北侧为 50°～55°，西侧为 40°～45°，南侧为 35°～45°。主要断层有 F_{306}、F_{346}、F_{336}、FD_{345}、Fb_1、F_{393}、F_{347}、F_{322}、F_{377}、F_{378}、F_{326}、F_{381} 等。除 F_{393}、F_{377} 为中等倾角外，其余均为陡倾角断层，产状多为 N0～40°W/SW～NE∠70°～90°。风化以表层均匀风化为主。岸边卸荷作用强烈，自然山坡坡角基本与顺坡结构面倾角一致。山坡变形有平面形、楔形体形失稳、崩塌和倾倒破坏几种形式，其中以平面形和楔形体失稳为主。较大的平面形失稳有塌 1（左岸坝轴线附近），滑面产状 N35°W/SW∠49°，分布于高程 900～990m，上、下游宽 20～30m，厚 2～6m，方量近万立方米，在勘测期间及施工过程中，因在坡脚附近开挖，切断了顺坡结构面，且临空，曾沿该组结构面产生多次塌滑。又如 1 号洞出口东侧边坡失稳，1989 年 1 月 7 日左岸边坡大范围失稳，均属平面形失稳。较大的楔形体失稳，有塌 7，由产状

为 N0°～10°W/SW∠40°～45°（F_{377}）与 NE/SE 的两组结构面组成，方量达数万立方米。

左岸山体三面临空，岸边卸荷作用强烈。地下水排水条件良好，且由于勘探平硐开挖，地下水被疏干，埋藏较深，因此开挖边坡主要为疏干了的边坡。在 F_{301}、F_{307} 以西地段布置有一条泄洪洞，两条导流洞和大坝及左岸泄槽，缆机平台等水工建筑物，其开挖边坡稳定性差。1989 年 9 月 19 日，在“三洞出口”左Ⅰ线公路以上发生了另一次滑坡。

15.4.3 左岸山坡地质结构

（1）节理

左岸山体中，节理极发育（图 15-63），其产状在不同地段稍有差别，但一般均有以下四组分布：

图 15-63 漫湾左岸顺坡向节理

①N15°～30°W/SW∠42°～52°（坝横 0＋135 以北地段有少量倾角为 35°；坝横 0＋135 以南，F_{306} 以西地段倾角以 35°为主），及其反倾向节理。

②N40°～60°W/SW∠50°～60°，并伴有反倾向节理。

③EW/S～N∠75°～85°。

④N50°～60°E/NW∠70°～75°。

其中①、②组节理发育程度大致相同，一般称它们为顺坡节理（针对左岸坝肩边坡而言，①、②组的反倾节理对山脊以北边坡来说也是顺坡节理），顺坡节理间距一般为 20～30cm，在强风化和弱风化上段岩体中，顺坡节理延伸较远，且相互连通，使岩体形成似层状构造。在弱风化的中、下段和微风化带内，延伸长度一般为 3～4m，少数仍可达十余米。曾对左岸强、弱风化地区的大量节理面的几何参数（倾向、倾角、间距、迹长）进行调查统计。图 15-64 是典型的节理面极点等密度图。顺坡向的那组节理面的平均间距在强、弱风化区分别为 22cm 和 64cm，根据这些统计参数，应用蒙特卡洛法生成的节理面网络如图 15-65、图 15-66 所示。在这些网络图基础上进行计算可知，其连通率在强风化区最高达 94％，在弱风化区也达到 83％。

（2）断层

左岸山坡构造发育，揭露的主要断层有：F_{306}、F_{393}、F_{346}、F_{336}、F_{326}、F_{381}、FD_{345}、Fb_1、F_{322}、F_{377} 等，具体情况见表 15-25。产状多为 N0～40°W/SW～N∠70°～90°，只有 F_{393}、F_{377} 为中等倾角。无论在平面上、剖面上均呈舒缓波状延伸。破碎带物质以碎块岩为主，断层泥薄而少见。

F_{393} 出露在左岸低缆基础外侧，产状为 N0°～20°W/SW∠42°～65°，破碎带宽 5～40cm，为潜在滑动面，对左岸缆机外侧开挖边坡稳定不利。

F_{346}、F_{336} 的倾向均大致平行于滑坡方向，对滑坡体起切割、分离作用，有可能 F_{336} 上盘岩体先滑动，继而触发整体滑坡。

F_{326}倾角陡，其走向基本上平行滑坡方向，成为滑坡体的切割面。

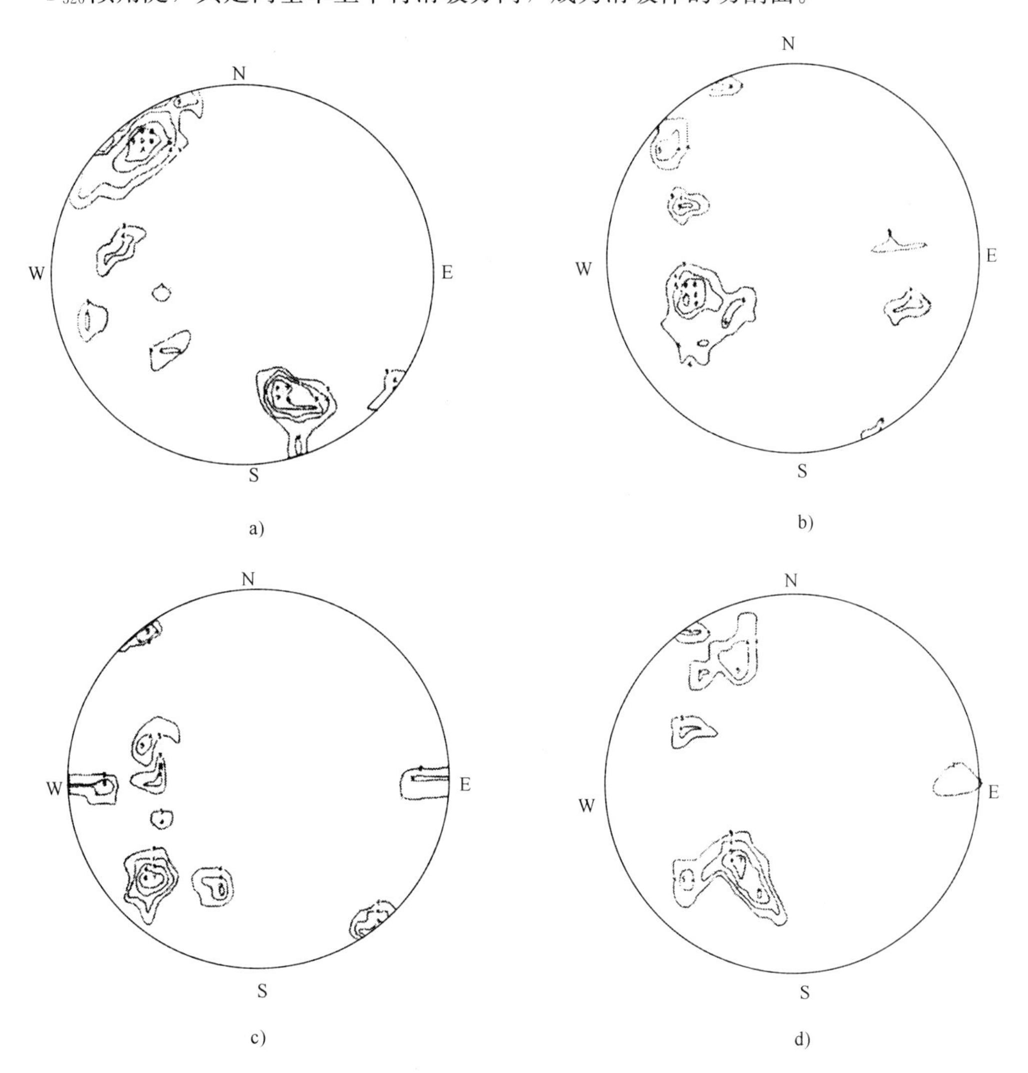

图 15-64 左岸主要节理组极点统计等密度图，上半球投影

a)左岸强风化区的极点等密度图，测线 4、5、14、15 统计的节理面，极点总数=324；b)"三洞出口"强风化的极点等密度图，测线 2、3、11、16 统计的节理面，极点数=294；c)左岸弱风化区的极点等密度图，测线 13、17、18 统计的节理面，极点总数=226；d)左岸弱风化区的极点等密度图，测线 9、10、19、13、17、18 统计的节理面，极点总数=414

F_{377}主要出露于 2 号导流洞东侧边坡以及泄洪洞出口高程 999m 以上的边坡，产状为 N0°～10°，W/SW∠45°，为"三洞出口"边坡失稳潜在的滑面，对边坡稳定极为不利。

其余断层走向大致与山坡平行或垂直，倾向坡里。倾角多为 70°，只能作为边坡失稳的后缘拉裂面或侧向切割面。

在主要断层的两侧，小断层（宽 5～20cm）、挤压面发育，它们的产状绝大多数为 N15°～30°W/SW∠35°～50°，对左岸坝肩，厂房边坡及泄槽边坡来说为顺坡结构面。据勘探平硐资料统计，它们的发育间距在弱风化和微风化区，一般为 8～11m，而在强风带中平均间距只有 3～4m（包括由此充填的顺坡卸荷裂缝）。

在发生的滑坡地带，上述主要断层位置除可参阅图 15-61 外，还可以从 0+50 地质剖面图（图 15-67）和 0+70 地质剖面图（图 15-68）中了解。

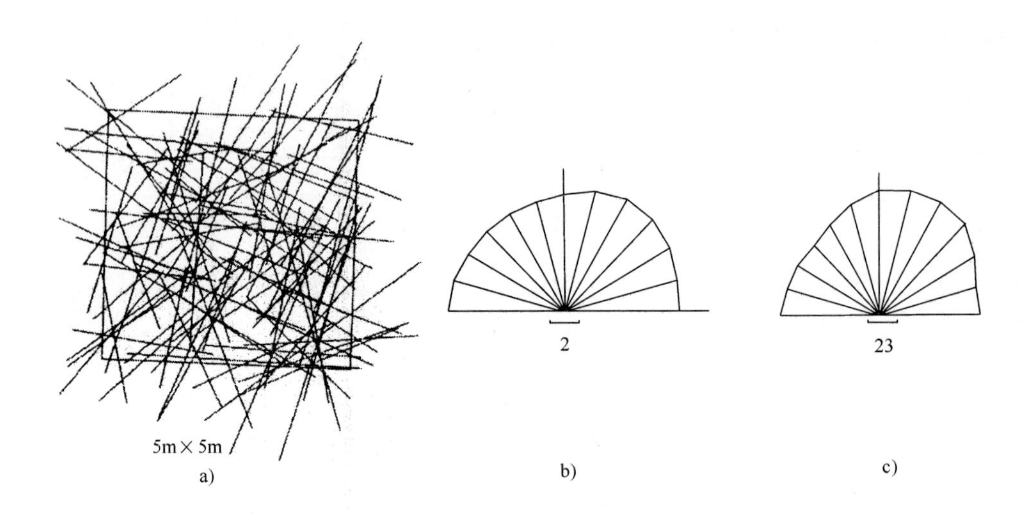

图 15-65　强风化岩体节理网络图，RQD 和连通率

a)节理网络图；b)RQD；c)连通率

连通率：最大＝0.936，方向＝60°；最小＝0.692，方向＝135°；平均＝0.805

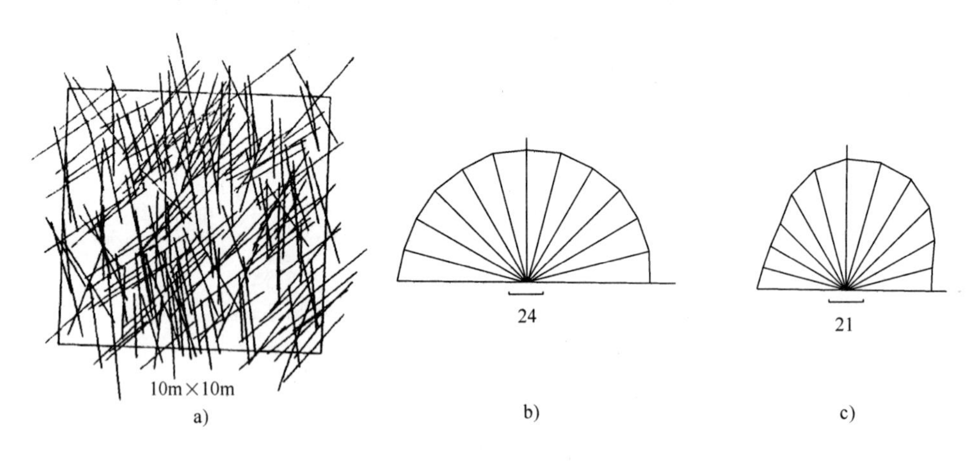

图 15-66　弱风化岩体节理网络图，RQD 和连通率

a)节理网络图；b)RQD；c)连通率

连通率：最大＝0.832，方向＝75°；最小＝0.537，方向＝165°；平均＝0.666

(3) 风化和卸荷

风化以表层均匀型为主，自地表向下可以划分为：全风化，强风化，弱风化（又可分为上、中、下三段），以及微风化等四带三个段，各风化带、段的特征如下：

全风化带：薄而少，风化成土状，密实，对稳定起控制作用的是岩体的强度，而不是结构面的强度。

强风化带、弱风化带上段：风化裂隙发育，节理张开，有次生泥充填，使本来互不连通的结构面连通，形成似层状构造，层厚 0.2～0.3m，岩体松弛，结构面强度显著降低。

弱风化带中、下段：结构面发育，微张，少量张开宽度较大，且有少量次生泥，铁质充填，风化裂隙不太发育，似层状沟槽不太发育，层厚 3～4m 或更厚，结构面强度有所降低。

微风化带：结构面发育，呈微张、闭合状态，偶有铁锈充填，结构面连续性较差，结构面强度没有降低。

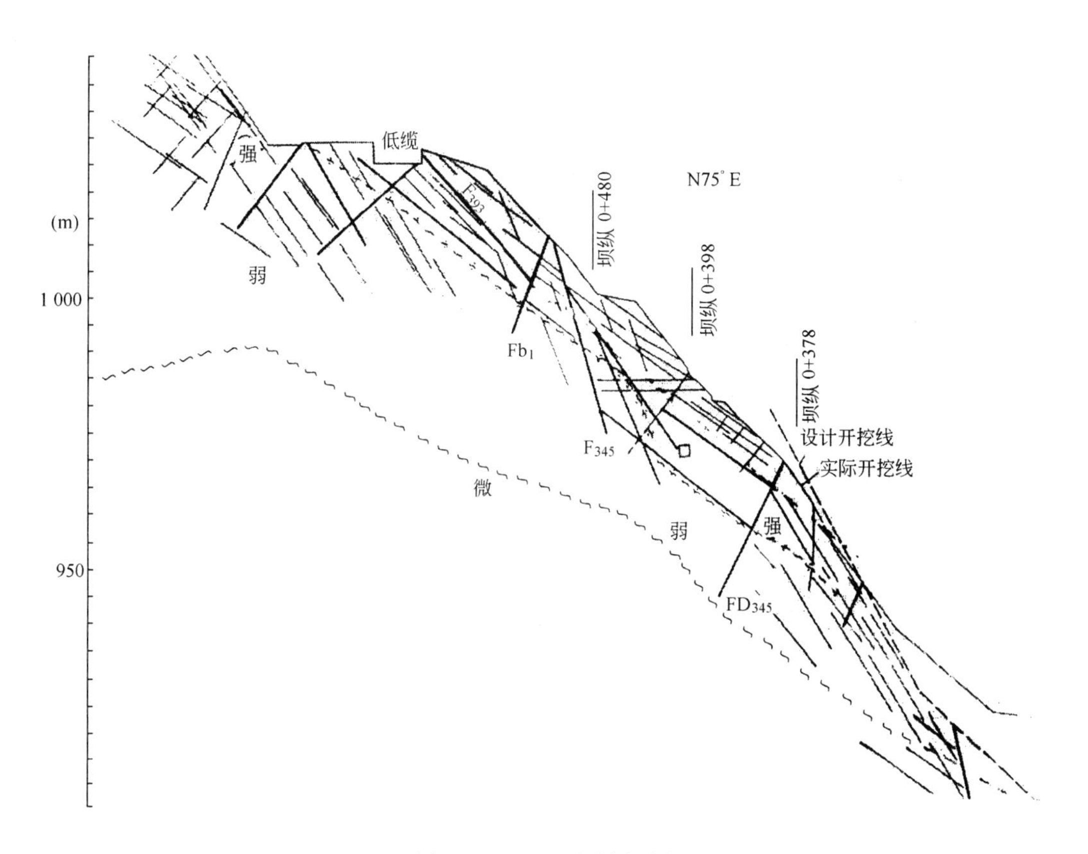

图 15-67　0+50 地质剖面图

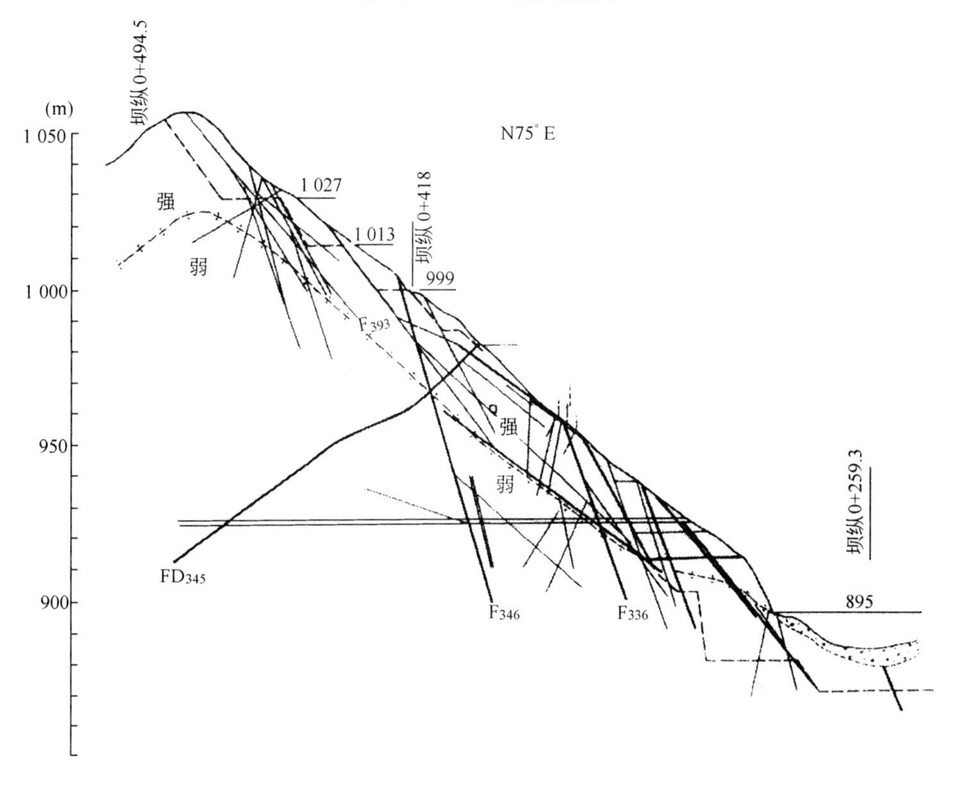

图 15-68　0+70 地质剖面图

卸荷作用强烈：卸荷裂隙沿已有的顺坡结构面发育，时有张裂甚至架空现象，有次生泥等软弱物质充填。一般发育至弱风化岩体的中部，最大水平深度可达 38m。

（4）地下水

流纹岩为块状结晶岩石，地下水主要活动在岩石的节理裂隙中。因山体狭窄，三面临空，地下水补给来源贫乏，排泄条件较好，地下水位低，原始地下水位坡降为 10%～28%，山脊部位地下水位在 977～1 024m。洞室的开挖使地下水位大幅度下降，山脊部位地下水位在 940～950m。从表部向深部，风化卸荷程度减弱，岩体的透水性亦逐渐减弱，因此，在雨季部分降水可能在一定时间内存储在地下水位以上的岩体裂隙中，这对边坡稳定是极为不利的。

15.4.4 左岸岩体分类

对左岸岩体按南非 CSIR 和挪威 NGI 体系进行分类，分别获得相应指标 RMR 和 Q 值见表 15-26、表 15-27。根据 RMR 值推算抗剪强度参数。有关左岸岩体分类的详细工作见文献《漫湾边坡水电站左岸滑坡工程实录》。

左岸边坡岩体 CSIR 法分类各项参数取值 表 15-26

风化分带		强风化上段岩体	强风化中下段、弱风化上段岩体	弱风化中下段岩体				微风化～新鲜岩体			
段		$Ⅱ_{c1}$	$Ⅱ_{c2}$	Ⅰ	$Ⅱ_a$	$Ⅱ_b$	Ⅳ	Ⅰ	$Ⅱ_a$	$Ⅱ_b$	Ⅳ
I_s (MPa)	均值	4.3	5.16	8.46	7.09	4.22	3	9.4	8.43	5.06	3.5
	标准差	1.49	1.79	1.55	2.05	1.62		1.72	2.44	1.94	
R_c (MPa)	均值	20.8	25.0	126.9	67.66	40.9		141.1	80.34	49.1	
	标准差	5.00	6.00	35.05	7.31	8.18		38.95	8.69	9.82	
RQD (%)	均值	20.1	30.2	76.5	51.0	35.7	15.3	83.0	57.0	41.5	31.1
	标准差	4.83	7.25	3.55	2.37	1.66	0.71	3.54	2.43	1.77	1.34
间距 (cm)	均值	9.28	10.6	40.6	20.3	8.1	5.41	52.2	29.8	13.4	8.9
	标准差	1.98	2.26	4.53	2.26	0.91	0.60	11.20	6.40	2.89	1.92

注：对于Ⅳ类岩体，由于缺乏单轴抗压强度试验资料，表中该项空缺。

左岸边坡岩体 NGI 法分类各项参数取值 表 15-27

风化分带	强风化上段岩体	强风化中下段、弱风化上段岩体	弱风化中下段岩体				微风化～新鲜岩体			
段	综合值	综合值	Ⅰ	$Ⅱ_a$	$Ⅱ_b$	Ⅳ	Ⅰ	$Ⅱ_a$	$Ⅱ_b$	Ⅳ
RQD	20.1	30.2	76.5	51.0	35.7	15.3	83.0	57.0	41.5	31.1
J_n	9	9	9	9	12	20	9	9	9	20

续上表

风化分带		强风化上段岩体	强风化中下段、弱风化上段岩体	弱风化中下段岩体				微风化～新鲜岩体			
段		综合值	综合值	Ⅰ	Ⅱ$_a$	Ⅱ$_b$	Ⅳ	Ⅰ	Ⅱ$_a$	Ⅱ$_b$	Ⅳ
J_r		1.0	1.0	1.5	1.5	1.0	1.0	2.0	2.0	1.0	1.0
J_a		4.0	4.0	1.0	1.0	4.0	4.0	1.0	1.0	4.0	4.0
J_w	1	0.66	0.66	0.66	0.66	0.66	0.66	1.0	1.0	0.66	0.66
	2	1	1	1	1	1	1	1	1	1	1
SRF	1	5.0	2.5	2.5	2.5	2.5	2.5	1	1	1.25	1.25
	2	1	1	1	1	1	1	1	1	1	1
$Q1$		0.07	0.22	3.37	2.24	0.20	0.05	18.44	12.67	0.61	0.21
RMR1		20.53	30.43	54.92	51.27	29.35	17.13	70.23	66.85	39.53	29.75
质量描述		极差	很差	差	差	很差	极差	好	好	很差	很差
$Q2$		0.56	0.84	12.75	8.50	0.74	0..19	18.44	12.67	1.15	0.39
RMR2		38.75	42.42	66.91	63.26	41.34	29.11	70.23	66.85	45.28	35.50

15.4.5 各类岩体岩石力学特性

在漫湾水电站初设、技施阶段，曾对左岸岩体的力学特性进行了大量现场和室内试验，滑坡后又增加了岩块点荷载，回弹，节理面挤压带不扰动样室内中型剪切等试验。下面详述其中的主要特性指标。

（1）完整岩石的抗剪强度

应用莫尔-库仑强度包线来描述完整岩体抗剪强度。共进行两组岩块三轴试验，试验成果见表 15-28，莫尔包线见图 15-69。

岩块三轴试验成果 表 15-28

岩石名称	抗剪参数		波速	
	$\tan\varphi$	c（MPa）	v_p（m/s）	v_s（m/s）
新鲜流纹岩	1.03	21.29	5 867	6 653
蚀变流纹岩	0.82	4.80	5 142	2 948

由此可见，完整流纹岩（不含节理面）具有较高的抗剪强度。

（2）单轴抗压强度试验

为论证漫湾水电站流纹岩力学性质，先后在坝基及岸坡取样试验，计在普通压力机上做干抗压强度试验 87 组，200 块试件；湿抗压强度试验 12 组，342 块试件。根据岩体分类，湿抗压强度整理后指标见表 15-29。

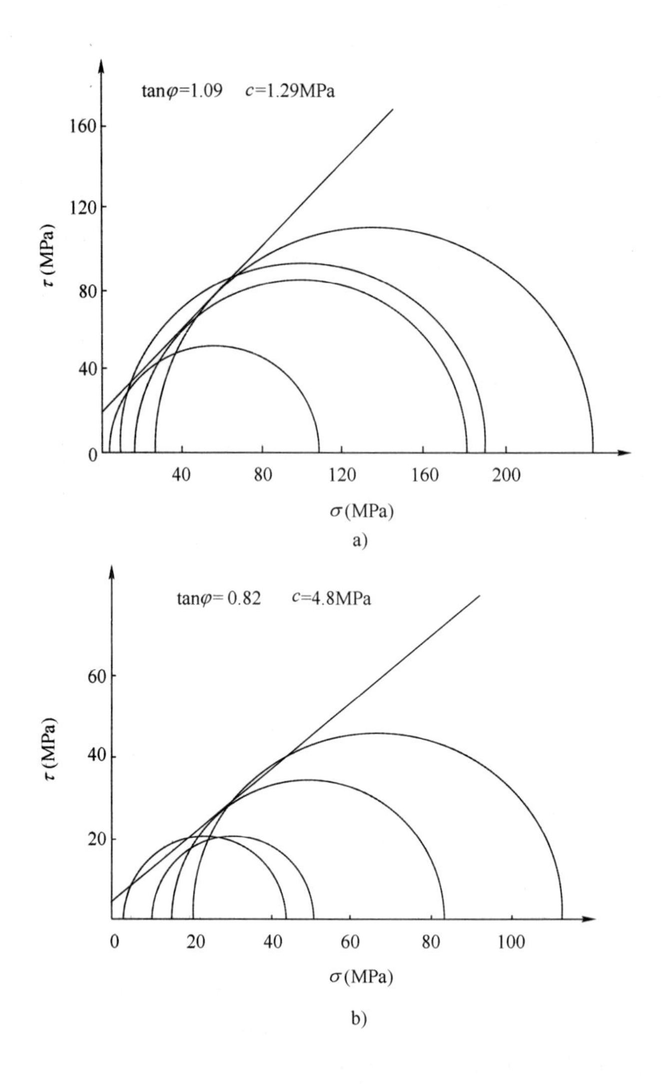

图 15-69 完整岩石三轴试验成果

a)新鲜流纹岩；b)蚀变流纹岩

湿抗压强度试验成果 表 15-29

岩 体 类 型	湿抗压强度均值（MPa）	湿抗压强度范围值（MPa）	试 验 组 数
Ⅰ	134.0	91.3～205.8	47
$Ⅱ_a$	74.0	62.5～88.8	20
$Ⅱ_b$	45.0	30.2～58.6	29
$Ⅱ_c$	25.0	6.2～28.7	22

各类完整岩石的单轴抗压强度 σ_c 的统计特征值见图 15-70。由此可见，构成左岸滑坡的强风化中、下段岩体即 $Ⅱ_c$类岩石的单轴抗压强度为 25MPa。

点荷载和回弹试验获得的各类岩石单轴抗压强度 σ_c 的值，均高于直接试验获得的值。

我们对Ⅱ$_c$类岩石σ_c的取值主要依据室内单轴抗压强度。试验资料σ_c＝25MPa。

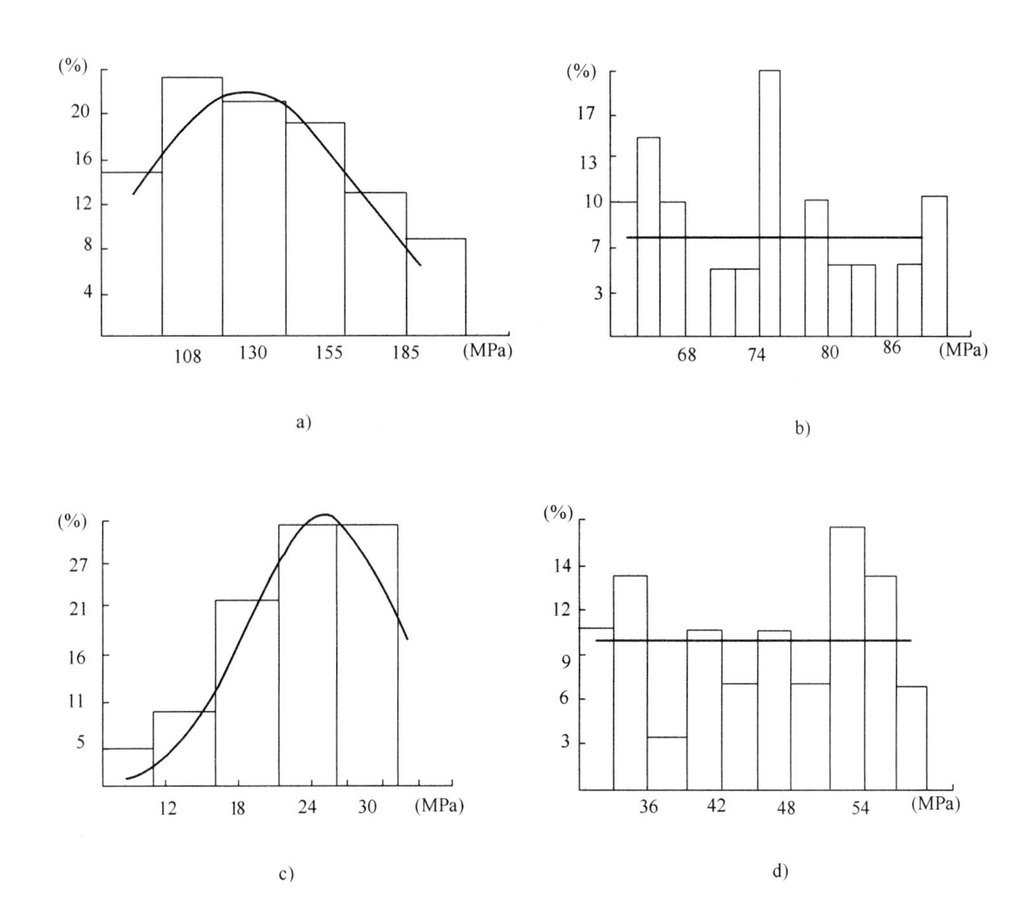

图 15-70　抗压强度分布直方图和概率密度曲线

a) Ⅰ类岩石，对数正态分布，均值＝134MPa，方差＝0.37MPa，样本总数＝47；b) Ⅱ$_a$类岩石，均匀分布，均值＝74MPa，方差＝ 0.08MPa；样本总数＝20；c) Ⅱ$_c$类岩石，正态分布，均值＝25MPa，方差＝0.06MPa，样本总数＝22；d) Ⅱ$_b$类岩石，均匀分布，均值＝45MPa，方差＝0.09MPa，样本总数＝29

（3）节理、挤压破碎带直剪试验成果

①闭合节理中剪试验

在现场人工凿刻不规则试件 16 块，采用千斤顶法进行中剪试验。试验成果见表 15-30 和图 15-71。

闭合节理中剪试验成果　　表 15-30

节理类型	试验次数	tanφ	c（MPa）	相关系数 R	均差系数 σ_{n-1}	偏差系数 C_v	剪胀角（°）
微风化	82	0.77	0.048	0.95	2.51	0.69	4.12
微弱风化	37	0.72	0.090	0.90	2.01	0.60	5.41
弱风化	26	0.85	0.026	0.97	1.68	0.52	3.50
强风化	17	0.96	0.153	0.96	1.99	0.49	4.95

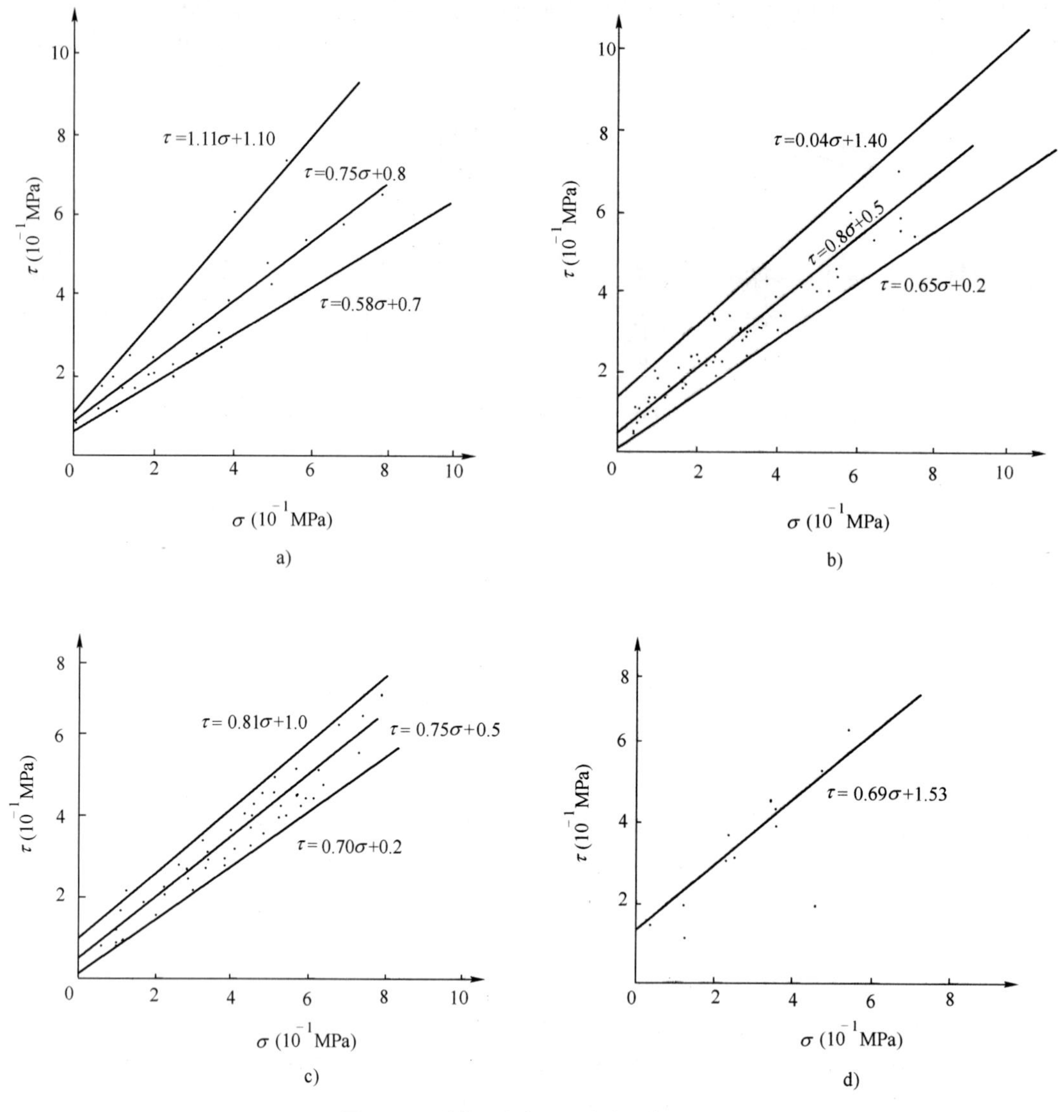

图 15-71 层节理残余强度统计（单点法）

a)弱～微风化类；b)微风化类；c)弱风化类；d)强风化类

②挤压破碎带室内中剪试验

中剪试验是利用美国进口的 MTS 伺服控制刚性压力机作为伺服控制源，配备中国水利水电科学研究院研制的大刚度直剪仪进行伺服控制中型剪试验。试验成果见表 15-31 和图 15-72。

室内中型剪试验成果 表 15-31

挤压破碎带特征	屈服值		峰值		试验组数
	$\tan\varphi$	c（MPa）	$\tan\varphi$	c（MPa）	
弱风化	0.31	0.10	0.38	0.12	14
强风化	0.30	0.07	0.35	0.08	14

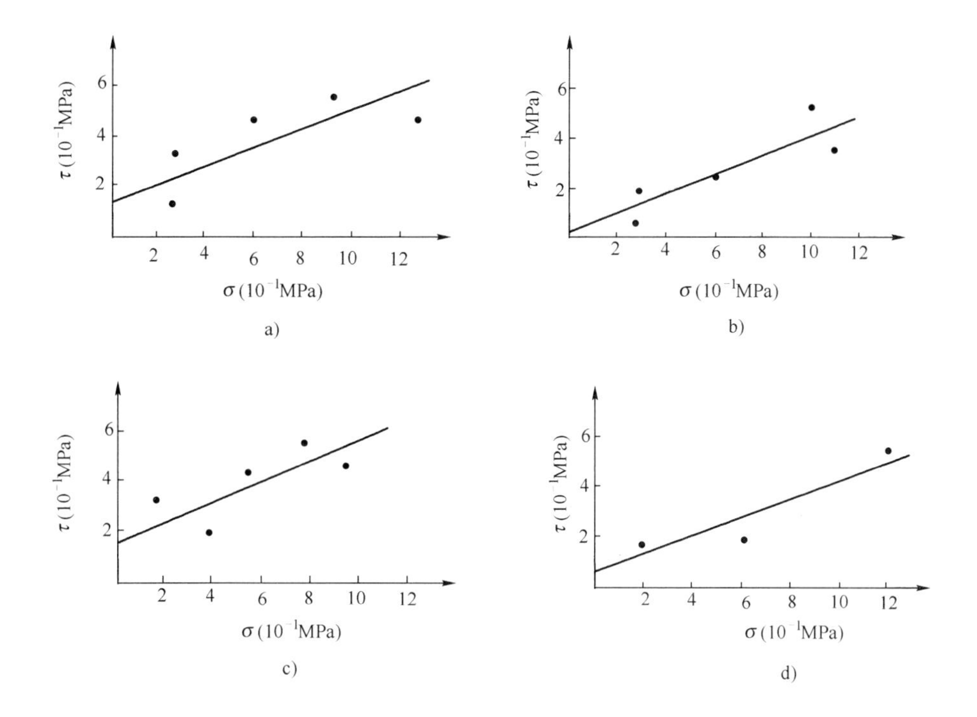

图 15-72　节理面挤压破碎带室内中型剪试验成果（峰值强度）

a)强风化岩体(第 4 组试样)，$c'=0.13$MPa，$\tan\varphi'=0.37$；b)强风化岩体(第 3 组试样)，$c'=0.03$MPa，$\tan\varphi'=0.37$；c)弱风化岩体(第 2 组试样)，$c'=0.15$MPa，$\tan\varphi'=0.42$；d)弱风化岩体(第 5 组试样)，$c'=0.06$MPa，$\tan\varphi'=0.38$

15.4.6　左岸边坡开挖和加固设计

（1）分区

左岸边坡包括：坝前边坡、坝基、厂房和泄槽、水垫塘、“三洞出口”等开挖边坡。按其不同的地质情况和工程部位共分四个区。

Ⅰ区：位于坝前的永久性边坡，边坡开挖为椅形、坡顶至坝肩的 999m 高程公路，坡脚高程为 920m，设计开挖边坡 1∶0.8，见图 15-73a)。

Ⅱ区：是大坝第 15～19 坝段的坝基和两侧临时开挖边坡。考虑到层节理不被挖断或尽量少挖断的情况，采用两坡到底的方法开挖边坡：19 坝段按 1∶0.754，18～15 坝段按 1∶1.111设计开挖，见图 15-73b)、c)。

Ⅲ区：937m 高程永久公路以下至 871.5m 高程的泄槽、厂房、水垫塘永久性边坡，在 911.4m 和 891.4m 高程分别设两马道，从上至下设计开挖坡角分别为 1∶0.5、1∶0.25、1∶0.1，见图 15-73d)。

Ⅳ区：937～999m 高程公路之间，大坝下游侧边坡至“三洞出口”地段的天然山坡进行整形处理。

“三洞出口”地段边坡：1 号、2 号导流洞出口地段的洞脸和引渠开挖，泄洪洞出口边坡开挖高程在 995～961.5m 之间，且分别在 984.05m、972.05m、961.05m 高程设置马道，设计开挖边坡坡率为 1∶0.1。高程 995m 为左坝顶公路通过处，内侧为天然山坡（坡角为 40°～42°），山顶高程为 1 110m。

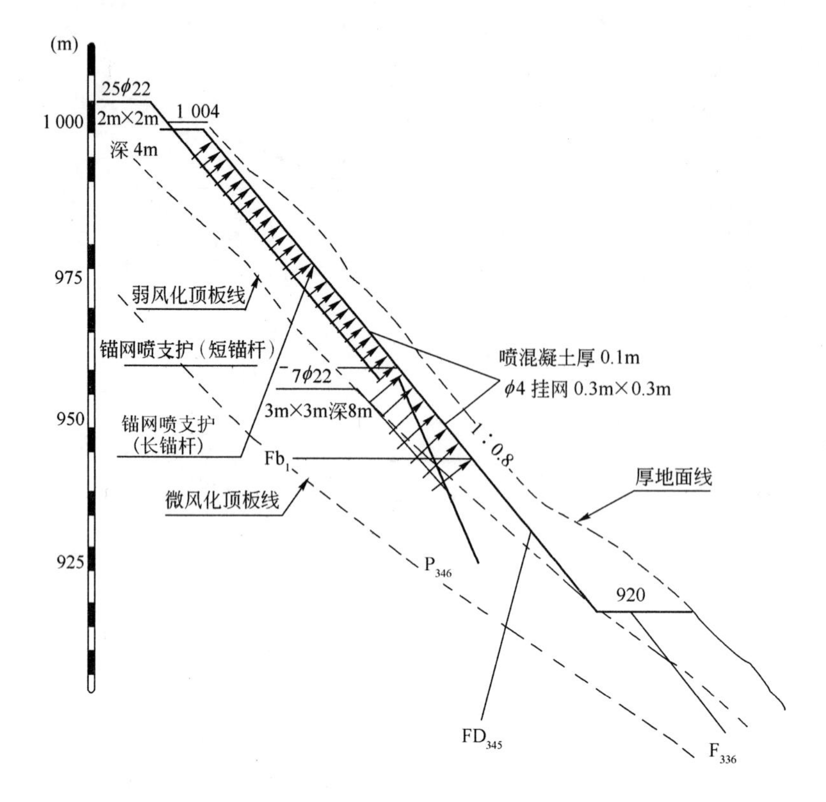
(m)
25ϕ22
2m×2m
深 4m
1 004
1 000
975
950
925
弱风化顶板线
锚网喷支护（短锚杆）
锚网喷支护
（长锚杆）
7ϕ22
3m×3m深8m
喷混凝土厚 0.1m
ϕ4 挂网 0.3m×0.3m
1：0.8
Fb$_1$
厚地面线
微风化顶板线
P_{346}
920
FD_{345}
F_{336}

a)

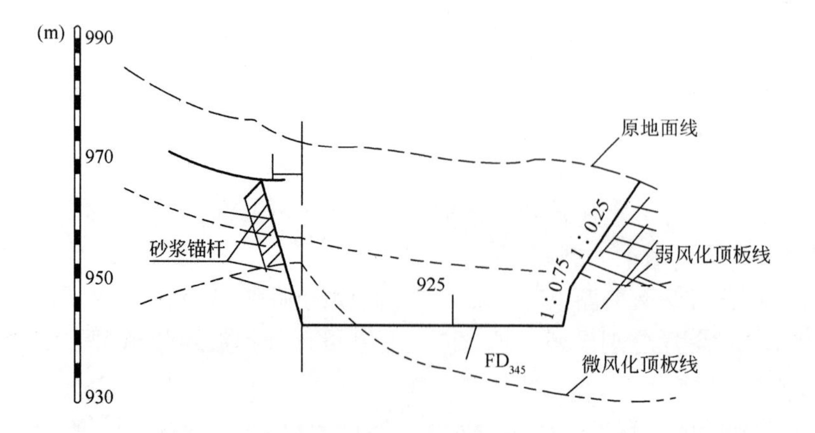
(m)
990
970
950
930
原地面线
砂浆锚杆
1：0.25
1：0.75
弱风化顶板线
925
FD_{345}
微风化顶板线

b)

图 15-73

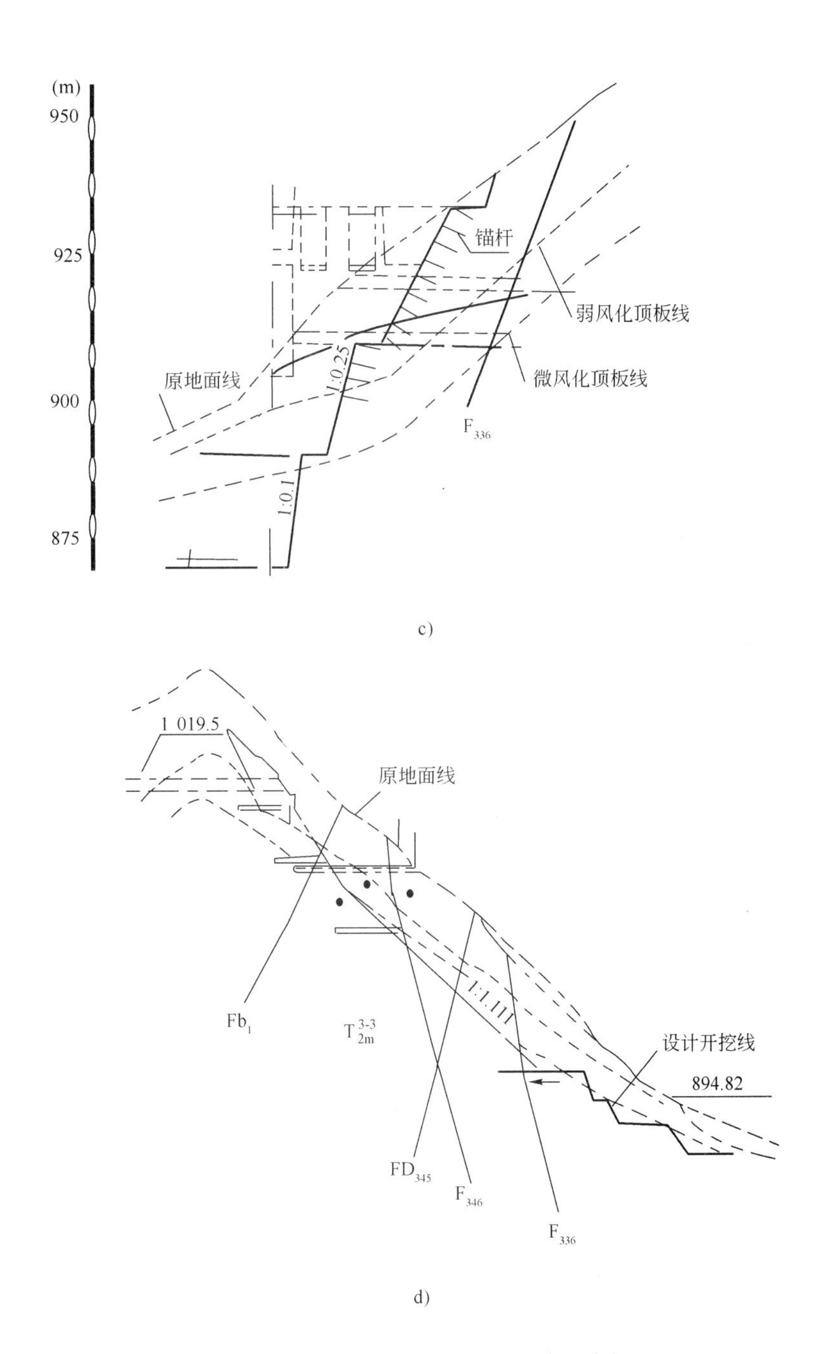

图 15-73　左岸各区开挖及支护示意图（高程单位：m）

a）Ⅰ区开挖支护示意图；b）Ⅱ区开挖坝基形成的滑坡体上游临空面；c）Ⅲ区开挖支护示意图；d）Ⅱ区 19 坝段开挖支护示意图

（2）左岸边坡开挖及支护

①Ⅰ区边坡开挖及支护

左岸Ⅰ区边坡处于单薄山脊的端点附近，岩石风化和卸荷深度大，顺坡小断层和挤压面走向与开挖面的走向大致平行，裂面倾角 52°，对开挖边坡不利，由于采用 1∶0.8 削坡清除浅表部分的松动岩体，且绝大部分的顺坡结构未被挖断，所以边坡整体稳定条件较好。经削坡处理后，边坡浅部岩体仍为强风化状态，为防止局部失稳对该区 960m 以上的边坡的不利影响，采取了以下支护措施：系统锚杆（25ϕ22、间排距 2m×2m），坡面 ϕ4 挂网 0.3m×0.3m，喷混凝土 0.1m。高程 960m 以下，使用 7ϕ22，间排距 3m×3m，深 8m 长钻杆，见图 15-73a)。由于施工设备上不去，8m 深锚杆被取消，而用了 4 个锚固硐（15 号、16 号、17 号和 18 号）和 50 根锚筋桩代替。经以上处理，边坡暂处于稳定状态。

②Ⅱ区边坡的开挖及支护

Ⅱ区边坡包括：15 号～19 号坝段的坝基边坡和坝上、下游两侧临时开挖边坡。

为避免坝基中的顺坡结构面被大量挖断，坝基采用斜坡开挖方式：19 号坝段采用 1∶0.754 开挖坡角，以下坝段开挖坡角 1∶1.111，见图 15-73b)。坝基开挖从上至下，首先坝头用 I26 型深 9m、间距 2m×2m 的工字钢锁口，开挖下降过程中虽切断了一部分顺坡向结构面，但在狭窄的坝基中设置了六个锚固硐予以补偿，塌滑过程中仅 19 号坝段受牵引，浅表层被拉掉一块，坝基岩体没有受影响，说明边坡挖断结构面后，只要支护措施得力，是能够稳定边坡的。

坝基上、下游侧边坡开挖过陡，在坝基开挖到位后形成临空面时，两侧的顺坡结构面全部已被挖断，见图 15-73c)。坝基开挖降至 912m 高程以前，完成了锚固硐 12 个，并分别在 947m、943m、937m、936m、935m 的不同高程增设锚筋桩，其锚筋桩根数分别为 34、24、42、14、24，间距均为 2m×3m，ϕ40，深 $L=8.5$m。而设计的系统砂浆锚杆（间距 2m×2m、ϕ22、$L=4$m）大部分没有完成，所完成的少量锚杆亦注浆不满、施工质量差，显然支护力量不够。

③Ⅲ区边坡开挖及支护

Ⅲ区边坡从 937m 高程永久公路降至 912m 高程。在 920.4m 高程附近，已完成 10 个锚固硐的支护工作。其中有 4 个锚固硐未及时回填混凝土，就发生了塌滑。Ⅲ区边坡的开挖是沿边坡走向进行的，挖到 912m 高程时已切断坡脚。在坡脚处被切断的最低结构面就是当时的滑面出逸点，见图 15-73d)。

④Ⅳ区边坡开挖及支护

Ⅳ区边坡以北，坝基开挖的下游侧边坡已将顺坡向结构面切断，基坑为塌方提供了临空的场所；下部以西，Ⅲ区边坡开挖下降切断坡脚，形成两面临空的格局。Ⅳ区边坡还未来得及处理，在开挖Ⅱ区和Ⅲ区边坡的过程中就发生了 1989 年 1 月 7 日的大塌滑。

15.4.7 边坡失稳破坏实录

(1) 边坡开裂失稳过程

自 1987 年左岸缆机基础开挖以来，到 1988 年 11 月 25 日止，左岸坝基，Ⅰ、Ⅱ区边坡开挖已降至 934m 高程，937m 高程永久公路部分形成（坝横 0+120m 桩号以南），921m 高程开始形成临时公路。Ⅰ区 960m 高程以上边坡已进行喷锚处理，960m 高程以下部分在 949～935m 高程段，开挖浇筑完成 4 个锚固硐（即 15、16、17、18 号锚固硐），硐深 15～20.5m。Ⅱ区边坡 999m 高程以上部分坝横 0+21 桩号以北，边坡已进行喷锚处理，锚杆长度 12～15m，部分挂网；0+21 桩号以南边坡未做任何清理及护坡处理工作。999m 高程以下边坡，共布有 13 个锚固硐，完成的支护工程，计锚固硐 10 个，（即 1～7 号，12 号，13 号，14 号），硐深 17～28.5m，部分锚筋桩和少量锚杆。坝基开挖完成的临时性边坡支护工程，计锚固硐 6 个，（即 19-1 号，19-2 号，19-3 号，19-4 号，18-5 号，18-6 号），硐深 17～20.3m。

1988 年 12 月 9 日，坝基开挖降至 924m 高程，泄槽（Ⅲ区）边坡降到高程 926m。

937m 高程公路边坡上的 19 号、20 号锚固硐浇筑完毕，硐深分别为 20.5m，18.2m。

1988 年 12 月 14 日，坝横 0＋86 桩号以南高程 980～999m 施工便道上发现土坡开裂，开裂宽度为 1～2cm，延长 20m 左右，裂缝出露线方向南北至北西 15°。有地表水沿裂缝下渗。随后，在左低缆机下排架原 1 020m 基础平台外边缘出现基岩开裂，沿产状 N20°W/SW∠54°裂面张开，宽 1～2cm，平面延长 3～5m。

1988 年 12 月 15 日左岸坝肩 999m 高程 A 灌浆洞口至低缆前缘外侧边坡段，沿已喷混凝土面出现拉裂缝，裂缝在 A 灌浆洞口宽 1～3mm，向上部延伸，贯穿性较好，在1 012m 高程处缝宽 2～5mm，出露线方向北西 60°。

1988 年 12 月 23 日，坝基下游Ⅱ区边坡在 947～935m 高程段，完成 8～8.5m 长锚筋桩 150 根，其中 947m 高程 46 根，943m 高程 24 根，937m 高程 42 根，936m 高程 14 根，935m 高程 24 根。与此同时，再次发现 A 灌浆洞口附近边坡裂缝，已由原来的 2 条增加到 4 条，张开宽度由原来的 1～3mm 增宽到 2～5mm，延伸长度亦有增加，情况险恶。上面缆机平台水管长期漏水，沿裂缝下渗，在 961m 高程观测洞内，沿裂隙见此水涌出。

1988 年 12 月 26 日，A 灌浆洞口至坝横 0＋29 桩号，999m 高程以上地段，沿已喷混凝土表面共出现张开程度不同的裂缝 9 条。其中，坝横 0＋29 桩号，高程 999m 公路上出现的一条裂缝，宽 1～2cm，出露线方向北西 60°，横穿高程 999 公路向上延伸，与一走向北西 60°，近垂直的小断层相连。Ⅳ区土坡裂缝宽度增加迅速，北段延至高程 999m 公路外边缘前 20m 长度段，裂缝宽度由原来的 1～2cm 增加到 2～6cm，可测裂缝深 60～70cm，出露线方向南北至北西 15°；南段长约 50m，平行边坡延伸，走向北西 45°，裂缝宽度无明显增加，仅为 0.2～1cm，局部段不明显。

1988 年 12 月 30 日，坝基开挖下降到 920m 高程，下午 3 时 44 分左岸坝基开挖放炮（装药 2.8t）后 15min 内，Ⅳ区坡裂缝（北段）增宽 3mm，拉断简易观测纸片。

1989 年 1 月 1 日，低缆机前缘不远处基岩开裂，裂缝宽 1～2mm，出露线方向北西 55°至 60°，与高程 999m 的 A 灌浆洞口上延裂缝趋向贯通。

1989 年 1 月 2 日，Ⅳ区土坡裂缝上游段向北发展延伸，在高程 999m 公路人工探槽处裂缝明显，宽 1～3mm，出露线方向南北。与低缆机下游排架基础前缘已出现的基岩裂缝延伸方向基本一致，有逐渐贯通的趋势。

1989 的 1 月 4 日，低缆机前缘裂缝不断增宽。原北西 55°～60°裂缝已增宽至 1cm 左右，向下游出现平行于缆机轨道轴线方向的张裂缝。

1989 年 1 月 7 日，坝基开挖下降到 912m 高程，坝横 0＋30～0＋100 段边坡均已至 912m 高程。坝横 0＋64～0＋108，937～921m 高程段，尚有 8 个加固边坡的锚固硐正在开挖。

999m 高程 A 灌浆洞口附近裂缝宽度增加，沿北西 60°张开裂缝，贯穿性好，连续向上部延伸至低缆机基础前边缘，混凝土表面裂缝张开宽度最大可达 2～3cm。低缆基础前缘，北西 15°方向裂缝，从坝横 0＋30 连续延至 0＋60，张开宽度为 4～6cm，裂缝已有明显错台，西盘下降高度为 1～2cm，并与上游 A 灌浆洞口段上延，裂缝贯通。

下午 4 时许，左岸边坡开挖连续两次放炮，装药分别为 2.8t，1.5t 左右，放炮后约 1h，后缘裂缝张开 2mm。下午 6 时 56 分边坡发生塌滑（由下至上的牵引式塌滑）。塌滑体前缘剪出高程 912～915m，后缘拉到了低缆机基础前边缘。塌滑体范围内所有边坡加固支护工程均被破坏，锚固硐头被折断、剪断（图 15-74、图 15-75）；锚筋桩被推翻、拉出。937m 高程永久公路，920m高程施工便道被剪断、错位。经统计此次边坡失稳，共毁坏锚固硐20个（已浇混凝土锚固硐13个，正在开挖的锚固硐7个）、锚筋桩108根，以及部分锚杆。边坡塌滑后现场反映出的两个特征是：①937m高程附近，塌滑体堆渣表面形成了一道与滑动方向相垂直的纵向沟槽。②原高程999m公路处边缘堆放的一些装石草袋所形成的渣堤，在边坡塌滑后，这些草袋仍整齐地堆放在下滑部分公路的外边缘。上述情况说明，边坡的失稳过程不是一次性整体下滑。另外，漫湾地震台站记录的左岸边坡塌滑过程所产生的振动波亦可明显地看出，边坡塌滑过程有两个序次，第二次为主滑序列。

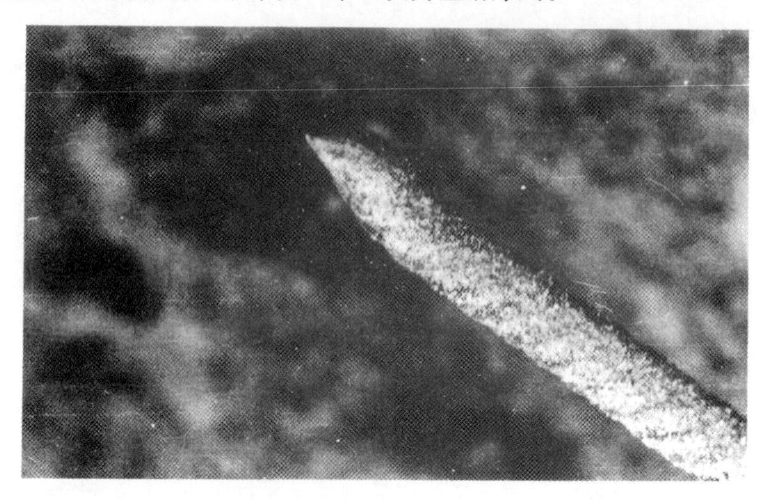

图15-74 被切断的锚固硐中看到的钢筋受拉破坏的颈缩现象

图15-75 14号锚固硐根部空硐，尺寸2.5m×2m×1.7m

（2）滑裂面剖面和起伏差的量测

随着滑坡堆渣体清除及滑面的暴露，对滑裂面的剖面进行了较细致的量测。从坝横桩号0+00开始，大致间隔10m测一剖面。图15-76为坝横0+30、0+50、0+75和0+90四个剖面量测的断面。图中同时标有滑前地形（由漫湾工程管理局提供）。依据这些基础资料，将进行反演分析，以研究节理岩体的抗剪强度。

图15-77为顺河床方向在坝纵0+440、0+420、0+400三个断面的滑动面平切示意图。

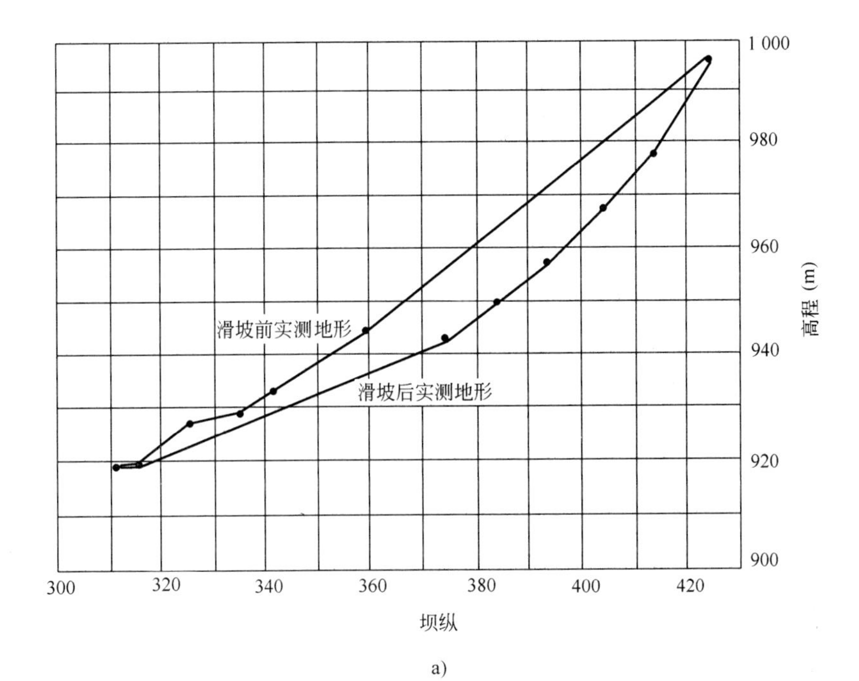
1 000
980
960
940
920
900
高程（m）
滑坡前实测地形
滑坡后实测地形
300
320
340
360
380
400
420
坝纵

a)

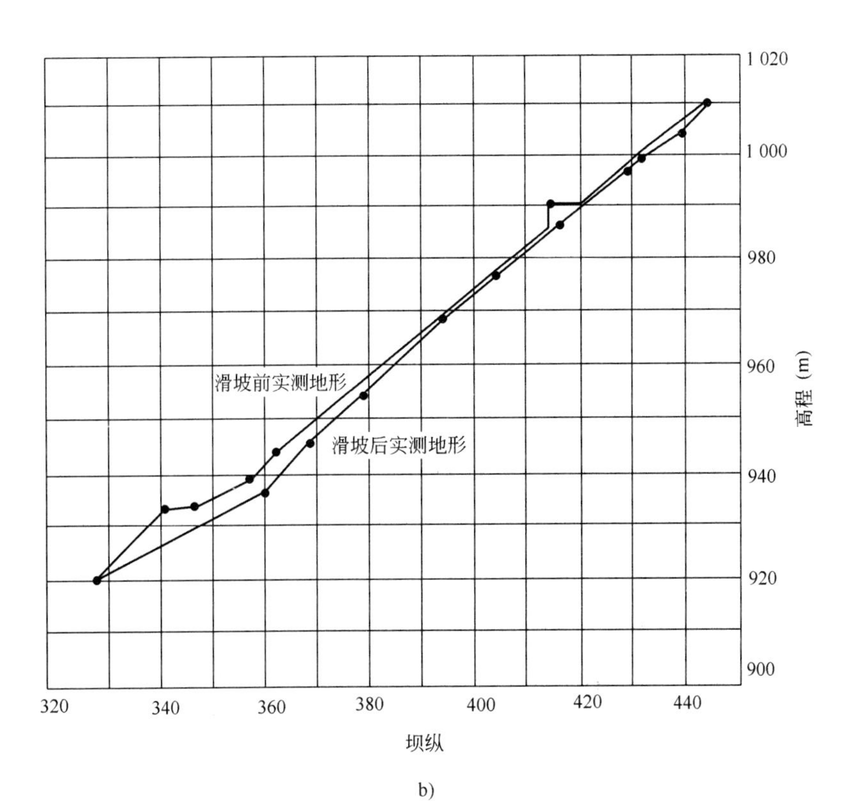
1 020
1 000
980
960
940
920
900
高程（m）
滑坡前实测地形
滑坡后实测地形
320
340
360
380
400
420
440
坝纵

b)

图 15-76

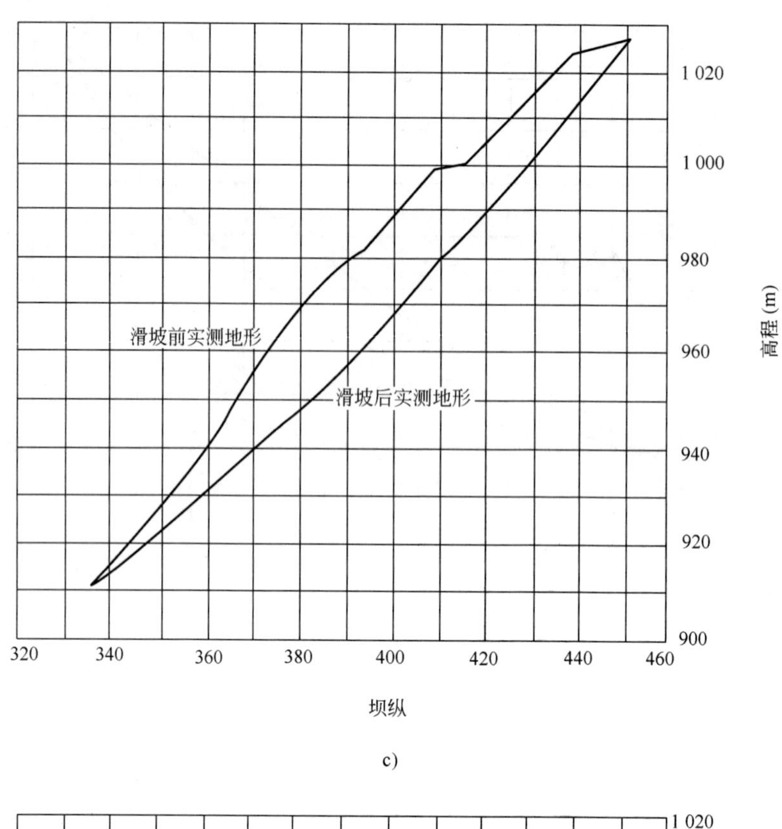

c)

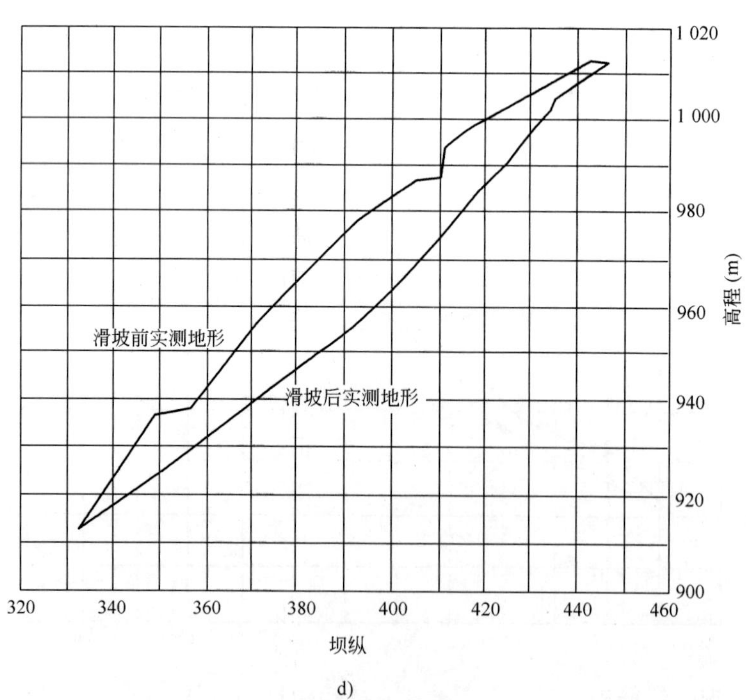

d)

图 15-76　滑坡体实测剖面

a)滑坡体实测剖面 0+30;b)滑坡体实测剖面 0+90;c)滑坡体实测剖面 0+50;d)滑坡体实测剖面 0+75

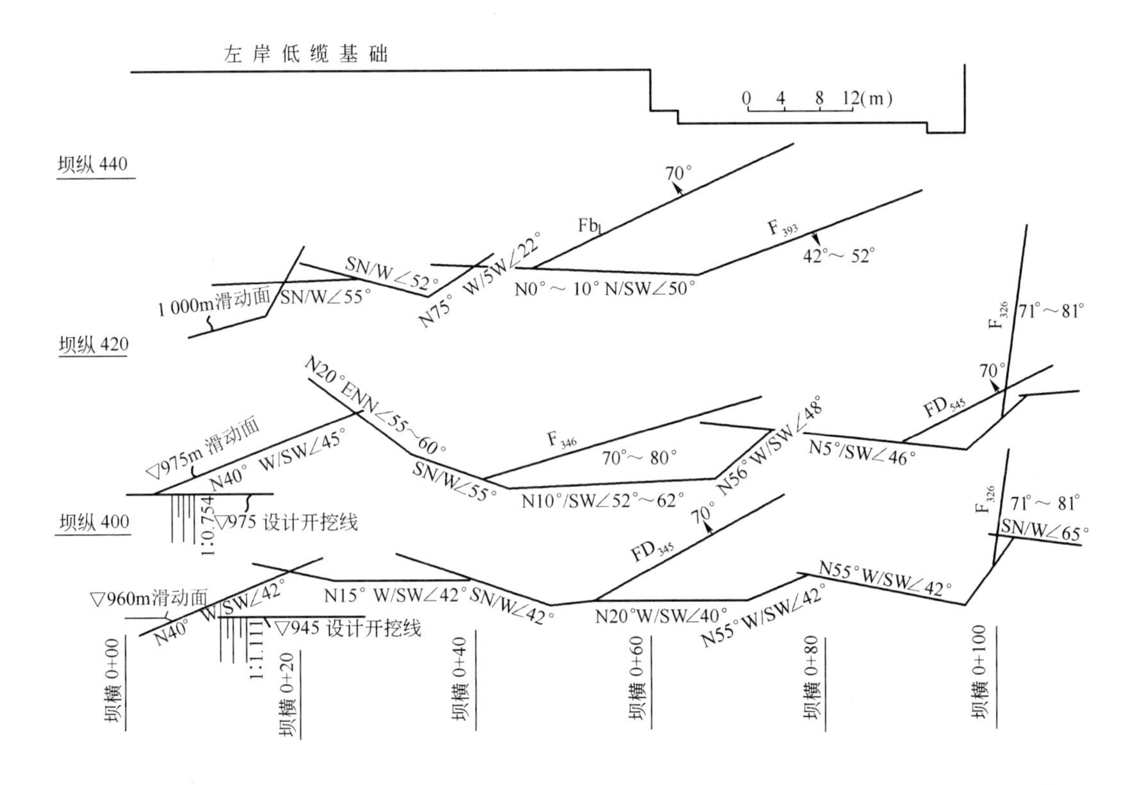

图 15-77 滑动面平切示意图

岩体沿节理面破坏时发挥的抗剪强度与节理面的粗糙度有直接关系。现已广泛被接受的理论是将节理面的内摩擦角确定为基本摩擦角 φ_b 和爬坡角 i 之和。爬坡角 i 反映了剪切面起伏度。Barton 给出了图表来确定此值。滑动面清出后，在坝横 0+30、0+50、0+75、0+90 处分别布置了四条测线，按图 15-78 所示的简易方法实际测定滑面的每一段的倾角，将获得的各段的倾角数值进行统计分析，倾角的标准差即可视为二级起伏差。图 15-79 为根据实测数据绘制的滑动面形状。可知，漫湾左岸滑动面的二级起伏差为 6°～7°。图 15-80 为实测滑动面起伏差统计，滑动面倾角的均值和标准差。

(3) 锚固工程破坏情况

左岸开挖边坡共布置锚固硐 32 个，其中塌滑体内布置锚固硐 22 个。塌滑时已完成锚固硐 13 个，正在开挖和待开挖的锚固硐 9 个，锚筋桩（$L=8.5$m，$\phi=40$mm×3），已完成 108 根，以及部分砂浆锚杆、系统锚杆。塌滑范围和锚固工程布置见图 15-62。

滑动面全部清理出来后根据出露地表情况可以发现，13 个锚固硐全部是被剪断的，没有被拔拉出来和整体滑动的情况，锚筋桩、锚杆全部遭破坏，原边坡设计施工的锚固工程全部被毁。现将锚固工程破坏的基本情况分述如下。

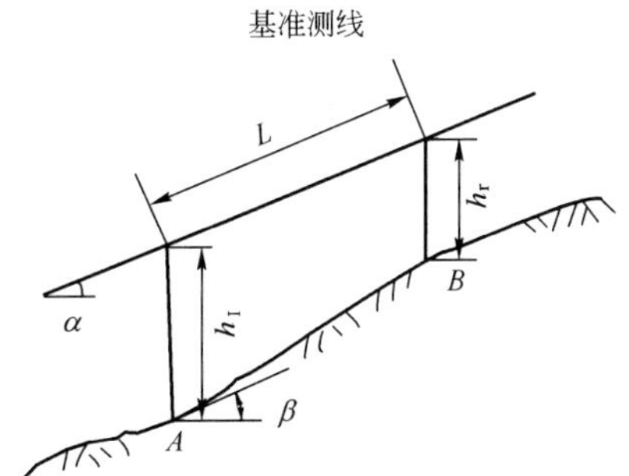

图 15-78 量测滑面起伏差方法示意

h_l、h_r=A、B 与基准测线垂直距离（钢卷尺读数）；α=基准测线倾角；L=滑动面 A、B 间斜距离（皮尺读数）

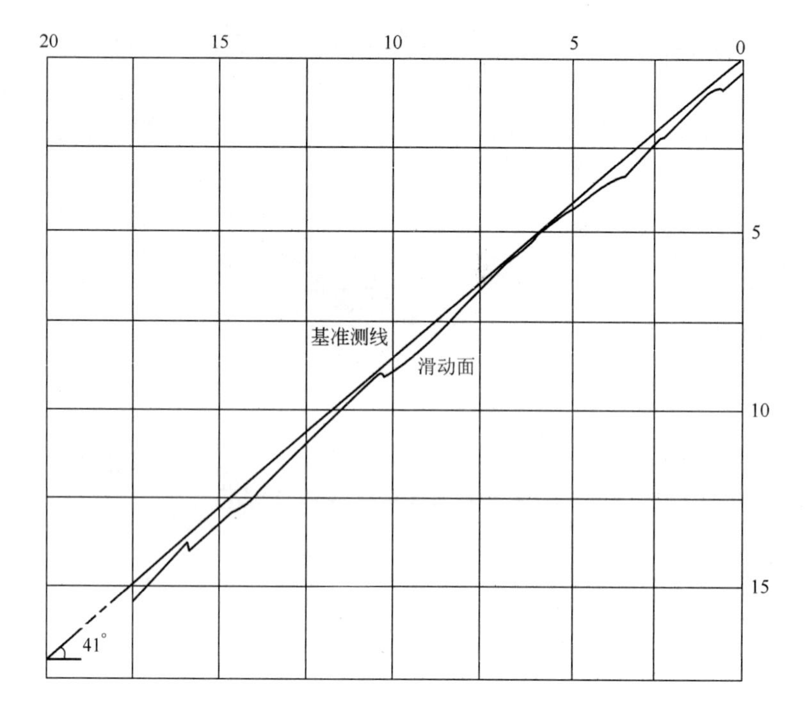

a)

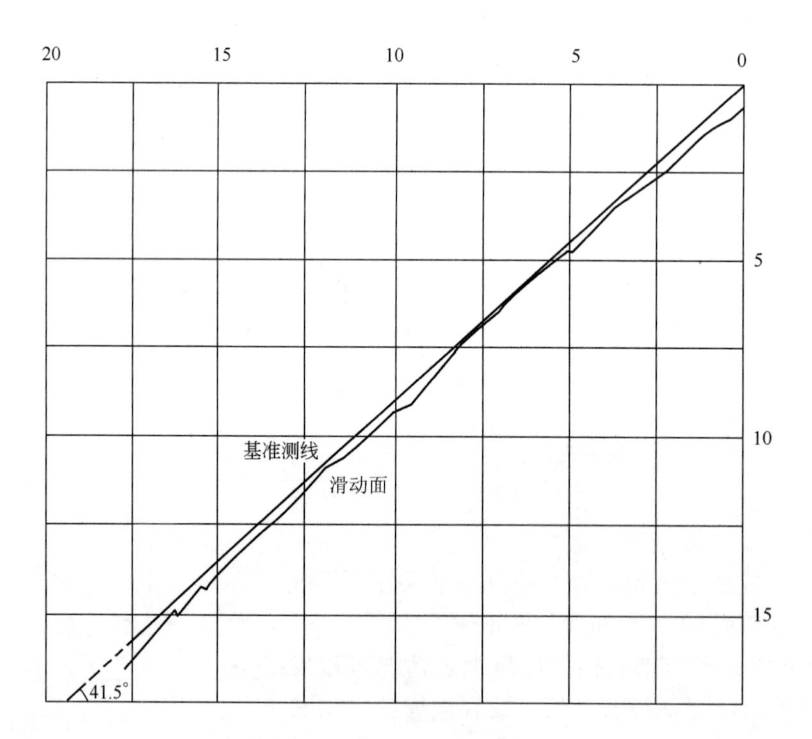

b)

图　15-79

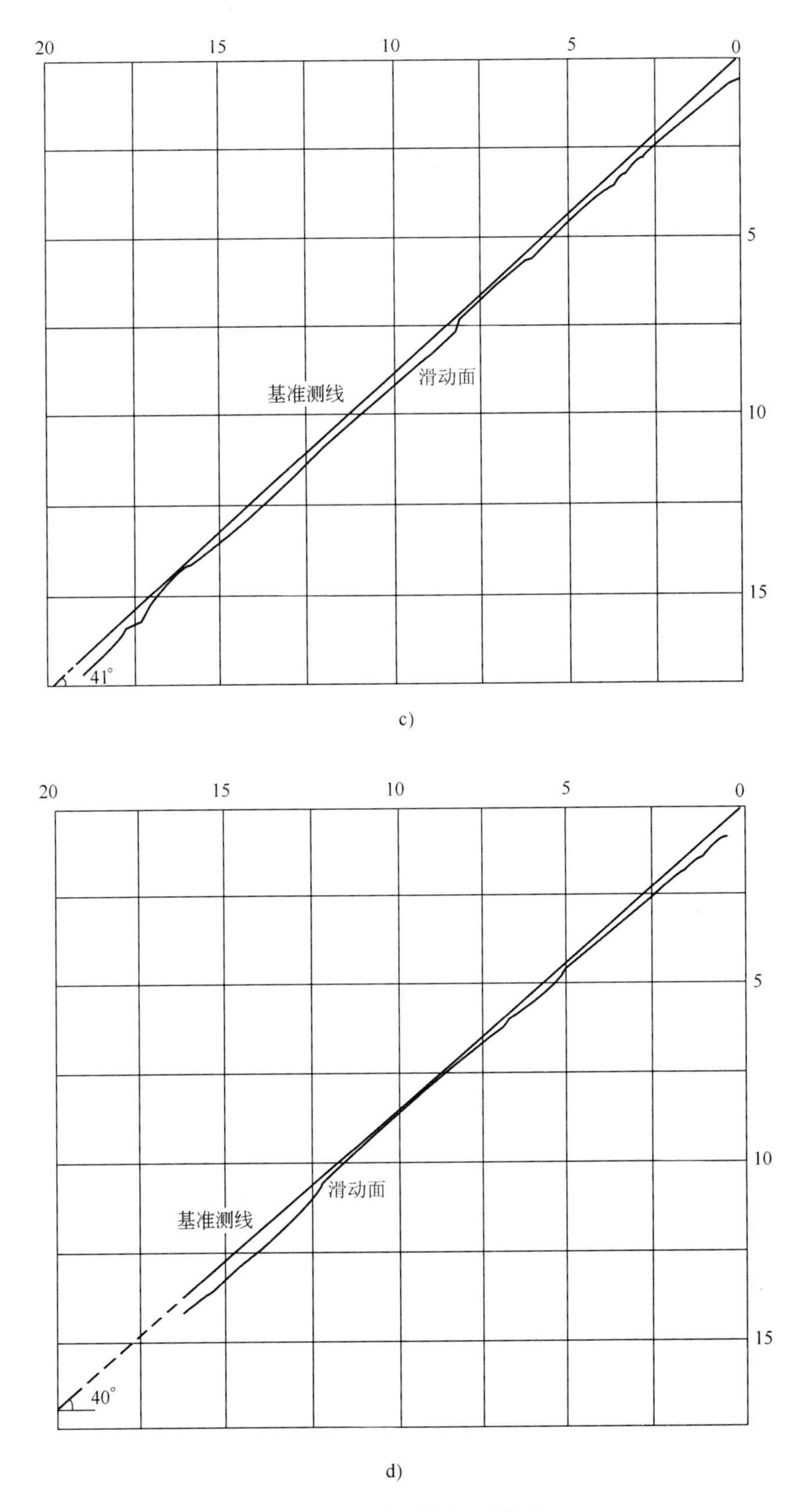

图 15-79　实测滑动面起伏差

a)测线 1　坝横 0+100 附近，基准测线倾向 SW83.5°，倾角度 41°；b)测线 2　坝横 0+100 附近，基准测线倾向 SW81°，倾角度 41.5°；c)测线 3　坝横 0+70 附近，基准测线倾向 SW84°，倾角度 39°；d)测线 4　坝横 0+20 附近，基准测线倾向 SW81°，倾角度 40°

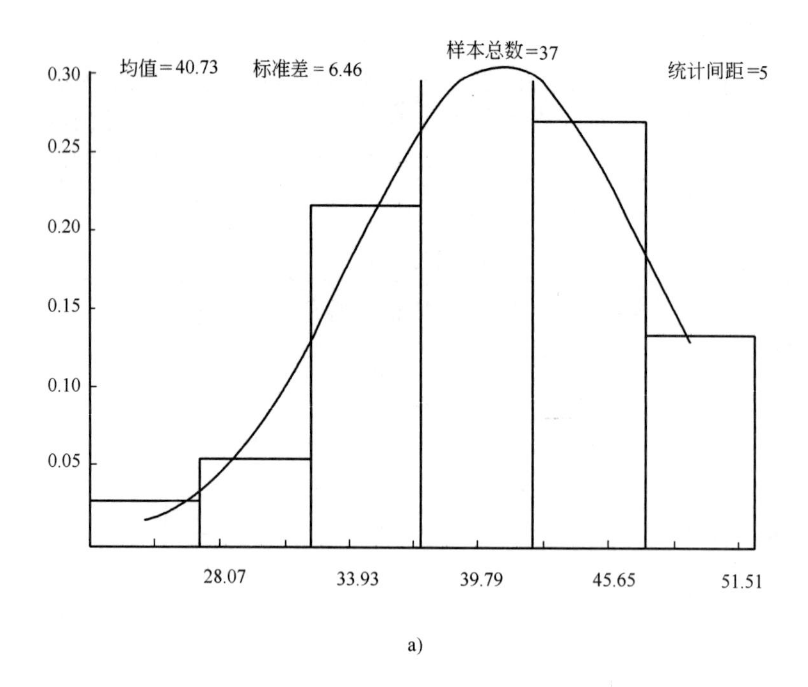

a)

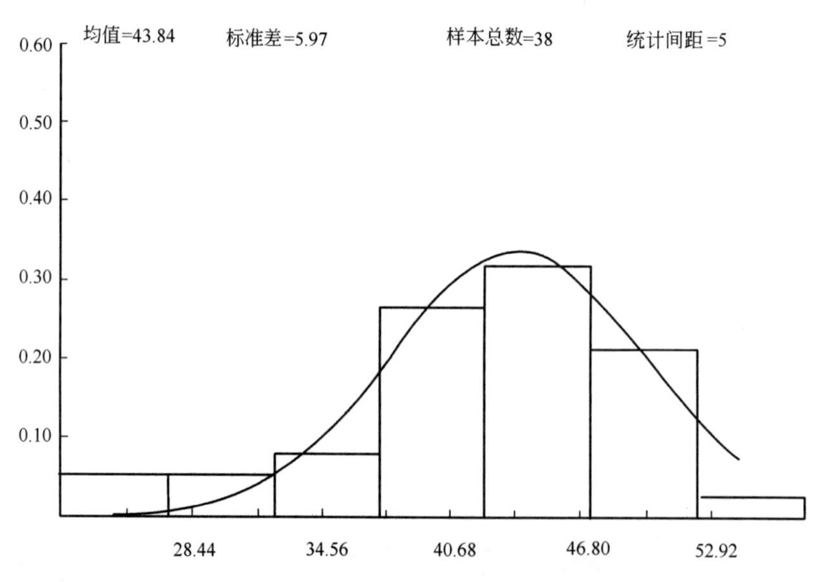

b)

图 15-80　实测滑动面起伏差统计，滑动面倾角的均值和标准差

a)测线 1;b)测线 2

①锚固硐破坏情况

锚固硐被剪断的断面形态有两种，一种是垂直锚固硐轴线的断口（即直断口），另一种是平行于滑面的断口（即斜断口）。出现直断口处的滑面倾角在不同部位略有差别，如坝横 0+030～0+050m 段滑面倾角为 60°～75°，坝横 0+050～0+090m 段滑面倾角为 40°～52°，但总体是大于 50°。而出现斜断口处的滑面倾角一般小于 50°，主要发生在坝横 0+018～0+055m 间。此段滑面倾角多在 40°～50°，直断口混凝土中的卵砾石有 50%以上被剪断，混凝土表面酷似人工凿毛的痕迹，这反映了锚固硐在破坏时主要是受到高速的剪切作用。斜断口混凝土面上一般可见清楚的擦痕和混凝土被压碎的现象，说明锚固硐在破坏时主要是受到了

剪压作用。经统计，呈直断口破坏的在塌滑体内有 9 个锚固硐，占塌滑体内被破坏锚固硐总数的 77%，呈斜断口破坏的锚固硐有 4 个，占塌滑体内被破坏锚固硐总数的 23%。

从被剪断的锚固硐断口处的岩体风化程度看，断口发生在强风化中的锚固硐有 7 个，在弱风化中、下段岩体中的有 5 个，在微风化岩体中的有 1 个。被剪断的锚固硐主要发生在强风化岩体中。表 15-32 为锚固硐破坏情况汇总。

锚固硐破坏情况汇总 表 15-32

锚固硐编号	坐标		原硐口高程(m)	硐向	原锚固硐长度(m)	强风化深度(m)	剪断长度(m)	剩余长度(m)	锚固硐断口素描示意	说明
	原硐口坝横 现断口坝横	原硐口坝纵 现断口坝纵								
19-4	0+015.21 0+018.25	0+405.21 0+410.72	974.51	S75°E	17.0	—	6.29	10.71		断口螺纹钢筋有55%为颈缩断口，其余为齐口断口
19-6	0+026.84 0+026.51	0+383.25 0+385.69	951.15	N85°E	17.0	—	2.46	14.53		断口混凝土面有砂浆分异现象。ϕ22 螺纹钢为齐口断口，ϕ32 螺纹钢为颈缩断口
1	0+025.00 0+030.00	0+396.17 0+413.67	978.50	E	24.5	6.0	18.20	6.30		混凝土与基岩胶结好，所有螺纹钢均为颈断切口
305平硐	0+033.80	0+404.96	969.14	S85°E	86.4	—	—	52.00	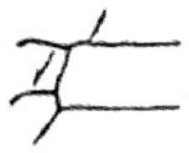	混凝土浇筑长度25m螺纹钢为颈缩切口
2	0+031.10 0+040.90	0+397.10 0+407.61	973.90	S55°E	17.0	14.0	14.37	2.63		断面混凝土中的卵砾石被拉断。螺纹钢见颈缩断口
3	0+039.00 0+045.40	0+395.35 0+413.83	980.20	E	23.5	14.6	21.45	2.05		约 20%的螺纹钢内齐口断口，其余为颈缩断口
5	0+046.29 0+049.03	0+388.68 0+402.61	970.51	E	28.5	25.0	14.20	14.30		断面混凝土中的卵砾石被拉断，螺纹钢为颈缩断口
14	0+049.63 0+055.27	0+366.20 0+386.76	947.13	S80°E	25.1	20.0	15.61	9.49		ϕ32 螺纹钢有61.5%为颈缩断口，其余为齐头断口
4	0+050.13 0+054.18	0+396.56 0+412.76	983.90	E	22.0	10.5	16.70	5.30	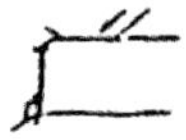	断面混凝土面有砂浆分异现象，元钢全为齐口断口 ϕ36 螺纹钢有 25%颈缩破坏，其余为齐头断口；ϕ16 螺纹钢全为颈缩断口

续上表

锚固硐编号	坐标		原硐口高程（m）	硐向	原锚固硐长度（m）	强风化深度（m）	剪断长度（m）	剩余长度（m）	锚固硐断口素描示意	说明
	原硐口坝横 现断口坝横	原硐口坝纵 现断口坝纵								
6	0+053.85 0+056.42	0+377.53 0+394.62	964.58	N82°E	27.5	23.5	17.47	10.03		ϕ36 螺纹钢为颈缩断口
7	0+059.58 0+067.92	0+367.34 0+388.30	957.57	E	27.7	24.0	22.40	5.30		ϕ32、ϕ16 螺纹钢为颈缩断口
13	0+075.90 0+071.59	0+366.70 0+384.07	949.60	N60°E	25.1	22.5	17.90	7.20		ϕ32 螺纹钢齐口和颈缩断口均有
12	0+086.44 0+085.64	0+368.00 0+380.28	949.00	N80°E	23.5	14.5	12.30	11.20		元钢为齐头断口，螺纹钢为颈缩断口

②钢筋破坏情况和混凝土浇筑质量

经对塌滑体内 12 个锚固硐断口的截面积统计，总截面积为 59m^2。钢筋总截面积为 102 108mm^2。钢筋占总截面积的 0.173%。锚固硐断口外露的可见钢筋有如下情况：以元钢代替螺纹钢未进行帮焊仅用铅丝把扎的，或螺纹钢与螺纹钢相接处是把扎的，全部从把扎处拉脱开，钢筋截面为齐口，把扎集中段正好是剪拉断和剪断锚固硐的位置；绝大部分螺纹钢断口有颈缩现象。说明锚固硐破坏时是受剪切应力、拉应力和压应力共同作用。

在塌滑体内的 13 个锚固硐断口和根部上现已发现混凝土未浇筑满，有空洞的有 6 个硐，占塌滑体内总锚固硐数的 23%。它们分别是：6 号锚固硐断口，空洞 2m×1.7m×0.6m（长×宽×高，下同）；3 号锚固硐断口，空洞 4.3m×1.73m×0.92m；14 号锚固硐根部，空洞 2.5m×2m×1.7m，在破坏的锚固硐残留断面的混凝土中见混凝土浇筑有“蜂窝”的 2 个（3 号、4 号），有砂浆分异现象的 2 个（19-4 号、4 号）。以上情况的揭露，说明锚固硐混凝土浇筑质量差，二次注浆未注满。

③锚筋桩和锚杆破坏情况

实测滑坡体厚度平均 10m，而锚筋桩长度 8.5m，故全部置于滑面以上，塌滑时锚筋桩随塌滑体整体滑移坐落、推倒。

高程 999m 以上的锚杆，$L=15$m，$\phi=32$mm，塌滑时被拉断，残留部分在塌滑体上缘形成倒悬岩体。高程 999m 以下的锚杆，$L=7$m，$\phi=28\sim32$mm，由于深度不够，夹在滑体内向下滑，被挤压弯，在塌滑后的堆渣中发现有相当部分的砂浆锚杆不见砂浆痕迹。

15.4.8 边坡稳定反演分析

在分析 1 月 7 日坝轴线附近这次滑坡时，同时也复核了 9 月 19 日“三洞出口”的滑坡。两次滑坡均发生于强度风化中、下部的岩体。节理统计调查资料表明两处具有类似的节理组和几何参数。对两处滑坡分析的结果可以对该地区抗剪强度指标的综合特性有一个比较符合实际情况的认识。

边坡塌滑体清除后，对出露的滑裂面进行了测量。1 月 7 日滑坡采用的 0+50 和 0+75

两个剖面就是实测的滑前、滑后地形，分别示于图 15-81 和图 15-82。“三洞出口”滑坡的Ⅳ—Ⅳ和Ⅵ—Ⅵ断面同样具备滑前地形，但没有实测的滑后地形。发生滑坡时在坡顶形成一高度为 15m 的拉力缝。该滑坡发生于高程 999m 公路以上，因此，滑坡的上、下端点已明确，采用固定滑裂面上、下端点常规的搜索最小安全系数方法，获得的临界滑裂面与实际滑面形状相差不大。

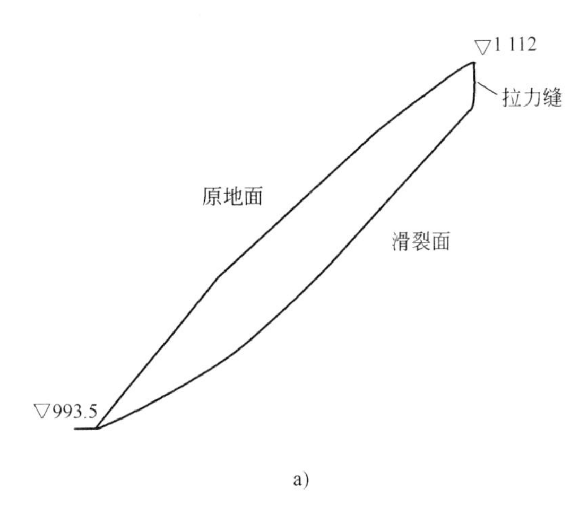

a)

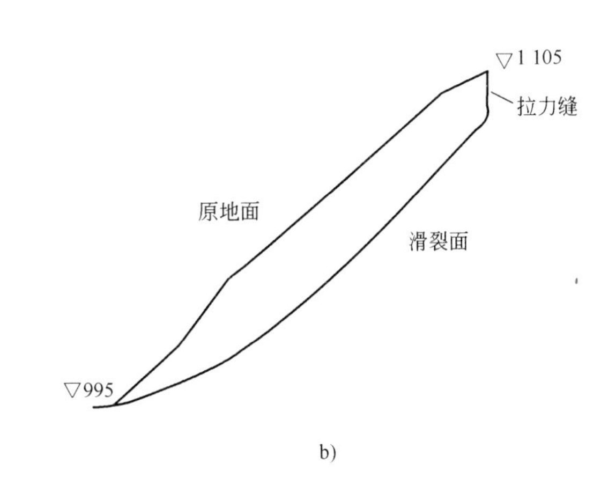

b)

图 15-81 漫湾水电站“三洞出口”滑坡Ⅳ—Ⅳ及Ⅵ—Ⅵ断面稳定分析（高程单位：m）
a)漫湾水电站“三洞出口”滑坡Ⅵ—Ⅵ断面稳定分析；b)漫湾水电站“三洞出口”滑坡Ⅳ—Ⅳ断面稳定分析

由于水平锚固硐的含筋量低，插入深度大（一般形成一 15m 长的悬臂），经初步核算，对稳定安全系数的影响甚微，故核算时未考虑锚固硐的作用。由于分析所得的连通率高达 94%，再考虑到放炮等影响，因此在使用 Barton 公式时，假定连通率为 100%。

（1）简化法分析结果

在 0＋10～0＋100 之间，间隔 10m 切一剖面，反算中 c 值取 0.00、0.01、0.02、0.03、0.04、0.05MPa 六种情况，所得 $f=\tan\varphi$ 的值如表 15-33、表 15-34 所示。

对 0＋10、0＋20、0＋30、0＋40 四个断面反演值加权平均，获得的弱风化岩体相应不同 c 值的 f 反演值如表 15-33 所示。对 0＋50、0＋60、0＋70、0＋80、0＋90、0＋100 六个断面反演值加权平均，获得强风化岩体相应不同 c 值的 f 反演值如表 15-34 所示。

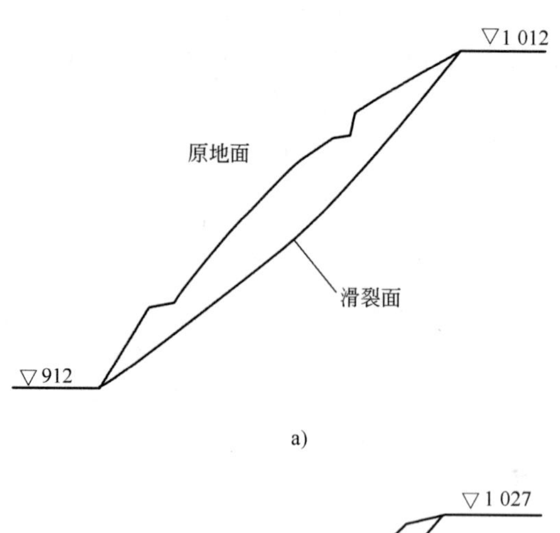

a)

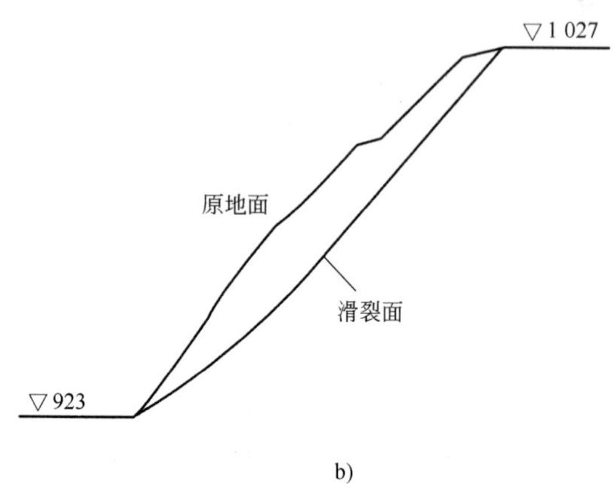

b)

图 15-82　漫湾水电站左岸滑坡 0+50 及 0+75 断面稳定分析（高程单位：m）
a)漫湾水电站左岸滑坡 0+75 断面稳定分析；b)漫湾水电站左岸滑坡 0+50 断面稳定分析

0+10～0+40 段弱风化岩体加权平均反演 *f* 值　　表 15-33

c（MPa）	0.00	0.01	0.02	0.03	0.04	0.05
f	1.12	1.05	0.98	0.91	0.84	0.76

0+50～0+100 段强风化岩体加权平均反演 *f* 值　　表 15-34

c（MPa）	0.00	0.01	0.02	0.03	0.04	0.05
f	0.90	0.85	0.78	0.72	0.66	0.60

（2）严格法分析结果

对 0+50 和 0+75 两个断面分别使用 Morgenstern-Price 法反算的结果列于表 15-35 和表 15-36。

坝轴线 1 月 7 日滑坡反演分析成果　　表 15-35

断　面	莫尔-库仑		Barton		Hoek-Brown	
	φ	F	JRC	F	RMR	F
0+50	36°	1.004	7.2	0.999	28	1.004
0+75	32.5°	1.012	5.5	0.998	24	1.011

“三洞出口”滑坡反演分析成果 表 15-36

断面	莫尔-库仑		Barton		Hoek-Brown	
	φ	F	JRC	F	RMR	F
Ⅳ—Ⅳ	32°	1.020	4.5	1.003	27	1.010
Ⅵ—Ⅵ	33°	0.984	5	1.005	28	0.996

注：1. 使用莫尔-库仑准则时，c 值均为 50kPa。
2. 使用 Barton 准则和 Hoek-Brown 准则时，单轴抗压强度 σ_c 均为 25MPa。

（3）分析

从上述反演计算结果，可获得如下几点认识：

①坝轴线 1 月 7 日滑坡，两个断面反演分析得强度参数为 c=50kPa，φ=32°～36°。“三洞出口”滑坡反演值为 c=50kPa，φ=32°～33°。

②使用 Barton 公式，如采用建议的 JRC=5，则“三洞出口”两个滑面相应安全系数接近 1，但坝轴线的 1 月 7 日滑坡在安全系数为 1 时，相应的 JCR 值比 5 还要大一些。

③采用 Hoek-Brown 准则，使用 RMR=28 时，“三洞出口”和坝横 0+50 断面相应安全系数为 1。这个数值比岩石分类实际的得分（$Ⅱ_c$类强风化岩石 RMR=31）小。可能与单轴抗压强度（σ_c=25MPa）取值较高有关。

15.4.9 事故后工程处理措施

设计单位对高边坡的地质条件进行了详细的调查和稳定性分析，其分析结果表明，从“三洞进口”、大坝、厂房、水垫塘到“三洞出口”共约 820m 长的范围内，有 440m 的左岸边坡属于不稳定边坡，必须作工程处理才能确保边坡永久安全。

工程处理包括削坡减载、加设抗滑桩和锚固硐、预应力锚索、坡面挂网喷混凝土保护、表层和深层排水、观测等综合措施（图 15-83、图 15-84）。

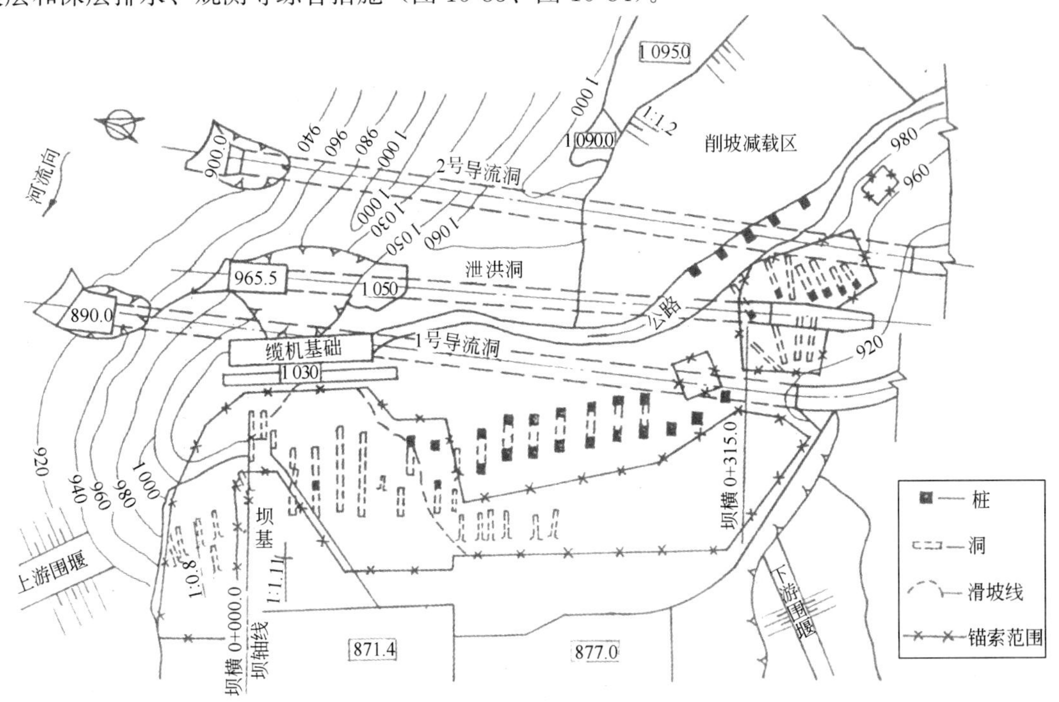

图 15-83 洞（桩）锚索平面布置图

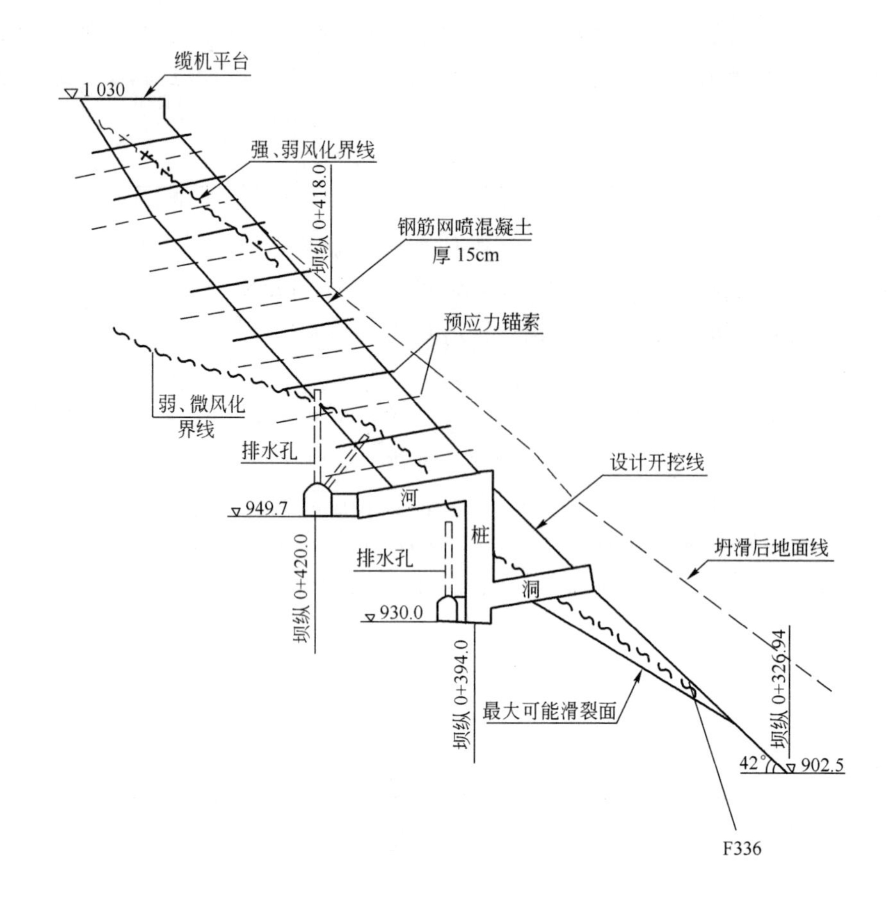

图 15-84 坝横 0＋040.0 剖面图（高程单位：m）

（1）工程措施

根据左岸边坡的工程地质条件、建筑物布置情况、技术可靠性、施工难度和造价，选取不同的加固措施。

①泄洪洞进口在高程 1 002m 以上坡高约 54m，将其表层全风化和部分强风化散岩体按 48°削坡，并设两层马道。然后对开挖坡面打系统锚杆，挂网喷混凝土保护，并设表层排水孔。

高程 974～1 200m 的泄洪洞进口左右侧临时性边坡为直立坡面，为确保施工安全，设 78 根 1 000kN 级预应力锚索和深 8m 的 ϕ25 砂浆锚杆。

②坝轴线前约 70m 的边坡下部为左泄洪双底孔和左冲砂底孔的进口明渠段，属不稳定边坡，计算下滑力为 25×10^4kN。首先将高程 999～920m 范围边坡上的全风化岩层的一部分顺其天然坡度开挖，设断面为 2m×2m 的锚固硐 6 个，深 15～20m，并在坡面上均匀布置 1 000kN级锚索 236 根，表面挂网喷混凝土保护。

③坝轴线至坝横 0＋135m 段边坡为坝、厂房、水垫塘建筑物地区的左岸边坡，是加固处理的重点地区之一。削减边坡后的不平衡下滑力共约 440×10^4kN，采用锚固硐、抗滑桩、预应力锚索平衡。

削减面积约 3×10^4m^2，削坡厚度为 2～11m，平均为 5m，方量约 35.5×10^4m^3。削坡后的永久性边坡坡率为 1∶1.11，大致与顺坡结构面平行。开挖后的非建筑物覆盖的坡面均作挂网喷混凝土保护。

首先将地质探硐回填作锚固硐用，同时对永久观测洞、排水洞加强衬砌内的纵向钢筋，让其承受一定的下滑力。在滑坡前已施工的一些 2m×2m 的小锚固硐，每个硐可承担 9 000kN的下滑力。扣除上述后，再增设大型洞、桩（3.5m×5m）和预应力锚索承担余下的下滑力。

在同一剖面上设大型洞、桩，首尾相连，以增加其整体抗滑能力。排间中心距离为15～17m。洞（桩）均伸入最大可能滑裂面以内 1/4～1/3 洞（桩）的总深度。洞（桩）均按斜截面的纯剪计算其承载能力，一个大型洞、桩可承剪 64 340kN。共有 22 个大型桩，15 个大型洞。布设 1 000kN 级预应力锚索 936 根，3 000kN 级 647 根，6 000kN 级 21 根（含左岸坝基加固）。

另外，在坡面设深 15～20m 的表层排水孔，在山体内设纵横交叉、不同高程的排水洞，在洞内打辐射状排水孔，构成较完善的山体内部排水系统。

④“三洞出口”边坡的稳定，关系到 1 号，2 号导流洞和泄洪洞的施工和运行安全，至关重要，也是加固处理的重点地区。1989 年 9 月 19 日在左岸公路高程 994～1 110m 发生约 $5\times10^4m^3$ 的坍滑。计算表明，坍滑后的边坡仍属不稳定边坡，剩余下滑力约 146.3×10^4kN，须进行处理。

处理措施包括削减坡载、锚固硐和抗滑桩、预应力锚索、贴坡挡墙、表面保护，浅层排水等，各项设计同前，工程量见表 15-37。

主要工程量汇总 表 15-37

序号	项目	规格	单位	合计	坝、厂、水垫塘	三洞出口	其他地区
1	抗滑桩	3.5m×5.0m	个	22	22		
2	抗滑桩	3.0m×5.0m	个	10		10	
3	抗滑桩	3.0m×4.0m	个	4		4	
4	锚固硐	3.5m×5.0m	个	15	15		
5	锚固硐	3.0m×3.0m	个	5		5	
6	锚固硐	2.5m×3.0m	个	6	4		2
7	锚固硐	2.0m×2.0m	个	38	25	6	7
8	预应力锚索	1 000kN	根	1 371	936	91	344
9	预应力锚索	1 600kN	根	20		20	
10	预应力锚索	3 000kN	根	859	647	212	
11	预应力锚索	6 000kN	根	21	21		
12	土石方明挖		10^4m^3	69.1	35.5	30.0	3.6
13	石方(洞桩)开挖		10^4m^3	5.47	4.33	1.08	0.06
14	混凝土	150、250	10^4m^3	5.96	2.93	2.11	0.92
15	钢材		t	3 700	2 850	708.1	141.9
16	喷混凝土		10^4m^3	1.69	0.73	0.38	0.58

（2）监测设计

为检验设计加固措施是否合理，并及时提供施工和永久运行期的有关边坡工作情况，设计有边坡内部和外部监测及地下水位观测系统。

①内部监测共设 9 条剖面，其中泄洪洞进口一条，正面边坡 6 条，“三洞出口”2 条。埋设的仪器有倾斜观测孔、多点位移计、挠度计、钢筋计、孔隙压力计、压应力计等，分别观测边坡位移、滑面位置及孔隙张开的情况、钢筋和混凝土结构受力状态、地下水位。

②左岸山体呈半岛地形，山体单薄，三面临江，地下水排泄条件好。电站发电后的地下水以库水和降雨入渗为主，滞留在全、强、弱风化岩体裂隙中的水增加滑面上的渗透压力，并降低滑面上的力学指标，对边坡的稳定不利。

为监测渗流状况，共设 5 个剖面 20 个地下水位观测孔，其中“三洞出口”3 孔，这些孔大致沿绕坝渗流线布设，终孔高程均伸入建坝前枯水期地下水位以下，亦超过最深可能滑裂面。

③外部监测内容包括山体的水平、垂直位移。采用的监测方法主要是边角交会法，并辅以水准垂直位移监测、倒垂组等方法。

至 1991 年底的观测资料表明，正面边坡处于稳定状态，已没有继续产生大规模坍塌的可能，“三洞出口”安全度偏低，对此，设计相应增加了处理措施。

15.4.10　结语

（1）漫湾电站左岸 1989 年 1 月 7 日发生的滑坡的主要原因可以归纳为以下几点：

①1 024～1 030m 高程的缆机平台和左Ⅰ线 999m 高程公路率先形成，限制了削坡减载的可能性，使相当部分强风化岩体保留在边坡上，成为这次滑坡的主要塌滑体。

②边坡的开挖方向恰好与倾向 290°～350°，倾角 40°～60°的节理面的倾角一致，该组节理面十分密集，平均间距 25cm，连通率超过 90%，形成了边坡塌滑的滑床。

③由于开挖重力坝坝基的需要，滑坡体上游侧和前缘的顺坡向节理面被切断，形成临空面。滑坡体的后缘和下游侧分别被 F_{393} 和 F_{326} 切割，造成滑坡体在四面均没有足够支持情况下的塌滑。

④施工时不加控制的大爆破进一步增大了节理岩体的连通率，降低了岩体的抗剪强度，施工用水长期渗入断层 F_{393} 等顺坡软弱结构面内，使其抗剪强度降低。

（2）通过本次滑坡和邻近的“三洞出口”滑坡的反演分析，对左岸浅层强风化岩体的抗剪强度指标的数值可获得如下认识：

①使用莫尔-库仑强度准则，则 $c=50\text{kPa}$，$\varphi=32°$。

②使用 Barton 公式，$\sigma_c=25\text{MPa}$，JRC＝5，相应连通率 k 取 100%。

③使用 Hoek-Brown 准则，则南非 CSIR 岩体分类体系的 RMR 值为 28。相应 $m=0.099$，$s=6.14\times10^{-6}$。

以上数值已作为边坡设计以及本科研项目对左岸边坡进行稳定分析参考依据。在实际使用时，考虑了各种不利因素的影响，需留有一定的安全余地。但是，最终选用值仍然比原设计指标有所提高。这一改进和设计中的另外两项改进措施结合，使整个左岸边坡的加固力（据此设计抗滑桩和锚索）由原设计方案 80 万吨缩减为 44 万吨，获得重大经济效益。

从这次滑坡实际调查的情况看，水平锚固硐的施工质量不易保证，其受力情况不佳，对边坡加固的作用不明显。这种结构形式需进一步改进。在以后的设计中使用了洞、桩联合结构效果可能更好。

（3）在滑坡发生后，对漫湾左岸边坡进行了一系列的工程处理，它们包括削坡减载、加设抗滑桩和锚固硐、预应力锚索、坡面挂网喷混凝土保护、表层和深层排水、观测等。为检验设计加固措施是否合理，并及时提供施工和永久运行期的有关边坡工作情况，还设计了包括边坡内部和外部监测及地下水位观测的监测系统。这些加固措施为边坡加固处理提供了一个范例，从监测资料来看，加固之后的边坡安全度是有保障的。

参 考 文 献

[1] 中国水利水电科学研究院，国电公司贵阳勘测设计研究院．洪家渡水电站进水口顺向坡稳定分析及加固措施研究．2002 年 6 月

[2] 张有天．岩石高边坡的变形与稳定．北京：中国水利水电出版社，1999

[3] 长江水利委员会．三峡工程永久船闸高边坡稳定性地质专题研究，国家攻关项目，三峡水利枢纽关键技术问题．专题名称：永久船闸，子题编号：ZT-96（Ⅲ）-4.1996 年 12 月

[4] 能源部昆明勘测设计院，中国水利水电科学研究院．漫湾水电站左岸滑坡工程实录．1991年 3 月

[5] 中国水利水电科学研究院．昌马水库右岸边坡稳定和加固措施研究．2000 年 8 月．GE-2000-3-0312